中国志愿服务大辞典

北京志愿服务发展研究会

中国大百科全书出版社

图书在版编目（CIP 数据）

中国志愿服务大辞典/北京志愿服务发展研究会著．—北京：中国大百科全书出版社，2014.9

ISBN 978-7-5000-9437-1

Ⅰ.①中… Ⅱ.①北… Ⅲ.①志愿-社会服务-中国-词典 Ⅳ.①D669.3-61

中国版本图书馆 CIP 数据核字（2014）第 219718 号

策 划 人 朱杰军 马 蕴
责任编辑 王昕若
编　　辑 卢 红 王 烽 张耀方
责任印制 乌 灵
封面设计 管小辉
出版发行 中国大百科全书出版社
地　　址 北京阜成门北大街 17 号 **邮政编码：** 100037
电　　话 010-88390779
网　　址 http：//www.ecph.com.cn
印　　刷 北京新华印刷有限公司
开　　本 710×1000 1/16
印　　张 42
字　　数 940 千字
印　　次 2014 年 9 月第 1 版 2016 年 8 月第 2 次印刷
书　　号 ISBN 978-7-5000-9437-1
定　　价 180.00 元

《中国志愿服务大辞典》编辑委员会

各分部分主编：

理论部分主编 张网成 陈 涛

实务部分主编 张晓红 赵少华 翟 雁

法规部分主编 聂阳阳 莫于川 穆 青

组织部分主编 魏 娜 袁 博

项目部分主编 张晓红 李 凌 苏超莉

人物部分主编 金安平 王华琳 张祖平

文献部分主编 王 育 宋志强 李巍铭

事件部分主编 李家华 郑丹娘

其它部分主编 陆士桢 宣飞霞 焦 阳

主要撰稿人 （按姓氏笔画排序）

于 鑫 于贺亮 马 冀 王 虎 王 欣 王 茜 王 育
王 俊 王 骁 王 哲 王 展 王 越 王 璐 王 赢
王 譞 王华琳 王志宽 王振涛 王殊瑾 井凯笛 韦文笔
尹 征 田丽娜 白琳茜 任 炜 刘 赢 刘子洋 刘丽娜
刘金芝 刘海阔 关 燕 齐慕洁 安陆春 许莲丽 孙冉冉
苏超莉 杜 曦 杨 乐 杨 威 杨雅瑛 李 莉 李 凌
李亚威 李家华 李维鸿 李婷芳 李巍铭 肖树生 何 欣
邹江宏 宋志强 张 烨 张 敏 张丛珊 张网成 张祖平
张莉莉 张晓红 张乾瑾 张燕玲 陆士桢 陈 涛 陈 曦
陈炳具 林艳艳 金安平 郑丹娘 郑 宁 郑彩侠 郑瑞涛
郝 钢 赵 新 赵少华 赵梦昊 施姝丽 宣飞霞 袁 博
莫于川 聂阳阳 顾 飞 徐 宁 徐佰利 徐荣远 郭新保
高 峰 高 硕 高 琪 高 巍 黄宝琪 曹仕涛 崔 杰
彭 宁 韩 芳 焦 阳 谢景慧 蔡 葵 熊汉忠 翟 雁
缪燕子 潘 晴 潘春玲 穆 青 魏 娜

序　言

弘扬社会主义核心价值观　推动志愿服务事业大发展

受邀为《中国志愿服务大辞典》作序，感到十分高兴。在此，首先要向北京志愿服务发展研究会和此书的编委会成员表示敬意，感谢他们为促进志愿服务理论研究系统化、推动志愿服务标准规范化所做的不懈努力。

志愿服务是中国传统文化的赓续。“老吾老以及人之老，幼吾幼以及人之幼”、“兼相爱”、“爱无差”等中国传统文化思想中都包含了志愿服务的理念和精神。当代志愿服务的广泛实践表明，志愿服务把服务他人、服务社会与实现个人价值有机结合起来，广泛动员社会各方面力量，为困难群众和需要关爱的人提供及时有效的帮助，在社会播撒阳光友爱，集聚和放大社会正能量，促进社会和谐稳定，引领社会文明风尚，成为新形势下加强精神文明建设的有力抓手，成为培育和弘扬社会主义核心价值观的重要载体。

中央高度重视志愿服务工作。十八届三中全会明确提出，要支持和发展志愿服务组织。习近平总书记先后给华中农大“本禹志愿服务队”、“郭明义爱心团队”和“南京青奥会志愿者”回信，勉励广大志愿者从“赠人玫瑰、手有余香”中感受善的力量，打造最美的“中国名片”。中央对志愿服务的新要求，国内外志愿服务的新趋势，为中国志愿服务的发展创造了良好的际遇和条件。

2013 年 12 月，中国志愿服务联合会在京成立。成立以来，以探索建立中国特色志愿服务制度、推进中国特色志愿服务事业为目标，以推进“邻里守望”志愿服务活动、推动志愿服务制度化常态化为重点，坚持立足社区、围绕需求、党员带动、文化引领，组织开展了形式多样、富有成效的志愿服务活动，推出一批典型经验和做法，推动各地相继成立志愿服务联合组织，极大提升了中国志愿服务的影响力和感召力。

基于对志愿服务理论以及实践规律认识的不断加深，为推动中国志愿服务事业发展，在中国志愿服务联合会指导下，北京市志愿服务联合会、北京志愿服务发展研究会组织编撰了《中国志愿服务大辞典》。该书集中展示了自改革开放以来我国志愿服务的工作成果，是中国特色志愿服务体系的重要探索，必将对国内外志愿服务研究者、实践者有所裨益。

我们要全面贯彻党的十八大和十八届三中全会精神，秉承志愿服务精神，大力倡导行善立德理念，积极推进和实现志愿服务制度化、常态化，促进志愿服务事业大发展大繁荣，汇聚志愿力量，共筑中国梦想。

是为序。

中国志愿服务联合会会长　刘淇

2014 年 8 月

序　言

弘扬社会主义核心价值观　推动志愿服务事业大发展

前　言

关于志愿服务

志愿服务作为连接个体与社会的重要途径，无论是从社会和谐与发展的角度，还是从现代人精神健康与满足的角度，都是一个十分丰富的概念，蕴含着极其重要的精神价值，有着深厚的历史根源。

一、志愿服务精神是人类共同的文化财富，志愿服务行为是人类社会发展阶段的必然产物

志愿服务意味着给予和接受，它是志愿者和志愿服务对象共同学习的过程，参与者（包括个人和组织）所加入的志愿服务项目，或是以一种崭新的视角来从事传统工作，或是为了应付某一需求，从而建立一个更为公正合理的社会。志愿服务的核心价值是团结、互惠、互信、归属感和自我提升。几任联合国秘书长都对志愿服务有过精辟的论述。科菲·安南说，志愿服务是无偿地奉献时间、精力和技能的高尚行为，是“服务、团结的理想和共同使这个世界变得更加美好的信念”；潘基文说，“志愿服务是社会最宝贵的财富之一，是社区力量、韧性、团结和社会凝聚力的源泉”，是每个社会不可分割的一部分。可见，志愿服务是一个世界性的话语体系，是人类共同的思想宝藏。

提供志愿服务的人就是志愿者，他们是不受经济回报驱使，不是出于法律强制，而是基于某种道义、信念、良知、同情心和责任感，自愿从事社会公益事业的人或人群。志愿者是一个没有国界的名称，在世界各地，在有战争、自然灾害、疾病流行、环境污染等重大问题出现的地方，都可见到志愿者的身影，他们为无数身处困境的人们提供志愿服务，其中的不少志愿者甚至为志愿事业奉献出了宝贵的生命。志愿者是社会文明的标志，是社会活力的体现，是社会保障的重要力量。志愿者精神是奉献、友爱、互助、进步。

世界各国都有属于自己的志愿服务渊源和历史。有史以来的人类社会都有一定程度的劳动分工和地位分化，每个家庭都因面对各式各样的生存风险而无法保证任何时候都能自给自足，因此每个社会都必须在其规范和制度层面处理好社会团结和自力更生这两个基本原则之间的对立和统一关系，都必须在强调社会成员的自我担当意识的同时，培养他们的共同体意识、同情心、奉献精神和互助习惯。正因此，尽管古代并无“志愿者”、“志愿服务”及“志愿精神”等现代词语，但各文明社会都有古老的分享和互惠传统，大部分语言中也都有表达志愿精神的词汇。如：南部非洲常见的 Ubuntu 传统，注重为了彼此的利益而互相支持；挪威的 Dugnad 传统，提倡为建立群体感和人际关系而贡献时间或捐赠；阿拉伯 tatawa'a 传统，号召人们为宗教和非宗教理由捐赠。佛教建议人们为福报而施舍，基督教提倡人们为救赎而行善，儒教要求人们推己及人、与人为善，等等。正因为有了这些团结和担当的意识和习惯，人们在面对生存风险时才不会完全孤立无助，而是有希望借助共同体的集体力量来支持自己渡过难关，从而有可能让生命更有尊严，让生活更加安全。

与现代意义的志愿服务相比，前现代社会——德国社会学家斐迪南·滕尼斯所说的社区（共同体）是这些社会共同的结构形态——的志愿服务是有局限的。首先，政府虽然也会在发生自然灾害等特殊时期提供救助，如开仓赈济，但主要是出于稳固统治的目的，而不会组织常规性的服务，也不承担最后的救济责任。其次，由于生产力不发达、运输能力不足、慈善意识不强等多种原因，能够筹集起来用于公共服务的社会资源非常有限，超越社区的志愿组织还没有发育起来，有限的跨区域组织如教会等宗教组织由于能力有限，也极少定位于志愿服务。再次，造福除了近亲属以外的他人的社会组织主要还是村社、行业协会等自助互助组织，但它们主要服务于共同体内部的成员。因此，在前现代，家庭始终是其成员最重要的责任主体和最主要的风险承担者，志愿服务的表现形式主要是互助服务和个人零星的偶然的捐赠。

现代意义上的志愿服务是人类进入现代工业社会后才逐步形成和发展起来的，其发源地是工业革命后的欧美等西方国家。如果将19世纪70年代看作是古典自由主义终结的时期，20世纪70年代看作是新自由主义兴起的时期，那么西方国家的志愿服务发展史可以分为三个阶段。第一阶段与第一次工业革命大致吻合。18世纪中期开始的工业革命，不仅加速了社会两极分化，也大大弱化了家庭原有的保障功能，在制造无产阶级劳动大军的同时，也制造大批的失业人士和赤贫人群，越来越多的社会成员发现他们难以应对诸如年老、疾病、失业、工伤、灾害、贫困等方面的生存风险，但与此同时，国家仍然仅仅固守“守夜人”的角色，这导致劳资关系日益紧张，社会矛盾日益突出。作为对社会问题的回应，这一时期的志愿服务力量主要来自于世俗化转型后的宗教组织和不断壮大的公民社会组织，包括工会。这一阶段的志愿服务是波澜壮阔的，也充满了创新、创意和个人英雄主义。

19世纪80年代德国政府颁布了一系列的社会立法，标志着西方国家开始走上福利国家的道路。20世纪30年代的特大经济危机，使西方市场经济各国的政治家、企业家和经济学家们普遍认识到市场也会失灵，单靠市场机制这只看不见的手并不能有效地配置国民资源，还必须依靠政府这只看得见的手来进行宏观调控，凯恩斯主义最终取代自由主义成为主流市场经济理论。两次世界大战加速了福利国家的建设进程。20世纪50年代，西方国家普遍建立了福利国家制度。国家开始全面承担公共服务供给功能，民间慈善组织一枝独秀的地位受到挑战，志愿服务作为社会福利方案的重要人力资源而受到重视。

20世纪70年代前后，发达资本主义国家的福利制度危机、第三世界的发展模式危机、全球环境和资源危机、社会主义国家的国家保险制度危机以及通讯革命与中产阶级革命引发了全球性的结社革命，志愿服务迎来了一个全新发展的时期。这一阶段志愿服务发展呈现出以下特点。第一，关于志愿服务的基础理论研究取得了突破性的进展。在市场失灵理论不断深化的同时，政府失灵理论也逐步建立和丰富起来，这在根本上改变了志愿组织的地位。在公共部门和营利部门之外，志愿部门等社会组织成为与之平行的第三部门，国家、市场和社会的关系被重新界定。志愿服务的重要性和合法性地位被抬到了前所未有的高度。这至少有利于政府加大购买志愿服务的力度。第二，志愿服务的制度化建设取得了重大的进展。1964 年德国制定的《奖励志愿社会年法》是世界上最早的志愿服务法律。1973 年美国也制定了《志愿者保护法》。20 世纪 90 年代迎来了世界性志愿服务立法高潮。目前世界上已经有近百个国家和地区制定了志愿服务法律。此外，很多国家还制定了支持和鼓励志愿服务的税收优惠政策及激励嘉许政策。值得注意的是，有些国家的志愿服务还出现了义务化趋势，如：法国法律规定，年满 18 岁的法国男性，符合条件者都必须履行国民志愿役，违规者处 2 年有期徒刑，德国也有类似规定。第三，基金会数量迅速增长，筹资规模不断扩大。以美国为例，1980—2008 年间美国的慈善基金会从 22088 家发展到 75000 多家，增长了约 3.4 倍；拥有资产从 480 亿美元增加到 5649 亿美元，增长了 11.7 倍；发放捐赠从 34 亿美元增加到 468 亿美元，增长了 13.6 倍；接受捐赠从 20 亿美元增加到 395 亿美元，增长了 19.8 倍。德国的情况也类似，每年新成立的基金会数量从 1990 年的 181 家增加到 2008 年的 1020 家。基金会筹资能力的增加和政府购买志愿服务力度的增加，为志愿组织的发展提供了充足的给养。如美国志愿者组织所获得的慈善福利资金由 1980 年的 489 亿增加到 1998 年的 1750 亿美元。第四，志愿者及志愿者组织的数量不断增长。以德国为例，志愿组织的数量从 1960 年的 8 万家上升到 2008 年的 68 万家，参与志愿服务的人口比例从 22% 上升到 30%，志愿部门的支持达到 1250 亿欧元。美国的情况类似，其志愿者组织数量在 20 世纪 90 年代初就超过了 100 万个，2007 年 6080 万 16 岁以上的志愿者在社区参加了有组织的志愿服务，共贡献了 81 亿小时，价值 1580 亿美元。第五，志愿服务国际网络日益完善，海外志愿服务成为发展援助的重要方式。一方面，不少国家都设立了援外志愿者组织，如美国的和平服务队、日本的国际协力机构、英国的海外志愿服务社、丹麦的国际合作协会等。以英国海外志愿服务社为例，其目前每年大约派出 1800 多名志愿者到 60 多个国家。另一方面，联合国也加强了志愿服务工作，除了成立联合国志愿人员组织（UNV）、国际自愿工作者协会（IAVE）等组织外，还将每年的 12 月 5 日定为“国际促进经济和社会发展志愿人员日”（简称“国际志愿者日”），将 2001 年定为国际志愿者年。第六，私营企业的志愿服务不断增加。私营企业越来越注重在“道德的市场”上营运，名称各异的员工志愿服务（如“企业志愿服务”、“雇主支持的志愿服务”等）是企业履行社会责任越来越多的一种形式。超过 90% 的财富 500 强企业称自己拥有正规的员工志愿服务和捐赠计划。在英国，30% 的企业雇员说他们的雇主有志愿服务计划。第七，移动通讯技术和互联网技术开始日益深刻地影响志愿服务。手机和互联网为基础的信息通讯技术的问世，使志愿行动在很多方面发生了根本的改变，“微志愿”服务呈现出快速发展态势。

世界各国都有现代意义上的志愿服务。工业化和社会现代化是全球现象，没有哪个国家能够免受其影响。同样，现代意义上的志愿服务也是一种世界现象，也会出现不同时和不同步的状况。欧美先行国家在志愿服务发展方面的经验和教训都会或早或晚地影响到后发国家，但后发国家不可能照搬先行国家的经验，更何况先行国家的志愿服务模式也各不相同。受到社会发展水平、国家政治体制、社会保障制度、传统慈善文化、政策选择的内在逻辑等多种因素的影响，世界各国的志愿服务发展模式不会趋同。但其基本的价值伦理和运行规律却是相通的，因为它基于人类共同的需要。

二、志愿精神在中国历史上源远流长，志愿服务活动在现代中国蓬勃发展

中国现代意义的志愿服务较西方而言起步较晚，但与其他前现代文明社会一样，志愿精神在中国也是源远流长。春秋战国时期，儒家、墨家、道家就已提出与慈善、助人有关的思想。孔子倡导“仁”的思想，在《论语》一书中记载的“樊迟问仁。子曰：‘爱人’即‘利人、助人、关爱人’，”这与当今志愿服务的“利他”的精神内涵是一致的。儒家的仁爱观构成了中国慈善志愿服务的思想传统。除了儒家思想，墨家倡导“兼爱”、“兼以易别”，即用“爱”来打破人与人之间的差别，“相爱”令人人得利。道家将积德行善与“得道”联系，强调行善济世。自佛教传入中国，佛教一直以“慈悲”为怀，力行布施奉献。

在以“仁爱”思想为基础的慈善志愿服务思想的影响下，传统中国社会一直有邻里互助的传统，逢天灾官方与民间都会组织赈灾活动。从国家层面看，中央集权也大都关注民生，制定了相关的救济制度、设置了掌管慈善事务的专门职位。这些国家层面的慈善行为大都以赢得民心、稳定统治的目的，提供的服务有两大类：一是救济，例如创始于北齐的“义仓”；宋仁宗时期创立的广惠仓，成为宋代独有的仓廪制度。二是与“礼教”有关的，倡导百姓关爱老人、妇孺等，例如《周礼》规定“不同年龄阶段的老人享有相应的优恤待遇”；汉代曾颁布过养老令，要求人们尊老敬老，体恤孤寡，并“赐天下孤寡布帛絮各有数”。

我国古代的志愿服务主要由家庭、区县作为主要承办方，由国家承办的并不多。例如，春秋战国时期，“善人”大多以个人为主体，以赈济为手段，在路上设食物救济饥民。宋朝独具特色的社仓，设立于乡社，由本乡本土的士居官及士子数人共同掌管。除了个体和社区主办的慈善活动，传统社会也出现了一些慈善组织。这些慈善组织可以分为三类，分别是：宗教组织形态，起于魏晋南北朝时期，主要代表是佛教寺院中的慈善组织；家族事业形态，兴于宋朝，主要的代表是“义庄”；最后是民间组织形态，出现于明末清初。这些早期救助，属于临时行为，并未形成一种长效机制。

随着慈善事业的不断发展，明清时期，传统社会的慈善事业发展达到鼎盛。在这一时期，从赈灾机制来看，明朝时各项救灾措施已逐渐得以确立，至清朝中期，已形成了一套系统的、全面的赈济制度，对报灾、勘灾以及施济的各项措施都有详备细致的规章。一些殷商富贾和地方绅士也开始广泛地参与到地方社会的灾荒救济中来，成为官赈的有益补充。民间慈善事业的崛起和兴盛是这一时期慈善事业发达的另一重要标志。此外，各种慈幼机构不断设立并不再局限于京城。例如明代由官方倡设养济院以恤孤老，并且在全国不断得到推广和普及。清代承继了明代这一传统，在全国大多数州县先后恢复或重建起养济院。明清政府还要求在全国各地普遍建立了三种很特别的慈善设施，即与人的“病”与“死”密切相关的惠民药局、栖留所（或留养局）和漏泽园，遍及全国各府、州县，且数量众多。

现代意义上的志愿服务思想是20世纪初伴随西方文化传入中国的。中国的志愿服务发展历经转型、探索与飞跃三个阶段。转型阶段（19世纪40年代至20世纪40年代）以第一次鸦片战争爆发为起点，直至20世纪40年代才基本完成传统慈善活动向志愿服务的转型。这一阶段的主要特点是深受西方文化（如基督教等）的影响。到民国年间，民间组织围着“救国”的目标开展了一系列志愿服务活动。其中，20世纪20年代兴起的乡村教育运动是典型代表，乡村教育运动指

在从教育农民着手以改进乡村生活和推进乡村建设。例如以晏阳初为代表的中华平民教育促进会、以梁漱溟为代表的山东乡村建设研究院。他们扎根乡村，志愿兴办乡农学校、乡学村学，探索中国发展之路。

探索发展阶段（20世纪50年代至90年代）。新中国成立后，出于多种原因，慈善事业中断了40年，但志愿服务却因教育人民和建设社会的需要而以义务服务的形式存活下来。1955年北京青年志愿垦荒队成立，此后在全国16个省市得到复制，志愿垦荒队伍迅速发展到20万人。1963年开始的“学雷锋”活动是引导人们无私服务他人的重要举措。改革开放后，市场机制引入和国有企业改革，推动了城市社区街居制改革，使得社区重新成为人们的生活重要场所，居民（尤其是失去单位依靠的居民）对社区服务的潜在需求突然增加。在此背景下，1986年国家民政部提出在全国开展社区服务，并于次年召开“全国社区服务工作座谈会”，标志着社区服务进入起步阶段，提供便民利民服务和民政福利服务成为社区社会服务的主要内容。早在1983年，北京市宣武区大栅栏街道推出的“综合包户”志愿服务活动成为青年志愿服务的发端。1989年3月18日，我国出现第一个志愿者组织“天津和平区新兴街道社区服务志愿者协会”。很快，全区12个街道办事处相继成立了社区服务志愿者协会，261个居委会也分别建立了分会。在民政部的推动下，全国形成了宣传社区志愿服务的高潮。1987年广州市诞生“手拉手”志愿者热线。1990年“深圳市青少年义务社会工作者联合会”成立。1993年，北京市“北京志愿者协会”成立，1994年，团中央成立了中国青年志愿者协会，青年志愿服务得到了国家的重视。这种“自上而下发起并推广”的模式成为中国志愿服务的另一主流模式，为此后人民团体成立志愿者队伍时效仿的对象。同时，一批“自下而上兴起，自下而上发展”的民间志愿组织也纷纷成立，并迅速发展。

蓬勃发展阶段（2000—　）。进入21世纪，中国志愿服务开始迅猛发展。2001年联合国“国际志愿者年”系列活动举办，在中国的北京、深圳等地也举办相应活动，通过媒体宣传使广大民众了解并发现，志愿服务不仅仅是青年和社区老人的事，各行各业、各类人员都可以参加志愿服务。联合国提出“志愿服务推动社会发展”的口号，拓展了人们的思维、提供了新颖的思路。政府对志愿服务的态度变得更为积极主动，允许和鼓励不同类型的志愿组织发展，既壮大青年志愿服务组织、社区志愿组织，也鼓励妇女志愿组织、工人志愿组织、专家志愿组织等发展，还鼓励民间志愿组织和境外在华机构志愿组织发展。在这一时期，“北京市志愿服务指导中心”于2003年成立，推动了北京市志愿服务事业发展。

2008年的北京奥运会志愿服务与汶川地震救灾推动了中国公众参与的热情，促进了志愿服务统筹协调机制的建设。尤其是汶川地震抗震救灾中，大量的志愿者出现在险情频现的救灾现场，置个人安危于不顾，他们所彰显的社会价值、经济价值和精神文化价值深深震撼了国人。汶川地震灾后志愿服务的主要特点是志愿行动快、志愿组织多元、志愿服务内容广、志愿活动影响大，这些与此前的志愿服务相比有许多不同，其中志愿队伍类型包括了官方组织的志愿队伍、宗教团体志愿队伍、民间组织志愿者队伍、企业志愿者队伍以及大量的个人志愿者，形成了一波又一波志愿者大潮，具有很强的自发性与民间性。这些普通民众身上所体现出来的爱心、奉献与服务精神，是志愿服务事业长久发展的最坚固的基石。2008 年被认为是中国的“志愿者元年”。

从封建社会的“义仓”，到民国时期的乡村教育运动，再到今天的众多的志愿组织，中国的志愿服务走过了漫长的历程。分析认识当前中国社会志愿服务发展现状，我们可以看到，首先，政府大力的推动已经成为志愿服务事业发展的重要保障。中央文明办先后发布《关于深入开展志愿服务活动的意见》和《关于推进志愿服务制度化的意见》，对志愿服务制度化作出了明确的安排部署，中国志愿者联合会的成立，更是在国家层面整合了志愿服务力量。其次，社会发展自身的迫切需要，各阶层特别是民众的积极参与，已成为志愿服务持续蓬勃发展的最深厚的基础。社会和谐进步、实现自我价值，可以说是当代中国人普遍的内在需求和深层次的客观需要，也是中国志愿服务事业得以获得支持的动力源泉。第三，社会组织的蓬勃发展成为志愿服务事业发展的结构性支持和人才队伍的基础。改革开放以后，中国民间社会组织快速发展，其范围涉及科技、教育、文化、卫生、劳动、民政、体育、环境保护、法律服务、社会中介服务和农村专业经济等社会生活的各个领域。志愿服务组织作为其中重要部分，也得到了迅速发展，在社会服务中发挥了决定性作用。

三、志愿服务在“中国梦”的战略目标中的角色定位十分重要，发展中国特色的志愿服务体系任重道远

作为人类共同的精神财富，志愿服务在中国社会的蓬勃发展具有深刻的基础，而实现志愿服务在现代中国全面发展进程中的积极作用，则是一个需要全社会共同努力的过程。

首先，志愿服务精神和行动是当代中国坚持经济建设、政治建设、社会建设、文化建设和生态文明建设“五位一体”的社会主义道路，实现“中国梦”的宏伟目标的重要积极力量。当前中国已经进入了建成小康社会决定性阶段 ，一方面社会充满生机和活力，正能量的社会元素作为主流积极因素具有很大的社会影响；另一方面物质化、现实化和功利化的社会价值观左右了很多人和事，社会的总体道德水准下滑，社会部分领域和人员中传统精神和价值正在缺失。道德价值的混乱不仅成为腐败现象的重要社会根源，也引起了各方面的警觉和重视。最近一个时期，习近平总书记就社会主义核心价值观发表了一系列讲话，准确定位了核心价值观的内涵，明确指出，核心价值观，其实就是一种德，既是个人的德，也是国家的德、社会的德。他还从核心价值观与国家发展民族振兴、与社会主义道路、与中国梦三个方面高度论证了核心价值观的极端重要，他指出，对一个民族、一个国家来说，最持久、最深层的力量是全社会认可的核心价值观；道路自信、理论自信、制度自信需要我们对核心价值观的认定作支撑；中国梦意味着中国人民和中华民族的价值体认和价值追求。可见，在当今中国社会发展的诸多问题中，社会道德的建设已经处于最重要的地位；而随着社会发展变迁，价值观的教育与培养也面临着新的挑战，传统的灌输、轰轰烈烈的运动、严厉的管理都很难奏效。

从这样一个视角去看志愿服务，一方面志愿精神是对优秀传统道德的呼唤与重建，中国是一个具有优秀文化传统和道德情操的国家，继承并创新传统对中国社会发展意义重大；另一方面，志愿精神也是中国特色社会主义核心价值观建设的必要手段和途径，在飞速变革的时代，我们面临的是传承和创新的双重挑战。志愿服务倡导精神解放、自我实现和生命追求的本质特质对现代中国社会、现代中国人意义重大。志愿服务的一些核心价值，高度符合现代人的精神特征，如人的本性是利他，每一个人都有能力贡献和付出；金钱不是衡量人的价值的唯一标准，每个人都有贡献社会的潜能；对每个社会成员而言，参与社会就是成长和满足；民主法制社会要求每一个公民都要主动承担社会责任等等。志愿服务精神的一些现代解读更是极易激起当代人完善自我道德修养，扬弃传统文化精神的共鸣，如志愿精神是现代公民社会的重要核心价值之一，是传统慈善精神的时代凝练，是公民自愿地、在不计报酬的前提下参与推动人类发展、促进社会进步和完善社区的精神；个体追逐志愿服务，表达的是个人对生命价值、社会、人类和人生观的一种积极态度；社会弘扬志愿精神，是社会及其个体社会成熟的根本标志之一等等。志愿服务作为一种社会服务机制，通过一个人对社会的服务与奉献将个体与社会有机连接起来，回答了公民民主参与等政治建设、人与社会和谐发展等社会建设、社会主流价值树立等文化建设几方面的诸多重要问题，如志愿行为的形式是互助与自助，这是现代志愿精神的基本内容和基础；为他人服务是志愿精神的核心；志愿活动体现个人对社区、社会的关心和责任，是现代人参与公共事务的一个重要途径，参与是志愿精神的本质；志愿活动是一种在政府以及各种强制组织之外形成的自由选择，是人的个性的外化和个人权利的表现，独立与自治是志愿精神的前提等等。尤为重要的是，志愿精神还是构建社会主义市场经济道德体系的重要组成部分。市场经济发展冲击了人们原有的道德观、价值观，但市场经济本身就是道德经济，构建社会主义市场经济的道德体系，慈善意识、志愿精神必然成为题中应有之意。事实上，包括志愿服务在内的社会慈善事业也是社会保障体系中的重要组成，具有国民经济的“第三次分配”、缩小贫富差距的功能。志愿行为服务于社会弱势群体，弥补政府社会保障体系不甚完善、公民普遍权利不能充分保证方面的不足，可以缓解市场经济优胜劣汰造成的部分弱者的利益受损；志愿服务通过参与者与他人及社会的互动，增强其集体主义和责任意识，这既是现代公民的培育过程，也是人力资本的增值过程；志愿服务通过个体余资和余力的支持，可以更合理地配置社会资源，缓解社会群体由于多种原因带来的分化和对立，无论是受助者还是参与者，都可以减少由于社会转型以及群体利益的分化而带来的心理上的孤离感与不平衡感，在社会整体发展上起到润滑剂、调节器和平衡器的作用。志愿精神提倡团结互助、扶贫济困的良好风尚，追求平等友爱、融洽和谐的人际关系，必然激发全社会的正能量，推动全社会创造活力，从根本上维护市场经济的公平和公正，维护社会的稳定。上述这一切，显然都是当前中国社会健康发展所亟需的。

其次，如何把志愿服务有机嵌入中国社会发展的整体格局当中，是发挥志愿服务社会功能、推动社会和谐发展的关键。无论从哪一方面讲，对于当今中国社会而言，志愿服务都是一个新的社会现象，一个新的社会角色，也是一种新的社会结构。志愿服务作为现代社会运行机制的组成部分，有其固有的、基本的一些规定性。例如，现代志愿服务是一种有组织的行为，个体的善行不属于真正意义上的志愿服务行为。因此，志愿服务既是大众的善行，更是现代社会运行及管理的一部分。在全社会普及志愿服务，既是一种社会动员，是一种群众工作，更是一种社会整体建设，是一种全方位的机制建设。一是志愿服务文化建设。建构具有社会主义特色的，体现社会主义核心价值体系的中国志愿服务文化体系，我们需要回答好三个问题。第一，中国志愿服务思想体系中党的执政目标、价值的指导地位与作用；第二，现代中国志愿服务理论体系中世界先进文化的融合；第三，志愿服务文化视域下中国传统文化的继承与发展。在中国志愿服务实践和理论发展进程中，逐渐研究探讨好上述问题，厘清志愿服务在弘扬“中国精神”中的不可替代性，在凝聚“中国力量”中的独特作用，才能解决好志愿服务如何推动中国经济发展、政治发展、文化发展这一根本命题。二是中国化的志愿服务管理模式建设。纵观世界各国，志愿服务总体上是在政府格局中，这不仅是指志愿服务运行的资金主要由政府提供，更重要的是志愿服务组织大都在政府指挥下，参与政府组织的社会行动。也正因为如此，政府管理是志愿服务发展的关键因素之一。从政策体系到管理模式，从管理体系到基本架构，从组织管理到评估体系，从人才规划到学科专业发展，这一系列的问题都需要相对完善的政府行政管理制体系的建设。今年，中央文明办发布了关于志愿服务制度化的相关文件，是一种以文件形式对志愿服务相关问题做出的规定，具有法规的性质，这是中国志愿服务发展的必然要求，也预示着我国志愿服务发展管理体制建设的新的开始。志愿服务作为新的社会组成部分，如何与原有机制相融合，怎样界定志愿服务管理人员的职业定位，怎样配置志愿服务组织和机构等等问题是不能回避的。三是志愿服务运行管理规律的研究和管理模式的建设。志愿服务的组织管理是有其客观规律性的，不管是服务项目的运行，服务组织的管理，还是人员的使用，项目的评估，各个环节都需要建立起一套完整有序的程序，以及严格可行的规范。目前，中国志愿服务正处在大力发展的过程中，需要逐步建立起多种有效的，涵盖志愿者、志愿者组织、志愿服务项目、各类专业服务等多方面的管理运行机制，如动员机制，包括面向社会各方的组织动员、思想动员、志愿文化建构传播等；组织管理机制，包括志愿者招募、项目管理、服务运行、突发事件处置等；志愿者队伍建设机制，包括志愿者培训、层级管理、志愿者评估奖励等；评估和成果转化机制，包括组织评估、项目评估、评估标准及体系、成果的物质精神转化等；服务和维权机制，包括志愿者和志愿者组织权益保护、服务志愿者和志愿者组织机制等等；志愿服务专业研究机制，包括志愿服务理论研究体系、学科建设、研究队伍建设、研究成果转化等。应该说，这将是一个长期的建设过程，也是中国志愿服务发展的必然阶段。

志愿活动是古老的慈善制度与现代社会参与、整合手段的结合，是古老的慈善行为与现代社会救助手段的融合；志愿服务激发起参与者的公民权利意识，是现代民主法制社会中公民自主权利素质提升的重要手段；志愿服务挖掘、动员、整合群众中蕴藏的建设美好和谐家园的巨大能量，是激发社会活力的最佳途径。志愿服务具有巨大的建设功能，具有丰富的理论和实践内涵，与志愿服务的巨大功能和丰富内涵相比，本书只是做了一个初步的尝试和探索，所展现的也只是志愿服务，特别是中国志愿服务中最基础、最原始的东西。我们期望以此为契机，吸引包括经济学、社会学、政治学，以及法学、管理学等更多学科的有识之士，不断丰富志愿服务理论、内容和方法，使其更好地造福于社会发展和人民福祉。

陆士桢　张网成
2014 年 8 月

凡　例

一、《中国志愿服务大辞典》（以下简称《志愿服务辞典》），在中国志愿服务联合会的指导下，以党的十八大精神为指导，坚持社会主义核心价值观，全面阐述中国志愿服务的理论与实践，实事求是记述中国志愿服务的成就与经验，以推广我国志愿服务工作模式，加深全社会对志愿服务的了解，推动志愿服务在我国的进一步发展。

二、全书分为基本概念与综合理论、实务、法规及相关制度、组织、项目、人物、事件、文献以及其他九个部分。

三、《志愿服务辞典》立足当代中国志愿服务发展现状。对于事件、人物及相关内容的记述，起于改革开放之后，即 1978 年 1 月 1 日始，止于 2013 年 6 月 30 日。

四、《志愿服务辞典》编写秉承全面性、严谨性和科学性的基本原则，在每一部分都确立了明确的基本编选原则。词条筛选以中国大陆地区为主，包含香港、澳门及台湾地区，适度吸收国际内容。

五、《志愿服务辞典》收录项目、人物、组织中的部级以上在全国范围内的表彰是指由中共中央宣传部、中央文明办等主办的全国百名优秀志愿者、全国优秀志愿者评选；由共青团中央、中国青年志愿者协会开展的中国青年志愿者优秀个人奖、组织奖、项目奖评选；由中国红十字会主办的“十大杰出红十字志愿者”评选；由民政部主办的全国优秀志愿服务项目与志愿者工作案例评选。

六、鉴于中国志愿服务工作的组织和推动单位相对集中，《志愿服务辞典》对一些机构采用相对简称的表达方式，除必要处，“中央精神文明建设办公室”一律简称“中央文明办”，“共青团中央”一律简称“团中央”，“共青团北京市委员会”一律简称“北京团市委”，其他相关名称均照此方式。

七、《志愿服务辞典》目录按照内容排序，每一部分一般按照先全国后地方再国际的次序。

八、《志愿服务辞典》部分词条附有英文译文，以中英文对照表的形式作为附录。

九、《志愿服务辞典》附录共分为四部分，除中英文对照表外，录有“中国志愿服务大事记”、“第 29 届夏季奥林匹克运动会志愿服务大事记”、“志愿服务研究论文”，以更为全面地总结中国志愿服务的理论成果与实践经验。

十、《志愿服务辞典》资料来源于相关材料、书刊、总结及北京志愿服务发展研究会收藏，除少数摘录外，一般不说明出处。

凡 例

总目录

序　言　弘扬社会主义核心价值观　推动志愿服务事业大发展 …… 1
前　言　关于志愿服务 …… 1
凡　例 …… 1

正　文

第一部分　基本概念与综合理论 …… 1
　一、基本概念 …… 1
　二、综合理论 …… 54
第二部分　实　务 …… 69
　一、志愿服务实务概论 …… 69
　二、志愿服务项目管理体系 …… 84
　三、志愿者管理体系 …… 92
　四、志愿者组织管理体系 …… 108
第三部分　法规及相关制度 …… 120
　一、全国性立法文件 …… 120
　二、地方性法规 …… 124
　三、全国性政策文件 …… 137
　四、地方性政策文件 …… 174
　五、港澳台地区法规文件 …… 181
　六、国际性文件及其他国家法规文件 …… 184
第四部分　组　织 …… 204
　一、全国综合性组织 …… 204
　二、全国性专业型组织 …… 206
　三、高校及研究组织 …… 207
　四、地方性综合类组织 …… 214
　五、地方性专业性组织 …… 224
　六、企业志愿服务组织 …… 236
　七、港澳台地区组织 …… 240
　八、国际组织 …… 244

第五部分　项　目 …… 254
一、全国项目 …… 254
二、地方项目 …… 268
三、港澳台地区项目 …… 290
四、国际项目 …… 294
第六部分　人　物 …… 298
一、优秀志愿者 …… 298
二、志愿服务研究专家学者 …… 359
三、国际志愿服务研究专家学者 …… 366
第七部分　事　件 …… 369
第八部分　文　献 …… 411
第九部分　其　他 …… 458
一、志愿精神思想及制度渊源 …… 458
二、志愿服务活动 …… 468
三、人物 …… 470
四、志愿组织 …… 475

附　录

附录一　中国志愿服务大事记（1955—2013） …… 482
附录二　2008 年北京第 29 届夏季奥林匹克运动会志愿服务大事记（2001—2008） …… 489
附录三　中国志愿服务大辞典部分词目中英对照表 …… 510
附录四　志愿服务研究论文 …… 521

索　引

词条标题汉语拼音索引 …… 548
词条标题汉字笔画索引 …… 574
后　记 …… 600

正文目录

第一部分　基本概念与综合理论

一、基本概念 …… 1
志愿者 …… 1
组织志愿者 …… 1
个体志愿者 …… 1
临时志愿者 …… 2
注册志愿者 …… 2
星级志愿者 …… 2
骨干志愿者 …… 3
专业志愿者 …… 3
消防志愿者 …… 3
医疗志愿者 …… 4
救生志愿者 …… 4
民防志愿者 …… 4
企业志愿者 …… 5
献血志愿者 …… 5
试药志愿者 …… 6
环保志愿者 …… 6
动物保护志愿者 …… 6
支教志愿者 …… 7
赛事志愿者 …… 7
退休志愿者 …… 7
青年志愿者 …… 8
青少年志愿者 …… 8
学生志愿者 …… 9
老年志愿者 …… 9
女性志愿者 …… 9

家庭志愿服务 …… 10
应急志愿者 …… 10
国际志愿者 …… 10
义务志愿者 …… 11
替代兵役志愿者 …… 11
准志愿者 …… 11
自愿 …… 11
志愿精神 …… 12
奉献精神 …… 12
动机 …… 12
志愿服务动机 …… 13
志愿力 …… 13
亲社会行为 …… 13
社会参与 …… 14
社会融合 …… 14
利他主义动机 …… 14
利己主义动机 …… 15
意识形态动机 …… 15
人道主义 …… 16
社会责任 …… 16
企业社会责任 …… 16
公民首创精神 …… 17
草根公民参与 …… 18
社会企业家 …… 18
社会互惠 …… 19
社会交换 …… 19
社会资本 …… 20
社会团结 …… 20
文化资本 …… 21
社会正义 …… 21
社会忠诚 …… 22
社会归属感 …… 22
自我实现 …… 23
救赎感 …… 23
施舍 …… 24

志愿者比例 …… 24
志愿服务时长 …… 24
志愿服务 …… 25
正式志愿服务 …… 25
非正式志愿服务 …… 26
直接志愿服务 …… 26
间接志愿服务 …… 26
应急志愿服务 …… 27
专业志愿服务 …… 27
助老志愿服务 …… 27
助残志愿服务 …… 28
农民工志愿服务 …… 28
积极志愿服务 …… 29
被动志愿服务 …… 29
志愿服务项目 …… 29
认真性休闲 …… 30
无偿献血志愿服务 …… 30
志愿者主动性光谱 …… 31
慈善捐赠 …… 31
慈善募捐 …… 32
慈善行为 …… 33
在线捐赠 …… 33
集体行动 …… 34
社区志愿服务 …… 34
社区建设 …… 35
社区发展 …… 35
政府失灵 …… 36
市场失灵 …… 36
志愿失灵 …… 37
契约失灵 …… 37
志愿服务需求 …… 38
志愿服务供给 …… 38
志愿服务价值 …… 38
志愿服务经济价值 …… 39
志愿服务社会价值 …… 39

志愿服务价值计量 …… 40
志愿者组织 …… 40
倡导性志愿组织 …… 40
志愿者协会 …… 41
志愿者团队 …… 41
志愿者小组 …… 41
志愿服务组织 …… 42
社区志愿服务站 …… 42
青年志愿服务站 …… 42
非政府组织 …… 43
非营利组织 …… 43
北方 NGO …… 44
南方 NGO …… 44
第三部门 …… 44
志愿部门 …… 45
非营利组织计量 …… 45
福利国家 …… 45
第三条道路 …… 46
社区组织 …… 46
慈善组织 …… 46
慈善基金会 …… 47
慈善基金 …… 47
时间银行 …… 47
食物银行 …… 48
国际志愿者日 …… 48
国际志愿者年 …… 48
志愿者管理 …… 48
志愿者招募 …… 49
志愿组织招募力 …… 49
志愿者培训 …… 49
志愿者服务评估 …… 50
志愿者绩效评估 …… 50
志愿服务类型 …… 50
志愿服务动机类型 …… 51
可问责性 …… 51

公信力 …… 51
志愿服务条例 …… 52
志愿服务法 …… 52
志愿者管理办法 …… 52
志愿者激励条例 …… 52
中国志愿者表彰机制 …… 52
志愿者协会章程 …… 53
志愿者服务手册 …… 53
志愿服务愿景 …… 53
志愿者伦理守则 …… 54
无偿施救者保护法 …… 54
二、综合理论 …… 54
消费者行为理论 …… 54
计划行为理论 …… 55
俱乐部产品理论 …… 55
人力资本理论 …… 56
社会交换理论 …… 56
社会冲突理论 …… 56
社会信任理论 …… 57
期望理论 …… 57
生态学视角 …… 58
进化心理学 …… 58
赋权理论 …… 58
现象学理论 …… 59
社会学习理论 …… 59
志愿者激励 …… 60
志愿者权利 …… 60
志愿者义务 …… 60
志愿者补助 …… 61
志愿者证 …… 61
志愿服务证明 …… 61
志愿服务记录 …… 62
需求层次理论 …… 62
活动理论 …… 63
连续性理论 …… 63

行动研究 …… 63
社会支持理论 …… 64
社会化理论 …… 64
埃里克森人格发展理论 …… 65
生命周期理论 …… 65
资源依赖理论 …… 66
权变管理理论 …… 66
新制度组织理论 …… 66
志愿者动机量表 …… 67
志愿者忠诚度量表 …… 67
态势分析法 …… 67
志愿者满意度指标 …… 68

第二部分　实　务

一、志愿服务实务概论 …… 69
志愿服务实务 …… 69
志愿服务宏观管理 …… 69
志愿服务微观管理 …… 70
志愿服务顶层设计 …… 70
志愿服务长效机制 …… 70
志愿服务对象 …… 70
志愿服务利益相关方 …… 71
志愿服务资源配置 …… 71
志愿服务协议 …… 71
志愿服务责任 …… 71
志愿服务记录制度 …… 72
志愿服务筹资 …… 72
志愿服务需求分析 …… 72
志愿服务资源 …… 73
志愿服务资源分析 …… 73
志愿服务市场 …… 73
志愿服务市场分析 …… 73
志愿服务市场营销 …… 74
志愿服务评估 …… 74

志愿服务绩效 …… 74
志愿服务激励 …… 75
志愿服务绩效评估 …… 75
志愿服务成果转化 …… 76
志愿服务发展报告 …… 76
志愿文化推广 …… 76
志愿服务伦理 …… 77
微志愿 …… 77
志愿服务媒体传播 …… 77
应急救援志愿服务 …… 78
大型活动志愿服务 …… 79
大型活动志愿服务——体育比赛类 …… 79
大型活动志愿服务——重要庆典类 …… 80
大型活动志愿服务——会议、论坛类 …… 80
大型活动志愿服务——展览会、博览会类 …… 80
志愿服务风险 …… 80
志愿服务风险预案 …… 81
志愿服务风险识别 …… 81
志愿服务风险管理 …… 81
志愿服务应急处置 …… 82
志愿服务损失 …… 82
志愿服务外部激励 …… 82
志愿服务星级评定 …… 83
志愿服务内部激励 …… 83
大型活动志愿服务项目 …… 84
二、志愿服务项目管理体系 …… 84
志愿服务项目管理 …… 84
志愿服务项目管理体系 …… 84
志愿服务问题——目标树分析 …… 85
志愿服务项目管理工具 …… 85
志愿服务项目生命周期 …… 85
志愿服务项目开发 …… 86
志愿服务项目逻辑框架 …… 86
志愿服务项目建议书 …… 86
志愿服务项目筹资 …… 87

志愿服务项目章程 …… 87
志愿服务项目计划 …… 87
志愿服务项目过程管理 …… 88
志愿服务项目团队管理 …… 88
志愿服务项目沟通管理 …… 88
志愿服务项目时间管理 …… 88
志愿服务项目目标管理 …… 89
志愿服务项目财务管理 …… 89
志愿服务项目信息管理 …… 89
志愿服务项目变化管理 …… 90
志愿服务项目成果管理 …… 90
志愿服务项目监测 …… 90
志愿服务项目信息收集 …… 91
志愿服务项目评估 …… 91
志愿服务项目评估制度 …… 91
志愿服务项目评估流程 …… 92
志愿服务项目成果转化需求评估 …… 92
志愿服务项目成果共享 …… 92
三、志愿者管理体系 …… 92
志愿者管理模式 …… 92
志愿者管理体系 …… 93
志愿者管理政策与制度 …… 93
志愿者权利和义务 …… 94
志愿者隐私保护 …… 94
志愿者承诺 …… 94
志愿者退出机制 …… 95
志愿服务岗位 …… 95
志愿服务岗位开发 …… 96
志愿服务岗位描述 …… 96
志愿者骨干 …… 96
志愿者领袖 …… 96
志愿者招募形式 …… 97
志愿者宣传动员 …… 97
志愿者注册 …… 97
志愿者招募评估 …… 98

志愿者选拔 …… 98
志愿者素质 …… 98
志愿者测评 …… 99
志愿者福利 …… 99
志愿者匹配与对接 …… 99
志愿者入职 …… 100
志愿者入职辅导 …… 100
志愿者培训 …… 100
志愿者通用培训 …… 101
志愿者专业培训 …… 101
志愿者岗位培训 …… 101
骨干志愿者培训 …… 102
志愿者培训管理 …… 102
志愿者支持 …… 102
志愿者督导 …… 102
志愿者团队发展 …… 103
志愿者团队建设 …… 104
志愿者认可 …… 104
志愿者回报 …… 104
志愿者激励方式 …… 104
志愿者保障措施 …… 105
志愿者离职管理 …… 105
志愿服务禁忌 …… 105
志愿服务分享 …… 106
志愿服务学习 …… 106
志愿者心理辅导 …… 106
志愿者心理减压 …… 106
志愿者心理支持 …… 107
志愿者心理资本 …… 107
志愿者心理健康 …… 107
志愿者同理心 …… 107
志愿者心理危机干预 …… 108
志愿者压力信号 …… 108
志愿者心理调适 …… 108
四、志愿者组织管理体系 …… 108

志愿者组织功能 …… 108
志愿者组织管理 …… 108
志愿者组织宏观管理 …… 109
志愿者组织内部管理 …… 109
志愿者组织管理体系 …… 109
志愿者组织架构 …… 109
志愿者组织制度建设 …… 110
志愿者使用组织 …… 110
志愿服务的政府购买 …… 110
企业或个人资助志愿服务 …… 110
基金会资助志愿服务 …… 111
志愿者组织会员制 …… 111
志愿者组织 AA 制 …… 111
枢纽型志愿者组织 …… 112
草根志愿者组织 …… 112
志愿服务使命 …… 112
志愿服务目标 …… 112
志愿者组织公信力 …… 113
志愿者组织战略目标 …… 113
志愿服务战略规划 …… 113
志愿服务环境分析 …… 114
志愿者组织人力资源 …… 114
志愿服务组织者 …… 114
志愿服务责任人 …… 115
志愿者组织筹资 …… 115
志愿者组织营销 …… 115
志愿者组织运行 …… 115
志愿者组织团队建设 …… 116
志愿者组织财务管理 …… 116
志愿者组织评估 …… 117
志愿者组织变革 …… 117
志愿者组织文化 …… 117
志愿者组织能力 …… 117
志愿者组织价值观 …… 118
志愿者组织分析 …… 118

志愿者组织定位 …… 118
志愿者组织合作伙伴 …… 119
志愿者与志愿者组织的关系 …… 119

第三部分　法规及相关制度

一、全国性立法文件 …… 120
红十字会法 …… 120
社会团体登记管理条例 …… 120
民办非企业单位登记管理暂行条例 …… 121
公益事业捐赠法 …… 121
民办非企业单位登记暂行办法 …… 121
基金会管理条例 …… 122
援外青年志愿者选派和管理暂行办法 …… 122
中国社区志愿者注册管理办法 …… 122
企业所得税法实施条例 …… 123
救灾捐赠管理办法 …… 123
社会组织评估管理办法 …… 123
二、地方性法规 …… 124
山东省青年志愿服务规定 …… 124
福建省青年志愿服务条例 …… 124
河南省人民代表大会常务委员会关于深入开展青年志愿服务活动的决定 …… 125
杭州市志愿服务条例 …… 125
抚顺市志愿服务条例 …… 125
银川市青年志愿服务条例 …… 125
成都市志愿服务条例 …… 126
深圳市义工服务条例 …… 126
南京市志愿服务条例 …… 127
吉林省志愿服务条例 …… 127
宁夏回族自治区志愿服务条例 …… 127
湖北省青年志愿服务条例 …… 127
济南市志愿服务条例 …… 128
江苏省志愿服务条例 …… 128
北京市志愿服务促进条例 …… 128
江西省青年志愿服务条例 …… 129

浙江省志愿服务条例 …… 129
天津市青年志愿服务条例 …… 130
青岛市志愿服务条例 …… 130
广州市志愿服务条例 …… 130
淄博市志愿服务条例 …… 131
上海市志愿服务条例 …… 131
新疆维吾尔自治区志愿服务条例 …… 131
海南省志愿服务条例 …… 132
四川省志愿服务条例 …… 132
汕头市青年志愿服务促进条例 …… 133
昆明市志愿服务条例 …… 133
广东省志愿服务条例 …… 133
唐山市志愿服务条例 …… 134
陕西省志愿服务促进条例 …… 134
湖南省募捐条例 …… 135
宁波市志愿服务条例 …… 135
黑龙江省志愿服务条例 …… 135
上海市募捐条例 …… 136
湖南省志愿服务条例 …… 136
珠海经济特区志愿服务条例 …… 137
合肥市志愿服务条例 …… 137
三、全国性政策文件 …… 137
关于学习推广团北京市委开展综合包户服务经验的通知 …… 137
关于印发《全国城市社区服务工作经验交流会议纪要》的通知 …… 138
关于加快发展社区服务业的意见 …… 138
在建立社会主义市场经济体制进程中我国青年工作战略发展规划 …… 139
关于实施“中国青年志愿者‘一助一’长期服务计划”的意见 …… 140
关于开展“青年扶贫开发志愿行动”的通知 …… 140
关于进一步开展社区服务志愿者活动的通知 …… 141
关于成立中国大中学生志愿服务总队的决定 …… 141
关于深入开展“大学生志愿者社区援助”的意见 …… 141
关于建立青年志愿服务站若干问题的意见 …… 142
关于青年志愿者为大型活动提供志愿服务的暂行规定 …… 142
关于青年志愿者参加抢险救灾的暂行规定 …… 143
关于加强青年志愿者规范管理的暂行规定 …… 143

中国青年志愿者行动评选表彰工作条例（试行） …… 143
关于加强城市社区精神文明建设，开展创建“青年文明社区”活动的意见 …… 144
关于进一步深化青年志愿者助残活动的意见 …… 144
关于开展大中学生志愿者暑期文化科技卫生“三下乡”活动的通知 …… 145
关于实施青年志愿者扶贫接力计划有关政策的意见 …… 145
关于开展“保护母亲河行动”的意见 …… 145
关于大力开展中国大中专学生志愿者暑期文化科技卫生“三下乡”活动的通知 …… 146
关于实施“新纪元志愿服务计划”的通知 …… 146
关于以创建青年志愿者服务站为重点，全面推进中国青年志愿者社区发展计划的通知 …… 146
关于发展壮大“中华巾帼志愿者”队伍的意见 …… 147
关于开展科教、文体、法律、卫生“四进社区”活动的通知 …… 147
关于实施“志愿者为老服务金晖行动”的意见 …… 148
关于开展“百万青年志愿者助残行动”的通知 …… 148
中国青年志愿者注册管理办法（试行） …… 148
关于实施法律援助志愿者服务计划的通知 …… 149
关于实施大学生志愿服务西部计划的通知 …… 149
关于实施“百县千乡宣传文化工程”志愿服务行动的通知 …… 150
关于开展中学生暑假“四个一”社会实践活动的通知 …… 150
关于实施“爱心助成长”志愿服务计划的通知 …… 151
民间非营利组织会计制度 …… 151
关于开展“残疾孤儿手术康复明天计划”志愿服务活动的通知 …… 151
关于进一步做好新形势下社区志愿服务工作的意见 …… 152
中国慈善事业发展指导纲要（2006—2010 年） …… 152
社区志愿服务与和谐社会杭州共识 …… 153
关于在农村基层广泛开展志愿服务活动的意见 …… 153
关于加强和改进社区服务工作的意见 …… 153
关于实施“社区志愿服务和谐行动”的意见 …… 154
关于组织开展高校毕业生到农村基层从事支教、支农、支医和扶贫工作的通知 …… 154
关于开展“手拉手关爱留守少年儿童”行动的通知 …… 155
援外青年志愿者招募、培训办法（暂行） …… 155
社区志愿服务团队管理办法（试行） …… 156
中国注册志愿者管理办法 …… 156
关于实施农村卫生志愿服务项目的通知（试行） …… 156
中国红十字志愿服务 2007—2010 年发展规划 …… 157
关于在全国城市推行社区志愿者注册制度的通知 …… 157

中国红十字志愿服务管理办法 …… 158
关于开展“关爱女孩青年志愿者行动”试点工作的通知 …… 158
关于深入开展“迎奥运讲文明树新风志愿服务行动”的实施方案 …… 158
关于开展“心手相连一家亲”志愿服务行动的通知 …… 159
中国消防志愿者行动实施意见 …… 159
关于深入开展志愿服务活动的意见 …… 160
关于在元旦春节期间组织开展社区志愿服务活动的通知 …… 160
大学生志愿服务西部计划志愿者管理办法（试行） …… 161
关于深入推进学生志愿服务活动的意见 …… 161
大学生志愿服务西部计划各级项目办和服务单位职责（试行） …… 162
关于广泛开展“迎世博讲文明树新风”志愿服务活动的通知 …… 162
关于广泛开展全民健身志愿服务活动的通知 …… 163
中国红十字基金会志愿者管理办法 …… 163
关于深入推进家庭志愿服务工作的意见 …… 164
关于开展“共青团关爱农民工子女志愿服务行动”的通知 …… 164
关于加强志愿助残工作的意见 …… 165
中国志愿服务基金会项目基金管理暂行办法 …… 165
关于加强和改进城市社区居委会建设工作的意见 …… 165
中国红十字事业 2010—2014 发展规划 …… 166
关于开展第八届中国青年志愿者优秀个人奖、组织奖、项目奖评选表彰活动的通知 …… 167
关于组织开展全国优秀志愿者和优秀志愿服务组织网上推荐活动的通知 …… 167
关于组织开展“春雨工程”——全国文化志愿者边疆行工作的通知 …… 167
中国慈善事业发展指导纲要（2011—2015 年） …… 168
关于充分发挥物业服务企业作用推进社区志愿服务活动的通知 …… 168
关于加强社会工作专业人才队伍建设的意见 …… 169
社区服务体系建设规划（2011—2015 年） …… 169
关于加强和完善基金会注册会计师审计制度的通知 …… 169
关于组织开展“关爱自然、义务植树”志愿服务大行动的通知 …… 170
关于深入开展学雷锋活动的意见 …… 170
全国志愿服务工作测评体系（试行） …… 171
关于组织开展“关爱他人——爱幼助残志愿服务行动”的通知 …… 171
关于促进红十字事业发展的意见 …… 172
关于开展全国优秀志愿服务项目与志愿者工作案例评选活动的通知 …… 172
关于广泛开展基层文化志愿服务活动的意见 …… 173
关于开展志愿服务记录制度试点工作的通知 …… 173

中国红十字志愿服务管理办法 …… 174
四、地方性政策文件 …… 174
关于纪念学雷锋题词30周年，深入开展学雷锋活动的通知 …… 174
北京青春奥运行动规划 …… 174
北京市红十字会关于红十字志愿者管理办法（试行） …… 175
新疆生产建设兵团红十字志愿工作者管理办法 …… 175
辽宁省红十字志愿者管理办法（试行） …… 175
北京奥运会、残奥会社会志愿者总体运行方案 …… 175
河南省红十字志愿服务管理办法 …… 176
浙江省红十字志愿服务管理办法（试行） …… 176
山西省红十字志愿服务实施办法 …… 176
关于进一步加强和改进志愿者工作的意见 …… 177
北京市红十字会实施《北京市志愿服务促进条例》办法（试行） …… 177
北京市志愿者管理办法（试行） …… 178
贵州省红十字志愿服务实施办法 …… 178
江苏省红十字志愿者管理办法 …… 178
广西壮族自治区红十字志愿服务管理办法 …… 178
关于开展党员志愿者服务活动的指导意见 …… 179
关于组织共产党员共青团员进社区开展志愿为民服务活动的意见 …… 179
安徽省红十字志愿服务管理办法 …… 179
西藏志愿服务管理办法（试行） …… 180
关于征集省直机关党员志愿者服务队名称和标识的通知 …… 180
北京市应急志愿者管理暂行办法 …… 180
五、港澳台地区法规文件 …… 181
社会工作者注册条例 …… 181
社团条例 …… 181
“行政院文化建设委员会”表扬文化机关（构）绩优义工办法 …… 181
志愿服务法 …… 182
志愿服务证及服务纪录册管理办法 …… 182
志工伦理守则 …… 182
协助执行灾害防救工作民间志愿组织认证办法 …… 183
志愿服务奖励办法 …… 183
卫生保健志愿服务奖励办法 …… 183
公益劝募条例 …… 184
义勇消防组织编组训练演习服勤办法 …… 184

六、国际性文件及其他国家法规文件 …… 184
联合国大会 A/RES/52/17 号决议 …… 184
联合国大会 S—24/2 号决议 …… 185
联合国大会 A/RES/55/57 号决议 …… 185
《全球志愿者宣言》（2001 年 1 月） …… 185
社会发展委员会 E/CN. 5/2001/6 号决议 …… 186
《志愿服务国际会议北京宣言》（2002 年 5 月 28 日） …… 186
济贫法（英国） …… 186
社团登记法（印度） …… 187
志愿组织社团法（法国） …… 187
财团法（芬兰） …… 187
慈善信托法（英国） …… 188
国内志愿服务法（美国） …… 188
社会团体法（印度尼西亚） …… 188
志愿服务法（巴西） …… 189
全国与社区服务技艺增订法（美国） …… 189
民间社团法（乌克兰） …… 189
全美服务信任法案（美国） …… 190
马丁·路德·金假日和服务法 …… 190
慈善活动和慈善组织法（俄罗斯） …… 190
公益法人法（捷克） …… 191
非营利组织法（俄罗斯） …… 191
志愿服务法（西班牙） …… 192
财团法（爱沙尼亚） …… 192
非营利社团法（爱沙尼亚） …… 193
志愿者保护法（美国） …… 193
非营利组织法（南非） …… 194
公益组织法（匈牙利） …… 194
特定非营利性活动促进法（日本） …… 195
非商业组织法（吉尔吉斯斯坦） …… 195
非营利法人法（保加利亚） …… 196
志愿服务法（罗马尼亚） …… 196
财团法（印度尼西亚） …… 197
公共组织法（亚美尼亚） …… 197
志愿工作法（加拿大） …… 197

社团法（奥地利） …… 198
志愿服务法（捷克） …… 198
公益活动及志愿制度法（波兰） …… 199
社团组织、运作及管理规章（越南） …… 199
慈善法（英国） …… 200
志愿服务法（克罗地亚） …… 200
志愿者法（菲律宾） …… 201
爱德华·肯尼迪服务美国法（美国） …… 201
社团法（新加坡） …… 202
慈善法（亚美尼亚） …… 202
社团法（波兰） …… 203
服务美国法（美国） …… 203

第四部分　组　织

一、全国综合性组织 …… 204
中国青年志愿者协会 …… 204
中华慈善总会 …… 204
中华义工网 …… 204
NPP 新公益伙伴 …… 205
中国志愿服务基金会 …… 205
中华志愿者协会 …… 205
中国社会工作协会志愿者工作委员会 …… 206
二、全国性专业型组织 …… 206
中国文艺志愿者协会 …… 206
中华环保联合会 …… 206
中国红十字青少年志愿服务总队 …… 207
随手公益基金 …… 207
三、高校及研究组织 …… 207
东北师范大学天地人环保志愿者协会 …… 207
北京大学爱心社 …… 208
北京师范大学白鸽青年志愿者协会 …… 208
四川大学青年志愿者服务总队 …… 208
南开大学青年志愿者协会 …… 209
上海师范大学爱心学校 …… 209

中国人民大学青年志愿者协会 …… 209
中国政法大学青年志愿者协会 …… 209
清华大学学生紫荆志愿者服务总队 …… 210
西北工业大学星星火环保志愿者协会 …… 210
中国传媒大学青年志愿者协会 …… 210
武汉大学青年志愿者协会 …… 211
西藏农牧学院青年志愿者服务总队 …… 211
首都大学生环保志愿者协会 …… 211
北京大学志愿服务与社会福利研究中心 …… 212
北京中医药大学岐黄志愿者协会 …… 212
内蒙古大学绿色先锋环保志愿者协会 …… 212
陕西省西京志愿者服务队 …… 213
北京师范大学壹基金公益研究院 …… 213
北京志愿服务发展研究会 …… 213
上海师范大学慈善与志愿服务研究中心 …… 213
中山大学青年志愿者协会 …… 214
上海外国语大学青年志愿者服务总队 …… 214
云南民族大学青年志愿者协会 …… 214
四、地方性综合类组织 …… 214
北京市宣武区青年志愿服务总队 …… 214
深圳市义工联合会 …… 215
北京市志愿者联合会 …… 215
佛山市青年志愿者（义务工作者）协会 …… 216
湖北志愿者协会 …… 216
长沙市青年志愿者联合会 …… 216
辽宁省青年志愿者协会 …… 216
杭州市志愿者协会 …… 217
广州市青年志愿者协会 …… 217
泉州市青年志愿者协会 …… 217
成都青年志愿者协会 …… 218
湖北省武汉市武昌区吴天祥小组志愿者联合会 …… 218
徐州新风志愿者服务总队 …… 219
上海市志愿者协会 …… 219
河北省丰润县三帮青年志愿者服务站 …… 219
四川绵竹青年志愿者协会 …… 219

泉城义工 …… 220
黑龙江省大庆市爱心传递志愿者协会 …… 220
天津市阳光义工爱心社 …… 220
福建省青年志愿者协会 …… 221
广东省志愿者联合会 …… 221
新疆维吾尔自治区克拉玛依义工志愿者联合会 …… 221
河南省志愿者联合会 …… 222
北京志愿服务基金会 …… 222
江苏省扬州新闻女生志愿服务团 …… 222
重庆市爱心志愿者总队 …… 222
西藏自治区狮泉河海关学雷锋志愿服务队 …… 223
贵州省遵义市社会义工协会 …… 223
浙江省海宁市慈善总会义工委员会 …… 223
福建省石狮市志愿者联合会 …… 223
河南省洛阳市志愿者联合会 …… 224
吉林省长春市净月开发区永兴街道志愿者协会 …… 224
五、地方性专业性组织 …… 224
广东省广州市中学生心声热线电话 …… 224
北京红枫妇女心理咨询服务中心 …… 224
天津和平区新兴街志愿者协会 …… 225
福建省同人助残志愿服务中心 …… 225
福建省南阳义务消防队 …… 225
盘锦市黑嘴鸥保护协会 …… 226
江苏省南京市“陶老师”工作站心理辅导志愿服务队 …… 226
星星雨 …… 226
自然之友 …… 227
湖北省十堰市青年志愿者 CPR 救护队 …… 227
绿色江河 …… 227
绿家园志愿者 …… 227
北京地球村 …… 228
陕西省妈妈环保志愿者协会 …… 228
衡水市地球女儿环保志愿者协会 …… 228
农家女学校 …… 228
安徽省徐辉假日服务小分队 …… 229
天津绿色之友 …… 229

绿色浙江……229
北京市太阳村特殊儿童救助研究中心……230
绿眼睛环保组织……230
北京市公共文明引导员总队……230
新乡市环境保护志愿者协会……230
河南省开封市绿色家园青年志愿者协会……231
大连市环保志愿者协会……231
北京惠泽人咨询服务中心……231
辽宁省环保志愿者联合会……232
沈阳市白鸽青年志愿者图书银行……232
上海市地铁志愿服务总队……232
苏州反扒志愿者大队……232
“阳光爱心”青年志愿者网站……233
福建省环保志愿者协会……233
社区参与行动服务中心……233
河北省廊坊市出租车爱心车队……234
攀枝花市援助少年儿童志愿者协会……234
瓷娃娃关怀协会……234
蓝丝带海洋保护协会……234
北京市永善社区市民劝导队……234
中国南丁格尔志愿护理服务总队……235
陕西省红凤工程志愿者协会……235
绿驼铃……235
三江源生态环境保护协会……236
重庆两江志愿服务发展中心……236
广东省文化志愿者总队……236
六、企业志愿服务组织……236
安徽省合肥市供电公司邓玲青年志愿者服务队……236
上海电气青年志愿者服务总队……237
国家电网四川电力公司共产党员志愿服务队……237
山东省淄博市供电公司“善小”志愿者协会……237
北京公交青年志愿者服务队……238
湖南三一重工集团抗震救灾志愿服务队……238
拜耳志愿者协会……238
中国移动志愿者协会……238

友成志愿者支持中心 …… 238
百度志愿者协会 …… 239
中国惠普志愿者协会 …… 239
IBM 志愿者协会 …… 239
和众泽益志愿服务中心 …… 239
ICT 专业志愿者联盟 …… 239
北京外企志愿者协会 …… 240
安徽省大爱中环志愿服务团 …… 240
七、港澳台地区组织 …… 240
香港青年协会 …… 240
慈济功德会 …… 240
香港义工发展局 …… 241
澳门义工协会 …… 241
中华社会福利联合劝募协会 …… 241
“中华民国”志愿服务协会 …… 242
新北市志愿服务推广中心 …… 242
台湾荒野保护协会 …… 242
香港青年协进会 …… 243
桃园志工全球咨询网 …… 243
台湾公益资讯中心 …… 243
澳门志愿者总会 …… 243
台北市小区暨志愿服务推广中心 …… 243
高雄市政府社会局志工资源中心 …… 244
八、国际组织 …… 244
英国救助儿童会 …… 244
英格兰志愿组织理事会 …… 244
国际民众服务组织 …… 244
乐施会 …… 244
国际志愿服务协调委员会 …… 245
世界宣明会 …… 245
英国社区服务志愿人员组织 …… 245
日本海外合作志愿人员组织 …… 246
德国自然保护联合会 …… 246
美国环保协会 …… 246
挪威公民社会与志愿部门研究中心 …… 246

国际志工协会 …… 247
联合国志愿人员组织 …… 247
国际地球之友 …… 247
无国界医生 …… 248
非营利组织和志愿行动研究协会 …… 248
博茨瓦纳劳动营协会 …… 248
英国海外志愿服务社 …… 248
志愿昆士兰 …… 249
全球志愿者 …… 249
罗马尼亚国家志愿者中心 …… 249
瑞尔森大学志愿部门研究中心 …… 249
绿色和平 …… 250
英国谢菲尔德哈勒姆大学志愿行动研究中心 …… 250
卡尔顿大学志愿部门研究与发展中心 …… 250
新加坡全国志愿和慈善中心 …… 250
美国河流守望者联盟 …… 251
未来林 …… 251
全球消除贫困联盟 …… 251
国际志愿者总部 …… 251
英格兰志愿服务组织 …… 251
英国阿斯顿大学志愿行动研究中心 …… 252
欧洲志工中心 …… 252
连氏援助组织 …… 252
国际奥比斯组织 …… 252
国际小母牛组织 …… 252
美国国家和社区服务组织 …… 253
菲律宾国家志愿服务协调局 …… 253

第五部分　项　目

一、全国项目 …… 254
全国总工会“送温暖”帮扶 …… 254
青年志愿者社区发展计划 …… 254
铁路青年志愿服务 …… 254
“一助一”长期结对服务计划 …… 254

大中专学生志愿者暑期文化科技卫生“三下乡” …… 255
18 岁成人仪式教育 …… 255
中国青年志愿者扶贫接力计划 …… 255
“保护母亲河”中国青年志愿者绿色行动营计划 …… 255
阳光骨髓库项目 …… 256
青年志愿者海外服务计划 …… 256
国际志愿者年志愿服务项目系列 …… 256
大朋友 …… 257
银龄行动 …… 257
大学生志愿服务西部计划全国项目 …… 257
大学生志愿服务西部计划地方项目 …… 257
西部阳光行动 …… 258
医疗志愿服务 …… 258
社区巡逻志愿者 …… 258
为了明天——预防青少年违法犯罪工程 …… 258
应急志愿服务行动 …… 259
关爱女孩青年志愿者行动 …… 259
为志愿而教 …… 259
青年志愿者绿色环保志愿服务 …… 259
爱飞翔·乡村教师培训 …… 260
爱心家园助学支教 …… 260
“天使妈妈”孤残儿童救助 …… 260
新公民之友 …… 260
5·12 心灵守望计划 …… 261
中国消防志愿者行动 …… 261
“我要爱”大型灾后心理援助 …… 261
汶川地震紧急救援和灾后重建 …… 261
全国妇联家庭志愿者 …… 262
友成扶贫志愿者行动 …… 262
保护国土资源青年志愿者行动 …… 262
为中国而教 …… 263
“点亮希望”心灵陪伴行动 …… 263
“1+1”中国法律援助志愿者行动 …… 263
中美青年联合教育实践 …… 263
青春驿站社工动员志愿者帮教重点青少年 …… 264

彩虹支教计划 …… 264
百万空巢老人关爱志愿服务行动 …… 264
雷锋号创建活动 …… 264
共青团尊老爱幼志愿服务 …… 265
长期照护全国联盟 …… 265
中华巾帼志愿者 …… 265
“梦想课堂”计划 …… 265
关爱农民工子女志愿服务行动 …… 265
我为祖国测空气 …… 266
友成常青义教 …… 266
关爱农民工 …… 266
快乐运动 …… 266
免费午餐 …… 267
春雨工程 …… 267
随手拍照解救乞讨儿童 …… 267
中央文明办“三关爱” …… 268
全国助残志愿服务行动 …… 268
学雷锋综合包户 …… 268
二、地方项目 …… 268
青年健康使者火炬行动 …… 268
“大医博爱”志愿服务 …… 269
首都大学毕业生基层志愿服务团 …… 269
晚缘 …… 269
心目影院 …… 269
北京奥运会、残奥会志愿服务 …… 270
掘美行动 …… 270
乐水行 …… 270
平民电脑学校项目 …… 271
艾滋病患者同伴教育员公益小组 …… 271
蓝立方志愿服务计划 …… 271
邻里驿站 …… 271
蓝天行动 …… 271
北京地区博物馆志愿者服务平台 …… 272
“救在身边”应急志愿服务 …… 272
国庆群众游行志愿者服务 …… 272

2010 年第 29 届世界音乐教育大会志愿服务…… 273
2010 年北京首届世界武搏运动会志愿服务 …… 273
世纪公益法律热线…… 273
陪伴成长计划 …… 274
“青苗计划”社区义工服务项目 …… 274
社区家园行动 …… 274
春风行动 …… 275
毛主席纪念堂志愿服务…… 275
绿色联盟 …… 275
阳光阶梯计划 …… 275
公园之友 …… 275
白衣天使行动 …… 276
“青春伴夕阳” …… 276
青春梦想同龄同行…… 276
2013 年第九届中国（北京）国际园林博览会志愿服务 …… 276
单亲母亲阳光家园…… 277
中国吴桥国际杂技节青年志愿服务 …… 277
“小手拉大手，共走成长路”志愿服务行动 …… 277
校外交通疏导站“为孩子们送去平安” …… 277
红细胞工程 …… 278
“牵手向阳花”爱心助学行动 …… 278
老年乐园 …… 278
中国 2010 年上海世界博览会志愿服务…… 278
梦想教练计划 …… 278
药物滥用人员家庭辅导学苑 …… 279
杏林义工 …… 279
癌症患者互助康复志愿服务 …… 279
“生命志愿者”行动 …… 279
连云港市大学生无偿献血志愿服务 …… 280
捐出一张废纸，奉献一片爱心 …… 280
志愿者激励增能 …… 280
我时尚，我公益…… 280
流动人口社区教育探访服务 …… 281
我为幸福加 1℃ …… 281
咸土地与绿色同行…… 281

"传澄西部"爱心公益 …… 281
快乐大篷车 …… 282
"十元百分爱"青春公益行动 …… 282
关爱农村留守儿童"小饭桌计划" …… 282
希望来吧 …… 282
青苗音乐教室活动 …… 282
绿色浙江气候 …… 283
"百家团委助百户"活动 …… 283
"阳光太太亲善"志愿者服务 …… 283
国际红十字日志愿护理服务进农村义诊 …… 283
全国运动会志愿服务 …… 284
"311"类家庭关爱空巢老人 …… 284
"微笑成长营"行动 …… 284
"微笑吧"志愿服务行动 …… 285
"管得宽"志愿服务 …… 285
七彩雷锋日 …… 285
募师支教爱心活动 …… 285
好友营支教 …… 285
2010年广州亚洲运动会、亚洲残疾人运动会志愿服务 …… 285
绿荫妇女热线 …… 286
鹦哥岭青年团队志愿服务 …… 286
爱心奉献、关爱夕阳 …… 286
教育重建 …… 286
科技重建 …… 287
公益银行 …… 287
微笑小屋 …… 287
贵州志愿者阳光公益平台 …… 288
志愿者以外展方式探索对城市社区流动儿童的社区服务 …… 288
雅安芦山抗震救灾 …… 288
"边关儿女情系阿里，神山圣湖更加美丽"环保公益活动 …… 288
"百万家庭义务植树绿染三秦"活动 …… 289
支持关注中国荒漠化志愿者网络在若尔盖湿地推行沙化环境教育与草根能力建设 …… 289
格桑花助学 …… 289
公益周末聚 …… 289
三、港澳台地区项目 …… 290

农村发展与灾害管理 …… 290
被虐妇女救助 …… 290
希望学校计划 …… 290
城市生计服务 …… 291
关心一线 …… 291
青年义工网络 …… 291
专才义工网 …… 291
艾滋病防治 …… 292
5·12 地震伤员康复 …… 292
BTP 志行会 …… 292
澳门红十字会青年团 …… 293
慈济光明行动 …… 293
垃圾变爱心 …… 293
救生教育 …… 293
爱传承关怀公益演唱会 …… 293
彩虹生命教育 …… 294
四、国际项目 …… 294
通过 2008 年北京奥运会促进中国志愿服务发展 …… 294
志愿者国际交流 …… 294
日本东京海上中国青少年发展支援 …… 294
外出务工人员子女培训志愿服务试点专题项目 …… 295
促进上海与云南省区域发展加强志愿服务合作项目 …… 295
NGO 能力建设——志愿者中心 …… 295
中国专业志愿服务发展项目 …… 295
通过公民参与、地区及国际合作加强北京志愿服务发展 …… 296
中国青少年健康促进志愿服务 …… 296
中国志愿服务博览会 …… 296

第六部分　人　物

一、优秀志愿者 …… 298
艾晓帆 …… 298
安丽清 …… 298
白春海 …… 298
白玛龙珍 …… 298

白萍 …… 298
白琪文 …… 299
柏万青 …… 299
卜一峰 …… 299
曹亮 …… 299
陈波 …… 300
陈春晓 …… 300
陈光 …… 300
陈树菊 …… 300
陈光标 …… 300
陈莉萍 …… 301
陈立新 …… 301
陈思 …… 301
陈苏 …… 301
陈为强 …… 302
陈岩 …… 302
陈媛 …… 302
陈允广 …… 302
陈占国 …… 303
程新如 …… 303
丛飞 …… 303
崔永元 …… 303
崔宇 …… 303
达哇太 …… 304
邓玲 …… 304
邓榕 …… 304
丁兆瑞 …… 304
董明 …… 304
窦珍 …… 305
冯艾 …… 305
冯家辉 …… 305
冯家健 …… 306
冯勇 …… 306
付澌泉 …… 306
傅强 …… 306

尕让尼玛 …… 306
高富浪 …… 307
盖宾杰 …… 307
谷秀献 …… 307
谷雨 …… 307
顾雅娟 …… 308
郭昊东 …… 308
郭洪 …… 308
郭明义 …… 308
郭涛 …… 309
韩崧 …… 309
韩伟 …… 309
寒星 …… 309
贺金林 …… 310
洪云飞 …… 310
洪泽 …… 310
侯海清 …… 310
胡巧致 …… 310
胡夏枫 …… 310
胡雅丽 …… 311
胡艳萍 …… 311
黄成德 …… 311
黄福荣 …… 311
黄家焱 …… 312
黄屡灿 …… 312
黄小清 …… 312
霍庆海 …… 312
纪弘民 …… 313
姜宝成 …… 313
姜炳耀 …… 313
姜轩发 …… 313
姜勇 …… 313
蒋小飞 …… 313
康磊 …… 314
孔媛媛 …… 314

兰廷伍 …… 314
兰万里 …… 314
雷建威 …… 315
黎敏兰 …… 315
李郴 …… 315
李德刚 …… 315
李冬靖 …… 315
李贡乔 …… 316
李海燕 …… 316
李红新 …… 316
李柳青 …… 316
李森 …… 316
李伟 …… 317
李汶凯 …… 317
李祥军 …… 317
李欣然 …… 317
李银玲 …… 318
李颖 …… 318
李永 …… 318
李政 …… 318
厉莉 …… 318
梁雪安 …… 319
林丽华 …… 319
林瑞班 …… 319
林义平 …… 319
刘长城 …… 319
刘崇和 …… 320
刘华 …… 320
刘吉辉 …… 320
刘建伟 …… 321
刘健 …… 321
刘平 …… 321
刘蓉 …… 321
刘瑞 …… 321
刘淑芹 …… 321

刘兴刈 …… 322
刘阳 …… 322
刘英俊 …… 322
刘正琛 …… 322
罗丹 …… 322
罗效民 …… 323
马广超 …… 323
马海军 …… 323
马学璐 …… 323
麦汉楷 …… 323
买买提明·日杰甫 …… 324
毛艳 …… 324
孟繁英 …… 324
孟庆华 …… 324
缪海洪 …… 324
莫锋 …… 324
宁克江 …… 325
潘德邻 …… 325
裴承贤 …… 325
彭明生 …… 325
彭镇秋 …… 326
钱琨 …… 326
乔华中 …… 326
秦希燕 …… 326
任抗战 …… 327
任耀光 …… 327
沈崇艳 …… 327
沈晓理 …… 327
谌永业 …… 327
施展 …… 328
司文喆 …… 328
宋桂华 …… 328
宋丽萍 …… 328
宋美录 …… 329
宋志永 …… 329

苏炳灿 …… 329
苏大伟 …… 329
孙丁财 …… 329
孙越 …… 330
孙克武 …… 330
孙雅艳 …… 330
孙延丰 …… 330
孙影 …… 330
汤震、佘承艳夫妇 …… 331
唐博凯 …… 331
唐磊 …… 331
唐先华 …… 331
陶智雄 …… 331
万涵英 …… 332
万英 …… 332
汪昭华 …… 332
王波 …… 332
王达佳 …… 333
王东育 …… 333
王国庆 …… 333
王浩 …… 333
王宏伟 …… 334
王虹霞 …… 334
王辉 …… 334
王嘉健 …… 334
王建国 …… 334
王静 …… 335
王兰花 …… 335
王莉 …… 335
王青松 …… 335
王莎 …… 335
王素娟 …… 336
王文清 …… 336
王文忠 …… 336
王相亚 …… 336

王晓明 …… 336
王晓萍 …… 337
王新航 …… 337
王星焱 …… 337
王秀敏 …… 338
王一硕 …… 338
王远峰 …… 338
王自新 …… 338
韦昌飞 …… 339
魏刚 …… 339
魏继中 …… 339
魏钦海 …… 339
翁长庆 …… 339
吴天祥 …… 340
吴岩兴 …… 340
吴耀环 …… 340
吴渝 …… 340
武振杰 …… 341
夏米力·夏克尔 …… 341
谢长江 …… 341
谢重新 …… 341
熊国柱 …… 341
熊宁 …… 342
徐本禹 …… 342
徐尔铸 …… 342
许朝山 …… 343
许振珊 …… 343
亚力坤·奥斯曼 …… 343
严意娜 …… 343
杨冬梅 …… 343
杨浩然 …… 344
杨明媚 …… 344
叶榄 …… 344
叶明 …… 344
叶如陵 …… 345

尹春龙 …… 345
尹建敏 …… 345
尹维增 …… 345
于海波 …… 346
余洪芝 …… 346
余新慧 …… 346
余瑶 …… 346
虞德才 …… 347
袁日涉 …… 347
袁正平 …… 347
运建立 …… 347
泽仁娜姆 …… 348
曾敏杰 …… 348
曾世逸 …… 348
曾鑫 …… 348
张宝艳 …… 349
张大诺 …… 349
张更大 …… 349
张海峰 …… 349
张海桥 …… 350
张惠 …… 350
张静 …… 350
张坤 …… 350
张平宜 …… 351
张兰香 …… 351
张立国 …… 351
张立中 …… 351
张启龙 …… 351
张秋文 …… 352
张瑞平 …… 352
张艳红 …… 352
张耀明 …… 352
张轶超 …… 353
张毅 …… 353
张云峰 …… 353

张志勇 …… 353
章欢芳 …… 353
章全媛 …… 354
赵翠娥 …… 354
赵培峰 …… 354
赵渭忠 …… 355
赵小亭 …… 355
赵言民 …… 355
者连成 …… 355
郑方 …… 355
郑复生 …… 356
周俊范 …… 356
周小华 …… 356
周毅 …… 356
朱昌藏 …… 357
朱朝枝 …… 357
朱坚 …… 357
朱贤明 …… 358
卓先顺 …… 358
邹德凤 …… 358
左继豪 …… 358
二、志愿服务研究专家学者 …… 359
陈金贵 …… 359
陈涛 …… 359
陈武雄 …… 359
丁元竹 …… 359
冯燕 …… 360
江汛清 …… 360
李从正 …… 360
李家华 …… 360
李凌 …… 361
梁绿琦 …… 361
莫于川 …… 361
彭华民 …… 361
陆士桢 …… 362

沈杰 …… 362
孙葆丽 …… 362
谭建光 …… 363
田科武 …… 363
王育 …… 364
魏娜 …… 364
岳经纶 …… 364
曾华源 …… 364
翟雁 …… 365
张网成 …… 365
张晓红 …… 365
张英阵 …… 366
三、国际志愿服务研究专家学者 …… 366
科林·罗彻斯特 …… 366
贾斯汀·大卫·史密斯 …… 366
于尔根·格罗茨 …… 367
大卫·亨顿·史密斯 …… 367
菲米达·汉蒂 …… 367
约翰·威尔逊 …… 367
莱斯特·M. 萨拉蒙 …… 367
郭超 …… 368
苏珊·迈克尔·让培 …… 368
马克·A. 缪其克 …… 368
杰弗里·L. 布兰迪 …… 368
卢卡斯·迈耶斯 …… 368

第七部分 事　件

北京大栅栏地区的“综合包户”服务网建立 …… 369
广州诞生志愿者服务热线 …… 369
天津诞生社区志愿服务团体 …… 369
深圳注册志愿者社团诞生 …… 369
广东佛山市诞生“义工团” …… 370
高校学生志愿服务社团成立 …… 370
共青团全会提出青年志愿者工作意见 …… 370

北京志愿者协会成立 …… 370
铁路青年打出“青年志愿者”旗帜 …… 371
中国青年志愿者服务队授旗 …… 371
中国青年志愿者“一助一”服务计划实施 …… 371
中国大中学生志愿服务总队成立 …… 371
中国青年志愿者协会成立 …… 372
中国青年志愿者标志产生 …… 372
中国青年志愿者扶贫接力计划启动 …… 372
“绿家园志愿者”环保活动 …… 372
“金圣青年志愿服务基金”设立 …… 373
大中学生志愿暑期“三下乡”启动 …… 373
江泽民为青年志愿者行动题词 …… 373
胡锦涛会见青年志愿者代表 …… 373
中国社区服务志愿者活动十年论证会 …… 374
志愿者绿色行动营计划启动 …… 374
青年志愿服务法规颁布 …… 374
中日友好沙漠绿化行动志愿者誓师大会 …… 374
志愿者扶贫接力计划首届支教团出征 …… 374
中外志愿者共庆“国际志愿者日” …… 375
江泽民对青年志愿者行动做出批示 …… 375
中国青年志愿服务颁发奖章 …… 375
“新纪元志愿服务计划”实施 …… 375
中国青年志愿者服务日确立 …… 376
少先队员“志愿者军团”北京林奠基 …… 376
中国青年志愿者社区发展计划启动 …… 376
全国青联志愿者艺术团组团演出 …… 376
首都大学生第21届世界大学生运动会彩虹志愿者场馆服务签约仪式举行 …… 377
全国推行注册志愿者制度 …… 377
北京申奥志愿服务团成立暨青年志愿者行动表彰大会举行 …… 377
北京社区禁毒志愿者总队成立 …… 378
“中华巾帼志愿者”举行授旗仪式 …… 378
中国2001国际志愿者委员会成立 …… 378
“国际志愿者年”庆祝大会举行 …… 379
青年志愿者海外服务计划启动 …… 379
国际志愿服务会议通过《北京宣言》 …… 379

中国男性反家暴志愿小组成立 …… 379
“法律援助志愿服务计划”启动 …… 380
全国抗击非典“志愿者爱心包”捐赠活动启动 …… 380
“大学生志愿服务西部计划”启动 …… 380
志愿服务成为广州市成人宣誓条件 …… 380
中国青年志愿者行动实施十周年座谈会 …… 380
志愿者行动十年《中国青年报》发表专文 …… 381
“爱心助成长志愿服务计划”启动 …… 381
志愿者重走长征路 …… 381
世界减灾会议——志愿者公共论坛设立 …… 381
中国社会工作协会社区志愿者工作委员会成立 …… 382
高校青年志愿者禁毒团体成立 …… 382
“明天计划”志愿服务启动 …… 382
北京奥运会志愿者项目启动 …… 382
胡锦涛对志愿服务西部计划做出指示 …… 383
中国志愿者赴非洲服务 …… 383
白血病患儿青年志愿者网站成立 …… 383
吉林少先队志愿辅导员协会成立 …… 383
深圳设立“义工服务市长奖” …… 383
北京奥运会、残奥会赛会志愿者招募启动仪式 …… 384
胡锦涛就青年志愿者赴非讲话 …… 384
胡锦涛看望赴老挝志愿者服务队 …… 384
《中国注册志愿者管理办法》颁布 …… 384
北京奥运志愿“微笑圈”发布仪式 …… 385
“青年志愿者敬老服务月”启动 …… 385
胡锦涛对海外志愿者来信做出批示 …… 385
中国志愿者赴拉美 …… 385
志愿者心理健康问题被关注 …… 386
北京奥运会促进中国志愿者服务发展合作项目通过 …… 386
北京奥运会倒计时一周年志愿者誓师大会举行 …… 386
习近平会见沪志愿者代表强调发扬光大志愿者精神 …… 386
广东政府购买志愿服务 …… 387
联合国秘书长潘基文寄语中国志愿者 …… 387
《北京市志愿服务促进条例》实施 …… 387
民政部全国社区志愿者注册工作视频会议 …… 387

北京奥运会京外赛区志愿者工作联席会议 …… 387
北京举行春节主题活动慰问奥运志愿者和建设者 …… 388
浙江为“志愿者日”立法…… 388
网络卡通注册志愿者诞生 …… 388
佛山政府为注册志愿者投保…… 388
中学生志愿服务总队成立…… 388
习近平出席奥运志愿者誓师大会 …… 389
北京奥运会志愿者总团正式成立 …… 389
青年志愿者普法行动启动…… 389
成都青年志愿者赴灾区抗震救灾 …… 390
贵州省组建抗震救灾医疗志愿者服务队 …… 390
汶川抗震救援中出现机械化志愿者队伍 …… 390
四川启动抗震救灾“黄丝带行动” …… 390
北京青年医疗卫生志愿者抗震救灾服务队赴灾区 …… 390
汶川抗震中出现农民志愿者小分队 …… 391
通讯行业企业员工志愿者组织成立 …… 391
习近平会见奥运会、残奥会香港代表团成员和志愿者、义工代表…… 391
团中央表彰第七届中国十大杰出志愿者、中国十大杰出志愿服务集体等先进个人和集体 …… 391
中国消防志愿者行动启动…… 392
北京志愿者协会获“联合国卓越志愿服务组织奖” …… 392
志愿者雕塑永久矗立奥林匹克公园 …… 392
“中国消防志愿者行动”指导委员会第一次工作会议…… 393
胡锦涛出席奥运总结大会表彰志愿者 …… 393
中央文明委印发《关于深入开展志愿服务活动的意见》 …… 393
中共中央国务院中央军委表彰全国抗震救灾英雄集体和抗震救灾模范…… 393
北京将志愿服务记入学生成长记录 …… 394
一万名北京奥运会残奥会志愿者受到表彰 …… 394
四川省政府在全国范围表彰汶川的“抗震救灾模范”，首次单列“省外志愿者”群体 …… 394
高校普法专业志愿者团队成立…… 394
“奥运志愿者星”命名仪式举行 …… 395
广东省级志愿者联合会成立…… 395
中国红十字新闻宣传志愿服务总队成立 …… 395
河北团省委成立网络志愿者联盟 …… 396
北京出台《进一步加强和改进志愿者工作的意见》 …… 396
全国妇联家庭志愿者工作推进会 …… 396

农民工防艾志愿者上岗 …… 397
志愿服务成为学生综合素质评价指标 …… 397
大学生志愿服务西部计划专项行动推进会 …… 397
中国志愿服务基金会成立 …… 397
中国青年志愿者歌曲征集活动 …… 398
北京市应急志愿者队伍建设纳入政府预算 …… 398
大学生志愿服务西部计划专项调查 …… 398
胡锦涛参加首都防艾志愿者活动 …… 398
全国妇联印发《关于深入推进家庭志愿服务工作的意见》 …… 399
春运青年志愿者工作电视电话会议召开 …… 399
温商联盟志愿服务文明公益基金设立 …… 399
上海世博会首批学生志愿者上岗 …… 399
全国大学生志愿服务工作经验交流会召开 …… 400
共青团关爱农民工子女志愿服务行动启动 …… 400
中国志愿者参加“火星之旅” …… 400
十城市志愿者携手保护母亲河 …… 400
中国敬老志愿者培训启动 …… 401
北京城市志愿者公益银行成立 …… 401
“春雨工程”文化志愿者边疆行启动 …… 401
青海玉树全国抗震救灾总结表彰大会举行 …… 402
关爱农民工子女志愿服务行动工作推进会召开 …… 402
全国妇联征集评选巾帼志愿者标识 …… 402
广州亚运志愿者征集昵称 …… 402
北京认定专业志愿者队伍 …… 403
首届“中国志愿服务博览会”举办 …… 403
全国社区巾帼志愿服务行动计划启动 …… 403
“志愿北京　春风行动”青年志愿者服务北京铁路春运启动仪式 …… 403
中华志愿者协会筹备委员会工作会议召开与协会成立 …… 403
北京市志愿者使用统一宣誓词 …… 404
巾帼志愿服务专项基金启动 …… 404
北京志愿服务发展研究会成立 …… 404
中华慈善总会为学雷锋优秀志愿者颁奖 …… 404
医学专家志愿者队伍成立 …… 405
胡锦涛给研究生支教团成员回信 …… 405
志愿者成为社区居民事务青年理事 …… 405

北京法制宣传志愿者服务总队成立 …… 405
全国妇联召开巾帼志愿服务工作推进会议 …… 406
中国科技馆招募专家志愿者 …… 406
中华志愿者基金成立 …… 406
“弘扬雷锋精神 开展志愿服务”工作会议在京召开 …… 406
“巾帼志愿者在行动”全国启动 …… 407
深圳“志愿者之城”指标体系发布 …… 407
“三关爱”志愿服务活动启动 …… 407
中国文联文艺志愿服务活动启动 …… 407
中日海外志愿者召开圆桌对话会议 …… 408
四川成立全国第一支大学生民防志愿者队伍 …… 408
质量安全志愿服务活动启动 …… 408
民政部开展全国优秀志愿服务项目与志愿者工作案例评选活动 …… 408
习近平在京参加世界艾滋病日活动 …… 408
全国文化志愿服务工作会议召开 …… 409
中国红十字会对十大领域红十字志愿者进行表彰 …… 409
营口市中华文化传播志愿者协会成立 …… 409
国内第一部志愿服务领域译著《志愿者》出版 …… 410
习近平总书记鼓励青年参加志愿服务 …… 410

第八部分 文 献

《2008 残奥会志愿者培训理论与实践研究》 …… 411
《2008 微笑在北京：北京奥运会残奥会京外省区市赛会志愿者风采展示与工作实务》 …… 411
《2010 年中国社会组织理论研究文集》 …… 411
《志愿服务与发展》 …… 412
《奥运会志愿者管理研究》 …… 412
《澳大利亚非营利组织》 …… 412
《帮帮忙：义工管理求救指南》 …… 413
《北京 2008 年奥运会志愿者的组织管理模式与评价体系的研究》 …… 413
《北京奥运会观众服务志愿项目管理研究》 …… 413
《北京奥运会志愿者读本》 …… 414
《北京奥运志愿服务研究》 …… 414
《北京志愿服务模式研究》 …… 415
《北京志愿者手册（2008 版）》 …… 415

《博物馆志愿行为的理论与实践研究》 …… 416
《沉思我们的行——上海世博会园区志愿者工作研究论文集》 …… 416
《大学生志愿服务》 …… 416
《当代大学生志愿服务研究》 …… 417
《德国非营利组织》 …… 417
《非营利组织评估》 …… 417
《奉献历程——大学生志愿者能力素质提升工作优秀作品集（第三集）》 …… 418
《服务学习：社工督导志愿服务新模式》 …… 418
《公益和谐：青年组织开展社会公益事业的状况及发展研究》 …… 419
《公益性社会组织约束机制研究》 …… 419
《共青团关爱农民工子女志愿服务行动工作案例》 …… 420
《广州亚运会志愿服务文化遗产导论》 …… 420
《广州亚运会志愿服务研究》 …… 420
《国家应急志愿服务体系的模式选择与机制建设研究》 …… 421
《国外慈善法译汇》 …… 421
《国外非营利组织管理创新与启示》 …… 422
《国外非政府组织运作管理》 …… 422
《国外青年志愿服务活动概况》 …… 422
《海西志愿者行动》 …… 423
《和谐社会与慈善事业》 …… 423
《角色理论视角下的世博会志愿者》 …… 423
《近代中国慈善论稿》 …… 424
《禁毒青年志愿者培训手册》 …… 424
《经验·价值·影响——2008 北京奥运会、残奥会志愿者工作成果转化研究》 …… 424
《科普志愿者现状及对策研究》 …… 425
《马来西亚非政府组织研究》 …… 425
《民间组织蓝皮书——中国民间组织报告》 …… 426
《凝聚力量——香港非政府机构发展轨迹》 …… 426
《农村民间组织与中国农村发展：来自个案的经验》 …… 427
《亲历可可西里 10 年：志愿者讲述》 …… 427
《青春在西部闪光：大学生志愿服务西部计划实施五周年报告》 …… 428
《青年义工管理——从理论到实践》 …… 428
《青年志愿者行动工作手册》 …… 428
《散财之道——美国现代公益基金会评述》 …… 429
《社会工作与志愿服务关系研究》 …… 429

《社会志愿服务体系：中国志愿服务的“广东经验”》 …… 430
《社会志愿服务研究：以福建省为例》 …… 430
《社区参与与城市社区社会资本的培育》 …… 430
《社区志愿服务理论与实务》 …… 431
《他们在行动：中国志愿者纪实》 …… 431
《外国的志愿者》 …… 431
《外国非营利组织法译汇（二）》 …… 432
《微笑北京》 …… 432
《汶川地震公民行动报告——紧急救援中的NGO》 …… 432
《我们一起走过志愿者之路》 …… 433
《献血与志愿服务》 …… 433
《校园志愿服务教程》 …… 433
《新生活——广州亚运会、亚残运会志愿服务理念研究》 …… 434
《行动的力量——民间志愿组织实践逻辑研究》 …… 434
《亚运志愿全媒体——志愿服务传播新模式》 …… 434
《一个响亮的名字——志愿者》 …… 435
《义工管理实务》 …… 435
《英国非营利组织》 …… 436
《与世界同行：全球化下的志愿服务》 …… 436
《灾害应对中的社会管理创新》 …… 437
《灾难与救助：灾难管理中民间志愿者组织研究》 …… 437
《政府向社会组织购买公共服务研究：中国与全球经验分析》 …… 437
《政府与企业以外的现代化——中西公益事业史比较研究》 …… 438
《志工管理》 …… 438
《志愿北京：2005“志愿服务与人文奥运”国际论坛成果集》 …… 439
《志愿服务的理论与实务》 …… 439
《志愿服务概论》 …… 439
志愿服务工作100例 …… 440
《志愿服务理论与实践》 …… 440
《志愿服务理论与实践研究》 …… 440
《志愿服务理念与实务》 …… 441
《志愿服务体系研究 》 …… 441
《奥运 世博 亚运 志愿服务创造“中国精彩”》 …… 442
《志愿服务与和谐济南建设》 …… 442
《志愿服务与和谐社会——上海青年志愿者行动研究》 …… 442

《志愿服务与社区发展：上海城市社区志愿者活动研究报告》 …… 443
《志愿服务与义工建设》 …… 443
《志愿服务与志工管理：做快乐的志工及管理者》 …… 444
《志愿活动研究：类型、评价与管理》 …… 444
《志愿精神与和谐社会》 …… 444
《志愿人生——2004—2007 年度北京十大志愿者》 …… 445
《志愿社区：中国社区志愿服务研究》 …… 445
《中国青少年公益认知和行为蓝皮书》 …… 446
《志愿失灵及其矫正中的政府责任：以北京志愿服务为例》 …… 446
《志愿行动：中国社会的探索与践行》 …… 447
《志愿行动与文明社会建设》 …… 447
《志愿者》 …… 448
《志愿者读本：走近志愿服务》 …… 448
《志愿者读本：志愿组织建设与管理》 …… 448
《志愿者读本：志愿者，你准备好了吗》 …… 449
《志愿者通用读本》 …… 449
《志愿者服务心理指南》 …… 449
《志愿者团队在行动——在汶川地震灾区的公益服务案例》 …… 449
《志愿者形象及其社会影响》 …… 450
《志愿组织管理》 …… 450
《中国非营利评论》 …… 451
《中国公民志愿行为研究：现状、特点及政策启示》 …… 451
《中国关爱：当代中国的社会建设与志愿服务》 …… 452
《中国禁毒志愿者手册》 …… 453
《中国民间志愿服务实践与国际和地区经验》 …… 453
《中国民间组织大事记（1978—2008)》 …… 453
《中国农村志愿服务发展报告》 …… 454
《中国社区志愿者行动手册》 …… 454
《中国志愿服务：从社区到社会》 …… 455
《中国志愿服务法制化践行与探索》 …… 455
《中国志愿服务法制化研究》 …… 455
《中国志愿服务立法的新探索》 …… 456
《中国志愿服务文献信息检索》 …… 456
《中国志愿服务研究》 …… 456
《走近残疾人感受残奥会》 …… 457

《做志愿者》 …… 457

第九部分 其 他

一、志愿精神思想及制度渊源 …… 458
乡镇精神 …… 458
爱人如己 …… 458
原罪说 …… 458
救赎说 …… 459
慈悲为怀 …… 459
仁爱 …… 459
仁远乎哉？我欲仁，斯仁至矣 …… 459
己欲立而立人，己欲达而达人 …… 459
德不孤，必有邻 …… 460
恻隐之心 …… 460
修身、齐家、治国、平天下 …… 460
先人而后已 …… 461
天人合一 …… 461
行善立德 …… 461
老吾老以及人之老，幼吾幼以及人之幼 …… 461
守望相助 …… 462
穷则独善其身，达则兼善天下 …… 462
上善若水 …… 462
兼爱 …… 462
兼相爱、爱无差 …… 463
君子莫大乎与人为善 …… 463
乐善好施 …… 463
积善成德 …… 463
小善渐而大德生 …… 464
勿以善小而不为，勿以恶小而为之 …… 464
积善之家，必有余庆 …… 464
厚德载物 …… 464
先天下之忧而忧，后天下之乐而乐 …… 465
义庄 …… 465
仗义疏财 …… 465

扶危济困 …… 465
助人为乐 …… 466
人人为我，我为人人 …… 466
赠人玫瑰，手有余香 …… 466
辛苦我一个，幸福千万人 …… 467
德国汉堡制 …… 467
爱尔伯福制 …… 467
睦邻运动 …… 467
汤恩比馆 …… 468
胡尔馆 …… 468
二、志愿服务活动 …… 468
乡村教育运动 …… 468
宜昌大撤退 …… 469
学雷锋活动 …… 469
三、人物 …… 470
马尔库斯·图里乌斯·西塞罗 …… 470
雷锋 …… 470
韩福瑞·哥尔亨 …… 470
亨利·索里 …… 471
阿尔波特·史怀哲 …… 471
亨利·杜南 …… 471
亨利·诺曼·白求恩 …… 471
亚力克西·德·托克维尔 …… 472
弗洛伦斯·南丁格尔 …… 472
阿贝·皮埃尔 …… 472
特蕾莎修女 …… 473
张謇 …… 473
孙实甫 …… 473
艾格尼丝·史沫特莱 …… 473
甘扬道 …… 474
吕海寰 …… 474
沈敦和 …… 474
熊希龄 …… 474
毛彦文 …… 475
卢作孚 …… 475

四、志愿组织 …… 475
中国人民志愿军 …… 475
中国援外医疗队 …… 476
北京青年志愿垦荒队与北京庄 …… 476
上海青年志愿垦荒队与共青城 …… 476
中华慈幼协会 …… 477
香山慈幼院 …… 477
中华平民教育促进会 …… 477
山东乡村建设研究院 …… 478
香港救济联会 …… 478
东华三院 …… 478
慈善组织会社 …… 478
人民协会青年运动 …… 478
国际劳动营 …… 479
国际民众服务组织 …… 479
红十字国际委员会 …… 479
和平队 …… 479
日本青年海外协力队 …… 480
为美国服务的志愿者 …… 480
苏联空军志愿队 …… 480
美国援华志愿航空队 …… 481

第一部分　基本概念与综合理论

一、基本概念

志愿者　为公共利益（public benefits）而自愿且无偿地奉献自己的时间、精力和技能的个人。亦称“志愿服务者”、“志愿工作者”。广义的志愿者还包括自然人之外的人群及组织等志愿服务主体；狭义的志愿者是指在志愿服务组织登记，不以获得报酬为目的，自愿帮助他人和服务社会的个人。自愿而非强制、无偿且非职业、公益而非私益是志愿者的本质特征。中文的“志愿者”一词的英文翻译是“volunteer”，其词源为拉丁文 valo 或 velle，意为“希望、决心或渴望”，与中文中“志愿”的含义相同。在中国香港地区和部分南方省市，“志愿者”通常又称为“义工”，在台湾地区则称为“志工”，但实质内容基本是一致的。团结、互惠和利他是人类社会共享的价值观，因此，事实上的志愿者早已普遍存在于各古代文明社会。现代意义上的志愿者出现于 18 世纪的西欧，是伴随着官方的、有组织的济贫制度的建立而成长起来的。19 世纪是欧美各国民间慈善组织兴起和大发展时期，志愿者数量迅速增加、组织化程度也不断提高。20 世纪国家福利制度的确立和扩张使志愿者成为协助政府机构完成组织目标的重要力量。新中国现代意义上的志愿者是 20 世纪 80 年代起，伴随着公民社会参与空间的扩大而成长起来。20 世纪以来，受一系列重大事件的推动和国家宏观政策向社会建设转型的影响，中国的志愿服务事业得到了迅猛发展。

组织志愿者　通过某个组织向第三方或为某个组织提供自愿、无偿服务的个人，包括组织内部成员和临时参与的非组织成员两类。前者如无偿献血志愿服务队的队员或环保志愿者组织的成员，后者如无偿献血志愿服务队或环保组织临时招募的宣传志愿者。受西文表达习惯的影响，“组织志愿者”有时也指自愿提供无偿服务的组织或群体，包括长期、短期和临时的志愿服务组织或群体两类，如：长时间开展服务的无偿献血志愿服务队即为长期的组织志愿者，仅在假期开展支教的大学生社会工作学社即为短期的组织志愿者，为救助重病的同学而组成的募捐团队即为临时的组织志愿者。无论志愿服务的主体是个人还是组织，“组织志愿者”的共同特征是，志愿服务是经由组织发动和实施的。与前现代社会相比，现代社会的一个特点是志愿服务的组织化程度不断提高，越来越多的人是通过某个组织或在某个组织中提供志愿服务的。

个体志愿者　独自采取行动、自愿且无偿地为他人和社会奉献时间、精力及技能的人，与组织志愿者相对应。从偶尔在街头为陌生人指引路线者到发现险情自动报警的路人，从定期探访孤老邻里的社区居民到长期坚持在偏僻山区支教的无薪或低薪退休教师，个体志愿者无所不在、数量巨大。在某种意义上，个体志愿者比组织志愿者更需要自觉自愿、更需要理想和信仰的支撑、更少理性计算，因而也更为纯洁、自然。尽管志愿者的组织化在现代社会不会停步，个体志愿者的力量也相对单薄，但在重构生活世界和和谐基本人际关系中，个体志愿者有着制度性的福利和组织志愿者所不能替代的功能，因此将在人类社会中一直存在下去。个体志愿者所占人口比例不一定会随着组织志愿者比例的提高而下降。

临时志愿者 因临时需要而偶尔参与志愿服务的个人或组织。与长期志愿者或定期志愿者相比，临时志愿者具有时效性、灵活性和机动性等特征，在突发性应急事件中，更能突显其功能作用。就人数而言，个体志愿者和组织志愿者中的大部分都是临时志愿者。研究表明，中国志愿者中仅有约六分之一每周服务两次以上，偶尔参加志愿服务的比例高达三分之二。相关研究发现，即便是志愿事业发达的加拿大，约一半志愿者的服务时间在 50 小时以下。此外，临时志愿者中的相当一部分都不会再参与志愿服务，但也有一部分会因为“惯性”停不了志愿服务的脚步而转变为长期志愿者。

注册志愿者 符合给定条件，经过一定程序审核和筛选后，在志愿者服务组织或管理机构正式登记注册并受所在组织严格管理和规范使用的个人。一经注册，志愿者与其所在组织或机构之间就会形成一定的契约关系，在这种契约关系下，志愿者与组织或机构之间互为权利主体和义务主体。对于组织或机构来说，可按照规定要求志愿者符合一定条件并提供相应的无偿服务，但同时也负有管理、培训、激励和保护志愿者的义务；对于注册志愿者来说，既有接受培训、服从安排和提供无偿服务的义务，也有要求机构维护机构理念、组织服务活动、提供成长空间和维护权益的权利。为了有效维护双方的契约关系，志愿者注册机构一般会事先就注册志愿者的申请条件、符合资格的注册机构、注册志愿者的申请及注册程序、权利和义务、技能培训与知识更新、激励与表彰、证件使用、退出程序等涉及双方权利和义务关系的事项作出明确的规定。中国志愿者注册制度尚不完善，能与志愿服务组织形成严格契约关系，在组织有效管理下提供经常性的服务的志愿者，总体上所占比例并不高。

星级志愿者 由志愿服务组织或志愿者管理机构根据一定的星级评定标准选出，并给予荣誉标识的志愿者。评定星级志愿者，一方面是为了表彰他们在志愿服务领域的突出贡献；另一方面也是培养和保有骨干志愿者。评定的标准一般分为两个方面，一是志愿者的服务时长，二是服务对象的评价。但实际上，由于不少机构评选机制并不健全，实践中服务时长常常成为“唯一”标准。在中国，星级志愿者一般分为五个级别，但评定标准并不统一。如：民政部于 2012 年印发的《志愿服务记录办法》规定，成为一星级、二星级、三星级、四星级、五星级志愿者所需要的累计志愿服务记录时间分别为 100 小时、300 小时、600 小时、1000 小时和 1500 小时；共青团中央于 2002 年颁行及于 2013 年修订的《中国注册志愿者管理办法》所规定的服务时间则为 30 小时、60 小时、100 小时、200 小时及 300 小时；中国红十字总会于 2007 年颁发的《中国红十字志愿服务管理办法》规定的时长标准介乎两者之间，分别为 120 小时、240 小时、360 小时、480 小时及 600 小时。星级志愿者评定主体主要是半官方的各级各界志愿者管理机构，但也有民间志愿服务组织自己制定和实施星级志愿者评定标准，如著名的广州启智服务总队会给自己的会员颁发星级荣誉证书。

骨干志愿者　在志愿服务过程中承担组织和领导角色的志愿者。有学者将志愿者组织中骨干志愿者承担的主要职责分为以下几项：①给志愿者传达组织的信息、通知；②将志愿者的情况及诉求及时反馈给志愿者管理人员；③策划和协调服务项目的实施；④组织和分配志愿者服务；⑤负责志愿者的签到签退；⑥处理志愿者内部的冲突与纠纷，维护志愿者队伍的团结与合作。为了确保骨干志愿者能够履行上述职责，一般要求他们具备如下素质：①良好的组织能力，能够适应志愿者服务的特殊性，统筹分解志愿服务项目的任务，最大限度地利用志愿者的能力和时间；②灵活应变的能力，充分考虑来自志愿者可能的变数，确保项目按时结束；③奉献精神，骨干志愿者忠实追随志愿服务组织的目标和使命能很好地激励和鼓舞志愿者；④有幽默感，善于联系志愿者，有良好的人际关系和沟通能力。根据各国志愿服务发展的经验和相关领域的研究，志愿服务事业的发展，关键是志愿者组织的发展，而志愿者组织的发展核心又在于具有奉献精神的、具有组织管理能力的骨干志愿者。

专业志愿者　广义上是指在志愿服务过程中运用自身的专业知识和技能的志愿者，如支教志愿者；狭义上是指那些拥有专业知识和技能且获得专业资格认可的志愿者，如红十字应急救护员。与非专业志愿者相比，专业志愿者有两点优势：一是能够更加熟练地解决问题，二是能够更恰当地解决问题。事实上，有相当一部分志愿者的专业知识和技能是在志愿者组织或通过志愿者组织的安排学得的。日常用语中，人们也常将专门从事某种志愿服务（如帮空巢老人打扫卫生）或长期在志愿者组织提供辅助性服务的人通称为专业志愿者，这是不正确的。随着社会和志愿服务的发展，对专业志愿者的需求必将越来越大，非专业的志愿者将难以解决更加复杂的社会问题，如青少年问题、医疗救助、法律救助、政策咨询等。因此，发展各类专业志愿者队伍是一件非常迫切的事情。国外志愿服务的经验和相关研究表明，高水平、国际化的专业志愿者队伍是开展专业志愿服务的基础，唯有将志愿者专业化才能提升志愿服务的水平。

消防志愿者　受过严格训练、无偿参与消防工作的志愿者。传统意义上的消防工作对象主要是火灾，现代意义上的消防工作（所谓“大消防”）对象还包括交通事故、突发医疗事故、化工事故等自然与人为灾害事件。由于灾害发生时空上的偶然性、灾害波及范围的不确定性、灾害后果的社会严重性、灾害处置的时效性，建立覆盖率高、布局合理、训练有素的职业消防队伍会耗费大量人力、物力和财力，因此，在消防队伍中大量使用经过严格筛选和充分培训的消防志愿者作为基本人力资源成为一种常见做法。至于以职业消防员为主，还是以志愿消防员为主，则要视人口密度等条件而定。例如，根据德国联邦民防与灾难救助局2009年的数据，德国官方消防系统中仅有2.7万名的职业消防队员，而志愿消防队员则高达110万。事实上，法国的情况也类似。按照2008年公安部等13个单位发起《中国消防志愿者行动实施意见》，中国消防志愿者的功能定位是：“参加消防知识、技能的学习和培训，发挥消防志愿服务的专业优势，深入机关、团体、企业、事业单位以及社区、街道、村寨开展以消防宣传教育为主，预防和整改火灾隐患、消防安全救助为辅的系列公益行动。”

医疗志愿者 利用自己的医疗知识和技能无偿为他人提供预防、保健、诊断、治疗、康复、护理等医疗服务的志愿者。医疗志愿者的服务地点既可以在医院内部，也可以在院外。在广义上，人们将为一线医疗专家提供募捐、集资、运输、烹饪、秩序维护、探视抚慰等辅助性工作的志愿者，也称为医疗志愿者。医疗资源地域分布的非均衡性、医疗服务需求在时间、空间、类别、强度等多种维度上的不确定性，使得使用医疗志愿者成为扩张医疗体系，提高运行效率的有效选项。医疗志愿者的发展，是促进社会福利更加完善及社会良性发展的必要条件。研究发现，医疗志愿者在国外出现比较早，已形成一定的服务体系。无国界医生组织（Doctors Without Borders, Médecins Sans Frontièrs）是世界上最著名的医疗志愿者组织，由法国医生和记者于 1971 年成立，该组织为那些因战乱流行病和自然灾害而造成疾病与创伤的人们提供医疗服务。1999 年无国界医生组织获得诺贝尔世界和平奖。中国的医疗志愿者队伍，主要活跃于社区与乡村。2008 年汶川大地震，赶赴震区的医疗志愿者为乡镇卫生院提供了大量的人员和技术支持，救灾民于水火之中。

救生志愿者 在突发事件和大型灾难事故中，自愿无偿地参与应急搜救、救生救护、抢险救援的人或群体。又称搜救志愿者（search & rescue volunteers）。有的学者从广义上出发，认为救生志愿者还包括无偿为居民和社区提供救生知识和技能培训的志愿者。在政府专业救援力量有限及尚未到场的情况下，组织救生志愿者队伍开展自救和互救，是减轻灾害造成的伤亡和财产损失的重要途径。相关研究发现，许多发达国家的救生志愿者已经形成了一定的体系，例如：德国总人口有 8200 万，而从事各种不同类型灾难的救生志愿者人数已达 180 万，其民间救生志愿组织的发展亦非常完善，如德国工人助人为乐联盟（阿尔贝特—萨马里特同盟）、德意志生命救助协会（Deutsche life rescue association）等。中国首支完全由救生志愿者组成的红十字救援大队，即海南省红十字救援大队于 2005 年 5 月 8 日在海口成立，该救援大队由 120 名来自社会各界救生志愿者组成。这样的救生志愿者队伍可以配合其他救援机构开展如地震、海啸、风灾、洪灾等灾害的外围伤员救护活动。世界各国的经验表明，救生志愿者可以成为灾难救援的中坚力量，但需要以法律法规健全、组织体系完备、培训严格规范、经费来源稳定为前提。

民防志愿者 在各级民防管理部门的指导下，自愿无偿地参与各项民防工作的人或群体。民防志愿者的服务领域主要包括以下四项：①人防工程应急抢险救援；②各类自然灾害和突发公共安全事件的应急抢险保障；③战时参与人民防空行动；④与应急工作有关的活动。北京市朝阳区民防局将民防志愿者服务的主要形式概括为：自救互救知识的宣传推广、防空防灾知识的宣传、组织自救互救专业技能的训练和演练、组织灾情和民情的收集和上报、组织灾民自救互救、应急避险和疏散安置、平息谣言和维护社会秩序、排除和控制力所能及的次生灾害、协助配合专业救援队伍进行抢险救护、协助进行救灾物品的筹集、运送和发放、灾后居民心理咨询和疏导等。现代民防一般都执行平战结合、专兼结合、军民兼容等原则。各国均重视民防志愿者的组织培养。民防志愿者负有防空和防灾的双重任务，战时组织市民防空袭，减少战争灾害损失，平时组织对大型自然灾害和大型突发公共事件的抢修救援，确保国家和人民生命财产少受损失。例如：瑞士政府可在48小时内组织起32万来自不同阶层、不同专业和多个单位的民防志愿者队伍实施各种救援，这相当于其全国总人口数的4%。相关研究显示，自2008年以来，中国不少地方掀起了组建民防志愿者队伍的高潮，总体规模在不断扩大，但还存在法规制度滞后、队员素质不齐、救援能力弱小、救援保障困难和抓建合力不够等多方面的问题。

企业志愿者　狭义上是指在企业的支持下利用部分工作时间为社会提供自愿无偿服务的员工；广义上还包括在企业志愿服务项目框架下，利用工余时间为社区及非营利组织提供无偿志愿服务的员工。那些服务于志愿者组织，但其志愿行为与其工作单位无任何关联的志愿者，则不是企业志愿者。企业志愿者的出现，是企业将志愿服务纳入企业社会责任战略的结果。根据国际青年成就中国部（JA 中国）2011年12月发布的《中国企业志愿者新浪潮白皮书》，中国企业志愿者群体具有以下几个方面的特征：①相比纯粹无私精神和利他主义，企业志愿者主要受自我成长和个人发展目标的驱动；②使命、价值观认同是吸引企业志愿者参与特定志愿服务活动的重要议题；③大多数志愿者运用他们在企业工作中的思维和方法来提高志愿者项目的成效，驱动志愿活动的创新；④一般企业志愿者需要雇主一个最初的推动，同时，员工的积极参与对企业社会责任（CSR）也起着至关重要的促进作用；⑤企业志愿者们高度认同中国整体志愿服务和企业社会责任进步的前景，注重务实的行动策略，相信通过自己的努力可以为中国社会的改善作出贡献，表现出以实用主义和乐观主义为特征的适度观点。

献血志愿者　广义上是指自愿（voluntary）捐献血液者，分为无偿献血志愿者（unpaid blood donor）和有偿献血志愿者（paid blood donor）两类。狭义的献血志愿者是指无偿献血志愿者。但“无偿”，并非指完全没有任何补偿（non remuneration）。据资料显示，除澳大利亚等少数国家禁止任何形式的补偿外，绝大多数国家都规定无偿献血者可以得到一定程度的酬劳，如休假、免费午餐、小礼物、鸣谢宴会等。根据接收主体的不同，献血分为四种类型：①异源献血（allogeneic donation）是指到血库或血站给无名者献血；②直接献血（directed donation）是指为家人或指定人献血；③等量换血（replacement donation），又称互助献血，是指为换取医院给家人输血而在血库献等量的血；④自体献血（autologous donation）是指为自己日后（如术后）需要而献血。世界卫生组织（WHO）于2007年推行100%无偿自愿献血政策，并在2005年5月24日世界卫生大会通过决议将每年的6月14日定为“世界献血日”（World Blood Donor Day），但到2006年世界卫生组织调查的124个国家中只有49个实现了100%的无偿志愿献血。根据《中华人民共和国献血法》（1998）第六条规定：“对献血者，发给国务院卫生行政部门制作的无偿献血证书，有关单位可以给予适当补贴。”第十四条规定，“无偿献血者临床需要用血时，免交前款规定的费用（即用于血液的采集、储存、分离、检验等费用）。”第十五条规定：“国家提倡并指导择期手术的患者自身储血，动员家庭、亲友、所在单位以及社会互助献血。”第十七条还规定：“各级人民政府和红十字会对积极参加献血和在献血工作中做出显著成绩的单位和个人，给予奖励。”中国的无偿献血在很大程度上依赖于“团体自愿无偿献血”，无偿献血制度实际上仍有“酬偿制度”相配套，与完全意义上的个人自愿尚有一定距离。

试药志愿者 自愿无偿参与药物临床试验的志愿人员。即在新药上市前，自愿以个人身体作为进行药物的系统性研究的实验体，从而辅助研究者检测一种新药疗效如何、有无毒副作用、副作用有多大等问题的志愿人员。在国际上，关于试药人的国际规约是1964年第18届世界医学协会联合大会通过的《赫尔辛基宣言——指导医生进行人体生物医学研究的建议》。20世纪90年代初，世界卫生组织制定了药品临床试验规范指导原则并向各国推荐。参照这一原则，中国于1999年发布了《药品临床试验管理规范》，2003年9月1日又重新改版，更名为《药物临床试验质量管理规范》。该《规范》专门重申：“所有以人为对象的研究必须符合《赫尔辛基宣言》，即公正、尊重人格、力求使受试者最大程度受益和尽可能避免伤害。”《规范》还明确，“受试者参加试验应是自愿的，而且有权在试验的任何阶段随时退出试验而不会遭到歧视或报复……如发生与试验相关的损害时，受试者可以获得治疗和相应的补偿”。研究发现，中国年申报新药上万种，经国家药监局批准，有800种上下的新药获准研发上市，试药志愿者有50万之众。试药人的健康权保护问题成为了试药志愿者关注的焦点。

环保志愿者 自愿无偿地为环境管理和环境保护奉献时间、精力和知识技能的人或人群。其活动内容非常广泛，涉及环境监测、生态恢复、濒危动物保护、自然教育、环保宣传等各个方面。20世纪60年代后期开始，人类自身发展需要的无限性与环境承载能力的有限性之间的矛盾开始日益凸显出来，如何重新建构人与自然之间的和谐关系、确保人类发展的可持续性成为社会各界思考的重要命题，由此引发的环保主义运动催生了大量民间环保志愿组织。中国当代环保主义运动兴起于20世纪90年代。随着公众环境意识的不断提高，一批民间环保组织相继成立，对推动环保事业发展、促进公众参与发挥了积极作用。为更好地调动环保志愿者的积极性，充分发挥政府的组织协调作用，使环保志愿者组织步入良性发展的轨道，从2000年开始，一批挂靠在环保部门和团委组织下的环保志愿者协会应运而生。环保志愿者由最初的以离退休人员为主体的环保监督员，发展成为覆盖各行业、各阶层，有组织、专业化的队伍。研究发现，近年来，中国的环保志愿者人数呈快速增长的趋势，环保志愿者已逐步从自发到自觉，发展壮大成环境保护的一支新兴力量。

动物保护志愿者 为保护动物应有的福利和权利、促进动物生物多样性自然环境的建立而奉献自己的时间和精力的志愿人员。动物保护志愿者自愿采取某些行动，或配合当地政府部门及动物保护组织积极宣传动物保护，制止对动物的不法伤害，制止捕杀、盗猎和非法野生动物贸易。世界动物保护协会（World Society for the Protection of Animals，WSPA）由成立于1953年的动物保护联盟与成立于1959年的动物保护国际联合会在1981年合并而成，现今有13个办公室分布在世界各地，440多位动物保护专家分布在101个国家，数以万计的动物保护志愿者活跃在全球各地。通过动物保护志愿者及其组织的不懈努力，国际上已经成功制定了一系列保护野生动物的法律法规，如《联合国海洋法公约》、《濒临绝种野生动植物国际贸易公约》、《保护世界文化和自然遗产公约》《生物多样性公约》、《南极条约》、《湿地公约》和《巴塞尔公约》等。在中国，动物保护志愿人员及组织亦有很多，如中国青年动物保护联盟（China Youth Animal Protection Alliance）就是由国内关注动物保护，并致力于动物保护事业的动物保护志愿者发起成立并组建的动物保护志愿者团队。在中国，动物保护志愿者已越来越被人们重视，更多的人开始加入到这个队伍中，以自己的行动改善中国动物保护的现状。

支教志愿者　自愿无偿地为教育资源匮乏的中小学提供教育和培训服务的志愿人员。据相关资料显示，在中国，志愿支教的地方主要针对中西部农村地区，后扩大到发达地区的落后区域，包括城市的农民工子弟学校。支教志愿者更多是有组织地进行支教活动。中国大学生志愿支教基金（China Foundation for Voluntary Teaching of University Students）成立于2010年3月20日。中国大学生志愿支教工程亦开展得如火如荼，大量的支教志愿者深入全国义务教育欠发达地区（特别是中西部贫困边远地区），为小学生和城市农民工随迁子女提供全面、深入、持续的志愿支教活动，以自己的知识支援落后地区教育发展。同时，中国亦设立许多支教项目，为支教志愿者提供支教平台，如面向中西部的“百名博士支教团”、面向云南少数民族的“彩云之南”项目、面向西部失学女童的“琼瑶之花”项目等。众多支教志愿者的志愿支教服务为改善贫穷落后地区的教育现状做出了卓越的贡献。

赛事志愿者　为大型体育比赛提供无偿服务的志愿人员。有学者将赛事志愿者分为两种，一种是普通赛事志愿者，主要从事秩序维持，环境、后勤、场馆服务，环境整治，安全保卫，接待等工作；另一种是专业赛事志愿者，主要从事语言翻译、竞赛配合、技术等工作。体育赛事中出现志愿者的身影，最早可以追溯到1896年由顾拜旦建立的第一届现代奥运会。志愿者与大型运动会之间的不解之缘，与体育盛事的经济、社会和文化价值密不可分。以奥运会为代表，奥运会对人力资源的要求极为灵活，组委会需要在四年内把一个只有几个工作人员的组织发展壮大到几万人，在奥运会结束后一个月内迅速减至几百人，志愿者就提供了必要的人力资源。他们以实际行动展示体育独特的精神价值，无私地为完成一个有益于社会的共同目标而奋斗，从而增强了社会的亲和力和凝聚力。我国赛事志愿者曾在第十一届亚运会、第三届“远南”残疾人运动会、第二十一届世界大学生运动会等大型赛事中提供了优质服务。据相关研究资料显示，北京奥运会、残奥会期间，10万赛事志愿者在各类服务领域中的优秀志愿表现，确保了奥运会赛事和城市的正常运行。

退休志愿者　不追求物质报酬，在退休之后力所能及地主动承担社会责任，无偿奉献个人的时间、精力和技能的离退休人员或人群。全美最大的社会福利组织“联合之路”(United Way)早在1964年便推出的“退休和老年志愿者活动计划”(Retired and Senior Volunteer Program)，吸引了45万名退休志愿者参加，他们在数百个非营利的单位从事义务劳动，其中包括医院、休闲中心，他们也负责社会治安、教授计算机课程等等，平均每年献出 84 万个工作小时，有的人甚至一周工作 40 个小时。2002 年，世界老龄大会将积极老龄化写进政治宣言，成为国际社会应对新世纪人口老龄化的政策框架和首要战略。学者丁志宏总结了积极老龄化包含的三大要素，即健康、参与和保障，其中，参与是积极老龄化的核心。积极老龄化强调参与的重要性，标志着国际社会已将提高退休老年人生活质量的政策重点由原来注重退休老年救助、经济保障、健康的对策逐渐转变为促进退休老年人的社会参与上来。退休志愿者以其时间充裕的优势，能避免一般志愿者参加志愿活动短期化、形式化的问题，保障志愿服务向着常态化、持续化的方向迈进。在中国城市社区，退休老年人是社区志愿者主力，充分激发退休人员参与志愿活动的主动性、积极性和创造性，使退休志愿者成为社会服务中的一支重要的生力军是中国志愿服务发展的方向之一。

青年志愿者　在不为任何物质报酬的情况下，为改善社会服务，促进社会进步而提供志愿服务的青年人。青年一词的含义在全世界不同的社会中是不同的，而青年的定义随着政治经济和社会文化环境的变化一直在变化。联合国于 1985 年国际青年节，首次将青年定义为 15 至 24 岁之间的人，而又无损于会员国的其他定义。中国统计局则将青年界定为 15—34 岁的人群。研究发现，在 20 世纪前半期，许多国家便已有了形式多样的青年志愿服务组织，青年志愿者在许多发达国家大量涌现出来，人数不断上升，规模不断增大，而且收到了良好的社会效果。1993 年底，共青团中央开始实施中国青年志愿者行动。自实施以来产生了良好的社会影响，越来越多的青年及社会各界群众加入到志愿者的行列。实践说明，青年志愿者队伍的发展符合时代发展的潮流，符合人民群众的需要，符合当代青年的特点，蕴藏着巨大的发展潜力，呈现出旺盛的生命力和广阔的发展前景，是社会主义和谐社会建设中一项生机勃勃的事业。

青少年志愿者　满 13 周岁但不满 20 周岁的，无偿从事力所能及的志愿服务的志愿人员。在经济全球化、科学技术进步和信息发达的影响下，青少年的志愿服务跨越地区、国家的界线，形成越来越大的网络。发达国家与发展中国家的志愿服务网络，吸引了大量青少年志愿者的参加。全球性大型活动中的志愿服务网络，为青少年志愿者提供了锻炼和成长的机会。各种大型运动会、展览馆、论坛等，为世界各国人士聚集和交流提供了机遇和场地，也为各国青少年志愿者聚集提供服务和建立网络的机会。学者谭建光指出，青少年志愿者通过各种服务形式、服务途径建立起来的全球志愿服务网络，既有利于及时有效地为有需要的社会成员提供服务，也有利于志愿者之间互通信息共同成长。中国青少年志愿者行动一开始就以传统的民政服务对象（如烈军属、孤寡老人等）为对象，取得了较大的成绩与较广泛的社会影响。研究发现，伴随青少年志愿者队伍的不断壮大，服务领域的不断拓展，志愿者承担的服务项目也逐渐多样化，由最初简单的生活关怀发展成既有物质的、又有精神的，既满足特殊群体、又满足一般群体的较为完善的服务。鼓励青少年加入到青少年志愿者队伍中，是志愿服务事业发展的需要，也是青少年自身发展的需要。

学生志愿者　不为物质报酬、基于良知信念和社会责任，志愿为社会和他人提供服务的在学校接受教育的学生。国际上，学生参与志愿服务的现象非常普遍。在美国，20 世纪 80 年代中期，共有 121 所院校联合制定协议，使学生参加志愿活动规范化和制度化。在 2007 年，美国约 6080 万 16 岁以上的人在社区参与有组织的志愿者活动，总计义务工作约 81 亿小时，创造价值超过 1580 亿美元，而这其中有相当一部分为在校学生志愿者。自 90 年代起，我国学生志愿服务在团组织的精心指导和各高校的积极配合下快速发展，服务内容涉及扶贫济困、慈善募捐、义务家教、老人陪护、儿童照料、环境保护、公益维权、社区建设、赛事服务等多个方面。据教育部网站发布消息，2008 年北京奥运会赛会的学生志愿者共有 53000 人，占志愿者总数近八成。大学生志愿者已成为我国志愿者队伍的主力军，是社会志愿服务特别是青年志愿服务的中坚力量。

老年志愿者　广义上是指志愿无偿奉献个人时间、精力、经验及技能，从事社会公益与社会服务事业，为改进社会和推动社会进步而提供服务的老年人。狭义上指的是自愿参加相关团体组织，在自身条件许可的情况下，无偿开展力所能及的、切合实际的，具有一定专业性、技术性、长期性服务活动的老年人。与退休志愿者既有交叉又有区别，前者偏重强调志愿者在生命周期上已经步入老年（一般在 60 周岁以上），后者偏重强调志愿者已满足法定退休条件后结束其职业生涯。研究显示，随着人口老龄化程度的加深和各项老年运动的发展，在许多国家，越来越多的老年人积极投身志愿服务活动。例如：老年志愿者是美国志愿服务的重要组成部分，在社会服务中发挥着非常突出的作用。在香港地区，老年志愿者被称作“长者义工”，香港政府将“老有所养、老有所属、老有所为”作为安老政策的目标，全面推行长者义工计划，大力发展老年志愿者的队伍。老年志愿者活动是老年人参与社会的一种重要形式，承载着积极老龄化丰富的内涵、目标和行动。老年人参与志愿者活动所体现出来的广泛而深远的价值和意义，意味着老年人不仅不是社会的负担，还是重要的社会资本，这还有利于建立老年人积极而正面的形象。《中华人民共和国老年人权益保障法》中提出的有关老年人参与社会发展的内容，基本上是以老年志愿者活动为主的，这在一定程度上反映了老年志愿者参与志愿者活动的法律地位和重要性。

女性志愿者　广义上是指在为推动社会发展而主动承担社会责任、无偿奉献个人的时间、精力和技能的女性。狭义上是指依法在女性志愿组织注册，依组织章程为帮助有一定需要的人士而开展服务活动的女性志愿人员。学者谭建光指出，世界各国的志愿服务发展都有一个共同的现象，就是女性志愿者居多。从欧美国家到亚太地区，从发达国家到发展中国家，女性已然成为志愿服务工作与公益事业发展的一支重要力量，在多项社会工作与公益活动中奉献爱心、友善互助，做了大量卓有成效的工作。早在 20 世纪中期，中国城乡就活跃着一支支女性志愿者队伍，义务承担着辖区烈军属、特困户、五保户的日常生活服务工作，用默默无闻的行为为他人奉献爱心。研究发现，随着中国经济的发展和社会文明程度的提高，在全国各地都涌现了以妇女为主体的社区服务志愿者、家庭志愿者、维权志愿者、科技服务志愿者、造林绿化和环保志愿者等各类服务队伍，成为活跃在城乡基层特别是社区的一道亮丽的风景线。全国妇联在总结群众创造和各地经验的基础上，推出“中华巾帼志愿者”计划。截至2012年，全国已有超过220万人实名注册为巾帼志愿者。

家庭志愿服务 以家庭为单位，由两个及以上的家庭成员一起参与到社区建设、社会发展中的志愿服务。家庭志愿服务将蕴藏在家庭中的民间志愿服务资源转化成为满足社区居民需求的现实力量，实现受助与助人的统一，极大地增强家庭成员的社会责任感，是构建和谐社会的力量源泉。家庭志愿服务队伍是发挥家庭自我教育、自我完善、自我服务功能，为和谐社会作贡献的重要载体。我国一些地区部分学校开展“亲子义工”和“大手拉小手”等项目，就是倡导家人共同投入社区服务中，既是对社会的贡献，也是对孩子的教育引导。

应急志愿者 广义上是指在突发灾害事件的预防、备灾、紧急救援和灾后重建（恢复）阶段提供各种非营利、无偿、非职业化的利他服务的人或组织。狭义上指依法注册登记，按规定参加应急知识技能等培训和相关演练，具备参与应急救援等应急管理工作相关能力的志愿者。在传统社会，由于国家尚不具备系统的灾害应对能力（军事防御除外），民间组织、家庭和志愿者曾经是各种突发事件的应对主力。随着工业化和城市化的推进，政府开始意识到在医疗救护、消防和灾民救助等领域组建正式灾害应对队伍的责任，但民间组织和志愿者依然是重要的灾害应对力量。第二次世界大战以后，受战争期间全民动员式民防经验的影响，各国在尝试建立现代国家综合应急管理体系（Comprehensive Emergency Management System）的过程中，应急志愿者的作用被界定为辅助性的和补充性的，是政府应急管理体系的重要人力资源或专业应急机构在社区层面的经济型延伸。研究发现，21世纪以来，美国等西方国家开始向全面弱点管理模式（Comprehensive Invulnerable Management System）转型，应急志愿者的作用不再仅仅是辅助性和补充性的，而是应急管理的行动主体之一，在有些环节可以承担比政府更为重要的功能。从数量上看，很多国家的应急志愿者队伍要大于职业应急队伍，如：德国的消防队伍中，职业消防员只有2.7万名，而志愿消防员则有110万名。21世纪以来，中国的应急志愿者在一系列重大事件中声名鹊起，成为社会应对各种突发灾害的重要力量。

国际志愿者 因参加某个国际志愿服务项目（volunteering abroad programm）而在本国之外的其他国家或地区自愿提供无偿服务的人或人群。广义上的国际志愿者，还包括因工作、旅游等原因旅居国外并在居住地自愿提供无偿服务的人或人群。从组织者的角度看，国际志愿服务项目分为官方和非官方两类。前者是由政府部门及其委托机构策划组织的，后者则是由非官方的商业机构或非营利机构组织的。官方的国际志愿者，又称援外志愿者（foreign aid volunteer expert），一般都掌握较强的专业技能，他们除了会得到车旅费补贴外，一般还会在服务期得到一些生活费补贴。如中国《援外志愿者生活待遇内部暂行办法》规定，“援外志愿者服务期间，原来的行政隶属关系不变，党、团组织关系，专业技术资格，学籍、工资、福利待遇不变，援外志愿者在外服务期间商务部补贴基本生活费用300美元，省财政按照每人每月补贴生活费 1000 元。”非官方的国际志愿者则一般要全部或部分自费，其目的也较复杂，在无偿工作之余，志愿者一般都会有体验新文化、认识新朋友、学习新语言、旅游等计划。相关研究显示，与国内志愿服务项目不同的是，国际志愿服务项目一直饱受争议和批评，如传播意识形态、扩散新自由主义、文化中心论等。

义务志愿者 出于某种外在的强制要求而非个人的自由意志而从事无偿服务的人或人群，亦称强制性志愿者。与中国计划经济时代，人们出于对社会主义和集体利益的服从或认同而参与“义务劳动”不同，强制志愿者提供无偿服务是因为他们的法定义务。国内外志愿服务经验和资料显示，在继续鼓励人们自觉无偿地服务社会的同时，通过立法手段赋予国民（尤其是青少年）提供无偿服务的义务，已经成为一种世界性潮流。如：墨西哥法律规定，大学生学习期间必须有 480 小时的无偿社会服务时间，否则便不能毕业；加拿大的安大略省、不列颠哥伦比亚省、西北地区、纽芬兰和拉布拉多等地区正在试点要求高中生毕业前提供 25—40 小时的无偿社区服务；欧洲废除了义务兵役的国家也在纷纷讨论立法引进强制社会服务。美国的部分学校实际上已经引入了强制性志愿服务规定。有学者指出，立法规定人们的无偿服务义务，意味着从着重强调个人的自由意志到偏重强调个人应尽的社会责任转向，这与新自由主义的福利国家改革方向是一致的。但是，强制的义务与个人的自由意志之间毕竟是互相矛盾的，因此从一开始就引起了激烈的争论。

替代兵役志愿者 指因出于良心上的反对（conscientious objection）而拒服兵役，自愿选择在民防、公益机构及国际援助机构服务的人或人群。联邦德国的《兵役法》规定，年满十八岁的男性均有服兵役之义务，但其《基本法》（Grundgesetz）也规定，人们有权因为良心上的反对而拒服兵役，从而选择在消防、急救等应急机构、老人院、医院等社会福利机构及国际援助机构提供服务，其服务时间一般要较兵役时间长 1—3 个月。既拒服兵役者又拒服社会役者，则将受到法律制裁。德国的替代兵役制度为社会服务机构提供了大量长期、稳定的青年志愿者。我国台湾地区也有类似做法，其《志愿服务法》（2001）第 21 条规定“从事志愿服务工作绩效优良并经认证之志工，得优先服相关兵役替代役”。

准志愿者 有两种含义，一是指那些从事公共服务且被社会认可为志愿者，得到助学金但远低于市场劳动力价值的人士，如始于 1961 年的美国和平队（Peace Corps）志愿者。有时，这样的志愿者也被称为“助学金志愿者”（stipend volunteers）。不过，如果一个“志愿者”得到的助学金很少，但与他所提供的低技能服务是相称的，那么他就不是准志愿者。二是指在非营利部门工作但其收入却远远低于市场上同类性质工作的工资的人。因受到利他主义精神的鼓舞或因更加看重非营利机构的工作条件，他们主动放弃高收入。因此，这类准志愿者又被称为“职业献身者”（occupational volunteers）。我国大部分草根民间组织的负责人和员工都是此类准志愿者。

自愿 自己愿意、心甘情愿的意思，其反义词是强迫或威胁。在心理学家看来，自愿是一种情绪状态，因行动本身或行动目标与行动者的动机相一致而产生，如：人们自愿参加某项环保公益活动，既可能出于其自身的环保理想，也可能是因为受到活动本身的吸引。在社会学家看来，自愿是行动者的选择自主性没有受到外来强制的干涉，如：人们出于同情或理解而捐赠就是自愿捐赠，而人们应领导的要求而捐赠则是非自愿或“被自愿”的捐赠。哲学家奥萨蕾娣（Serena Olsaretti）则主张从自由的对立面来理解自愿。她将自由（freedom）理解为纯粹消极的自主（pure negative liberty），而将自愿（voluntariness）界定为一种行动属性，是积极的自主（active liberty），其特点是：人们没有采取行动并非因为缺乏可以接受的选项。根据这一区分，人们既可以在非自愿的情况下自由地行动，也可以在无自由的情况下自愿地行动。以纯粹消极的自主为一端、以纯粹积极的自主为另一端构成的连续谱，可以清楚地看到自由和自愿的程度差异。

志愿精神　自愿的、不为报酬而参与推动人类发展、促进社会进步和完善社区工作的精神，是公民社会和公民社会组织的精髓。志愿精神的产生乃基于个人对人类及社会的积极认识、对于社会发展的积极价值取向，是个人对生命价值、社会、人类和人生观的一种积极态度。志愿精神概括起来就是“奉献、友爱、互助、进步”。“奉献”原指恭敬地交付、呈献，即不求回报地付出。在志愿服务中，指志愿者在不计报酬、不求名利、不要特权的情况下参与推动人类发展、促进社会进步的活动，是志愿服务精神的精髓。志愿服务精神提倡志愿者欣赏他人、与人为善、有爱无碍、平等尊重，这便是“友爱”精神。“友爱”精神跨越了国界、职业和贫富差距，是没有文化差异，没有民族之分，没有收入高低的平等之爱，它让社会充满阳光般的温暖。志愿服务包含着深刻的“互助”精神，它提倡“互相帮助、助人自助”。“进步”精神是志愿服务精神的重要组成部分，志愿者通过参与志愿服务，使自己的能力得到提高，同时促进了社会的进步。在志愿活动中无处不体现着“进步”的精神，正是这一精神使人们甘心付出，追求社会和谐的实现。

奉献精神　是对他人、社会及自己的事业不求回报的爱和全身心的付出。对个人而言，就是要在这份爱的召唤之下，把本职工作当成一项事业来热爱和完成，从点点滴滴中寻找乐趣；努力做好每一件事、认真善待每一个人。努力地用这份爱去感染身边的每一个人，用大家的无私奉献编织出事业的美丽蓝图。总的来说，奉献精神是指个人出于维护集体或他人利益，自觉、自愿让渡自身利益的一种高尚品格。若上升到国家高度，可以指为人民和国家利益，无私献出自己一切的精神。

动机　推动人们从事某种活动，并朝一个方向前进的内部动力。它是人们的愿望、兴趣、理想表现出来的激励人们活动的主观因素。引起动机的内在条件是需要，引起动机的外在条件是诱因。所谓需要，实质是主体意识到的缺乏状态，但这种缺乏状态在没有诱因出现时，只是一种静止的、潜在的动机，表现为一种愿望、意向。只有当诱因出现时，需要才能被激活，而成为内驱力驱使个体趋向或接近目标，这时需要才能转化为动机。也就是说，动机是由需要与诱因共同组成的。因此，动机的强度或力量既取决于需要的性质，也取决于诱因力量的大小。心理学实验表明，诱因引起的动机的力量依赖于个体达到目标的距离，距离太大，动机对活动的激发作用就会很小。但动机强度与工作效率之间的关系不是一种线性关系，而是倒U形曲线，中等强度的动机最有利于任务的完成，在难度较大的任务中，较低的动机水平有利于任务的完成。人的动机是复杂的，多样的，可以从不同的角度，用不同的标准对动机进行分类，如：根据动机的起源可分为生理性动机（饥饿、渴、性、睡眠等）和社会性动机（兴趣、成就、权力、交往等），根据动机在活动中的地位与作用大小可分为主导性动机与辅助性动机。关于人类动机的研究，形成了很多理论流派，主要有本能论、驱力论、唤醒论、诱因论、认知论等。动机是志愿行为最重要的因素，也是在社会上弘扬志愿精神的关键环节。广泛了解和深刻理解志愿者的行为动机，对设计志愿服务方案、组织和管理志愿者、制定志愿服务激励办法等都非常重要。

志愿服务动机 推动人们从事志愿服务的内在动力。研究发现，志愿者的服务动机是复杂的，主要包括以下具体内容：帮助有需要的人，回应社会需要；参与改善社会问题；尽公民的责任，回报社会；希望发挥自己所长；感觉自己的存在价值；学习新的技能；善用业余空闲时间；拓宽社交圈子；取得他人的认知和赞许以及在群体中的位置；丰富经验，自我成长；培养组织能力及领导才能；寻求新刺激及扩宽生活体验；为未来工作做准备；感觉义务工作有意义；赶潮流，追时尚；出于对志愿服务的好奇心等。为了便于理解，学者根据各自的研究目的对上述志愿服务动机进行了不同的分类，如：根据志愿者是否追求自身利益将志愿服务动机分为利他主义动机、利己主义动机、合作主义的利己主义动机三种类型，根据志愿者的自愿程度分为理想型动机（完全处于内心需要）、学习型动机（着眼于个人的发展与提升）、成就型动机（自我实现）及压力或功利型动机（源于组织或群体的压力）四种类型。根据内在需要和外在诱因的协调程度分为理想型、回报型、学习型、交往型、盲目型五种类型。

志愿力 个人获得及持续完成志愿工作的能力。其本质是：“个人具备获得志愿工作、保有志愿工作以及做好志愿工作的能力”。它包括三个要素，一是意愿（willingness），二是能力（capability），三是获得的可能性（availability）。

亲社会行为 一切符合社会期望，对他人、群体或社会有益的行为。如助人、分享、合作、谦让、同情、自我牺牲等，它既包括了自愿帮助他人不期望得到任何回报的利他行为，也包括为了某种目的、有所企图的助人行为。与反社会（antisocial）不同，亲社会有合乎社会道德标准的意思，因此，亲社会行为涵盖一切积极的、有社会责任感的行为，包括父母对儿童的适当惩罚、司法人员的执法行为等“亲社会侵犯”。对亲社会行为的形成原因有三种解释：①社会生物学观点认为亲社会行为人的特性是可以通过基因遗传的；②社会交换论和社会学习论认为，人们做出亲社会行为，其最终目的是通过较少付出获得更大的回报；③社会规范论观点认为，基于人类道德准则的交互性规范的支配，帮助需要帮助的人符合社会期待。研究发现，亲社会行为受生物因素、认知因素、自我概念、性格因素等主体因素及家庭、社会、学校等主体外因素的影响。在宽泛的意义上，亲社会行为就是“意在使他人受益的志愿行为”；在严格的意义上，志愿行为只是亲社会行为中有意识地帮助亲戚朋友之外的他人的那一部分。对亲社会行为的研究要早于关于志愿行为的研究，很多研究结论对组织开展志愿服务具有重要的启发意义。如：“6—12 岁是助人行为发展最快的时期”提示我们要做好青少年志愿服务的组织工作，从小培养儿童的志愿服务兴趣，“模仿是儿童学习利他行为的重要途径”启示我们要多开展亲子志愿服务活动，发挥父母言传身教的作用。

社会参与　个人生活及经济工作之外的所有人类活动；它是社会成员以某种方式参与、介入和干预国家政治生活、经济生活、社会生活、文化生活和社区的公共事务从而影响社会发展的过程和方式。在更宽广的意义上，社会参与还包括个人生活中的非正式照料、利用图书馆、参观博物馆等行动。在更为狭窄的意义上，社会参与仅指意在为他人或社会利益而采取的行动。研究表明，社会参与对社会和参与者本人都有积极的意义：首先，社会参与能够使社会公众真正成为处理自己相关事务推动社会发展的主体，从而强化公民的公共意识，提高人们在社会中的自主意识和自主空间；其次，社会参与可以动员、组织、支持和推动人们采取行动自己解决相关的发展问题，形成以社区等场所为载体的自治机制；再次，社会参与可以通过各种公益性民间组织的培育，分担政府的某些公益性职能，对政府机制制约和补充；最后，社会参与可以促进政府机构改革与政府职能转变。从社会参与与志愿服务的关系看，志愿服务是社会参与的最重要的形式和手段，志愿者及其组织是社会参与的重要主体，社会参与的效果在很大程度上依赖于志愿者的贡献，反过来，公民的社会参与意识的增强也有利于提升志愿服务的水平和空间；二者之间的区别在于，社会参与强调的是公民对社会的公共意识和社会责任，而志愿服务强调的是基于自愿和理解基础上的无偿行动，此外，社会参与的范围和形式要较志愿服务更为宽广。

社会融合　广义上可以理解为一个全体成员参与其中、意在通过对话共建和维持和平之社会关系的动态与原则性过程。联合国经济与社会事务局认为，提倡社会融合，并不意味着强制性的同化和整合，而是为了建立一个安全、稳定和公正的社会。为实现这一目标，一方面要改变和减少造成社会分裂、社会排斥和两极分化的要素，另一方面要扩大和加强促进社会共存、社会合作和凝聚的要素。狭义的社会融合是指移民、少数族裔、弱势人群等融入主流社会的过程。作为一个过程，社会融合需确保面临风险和社会排斥的群体能够获得必要的机会和资源，通过这些资源和机会，他们能够全面参与经济、社会、文化生活和享受正常的生活，以及在他们居住的社会认为应该享受的正常社会福利。相关研究列出了社会融合的价值取向的 5 个维度：受到重视的认同、人类发展、参与和介入、亲近和物质丰足。社会融合是志愿服务的重要领域，也是志愿服务的重要目标，反过来说，志愿服务也是社会融合的重要手段，是社会融合的重要民间力量。

利他主义动机　把其他人的利益放在第一位，或为了其他人的福祉而牺牲个人利益的生活态度和行为原则。利他主义动机是促使人们采取利他行为的内在动力。根据形成机制的差异，利他动机可以分为三类，即亲缘利他、互惠利他及纯粹利他。亲缘利他，即有血缘关系的生物个体为自己的亲属提供帮助或做出牺牲，例如父母与子女的相互帮助。这种以血缘和亲情为纽带的利他行为一般不含有功利的目的。互惠利他，即没有血缘关系的生物个体为了回报而相互提供帮助。有学者认为，生物个体之所以不惜降低自己的生存竞争力帮助另一个与己毫无血缘关系的个体，因为他们期待日后得到回报，以获取更大的收益。纯粹利他，即利他主义者不追求任何针对其个体的客观回报。除亲缘利他主义外，互惠利他主义和纯粹利他主义是志愿者服务的根本动力，利他主义倾向强的人容易成为志愿者的中坚力量，而志愿服务行为既有可能强化人们的利他主义动机，也有可能打击人们的利他主义动机。志愿者流失率高是中国志愿服务发展面临的一大问题，其中一个重要原因是志愿者的利他主义动机没有能够受到很好的保护。

利己主义动机　将个人利益看作高于一切的生活态度和行为准则，是促使人们采取利己行动的内在动力。利己主义动机与利他主义动机相对立。从道德哲学的角度看，利己主义（egoism）有心理的（psychological）、规范的（normative）和条件的（conditional）三种类型。心理利己主义宣称，每个人都只有一个最终目标，即为了其个人福利，尽管人们可能会尝试掩盖其自私动机，但他们却总是以利己的方式行事的；规范利己主义宣称，人们应该以利己的方式行事，追求个人利益最大化，因为这在道德上是正确的；条件利己主义认为，利己行动如果导向道德上可以接受的结果，那么它就是道德上正确的且可以接受的，受自利驱动的行为如果能够有益于社会和公众，那就可以在道德上为人所接受。利己主义并不意味着损人利己，也不意味着为所欲为，更不意味着利己动机不会对他人和社会产生好处。事实上，利己主义并非与无偿服务他人不相容。各国的研究都发现，有相当比例的人参加志愿服务是有个人目的的，也希望志愿服务能为他们带来某些利益。纯粹利他的志愿服务固然令人起敬，但很少发生，而大部分在利他主义动机下参加志愿服务的人实际上也有自己的利益追求。个人在利己主义动机下参与志愿服务，只要能够实现个人与他人、个人与社会的共赢，也是值得倡导的。

意识形态动机　价值观与信仰对于人们行为选择的强制性影响。意识形态是与一定社会的经济和政治直接相联系的观念、观点、概念的总和，包括政治法律思想、道德、文学艺术、宗教、哲学和其他人文、社会科学等。意识形态的内容，是社会的经济基础和政治制度以及人与人的经济关系和政治关系的反映。意识形态的各种形式起源于以生产劳动为基础的社会物质生活。随着经济基础的变化而变化，政治思想、法律思想、道德、艺术、宗教、哲学等，各以特殊的方式，从不同侧面反映现实的社会生活。它们相互联系，相互制约，构成意识形态的有机整体。从日常生活中来看，意识形态同时也是一个由理念、想象、价值判断与概念组成的系统，被看作世界观的同义词。意识形态对志愿服务的影响是多方面的。首先，进步意识形态的追随者实践自己的信仰的一种方式就是参加志愿组织或提供志愿服务，尤其是在正常的政治途径和通道闭塞的情况下，如：西方国家福利制度的新自由主义改革导向就使慈善机构招募了更多的志愿者作为补充；很多战争志愿者（如白求恩）也明显受到了意识形态的影响和推动——这也是雷锋与现在大部分志愿者的不同之处。传教士中也不乏狂热的宗教志愿者。其次，意识形态常常会排斥、压制甚至扼杀一些有着异己的或敌对意识形态的志愿服务组织和志愿服务行动。

人道主义 重视人类的价值，特别是关心最基本的人的生命和基本生存状况的思想。人道主义关注人的幸福，强调人类之间的互助、关爱。虽然人道主义作为一种现代思想体系源于欧洲文艺复兴，但在一定程度上强调人的尊严和价值的思想则早已有之。所有文明社会都必须思考人的价值并给出一定的说法，有些古代文明还形成了较成体系的人道主义思想，如古代中国、古波斯、古希腊、古印度、中世纪伊斯兰。文艺复兴之后，伴随着宗教祛魅化，人道主义逐渐发展成一种以人为本、以人为中心的世界观。法国资产阶级革命时期又把人道主义的内涵具体化为自由、平等、博爱等口号。在19世纪和20世纪人道主义在成为重要的哲学、艺术、科学命题的同时，也逐渐成为现代慈善运动的重要指导思想。2008年12月11日，联合国大会决定将8月19日定为世界人道主义日。现代人道主义普遍遵循七条原则：①理性价值；②自由探索价值；③个人尊严价值；④道德平等原则；⑤自由理想原则；⑥宗教怀疑主义价值；⑦伦理本质原则。人道主义对近现代志愿服务有巨大的推动作用。首先，作为一种关注人、尊重人的思想和世界观，人道主义成为很多志愿者及志愿者组织的基本信仰和指导思想；其次，人道主义运动本身是志愿服务的重要组成部分，尤其是在由武装冲突、自然灾害等导致的人道主义救助中，以红十字会为核心的人道主义组织发挥了巨大的作用。

社会责任 个人或组织承担的高于自身目标的社会义务。社会责任是一个伦理命题，它强调，无论是个人还是组织都有义务确保自己的行动总体上对社会有利。社会责任涉及个人和组织在环境保护、社会道德以及公共利益等方面，由经济责任、持续发展责任、法律责任和道德责任等构成。社会责任又可分为“积极责任”和“消极责任”。积极责任又称预期的社会责任，它要求个体或组织采取积极行动，促成有利于社会的结果的产生或防止坏的后果的产生，即有责任并且参与社会活动。消极责任又称过去责任、法律责任，指的是当个体或组织的行为对社会产生有害后果时，就应该采取补救措施，至少应该采取不作为态度，即有责任不参与。社会责任作为伦理准则，是软法（soft law），并无法律约束力，承担社会责任实质上是志愿行为。从微观的角度看，人们组织及参加志愿服务既是自己承担社会责任的一种形式，也是培养个人及组织的社会责任意识的重要途径；从宏观的角度看，志愿服务的功能本质上就是承诺社会责任，推动志愿服务会加深人们对社会责任的理解和认可，反过来，倡导社会责任也有利于动员更多的人参与志愿服务活动。在人类社会发展的历史上，社会责任出现过三种行为模式：①传统社会的个人行为模式，承担社会责任的主要方式是个人慈善捐赠和个人无偿服务；②近现代社会的组织化模式，其特点是大量公益民间组织成为社会责任的承担主体；③20世纪六七十年代开始兴起的企业社会责任模式，其特点是企业开始承担社会义务。

企业社会责任 在给定的时间内社会对组织所具有的经济、法律、伦理、慈善方面期望的总和。19世纪以前，企业（商人）承担社会责任是个别现象，其形式主要是捐赠学校和教堂以及救助穷人。进入19世纪以后，两次工业革命的成果带来了社会生产力的飞跃，但劳资冲突也不断增加，企业在营利之外的社会责任问题开始受到广泛关注。俾斯麦开启的现代福利国家制度改革使得企业的社会责任被以法律强制的形式固定下来。1924年，现代管理学奠基人之一的奥利弗·谢尔顿（Oliver Sheldon）第一次在其著作《管理哲学》（The Philosophy of Management）中提出了“企业社会责任”这一概念。20世纪30年代，美国公司法学界还围绕着企业是否应该承担社会责任产生了著名的多德—贝利论战。但直到1953年，被称为“企业社会责任之父”的伯文（Howard R. Bowen）发表了《商人的社会责任》（Social Responsibilities of the Businessman）一书，关于企业社会责任的现代辩论才真正开启。1976年经济合作与发展组织（OECD）制定了《跨国公司行为准则》，要求跨国公司保护利害相关人士和股东的权利，提高透明度，加强问责制。20世纪80年代以来，随着西方国家福利制度的改革，国际间经贸关系日益频繁，全球化导致的两极化和贫困问题加剧，传统劳资关系模式的衰落与失效，民族国家解决社会问题能力减弱，企业社会责任逐渐成为一场波及世界各国的全球运动。20世纪90年代初期，美国劳工及人权组织针对成衣业和制鞋业所发动“反血汗工厂运动”，后演变为“企业生产守则运动”。在劳工组织、人权组织等NGO组织的推动下，生产守则运动由跨国公司“自我约束”（self-regulation）的“内部生产守则”逐步转变为“社会约束”（social regulation）的“外部生产守则”。1997年，国际劳工组织制定了国际性社会责任标准（SA8000：Social Accountability 8000）。2000年，联合国实施“全球契约”计划，提倡包括人权、劳工、环境和反腐败等4个方面的十项原则。2002年，联合国正式推出《联合国全球协约》（UN Global Compact），要求公司对待其员工和供货商时都要尊重其规定的九条原则。2010年11月1日，国际标准化组织（ISO）正式出台了社会责任国际标准指南（ISO26000）。企业社会责任的主要内容包括：对政府的责任、对股东的责任、对消费者的责任、对员工的责任、对资源环境和可持续发展的责任、对社区的责任。21世纪以来，企业社会责任在中国开始受到政府、业界和学界的广泛关注，2005年制定的《中华人民共和国公司法》明确要求企业承担社会责任，2006年10月国家民政部和中国社会工作协会在人民大会堂召开“志愿中国，社会责任”主题活动，2008年国资委一号文件提出中央企业履行社会责任的指导意见，2010年《WTO经济导刊》企业社会责任发展中心发布了《中国企业社会责任报告研究（2001—2009）》，同年企业社会责任网组织公布了“2009企业社会责任十大恶性事件”的评选结果。企业社会责任运动的开展，唤醒了企业公民的社会责任意识，企业员工志愿服务成为企业履行社会责任的重要途径，同时也为志愿者队伍增添了一支新生力量——企业志愿者。

公民首创精神 公民基于清醒的社会责任和公民权利意识而自觉主动地发明、设计、建议和实施意在解决社会问题、推动社会进步的新观念、新制度、新组织和新方法的实践过程。公民首创精神是公民社会责任意识的高级形态，是社会发展的动力所在，它是在现有框架之外，自发地产生一个新的起点。公民首创精神不仅带来新奇和意外，更是蕴含了潜在能量，对未来会产生巨大影响。公民首创实践能够影响社会管理和组织绩效的主要原因在于它能够：①提高管理效率和工作效率；②将时间运用在生产效率更高的地方；③降低对单纯用于维持功能的珍稀资源的需求；④协调员工与部门之间关系；⑤增加组织对员工的吸引力；⑥提高组织绩效水平的稳定性；⑦提高组织对环境变化的适应能力。不过，正如管理过程学派的创始人亨利·法约尔（Henry Fayol，1841—1925）所指出的，纪律原则、统一指挥原则和统一领导原则等的贯彻，会使得组织中人们的首创精神的发挥受到限制，因此，对于政府部门和社会组织管理者来说，“需要极有分寸地，并要有某种勇气来激发和支持大家的首创精神”。志愿服务领域是公民发扬首创精神的重要场所，志愿服务的发展也离不开公民首创精神；对于志愿服务的管理部门来说，应该充分尊重公民首创行动而不是盲目指导、凭长官意志行事。

草根公民参与　公民为解决和预防社区面临的社会问题（贫穷、教育、疾病、安全、犯罪、吸毒、交通、住房、环境恶化、紧急事件、外来挑衅等）而自愿组织或参与草根社区组织的决策与行动的过程。作为一种社区层面的公民参与方式，草根公民参与是社区自治的一种形式。由此形成的草根社区组织有可能发展成为居民与基层政府之间的“中介结构”（mediating structure）。相关研究显示，公民参与邻里草根组织能够显著增强社区凝聚力，具体表现为非正式邻里行为增加、社区意识增强、对社区生活品质感到更加满意、担任其他组织志愿服务的意愿更强、对邻里协会的效能理解更深等。草根公民参与的关键是赋权，但正如雪莉·恩斯坦在《公民参与的阶梯》一文中所揭示的那样，草根参与者之间依然有权力之分，缺乏权力再分配的公民参与对于无权者来说不过是一个空洞的、令人沮丧的过程。草根公民参与是社区志愿服务的重要形式，是社区凝聚力形成的关键；反过来，社区志愿者组织也是草根公民参与的重要载体。

社会企业家　为理想驱动，有创造力，质疑现状、开拓新机遇、拒绝放弃，构建一个理想世界的人。他们善于发现社会问题，并能够以创新服务、新产品和新方法来解决社会问题，但他们的目的不仅仅是为了营利。社会企业家多为社会公益组织的发起者和经营者，具有社会人文关怀精神，肩负社会责任，能够通过实现商业利润以及整合资源来维持组织的可持续发展。与一般的企业家以利润来评估其经营成效不同，社会企业家以造成的社会变化作为经营的成效评估基础。查尔斯·李德比特总结了社会企业家必须具备三种能力，分别是：①创业能力，即社会企业家能发现并利用那些未被充分利用的、被闲置的资源来解决那些未被满足的社会需求。②创新能力，即通过把传统意义上或互不相关的做法进行有机结合，社会企业家能创造新服务、新产品和新方法来解决社会问题。③改变现状的能力，即社会企业家会对自己领导的企业进行改革，也能使一个垂死的企业重现活力，最重要的是，他们能通过发掘他们所服务的社区和人群的潜力来改变他们。社会企业家群体崛起的结构背景是不完备的国家福利体系，时间背景是20世纪70年代以后的西方国家福利制度陷入危机。中国的社会企业面临着与西方同样的挑战，如公信力缺乏、技能缺陷、新老交替、经营规模偏小。社会企业家可以归入职业志愿者一类，是志愿者中的中坚力量，他们所从事的事业是公益的；由于常常面临资金、资源等方面的问题，社会企业离不开志愿者的参与和支持。

社会互惠 社会交往的基本原则，人类社会普遍存在的道德规范，其基本内容是：对给予过我们帮助的人给予回报、帮助而非伤害。互惠之所以成为我们社会的规范是出于这样一个假设：在社会生活中每一个人都会遇到困难，都需要他人的帮助。因此，自己帮助他人正是因为当自己遇到困难时会得到他人的帮助。所以从根本上看，助人行为也是为自己着想，即人们认识到社会生活中的相互依赖，于是需要形成一种互惠的机制。用交换理论解释，就是我们在对他人“投资”的同时期待着“分红”，期待着交换的平衡。如果接受帮助者反过来没有给予回报，那么就违反了互惠的原则。在人类的社会生活中，从政治到婚姻的各个领域都充满着这样的法则。“给予—回报”的互惠原则为人类公平感的基础，是所有法律的社会心理基础。当一个人认为自己不能与对方互惠的时候，别人的帮助会使他感到卑下与威胁。因此，这些人更不愿意寻求帮助。对于那些明显地有依赖性和没有互惠能力的人，如儿童和确实没有能力的残疾人，他人也承认他们确实没有同等回报能力的人，还有另外一种社会规范推动人们去帮助他们，这就是社会责任。有学者总结了互惠的三种形式，分别是：①一般性互惠（generalized reciprocity），其特点是给予物品的一方并不期望在未来的某个特定时间得到回报。这通常发生在情趣相投，并有着义务要相互帮助的个体之间。②平衡互惠（balanced reciprocity），其特点是指给出物品的一方希望返还回来的是差不多等值的物品，并希望回报马上获得或者在未来某个特定的时间获得。③负向互惠（negative reciprocity），其特点是所获得的要大于所给出的，如市场经济可以算是一种典型的负向互惠。除了纯粹利他主义动机外，绝大部分志愿者行为都带有互惠性质，了解这一点对于志愿者管理工作很重要。志愿服务的无偿性与志愿服务主体希望得到某种形式的回报并不矛盾。对于那些没有互惠能力的人，志愿服务组织者一定要更加认真安排，因为研究发现，他们恰恰是最需要志愿服务而又得不到志愿服务的人群。让潜在服务对象感受到尊严和有价值，是关键的一步。

社会交换 当别人作出报答性反应就发生、当别人不再作出报答性反应就停止的行动。社会交换理论的创始人美国社会学家乔治·霍曼斯（George Casper Homans，1910—1989）认为，人与人之间的互动基本上是一种交换过程，这种交换包括情感、报酬、资源、公正性等。受行为主义心理学大师斯金纳（Burrhus Frederic Skinner，1904—1990）的影响，霍曼斯归纳了社会交换的六个命题：①成功命题：个人的某种行为越是经常地得到相应的报酬他就越可能重复这一行动；②刺激命题：某人在过去的某种情况下的活动得到了报酬，那么出现相同情况时，他就会重复这个活动；③价值命题：如果某种行为的后果对一个人越有价值，那么他就越有可能采取该行动；④剥夺与满足命题：某人在近期内重复获得相同报酬的次数越多，那么这种报酬的追加部分对他的价值就越小；⑤攻击与赞同命题：期待报酬是否与实际报酬一致，若实际报酬不及期待报酬，则会产生愤怒情绪，若实际报酬与期待报酬相符，甚至超出，那么很高兴；⑥理性命题：人类的社会行为是一种理性行为，存在价值选择。彼得·布劳（Peter Blau，1918—2002）修正和发展了霍曼斯的理论。布劳认为，社会交换只是人类行为的一部分，人类行为成为社会交换，必须满足两个条件：一是该行为的最终目标只有通过与他人互动才能达到；二是该行为必须采取有助于实现这些目的的手段。在存在着权力分层的大型复杂组织中，只有当这种关系无论是对下层成员还是对上层成员都有好处时才是交换关系；一旦这种对等关系可以被强制性的权力所取代，那么维持分层体系的就是权力关系而不再是社会交换。虽然志愿服务强调无偿劳动，但也可以将志愿服务理解为社会交换过程。社会交换有助于我们更好地理解志愿服务中的五对基本关系（志愿者—服务对象、志愿者—志愿者、志愿者—志愿者组织、志愿者与志愿者组织员工、志愿者组织—服务对象）及其相处原则。只有处理好这五对关系，才能推动志愿服务的良性循环。

社会资本 实现工具性或情感性的目的，透过社会网络来动员的资源或能力的总和，是资本的一种形式。早期的社会资本概念中，“资本”的特性非常明显，往往被用来指一些具有公共物品特性的，属于国家或社会的公共资本。通过研究人际间的关系结构、位置、强度等，可以对社会现象提供更好的解释。在一个组织中，提供工具给工人相当于提供物质资本，提供培训给工人相当于提高了工人的人力资本，提高组织成员之间的互动和信任，或利用组织成员与外界的联系，为组织获得有用的机会和信息，进而影响组织绩效。但是，社会资本对组织绩效的影响是有两面性的，很多研究发现，高的内部社会资本，在某种条件下，会使得组织更加保守，对外来创新、新思想形成阻力，形成山头主义等，而高的外部社会资本，也可能使组织的隐秘信息流失，因此社会资本与组织绩效之间并不呈线性相关。因个人或团体之间网络的强弱以及不同层级间的互动关系，有学者将社会资本归纳为三种类型：①结合型社会资本（bonding social capital）：系指网络关系较为紧密者之同质者间的联结，其具有较强烈的认同感以及共同的目标；②桥接型社会资本（bridging social capital）：主要系指网络关系较为疏远，但彼此拥有共同利益者所形成的联结；③联结型社会资本（linking social capital）：系指不同社会层级的个人或团体之间的关系，例如国家或大社会等，属于垂直性的联结机制。研究发现，志愿服务组织通常都依赖于使用社会资本筹集资源、招募志愿者，志愿者也可以在服务过程中使自身社会资本获得增值；志愿服务在塑造团结信任的社会氛围、创造友善性社会规范和编织良性社会网络等方面，对社会资本建设有重要作用。

社会团结 把个体结合在一起的社会纽带，是一种建立在共同情感、道德、信仰或价值观基础上的个体与个体、个体与群体、群体与群体之间的，以结合或吸引为特征的联系状态。社会团结是由法国社会学家涂尔干首先提出的。他将社会团结分为机械团结和有机团结两类：机械团结是将同质性的个体结合在一起的社会联结纽带，它有强烈的集体意识，如传统社会或传统农村社区；有机团结出现在现代社会中的工业化过程中，它是一种建立在社会成员异质性基础上的社会联结纽带，它强调成员间的相互依赖。涂尔干认为，社会团结是非物质性的，并可以通过一定的形式表现出来，如法律、道德等。社会团结的物质基础是社会分工，精神基础是集体意识。社会团结一旦得到增强，它就会使人们之间的吸引力增强，使人们接触的频率增强，使适合于人们结成相互关系的方式和机会增多。社会团结是志愿服务的出发点，正如前联合国秘书长科菲·安南对志愿精神本质所作的阐述：“志愿精神的核心是服务、团结的理想和共同使这个世界变得更加美好的信念。从这个意义上说，志愿精神是联合国精神的最终体现。”研究发现，通过志愿服务帮助了许多暂时陷入困境的人们，增加人们的社会接触，推动民间组织的发展，可以营造互帮互助、团结友爱的社会氛围和团结、信任、互助的社会意识，从而增加社会凝聚力。

文化资本　包括知识的类型、技能、教育、语言等在内的任何一种可以提升个人权力和社会地位的累积性文化知识。它作为一种被广泛接受的社会学概念，由法国著名社会学家皮耶·布迪厄（Pierre Bourdieu，1986）在20世纪70年代首先提出。布迪厄十分重视考察资本及其积累的各种效应对于社会研究的重要性。在他看来，“资本体现了一种积累形成的劳动，这种劳动同时亦以无纸化的身体化的形式积累下来。而资本也同时体现出一种生产性，总是意味着一种生产利润的潜在能力。”在《资本的形式》一文中，布迪厄区分了三种类型的资本，即经济资本、社会资本和文化资本。文化资本又可以分为三种亚类型：①身体化文化资本（embodied cultural capital），指的是人们通过家庭环境及学校教育获得并成为精神与身体一部分的知识、教养、技能、趣味及感性等文化产物，是内在化的个人素质和能力；②客体化文化资本（objectified cultural capital），指的是书籍、绘画、古董、道具、工具及机械等物质性文化财富，是可以传递的文化产品和财富；③制度化文化资本（institutionalised cultural capital），指的是人们所掌握的被以某种形式（如考试）合法化和认可的知识与技能，亦即制度上认可的文化资本。与其他类型的资本不同的是，文化资本具有高度增值能力、与主体不可分离、不可继承等特征。批评者认为，布迪厄过分强调了文化与主体的关系及其认知内涵，从而忽视了文化的“规则”（rules）性质与道德内容，如诚实、公平、善良、和平、负责任等。对于任何文化而言，慈善文化都是其重要的组成部分。慈善文化的身体化、客体化和制度化都会增加人们的志愿行动。研究发现，文化资本与老年人的志愿参与程度高度相关，文化资本还会增加人们从事正式志愿服务的概率，但对非正式志愿服务的影响则并不明显。

社会正义　一个社会的基本结构，即“社会主要制度分配基本权利和义务，决定由社会合作产生的利益之划分的方式”，它符合正义的原则，包含了社会评价及社会道德的特性。justice源于拉丁语justitia，由拉丁语中“jus”（公正、公平、正直、法、权利等）转化而来。正义与公平（fairness）和公正（impartiality）意义相近，但公平更关注衡量的标准是否统一，公正更强调社会权威机构在处理社会事务中不偏不倚的立场和态度，而正义包含了道德的取向，是一种价值判断。在西方，正义的观念起源于古希腊，它首先是与人的行为相联系的道德范畴，随着政治与道德的结合，正义转向政治学范畴，并成为政治的最终追求。对比传统政治伦理与现代政治伦理，传统政治伦理思想把正义看作是与社会等级相连的秩序规范，推崇“自然秩序”或“上帝的安排”的社会正义的理想，从而承认不平等的合理性；现代政治伦理以契约伦理为基础，并融入自由平等的观念，强调分配的正义性在社会正义中的主导地位。罗尔斯（John Bordley Rawls，1921—2002）提出“公平的正义”命题，包括“平等的自由”和“公平机会”两个原则，也就是说，社会正义是一个政治和道德问题，它涉及社会的制度性安排如何公平地分配社会资源，以保证每个社会成员都能得到公正的待遇，实现平等的权利。在中国，“公平正义”随着社会矛盾（如贫富分化、收入分配不均等）的增多和体制改革的深入而呼声渐高，是越来越为政府和公众所着力倡导的理念。维护社会正义是很多志愿者及志愿者组织的原动力、立场和出发点。相关研究证实，在控制其他变量后，通过强调志愿服务对推进社会正义的意义可以吸引更多新的志愿者。从另一个角度看，志愿服务是维护社会正义的微观机制和结构性力量。在西方福利国家建立之前，志愿服务在扶贫救困、教育、医疗、维权、社区服务等诸多领域发挥着维护公平正义的功能；在福利国家全盛时期，志愿者是福利机构的重要人力资源；在国家福利制度陷入困境后，志愿服务领域得到了前所未有的扩张。在中国，尚不完善的福利制度影响了政府倡导的公平正义目标的实现。充分发挥志愿服务的作用，将成为推动社会和谐的重要手段，也是社会公平正义的重要助推力量。

社会忠诚 狭义上指共同体中的成员对所在集体的认同感、归属感和依赖感，它与特定的社会结构和历史文化有关，是由社会建构和习得的情感；广义上指基于归属意识、责任意识、公民意识的，道德主体（即社会成员）通过对道德客体（即他人和社会）的理性选择而产生的稳定的情感态度和行为，是个人与个人之间、个人与社会之间的基本伦理规范。中国传统文化所谓“忠”，就是“尽己”，表示对人、处事时全力以赴、没有任何保留的态度；所谓“诚”，就是诚实无欺，表里如一，言行一致。忠诚道德在传统社会中集中体现为臣民意识，而在现代社会中体现为公民意识，是传统道德规范“忠”与“诚”的组合，指公民内化社会责任意识，各司其职，各守其规，对国家和社会尽心尽力地履行公民义务，以达到社会集体的共善（common good）。社会忠诚是维系现代人伦关系的客观要求，它既是一种稳定的情感态度，也是一种持久的道德行为。在当前处于整体转型期的中国社会，由于价值体系的多元并存与相互冲突，社会忠诚面临着严峻挑战。研究发现，对社会或集体的忠诚可以激发人们的志愿服务愿望，从而催生志愿行为；培养人们对志愿者组织的忠诚可以减少志愿者的流失率；反过来，志愿服务也可以增强人们对所在社区或组织（包括企业）的忠诚度。

社会归属感 社会成员对社会认同、满意和依恋程度的情感体验。具体来说，是社会成员由于物质和精神两方面的作用，对某个社区或社会产生信任和依赖，并自觉将自己融入到该社区或社会之中，以其规范来约束自己的行为，并在其中接受信息、经验和情感。在原始狩猎社会，归属于一个集体（部落）对个体生存和安全来说是极其重要和必要的；在现代社会，尽管人们不再需要集体打猎，但人们仍然有归属于集体的渴望，并仍然力图保护他们所在集体中的其他成员。马斯洛（Abraham Harold Maslow，1908—1970）认为归属感的产生源于一种“社会的需要”，如果人们在所属群体中找到了自己的位置，进而产生出强烈的“我群”意识，他就会对所属群体产生感情，并由衷地热爱它，心甘情愿地履行它所要求的各种规范性义务，从而为所属群体的生存和发展竭心尽力。更广泛的意义上，归属引申为人们在社会互动中产生的积极情感、心理倾向和常引发为友好、向往、依从的高层次精神现象。现代社会频繁的流动以及由之而来的身份、角色的变动，很难使人维持一种稳定的社会关系，社会归属感也常陷于非确定状态之中。社会成员的社会归属感的有无和强弱会受到社会结构形态、利益格局特别是社会管理体制的影响，在一定的社会环境条件下表现出差异性，这在中国社会表现尤为明显。调查资料证实，志愿服务可以提高服务对象的社会归属感，社会归属感高的人参加志愿服务的比例也高，通过参加志愿服务也可以提高人们的社会归属感。对于志愿者组织来说，重视培养志愿者的归属感尤其重要。国外的经验说明，尊重和认可是培养志愿者归属感的重要措施。

自我实现 在广义上指一种价值追求，本质上是人发挥主观能动性不断社会化的过程，是人的自身潜能、价值、理想目标的实现。在狭义上指人的一种高级需要，“包括实现自己的潜能，充分发挥自己的能力等”。人的自我实现问题（self-actualization）最早由马斯洛（A. H. Maslow）从人的需要的角度提出，即拥有更多的自由意志，能够发展个性、表现个性，能够不断超越自己，达到关于自己的真实性。自我实现既可静态地指一种综合性的健康人格特征，也可动态地看作一种与个体的自我知觉相协调的潜能的发展过程。在西方现代人本主义理论中，人的自我实现是人的个人价值的实现。马斯洛认为，自我实现者是“更真实地成了他自己，更完善地实现了他的潜能，更接近于他的存在核心，成了更完善的人”；在马克思主义理论中，人的自我实现是指具有人类性、社会群体性和个体性的现实个人，充分发挥自己才能，通过创造性劳动而享受社会生活的人。自古以来，中国社会就有着“家国合一”的传统观念，“入世”的传统价值更是把个体的自我发展与为社会、为国家、为民族的贡献紧密连接起来，突出了中国传统社会“自我”这一概念，以及自我实现的内涵不同于西方的社会意义。追求自我实现会给人提供强大的动力，那些选择志愿服务作为自我实现目标的人一般都是长期、坚定的志愿者，包括那些职业志愿者；反过来，志愿服务因其领域众多、草根性强、包容性强、社会认可度高，追求自我实现的人也大都选择志愿行为。

救赎感 个人或社会从痛苦和己所不欲的状况下解脱及由之而来的心理感受。“救”指解救，给予帮助使脱离危险或解脱困难，“赎”是将原本属于自己、但归另一个人所有的财产重新买回来；在西方，“救赎”一词来源于宗教教义，《圣经》中把耶稣为解救世人、洗脱世人的罪（sin）而献身叫做救赎；犹太教徒和基督教徒认为，人世间的苦难，无论外在内在，都是来自于人的原罪，必须要赎罪才能获得救赎，而救赎就是依靠神而将自己从罪的束缚中解脱，从而与上帝一起获得永生。一般来说，在众多宗教中，只有犹太教和基督教盼望来自神的救赎，佛教和印度教则认为要借着自己才能得到救赎。有学者指出，“救赎”是神秘主义的重要内涵，人是神性与兽性的结合体，由人向神的追求是“超越”；而堕失后再重返“人”的境界甚至更高境界则是“救赎”，两者都是一种以未知的终极为指向的自我提升。除了作为宗教话语，救赎、救赎感多用于文学研究，指代一种状态，指人们在现代社会迷乱的生活中很容易迷失自我，感到压抑和躁乱，而获得过某种经历后，人的心灵从不安定、被禁锢的状态下解放出来，重新获得宁静和释然，就是经过了救赎，获得了救赎感，这是一个脱离苦难、重归安宁、重新找回生命意义的过程。大量来自西方国家的研究都证实，宗教信仰是人们捐赠和志愿服务的重要原因，救赎感是其重要的内在根源。

施舍 人们出于怜悯或积德思想，以财物等救济穷人、乞丐或捐赠寺庙、僧人或其他有需要的人。施舍，原是阿拉伯语“enfag”的意译，其宗教术语是把自己的钱财、能力、知识等安拉赐予的恩惠用在安拉的道路上，帮助那些穷人和有需求的人。在伊斯兰教义中，施舍被认为是特别受重视的善举，是建立公平社会、铲除贫富差距、加强人与人之间友谊的唯一途径，被提到了信仰的高度，并且作为评价一个人的信仰是否真诚的标准之一。基督教中也有关于“施舍”的内容，倡导人们低调地行善，不能期望为人所知或以受到赞赏为目的。佛教也同样提倡施舍，并将其视为福报的影响因素。施舍与接受施舍，本身是因为施者有、受者无而形成的特定时期内的财物转移，不涉及施者与受者的人格高低。但因为社会伦理要鼓励施舍行为，因此客观上有褒扬施者、贬低受者的意思。所以，几乎在所有文化中，施舍者的居高临下态势不可避免。现代文明强调人格平等，因此一般选择更中性的“捐赠”一词来代替施舍，但“舍”所体现的不求回报的深层意义也因此丢失。施舍的客体主要是财物，但不仅仅是财物，如佛教除了提倡财施，还提倡法施（以正法去劝人修善断恶）和无畏施（竭尽所能去解除别人的恐怖和畏惧），伊斯兰教提倡施舍钱财之外还可以施舍知识和技能。也就是说，传统社会的施舍包含今天所说的志愿服务。可以说，现代社会的志愿服务发轫于传统的施舍，它的服务内容更为广泛，支撑志愿服务的价值伦理也发生了变化。

志愿者比例 广义上指一定时期内某个人群中从事过志愿服务的人数占该范围总人口数的比例；狭义上指在一定时期内，一个范围内的注册志愿者总数占该范围内总人口数的比例。计算志愿者比例的基数可以根据研究目的的不同自行设定，如女性志愿者比例，青少年志愿者比例，职业志愿者比例，地区志愿者比例等，一般都以16岁以上人口数为准。志愿者比例常用来当作反映一个地区或一个群体在某个时期内公益慈善状况的指标，它既能展现一个地区内人们稳定的志愿服务情况，也能从侧面反映一个时期社会经济、就业等状况的波动，因为一般认为失业、个人经济窘境会使从事志愿工作的人减少，当然这种变化并不是必然的。相关资料显示，在美国，国家和社区服务机构每年都开展覆盖全境的抽样调查，发布关于美国志愿服务情况的报告，2010年的年度报告显示，当年美国志愿者超过6000万人，约占总人口的26.3%，比例较2009年下降0.5个百分点。同年，中国18岁以上成年人中参与志愿服务的比例在14.6%左右。

志愿服务时长 志愿者提供服务的时间长度。它指志愿者实际提供志愿服务的时间，以小时为计量单位，不包括往返交通时间。志愿服务时长的记录使得志愿服务有了量化标准，对志愿者起到激励作用，促进志愿工作管理的规范化、制度化和志愿服务社会化和专业化。志愿服务时长也是衡量志愿服务发展程度的重要指标，如：加拿大2007年人均志愿服务时长为91小时，而我国的人均志愿服务时长仅有6小时。研究者还发现，志愿服务时长与志愿者的内在满意度正相关。志愿服务时长的具体计算方法各有不同，如2012年，珠海香洲区义工联发布《服务时数统计方案》，原则上按照“正式开始提供服务时数+半小时签到时数+半小时总结时数”的模式计算服务时数，时数计算还首次延伸到组织、后台服务、事前准备、策划与宣传等6个领域。2012年10月，民政部发布我国首个《志愿服务记录办法》，规定了全国志愿者服务信息的记录办法，并指明志愿服务时间将跨年度、跨行业终生保存。

志愿服务 广义上指以造福近亲属以外的他人（个人或团体）或环境的所有活动。狭义上是指无偿为非营利机构工作。又称志愿工作（volunteer work）。与狭义的定义相比较，广义的定义中没有对提供服务的主体进行限制，对于服务对象的界定也更为宽泛。根据联合国的定义，志愿服务有三个特点：①不追求经济回报（financial rewards），②服务出于个人自愿，③造福于他人或社会。通常，学术界认可将志愿服务分为四个类型：①互助或自助（Mutual Aid or self - help）：人们为了共同的利益或共同的生活环境而贡献他们的时间和精力来帮助他人和帮助自己。②慈善服务或为他人服务（philanthropy or service to others）：人们自愿地付出时间和精力去帮助他人，并不期待他人回馈同样的好处或帮助。③参与（participation）：又称公民参与（civic participation）或公民行动（civic engagement），是公民参与社会公共事务治理的重要形式，指公民个人或集体为了确认和解决广泛关注的公益问题而自愿付出时间和精力。④倡导与运动（advocacy and campaigning）：人们为了自己或他人的利益付出时间和精力在地区、国家或国际范围内开展游说、宣传和辩论活动，目的是推动政府修改、完善和实现有利于弱势群体和环境保护的立法和政策。志愿服务已成为文明社会不可或缺的一部分，是人道主义援助、技术合作、改善人权、促进民主与和平的重要组成部分，志愿服务也成为许多非政府组织、专业性团体、商贸机构、民间组织及越来越多的个体组织开展活动的基础，在许多社会运动如消除文盲、免疫和环境保护等领域中志愿者的作用不容忽视。在中国官方的早期定义中，志愿服务是指有组织的志愿服务，如：《广东省青年志愿服务条例》（1999）称“本条例所称青年志愿服务是指青年志愿者组织或者青年志愿者自愿无偿地服务于人民群众生产、生活和其他有利于社会发展的行为”（第四条）。少数地方使用更为宽泛的定义，如：《上海市志愿服务条例》（2009）将志愿服务界定为“不以获取报酬为目的，自愿以智力、体力、技能等为他人和社会提供服务和帮助的公益性活动”。

正式志愿服务 志愿者通过各式各样的组织参与志愿服务，包括为这些组织提供志愿服务和通过这些组织向第三方提供志愿服务。亦称“有组织的志愿服务”（organized volunteering），与“非正式志愿服务”相对应。正式志愿服务组织者包括公共服务部门（政府及医院、儿童福利院、养老院、社区服务中心等公共机构）、非政府机构（非营利机构和志愿服务机构）以及各类企业。与公共部门提供的志愿服务不同，非政府机构组织的志愿服务是民间力量有组织地参与社会建设和解决社会问题的重要方式，而企业提供志愿服务是企业作为社会主体承担社会责任的表现。有组织的志愿服务，按照志愿者是否直接服务于受益对象，可分为两类：一是直接服务于受益对象的直接志愿服务，二是通过为志愿服务组织方工作而间接服务于受益对象的间接志愿服务；按照组织是否是受益对象，可分为两类：一是以组织为受益对象的志愿服务，二是以个人、群体、动植物、环境等为受益对象的非组织志愿服务。一般来讲，由组织发起的正式志愿服务会有较为明确的服务目标、计划和规范，对志愿者也有较正式的管理措施。正式志愿服务是志愿服务组织化的结果，在现代志愿服务中占主流；随着志愿服务事业的开展，各种专门从事志愿服务或志愿者管理的组织日渐增多；与此同时，注册在各组织之下的志愿者也越来越多。在正式志愿服务方面，中国和西方发达国家的差距还很明显。

非正式志愿服务　人们付出自己的时间直接为自己的邻居、朋友、陌生人提供无偿服务。非正式志愿服务又称“个人无偿服务”，与“正式志愿服务”相对应，是个人直接的志愿行为。如果说正式志愿服务代表了现代社会的志愿服务主流的话，个人直接提供志愿服务则更多地代表了传统的互助文化与习俗在现代社会的延伸和继承。非正式志愿服务是整个社会志愿服务的重要组成部分，对于微观层面上的社会互助、社会关系修复和社会信任的重建有着不可替代的作用，对于整个社会志愿精神的培养也是极为重要的。尽管随着社会福利制度的完善、有组织的志愿服务的发展和慈善资源向民间公益组织的倾斜，个人无偿服务在整个社会的团结机制中的地位会相对下降，但作为其中更为基础的利他主义行为方式，它在重构生活世界和和谐基本人际关系中有着制度性的福利和有组织的志愿服务所不能替代的功能，因此将在人类社会中一直存在下去。在某种意义上，个人无偿服务比有组织的志愿服务和慈善捐赠更少理性计算，因而也更为纯洁。在英国，社区中很多人基于宗教信仰向需要的人提供非正式的服务，他们的服务内容大多限于日常生活，但服务方式非常多，而且是“一帮一”的相互帮助。通过这种彼此之间以信仰为基础的志愿服务，能实现其他方法或出台相应政策都难以达到的良好效果，但同时又造成政府部门很难深入其中。虽然自古就有邻里互助的习惯，但由于发展阶段的限制，中国非正式志愿服务的比例依然较低。

直接志愿服务　人们直接提供给受益对象（个人、环境、社区等）的志愿服务，与“间接志愿服务”相对。在直接志愿服务中，志愿者与服务对象有直接接触，志愿者所付出的时间和服务等直接作用于服务对象，并对其产生直接效果，如为老年人提供生活照料等。在志愿服务产生初期，志愿活动绝大部分是直接提供给服务对象的，随着志愿者队伍的增加和志愿活动规模的扩大，开始逐渐产生分化，出现不直接服务于受益对象、但最终是为了受益对象更好地得到帮助的志愿服务，也就出现了直接与间接志愿服务之分。

间接志愿服务　通过为志愿服务组织方工作而间接服务于受益对象的志愿服务，与“直接志愿服务”相对。在间接志愿服务中，志愿者与最终的受益对象没有直接接触，志愿者所付出的财物、服务等不是直接作用于服务对象，而是通过为志愿者组织提供服务而间接服务于受益对象，如在以助老为宗旨的志愿者组织中，帮助组织管理者收录志愿者档案等。随着志愿服务的发展，越来越多的志愿者组织应时代潮流而生，作为“第三部门”产生巨大社会影响。同时这些组织本身也需要越来越多的力量进行内部的管理和运作，以保证志愿服务的顺畅提供。所以直接服务于志愿者组织、间接服务于最终受益对象的间接志愿服务越来越多，发挥的力量也越来越大。随着志愿者组织的增加，间接志愿服务将日益重要，发挥不可替代的作用。

应急志愿服务　广义上指志愿者及其组织在突发灾害事件的预防、备灾、紧急救援和灾后重建（恢复）阶段提供的各种非营利、无偿、非职业化的利他服务。狭义上指依法成立的应急志愿者组织及其志愿者进行的有关应急知识、技能等培训和演练，以及按规定参与的应急救援等应急管理工作。根据服务内容的不同，应急志愿服务可分为防灾宣传、能力培训、抢险救援、医疗救护、无偿献血、伤员转运、群众安置、物资收发、卫生防疫、心理抚慰、困难帮扶、助老助残、治安维护、文体活动、生计恢复、社区重建等多种类型；根据突发公共事件应对阶段的不同，应急志愿服务可分为防灾志愿服务、备灾志愿服务、应急救援志愿服务和重建志愿服务等四个大类；应急救援志愿服务的三大核心领域是：治安与秩序维护、消防与人员营救、医疗与卫生救护。参与应急救援的志愿者及队伍必须接受相关的专业培训、取得相关的资质证明，并参与定期的演练，参与灾后重建的志愿组织也须拥有相关的专业资质。应急志愿服务是现代国家应急体系的有机组成部分，虽不能取代政府及其专业救援机构在灾害防救中的功能，但具有弹性强、反应快、接近受助对象、应变能力好、服务种类全等特点，因而能够很好地弥补专业救援队伍的不足，是政府救援力量的有效补充。根据国际红十字会和红新月会的评估，2010 年世界各地的红十字和红新月志愿者所提供的志愿服务经济价值就达到 60 亿美元。2008 年汶川地震后，中国应急志愿服务得到了快速发展，各省都成立了一些民间或半官方的应急志愿服务组织，但大都面临队伍小、训练不足、资金无保障等困难，从事应急知识普及和应急培训方面的工作较多，应急志愿组织发挥作用的空间还较大。

专业志愿服务　用专业知识技能无偿帮助公益组织开展项目，提供咨询、培训和教练的服务。比如为公益组织提供市场营销整体解决方案，为社区服务管理提供软件开发，为公益组织的薪资与考核体系设计实施方案等。按照服务过程中是否需要专业知识和技能，可以将志愿服务分为两类，一是基础性的、不需要运用专门知识或特别技能的志愿服务，多为短期、随机的一次性服务，如植树活动、看望老人等；二是专业性的、需要运用专门知识和熟练技能才能帮助他人解决需要的志愿服务，如器材维修、医疗义诊、心理咨询、逃生训练等。随着社会的发展，NGO 对专业服务的需求与日俱增，由人力资源、市场营销、战略规划、项目管理、IT 应用、法律咨询等方面专业人员免费提供的专业志愿服务应运而生。创立于 2001 年的美国 Taproot 基金会就是专业志愿服务领域的先驱，其宗旨是让美国数百万个商务专业人士参与到专业志愿服务中。据 Taproot 基金会所提供的数据，每年美国大约有价值 150 亿美元的专业志愿服务，是捐赠金额的 4 倍。中国的专业志愿服务目前还处于起步阶段，专业志愿服务还主要局限在心理咨询、法律维权、应急救援等少数几个领域，开展专业志愿服务的机构和志愿者数量也较少，不管是数量还是质量都亟待提升。

助老志愿服务　社会组织和个人自愿为老年人提供的无偿服务。在传统社会，家庭是主要的养老场所，与老年人有亲属关系的人承担养老任务。随着工业化和城市化的推进，养老服务开始由国家和社会承担，机构养老、社区养老等成为家庭养老之外的社会养老方式。助老志愿服务不同于养老机构中专职人员的工作服务，更不同于赡养，它是志愿者或志愿者组织为与志愿者无血缘关系的老年人提供的非营利、无偿、非职业化的利他服务，既包括面向特殊困难的老年人提供的经济支持和生活照顾，也包括面向全体老年人的日常照料、心理抚慰、医疗保健、文体健身、法律援助等多项内容。随着老龄化不断加重，助老志愿服务活动成为了志愿服务活动中的一个重要分支。研究发现，在中国，60 岁以上老年人口已近 1.6 亿，正朝着高龄化、空巢化、失能化转变，这些老人迫切需要社会关爱和专业照护。《社会养老服务体系建设规划（2011—2015 年）》确定了“以居家为基础、社区为依托、机构为支撑”的养老体系建设方向，对助老志愿服务发展，特别社区内的助老志愿服务体系建设提出了非常高的要求。据调查，截至 2012 年，在志愿服务相对发达的北京城区，老年人口中有这样或那样志愿服务需求的比例高达 80%，而接受过志愿服务的老年人比例为 6.7%。可见，中国助老志愿服务事业任重道远。

助残志愿服务 社会组织和个人自愿为残疾人提供的志愿服务。助残志愿服务内容广泛，包括为残疾人提供无偿低偿帮扶服务，协助开展残疾人康复，培养积极向上的生活情趣，活跃文化生活，推动无障碍环境建设，方便残疾人参与社会生活，帮助残疾人就业等。从全球看，随着社会福利政策的完善，残疾人在基本生活、医疗卫生、康复、教育、就业、社会参与等方面的困难得到一定的改善，但残疾人社会保障体系和服务体系仍存在巨大的空缺地带，助残志愿者服务成为填补这一空缺的重要力量。各国政府已经将完善、推进助残志愿服务作为建立残疾人社会保障体系和服务体系的一项重要内容。相关研究显示，由于服务社会、关爱他人的志愿服务精神与残疾人事业的宗旨高度契合，发轫时间基本与残疾人事业同步，志愿服务从一开始就与残疾人事业紧密相连，从 20 世纪 80 年代开始，“志愿助残”几乎与“志愿服务”同时进入中国人的生活。21 世纪以来，随着全国志愿服务发展进入快速期，助残志愿服务也取得了实质性进展。2010 年全国志愿助残工作会议确定每年 7 月 6 日为“全国志愿助残阳光行动主题日”；截至 2013 年，已建立助残志愿者联络站 30 余万个，助残志愿者人数达 700 多万，受助残疾人达到 5000 多万人次，国内志愿助残组织网络基本形成；2013 年 7 月 5 日，中国残联《中国助残志愿者注册管理办法（试行）》正式发布，标志着中国志愿助残工作开始步入规范化和制度化轨道。

农民工志愿服务 广义上指志愿者或志愿者组织为任何外来务工人员提供的各种非营利、无偿、非职业化的利他服务。狭义上指志愿者或志愿者组织为进城务工农民及其子女提供的、与其城市生活相关的无偿帮助。广义和狭义的区别主要在于“农民工”(migrant workers) 涉及的范围。在美国，外来劳工含义广泛，包括所有在国籍外的国家工作的人；在中国，1978 年实行改革开放，在农村实行家庭联产承包责任制，农民从土地上解放出来后，开始大量涌入城市。“农民工”现泛称所有在外打工的农村劳动力。中国农民工数量庞大，2011 年总数已达 2.5 亿人。学者将这一庞大的群体划为边缘人、弱势群体，绝大多数没有真正意义上的社会保障，没有养老保险、也没有医疗保险，因工致伤、致残和致死的事故得不到基本保障的问题，企业、雇主恶意克扣、拖欠和拒付农民工工资的问题时有发生，已成为社会问题的重要源头。农民工志愿服务即是作为回应农民工社会问题而逐渐产生并引起重视的。一般来说，农民工志愿服务包括技能培训、权益维护、情感关怀、文化服务、素质提升以及对农民工子女的帮扶教育等，对推动建立和完善农民工公共服务体系、营造理解和尊重农民工的社会氛围起着重要作用。

积极志愿服务　任何出于个人自愿的、无偿帮助他人和服务社会的活动，又称“主动志愿服务”，与“被动志愿服务”相对。根据联合国的定义，志愿服务有三个特点：①不追求经济回报（financial rewards）；②服务出于个人自愿；③造福于他人或社会。出于个人自愿本应是志愿活动的应有之义。积极志愿服务是志愿者出于个人的济世胸怀、价值理想而服务社会和他人，其行为是自愿选择，而非受第三人或外界的强制。向他人或社会提供志愿服务已成为积极志愿者的一种内在需要，从事志愿服务的目的不是为了获得任何显在的或潜在的利益。推进积极志愿服务要依靠全社会的倡导，自下而上让人们从内心上认可并践行，而不能依靠行政自上而下的指令，否则将会适得其反。积极志愿服务的推广和普及能够更多地直接解决目标人群的困难，也能使志愿者自己的能力和境界得到提高，同时在更高的层面上推动社会整体的进步，是志愿活动推进的理想形式。

被动志愿服务　任何非出于个人自愿的、无偿帮助他人和服务社会的活动，又称“消极志愿服务”。这是从志愿者主观意愿对志愿服务作出的分类，与“主动志愿服务”相对。被动志愿服务缺少了志愿服务精神的精髓，严格意义上讲是排除在志愿服务范围之外的。但非完全自愿的无偿帮扶活动是客观存在的，比如有的单位为了树立形象，追求表面声势，可能会要求甚至强迫员工去参加某项“志愿活动”，这是违背志愿服务本质精神的，是对志愿者服务的一种异化。在很多情况下，志愿服务作为社会文明进步的标志为人们所认可，志愿服务的开展情况经常被作为评估政治或社会发展程度的一个指标，这是出现个别为追求高指标或完成任务而使用行政手段，自上至下的布置、推动、落实志愿活动情况的原因。被动志愿服务的存在消解了志愿服务的崇高性，也降低了人们对志愿服务的评价，从长远来看不利于志愿服务的推广。

志愿服务项目　在一定的约束条件下（主要是限定时间、限定资源），以提供志愿服务为明确目标的任务。它往往由一系列独特的、复杂的并相互关联的志愿活动组成。项目与日常运作（ongoing operations）有着本质的区别，项目是一项独一无二的任务，而日常运作是连续不断、周而复始的重复活动。志愿服务项目除了一般志愿服务的自愿性、非报酬性、利他性、公益性和服务性之外，特别强调工作的时效性和服务的组织性，有明确的目标、有计划、有组织，是为特定的服务和成果所做的阶段性的志愿服务。例如，团中央实施西部计划，派遣大学毕业生到西部地区乡村基层任职一到两年，根据当地需求开展志愿服务，服务对象明确，服务内容固定，目标清晰，有时间限制。志愿服务项目的主要资金来源有政府财政、基金会支持、企业捐赠、服务收费等。各地政府购买公共服务项目中也有一些志愿服务项目，如《北京市政府购买社会组织服务项目指南》（2011，2012，2013）中就明确列有“社会志愿公益服务项目”。有些社会服务项目专业性不强且使用大量志愿者，这些项目实际上也可以算作志愿服务项目。不少志愿服务项目得到了基金会的支持，如友成基金会2012启动的“小鹰计划”，美国Taproot基金会提供技术支持、南都基金会提供资金支持的“中国专业志愿服务发展项目”（2012年启动）等等。随着中央文明办2009年创立“中国志愿服务发展基金会”，不少地方也创立了专门用于支持志愿服务发展的基金会，如“福建志愿服务发展基金会”和“羊城志愿服务发展基金会”等，这些专门基金会的设立对于志愿服务项目的策划与实施起到了重要推动作用。

认真性休闲 在休闲活动中发展出一种认真的态度，对于自己喜欢的事，能深度投入并愿意承诺，又称“深度休闲”。因兴趣加上努力，学习的成效使情绪性的兴趣转化为冷静的思考，深度的学习活动就会萌发，甚至可能发展出个人工作外的第二、第三专长。根据罗伯特·斯特宾斯的观点，认真性休闲是一种深层的满足感及存在感，通常参与者不单单只是参与，而是将该休闲活动视为生活的一部分，以自由自在的心情去从事活动，认真地向目标迈进。所谓认真性休闲的“认真性”（serious）代表“专注”（concentration）与“奉献”（dedication），不是“严肃”、“紧张”的意思，是发自于相当大的乐趣而非压力的休闲活动。罗伯特·斯特宾斯于20世纪80年代提出认真性休闲，指出坚持不懈（need to persevere）、生涯（career）、个人努力（significant personal effort）、持久的利益（durable benefits）、次文化（unique ethos）、强烈的认同感（identify strongly）是认真性休闲的6项特质。业余爱好者（Amateur）、嗜好者（Hobbyist）和志愿者（Volunteer）是认真性休闲参与者的三种类型，其中，志愿者持续的利益是来自于帮忙他人之后获得的快乐。20世纪90年代以来，认真性休闲开始受到较多关注。现代社会生活压力的增加，使得影响现代人生活和健康的负面因素越来越多，而认真性休闲所包含的自我充实、自我满足、成就感等价值，为现代人提供了一条通往幸福人生的途径。不少白领、高校学生、公务人员利用休假从事公益志愿服务活动已经成为一种时髦，为在职人士从事志愿服务提供了一种新的方式。

无偿献血志愿服务 广义上指不以营利为目的，自愿为推动无偿献血活动持续发展提供的无偿服务。根据中国红十字无偿献血志愿服务总队的定义，无偿献血志愿服务在狭义上指在无偿献血志愿服务组织登记注册，参加志愿服务活动，不以获得报酬为目的，以自己的时间、献血的亲身感受、知识、技能、体能等资源，自愿代表红十字组织和社会各界、协助政府及其相关部门、配合采供血和健康教育机构，发挥可与民众零距离接触等身份优势、现身说法开展无偿献血宣传、招募、保留和召回等志愿服务工作的中国公民和海外人士。自1998年《中华人民共和国献血法》实施以来，无偿献血事业在中国飞速发展，无偿献血模式已从计划献血为主转为自愿献血为主，而无偿献血志愿者队伍建设与发展已成为保证血液数量、质量的重要手段。无偿献血志愿者的一项重要任务是通过自己的宣传和服务将自己的献血感受与他人分享，宣传无偿献血的知识，服务于其他献血者，此类志愿服务的意义要超越无偿献血行为本身。2005年5月24日，世界卫生组织通过了一项决议，确定每年的6月14日为“世界献血者日”（World Blood Donor Day）。21世纪以来，献血志愿者成为满足需要输血的所有患者需求的可持续国家血液供应的基础。拥有合格的献血志愿者队伍成为每个国家一项优先关注的重要任务。不过，我国的无偿献血制度尚不完善，无偿献血志愿服务工作还有很大的提升空间。

志愿者主动性光谱　志愿者在行动的主动程度上存在的差异序列，从中可以看到人们介入志愿服务的深度：从了解到支持到积极参与再到领导。加拿大研究者发现，存在一个从极被动到极主动的志愿参与的九层次光谱：①通过博客或邮件了解某个问题；②以转发邮件或邮寄自有材料的形式帮助人们提高关于该问题的意识；③通过提出请愿书或在请愿书上签字的方式推动公众关心该问题；④参加关于该问题的网上论坛；⑤组织或发起关于该问题的网上论坛；⑥因特殊事件而在某组织提供志愿服务；⑦为一个短期项目而提供志愿服务；⑧经常提供志愿服务；⑨参加某机构的理事会或支持一项重要活动。社会和志愿服务组织都喜欢主动的志愿者，但我们不能仅从志愿者的个人动机来考虑问题，接受志愿服务需要一个过程，从对志愿服务感兴趣、了解志愿者干什么到在志愿服务中体验收获再到认知志愿服务的价值及认可志愿服务的理念是每一个主动志愿者都要经历的，因此，对于志愿服务的组织者来说，重要的是如何给不同层次的志愿者（包括潜在志愿者）提供机会和激励。

慈善捐赠　将时间与产品转移给没有利益关系的人或组织的行为。从概念的内涵来看，慈善捐赠有三个层面的意思：首先，它是人类社会的基本美德，从价值观的层面上体现了社会对身处于困境中的成员的积极态度和倾向；其次，它是一种心理倾向和行为动机，是慈善在人们心里沉淀和内化的结果；再次，它是一种行动，是社会中的个人或组织自愿地以捐赠款物、服务等形式关爱其他需要救助的人或组织的行为。各国都有慈善捐赠传统，但传统社会的慈善捐赠都有“施舍”的意义。从世界历史的进程看，慈善概念内涵的现代演变呈现出以下几个趋势：①慈善捐赠逐渐超越了原本意义上的血缘和地缘关系，以至于今天我们使用慈善一词时几乎不再指涉家庭内部和亲属之间互助，而专指本不相干的人之间的救助行为，现代慈善更是超越了种群界线和国家界线；②慈善捐赠的受益对象不再仅仅是处于困境中的人，还逐渐涵盖了宗教、教育、科研、文化、环保等领域，作为个体的人不再是唯一救助对象，这一转变在某种程度上意味着对救助对象的认定从客观标准转向主观标准，即捐赠者本身的价值判断变得更为重要；③慈善理念也逐步深化，不再是简单地提供救助，而是要“助人自助”，受助对象的主体人格平等日益受到尊重，同时，慈善不再被认为仅仅是捐助者捐出爱心的单向过程，也是捐助者学习和提升自我的过程；④慈善捐赠主体不再仅仅是些零星的个体，制度化的慈善组织逐渐成为慈善事业的主要承担者，慈善资源的提供者与实施者呈现出不断分离的趋势，出现了一批并不直接从事慈善行为的基金会，慈善工作也随之不断地专业化和职业化。在现代社会，慈善捐赠是一种非常普遍的行为，解决了很多政府“想不到”“做不好”的事情。在西方发达国家，慈善捐赠的认同度很高，捐赠体制也较为完善。资料显示，2008 年，美国慈善捐赠总额达到 3076.5 亿美元，占 GDP 的 2.2%，其中个人捐赠占 75%，13 岁及以上的美国人中有约 75% 的进行捐赠。中国现代意义上的慈善捐赠始于 20 世纪 90 年代，自此经历了一个数量不断增加、规模不断扩大的过程。1994 年，中国的慈善捐赠只有几亿元，到 2005 年时超过 30 亿元，2006 年达到 100 亿元，2007 年则增加到 300 多亿元，2008 年更达到 1070 亿元（不含港澳台地区）。在 2008 年的慈善捐赠中，中国国内个人捐款约 458 亿元，首次超过企业捐款，成为中国慈善领域一大亮点。伴随着经济社会领域的整体进步，中国慈善捐赠机制在捐赠主体格局、募捐筹资途径、捐赠组织管理以及公开透明监督等方面都表现出了更为积极的发展趋势。

慈善募捐 广义上指公民个人或组织通过劝说、宣传、义卖等方式来动员潜在捐赠者、确认捐赠者并接受捐赠的过程，也是潜在捐赠客体转化为实际捐赠客体的过程；狭义的慈善募捐是指具有合法募捐主体资格的慈善机构在自愿、无偿、公开透明等原则的指导下，运用一定的方法和策略，以一定的方式从募捐对象那里获得善款和善物的过程。规范的有组织的慈善募捐一般是由制定方案、公示方案、接触捐赠人、资质验证、签订协议和接受捐赠六个互相衔接的流程组成。募捐的方法和策略、募捐的形式以及善款交接的方式都是多种多样的。募捐行为比起一般的捐赠行为更为复杂，现实中募捐行为往往是特定的募集人为受益人所组织的捐赠，它涉及捐赠人、募集人和受益人三方主体之间的利益关系，因此，大部分国家都制定了相关法律。从各国的立法实践看，西方大多数国家并不限定募捐主体，而是以税法和行政规定来调节募捐主体的行为能力，如美国法律，慈善组织若要获得免税资格，必须满足《国内税收条令》501（C）（3）项下所规定的条件，该条款对慈善组织的界定是：为慈善、宗教、科学、公共安全实验、文学、教育、促进国家或国际间业余体育竞赛以及预防虐待儿童或动物而建立或运营的法人社团、基金会，其净收入不是为了保证使私人股东或个人受益，其实质性活动不是为了进行大规模宣传或影响立法，不以公共职位候选人的名义参加或干预任何政治选举。由于美国对慈善组织的界定比较宽松，法律还就不同性质的慈善组织的免税待遇进行了区别性规定。德国在 2011 年修改了法律，取消了募捐的事前登记制度，按照新法，任何个人和组织都可以公开募捐。事后的研究发现，放开募捐资格并没有导致人们担心的欺诈行为发生。中国的法律严格区分了公募和私募，并对公募资格主体及其募捐原则进行了严格的界定。1999 年 9 月 1 日起施行的《中华人民共和国公益事业捐赠法》第十条规定：“公益性社会团体（指依法成立的，以发展公益事业为宗旨的基金会、慈善组织等）和公益性非营利的事业单位（指依法成立的，从事公益事业的不以营利为目的的教育机构、科学研究机构、医疗卫生机构、社会公共文化机构、社会公共体育机构和社会福利机构等）可以依照本法接收捐赠”。按照这一规定，个人、营利性企业以及未经登记的公益性组织都不能从事募捐活动。对于基金会，中国法律也进行了公募和私募的区分。国务院发布的《基金会管理条例》（2004 年 6 月 1 日起实施）的第三条规定：“基金会分为面向公众募捐的基金会（简称公募基金会）和不得面向公众募捐的基金会（非公募基金会）。公募基金会按照募捐的地域范围，分为全国性公募基金会和地方性公募基金会。”按照这一规定，非公募基金会是不能向公众筹集善资的。中国法律规定的募捐须履行四条原则：①自愿无偿原则；②有权处分原则；③公益慈善原则；④公开透明原则。在西方国家，募捐的主体主要是基金会和各类公益组织。根据统计资料，2005 年美国有各类基金会总数已经达到 71095 家，2011

年德国有基金会 18000 家。而截至 2011 年底，中国基金会数量刚达到 2515 家，在 2411 家参加 2011 年年度检查的基金会中，非公募基金会为 1296 家，占基金会总数的 53.75%，非公募基金会数量首次超过公募基金会。除了募捐过程和善资管理一般都需要用到大量志愿者外，很多善资也被用于支持志愿者及志愿服务项目。从志愿服务组织的角度看，慈善捐赠是它们重要的资金来源之一。

慈善行为　处于义务关系外的个人或组织对处于困难的受助对象以合法的形式提供有处分权的资金、实物及劳务援助的奉献行为。简单起见，可以将慈善行为理解为一种非强制性的、自愿性的救助行为。需要救助的贫苦群体和有能力以捐赠方式来帮助别人的社会成员是慈善行为的主客体条件。社会成员的捐赠是慈善事业生存和发展的主要经济基础。慈善行为的主体分为个人和企业两类。社会捐赠是慈善行为的主要表现形式，包括物质捐赠，也包括社会服务。个人慈善行为的动机有同情心、习惯、从众、报恩、社会认可、犯罪感、恐惧、虚荣心、讨厌打扰、交换等十类。有学者总结了影响个人捐赠的四类因素，即影响个人捐赠的供给因素（包括收入、税收、成本和个人偏好等）、影响个人捐赠的需求因素、政府支出和舆论宣传。与个人捐赠有着复杂的心理动机不一样，企业捐赠是一种理性的行为。企业利润最大化、公司或股东效益最大化、经理人效用最大化是企业捐赠的三个主要动机。还有学者将影响企业慈善行为的因素归纳为影响企业捐赠供给的因素（包括广告支出、所处行业、公司规模、利润约束等）、影响企业捐赠需求的因素以及政府支出三类。尽管强调的侧重点有所不同，但广义上的个人慈善行为其内涵与志愿行为差不多，包括正式志愿服务、非正式志愿服务和财务捐赠三类行为。判断慈善行为的真假、发达程度高低的基本标准是社会捐赠的数量和范围。研究发现，尽管微观上确实有人因为捐赠了所以不参加志愿服务的，或者因为提供了志愿服务而不再捐赠的，但在宏观上，三种志愿行为之间存在互相支持关系。进行物资捐赠的人群有更高的正式志愿服务倾向，而参与正式志愿服务的人群也相应有更高的捐赠倾向，同样，在物资捐赠和非正式志愿服务之间以及非正式志愿服务与正式服务之间也存在类似的倾向。

在线捐赠　使用在线支付工具，为基于互联网发布的慈善项目提供资金捐助。亦称网络捐赠。在线捐赠有赖于互联网不断发展和网上支付工具不断普及、网络募捐平台出现。慈善组织向网络慈善项目组提出申请，通过网络平台发布慈善项目，并提供多家网上银行和第三方支付工具（如支付宝、快钱等）供人们选择，实现资金方便地在线划拨。与传统的手机短信、银行和邮局汇款等捐赠方式相比，在线捐赠时效性较强，并且使慈善募捐实现了多渠道、全天候、广覆盖。作为互联网发展历史最悠久的国家之一的美国，在线捐赠已经开始在其本已发达的慈善中崭露头角。研究显示，慈善机构已经扩充了它们传统的募集资金的方法，越来越多的资金都是通过网络募集而来的。早在 1999 年美国已有 350 万人利用网络进行慈善捐赠。2006 年，美国在线捐赠总额已经达到 68.7 亿美元，占当年全部捐赠总额的 2.32%；到 2010 年，美国在线捐赠总额已经达到 221 亿美元，远远超过企业捐赠额 153 亿美元，占全部捐赠的份额已经达到 7.6%。目前，美国有些州已经将在线捐赠纳入法律条文。近年来，我国在线捐赠活动也风起云涌。如“慈善点击”便是在线捐赠的一个鲜活实例。网友在浏览网页时只要点击特定的链接（点击是绝对免费的并且不会下载任何软件，也不会有电脑病毒），该网站的赞助商就会捐助慈善机构一定的资金用于慈善公益活动。目前中华红十字基金会、壹基金等均开通了在线捐赠功能。在线捐赠使慈善真正成为一种平民行为。在线捐赠是一项新生事物，需要政府进行合理引导，使其规范化和法制化，才能既方便满足众多网络善客爱心的表达，又保证了慈善捐赠数量不断增长和捐赠结构的优化，充分发挥平民慈善的力量，营造良好慈善氛围。

集体行动 一群人为实现共同目标而采取的群体行动。作为一种社会现象，集体行动贯穿整个人类社会的始终，只要存在单个个体无法实现的公共物品的供给的合作问题，就存在集体行动的现象。制度经济学家曼瑟尔·奥尔森（Mancur Olson，1932—1998）将集体行动定义为，由个人组成的集团（群体）中任何供给集体物品的行为。只有在涉及公共问题或群体事务时，集体行动才不可或缺，集体行动是人们为了增进共同利益而采取的集体选择活动。根据集体行动的逻辑，集体行动是供给集体物品的行为，但共同利益并非志愿合作的充分条件，搭便车将导致“志愿失灵”。因此，并非具有相同利益的个人所形成的集团都有进一步扩大这种集团利益的倾向。公共选择学派创始人之一、诺贝尔经济学奖得主埃莉诺·奥斯特罗姆（Elinor Ostrom，1933—2012）认为奥尔森的理论过于悲观，主张通过自治组织管理公共物品实行多中心治理是可以部分解决集体行动问题的。社会学家斯梅尔塞认为，集体行为是由有利于集体行动产生的结构性诱因（structural conductiveness）、由社会结构衍生出来的怨恨、剥夺感或压迫感（structural strain）、概化信念的产生（generalized beliefs）、触发集体行动的因素（precipitation factors）、有效的行动动员（mobilization for action）及社会控制能力的下降（operation of social control）六个因素共同决定的。这些因素都是集体行动发生的必要条件，一旦六个因素全部具备，集体行为就必然会发生。王国勤总结了我国现阶段集体行动的特点：①参与者为多个个体，行动的发起者是普通民众，政府是该行动的诉诸对象或协调人或其他重要第三方；②组织化程度很低，具有很大的自发性；③制度化程度很低，多属于制度外政治行为；④改变现状的诉求程度很低；⑤持续时间一般比较短；⑥行动方式表现为从有节制的行动到逾越界限的行动间的连续谱，一般规模较小。根据集体行动的理论，志愿服务的组织化之所以在现代社会中成为一种趋势，就是因为传统的个人无偿服务无法解决现代社会所面临的一些公益问题。将志愿服务组织分成两类，一类是俱乐部性质的互助组织（如邻里协会、时间银行），另一类为组织之外的服务对象提供公共物品的社会志愿服务组织。前一类组织是为了群体自身利益而存在的，其发展的关键是保持共同利益的同时避免搭便车，但后一类组织所要生产的公共产品是社会公共产品，而非集体公共产品。

社区志愿服务 为解决社区问题、促进社区进步而自愿贡献时间、才智或钱物，且不图报酬的行为。社区志愿服务是当代志愿服务的一种重要类型，具有志愿性、无偿性、公益性、组织性、社区性的特点。在中国，社区志愿服务是社会组织和个人自愿用自身的时间、技能等资源，在社区为居民和社区慈善事业、公益事业提供帮助和服务的行为。根据民政部的界定，中国的社区主要是指城市街道、居民委员会辖区，特别是指居民委员会辖区（在农村，主要是村民委员会辖区）。中国社区志愿服务是20世纪80年代社会转型和市场改革的产物，其总体原则是“居民所需、志愿者可为”。社区志愿服务把街道管理与社区服务有机地结合在一起，使个人价值的实现与社会价值的实现达到了统一，使居民群众自我管理、自我教育、自我服务得到了有机的结合，体现了人们对社区的认同感和归属感，改善了社区的人际关系，增强了社区的凝聚力，促进了整个社区的繁荣、发展和进步。

社区建设　在社区自治和广泛参与的前提下，整合政府、社区组织、企业、非营利组织和社区居民的力量解决现代社会问题的过程。它旨在重新建构都市社区“生活世界”。对社区的理解存在地理空间和社会空间两种不同的视角，前者将社区理解为在一定的地理空间内共同生活着的一群人，后者将社区理解为由共同目标和共同利害关系的人组成的社会团体。德国社会学家滕尼斯首先提出了社区（Gemeinschaft）的社会空间概念，这一概念一提出，立即引起了人们的广泛重视。美国社会学家内斯比特（Rotert A. Nesbit）对此评价极高，他说：“毫无疑问，社区的重新发现标志着19纪社会思想最引人注目的发展……，其他任何概念都不能如此清晰地将19世纪与前一时代，即理性时代区别开来。”关于社区建设的理论大致也可以分为“地理空间派”和“社会空间派”。前者主要通过研究现代城市空间的分布模式及其合理化问题，并在此基础上提出社区建设建议，主要代表理论有同心区域理论、扇形理论和多核心理论。国家住建部为我国城乡社区建设制定的各项标准也都是从城市合理的空间布局的角度出发的。“社会空间派”则是在秉承滕尼斯的社区理念的基础上探索如何重建哈贝马斯所说的“生活世界”，其社区建设的主旨是：培养社区成员的民主意识和居民自治、互助的能力，鼓励社区居民解决社区内问题，促进居民广泛参与，提高居民的综合素质和生活质量，主要代表理论有社区自治理论、社会资本理论、社区社会工作理论、社会支持理论、公共产品理论、非政府组织理论、社区照顾理论等。在中国，始于20世纪80年代的社区建设是指“在党和政府的领导下，依靠社区力量，利用社区资源，强化社区功能，解决社区问题，促进社区政治、经济、文化、环境协调和健康发展，不断提高社区成员生活水平和生活质量的过程。”社区建设的主要内容涵盖社区服务、社区卫生、社区文化、社区环境、社区治安和社区组织六个方面。有学者将这些内容归纳为“基层政权建设”、“公共服务”和“社区服务”三类。

社区发展　社区居民、政府和社会组织整合社区资源、发现和解决社区问题、改善社区环境、提高社区社会质量的过程。社区发展也是塑造社区居民归属感（社区认同感）和共同体意识、加强社区参与、培育互助和自治精神的过程，是增强社区成员凝聚力、建立新型合作人际关系的过程，也是推动社会全面进步的过程。虽然社区发展有多重含义，但其中一个很重要的特点就是强调社区发展是计划性的一种社会变迁。与社区建设不同，社区发展是为了解决社区面临的迫切问题，主要是针对“有问题的”、发展动力不足的社区提出的。社区发展作为一种专门的社区工作方法，源于1947年美国印第安纳厄尔翰学院威廉·毕都（William Biddle）教授的“社区活力”（community dynamics）项目。联合国在1955年发表的《通过社区发展促进社会进步》一书中将其定义为：社区发展可认为是一种经由全社会居民积极参与，并充分发挥创造力量，以促进社区经济与社会同时进步的工作过程。1957 年，联合国开始研究社区发展计划在发达国家的应用。截至 2013 年，全世界有 70 多个国家都在推行社区发展计划。中国在很长一段时间内并没有参与联合国制订的社区发展计划，但政府有计划、有目的地依靠群众力量，在农村和城市开展了基层组织的建设工作，努力发展生产，改善社区环境条件，提高群众生活水平。随着社会工作的本土化，大量社会工作者进入社区，中国的社区发展也如火如荼地展开。志愿服务在社区发展中的作用主要体现在参与倡导、资源整合、扶贫开发、教育培训等方面。

政府失灵 由于政府机制存在的本质上的缺失而无法使资源配置效率达到最佳的情形。由于理论上政府需要对多数人负责，因此它的行动要经得多数人同意，所提供的公共物品一定要满足人们的平均需要。这样，它就无法对少数人的特殊需要作出反应，也无法对新的需要作出及时反应，这类现象就是政府失灵。实践中，政府失灵体现在两个方面：在某些政府应作为的领域，政府实际不作为或者作为不足，如生态环境保护不力、健全法规的缺失、某些公共产品供给不足等；而在某些不应政府作为的领域，政府实际过多作为，如不合理的管制过多过细、过多地运用行政手段干预市场内部运行秩序等。政府失灵的主要表现形式有以下几种：①政府政策的低效率；②政府机构的低效率；③政府的寻租；④政府的自我膨胀，包括政府人员的增加和政府部门支出水平的增长。蒂莫西·贝斯利认为出现政府失灵的原因可以从三个方面进行概括：①来源于政府的无知；②利益集团对于政府决策的影响，这种影响又可以分为两个方面：一是利益集团为了获得再分配向执政者行贿导致的腐败，二是执政者主动出击导致的昂贵寻租活动，那些生产性资源被配置到了非生产性活动上面；③领导者的能力。从 20 世纪 60 年代后期开始，由于西方各国长期推行凯恩斯主义，导致财政赤字不断增加，通货膨胀和失业率越来越严重，使得政府在人们心目中的地位急剧下降，越来越多的人认为，国家向社会领域的无限渗透缩小了人们的自由生存空间，制约了社会领域的发展，政府失灵逐渐表现出来。政府失灵是第三方力量，即民间力量介入的重要前提。志愿服务在弥补政府失灵方面有多重功能：因其灵活性和贴近民众能够满足少数人的需求，能够对新的需求做出及时反应；由于能够动员民众参与、协调和筹集资源，能够部分弥补政府公共服务空隙；因其公益和草根性质，志愿服务组织易于接受公众监督，较少会滋生腐败；由于大量使用志愿者，能够更有效地利用有限资金提供服务。

市场失灵 因市场缺陷而引起的资源配置的低效率。它有两种情况：一是市场机制无法将社会资源加以有效配置；二是市场经济无法解决效率以外的非经济目标。诺贝尔经济学奖得主斯蒂格利茨（Joseph E. Stiglitz，1943—　）将市场失灵的具体例证归结为公共产品、外部性、垄断、不完善的市场、信息不足、失业、通货膨胀、再分配、有益物品 9 个方面。美国经济学家弗朗西斯·M. 巴托提出市场失灵是指在多少比较满意的理论价格市场制度中不能达到“合意的”活动，或者不能阻止“不合意”的活动。古典经济学将市场看“看不见的手”，认为市场能够支配所有的社会经济活动，反对政府干预一切经济活动，但是，市场并不能够有效地处理好所有物品的分配以达到社会福利最大化。在如何对公共物品进行分配时，由于广泛存在的外部效应和“搭便车”现象使得市场在对公共物品在社会范围内进行资源配置时容易出现“市场失灵”现象，具体表现在市场机制在解决宏观经济的平衡，调整和优化产业机构，解决外部效应，防止垄断，解决收入分配不公平等方面很难有所作为，特别是在公共物品的提供方面，更是无法做到保证其有效生产。20世纪30年代席卷资本主义世界的经济大危机打破了人们观念中市场万能的神话，人们意识到市场并非原先想象中的那么完美，于是开始反思、检讨市场机制的缺陷，关注市场失灵。志愿服务能够至少在以下几个方面填补市场失灵导致的缺憾：由于志愿服务的无偿性质，使得服务对象能够得到买不起的服务；由于志愿服务的公共产品性质，使得服务对象能够得到市场不生产的产品；由于志愿服务很少限定准入门槛，使得志愿者可以通过享受其他志愿者的无偿服务弥补自己的收入不足。

志愿失灵　第三部门在提供政府无法提供的公共物品时表现出的局限性。作为政府与民众沟通桥梁的第三部门在提供公共物品时发挥了很大的积极作用，但是，也会出现“志愿失灵”的情况：志愿原则无法有效配置慈善资源，导致志愿组织的志愿行为偏离公益道德理想或公益运行机制，而出现的公益不足或价值取向的非公共性现象，进而造成志愿组织在满足社会需求、提供志愿产品和服务等方面产生的功能缺陷和效率困境。“志愿失灵”是与“政府失灵”、“市场失灵”相对的概念。萨拉蒙（Salamon）最早提出“志愿失灵”理论，他认为志愿失灵包括四个内容：慈善不足、慈善的特殊主义、慈善的家长式作风和慈善的业余主义。20世纪80年代前后，西方社会“政府失灵”论盛行，凭借着志愿性、非营利性、公益性等优势，志愿组织取得了广泛的社会声誉。作为政府失灵、契约失灵等的有效补充，各种志愿组织的数量不断增加、规模日益扩大，呈现出蓬勃发展的态势，出现了全球性的“社团革命”。人们寄厚望于志愿组织的实践表现，希望其能与政府和营利企业形成有效协作，共同建构稳定的、健康的社会结构，促进社会发展和进步。但是随着志愿组织的发展，原本并不被人们关注的一些问题逐渐暴露显现，人们发现原先被视为解决问题良药的志愿组织也并非现代社会治理的“完美工具”，正如市场与政府都可能失灵一样，志愿组织也有其内在的局限性，中国的志愿服务在发展迅猛的同时同样存在着一定程度的“志愿失灵”问题。基于与西方社会不同的国情背景和志愿组织不同的成熟程度，中国“志愿失灵”发生机理和表象也呈现着一定的“中国特色”。

契约失灵　由于信息不对称，导致仅仅依据生产者和消费者之间的合约，难以防止生产者坑害消费者的机会主义行为的出现。汉斯曼（Hansman）认为契约失灵的原因在于，服务的购买者并不是最终消费者，或消费者难以对复杂的服务进行评估，因而出现消费者和生产者之间存在的明显的信息不对称，这使得生产者极易有机会通过提供劣质产品来坑害消费者。汉斯曼从私人产品交易合约实施的角度，分析了志愿组织较营利企业而言参与提供私人产品的必要性和优势。市场失灵和政府失灵论看到了政府和第三部门在提供公共物品中的合作互补关系，但是，许多第三部门在提供私人物品方面也发挥作用，比如非营利医院、养老院、私立学校等，对于这点市场失灵和政府失灵论没有作解释。汉斯曼提出的契约失灵论对此作了说明。1980 年，他在《耶鲁法学评论》上发表了《非营利企业的作用》，认为，营利性企业往往利用自己在信息不对称中的优势地位以次充好、以少充多，谋求利润的最大化，在这种情况下，一般的契约机制无法帮助消费者监督生产者的行为。契约失灵论反映的是经济学中的委托—代理问题。志愿服务在弥补契约失灵方面也可以起到以下作用：利用志愿者网络或成立消费者协会等专门的志愿服务组织为服务对象无偿提供商品信息；利用志愿者的专业能力为服务对象无偿或低偿提供法律咨询和维权服务；利用志愿者资源抵制劣质产品。

志愿服务需求 有两层含义，一是潜在服务对象希望能够得到满足的志愿服务，这种需求是表达性的；二是指确实帮助服务对象解决了问题、缓解了困境和提升了福祉的志愿服务，这种需求是真实性的。这种需求往往表现为社会弱势群体以及社会公益组织对于志愿者及其服务的依赖。很多政府机构的公共职能和非营利组织的社会事业都依赖于志愿者，许多组织离开了志愿者将难以为继。一些国家对志愿服务的定量研究表明，志愿服务所创造的国内生产总值达到 8%—14%；并且有人认为在公共资源有限的情况下，志愿者组织既关注社会问题，又没有竞争压力，所以往往能够针对社会最底层和政府政策的盲区提供相应服务，具有比政府和私有部门更多的比较优势。美国的一项研究表明，每 1.6 美元的志愿者服务投入能获得 2.6 美元的回报。但是志愿服务不是没有成本的，志愿者来源的多样性和流动性大带来了重复增加的志愿者培训成本和管理成本，非营利组织对志愿者的需求随着志愿者各项成本的上升而下降。但是总体而言，在适度的规模之下，志愿服务可以作为有偿服务的替代，获得良好的经济效益。

志愿服务供给 志愿者或志愿组织在一定时期内和一定条件下，愿意并且能够向社会提供的志愿服务。研究志愿服务供给是为了解释谁愿意提供志愿服务和为什么提供志愿服务的问题。为此希夫（Schif）提出了四种模型：公共物品模型认为志愿服务是一种出于慈善目的的行为；私人物品模型认为志愿者可以从志愿服务中得到某种好处；影响和找寻模型假设志愿服务的时间至少部分是由个人的能力决定的；工作技能模型假设个人通过志愿活动可以得到技能，提升未来收入。一些使用志愿者的非营利机构很重视对志愿者的追踪调查，而研究者则偏重分析影响志愿服务的经济和非经济因素。我国学者谭建光发现，帮助有需要的人、做有益于社会的事情、使人生更有意义，是志愿者投身志愿服务最主要的动机。政府的大力支持与倡导，公民的广泛参与，保证了志愿服务的供给，促进了中国志愿服务的发展。

志愿服务价值 志愿者通过提供志愿服务对自身和他人以及整个社会所产生的影响和作用。志愿服务价值具体表现在社会价值、经济价值、文化价值、个人价值等诸多方面。我国学者从不同角度对志愿服务价值进行了分析，发现志愿服务的价值主要有以下四个方面：①教育价值，如大学生志愿服务在丰富大学生课余生活的同时，也为大学提供了新的教育活动和活动方式，有助于实现大学教育目标，促进大学生全面发展；②社会价值，志愿服务在帮助服务对象解困的同时，也为志愿者自身发展和自我实现提供了机会，志愿服务组织作为政府与市场之外的第三方力量在参与社会管理、践行社区自治、调解社会矛盾、解决社会问题等方面发挥作用；③伦理价值，志愿服务对培养公民的责任意识和奉献精神、倡导社会公平和正义、反对自私自利和拜金主义等有着不可替代的作用；④经济价值，志愿服务在弥补政府失灵导致的公共服务供给不足、市场失灵导致的市场供给缺陷、增加社会福利方面具有重要意义。

志愿服务经济价值　志愿服务作为一种社会劳动，其本身就能创造经济价值。志愿者义务提供的社区发展、公共福利等服务都有直接的社会经济价值，只是这种经济价值没有以商品交换的形式表现出来，志愿服务的经济价值是以非等价（即无偿或低偿）的方式让渡给了服务对象，因此，我们不能因为这种经济价值没有以等价交换的形式出现则否认它的存在。有学者认为，志愿服务的经济价值主要体现在其产出上。这种经济价值可以用人们计算实物产出的指标来表示，如时间、货币等。联合国秘书长安南曾在一份报告中说，根据一些国家的统计，志愿服务创造的经济价值能够达到国民生产总值的 8%—14%。根据美国独立部门的报告，社会捐赠和志愿服务成为美国社会发展资金的重要来源。美国每年志愿服务相当于 900 万工作者全时工作量，创造的价值高达 2550 亿美元。中国青年志愿者行动的实施同样产生了巨大的社会经济效益，在促进城乡协调发展、实现共同富裕、优化社会道德生长空间等方面发挥着特殊功能。据统计，自 1993 年以来，中国累计已有超过 1 亿人次的青年向社会提供了超过 45 亿小时的志愿服务，累计创造了 120 多亿元的社会经济效益；截至 2001 年底，中国已建立社区志愿者服务站 2.4 万个，活跃在基层的志愿者服务队有 10 万多支，“一助一”长期服务对子达到 250 万对，派遣的“扶贫接力计划”志愿者超过 6810 人，使 160 多个贫困县受益。基于志愿服务对社会安全稳定和经济发展的作用日益明显，越来越多的国家将其纳入国民生产总值评估指标体系，使其成为政府支持的一项重要的社会事业。

志愿服务社会价值　参与志愿服务的各类机构因社会知名度与美誉度提高而带来的各种收益，以及由志愿者活动对社会文明、诚信产生的积极影响，还包括志愿行动带动其他产业取得的收益。毫无疑问，志愿服务具有巨大的社会价值。美国社会学家普特南（Robert Putnam）等人的研究发现，志愿活动在建构社会资本的过程中发挥了关键的作用。志愿活动中形成的网络本身使人们之间产生了友情和联合，这是建设一个密切联系、一体化的社区所必需的关键因素。由于经济的快速发展和市场制度的建立，传统文化、生活方式及社会结构都在发生变迁，人与人之间的关系逐渐疏离和冷漠。志愿工作可以提供社交和互相帮助的机会，加强人际间的接触及关怀，减低彼此的疏离感，建立一个和谐的社会。社会进步需要多方面的资源组合与配置，志愿工作正是以提供大量人力资源的方式，积极参与一些补救、预防及发展性工作，协助预防或解决社会问题。志愿者通过自己的努力，发挥稳定社会功能及促进社会进步的作用。志愿者的参与，既可提供人力，分担专业人员的繁重工作量，又可提供人才，补足工作人员专业技能上的不足。志愿精神的形成就是社会资本形成和发育的过程。

志愿服务价值计量 将志愿者的志愿服务工作的价值进行客观量化，包括对其志愿活动产生的效果、效率、影响、持续性等进行折算。测量志愿服务的指标，国际上目前的通用做法是“国民产值计算方法”。这种由美国霍普金斯大学公共政策研究中心的学者开发出来的方法，目前已经为许多志愿服务研究机构和研究者采用。有学者总结了计量志愿服务的两个原因：一是推动政府和国际组织制定政策，二是更有力地推动志愿组织的志愿活动。通过计量使志愿活动更加明晰，从而说明志愿活动对于经济发展的贡献是巨大的。其主要做法是：计算志愿者的人数、贡献时间的数量，折合成全日制劳动力数量，再折合成国民产值。志愿者所贡献的每个小时可以以同类机构员工相同工作的报酬的市场价值作估计（但这不应包括员工的有关福利及服务经常开支的成本）。假如志愿者不能拥有相等的专业技能，那么志愿者的价值及贡献也只能按当地一般劳动力市场工作的工资标准来计算。计量志愿服务的基础数据包括：①人口统计：这主要包括参加人数、年龄构成、性别构成等等。②时间贡献：捐赠可以用货币的方式表示，志愿服务可以用贡献时间来表示。③主观指标：主要是对人们参与志愿活动的动机、影响志愿活动的因素等的测度。

志愿者组织 从广义上讲，指具有非营利性质、非政府性质和志愿性质的组织。联合国将志愿者组织定义为：公民所成立的地方性、全国性或国际性的非营利、志愿性组织。它们以促进公共利益为工作导向，提供多元的服务，发挥人道的功能，将人民的需求传递给政府，监督政府政策，鼓励人民参与地方事务，并提供政策分析与专业技能，建构早期的预警机制，协助监督与执行国际协定。狭义上，《北京市志愿服务促进条例》（2007）中将其定义为市和区、县志愿者协会及各类专业性志愿者协会等依法成立、专门从事志愿服务活动的非营利性社会团体。志愿者组织与志愿服务组织（voluntary organization）、非政府组织（NGO，non-government organization）、非营利组织（NPO，non-profit organization）、第三部门（the third sector）以及我国通用的民间组织（civil organization）等概念，在不进行严格界定的情况下可以通用，都表示的是在政府与企业之外的第三域中的那些社会组织。组织性、民间性、非营利性、自治性和志愿性等是志愿者组织的特性。20 世纪 70 年代以来，大规模有组织的志愿活动开始在全球范围内蓬勃兴起，志愿者组织也逐渐成为现代社会的一支活跃力量。随着志愿活动的兴起，1970 年联合国大会通过决议“组建联合国志愿人员组织”（UNV），负责管理与国际志愿者事业相关的各项事务。根据相关研究，中国出现真正意义上的本土志愿者组织始于 20 世纪 80 年代末期。当时，在社区服务的层次上产生了最早的本土志愿者，并逐步建立了社区志愿者组织。20 世纪 90 年代初，共青团中央系统中产生了另外一支志愿者队伍，继而产生了全国性的青年志愿者组织。截至 2013 年，中国的志愿者组织已形成了青年志愿者组织、社区志愿者组织以及包括“草根”志愿者组织、国际志愿者组织在内的各种志愿者组织。

倡导性志愿组织 以倡导和推动理念、价值、知识或最佳实践的广泛传播为使命和目标的志愿服务组织。倡导性志愿组织是志愿服务组织的一种重要类型。借助于在地区、国家甚至国际层面上开展游说、宣传、展示、研讨、辩论、政策提议、抗议等活动，倡导性志愿组织意在通过改变人们的认知、激发社会参与和影响公共政策和资源分配的政治过程，唤醒人们的意识、改变人们的立场、推动政府修改、完善和实现有利于弱势群体和环境保护的立法和政策。

志愿者协会　一群人同意以志愿者的身份结成一个有着一定目标的联合体（社团）。按照是否登记注册，志愿者协会可以分为具有法人资格和不具有法人资格的两类。根据中华志愿者协会的定义，在中国，志愿者协会在广义上是指是由志愿者、志愿服务组织以及关心支持志愿服务事业的单位或组织自愿组成，按照章程开展活动的联合性、非营利性、公益性社会团体组织。狭义上，志愿者协会仅指具备《社会团体登记管理条例》规定的条件，经县级以上民政部门依法登记，从事志愿服务的社会团体法人。例如，《黑龙江省志愿服务条例》第10条规定，“志愿者协会应当具备国务院《社会团体登记管理条例》规定的条件，经县级以上人民政府民政部门依法登记成为从事志愿服务的社会团体法人。”此外，广东省、福建省以及宁波市、银川市等地方法规基本都有这样的规定。虽然我国《民法通则》没有关于非法人组织的明确规定，但最高人民法院《关于适用〈民事诉讼法〉若干问题的意见》第四十条规定：民事诉讼法第四十九条规定的“其他组织”是指合法成立的、有一定的组织机构和财产，但又不具备法人资格的组织。中国合法的志愿者协会包括依法注册的和非依法登记注册但合法的两类，后者包括在学校或街道登记备案的志愿者协会。

志愿者团队　由两个或者两个以上的志愿者为完成一个项目或任务而结成的分工明确且相对独立的小型组织，一般以5—12人为最佳。志愿者团队主要有五个构成要素：目标（Purpose）、团队成员（People）、团队的定位（Position）、权限（Power）、计划（Plan）。志愿者团队具有三个特征：①团队成员多样性，来自不同领域、不同年龄、不同专业、不同学历和经验，不同的价值取向、不同的兴趣爱好，以及不同的个性特征；②具有较强的独立自主性，志愿者因为自愿走到一起，他们保持较强的个人意志；③具有变化和流动性，志愿者进出团队的自由度较高，因此团队成员常有变化和流动。有些团队基于移动和互联网而工作，时空和地域范围广泛。研究发现，高效的志愿者团队一般有如下特征：共同目标、坦诚交流、互相尊重、互相信任、相互依存、有领导力、主动承担责任、有一定的规章制度；而低效的志愿者团队则一般有下列表现：易受挫折、单独工作、创造力低下、无效率的会议、缺少外界的帮助、易抱怨和发牢骚、寻找借口、推卸责任、队员之间不良的竞争、队员在团队中的角色模糊。

志愿者小组　由两个或两个以上志愿者本着“奉献、友爱、互助、进步”的志愿精神组成的专门提供志愿服务、参与志愿活动的非正式组织。相比其他正式的志愿服务组织，志愿者小组具有更强的机动性、同质性。志愿服务活动是在不为任何物质报酬的情况下，为改进社会而提供服务的活动，而志愿者小组作为志愿服务组织的有机组成部分，是提供志愿服务的积极力量。在中国兴起于20世纪60年代的学雷锋小组，便是典型的也是较早的志愿者小组，为传播雷锋精神起到了重要作用。当前，活跃在全国各地的志愿者小组是志愿服务的基础力量，例如香港的“香港大学中国教育小组”作为大学生主导的志愿者小组，在帮助内地失学儿童上就为广大学生做出了很好的表率。

志愿服务组织 广义上是指拥有正式组织形式、不以营利为目的、以志愿参与为特征、以公益产权为基础、主要开展公益性或互益性活动的非政府组织。狭义的志愿服务组织是指依法在民政部门登记注册、专门从事志愿服务的公益性社会团体。中国1998年颁布的《社会团体登记管理条例》对志愿服务组织实质上形成了如下限制：①志愿服务组织如果作为社会团体的形式存在的话，只能是法人，而且在人员规模、经费等方面有很高的条件要求；②志愿服务组织受到寻找业务主管单位审查同意的限制；③在同一行政区域内已有业务范围相同或者相似的社会团体则不得成立；社会团体的分支机构不得再设立分支机构，社会团体不得设立地域性的分支机构；④不按照《社会团体登记管理条例》进行登记而以组织名义从事活动的组织则可能被认定为非法。有学者指出，志愿服务组织除了强调组织性、志愿性以外，还强调服务性的原则，亦即只有具备一定社会公益性的志愿组织才能称其为“志愿服务组织”。它独立于政府与市场之外，主要通过向社会提供众多的服务，在社会和政府、市场和政府、微观和宏观之间起着中间协调和承上启下的作用。由于社会经济发展水平和文化传统的差异，不同的国家和地区对志愿服务组织的理解并非一致。

社区志愿服务站 广义上指组织志愿者从事社会公益事业与社会保障事业的站点，一般隶属于一个组织，本身不具备完整的组织结构。狭义上，在推进社区网格化建设工作中，每一个网格范围内要存在一定数量的志愿者，每个网格或者几个网格形成的社区中志愿者和志愿服务队伍的集合就是社区志愿服务站。在中国，志愿服务队伍的主体来自于社区中老年居民、附近高校志愿者，主要服务内容是社区“一老一小”工作和社区安全稳定工作。在“一老一小”工作中，老人的部分通常会以社区照顾、低龄老人与高龄老人互助、孤寡老人慰问和社区事务性工作为主；小孩部分主要以儿童托管、儿童认知或传统文化教育为主。安全稳定工作部分多数是“时间性”工作，比如治安巡逻、服务站值班等工作。社区志愿者服务站通过组织社区志愿者服务队为社区提供志愿服务，推动社会主义精神文明建设，提高社区文明程度和居民整体素质，为社区的经济发展和社会进步做出贡献。

青年志愿服务站 广义上是指由青年志愿者组成的提供志愿服务的站点，狭义上是指由中国青年志愿者协会、共青团中央青年志愿者行动指导中心与各地团组织和青年志愿者组织建立的特定的青年志愿服务机构，主要建立在城市基层社区内，承担各种形式的志愿服务活动的开展，是协调和执行的职能机构。以青年志愿服务站为核心，常包括志愿服务基地（服务点）和志愿服务队，一起构成基层青年志愿服务组织网络，给青年志愿者进行志愿服务工作提供组织保障。其中，服务站是设在街道、企业、学校、乡镇等社区内的独立开展志愿服务的实体，是整个组织网络的终端；服务基地是在敬老院、福利院、医院、博物馆、展览馆、交通要道、旅游景点、林区、青少年教育基地等服务需求相对集中的场所建立起来的志愿服务阵地；服务队是志愿服务的基本单位，是志愿服务的直接实施者。

非政府组织 简称NGO，广义上指政府和营利企业之外的一切社会组织。包括注册的（合法的）和非注册的（非法的）两类，它在外延上包括各种政治性的、行业性的、专业性的、联合性的、学术性的社会团体，也包括各种基金会、志愿者组织、社会救济和福利组织等社会组织及事业单位等；狭义上则指非政府的、非营利的、志愿的、自治的民间公益组织。我国官方认可的非政府组织则是指按照《社团登记管理条例》和《民办非企业单位登记管理条例》登记注册的和依法免于注册的社会组织，分为社会团体、民办非企业和基金会三种类型。非政府组织古已有之，现代意义上的非政府组织则兴起于19世纪的欧洲，在20世纪80年代迅速发展成为一场全球性的“社团革命”，它“对20世纪后期世界的重要性丝毫不亚于民族国家的兴起对于19世纪后期的世界的重要性”。非政府组织的兴起改变了公共物品提供的组织结构，在公共物品的提供上，出现了两种类型的组织：政府与非政府组织，但二者在提供公共物品方面具有明显不同的特征。非政府与企业之间的差别则最主要地表现在是否基于志愿基础、是否以营利为目的以及产品的公私属性上。志愿服务组织具备非政府组织的基本特征是非政府组织的重要类型，是非政府组织的重要组成部分，有学者总结了政府与非政府组织提供公共物品的特征比较，如下表：

	政府	非政府组织
垄断与竞争	垄断组织	非市场领域的具有竞争性的组织
强制与自愿	具有合法强制性	自愿加入、自愿接受服务
灵活性	官僚制结构，机械系统，稳定但缺少灵活性	注重合作，结构简单，有机系统，灵活性较强
契约	与公民间明确的契约关系	与社会的契约关系不强，但受多方力量的监督
目标导向	公共利益导向，但目标多元，经常相互冲突	特定的公共利益导向，目标难以衡量但单一
资源来源	税收和部分捐赠	会费，捐赠，营业收入，政府拨款

非营利组织 简称NPO，广义上是指不以营利为目的的组织，其目标通常是支持或处理个人关心或者公众关注的议题或事件。非营利组织所涉及的领域非常广，包括艺术、慈善、教育、政治、宗教、学术、环保等等。学术上普遍接受美国学者莱斯特·萨拉蒙关于非营利组织的定义，即非营利组织是具有如下共同特征的社会组织：①组织性，即有一定的制度、结构和活动；②民间性，即独立于国家和政府体系之外；③非营利性，即不以营利为目的，不分红；④自治性，即能够自主决策和自主活动；⑤志愿性，即组织成员并非受某种外在强制而是秉持志愿精神参加活动的。这一定义是着眼于组织的基本结构和运作方式，又称为结

构—运作定义。此外，也有学者从法律定义、经济定义和功能定义三个角度来界定非营利组织。法律定义是指世界各国在法律上对非营利组织所做的规定，如美国联邦税法的有关条例列出非营利组织应该具备：专心致力于社会公益性事业；组织的运作目标需要符合税法明文规定的免税理由；机构的净收入应该用于公益活动而非私人所得；不参加某些政治活动。经济定义是依据组织的收入来源加以定义。在这种定义中，非营利组织与其他组织的最大区别在于：其大部分收入不是来自产品或服务销售来的利润，而是依靠其成员交纳的会费和社会支持群的捐赠。功能定义是从非营利组织的目的和功能定义的。即非营利组织是为了满足公共利益而服务的，既不同于政府提供的强制性公共产品，也不同于企业以营利为目的而提供的私人产品。在中国，非营利组织主要是指在民政部门登记注册的组织，包括社会团体（如行业协会、学术团体等）、民办非企业（如民办的养老院、剧团等）和基金会三大类。国内有的学者还将中国特有的事业单位、人民团体以及大量未登记或工商登记注册的团体也划分为非营利组织。在中国，学者们经常使用非政府组织的概念，与非营利组织交替使用。但实际上，非营利组织是比非政府组织更加宽泛的概念，莱斯特·萨拉蒙视非政府组织为非营利组织的一部分，他认为，非政府组织具有八个特征：正规性、民间性、非营利性、自治性、志愿性、公益性、非宗教性及非政治性。即在非营利组织几个特征的基础上又加上了几个限定条件。非营利是志愿服务组织的基本属性，因此志愿服务组织也具有非营利组织的特征。

北方 NGO 学术界把西方发达国家的非政府组织称为“北方 NGO”，比如来自西欧德国、荷兰等以及美国、英国等发达国家的非政府组织。这些组织规模一般较大，组织结构完整，经济资源和人力资源都比较丰富。它们的关注对象多是来自于南半球不发达国家的 NGO，为这些 NGO 提供资金、技术和政策咨询的支持，并通过南方 NGO 的直接运作来实现自己的目标。在志愿服务领域，依仗较强的经济实力，北方 NGO 是一支活跃的力量。

南方 NGO 地处南半球的发展中国家的非政府组织，大多分布于非洲、亚洲和和南美洲以及中东地区的一些国家。例如，印度、泰国、肯尼亚、苏丹等等。这些组织一般是土生土长的非政府组织，资源不充足，设备落后，人才匮乏，无长期发展计划，整体功能的发挥也受到抑制。因此，它们主要依赖北方 NGO 的资金支持来谋取发展。但它们具有本土优势，在为经济落后地区提供有效服务方面发挥了重要作用。

第三部门 广义上从剩余法的角度出发，把第三部门看作是非公非私的第三类组织。一般社会组织分成三类，政府组织（第一部门）、营利组织（第二部门）、而第三部门指包括政府与企业之外的所有类型的组织。这一概念最初是由美国学者莱维特提出的，他认为以往对社会组织的分类过于粗糙，即把社会组织分为两类：公共组织和私人组织。实际上在政府和企业之间有大量的第三类组织，它们所从事的事情是政府与私人企业不愿意做、做不好的事情。学术界把非营利组织的集合称为“第三部门”。与非营利组织这个概念相比，第三部门是一个比较中性、具有很大包容性的概念。有学者提出第三部门的十个特性：①非营利性；②中立性；③自主性；④使命感；⑤多样性；

⑥专业性；⑦灵活性；⑧开创性；⑨参与性；⑩低成本。志愿服务组织是第三部门的一个部分，但第三部门的概念相对宽泛。

志愿部门 其具体含义可参见“第三部门”。它们在概念上的区别主要在于志愿部门强调了机构的自发性群体行为，以及它们大量依靠志愿者的特点。有学者指出，很多社会服务机构实际上并非由其受益者创立，它们与受益者的关系有时更像商业机构与顾客的关系，而且它们的各项工作也主要依靠领取工资的专职雇员来完成。在英国常用志愿部门这一词。约翰逊在罗斯的福利多元部门组合中加进了志愿部门，将社会福利的部门分为四种：①国家部门（state sector）提供的直接和间接福利；②商业部门（commercial sector）提供的职工福利，向市场提供有营利性质的福利；③志愿部门（voluntary sector），如自助、互助组织、非营利机构、压力团体、小区组织等提供的福利；④非正规部门（informal sector），如亲属、朋友、邻里提供的福利。中国较少使用志愿部门来表述志愿服务。

非营利组织计量 对非营利组织状态进行描述、解释和评价的一种方法论框架。目的是通过对指标体系中反映非营利组织各方面状况的指标得分进行综合，系统全面地评估非营利组织的行动和价值。萨拉蒙主持的霍普金斯比较项目采用能力、可持续性、影响三个维度对非营利组织进行了计量与操作化。安海尔的《公民社会：测量、评价、政策》一书体现了全球公民参与联盟公民社会指数的研究成果，阐述了测量公民社会的方法。这一研究项目创建了一套公民社会评价指标体系，包括 4 个维度、25 个亚维度和 73 个具体指标。安海尔等人按照这一体系对世界上 60 个左右的国家中的公民社会进行了研究。

福利国家 一种政府理念，它认为国家应该在保护和促进其公民的经济与社会福祉中起关键作用。英国社会学家韦伦斯基在《福利国家与平等》一书中对福利国家作了经典性的阐述：“福利国家的关键是政府保证所有公民享有最低标准的收入、营养、健康、住房、教育和就业机会。这些保障表现为公民的政治权利而不是以慈善的形式出现”。在《工业社会和社会福利》一书中他又作了进一步的补充，提出福利国家的宗旨除了保证公民的最低收入外，还有两点，即福利国家意味着收入再分配；福利国家强调为年轻人提供均等的机会。福利国家的理论基础是西方福利经济学，《贝弗里奇报告》使其具体化、可操作化。因此，福利国家的理论在第二次世界大战结束后首先由英国以艾德礼为首的工党政府付诸实践，在完成了国民保险法（1946 年）、国民医疗保健法（1946 年）、国民救助法（1948 年）等一系列立法之后，艾德礼政府宣布建立了“从摇篮到坟墓”的“福利国家”。随后，西方国家尽管在具体作法上不尽相同，但都纷纷举起了“福利国家”这面旗帜。但是，福利国家理论带有强烈的理想主义色彩，韦伦斯基指出：“福利国家许诺的由政府通过再分配和提供均等机会保障公民的最低生活水准——在任何地方都没有真正地得到实现”。因而福利国家的概念有两层含义，一是“应然”意义上的，即采用规范性立场，把福利国家视为一个需要实现的目标；二是“实然”意义上的，把福利国家理解为一个用来记述和分析实际现象的概念。在国家制度的表现上，几种代表性的福利国家模式有：①以北欧国家如瑞典、丹麦、挪威等所代表的斯堪的纳维亚模式：国家实行有最完整的社会政策，对公民提供从就业到特殊需要照顾的全面公共福利服务；②以德国、荷兰等为代表的合作主义模式：国家与社会各种势力协作、共同满足公民个人的福利需要；③以英国为代表的剩余模式：在整个个人福利需要的满足当中，国家扮演的角色只是一种“剩余的”角色。无论福利国家在多大层面上强调政府的作用和制度化，实际上国民完善的，不断提高的福利需求的满足，都不会离开包括志愿服务在内的社会性的服务体系的建构。

第三条道路 在保留福利国家理念的同时强化个人与社会责任的政治改革主张。20 世纪 70 年代以来，西方福利国家普遍陷入危机。以吉登斯为代表的新工党理论家为英国布莱尔政府提供政策设计，其思想逐渐成熟并形成备受关注的“第三条道路”理论。第三条道路这个概念并不是新工党的首创，在历史上被不同政治派别多次使用，大多表示一条“中间道路”，处于左右之间或者超然左右的政治主张。有学者指出，比较而言，第一条道路指的是 20 世纪 40 年代末到 70 年代初支配西方社会 30 年的传统民主社会主义道路；第二条道路指的是从 20 世纪 70 年代末到 90 年代中期流行西方近 20 年的新自由主义道路。在吉登斯看来，古典社会民主主义和新自由主义存在明显的政治哲学差异，第三条道路则是社会民主主义和新自由主义思想的结合物或中间物。“第三条道路”的主旨是要改造福利国家，建设现代化的福利社会。其改革的指导思想是“变消极福利为积极福利，变匮乏为自主，变疾病为积极的健康，变无知为一生中不断持续的教育，变悲惨为幸福，变懒惰为创造。”其核心是变“福利国家”为“社会投资国家”以削减政府的作用，强调公民个人和其他机构（包括企业）的贡献。“社会投资国家”的主要原则是尽量不直接给予利益或提供经济资助，通过教育和培训的途径投资于人力资本，从而建立起一个“能够发挥每个人积极性的社会”；它强调发挥各种社会主体的自主性和责任感。互助性和公益性的志愿服务能够在多大程度上弥补政府撤退留下的福利空白，亦是“第三条道路”能否成功的决定因素之一。

社区组织 以兴办、管理辖区内经济、政治、文化事业而建立起来的地域性社会组织。社区组织可按统筹规划、协调监督和全方位服务的功能划分为管理组织和服务组织两种类型。有学者从行动视角出发，将社区组织定义为“社区群体得到帮助以确立人生的问题与目标、调动资源以及其他方面为实现他们的共同目标而选择和实现战略的一个过程。”在西方国家，社区组织是自治的，包括非营利组织、社区经济组织、教会及社区政治组织四类。在中国，社区组织包括社区居委会、党团组织和社区民间组织三类，而社区民间组织又可分为五类，即基层文化、教育与体育活动类、社区福利类、维权类、社区便民服务类、志愿服务类。

慈善组织 独立于政府之外，以向公众提供公众福利为宗旨的非营利性、非政治性的团体和组织。学界认为，慈善组织与民间组织的概念有所区别，民间组织可以包括慈善组织，但是，并不是所有的民间组织都是慈善组织。比如烹调协会、书法家协会等属于专业技术协会。如果他们从事慈善事业，只说明他们举行慈善活动，这个活动有慈善性质。慈善组织属于非营利组织，但不是所有的非营利组织都是慈善组织，因为有的非营利组织属于学术和科研专业机构和娱乐组织。比如天外飞行物协会等，它的直接目的不是给社会提供慈善服务，所以也不是慈善组织。慈善组织，必须是不以营利为目的，为社会提供福利与服务的机构。志愿服务组织是慈善组织中的一个类别，是以为社会提供慈善服务为特征的慈善组织。从广义上看，除了从事扶贫济困外，慈善组织还包括其他提高人类福祉的组织。但通常，人们将从事扶贫济困的慈善组织界定为狭义的慈善组织。

慈善基金会 拥有资金或资产从事社会公益事业，或者提供经费给其他非营利机构，用以支持慈善的公益活动的非政府性的、非商业性的组织。在中国，根据《基金会管理条例》的规定，基金会是指利用自然人、法人或者其他组织捐赠的财产，以从事公益事业为目的，依法成立的非营利法人。这个定义将基金会从社会团体中分离出来，但它仍属于非营利组织范畴。慈善基金会可以分为公募基金会和非公募基金会。公募基金会是我国基金会的主要组成部分，基本上与过去具有官方背景的基金会相似；按照募捐的地域范围，公募基金会又可分为全国性公募基金会和地方性公募基金会。非公募基金会实际上是民间的私立基金会，与国际上的基金会更为相似。中国允许境外基金会登记注册，给予境外基金会合法身份，吸引更多的境外无偿援助资金在中国从事公益慈善活动。从各种慈善基金会获得服务资源，是志愿服务行动的重要运作方式。

慈善基金 为了慈善目的设立的专项基金。它由具有一定组织性的个人、企业或社会团体，通过各种方式无偿地为弱势群体如残疾人等筹集，这种基金一般由各类慈善机构或者公益信托机构管理运用，可以直接从事某种慈善活动，也可为特定的慈善机构或社会公众创造利益，例如壹基金、姚基金等。美国最早的私人基金会洛克菲勒基金会注册于1913年。中国在民国时期已有很多的基金会组织参与到志愿服务中，例如抗战胜利后，宋庆龄将“保卫中国同盟”改为“中国福利基金会”，主要从事妇幼卫生、文化教育和社会福利救济事业。随着社会的发展，慈善基金的运作已经不仅限于捐赠一条路，也能通过参与股市，委托理财等方法让基金增值。支持各种志愿服务组织和项目，是慈善基金的重要功能。

时间银行 模仿银行的储蓄制度，把志愿者参与公益服务的时间存进“时间银行”，当自己遭遇困难时可以从中支取“被服务时间”的一种志愿服务组织和管理模式。20世纪80年代，美国人埃德加·卡恩首次提出并创设了时间银行模式，从1990年第一家时间银行在美国成立，至今已有超过1000家的时间银行遍布世界六大洲的26个国家。相关的研究发现，在发达国家，这种服务形式早已有之，例如美国的“time dollar”制度，采取低龄老人服务高龄老人的形式，将低龄老人的服务时间储存起来，无论他迁居到哪个地方，在年老的时候都可以享受到免费服务。这种模式在中国上海、北京、南京、广东等多地都有推广，有的也称“道德银行”和“服务储蓄制度”等，但该制度在中国并未完善建立，基本上在社区运行，大多面临规模小、不规范、持续时间短、制度不健全、服务内容单一等困境。时间银行与传统的志愿服务的最大差异在于，时间银行引入有偿激励机制，对志愿者的工作进行统一的规范化建设和标准化管理。时间银行模式下的互助服务，既符合人们“善有善报”的传统理念，又满足人们对养老服务的需求。国内学者指出，时间银行利用时间货币这一无形资产的运作不仅给储户带来收益保障，而且还能在与他人账户数额进行良性竞争的过程中获得荣誉感，这种方式不仅能对储户产生持久的激励作用，更有益于保障互助行为的长期性。但也有学者质疑这与不计报酬的志愿精神相违背。

食物银行 由非政府组织开展的志愿服务的一种形式，主要为经济有困难人士提供暂时性膳食支援，鼓励他们自力更生。食物来源主要由团体及私人捐助，有银行、连锁快餐店、酒店、超市及食品供应商响应，捐赠熟食、干粮及餐券，或以特惠价出售食品。食物银行起源于美国，后在欧洲得以迅速发展。较为著名的有比利时的“食物银行”，每年都有约 10 万穷人受到这个“银行”的照顾，每年提供 7700 吨左右的食物。2003 年香港成立了中国第一家食物银行，香港社会福利界近年来也积极提倡此种形式。历史最悠久的慈善组织东华三院，自 2009 年 2 月以来，以“善膳堂食物援助服务”，为有需要人士提供短期食物援助。

国际志愿者日 1985 年 12 月 17 日，第 40 届联合国代表大会通过 40/211 号决议，从 1986 年起，每年的 12 月 5 日为“国际促进经济和社会发展志愿人员日”（International Volunteer Day for Social and Economic Development），简称“国际志愿者日”（IVD），亦称“国际义工日”。其目的是敦促各国政府通过庆祝活动唤起更多的人以志愿者的身份从事社会发展和经济建设事业。包括中国在内的 100 多个国家在这一天集中开展志愿服务活动，大力宣传、赞扬和倡导志愿者为社会义务服务的重要作用与奉献精神。2007 年 12 月 5 日，第 22 个国际志愿者日，联合国秘书长潘基文寄语中国志愿者“我谨对即将服务于北京 2008 年夏季奥林匹克运动会，残疾人奥林匹克运动会的全体志愿者致以崇高的敬意和极大的鼓励。”“我们坚信 2008 年北京奥运会志愿者工作一定会推动中国志愿者事业的发展。”联合国系统驻华协调代表马和励在转交中国青年志愿者协会的寄语文件上写道，“我愿与联合国秘书长一起，鼓舞与支持中国青年志愿者协会推动中国志愿服务事业发展”。

国际志愿者年 1997 年 11 月 20 日召开的第 52 届联合国大会通过了关于将 2001 年定为国际志愿者年（IYV 2001）的决议。设立国际志愿者年，意在实现四大目标：①加强对志愿者及志愿服务活动的认知；②为志愿者工作创造便利条件；③建立志愿服务的电子通讯网络；④促进志愿服务的发展，倡导弘扬志愿精神。2001 国际志愿者年的揭幕仪式于 2000 年 11 月在联合国总部纽约举行。为扩大 2001 国际志愿者年的影响，并引起各国政府对国际志愿者年的重视，联合国志愿人员组织鼓励各国政府成立国际志愿者年国家委员会，由政府部门、社会团体及个人、新闻媒体等组成，负责协调和规划各国在 2001 国际志愿者年的各项活动。

志愿者管理 围绕着志愿者的招募、培训、使用、评估、激励等一系列工作的总称。对志愿者进行管理是为了激励志愿者，促使志愿者高效地投入到组织的工作中，以提高志愿服务工作的质量，并帮助志愿者获得发展。志愿者管理涉及诸多方面的内容。肯·艾伦在《普遍适用的志愿服务管理模式》中将志愿者管理分解为七个方面的内容：①创造工作条件，②确定任务，③挑选志愿者，④上岗前的培训，⑤进行监督，⑥承认和肯定，⑦汲取经验教训。国内学者也指出志愿者管理中的一些行之有效的基本原则：①招募前的充分了解，以便计划和准备；②对目标志愿者的分析和定位；③平等承诺；④公开招募、择优录取；⑤教育和训练；⑥指导和协助；⑦及时记录；⑧鼓励和重用；⑨提供必要的经费；⑩绩效评估。对志愿者的日常管理，主要有以下四种管理模式：①自主管理模式：在这种管理模式中，志愿者拥有全部工作的决定权，亲自处理日常服务工作。这种模式容易出现混乱，在实际活动开展中，倾向于在活动过程中发动志愿者，在志愿者中培养志愿者领袖，实现志愿者的自我管理。②定期报告模式：管理者对志愿者进行经常的监督和管理，从而保证工作沿着既定的目标进行。在这种管理模式中，志愿者既是工作的主导，又需要定期向管理者报告工作的进展及已处理的事项。③监督工作模式：这种模式下的志愿者也是工作的责任人，但工作自主权降低。在采取行动前，需要向管理者提出采取行动的建议并获得认可。如果管理者认为志愿者所做的决定不恰当，能够在行动前制止。行动后，同样需要定期汇报工作进展。④指令工作模式：这种模式下，志愿者无须为工作提出建议，也不能自行作出决定，他们只需按管理者的指令工作。这种模式下，志愿者往往有极少的工作主动性、积极性和创造性。

志愿者招募 一个寻找能够满足组织和客户需求的志愿人员的过程。这些人员被志愿组织所设定的岗位吸引，愿意参与志愿组织设定的工作。所以，招募是一个确定志愿者并把他们安排在适当位置以满足组织目标，同时通过志愿者岗位满足志愿者自身的发展目标的过程。有学者总结了志愿组织在招募过程中一般会遇到的两种问题：一种是志愿人员管理者普遍担心招募不到足够的志愿者；另外一种是难以招募到合适的志愿者，应聘者可能不符合项目需要或者组织目标。所以，看一次招募是否成功，主要看是否招募到合适的志愿者。也有学者总结了招募志愿者的两种不同类别，一种是招募岗位简单、技术性不强的志愿者。这种岗位可以适合大部分人，没有特殊的技术要求，或者经过简单训练就可以胜任工作。第二种是目标招募，这就需要志愿者有一定的技能。志愿者可以通过许多渠道招募，例如：散布机构宣传品、张贴招募启事，利用电视、广播、报纸和广告等大众传媒，组织社区成员开会宣传，口头宣传，利用互联网等新媒体发布招募信息。

志愿组织招募力 志愿组织能够招募到合格志愿者的能力。包括三个要素：一是可及性（accessibility），让潜在志愿者知道招募信息，能够以各种便利的方式联系到志愿组织；二是资源（resources），有识人的招募主管，具备提供给志愿者有吸引力的资源；三是社会网络和合作伙伴（networks and cooperation）。

志愿者培训 对志愿者进行的必要的知识和技能培训，包括基础知识和特殊知识两个部分。对志愿者进行培训是志愿服务实施过程中必不可少的一个环节。目的是让志愿者掌握具体的技术和建立工作网络，为其承担特殊的责任做准备；根据工作岗位的要求，使志愿者掌握工作所需要的知识、技能及态度，确保服务质量达到应有的水平。适当的培训可以让志愿者对工作更有信心，帮助他们发掘潜能，促进个人发展。培训的方式有很多，一般包括讲座、阅读、研讨、实地考察、观看录像、专题讨论、案例、角色扮演、示范等。有学者将培训分为基础培训、专题培训和自身训练三种，内容概括为两个方面：一是志愿者工作的一般描述，为什么要做志愿者和为什么要完成设定的工作，什么东西不能做，在特定环境下必须做的事情等等；二是角色和责任，与什么人一起工作，责任定位，他人的角色定位。

志愿者服务评估 对志愿者的志愿服务工作做出客观评价，包括对其志愿活动产生的价值、效果、效率、影响、持续性等进行判定和评价。不同的标准产生了不同的志愿者服务评估分类。如非正式评估和正式评估，效果评估和过程评估等。非正式评估是指每天、每周、每月不间断地对志愿者的行为提供反馈，包括：赞扬志愿者的行为并鼓励其保持；对志愿者行为的偏差提出修改意见；询问“进展如何”；抽出时间认真询问；每 2—3 个月召开会议；走访服务对象，并把服务对象的意见反馈给志愿者；与志愿者一起研读有关文章。有学者将正式评估与非正式评估进行了比较，认为非正式评估基本是一个激励过程，具有私人特征，比较费时间，但对志愿者的影响很大。正式评估往往一年一次，是对志愿活动的正式鉴定，它对志愿者的优缺点进行记录和评价。通常的过程是志愿者和管理者拿出各自的工作记录进行对照、比较，找出问题，提出改进意见。效果评估（outcome evaluation）是按活动的目标作出评估，主要评估各种资源是否得到了有效利用，活动推行后有哪些切实效益以及服务受众在活动后有什么得益等。过程评估（process evaluation）主要是根据活动过程及形式作出评估，了解推行服务的手法及对目标的完成是否具有效能与效率。过程评估着重评估整个活动过程，从策划、执行到完结。常见的评估方法有问卷调查、当面访谈、现场观察等，评估方式有量化评估（如百分制下的打分方式）和等级评估（如 A、B、C 三个等级）等。

志愿者绩效评估 对志愿者的影响和贡献的评估，是衡量志愿者工作成果，提供奖励依据的主要手段。志愿者绩效评估的目的是帮助志愿者明确自己的工作任务和目标，了解志愿者在工作中的优点和不足，完善志愿者发展与能力提升规划。评估的方法可以是定性的，也可以是定量的，但最好是结合定性和定量方法的综合性评估。评估的内容包括：回顾目的与指标；确认已经取得的成绩；获取志愿者及服务对象的反馈信息；收集有关志愿者参与的定性和定量数据。项目（活动）过程中的评估应该由志愿者督导进行，项目终期评估一般会委托独立第三方实施。志愿者绩效评估一般需遵循以下几条原则：①像对待正式员工一样对待志愿者，提出有挑战性的高绩效标准；②对待工作要严格要求，对待志愿者却要看其长处而避其短处；③绩效评估是帮助志愿者发展的工具，而非用于控制他们；④定期地询问志愿者，可以帮助他们提升绩效并获得成长。

志愿服务类型 根据一定标准而对志愿服务进行的分类。志愿服务的类型很多，英国学者史密斯（Justin Davis Smith）通过考察与研究，从志愿精神的角度将其归类为四种：互助或自助（mutual aid or self-help）、慈善或服务他人（philanthropy or service to others）、参与（participation）、倡导与运动（advocacy and campaigning），并认为经济欠发达的国家志愿活动似乎更侧重于非正式的形式，如互助和自助；相反，发达国家的志愿活动则更多地表现出正式的特征。具体来说：互助与自助是志愿精神的基础，中国的社区志愿服务主要是邻里互助型的志愿服务活动；慈善是指通过捐赠、提供服务或其他志愿活动来减轻人类的痛苦和灾难，改善人类生活质量的活动；参与是指个人参与一个组织的过程，包括政府组织的活动到发展项目。作为一种正式的志愿活动，参与存在于几乎所有的国家；倡导与运动是包括游说政府修改和完善有利于残疾人的立法，推动世界范围内的禁止地雷，为艾滋病毒携带者提供适当的福利和服务，保护环境等等。

志愿服务动机类型　通过因素分析或内容分析等方法对志愿服务动机的分类。有学者将志愿服务动机分为三大类：①利己型：指为增进个人利益的行为，利益可分为有形的或者无形的利益，有形的利益如金钱报酬、物质报酬等，无形的利益主要是指他人的赞赏或者鼓励；②利他型：指在无回报的情形下，志愿帮助他人的行为；③社会责任型：指感受到“取之于社会，用之于社会”，进而必须以实际行动回馈社会的志愿参与动机。具体来说，利己动机又包括社交、个人发展、获得成就感、自我表现、提升自身的形象；利他动机包括满足他人的需要、帮助他人；社会责任动机包括为社会贡献力量、回报社会等等。

可问责性　行动主体向他人或其他实体就其所做的事情以及如何履行财政上的或其他的职责而进行披露、解释和证明其正当性的活动。它的某些职责源于政治的、宪法的、行政层级的或合同的赋予。志愿服务组织有着多样化的利益相关者，其中，政府、第三方组织者、捐赠者、受益人、一线员工和志愿者均属于核心利益相关者。政府、第三方组织者和捐赠者要么掌握着公共权力，要么控制着资金等资源，处于志愿服务供给链的上端，是自上问责主体；受益人是志愿服务的受惠者，处于公共服务供给链的底端，一线员工和志愿者处在志愿服务组织内部等级链的末位，他们都是自下问责主体。在问责实践中，自上问责主体对志愿服务组织提供公共服务的问责主要关注服务过程和直接产出，并且将问责焦点集中于志愿服务组织的资金运作。自下问责主体则倾向于关注公共服务提供本身，受益人在意服务数量、质量及其带来的影响，一线员工和志愿者希望自己的公益热情和精神转化为受益人的受惠，往往对公共服务提供的绩效、质量甚至组织决策提出质疑。

公信力　认可及信任程度。非营利组织被社会、民众和捐赠者的认可，即志愿组织的公信力是志愿组织生存发展的关键之一。目前公众逐步认识到了非营利组织作为社会服务提供者的价值。公信力是非营利组织的生命线。一个无效率的、不以公众利益为导向的非营利组织，必然无法获得公众的信任。志愿服务组织大都具有较好的社会形象，但公信力的建设一直是志愿组织建设的核心问题。1999 年，黄晓芳在《公信力与媒介的权威性》中将“公信力”定义为“在长期的发展中日积月累而形成，在社会中有广泛的权威性和信誉度，在受众中有深远影响的自身魅力”，这是新闻传播学界较早提出公信力概念的文章。公信力常被用于结果评估、项目评价、绩效评估、组织评价等方面。2003 年非营利组织（NPO）信息咨询中心发起制订了“中国非营利组织（NPO）公信力标准”，共有 10 条标准 24 款，这为中国非营利组织公信力的评估首次提供了一个较为完整的框架。非营利组织公信力的 10 条标准主要集中在合法性、诚信、使命、财务透明、信息公开、效率和绩效等方面，这些标准也可以作为志愿服务组织公信力评价的要素。

志愿服务条例 关于志愿服务的地方性法规。它不仅对“志愿者组织”、“志愿者”、“志愿服务”等概念予以明确，也对志愿者组织和志愿者的资格条件、权利和义务等进行了立法限定。在中国，志愿服务条例是各省、市（直辖市）、自治区和其他有地方性法规制定权的人大或者人大常委会制定、通过并实施的志愿服务方面的地方性法规。志愿服务立法为志愿者服务提供了法律保障，也极大地推动了合法志愿者活动的开展。1999 年 8 月，我国第一部关于青年志愿服务的地方性法规——《广东省青年志愿服务条例》经广东省人大常委会审议通过，它明确了青年志愿者、青年志愿者组织等的概念和法律地位。

志愿服务法 关于志愿服务的宪法或法律。它不仅对“志愿者组织”、“志愿者”、“志愿服务”等概念予以明确，也对志愿者组织和志愿者的资格条件、权利和义务等进行立法限定。通过统一立法明确规定志愿服务组织、志愿者的性质和法律地位，保障志愿服务组织和志愿者合法权益，规范志愿服务活动，对提高全社会认知程度，倡导和促进全社会积极开展志愿服务活动，对推动志愿服务事业不断发展具有重要作用。截至 2013 年，中国尚未颁布专门的志愿服务法。共青团中央书记处书记袁纯清等在 1995 年的全国政协八届三次会议上提交了《关于制定社会志愿服务法》的提案；1998 年，在全国政协九届一次会议上，团中央书记处书记巴音朝鲁建议适时开展志愿服务全国性立法的准备工作。

志愿者管理办法 各志愿者组织为规范志愿者服务工作，加强注册志愿者管理所制定的规章制度。志愿者管理办法对志愿者的注册、权利及义务、组织与管理、激励与表彰等具体问题都进行了详细的规定。志愿者管理办法有助于规范志愿者行为，有序管理志愿者服务。在中国，为贯彻落实党的十六届六中全会精神，引导、鼓励广大青年和社会公众参与志愿服务，共青团中央在 2002 年颁行的《中国青年志愿者注册管理办法（试行）》的基础上，结合志愿服务事业的新发展，制定了《中国注册志愿者管理办法》。制定并实施《中国注册志愿者管理办法》，对于进一步规范志愿者注册工作，加强注册志愿者管理，实现志愿者注册和服务的“两个便利化”，深入推进社区志愿服务和谐行动，壮大志愿者队伍、传播志愿服务理念、夯实志愿服务事业的基础具有重要意义。

志愿者激励条例 专门为激励志愿者服务积极性从而更好地实现组织目标所制定的具体的激励与表彰的规章制度。它通过一定的方法和手段激发志愿者的动机，满足志愿者的某种需要，从而调动志愿者的工作积极性，最终获得组织目标的实现。志愿者激励条例在志愿者服务体系中的作用是相当重要的。由于志愿者参加志愿活动，不能通过市场交换取得报酬，其积极性会随着时间的推移而逐渐消退。有了激励条例后，就可以通过对其需要的满足，刺激志愿者的积极性，使其更好地投入到接下来的志愿服务中去。

中国志愿者表彰机制 在全国范围内的表彰主要有：①由中央文明办主办，中国志愿服务基金会联合光明日报、中国文明网、人民网、新华网、光明网、央视网等组织开展，吸引全国网民参与的全国百名优秀志愿者和十大优秀志愿服务组织网上评选活动，始于2010年，每年进行一次。②由共青团中央、中国青年志愿者协会主办的全国范围内的评选表彰活动，是由团中央、中国青年志愿者协会授予的我国青年志愿服务领域的最高荣誉，始于1997年。除第四届之外，项目每两年进行一次。自第一届至第七届，项目原始名称为：中国青年志愿者行动评选表彰活动，从第八届开始正式升级更名为“中国青年志愿者优秀个人奖、组织奖、项目奖”评选表彰活动。项目最初设立中国青年志愿者行动星级“荣誉奖”(设一星“荣誉奖”、二星“荣誉奖”和三星“荣誉奖”)、“杰出青年志愿者”、“青年志愿服务杰出集体”、青年志愿者行动“组织奖”，每年评选表彰一次。另设中国青年志愿者行动“特别贡献奖”，不定期颁发。2008年，项目特设“抗震救灾优秀志愿者”和“抗震救灾优秀志愿服务集体”奖。自第八届起，改成中国青年志愿者优秀个人奖、组织奖、项目奖3类奖项。③由中国红十字会组织的“中国红十字志愿服务特别贡献奖”、“中国红十字志愿服务专业贡献奖”、“优秀红十字志愿服务队”以及“十大杰出红十字志愿者”网上评选活动，始于2012年。专家评审团根据服务时间、工作成就、社会影响力等指标，从全国32个省级红十字会及香港特别行政区红十字会推举的多名优秀红十字志愿者和上百支志愿服务队中，评选出“中国红十字志愿服务特别贡献奖”“中国红十字志愿服务专业贡献奖”及“优秀红十字志愿服务队”。“十大杰出红十字志愿者”评选则包括网络投票和专家评审两个阶段：数十万网民通过中国红十字会官方网站给自己心中的“最美志愿者”投票；志愿服务领域专家组成的评审团结合网民投票情况，从多名候选红十字志愿者中评选出“十大杰出红十字志愿者”。

志愿者协会章程 各志愿者协会根据自身实际情况制定的内部规章制度。志愿者协会章程，除了规定宗旨、任务、会员的责任和义务、筹集资金的形式、财务管理制度、协会的管理机制和规定等外，在管理机制方面还规定建立理事会制度，明确职权和每届的任期。在中国，并没有一个全国性统一的志愿者协会章程，而是不同的志愿者团体、各省市县团委等分别制定的。例如，1994年12月5日成立的中国青年志愿者协会制定了一套相对具体完善的章程，指导其开展日常工作。

志愿者服务手册 为从事具体的志愿服务项目的志愿者提供的指导手册。是遵循着“奉献、友爱、互助、进步”的志愿精神制定的辅助性工具。志愿服务手册的内容不仅包括对该志愿服务项目的相关情况的详细介绍，还包括志愿者在进行志愿服务时应遵循的基本守则和注意事项。在指导具体工作上，志愿者服务手册的作用十分突出，志愿者团体也会在不同的活动开展前，制定好相应的服务手册。不同服务事项的服务手册各不相同，例如上海世博会志愿者服务手册和北京奥运会志愿者服务手册等。

志愿服务愿景 志愿者或志愿者组织在实现志愿服务的使命和长远目标之后的情景，是志愿者和志愿者组织向往实现的目标，是心中渴望得到的景象。只有当人们为一个具体的目标而工作和服务时，才能感受到工作的快乐和服务的意义。它具有激励人心、呼唤行动和团结汇聚的作用，它汇聚了人们内心共同的理想。志愿服务是自愿、不为报酬而公益利他性服务，不能依靠行政命令或经济利益来管理志愿者，因此需要构建共同愿景来凝聚志愿者。具体包含：事业愿景、组织愿景和个人愿景。事业愿景就是从事志愿服务所要达成的未来景象，是实现公益性社会使命之后的宏观情境。例如，联合国儿童基金会的事业愿景是“建立一个没有贫困、暴力、疾病和歧视等障碍的世界，让孩子们健康成长，从而从整体上促进人类社会福祉。”组织愿景则是建立在组织成员共同价值观基础上的，对组织发展的共同愿望，是志愿者组织自身未来发展的理想情境。例如，某志愿者协会的愿景是“团结青年志愿者，使本协会成为本地区传播精神文明和公益慈善的先锋队。”个人愿景是志愿者个人心中对未来的深入关切和认同，个人愿景可能与组织和事业愿景相同，但并未与组织成员分享，它是个人从事志愿服务的力量来源。例如，某志愿者的个人愿景是“通过志愿服务实现自我价值，获得社会认可。”

志愿者伦理守则　约束和规范志愿者行为的相关伦理规范与行为守则。与一般的职业道德一样，志愿者的伦理道德的含义包括如下特征：是一种特定的规范，受社会普遍的认可；是长期以来自然形成的；没有确定形式，通常体现为观念、习惯、信念等；依靠文化、内心信念和习惯，通过个体的自律实现；大多没有实质的约束力和强制力；主要内容是对个体义务的规定；承载着团体文化和凝聚力，影响深远。志愿者伦理守则的缺失，容易导致志愿者行为的失控和伦理道德的失范，容易引发志愿者和服务对象之间的误解与冲突，容易导致相互间的不信任，从而影响志愿组织的公信力和志愿者的社会形象。

无偿施救者保护法　关于在紧急状态下，施救者因其无偿的救助行为，给被救助者造成某种损害时免除责任的法律条文。无偿施救者保护法对于陌生人对受伤者进行紧急医疗抢救中出现的失误，一般给予责任上的赦免，对于造成的伤害不需要负法律责任。这种情形必须是在紧急事件发生现场，而且这种救助是无偿的。无偿施救者保护法的目的是重点保护医疗人员、警方、消防人员在紧急事件中，救助受伤人员时不必因抢救中出现的问题而承担民事责任，除非上述人员疏忽救助或是救助方式错误或是有意延误。

二、综合理论

消费者行为理论　亦称效用理论，研究的是消费者如何在各种商品和劳务之间分配他们的收入和时间，以达到满足程度的最大化。消费者行为理论有三个基本假设：①消费者具有完全理性，对自己消费的物品有完全的了解，自觉把效用最大化作为目标；②存在消费者主权，即企业要根据消费者的需求来生产；③效用是一种心理感觉，取决于消费者的偏好，从社会来看，影响消费者偏好的是消费时尚与广告，但从个人来看，消费者的偏好要受个人立场和伦理道德观的影响。在消费者行为理论的指导下，研究者发现，消费者在选择商品和服务的过程中比较看重企业社会责任履行水平，而企业捐赠或提供志愿服务是体现企业社会责任的重要方式。与捐赠资金相比，提供或组织志愿服务更容易在消费者中形成正面评价；道德认同度越高的个体，对实施志愿服务的企业的评价越高。研究者还发现，消费者在选择工作、休闲和志愿服务三种时间消费形式之间选择志愿服务的理由既有可能是看重志愿服务给服务对象带来的好处，也有可能看重志愿行动给自己内心带来的满足，还有可能看重志愿服务给自己带来的外在回报。

计划行为理论　由理性行为理论（Theory of Reasoned Action）发展而来的一种用以解释并预测个体行为的理论。该理论由阿耶森（Icek Ajzen）于1985年提出，认为个体对某项行为的倾向态度、主观规范和行为控制认知三项因素共同决定其行为意向。计划行为理论是一个三阶段行为分析模型：第一阶段，行为由个体的行为意向决定；第二阶段，行为意向由行为的倾向态度、主观规范和行为控制认知三方面决定；第三阶段，行为倾向态度、主观规范和认知行为控制由外生变量决定。在阿耶森看来，行为意向是指个体对于采取某项特定行为的主观概率的判定，反映了个人对某项特定行为的采取意愿；倾向态度是个体对某项特定行为所保持的感觉；主观规范是指个体对于是否采取某项特定行为所感受到的社会压力；行为控制认知代表一个人对从事行为容易度的信念，个体认为拥有某一行为相关的资源或机会越多时，他对控制执行该项行为的信心会越强。外生变量包括人格特质、对事物信念、工作特性和情境因素等等。计划行动理论非常适用从个体理性行为的视角分析志愿服务，因为志愿服务既受到个体主观因素的影响，也还与外界的客观环境等条件相关。研究者提出了志愿服务行为的TPB模型，见下图：

俱乐部产品理论　研究非纯公共品的供给、需求与均衡数量的理论。其基本目的是研究非纯公共品的配置效率问题。俱乐部产品理论是詹姆斯·布坎南在保罗·萨缪尔森等人对公共品研究的基础上创造性地提出的。1965年，布坎南在《俱乐部的经济理论》（1965）一文中指出，萨缪尔森定义的公共产品是“纯公共产品”，现实社会中，大量存在的是介于公共物品和私人物品之间的“准公共产品”或“混合商品”。所谓俱乐部产品就是这样一类产品，一些人能消费，而另外一些人被排除在外，俱乐部是对其成员提供分享集体品的一种组织，这种组织产生的原因是由于资源的稀缺性，人们为了有效率地消费，实际上是针对特定物品组成一小群一小群的消费者群体去消费的，组成群体的原因是成员之间在消费某种产品时存在需求的同质性。一般而言，我们根据排他性和竞争性来分析产品的属性，同时具有排他性和竞争性的产品是私人品，而公共品则是同时具有非排他性和非竞争性的产品，俱乐部产品具有排他性和非竞争性，对俱乐部内部的成员具有非排他性，而对俱乐部之外的消费者具有排他性，俱乐部产品的排他性是不充分的排他性。在志愿服务中，很多是由俱乐部提供的，

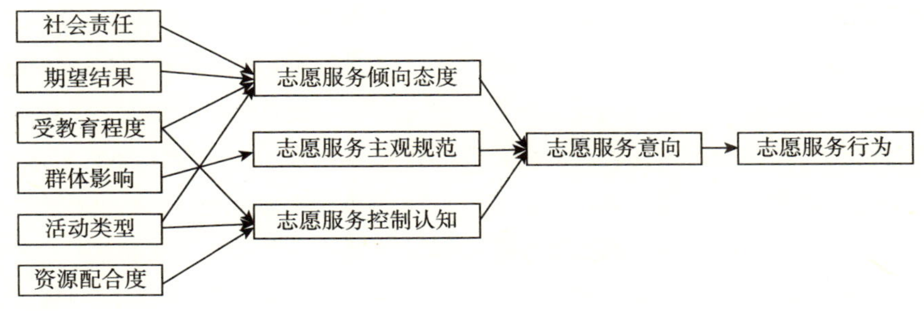

如邻里互助、社团活动，社区志愿服务在宽松的意义上也是俱乐部产品。车主在上下班途中携带搭车者，实际上也是在提供某种俱乐部产品。

人力资本理论 将人力视为一种内含于人自身的资本并研究其在经济增长和资源配置中作用的经济学理论流派。该理论有着久远的思想渊源，但理论的系统化则是在20世纪60年代由美国经济学家舒尔茨和贝克尔完成的。贝克尔的《人力资本》（1963）被西方学术界认为是“经济思想中人力资本投资革命”的起点。所谓人力资本，主要指凝集在劳动者本身的知识、技能及其所表现出来的劳动能力。人力资本理论的主要观点有：①人力资源是一切资源中最主要的资源，人力资本理论是经济学的核心问题；②在经济增长中，人力资本的作用大于物质资本的作用，人力资本投资与国民收入成正比；③教育是提高人力资本最基本的手段，所以也可以把人力投资视为教育投资问题；④教育投资应以市场供求关系为依据，以人力价格的浮动为衡量符号。人力资本理论在志愿服务领域的运用主要在三个方面：①阐述和分析志愿服务在整个社会劳务供给和分配中的重要意义及价值；②分析和解释志愿者（尤其是专业志愿者）对非营利部门的结构性贡献，探讨志愿者队伍建设的途径和意义；③研究志愿服务组织中志愿者培训和督导的意义。

社会交换理论 以解释人类利己行为及人类为实现个人目标而作出的理性选择为己任的社会学理论。形成于20世纪50年代末期，是美国当代社会学理论的主要流派之一，其基本假设是人们是基于收益最大化和代价最小化而做出选择的，主要代表人物有乔治·霍曼斯和彼得·布劳。有学者将二者的观点进行对比：霍曼斯的行为主义交换理论认为，制度、组织和社会都可以被分解成人的行动，它们的特质就必须由有关人的行动命题来解释，而人与人的互动根本上是一种交换过程；布劳的结构主义交换理论则侧重考察基本交换过程对形成和发展社会结构的影响以及业已形成的社会结构对交换过程的制约。互惠是社会交换理论的核心概念之一，而规范和法律则是指导人们进行互惠交换的各种规则。规范或法律只有被大多数人视为有益的时候，才会受到支持和维护。志愿者从事志愿服务活动是要付出时间和精力等代价的，但同时也会有很多潜在的利益，比如表达信仰、学习新东西、摆脱孤独感、增强自信心等。研究发现，志愿者的奉献精神是与互惠交换概念直接相关的。当志愿者的个人利益与组织的利益和需求能融合在一起时，人们就会乐于加入志愿活动组织并成为忠实的志愿者。

社会冲突理论 视社会冲突为社会生活的中心过程并由此来研究社会秩序和社会变迁的社会学理论。在继承卡尔·马克思、马克斯·韦伯和乔治·齐美尔有关冲突思想的基础上，通过批评和修正结构功能主义的片面性，逐步建立起来的以分析社会生活的冲突性为主的社会学流派，形成于20世纪50年代中后期，主要代表人物有美国的科塞和柯林斯，德国的达伦多夫及英国的赖克斯。社会冲突理论的基本观点是：冲突、强迫和变化是人类系统的正常状态。科塞认为，在一定条件下，冲突具有减少对立两极产生的可能性、防止社会系统的僵化、促进社会的整合等正功能。达伦多夫认为，社会组织寻求的是强制性协调联合体而非均衡的社会系统，社会现实是冲突与和谐的循环过程。冲突理论的核心是三个交叉重叠的概念，即权力、剩余价值和服从。冲突理论学者为了理解人们如何使用权力创造或拒绝改变，因而他们十分关注权力。人们通过推销自己的观点和控制生产方式来使用和维持权力。一些利益集团为了获得显著性和影响社会结构的能力，会试图控制持不同观点的团体来为自己创造最大的利益，比如通过教育和政治影响。对生产的控制是与剩余价值这个概念联系在一起的。剩余价值越多，对于少数人控制生产方式以把持权力就变得越简单。随着一群人把持了权力，大多数人用来全心参与维持社会环境的规范、准则、习俗的时间、精力和金钱资源就会越少。这样，多数人在创造和改变社会条件的过程中变得疏远和无权，由此服从倾向产生了。从这个角度，冲突理论会促使人们思考两个相互联系的问题：无偿劳动中是否有剩余价值？志愿服务是阻止了还是助长了服从？当企业鼓励其雇员参与志愿服务，就会在企业和潜在消费者之间建立起积极的关系，企业可以因此卖出更多的商品，志愿服务能够用来助长服从。从总体上看，这会在一定程度上消解矛盾与冲突，推进社会和谐。

社会信任理论 探讨社会信任的起源、本质、类型、机制及功能的理论。社会信任理论并不是一个统一的理论，参与建构社会信任理论的有社会学家、经济学家、政治学家等。事实上，也不存在统一的信任社会学。按照英国社会学家吉登斯的定义，社会信任是对他人及系统的可信赖性的信心，信任的起源则是人类个体的“本体性安全”需要。吉登斯将信任划分为两种基本类型：“人对人的信任”与“人对系统的信任”。前者建立在对他人的“道德品质”的信赖的基础之上，而后者则建立在对系统的原则的正确性的信赖的基础之上。“人对人的信任”在一定程度上总是与“人对系统的信任”有关。研究发现，无论是“人对人的信任”还是“人对系统的信任”都必须通过积极或主动的争取才能得到，也必须积极或主动地加以维系。关于社会信任的功能，社会系统论的卢曼和理性选择学派的科尔曼都认为，信任是降低交易和监督处罚成本的有效机制，是社会资本的一种特殊形式，在经济与社会生活中起着非常重要的作用。社会信任对于志愿服务的影响是双向的，社会信任度高低与人们参与志愿服务及慈善捐赠的活跃程度高低成正相关关系，参与志愿服务（特别是有组织的志愿服务）有利于提高社会信任度，也有利于培养志愿者组织内部的人际信任，这对于志愿者的保留是非常重要的。

期望理论 将激励力量视为目标价值和期望概率二者综合作用结果的心理学理论。又称“效价—手段—期望理论”，是美国心理学家弗罗姆（V. H. Vroom）于1964年在《工作与激励》中提出的，这一理论充分研究了激励过程中的各种变量因素，并具体分析了激励力量的大小与各因素之间函数关系，从某种意义上说，这是对内容型激励理论的发展。期望理论假定，个体是有思想、有理性的人，对自己的生活和事业发展有既定的信仰和基本的预测。期望理论的基本模式是，激励力量 = 效价 × 期望值，其中，激励力量是指激发人内部潜力的强度；效价是指达到目标对于满足个人需要的价值；期望值是人们根据过去经验判断自己达到某种目标或满足需要的可能性是大还是小，即能够达到目标的主观概率。基本模式表明，效价越高，可能性越大，激励力量也越大。反之亦然。研究发现，要实现有效激励，就必须在整个行为过程中兼顾好三种关系：①努力—绩效关系，涉及个人认为通过一定努力会带来一定绩效的可能性；②绩效—奖励关系，表明个人相信一定水平的绩效会带来所希望的奖励结果的程度；③奖励—个人目标关系，涉及组织奖励满足个人目标或需要的程度以及这些潜在的奖励对个人的吸引力。期望理论可以很好地用于志愿者管理。志愿服务组织给志愿者安排的工作要恰当、目标要明确，这样才能激发出志愿者较强的工作动力，过高的目标、不合适的工作会减少志愿者的工作热情和信心；志愿服务组织还要在志愿者取得一定的工作成绩后给予适当的奖励，奖励办法要尽可能因人而异。

生态学视角　将人类利他行为视为一种发生在不同的系统之间的、能够实现互惠的交互作用方式的理论视角。志愿者学习新鲜事物并感受到自己是有用的和被需要的；从志愿者那里获取帮助的人们，则从服务中以及从感知他们是足够值得他人关怀的感觉中获益；为开展志愿服务提供机会的机构、企业和其他组织能够产生积极的公共关系并且能拥有足够多的志愿者来实施他们的计划。从社会的角度来看，志愿服务活动能够改变人们思考他人的方式、促进不同文化的交流融合，并且培养一种整体的参与感和社区成员间的信任感。换言之，志愿服务为人与环境之间多样化的输入和输出交换提供了机会，这对于提高社会各系统间的拟合优度具有重要意义。

进化心理学　基于自然选择的原理，根据基因的进化传递因素来解释社会行为的心理学理论。进化心理学认为，过去是理解心理机制的关键，人的心理也是适应的产物，某种心理之所以存在是因为它能解决某种适应问题，心理机制是在解决问题的过程中演化形成的。人类亲社会行为只是遗传和本能的结果而已。进化心理学者常常采用的解释方式有三种：①亲缘选择观（kin selection），该观点认为，自然选择偏向于帮助一个在遗传上有亲密关系的人，人们能够不仅通过拥有自己的孩子，也通过确保他们遗传上有亲密关系者有孩子来增加自身基因遗传的机会；②互惠规则观（norm of reciprocity），该观点认为，人们帮助他人将增加以后得到受助者回报可能性；③社会规则学习观，由诺贝尔奖获得者赫伯特·西蒙（Hebert A. Simon）提出，认为从一个社会的其他成员处学习社会规则是高度适应的个体所必需的，那些社会规范和习俗的最好学习者具有生存优势，即人们是受遗传的影响而去学习社会规则，而利他主义就是这些规则中的一个。从进化心理学的角度看，志愿服务作为一种利他行为和互惠行为是社会进化的结果，志愿精神作为社会规范的组成部分是可以通过社会化过程中的学习传递给社会成员的。由亲缘关系决定的利他行为虽然不同于志愿服务，但可以用来培育志愿行为。

赋权理论　如何帮助个人、组织和社区获得支配自身事物参与社区政治进程以及这一过程如何可行的理论。冲突理论家关注更多的是由权威和那些控制生产方式的人所造成的强迫和服从，而赋权理论家关注的焦点则是导致社会分层的过程。研究者将社会分层界定为根据财富、权力、声望以及性别、年龄、家庭出身、种族、残疾程度、地区、性倾向的不同，将人分成不同等级群体的过程。赋权理论学家和冲突理论学家有一个共同的信念：权力关系对抵抗和推进社会系统中社会结构变革有着很大影响。此外，赋权理论和冲突理论都认为只有足够多的人采取了能够促使权力关系重新协商的集体行动时，变革才可能发生。然而，赋权理论家也认识到只有当个人对某种变革是可能的和令人满意的这种意识的发展，集体行动才能开始和持续。只有当一些人对某个社会问题有共同的生活体验时，致力于共同解决该问题的集体行动才有可能发生。实际上，维权志愿服务和倡导性志愿服务均具有一定的赋权功能。随着志愿服务的发展，在社会工作者的引领下，很多志愿服务项目也开始采纳“助人自助”原则，赋权成为项目实施的重要目标或工作手段。

现象学理论　一种主张通过直观的实践体验，以释疑世界中的困惑与难题、寻求生活中的意义与价值为意旨的哲学流派。那些影响人们如何定义他们存在的历史的、文化的、个体的和群体的要素，是现象学关注的重点。现象学研究者认为，人们不断地在证明他们是谁，不断地评估怎样才能适应自我对过一种“既有价值又体面的生活意味着什么”这个问题的意识。现象学家假定规范、态度、群体和社会机构（社会制度）都不是独立的、实际的存在。人们总是通过与他人的社会交往建立起一种共享的现实。由于人们互相影响，他们可以为了他人改变事件的意义，也可以为了自己而改变事件意义。虽然现象学分析最终会走向绝望的相对主义，因为根本没有对错之分，但现象学的视角能用于提醒志愿服务组织者观察每个个体、团队、社区的独特的社会背景。每个人都有非常不同的社会经历，志愿服务也是在各种不同的社会环境中开展的。在一个无家可归者的避难所开展志愿服务的社会背景与在消防机构开展志愿服务的社会背景相差甚远。来自同一地方、文化或家庭的个人的差异可以归因于对于相同的生活经历的不同理解；而志愿者也可能因为不同的原因而在同一组织做同样工作。在志愿服务实践中，评估和欣赏与自己共事的志愿者是很重要的。志愿服务是一种帮助人们寻找全新的生活意义的有效方式，这一点从现象学的视角就很容易理解。

社会学习理论　主张人们倾向于模仿被强化的榜样行为，因而人类的社会行为和人格，主要是通过观察学习、模仿学习和自我调节过程以及榜样作用而形成的社会学理论。通过观察他人的行为，人们可以学习新的行为或改变现有的行为，这就是仿效与模仿的过程。研究者将模仿行为可能会对观察者产生的影响概括为三种：①激起观察者的模仿响应，从而重复相同的行为；②强化或减弱了以前习得的行为；③提高先前习得的反应。当人们观察到越来越多的行为，并且不断地做出反应行为的时候，就会逐渐产生自我效能感。自我效能感是社会学习理论的另一个核心概念，它是指人们对于获得掌握某项活动的能力的信心。随着人们在一个生活领域获得了这种自我效能感，也会对生活中的其他方面产生影响，即导致效能期望感的形成。效能期望是社会学习理论的又一个核心概念，研究者将它定义为人们对于自己有能力完成更伟大、更艰巨任务的期望。社会学习理论为志愿服务的概念化提供了一个有效的框架结构。家庭和朋友的影响是人们成为志愿者的普遍途径。当孩子听父母讲述志愿服务的故事或在儿童时期就接受这方面的教育，通常会形成今后当志愿者的期望。同样，如果一个人的同事中有做志愿者的，并与他们谈论做志愿者的经历，也会促使他们产生志愿服务的期望。当人们从事志愿服务的时候，他们的行为会被和他们一起工作的同事强化；一个人志愿服务时间越长，就越愿意尝试做其他类型的志愿服务，因为他已经从以往的经验中形成了自我效能感。还有些人从他们担任志愿活动的领导者的过程中获得了足够的自信。相关研究发现，对于儿童和青少年而言，通过志愿服务形成的自我效能对他们以后进入大学，获得更高的学历，和不同种族、不同宗教信仰的人们交往，以及成年之后继续从事志愿服务都是有影响的。

志愿者激励 志愿者组织为提高志愿者自愿投入志愿服务活动的热情而采取的一系列行动。包括专业培训、生涯规划、提升职位、物质奖励、荣誉证书、优惠券等。根据志愿服务经验，对志愿者的激励，要坚持精神与物质鼓励并举，并突出精神奖励的原则。志愿者组织设计出适当的激励形式和工作环境，通过一定的行为规范和惩罚性措施，借助信息沟通来激发、引导、保持和规划志愿者的行为，以有效地实现志愿者组织及其志愿者社会价值。对于志愿者的激励应贯穿于志愿服务始终。具体来说，包括两方面内容：内在激励与外在激励。内在激励以精神激励为主，包括利用组织目标、组织使命感对志愿者进行激励，也可以对优秀的志愿者进行表彰，或者进行一些隐形的激励。还可以组织专业的培训，使那些希望获得实践经验、培训经历的志愿者们得到激励。外在激励包括物质回报和物质保障。物质回报即为志愿者们提供津贴及实习证明等，物质保障即为志愿者购买人身安全保险，提供交通补贴、通讯补贴，发放防暑降温药品等。

志愿者权利 法律赋予及组织承诺的志愿者应该享有的权利。包括保证他们在处理工作时能够有独立自主的权力。在赋予的权利和权限的范围内，志愿者可以为实现规定的目标制定工作方案，发挥自己的主动性和创造性。学者王名认为志愿者的基本权利包括：①与其他员工平等共事的权利；②按照需要被适当地分配工作的权利；③尽量全面地认识和了解组织的权利；④在工作中接受培训的权利；⑤为开展工作接受必要的专业训练的机会和权利；⑥对其工作表现获得正常评估的权利；⑦接受指导和领导的权利；⑧给予晋升或各种必要的专业训练的机会和权利；⑨被听取意见的机会和权利；⑩被组织赋予一定地位的权利，必要时接受便于使用的资金的权利。与此相比较，中国地方性志愿服务法规中规定的志愿者权利则要少一点，如《广州市志愿服务条例》第十七条规定，志愿者享有下列权利：①获得与从事志愿服务活动相关的真实、完整信息；②从事志愿服务活动时，获得志愿服务组织、接受志愿服务的单位或者个人提供的人身安全与健康的必要保障；③拒绝超出约定范围的志愿服务；④从事志愿服务活动受到损害时，获得志愿服务组织的帮助；⑤对志愿服务组织的工作提出建议、意见和批评；⑥退出志愿服务组织；⑦依法享有的其他权利。

志愿者义务 志愿者组织及相关法律对志愿者行为的各项要求。志愿者在享有一定权利的同时，也要履行一定的义务，学者王名认为志愿者义务主要包括：①真诚地提供服务，相信所从事工作的价值；②忠于所服务的组织；③在群众面前维护组织的尊严和诚实；④迅速并可靠地执行任务；⑤接受组织中有关负责人的领导、指导、决策和工作安排等；⑥学习和参与工作训练、参加有关的项目讨论和会议，并积极在工作中学习；⑦和一般员工沟通，了解他们的工作，与他们建立平等的关系。中国不少地方性志愿服务法规也规定了志愿者的义务，如《广州市志愿服务条例》第十八条：志愿者应当履行下列义务：①尊重接受志愿服务的单位或者个人的合法权利，保守其秘密和个人隐私；②不向接受志愿服务的单位或者个人收取或者变相收取报酬；③其他法定义务。

志愿者补助 志愿服务组织为弥补志愿者的经济损失而给予的适当补贴。虽然志愿服务是不计报酬的，但为了使志愿服务顺利进行，同时激励志愿者，给予志愿者一定的补助是必不可少的。志愿者补助一般包括交通、食宿、保险等。根据发达国家的经验，保障最基本的需求会使志愿者制度更为完善，志愿者组织得以良性持久地发展，政府、社会和个人都从中受益。比如在加拿大做志愿者，每天工作超过 3 小时就有交通补贴，超过 5 小时有午餐费。志愿者补助的发放，除了民间组织和慈善机构的支持外，还应该包括政府的支持。例如美国的志愿者组织 30% 的经费来自于政府投入。在中国，长期以来缺乏对志愿者服务的基本物质支持，直到奥运会才开始引入成熟国家普遍采用的基本物质支持的方法，诸如给志愿者提供交通工具或补贴、工作餐以及购买保险等。广东省政府在 2008 年首次拿出 500 万设立“志愿基金”对省内 420 个志愿服务项目提供资助，用于活动宣传和志愿者本身的交通补贴、误餐补贴、保险费、宣传用品和其他必要装备的费用等。

志愿者证 也称志愿者卡，是志愿者身份的证明。它是参加志愿服务活动的标志，是志愿者荣誉和责任的象征，是由志愿服务组织或志愿者使用单位根据志愿者服务岗位制发的工作证件，由志愿者保管，用以证明拥有者的志愿者身份，一般含有志愿者个人信息、岗位安排、服务时间等信息。志愿者证是在各类志愿者数据支持的基础上，集志愿者身份标识、注册登录、激励表彰等功能于一体，是志愿者的身份卡、信息卡、荣誉卡。中国注册志愿者证是对中国注册志愿者的证明，由所在注册机构统一制发和管理，作为志愿服务记录之用，志愿者每年进行年度注册登记。除了志愿者的基本信息外，还包括服务记录、培训记录、荣誉记录和注册记录等。

志愿服务证明 为志愿者开具的志愿服务经历证明。它既是对志愿者的激励和肯定，也是对志愿者服务的考察。志愿服务证明是对志愿者进行各项表彰的重要依据之一，具有优秀志愿服务证明的志愿者在大型活动和赛事时享有优先权。根据国家民政部的规定，除了基本信息外，志愿服务证明还应包括志愿者参加志愿服务活动（项目）的名称、日期、地点、服务对象、服务内容、服务时间、服务质量评价、活动（项目）负责人、记录人等。记录了志愿者服务时间和质量的服务证明可以避免志愿者走过场式的志愿服务，使志愿服务落到实处。如果注册志愿者需要参与志愿服务的证明，可以向活动组织方反馈服务信息，由服务方在注册档案里注明参与时间。目前，有四种常见的志愿服务计时方式，即“申报工时”、“录入工时”、“工时码计时”和“手机扫描二维码计时”。“申报工时”适合对计时需求较为迫切的志愿者，志愿者需要填写服务时间，经志愿项目负责人确认后生效。“录入工时”适合志愿者人数不太多的志愿团体，由志愿项目负责人为志愿者录入时间，并通过短信或邮件告知志愿者。“工时码计时”适合志愿者较多的志愿项目，志愿项目负责人将工时码发给志愿者，由其自行录入。截至 2013 年，“手机扫描二维码计时”正在试点当中，适合配备了智能手机的志愿团体，志愿者需要从网站下载相关应用程序，志愿项目负责人用手机扫描卡上的二维码后，在自己的手机上就可完成计时并上传。志愿服务证明既有纸质版的书面证明，也有录入到网上数据库中的证明。目前，我国志愿服务证及胸章原则上由共青团中央青年志愿者行动指导中心、中国青年志愿者协会秘书处统一制作，根据各地团组织、志愿者组织的申请发放。

志愿服务记录　依法成立的志愿者组织、公益慈善类组织和社会服务机构以纸质材料和电子数据等载体记录志愿者参加志愿服务的信息。根据国家民政部的规定，记录的主要内容应包括“志愿者的个人基本信息、志愿服务信息、培训信息、表彰奖励信息、被投诉信息等”，其中，志愿者的个人信息包括“姓名、性别、出生年月、身份证号、服务技能、联系方式等”；志愿服务信息包括“志愿者参加志愿服务活动（项目）的名称、日期、地点、服务对象、服务内容、服务时间、服务质量评价、活动（项目）负责人、记录人等”；培训信息包括“志愿者参加志愿服务有关知识和服务技能培训的内容、组织者、日期、地点、学时等”。

需求层次理论　美国人本主义心理学创始人亚伯拉罕·马斯洛（Abraham Harold Maslow，1908—1970）提出的关于人类需求类型划分的理论。不同于弗洛伊德将人类行为视为在很大程度上是由无意识、本能以及自私冲动所决定的，也不同于行为主义者将人类行为看作是对刺激和结果的反应，马斯洛强调人类自身的力量源泉以及希望拥有爱、亲近自然、寻求生命意义、富有创造性、渴望自由和尊严等积极品质。马斯洛将人类的需求分为七个层次：①生理需求（physiological needs）；②安全需求（safety needs）；③归属与爱的需求（belongingness and love needs）；④自尊需求（self-esteem needs）；⑤认知的需求（need to know）；⑥美的需求（aesthetic needs）；⑦自我实现需求（self-actualization needs）。按照马斯洛的解释，各种需求层次之间存在着关联：①各层需求之间不但有高低之分，而且有前后顺序之别；②七层需求分为两大类，较低的前四层称为基本需求（basic needs），又称匮乏性需求（deficiency needs），较高的后三层称为成长需求（growth needs）；③较高层次的需求是后来才发展出来的，就像生物的进化一样；④需求的层次愈高，就越容易消失；⑤生活在高需求层次的人意味着其物质性的事物较充分，较长寿，较少生病，睡得较好，胃口较佳；⑥高层次的需求强度较弱；⑦高层次需求得来的满足是较为主观的，如非常幸福，心情十分平稳，内在生活非常富裕等；⑧当个人的环境（经济、教育等环境）较好时，个人较易满足高层次的需求；⑨当个人满足其高层次需求之后，个人愈可能接近自我实现的目标。根据马斯洛的需求层次论，自我实现是人性本质的终极目的。在自我实现的过程中，人们会经历欣喜感、完美感及幸福感等巅峰体验（peak experience），更重要的是这种体验培养了人们的洞察能力和反思能力，从而培养了一种生活超越观。志愿服务既为人们提供了体验自尊、正义、意义、掌控、关爱他人的机会，也为人们提供了经历高峰、低谷及高原体验的机会，即志愿服务能使人们体验自我实现和自我超越。在组织志愿服务的过程中，组织者不仅要确保他们的生理及安全需要得到满足，也要帮助志愿者反思他们的经验、提升其自我超越的洞察力。

活动理论 以“活动”为逻辑起点和中心范畴，研究人心理的发生发展问题的心理学理论。其哲学基础是辩证唯物主义关于人类活动、意识、反映以及它们的历史发展过程的学说。活动理论是苏联最大的心理学派别，广泛应用于理论和应用心理学这两个领域，特别是在教育、专业培训、人类工程学和工作心理学方面，它对俄罗斯乃至世界心理学都产生了很大影响。在活动理论中，心理是主体生命活动的形式，人的积极性表现为他不仅完成着外部的实践活动，而且也进行着内部的心理活动。研究发现，心理不简单是人对世界的反映，而且是由动机、目的连接的活动，是动作和操作的完整体系。活动的主要过程也就是外部的实践活动内化为内部的心理活动的过程，内部的心理活动也向相反方向外化为外部的活动形式。有学者指出活动理论的分析单元是面向对象、集体和文化介导的人类活动，或活动系统。这个系统包括对象（或目标）、主体、符号、工具、规则、社区和劳动分工。人们在进行志愿服务活动中，一方面通过长期的志愿实践，将志愿精神内化为自身的内心心理；另一方面，这样长期的内化也反过来促使人们更好地践行志愿精神。

连续性理论 用以描述人们如何开发晚年生活的一种理论。它涉及内部结构和外部结构的连续性两个方面。该理论认为，个人的内部结构如个性、想法和信仰会在整个生命过程保持不变，这使人们能够基于自己过去的内部基础决定个人的未来；个人的外部结构如关系和社会角色则会为人们保持稳定的自我概念和生活方式提供支持，这使得个人和社会可以维持某种平衡状态。正常衰老的连续性理论指出，老年人通常会保持同样的活动、行为、个性和人际关系，正如在他们生命的早些年一样。根据这一理论，老年人会尽量保持自己生活方式的连续性，这种通过适应策略而维持的生活方式的连续性和他们过去的经验是有联系的。连续性理论可以解释为什么大部分老年人的生理、心理和社会地位发生了变化，但活动、个性、关系会保持一致性。志愿者在针对老年人的志愿服务中，需要尽可能地联系到老年人过去的经历，特别是年轻时候的人生经历，因为这些对于理解老年人的行为和思想是很有帮助的。

行动研究 实践者在实际工作中为解决自身面临的问题而进行的研究。亦指将实践项目中通过开展研究来检验、修改和完善原项目设计方案并将之再用于实践以求最佳实践效果的一种方法论取向。最早将“行动”和“研究”这两个概念联系在一起的是约翰·柯利尔（J. Collier），他于1933年—1945年任美国联邦政府印第安人事务局局长期间，在如何改善印第安人与非印第安人之间关系问题的研究中，提出了由印第安人事务局实际工作者与其他研究人员共同合作的好方法，称之为“行动研究”。自20世纪70年代起，行动研究运动在欧、美、澳、日教育界形成了一个热潮，在实践不断推广、深化的同时，产生了一批理论阐述者或代言人，除约翰·埃利奥特（J. Elliott）外，还有凯米斯（S. Kemmis）、卡尔（W. Carr）等。行动研究最初由教师、教育实际工作者自发组织进行，逐渐发展为政府教育部门和国际组织所接受并推广。20世纪五十年代以前的行动研究普遍信奉实证主义，崇尚以科学的方法、手段（如统计、测量、实验等）研究问题，20 世纪六七十年代后的行动研究，则深受定性研究的影响。相关领域的学者也指出了行动研究也表现出的区别于其他研究类型的特征，如自然性、行动性、研究角色和实际工作角色的一体性、研究目标的具体问题指向性、研究成果的非普适性等。在很多社会干预类志愿服务项目中，志愿者有时也需要在工作中通过科学的调研方法和合理的解决方案促成问题的解决，以更好地完成志愿服务任务。

社会支持理论 有关社会支持如何保护人们免受压力事件的不良影响的社会心理学理论。20 世纪 70 年代，社会支持（social support）作为一个科学的专业术语在精神病学中被正式提出来。研究者将社会支持界定为一个人通过社会联系所获得的能减轻心理应激反应、缓解精神紧张状态、提高社会适应能力的影响。社会支持既涉及家庭内外的供养与维系，也涉及各种正式与非正式的支援与帮助。社会支持理论重视人对社会的适应性问题，强调人在社会环境中的感受，并且认为个体首先应适应社会环境；与此同时，重视个人对周围环境中的资源的有意识建立与运用。相关研究指出，社会支持理论将个人的发展与适应性问题的个人因素和环境因素结合起来，认为人与环境中的各种系统（工作、生活、学习、家庭、社会、市场、政治、宗教等）是相互作用的，认为个人通过对社会资源的广泛利用可以改善目前的生活状况。通过制定一系列的行为模式，实施相应的干预行动，在一定程度上可缓和个人社会适应问题，为个人的成长和潜力的发挥提供一定支持，也在一定程度上为改善个人的生活状况提供资源。在志愿服务中，“人在情境中”是一个十分重要的原则，志愿者需要考虑到服务对象与他周围的各种社会因素的相互作用，在志愿服务中有所注意并充分利用，使得服务效果更好。

社会化理论 解释人作为“自然人”或“生物人”成长为社会人的过程的理论。20 世纪 50 年代以前的社会化理论主要是面对少年儿童，60 年代以来的社会化研究则开始全面探讨包括一切角色学习在内的社会化过程。学者郑杭生将社会化的基本内容概括为三个方面：①促进个性形成和发展，培养完美的自我观念；②内化价值观念，传递社会文化；③掌握生活技能，培养社会角色。家庭、学校、工作单位、同龄群体、大众传播媒介和社区等是承担社会化任务或者发挥着社会化功能的主要社会机构。相比于社会学家重视个体社会化结果，心理学家则重视社会化过程的研究，他们把社会过程的机制和遗传、环境、榜样、认知因素对社会化的作用作为自己研究的主要对象。精神分析学派认为，人生下来就有对社会生活起破坏作用的冲动性或内驱力，社会化的目标就在于“驯服冲动”，并将它纳入社会可接受的轨道。行为主义心理学看到了环境和人的行为之间的相互作用，认为个体在社会环境中会不断地对各种刺激做出反应，其中一些社会行为被强化，成为稳定的行为倾向，这种行为倾向的逐渐累积就是人的社会化过程。社会学习理论强调个人认知、环境和行为的交互作用，三者的交互作用，才能实现人的社会化，人的习得活动，多数是在社会交往中通过对榜样人物示范行为的观察、模仿而完成的。榜样的特征不同，人们的行为特征也不同。在榜样的影响下，人适应社会环境的行为模式得以建立，进而形成人的个性，实现人的社会化。认知心理学派把个体的社会化过程与认知发展过程联系起来，认为认知的发展制约着社会化过程，而社会化也影响认知的发展。人本主义心理学派认为，个体由“自我实现”的动机驱使，不断摈弃生物性，发展社会性。在现代社会，志愿服务是社会化的一个理想平台，志愿服务不仅可以帮助青少年进行社会化，还可以帮助遭遇挫折和变故之后的成年人进行再社会化，以更好地适应社会变化。

埃里克森人格发展理论 美国心理学家埃里克森（Erik Homburger Erikson，1902—1994）创立的人格发展八阶段理论。第一阶段是婴儿期（0—1.5岁）：基本信任和不信任的心理冲突，主要的区域是口唇部位，行为是吸吮和咬，发展的任务是学习逐渐发展对父母、自身和外界的信任。第二阶段是儿童期（1.5—3岁）：自主性与羞怯、疑惑的冲突，主要区域是肛门部位，行为模式是坚持和放弃，任务是发展自我控制感而不丧失自尊心。第三阶段是学龄初期（3—5岁）：主动性与内疚的冲突，兴趣的区域是生殖器，行为模式是侵入，发展的任务是发展儿童自立的主动性。第四阶段是学龄期（6—12岁）：勤奋与自卑的冲突，这是有关自我生长的一个最具决定性的阶段，儿童掌握了主要的认识社会的技能，其危机是勤奋与自卑。第五阶段是青春期（12—18岁）：自我同一性和角色混乱的冲突，青春期的驱力的增加是破坏性的，青年也因新的社会冲突和要求而变得困扰和混乱，这与前四个阶段任务的完成有关。第六阶段是成年早期（18—25岁）：亲密与孤独的冲突，形成自我同一性、走向社会的青年，未免太全神贯注于自己是谁以致不能担任起此阶段形成亲密感的任务，可能产生孤独感，只有建立同一感时才有可能形成亲密感。第七阶段是成年期（25—65岁）：繁殖与停滞的冲突，要生产、照料和指导婴儿，也要通过工作以创造事物和思想，这样能产生创造感，否则将出现人格的停滞。第八阶段是成熟期（65岁以上）：自我整合（完善）与绝望的冲突，老年人进行一生的回顾，如果对自己的一生作肯定回答，就不会对死亡产生恐惧感，反之就会充满焦虑和失望。埃里克森认为，在每一个心理社会发展阶段中，都包括了积极与消极两方面的品质。如果各个阶段都保持向积极品质发展，将逐渐实现健全的人格，否则就会产生心理社会危机，出现情绪障碍，形成不了健全的人格。志愿服务一方面帮助人们直面困境，另一方面则通过服务帮助人们走出困境，了解服务对象所处的不同人格发展阶段对志愿者来说是非常重要的。当然，志愿者组织在挑选志愿者时也要综合考虑志愿者和服务对象的人格发展状况。

生命周期理论 将研究对象从出生、成长到死亡的整个过程划分为一个个前后相继的阶段来加以研究的一种方法论。生命周期理论被广泛地应用于经济学、管理学等各个学科领域。19世纪50年代，美国经济学家弗兰科·莫迪利亚尼（Franco Modiglianl）创立了储蓄生命周期理论，并因此获得1985年诺贝尔经济学奖。相关研究指出，生命周期理论的基本思想是：一个理性的消费者，在追求其个人效用的最大化时，不仅是对某一消费行为、消费项目的决策安排，要考虑个人效用的最大化，最重要的是要追求其生命周期内整个一生效用的最大化，而其预算约束则为生命周期内的收入与消费支出的平衡。基于志愿者行为与消费者行为之间的相似性，生命周期理论也被用于志愿服务项目管理，如布阮（Bryan D. Terry）等将志愿者的生命周期分为四个阶段：在第一阶段，重点是通过需求调查和营销计划唤醒公众的志愿服务热情；在第二阶段，重点是通过培训、互动、尊重、认可、理解、赞赏等多种方法使志愿者能够在志愿服务过程中奉献爱心、感受热情；在第三阶段，重点是通过倾听、回馈和关心等措施留住志愿者的热情，使他们成为资深志愿者；在第四个阶段，重点是通过赋权、放权等方法为志愿者鼓励。

资源依赖理论 以研究组织如何克服资源约束从而赢得战略决策空间为重点的一种组织理论。它萌芽于20世纪40年代，成熟于70年代，主要代表人物有费佛尔（Jeffrey Pfeffer）和萨兰奇科（Gerald Salancik）等。费佛尔（Jeffrey Pfeffer）和萨兰奇科（Gerald Salancik）提出了资源依赖理论的四个重要假设：①组织最重要的是关心生存；②为了生存，组织需要资源，而组织自己通常不能生产这些资源；③结果，组织必须与它所依赖的环境中的因素互动，而这些因素通常包含其他组织；④生存因此建立在一个组织控制自身与其他组织关系的能力基础之上。根据这四个假设，一个组织最重要的存活目标，就是要想办法减低对外部关键资源供应组织的依赖程度，并且寻求一个可以影响这些供应组织之关键资源能够稳定掌握的方法。获取资源的需求产生了组织对外部环境的依赖，资源的稀缺性和重要性则决定组织依赖性的本质和范围。资源依赖理论的主要内容是：①组织间的资源依赖产生了其他组织对特定组织的外部控制，并影响了组织内部的权力安排；②外部限制和内部的权力构造构成了组织行为的条件，并产生了组织为了摆脱外部依赖、维持组织自治度的行为。志愿组织自身所拥有的资源是有限的，在服务的过程中必然会牵涉到与政府、其他组织和个人的互动，特别是合作，去协调资源促成志愿服务的达成；但另一方面，一个志愿组织在服务过程中也会与其他组织存在着竞争的行为，并在竞争的过程中希望逐步地壮大自己的力量，塑造更好的社会形象以促成更多的服务、产生更大的效益。

权变管理理论 以强调具体情况及具体对策的应变为特点的一种管理理论。它于20世纪60年代末70年代初在经验主义学派基础上形成和发展起来，其代表人物有卢桑斯（Fred Luthans）、菲德勒（Fred E. Fiedler）等。权变管理理论认为，世界上没有一成不变的管理模式，也不存在所谓的最好的办法去组织企业、领导团队或者制定决策。相关研究将权变理论的中心思想概括为：①组织是社会大系统中的一个开放型的子系统，受环境的影响。因此，必须根据组织在社会大系统中的处境和作用，采取相应的组织管理措施，从而保持对环境的最佳适应。②组织的活动是在不断变动的条件下以反馈形式趋向组织目标的过程。因此，必须根据组织的近远期目标以及当时的条件，采取依势而行的管理方式。③管理的功效体现在管理活动和组织的各要素相互作用的过程中。因此，必须根据组织的各要素的关系类型及各要素与管理活动之间相互作用时的一定函数关系来确定不同的管理方式。对于志愿服务的组织者来讲，权变管理理论的核心启示是，尽管志愿服务的对象不尽相同，但也需要从大量的案例中进行总结，归纳出一定的类型，在工作中根据不同的情况迅速采取不同的应对策略。

新制度组织理论 深受新制度经济学影响而形成的一种新的组织理论流派。新制度组织理论形成于20世纪70年代，至20世纪90年代成为“组织理论的宠儿”，其主要代表人物有莫约（John W. Meyer）、卢旺（Brian Rowan）、斯科特（W. Richard Scott）等。新制度组织理论认为，组织不仅在一定的技术环境中运作，而且在一定的制度环境中生存。在这个通过规则和规定精心安排的环境中生存，单个组织要想获得环境的技术和认可，就必须服从这些规则和规定。相关研究认为，从组织的制度环境着手，新制度组织理论以组织场域（organizational field）为基本分析单位，通过制度同观态概念来分析组织的同质性过程，强调组织在环境中的运作不仅要满足技术环境的要求以实现组织的效率，而且要获得“合法性”，即取得社会习俗、情境规范及法律的确认。新制度组织理论对志愿服务组织的管理具有很强的指导意义。在志愿服务中，组织者要通过了解环境中的制度规则和对志愿者的精心安排，在服从社会规则的前提下，使得志愿者的行动得到社会的承认和认可。

志愿者动机量表　用来测量和分析志愿者动机的量表工具。自20世纪70年代学术界开始关注志愿者动机研究以来，已经出现过不少志愿者动机量表。这里描述的是克拉里和斯内德基于1999年提出的志愿者动机多因素量表。该量表包含6个分量表（subscales），共30道题（items），是目前应用得最为广泛的志愿者动机量表之一。该量表的理论基础是机能主义心理学，其核心观点是人类的大多数行为都是由特定的目标和需要所激发，如果要了解某一行为发生的原因，就应该从该行为能够实现的目标或满足的需要这一方向去考虑。在总结前人成就的基础上，克拉里和斯内德（Clary EG Snyder M，1999）区分了志愿行为对于志愿者的六类功能：①价值功能（values function），即表达或支持某一重要价值观；②理解功能（understanding function），即了解世界、增加知识、锻炼技能；③增强功能（enhancement function），即寻求心理上的成长与发展，如增强自尊、提高个人价值感；④职业功能（career function），即获得和现在或今后的职业相关的经验；⑤社会功能（social function），即巩固、加强某种社会关系；⑥保护功能（protective function），即减少消极情绪，如内疚。克拉里志愿者动机量表的分量表就是围绕着志愿行为对志愿者的六类功能设计的。

志愿者忠诚度量表　预测志愿者在多大程度上会继续留在所服务机构的一种量表工具。它由美国学者米歇尔·舍尔（Michael E. Sherr）在其博士论文（2003）中提出。该量表共有9道试题：①机构对于志愿者有多重要；②志愿者对机构负有的义务感是否强烈；③志愿者能否很轻松地离开机构；④迁移到其他地方后是否会寻找同类机构做志愿服务；⑤是否渴望成为志愿者领袖；⑥是否会继续做一年志愿者；⑦已在目前机构服务了多长时间；⑧过去一年内参加过几次重要服务；⑨在过去一年内提供的志愿服务总时长。前6道试题测量的是志愿者对所在机构的内在忠诚度，后3道题测量的是志愿者的服务表现。由于志愿者的初始志愿服务动机会在参与志愿服务的过程中发生改变，因此，志愿者动机量表是不能用来替代志愿者忠诚度量表的。

态势分析法　在对组织内外部条件进行综合和概括的基础上，分析组织的优势、劣势、面临的机会和威胁的一种方法。态势分析法又称态势矩阵分析法（SWOT Matrix），可广泛运用于评估各类组织在同类组织中的地位、可信赖程度和可持续能力，论证新项目开展的必要性和可行性，评价潜在合作伙伴，制定发展战略和具体行动策略等。SWOT 是优势（Strength）、劣势（Weakness）、机会（Opportunity）和挑战（Threats）四个英文词首位字母的缩写。运用 SWOT 分析法，是通过具体的情景分析，将与组织生存和发展密切关联的各种主要的内部优势因素、劣势因素和外部机遇因素、威胁因素分别识别和评估出来，依据矩阵的形态进行科学的排列组合，然后运用系统分析的研究方法将各种主要因素相互匹配进行分析，最后提出相应的对策。研究发现，在志愿服务领域，SWOT 分析经常被用来评估志愿者组织管理中存在的问题、分析区域及全国志愿服务发展中所存在的优势项和劣势项以及所面临的机会和挑战等。

志愿者满意度指标　对志愿者参与志愿服务的满意程度的衡量工具。根据测量指标的内在结构不同，目前大致有两类志愿者满意度指标体系，一类偏重于测量志愿者对管理工作的满意度，另一类则偏重于测量志愿者对自身收益的满意度。偏重于测量志愿者对管理工作的满意度指标，通常会将志愿者管理工作分解为招募、培训、上岗、督导、物补、激励、后勤、遣散等环节，并要求志愿者对各个环节及整个管理工作进行满意度评价，然后通过相关分析了解志愿者总体满意度与各环节满意度。相关学者认为，这样的指标体系有利于分析和比较志愿者管理工作中的优势环节和薄弱环节。偏重于测量志愿者自身收益的满意度指标，一般会从组织支持（情感资源和教育资源）、参与效率（给服务对象带去正面影响）、增能（在提供服务的过程中感受到增能）和群体整合（与其他志愿者及工作人员的友谊）等几个方面设计题目，多方面地测量志愿者的满意度，这一类指标体系有利于弄清楚志愿者满意或不满意的原因。

第二部分　实　务

一、志愿服务实务概论

志愿服务实务　在志愿服务过程中，持续地以志愿服务对象和志愿者满意为目标所开展的志愿服务规划、资源配置、服务过程控制和评估的管理活动。志愿服务实务强调以社会需求为基础，兼顾志愿服务利益相关方的需要，以志愿服务项目和活动为主要服务方式，应用现代人本主义管理思想对服务过程进行指导、控制和支持。志愿服务实务有两个层面，一是在国家和地方政府及区域层面，对志愿服务的宏观操作，包括法规、政策、规划、保障、监督；二是在组织层面实施具体的志愿服务操作，包括开展志愿服务项目、招募和使用志愿者、实施具体志愿服务活动等操作过程。志愿服务实务包括四大部分：一是确定志愿服务的理论基础，包括志愿服务的价值观、愿景、使命、规划和长远的战略目标；二是志愿服务项目体系，从发现社会需求到确定解决方案、从资源整合到项目实施过程管理、从开展志愿服务到产出成果达成社会效益所实施的一系列临时性活动管理；三是志愿者体系，开发志愿者岗位、动员招募志愿者入职、培训上岗和服务支持、志愿者认可与激励、志愿者保障与风险防范等；四是志愿者组织体系，包括组织内部治理、组织功能及结构、人力资源（包括志愿者）管理与团队发展、志愿服务模式与服务产品、组织筹资与营销、财务管理与公信力、合作伙伴发展等组织体系。

志愿服务宏观管理　由国家和地方政府对于志愿服务所做的整体性管理。具体包括：国家和地方政府部门制定有关志愿服务管理的法律法规、政策规定、发展规划等通过志愿服务主管部门及其管理机制，为志愿服务提供财政保障和基础设施，建立社会参与途径与反馈通道，并且进行监管评估等等。中国的志愿服务宏观管理建立在社会主义初级发展阶段的国情基础之上。《中华人民共和国国民经济和社会发展第十二个五年规划纲要》、中共中央、国务院《关于加强和创新社会管理的意见》等一系列文件都将建立完善社会志愿服务体系，广泛开展志愿服务纳入总体部署，各地也出台了志愿服务相关管理与促进条例和政策。《民政事业第十二个五年规划》指出，要大力发展志愿服务，弘扬“我为人人、人人为我”的志愿服务理念，建立面向全社会的志愿者动员系统，完善志愿服务绩效评估、风险防范和基础保障、激励表彰等政策，推行志愿者注册制度，推动建立公民志愿服务时间记录制度，开展志愿者队伍建设示范活动。这些都是志愿者宏观管理的指导方针。志愿服务宏观管理具体包括四大部分：志愿服务发展规划与指导意见、志愿服务基础保障与志愿者权利义务、志愿服务组织与服务管理、志愿服务监测与评估。这四部分内容相辅相成，志愿服务监测与评估在验证志愿服务是否达到规划和指导方针的基础上，改善和促进相关管理部门更好地完善志愿服务规划、基础保障和支持，从而循环促进整体志愿服务事业的改进。

志愿服务微观管理 志愿者组织或志愿者使用组织在开展志愿服务过程中的志愿服务管理制度及其管理实践的总和。具体包括志愿者组织管理、志愿服务项目管理和志愿者管理。志愿服务微观管理包括组织的志愿服务规划、基础保障与资源配置、志愿服务项目和志愿者管理、监测评估等管理流程操作，其最终目的是实现志愿服务的目标，满足服务对象和志愿者发展需求，实现组织的志愿服务公益使命。志愿服务微观管理体系是基层志愿服务实践与发展的重要保障，也是志愿者组织生存与发展的基础。

志愿服务顶层设计 运用系统论的方法，从全局的角度，对志愿服务工作在最高层次上寻求问题的解决之道。其目的在于集中有效资源，高效快捷地实现志愿服务理念一致、功能协调、结构统一、资源共享。与志愿服务的直接领导不同，志愿服务顶层设计更多地突出国家相关部门对全社会关于志愿服务领域所做出的全局性工作部署。如民政部为了促进和规范志愿服务记录工作，维护志愿者和志愿服务对象的合法权益，推动志愿服务健康有序发展，于2012年颁布了《志愿服务记录办法》，从志愿服务记录人，志愿者、志愿服务记录的方式方法，志愿服务记录之后的激励方式方法等内容做出了具体的规定，这一办法不针对具体的志愿服务项目，而是统筹规划全国的志愿服务记录工作，具有全局性的规范意义。志愿服务顶层设计有助于志愿服务向制度化、规范化发展，从而更好地服务于社会。

志愿服务长效机制 能够长期保证志愿服务正常运行并发挥预期功能的制度体系。包括两个基础层面，一是长效的志愿服务管理机制，包括规范、稳定、配套的制度体系；二是要有推动志愿服务运行的“动力源”，即出于各种利益满足而积极推动和监督志愿服务运行的组织和个人。志愿服务长效机制不是一劳永逸、一成不变的，志愿服务必须随着时间、条件的变化而不断丰富、发展和完善。从宏观上来看，志愿服务长效机制的建设至少应包含以下内容：①全社会性的志愿服务管理或协调机构；②健全招募体系，完善志愿服务规章；③引进企业赞助，确保志愿服务保障；④创造社会环境，认同志愿服务资历；⑤加强监督管理，提高志愿服务整体水平。以志愿服务的管理或协调机构为例，中国主要形成了由政府主导志愿服务的管理和协调形式，但就各地区来说，具体的管理和协调志愿服务的政府部门又有所不同，如北京、广东等地的志愿服务管理机构为共青团；天津地区的志愿服务管理由天津市民政部门承担，而江浙以及上海等地区则是由各地的精神文明办公室来承担此项工作。一旦需要推进某一项全国性的志愿服务工作，势必出现多头领导，协调困难的局面，因此建立全国性的志愿服务管理或协调机构是志愿服务长效机制建立的必要条件。

志愿服务对象 通过志愿服务能够直接获益或得到改善的人、事物、组织以及环境。在接受志愿服务的服务对象中，多是社会弱势群体，包括儿童、老年人、残疾人、精神病患者、失业者、贫困者、下岗职工、灾难中的求助者、农民工、非正规就业的人等，他们也被称为志愿服务受益人。他们因为社会原因而产生社会需求，并接受志愿服务，为志愿者参与社会事务提供了机会。从以对社会弱势群体的服务为主转向为所有有需要的人提供服务，是志愿服务发展的方向。志愿服务的对象还可以包括组织、社区、动物和环境等。例如，环保志愿者从事社区生态服务，改善了社区环境，最终使社区居民受益。北京奥运会城市志愿者服务路人和旅游者，传播了精神文明，最终使城市居民享受美好的人文环境。

志愿服务利益相关方　因从事志愿服务而受到相关影响的人、群体、组织或机构。他们可能被志愿服务所影响，同时也能够对志愿服务产生影响。志愿服务通常可能有许多利益相关方，他们因为情境的变化而动态地变化着。志愿服务的发展都离不开利益相关方的投入和参与。利益相关方可以进行如下分类：根据对志愿服务的影响程度可分为三类：①重要利益相关方，即那些能够在很大程度上影响志愿服务活动成功或者失败的重要人物或组织（比如主管领导、媒体记者、活动负责人等）；②直接利益相关方，是指那些直接参与志愿服务活动，但作用和影响不大的人或组织（比如服务对象、未担任重要职务的志愿者等）；③间接利益相关方，是指那些未直接接触志愿服务而受到间接影响的人（比如服务对象的家属，社区居民等）。根据与组织的正式关系可分为两类：①契约型利益相关方（主管单位、员工、正式投资者、供应商等）；②公众型利益相关方（政府部门、监管者、志愿者、社区、服务对象、媒体等）。志愿者组织和志愿服务项目主办方通过识别、发现和找出对志愿服务有重要影响的利益相关方，并且制定与重要利益相关方建立关系、沟通和发展的策略与方案，可以以此为依据开发适合各方需求的志愿者岗位和管理体系，并将资源更好地分配于不同的利益相关方，从而满足志愿服务中各方利益需求，达到共赢结果，获得最大的社会效益。

志愿服务资源配置　通过一定的方式把有限的资源合理地分配到志愿服务的各个环节之中，以实现资源的有效利用，最大限度地提高志愿服务的价值，达成社会效益。志愿服务的资源包括硬件部分，如物资、金钱，以及软件部分，如人力、知识、技能、关系等。对这些相对稀缺资源在一定范围内进行资源配置，将各方资源在不同用途之间进行分配，能够提高志愿服务效率。

志愿服务协议　志愿者组织与接受志愿服务的组织以及志愿者之间，就志愿服务的主要内容和各方权利协商一致，双方或三方之间对于志愿者从事志愿服务所签署的协议。包括书面和口头两种类型。例如，《北京市志愿服务促进条例》中关于志愿服务协议的规定：志愿者组织安排志愿者从事志愿服务活动，有下列情形之一的，应当签订书面志愿服务协议：①对人身安全、身心健康有较高风险的；②连续三个月以上专职服务的；③为大型社会活动提供志愿服务的；④组织志愿者在本市行政区域以外开展志愿服务活动的；⑤组织境外人员开展志愿服务活动的。其中第十四条更是明确规定，志愿服务协议应当包括以下主要内容：①志愿服务内容、时间和地点；②参加志愿服务的条件；③志愿者的培训；④志愿服务成本的分担；⑤风险保障措施；⑥志愿者责任的免除；⑦协议的变更和解除；⑧争议解决方式；⑨需要明确的其他事项。志愿服务协议是明确志愿服务利益相关方权利和义务的保障。

志愿服务责任　志愿服务管理部门、志愿者组织和志愿者使用组织、志愿者和志愿服务的利益相关方在志愿服务中，所承担的一种社会责任。这种责任维系每个人心理和感觉上对其他人的伦理关怀和义务。例如，《北京市志愿服务促进条例》中第二十二条规定的志愿者组织或个人对志愿者的责任为：“接受志愿服务的组织或者个人应当尊重志愿者的人格尊严，就志愿服务项目对健康及安全构成的风险以及防范这些风险的措施做出必要的告知和说明；有条件和能力的，应当为志愿者提供从事志愿服务活动所需的专业培训和岗位培训、必要的物质保障及安全、卫生条件。”在第二十四条中规定“市和区、县人民政府应当将志愿服务事业纳入国民经济和社会发展规划，为志愿服务事业发展提供资金支持，引导、促进志愿服务事业发展。民政、财政、人事、教育等有关行政管理部门，应当按照各自职责为志愿服务事业发展提供支持和保障。乡镇人民政府、街道办事处应当鼓励和支持在本地区开展志愿服务活动。”在志愿服务管理中，通过相关协议把志愿服务的责任以具有约束性质的具体条文确立下来，也是一种常用的形式。

志愿服务记录制度　志愿者组织、公益慈善类组织和社会服务机构对志愿者所从事的志愿服务进行确认、记录、储存、更新和保护的制度。中国136个地区从2012年12月3日起正式启动全国志愿服务记录制度试点，试点地区发生的志愿行为都将记录在案，做到“有档可查”。志愿服务记录的目的在于鼓励用人单位、公共服务机构、城市公交、商业机构等，对有良好志愿服务记录的志愿者提供优待。同时鼓励志愿者组织、公益慈善类组织和社会服务机构依托志愿服务记录，使志愿者可以在自己积累的志愿服务时数内得到他人的无偿服务。根据民政部公布的《志愿服务记录办法》，志愿服务记录所采集的信息包括志愿服务名称、地点、时间、质量评价等。志愿者还将依据志愿服务时长评定志愿者星级，志愿服务记录时间累计达到100小时的志愿者，可以依时长申请评定为一星级至五星级志愿者，其中五星级志愿者的最低标准是志愿服务1500小时。建立志愿服务记录制度，对志愿的相关服务信息进行有效记载和管理，有利于提高公民参与志愿服务的积极性和持续性。

志愿服务筹资　志愿组织通过与资助者沟通获得志愿服务项目资金或其他资源的行为。筹资的基础是公信力，即具有诚信形象、清晰明确的公益使命、良好的社会声誉和组织实力，这样才能获得资助者的认可和投资。筹资方法有以下几种：通过向资助者申请获得资助；应征公益项目招标或政府购买；参加社会创新比赛获奖；企业赞助或社区投资；举办慈善活动筹资（比如慈善晚宴、歌舞义演、主题论坛、慈善义卖、创意活动、体育比赛等）；互联网筹资（网上义卖、微博、QQ、社交网站、博客、论坛、公益项目传播等）；新闻媒体报道筹资；服务性筹资等。目前中国的志愿服务筹资主要包括以下途径：政府购买与合作、企业自主与服务外包、个人捐助、国际援助机构、机构之间及社区的资源整合与合作、基金会、媒体、其他支持（商品捐赠、无偿服务、技术支持、提供场地无偿使用等）。

志愿服务需求分析　在志愿服务中，为了满足志愿服务利益相关方的需要，确定志愿服务的目的、范围、资源配置、组织功能等所要做的调查、分析和定义的工作。志愿服务需求分析是将需求转化为服务目标的过程，它能够帮助志愿者组织确定“服务对象需要哪些志愿服务”、“对志愿者的基本要求是什么”、“需要多少名志愿者”等，是志愿服务中的一个关键过程。志愿服务需求分析步骤主要有：根据组织自身使命和战略确定服务对象，寻找已经提供服务的组织或项目，对服务对象、提供服务的组织和个人进行调查，针对服务对象的需要解决的问题和期望进行分析，找出尚未满足的服务需求，通过需求分析工具（如问题树和目标树工具等）确定服务目标，明确本组织提供的志愿服务定位和范围。例如，2007 年 7 月北京奥运会志愿者工作协调小组办公室在北京市向拟观看 2008 年奥运会比赛的观众和游客开展了志愿服务需求调查，通过分析、整理回答了“志愿者该做什么”和“我们需要志愿者做什么”等问题。

志愿服务资源　一个开放的概念，既包括一般有形的资源，如人、财、物和信息等；也包括无形的资源，主要是志愿服务的愿景使命、价值观和理念、知识、技能、服务渠道、社会关系、公信力、名誉度、品牌影响力、知识产权等。志愿服务资源无处不在，既存在于组织内部，也存在于组织外部。当志愿者组织具备了认知、发现和动员社会资源能力时，志愿服务就可以成为一项可持续发展的事业。例如，体弱多病的老年人通常会被认知为只是需要接受志愿服务的对象，其实，他们丰富的人生阅历和经验可以成为青少年成长、老年人同伴支持的重要资源。志愿服务资源不仅仅存在于通常意义上的服务提供者，也同样存在于服务需求者，即人人可能成为志愿者，都是志愿服务的资源。

志愿服务资源分析　为了能够发现对志愿服务和组织带来价值的资源，对所拥有的资源进行识别和评价的过程。这一过程包括：①确定志愿组织和服务所拥有的资源，然后应用资源价值原理来确定哪些资源真正具有价值；②找到志愿组织外部存在的资源，然后分析哪些资源可以为组织所利用；③确定志愿组织和服务如何能够充分利用内部和外部资源，并且使资源体现出价值。志愿服务资源分析方法常用 SWOT 分析和利益相关方分析来整合志愿服务和组织的内外部资源，确保志愿服务和组织提供高效和高质量的志愿服务。

志愿服务市场　为了满足政治、经济、社会和环境发展需要，特别是社会弱势群体的生活照顾和社会服务，而形成的不为报酬、提供公益利他性服务的人力资源需求与供给关系的总和。志愿服务市场要素包括：①志愿服务需求，那些有待解决的社会问题和未被满足的社会需要。比如农村山区的贫困家庭子女失学问题、受到自然灾害而遭受人身伤亡和家庭财产损失的人们、需要生活照顾的残疾人和老人、农村进城务工人群的城市融入与公平劳动问题等；②志愿服务供给，是指提供志愿服务的组织或个人；③志愿服务产品，是指为满足志愿服务需求所提供的多样化服务，包括大型志愿服务计划、志愿服务项目和志愿服务活动；④志愿服务购买方：是指为志愿服务提供资金和物资支持者，可以是政府、企事业单位、组织或个人；⑤志愿服务市场环境，包括志愿服务的政策法规、志愿服务文化氛围、志愿服务管理体系、经济发展与志愿服务资源供给、志愿者组织和其他社会组织等。

志愿服务市场分析　对志愿服务市场的构成、规模、位置、性质、特点、市场容量及吸引范围等调查资料所进行的自然环境、政治、经济和社会分析。它是通过志愿服务市场调查和供求预测，根据服务和项目产品的市场环境、竞争力和竞争者，来分析、判断即将开展的志愿服务和项目等服务产品，在限定时间内是否有市场需求（志愿服务需求）与资源供给（资金、人力资源等），以及采取怎样的策略进行志愿者动员与招募，实现志愿服务的目标。经过志愿服务市场分析，形成的分析报告，成为志愿服务管理者决策、计划、实施志愿服务的科学依据。

志愿服务市场营销 志愿者组织通过创造服务价值、传播志愿精神，并与服务对象、合作伙伴以及整个社会自由交换的社会管理过程。主要包括志愿服务需求与供给调研、选择目标服务对象及其需求、志愿服务项目开发与筹资、志愿者动员与招募。目的是调动和整合各种社会资源，加强社会合作，扩大志愿服务工作的社会参与度和社会覆盖面，实现效率最大化。在现代经济生活中，任何组织都需要同别的组织和个人进行交换活动。志愿服务组织、政府和企业各自拥有自己的优势与局限，市场营销可以为这些不同类型的组织准备互补短长、各取所需的机会。通过彼此间的通力协作，这些组织可以克服自身的局限，完成自己的使命和实现自己的目标。志愿服务组织进行市场营销的过程包括以下几个步骤：一是自我评估，包括明确组织的使命与目标，认识组织的价值与实力。二是选择合作伙伴，合作伙伴是指能够通过合作或其他方式，为非营利组织带来资金、技术和管理经验，推动技术进步，提升核心竞争力和拓展市场能力的组织或机构。一定要明确双方合作的目标或共同的价值观，明确合作伙伴之间组织和文化相容的重要性，并就此与合作伙伴达成共识。三是进入管理合作过程，包括制定和执行营销计划，事后分析与绩效评估。志愿服务组织还可以采取赞助、慈善募捐、共同主题营销、公益推广活动、许可协议、合资等合作营销方式与其他组织或机构建立合作联盟。

志愿服务评估 对志愿服务活动或者项目是否按照预期计划进行，运用科学和系统的方法进行动态监督与静态总结考评。它能够明确志愿者为组织和社会所做的贡献，衡量志愿者的志愿服务质量，明确组织给服务对象以及受益方的生活带来的影响，及时发现需要改进的地方，促进团队学习成长，满足各方的要求，最终保持志愿服务规范和可持续地进行，更大程度地实现社会效益。志愿服务评估一般包括五个方面：①志愿服务需求评估，在开展志愿服务之前，对服务对象、志愿者、组织和利益相关方进行需求调查与分析；②志愿服务理论评估，即志愿者组织在开发志愿服务项目和活动时，所依据的前提假设、价值观、理论；③志愿服务过程评估，侧重于对执行的评估，是为了解项目执行的情况。过程评估有赖于过程监测，即为了解项目是否按照预先确定的标准执行而对项目的主要方面进行系统和持续的记录。过程评估主要关注服务使用率和项目的组织与功能两个方面；④志愿服务效率评估，主要检验志愿服务直接的、可观测和可量化的产出成果，以及志愿服务投入产出比；⑤志愿服务效果评估，主要是衡量志愿服务对象所产生的变化结果，及其社会影响效果。效果评估包括对成果的评估和影响性评估。

志愿服务绩效 志愿服务组织通过服务管理达到的公益使命和目标实现的成绩和效果，即通过志愿服务的投入付出，获得的社会及个体的收益。志愿服务绩效也是志愿者管理者、志愿者自身各项素质在具体条件下的综合反映，是志愿者管理者与志愿者关系、志愿者素质与志愿服务对象、服务条件等相关因素相互作用的结果。志愿服务绩效包括个人绩效和组织绩效两个方面：志愿服务的个人绩效，是指志愿者个人从事志愿服务所达成的目标产出，包括服务时间、数量、质量、创新与改进、受益人改善、社会影响效果；还有志愿者个人的态度、责任、热情、知识、学习、能力、纪律、个人成长与发展等。志愿者组织绩效，是指志愿者组织的使命和战略目标与志愿服务项目的匹配，如志愿者管理体系、职责分工、任务细分及实施效果、组织监测与评估等。判断志愿服务绩效主要有三方面：一是志愿者组织层面的价值与使命实现，二是志愿者个人与志愿者组织之间的对等承诺关系，服务绩效是志愿者对组织的承诺，而志愿服务保障支持与激励，则是志愿者组织对志愿者的承诺；三是体现了社会分工、公民责任和社会关系。

志愿服务激励　志愿者组织以及社会其他部门根据志愿服务评估结果，根据志愿者的需求、服务绩效和组织目标要求，对志愿者进行奖励的行为。通过认可、肯定、赏识志愿者，使其得到成长和发展来促进志愿者更积极主动地从事志愿服务。激励的因素，即满足志愿者自我实现的需要，包括成就感、学识、挑战性工作、增加工作责任及赋权、基于成长和发展的机会、给予社会认可和奖励。激励标准包括对志愿者认可、效果最大化、方法有创造性、以较少的支出实现较大的激励效果等。常用的激励方法有以下几种：目标激励，确定适当的目标，以诱发志愿者的行为，调动起积极性；机会奖励，提供多种培训或发展机会，以满足志愿者自我发展的需要；情感激励，关注志愿者的情感动向，加强沟通，以维持和增进其服务意愿；信任激励，给予志愿者足够的尊重与信任，以增强其从事服务的动力；心智激励，激发志愿者的信念与智慧，以提高其志愿服务的质量；社会激励，引导志愿者认识到志愿服务的社会价值，以更积极的社会性动力投身志愿服务；自我激励，鼓励志愿者不断向自我挑战，以完善自身素质。

志愿服务绩效评估　志愿者组织或志愿服务利益相关方根据志愿服务目标或绩效标准，采用科学的考评方法，对志愿者组织和志愿者进行评定并反馈的过程。评定的具体内容包括服务任务完成情况、职责履行程度和组织及志愿者的发展情况。志愿服务绩效评估可以是对一个服务项目的评估、一个志愿者组织的评估，也可以是对一段时间内多个项目的综合评估，如对年度社区服务的评估等。进行志愿服务绩效评估，需要收集的信息包括志愿者个人信息、志愿者所从事的服务领域和所提供的具体服务、投入的时间长度、工作的有效性、志愿者本人在服务过程中所发生的变化、志愿者对自己岗位的评价等。这些信息的来源可以是志愿者申请表、志愿者的岗位描述、志愿者服务时间登记数据库、志愿者工作或反馈报告以及日志、志愿者经理督导报告、合作伙伴或服务对象以及同事对志愿者的反馈报告、志愿者离职面谈记录等。通过志愿者督导对志愿者工作过程的观察也可以获取关于志愿者表现的信息。常用的评估方法有：①目标考核法，根据志愿服务项目或服务的目标成果设定可检验、可量化、可实现的指标，在服务结束时进行效果比较。目标考核法的主要指标之一是满意度，包括服务对象、志愿者和志愿者组织对服务的满意度；②行动后团队评估法，是指在服务活动之后，志愿者团队立即进行行动回顾，检验目标是否实现，还有哪些地方可以改进。通常用于短期或一次性志愿服务活动；③360 度绩效评估法，是指由志愿者自己、志愿者管理者、志愿者组织的同事，以及其他志愿者和服务对象等，以全方位的视角来反馈志愿者的服务绩效，包括服务效果和个人素质。通过这种绩效评估方法，被评估者可以获得多种角度的反馈，清楚地知道自己的不足、长处与发展需求，以更好地促进其成长和改善志愿服务。

志愿服务成果转化 将志愿服务中的专业内容转化成可以复制和推广模式。通过志愿服务的相关成果来影响相关政策的出台，促进社会问题的解决，促进志愿者和志愿者组织的可持续发展，从而促进志愿服务向着规范化、机制化和常态化方向发展。志愿服务成果转化的主要步骤：①将成果进行总结与提炼，形成可复制、标准化的“产品”；②进行成果转化需求调研，针对服务成果所影响的领域和地区进行调研，了解当地或该领域实施志愿服务的适用性及其问题；③进行成果转化规划，根据需求调研进行分析、研究和规划，确定成果转化方案；④实施成果转化方案，并因地制宜地开展转化工作；⑤对成果转化进行监测与评估。以北京奥运会残奥会的志愿服务成果转化为例，2009 年开展了“奥运志愿者工作成果转化项目”，将奥运会和残奥会工作成果进行整理、研究和出版；成立了志愿者联合会枢纽型志愿者组织，加强培育和支持更多的志愿者组织发展；保留了城市志愿服务项目，建立了常态化志愿服务机制，促进了基层志愿服务的广泛开展；将大型赛会志愿者管理体系应用于上海世博会、广州亚运会、全国残疾人运动会等大型赛会，建立了应急志愿者队伍，在紧急救援、抗灾抢险等方面发挥了重要的作用。通过将奥运会志愿服务成果转化，极大地传播了志愿精神，促进了志愿服务事业发展和社会和谐。

志愿服务发展报告 全面、系统介绍志愿服务的发展历程与总体状况，总结志愿服务事业发展的宝贵经验的书面性文字说明。对志愿服务的发展进行整体上的描述，对其发展过程中的一些重大问题进行较全面、较深入的剖析，对发展过程中的成就、存在的问题进行较客观的评价。报告的目的在于发挥思想库、智囊团的作用，为志愿服务科学发展出谋献策，同时为大众了解、认识和参与志愿服务提供有益的帮助，也为从事志愿服务理论和实际研究的学者提供借鉴。根据报告发布的机构不同，可分为志愿服务发展白皮书和志愿服务发展蓝皮书。白皮书指的是代表政府立场的官方机构所发布的关于志愿服务的发展历程与状况的报告，如上海市文明办和上海市志愿者协会编写的《上海志愿服务发展报告（2011—2012）》等。蓝皮书指的是由代表第三方利益的学术机构或团体所发布的关于志愿服务的发展历程与状况的综合研究报告，如中山大学人类学系刘初明等人编写的《体育赛事志愿服务发展报告》、谭建光等人编写的《中国农村志愿服务发展报告》等。

志愿文化推广 将志愿服务中的志愿文化元素、志愿文化产品、志愿者主题活动和志愿理念宣传等内容通过一定的途径和手段向社会公众进行传递和表达的行为。其目的在于通过有意义的符号进行志愿服务信息传递、信息接受或信息反馈活动，以使社会公众更多地关心志愿服务活动，投身志愿服务项目。志愿文化推广工作需要加强三个层面的建设：一是加强物质层面的建设，包括志愿者的服装、志愿徽章、志愿影视、书籍等所有与志愿活动相关的物质产品。通过加强志愿文化物质层面的建设加速志愿者的角色认同过程，同时促进志愿服务成为人们永恒的美好记忆。二是加强制度层面的建设，主要是加强志愿服务的立法工作，完善志愿服务活动招募、培训、激励、考评、保障体制。以增强个体的权利义务意识、提高志愿服务的科学化、规范化、专业化和社会化水平，形成全社会共同支持和参与志愿服务事业的社会氛围。三是加强舆论层面的建设，把志愿文化与中国传统文化结合起来，借助报刊、杂志、网络、电视、广播等各类媒体的影响，全方位、立体式宣传和传播志愿精神，使其深入人心。

志愿服务伦理 对志愿服务中的利益相关方的相互关系、服务责任和义务、道德规范等的规定。具体来说，即通过一些志愿服务法规、政策、办法以及一些誓词宣言进行规定，以指导志愿服务利益相关方正确地履行责任和义务，并预防志愿服务风险的行为规范。2001 年“国际志愿者年”，在荷兰阿姆斯特丹举行的第十六届世界志愿者大会上，经国际志愿者协会理事会通过《全球志愿者宣言》定义的志愿服务是：志愿服务是公民社会的基石。它可以激发人类最高贵的情操——追求全人类的和平、自由、机会、安全和正义。一般认为，志愿者及其服务的团体和社会，都负有共同的责任，如创造适当的环境，使志愿者能从事有意义的工作，并达到共同的目标；界定志愿者参与的条件，包括在什么情况下，接受服务的团体与志愿者可结束他们之间的协议，并制定政策指导志愿者活动；为志愿者和他们所服务的对象提供妥善的安全保护；为志愿者提供适当的训练、定期的评估与肯定；消除所有生理、经济、社会和文化的障碍，确保每个人的参与机会等。

微志愿 在志愿服务常态化和普及化的创新理念指引下，以“莫以善小而不为”的精神为出发点，通过移动电子互联等多种形式，随手所做的帮助他人的微小志愿服务行为。如利用手机随手拍摄并上传互联网宣传精神文明的服务，或以微博为平台转发公益信息帮助他人的行为。“微志愿”倡导人人都是志愿者，随时随地参与志愿服务、弘扬志愿精神，奉献爱心为社会做贡献，希望通过共同努力、一起参与，用“微志愿”推动“微文明”，从而实现“大文明”。如看到垃圾随手捡起，向有需要的人伸出援手，给陌生人一个微笑等行为都属于微志愿的范畴。由于不受场地、时间、参与者的局限等特性，微志愿开展形式多种多样。以广东省佛山市为例，微志愿的形式包含如下内容：微志愿文明倡导活动、微志愿校园助学活动、微志愿社区关爱行动、微志愿大家谈行动、微志愿基层扶助计划、微志愿爱心梦圆行动、微志愿民间组织培育行动、微志愿文化研讨活动等。

志愿服务媒体传播 将志愿服务的需求、内容、规模、意义等内容通过各种媒体如电视、广播、报纸、网络或户外平面广告等途径向公众传递和表达，以吸引公众参与志愿服务的行为。志愿服务媒体传播主要通过以下几种途径：①报纸：报纸是最有影响的传统大众传播媒介之一。其特点在于造价低廉、信息量大、出版周期短，读者掌握阅读主动权等。在报纸上刊登志愿者故事或报道相关志愿活动，能吸引更多的人关注志愿服务事业，并参与到志愿者队伍中来。大型赛会的志愿服务信息往往通过报纸来发布；②广播：通过无线电波传送声音的传播工作。其特点在于超越时空，速度迅速且感染力强。但本身也存在着转瞬即逝、不能选择等缺陷；③电视：以电视的图像和声音为载体进行信息传播的媒介平台。特点在于传播面广、表达充分、情景逼真等。志愿服务的宣传通过电视媒介往往能够收到比较好的效果；④网络：志愿组织或志愿者通过网络媒介可以图文并茂地展示志愿活动情景，发布志愿服务信息，交流志愿服务心得，对于志愿服务的传播起到很好的促进作用；⑤手机：手机由于其便携性和及时性的优势已经成为志愿服务的重要传播载体。2008 年北京奥运会志愿服务信息通过手机群发等方式，扩大了影响力和宣传面，同时也传播了志愿文化；⑥户外媒介：主要指建筑物楼顶和外墙以及路边等设置的广告箱。户外媒介具有直观性的特点。很多比赛早已结束，但时至今日，很多志愿服务的口号和图片仍然出现在户外媒介上，激励人们继续为志愿服务做贡献。

应急救援志愿服务　志愿者组织针对突发、具有破坏力的紧急事件采取预防、预备、响应和恢复的活动和计划项目。应急救援志愿服务的主要途径包括：应急通信、山地救援、城市救援、地震救援、医疗救援、心理救援、宣传普及、大型活动保障、水上救援、空中救援、消防防化、机动等。以北京市为例，目前建了 14 个公共安全应急救援体系：①电力事故应急志愿服务：具体指挥本地区特别重大、重大电力突发事件应急处置工作，依法指挥协调或协助区县做好较大、一般电力突发事件应急处置工作；②反恐和刑事案件应急志愿服务：组织指挥本市恐怖袭击事件和重大刑事案件的应对工作，负责提出全市或部分区域进入紧急状态的建议；③城市公共设施事故应急志愿服务：负责具体指挥本市特别重大、重大城市公共设施事故应急处置工作，依法指挥协调或协助区县做好较大、一般城市公共设施事故应急处置工作；④防汛抗旱应急志愿服务：负责具体指挥本市特别重大、重大防汛抗旱突发事件应急处置工作，依法指挥协调或协助区县做好较大、一般防汛抗旱突发事件应急处置工作；⑤生产安全事故应急志愿服务：负责具体指挥本市特别重大、重大生产安全事故应急处置工作，依法指挥协调或协助区县做好较大、一般生产安全事故应急处置工作；⑥人防工程事故应急志愿服务：负责具体指挥本市特别重大、重大人防工程事故应急处置工作，依法指挥协调或协助区县做好较大、一般人防工程事故应急处置工作；⑦消防安全应急志愿服务：负责具体指挥本市消防突发事件应急处置工作；⑧通讯保障和信息安全应急志愿服务：负责具体指挥本市特别重大、重大网络与信息安全事件应急处置工作，依法指挥协调或协助各区县、各部门、各单位做好较大、一般网络与信息安全事件的应急处置工作；⑨建筑工程事故应急志愿服务：负责具体指挥本市特别重大、重大建筑工程施工突发事故应急处置工作，依法指挥协调或协助区县做好较大、一般建筑工程施工突发事故应急处置工作；⑩交通安全应急志愿服务：负责具体指挥本市特别重大、重大交通突发事件应急处置工作，依法指挥协调或协助区县做好较大、一般交通突发事件应急处置工作；⑪突发公共卫生事件应急志愿服务：负责具体指挥本市特别重大、重大突发公共卫生事件应急处置工作，依法指挥协调或协助区县做好较大、一般突发公共卫生事件应急处置工作；⑫森林防火应急志愿服务：负责具体指挥本市较大以上森林火灾应急处置工作，依法指挥协调或协助区县做好一般森林火灾应急处置工作；⑬重大动植物疫情应急志愿服务：负责具体指挥本市特别重大、重大动植物疫情应急处置工作，依法指挥协调或协助区县做好较大、一般动植物疫情应急处置工作；⑭地震应急志愿服务：协助市应急委应对本市特别重大地震灾害事件，负责具体指挥本市重大、较大地震灾害事件应急处置工作，依法指挥协调或协助区县做好一般地震灾害事件应急处置工作。

大型活动志愿服务 为保障大型活动开展而策划的志愿服务项目。包括国内举办的国际性大型文体活动，国际和国内大型会议活动，国内省级以上体育竞赛、文艺演出及其他大型文体活动，还有国内大城市举办的具有较大影响的单项文体活动等的城市站点项目、社会服务项目、成果转化项目等。大型活动志愿服务的内容一般包括维护交通、维护会场秩序、保护环境、宣传发动、后勤保障、翻译、引导、陪同等工作，也包括比赛、竞赛中的拉拉队、文明观众秩序的维持等，以及组委会安排的其他工作。

大型活动志愿服务——体育比赛类 围绕大型体育比赛的赛前、赛时和赛后不同阶段所开展的志愿服务工作。主要内容包括前期体育比赛宣传，中期体育比赛志愿服务和后期体育比赛遗产转化工作等具体内容。以北京奥运会为例，北京奥运会志愿者项目的整体规划，是由六个工作项目和一个主题活动组成。一是“迎奥运”志愿服务项目。即在奥运筹办过程中，实践“新北京、新奥运”战略构想和“绿色奥运、科技奥运、人文奥运”理念，组织开展市民广泛参与、形式多样的志愿服务活动，营造全民迎奥运、讲文明、树新风的浓厚社会氛围。二是北京奥组委前期志愿者项目。这个项目自2004年启动以来，使得数以千计的前期志愿者参与到奥运筹备工作之中，为奥运会志愿者工作积累了相关经验，奠定了工作基础。三是北京奥运会、残奥会赛会志愿者项目。这个项目是北京奥运会志愿者项目的核心内容，通过开展宣传发动、招募选拔、教育培训、公益实践、激励表彰等一系列工作，建设一支数量充足、训练有素的志愿者队伍，保证在奥运会期间为奥林匹克大家庭成员、运动员、媒体记者、观众和其他相关人员提供优质的志愿服务。赛会志愿者的服务领域主要包括礼宾接待、语言翻译、交通服务、安全保卫、医疗卫生、观众服务、沟通联络、竞赛组织支持、场馆运行支持、新闻运行支持和文化活动组织支持等。四是北京奥运会、残奥会城市志愿者项目。该项目于2007年上半年正式启动，动员招募人。他们的主要任务是：赛会期间，为奥林匹克大家庭成员、国内外媒体记者、观众、游客以及广大首都市民的生活、工作、出行等各项活动，提供合理、优质、便捷的志愿服务。城市志愿者的工作岗位主要在：在奥运场馆周边区域及全市重要交通枢纽、商业网点、旅游景点、医疗机构、住宿酒店、文化活动场所等城市重点区域，计划在全市设立2000个服务站点。五是社会志愿者项目。社会志愿者工作，重点是围绕和谐社区、和谐村镇创建活动及共建平安北京城活动来开展。奥运会期间，这部分志愿者在社会各个方面开展志愿服务活动，共计招募100多万人。六是奥运会志愿者工作遗产转化项目。这个项目的任务是：在奥运会后，将奥运会志愿者工作的经验和成果，转化为推动志愿服务事业和首都经济社会又好又快发展的宝贵资源。主要内容包括：赛后总结表彰、志愿者纪念设施建设等。主要包括：法律遗产、政策遗产、组织遗产、机制遗产、经验遗产、技术遗产、信息遗产、人才遗产等等。七是“微笑北京”主题活动。这是一项贯穿奥运会筹办工作的全过程，并在奥运会后也将持续开展的活动。自从活动开展以来，已经取得了显著成效，参与规模超过400万人次。

大型活动志愿服务——重要庆典类 围绕重大庆典等活动而展开的志愿服务项目。重要庆典活动志愿服务项目运行一般包括：①城市志愿者：在城市重点区域开展“信息服务、语言服务和应急服务”；②治安志愿者：参与城市治安寻访活动，保证庆典活动安全；③交通志愿者：协助交警维护道路交通秩序；④旅游志愿者：在各个旅游景点和专题活动场地开展多种多样的志愿服务；⑤远端安检志愿者：协助安检快速顺利进行。

大型活动志愿服务——会议、论坛类 围绕大型会议和大型论坛等活动而展开的志愿服务项目。以博鳌亚洲论坛为例，志愿服务项目运行包括以下几个方面：①接待服务：主要负责会议和论坛参与人员的宾馆接待服务，以及为他们提供相关后勤保障服务；②政要服务：主要负责各国政要的迎送、引导、语言翻译工作，以及其他后勤保障工作；③礼宾服务：主要负责论坛和会场的迎送、陪同、引导、讲解等窗口接待工作，以及为他们提供证件、交通等后勤保障相关的服务工作；④接送服务：主要负责论坛和会议参与人员的机场或其它规定的交通场站的接送服务等相关工作。

大型活动志愿服务——展览会、博览会类 围绕展览会和博览会等活动而展开的志愿服务项目。以2010年上海世博会为例，世博会的整体设计目标是“成功、精彩、难忘”，世博会的志愿服务项目运行正是围绕这一目标而展开的。上海世博会志愿服务的整体设计借鉴了北京奥运会模式，主要分为园区志愿者、城市站点志愿者和城市文明志愿者三种基本类型。在地理分布与功能实现方面如同三个“同心圆”，围绕世博园区这个中心有序展开。世博会志愿服务运行立足于世博会园区运行，城市服务功能优化，城市精神文明创建等方面的不同要求，通过志愿服务的社会动员形式来解决世博会举办过程中要面对的人力资源需求、广泛的公众需求，同时展示主办城市的良好形象。世博会志愿服务运行遵循四个原则：①效用性原则，即按照实际需求设置志愿服务岗位；②公益性原则，志愿服务不参与任何商业性活动；③辅助性原则，辅助专职人员工作，不独立负责；④非专业准入性原则，即志愿服务不承担专业性要求和连续性要求比较强的岗位工作。园区内的志愿者分为8个大类，26个岗位，具体为：问询服务、秩序引导、参观协调、接待协助、语言翻译、媒体服务、活动与论坛组织协助、组织方工作协助8大类。世博会志愿者的基本工作规范为“三个一”，即“一颗真心、一个微笑、一声您好”。

志愿服务风险 在志愿服务过程中可能发生的对志愿服务活动造成损失的风险。常见的志愿服务风险有：①道德风险，指在志愿服务中因为道德缺失给服务对象和社区、社会组织及志愿者本人所造成的人身伦理关系、服务信息保密、社会价值等伤害；②政治法律风险，指的是对国家利益、党政领导、法律法规所造成的各种损害；③责任风险，指的是未能履行基本的服务义务、管理责任、专业责任等所造成的损失；④信用风险，指因为志愿服务所带来的名誉和信用损害，影响公众对志愿服务价值判断和信任，破坏人际信任关系和对志愿服务的信心；⑤人身风险，指的是在危险环境中从事志愿服务或因为管理和责任不当造成人身伤害甚至生命危险；⑥心理与健康风险，指的是疾病、流行病、特殊事件、重大事故等对志愿者、服务对象及社会所造成的身体健康和心理健康的伤害；⑦经济财产风险，指经济财产、物资设备等有形损失和具有经济价值的知识产权、无形资产的损失；⑧其他特殊风险，如战争、冲突、灾害等重大风险事件，或者利用科技手段等所造成的各种伤害。

志愿服务风险预案 为了防范和降低风险的发生及其所带来的损失，保证志愿服务项目安全健康地运营，所事先采取的一系列措施计划。风险预案事先确定了应急救援和化解风险的范围和体系，使风险管理有据可依，有章可循，尤其是通过培训和演练，可以使应急人员熟悉自己的任务，具备完成指定任务所需的相应能力，并检验预案和行动程序，评估应急人员的整体协调性。使得组织和志愿者在紧急时刻做出及时的应急响应，降低事故危害。应急行动对时间要求十分敏感，不允许有任何拖延。应急预案预先明确了应急各方职责和响应程序，在应急资源等方面进行先期准备，可以指导应急救援迅速、高效、有序地开展，将事故造成的人员伤亡、财产损失和环境破坏降到最低限度。志愿服务预案一般包括如下内容：风险界定与分级、职责与人员安排、风险响应机制，包括信息传达、沟通、决策、行动等，事中处理原则与控制和降低损失，事后恢复、重建、赔偿和评估。

志愿服务风险识别 根据志愿服务所涉及的人物（组织、志愿者和服务对象）、时间、地点和事件，找出可能存在哪些危险（原因），以及危险一旦发生可能造成怎样损失（结果）的过程。志愿者组织要对志愿服务的每个环节、每个领域可能发生的风险进行识别，包括一般运作风险、志愿者和志愿服务对象的风险、合作伙伴的风险、公众的风险、财产/建筑/设备的风险以及组织的风险等。志愿者组织要列出活动前期识别的所有志愿服务风险，事先建立一个为各种风险特性打分的标准，然后按照每种风险发生的可能性、严重性和可控性进行评分。风险的可能性是指经识别的风险将发生的概率；风险的严重性是指经识别的风险发生造成损失的严重程度；风险的可控性是指经识别的风险的可控程度，即采取安全措施以后发生风险的可能性。三个分值相乘，由此获得这种风险的风险级别。志愿服务风险可分为三个等级，并分别用红、黄、绿来标注，一旦发生事故和问题，志愿者组织能够快速地识别和确定风险程度，以便采取相对应的措施，也能把损失控制在最小范围，防止损失扩大和延续。

志愿服务风险管理 在志愿服务过程中对潜在危险进行识别、监测评估、处置和减少损失的过程。风险管理是志愿者组织管理必备的要素。志愿服务风险管理有五个基本步骤：①从分析组织可能处于的风险情境开始，识别每种情境下所存在的风险；②按这些风险可能造成的损失的严重程度以及风险发生的可能性进行风险等级排序；③制定风险防范预算；④一旦有情况发生，即刻评估风险；⑤采用恰当的风险管理技巧和相应的行动来降低风险发生的可能性或频率，以减少或消除对人、财、物以及名声等可能造成的损失。这个过程也包括对组织所开展的各项志愿服务工作进行必要的调整和更新。

志愿服务应急处置 面对志愿服务过程中所发生的人身伤害、重大事故和人为破坏等情况采取的紧急管理、指挥、救援等行动。具体来说，志愿服务应急处置包括以下内容：①志愿服务应急预案：针对志愿者和志愿活动，在安全评估的基础上，为降低突发事件造成的人身、财产与环境损失，就事故发生后的应急救援机构和人员，应急救援的设备、设施、条件和环境，行动的步骤和纲领，控制事故发展的方法和程序等，预先做出的科学而有效的计划和安排；②志愿服务运行的风险控制：志愿服务管理者采取各种措施和方法，消灭或减少志愿服务运行过程中风险事件发生的各种可能性，或者减少风险事件发生时造成的损失的行为；③志愿服务运行危机干预：志愿服务管理者对已经处于危机之中的志愿者或志愿项目提供有效帮助和支持的一种应对策略；④志愿服务服务危机处理：志愿服务管理者正确认识已经存在的志愿者或志愿服务项目危机，并采取各种措施以阻止危机继续扩大或将危机造成的损失降低的行为。

志愿服务损失 在志愿服务过程发生的人、财、物、信誉、政治等方面的损害。包括志愿者在从事志愿服务活动过程中自身可能遭受的损失以及志愿者在从事志愿服务活动过程中可能给他人造成的损失。他人既包括接受志愿服务的对象，也包括与志愿服务不相关的任何第三人。具体来说，人身方面的损失包括身体受到伤害、罹患疾病、人格受到侮辱等；财物方面的损失包括随身携带财物的损毁与灭失、财物被盗抢等。组织方面的损失包括被谎言伤害、指控，引起客户不满，激怒员工和志愿者，造成资源流失，引发媒体风暴等。志愿服务损失产生的原因是多种多样的，可能来自自然灾害，如酷暑、严寒、地震、洪涝等；也可能来自人为事故，如失火、出口拥挤、人群骚乱等；还可能来自社会安全事件，如纵火、爆炸、投放危险物品等犯罪与恐怖活动。我国有关方面的调查显示，在以往的各种志愿服务活动中，11%的志愿者曾遭受过身体伤害，13.3%的志愿者遭受过精神伤害。

志愿服务外部激励 为志愿者提供必要的保障，分担志愿服务的成本和风险，以保证志愿者正常工作和生活，提升志愿者参与志愿服务的积极性的行为。具体来说，志愿服务外部激励包括：①社会回馈型激励：志愿者提供的服务，不能从受助对象处获得回报，否则就违背了志愿服务精神和宗旨，但是社会和非营利组织应该创造条件，让志愿者的服务获得反馈和回报。如义务献血的回报机制就是社会回馈型激励的一种探索。社区志愿服务组织建立的“时间银行”也是借鉴义务献血回报机制所形成的一种社会回馈型激励。“时间银行”指的是社区志愿组织制定相应的制度，将志愿者为社区或他人提供的服务折算成小时数，储存在“时间银行”里，将来一旦需要，可以获得社区志愿服务机构提供的同等时间的志愿服务。另一种是“互助服务”，社区志愿服务机构将志愿者为社区为他人提供的服务项目和效果张榜公布，让广大社区居民知晓，一旦志愿者本人有需求，也能获得大家的热情服务。②政策激励：政府、企事业单位制定各种规则法规、政策等解除志愿者的后顾之忧以及明确社会各单位的责任和义务等。如政府或者志愿组织采取一系列的政策导向，建立志愿服务与学业、就业等挂钩机制，对符合条件的志愿者在同等条件下优先录取和录用，或将志愿服务时数折算为学生参与社会实践的活动学时等，都属于政策激励。③培训激励：在志愿者的组织和管理过程中，把对志愿者的培训过程作为有效提升其素质和能力的人力资源开发过程，作为激励志愿者的方式。如北京奥运会中，志愿者除接受奥运志愿服务岗位工作的培训外，还可以免费参加其他岗位的培训和学习，这样就能激发志愿者的参与热情。④组织文化激励：志愿组织管理者重视组织精神文化层的管理，了解志愿者的群体意识、社会责任感、归属感，强调心灵的感召和情感的凝聚，把组织文化的内涵融入管理思想，并贯穿于日常管理活动中，使组织上下形成共同的价值观和合力，自觉地认同必须担负的责任，为组织目标的实现共同奉献智慧和力量，形成默契和谐的组织。⑤情感激励：在组织志愿服务的过程中，管理者在组织内营造浓郁的以人为本的氛围，注重对志愿者情感投资，寓理于情，以情动人，使管理多一些人情味，尊重志愿者，爱护志愿者，关心志愿者，建立和谐的人际氛围，从心理上、生活上关心志愿者，加强彼此间的沟通和交流，及时对有突出表现的志愿者给以感谢和表扬，仔细做一些话暖、情真、心诚的工作，激励志愿者，使志愿者感到组织如家一般的温暖，从而获得团体内部蕴藏的巨大积极性和创造性，也可加强组织的凝聚力和向心力。⑥宣传激励：充分利用媒体的宣传手段对志愿者进行正面宣传和新闻报道，增进社会对志愿者的认可和尊重，从而激发志愿者的积极性和主动性。例如，通过出版志愿者会刊，建设志愿者网站，开设志愿者论坛、博客，开设志愿者专栏等方式，反映志愿者工作动态，宣传志愿者典型事迹，交流志愿者心得感想，展示志愿者风采等宣传激励都是吸引和留住志愿者的有效方法。

志愿服务星级评定　为肯定和激励优秀志愿者和志愿者组织，对公益慈善类组织和社会服务机构建立以服务时间和服务质量为主要内容、按照不同等级获得不同星级的方式进行评价的制度。各地星级评定标准有所不同，如，民政部门的评定标准为：志愿服务记录时间累计达到100、300、600、1000、1500小时的志愿者，可以依次申请评定为一星级、二星级、三星级、四星级、五星级志愿者；北京市的评定标准为：志愿服务记录时间累计达到100、200、500、800、1000小时的志愿者，可以依次申请评定为一星级、二星级、三星级、四星级、五星级志愿者；等等。

志愿服务内部激励　通过满足志愿者内部的和高层次的需要，以使志愿者更好地参与志愿服务所进行激发和鼓励的行为。志愿服务的内部激励主要通过满足志愿者精神、助人愿望以及求知等内部需要来实现，具体包括：①自我价值型激励：志愿者在参与志愿服务的过程中重新发现自身的价值和自己的作用，调整人生的价值取向，从而影响自我评价的改变。志愿服务能够提供机会让志愿者重新认识和发现自己的价值，从而激励他们更好地参与志愿服务；②自我成就型激励：社会和志愿者组织通过对志愿者服务效果的认同，使志愿者内心获得成就感，从而产生良好的自我激励；③自我发展型激励：志愿服务为志愿者提供在职业岗位之外的交往和实践机会，使志愿者通过参与服务提高自身的交际能力、应对危机解决问题的能力和非正式团体的领袖能力等，从而提升志愿者的精神境界，完善志愿者的人格素质；④自我愉悦型激励：志愿者学会在志愿服务中寻找快乐，或者善于将忧愁情绪转化，获得愉快的体验。志愿者开展自我愉悦型激励所获取的快乐感觉，是维系志愿者长期坚持志愿服务的内在因素。

大型活动志愿服务项目 根据各大型活动的要求，组织志愿者就活动期间的安检、验证、观众引导、会场服务、场馆服务、赛场服务等提供志愿服务的项目。大型活动的志愿者由主办方统一招募、培训、考核、岗位分配和管理，组织性强。由于大型活动志愿服务是根据某大型活动临时组织的，从管理机构到具体的志愿者都具备时间属性，所以大型活动结束也就预示着大型活动志愿服务行动的结束。所谓的大型活动指的是按照有关法律规定，政府授权有关部门有目的、有计划、有步骤地组织社会公众举办、参与的社会公共活动，包括体育比赛、展会展览、文艺活动等。一般而言，大型活动志愿服务指的是在举办公益性大型活动过程中，组织动员志愿者参加大型活动的筹备、组织、管理、运行等各项工作，以确保大型活动顺利举办。我国各个省市根据地方特色纷纷落实该项目，如北京市志愿者联合会的大型赛会志愿服务项目、开封团市委的“菊香古城·青年先行”中国开封菊花花会青年志愿者服务行动。

二、志愿服务项目管理体系

志愿服务项目管理 通过与志愿服务的利益相关方合作，将各种资源、知识、技能、工具等应用于志愿服务项目活动之中，以满足社会需求，达到公益和发展目标的过程。志愿服务项目管理要素：①识别需求和确定清晰的项目目标；②有一个临时性项目组织（项目团队）；③项目经理负责制，项目经理是负责实现项目目标的人；④项目管理的要求：能够权衡质量、范围、时间和经费方面之间的相互冲突；⑤项目管理的手段：计划、组织、指导和控制；⑥项目管理的成果：实现项目的全过程动态管理和项目利益相关方的需求与期望。志愿服务项目管理的五大过程是：①开发过程：确定并核准志愿服务项目及其阶段，筹措资源；②计划过程：确定清晰细化的目标，以及为实现目标所需要解决的问题范围和行动路线；③执行过程：将人与其他资源结合为整体实施项目管理计划，完成项目管理计划中所确定的工作，以便满足项目要求；④收尾过程：正式结束项目及其所有活动，将完成的成果进行评估总结和提交，项目团队解散；⑤监控过程：对照项目管理计划和项目实施标准来监测和评估正在进行的各个阶段的项目活动，及时纠正损害项目目标的偏差，确保目标实现。

志愿服务项目管理体系 以志愿服务项目为主体，将所有的项目资源和服务活动按照一定原则建立的项目政策制度、管理规范与流程、管理机制与职责、团队文化等系列总和。志愿服务项目管理体系通常包括项目立项文件、项目章程、项目合同、项目计划、项目资源配置、项目合作伙伴与公共关系、志愿服务项目管理、财务管理、信息管理、变化管理、团队管理、项目监测与评估、风险管理等管理体系。志愿服务项目管理体系通常包含四个部分：①志愿服务项目开发与规划，具体包括志愿服务项目的需求评估、分析策划、项目立项和风险管理等；②志愿服务项目实施管理，具体包括项目实施计划、项目团队管理、项目时间管理和项目活动管理等；③志愿服务项目收尾管理，具体包括志愿服务项目成果整理和项目结束；④志愿服务监测与评估，包括项目的评估总结和完善。

志愿服务问题——目标树分析　以大树结构作为逻辑框架，对问题的原因和结果进行分析，并推演出相应目标体系的一种方法。问题树的原理是将问题的所有子问题分层罗列，从最高层开始，并逐步向下扩展。把一个已知的问题当成树干，然后开始考虑这个问题和哪些相关问题或者子任务有关。每想到这一点，就给这个问题（也就是树干）加一个“树枝”，并标明这个“树枝”代表什么问题。一个大的“树枝”上还可以有小点的“树枝”，以此类推，找出问题的所有相关项目。具体实施步骤包括：①找出问题中存在的“核心问题”或“起始问题”；②确定导致“核心问题”或“起始问题”的主要原因；③确定“核心问题”或“起始问题”导致的主要后果；④根据以上因果关系画出问题树；⑤反复审查问题树，并根据实际情况加以补充和修改。目标树是直接来源于问题树且与问题树有对等的结构，它把不同的目标均归类到更高级的目标之下，通过可视化的方式和分支层次来表示项目目标之间的逻辑关联。在目标树中，子目标是实现大目标的策略，大目标是子目标的结果，子目标实现之“和”一定是大目标的实现。目标的设置要遵循具体、可评测、可实现、相关性的原则。当我们发现和收集到社会诸多问题，可以通过“问题—目标树”工具对问题进行细致分析，找到核心关键问题、原因和造成的结果，从而确定志愿服务目标、行动及其成果。

志愿服务项目管理工具　为了使项目能够按照预定的成本、进度和质量顺利完成，而对人员、服务、过程和项目所进行工作与记录的表单、工作模板、流程图表，以及电子信息软件。常用的项目管理工具有组织 SWOT 分析表、利益相关方矩阵图、目标任务（WBS）分解表、项目活动任务时间表（甘特图）、项目资源表、项目逻辑框架表（LAF）等。志愿者组织也可在志愿服务项目实施过程中，根据实际需要开发符合本项目使用的管理工具。例如：项目管理中最常用的《项目活动任务时间表》可以帮助项目经理一目了然地了解项目进度，掌控项目活动。

项目活动任务时间表

项目名称：　　　　项目经理：　　　　更新日期：　　年　　月　　日

序号	活动名称	活动内容	负责人	相关人	预算	开始时间	完成时间	备注

志愿服务项目生命周期　志愿服务项目所经历的不同发展阶段，由志愿服务项目的开发直到项目结束终止的过程。志愿服务项目生命周期可以分为五个阶段：①项目开发阶段，对社会需求进行评估和确定，对志愿服务项目进行可行性分析，并最终确定项目选择，撰写项目建

议书并进行筹资和资源动员与整合；②计划阶段，立项之后，组建项目团队，对项目进度进行安排，成本预算，确定项目成功的标准；③实施阶段，按照项目计划开展项目系列活动，产出项目阶段性成果，并进行监测控制和改进；④收尾阶段，对项目成果进行验收和评估，总结项目成功经验和不足，提出对今后工作的改善建议，并开发新的志愿服务项目；⑤贯穿始终的项目的监测与评估阶段，从项目计划到收尾阶段，都需要进行信息沟通、质量监控、经费和财务监督、项目进展的跟踪与评价。总结经验和成果，提出改进建议，促进项目不断完善和目标达成。五阶段共同组成了志愿服务项目生命周期。

志愿服务项目开发 志愿者组织通过识别社会需求和可能的各利益相关方期望，确定开展志愿服务项目的目标、范围，并进行资源筹措和整合，形成项目建议书，实施志愿服务活动的行为。项目开发通常包括三个过程：①志愿服务项目需求评估：通过收集志愿服务对象、志愿者、组织自身，以及可能的利益相关方的相关信息、环境背景、对志愿服务的期望和需要，并对组织的功能与技术需求进行详细的分析，最终确定志愿服务项目目标；②志愿服务项目环境分析：通过对项目地区的自然环境、政治、文化、经济、社会等因素进行调研和分析，来进行志愿服务项目策划；③志愿服务项目规划：通过分析、评估、确定项目目标、范围，并且授权给项目经理开始实施项目。项目规划的内容包括：确定项目目标成果及其范围、项目的利益相关方、项目所需要的必要资源，组织实施项目的可行性。项目规划是项目开发的关键过程，规划决定着项目是否成功。

志愿服务项目逻辑框架 将具有逻辑关系的项目指标体系，放在一张框架表中，用一种结构化方法来指导项目规划和项目管理，目的在于提高项目的规划和实施质量。如世界银行在2005年所做的志愿服务项目逻辑框架包括了如下内容：①为什么项目要进行（目标 goal 和项目的目的 purpose）；②项目希望达到怎样的成果（期望的结果或产出 output）；③项目如何能达到这些结果（投入 input 与行动 action）；④有哪些外在的因素对项目的成功与否起很关键的作用（重要的假设 assumption）；⑤如何评估项目是否成功（客观上的确定指标 indicator）；⑥从哪里得到评估需要的数据（确认信息的来源）。逻辑框架可广泛运用于志愿服务项目计划、目标规划、项目可行性研究及评估论证、项目管理信息系统的建立、项目监测与评价、项目后评价及影响评价，以及项目风险分析、可持续性分析及社会评价等活动中，即整个项目周期管理的各个阶段。需要注意的是，逻辑框架也是一个动态、灵活的管理工具，需要根据志愿服务项目进展进行定期（如年度）修订。在实际操作中，必须充分考虑和尊重项目执行机构的规划方法和规划程序；根据志愿者管理人员、志愿者和项目其他参与者的知识水平、文化特征，组织发展阶段与团队归属以及社会层次等灵活采用不同的方法。

志愿服务项目建议书 根据志愿服务需求评估结果，进行志愿服务项目的规划设计，并按照一定的格式所编写的文本。它是志愿服务项目最重要的筹资依据，能够让资助者清晰地知道你为什么要筹资。志愿服务项目建议书通常包括以下内容：①项目概要，对项目进行清晰的介绍；②社会需求，说明项目背景及关注的社会焦点问题；③提出解决问题的方案概述；

④组织和执行团队介绍，说明为什么本组织能够实施项目，组织的优势及可信度；⑤项目目标，是为解决上述社会问题，满足社会需求，在项目实施之后可预见的成果目标，目标应具有可达成、清晰明了、时间性、可量化等特点；⑥实现目标的具体活动及其产出；⑦开展项目活动所需要的资源和财务预算；⑧项目风险及其防范措施；⑨项目监测与评估方案，说明如何证明项目是否成功，衡量成果目标的指标体系及检验评估方法；⑩项目的可持续发展计划，是指对项目成果的应用与转化，项目未来的财务收入及本土化发展计划的说明；⑪其他资料和佐证等。

志愿服务项目筹资　志愿者组织通过与资助者沟通获得志愿服务项目资金或其他资源的系列活动。志愿服务项目筹资的基础是项目的需求程度、项目执行的可行性、项目可预期的效果以及承担项目的志愿者组织所具有的公信力和执行项目的能力。志愿服务项目筹资须遵循如下原则：①资金来源与途径合法；②资金用于非营利公益事业；③资助领域和方向适合志愿服务需求及项目目标；④志愿者组织符合资助范围及其要求；⑤志愿者组织诚实守信用，遵守合同。

志愿服务项目章程　根据志愿服务项目的立项要求，对项目运行和实施所规定的宗旨原则、成果范围、成本资源、时间期限、财务管理和风险预案制订的文本。项目章程是开展项目和项目评估的重要法则。从某种意义上说，项目章程实际上就是有关项目的要求和项目实施者的责、权、利的规定。因此，在志愿服务项目章程中应该包括如下几个方面的基本内容：①项目或项目利益相关者的要求和期望。这是确定志愿服务项目质量、计划与指标的根本依据，是对于项目各种价值的要求和界定；②项目产出物的要求说明和规定。这是根据项目客观情况和项目相关利益主体要求提出的项目最终成果的要求和规定；③开展项目的目的或理由。这是对于项目要求和项目产出物的进一步说明，是对于相关依据和目的的进一步解释；④项目其他方面的规定和要求，这包括：项目进度要求、大致的项目预算规定、相关利益主体的要求和影响、项目经理及其权限、项目实施组织、项目组织环境和外部条件的约束情况和假设情况、项目的投资分析结果说明等。项目章程的落实通常由组织领导批准后招聘或任命志愿服务项目经理开始。

志愿服务项目计划　志愿服务的项目负责人探讨如何完成项目，对计划编制进行仔细考虑而制定的具体服务方案。志愿服务的相关项目立项后，项目负责人就要将团队的注意力转移到实施计划编制上来。项目计划有助于让项目负责人在项目生命周期里，将项目控制在范围、时间和预算的要求内。志愿服务项目计划的主要内容包括：①根据志愿服务项目建议书的目标规划、项目资源及资金预算，定义项目范围；②制定项目管理计划，包括项目组织及职责；③建立项目工作细分表，明确团队分工；④安排项目活动及其时间进度，可使用一些管理工具；⑤项目所需要资源及经费成本明细预算；⑥项目团队计划，包括项目组织结构、项目经理、志愿者角色及其职责、人员配备管理计划；⑦项目沟通机制，确定利益相关方及其沟通方式；⑧采购或外包计划；⑨项目风险预案与管理计划；⑩项目监测与评估实施；⑪项目结束与报告。志愿者组织在实施项目中通常根据各自的实际情况酌情选用以上内容。

志愿服务项目过程管理 志愿服务项目实施过程中的管理，是根据项目基准计划在质量控制中执行并最终达到项目目标的活动。实施过程管理的主要内容是组织和协调人力资源及其它资源，组织和协调各项任务与工作，激励项目团队完成既定的工作计划，生成项目产出物等；核心内容是处理好人力资源、时间进度和费用成本三者之间的关系。志愿服务项目实施阶段是占用大量资源的阶段，此阶段必须按照上一阶段制定的计划开展必要的活动，来完成计划阶段制定的任务。在项目实施的同时志愿服务组织要通过项目过程管理保证项目实施的结果与项目设计与计划的要求与目标相一致。一般情况下，项目实施需要划分成一系列的具体阶段，所以项目过程管理工作也要划分成项目进度、成本、资源等不同的管理控制工作。所有过程管理的最后要素是确保通过实施范围内的活动达成项目目标，即可以交付的成果。项目过程管理可以保证志愿服务项目中可用的资源能以最有效的方式被运用；有更好的工作能见度和更注重结果；对不同的工作任务进行改进协调和控制；激发项目成员的工作热情；减少总计费用，提高效益。

志愿服务项目团队管理 对志愿服务项目中的人员进行合理配置、对人力资源进行开发、管理和激励，并且对团队进行建设的制度、程序和方法的总和。志愿服务项目中的人力资源是临时性组合团队，成员大多是基于自愿、不为报酬来参与志愿服务的，成员之间各自的背景、知识技能和经验也可能有很大差异，因此需要志愿服务项目管理者应用人本主义理念和方法实施团队管理。在项目团队中，项目经理发挥至关重要的团队管理作用。志愿服务项目团队管理主要应用参与式管理，志愿者组织通过赋权激励志愿者参与到组织的治理和管理工作中来。

志愿服务项目沟通管理 在志愿服务项目过程中，为了确保项目信息合理收集和传输，以及最终处理所需实施的一系列信息交流情感沟通的管理过程。具体过程包括确定沟通对象、需要的信息、信息发布频率，执行沟通计划，进行信息传播与收集，最终形成行政总结。项目沟通管理为项目中的人、想法和信息之间提供了一个关键连接。项目沟通根据沟通的严肃程度分为正式沟通和非正式沟通：对外沟通、项目事件和工作绩效沟通需要正式沟通，可采用会议、报告等方式；而项目人员内部沟通可采用一些非正式方式，比如谈话、团队娱乐活动、聚餐等。根据沟通的工具分为书面沟通和口头沟通：项目团队中使用的内部备忘录，或者对客户和非组织成员使用报告的方式一般采用书面沟通，如正式的项目报告、年报、非正式的个人记录、报事帖；口头沟通是日常生活中最常采用的沟通形式，大多用来进行通知、确认和要求等活动，主要包括：口头汇报、会谈、讨论、演讲、电话联系等。另外，像手势、图形演示、视频会议都可以用来作为沟通的补充方式。选用何种沟通方式以迅速、有效、快捷地传递信息主要取决于对信息要求的紧迫程度、技术的取得性、预期的项目环境、制约因素和假设等。对于志愿服务项目来说，要科学地组织、指挥、协调和控制项目的实施过程，就必须进行项目的沟通管理。

志愿服务项目时间管理 按照项目计划对志愿服务项目的时间进度实施有效控制的过程。项目是在一定期限内实施系列活动，因此能否在计划的时间内完成进度任务是重要的绩效指标。加快项目时间进度的几个要点包括：①选择关键路径上的任务。缩短有浮动（在不延误项目结束日期的情况下，活动从最早开始日期起可以延迟的时间）的任务所需时间不会帮助缩短总体进度；②一次通过一个单元的衡量来缩短所需时间。换句话说，如果进度是以天来衡量的，则缩短任务的时间按天来衡量；如果任务是按周来衡量的，则试着按周来缩短任务的时间等；③认识到缩短所需时间通常意味着增加资源，它可能会增加项目的成本。所以，浮动时间的缩短对任务的成本有着直接的影响。两者之间必须有一个平衡。

志愿服务项目目标管理　志愿服务项目的最终成果与任务必须转化为具体的目标，以阶段性目标来指导项目活动的过程。目标管理也是项目经理和志愿者参与项目目标和计划制订并且工作中通过自我管理和定期检查目标进展情况的一种管理制度。目标管理是以结果为导向的项目管理方法。例如，某志愿者组织实施一个志愿者培训项目，根据项目目标管理原则，将培训活动分为多个子目标：①第 3 周：评估培训需求，并确定培训目标；②第 6 周：完成培训课程开发和教材编写；③第 9 周：完成师资准备与备课，同时招生；④第 11 周：为 50 名志愿者实施培训，并进行监测与评估；⑤第 13 周：完成培训评估与总结，并向有关部门和领导、利益相关方进行沟通。在项目管理过程中，重点是确保时间对应结点的具体产出物是否达到了预期目标。

志愿服务项目财务管理　在批准的预算条件下，确保资金能够完成志愿服务项目任务。志愿服务项目的财务管理主要包括：①志愿服务项目预算，是指预估完成项目各工作所需要的资源（人、材料、设备等）的费用近似值。预算就是一种分配资源的计划。当项目在一定的约束条件下实施时，经费预算是一项重要的因素；②志愿服务项目决算，项目预算表可以帮助项目经理约束和控制资金，更加合理地应用，从而产出最大效益。每次活动和采购按照预算标准进行比较，最终在项目决算表上得出的余额即是预算金额与实际支出金额的平衡值。越是接近 0，则说明实际应用越接近预算，项目财务控制越是到位。一般的财务管理要求实际支出不超过预算的正负 5%—10%，如果超出或者有计划外的支出，需要与资助方和上级领导沟通，征得同意之后方可支付；③志愿服务项目资金管理是指志愿服务项目的专项资金的设立、分配、使用和监督的管理，必须遵守专款专用、量入为出原则进行独立核算，不得与管理经营性开支混淆。

志愿服务项目信息管理　对志愿服务过程中所出现的各种信息进行收集整理并实施有效控制的过程。信息主要来自项目监测报告，以及针对具体的评估目的和问题进行的信息收集活动，如问卷调查、焦点小组、访谈、观察、案例分析等。以对志愿者的信息管理为例，关于志愿者贡献的定性信息更多的是能反映其工作效果的信息，如服务对象对志愿者所提供服务的认可，尤其是对其服务的附加值的认可，例如志愿者的服务具有某些员工所不可比拟的优势等；关于志愿者贡献的定量的信息包括志愿者贡献的服务小时数，根据市场价格所转化成的价值等。如上所述的定性和定量信息在整个项目评估或成果报告中得以体现的话，反映的是机构重视志愿者的姿态，将会极大地激励志愿者并且会大大有利于机构今后的志愿者招募。同时，这些信息某些情况下也是项目资助方所要求和希望看到的，有助于帮助组织吸引到更多资助。让机构的理事会和高层管理者看到这样的信息，也会加深他们对志愿者价值的认可并能够说服他们在机构今后的战略规划中给予志愿者更多的政策性支持。

志愿服务项目变化管理 在志愿服务项目进行过程中，需要做出动态的调整改变，以适应环境、利益相关方多元需求和项目管理的复杂要素，这一过程称为项目变化管理。变化管理过程包括对变化的识别、对项目带来的正面或负面影响的判断、调整项目范围、成本和期限、与资助方和领导的沟通并得到确认、实施变化的措施。在志愿服务项目实施过程中，变化经常会发生。项目变化管理的一个关键方面是如何管理工作变更。变更可以有许多来源。如项目内的来源包括服务对象的期望和项目团队或项目负责人的想法；外部来源也会带来变更，包括高层管理、竞争威胁、股东和政府强制命令。不管来源如何，项目负责人都需要准备应对变更，因为许多变更是不可避免的，也有可能是正当的，并符合各方的利益。变更的计划方法应被写入项目计划。应建立变更请求的特定格式。不经意对话的评论是不够的。所有的变更请求，不管是源自哪里，都应以书面形式提交给项目负责人。变更管理计划应识别是谁授权做出变更决定的，并且对这样的权力是否要进行成本限制。它应该包括迅速处理变更明确的过程指导。这一过程将确保进行完整的分析以决定是否接受变更。分析的结果应与那些需要知道的人进行沟通。

志愿服务项目成果管理 将志愿服务项目最终成果作为项目管理的绩效目标所实施的管理。志愿服务项目成果，是通过对服务的投入、开展各项活动之后，使目标受益群体发生的变化结果。成果的物化呈现方式有：项目报告、总结、案例等；研究和学术论文；公开发表和出版的报告、著作、音像制品等；项目资料与知识管理文件。志愿服务成果管理的主要方式包括：①成果总结与提炼：在项目实施过程中，根据项目评估指标计划，总结提炼项目经验与知识，从服务专业领域、项目管理能力，到团队成长与发展、组织业务拓展等；②知识化与标准化：根据志愿服务积累的经验，转化为可供志愿者操作的管理流程、知识手册；③成果转化、迁移、复制和扩大，应用于其他地区和不同的群体之中；④政策倡导与具体建议：根据服务成果提供建议，进而改善志愿服务政策环境。成果管理是使项目经理和志愿者清晰地知道项目成果在哪里，以及应该采取什么行动计划。成果管理的最终目标是将成果向社会分享、转化和传播，让更多的人能够共享公益成果。

志愿服务项目监测 根据一定的指标、特定的目的，对与志愿服务项目相关的活动过程中项目状态以及影响项目进展的内外部因素进行观察、测量、跟踪和记录等收集信息和数据的过程。志愿服务项目监测主要针对计划、任务和项目成员三个方面，是为了了解项目的实际进展情况而进行，是一个动态、持续、记录、发现问题和不断调整的过程。事实上，项目监测的主要工作就是信息收集。项目监测的重点是从项目三个限制因素来关注：成本、质量和时间。具体过程如下：①评价实际和计划的完成情况：项目是不是按计划完成，有什么偏差。该检查的完成情况包括时间进度和成本，即成本预算和实际花费是不是相符合；②检验技术指标的正确与否：包括质量指标、技术要求，检验它们是否和工作说明相一致；③需求和变更批准：在项目实施当中经常发生需求变化，由此产生一系列变更。需求和变更需要按照正规的程序来展开，而不是随随便便地改变需求和进行变更；④时间进度与项目要求相一致：无论是需求变化还是其它因素引起的变更，都要求时间进度以及资源使用情况符合项目的计划要求。如果变更对项目目标，如进度和预算有较大影响，这时候需要经过慎重的评审之后，修正项目的基本计划，按照监控手段来实施变更；⑤监视资源的使用：主要是对一些绩效标准，包括技术指标、预算成本、进度和资源的需求数量，进行统计估算、比较和评估。在比较的同时，需要将绩效与计划做比较，在比较的基础上预测项目总成本和进度是否符合项目的预期目标。如果产生比较大的偏差，就需要采取适当的纠正行动或进行调整；⑥成本监控：成本监控是为了核实成本支出与项目计划是否一致，如果不一致，就要判断怎样才能消除偏差。

志愿服务项目信息收集　应用观察、文献学习、问卷、访谈、跟踪、案例调查等方法记录、收集、了解和掌握志愿服务项目进展的真实数据和信息。信息收集的方法有很多，包括问卷调查、访谈、文献分析、座谈会、案例研究等。方法不同，其优缺点也各异。以问卷调查为例，其优势在于可以以匿名的方式完成、管理成本相对较低、容易进行对比分析、可以获得大量一手数据等，其缺点在于获得的信息可能不够准确、抽样方法一旦失误可能导致结果不够准确等。访谈的优点在于能够与客户面对面交流，方式比较灵活，其缺点在于相对耗时耗力，分析成本较高等。

志愿服务项目评估　对志愿服务项目活动在特定的时间范围内是否按照预期计划进行而实施的动态监督与静态总结考评。其目的在于系统客观地评价志愿服务项目是否有针对性，效果和成果如何。评估是在监测的基础上，了解和分析志愿服务项目的成效，并评价项目对服务对象和主要的利益相关方所造成的影响。在实务操作中，志愿服务项目评估一般常用的是过程评估和效果评估。志愿服务项目的评估伴随着整个项目流程，可以在项目进行的中期或者终期进行评估。志愿服务项目评估中需要关注的问题主要包括：志愿服务项目是否成功达到所设立的目标；志愿服务项目目标群体的总体状况是否有改善；志愿服务项目提供的效益对不同群体是否公平；受益群体的改善多少是因为本项目，而非其他项目；项目的执行是否有效，投入—产出和影响；是否具有重大的推广的意义；项目结束时，成果是否可持续等。

志愿服务项目评估制度　对志愿服务项目评估的原则、流程、方法等所做出的规定及一系列保障体系。具体包括确定评估目的、确定评估的重点与关键问题、选择评估框架、确定评估方式、编制执行计划、选择项目评估专家（机构）、准备收集资料信息、处理和分析资料数据、撰写评估报告、交流与发布评估结果并制订后续计划。为了达到项目评估的目的，项目评估方法应采用宏观分析和微观分析相结合、定量分析和定性分析相结合的对比方法，通过综合分析，总结经验和教训，提出问题和建议。志愿服务项目评估制度的建设要遵循三个基本原则：①应以现实价值的实现程度为评价标准，而不应该以那些潜在价值为评价标准；②应以社会价值的满意程度为评价标准，而不应该以人的自我价值的实现为核心的评价标准；③应当以价值实现的差异性部分为评价的重要标准，对差异性的分析和比较能够找出自身的优势及不足，方便于确立高品质的合理的参照物。评估制度的建立，是为了更好的指导志愿服务，对服务效果进行科学的评估，也是对志愿者工作成绩的肯定，有利于激发志愿者的积极性。只有建立科学完善的志愿服务项目评估制度，激励制度才能发挥功效，志愿服务事业才能走上正轨。

志愿服务项目评估流程 开展志愿服务项目评估所经历工作环节、步骤和程序，它规定了评估过程中各项任务活动之间的逻辑关系。建立和明确评估流程有助于更有效地评估志愿服务项目，完善和提高志愿服务品质。志愿服务项目评估的主要流程包括：明确评估目的，选择合适的评估方法——确定具体的评估问题——明确评估指标——确定所需的信息和数据——收集和分析信息和数据——得出结论，分享结论。具体来说，先由评估主体完成评估前期工作，包括明确评估目的和评估原则、制定出评估标准和评估方法（除此之外，评估主体还要事先明确评估报告的接受者，便于及时反馈，使接受评估报告的单位、部门或个人能及早做出决策和改进工作的计划，以保证和提高评估工作的效益）；然后在这些前期工作的基础上对评价客体实施评价，并得出评估结果；评估结果得出后，还要反馈给评估主体，作为新一轮评估的参考。

志愿服务项目成果转化需求评估 对志愿服务项目的成果所影响的领域和地区，开展成果转化需求调研，以了解当地或该领域是否需要本成果的做法。成果转化需求评估主要包括：该地区或该领域是否具有对本成果应用的需求、具体的困难和问题是什么、对本成果的需求点在哪里、哪些地方还需要改善和创新等。常用的需求评估方法有：①问卷调查，将所有了解的内容设计为问题，发放给目标对象，并回收问卷进行分析统计，并得到需求结论；②实地走访，是亲自到当地或目标对象当中去走访，观察他们生活的环境和实际现状，获得一手信息；③访谈，可以进行一对一的个别访谈，或一对多的小组访谈，将预先设计好的问题与目标对象进行现场对话，深入了解更多的信息；④二手信息或文献调研，通过互联网和图书资料，了解相关信息和研究文献，进行归纳整理，帮助了解社会服务需求；⑤培训或服务调研，通过实施具体的社会服务活动或项目，在某些特定的情境中与目标对象接触，直接了解和观察他们特定服务需求。

志愿服务项目成果共享 是为了将获得认可的、已经实施或者实施完成的志愿服务项目的相关成果总结成为可以复制、推广的模型，交由其它组织机构或个人借鉴使用。志愿服务项目成果共享机制的重点在于保证志愿服务项目的全方位社会拓展，使得志愿服务的项目成果能够为更多人或组织使用。促进志愿服务项目成果的共享机制建设，是每个志愿服务管理部门和志愿者组织的长期任务，这需要在日常服务和具体的项目中，将这个长期目标设置在志愿服务项目和组织工作计划之中，去促进这些机制的建设，从而使每个志愿者组织都可能通过志愿服务项目创新来推动社会改变，最终为人类福祉做出应有的贡献。

三、志愿者管理体系

志愿者管理模式 围绕志愿者的招募、培训、使用、评估、激励等一系列工作模式。志愿者管理涉及诸多方面的内容。肯·艾伦在《普遍适用的志愿服务管理模式》中将志愿者管理分解为七个方面的内容：①创造工作条件；②确定任务；③挑选志愿者；④上岗前的培训；⑤进行监督；⑥承认和肯定；⑦汲取经验教训。志愿者管理中有一些行之有效的基本原则：①招募前的充分了解，以便计划和准备；②对目标志愿者的分析和定位；③平等承诺；④公开招募、择优录取；⑤教育和训练；⑥指导和协助；⑦及时记录；⑧鼓励和重用；⑨提供必要的经费；⑩绩效评估。对志愿者的日常管理，主要有以下四种管理模式：①自主管理模式：在这种管理模式中，志愿者拥有全部工作的决定权，亲自处理日常服务工作。这种模式容易出现混乱，在实际活动开展中，倾向于在活动过程中发动志愿者，在志愿者中培养志愿者领袖，实现志愿者的自我管理；②定期报告模式：管理者对志愿者进行经常的监督和管理，从而保证工作沿着既定的目标进行。在这种管理模式中，志愿者是工作的主导，需要定期向管理者报告工作的进展及已处理的事项；③监督工作模式：这种模式下的志愿者也是工作的责任人，但工作自主权降低。在采取行动前，需要向管理者提出采取行动的建议并获得认可。如果管理者认为志愿者所做的决定不恰当，能够在行动前制止。行动后，同样需要定期汇报工作进展；④指令工作模式：这种模式下，志愿者无须为工作提出建议，也不能自行作出决定，他们只需按管理者的指令工作。因此，志愿者往往有极少的工作主动性、积极性和创造性。

志愿者管理体系　为满足社会需要所建立的志愿者参与社会服务和发展的机制及其保障体系、管理制度、志愿文化和实践志愿精神过程的总和。志愿者管理体系包括宏观和微观两个层面。宏观志愿者管理体系，是指国家和地方政权有关志愿者管理的政策法规，通过相关主管部门及其管理机制，建立社会参与途径与反馈通道，提供基础保障和监管评估的整体性规范，以弘扬志愿精神和社会主义精神文明建设，促进社会和谐稳定发展。微观志愿者管理体系是指组织在开展志愿服务活动或项目实务方面的志愿者管理制度总和及其管理实践，包括具体的组织的志愿服务规划、基础设施、管理流程操作等，其最终目的是实现志愿服务的目标，满足服务对象和志愿者发展需求，实现组织的社会使命。

志愿者管理政策与制度　志愿者管理部门和组织制订的相关原则、精神、指导意见、规划和具体实施管理的要求与流程。制定志愿者政策是建立有效的志愿者管理体系的基础，也是在组织内建立有利于志愿者发挥作用的组织环境的最重要的策略。很多组织的经验表明，一个明晰的志愿者政策是进行志愿者管理的最有用的工具。尽管制定政策费时费力，但是这是一个必要的基础工作，可以起到防范风险和事半功倍的作用。志愿者政策应该尽量全面具体，能够真正保护志愿者和组织本身的利益。志愿者政策的制定过程要采用参与式决策方法，最大限度地反映所有利益相关方的利益诉求，体现组织内部已经形成的共识。志愿者管理政策通常指志愿者管理的指导方针和总体原则，是由国家及地方政权机关、政党组织等针对志愿者管理，以权威形式规定在一定的历史时期内志愿服务达到的目标、原则及任务、行动策略等，通常的形式是出台一些行政规定、制度安排、指导意见等文件，以及相关领导人讲话精神，这些也称为宏观志愿者管理政策。例如，

2002年共青团中央颁布了《中国青年志愿者注册管理办法》，规定了志愿者和志愿者组织权利与义务、组织与管理、服务时间规定、激励与表彰等原则。在组织内部对志愿者管理的原则规定、章程规章等称为微观志愿者管理政策。微观志愿者管理政策根据志愿者组织的性质和规模而有所不同，但是大致说来，基本内容包括以下方面：关于如何管理志愿者的声明、志愿者的录用条件、保障志愿者权利的声明、交通等必要的津贴、活动费用的报销、职业健康和安全条件、保险、平等机会、投诉和处罚政策、培训机会、支持和督导、个人信息和隐私，安全和保密原则等。志愿者管理制度通常是国家和地方政府、党政以及组织在志愿者管理中的政策、资金、人力资源等方面所做出的具体安排、管理流程。志愿者管理制度规定了志愿者、志愿服务对象、组织等权利义务和责任，是对做什么、不做什么，以及怎么做的具体规定。志愿者管理制度反映了社会价值判断和价值取向。例如，志愿者招募制度具体规定了收集志愿者个人信息，哪些信息可以收集，哪些信息是不必要或者不能收集，信息的使用、管理与保密要求等。

志愿者权利和义务　志愿者在志愿服务的过程中依据法律所能够作出或不作出一定行为的许可与保障。志愿者在从事志愿服务中享有一定的权利。例如，《北京市志愿服务促进条例》中第二十条规定志愿者享有以下权利：①获得志愿服务的真实、准确、完整的信息；②获得志愿服务必需的条件和必要的保障；③获得志愿服务活动所需的教育和培训；④请求开展志愿服务活动的组织帮助解决在志愿服务活动中遇到的问题；⑤有困难时优先获得志愿者组织和其他志愿者提供的服务；⑥对志愿者组织进行监督，提出批评和建议；⑦其他依法享有的权利义务是公民或法人按法律规定应尽的责任。志愿者在享有权利保障的同时也应当履行相应的义务。例如《北京市志愿服务促进条例》中第二十一条规定志愿者应当履行下列义务：①履行志愿服务承诺或者协议约定的义务，完成志愿服务工作；②退出志愿服务活动时，履行合理告知的义务；③保守在参与志愿服务活动过程中获悉的个人隐私、商业秘密或者其他依法受保护的信息。志愿者不得向接受志愿服务的组织或者个人索取、变相索取报酬。

志愿者隐私保护　志愿者组织依法对志愿者不愿他人干涉或他人不便干涉的私人领域进行保护的行为。隐私是一种与公共利益、群体利益无关，当事人不愿他人知道或他人不便知道的个人信息，当事人不愿他人干涉或他人不便干涉的个人私事，以及当事人不愿他人侵入或他人不便侵入的个人领域。隐私权是个人的重要权利之一。志愿者将自己的个人信息提供给志愿者组织是为了方便志愿者组织管理，志愿者组织也有义务并以负责任的态度来对待志愿者的个人信息。志愿者从事志愿服务的过程中，依法所享有的其隐私不被他人非法侵扰、知悉、收集、利用和公开的权利。例如，《北京市志愿服务促进办法》中第十七条规定，志愿者组织和其他开展志愿服务活动的组织应当为志愿者建立基本状况和服务情况的档案或者记录卡。未经志愿者本人同意，不得公开档案记载的个人信息或者向第三方提供志愿者的个人信息。

志愿者承诺　志愿者对志愿服务需求进行主动、自愿的接受，这个过程就是志愿者承诺。

志愿者组织或者志愿者使用组织发出志愿服务邀请和招募，志愿者回应并表达接受的意愿，志愿者承诺是在一定的期限内表达一种积极的态度和行为。承诺可以有口头承诺和书面承诺，承诺不是正式的协议合同，不具有法律的强制性。以中华人民共和国第九届少数民族传统体育运动会酒店接待为例，志愿者所郑重做出的承诺包括：①完成项目组所安排的各项活动与工作，义务为项目活动服务；②遵照项目组的各项规定，为服务对象提供优质的服务；③愿意接受及出席机构安排的在职培训，工作督导及有关会议；④与队员保持互相合作及尊重的态度；⑤尊重服务对象之间的隐私，有关个人资料，未经他们同意，不会向外泄漏；⑥服务时如遇任何特别困难或服务对象有特别苛求时，会立即向服务机构负责人报告及交由机关处理；⑦如对机构及服务有任何意见不满，会向负责人反映意见，谋求做出改善；⑧不可利用志愿者服务或与服务对象的关系来获取个人利益或欺骗，如金钱、利益、交易等。在志愿服务开展之前进行志愿服务承诺，有助于保证志愿者更好地履行工作职责。

志愿者退出机制　按照志愿者管理规定，志愿者中止或终止志愿服务的一种保障方式。这是志愿者管理体系的重要组成部分，从志愿者招募、入职，到退出志愿服务或项目，是每个志愿者都要经历的过程。建立志愿者退出政策与运行标准，使志愿者不仅能够来得高兴，也能够去得满意，促进志愿者再次投入志愿服务、稳定志愿者队伍，同时确保志愿者组织和志愿服务项目的正常运行，使志愿服务可持续地发展。志愿者退出机制包括正常退出机制和非正常退出机制。其中非正常退出机制又包括志愿者流失和志愿者强制退出两种。正常退出机制指的是志愿者完成了规定的志愿服务内容而结束志愿服务活动的行为。如北京奥运会结束之后奥运志愿者服务期满退出志愿活动。志愿者流失，是指志愿者在志愿服务过程中因为各种原因而主动离开本职志愿服务岗位的行为。志愿者流失的主要原因包含以下几种：①志愿者无法在志愿活动中找到价值感，是志愿者流失的关键因素。如志愿者在志愿服务过程中感觉无事可做、浪费时间；招之即来，挥之即去，得不到应有的尊重；②志愿者由于工作、升学或就业的原因主动离开志愿岗位。如很多大学生志愿者在大一大二能够参与志愿服务工作，但大三大四由于忙着考研和找工作等，难以保证志愿服务的持续性而主动离开志愿服务岗位；③志愿组织管理不到位，志愿服务缺少应有的激励机制，志愿者达不到心理期望和预期，也是志愿者流失的一个重要因素。志愿者强制退出，指的是志愿者在开展服务活动中存在违法行为的，或者累计缺岗次数达到志愿组织约定最低服务次数的，被志愿者组织强制取消志愿服务资格的行为。

志愿服务岗位　不以物质报酬为目的，自愿为社会弱势和困难群体提供社会照顾，为社会、环境与人类的发展等提供无偿服务的位置。包括具体任务、要求和规范。志愿服务岗位来自于志愿服务项目和社会组织的日常服务岗位。根据惠泽人（2012）针对志愿服务类型的研究发现，志愿服务岗位大致有三种类型：①基础型服务岗位（hands-on service），不分老幼，举手之劳，人人可为。这是志愿者参与数量最多的服务岗位，约占到所有志愿服务的70%，其价值是实现人人可以做好人（good person），建立公民基本道德；②技术型服务岗位（skilled service），个人运用一技之长服务他人和社会。当前越来越多的有技能的个人正在利用个人专长去为社会做好事（good thing）；③智能服务岗位（probono service），具有丰富专业经验或特殊地位，结合团队集体智慧和丰富的社会资本，为政府公共部门、社会组织、社区及特殊群体组织等提供智能型研究、咨询、开发、培训和教练等志愿服务，共同建设好社会（good society）。

志愿服务岗位开发 志愿者组织根据志愿服务的具体需求与发展目标，设置志愿服务岗位，并匹配相关资源的行为。岗位开发是志愿服务的基础管理工作，好的岗位不仅能够吸引充足和高质量的志愿者人力资源，而且会给服务对象和志愿者组织带来好的影响。开发志愿者岗位时，要细致地分析服务对象、志愿者或组织的哪些需求是能够通过志愿服务岗位而得到满足，这实际上也是一个需求评估的过程。在这个过程中要确保志愿服务岗位设置与本组织的愿景、使命、价值观、目标相一致。对组织通过志愿者所能取得的长期利益和短期利益要有事先的预期，并在这些预期的基础上考虑如何设立志愿服务岗位。为保障志愿服务岗位的有效开发，需要建立志愿服务岗位开发制度，对志愿服务岗位开发的基本原则、流程、工作要求和规范制度做出明确规定。岗位开发制度是保障志愿服务岗位开发工作能够规范、有序开展的基础保障。志愿服务岗位开发应遵守如下原则：岗位定位与职责范围具体和清晰；充分结合服务对象、志愿者、志愿者组织及重要的利益相关方的需求；岗位描述不能带有民族、性别、年龄、残障及特殊身份的歧视；有岗位期限和退出说明。

志愿服务岗位描述 对志愿者所要从事的志愿服务工作任务、职责要求、工作保障及工作收获等方面的具体说明。志愿服务岗位描述是招募志愿者的重要的基本条件，好的岗位描述能够激发人们参与志愿服务的意愿；同时，也可以避免志愿者在志愿服务过程中出现岗位模糊和职责不清的情形。志愿服务岗位描述通常包括以下内容：岗位名称、岗位目标、具体任务、时间投入、时间性质、固定时间还是弹性时间、专业知识、技能、经验和个人素质要求、志愿者培训和技能发展、组织管理结构、决策权限和限制性规定、工作环境、志愿者权益、培训、技能发展、收益等。

志愿者骨干 在志愿服务项目和活动中积极参与、主动承担专业或管理工作的志愿者个人。志愿者骨干是志愿者团队中的中坚力量，他们是志愿者管理的重点服务对象。对志愿者骨干进行培养的方法主要包括：①理论学习，主要包括对志愿者骨干进行志愿服务基本理论及团队建设、志愿服务的策划与运作、志愿服务心理研究、新时期志愿服务发展趋势等内容的教育；②实践培养，包括组织志愿者骨干进行集中讲解，并通过素质拓展、实地考察、案例分享、心得交流等活动，为学员互相学习、交流合作搭建平台等。

志愿者领袖 志愿者项目或志愿者团队中承担领导、管理职能的志愿者。志愿者领袖可以是全职的社会工作者、志愿者组织的全职员工，也可以是普通志愿者。志愿者领袖通常含有以下特质：①领导力：能够领导和召集志愿者为实现共同的志愿服务目标而具备的能力和精神意志力，能够激发其他志愿者积极参与的能力；②个人魅力：志愿者领袖能够通过自身积极自信的言语或行为影响其他志愿者，并使其能积极参与志愿服务的能力；③沟通技巧：能够把自身的知识和行为理念通过良好的表达能力传递给其他志愿者并促使其他志愿者积极投身志愿服务的能力；④个人能力：能够独立承担某项事物的能力，如干练地完成某项任务的能力；⑤责任意识：在志愿服务的过程中能够积极主动勇敢地承担志愿服务的后果的能力。

志愿者招募形式　志愿者管理组织确定志愿者使用需求，并通过一系列流程在志愿者申请人中录用志愿者，以填补志愿服务需求的活动形式。志愿者招募的一般程序包括：志愿服务需求确定、志愿申请人报名、材料审核、工作预分配及面试、初步确定岗位、发出录用通知、志愿者接受任务、背景核实等步骤。一般说来，志愿者招募具有以下几种形式：①定向招募：委托志愿者机构如志愿者组织等面向某一特殊群体、范围发布招募公告来招募志愿者的行为。定向招募具有目的性强、专业性强、运作周期相对较短以及运作成本相对较低的特点；②社会招募：志愿管理组织面向社会发布招募公告，招募志愿者的活动。大规模的志愿服务需求往往通过社会招募完成。社会招募的优点在于能够在最大范围内通过各种途径积极动员最广大人士参加志愿服务；其缺点在于成本相对较高，持续时间较长；③网络招募：志愿管理组织通过依靠特定的网络平台发布各种志愿服务项目的内容、服务时间等，并列出相应的招募条件和选拔目标，符合要求的人可以通过网络报名申请相应的志愿服务项目内容的行为。现今几乎所有的志愿者组织都设有网络招募渠道。网络招募充分依托新媒体，具有便捷性和及时性等特点，能够节省大量时间；其缺点在于申请人员相对复杂，可能为后期选拔工作和志愿服务开展带来不便；④常规招募：利用电视、报纸、传单、海报等传统媒体进行志愿者宣传动员的招募方式。这种形式主要应用于小范围内的志愿服务需求。常规招募是一种比较保守的招募形式，其特点在于招募耗费成本比较高、招募到的志愿者数量有限。

志愿者宣传动员　志愿服务组织协调管理机构通过新闻媒体、网络平台等各种形式推介其志愿服务，以加深社会公众对志愿服务的了解认识，扩大志愿服务社会认知，倡导志愿服务精神理念，树立志愿者的良好形象，积极营造全社会关心、支持志愿者工作的良好社会氛围，从而鼓励和组织公民的志愿服务参与，凝聚社会志愿服务人力资源的活动。简单说来，志愿者动员就是指发动公民参加志愿服务活动。志愿者宣传动员的方式主要有行政动员和社会动员两种。行政动员指的是一定的行政主体如政党、政府或其他政治组织通过不同的方法和途径，自上而下地引导其阶级成员参与志愿服务，以实现既定活动目标的行为和过程；社会动员就是面向全体社会成员，通过宣传、发动和组织工作，使社会对象形成一定的志愿服务观念，从而持续参与志愿服务的行为或过程。与政治动员不同的是，社会动员所面向的对象是全体社会成员。

志愿者注册　志愿者管理机构对各类人员在志愿服务中的具体职能予以鉴别和确认，以确保志愿者能够获得必要的权限以履行其职责。注册不是特权地位的外在标志，而是一种必要的管理手段，用来管理众多参加志愿服务的志愿者，确保他们以一种灵活、安全的方式开展运作。《中国青年志愿者注册管理办法（试行）》规定：注册志愿者是指按照一定程序在团组织、志愿组织注册登记、参加服务活动的志愿者。凡年满 14 周岁，具有奉献精神，具备与所参加的志愿服务项目及活动相适应的基本素质，根据自身愿望和条件至少选择一个志愿服务项目并从事一定时间的志愿服务工作，且遵纪守法的社会公众，均可以申请成为注册志愿者。《办法》规定了注册志愿者的 6 项权利和 4 项义务，同时规定各级团组织、志愿组织应对注册志愿者、注册志愿者工作提供权益和组织保障。

志愿者招募评估 对志愿者招募过程的信息、数据进行收集、记录、统计和分析，评价招募效果，并将所收集的信息和数据进行保密化处理，将经验和教训进行总结，提出改进建议的过程。对招募过程进行评估，有利于检验招募计划的有效情况，促进志愿者招募工作的完善，也有利于志愿服务组织节省成本，并作为未来招募工作的指导和借鉴。在实务操作中，组织者应该从应聘者、招募成本和招募工作效果等多方面进行评估。具体来说，招募评估主要关注：①应聘者数量，应考核申请人的数量是否足以填满全部工作空缺；②应聘者质量，应聘者是否符合工作规范要求；③工作水平，合格的招募人员会花相当多的时间来了解服务对象的情况以及掌握志愿服务所需的关键技能和条件；④反应速度，真正高效的招募部门应该了解其他志愿服务组织并随时拥有各种志愿者的资料；⑤能否及时安排面试，许多志愿者常常在很短的时间内要决定选择哪项具体的志愿活动，推迟面试，会使应聘者认为自己不是合适人选而转向其他项目。

志愿者选拔 志愿组织在发布招募公告和接受报名之后，对应聘者进行适当筛选，以选拔出最合适的志愿者的行为。完整的志愿者选拔过程包括：志愿者组织以招募标准为依据对应聘者的材料进行初步筛选，然后再采用面试的方式来进一步选拔志愿者。面试主要是从动机、经验、知识、能力、个性、行为等各方面对应聘者进行综合考察，以确定应聘者是否与所申请岗位的要求相符合。部分志愿组织也采用笔试、技术测试或笔试与面试相结合的方式来选拔志愿者。初步选拔完成后，为保证志愿服务的顺利进行，经过选拔产生的志愿者应与志愿组织签订书面的志愿服务承诺书，承诺书的主要内容是志愿者本人承诺按要求参加志愿服务，承诺同意赛会志愿者的通用政策，承诺服从管理和安排。

志愿者素质 志愿者在自身先天生理的基础上，经过后天学习和社会实践形成的基本稳定的生理特点和思想行为，以及潜在能力的总称。素质是一个人能够正确认识周围环境事物而生存，并挑战其环境事物而自觉贡献和服务社会的能力。它包含着人的身体状态、思想意识和文化技能三个方面的综合体现，不能分割，不能独立。要成为一名合格的志愿者，必须具有一些基本的素质：①身体素质。身体健康，能满足相应志愿者岗位工作要求；②心理素质。例如，具备爱心奉献、助人为乐的精神，沉稳干练、不急不躁的心态；团结协作、尊重他人的意识；诚实守信、认真负责的品格等等；③文化素质。了解所从事的志愿工作；熟知如何更好地服务他人；有着良好的涉外礼仪，包括着装整洁、保证个人良好的仪容卫生、交谈文明有礼；具有一定的组织协调能力、口头和文字表达能力和应变能力；对社会文化方面的差异有敏锐的洞察力；具备志愿服务岗位必需的知识和技能，如灾区的志愿者要具备卫生、疾控、水利、电力、建筑等知识，艾滋病志愿者要具备艾滋病性病有关的医学知识以及心理学，社会学，法律法规知识等，并了解本地可以为病人或感染者及其家属提供帮助的有关社会资源（相关的服务，支持机构等）。

志愿者测评　通过一系列科学的手段和方法对志愿者的基本素质及其与志愿服务岗位的适配度进行测量和评定的活动。测评通过使用问卷测量、心理测验、情境模拟等客观方法，对志愿者的态度、知识、能力、技术、性格特征等因素进行评估。主要包括笔试和面试两种方式。大部分机构在为志愿者正式安排岗位之前都愿意与志愿者安排见面。对风险程度很低的一般性岗位的申请人来说，有时候这种会面不是一种正式的面试，只是一种非正式的谈话，通过谈话给双方一次相互认识和评估的机会。对重要的或者风险程度较高的志愿服务岗位可以采用结构或半结构化笔试和面试相结合的程序。志愿者测评根据服务要求不同，还可包括以下要素：志愿者资质证明、志愿者信用、志愿者健康告知或体检、志愿者背景和犯罪记录调查等。

志愿者福利　对志愿者提供志愿服务的间接回报，主要是给予志愿者在精神、学习与成长、社会交往、职业发展、提升理念、明确个人价值观和生活方式等方面提供的保障与支持。虽然志愿服务不以报酬为目的，但是从管理学角度来看，志愿者组织或志愿服务项目主办单位为保障志愿者权利和充分发挥志愿者作用所实施一系列保障与支持措施，能够激励志愿者更好地完成志愿服务工作。志愿者福利的方式和方法比较多样。如团中央推出的“大学生志愿服务西部计划”项目，就提出了完成相应的志愿服务工作或达到相应的志愿服务年限，就能获得诸如免试推荐攻读研究生的机会、公务员考试加分等系列优待政策。为鼓励和支持志愿者从事志愿服务工作，台湾志愿者管理协调部门推出了如免费为志愿者提供的乘坐公共交通月票卡等物质型福利，同时也包括为志愿者颁发“荣誉市民”称号等精神型福利。

志愿者匹配与对接　将志愿者的素质、技能、性格特征等与志愿者组织和志愿服务岗位要求进行匹配的过程。一般性志愿服务岗位在进行志愿者匹配时，主要依据是岗位描述中所确定的志愿者选拔标准，通过志愿者申请表以及面试中所反映出来的信息进行筛选。如果志愿者与岗位的匹配不当，意味着组织要承担物质和人力资源以及声誉的损失，因此做好志愿者的匹配工作也是组织风险管理的一个重要方面。例如，英国海外志愿服务社（VSO）将国际志愿者介绍来中国之前，要经历很长一段时间的沟通。除了为志愿者和合作伙伴提供关于对方的必要信息之外，有时候会安排志愿者与其即将共事的主要合作伙伴通过电话直接沟通，在双方均满意的前提下才正式确定志愿服务岗位匹配成功。这样做会意味着更多时间和人力资源的投入，但是一个国际志愿者要在岗位上工作两年，并且做的是能力提升的工作，匹配不好有可能导致志愿者提前离职等情况，意味着组织更大的损失，因此，这样的前期投入是十分必要的。志愿组织将已经参加过培训的志愿者交由各个志愿服务具体项目的业务口，由各业务口按照具体岗位对志愿者进行任务分配和排班，并引导志愿者明确任务，各司其职的过程称为岗位对接。志愿者岗位对接有利于志愿者明确志愿服务岗位的具体要求，更快地参与到具体的志愿服务活动中。

志愿者入职 志愿者管理或协调部门通过正规的交接仪式和岗位对接仪式宣布志愿者正式进入志愿服务岗位的过程，是志愿者进入服务岗位的起始动作。良好的第一印象和正确的支持，可以让志愿者在正式开始志愿服务时保持良好的体验，从而增加其服务绩效和意识。志愿者入职流程主要共分为五大步骤：①入职准备。包括志愿者组织向合格者发送《录用通知书》，确认志愿者报道日期，通知志愿者报道时的注意事项：所需资料、体检以及其他须知。②入职报到。为志愿者办理入职手续，填写《志愿者登记表》，并交验各种证件以及其他相关资料。与志愿者签订协议书，建立志愿者档案，介绍志愿者组织相关情况。③入职培训。组织志愿者进行组织文化、经验与专业，各项目职能、志愿者精神等方面的培训。④入职结束。通过入职仪式或座谈会的形式宣布志愿者正式进入志愿服务岗位，具体形式包括志愿者管理部门为志愿者代表授旗、佩戴上岗工作证、徽章、志愿者宣誓、新老志愿者经验交流等。

志愿者入职辅导 对志愿者进行必要的入职说明、工作介绍、辅导和培训的工作。志愿者参加志愿活动时，仅凭热情和爱心是不够的，还需要理解和掌握必要的理念和技能。通过入职辅导，可以帮助志愿者快速了解并适应组织和岗位、让志愿者接受组织的理念、清楚自己的权利和义务、认真对待选择的工作、增强志愿者的工作技能和自信心。入职辅导的目的就是让志愿者尽快融入志愿服务工作。具体来说，入职辅导主要包括：①基础知识培训，其主要任务是对志愿者所拥有的知识进行更新和充实，主要目的是解决“知”的问题；②基本技能培训，其主要任务是提升志愿者的技能水平，主要目的是解决“会”的问题；③志愿态度培训，志愿者通过培训可以知道组织希望他们以什么样的态度工作，这是一种指导，也是一种约束，主要目的是解决“诚”的问题；④志愿心理培训，其主要任务是开发志愿者的潜能，主要目的是通过心理的调整，引导他们利用自己的显能去开发自己的潜能，解决“悟”的问题。

志愿者培训 为志愿者、志愿者管理者及重要的利益相关方开展的授课与训练活动的内容。志愿者培训的目的在于：①提高志愿服务水平；②培养志愿者对组织的认同；③提高志愿者的专业技能；④提高志愿者素质；⑤促进志愿者团队建设；⑥普及志愿服务精神。志愿者培训的内容包括很多方面，要从培训目的出发选取有针对性的内容，同时要注意培训内容的涵盖性。下面列出了培训内容的大类，每个组织可以根据自身的需要展开其中的具体内容：①志愿服务通用知识培训。作为志愿者，首先要对志愿服务的基本知识有所了解，这部分内容包括志愿者和志愿服务的概念、志愿者的责任和定位、志愿服务的目的和要求、志愿者的权利和义务等等；②专业知识培训。专业知识培训是针对志愿服务中所需的专门技能进行的有针对性的培训，如对老年志愿服务开展的护理专业知识培训、对赈灾志愿服务开展的急救专业知识培训、对残奥志愿者的相关专业知识培训等；③管理知识培训。管理知识培训主要针对志愿服务的管理人员以及骨干志愿者，随着志愿者队伍的壮大，志愿者人数的增加需要实行自我管理，因此应对志愿者中的管理人员进行工作所需的计划、组织、协调等方面的管理知识培训；④素质提升培训。素质提升培训是志愿者培训中的重要内容，又可分为两个方面，一方面是志愿服务伦理价值观的培训，包括志愿精神培养、尊重服务对象、保护隐私及自我防护等；另一方面是志愿者素质能力提升培训，包括沟通聆听技巧、建立关系技巧、自我了解及自信心提升等。素质提升培训有助于志愿者自我能力培养及自我价值实现。

志愿者通用培训 被选拔出来的志愿者在上岗之前，需要经过相关的基础培训如心理培训、技能培训等，以帮助志愿者掌握一定的服务技能，尽快适应志愿岗位的活动。志愿者通用培训包括以下几个大类：志愿服务知识培训，指进行志愿服务基础知识内容的传授，主要包括志愿服务的历史沿革、世界发展现状及未来趋势；志愿服务的宗旨与理念；志愿服务的意义与价值、志愿者的角色和责任、志愿者的职权范围等；机构的发展历史、组织架构、政策、制度等。志愿服务知识培训的目的是使志愿者对志愿服务及所在志愿组织有基本的了解和掌握。志愿服务技能培训，主要是指志愿者按照志愿服务岗位的专业要求所应掌握的相关专业知识和技能的培训。志愿者心理辅导，也称“志愿者心理健康辅导”，指的是心理辅导者与志愿者之间建立一种具有咨询功能的融洽关系，以帮助志愿者正确认识志愿服务的功能和价值，以及志愿者自身在志愿服务过程中的价值，从而使志愿者接纳自己，进而欣赏自己，并克服志愿服务中的障碍，充分发挥个人潜能，更好地参与社会服务。志愿者团队培训是指通过协调志愿者所在团队成员的个人的绩效从而实现志愿服务的共同目标。志愿者团队培训重在协调为实现志愿服务目标而努力工作的不同个人之间的合作。

志愿者专业培训 建立在通用培训基础上的，对进行志愿服务活动所需的专门技能所做的培训。内容包括会议服务技巧、健康护理知识、如何应对突发紧急情况等，同时要求志愿者根据不同活动的需要了解不同服务对象的差异（精神病患者、伤残人士、行动不便的老人、小孩及慢性病患者等）。例如，北京奥组委对奥运颁奖礼仪志愿者在颁奖礼仪、外表形象等方面有着较高要求，在奥运会举办之前，组委会相关部门曾多次对这些志愿者进行专业技能的培训，培训内容包括芭蕾形体、颁奖仪式流程、化妆、舞蹈表演、形体梳理、礼仪基础、礼仪理论等必修课程，同时还包括安保知识讲座、中西文化比较、涉外文化礼仪等课程。奥运会驾驶员志愿者也经过了多次专业技能的培训，培训的主要内容包括：对初级驾驶技能为C级、D级的驾驶员志愿者进行停车技巧、实际驾车操作等驾驶技术强化培训；奥运会服务对象、服务标准、服务礼仪、服务规范、安全行车及奥运交通英语500句等专业知识培训；实际踏勘奥运会竞赛场馆、非竞赛场馆、驻地及行车路线等演练和考核。

志愿者岗位培训 对志愿者进行所在岗位职责、工作任务、业务流程、操作规范、会务技巧、办公室工作、办公用品的使用以及礼仪等相关培训。岗位培训是志愿者上岗前的最后一个培训环节。岗位培训主要分为踩点和对接两项工作。踩点主要包括熟悉实际岗位工作地点的状况。以大型比赛为例，踩点主要包括熟悉岗位附近热门场馆、餐饮点、饮水点、医疗急救点、租赁服务点和残障援助点等位置；熟悉场馆整体情况。对接指的是带人到岗，进行岗上见习，按常规志愿者上岗服务、用餐、轮休。

骨干志愿者培训 对志愿者领袖或骨干志愿者的培训，是对某一部分志愿者素质的进一步提高，通过培训让他们学习到志愿服务管理方法、志愿服务项目设计等，为推广志愿服务做出贡献。例如，“绿色之星”废电池志愿者服务队在志愿者招募、选拔、培训过程中，就有意识地区分出普通志愿者和骨干志愿者，骨干志愿者相当于志愿者小组的负责人。例如，北京“绿色之星”废电池志愿者服务队要在全市3000多个社区设立废旧电池回收箱，并由志愿者负责回收箱的日常管理工作。因此，该组织在每个社区都要成立一个志愿者小组，由骨干志愿者开展日常的活动，管理各个方面的流程。为了保证骨干志愿者能够顺利完成相关任务，“绿色之星”废电池志愿者服务队在志愿者招募环节，首先对骨干志愿者进行一个独特的测试，通过相应的测试方可成为骨干志愿者。而在以后的服务过程中，“绿色之星”废电池服务队还会通过现场培训的方式锻炼骨干志愿者领导、协调、组织、管理等方面的能力。

志愿者培训管理 对志愿者培训工作进行需求调查、培训开发、计划准备、实施和监测评估的过程。高效的培训管理可以行之有效地提高培训的针对性和实效性，进而提高志愿者的整体素质。培训管理须具备以下条件：①完善的组织机构。建立志愿者培训基地，并加强社会性培训机构的参与，来承担某些特殊化的培训工作；②合理的组织结构。尽量减少纵向层级，扩大直接交流的基础和条件；③及时沟通。志愿者的各组织机构之间必须保证信息流动的畅通；④各部门相互协调。培训工作的各个工作岗位需要进行详细、科学的工作分析，确定培训内容及相关资源。同时，必须建立起一套完整的规章制度用以对整个培训过程进行科学的管理。志愿者培训管理的内容主要有四大部分：①志愿者，通过调研志愿者的培训需求、人员背景及特质，从而开发培训课程；②培训课程与内容，针对志愿者需求编制相关教材、教案，采用适当的培训方法；③师资，进行培训授课、现场管理；④培训会务与保障，培训资料、设备及用品，以及培训活动管理。

志愿者支持 志愿者组织及其他部门基于对志愿者的服务意识，保障和协助志愿者完成服务任务的过程。志愿者支持包括基础设施供给、服务督导、志愿者福利、认可和激励等。志愿者支持的目的在于为志愿者提供保障和发展的机会，帮助志愿者在服务期间克服挑战，发挥自己的潜能，在有限的时间内尽可能地提供高质、高效的服务，达成社会效益，并获得个人发展。志愿者支持的范围包含以下几个方面：①行政后勤支持。为志愿者提供基本的健康和安全保障、食品保障、交通保障、工作空间和环境保障等。如为志愿者购买医疗和意外伤害保险属于基本的健康和安全保障。②个人成长支持。志愿者在个人生活或者志愿服务过程中可能会遇到挫折，或者遇到困难，影响到志愿服务的信心、热情和决心。志愿者个人成长支持正是为了帮助他们保持健康快乐的状态，提升自信，增强自我认知与自我把控能力，从他人的生活经验中汲取营养。③专业发展支持。指的是为志愿者提供支持以帮助他们提高技能、向督导和同事学习更多的专业知识，同时掌握新的技能。具体包括为志愿者提供学习和锻炼、交流经验的机会等。

志愿者督导 社会服务机构和志愿者组织中的

行政专务人员指导、协调、增强和评估志愿者的工作过程。志愿者督导和被督导的志愿者是在行政确认的关系下进行互动活动，来实现行政、教育和支持的功能。志愿者督导的最终目标是在遵循机构的政策和行政规范的情况下，向接受志愿者服务的服务对象，尽可能提供质量最佳的服务。志愿服务督导的功能主要有：①行政功能——培养有效的志愿者。行政督导的主要目的是使志愿服务能够切实符合组织的期望和政策，并能有效地实现工作目标，因此"管理运作"和"工作表现"是志愿者督导最需要发挥的行政功能，志愿者督导须执行如下几项职责和任务，即协助拟订志愿者工作计划；建立清晰的工作说明书；完成志愿者的遴选、引导和安置；妥善进行工作分配和授权；开展持续性的工作监督、总结和评价；积极与各使用志愿者部门进行沟通、联系和调解冲突；发展评估与志愿者管理体制等；②教育功能——培养骨干的志愿者。志愿者督导就是直接负责向志愿者提供经验、知识和改正工作态度的人。可见，志愿者督导的教育功能主要体现在帮助志愿者了解"必须知道的内容"，使其有效履行服务职责，并通过促进行政控制的内化，补充行政督导功能的不足；③支持功能——了解和关怀志愿者。支持性功能的意义是希望通过督导、教育的过程来强化志愿者的自我功能，让他们能够成长，并能在一个安全的气氛下自我反思，然后克服其在工作、学习中所遭遇的挫折。换言之，志愿者督导的支持功能的主要目标是促使志愿者能有强烈的动机持续地参与服务工作，协同行政督导和教育督导实现最终目标——为服务对象提供最有效和最有品质的服务。因此，为了完成这个最终目标，志愿者督导必须发挥支持性督导功能，通常的做法有给予志愿者适当的支持与关怀、激发志愿者的工作潜能与工作士气、帮助志愿者适应压力和稳定情绪、协助志愿者发展社会关系网络和适应环境、增强志愿者的自我功能，并建立自信心等。志愿者督导的内容主要包括：①协助志愿者认清和肯定志愿服务的价值，提供并维持其对服务工作的兴趣、热忱和团队士气；为志愿者提供或教导必要的工作知识和技巧，帮助其自我了解和自我成长；及时处理志愿者在服务过程中遭遇的问题和挫折，以便实现服务目标，保障服务对象或相关人员不受伤害，维持良好的服务品质；②协助志愿者了解组织和机构的功能，使其遵守行政程序和相关规定；促进机构和志愿者双方的良好沟通，增加其对组织的认同；根据志愿服务的需要，遴选和培养骨干志愿者或志愿者领袖等人才；③评估志愿者的工作效果，提出改善的建议。尤其是当志愿者督导发现志愿者的工作绩效存在差距时，可以通过分析原因，有针对性地采取适当的方法和步骤，加以改善。

志愿者团队发展　指由志愿者组成的、有共同目标、有明确的定位或者工作职责的志愿者团队的形成和成长过程。志愿者团队的生命周期有五个阶段：第一阶段是团队形成期，志愿者常常是基于一个社会行动而走到一起，团队成员还缺乏共同的目标，热情工作和交往克制；第二阶段是团队磨合期，随着团队工作深入和交往增加，团队成员之间出现碰撞、摩擦和冲突，但彼此之间的关系尚未建立起来，人与人的了解与信赖不足，尚在磨合之中；第三阶段是团队规范期，大家共同协商、制定规则、解决问题，目标由领导者制定转变为团队成员的共同愿景；第四阶段团队运行期，此阶段是团队的"高产"期，团队成员齐心协力，有较高的共识，并形成团队归属感，工作成效较高，团队变得坚强有力，所有人都有强烈的一体感，组织爆发前所未有的潜能，创造出非凡的成果；第五个阶段是官僚衰退期或结束期，随着团队运行成熟，个别领袖掌管团队，其他成员参与减少并逐渐离开团队。或者是团队完成任务而解散。

志愿者团队建设 志愿者组织在管理中有计划、有目的地组织志愿者团队，并对其中志愿者成员进行训练、总结、提高的活动。志愿者团队是由从事某项志愿活动的相互协作的志愿者组成的正式群体。志愿者团队建设需要贯穿志愿者从招募一直到志愿者结束服务的全过程，既包括对志愿者个人的培训、激励、评估等，更包括组织意义上的建设，例如培养团队核心成员、制定团队目标、培育团队精神等。目的是增进团队的凝聚力、约束力、导向力和志愿服务的原动力，提高志愿者的志愿服务质量和效率。

志愿者认可 对志愿者的行为或具体工作的承认和赞赏。只有经常对志愿者的工作进行赞赏和认同，才能提高志愿者的积极性，从而保证其更好地完成志愿服务工作。通过对志愿服务进行记录并回馈、表彰，表达对志愿者的感谢，承认志愿服务的价值，这些都是对志愿者的认可，也是一种有效的激励方式。一般说来，志愿者认可的方式包括正式认可和非正式认可两种。正式认可是指以奖励、颁发证书、发匾、颁发纪念别针以及举行表彰宴会等比较正规的流程来表示对志愿者的工作和贡献的认同。许多志愿组织每年都举行仪式选举和表彰志愿者个人。在发达国家，往往选择志愿者日或社区庆祝活动的机会进行。当然，这种认可不是万能的，但对于那些希望得到组织认可的志愿者来说，无疑是一种最好的办法。但是，有些志愿者的需求是为满足客户的需要，这样的志愿者的认可来自客户，而不是来自组织本身。非正式认可大部分的认可发生在日常生活之中，包括组织的员工与志愿者之间的相互欣赏和合作，这种认可可能会更有效，因为它时常发生，一年一次的庆祝餐不会比 365 天的融洽人际交往效果更好。日常的认可可能包括：说声谢谢；介入志愿活动并帮助他们决策；关心志愿者的家庭生活和兴趣；平等对待志愿者；邮寄感谢信给志愿者家庭；允许志愿者参加社区培训活动；记住志愿者的生日；庆祝志愿者参加志愿组织周年纪念等。

志愿者回报 志愿者因为提供志愿服务而获得的非物质利益。俗话说“送人玫瑰，手有余香”，志愿者在付出爱心、时间、技能、精力的同时，也可以得到社会认可、服务对象感激、增加社会关系与美誉度、结交更多的人脉关系、提升技能和自信心、扩大社会视野、扩大就业机会、促进个人成长与思想成熟等，这些都可作为志愿服务的回报。如安徽省合肥市张秉柱同志在获得“优秀志愿者”称号之后说：“在我有生之年能为老同志和孩子们做点服务是一件很平常的事，这让我感到很充实、很幸福。只要身体允许，我会一直坚持下去的。”这种内心的满足感就属于志愿者回报的一种。

志愿者激励方式 对志愿者们进行激励，促使他们积极行动起来，努力实现组织的目标的方式。志愿者激励的方式有很多，例如形象激励（充分利用视觉形象的作用，激励志愿者的荣誉感、成就感，例如媒体采访志愿者使其成为新闻人物）、兴趣激励（重视兴趣因素激励志愿者服务，如自然之友中的观鸟组都是由对鸟类感兴趣的人组成）、内在激励（志愿组织给志愿者带来的激励，如报酬、认同感）等。从给予志愿者激励的主体角度，又包括以下激励：政府激励（运用行政手段，对志愿者给予必要的法律、政策、资金、设施等方面的保障和支持）；社会激励（在全社会建立健全志愿服务的氛围，包括社会荣誉激励、社会回报激励和大众传媒宣传报道等）；组织内部激励（志愿者组织内部对志愿行为的激励，包括赞许和表扬、典型激励、参与管理等）；自我激励（志愿者对自己的激励，主要表现为志愿者进行服务获得的自我成就感、自我表现提升感和自我满足感等）；新型的激励方式，如时间储蓄等。

志愿者保障措施　为保障志愿者工作有序开展，志愿者组织根据本组织的情况，对志愿者的权利与义务、奖励与处罚等基本政策等方面做出的具体规定。保障措施的目的在于规范志愿者的行为，提高志愿服务的质量，为志愿者积极参与公共服务清除障碍并建立保障。包括以下内容：①法律保护。通过法律保护，从志愿者、志愿者组织和被服务对象三方的权利义务关系入手，明确三方纠纷解决机制，明确志愿者的权力、义务及法律地位；②技能培训。不但强调志愿服务精神，志愿者组织更应把服务的基本情况、交流沟通技能、组织技能、专业知识和技能，安全意识和应对措施等作为培训的范围和内容开办相关培训；③资金支持。为避免志愿者因参与志愿服务而加重生活负担，提供合理、必要的资金支持有助于保护志愿者的公益热情并为他们的参与提供方便。资金支持至少应包含必要的伙食费、住宿费、通讯费和差旅费等内容；④健康和安全管理制度。志愿者在参与志愿服务活动的过程中可能会遇到与人身健康和安全有关的各种问题，因此志愿者组织应该制定较为完善的志愿者健康和安全管理制度，如为志愿者购买具有一定保障效力的医疗保险和人身意外伤害保险；⑤志愿者个人发展支持机制。支持志愿者的个人发展也是推动志愿服务发展的重要措施，良好的个人发展支持机制能够吸引更多人投身于志愿服务事业，提升志愿服务的社会影响力。

志愿者离职管理　在志愿服务的末期，志愿者即将离开岗位，志愿服务组织采取一系列措施，提前规划志愿者离任前的安排，以帮助志愿者顺利完成工作总结和工作交接。离职管理的措施主要包括：对志愿者进行志愿服务鉴定、志愿者进行工作总结与工作交接、志愿者离岗访谈、志愿者告别、志愿者负面情绪管理、志愿者离职后持续沟通等。有效的离职管理可能为组织赢得一位长期的支持者，同时也能够扩大组织的社会资源网络。

志愿服务禁忌　志愿服务过程中，志愿者被禁止或忌讳的言行等。志愿服务禁忌分为两种情况，一种是志愿者不能违背志愿服务特征及志愿服务精神，如志愿者在志愿服务过程中虽然也有需求，但是向志愿服务对象索取志愿回报等与志愿精神相违背的行为就属于志愿服务禁忌的一种。另一种是志愿者被禁止的语言和行为。根据具体的志愿服务活动要求，禁忌事项也有所不同。如作为心理健康志愿者，保守服务对象的秘密是最基本的要求。作为助残志愿者，维护残疾人的尊严也是最基本的要求。志愿服务的对象不同，所用遵守的禁忌也不尽相同。以亚洲运动会礼仪志愿服务为例，具体禁忌包括：①数字的禁忌。除西方人以外，菲律宾人也认为数字 13 是厄运和灾难的象征，应尽量避开；②食物的禁忌。如伊斯兰国家不食猪肉，日本不食羊肉，印度教徒不食牛肉等；③颜色的忌讳。如日本人认为绿色是不吉利的象征，蓝色在埃及人眼中是恶魔的象征等；④花卉的忌讳。日本人认为荷花是不吉祥之物，黄色的花在法国代表不忠诚等；⑤肢体的忌讳。佛教国家不能随意摸人的头，如泰国等。中国的摇头表示不赞同，但尼泊尔恰恰相反，表示很愉快，很赞同。

志愿服务分享 志愿者将自己的志愿服务感受通过文字、图片等以各种途径与他人分享和提供给他人使用的行为。志愿服务是志愿者无偿给社会提供的服务，志愿者虽然不要求物质的回报，但是他们都希望结交更多的朋友，希望在服务的过程中得到快乐，并将这种快乐带给他人，也希望同他人共同感受志愿文化，以加深对志愿服务的感情，从而更加坚定地把自己奉献给志愿服务事业。除了召开志愿者座谈会以外，网络分享是志愿服务分享的主要途径，如志愿者在志愿服务活动结束后在博客、微博、微信上晒志愿活动的心得、收获，志愿者组织还通过建立网络论坛或留言平台供志愿者讲述志愿心得体会等。

志愿服务学习 将志愿服务与理念学习结合起来、学会服务与在服务中学习结合起来的过程。志愿服务学习的关键在于学习“责任”(Responsibility)。志愿服务学习的主要特征包括：有明确而真实的社会需要、志愿者有自主决定和分析性反思、志愿服务后分享与交流。志愿服务学习是一种重视学习因素的志愿服务，必须通过志愿服务活动与结构化的反思过程，以满足志愿服务使用者的需求，并促进提供志愿服务者的发展。包括四个要点：①借助于志愿服务活动的参与，志愿者与志愿组织一起合作，并努力符合活动真正的需求；②让志愿者针对志愿服务活动中的所见所为，进行思考、讨论与写作；③提供机会，让志愿者在自己真实生活的情境中，应用所学的新知识和新技能；④加强志愿者的内心情感建设，发展志愿者对他人关心的情感。志愿服务学习的主要特征包括：有明确而真实的社会需要、志愿者有自主决定和分析性反思、志愿服务后分享与交流。

志愿者心理辅导 也称“志愿者心理健康辅导”。心理辅导者与志愿者之间建立一种具有咨询功能的融洽关系，以帮助志愿者正确认识志愿服务的功能和价值，以及志愿者自身在志愿服务过程中的价值，从而使志愿者接纳自己，进而欣赏自己，并克服志愿服务中的障碍，充分发挥个人潜能，更好地参与社会服务。心理辅导还可以帮助志愿者解决个人成长的一些困惑，因为这些困惑尽管不是来自志愿服务本身，但却会影响志愿者的志愿服务效果。志愿者心理辅导由组织买单，聘请经验丰富的心理咨询师，定期或不定期地为有需求的志愿者提供专业化的一对一心理咨询服务。其意义在于解决志愿者在志愿服务以及个人成长过程中的困惑，促进志愿者自身的成长。

志愿者心理减压 也可以称为“志愿者压力管理”（stress management of volunteer）。志愿组织通过高效整合的心理咨询方式，以达成志愿者身心的平衡以及生活、工作、家庭的和谐。志愿者心理减压要求志愿者管理组织帮助志愿者解决生活中的具体问题，帮助志愿者在面对志愿服务的过程中表现出良好的适应性，在面对自己内心世界时没有激烈的情感冲突，使志愿者不管是身体还是心理都呈现出一种良好的心理弹性和积极的生活态度，从而更好地参与志愿服务。志愿者心理减压由组织买单，聘请心理专家，针对志愿者的压力源以及压力应对模式，主要以团体方式，结合专业化的心理减压室、志愿者业余兴趣俱乐部等，为志愿者提供服务；也可以结合各机构的具体情况，组织志愿者享受他们的业余爱好、郊游、娱乐、度假等。其意义在于缓解志愿者自身压力。

志愿者心理支持　基于心理动力学理论，利用诸如建议、劝告和鼓励等方式对志愿者在志愿服务过程中心理受损情况进行消除的过程。志愿者在从事志愿服务过程中会面临多方面的压力与困惑，因此需要来自社会各界的心理支持。内容包括：①技术支持。即由专业心理学工作者为志愿者传授基本的心理学知识、为志愿者提供及时的心理辅导等；②情感支持。来自志愿者的服务对象、志愿者的家人、志愿者周围的人群以及其他社会人群等对志愿者的理解、尊重、肯定与鼓励等，诸如一个微笑、一个眼神、一个手势、一句话等，都可以让志愿者在服务过程中得到来自情感上的支持而觉得满足；③物质支持。象征性的物质（如纪念章、微笑圈等）与补贴等。心理支持的目的是维护或提升志愿者的自尊感和自豪感，尽可能减少负面情绪的发生，以及最大限度地提高志愿者的适应能力。

志愿者心理资本　志愿者在从事志愿服务过程中表现出来的一种积极心理状态，是超越人力资本和社会资本的一种核心心理要素，是促进志愿者进步的心理资源。心理资本具有投资和收益特性，可以通过特定方式进行投资与开发，将其潜力挖掘出来，是在当今志愿服务工作场所中能被测量、开发、有效管理进而能提升效果的能力。志愿服务心理资本至少包括以下几个方面，即希望、乐观、韧性、主观幸福感、情商、组织公民行为等。提升志愿者心理资本的具体做法包括：①志愿者主动学习；②组织培训；③增加志愿者的相关经历与体验等。其意义在于提升志愿者的软素质。

志愿者心理健康　志愿者在志愿服务过程中表现出来的一种持续且积极发展的心理状态，在这种状态下，志愿者能做出良好的适应，并且充分发挥其身心潜能，从而更好地参与志愿服务。为了维持志愿者的健康心态，最好定期给志愿者进行心理健康辅导。存在心理健康问题的人在做志愿服务过程中不仅影响服务效果，很可能将自身的负能量传递给服务对象，从而产生意想不到的后果。就像微笑：心理健康的人会真心微笑，这种笑会感染他人，形成一种良性循环；而存在心理问题的人只会强颜欢笑，自己难受，他人也觉得别扭而产生不舒服的感觉。能使志愿者保持心理健康的做法包括：①为志愿者普及心理健康知识；②为志愿者提供心理咨询服务。

志愿者同理心　也称为“志愿者换位思考”。志愿者在志愿服务过程中需要站在服务对象的角度考虑问题，体会服务对象的情绪和想法，理解服务对象的感受和立场，并且用合适的情绪对服务对象做出回应，尤其是面对服务对象的指责和抱怨时更需要这种能力。志愿者同理心是志愿者愿意并积极从事志愿服务的重要影响因素之一。其意义在于促进志愿者与服务对象之间的相互理解，提高志愿服务质量与效果。

志愿者心理危机干预　通过外在力量的帮助或者调动处于危机之中的志愿者个体自身潜能，让志愿者重新建立或恢复心理平衡状态的心理技术。危机干预通常需要专业志愿者的参与，比如有专门危机干预经验的心理咨询师，一般的志愿者在经过一定的专业培训以后也可以谨慎地参与初级的危机干预工作。志愿者心理危机干预的具体做法包括：①培训：推广与普及心理危机干预的基本知识；②咨询：以团体与个体的方式，为相关志愿者提供及时的咨询服务。其意义在于预防与减少危机事件的发生；降低危机事件的消极影响。

志愿者压力信号　也称为“志愿者压力症状”（stress symptom），志愿者在志愿服务过程中的各种反应。包括生理信号（失眠、无食欲、频繁感冒、消化不良等）、心理信号（情绪波动大、失去兴趣、记忆力下降、注意力不集中等）、行为信号（错误不断、效率降低、行为拖沓等）三个方面。无论是志愿者本人还是志愿的服务对象，都可能因为承受压力而出现上述压力信号。及早发现志愿者的压力信号，可以及时采取措施，帮助志愿者减缓压力；同时，当发现志愿者存在不同程度的压力信号时，无论是作为领导者还是志愿者同行，不要一味地责怪，而要给予更多的关注、支持和理解。关注志愿者压力信号的意义在于能够及时发现志愿者的压力，避免严重的压力事件发生。具体方式包括：①培训：普及压力管理相关知识；②测试：检测志愿者压力状态；③观察与访谈：了解志愿者压力状态。

志愿者心理调适　志愿者在志愿服务的过程中难免因为各种情况造成自身的“埋怨心理”、“攀比心理”、“逆差心理”，从而造成志愿者的挫折感，影响志愿服务的质量。志愿者心理调适正是志愿者通过自我身心调节，尽快适应工作岗位，以便顺利完成志愿服务的行为。志愿者心理调适的基本要求是志愿者从内心认可压力、调整心态、自我激励、转移负面情绪。具体做法包括：平衡志愿服务、工作与家庭生活；保持良好的工作热情；保持积极的心态。以健康的身体、良好的心态和自我的超越，在志愿精神的引领下，追求完美的人生。

四、志愿者组织管理体系

志愿者组织功能　志愿者组织通过一定的组织形式动员志愿者人力资源、资金等各种资源，设计志愿服务项目，推动志愿者权益保障等，以组织活动的形式为志愿服务的开展和推动志愿服务事业的发展发挥有益的作用或效能。志愿者组织按照组织功能分为两类：枢纽型志愿者组织和操作型志愿者组织。枢纽型组织主要是对区域内、行业内的志愿者组织进行指导、管理和协调，并且对接政府、市场，为志愿服务的正常运行争取政策和资金支持；而操作型组织指的是招募志愿者开展直接的志愿服务工作的组织。

志愿者组织管理　志愿者组织为增强志愿服务对象、志愿者、组织员工、利益相关方和社会公众的满意度，在组织内部建立管理制度和政策、管理规范与流程、管理机制与职责，形成有利于志愿服务事业发展的组织环境，并通过有效运行和持续改进，以便有效地开展志愿服务活动，满足社会需求的活动。志愿者组织管理是依据组织章程开展管理活动，根据组织规模、服务领域、成长阶段的不同而采用的管理模式。通常一个志愿者组织的管理内容主要有：战略管理、制定组织和事业发展方向与具体目标、实现的路径及方法、资源配置等；组织工作计划及实施过程管理，包括组织人、财、物、事管理，如项目管理、活动管理、信息管理等；还有组织评估与文化建设。

志愿者组织宏观管理　志愿者组织在本组织范围内进行的，对本组织内的各项资源进行调整和改善，以促进组织的良性运行和健康发展为目的的管理过程。志愿者组织宏观管理是志愿者组织有序健康发展的重要保障。主要内容有：①财务管理。在一定的整体目标下，关于资产的购置（投资），资本的融通（筹资）和经营中现金流量（营运资金），以及利润分配的管理；②人力资源管理。通过招聘、甄选、培训、报酬等管理形式对组织内外相关人力资源进行有效运用，满足组织当前及未来发展的需要，保证组织目标实现与成员发展的最大化；③战略管理。对志愿者组织在一定时期的全局的、长远的发展方向、目标、任务和政策，以及资源调配做出的决策和管理艺术；④项目管理。运用管理的知识、工具和技术于项目活动上，来达成解决项目的问题或达成项目的需求；⑤营销管理。为了实现志愿者组织目标建立和保持与目标市场之间的互利的交换关系，而对设计项目的分析、规划、实施和控制。

志愿者组织内部管理　志愿者组织对内部运营、志愿服务及项目实施、组织建设与发展方面的规范过程。由于志愿者组织是基于自愿、公益利他和非营利的公共精神而成立的，组织成员以志愿者为主，因此组织内部管理更加侧重于成员之间的相互关系、团队协作与共同发展、个人成长与独立性。这就要求组织领导和管理人员应用更多的领导力去激励、支持组织成员投身于志愿服务之中。志愿者组织围绕组织的价值使命，在内部管理方面可以包含以下内容：战略管理、组织治理、人力资源、筹资、项目管理、绩效管理、公共关系、组织营销、信息管理、财务管理、组织创新、组织评估等。各志愿者组织在不同的发展阶段可建立相应的管理体系。

志愿者组织管理体系　以志愿者组织为一个整体，将组织所有的资源和服务活动按照组织的愿景、使命和战略，以及组织价值观和理念，建立以人为本、以过程为导向的政策制度、管理规范与流程、管理机制与职责、组织文化等系列总和。志愿者组织管理体系是组织开展志愿服务和组织发展的根本保障，主要包括四个部分：①组织战略管理。包括组织战略规划、工作计划；②志愿服务业务管理。包括项目开发与管理体系；③组织保障与资源配置体系。包括基础施设、筹资与资源配置，财务和信息管理等；④团队建设。包括组织结构与管理职责、人力资源、资源管理、合作伙伴与公共关系、志愿者管理等体系。

志愿者组织架构　对志愿者组织进行结构设计，使各部门之间权责明确，以便更好地开展志愿服务的行为。著名管理学大师哈罗德·孔茨（Harold Koontz）认为：组织结构的设计应该明确谁去做什么，谁要对什么结果负责，并且消除由于分工含糊不清造成的执行的障碍。志愿者组织架构的常见形式包括直线制、职能制、事业部制、矩阵制以及多维立体组织结构等。中国志愿者组织的结构设置具有同质化倾向，即基本上都设置有理事会、监事会和行政层执行机构（主要是秘书处），它们在志愿者组织中承担着不同的职能。

志愿者组织制度建设 志愿者组织决策层为了维护正常的工作秩序，保证组织各项政策的顺利执行和各项工作的正常开展，依照法律、法令、政策而制订的具有法规性或指导性与约束力的应用文，是各种准则、章程、规范、公约的总称。通过制定各项具体的行为准则和规范，能够协调内部成员的思想意志，保证组织宗旨、使命的实现，保证内部民主程序、原则的贯彻；同时也能够保证组织各项工作的连续性，避免由于人事变动而造成的脱节和随意性改变以及出现管理者的独裁问题。一个志愿者组织能够正规、有序地运作，很大程度上取决于组织的制度是否健全。志愿者组织制度建设的主要内容包括：成员招募制度建设、档案管理制度建设、内部责任制度建设、财务管理制度建设等。其目的在于保障志愿者组织的规范性和延续性、提供志愿者组织成员间协调交流的框架。

志愿者使用组织 使用志愿者的组织。志愿者使用组织所要表述的不是组织的性质，而是组织的行为。这样的组织可以是政府的，也可以是非政府的；可以是企事业单位、社会服务机构；可以是正式的，也可以是非正式的；可以是临时组织志愿服务的，也可能是专门从事志愿服务活动的。例如：中国红十字会组建救灾志愿者服务队，日常对志愿者进行训练和备灾，一旦灾情发生，立即组织救灾志愿者进行紧急救援。

志愿服务的政府购买 把原来由政府直接提供的部分社会服务，通过合同出租、业务分担、共同生产或解除管制等方式转交给私营公司、非政府组织或者其他社会法人团体，由这些团体按照合同要求和“成本——效益”最优方式为公民提供服务，政府在此则承担财政资金筹措、业务监督以及绩效考评等责任的志愿服务方式。按照国内外的实践，政府购买公共服务主要通过合同出租、项目资助等形式进行。合同出租指的是政府根据具体的社会需求决定某种公共服务的数量和质量标准，将公共服务转包出去，由企业或志愿者组织与政府签订提供公共服务的供给合同，而政府则以出资购买并依法监督管理企业或志愿者组织提供的公共服务。项目资助指的是志愿者组织根据社会的需求和组织的情况，围绕政府比较关注的社会建设领域，设计志愿服务项目，撰写志愿服务项目数，向政府申请项目资金支持。除了吸引政府购买公共服务的项目资金，积极“开源”之外，志愿者组织还可以争取政府的税收优惠政策，通过“节流”的方式解决组织所面临的资金问题。

企业或个人资助志愿服务 志愿者组织为了完成志愿服务项目而向企业或个人募集资金的行为。在中国，企业对公益事业、志愿服务进行捐赠的发展空间仍然很大。对公益事业、志愿服务事业进行捐赠，将会成为很多企业打造企业文化、履行社会责任的重要方式。因此，志愿者组织要学会如何从企业募集资金。要想成功地向企业募集资金，志愿者组织首先需要清楚、有效地界定有捐款意图的企业。其次，需要明确企业参与捐赠的动机，企业属于营利机构，其捐款的动机在于获得税收的减免、树立良好的企业形象、实现社会责任等，而最终的目的是提高企业利润。所以，志愿者组织和企业之间是互惠互利的关系，志愿者组织获得企业资助，同时也向企业提供回报。志愿者组织除了从政府、基金会或企业获得资助外，也可以从个人获得资助，主要有三种模式：第一种是会员制，有一些志愿者组织采取会员制的方式，通过向会员收取会费来获得一部分活动资金。第二种是AA制，对于有些处于初创阶段的志愿者组织而言，它们的活动资金一般都是通过骨干志愿者垫付的方式来获得，这种筹资模式称之为AA制。第三种是个人捐赠。当然还有一些机构通过义卖、义演等方式募集资金，从宽泛意义上讲，这也可以被认定为个人捐赠。

基金会资助志愿服务 基金会是指利用自然人、法人或者其他组织捐赠的财产，以从事公益事业为目的，依法成立的非营利性法人。志愿者组织可以通过两种渠道获得基金会的资助：①向有资助志愿服务项目意愿的基金会申请项目资金；②与相关基金会联合设立专项基金，通过更广泛、更便捷的渠道面向社会公众募集资金。申请志愿服务项目资金，可采用以下方法：①志愿者组织要学会甄别、选择资助意愿与组织领域相符合的基金会；②精心准备一个计划周全、具有吸引力的项目建议书；③明确基金会开展志愿服务资助的具体流程。一般而言，基金会对志愿服务项目的资助都要经过申请受理、审批立项、签订协议、拨款监管、评估结算等步骤。当志愿者组织已经具备较大的社会知名度和影响力，能够凭借自身的公信力吸纳相关资金，却又因为基金会管理体制方面的原因不能设立专门基金会的时候，这些志愿者组织可以采取与独立基金会联合设立专项基金的方式，借此吸纳各种企业、个人或者其他社会机构捐赠的资金，开展各种志愿服务活动。

志愿者组织会员制 一般而言，正规的志愿者组织都是由公民自发组织而成的社会团体，任何参与其中的公民都是其会员。会员与志愿者组织并不是一种隶属关系，不过两者之间却存在一定的权利义务关系，例如，志愿者组织可以向会员收取会费，保证志愿者组织的日常运行和活动支出，而会员也可以通过会员代表大会对志愿者组织的资金使用情况进行监督。让会员缴纳会费，能够巩固志愿者组织与会员（志愿者）之间的关系，加强会员对志愿者组织的认同和忠诚度；同时，还有利于提高会员参与志愿者组织公共事务的积极性，更好地发挥会员的作用。另一方面，会员制还有利于控制志愿者组织的规模，防止机构过大而陷入无序和低效。将会员的数目限制在一定范围内，便于志愿者组织进行精细化管理和运行；同时，通过收取会费的方式筹集资金，能够在最低限度上保障志愿组织的资金来源，防止志愿者组织因为资金短缺而陷入停止运作的境地。

志愿者组织AA制 各人平均承担所需费用，通常用于饮食聚会及旅游等场合。这种具有平等主义倾向的消费方式被很多志愿者借鉴到志愿服务领域，形成了志愿者组织AA制，解决了那些刚创立不久的志愿者组织，或者是松散型的志愿者组织，如以网络为平台的志愿者团队的筹资难题。对于那些刚刚组建的志愿者组织而言，由于尚不具备良好的社会公信力，同时又没有相关的社会关系可以申请政府、企业或者基金会的资金，由创建者采取AA制的方式筹集志愿服务活动的启动资金是唯一现实的选择；而对于那些松散型的志愿者团队，由于并不具备一个最起码的组织框架来管理志愿者组织的内部事务，包括财务、筹资等，也只能够采取AA制的筹资方式。采取AA制筹资方式的志愿者组织具有一个显著的特征：它们所开展的志愿服务活动的参与人数、服务范围、影响力都比较有限，因此所需要的资金也比较少。

枢纽型志愿者组织 承担志愿者组织的培育、促进、支持和管理功能，在政治上发挥桥梁纽带作用，在业务上具有较强的综合实务，在管理上承担业务主管职能的综合性或联合性志愿者组织。枢纽型志愿者组织的概念来源于“枢纽型社会组织”，此概念首次出现在2008年9月北京市社会工作委员会出台的《关于加快推进社会组织改革与发展的意见》。常见的枢纽型志愿者组织有纵向型（市、区县和街道各级志愿者联合会和协会）和横向型（青少年枢纽型、环保枢纽型、老年服务枢纽型、社区服务枢纽型、医疗健康枢纽型等某专业领域的组织）。

草根志愿者组织 由个人或群体自愿发起、无上级主管单位、但在相关社会组织管理部门正式注册或备案的、以开展志愿服务为主要内容的非营利组织。“草根”是相对于“官方”而言，强调其自发性、非政府性、资金自筹、自我管理运营。从组织目标和成员构成出发，由有着共同利益目标或者直接行动的社区成员进行集体倡议的形式之一，它在形成之初以一个议题为基础，它基于本地动员，服务于集体目标的达成。有研究者认为，草根志愿组织是在一定的地域范围内，由志愿者组成，基于共同议题，推动社会公益的一种集体行动和这种行动的形式。草根志愿者组织的发生与成长是社会发展的一个晴雨表，它不仅是志愿者从事志愿服务活动的载体之一，也是社会发育的场所，是公民学习和实践民主、学习协作与共同治理社会的“实验室”。移动互联网技术为个人参与社会事务、与社会沟通建立了快捷通道，大大促进了草根志愿者组织的发展。例如，一些开展乡村助学的志愿者，通过互联网建立了网上志愿者社区，他们身在不同城市，却能够协同工作为偏远地区的失学儿童筹集学费。

志愿服务使命 志愿者组织在社会中承担的责任、角色及其任务，是组织存在的根本目的。志愿服务使命是实现愿景的途径和方式，反映了社会对志愿者组织的要求，也包含着组织创办者和领导者的价值追求和抱负。志愿服务使命主要包括三个核心内容：一是向社会提供何种志愿服务，为谁服务，承担何种任务，即志愿服务的范围；二是呈现价值观、理念和宗旨，说明从事该志愿服务的理由；三是志愿服务带给服务对象和社会的公益效果，体现志愿服务的效益和价值。例如，联合国志愿人员组织的使命是“向发展中国家输送各种行业高、中级专业技术志愿人员，提供积极有效的援助，以支持全球人类的可持续发展。”志愿服务使命的作用，决定着志愿服务的方向、规划和资源配置，是志愿者组织制定战略规划、行动计划、组织运行和实施服务的重要纲领；使命具有感召力，以使命吸引志同道合的志愿者，可以保证组织内部成员对组织的主要任务认识清晰，在行动上团结一致；使命具有社会影响力，能够为资源的筹措、整合和配置提供衡量标准和基础。

志愿服务目标 志愿者组织在履行其使命的过程中所设定的长期和阶段性预期实现的结果。志愿服务目标具有正义性、社会性和公益性。一般涉及有关服务对象或受益人群、服务范围、工作领域、合作关系、资源整合等方面，可数量化、可检验、可实现的目标。志愿服务目标按照时间期限分为长期的战略目标（Goals），如5年或10年可实现的目标；近期的具体目标（Objectives），如1—2年内预期实现的目标。例如，某组织的战略目标是五年内加强1000家志愿者组织的志愿服务项目质量，促进当地志愿者注册数量提升20%。具体目标是每年提升200家志愿者组织负责人的项目管理能力。制订志愿服务目标可以使用“志愿服务问题—目标树”等方法进行科学分析，通过逻辑推演确定适合的目标体系。

志愿者组织公信力 志愿者组织获得志愿者和公众信任的能力。公信力原意是指为自己的行为负责，对某一件事进行报告、解释和辩护的责任，是一种社会系统信任，也是公共权威的真实表达。作为一种无形资产，能够给志愿者组织带来社会资源和影响力。志愿者组织公信力是社会对志愿者组织的认可及信任程度，它通过法律约束和自律规范来体现。自律包括一套约束组织行为的伦理规范、自我评估及社会交代。对社会的问题交代是指一种对组织依照其被授权所进行的工作给予解释、对其工作职责进行说明的要求。公信力作为一种无形资产，能够给志愿者组织带来社会资源和影响力。提升公信力的主要途径有：①信息披露，提高组织透明度——通过政府、独立的民间评估机构及主流媒体向公众提供相关信息；②建立完善的评估制度，完善责任追究制度——通过政府、独立的民间评估机构及媒体和公众的监督和评估形成强有力的防线；③提高组织自身能力，一方面提高其自制能力，另一方面，培养专业化的队伍。

志愿者组织战略目标 志愿者组织在履行其使命的过程中所设定的阶段性长期目标，一般会具体到有关受益人群、服务范围、工作领域、合作关系、资源整合等方面具体的能够量化的目标。战略目标是中长期目标，如5年或10年战略目标。一般情况下，组织会在战略目标之下制定更具体的工作目标（objectives），即近期目标，可以是一年或者两年为期。如到2015年，某市的社区志愿者注册率达到当地常住人口的10%。2013年12月2日，共青团中央、中国青年志愿者协会制定了《中国青年志愿者行动发展规划（2014—2018）》。《规划》提出目标任务是：到2018年，推动青年志愿者行动组织、队伍、项目、机制、平台等建设取得突破，科学化水平全面提升，保持在中国志愿服务事业中的“排头兵”地位；在服务青年成长、满足社会需求、引领文明风尚等方面发挥更大作用，为创新社会治理体制、加强社会建设做出新贡献。

志愿服务战略规划 志愿者组织根据内部外部环境因素对是否以及如何开展志愿服务所进行的长期计划和安排，最终形成战略规划文本，以指导和监督组织运营和开展志愿服务。志愿服务战略规划需要从宏观和微观两个层面来考虑。一是宏观方面，组织需要熟知目前社会发展状况，并结合组织的愿景和使命分析有哪些迫切的社会服务需求（社会服务需求评估），以及志愿者资源的发展趋势为满足这些社会服务需求提供了什么样的机遇（志愿者需求评估）。这两方面都属于宏观的、对外部环境的分析。二是微观层面，需要仔细审视自己的组织愿景和使命以及战略目标（愿景使命分析），明确组织引进志愿者的动机，并结合外部环境因素（社会服务需求，志愿者需求），分析组织在引进志愿者方面面临哪些机遇和挑战，组织的哪些优势能够帮助组织抓住外部机遇和应对外部挑战，而哪些劣势又需要组织有意识地避免或者弥补。这个过程也包括明确组织为了让志愿者充分发挥作用而提供的各项保障措施。志愿者服务战略规划流程通常包括以下步骤：①针对志愿者组织的外部环境进行扫描，可以就政治、经济、生态地理位置、科技发展水平、社会文化和风俗习惯等进行分析；②结合外部环境进行组织优劣势分析，了解组织可以利用外部哪些机会和资源，并且防范和应对哪些风险与挑战；③制定组织愿景和使命，促进团队成员达到共同愿景；④制定长期和短期事业目标与组织发展目标，确保目标是清晰可实现的、可量化且有时间期限的；⑤根据具体目标制订战略执行计划，进行资源配置与整合，确保组织能够贯彻实施；⑥战略规划的监测与评估，审视战略规划是否能够实现，以及如何改善。

志愿服务环境分析　对开展志愿服务的内外环境进行充分认识和评价，以便发现志愿服务的机会和威胁、分析优势和劣势，从而为开展志愿服务的战略管理过程提供指导。环境分析通常使用“PESTEL”分析模型，具体包括：①政治因素（Political）：是指对志愿服务活动具有实际与潜在影响的政治力量和有关的政策、法律及法规等因素；②经济因素（Economical）：是指经济结构、产业布局、资源状况、经济发展水平、劳动力和人力资源分布以及未来的经济走势等；③社会因素（Social）：是指组织所在社会中成员的历史发展、文化传统、价值观念、教育水平以及风俗习惯等因素；④技术因素（Technological）：技术要素不仅仅包括那些引起革命性变化的发明，还包括与志愿服务有关的新技术、新工艺、新材料的出现和发展趋势以及应用前景。例如微博和微信大大加强了志愿者之间的沟通与交流；⑤环境因素（Environmental）：是指具体开展志愿服务的地域性、人群性的，与物理环境相关的要素，是志愿者组织的活动及其志愿服务能与环境发生相互作用的要素；⑥法律因素（Legal）：是指法律、法规、司法状况和公民法律意识所组成的综合系统。

志愿者组织人力资源　组织中能够承担和推动组织与社会发展、具有劳动能力的人口总和。志愿者组织机构一般有两类人员，一类是专职人员，另一类就是志愿者。志愿者是怀着对社会负责的态度，不以获得报酬的目的，通过个人需求来选择行动，已经不属于个人的义务范围。相反，专职人员基本以获取机构的薪金为目的，与一般的单位企业人员相同，其管理方式与企业相同。发展人力资源的主要方法包括：①关注组织成员的优势，不能基于人的弱点来做事，若想让成员在组织中表现卓越，就必须发挥他们的优势；②设立长远发展目标，不能以一种狭隘又短浅的方式看待人力资源的发展，不要因某一特定工作而学习一些特定技能，应从整个职业生涯出发，设立长远目标发展人力资源；③提出高标准严格要求，关注成员实际表现而非潜力；④花时间精力去评估组织成员的绩效。⑤不要把社会等级制度引入组织中。

志愿服务组织者　发起、召集、组织、领导和实施志愿服务的人或组织。该称谓一般指一次性、定向性、合作式活动的组织者，常常通过互联网社区（Internet Community）或者社群（Group）、兴趣爱好俱乐部等，临时性地组合在一起。例如，2012 年 7 月 21 日夜晚，北京暴雨之下数万名乘客滞留在机场。由望京地区网友发起“望京人赴机场免费救援”活动，通过微博呼吁北京车友打开双闪灯，驾车前往机场免费接送滞留乘客。当晚有百余辆私家车参与了“双闪”志愿行动。

志愿服务责任人　志愿者组织或志愿服务项目中的相关责任人，他们承担志愿者组织管理、志愿服务项目或者活动管理、志愿者管理等责任，为具体的志愿服务目标负责。主要有志愿者组织负责人、志愿者经理、志愿服务项目经理。志愿者组织负责人，是指承担志愿者组织领导、计划、管理、评估和不断改善组织管理体系，带领组织成员完成组织使命的责任人。志愿者组织负责人多为组织的发起人，对组织生存与发展有着强烈的责任感。志愿者经理（Volunteer Manager），是为志愿者提供指导、支持和激励的管理人员。志愿者经理可以是志愿者组织、志愿者使用组织（VIO）的在职人员、兼职人员，以及志愿者担任。志愿者经理的主要职责是开发志愿者岗位、招募和匹配志愿者、志愿者入职辅导与培训、在志愿服务中对志愿者进行辅导和支持、志愿者认可与激励、志愿服务风险管理、志愿服务绩效评估等。志愿服务项目经理（Volunteer Program Manager）是由志愿者组织任命或者自愿承担志愿服务项目的责任人，通过将各种资源整合于项目活动中，运用项目管理手段来满足志愿服务需求，是负责实现项目目标的人。

志愿者组织筹资　根据志愿者组织的特点和对资源的需求，通过可能渠道依法筹措志愿者组织生存和发展所必需的资金，从而使志愿者组织完成某一社会使命的行为。志愿者组织虽然具有非营利性的特点，但是作为一个在市场经济中运行的组织，其具体活动仍需要资金支持。一方面，组织机构日常工作需要资金；另一方面，为提高社会服务水平，需要为社会提供一些公共产品或私人产品，这类活动也需要资金。筹资的主要途径和方法包括：①直接信函：直接以信件方式向目标对象诉求，寄出诸如信函、简介手册或其他相关资料；②基金会赞助；③寻求企业赞助；④特定主题活动：从跳蚤市场、竞标拍卖到舞台演出无所不包；⑤需求重量级捐助：个人捐助者都是金字塔顶端的重量级赞助者，组织者更应向他们使出营销沟通的浑身解数；⑤政府赞助；⑦做好自身建设和宣传，充分调动志愿者资源。

志愿者组织营销　志愿者群体、团队和机构等与资助方或其他组织进行沟通协商，交换有价值的产品并建立合作伙伴关系，以满足组织自身发展的需求和欲望的过程。组织营销是使整个组织的资源能够满足目标用户的需要，达到双方共同的目的。因此，组织营销是种思想意识，重点是维护与发展互动式、持续性和长久性的合作关系。因此，也称为合作伙伴发展（partnership development）管理。营销 4P's（product，price，place，promotion）理论奠定了营销世界的基石，成为组织营销的圣经。但志愿者组织作为一类新兴的组织，其特性决定了传统营销理论的局限性，基于传统营销理论基础之上的“4P + S + V”理论在关注全民志愿的前提下，从品牌营销、口碑营销和网络营销三方面为志愿者组织提供了相应的产品战略、价格战略、促销战略和利益相关群体战略，提高了产品的质量和内涵的丰富。

志愿者组织运行　志愿者组织按照战略规划和组织目标，运用组织结构及其职责开展动态的活动管理过程。组织运行包括组织制度的建立、组织冲突的协商、运行机制的建设、过程监测与评估等。具体来说，就是要建立一整套关于志愿者招募、培训、管理、考核、激励、保障的工作制度，通过这些制度，不断加强对志愿者和志愿组织的管理、考核、评价与激励，使得志愿者在参与志愿服务活动的过程中达到自我教育和社会教育的有机结合，也使志愿者组织的运行得以规范化和长效化，确保组织效率和公信力。影响组织运行的因素包括：①组织模式。志愿者的组织构建模式决定了志愿者组织服务的内容和服务的主旨，包括有团队的政治属性以及团队构成两个方面；②管理规范。规范、有序的管理机制是志愿者组织健康有序运行的关键。对志愿者组织的日常管理是通过在组织结构中，规定职务或职位，明确责权关系，规范工作制度，促进组织中的成员相互协作配合、共同劳动，有效实现组织目标的过程；③工作经费。从国际上来看，工作经费主要来自五个方面：政府资助、项目经费、政策支持、企业公民的投入、社会捐赠。从国内来看，我国的志愿者组织运行所需的工作经费主要来源于政党支持、企业赞助、有偿服务、成员均摊等；④外部环境。包括志愿服务理念，志愿服务立法以及政府支持力度等方面，有利于志愿服务发展的外部环境，对促进志愿者组织的运行有着积极的推动作用。

志愿者组织团队建设　志愿组织管理者有意识地在志愿者组织中努力开发有效的工作小组，通过自我管理的形式，负责一个完整的工作过程或其中一部分工作的过程。在该过程中，参与者和推进者都会彼此增进信任，坦诚相对，并愿意探索不同形式的志愿服务工作。志愿者组织团队建设的主要工作包括：组建核心层；制定团队目标；训练团队精英；培育团队精神；做好团队激励。志愿者组织团队建设需要警惕和避免的问题包括：志愿者精神离岗和超级志愿者出现等。其中团队精神的建设尤为重要。团队精神简单来说就是大局意识、协作精神和服务精神。团队精神的基础是尊重个人的兴趣和成就。核心是协同合作，最高境界是全体成员的向心力、凝聚力，也就是个体利益和整体利益的统一后而推动团队的高效率运转，明确的协作意愿和协作方式所产生的真正的内心动力是团队精神形成的关键。没有成员良好的心态和奉献精神，就不会有团队精神。

志愿者组织财务管理　在志愿者组织的战略目标框架下，按照国家法律法规和财务管理的原则，进行组织财务管理制度、资产的购置、筹资和志愿服务资金使用管理。财富管理是实现志愿服务组织可持续发展的必要条件，不仅有助于组织内部效率的提高和运作成本的降低，而且有助于其对外树立形象，提高组织的公信力，进而有助于组织的宗旨、目标和任务的实现。一个好的财务资产管理系统，不仅能在制度层面上有效遏制腐败的发生，而且还能够保障项目所需资金的使用效率，使组织处于安全运作状态。广义来说，包括三个层次：会计、财务管理和财务预算。志愿服务组织的财务记录是会计活动的基本内容，组织一定要抓好日常的原始凭证做好日记账、过账和对账、结账工作。狭义的财务管理是指根据财务资料、财务报告分析组织的经济行为并预测未来，包括成本分析、投资管理和财务分析三大环节，它们构成了广义志愿者组织财务管理的核心。财务预算勾画出的是组织未来的蓝图，通过预算的实施，使年度工作计划得到落实，使组织的目标得以实现。

志愿者组织评估　志愿者组织主管部门、资助方及组织自身依法依规实施组织监督管理职责，由评估组织根据评估标准，对志愿者组织进行客观、全面的评估。志愿者组织评估可由外部进行评估，也可由组织自我评估。良好的组织评估既可做到培育引导，又能做到规范管理，使志愿者组织以评促改、以评促建、以评促管、以评促发展。评估原则包括：①分级管理原则：各级民政部门负责本级志愿者组织评估工作的领导，并对下一级志愿者组织评估工作进行指导；②分类评定原则：按照志愿者组织类型的不同，分类进行评估；③客观公正原则：除了接受政府相关部门的评估和复核程序之外，还要接受社会监督，最大程度保证社会的广泛参与。评估程序和方法主要有包括发布通知、审核资格、实地考察、审核终评、公示结果、受理复核和发证授牌等七个环节。评估可分为五个等级，由高至低依次为5A级（AAAAA）、4A级（AAAA）、3A级（AAA）、2A级（AA）、1A级（A）。获得评估等级的志愿者组织在开展对外活动和宣传时，可以将评估等级证书作为信誉证明出示。

志愿者组织变革　运用行为科学和相关管理方法，对志愿者组织进行的有目的、有系统的调整和革新。包括权利结构、组织规模、沟通渠道、角色设定、志愿者组织与其他组织之间的关系以及组织成员的观念、态度和行为等。其目的在于适应组织的内外环境变化、技术特征和组织任务等变化，提高组织效能。弗里蒙特·卡斯特（Fremont E. Kast）提出了组织变革过程的六个步骤：①审视状态：对组织内外环境现状进行回顾、反省、评价、研究；②觉察问题：识别组织中存在问题，确定组织变革需要；③辨明差距：找出现状与所希望状态之间的差距，分析所存在问题；④设计方法：提出和评定多种备择方法，经过讨论和绩效测量，作出选择；⑤实行变革：根据所选方法及行动方案，实施变革行动；⑥反馈效果：评价效果，实行反馈。若有问题，再次循环此过程。这一模式对志愿者组织变革具有指导意义。

志愿者组织文化　志愿者组织全体成员共同接受并身体力行的价值观念、行为准则、思维方式、工作作风和团体归属感等群体意识等。它使每个志愿者组织都独具特色、个性鲜明。志愿者组织文化正如企业文化一样，是立足社会的精神标识、可持续发展的精神动力和品牌建设的形象展现。可分为显性组织文化和隐性组织文化两类。其中，显性组织文化就是以精神的物化产品和精神行为等明显方式表现出来的内容，包括志愿者组织的标志、工作环境、规章制度、学术成果和经营管理行为等，人们可以通过这些外显物部分推断出志愿者组织共同拥护的价值观。隐性组织文化是无物无形的，是志愿者组织文化最重要的组成部分，包括组织使命、价值观念、道德规范、组织精神等几个方面。其中，前两项至关重要，是志愿者组织的命脉所在，它们渗透于志愿者组织文化的物质、制度和精神等各个层面，具有指引方向和软约束的作用。

志愿者组织能力　组织为了实现自身的愿景和宗旨而应拥有的筹措和管理社会资源所需要的基本能力。其基本内容应包括治理能力、创新能力、协调能力和持续发展的能力。治理能力涉及组织的制度建设、人力资源管理机制、社会资源的动员机制、理事会成员的组成和理事会的政策治理框架等。本质是作为组织的领导人能否最大限度地调动组织所有相关人员的积极性，分享组织的理念、宗旨和价值。创新能力关系到组织存在的价值和它在社会活动中的影响力，关系到组织的品牌建设、吸引专业人员进入等基本问题。创新能力不仅仅包含组织人员的更新、知识的更新、项目设计的更新，更为重要的是组织价值、观念的更新，即如何确立为实现人类更美好的生活而努力奋斗的远大目标。协调能力是指组织协调、开发和更新，拥有的社会资源去实现组织长远目标和近期目标的能力。持续发展能力是指一个组织在实现其愿景、宗旨和目标过程中，能够形成一个均衡的发展机制，既具有解决现实困境的能力，又具备结合组织的战略设想而达到持续发展的控制能力。

志愿者组织价值观　志愿者组织对志愿服务的意义、重要性的总体评价和基本看法。一方面表现为组织的价值取向、价值追求，凝结为一定的价值目标；另一方面表现为组织的价值尺度和准则，成为组织判断某一事物有无价值及价值大小的评价标准。价值观是独有的、本质的，起决定作用的，价值观看起来是“虚”的，其实是“实”的。它是为实现使命而提炼出来并予以倡导，指导组织成员的共同行为准则；它是深藏在成员心中，决定影响成员行为，并通过成员日复一日表现出来的处事态度。

志愿者组织分析　帮助组织更好地了解自身的优劣，同时明晰使用志愿者对组织可能带来的机会与威胁是什么，从而有助于组织做好志愿服务规划的活动或行为。志愿者组织分析常用的工具是 SWOT 分析方法。S 代表 Strength（组织外部的优势），比如清晰的使命和战略，充实的资金，专业和强壮的团队，或者是有广泛而紧密的合作伙伴网络等；W 代表 Weakness（组织内部的弱势），比如资金匮乏，缺少专业全职人员，组织管理效能低，业务模式不清晰等；O 代表 Opportunity（组织外部的机遇），比如宏观政策改善，政府购买，志愿者参与热情高涨，志愿者数量增加，企业社会责任增强等；T 代表 Threat（组织外部的威胁），比如自然灾害可能对人身财产造成伤害，企业利用公益活动去获取商业赢利等。

志愿者组织定位　志愿者组织为组织设计核心价值与形象的行为，以便使社会公众和志愿者了解并认同组织独特的价值。志愿者组织的定位是要创造一个独一无二的差别，并且要让他人知道这个独特之处。组织定位也是组织建立核心优势、确定服务领域和建立组织品牌的过程。同时，志愿者组织作为人类社会基本的组织形式之一，和企业、政府不一样，它不是靠“利益动机”驱动，而是凭借“宗旨”凝聚和引导。具体来说，包括以下几方面：①角色定位。那些以开展或推广志愿行为、传播志愿精神为业务范围的群体、团队、组织和机构。②价值定位。志愿精神——志愿精神的核心是服务、团结的理想和共同使这个世界变得更加美好的信念。③目标定位。那些由共青团、妇联、民政局等政府或准政府机构发起的志愿组织承担着为政府排忧解难的职能，将完善社会保障体系、推动社会精神文明建设或者保护弱势群体作为组织的目标；其他自发联合成立的志愿组织更是致力于某一特定目标，像国内的自然之友、惠泽人咨询服务中心、农友之家等志愿组织都在环境保护、权益维护等方面矢志不渝地倡导和坚持着自己的理想。④服务定位。志愿服务作为一种自愿的、不计物质报酬而参与社会活动，并推动人类发展、社会进步的行为，已经成为人类社会生活的重要组成部分，体现着社会的文明进步。具体做法为：①贯彻落实志愿组织的使命，使整个组织找到落实其宗旨的任务定位；②确定组织的优先目标，分清轻重缓急，将有限的资源用于组织发展最紧迫的事情上；③有效诊断出组织发展中存在的问题，有序地推进组织的创新；④密切注意外部环境的变化，牢固抓住有利于组织发展的机会。

志愿者组织合作伙伴 通过投资、承接服务、合作服务或其他方式与志愿者组织合作的组织或个人。为了能够持续地给志愿者组织带来资源、知识、技能、管理经验，提升组织公信力与能力，志愿者组织与合作伙伴之间基于共识与信任、合作与共享，联合推动志愿服务，从而获得一加一大于二的效果。在志愿者组织合作伙伴关系上，一方面是党和政府鼓励“社工+志愿者”服务模式，采取多种措施鼓励社工与志愿者的积极合作；另一方面，大量社会团体、社区机构的服务项目将社工与志愿者连接起来，探索了丰富多样的合作途径。如广东省率先成立“社工与志愿者合作论坛执委会”，从多方面探索合作发展的途径。以联合国国际志愿者年（IVY）为例，IVY 的巨大的成功之一就是使志愿者组织之间建立起一系列不同层次，横跨所有部门的伙伴关系，而这些关系很多都是在政府的推动或者支持下取得的。香港的社会福利模式提供了一个更为灵活的组合框架，包括政府和非政府机构合作的伙伴关系，公营部门（包括政府和政府资助）和市场服务（如私营老人院）的监管协调，现金服务与个人服务的共融，全民性无偿服务、全费服务和低偿服务的配合等等，都是经过理性探索而得出来的程式选择。

志愿者与志愿者组织的关系 志愿者在志愿者组织中的法律关系，以及在实务中志愿者组织对志愿者的管理关系。根据《北京市志愿服务促进条例》规定：“志愿者组织依据章程组织志愿者开展志愿服务活动。”从与志愿服务组织的关系分析，志愿者与志愿服务组织之间是一种民事关系，就其内部来说，如志愿者组织违约时，志愿者有权自由退出志愿服务组织，而志愿者违约时，志愿服务组织也有权强令志愿者退出志愿者组织并终止其服务。对外而言，当志愿者在安排的志愿服务过程中，造成被服务对象的损失时，志愿者按照志愿者组织的安排在提供志愿服务时因故意或过失给服务对象或其他相关人员造成损失的，由志愿者组织依法承担民事责任；志愿者组织可以之后向有故意或重大过失的志愿者行使追偿权。在实践操作中，通常志愿者与志愿者组织的合作关系表现为三种：①重合型关系，即志愿者组织的所有员工均由志愿者构成，共同为组织目标工作。常见于志愿者组织创建初期或者由志愿者自己发起的临时性或短期志愿服务项目及活动；②合作型关系，即志愿者组织对志愿者实施管理与支持，志愿者提供规范服务，并在服务中发展，达到多赢目标。常见于实施专业化程度较高、规范化志愿服务的组织，或者长期志愿服务项目；③游离型关系，即志愿者组织只是在有服务需要时临时招募志愿者，比如大型活动、一次性志愿服务。

第三部分　法规及相关制度

一、全国性立法文件

红十字会法　中华人民共和国为保护人的生命和健康，发扬人道主义精神，促进和平进步事业，保障红十字会依法履行职责而制定的法律。1993年10月31日第八届全国人民代表大会常务委员会第四次会议通过，共六章二十八条。规定中国红十字会是从事人道主义工作的社会救助团体。中国红十字会应遵守宪法和法律，遵循国际红十字的相关约定和章程，独立自主地开展工作。人民政府对红十字会给予支持和资助，保障红十字会依法履行职责，并对其活动进行监督。对于红十字会组织的设立、理事会的选举以及取得社会团体法人资格都做出了规定。红十字会应该履行救灾、防病、开展其它人道主义服务活动等职责。红十字会使用红十字标志；它是白底红十字、有保护作用和标明作用的标志。禁止滥用红十字标志。红十字会的经费主要来源有会员缴纳的会费、国内外组织和个人捐赠的款物、动产和不动产的收入和政府拨款。红十字会为开展救助工作，可以进行募捐活动；其接受用于救助和公益事业的捐赠物资，按照国家有关规定享受减税、免税的优惠待遇。红十字会的经费使用应当与其宗旨相一致，依照国家有关法律、法规的规定进行，并接受人民政府的检查监督；任何组织和个人不得侵占和挪用红十字会的经费和财产。

社会团体登记管理条例　中华人民共和国为保障公民的结社自由，维护社会团体的合法权益，加强对社会团体的登记管理，促进社会主义物质文明、精神文明建设而制定的行政法规。1998年9月25日国务院第八次常务会议通过，自1998年10月25日起施行。共七章四十条。规定社会团体是指中国公民自愿组成，为实现会员共同意愿，按照其章程开展活动的非营利性社会组织。成立社会团体，应当经其业务主管单位审查同意，并依照条例的规定进行登记；社会团体应当具备法人条件。社会团体必须遵守宪法、法律、法规和国家政策，不得反对宪法确定的基本原则，社会团体不得从事营利性经营活动。第七条规定全国性的社会团体，由国务院的登记管理机关负责登记管理；地方性的社会团体，由所在地人民政府的登记管理机关负责登记管理。申请成立社会团体，应当经其业务主管单位审查同意，由发起人向登记管理机关申请筹备。申请筹备成立社会团体应在申请前拟定包括必要内容的章程；依照法律规定，自批准成立之日起即具有法人资格的社会团体，应当在规定日期内向登记管理机关备案，由登记管理机关下发《社会团体法人登记证书》；社会团体凭《社会团体法人登记证书》申请刻制印章，开立银行账户。社会团体应当将印章式样和银行账号报登记管理机关备案。社会团体的登记事项、备案事项需要变更的，应由业务主管单位审查同意后向登记管理机关申请变更登记、变更备案。

民办非企业单位登记管理暂行条例 中华人民共和国为规范民办非企业单位的登记管理，保障民办非企业单位的合法权益，促进社会主义物质文明、精神文明建设而制定的行政法规。1998年9月25日国务院第八次常务会议通过，1998年10月25日发布并施行。共六章三十二条。内容包括对民办非企业单位概念的界定，申请登记的条件以及程序、步骤和事项，以及违反规定如何给予处罚等。第二条规定，“民办非企业单位”是指企业事业单位、社会团体和其他社会力量以及公民个人利用非国有资产举办的，从事非营利性社会服务活动的社会组织，故民办非企业单位不得从事营利性经营活动。第五条规定国务院民政部门和县级以上地方各级人民政府民政部门是本级人民政府的民办非企业单位登记管理机关（以下简称登记管理机关）。登记管理机关负责同级业务主管单位审查同意的民办非企业单位的登记管理。第二十一条、第二十二条对民办非企业单位的资产也做出明确规定，要求其来源必须合法，任何单位和个人不得侵占、私分或者挪用民办非企业单位的资产。民办非企业单位必须执行国家规定的财务管理制度，接受财政部门的监督；资产来源属于国家资助或者社会捐赠、资助的，还应当接受审计机关的监督。民办非企业单位有条例列出的违法行为，由登记管理机关予以警告，责令改正，可以限期停止活动；情节严重的，予以撤销登记；构成犯罪的，依法追究刑事责任。

公益事业捐赠法 中华人民共和国为鼓励捐赠，规范捐赠和受赠行为，保护捐赠人、受赠人和受益人的合法权益，促进公益事业的发展而制定的法律。1999年6月28日第九届全国人民代表大会常务委员会第十次会议通过，自1999年9月1日起施行。共六章三十二条。规范了捐赠和受赠行为，对鼓励捐赠，保护捐赠人、受赠人和受益人的合法权益，促进公益事业的发展，具有重要意义。规定自然人、法人或者其他组织可以选择符合其捐赠意愿的公益性社会团体和公益性非营利的事业单位进行捐赠。政府一般不能接受捐赠，但在发生自然灾害或者境外捐赠人要求政府作为受赠人时，县级以上政府及其部门可以接受捐赠，但不得以本机关为受益对象。捐赠财产兴建公益事业工程项目，应当订立捐赠协议。捐赠人对于捐赠的公益事业工程项目可以留名纪念，可以提出工程项目名称报县级以上政府批准。公司和其他企业、自然人和个体工商户依照本法捐赠财产用于公益事业，依照法律、行政法规的规定享受所得税方面的优惠；境外向公益性社会团体和公益性非营利的事业单位捐赠的用于公益性事业的物资，依照法律、行政法规的规定减征或者免征关税和进口环节增值税；对于捐赠的工程项目，当地政府应当给予支持和优惠。

民办非企业单位登记暂行办法 为完善民办非企业单位登记相关程序，根据《民办非企业单位登记管理暂行条例》制定的部门规章。1999年12月28日民政部发布施行。共二十九条。规定民办非企业单位登记管理机关审核登记的程序是受理、审查、核准、发证、公告。经审核准予登记的，登记管理机关应当书面通知民办非企业单位，并根据其依法承担民事责任的不同方式，分别发给相关证书。对不予登记的，登记管理机关应当书面通知申请单位或个人。民办非企业单位的住所、业务范围等发生变动的，申请变更登记时需提供相关变更登记申请书和业务主管单位对变更登记事项审查同意的文件；民办非企业单位变更业务主管单位时，须在原业务主管单位出具不再担任其业务主管单位的文件之日起 90 日内找到新的业务主管单位，并到登记管理机关申请变更登记。登记管理机关核准变更登记的，民办非企业单位应交回民办非企业单位登记证书正副本，由登记管理机关换发新的登记证书。规定民办非企业单位登记证书正本和副本具有同等法律效力；民办非企业单位登记证书的正本应当悬挂于单位住所的醒目位置；民办非企业单位登记证书副本的有效期为 4 年。

基金会管理条例 中华人民共和国为规范基金会的组织和活动，维护基金会、捐赠人和受益人的合法权益，促进社会力量参与公益事业而制定的行政法规。2004 年 2 月 4 日国务院第 38 次常务会议通过，自 2004 年 6 月 1 日起施行。共七章四十八条。界定“基金会”是指利用自然人、法人或者其他组织捐赠的财产，以从事公益事业为目的，按照规定成立的非营利性法人。规定基金会依照章程从事公益活动，应当遵循公开、透明的原则。国务院民政部门和省、自治区、直辖市人民政府民政部门是基金会的登记管理机关；国务院有关部门或者国务院授权的组织，是国务院民政部门登记的基金会、境外基金会代表机构的业务主管单位。第二十条规定基金会设理事会，理事为 5 人至 25 人，理事任期由章程规定，但每届任期不得超过 5 年。为保证基金会基金用于公益事业，第二十九条明确规定公募基金会每年用于公益事业支出不得低于上一年总收入（包括利息收入、募集资金、接受捐赠和投资收入等，但原始基金除外）的 70%；而非公募基金会每年用于公益事业支出，不得低于上一年基金余额（包括原始基金、利息收入、接受捐赠和投资投入等）的 8%。基金会登记管理机关和业务主管单位对基金会实施监督管理，对于违反规定行为的基金会和责任人予以相应惩罚。

援外青年志愿者选派和管理暂行办法 为规范援外青年志愿者选派和管理工作，促进青年志愿者援外服务工作的健康发展而制定的部委规章。中华人民共和国商务部第 11 次部务会议审议通过，自 2004 年 11 月 2 日施行。共十九条，对开展援外志愿服务的目的、概念、工作内容、条件、组织、招募方式、志愿者选拔办法、培训、奖励等内容进行了界定。规定援外青年志愿者主要被派往对中国友好的发展中国家从事教育、医疗卫生和其他有益于发展中国家公益事业发展的服务。援外青年志愿者是国家援外人员的组成部分，主管部门为商务部。明确了商务部在援外青年志愿者的组织工作中承担的职责，包括制定派遣援外青年志愿者年度计划、与受援方有关部门商谈、签署合作协议、援外青年志愿者在国外工作期间的管理工作。规定中国青年志愿者协会承担志愿者的培训、手续办理的任务，援外青年志愿者的招募方式、招募原则、选拔与录用。

中国社区志愿者注册管理办法 为促进社区志愿者队伍的组织建设更加规范、有序、健康地发展，全面推动社区志愿服务事业而出台的部门规章。由中国社会工作协会志愿者工作委员会主任会议讨论通过，自 2005 年 9 月 16 日起施行。共五章三十二条，对社区志愿者的招募、注册、管理、培训、评估、奖励等方面进行了规定。规定社区志愿者组织是社区志愿者的管理单位，负责建立健全社区志愿服务的规章制度，组织开展社区志愿者的服务活动，负责社区志愿者的招募、注册、培训、管理、考核、表彰以及宣传等相关事宜。注册社区志愿者按照不计报酬、自愿参与的原则参加各项社区志愿服务活动，并接受社区志愿者组织的统一管理。对志愿者工作的评估、对优秀志愿者的奖励和对不合格志愿者的管理进行了规定，明确了社区志愿者组织对注册社区志愿者的年度评定工作，要根据社区志愿者提供志愿服务的时间和服务质量，采取星级评定激励机制，并授予社区志愿者星级证书。

企业所得税法实施条例　中华人民共和国为使中国境内企业和其他取得收入的组织缴纳企业所得税，根据《中华人民共和国企业所得税法》制定的行政法规。2007 年 11 月 28 日国务院第 197 次常务会议通过，自 2008 年 1 月 1 日起施行。共八章一百三十三条，对企业所得税法的有关规定做了进一步细化。明确非居民企业委托营业代理人在中国境内从事生产经营活动的，包括委托单位和个人经常代其签订合同，或者储存、交付货物等，视为非居民企业在中国境内设立机构、场所。规定准予企业税前扣除的与取得收入有关的支出，是指与取得收入直接相关的支出；合理的支出，是指符合生产经营活动常规，应当计入当期损益或者有关资产成本的必要和正常的支出。对企业所得税法规定的税收优惠的范围和办法作了进一步明确，主要包括：扶持农、林、牧、渔业发展的税收优惠；鼓励基础设施建设的税收优惠；支持环境保护、节能节水、资源综合利用、安全生产的税收优惠；促进技术创新和科技进步的税收优惠；符合条件的非营利组织的收入的税收优惠；非居民企业的预提税所得的税收优惠。此外，还对源泉扣缴、特别纳税调整、征收管理等内容作了进一步规定。

救灾捐赠管理办法　为加强对救灾捐赠的管理而出台的部门规章。2007 年 10 月 26 日经中华人民共和国民政部第二次部务会议原则通过，2008 年 4 月 28 日公布，自公布之日起施行。这是在 2000 年 5 月 12 日民政部发布的《救灾捐赠管理暂行办法》的基础上，对有关规定做了新的调整。一是明确了具有救灾宗旨的公募基金会是救灾募捐主体，并扩大救灾捐赠受赠人的范围，把县级以上人民政府民政部门委托的社会捐助接收机构及经认定具有救灾宗旨的社会团体、基金会、民办非企业单位作为救灾捐赠受赠人。二是下放分配、调拨救灾捐赠款物和变卖救灾捐赠物资的权限，对境内的救灾捐赠物资由县级以上地方人民政府民政部门批准后变卖，境外的救灾捐赠物资由省级人民政府民政部门批准后变卖。三是对接收捐赠凭证按照现行财务、税收管理规定进行规范，对税收优惠作了原则规定，对接收外汇的方式进行调整，对救灾捐赠款物的使用期限做出明确规定，对有关救灾捐赠的信息公布作了强化。四是考虑到救灾捐赠活动的特殊性，规定各级民政部门在组织救灾捐赠工作中，不得从捐赠款中列支费用，经民政部门授权的社会捐助接收机构、具有救灾宗旨的公益性民间组织，可以按照国家有关规定和自身组织章程，在捐赠款中列支必要的工作经费。五是规定救灾捐赠受赠人对不依照协议转移捐赠财产的追要程序和手段，增加了对挪用、侵占或者贪污救灾捐赠款物的法律责任和救灾捐赠受赠人的工作人员的法律责任。

社会组织评估管理办法　为全面规范中国社会组织评估工作，为社会组织评估工作沿着法制化的轨道健康发展提供法律保障而制定的部门规章。2010 年 12 月 20 日由中华人民共和国民政部部务会议通过，自 2011 年 3 月 1 日起施行。确认了对社会组织评估体系的制度，保证了评估工作的长久性和稳定性。共七章三十七条，主要内容为：总则、评估对象和内容、评估机构和职责、评估程序和方法、回避与复核、评估等级管理、附则。规定评估对象即民政部门负责登记管理的社会团体、基金会和民办非企业单位三类社会组织。评估坚持政府引导和自主参加原则。规定评估实行政府指导、社会参与、独立运作的工作机制，各级民政部门设立相应的社会组织评估委员会和评估复核委员会，负责社会组织的评估和复核工作，使评估工作做到公开透明、客观公正。规定评估程序包括发布通知、审核资格、实地考察、审核终评和公示授牌等几个环节。评估共设五个等级。为加强对评估等级结果的管理，还明确对不符合评估等级要求、违规使用评估等级证书牌匾以及受到有关政府部门行政处罚等情况的，可以做出降低或者取消评估等级的处理。此外，还确立了不向评估对象收取评估费用的原则。评估工作人员不仅要在所从事领域具有突出业绩和较高声誉，还要公正廉洁、坚持原则，实行回避制度。

二、地方性法规

山东省青年志愿服务规定 山东省为倡导“奉献、友爱、互助、进步”的志愿者精神，规范和促进青年志愿服务活动，保障青年志愿者和青年志愿者组织的合法权益，推动社会主义精神文明建设而制定的地方性法规。2001 年 8 月 18 日山东省第九届人民代表大会常务委员会第 22 次会议通过，自 2001 年 10 月 1 日起施行。明确了捐赠人捐赠财产用于青年志愿服务活动，依法享有税收方面的优惠；县级以上人民政府应当为青年志愿服务活动提供必要的资助。共十六条，分别对青年志愿服务主体、服务范围、服务对象；青年志愿者组织与服务对象之间的关系；青年志愿者参加志愿服务活动的要求；青年志愿者的考核评价制度；青年志愿者及其组织的合法权益；对青年志愿服务活动有突出贡献的青年志愿者和志愿者组织应当给予鼓励、支持、资助、表彰和奖励；盗用或假冒青年志愿者组织名义进行活动所应承担的责任等方面做出了明确规定。第二条第一款将青年志愿服务规定为“青年志愿者或者青年志愿者组织自愿进行的有益于人民群众生产、生活、安全和社会发展的服务活动”。明确了青年志愿服务组织应该履行的工作职责，要求国家机关、社会团体、企业事业单位、其他组织应该对青年志愿服务活动给予资助，政府机构要对服务优秀的青年志愿者进行表彰。规定对青年志愿服务活动捐赠有突出贡献的自然人、法人或者其他组织，由人民政府或者其他部门予以表彰。

福建省青年志愿服务条例 福建省为促进和规范青年志愿服务活动，倡导“奉献、友爱、互助、进步”精神，弘扬社会主义道德风尚，保障青年志愿者及其组织的合法权益而制定的地方性法规。2003 年 4 月 1 日福建省第十届人民代表大会常务委员会第二次会议通过，自 2003 年 5 月 4 日起施行。共有十九条，对青年志愿者、青年志愿者组织的定义，青年志愿服务范围，青年志愿者注册制度，青年志愿者组织的职责和工作、青年志愿服务事业的地位与作用，志愿者的职责与义务，服务对象的构成与领域，物质保障开展等都做了规定。第二条第二款将青年志愿者组织界定为“具备《社会团体登记管理条例》规定的条件，并经县级以上人民政府民政行政主管部门依法登记”的合法团体。明确了青年志愿服务的主要范围和重点服务对象，规定学校、企事业单位、政府等方面对志愿者服务活动的支持。

河南省人民代表大会常务委员会关于深入开展青年志愿服务活动的决定　河南省为促进和规范青年志愿服务活动，倡导“奉献、友爱、互助、进步”精神，弘扬社会主义道德风尚，保障青年志愿者及其组织的合法权益而制定的地方性法规。2003 年 5 月 29 日河南省第十届人民代表大会常务委员会第三次会议通过，自 2003 年 5 月 29 日起施行。共十条。规定志愿服务的目的和依据；定义青年志愿者、青年志愿者服务组织，以及志愿者服务的范围对象；规定志愿服务中青年志愿者、青年志愿者组织、被服务对象之间的关系，志愿服务的工作程序；要求各级政府、企事业单位、学校为青年志愿服务活动提供支持和资助。规定在青年志愿服务活动中各个主体应当承担的法律责任和一系列奖励志愿服务活动的措施，突出了政府和社会对志愿服务事业的支持和保障。

杭州市志愿服务条例　杭州市为规范和促进志愿服务活动，保障志愿服务组织和志愿者的合法权益而制定的地方性法规。2003 年 8 月 21 日杭州市第十届人民代表大会常务委员会第十二次会议通过，2003 年 11 月 6 日经浙江省第十届人民代表大会常务委员会第六次会议批准，自 2004 年 3 月 5 日起施行。共二十七条，结合杭州市实际情况，对志愿服务的内容和志愿者服务组织的定义、工作职责，志愿者享受的权利和义务等内容都做了规定。将志愿服务组织的法律地位确定为社会团体法人；规定志愿服务组织应当发给志愿者志愿服务证、志愿服务记录册和志愿者标志。规定立法目的和适用范围；界定了志愿服务、志愿者组织等相关概念；规定志愿者组织的职责及工作开展等内容。规定志愿者享有的九项权利和七项义务；志愿服务范围，志愿者、志愿者组织与志愿服务对象之间的关系；政府、企事业单位、学校等方面对志愿服务活动的支持与保障，以及志愿服务工作经费的来源。第二十三条明确了志愿服务工作经费由政府财政拨款、社会捐赠和资助及其他合法收入组成。

抚顺市志愿服务条例　抚顺市为规范和促进志愿服务活动，推动社会主义精神文明和物质文明建设，保障志愿者及其组织的合法权益而制定的地方性法规。2004 年 4 月 14 日抚顺市第十三届人大常委会第九次会议通过，2004 年 5 月 29 日辽宁省第十届人大常委会第十一次会议批准，自 2004 年 7 月 1 日起施行。共二十八条，对志愿服务的性质、志愿服务工作指导、志愿者的注册要求以及志愿者享有权利和义务等内容作了规范。界定了志愿服务的概念：志愿服务是指志愿者组织或者志愿者自愿无偿地服务人民群众生产、生活和其他有利于社会发展的行为。第八条规定志愿服务组织体系，抚顺市志愿者协会负责本市范围内的志愿服务活动的规划、管理、组织、协调、监督工作，市志愿者协会可下设志愿者工作指导中心、志愿者工作站和志愿者服务队，具体负责志愿者开展志愿服务活动。明确注册志愿者的条件，以及注册志愿者所享受的权利和应当承担的义务，第十五条规定符合本条例第十一条规定的条件，每年参加不少于 40 小时志愿服务的志愿者，可以申请成为注册志愿者。规定志愿者志愿服务的认证制度、奖惩制度等评选表彰活动。

银川市青年志愿服务条例　银川市为规范和促

进青年志愿服务活动，保障青年志愿者及其组织的合法权益而制定的地方性法规。2004年8月12日银川市第十二届人民代表大会常务委员会第四次会议通过，2004年9月9日宁夏回族自治区第九届人民代表大会常务委员会第十二次会议批准，自2004年11月1日起施行。共三十条，从青年志愿服务组织的注册、志愿服务的范围、志愿者的权利和义务、青年志愿服务的表彰评定等各个方面进行规定。界定了制定目的和适用范围，规定国家机关、社会团体、企业事业单位、教育部门和新闻媒体对青年志愿服务应做出积极的支持和保障。规定青年志愿者的基本条件、青年志愿者享有的权利和应履行的义务。界定青年志愿者和青年志愿组织服务的主要对象：残疾人、老年人、优抚对象和其他有特殊困难需要帮助的社会成员。

成都市志愿服务条例　成都市为促进和规范志愿服务活动，维护志愿者组织和志愿者的合法权益而制定的地方性法规。2004年11月25日成都市第十四届人民代表大会常务委员会第十一次会议通过，2005年4月6日四川省第十届人民代表大会常务委员会第十四次会议批准，自2005年6月6日起实施。共七章三十一条，对志愿者组织的职责、志愿者注册条件、志愿者的权利和义务等内容做出规定。第一章“总则”，规定立法目的、适用范围、相关概念界定等。第二章“志愿者组织”，规定志愿者组织的职责及工作开展等内容。第三章“志愿者”，规定志愿者注册的基本条件，志愿者享受的权利和应履行的义务。第四章“志愿服务”，界定了志愿服务的具体范围和主要对象，以及对志愿者、志愿者组织和志愿服务对象之间的关系进行了规定。第五章“支持与保障”，规定政府、企事业单位、社会等方面对志愿服务活动的支持和保障。第六章“法律责任”，规定志愿服务中各相关主体的法律责任承担等内容。第十三条规定志愿者年龄条件为年满14周岁；志愿者组织与志愿服务对象之间应当订立志愿服务协议。规定市和县（市）、区人民政府应当每年为志愿服务活动提供专项经费支持，并由志愿服务工作委员会负责统一管理和使用。

深圳市义工服务条例　深圳市为鼓励和规范义工服务活动，推动义工服务事业的健康发展，弘扬社会主义道德风尚，促进社会和谐而制定的地方性法规。2005年2月25日深圳市第三届人民代表大会常务委员会第三十六次会议通过，2005年3月30日广东省第十届人民代表大会常务委员会第十七次会议批准，自2005年7月1日起施行。没有采用“志愿者”的称谓，而是使用了“义工”这一概念。共七章三十六条，对义工服务的各个方面内容做出了规定。总则部分规定义工、义工服务组织的概念、服务范围，本地义工服务管理机构。界定了义工的概念：出于奉献、友爱、互助和社会责任，经过登记，自愿、无偿地以自己的时间、技能等资源开展社会服务和公益活动的人员。第二章规定义工的申请条件、义工组织的登记制度、义工所享有的权利、需要履行的义务。明确了义工服务组织的工作职责以及义工服务经费的筹集，第二十一条第二款规定经费的筹集、使用情况应当定期向社会公布，要求做到公正透明。第四章规定义工服务项目的流程，以及义工服务中双方的关系。“表彰和鼓励”规定对于服务优秀的义工颁发荣誉证书，并且规定政府、社会、新闻媒体对于义工服务积极支持。

南京市志愿服务条例　南京市为规范志愿服务活动，保障志愿者、志愿者组织和志愿服务对象的合法权益，促进志愿服务事业发展，推动和谐社会建设而制定的地方性法规。2005 年 5 月 26 日江苏省第十届人民代表大会常务委员会第十六次会议批准，自 2005 年 7 月 1 日起施行。共有七章三十二条，对志愿服务的内容、志愿服务组织的工作职责、志愿者的权利和义务等各方面做出了规范。规定立法目的、适用范围、志愿服务工作格局等，要求志愿服务合理合法。第十七条规定，志愿者组织应当对申请进行核实，及时给予答复；对不能提供志愿服务的，应当说明原因。结合南京市实际，设立每年 3 月 5 日为市志愿者日。

吉林省志愿服务条例　吉林省为推动志愿服务事业发展，规范志愿服务活动，保障志愿者及其组织的合法权益而制定的地方性法规。2005 年 11 月 24 日吉林省第十届人民代表大会常务委员会第二十四次会议通过并公布，自 2006 年 1 月 1 日起施行。共三十一条，规定条例颁布的目的和适用范围，志愿者和志愿者组织的概念。规定志愿者组织应当具备国家《社会团体登记管理条例》规定的条件，由县级以上人民政府民政部门依法登记注册，并建立志愿者注册制度，向注册志愿者颁发志愿服务证、志愿服务记录册和志愿者标志；明确志愿者服务组织的工作范畴，志愿者在服务活动中享有的权利和应履行的义务。规定开展工作范围：抢险救灾、保护环境、支教助学、社会公益等，规定志愿服务活动经费的筹集、使用和管理应当公开，并依法接受有关部门和捐赠人、资助人及志愿者的监督。要求各级人民政府、有关部门、社会团体、企业事业单位和新闻媒体要积极响应志愿服务活动并给予支持。明确了志愿服务中应承担的相应法律责任，对于志愿服务活动，志愿者及其组织的合法权益做出明确规定，二十九条规定，在志愿服务过程中，因志愿服务对象的过错对志愿者或者志愿者组织造成损害的，志愿服务对象应当依法承担相应的责任。

宁夏回族自治区志愿服务条例　宁夏回族自治区为促进和规范志愿服务活动，推动社会主义和谐社会建设，维护志愿者及其组织的合法权益而制定的地方性法规。2006 年 5 月 12 日宁夏回族自治区第九届人民代表大会常务委员会第二十二次会议通过，自 2006 年 7 月 1 日起施行。共八章三十九条，对立法目的、适用范围、志愿服务活动的适用范围、志愿者组织的主要职责、志愿者的条件和权利义务、志愿服务的范围和对象、志愿服务的经费来源、服务经费的使用、社会各界的支持保障、法律责任等都做了具体规定。规定鼓励和接受国内外组织和个人对志愿者组织和志愿服务活动进行捐赠，其捐赠行为可以依据有关法律规定，享受税收方面的优惠，提高全社会支持志愿服务活动的积极性。第三十二条规定广播、电视、报刊、网站等新闻媒体应当积极开展志愿服务活动的公益性宣传，宣传志愿服务精神和事迹，提高社会对志愿服务的认识。

湖北省青年志愿服务条例　湖北省为促进和规范青年志愿服务，弘扬社会主义道德风尚，推进和谐社会建设，保障青年志愿者及其组织的合法权益而制定的地方性法规。2006 年 5 月 26 日湖北省第十届人民代表大会常务委员会第二十一次会议通过，自 2006 年 8 月 1 日起施行。是湖北省第一部规范志愿服务行为的法规。共二十三条，主要包括志愿服务、志愿者服务组织、志愿者、经济来源和法律责任。首先明确了志愿者组织为非营利性的公益组织，并接受同级共青团组织的指导和监督。同时，规定服务的经费来源是政府资助，自然人、法人或者其他组织的资助捐赠和其他合法收益。还要求联合全社会的力量，建立一个广泛的社会支持网络，保证志愿服务的良性发展。规定各级人民政府应当倡导志愿服务，并提供必要的物资保障和经费支持；将培养青少年的志愿服务精神纳入思想品德教育的范围。明确规定志愿者与服务对象之间的权利义务关系，明确了志愿者的权利义务。第二十一条规定：青年志愿者按照青年志愿者组织的安排在提供志愿服务时，给服务对象或者其他相关人员造成损害的，有关青年志愿者组织应当依法承担相应的民事责任，但青年志愿者组织与服务对象另有约定的除外。青年志愿者组织在承担民事责任后的追偿事项按照法律的有关规定办理。

济南市志愿服务条例 济南市为规范志愿服务活动，促进志愿服务事业发展，保障志愿者、志愿服务组织和志愿服务对象的合法权益，推动和谐社会建设而制定的地方性法规。2006 年 5 月 26 日济南市第十三届人民代表大会常务委员会第二十四次会议通过，2006 年 7 月 28 日山东省第十届人民代表大会常务委员会第二十二次会议批准，自 2006 年 10 月 1 日起施行。共七章三十四条，明确界定了志愿者、志愿者组织、志愿服务行为、志愿服务对象、政府及其他有关方面的权利、义务和责任，规定志愿服务的范围、开展程序，志愿者、志愿者组织与志愿服务对象之间的关系等内容。规定志愿服务组织和志愿服务对象应当根据实际情况，为志愿者提供与志愿服务相适应的支持和保障。要求国家机关、地方政府、企事业单位、学校、新闻媒体等积极响应志愿服务活动并给予一定的支持。

江苏省志愿服务条例 江苏省为倡导志愿服务精神，促进志愿服务事业发展，规范志愿服务活动，保障志愿者、志愿服务组织和志愿服务对象的合法权益而制定的地方性法规。2007 年 3 月 30 日江苏省第十届人民代表大会常务委员会第二十九次会议通过，自 2007 年 5 月 1 日起施行。共七章三十六条，主要内容包括：总则（立法目的、适用范围、相关用词定义），登记及注册（志愿者登记注册的条件、程序），权利和义务，志愿服务（志愿服务组织活动的开展），组织与管理（志愿服务工作格局，志愿组织的工作职责），激励和表彰（社会各团体的支持和保障），附则（补充说明有关问题）。调整了对象范围，鼓励全社会参与志愿服务；明确了各级志愿者行动协调机构、共青团、志愿者协会、各志愿服务组织之间的关系；鼓励和支持青少年参加相关志愿活动，同时也对申请者的条件进行了规定。规定志愿服务组织应当建立时间累计和绩效评价制度，也规范了志愿服务经费问题。对志愿服务的重点领域——大型社会公益活动和社区志愿服务设立专项条款。

北京市志愿服务促进条例 北京市为弘扬奉献、友爱、互助、进步的志愿服务精神，增强公民的志愿服务意识，规范志愿服务活动，保障志愿者的合法权益，促进志愿服务事业发展而制定的地方性法规。2007 年 9 月 14 日北京市第十二届人民代表大会常务委员会第三十八次会议通过，自 2007 年 12 月 5 日起施行。共三十二条，主要内容包括：志愿服务，志愿者组织，志愿服务协议，志愿者，表彰和奖励。

明确列举了志愿者享有知情权、获得必要条件和保障权、获得教育和培训权、请求解决问题权、困难时优先获得帮助权、监督权等六项权利，还附有概括性的条款，为今后志愿者权利的拓展提供了空间。主要有八个方面特色：一是厘清了志愿服务、志愿者、志愿者组织这三个关键概念；二是体现了对于志愿服务实施柔性管理的理念；三是建立全市性的统一协调机制，充分发挥各级共青团组织的作用，同时发挥北京志愿者协会的指导职能，以社会管理创新精神率先在地方性法规实施主体方面作了有益探索；四是强调志愿服务活动中的政府责任和社会责任；五是建立健全志愿者权益保障体系；六是规范了志愿服务协议的具体内容；七是规范志愿者招募，兼顾平衡各方利益；八是设立志愿服务基金会并规范其运作。主要针对有组织的志愿者和志愿服务活动进行调整。标志着北京市志愿服务工作纳入规范化、法制化发展的轨道，为奥运志愿服务工作和推动志愿服务事业发展提供了法律保障。

江西省青年志愿服务条例　江西省为规范青年志愿服务活动，保障青年志愿者、青年志愿者组织和青年志愿服务对象的合法权益，促进志愿服务事业的发展而制定的地方性法规。2007年12月14日江西省第十届人民代表大会常务委员会第三十二次会议通过，自2008年3月1日起施行，是江西省第一部关于青年志愿者工作的地方性法规。为江西省志愿者服务事业发展提供了法律保障，标志着江西省青年志愿服务事业正步入法制化轨道。共三十七条，对青年志愿者服务活动的原则、青年志愿者的权利和义务、青年志愿者服务活动的职责、被服务对象的义务、青年志愿服务活动的工作支持和合法权益保障、政府相关部门和新闻单位的职责、表现突出者的表彰奖励与法律责任等方面都做出了界定和说明。第三十六条规定，青年志愿者组织在组织志愿服务活动时，应当对青年志愿者进行安全教育；对可能危及人身安全的志愿服务，应当协同活动的举办者为青年志愿者办理相应的人身意外伤害保险；对服务过程中遭受意外伤害的青年志愿者应当及时提供援助。法律责任部分规定青年志愿者和青年志愿者组织的法律责任。同时还规定每年3月5日—11日为江西志愿服务活动宣传周。

浙江省志愿服务条例　浙江省为倡导奉献、友爱、互助、进步的志愿服务精神，规范和促进志愿服务活动，保障志愿服务组织和志愿者的合法权益，推进和谐社会建设而制定的地方性法规。2007年11月23日浙江省第十届人民代表大会常务委员会第三十五次会议通过，自2008年3月5日起施行。共七章三十三条，主要内容包括：志愿服务组织，志愿者，志愿服务，保障和激励，法律责任，附则。主要特点有：（1）“促进优于规范”的立法定位，根据中国现阶段志愿服务事业发展现状，立法指导思想应该是在促进中规范；（2）协调统一的组织体系，省设立志愿工作委员会，代表政府指导、协调各成员单位和本地区的志愿服务组织、志愿服务活动及相关工作；（3）较全面的保障和激励，为使志愿服务事业得到全面、可持续发展，必须建立相配套的经费保障机制。从法律层面明确了志愿服务工作的社会地位，规定志愿服务工作应当由党政部门和社会各界齐抓共管；全面规范了志愿服务工作，并出台了多方面的举措；强化了志愿服务的保障和激励，如：政府的经费保障，捐赠者和资助者的税收优惠，单位在招考招录人员时对志愿者的优先考虑，教育部门、学校和有关社会团体对志愿服务的考核激励等。标志着志愿服务由组织行为向社会行为转变，由群众自发层面向有法可依、有法律保障层面转变。

天津市青年志愿服务条例 天津市为促进和规范青年志愿服务活动，保障青年志愿者及其组织的合法权益而制定的地方性法规。2007 年 12 月 19 日天津市第十四届人民代表大会常务委员会第四十一次会议通过，自 2008 年 3 月 5 日起施行。进一步提高了天津社会各界对青年志愿者服务工作的认识和理解，使青年志愿者服务工作得到更多的社会支持，对推动天津市青年志愿者事业的深入发展，促进青年志愿者法律法规建设具有重要意义。共二十八条，对青年志愿者、青年志愿者组织的概念进行了规范，明确了青年志愿者的权利和义务，在调整的范围、政府支持、青年志愿服务保障等方面都有较大突破。志愿者实行注册制度，让服务更加规范。进一步规范志愿者工作，也为青年志愿者的权利和义务提供保障。针对青年志愿者在参与服务的过程中不被服务对象理解以及在志愿活动中意外受伤等情况，第二十五条规定“在志愿服务过程中，青年志愿者组织、接受志愿服务的单位或者个人对青年志愿者造成损害的，青年志愿者组织、接受志愿服务的单位或者个人应当依法承担相应的责任”，以法律手段来保障青年志愿者在服务过程中的权利和义务。

青岛市志愿服务条例 青岛市为促进志愿服务事业发展，规范志愿服务活动，保障志愿者、志愿服务组织和志愿服务对象的合法权益而制定的地方性法规。2008 年 4 月 30 日青岛市第十四届人民代表大会常务委员会第三次会议通过，2008 年 5 月 29 日山东省第十一届人民代表大会常务委员会第四次会议批准，自 2008 年 5 月 29 日起施行。共七章三十二条，其中包括对志愿者、志愿者组织概念的界定，对志愿者组织服务的职责、志愿者享有的权利和义务、相关的法律法规都做了规定。第一章总则部分规定志愿服务活动应当遵循自愿、无偿、平等、诚信的原则。第二章“志愿服务组织”规范志愿者协会应当履行的职责以及志愿者协会组织志愿活动的工作原则。第三章“志愿者”规定志愿者的权利、义务等内容。“志愿服务”规定志愿服务的对象，以及志愿者、志愿服务组织、志愿服务对象之间关系，规定志愿者、志愿服务组织、志愿服务对象之间应当就志愿服务的相关事项协商一致，并可以签订书面协议。规定政府、企事业单位、社会、家庭、学校等方面对志愿服务活动要积极支持。

广州市志愿服务条例 广州市为弘扬奉献、友爱、互助、进步的志愿服务精神，增强公民的志愿服务意识，规范志愿服务活动，保障志愿者的合法权益而制定的地方性法规。2008 年 9 月 25 日广州市第十三届人民代表大会常务委员会第十三次会议通过，2008 年 11 月 28 日广东省第十一届人民代表大会常务委员会第七次会议批准，自 2009 年 3 月 5 日起施行。共六章四十二条，就立法目的，志愿者、志愿服务组织、志愿服务活动的含义，志愿服务活动的经费支持，志愿服务活动的组织管理框架，志愿服务组织的职责，志愿者的有关规定，志愿服务的内容、对象，志愿服务的方式，经费的支持与保障，法律责任等做出了规范。对于志愿者经费支持和伤害赔偿方面，规定志愿服务组织安排志愿者从事抢险救灾等可能危及人身安全的志愿服务活动的，或者安排志愿者在国际性、全国性的体育赛会、文化活动举办期间，应当为志愿者购买相应的人身意外伤害保险。针对志愿者经费缺乏问题，规定市、区、县级市人民政府应当为志愿服务制定鼓励政策，提供必要的资金扶持，引导和促进志愿服务事业发展，以及成立志愿者服务基金会等保障经费。第四章、第五章对于志愿服务活动中志愿者出现损害而没有购买保险的情况进行了规定。

淄博市志愿服务条例　淄博市为倡导奉献、友爱、互助、进步的志愿服务精神，规范志愿服务活动，保障志愿服务组织、志愿者和志愿服务对象的合法权益，促进志愿服务事业发展而制定的地方性法规。2008 年 12 月 19 日淄博市第十三届人民代表大会常务委员会第七次会议通过，2009 年 1 月 8 日山东省第十一届人民代表大会常务委员会第八次会议批准，自 2009 年 5 月 1 日起施行。共七章三十二条，主要内容包括：立法目的、适用范围、志愿者、志愿者服务组织、志愿服务的概念、志愿者联合会、志愿者协会成立的合法性、志愿服务工作职责、志愿者享有的权利和应履行的义务、志愿服务经济来源、相关法律责任等。规定市志愿者联合会、区县志愿者协会经本级人民政府民政部门依法登记成立。提倡在下列公益事业中开展志愿服务：教育、科学、文化、卫生、体育事业；其他社会公共和福利事业等。规定志愿服务组织、志愿者、志愿服务对象之间应该签订书面协议的情形。第二十七条第二款规定“学校应当将培养青少年志愿服务意识纳入教育教学计划，鼓励和支持大学和中学学生利用课余时间参加志愿服务活动”，要求教育部门给予志愿服务大力的支持。

上海市志愿服务条例　上海市为倡导奉献、友爱、互助、进步的志愿服务精神，鼓励、推动和规范志愿服务活动的开展，维护志愿者的合法权益，促进和谐社会建设而制定的地方性法规。2009 年 4 月 23 日上海市第十三届人民代表大会常务委员会第十次会议通过，自 2009 年 6 月 1 日起施行。共三十二条，主要内容包括：志愿服务活动、志愿者组织、志愿者、支持与保障、法律责任。明确规定志愿服务活动应当遵循自愿、平等、诚信、合法的原则。规定由志愿者组织发起，再按照该组织的章程组织开展志愿服务活动。志愿者享受选择参与志愿服务活动，获得与所从事的志愿服务相关的信息、培训、条件或者保障等权利，使志愿者的权益得到保障。规定志愿服务活动中志愿者的补贴、重大责任风险回避、人身保险等措施。同时，志愿者也要履行相应义务，如接受志愿服务活动组织者的指导和安排，履行志愿服务承诺，尊重志愿服务接收者的意愿和人格、隐私等权利，保守在志愿服务活动中获悉的依法受保护的秘密等。针对志愿组织经费使用，第二十六条规定志愿者组织筹集的志愿服务活动经费应当用于志愿服务活动、志愿者的人身意外伤害保险和交通、误餐补贴等开支，不得挪作他用。另外，确定每年“中国青年志愿者服务日”3 月 5 日当周集中宣传、弘扬志愿服务活动，倡导志愿服务精神。标志着上海志愿服务事业的发展进入了一个有法规支持、保障和规范的新阶段。

新疆维吾尔自治区志愿服务条例　新疆维吾尔自治区为规范志愿服务活动，保障志愿者及其组织的合法权益和志愿服务事业健康发展，促进社会和谐而制定的地方性法规。2009 年 3 月 27 日新疆维吾尔自治区第十一届人民代表大会常务委员会第十次会议通过，自2009年7月1日起施行。共八章三十七条，不仅对志愿者、志愿者组织、志愿服务做出了明确规定，对志愿服务经费、支持与保障、法律责任等方面也做出了具体规定。针对志愿组织的职责，规定包括“负责志愿者的招募、注册、培训、考核等管理工作；组织开展志愿服务的宣传活动；协助政府为社会提供公共服务”等。规定志愿者组织招募志愿者，必须公布与志愿服务项目有关的真实、准确、完整的信息，并明确告知在志愿服务过程中可能出现的风险；志愿者组织还应当根据志愿活动的需要为参加志愿服务的志愿者办理相应的保险，以解除其后顾之忧。针对个别单位把志愿者当作廉价劳动力，甚至出现利用志愿者名义从事营利活动的情况，规定任何单位和个人不得利用志愿者或志愿者组织的名义、标识进行营利性活动或非法活动。第二十条，县级以上人民政府应当将志愿服务事业纳入国民经济和社会发展规划，为志愿服务事业提供资金支持。第二十一条规定，自治区依法设立志愿服务基金。志愿服务经费由政府支持、社会捐赠、基金收益和其他合法收入组成，为解决志愿服务经费难问题提供法律保障。标志着新疆志愿服务工作步入了法制化轨道，志愿服务工作进入规范化发展时期，新疆志愿服务工作进入了精细化发展阶段。

海南省志愿服务条例 海南省为倡导奉献、友爱、互助、进步的志愿服务精神，规范志愿服务活动，维护志愿者的合法权益，促进志愿服务事业发展而制定的地方性法规。2009年5月27日海南省第四届人民代表大会常务委员会第九次会议通过，自2009年8月1日起施行。共三十三条，对志愿者、志愿者组织概念的界定，志愿服务组织活动工作开展、工作职责，志愿者享有的权利和义务、社会各团体应给予的支持和保障、政府组织相应的激励措施、相关的法律法规做出了规定。明确政府责任和社会责任，倡导全社会参与志愿服务活动，志愿服务的公益性和社会性，明确提出促进和保障志愿服务事业的发展是政府和社会的一项责任。规定当志愿者本身有被服务的需求时，可以优先获得志愿服务，标志着志愿者不再是只付出没有回报的群体，广大志愿者和志愿服务对象的人身权益得到了保障。针对以往志愿服务活动中，服务者与被服务者过失承担界限不清的情况，对过失责任认定做出了明确的规定，具有很强的针对性和实用性，也为志愿服务活动中的组织者、参与者及被服务者的合法权益提供了有力保障。规定每年3月5日当周为海南省志愿服务宣传周。对推动海南省社会进步、改善社会环境、树立社会主义文明风尚、构建和谐社会具有重要意义。

四川省志愿服务条例 四川省为鼓励和规范志愿服务活动，维护志愿者、志愿者组织的合法权益，倡导奉献、友爱、互助、进步的志愿服务精神，促进社会主义和谐社会建设而制定的地方性法规。2009年9月25日四川省第十一届人民代表大会常务委员会第十一次会议通过，自2009年12月1日起施行。共六章四十一条，主要内容包括：立法目的、适用范围、相关概念界定、志愿服务工作格局、志愿者享有的权利和应当履行的义务、志愿服务活动的开展、志愿服务活动的保障、法律责任等。第二条第二款规定：“志愿者，是指从事志愿服务活动的自然人”，这意味着，不仅仅是有组织的注册志愿者，所有自发提供志愿服务的自然人皆纳入法律保障范畴。第三十三条规定，志愿者在志愿服务活动中遭受重大伤害或者死亡的，与用人单位建立了劳动关系的，依法享受工伤保险待遇，志愿者在志愿服务活动中遭受人身伤害或者死亡的，其医疗费、丧葬费等费用由志愿服务活动的组织者、接受志愿服务的地区、单位负责处理。对志愿者个体的人身安全、后期服务等都规定了相应的保障措施。

汕头市青年志愿服务促进条例 汕头市为鼓励和规范青年志愿服务活动，保障青年志愿服务组织、青年志愿者和服务对象的合法权益，促进青年志愿服务事业发展，推动和谐社会建设而制定的地方性法规。2010 年 4 月 14 日汕头市第十二届人民代表大会常务委员会第二十七次会议通过，2010 年 6 月 2 日广东省第十一届人民代表大会常务委员会第十九次会议批准，自 2010 年 9 月 1 日起施行。共七章四十一条，包括青年志愿服务组织的注册、工作职责、青年志愿者申请、青年志愿者享受的权利和义务、社会各界对志愿活动的支持等各项规定。规定行业根据需要可以依法成立行业青年志愿者协会。规定签订书面志愿服务协议的各种情形，并且规定志愿服务书面协议应当包括的主要内容：志愿服务的内容、时间、地点；双方的权利、义务；协议的变更和解除；其他需要协议的事项等。规定青年志愿服务经费的来源，要求政府、企事业单位、教育行政管理部门和新闻媒体等机构要对青年志愿服务活动提供支持，积极采取保障措施。

昆明市志愿服务条例 昆明市为弘扬奉献、友爱、互助、进步的志愿服务精神，规范志愿服务活动，保障志愿者组织和志愿者的合法权益，促进志愿服务事业健康发展而制定的地方性法规。2010 年 6 月 24 日昆明市第十二届人民代表大会常务委员会第三十三次会议通过，2010 年 7 月 30 日云南省第十一届人民代表大会常务委员会第十八次会议批准，自 2010 年 9 月 1 日起施行。共七章三十七条，分别从志愿服务活动协调机构、志愿者协会、志愿者组织三个层次规范了志愿服务工作机制，并对志愿者组织的职责、志愿者权利和义务、政府和社会的支持与保障、法律责任承担等内容做出详尽规定。明确了志愿服务经费来源，决定设立昆明市志愿服务基金会，规定各级政府应根据实际需要提供经费支持，并鼓励单位和个人向志愿服务活动捐赠。为鼓励志愿者有序、长期参加志愿服务活动，明确“三项制度”，即志愿者注册制度、志愿者服务星级认定制度和爱心储蓄制度。爱心储蓄制度是志愿者组织把志愿者参加志愿服务的绩效长期储存，作为志愿者本人需要志愿服务时优先获得服务的条件，其目的是使志愿者的志愿服务活动能得到社会认可和爱心回报。适用范围仅限于有组织的志愿服务，个人的志愿服务活动暂不纳入。

广东省志愿服务条例 广东省为鼓励和规范志愿服务活动，保障志愿者组织、志愿者和志愿服务对象的合法权益，促进志愿服务事业发展，倡导奉献、友爱、互助、进步的志愿服务精神，推动社会主义和谐社会建设而制定的地方性法规。2010 年 7 月 23 日广东省第十一届人民代表大会常务委员会第 20 次会议通过，自 2010 年 9 月 1 日起施行。前身为 1999 年 8 月 5 日广东省第九届人大常委会第 11 次会议通过、1999 年 9 月 20 起实施的中国第一部志愿服务方面的地方性法规《广东省青年志愿服务条例》。共七章三十九条，对志愿者组织的职责及工作开展、志愿者的权利、义务等内容都做了规定。界定志愿者为“参加志愿服务活动的个人，也称义工”，志愿者组织为“从事志愿服务的非营利性的社会公益性组织”，适应广东地区志愿服务多元化发展，“志愿者”与“义工”并存，草根公益组织类型繁多的状况；在删除对志愿者年龄、户口、技能限制的同时，对民事行为能力的相应性提出要求；规定志愿服务的范围、开展程序，志愿者、志愿者组织与志愿服务对象之间的关系，政府、企事业单位、社会、家庭、学校等方面对志愿服务活动的支持和保障措施，志愿服务中各相关主体的法律责任承担等内容。

唐山市志愿服务条例 唐山市为规范和促进志愿服务活动，弘扬新唐山人文精神，倡导奉献、友爱、互助、进步的志愿服务精神，保障志愿者、志愿服务组织的合法权益而制定的地方性法规。2009 年 10 月 28 日唐山市第十三届人民代表大会常务委员会第十五次会议通过，2010 年 3 月 26 日河北省第十一届人民代表大会常务委员会第十五次会议批准，自 2010 年 9 月 15 日起施行。共七章三十七条，对志愿者、志愿者组织概念的界定，志愿服务组织活动工作开展、工作职责，志愿者享有的权利和义务、社会各团体应给予的支持和保障、政府组织相应的激励措施、相关的法律法规做出了规定。鼓励社会各界对志愿服务捐赠、资助，并对社会捐赠、资助财产的使用原则予以明确。为营造全社会关心支持志愿服务的浓厚氛围，倡导志愿服务精神，国家机关、人民团体、企业事业单位应当鼓励和支持本单位工作人员积极参加社会性志愿服务活动，规定职工参加志愿服务活动的，享受与其在岗同等的劳动保护待遇。规定服务对象在接受志愿服务过程中对志愿者造成损害的，志愿服务组织应当支持并帮助受损害的志愿者依法向有关的服务对象和有关部门主张合法权利，有利于更好地保护志愿者的积极性，加强了志愿服务组织维护志愿者合法权益的主体地位和责任感。为唐山市志愿服务事业的发展提供了重要保障，推进了志愿服务活动从道德规范向道德与法律共同规范的转化。

陕西省志愿服务促进条例 陕西省为鼓励和规范志愿服务活动，维护和保障志愿者、志愿服务组织和志愿服务对象的合法权益，弘扬奉献、友爱、互助、进步的志愿服务精神，促进志愿服务事业健康发展，推进和谐社会建设而制定的地方性法规。2010 年 11 月 25 日陕西省第十一届人民代表大会常务委员会第十九次会议通过，自 2010 年 12 月 5 日起施行。共七章四十二条，主要包括：总则、志愿服务组织、志愿者、志愿服务活动、支持与保障、法律责任、附则。规定志愿服务组织开展特定项目招募志愿者时，应当告知相关信息，并做出风险提示。对人身安全有较高风险等具体情形，应当签订书面志愿服务协议，明确权利义务。规定在服务过程中，志愿者须履行志愿服务承诺或者协议约定，不向志愿服务对象索取或者变相索取报酬。规定开展高风险、连续三个月以上专职服务、涉外以及为大型赛会活动等提供志愿服务，志愿者、志愿服务组织和志愿服务对象之间应当签订书面协议。对于支持与保障工作，规定高等学校和中学应当鼓励和支持学生参加力所能及的志愿服务活动，并将学生参加志愿服务的情况纳入社会实践活动的内容。在意外损害法律责任承担方面，规定组织者有义务帮助志愿者维权，“志愿服务对象或者其他相关人员对志愿者造成损害的，志愿服务活动组织者应当协助受损害的志愿者依法获得赔偿或补偿”。同时将每年 3 月 5 日所在周确定为全省志愿服务活动宣传周。

湖南省募捐条例　湖南省为规范募捐，鼓励捐赠，保护捐赠人、受益人和募捐人的合法权益，促进公益事业发展而制定的地方性法规。2010 年 11 月 27 日湖南省第十一届人民代表大会常务委员会第十九次会议通过，自 2011 年 5 月 1 日起施行。国内对募捐活动进行规范的首部地方性法规。共四十三条，包括总则、募捐人、募捐行为、募捐财产的管理和使用、鼓励措施、法律责任、附则八章，针对社会普遍关注的募捐主体资格不明确、募捐程序不规范、募捐财产管理使用不透明、公开承诺捐赠事后不兑现等问题，一一做出了相应的规范。旨在通过规范募捐，保护捐赠人、募捐人、受益人的合法权益，达到鼓励捐赠、促进公益慈善事业蓬勃发展的目的。针对募捐主体过多过滥的问题，作了适当的限制。重点规范募捐行为。明确民政部门负责募捐管理工作，但是民政部门无法事无巨细地对募捐行为进行管理，必须充分发挥社会监督的作用。主要制度是以强制公开制度为核心，将募捐箱打造成“玻璃箱”，并为此设计了四次公开制度。募捐是一项有利于国家和社会的慈善公益活动，募捐财产是兴办慈善公益事业重要的物质基础。为让更多的人参与到慈善公益事业中，促进和发展募捐事业，规定六方面的扶持措施，依法调整募捐行为也有利于从物质条件方面促进志愿服务活动的开展。

宁波市志愿服务条例　宁波市为弘扬奉献、友爱、互助、进步的志愿服务精神，促进和规范志愿服务活动而制定的地方性法规。2011 年 12 月 27 日宁波市第十三届人民代表大会常务委员会第三十六次会议通过，2012 年 3 月 31 日浙江省第十一届人民代表大会常务委员会第三十二次会议批准，自 2012 年 5 月 4 日起施行。前身为 2003 年 2 月 1 日起施行的《宁波市青年志愿服务条例》。共七章五十三条，对于如何开展志愿服务，志愿服务中产生的权利和义务，发生的纠纷如何解决，以及志愿者自身权益保障等等都作了规定。第九条规定“每年三月五日当周为市志愿服务宣传周”，也确立了志愿者、志愿服务组织的崇高地位。将非注册志愿者的保护纳入进来，第二十三条规定“未注册志愿者参加志愿服务活动，其权利和义务适用本条例的有关规定”，是一大突破。政府和社会各界对志愿服务多方位的保障和激励措施，是志愿服务事业可持续发展的有力保证，规定国家机关、社会团体、企事业单位和其他组织在招考公务员或者招聘人员时，在同等条件下优先录用、聘用在志愿服务中表现突出的志愿者。教育部门要做好青少年早期志愿精神教育工作。

黑龙江省志愿服务条例　黑龙江省为促进和规范志愿服务活动，推动社会主义物质文明和精神文明建设，保障志愿者及其组织的合法权益而制定的地方性法规。2012 年 6 月 14 日黑龙江省第十一届人民代表大会常务委员会公告第 55 号公布，自 2012 年 8 月 1 日起施行。共九章四十六条，包括：总则，志愿者组织，志愿者，志愿服务范围，志愿服务消费，社会支持，表彰奖励，法律责任，附则。规定志愿者主体范围十分广泛，个人和社会组织均可成为志愿者，个人无年龄上的限制；规定全社会都应当尊重志愿者组织和志愿者劳动；将志愿服务纳入社会发展规划。对志愿者服务的性质、范围和服务对象，以及志愿者、志愿者组织和志愿服务行为进行了规范；对社会各界支持和参与志愿服务给予了明确。同时，对志愿者的权利、义务，以及志愿服务的认定表彰和法律责任也做出明确规定。规范志愿者组织的工作职责，对于志愿者组织形式多样化、组织能力提高有很大帮助。强化对于优秀志愿者的奖励制度，提高全社会对于志愿服务的支持力度。逐一列出了对于优秀志愿者组织和优秀志愿者奖励的等级和要求。

上海市募捐条例　上海市为规范募捐活动，保护捐赠人、募捐组织和受益人的合法权益，促进公益事业的发展而制定的地方性法规。2012年6月7日上海市第十三届人民代表大会常务委员会第三十四次会议通过，自2012年9月1日起施行。共七章四十八条，主要内容包括总则，募捐活动，募集财产的管理和使用，信息公开，监督管理，法律责任，附则。创新之一是规定备案制度；第十一条对募捐活动作了规定，明确募捐组织开展募捐活动，应当制定募捐方案，并提前十个工作日向募捐活动所在区县民政部门办理备案手续。募捐方案内容大致应包括募捐活动名称、目的、时间、期限、地域范围、预定募集财产的数额、使用计划等。为保障捐赠人的知情权、监督权，第二十八条规定有关信息公开事宜，由市民政部门建立统一的募捐信息网络服务平台，为社会公众免费提供募捐信息服务，接受咨询、投诉、举报；募捐组织应当在信息服务平台上，向社会公开募集财产的使用情况，每年不少于两次；募捐组织应当在每年6月30日前，在信息服务平台上向社会公开本组织上一年度的财物审计结果。此外，为推动慈善事业进步，促进透明慈善，有效规范募捐活动，加强监督，民政、审计、财政等部门依法监督的内容涉及募捐活动，募集财产的管理和使用，募捐组织的财务会计，公益事业捐赠票据的使用，以及履行信息公开义务的状况。规定市民政局应当设立统一举报电话，并向社会公布。依法调整募捐行为也有利于从物质条件方面促进志愿服务活动的开展。

湖南省志愿服务条例　湖南省为鼓励和规范志愿服务活动，倡导奉献他人、提升自我的志愿服务理念，维护志愿者、志愿服务活动组织者和志愿服务对象的合法权益，推动志愿服务事业发展，促进和谐社会建设而制定的地方性法规。2012年9月27日湖南省第十一届人民代表大会常务委员会第三十一次会议通过，自2012年12月1日起施行。湖南省的第一部全面规范志愿服务的地方性法规，为湖南省志愿服务工作提供法律支撑，标志着湖南省的志愿服务工作步入规范化、法制化的轨道。共六章三十五条，明确适用范围，对志愿服务、志愿者、志愿服务组织进行科学定义，提出志愿服务应当遵循的原则：自愿、无偿、平等、诚信、合法。对志愿服务活动组织者招募志愿者、培训志愿者、维护志愿者合法权益、提供志愿服务相关证明以及筹集、管理、使用志愿服务活动资金、物资等方面做出了明确规定，如第二十三条第二款规定志愿服务经费的筹集、管理和使用应当向社会公开并依法接受监督。对志愿者享有的权利和应该履行的义务以法律的形式固定下来，明确规定，“志愿服务活动组织者应当鼓励引导志愿者为自身购买保险。志愿服务活动组织者根据实际需要，可以为志愿者办理相应的保险”，这些对开展志愿服务活动的风险预防和保障机制做出了规定。对县级以上人民政府和国家机关、人民团体、企业事业单位、基层群众性自治组织和其他社会组织支持和保障志愿服务活动开展提出了明确要求。同时，确定每年3月5日为湖南省志愿者日。

珠海经济特区志愿服务条例　珠海市为推动志愿服务事业发展，规范志愿服务活动，弘扬奉献、友爱、互助、进步的志愿服务精神，促进和谐社会建设而制定的地方性法规。2012年11月29日珠海市第八届人民代表大会常务委员会第七次会议通过，自2012年12月5日起施行。首个由市人大常委会委托独立立法研究机构起草的地方性法规，共六章四十五条，分别对立法宗旨、适用范围、志愿服务定义、志愿者组织定义、志愿服务活动开展、志愿者享受权利和履行义务、社会保障与支持、法律责任等各方面做出了规定。主要有三个特点：首先，崇尚志愿服务的质量和数量，而不是仅仅立足于志愿者数量的多少；其次，率先提出以“社工带志愿者”的模式，提倡和鼓励社会工作机构和社会工作专业人员依据其社会服务项目需要，组织和指导志愿者开展志愿服务，提升志愿服务的专业化水平；此外，对志愿服务激励措施做出具体规定，按照志愿服务时间可分别授予特别奖、金奖、银奖、铜奖和服务奖奖章，志愿者服务达到一定时数，可以优先享受社区照顾、社区养老、社区互助等公共服务和自助服务，外来人口可以按规定享受积分入户等待遇。

合肥市志愿服务条例　合肥市为弘扬志愿服务精神，普及志愿服务理念，规范志愿服务活动，保障志愿者和志愿服务组织的合法权利而制定的地方性法规。2012年10月31日合肥市第十四届人民代表大会常务委员会第三十六次会议通过，2012年12月21日安徽省第十一届人民代表大会常务委员会第三十七次会议批准，自2013年3月1日起施行。共七章三十四条，其中包括对志愿者、志愿者组织概念的界定，对志愿者组织服务的职责、志愿者享有的权利和义务、相关的法律法规都做了规定。基层政府将志愿服务工作纳入社会发展规划、年度计划当中，并鼓励用人单位招聘优先录用有良好志愿服务表现的志愿者。对于“以往的志愿服务活动中，志愿者在志愿服务活动中一旦发生意外，自身权益难以得到维护”的情况，志愿服务组织安排志愿服务活动时，应当为志愿者提供必要的安全、卫生、医疗、交通、通讯、误餐等保障，开展相关的知识和技能培训等。该市应当设立志愿服务基金会，作为志愿服务的资金保障。基金的使用和管理应当符合国家有关规定，依法接受财政、审计和社会的监督，并每年向社会公布。除了明确规定志愿服务等各方面工作，还对志愿者群体的健康、就业等都给予了充分关注。对于志愿服务经费的使用，第二十四条规定，志愿服务基金主要用于资助志愿服务项目、培训志愿者、救助因从事志愿服务活动受到损害造成生活困难的志愿者、奖励做出突出贡献的志愿服务组织和志愿者等。

三、全国性政策文件

关于学习推广团北京市委开展综合包户服务经验的通知　为在全国学习推广团北京市委关于综合包户服务活动的经验而发布的文件。1984年3月5日由团中央下发。在1983年全民文明礼貌月中，北京市宣武区大栅栏街道首先开展了学雷锋综合包户服务活动，随后根据北京团市委要求，大栅栏街道的经验在全市被推广开来。主要提出以下三点要求：一是要求各地密切结合当地的实际情况开展综合包户服务活动。各地要将自己在多年学雷锋活动中创造出的较好的组织形式和活动形式进行巩固和完善，并争取形成服务网络，以真正做到制度化、经常化。二是要求各地的综合包户服务既要为社会救济户、优抚户等服务，又要注意为离退休干部、老知识分子服务，既要关心他们的物质生活，又要关心他们的文化生活，使他们精神愉快地度过晚年。同时还要采取多种形式为四化建设第一线的生产、工作骨干服务，帮助他们分忧解难。三是要求各地的综合包户服务活动要有步骤地进行。首先从省会和省辖市、地辖市抓起。每个大中城市，要先抓一条街和一个区。抓一批巩固一批，不断总结经验，有所创新，并通过“滚雪球”的方式，使这项活动逐步铺开。还提出今后要将综合包户服务活动开展情况作为团中央检查各地文明礼貌月工作的重点之一，并要求各级团组织一定要把综合包户服务工作作为当前一项重要任务认真抓实、抓好。在五讲四美三热爱活动蓬勃开展和社会主义精神文明建设达到一定程度的情况下提出，致力于在全国打造一张严密完整的综合服务网，形成学雷锋活动的经常化和制度化，以体现社会主义制度优越性，促进一代共产主义新人的健康成长。

关于印发《全国城市社区服务工作经验交流会议纪要》的通知 为总结城市社区服务工作的基本经验和基本方法而发布的文件。1989 年 12 月 4 日由民政部办公厅发布。1989 年 10 月 11 日至 15 日在杭州市召开全国城市社区服务工作经验交流会。会议的任务是，总结和交流 1987 年全国城市社区服务工作座谈会以来社区服务工作的经验，研究当前和今后一个时期开展社区服务的主要任务和具体措施。这次会议是继 1987 年“武汉会议”之后，社区服务工作的又一次重要会议，对于推进社区服务工作，进一步深化城市民政工作的改革，具有重要意义。首先对城市社区服务工作的基本情况进行了总结，提出了开展社区服务工作的基本经验和推进社区服务的基本方法。基本经验是：适应形势发展的需要，拓宽民政工作领域，充分发挥社会稳定机制的作用；坚持社会福利社会办，依靠基层，动员社会力量，多层次、多形式、多渠道兴办社会福利服务事业；实事求是，以实为本，分类指导，循序发展；运用社会化管理的工作方法，实行广泛的社会合作，以较少的投入取得较高的效益。基本方法是：试点起步，规划入手，理顺关系，完善机构，建立队伍，兴建设施，抓好管理，立足民政，面向社会服务。提出当前和今后一个时期社区服务工作的主要任务：充分发挥民政部门的社会稳定机制作用，不失时机地在全国城市全面推广和普及社区服务工作，有条件的城市可逐步向集镇延伸。最后，还特别强调开展社区服务工作应注意的几个问题：一是要进一步加强协调作用，实行广泛的社会合作；二是要立足本职，面向社会；三是要坚持讲求实效，多办实事的原则；四是各地要进一步研究制定必要的政策法规，运用法律的、经济的、行政的调节手段，为社区服务的巩固和发展提供保证。

关于加快发展社区服务业的意见 为适应社会主义市场经济的需要，加快建立健全社会保障体系和社会化服务体系，推动社区服务业全面、快速发展而制定的文件。1993 年 8 月 27 日由民政部、国家计委等十四个部委联合印发。对发展社区服务业的十方面内容进行了说明和要求。一是阐明社区服务业是在改革开放中发展起来的新兴社会服务业。它是在政府倡导下，为满足社会成员多种需求，以街道、镇和居委会的社区组织为依托，具有社会福利性的居民服务业；它具有福利性、群众性、服务性、区域性四大特点。二是要求把社区服务业作为一项重要工作来抓。三是提出社区服务业的发展目标是：到20世纪末，基本建成多种经济成分并存、服务门类齐全、服务质量和管理水平较高的社区服务网络。四是指出社区服务业的基本任务是：充分调动社会各方面力量兴办社区服务业；加速建设社区服务中心及各种便民服务项目；大力创办社区服务实体，不断壮大社区服务志愿者队伍和社会工作者队伍；不断扩大服务对象，丰富服务形式。五是要求统筹规划社区服务业。六是大力扶持社区服务业。七是根据国家有关政策，多方筹集社区服务业发展资金。八是建立合理的社区服务业价格体系。九是建立充满活力的社区服务业运行机制。十是加强社区服务行业管理。

在建立社会主义市场经济体制进程中我国青年工作战略发展规划　为与党的十四大确定的中国建立社会主义市场经济体制的目标相配套而出台的中国青年工作战略发展规划。1993年12月7日由共青团十三届二中全会审议通过。党的十四届三中全会通过的《中共中央关于建立社会主义市场经济体制若干问题的决定》，科学、系统地规划了新经济体制的基本框架，对中国经济、社会发展以及青年工作产生重大而深远的影响，要求青年工作有更大的发展和新的突破。决定把实施“跨世纪青年文明工程”和“跨世纪青年人才工程”作为青年工作再上新台阶的突破口。在实施重点工程中提出“跨世纪青年文明工程”的宗旨是：用建设有中国特色社会主义的理论教育青年，帮助青年树立正确的理想、信念、人生观和价值观，突出爱国主义、集体主义和社会主义教育，弘扬适应社会主义市场经济发展要求的社会公德、职业道德、艰苦创业精神，倡导健康、文明、科学的生活方式，确立正确的青年文化导向，提高青年思想道德素质和科学文化素质，把蕴藏在青年中的精神力量不断转化为促进改革和建设的巨大物质力量。“跨世纪青年文明工程”侧重于为建立社会主义市场经济体制创造良好的社会环境。此项工程将推出青年志愿者、青年文明号、青年文化园等项目。在实施跨世纪青年重点工程的同时，还将采取措施调整青年工作的运行机制，加强共青团的基础建设。同时强调要高举“科学技术是第一生产力”的旗帜，通过参与在生产经营、推动技术进步的实践中，促进科技成果向现实生产力的转化，培养一代适应社会主义市场经济要求，掌握过硬实用技能的熟练劳动者和面向21世纪具有较高科学文化素质的青年人才。“跨世纪青年人才工程”将通过培养青年岗位能手和农村青年星火带头人、优秀青年科技和经营管理人才，在青少年中推广普及新知识和新技能等途径，造就一代适应发展社会主义市场经济需要、掌握过硬实用技能的熟练劳动者和面向21世纪具有较高科学文化素质的青年人才。“跨世纪青年文明工程”和“跨世纪青年人才工程”是在建立社会主义市场经济体制进程中青年工作战略发展规划的重点工程，是全团工作再上新台阶的重点突击方向，也是全团在新形势下具体落实团十三大提出的基本任务的重要工作载体。在“调整运行机制，加强基础建设”中还强调，为全面实现总体目标、顺利推进重点工程的实施，必须在共青团和青年工作的结构、依托、保障等主要方面和重要环节上实行调整和改革，加强基础建设，逐步建立与社会主义市场经济体制相适应的共青团和青年工作的运行机制。

关于实施“中国青年志愿者‘一助一’长期服务计划”的意见 为具体贯彻实施中共青年志愿者“一助一”长期服务计划而出台的实施意见。1994年3月5日由团中央出台。共青团组织“学雷锋综合包户”活动在新形势下的深化和发展，也成为青年志愿者行动的一项长期的基础性工作。“一助一”长期服务计划的服务内容主要包括医疗保健、生活服务、家教服务、科技服务、科研成果整理、助耕助收等。主题是：热心献社会，真情暖人心；让青年志愿者走进千家万户，向需要帮助的人伸出援助之手。服务对象是：有特殊贡献的老知识分子、老干部、老英雄、见义勇为英雄和有特殊困难的烈军属、伤残人、五保户及其他特困户等社会成员。活动目标是：当年内使服务对象达到15万户（名），原则上每个基层团委落实一户（名）长期服务对象，青联、学联根据当地具体情况落实服务对象；下一年在总结经验的基础上继续扩大，全国有条件的基层团组织和青联、学联组织都应当参与实施。组织方式是：由基层团组织和青联办事机构、学生会具体实施，各级团的领导机关要加强领导和协调，在招募和培训青年志愿者，建立青年志愿者服务队，建立规范的活动制度等方面为基层提供切实的指导和帮助。实施原则是：各地共青团、青联、学联组织在实施的过程中，要注意坚持自愿，量力而行，讲求实效，持之以恒；青年参加志愿服务活动要自愿报名；活动时间要根据志愿者的承受能力和服务对象的需求合理安排；活动内容要真正能够为服务对象解决实际困难；要积极探索建立青年志愿者组织，努力形成规范的活动机制，以便于长期坚持；要加强领导，认真规划，精心组织，采取宣传教育，典型示范，骨干带头等方式，在实践中不断总结完善，落到实处，并且成为建立中国青年志愿服务体系的重要途径。

关于开展“青年扶贫开发志愿行动”的通知 为动员广大青年支持贫困地区的开发建设，鼓励先富起来的地区和个人参与开发扶贫，开发利用贫困地区生产资源，发展商品生产，带动贫困地区脱贫致富奔小康而发布的文件。1994年3月28日由团中央办公厅发布。具体实施行动有以下三种：由志愿者到贫困地区领办项目、联营办厂、合资入股、转让技术进行开发性生产；组织贫困地区农村青年到志愿者所在企业或生产基地学习实用技术；动员广大青年星火带头人和各级青年乡镇企业家协会会员联系帮助贫困村、户发展生产，实现脱贫致富。各地团委要从本地实际情况出发，根据当地扶贫任务，规划扶贫开发重点，动员组织各级青年星火带头人和青年乡镇企业家量力而行参加“青年扶贫开发志愿行动”，中直、国家机关、团工委要发挥自己的人才优势和技术优势与有关省、自治区、直辖市协调，积极参与这项活动。开展这一活动要实事求是、讲究实效、坚持不懈，对志愿者的选定一定要坚持自愿，既提倡奉献，又要按市场经济规律办事，使志愿者和贫困地区互惠互利、共同发展；各级团委开展青年扶贫开发志愿行动要主动争取党委、政府以及扶贫办、农业、科委、乡镇企业局和科协等有关部门的重视和支持，充分发挥各地青年乡镇企业家协会、青年星火带头人协会以及各种青年科技社团的作用，密切协作共同把活动抓好、抓实。

关于进一步开展社区服务志愿者活动的通知 为提倡社会互助、广泛深入持久地开展社区服务志愿者活动而出台的文件。1994 年 4 月 1 日由民政部、中国社会工作者协会联合下发。社区志愿者服务是人们关心社会、助人为乐的一种积极的建设性的社会互助行为。特征是坚持自愿原则，利用业余时间，无私地为社会上有困难的人提供帮助和服务。宗旨是改善社会环境，提高人们的思想道德文化素质。其活动方式可以是专业性、经常性的，也可以是围绕某一重大活动的阶段性、临时性的。开展社区志愿者活动不以营利为目的，主要是提倡奉献精神，但也不排斥由组织者提供必要的补贴和酬劳。各级民政部门要认真贯彻落实有关文件，大力提倡社会互助，积极为开展社区志愿者活动提供条件。开展社区志愿者活动，既要量力而行、讲求实效，又要积极倡导、加强宣传，并提出要在广泛深入开展社区志愿者活动的基础上，建立基层志愿者协会，以加强对社区服务志愿者活动的领导。各地根据实际情况通过多种渠道筹集扶持和表彰志愿者活动基金，并鼓励开展评选表彰社区志愿服务先进集体和优秀社区服务志愿者活动。

关于成立中国大中学生志愿服务总队的决定 为充分发挥大中学生志愿者的作用，推动志愿服务经常化，逐步形成机制，推动青年志愿者活动深入发展，规范中国大中学生志愿服务总队的运作而发布的文件。1994 年 9 月 22 日由团中央、全国学联向各省、自治区、直辖市团委、学联及全国铁道团委、全国民航团委下发。中国大中学生志愿服务总队由团中央指导，全国学联具体领导。首批加入总队的大中学生志愿服务队共 203 支。中国大中学生志愿服务总队将在制定长远规划、确定重点项目、协调区域合用、拓宽工作领域、落实重点任务、加强志愿服务队建设等方面，发挥对全国大中学生志愿服务活动的协调与引导作用；同时，通过就近组织和参与跨地区乃至国际间的志愿活动，为社区建设、扶贫开发、抢险救灾、文化教育事业发展、重点工程建设以及大型社会活动等公益事业提供服务，以倡导爱国奉献、团结互助、见义勇为的精神，推动社会保障事业的发展，推动社会主义市场经济发展和社会主义精神文明建设，培养和提高青年学生成为跨世纪社会主义事业建设者和接班人的全面素质。首批加入中国大中学生志愿服务总队的各学校志愿服务队，要在深入开展志愿服务活动的基础上，根据本校专业优势和社会实际需求，形成从内容、组织协调形式到规章制度相对稳定的机制，同时做好队员的有序更新工作。以后总队还将逐步扩大规模，由志愿服务活动中表现突出的大中学生志愿服务队提出申请，经学校团委报所在省（区、市）团委、学联考察认定，由各省报总队备案，可成为总队团体队员。加入总队的各志愿服务队要高质量地完成总队委托的各项任务，在组织活动中遵循自愿参加、量力而行、讲求实效、持之以恒的原则，注意积累开展志愿服务的经验，影响带动更多的大中学生加入青年志愿者行列，为推动社会主义市场经济发展和社会主义精神文明建设做出更大的贡献。

关于深入开展“大学生志愿者社区援助”的意见 为进一步发挥高校大学志愿者的积极作用，促进社会主义精神文明建设，培养和提高学生全面素质，使“大学生志愿者社区援助”长期深入开展而制定的文件。1996 年 7 月 27 日由团中央、全国学联共同发布。主要提出了以下几点内容：明确目的，提高认识，把做好社区援助工作纳入团委重要工作日程；结合各地实际，选好援助项目，在活动中逐步形成特色，建立机制，讲求实效；创设“校园事务志愿者”制度，推动师生互助共建文明校园；切实加强领导，做好活动的组织、宣传和总结工作。不仅对已经在全国各地形成良好发展态势的“大学生志愿者社区援助”活动有很好的巩固总结作用，更对后面将要开展的活动有重要指导意义。

关于建立青年志愿服务站若干问题的意见 为加强和规范青年志愿服务网络建设而制定的文件。1996 年 10 月 14 日由团中央印发。对青年志愿服务站的性质、职能、工作任务、组织人员构成、场所、服务设施、管理制度和档案资料、资金、名称及发展方向等十个问题进行了相关说明。青年志愿服务站是以组织开展志愿服务为基本职能的服务实体，是青年志愿服务组织网络的关键环节。主要职能是面向社会公开招募青年志愿者，对青年志愿者开展业务知识和技能培训；负责青年志愿者和服务对象的联络；组织、指导和协调志愿者为服务对象开展志愿服务；利用服务站的场地，开设直接为服务对象服务的项目；完成团组织和青年志愿者协会统一部署的任务。工作任务是组织力量，摸清本区域服务对象的基本情况，了解服务需求，建立服务对象档案；根据服务站实际能力，确定服务项目，制定服务计划；面向社会招募志愿者，将志愿者和服务对象结成固定的“一助一”服务关系，组织志愿者为社会事务提供志愿服务；发放《青年志愿者服务手册》和“一助一志愿服务卡”并及时了解、确认志愿者服务情况（包括服务内容和服务时数）；建立相应的评估管理制度，对完成 48 小时服务的志愿者给予表彰，推荐先进个人和先进集体参加上级团组织和青年志愿者协会的表彰评选。建设应以办事业的精神和方式扎实推进，经过努力，将服务站办成以组织青年开展志愿服务为宗旨，能够立足社会、自我运转的公益性、服务性实体，成为有中国特色的青年志愿服务体系的重要组成部分。

关于青年志愿者为大型活动提供志愿服务的暂行规定 为更好地动员、组织青年志愿者为大型活动提供志愿服务而制定的文件。1996 年 10 月 14 日由团中央印发。由指导思想、服务范围、服务内容、组织工作、青年志愿者招募与管理、表彰与奖励六部分组成。指导思想部分指出，招募青年志愿者为大型活动提供志愿服务，是组织青年参与社会事务，保证大型活动顺利进行的有效手段，有利于培养公民的社会责任感，倡导社会新风正气，展示中国青年良好的社会风貌，也有利于扩大大型活动的社会参与面，更好地发挥大型活动在群众性精神文明建设中的作用。动员、组织社会力量为大型活动提供志愿服务，也是国际通行做法；服务范围部分，对承办的“大型活动”进行了界定，包括国内举办的国际性大型文体活动，国际、国内大型会议活动，国内省级以上体育竞赛、文艺演出及其他大型文体活动，国内大城市举办的具有较大影响的单项文体活动；服务内容部分规定青年志愿者参与大型志愿服务时所需承担的工作；组织工作部分明确了共青团有关省、自治区、直辖市委在大型活动中的组织任务；青年志愿者招募与管理部分涉及志愿者的登记审核、培训、记录；表彰与奖励部分规定要依据服务时间和业绩对参加服务的青年志愿者进行奖励，表彰为大型活动做出突出贡献的青年志愿者。

关于青年志愿者参加抢险救灾的暂行规定 为充分发挥广大青年志愿者生力军和突击队作用，保护国家利益和人民群众生命财产安全，集中青年志愿者的人才优势，为灾区重建做贡献而制定的文件。1996年10月14日由团中央印发。由指导思想、服务范围和服务内容、组织工作、青年志愿者招募与管理、表彰与奖励五部分组成。要在志愿服务中培养社会责任感和爱国主义、集体主义精神，倡导社会新风正气，展示中国青年良好的精神风貌。国内外志愿者为抢险救灾提供志愿服务的成功经验也证明，动员、组织社会力量为抢险救灾提供志愿服务，是减少损失，加快灾区重建的有效做法。服务的范围要根据灾情险情发生地的实际需要，按照量力而行的原则来确定；要在灾害发生地地方党政的统一领导下，灾情险情发生地的团组织、青年志愿者组织具体负责青年志愿服务的实施；依据服务时间和业绩对参加服务的青年志愿者进行奖励，表彰在抢险救灾中做出突出贡献的青年志愿者。

关于加强青年志愿者规范管理的暂行规定 为加强青年志愿者规范管理而制定的文件。1996年10月14日由团中央发布。由青年志愿者的概念、主要任务、招募、培训、《青年志愿者服务手册》和“一助一志愿服务卡”、考核与评估六部分组成。《青年志愿者服务手册》和“一助一志愿服务卡”部分指出，志愿者经培训后，由招募组织对其进行考核，合格者颁发《青年志愿者服务手册》并安排服务任务。志愿者与被服务对象签订“一助一”长期服务协议时颁发“一助一志愿服务卡”；青年志愿者的考核与评估部分明确规定：对提供“一助一”服务的志愿者，由共青团组织或青年志愿服务组织定期或不定期走访服务对象，了解服务情况；对提供其他服务的志愿者，由共青团组织或青年志愿服务组织根据《手册》记录进行考核，其结果记入《青年志愿者登记表》；以完成服务的时间为基本条件对青年志愿者进行考核与评估，完成服务任务者，给予表扬并推荐其参加志愿者评优；无故不完成的，应给予批评，两次批评而不改正者，收回《手册》，取消其志愿者资格。

中国青年志愿者行动评选表彰工作条例（试行） 为树立青年志愿者的良好形象，形成志愿服务光荣的社会荣誉感，进一步激发青年志愿者的积极性，激励更多的青年加入到志愿服务行列，促进有中国特色青年志愿服务体系的形成而制定的文件。1996年10月14日由团中央发布。共七章二十四条，对表彰项目及名额、评选条件、评选机构、评选程序、奖励方式等内容进行了规定。规定以“小时”为依据的普遍表彰与以“小时”加“突出事迹”为依据的重点表彰相结合，建立社会化的表彰激励机制；规定设立中国青年志愿者行动星级“荣誉奖”（设一星“荣誉奖”、二星“荣誉奖”和三星“荣誉奖”）、“杰出青年志愿者”、“青年志愿服务杰出集体”、青年志愿者行动“组织奖”，每年评选表彰一次。另设中国青年志愿者行动“特别贡献奖”，不定期颁发。规定评选活动由团中央和中国青年志愿者协会主办，由团中央领导、中国青年志愿者协会领导、有关方面人士组成评选委员会，负责审议和决选各个奖项。由主办单位负责人组成组织委员会，负责组织工作。组委会下设全国青年志愿者行动评选表彰办公室（设在中国青年志愿者协会秘书处），负责评选工作的具体事务。

关于加强城市社区精神文明建设，开展创建“青年文明社区”活动的意见 为加强城市社区精神文明建设，开展创建“青年文明社区”活动而出台的文件。1996 年 10 月 25 日团中央、民政部、建设部、国家工商行政管理局联合发布（中青联发〔1996〕43 号）。目的是团结带领广大青年，通过开展扎实有效的工作和丰富多彩、健康有益的活动，为发展社区经济、方便群众生活、创造安全文明的社区生活环境贡献力量；为社区青年劳动就业、成长成才、追求健康文明的文化生活需求提供服务；在教育、管理、引导社区青年等方面发挥积极作用，代表和维护青少年合法权益，反映广大青少年的愿望和呼声，为提高社区的文明程度做出贡献；通过开展创建活动，在全国城市中树立一批文明社区典型，推动城市社区精神文明建设。规定创建“青年文明社区”的内容是“六个有”，即“有健全的社区团的工作机构，有‘社区青年文明号’，有社区青年志愿者服务站（点），有社区职业介绍或技能培训站（点），有社区青少年科技、文化、法制教育活动阵地，有社区青少年服务项目”。由团中央、民政部、建设部和国家工商行政管理总局有关负责同志组成的活动指导委员会，负责活动的组织、领导、协调工作，活动指导委员会办公室设在团中央权益部，负责处理日常工作。开展创建“青年文明社区”活动的工作要求是：提高思想认识、加强领导和协调、认真组织实施和广泛动员社会力量。

关于进一步深化青年志愿者助残活动的意见 为进一步深化青年志愿者助残活动而制定的文件。1997 年 4 月 30 日由团中央和中国残联发布。青年志愿者行动自 1994 年开展，始终把为残疾人服务作为一项重要工作内容，积极为残疾人提供生活、医疗、文化等方面的志愿服务，取得了一定成效，为进一步深化青年志愿者助残活动而出台本意见。对青年志愿者助残活动给出了三个重要指示。一是大力开展青年志愿者“一助一”长期结对服务。各级共青团组织、青年志愿者组织和残联组织要立足社区，认真了解服务需求，在掌握残疾人服务对象的数量、分布状况和需求的基础上，确定重点服务对象和服务内容。要注重吸引和动员有专业特长的青年为残疾人提供医疗、法律、教育、文化、房管、维修等技能型服务，不断提高“一助一”助残服务的数量和质量。积极推动《青年志愿者服务手册》和“一助一志愿服务卡”的发放和使用，通过建档立卡、定期督查等措施，务必使助残服务对象明确，项目具体，任务量化，责任到人。二是努力形成青年志愿者助残活动运行机制。要加大青年志愿者助残服务站和服务基地建设的工作力度，注重形成较为稳定的青年志愿者助残队伍，逐步建立青年志愿者助残活动的激励机制。三是加强助残志愿服务的舆论宣传，不断提高活动的质量和水平。各地要注意发现青年志愿者助残先进典型，并利用全国助残日、国际残疾人日及残疾人事业有关重大活动为契机，及时宣传报道，为助残事业创造良好的社会舆论氛围。各级共青团组织、青年志愿者组织和残联组织要以增强残疾人参与社会生活能力、提高生活质量为宗旨，在继续动员和组织广大青年志愿者为残疾人提供生活、医疗等经常性服务的基础上，在文化、教育、劳动技能等方面加强对残疾人的智力开发和素质训练，提高残疾人的文化素质和参与社会生活的技能，增强他们自强自立的信心和能力，鼓励他们身残志坚，奋发成才，努力成为两个文明建设的参与者和创造者。

关于开展大中学生志愿者暑期文化科技卫生“三下乡”活动的通知 为使更多大中学生了解三农、关注三农，在未来的生活、学习中能够将自己所学应用于实际，为“三农”服务而出台的文件。1997 年 5 月 26 日由中宣部、中央文明办、国家教委、团中央、全国学联联合下发。从 1997 年暑假开始实施，包括文化、科技、卫生三下乡。文化下乡包括图书、报刊下乡，送戏下乡，电影、电视下乡，开展群众性文化活动；科技下乡包括科技人员下乡，科技信息下乡，开展科普活动；卫生下乡包括医务人员下乡，扶持乡村卫生组织，培训农村卫生人员，参与和推动当地合作医疗事业发展。通过“三下乡”活动，学生接触大量活生生的案例，能够更好地体会马克思主义世界观和方法论的科学性，认识邓小平理论的巨大指导作用，培养对劳动人民的热爱之情；能全面地认识国情，认识自我，增强社会责任感和使命感，进而形成良好的思想素质；它有助于培养大学生理论联系实际、学以致用的业务素质。参加“三下乡”活动，可以使青年学生技能得到最大限度的提高，才华得到全面的发展。它有利于产学研的良性转化；大学生参与“三下乡”活动，能够加速科学技术在农村向现实生产力转化，实现产学研结合，实现农科教结合，满足农村经济发展对科技知识的需求；“三下乡”活动的开展形式主要有科技支农、政策宣传活动、农村文化建设行动和与企业联合培养“下得去用得上留得住”人才。

关于实施青年志愿者扶贫接力计划有关政策的意见 为更好地服务于科教兴国战略和国家“八七扶贫攻坚计划”，充分开发青年人力资源，促进广大青年在实践中锻炼成长，加强社会主义精神文明建设，同时缓解贫困地区教师数量不足、质量偏低的问题，实施青年志愿者支教扶贫接力计划而出台的文件。1998 年 7 月 6 日由团中央、教育部联合下发（中青联发［1998］ 28 号）。以公开招募、定期轮换的方式组织具有一定文化水平的青年志愿者到贫困地区从事 1—2 年中、小学教育和科技、文化、医疗等方面的志愿服务。为使支教扶贫接力计划扎实有效地实施，参加支教扶贫接力计划的机关事业单位正式职工（含参加工作的应届大中专毕业生），志愿服务时间可计算工龄；参加支教扶贫接力计划的专业技术人员，在专业技术职务评聘中与学历、资历等条件相同的其他人员同等对待，工作成绩突出的可根据需要予以优先推荐评审；应届大学毕业生录取研究生，参加支教扶贫接力计划的，可保留研究生入学资格，服务期间由招募单位发给基本生活费；应届大学毕业生参加支教扶贫接力计划的，应先落实就业单位并办理好派遣报到手续，毕业后直接从事教育教学工作的，服务期间计算教龄；各有关部门要积极创造条件，支持广大青年按照自愿的原则参加支教扶贫接力计划，妥善解决他们的实际困难，使他们安心在贫困地区做好志愿服务工作。

关于开展“保护母亲河行动”的意见 为深入贯彻《中共中央关于农业和农村工作若干重大问题的决定》提出的加强以黄河、长江上中游地区、风沙区、草原区为重点的生态环境建设的要求，动员青少年和全社会积极投身生态环境保护和建设的事业，开展“保护母亲河行动”而发布的文件。1999 年 1 月 15 日由团中央、水利部、中国青少年发展基金会联合发布本意见（中青联发［1999］ 2 号）。以保护哺育中华民族和一方人民的“母亲河”——黄河、长江及其它主要江河为主题，通过举全团之力，广泛动员各级团组织和广大青少年，充分吸纳社会资源，建设“保护母亲河流域综合治理工程”、开展“保护母亲河行动周（日）”活动、创建“保护母亲河行动专项基金”，在“母亲河”流域以小流域为单元，大力开展治理水土流失、保护生态环境，倡导和树立可持续发展意识，推动国家生态工程建设，为母亲河更好地造福于中华民族和实现全球性生态平衡作贡献。开展“保护母亲河行动”的几项要求：高度重视、加强领导、建好工程、健全机制和大力宣传。

关于大力开展中国大中专学生志愿者暑期文化科技卫生“三下乡”活动的通知 为鼓励大中专学生到农村开展文化科技卫生志愿服务活动而出台的文件。1999 年 5 月 27 日由中宣部、教育部、团中央、全国学联联合发布（中青联发［1999］41 号）。主题是“弘扬五四爱国精神，勇担强国富民重任”。各地通过这项活动，进一步激发青年学生成长进步、勇于实践的主动性、创造性，增强建设祖国、振兴中华的责任感。要引导青年在社会实践中加深对邓小平理论的理解，以实际行动在促进农村发展特别是西部地区发展中提高自身素质，实现全面发展。此次的重点活动有：大力开展科技扶贫，传播和推广科学技术，为当地培训科技人才；企业帮扶，开展科技创新、产品开发、营销等服务工作；文化宣传，组织学生文艺队到农村演出，宣传科学，反对迷信；支教扫盲，培训中小学师资；医疗服务，为农民进行健康普查和治病，送医、送药、送器械；环境保护，组织学生积极参与“保护母亲河”行动。围绕西部大开发战略的实施，今年还将重点组织百支博士团“三下乡”志愿服务行动。各地精心组织，广泛动员，吸引广大青年学生参加到这项活动中去。

关于实施“新纪元志愿服务计划”的通知 为深入贯彻党的十五大和十五届三中、四中全会精神，更好地动员广大青年服务于改革发展稳定的大局和人民群众生产生活的基本需求，以志愿服务的方式积极投身两个文明建设，弘扬奉献、友爱、互助、进步的时代新风，迎接 2001 年“国际志愿者年”，推动国家西部大开发战略、科教兴国战略和可持续发展战略，促进经济发展和社会全面进步的实施而出台的文件。2000 年 2 月 18 日由中共中央宣传部、团中央、民政部等 18 个部委单位共同发布（中青联发［2000］18 号）。2000 年初开始实施，2001 年年底结束，以一年为一个实施周期，按两年的时间安排。通知指出，计划实施分四个阶段进行，每个阶段都有不同的侧重；计划实施要坚持自愿原则、志愿服务提供的持续性原则、志愿服务与需求对路的原则、奖励原则和资金筹集的社会化与政府专项资金相结合的原则；实施“新纪元志愿服务计划”力争实现三大目标：一是青年受益；二是社会受益；三是大力弘扬“奉献、友爱、互助、进步”的志愿者精神，为庆祝新世纪、新千年营造良好气氛。主办单位联合成立“新纪元志愿服务计划”指导委员会，负责规划、协调和指导活动的开展。开展计划的四个要求，分别是：加强领导，精心组织；结合实际、鼓励创新；统筹规划，形成合力；加强宣传，营造氛围。

关于以创建青年志愿者服务站为重点，全面推进中国青年志愿者社区发展计划的通知 为发挥青年志愿者在社区建设方面的生力军和突击队作用，在社区广泛创建青年志愿者服务站，全面推进中国青年志愿者社区发展计划而出台的文件。2000 年 6 月 14 日由中国青年志愿者协会和中宣部、团中央、国家计委、民政部等 18 部委联合发布（中青联发［2000］39 号）。由四部分组成：一是充分认识社区青年志愿者工作的地位和作用，要抓住当前党中央重视社区建设、全社会关注社区发展的有利时机，突出“共建、互助、共享”的主题，以多种模式创建青年志愿者服务站、深化“一助一”长期结对服务计划为重点，全面推进中国青年志愿者社区发展计划，努力使青年志愿者真正成为参与社区服务和社区建设的重要力量；二是强力推进青年志愿者服务站建设，要积极争取党政有关部门的支持，依托街道社区服务中心、办事处、居（家）委会等普遍创建服务站；三是深化拓展“一助一”长期结对服务计划，要把集中服务与“一助一”结对服务相结合，利用双休日、节假日等闲暇时间，通过设立服务广场、服务基地等多种方式，组建青年志愿者服务队，深入服务需求比较集中的地方，集中开展社会公益性服务，进一步扩大社区青年志愿者工作的覆盖面和影响力；四是采取得力措施狠抓工作落实，这是一项系统工程，需要全团的共同努力，也需要党政有关部门和社会各界的大力支持，各级团组织、青年志愿者组织一定要立足青年志愿者服务事业的长远发展，提高认识，高度重视，统筹规划，精心组织实施。

关于发展壮大“中华巾帼志愿者”队伍的意见　为进一步激发广大妇女群众在两个文明建设中的创造精神和参与热情，弘扬现代文明意识和团结互助的社会道德风尚，促进新形势下妇联的组织建设和妇女工作的发展创新，推出“中华巾帼志愿者”，发展壮大“中华巾帼志愿者”队伍而出台的文件。2001 年 6 月 29 日由全国妇联印发（妇字［2001］16）。对发展“中华巾帼志愿者”队伍的工作共提出了六点意见。一是要提高认识，加强领导。发展壮大“中华巾帼志愿者”队伍具有重要意义，各级妇联要切实加强领导，把发展壮大“中华巾帼志愿者”队伍工作落到实处。二是要发挥优势，壮大队伍。各级妇联要充分发挥自身组织网络健全、密切联系群众的优势，采取各种有效措施，面向社会，广泛组织发动各族各界妇女群众积极参加志愿者队伍。三是要因地制宜，开展服务。各地在组织“中华巾帼志愿者”开展活动的过程中，要从本地区经济和社会发展实际出发，因地制宜、围绕城市现代化建设和农村产业结构调整，根据城乡妇女实际需求开展政策咨询、就业指导、技能培训、文化教育、科普宣传、卫生保健、环保绿化、扶贫助困、便民服务、法律援助、治安防范等多项服务。四是要分类指导，加强管理。强调对“中华巾帼志愿者”工作要坚持分类指导的原则，各级妇联要制定必要的管理办法，切实、有序地落实“中华巾帼志愿者”队伍工作。五是要面向社会，强化宣传。通过各种形式加强对“中华巾帼志愿者”的社会宣传，扩大“中华巾帼志愿者”的社会影响，并注重培养和表彰先进典型，以激励更多的妇女加入“中华巾帼志愿者”队伍。六是要齐抓共管，形成合力。各级妇联要积极整合各方资源，广泛争取社会各界的支持，来推动“中华巾帼志愿者”工作的深入发展，为促进两个文明建设和妇女事业发展做出更大贡献。

关于开展科教、文体、法律、卫生“四进社区”活动的通知　为了进一步丰富社区文化生活，宣传普及科学知识，增强居民法律意识，提高居民生活质量，满足人民群众不断增长的精神文化需求，在全国开展科教、文体、法律、卫生“四进社区”活动而出台的文件。2002年1月29日由中央文明办、中央综治办、文化部、卫生部、国家体育总局、中国科协、团中央、全国妇联联合发布（文明办［2002］2号）。共由三部分内容组成，第一部分是活动的总体要求：通过开展科教、文体、法律、卫生“四进社区”活动，宣传科学知识、科学思想、科学精神和科学方法，传播先进文化，普及法律知识，完善社区服务，提高市民素质和群众生活质量，引导社区居民“关心小家爱大家，共育社区文明花”，通过相认、相识、相知、相助，身体力行社会主义思想道德，形成平等友爱、良好和谐的社会风尚，邻里互助。第二部分指出了活动的内容，即科教、文体、法律、卫生“四进社区”系列活动要覆盖全年，一个时期突出一两个重点。第三部分提出了几个工作要求，各地各部门务必高度重视，切实加强领导，认真作好工作。一是精心设计，广泛动员；二是培养骨干，常抓不懈；三是加强协调，形成合力；四是搞好宣传，扩大影响。

关于实施“志愿者为老服务金晖行动”的意见 为了组织动员广大青年和其他社会公众积极参与到为老服务的志愿者行列，以实际行动为有需要的老年人办实事、办好事，在全国范围内实施“志愿者为老服务金晖行动”而出台的文件。2002年4月4日由团中央、全国老龄工作委员会办公室联合发布（中青联发［2002］22号）。指出实施金晖行动，既要充分发挥青年志愿者组织体系比较完备、机制比较健全、富有青春活力的优势，又要针对老年人特别是低龄老人经验丰富、闲暇时间较多的特点，调动他们投身志愿服务的内在积极性，做到朝霞与夕阳相互辉映，青年人与老年人相互学习、共同参与。提出了四项措施：一是大力推进志愿者服务站建设，组织协调基层为老志愿服务工作；二是全面推行志愿者注册制度，建立为老服务的志愿者骨干队伍；三是以“一助一”长期结对服务为基本形式，形成志愿者与老年人重点服务对象间长期稳定的服务关系；四是加强志愿者为老服务工作的组织领导，务求取得实效。

关于开展“百万青年志愿者助残行动”的通知 为进一步深化青年志愿者助残工作，动员组织更多的青年和其他社会公众加入助残志愿者行列，在全国范围内实施“百万青年志愿者助残行动”而出台的文件。2002年4月9日由团中央、中国残联共同发布（中青联发［2002］24号）。助残行动以“践行志愿精神，倡树助残风尚”为主题，动员引导广大青年弘扬“奉献、友爱、互助、进步”的志愿精神，积极参与助残志愿服务工作，带动社会各界共同关注残疾人的生活，形成扶残助残的良好社会风尚。助残行动的目标是经过三年左右的努力，使参加注册的助残志愿者人数达到300万名左右；志愿者“一助一”长期结对服务基本涵盖全国特困残疾人及其家庭；在残疾人比较集中的场所普遍建立志愿者助残服务基地；大力创建志愿者助残服务站，进一步规范志愿者助残联络站，健全志愿者助残工作的组织网络。助残行动的任务主要是：明确服务对象和服务内容；建立助残志愿者骨干队伍；深化“一助一”长期结对服务工作；加强志愿者助残服务站、联络站建设。助残行动的要求是加强组织协调、务求实效、注重宣传表彰。

中国青年志愿者注册管理办法（试行） 为进

一步规范青年志愿者的注册管理，全面推进中国志愿服务事业而制定的文件。2002 年 4 月由团中央和中国青年志愿者协会联合颁布。对注册志愿者的定义、基本条件、权利、义务、注册机构、注册程序、注册号、志愿服务证、管理和培训、激励表彰、权益保障、组织保障等都作了明确规定。指出注册志愿者是指按照一定程序在团组织、志愿者组织注册登记、参加服务活动的志愿者。其基本条件包括：年满 14 周岁，具有奉献精神，具备与所参加的志愿服务项目及活动相适应的基本素质，根据自身愿望和条件至少选择一个志愿服务项目并从事一定时间的志愿服务工作，遵纪守法。注册程序包括：申请人提出注册申请，填写全国统一格式的注册登记表和服务项目登记表；团组织、志愿者组织对申请人情况进行审核；审核合格后，申请人可以参加团组织、志愿者组织开展的志愿服务活动项目，宣誓并领取带有全国统一注册号的“中国注册志愿者志愿服务证”和“中国志愿者胸章”。县级或县级以上团组织、志愿者组织为志愿者注册机构，负责志愿者注册管理工作。社会公众可按照就近就便原则，在所在地或所在单位的注册机构进行注册。考虑到各地开展注册工作的进展差异，要求各级团组织、志愿者组织将志愿者注册管理工作成效大小作为志愿服务工作业绩的重要指标，尽快把原先的工作纳入实施轨道，并于 2005 年 1 月 1 日前完成重新审核、注册工作。

关于实施法律援助志愿者服务计划的通知 为动员社会各界、特别是青年人才通过志愿服务方式积极投身法律援助工作，推动法律援助和志愿服务事业的进一步发展而出台的文件。2002 年 12 月 3 日司法部、团中央共同发布（司发通［2002］124 号）。由七部分组成，第一部分指出法律援助志愿者服务计划的主要任务是：动员和组织法律界以及热心法律援助的各界志愿者参与法律援助工作，开展普法宣传、法律咨询、法律培训等方面的志愿服务，为建设社会主义法治国家贡献力量，实施方式有专业法律援助、社区法律援助、远程法律援助、西部普法宣传、法律援助培训及志愿捐助；第二部分指出了法律援助志愿者服务计划的实施范围和步骤；第三部分是志愿者的招募对象与方式；第四部分是计划的组织管理，由司法部、团中央共同组织实施，并成立中国青年志愿者协会法律援助志愿者分会，负责规划、协调、指导全国法律援助志愿服务的各项工作；第五部分是政策保障；第六部分是资金落实与管理，法律援助志愿者服务计划所需资金，主要依托中国法律援助基金会、中国青年志愿者协会开展社会募集，同时积极争取政府的支持；第七部分是工作要求：高度重视、加强领导，精心组织、注重实效，加强协作、优化配置，认真总结、加强宣传。

关于实施大学生志愿服务西部计划的通知 为实施大学生志愿服务西部计划而出台的文件。2003 年 6 月 8 日由团中央等联合发布（中青联发［2003］26 号）。这是为了贯彻国务院常务会议、《国务院办公厅关于做好 2003 年普通高等学校毕业生就业工作的通知（国办发［2003］49 号）》和 2003 年全国高校毕业生就业工作电视电话会议精神而出台的，由五个部分组成。第一部分是指导思想，实施大学生志愿服务西部计划要以邓小平理论和“三个代表”重要思想为指导，引导大学生到西部去、到基层去、到祖国和人民最需要的地方去建功立业，促进西部贫困地区教育、卫生、农技、扶贫等社会事业的发展。第二部分是工作内容，大学生志愿服务西部计划从2003年开始，按照公开招募、自愿报名、组织选拔、集中派遣的方式，每年招募一定数量的普通高等学校应届毕业生，到西部贫困县的乡镇从事为期1—2年的教育、卫生、农技、扶贫以及青年中心建设和管理等方面的志愿服务工作。第三部分是政策支持，参加大学生志愿服务西部计划的志愿者除享受国家规定的高校毕业生就业优惠政策外，还有很多的政策支持。第四部分是组织机构，团中央、教育部联合成立全国大学生志愿服务西部计划领导小组和项目管理办公室，负责这项工作的总体规划、协调和指导。第五部分是工作要求，各级团组织、教育部门要密切配合、形成合力，精心组织、狠抓落实，以项目运作的方式扎实推进此项工作，各级财政、人事部门要给予积极支持。具体要求有加强领导、广泛动员、按需选拔、搞好服务和严格管理。

关于实施“百县千乡宣传文化工程”志愿服务行动的通知 为巩固扩大“百县千乡宣传文化工程”工作的成果，加强中西部农村基层宣传文化队伍建设，实施“百县千乡宣传文化工程”志愿服务行动而出台的文件。2003年7月16日由中宣部、中央文明办、文化部、团中央联合发布（中青联发［2003］34号）。自2003年起，按照公开招募、自愿报名、组织选拔、集中培训、统一派遣的方式，每年在全国普通高校应届毕业生和东、中部的大中城市中，招募一批大学专科以上学历，品学兼优、具有奉献精神和宣传文化特长的志愿者，到“百县千乡宣传文化工程”定点资助的中西部乡镇宣传文化站和县级宣传文化中心从事为期一年的志愿服务。志愿者在服务期间的主要工作任务是：围绕当地党委、政府工作大局，开展政策宣传教育活动；结合实际，开展多种形式的农村精神文明创建活动和科技知识普及宣传活动；管好、用好现有宣传文化设施，开展丰富多彩的文化体育活动；加强农村文化网络建设；配合、协助农村基层团组织做好青年中心的建设和管理工作。参加“百县千乡宣传文化工程”志愿服务行动的应届大学毕业生志愿者同时享受一系列的政策支持。组织领导方面，由中宣部、中央文明办、文化部、团中央共同负责这项工作的总体规划、协调、指导，落实有关政策保障。中宣部、中央文明办负责提出服务需求和岗位，提供经费；团中央负责志愿者的招募、培训、派遣等方面组织实施工作，具体工作由团中央青年志愿者行动指导中心承担。最后，提出了工作要求：高度重视，加强领导；精心组织，严格管理；积极探索，注重建设。

关于开展中学生暑假“四个一”社会实践活动的通知 为深入贯彻《中共中央国务院关于进一步加强和改进未成年人思想道德建设的若干意见》，落实《中小学开展弘扬和培育民族精神教育实施纲要》，在实践中培养和提高中学生的思想道德素质，促进学生全面发展而出台的文件。2004年6月24日由教育部、团中央共同发布（中青办联发［2004］10号）。暑期社会实践活动的主题是：弘扬民族精神，承担社会责任。中学生暑期社会实践活动的主要内容是“四个一”：参观一次爱国主义教育场所；参加一次社区志愿者服务活动；为回报父母、长辈做一件实事；学习一项生产生活技能或自理自护知识。组织中学生开展“四个一”暑期社会实践活动，要注意把握以下原则：（一）就近就便的原则；（二）分散与集中相结合的原则；（三）力所能及的原则；（四）保障安全的原则。最后通知提出了几点工作要求：高度重视，加强领导；精心组织，务求实效；突出重点，以点促面；加强宣传，营造氛围。

关于实施“爱心助成长”志愿服务计划的通知 为贯彻落实《中共中央国务院关于进一步加强和改进未成年人思想道德建设的若干意见》和全国加强和改进未成年人思想道德建设工作会议精神，充分发挥中老年人特别是健康低龄老人在教育引导未成年人方面的积极作用，为广大未成年人营造良好的成长氛围，实施“爱心助成长”志愿服务计划而出台的文件。2004年9月16日由团中央、中国关工委、全国老龄办、全国少工委共同发布（中青联发［2004］54号）。由四部分组成，计划的工作目标是坚持以邓小平理论和“三个代表”重要思想为指导，深入贯彻党的十六大精神，坚持贴近实际、贴近生活、贴近未成年人，坚持实践育人，坚持以人为本，发挥志愿服务的动员优势，发挥中老年人的亲情优势和人力资源优势，组织社会公众特别是健康低龄老人以志愿服务方式参与未成年人思想道德建设，为促进未成年人健康成长营造氛围、做出贡献。工作内容有假日社区德育志愿行动、爱国教育宣讲志愿行动、护苗志愿行动、场所监察志愿行动和关爱志愿行动。组织领导方面，团中央、中国关工委、全国老龄办、全国少工委等部门联合成立全国成长计划领导小组，负责这项工作的总体规划、协调和指导。还提出了几点工作要求：加强领导，密切配合；广泛动员，强化培训；加强宣传，营造氛围。

民间非营利组织会计制度 为了规范民间非营利组织的会计行为，提高其会计信息质量而出台的文件。2004年8月18日由中华人民共和国财政部财会［2004］7号颁布，自2005年1月1日起施行。共八章七十六条。中国第一部民间非营利组织的会计制度，标志着中国非营利组织财务会计规范体系建设迈出了重要的一步，填补了中国会计规范的一项空白，对中国非营利事业特别是民间非营利事业的发展起到积极的推动作用。规定非营利组织会计核算必须遵循客观性、相关性、实质重于形式、一致性、可比性、及时性、明晰性、配比性、实际成本、谨慎性、区分资本性支出与运营性支出界限以及重要性等十二条原则。提出五个会计要素，并对各会计要素的确认与计量作了具体规定。对民间非营利会计要素及各要素的确认与计量作了具体规定，这些会计要素都体现了民间非营利组织财务活动及会计核算规范要求。

关于开展“残疾孤儿手术康复明天计划”志愿服务活动的通知 为解除残疾孤儿疾患的折磨，增强生活自理能力，帮助残疾孤儿回归家庭、回归社会，开展“残疾孤儿手术康复明天计划”志愿服务活动而出台的文件。2005年5月15日由民政部、团中央、全国妇联、中国残联、全国少工委发布（民发［2005］61号）发布。一项惠及残疾孤儿，改变他们命运，为他们创造美好明天的爱心工程，是贯彻落实“三个代表”重要思想和以人为本的科学发展观的具体体现。在实施过程中开展志愿服务，既可以使残疾孤儿得到更加优质的医疗护理、康复服务和更加全面的心理关怀，又可以扩大“明天计划”影响、增加资源，逐步形成全社会关注、帮助残疾孤儿的良好氛围，进一步唤起社会各界特别是广大青少年的爱心和社会责任感，不断推动志愿服务广泛深入地开展。要求精心组织，选好项目。各级民政部门要从残疾孤儿的实际需求出发，提出残疾孤儿手术康复过程中需要的志愿服务项目和具体的安排意见，会同共青团、妇联、残联、少先队组织认真研究制定实施方案。开展“明天计划”志愿服务活动，要从各地的实际出发，因地制宜，注重实效。要求加强宣传，扩大影响。各级民政部门、共青团、妇联、残联、少先队组织要高度重视宣传工作，加大在报刊、电视、广播、互联网的宣传力度，同时在社区、广场、手术定点医院、福利院精心组织宣传活动，使“明天计划”志愿服务活动的重要意义、感人事迹和活动效果家喻户晓。

关于进一步做好新形势下社区志愿服务工作的意见 为进一步做好新形势下社区志愿服务工作而出台的文件。2005 年 10 月 27 日由民政部、中国红十字会总会等十部门联合印发（民发［2005］159 号）。就进一步做好新形势下社区志愿服务工作提出了六点意见。一是要充分认识进一步做好新形势下社区志愿服务工作的重要意义。二是要进一步明确新形势下社区志愿服务工作的总体要求、基本原则和重点领域。基本原则是“以人为本，服务社区”；“自愿参与，互利双赢”；“党（团）员带头，广泛参与”。重点领域是，以社区老年人、未成年人、外来务工人员、下岗失业人员、残疾人和低收入家庭为重点服务对象，把社会救助、慈善公益、优抚助残、敬老扶幼、治安巡逻、环境保护、社区矫正、科普咨询和法律援助等作为重点服务领域，使社区志愿服务与满足居民群众最迫切的需要更好地结合起来，与建设和谐社区的各项任务更好地结合起来。三是要求各群众团体充分利用各自的优势，在新形势下的社区志愿服务工作中发挥应有的重要作用。四是要求各社区组织充分利用自身优势，在社区志愿服务工作中发挥应有作用。五是要建立健全开展社区志愿服务的长效机制：完善招募制度，加强自我管理；健全培训制度，提高服务水平；建立激励机制，推动持久发展。六是要求各级民政部门和社会组织切实加强对社区志愿服务工作的指导，以促进社区志愿服务工作走向规范化、制度化。

中国慈善事业发展指导纲要（2006—2010 年） 为 2006—2010 年推动中国慈善事业发展而制定的指导纲要。2005 年 11 月由民政部发布实施。新中国成立以来发布的首份关于慈善事业发展的指导纲要，对 2005 年以后中国慈善事业的五年发展做出了整体规划，阐述了中国慈善事业的主要发展目标，其中包括：慈善文化广泛传播，公民的慈善意识、企业的社会责任普遍增强，认同并参与慈善活动；各类慈善组织在全国大中城市普遍建立，慈善服务网点在社区普遍设置；福利机构在县级以上行政区域普遍建立，初步形成福利机构体系；志愿服务队伍不断壮大，志愿服务体系基本形成；慈善政策法律法规不断完善，初步形成良好的政策和法制环境。在工作原则中提出坚持发展慈善事业的五原则：一是坚持扶贫济困；二是坚持自愿无偿，不得强行摊派或者变相摊派，要由捐赠人自主实施捐赠行为；三是坚持公开公正，慈善捐赠活动程序、捐赠款物的管理使用要公开，接受社会监督，公布捐赠款物要尊重捐赠人的意愿；四是坚持政府推动，通过制定政策法规，依法监督管理，规范募捐活动，维护慈善组织和捐赠人、受益人的合法权益；五是坚持民间实施，充分发挥慈善组织的主体作用，调动各类慈善资源，广泛开展各类志愿服务活动。此外，还对中国在该阶段发展慈善事业的基本政策、措施及组织指导工作进行了具体说明。

社区志愿服务与和谐社会杭州共识　为促进志愿服务项目库建设和社区志愿者队伍建设，推动城市青年中心建设等全团重点工作，引导和鼓励更多的青年和社会公众参与志愿服务而出台的文件。2005 年 12 月 26 日至 27 日，为进一步深入贯彻党的十六届五中全会精神，总结交流 2000 年全团社区青年志愿者工作现场会以来各地开展社区志愿服务工作的有益经验，积极探索社区志愿服务工作的机制、项目和文化建设，不断推动青年志愿者行动在社区建设这一参与人数多、服务内容广泛、参与方式便捷的志愿服务重点领域取得新发展，社区志愿服务与和谐社会杭州论坛达成共识。提出实现社会和谐，建设美好社会，是人类孜孜以求的社会理想，也是志愿服务追求的重要目标；和谐社区是和谐社会的基础，志愿服务是促进社区和谐的重要手段；社区志愿服务是培养教育青年的课堂，也是动员青年参与和谐社会建设的重要途径；社区志愿服务事业需要着力加强项目建设、机制建设和文化建设；社区志愿服务是一项长期系统工程，需要全社会的共同参与，要建立起党政支持、共青团承办、社会协同、群众参与的工作机制，整合社会各种资源和调动社会各方力量，共同推动社区志愿服务事业持续发展。

关于在农村基层广泛开展志愿服务活动的意见　为在农村基层广泛开展志愿服务活动而出台的文件。2006 年 2 月 20 日由民政部等部门联合下发（民发［2006］31 号）。就在全国农村基层广泛开展志愿服务活动主要提出了五点意见：一是要充分认识在农村基层开展志愿服务活动的重要意义。指出在农村基层开展志愿服务，是应对税费改革后村（组）干部精简，增强社会服务功能的重要举措，是整合各种服务资源，满足农民群众日益增长的物质文化和生活需求的重要途径，是依靠社会力量，解决社会问题的重要方法。二是要明确开展农村基层志愿服务活动的指导思想、主要原则和主要领域。在农村基层开展志愿服务活动的指导思想是，以邓小平理论和“三个代表”重要思想为指导，全面贯彻落实科学发展观，以满足农民的需求为目的，以提高农民的素质为宗旨，以党在农村的基层组织为领导核心，充分发挥村民自治组织、群众团体和其他基层组织的作用，充分发挥农民群众自身的力量，积极引导社会力量共同促进农村突出问题和农民群众实际困难的解决，为建设社会主义新农村做出贡献。主要原则是“以人为本、自我服务、因地制宜、自愿参加”。当前和今后一个时期农村基层志愿服务的主要领域是：以贫困户、老年人、未成年人、残疾人、五保户、优抚对象、特困党员、外出务工人员家庭以及刑释解教人员、社区矫正人员为重点服务对象，把支援义务教育、普及科技文卫及法律知识、扶贫开发、社会救助、优抚助残、敬老扶幼、治安巡逻、环境保护等作为重点服务领域，致力于兴办农村社区公益事业和公共事务，致力于改善农民生存环境和生活条件，致力于解决农村特殊群体的生产生活困难。三是要发挥村级组织在志愿服务活动中的作用。四是要积极动员社会力量到农村基层开展志愿服务活动。五是要切实加强各地各部门对农村基层志愿服务活动的指导和扶持，以引导农村基层志愿服务活动健康发展。

关于加强和改进社区服务工作的意见　为加强和改进社区服务工作而出台的文件。2006 年 4

月9日由国务院下发（国发［2006］14号）。共六章二十二条，分别对加强和改进社区服务工作的指导思想、基本原则、主要任务，社区公共服务体系的建设，社区居委会在社区服务中的作用等内容进行了详细的阐述和指导。明确了加强和改进社区服务工作的指导思想、基本原则和主要任务，提出要在坚持“以人为本”和“社会化”的原则下，“逐步建立与社会主义市场经济体制相适应，覆盖社区全体成员、服务主体多元、服务功能完善、服务质量和管理水平较高的社区服务体系，努力实现社区居民困有所助、难有所帮、需有所应”。对大力推进社区公共服务体系的建设给出了具体的指导意见，倡导分别从推进社区就业服务、社区社会保障服务、社区救助服务、社区卫生和计划生育服务，推进社区文化、教育、体育服务，推进社区流动人口管理和服务，推进社区安全服务及改进政府公共服务方式等方面着手来完善社区公共服务体系建设。提出要充分发挥社区居委会在社区服务中的作用，支持社区居委会协助城市基层政府提供社区公共服务，支持社区居委会组织社区成员开展自助和互助服务，指导社区居委会为发展社区服务提供便利条件。倡导培育社区服务民间组织，组织开展社区志愿服务活动。建议鼓励和支持各类组织、企业和个人开展社区服务。强调要加强社区服务工作的组织和领导，加强社区服务工作队伍建设，对社区服务进行统筹规划和政策指导，强化对社区服务活动的监督管理。

关于实施“社区志愿服务和谐行动”的意见 为进一步发挥共青团社区工作在构建社会主义和谐社会中的重要作用，提高社区共青团组织的工作能力和工作水平，不断推动社区志愿服务向前发展而制定的文件。2006年4月26日由团中央发布实施（中青发［2006］28号）。由四部分组成，第一部分指出了开展“社区志愿服务和谐行动”的指导思想、工作任务和工作目标，工作任务是建设以管理型志愿者为核心、服务型志愿者为主体的高素质、多层次、相对稳定的注册社区志愿者队伍，提供种类多、质量高的社区志愿服务，使志愿服务的供给与需求在社区实现良好对接，逐步构建组织网络健全、工作项目丰富、运行机制完善的社区志愿服务体系。第二部分指出了工作内容：为社区困难群体提供服务、积极倡导并组织社区互助、组织开展社区公共事务服务和服务社会应急突发事件和城市大型活动。第三部分提出了几种工作方法：强化社区注册管理，壮大社区志愿服务力量；建立工作团队，加强社区志愿者能力建设；大力发展社区志愿服务伙伴；拓展服务项目，增强社区志愿服务成效；加强站点和基地建设，完善社区志愿服务网络；完善机制建设，促进社区志愿服务发展。第四部分提出了几点工作要求：各级团组织要以饱满的热情、创新的精神、良好的作风、扎实的工作，全面推动社区志愿服务和谐行动的开展。具体来说，要高度重视，强化领导；明确责任，形成合力；强力推进，加强督导；着眼长远，强化保障。

关于组织开展高校毕业生到农村基层从事支教、支农、支医和扶贫工作的通知 为贯彻落实《中共中央办公厅、国务院办公厅关于引导和鼓励高校毕业生面向基层就业的意见》，鼓励和组织高校毕业生到农村基层从事支教、支农、支医和扶贫工作而制定的文件。2006年由中央组织部、人事部、教育部、财政部、农业部、卫生部、国务院扶贫办、团中央联合发布（中办发〔2005〕18号）。共由五部分内容组成，第一部分是指导思想，实施高校毕业生“三支一扶”计划，要以邓小平理论和“三个代表”重要思想为指导，全面落实科学发展观和中央关于做好大学生志愿服务西部、服务基层工作的重要指示精神，引导和鼓励高校毕业生到西部去、到基层去、到祖国最需要的地方去，经受锻炼，健康成长，为促进农村基层教育、农业、卫生、扶贫等社会事业的发展，建设社会主义新农村和构建社会主义和谐社会做出贡献。第二部分是组织招募，人事部联合教育部、财政部、农业部、卫生部、国务院扶贫办、团中央成立全国“三支一扶”工作领导小组和工作协调管理办公室，负责这项工作的总体规划、协调和指导工作。招募对象主要为全国普通高校应届毕业生，招募工作应坚持“公开、平等、竞争、择优”的原则。另外，对招募条件和招募程序也做了相应规定。第三部分是服务期间的管理，包括户档管理、日常管理、考核管理、经费保障。第四部分是服务期满后的相关政策及就业推荐，各地及有关部门要重视和做好服务期满“三支一扶”大学生的就业工作，采取多种形式，开辟多种渠道，积极为其就业创造条件。第五部分提出了几点工作要求，各级组织、人事、教育、财政、农业、卫生、扶贫、团委等部门要加强协调，密切配合，精心组织，狠抓落实，切实有效地实施高校毕业生“三支一扶”计划。

关于开展“手拉手关爱留守少年儿童”行动的通知　为深入贯彻《中共中央国务院关于进一步加强和改进未成年人思想道德建设的若干意见》，全面落实第五次全国少代会精神，深入推进“全队抓基层、全队抓落实”工作，在全队开展“手拉手关爱留守少年儿童”行动而发布的文件。2006 年 7 月 28 日由全国少工委发布（中少发［2006］15 号）。指出开展“手拉手关爱留守少年儿童”行动，目的在于充分发挥少先队的优势，通过各级少先队组织的实际行动，动员尽可能多的社会力量，为农村迫切需要关爱的特殊少年儿童群体尤其是“留守少年儿童”提供服务和帮助，唤起全社会对“留守少年儿童”的关注，使他们能与其他小伙伴一样拥有快乐的童年，使少先队组织更好地服务于社会主义新农村建设。对活动内容方面也做出了指示，包括在少年儿童之间开展以“手拉手”为主要形式的结对互助活动、发动社会力量开展“大手拉小手”活动、在农村辅导员中开展“每月一访”活动、组织“留守少年儿童”开展“两地书亲子情”活动、建立“手拉手关爱留守少年儿童”行动的保障机制。最后，提出了几点工作要求，一要对这项活动高度重视，精心组织；二要结合本地实际，讲求实在效果；三要注重活动的宣传；四要将“手拉手关爱留守少年儿童”行动纳入“全队抓基层、全队抓落实”的工作中。

援外青年志愿者招募、培训办法（暂行）　为加强对援外青年志愿者的招募和培训的管理而出台的文件。2006 年 8 月 22 日由团中央办公厅公布施行。共八章二十九条，对援外青年志愿者项目承办单位的职责、援外青年志愿者指定招募机构、招募条件、招募方式、招募程序、志愿者培训、援外青年志愿者全国培训基地的认定和授权都有明确规定。界定了“援外青年志愿者项目承办单位”的概念：是指经中国青年志愿者协会批准，具体承担向某一国家选派援外青年志愿者工作的地方团委、（青年）志愿者协会。规定了承办单位的主要任务是宣传动员、招募选拔、培训派遣、管理服务、总结表彰以及其它事宜。招募机构主要任务为宣传动员，接受志愿者的日常报名，对报名的志愿者进行初选、笔试、面试，将面试合格者录入全国援外青年志愿者人才库，对志愿者进行考察，在援外青年志愿者在国外服务期间配合做好其家属和原单位的沟通联络等工作，完成有关省级团委、（青年）志愿者协会交办的相关工作。规定了援外青年志愿者招募程序，包括报名、初审、笔试、面试、获得资格、遴选、考察、确定人选、公示人选、审定名单。全国援外青年志愿者人才库是为援外青年志愿者工作提供人才储备、加强服务期满援外青年志愿者跟踪培养的数据库。

社区志愿服务团队管理办法（试行）　为加强社区志愿服务团队管理，规范和促进社区志愿服务工作提供指引而出台的文件。2006 年 10 月 18 日由团中央颁布实施。由志愿服务团队的定义、职责、成立、工作开展、经费、备案撤销、附则等七部分组成。规定社区志愿服务团队，是指拥有 3 名以上志愿者，履行申请手续，经街道团（工）委备案后，有计划、有步骤地开展工作的各类社区志愿服务组织。“职责”部分详细介绍了志愿服务团队的职责，包括组织开展各类社区公益活动，负责本团队志愿者的招募、培训、管理和考核，制定社区志愿服务计划并组织实施，筹集、使用和管理社区志愿服务活动的资金、物资等。成立程序包括申请、审核、备案、公告。“工作开展”涉及志愿者的招募、注册、管理、培训、项目实施、督导考核。“备案撤销”对志愿服务团队备案撤销的条件做出了说明。

中国注册志愿者管理办法　为进一步规范志愿者注册工作，加强注册志愿者管理，实现志愿者注册和服务的便利化，夯实志愿服务事业持续发展的基础而制定的文件。2006 年 11 月 7 日由团中央公布施行，《办法》颁布之日起同时废止 2002 年颁布的《中国青年志愿者注册管理办法》（试行）。共七章十八条，对志愿者注册条件、机构、程序，注册志愿者权利义务，志愿者组织的管理、激励、表彰等内容进行了规定。规定注册志愿者为“按照本办法规定的程序，在共青团组织、志愿者组织注册登记、参加服务活动的志愿者”；第八条规定了包括“遵守国家法律法规及团组织、志愿者组织的相关规定”在内的志愿者应履行的七项义务。第十一条、第十二条分别规定了志愿者工作的各级组织机构和志愿者组织的日常管理内容。要求注册机构逐步实现网上注册和管理，促进管理工作的科学化、制度化、规范化，规定了注册志愿者的全国统一标识和誓词。

关于实施农村卫生志愿服务项目的通知（试行）　为发挥卫生系统专业资源和共青团组织动员优势，积极推动以志愿服务方式支援农村公共卫生体系建设，为受援地提供基础医疗、预防、宣教等方面志愿服务，提高农村卫生服务水平而发布的文件。2006 年 11 月 29 日由团中央、卫生部联合发布（中青联发［2006］64 号）。由六部分组成，第一部分是指导思想，以邓小平理论和“三个代表”重要思想为指导，全面贯彻落实科学发展观，按照党中央、国务院关于进一步加强农村卫生工作的一系列决定和要求，发挥卫生系统专业资源和共青团组织动员优势，积极推动以志愿服务方式支援农村公共卫生体系建设，为受援地提供基础医疗、预防、宣教等方面志愿服务，提高农村卫生服务水平。第二部分是工作目标，按照“1 +2”（1 名医师志愿者带 1 名医学专业大学生志愿者和 1 名当地医务人员）的工作模式，组织实施农村卫生项目，有效提高受援地农民群众健康水平和大学生志愿者及当地医疗卫生人员业务水平，建立健全农村医疗卫生志愿服务长效工作机制。第三部分是工作内容：在河北、内蒙古、宁夏三个试点省（区）的基础上，继续扩大试点范围，在安徽、湖南、四川、新疆等试点省（区）各选择一个国家级扶贫工作重点县作为项目县；积极配合卫生部等部委实施的“万名医师支援农村卫生工程”，在实施“万名医师支援农村卫生工程”的西部计划服务县，积极争取当地卫生主管部门的支持，参照“1+2”的志愿服务方式，开展医疗、预防、宣教等方面工作。第四部分是政策保障。第五部分是组织管理，团中央、卫生部成立全国农村卫生项目领导小组，相关各省（区、市）团委、卫生厅（局）同时成立本省农村卫生项目领导小组。第六部分是几点工作要求：要高度重视，加强领导；推广经验，总结规律；注重规划，强化培训；加强管理，细致服务。

中国红十字志愿服务 2007—2010 年发展规划　为进一步贯彻落实《中华人民共和国红十字会法》、《中国红十字会章程》和《中国红十字事业 2005—2009 年发展规划》，全面推进红十字志愿服务工作而发布的规划。2007 年由中国红十字会制订，分别对红十字志愿服务工作的指导思想、总体目标、主要内容和保障措施进行了阐明。指出红十字志愿服务工作的指导思想是“高举中国特色社会主义伟大旗帜，坚持以邓小平理论和‘三个代表’重要思想为指导，深入贯彻落实科学发展观，大力弘扬‘人道、博爱、奉献’的红十字精神；动员广大群众参与，坚持分类指导，整合社会资源，加强科学管理，注重服务实效；提倡和鼓励按照业务和社会工作领域组建志愿服务队伍，紧密结合红十字会各项业务工作开展志愿服务活动；要积极创新活动形式，丰富活动内容；努力形成红十字志愿服务的长效机制，使红十字志愿服务工作逐步走向科学化、规范化、专业化和社会化，为构建和谐社会做出贡献”。其总体目标是：各级红十字会要建立健全以红十字志愿服务工作委员会为核心，以各类红十字志愿服务队伍和志愿服务基地为基础的组织体系；志愿服务管理与服务能力明显增强，逐步形成科学、规范的管理模式以及业务培训、绩效考核和表彰激励机制，建立起红十字志愿服务工作的长效机制，红十字志愿服务工作取得明显成效。各省级、地（市）级和 50% 的县级红十字会都要基本实现“四有”目标，即有稳定的志愿服务队伍，有规范的管理制度，有特色的志愿服务品牌，有固定的志愿服务基地。其主要工作内容有：对志愿服务工作的管理与服务实施统一管理；对各类志愿服务活动实行分类指导；按照业务工作领域和社会工作领域组建志愿服务队伍；积极搭建和巩固志愿服务平台；加强能力建设，规范培训制度；完善网络资源的开发利用等。其保障措施包括：加强组织领导；规范管理体系；加大经费投入；推动宣传交流等。

关于在全国城市推行社区志愿者注册制度的通知　为在全国城市推行社区志愿者注册制度而出台的文件。2007 年 11 月 16 日由民政部下发（民函［2007］319 号）。就有关事宜做出了规定：一是以街道或社区为单位开展社区志愿者注册工作。要求“以街道或社区为单位开展社区志愿者注册工作，统一编制社区志愿者注册证号，注册证书及注册证号全国通用，‘一人一号’，注册的志愿者可终生使用。”这一举措为全民参与志愿服务活动提供了规范化的制度保障。二是统一编制社区志愿者注册证号。“凡注册为社区志愿者的居民，负责注册的组织应向其颁发‘中国社区志愿者证书’，并标明注册号码。‘中国社区志愿者证书’由中国社会工作协会志愿者工作委员会提供式样，各区（市、县）可自行印制。全国统一按照有关的编制规则编制社区志愿者注册号码，并在中国社区志愿者证书上注明。”三是以区（市、县）为单位建立中国社区志愿者注册管理系统，要将信息化引入社区志愿者注册工作。四是大力开展注册社区志愿者培训活动，坚持培训工作的经常化、项目化。《通知》强调，各地民政部门要将推行社区志愿者注册制度作为当前完善社区服务体系的重要方面，摆在突出位置，积极稳妥地推进。

中国红十字志愿服务管理办法 为促进和规范红十字志愿服务工作，弘扬“人道、博爱、奉献”的红十字精神，保障红十字志愿服务和志愿者的合法权益而发布的文件。2007 年 12 月 19 日由中国红十字会总会颁布施行。根据《红十字会法》、《红十字标志使用办法》和《中国红十字会章程》的有关规定制定。共六章二十四条，内容包括志愿者登记、注册管理制度和表彰奖励办法、志愿者保障意见以及志愿者申请、登记表格证件标准等。规定红十字志愿服务是不以营利为目的，由各级红十字会组织和红十字志愿者参与，完全自愿为社会和他人提供人道服务的行为。第三条规定“在红十字志愿服务组织登记注册，参加红十字志愿服务活动，不以获得报酬为目的，以自己的时间、知识、技能、体能和资源，自愿为社会和他人提供人道服务或者协助红十字会工作的中国公民和海外人士，统称为红十字志愿者”。红十字志愿服务组织是各级红十字会组建和领导，由红十字志愿者组成从事志愿服务活动的组织。第四章规定了红十字会志愿者的培训事项，并对全国红十字志愿服务工作中做出突出贡献的组织和个人进行表彰奖励。

关于开展“关爱女孩青年志愿者行动”试点工作的通知 为认真学习宣传贯彻党的十七大精神，落实《中共中央国务院关于全面加强人口和计划生育工作统筹解决人口问题的决定》，有效动员和组织青年以志愿服务方式参与解决人口问题工作而发布的文件。2008 年 1 月 2 日由国家人口和计划生育委员会、团中央共同发布（人口厅发［2008］1 号）。2008 至 2010 年为试点阶段，利用三年的时间在试点地区开展试点工作，不断总结有益做法。试点工作结束后，将成功经验推广到全国。工作主要任务和内容有“关爱女孩青年志愿者行动”的重点、试点地区和志愿者名额分配原则和志愿者开展活动的形式与主题。对招募条件和流程及志愿者的基本待遇做了说明。组织管理方面，关爱女孩青年志愿者行动在全国关爱女孩行动领导小组的指导下开展工作。由国家人口计生委、团中央根据全国关爱女孩行动领导小组的年度重点，确定年度招募“关爱女孩行动青年志愿者”的具体计划。还提出了几点工作要求：高度重视，加强领导；推广经验，总结规律；注重管理，强化培训。

关于深入开展“迎奥运讲文明树新风志愿服务行动”的实施方案 为组织动员广大干部群众以志愿服务的方式积极参与和支持奥运会，促进人们自觉践行文明礼仪、维护公共秩序、提高服务质量、改善城乡环境，扎实推进“迎奥运讲文明树新风”活动，进一步提高公民文明素质和社会文明程度，为举办一届“有特色、高水平”的奥运会营造良好社会环境而发布的文件。2008 年 3 月 10 日由中央文明办、民政部、北京奥组委、全国总工会、团中央、全国妇联发布（文明办［2008］3 号)。目的在于认真贯彻落实党的十七大精神，大力弘扬志愿精神，普及志愿理念，增强公民社会责任意识，兴起“迎奥运讲文明树新风”活动的新热潮。由四部分内容组成，第一部分是活动宗旨，以邓小平理论和“三个代表”重要思想为指导，深入贯彻落实科学发展观，大力弘扬“奉献、友爱、互助、进步”的志愿精神，组织动员广大干部群众以志愿服务的方式积极参与和支持奥运会，促进人们自觉践行文明礼仪、维护公共秩序、提高服务质量、改善城乡环境，扎实推进“迎奥运讲文明树新风”活动，进一步提高公民文明素质和社会文明程度，为举办一届“有特色、高水平”的奥运会营造良好社会环境。第二部分是主要任务，包括开展宣传普及文明风尚志愿服务行动、开展赛场文明志愿服务行动、开展窗口行业志愿服务行动、开展平安奥运志愿服务行动、开展改善城乡环境志愿服务行动和开展文明交通志愿服务行动。第三部分是实施步骤，实施步骤共分为四个阶段：第一阶段：2008 年 3 月，各地普遍行动，工作逐步铺开；第二阶段：2008 年 3 月到 8 月，深入实施项目，形成活动热潮；第三阶段：2008 年 8 月至 9 月，北京奥运会和残奥会举办期间，兴起志愿服务活动高潮；第四阶段：北京奥运会、残奥会结束后，总结经验，表彰先进，推动志愿服务活动深入发展。最后，提出了几点工作要求：提高认识，加强领导；广泛发动，全民参与；抓住根本，突出内涵；建章立制，形成机制。

关于开展“心手相连一家亲”志愿服务行动的通知 为在灾区开展志愿服务，实施“心手相连一家亲”志愿服务行动而出台的文件。2008 年 6 月 4 日由团中央、中国青年志愿者协会联合发布（中青办发［2008］19 号)。工作内容主要有陪护灾区伤员志愿服务；帮扶灾区临时移民志愿服务；“为奉献者奉献”志愿服务；为家在灾区的大中学生提供志愿服务；未受灾省（区、市）团组织要积极主动与受灾省（市）团组织联系，了解具体需求，按照对口支援的原则，有针对性地开展志愿服务项目；四川等受灾省（市）团组织在做好相关工作同时，要结合实际组织开展农作物抢收、抢种志愿服务；建筑施工辅助工种志愿服务；村镇规划及勘测、丈量、绘图等灾后重建所需的志愿服务。还提出了四点工作要求，一是各级团组织、青年志愿者组织要在当地党委、政府的统一领导下，充分认识当前抗震救灾工作的紧迫性、艰巨性、专业性和长期性，高度重视、精心组织，积极动员和组织广大青年和社会公众以志愿服务方式投身抗震救灾工作；二是各地要结合相关志愿服务项目的专业要求，争取有关党政部门和社会各界的支持，扎实做好专业志愿者的招募、培训工作，确保服务实效；三是各地要在抓好抗震救灾志愿服务的同时，着力加强青年志愿者行动的组织、队伍、机制和项目建设。积极推动志愿服务立法工作；深入推进志愿者注册工作；加强志愿者骨干队伍建设；探索构建志愿者参与抢险救灾工作的长效机制；四是要大力宣传优秀青年志愿者典型，带动全社会积极参与抗震救灾志愿服务，把更多的爱心人士团结、凝聚到青年志愿者的队伍中来。

中国消防志愿者行动实施意见 为具体实施中

国消防志愿者行动而发布的文件。2008 年 7 月 26 日由中央文明办、公安部、教育部、民政部、农业部、文化部、广电总局、新闻出版总署、安全监管总局、全国总工会、团中央、全国妇联、中国红十字会总会等单位联合发布（公通字［2008］42 号）。“中国消防志愿者行动”是指通过倡导“奉献、友爱、互助、进步”的志愿精神，以注册、自愿、有组织服务为主要形式，吸纳所有热爱消防公益事业的社会成员参加消防知识、技能的学习和培训，发挥消防志愿服务的专业优势，深入机关、团体、企业、事业单位以及社区、街道、村寨开展以消防宣传教育为主，预防和整改火灾隐患、消防安全救助为辅的系列公益行动。“中国消防志愿者行动”的总体目标是，通过开展消防志愿服务活动，引导广大社会成员关注消防安全，参与消防工作，增强全民消防安全素质，改善社会消防安全环境，促进社会平安、和谐，促进经济社会又好又快发展。组织形式方面，成立“‘中国消防志愿者行动’指导委员会”，各省（自治区、直辖市）依托共青团组织，成立“省（××自治区、直辖市）消防志愿者行动指导委员会”，各计划单列市、副省级市和各市（地、州、盟）依托当地共青团组织，成立“××市（地、州、盟）消防志愿服务总队”，各直辖市的区（县），各省（自治区）的县（市、区、旗）依托当地共青团组织，成立“××县（市、区、旗）消防志愿服务大队”，各消防志愿服务队按照属地管理原则，接受当地消防志愿者组织的指导，接受当地公安消防部门培训；消防志愿者参加消防志愿服务活动具有自愿性、公益性、组织性三大特征。对建队程序、经费保障、评选表彰及工作要求方面都有明确说明，服务内容则主要包括宣传教育、预防和整改火灾隐患、消防安全救助。

关于深入开展志愿服务活动的意见　为深入开展志愿服务活动，推动志愿服务事业的发展而发布的文件。2008 年 10 月 6 日由中央精神文明建设指导委员会颁布实施（文明委［2008］6 号）。共四章十六条，对开展志愿服务的意义、指导思想、基本原则，营造关心、支持和参与志愿服务的社会氛围，开展多种形式志愿服务活动，建立健全志愿服务运行机制，加强对志愿服务活动的组织领导等内容进行了详细的阐述和指导。“志愿服务体现着公民的社会责任意识，是人们自觉为他人和社会服务、共同建设美好生活的生动实践，是现代社会文明程度的重要标志，是新形势下推进精神文明建设的有效途径”，在动员社会资源、维护社会稳定、提高公民思想道德素质、发挥群众主体作用等方面具有重要意义。提出要通过精心设计志愿服务项目、培养宣传志愿服务先进典型，注重在实践中培养志愿服务意识。从讲文明树新风、扶危济困、大型社会活动顺利进行、应急救援四个着眼点倡导广泛开展志愿服务活动，搭建关爱他人、奉献社会的平台。提出要健全领导体制、整合社会资源，明确各级党委政府、各级文明委、文明办、民政部门、各相关社会团体、各类民间组织的作用，提出由中央文明办牵头的全国志愿服务活动协调小组负责全国志愿服务活动的总体规划和协调指导。着眼于加大志愿服务经费投入，为志愿者提供基本保障，形成多渠道、社会化的筹资机制，并提出成立中国志愿服务基金会。

关于在元旦春节期间组织开展社区志愿服务活动的通知　为在元旦春节期间组织开展社区志愿服务活动而出台的文件。2008 年 12 月 17 日由中央文明办、民政部联合发布（文明办［2008］30号）。在元旦春节期间组织开展社区志愿服务活动，要高举中国特色社会主义伟大旗帜，以邓小平理论和“三个代表”重要思想为指导，深入贯彻落实科学发展观，紧紧抓住社会主义核心价值体系建设这个根本，贴近实际、贴近生活、贴近群众，以讲文明树新风为主题，组织社区居民广泛开展多种形式的志愿服务活动，大力弘扬奉献、友爱、互助、进步的志愿精神，不断提高公民文明素质、社会文明程度和居民生活质量，努力营造欢乐喜庆、文明祥和、温馨和谐的节日氛围。活动内容包括大力开展扶老助残志愿服务、大力开展平安社区志愿服务、大力开展社区文化志愿服务和大力开展环境卫生志愿服务。强调各级文明办和民政部门要把开展好元旦春节期间的社区志愿服务活动作为贯彻落实党的十七大和十七届三中全会精神的重要举措，作为活跃群众节日文化生活的重要形式，与元旦春节期间的“三下乡”“四进社区”活动结合起来，与“我们的节日·春节”主题文化活动结合起来，摆到重要位置，精心组织实施。要充分发挥社区居民的主体作用和主动精神，精心设计群众乐于参与、便于参与的活动项目，多提供人性化、个性化的服务，多做雪中送炭的工作，努力在志愿服务中体现人文关怀，在举国欢庆中倡导文明新风。

大学生志愿服务西部计划志愿者管理办法（试行）　为加强对大学生志愿服务西部计划志愿者的管理而出台的文件。2009年由团中央、教育部、财政部、人力资源和社会保障部联合发布，自2009年7月1日起实施，原《大学生志愿服务西部计划志愿者管理办法（试行）》（2004年版）同时废止。为加强大学生志愿服务西部计划志愿者的招募培训、管理服务、就业服务和绩效管理等工作，按照“谁用人、谁受益、谁负责”和“培养与使用并重”的原则制定的办法，共六章三十六条，涉及志愿者的招募培训、日常管理、安全健康管理、绩效管理、就业服务等方面的内容。规定对西部计划志愿者的培训按在校培训、集中培训、岗前培训、岗中培训的程序进行。规定西部计划志愿者的日常管理由服务单位和服务县项目办负责，全国项目办为西部计划志愿者统一办理大学生志愿服务西部计划综合保障险。西部计划志愿者的安全健康管理由服务单位、服务县项目办和服务省项目办负责，实行一把手责任制。服务县项目办按照有关规定负责协调保险公司为志愿者理赔。规定要注意整合团内资源，为志愿者提供技能培训、见习实习、就业创业、小额贷款等方面的服务。各级项目办及服务单位要动员各方资源，积极为志愿者提供就业服务。县级项目办负责西部计划志愿者的绩效管理，以志愿者的思想状况、学习情况、服务业绩以及开展本职工作之外志愿服务活动的情况为主要内容，专门制定西部计划志愿者考核办法。每年6月对志愿者进行年度考核，考核结果分为优秀、合格、不合格3种。每年7月份，县级项目办根据当地实际情况确定志愿者离岗时间，并做好志愿服务鉴定工作。

关于深入推进学生志愿服务活动的意见　为在全国范围内深入推进学生志愿服务活动而出台的文件。2009年7月由教育部印发（教思政［2009］）。要求切实加强对学生志愿服务活动的领导，建立健全学生志愿服务活动长效机制，深入推进学生志愿服务活动。共包含五部分内容。第一部分对深入推进学生志愿服务活动的指导思想和基本原则进行了阐述。第二部分对学校加强教育引导，强化学生志愿服务意识提出了要求。指出高校要把志愿精神作为进一步加强和改进大学生思想政治教育的重要内容，中小学要把志愿精神作为进一步加强和改进未成年人思想道德建设的重要内容，各地各校要积极选树学生志愿服务活动先进典型，广泛进行宣传和表彰。第三部分强调要深入开展各种形式的志愿服务活动，搭建学生志愿服务平台。“各地各校要根据不同学生的特点，结合各地各校实际，组织学生积极参加各类志愿服务活动，同时利用寒暑假期和节假日，开展社会实践活动，探索形成具有学生特点的志愿服务品牌项目，建设学生志愿服务基地”。第四部分提出各地各校要加大支持力度，建立深入推进学生志愿服务活动的保障和激励机制。第五部分指出要切实加强对学生志愿服务活动的领导。各校要成立学生志愿服务工作领导小组，统筹领导协调全校学生志愿服务工作，可由学校团委牵头开展学生志愿服务活动。

大学生志愿服务西部计划各级项目办和服务单位职责（试行） 为明确大学生志愿服务西部计划各级项目办和服务单位职责而出台的文件。2009 年 7 月 14 日由团中央、教育部、财政部、人力资源和社会保障部联合修订并发布施行。依次规定了全国项目办、招募省项目办、服务省项目办、服务地（市）项目办、服务县项目办、高校项目办、服务单位在大学生志愿服务西部计划中的职责。“全国项目办的职责”主要有：制定年度工作计划和实施方案；制定、落实西部计划相关政策；制定招募派遣计划、确定选拔原则；拟定招募协议和服务协议文本；志愿者、考核办法的审定；就业创业服务；撰写并发布年度项目评估报告等。“招募省项目办职责”主要包括：制定年度工作方案、招募计划，确定各高校招募指标，做好宣传动员和招募选拔工作；与入选志愿者签订招募协议书，做好志愿者的户籍、档案管理和党（团）关系的转接工作；制定年度考核办法等。“服务省项目办职责”包括：制定年度工作方案；制定派遣计划；确定各服务县及派遣名额；制定培训计划；协助志愿者生活、交通补贴的发放；协调日常管理和服务；志愿者服务延期申报；建立志愿者信息档案；撰写年度项目实施工作报告等。“服务地（市）项目办职责”包括：指导日常管理；协调处理志愿者安全、健康等方面的重大事件；落实鼓励政策；争取项目管理配套经费等。“服务县项目办职责”包括：制定年度工作计划；确定服务单位及需求人数；签订三方服务协议，做好岗前县情县况、业务培训及上岗服务工作；协同做好志愿者日常管理和服务；建立志愿者安全、健康等方面的管理制度；制定服务县考核评估办法；志愿者生活补贴、交通补贴发放等。“高校项目办职责”包括：制定校年度工作计划；宣传动员、资格审查、笔试面试、体检、公示；落实志愿者档案、党、团组织关系；志愿者跟踪培养和管理服务等。“服务单位职责”包括：申报服务岗位和人数；签订三方服务协议；志愿者的业务培训和年度考核；志愿者后勤保障等。

关于广泛开展“迎世博讲文明树新风”志愿服务活动的通知 为迎接中国 2010 年上海世界博览会（Expo 2010，是第 41 届世界博览会，时称上海世博会、世博），推动社会文明，开展“迎世博讲文明树新风”志愿服务而出台的文件。2009 年 7 月 22 日由中央宣传部、中央文明办、教育部、民政部、上海世博会组委会、全国总工会、团中央、全国妇联、中国红十字会总会、全国老龄办联合发布（文明办〔2009〕13号）。开展“迎世博讲文明树新风”志愿服务活动，要从解决群众最关心的突出问题入手，围绕倡导文明礼仪、整治公共秩序、提高服务质量、改善城乡环境等四个方面的重点任务，广泛开展宣传世博知识志愿服务、倡导文明风尚志愿服务、窗口行业志愿服务、维护公共环境秩序志愿服务、世博园区志愿服务、平安世博志愿服务等方面工作，普及志愿理念、弘扬志愿精神，着力在振奋群众精神、促进社会和谐稳定上下功夫，努力在提高公民文明素质和社会文明程度方面取得实效，为应对国际金融危机的挑战、实现经济平稳较快发展提供强大精神动力。各地各部门要充分认识开展“迎世博讲文明树新风”志愿服务活动的重要意义，把这项工作作为精神文明创建活动的一项重要内容，作为进一步深化文明城市创建的重要载体，摆上重要议事日程，切实抓紧抓好。要突出思想内涵，把建设社会主义核心价值体系作为主线，大力加强爱国主义教育，在全社会唱响共产党好、社会主义好、改革开放好、伟大祖国好、各族人民好的时代主旋律。要坚持贴近实际、贴近生活、贴近群众，从办得到、群众又迫切需要的事情做起，求真务实、真抓实干，一项一项地抓好落实。要把开展“迎世博讲文明树新风”志愿服务活动与创建文明城市、文明村镇、文明单位结合起来，与全国道德模范评选表彰和学习宣传结合起来，与“迎国庆讲文明树新风”活动结合起来，扩大活动影响，增强整体效应。

关于广泛开展全民健身志愿服务活动的通知　为推动在全国范围内广泛开展全民健身志愿服务活动而出台的文件。2009年9月17日由国家体育总局、中央文明办、民政部、全国总工会、团中央、全国妇联联合下发（体群字〔2009〕158号）。共四个部分，分别对开展全民健身志愿服务活动的主题、内容、机制和要求进行了阐述和说明。第一部分“活动主题”，明确提出了开展全民健身志愿服务活动的主题。第二部分“活动内容”，对全民健身志愿服务活动的5个活动内容（开展优秀运动员志愿服务活动；开展社会体育指导员志愿服务活动；开展体育系统工作者志愿服务活动；开展体育教师和大学生志愿服务活动；开展社区全民健身志愿服务活动）分别进行了阐述。第三部分“活动机制”，提出要立足当前，着眼长远，把大型集中的志愿服务活动与小型多样的经常性活动相结合，探索建立全民健身志愿服务活动的长效机制。第四部分“活动要求”，提出各地各部门要对开展全民健身志愿服务活动认真进行研究部署，制订具体实施方案，明确工作任务，确定时间进度，逐项抓好落实；要把全民健身志愿服务活动开展情况，作为评选文明城市、文明村镇、文明单位的重要内容，纳入城市公共文明指数测评；要充分利用新闻媒体，对全民健身志愿服务活动进行广泛的宣传；要坚持因地制宜、群众受益、注重实效，推动全民健身志愿服务活动持续健康发展。

中国红十字基金会志愿者管理办法　为规范中国红十字基金会志愿者管理，促进中国红十字基金会事业发展，弘扬“人道、博爱、奉献”的红十字精神，参照《中国红十字志愿服务管理办法》的有关规定制定的文件。2009年10月14日由中国红十字基金会颁布实施。共五章十七条，涉及志愿者的招募、管理、权利与义务等方面内容。第三条对“红十字志愿者”进行了明确：“在红十字志愿服务组织登记注册，参加红十字志愿服务活动，不以获得报酬为目的，以自己的时间、知识、技能、体能和资源，自愿为社会和他人提供人道服务或者协助红十字会工作的中国公民和海外人士，统称为红十字志愿者”。规定了志愿者的审批程序、志愿者的管理、违反服务协议的志愿者的协议解除、志愿者的补贴、志愿者的奖励、志愿资格的注销、服务期满服务协议的解除等多项具体内容。

关于深入推进家庭志愿服务工作的意见　为深入推进家庭志愿服务工作而出台的文件。2009年12月10日由全国妇联印发（妇字［2009］33号）。强调按照中国妇女十大提出的目标任务，在实施“和谐家庭创建行动”中大力推进家庭志愿服务工作，是妇联组织认真贯彻落实中央精神、推动完善社会志愿服务体系、促进社会主义和谐社会建设的重要职责，是提高妇女和家庭思想道德素质、服务家庭需求的重要任务，是深化和谐家庭建设、提升妇联宣传思想工作水平的必然要求。开展家庭志愿服务工作要以弘扬社会志愿精神，提高公民道德素质，促进形成团结互助、平等友爱、共同进步的社会氛围和人际关系为出发点，以社区为主阵地，以广大妇女和家庭为主体力量，以服务家庭、邻里互助、相互关爱、共同发展为目标，把握家庭志愿服务便民性、便捷性和广泛性的特点，充分发挥广大妇女和家庭的积极性、主动性和创造性，不断发展壮大各类家庭志愿者队伍，建立健全家庭志愿服务的管理制度，着力打造家庭志愿服务品牌，探索完善家庭志愿服务工作社会化运行的长效机制，推动家庭志愿服务工作持续稳步健康发展。要建立健全家庭志愿服务工作的组织网络，充分发挥妇联组织层级健全、网络覆盖的优势，有效依托社区妇联和乡村妇女组织，以“唱响一个主题口号、建立一套规章制度、开展一系列特色服务、拥有一支骨干队伍、设立一个固定场所”为标准，有计划地创建一批省（市）、市（县、区）家庭志愿服务示范阵地以及城乡社区家庭志愿服务站（点），推动建立完善横向覆盖城乡社区、纵向包含各个层级的家庭志愿服务网络体系。各级妇联组织要充分认识新形势下大力开展家庭志愿服务工作的重要意义，将深入开展家庭志愿服务工作作为促进完善社会志愿服务体系、促进社会和谐的重要举措，摆到重要位置、纳入整体工作、投入必要资源，使家庭志愿服务工作真正落到实处，在社会志愿服务工作的大局中充分体现家庭志愿服务工作的独特优势。

关于开展“共青团关爱农民工子女志愿服务行动”的通知　为广泛动员青年志愿者为农民工子女健康成长提供形式多样、切实有效的志愿服务而出台的文件。2010年4月8日由团中央发布。目的在于深入贯彻中央有关精神和中央文明委《关于深入开展志愿服务活动的意见》，加强新格局下青年志愿者行动品牌建设，支持“两个全体青年”工作目标的实现，在全国范围实施“共青团关爱农民工子女志愿服务行动”。服务对象是随父母进入城市的农民工子女和留在农村的农民工子女。服务内容主要有学业辅导、亲情陪伴、感受城市、自护教育、爱心捐赠。强调要建立领导协调机制、长效服务机制和保障支持机制联合保障工作的顺利有效开展。要提高认识，加强领导，统筹规划，切实做好这项工作；形成合力，务求实效，坚持求真务实，力戒形式主义，确保工作的整体性、持久性；强化宣传，树立品牌，要注重体现共青团在项目实施中的作用，将工作开展与扩大团组织的吸引力、凝聚力、影响力有机结合。

关于加强志愿助残工作的意见　为加强志愿助残工作而发布的文件。2010年7月1日由中央文明办、中国残联等8部门联合发布（残联发［2010］15号）。共四章十五条，分别对志愿助残工作开展的重要意义、指导思想和工作原则，开展形式多样的“志愿助残阳光行动”，规范建立志愿助残工作机制，加强对志愿助残工作的组织领导等内容进行了具体的阐述和指导。深入开展志愿助残活动，帮助残疾人解决实际困难和问题，实现残疾人更有价值、更有尊严地生活，反映了以人为本、尊重人的权利和尊严的社会形态，承载着社会道义与价值，凝聚着社会的爱心与良知。对于发扬中华民族助人为乐、扶弱济困的传统美德，弘扬人类之间互助、关爱的人道主义精神，具有十分重要的意义。对各种形式的“志愿助残阳光行动”进行了说明，分别倡导开展以党政干部、社区、青年、解放军和武警官兵、残疾人自身为服务主体，以巾帼和家庭志愿服务、司法机构为服务载体的“助残阳光行为”，以充分调动社会各方力量、整合社会各种资源来开展志愿助残工作。要加大助残志愿者招募力度，利用社会志愿者注册系统等志愿者注册平台，对助残志愿者进行注册管理；要加强对助残志愿者的培训和管理，建立和完善志愿者评价与激励机制；要将志愿助残工作纳入国家志愿服务总体规划，将志愿助残活动开展情况作为评选文明城市、文明村镇、文明单位的重要内容，纳入城市公共文明指标测评。要在总结各类涉残大型活动组织和实践经验的基础上，进一步做好涉残大型活动的志愿助残延伸工作，以推动志愿助残工作深入持久扎实开展。

中国志愿服务基金会项目基金管理暂行办法　为规范中国志愿服务基金会项目基金的管理，确保项目顺利实施而制定的文件。2010年10月26日由中央宣传部办公厅、中央文明办联合发布实施。共十三条，涉及志愿服务基金会项目基金的管理原则、管理职责和权限、项目申报、基金审批、基金拨付、基金监督等方面的内容。第二条界定了“项目基金”的概念：“项目基金是指由中国志愿服务基金会拨付、用于资助开展公益项目的基金”。规定了基金管理的原则：项目基金管理遵循公益、公开、公平、公正的原则。明确了中国志愿服务基金会和承办单位的职责和权限。第五条项目申报中规定，项目申报原则上由中央文明委成员单位和各省（区、市）党委宣传部负责。各地申报时需提交项目申请书、立项和评估报告、项目基金预算明细和本省（区、市）党委宣传部部务会审议决议。规定了承办单位须对项目基金专人管理，专户核算，专款专用。关于项目基金监督，明确了中国志愿服务基金会对项目基金的检查监督、并建立网上账目公开制度的责任。

关于加强和改进城市社区居委会建设工作的意见　为加强和改进城市社区居委会建设工作而发布的文件。2010年11月9日由中共中央办公厅、国务院办公厅印发（中办发［2010］27号）。共八章二十七条，分别对加强和改进城市社区居民委员会建设工作的指导思想、基本原则、目标任务，社区居委会的主要职责、组织体系、队伍建设等内容进行了详细阐述和指导。明确了城市社区居民委员会的三个主要职责：依法组织居民开展自治活动；依法协助城市基层人民政府或者它的派出机关开展工作；依法依规组织开展有关监督活动。要从加快社区居委会组织全覆盖、健全社区居委会下属的委员会、规范社区居委会专业服务机构等方面入手来健全城市社区居民委员会的组织体系。要通过扩大社区居民委员会工作人员来源渠道、加强对社区居民委员会工作人员的教育培训、关心社区居民委员会工作人员的成长进步等来壮大城市社区居民委员会工作队伍。要积极完善城市社区党组织领导下的社区居民自治制度。坚持以扩大党内基层民主带动社区居民民主，坚持和发展社区民主选举制度，完善社区民主管理制度，健全社区居民委员会日常工作制度。建议要对社区居委会工作用房和居民公益性服务设施加强建设和改善，并要积极推进社区信息化建设，以提高居委会工作效率。要加强对城市社区居民委员会建设工作的组织和领导：一是城市基层人民政府或者它的派出机关要对社区居委会的工作给予指导、支持和帮助；二是要落实领导责任者；三是要加强部门协调配合；四是要加大经费保障力度；五是要提高指导社区居民委员会建设的工作水平。

中国红十字事业2010—2014发展规划 为推动2010—2014年中国红十字事业的发展而制定的规划。2009年由中国红十字会制定。共三部分，分别对中国红十字事业发展的指导思想和发展目标、重点任务、保障措施进行了阐明。第一部分指出了中国红十字事业发展的指导思想是“坚定不移地走中国特色红十字事业发展道路，遵守国家宪法和相关法律，履行红十字会法赋予的职责，深入贯彻落实科学发展观，遵循国际红十字与红新月运动基本原则，坚持解放思想、实事求是、与时俱进、开拓创新，坚持围绕中心、服务大局，做好政府人道领域助手，弘扬人道主义精神，保护人的生命和健康，改善最易受损害群体境况，将中国红十字会建设成为应急反应科学化、公益项目品牌化、宣传筹资长效化、组织建设规范化、志愿服务专业化、运行机制社会化的人道救助团体，为推动和谐社会建设、促进人类和平进步做出更大贡献”；其发展目标是要努力实现“中国特色红十字人道救助体系不断完善，救助实力进一步增强；红十字精神广泛传播，红十字文化建设取得实效，红十字会知晓率和公信力进一步提高；红十字会组织建设稳固发展，红十字事业发展的基础进一步夯实；按专业、分领域的红十字志愿服务体系基本形成，红十字志愿服务水平进一步提高；中国红十字会在国际红十字与红新月运动中的影响和作用更加积极，负责任大国红十字会形象进一步树立”。第二部分提出了红十字会的七项重点任务：一是增强应急反应能力，开展“红十字救援行动”；二是致力挽救生命，开展“红十字救护行动”；三是关注最易受损害群体，开展“红十字救助行动”；四是弘扬红十字精神，开展“红十字传播行动”；五是夯实事业基础，开展“红十字强会行动”；六是动员人道力量，开展“红十字志愿服务行动”；七是加强对外交往及港澳台工作，开展“红十字民间外交行动”。对每项任务做了具体说明。第三部分列出了发展红十字事业的五个保障措施：一是争取各方支持，为红十字事业发展提供良好的法律和政策环境；二是巩固深化社会化、开放式的运行机制，为红十字事业发展提供健全的体制保障；三是建立可持续的筹资机制，为红十字事业发展提供强大的物质保障；四是健全公开透明的监督机制，为红十字事业发展提供社会公信力保障；五是加强干部队伍建设，为红十字事业发展提供人才保障。

关于开展第八届中国青年志愿者优秀个人奖、组织奖、项目奖评选表彰活动的通知　为表彰先进、树立典型，推进青年志愿服务事业而发布的文件。2010年由共青团中央、中国青年志愿者协会发布，前身为《关于表彰第二届中国青年志愿者行动杰出个人和集体的决定》（中青发［1998］4号）等文件。共分为七个部分，即评选宗旨、奖项设置、参评条件、评选机构、评选程序、申报方式、工作要求。设中国青年志愿者优秀个人奖、组织奖、项目奖三类奖项，是由共青团中央、中国青年志愿者协会授予的我国青年志愿服务领域的最高荣誉。旨在树立青年志愿服务工作中的优秀典型，引领精神时尚，创新动员方式，激励青年参与，完善社会志愿服务体系，促进社会文明、和谐、进步。此后，每两年评选表彰一次，最近的一次为2012年的第九届中国青年志愿者优秀个人奖、组织奖、项目奖评选表彰。

关于组织开展全国优秀志愿者和优秀志愿服务组织网上推荐活动的通知　为大力弘扬“奉献他人，提升自己”的志愿服务理念，在全社会形成志愿服务的浓厚氛围，推动我国志愿服务事业持续健康发展而发布的文件。中央文明办发布，共四个部分，即举办单位、推荐名额和条件、推荐程序、工作要求。主办单位是中央文明办，承办单位是中国志愿服务基金会、中国文明网、人民网、新华网、光明网、央视网。共推荐100名全国优秀志愿者和10个全国优秀志愿服务组织。活动始于2010年，每年进行一次。

关于组织开展“春雨工程”——全国文化志愿者边疆行工作的通知　以满足边疆民族地区人民群众精神文化需求为根本出发点和落脚点，为加快推进公共文化服务体系建设，加强边疆民族地区和内地各民族间文化交流，推动社会主义文化大发展大繁荣而出台的文件。2011年4月22日由文化部、中央文明办联合发布（文社文函［2011］522号）。指出该项工作应以邓小平理论和“三个代表”重要思想为指导，深入贯彻落实科学发展观，坚持社会主义先进文化前进方向，建设社会主义核心价值体系，坚持党的民族工作方针，围绕各民族“共同团结奋斗、共同繁荣发展”的主题，以满足边疆民族地区人民群众精神文化需求为根本出发点和落脚点，加快推进公共文化服务体系建设，加强边疆民族地区和内地各民族间文化交流，推动社会主义文化大发展大繁荣。开展形式主要有志愿者“大舞台”、“大讲堂”、“大展台”三种形式，以此为内蒙古自治区、黑龙江省、辽宁省、吉林省、广西壮族自治区、贵州省、云南省、西藏自治区、甘肃省、青海省、宁夏回族自治区、新疆维吾尔自治区（含新疆生产建设兵团）12个边疆民族省（区）提供文化志愿服务。要求各省（区、市）文化厅（局）、文明办要高度重视，将此项工作列入年度工作计划，摆上重要议事日程，加强领导；要精心组织，扎实推进，要立足民族团结主题，认真研究边疆民族地区人民群众需求，结合援疆援藏、对口支援的机制，精心设计志愿服务项目，促进内地与边疆民族地区文化资源双向交流，着力提高边疆民族地区文化艺术水平、文艺队伍综合素质、文化活动质量以及公共文化服务能力；要注重宣传，扩大影响。文化部、中央文明办协调中央媒体做好活动的总体报道，各地要加大宣传力度，弘扬各族人民同呼吸、共命运、心连心的优良传统，努力营造各民族和睦相处、和衷共济、和谐发展的良好氛围；要加强研究，建章立制。

中国慈善事业发展指导纲要（2011—2015年） 为推动中国慈善事业发展而出台的指导性纲要。2011年7月15日由民政部发布施行。包括四部分内容：第一部分回顾了“十一五”时期中国慈善事业的发展，并指出了“十二五”时期中国慈善事业发展面临的形势。“十一五”期间中国慈善事业发展取得重大进展，主要表现在：加强了慈善事业法规政策建设；社会捐赠数额大幅上升；公益慈善组织快速发展；志愿服务活动广泛开展；慈善理论研究与宣传普及工作进一步加强；慈善事业服务和管理机制进一步完善等。但同时也要看到，中国慈善事业发展过程中仍存在一些不足。“十二五”时期，中国慈善事业发展面临十分有利的环境：党中央国务院将慈善事业发展纳入“十二五”时期的总体部署，为进一步发展慈善事业指明了方向，注入了强大动力；经过30多年改革开放和经济社会的快速发展，中国的物质基础更加坚实，对外交流与合作更加深入，为进一步发展慈善事业提供了丰富的资源条件；服务对象的扩展和服务内容的深化，为进一步发展慈善事业开辟了广阔空间；社会主义精神文明建设的推进，为进一步发展慈善事业增强了思想道德基础、营造了舆论氛围。第二部分指明了中国加快发展慈善事业的指导思想、基本原则和主要目标：中国慈善事业的发展是以邓小平理论、“三个代表”重要思想和科学发展观为指导思想，以平等自愿、公开透明、鼓励创新、依法推进为基本原则，以到2015年，基本形成制度完善、作用显著、管理规范、健康有序的慈善事业发展格局为主要目标。第三部分提出了加快发展慈善事业的重点任务：一是完善慈善事业法规政策体系；二是促进公益慈善组织发展；三是加强慈善事业人才和志愿者队伍建设；四是不断拓展慈善资源；五是完善慈善事业监管体系；六是加强慈善文化建设。第四部分强调了要加强慈善事业发展的组织协调：一是完善组织协调机制；二是切实履行民政部门职责；三是推动《指导纲要》的落实。

关于充分发挥物业服务企业作用推进社区志愿服务活动的通知 为发挥物业服务企业作用，推进社区志愿服务活动而出台的文件。2011年9月22日由中央文明办、住房和城乡建设部联合下发（文明办［2011］19号）。共三章，分别从三个方面对发挥物业服务企业作用推进社区志愿服务活动的相关事宜作了规定和要求。第一章“工作主题”，要以“邓小平理论”和“三个代表”重要思想为指导，深入贯彻落实科学发展观，以社会主义核心价值体系建设为根本，以“奉献他人、提升自己”为理念，以服务社区居民为出发点和落脚点，坚持弘扬志愿精神与开展志愿服务活动相统一，坚持志愿服务与物业服务相衔接，坚持员工志愿者与社区居民志愿者相配合，注重人文关怀，多办实事好事，推动社区成为管理有序、服务完善、文明祥和的社会生活共同体。第二章“工作内容”，要从积极组织员工开展便民利民志愿服务、积极支持社区文体志愿服务活动、积极参与社区志愿服务活动三个基本工作着手，充分利用物业服务企业自身的优势和特点来开展社区志愿服务工作。第三章“工作要求”，要求各地各有关部门结合当地实际制定实施方案；各级文明办要发挥好组织协调的牵头作用；各级物业主管部门要积极探索有效方法将这项工作切实落实；物业服务企业要把推进社区志愿服务活动融入物业服务企业管理之中，不断提高工作的自觉性和主动性，务求取得实实在在的效果。要采取“以点带面、逐步推开”的方式来推动社区志愿服务活动的开展，并要不断加大宣传力度，以更好地推进物业服务企业在社区志愿服务活动中发挥作用。

关于加强社会工作专业人才队伍建设的意见 为加强社会工作专业人才队伍建设而出台的文件。2011年10月由中央组织部、民政部等18部门联合印发（中组发［2011］25号）。中央第一个关于社会工作专业人才的专门文件，是当前和今后一个时期全国社会工作专业人才队伍建设的指导性纲领，在中国社会工作事业发展史上具有里程碑意义。共六章二十二条，分别对加强社会工作专业人才队伍建设的重要性和紧迫性、指导思想、工作原则和目标任务，加强社会工作专业教育培训，推动社会工作专业岗位开发和专业人才使用，推进社会工作专业人才评价和激励工作，加强党对社会工作专业人才队伍建设的领导等内容进行了详细阐述和指导。针对社会工作的专业教育培训、社会工作的专业岗位开发和专业人才使用提出了系统的政策措施。提出要研究制定专业岗位开发设置的政策措施；以基层为重点，特别是城乡社区要注重配备社会工作专业人才；要根据事业单位社会功能、职责任务、工作性质、人员结构等因素，分类设置社会工作专业岗位；要积极发展民办社会工作服务机构，通过政府购买等方式引导和鼓励公益慈善类社会组织和民办非企业吸纳社会工作专业人才；要加大相关行政部门和群团组织使用社会工作专业人才力度，注重培养选拔熟悉社会工作、社会政策的优秀人才进入地方及有关部门和单位领导班子，同时建立社会工作专业人才流动机制以及社会工作专业人才和志愿者队伍联动服务机制。要建立健全社会工作专业人才评价制度、薪酬保障机制、表彰奖励制度，以激发广大社会工作专业人才的工作热情和创造潜能。

社区服务体系建设规划（2011—2015年） 为在2011—2015年对中国社区服务体系建设进行总体规划设计而出台的规划。2011年12月20日发布（国办发［2011］61号）。共包含五个部分。第一部分对中国社区服务体系的发展现状及面临形势进行了总结概述。第二部分指出了中国社区服务体系建设的指导思想、基本原则和发展目标。第三部分阐述了社区服务体系建设的四个重点任务：一是通过积极推进公共服务覆盖社区，大力发展便民利民服务和社区志愿服务来促进社区服务的多层次、多样化发展；二是通过合理布局社区服务设施网络，完善社区服务设施功能，大力推进社区信息化建设来完善社区服务设施网络建设；三是通过制定社区服务人才队伍培养发展计划，充实壮大社区居民委员会干部队伍，积极推进社区服务人才队伍专业化、职业化，建立健全社区服务人才培养制度来加强社区服务人才队伍建设；四是通过建立健全社区服务组织，理顺职责权限及相互关系来推进社区服务体制机制创新。第四部分具体介绍了社区服务建设的三个重点工程：社区公共服务设施建设工程、社区服务人才队伍建设工程和社区服务信息化建设工程。第五部分提出了社区服务体系建设的政策措施和组织保障：一是要加强社区服务法规制度建设和标准化建设；二是要加大社区服务体系建设资金投入；三是要完善社区服务扶持政策；四是要健全领导体制和工作机制；五是要积极开展国内外合作与宣传。

关于加强和完善基金会注册会计师审计制度的通知 为加强和完善基金会注册会计师审计制度而出台的文件。2011年12月26日由财政部、民政部联合发布施行（财会［2011］23号）。共四项内容：一、审计的类别与形式；

二、审计经费来源和支付方式；三、会计师事务所选聘范围和方式；四、相关要求。规范的对象为在民政部门登记注册的基金会、境外基金会代表机构和其他具有公益性捐赠税前扣除资格的公益性社会团体。基金会注册会计师审计制度应构建多层次、全方位的体系，其中包括年度审计、离任和换届审计、专项审计，对基金会等公益组织的财务管理情况、理事会运作情况和项目开展情况进行全面审计。它的出台不仅重新强调了年度工作审计和离任换届审计的重要性，更为重要的是首次引入了专项审计这一形式。在“审计经费来源和支付方式”中对基金会注册会计师审计经费的三项来源做出了详细规范：1. 基金会自行承担，2. 财政资金，3. 会计师事务所公益审计。考虑到基金会审计涉及重大公共利益，为维护基金会、捐赠人和受益人的合法权益，对事务所的选聘范围做了更为明确的规定。

关于组织开展“关爱自然、义务植树”志愿服务大行动的通知 为弘扬雷锋精神，提升全社会生态文明水平，在全国范围组织开展“关爱自然、义务植树”活动而制定的文件。2012 年 2 月 22 日由中央文明办、全国绿化委员会、国家林业局、全国总工会、团中央、全国妇联组织联合发布（中文发电［2012］4 号）。要求各地要大力弘扬雷锋精神，以义务植树、护绿爱绿为主要内容，精心设计开展形式多样的志愿服务活动，为人们奉献社会、关爱自然搭建平台，以绿化促美化、绿化促文明，在全社会兴起“关爱自然、义务植树”志愿服务热潮，不断提升全社会生态文明水平，推动经济社会又好又快发展。组织广大志愿者开展关爱自然宣传活动，大力宣传生态文明理念，普及环境保护知识，积极倡导资源节约、环境友好的生产方式和消费模式。组织开展植树植绿志愿服务活动，结合生态工程建设和“保护母亲河行动”“三八绿色工程”等活动，建设“志愿者林”，积极参与公园绿地、旅游景区、水资源地、道路两侧的绿化美化。开展养绿护绿志愿服务活动，动员人们按照就近就便的原则，积极参加林木绿地抚育管护，认种认养树木草地，劝阻纠正损害树木、攀花折枝、踩踏绿地等不文明行为。“关爱自然、义务植树”志愿服务行动是改善生态环境、建设生态文明的有力抓手，是弘扬雷锋精神、提升全社会思想道德水平的重要举措。各地各有关部门要高度重视、精心组织，真抓实干、务求实效，不搞形象工程，严防形式主义。要注重建立长效机制，巩固活动成果，推动活动常态化。各级文明办要发挥好牵头作用，认真做好组织协调和联络服务工作，把这项活动纳入志愿服务活动总体规划，把活动开展情况作为评选文明城市、文明村镇、文明单位的重要条件和测评内容。绿化委员会和林业部门要积极做好造林绿化地块落实、作业设计编制、树苗草种提供、现场技术指导等工作。

关于深入开展学雷锋活动的意见 为深入开展学雷锋活动，推动学雷锋活动常态化，大力弘扬雷锋精神，促进社会主义核心价值体系建设，不断提升公民道德素质和社会文明程度而制定的文件。2012 年 3 月由中共中央办公厅印发。共四个部分，分别对深入开展学雷锋活动的重要意义、开展学雷锋活动的总体要求、学雷锋活动的常态化项目、学雷锋活动的组织实施进行了详细阐述和指导。第一部分指出，深入开展学雷锋活动，对于激发人们思想道德建设热情，倡导文明新风，匡正道德失范，矫正诚信缺失，提升社会道德水平，引导人们做中华民族传统美德的传承者、社会主义道德规范的实践者、良好社会风尚的创造者；对于弘扬民族精神和时代精神，促进社会主义核心价值体系建设，形成全民族奋发向上的精神力量；对于凝聚干部群众的意志和力量，全面建设小康社会，实现中华民族伟大复兴，具有十分重要的意义。第二部分提出了开展学雷锋活动的总体要求。第三部分列出了九条指导性意见，提出要将学雷锋活动建成一个常态化的志愿服务项目。一是将每年的3月5日定为学雷锋活动日；二是在每年的3月举办中国公民道德论坛；三是发挥青少年学雷锋的骨干作用；四是广泛开展社会志愿服务，推动建立健全社会志愿服务体系；五是重点加强雷锋纪念馆的建设，更好地发挥纪念馆的教育功能和辐射影响；六是成立雷锋精神研究的学术性社会组织，结合时代要求和群众关切，开展对雷锋精神的研究；七是企业争取把雷锋精神转化为企业精神和企业文化；八是加强对学雷锋活动的新闻宣传；九是提倡运用文艺形式传扬雷锋精神。第四部分强调要加强学雷锋活动的组织领导工作，注重群众参与，通过营造良好氛围、增强实际效果、不断改进创新来推动学雷锋活动的深入开展。

全国志愿服务工作测评体系（试行）　为对全国志愿服务工作进行总体测评，判断全国志愿服务工作的执行情况而出台的文件。2012年4月23日由中央宣传部办公厅、中央文明办联合发布实施。共设置志愿服务运行机制、志愿服务文化、志愿服务活动、志愿服务队伍和阵地四个测评项目。“志愿服务运行机制”项目的测评指标有组织领导、考核测评、保障措施三方面内容。“志愿服务文化”有志愿服务理念覆盖面、社会宣传两个测评指标。“志愿服务活动”有关爱他人志愿服务活动、关爱社会志愿服务活动和关爱自然志愿服务活动三个测评指标，“志愿服务队伍和阵地”有志愿者服务队伍、志愿服务阵地两个测评指标。通过采用材料审核、问卷调查、媒体和网络调查、实地考察四种方法收集数据，并采用“状态描述法”描述评测内容的状态，分别赋予A、B、C“满分”、“满分的66%”、“满分的33%”的值，每一指标的状态确定后，经过计算机处理，得出测评总分，以此来判断全国志愿服务工作的执行情况。

关于组织开展“关爱他人——爱幼助残志愿服务行动”的通知　为在全国范围内组织开展“关爱他人——爱幼助残志愿服务行动”而制定的文件。2012年4月24日由中央文明办、教育部、文化部、全国总工会、团中央、全国妇联、中国残联联合发布（文明办［2012］15号）。活动主题是以邓小平理论和“三个代表”重要思想为指导，深入贯彻落实科学发展观，以社会主义核心价值体系建设为根本，以弘扬雷锋精神为主题，精心组织开展形式多样的“关爱他人——爱幼助残”志愿服务活动，积极为留守儿童和残疾人排忧解难，为迎接党的十八大胜利召开营造文明和谐的社会氛围。活动内容包括广泛开展关爱他人——爱幼志愿服务行动和广泛开展关爱他人——助残志愿服务行动。要求有四个方面：一要加强领导。各街道、各相关部门、各志愿服务组织要充分认识开展“关爱他人——爱幼助残”志愿服务行动的重要意义，高度重视，精心组织，确保活动取得实效。二要广泛动员。要采取多种形式，广泛宣传志愿服务理念，充分调动社会各界和广大市民群众的积极性、主动性，吸引广大市民群众广泛参与到此次行动中来，在全社会兴起“关爱他人——爱幼助残志愿服务行动”热潮。三要深入宣传。要组织新闻媒体和各类网站，围绕开展“关爱他人——爱幼助残”志愿服务行动，突出重点、精心策划，及时报道活动的进展情况和先进典型，不断扩大活动的覆盖面和影响力，广泛普及学习雷锋、奉献他人、提升自己的志愿服务理念，大力弘扬扶危济困、助人为乐的传统美德，引导人们在参与中培育高尚道德情操。四建立长效机制，务求取得实效。各社区、各志愿者服务组织要精心设计载体，探索关爱留守流动儿童志愿服务的有效模式。推广“残疾人康复（托养等）机构＋志愿者＋企业（个人）赞助”、“青少年宫＋智障儿童＋志愿者”等模式，发挥好“爱心亭”助残服务联络站点的作用，整合助残志愿服务活动资源，不继壮大志愿者队伍，建立完善注册登记、动态管理、激励保障机制，实现志愿者、服务对象和活动项目的有效衔接。

关于促进红十字事业发展的意见 为加强和改进红十字会工作，促进红十字事业健康发展而出台的文件。2012 年 7 月 10 日由国务院颁布（国发［2012］25 号）。这是加强和改进红十字会工作的一部纲领性文件，共六章二十一条，分别对发展红十字事业的重要意义、红十字事业的改革创新、红十字会的职责履行、组织和队伍建设、组织领导制度等内容进行了详细阐述和指导。提出了发展红十字会事业的重要意义，指出红十字会事业是中国特色社会主义事业的重要组成部分，是加强和创新社会管理、保障和改善民生的现实需要，是加强社会主义核心价值体系建设的重要内容。要从积极推进红十字会体制机制创新、着力打造公开透明的红十字会、全面建立综合性监督体系等方面着手，着力推进红十字事业改革创新。要从五个方面来积极支持红十字会履行职责：一是把红十字应急救援工作纳入政府灾害应急响应体系，建立健全红十字应急救援体系；二是辅助红十字会建立应急救护培训长效机制；三是提高红十字会人道救援能力；四是推进红十字会加强无偿献血、造血干细胞捐献、遗体和人体器官捐献工作；五是指导红十字会积极开展国际人道援助和港澳台交流合作。要营造有利于红十字事业发展的法制环境、政策环境和舆论环境，不断优化红十字事业发展的社会环境；切实加强对红十字事业的领导和支持。第十九条规定，各级政府要把红十字工作列入重要议事日程，在编制国民经济和社会发展规划时，同步编制红十字事业发展专项规划；加大对红十字事业的财政投入；动员社会组织、企事业单位、人民群众等各界力量，形成促进红十字事业发展的合力。

关于开展全国优秀志愿服务项目与志愿者工作案例评选活动的通知 为贯彻落实第十三次全国民政会议精神，进一步加强志愿者队伍建设、促进志愿服务发展而发布的规范性文件。2012 年 9 月 3 日由民政部办公厅印发（民办函［2012］275 号）。共六部分，对评选的总体目标、参评范围、参评条件、材料要求、评选程序、推广应用等予以规范。通过开展全国优秀志愿服务项目与志愿者工作案例评选活动，充分挖掘各地、各单位好的思路、做法与经验，推出、推广一批贴近实际、贴近生活、贴近群众的优秀志愿服务项目和科学化、规范化、专业化的志愿者工作典型案例，推动志愿服务活动向纵深开展，不断提升志愿者队伍管理和服务能力，建立健全社会志愿服务的长效机制。参评的项目和工作案例要具有真实性、规范性、常态性、创新性、效益性和示范性。2013

年4月2日公布了评选结果。2014年进行了第二届评选，参评对象为志愿服务项目、志愿服务组织和志愿者工作案例。

关于广泛开展基层文化志愿服务活动的意见

为推动在全国范围内广泛开展基层文化志愿服务活动而发布的文件。2012年9月12日由中央文明办与文化部联合制定下发（文公共发［2012］31号）。共三个部分。第一部分，对开展基层文化志愿服务活动的重要意义、指导思想和基本原则进行具体说明。强调文化志愿服务是志愿服务工作的重要组成部分，是繁荣发展城乡基层文化的有效途径。要牢牢把握社会主义先进文化前进方向，以社会主义核心价值体系建设为根本，以满足人民日益增长的精神文化需求为目标，贴近实际、贴近生活、贴近群众，大力弘扬学习雷锋、奉献他人、提升自己的志愿服务理念，广泛开展群众乐于参与、便于参与的文化志愿服务活动，努力构建参与广泛、形式多样、活动经常、机制健全的文化志愿服务体系，推动公共文化服务体系建设，丰富群众精神文化生活。第二部分，对广泛开展丰富多彩的基层文化志愿服务活动做出详细阐述。提出要广泛组织动员专业文化工作者和社会各界人士，积极参与基层文化建设和群众文化活动。第三部分，对建立完善基层文化志愿服务活动的领导体制和运行机制进行具体指导。要求各地各部门要把组织开展文化志愿服务活动作为深入贯彻落实党的十七届六中全会精神的重要举措，纳入公共文化服务体系建设总体规划，纳入文化工作考评指标。文明办、文化厅（局）要加强对基层文化志愿服务活动的统筹协调和组织推动，积极探索具有地方或行业特色的文化志愿服务模式，着力打造一批基层文化志愿服务品牌。要把公益性放在首位，坚持志愿服务与政府服务、市场服务相衔接，坚持自愿参与和社会倡导相结合，努力扩大基层文化志愿服务活动的覆盖面和影响力，推动基层群众文化繁荣发展，切实保障人民基本文化权益。

关于开展志愿服务记录制度试点工作的通知

为贯彻落实第十三次全国民政会议关于“探索建立公民志愿服务记录制度”的部署，加强志愿者队伍建设，促进志愿服务科学发展，建立健全社会志愿服务体系而制定的涉及志愿服务记录制度试点工作各方面的具体规定而出台的文件。2012年10月31日由民政部发布实施，是一部志愿服务记录制度试点工作法规。共有“指导思想”、“总体目标”、“试点内容”、“实施步骤”、“有关要求”五部分内容。“指导思想”是贯彻落实第十三次全国民政会议关于“探索建立公民志愿服务记录制度”的部署，加强志愿者队伍建设，促进志愿服务科学发展，建立健全社会志愿服务体系而制定的涉及志愿服务记录制度试点工作各方面的具体规定。“总体目标”部分要求“从通知下发之日起，在各省、自治区、直辖市和新疆生产建设兵团部分县（市、区）和团场进行试点”，为制定和完善志愿服务记录政策法规提供依据，为全面建立志愿服务记录制度创造条件。“试点内容”部分指出志愿服务记录制度试点工作要根据《志愿服务记录办法》有关要求进行，试点内容包括：志愿服务记录管理办法和记录标准、志愿服务回馈激励机制、志愿服务记录查询和证明机制、志愿服务记录信息化管理、志愿服务记录管理机制五方面内容。“实施步骤”部分规定，志愿服务记录制度试点工作由民政部统一部署，各省（自治区、直辖市）民政厅（局）和新疆生产建设兵团民政局负责组织实施，试点县（市、区）和团场负责具体操作和落实。试点实施分试点申报、试点开展、试点总结三个阶段进行。民政部将组织专家对试点进行评估，根据评估结果确定志愿服务记录制度示范地区名单，并视情况适时扩大志愿服务记录制度试点范围，加快试点步伐。

中国红十字志愿服务管理办法　为促进和规范红十字志愿服务工作，保障红十字志愿服务者和红十字志愿服务组织的合法权益而制定的办法。2012 年由中国红十字总会在修订原管理办法的基础上颁布实施。共六章三十七条，内容主要包括红十字志愿者的权利和义务、红十字志愿服务组织的设立及职责、红十字志愿服务活动及管理、对红十字志愿服务者和志愿服务组织的激励和表彰制度、支持与保障制度等。第二十七条规定，各级红十字会、红十字志愿服务组织依据登记注册志愿者的服务业绩和服务时间，定期组织开展评选表彰活动。中国红十字会总会将在各省级红十字会表彰的基础上，每 3 年组织一次对全国红十字志愿服务工作中做出突出贡献的红十字志愿者、红十字志愿服务组织、红十字志愿服务工作先进个人和集体进行表彰奖励。

四、地方性政策文件

关于纪念学雷锋题词 30 周年，深入开展学雷锋活动的通知　北京市委宣传部、团市委为进一步学习、宣传和弘扬雷锋精神，推动学雷锋活动更加深入扎实开展而出台的文件。1993 年 1 月 8 日由北京市委宣传部、团市委联合发布。要求各级党委宣传部、各级共青团组织要广泛举办各种纪念活动，进一步学习、宣传和弘扬雷锋精神，推动学雷锋活动更加深入扎实地开展。要求在 3 月 5 日前后要采取多种有效形式，宣传毛泽东等老一辈无产阶级革命家和党中央领导同志的题词，宣传雷锋的光辉事迹，宣传北京市学雷锋先进典型，引导群众特别是青少年一代充分认识发展社会主义市场经济条件下学雷锋的重要意义，争取认识雷锋精神的实质，从而进一步增强学雷锋的自觉性和主动性。强调学雷锋要立足本职岗位，在经济建设、改革开放和社会生活中发挥模范作用。要把学雷锋活动同本职工作和行业作风、职业道德建设结合起来，同行业优质服务活动结合起来，深入开展“以爱岗争优、岗位奉献、岗位成才”为主要内容的岗位学雷锋活动。学雷锋纪念活动要形式多样，注重实效。要用丰富多彩的形式吸引和教育广大青少年，要做好学雷锋先进典型的选拔、推荐、宣传工作，促进北京市学雷锋活动的开展。

北京青春奥运行动规划　北京团市委为面向新世纪，面向新奥运，适应时代要求，依照《北京奥运行动规划》的总体要求，展开“青春奥运行动”的规划。2002 年 4 月共青团北京市第十一次代表大会推出，2002 年 7 月 3 日共青团北京市第十一届委员会第二次全体会议表决通过。目的是让北京市的共青团员和青年同全国人民一道迎接不同肤色、不同种族、不同信仰、不同地域的朋友，在中华大地共同点燃奥运圣火。通过广泛开展宣传教育和实践活动，传播奥林匹克精神，弘扬中华民族优秀文化，提升青少年的文明素质。规划指出青春奥运行动以“我们行动，我们创造，我们进步”为口号，包括六大行动：青春文明行动、青春绿色行动、青春科技行动、青春健康行动、青春友谊行动、青春志愿行动。青春奥运行动的工作原则是：把实施青春奥运行动与推进首都现代化建设相结合、把实施青春奥运行动与服务青年成长成才相结合和把实施青春奥运行动与推动北京共青团事业的发展相结合。提出了以下几点实施要求：提高认识，统一思想，准确把握共青团组织参与奥运建设的现实意义；科学规划，统筹安排，突出重点，不断形成新的亮点和高潮；大胆创新，与时俱进，积极探索和完善工作机制。

北京市红十字会关于红十字志愿者管理办法（试行）　北京市红十字会为弘扬“人道、博爱、奉献”的红十字精神，促进北京市红十字志愿服务事业的发展，规范志愿者的行为，遵循红十字运动的七项基本原则，根据《中华人民共和国红十字会法》和《中国红十字会章程》的有关规定而制定的办法。2005 年 9 月 16 日由北京市红十字会发布实施。由七部分组成，内容涉及志愿者的条件、登记、管理、权利与义务、表彰、注销等方面的内容。“志愿者的管理”部分明确了各级红十字会作为红十字志愿者的审批管理机构对志愿者的管理工作，主要包括志愿者的招募、审批、组织、管理、培训、使用、表彰等工作。“志愿者的登记”，采取属地管理的方法，对申请者资格进行审核、登记、发放证件和《工作手册》。“志愿者的权利与义务”规定了志愿者享有的权利和应该履行的义务。“志愿者的表彰”以服务时间为依据，对志愿者进行星级表彰。“志愿者的注销”明确了注销其志愿者资格的情况，并补充说明了有关问题。

新疆生产建设兵团红十字志愿工作者管理办法　新疆生产建设兵团红十字会为促进新疆生产建设兵团红十字事业的健康发展，规范志愿服务工作者的行为，结合兵团实际制定的文件。2006 年 4 月 24 日由新疆生产建设兵团红十字会办公室发布实施。由五部分内容构成，涉及志愿者的申请、审批、注册、培训、权利与义务、奖励与资格注销等方面的内容。第一部分“总则”，界定了“红十字志愿工作者”、“志愿工作者”、“志愿服务组织”、“志愿服务”的概念。第二部分“红十字志愿工作者的条件”，规定了志愿者应该具备的基本条件。第三部分“权利与义务”，对志愿者的权利及应该履行的义务进行了规定。第四部分“红十字志愿工作者的注册登记”，明确规定了红十字志愿工作者注册登记采取属地管理的办法，并对志愿者申请注册程序予以规定。第五部分“红十字志愿工作者的奖励和资格注销”，涉及对优秀志愿者的星级奖励和对不合格志愿者的志愿者身份的资格注销。

辽宁省红十字志愿者管理办法（试行）　辽宁省红十字会为促进辽宁省红十字志愿者事业的发展，规范志愿服务行为而制定的办法。2006 年 6 月由辽宁省红十字会颁布实施。共十四条，对红十字志愿者的定义、基本条件、权利、义务、注册机构、注册程序、注册号、志愿服务证、管理和培训、激励表彰、权益保障、组织保障等都作了明确规定。对“红十字志愿者”、“红十字志愿者组织”的概念进行了界定。明确了县级以上红十字会作为本地区红十字志愿者组织管理机构的职责；指明红十字志愿者审批注册采取属地管理的办法，由红十字志愿者管理机构对志愿者进行招募、审核、注册，并发放红十字志愿者证；规定按服务时间和服务贡献对志愿者实行晋级鼓励和表彰。

北京奥运会、残奥会社会志愿者总体运行方案　北京市为建立北京奥运会、残奥会社会志愿者的运行机制而制定的工作方案。2008 年 5 月 26

日由北京奥运会志愿者工作协调小组办公室制定（奥志愿办［2008］7号）。工作目标是营造奥运期间志愿服务的社会氛围、建立奥运期间社会志愿者的运行机制、推动社会志愿者各类服务的组织实施和着眼志愿服务事业的长远发展。工作原则方面，要坚持整体协调与分级负责的原则、坚持属地统筹与条块互动的原则、坚持社会发动与组织动员相结合。组织管理方面，由北京奥运会志愿者工作协调小组负责相关工作。明确了重点服务领域，包括服务交通秩序维护、服务大型公共场所秩序维护、服务城市交通运行、服务城市治安秩序、服务社区医疗卫生、服务社区扶残助困、环保志愿服务、公园志愿服务、加油站志愿服务和邮政志愿服务等。社会志愿者整体培训宣传工作由北京奥运会志愿者工作协调小组牵头，各区（县）、市属部门和行业相关单位负责分别落实。社会志愿者参与服务的过程中按照“谁使用、谁负责”组织运行。各直属和各使用单位负责统筹协调所负责区域、领域社会志愿者应急事件的处置工作；区奥运会志愿者工作协调小组办公室参与应急事件的处置工作，负责统筹协调及组织上报。

河南省红十字志愿服务管理办法　河南省红十字会为了促进和规范河南省红十字志愿服务工作，弘扬“人道、博爱、奉献”的红十字精神，保障红十字志愿服务和志愿者的合法权益而制定的文件。2008年6月22日由河南省红十字会发布实施。河南省红十字志愿者首个管理办法，共六章二十四条，涉及红十字志愿服务组织的职责、志愿者的登记、注册程序、志愿者的管理、培训、表彰等内容。明确规定红十字志愿服务不以营利为目的，红十字志愿者参加红十字志愿服务活动，不以获得报酬为目的，志愿者可根据自身的专长、爱好选择服务项目，可参与应急救援、健康关怀、人道救助、捐献造血干细胞、宣传无偿献血、宣传预防艾滋病、红十字精神传播、筹资劝募等方面的志愿服务。参加某一项目或活动，在基层红十字志愿服务组织登记，并取得志愿者资格的称为登记红十字志愿者。未满18岁青少年参加红十字志愿服务，应征得监护人同意。

浙江省红十字志愿服务管理办法（试行）　浙江省红十字会为加快浙江省红十字志愿服务事业的发展，规范和促进红十字志愿服务活动，保障红十字志愿服务组织和志愿者的合法权益而制定的文件。2008年10月21日由浙江省红十字会发布实施。这是根据《中华人民共和国红十字会法》、《中国红十字志愿服务管理办法》和《浙江省志愿服务条例》等有关规定，结合浙江省实际制定的。共七章二十六条，涉及志愿者的招募、组织、管理、培训、奖励等方面的内容。规定红十字志愿者的主要服务对象为灾民、儿童、弱智人士、身体伤残人士、孤寡老人及其它身处困境需要人道帮助的人。红十字志愿者的工作范围以关怀和帮助处于困境、易受损害的人群为重点。第十九条规定了红十字志愿服务经费来源，“申请政府的财政支持、接受国内外组织和个人捐赠、红十字志愿服务对象的资助、红十字志愿服务组织和志愿者个人的资助及其他合法收入”。红十字志愿服务经费的筹集、管理和使用应当公开，并依法接受有关部门和志愿者监督，任何组织与个人不得挪用志愿服务的经费。

山西省红十字志愿服务实施办法　山西省红十字会为促进和规范山西省红十字志愿服务工作，弘扬“人道、博爱、奉献”的红十字精神，保障红十字志愿服务和志愿者的合法权益，规范红十字志愿者行为，促进该省红十字志愿服务事业发展，进一步发挥红十字会作为政府人道工作领域助手作用而制定的办法。2008 年由山西省红十字会发布实施。共十七条，涉及志愿服务相关概念的界定，志愿者的登记、注册、管理、培训、表彰等方面的内容。第八条对红十字志愿者登记或注册等问题作了规定，采取属地、工作和业务领域管理相结合的管理方法，并对志愿者申请、注册的程序进行了规定。规定需要志愿服务的单位和个人可以向所在地红十字会提出申请，告知需要志愿服务事项的完整信息（包括服务项目、服务时长和潜在风险等）；志愿服务时间每年累计达到 20 小时的红十字志愿者，应主动到所在地红十字会进行申请，经相关培训并颁发红十字志愿者证，即成为注册红十字志愿者。

关于进一步加强和改进志愿者工作的意见　北京市委、市政府为全面贯彻落实党的十七大、十七届三中全会和市十次党代会精神，积极转化北京奥运会、残奥会志愿服务成果，完善北京市志愿服务体系，健全志愿服务长效机制制定的文件。2009 年 3 月 21 日由北京市委、市政府印发。共七章二十四条，对加强和改进志愿者工作的目标，建立健全志愿服务工作的长效机制、管理体系、运行体系、队伍建设体系、项目体系和保障体系等内容进行了详细的阐述和指导。对转化北京奥运会志愿者工作的成果做出了指示，指出了积极转化北京奥运会志愿者工作的意义、方向及实践基础。强调要健全志愿者工作领导协调机制，构建“枢纽型”志愿者组织。提出要“构建在党委政府领导下，社会建设工作领导小组办公室综合协调、志愿者联合组织具体实施、相关单位密切配合的志愿者工作机制”，并将北京志愿者协会提升为北京市志愿者联合会，作为联合各部门、各系统、各领域志愿者组织的“枢纽型”社会组织。提出要整体转化奥运志愿服务队伍，着力培育壮大各类志愿服务队伍，注重志愿服务骨干的培养和使用，以建立健全志愿者队伍建设体系。从保留转化奥运志愿服务相关项目、加快开发新的志愿服务项目、创新志愿服务项目的培育载体等方面着手，为建立健全志愿服务项目体系提供建议。强调要切实加强组织领导，通过加大资金保障力度，营造广泛参与氛围，提供政策法规支持，搭建信息支撑平台等方式来建立健全志愿者工作保障体系。

北京市红十字会实施《北京市志愿服务促进条例》办法（试行）　北京市红十字会为加强北京市红十字会志愿服务活动规范管理，推进全市服务工作的开展，保障红十字志愿者的合法权益制定的办法。2010 年由北京市红十字会公布施行。共八章二十九条，涉及志愿服务的组织，志愿者的申请、登记、注册、培训、权利与义务、考核与激励，志愿者证明的使用和管理等方面内容。“总则”对“红十字志愿服务”、“红十字志愿者”、“红十字志愿服务组织”的概念进行了界定，并规定各级红十字会在加强对红十字志愿服务工作的领导作用。“组织”明确各级红十字志愿组织在志愿服务中的职责和作用。“申请登记及注册”对志愿者应具备的条件，申请、注册流程进行了规定。“使用和管理”对志愿服务中志愿者证、志愿者标志的使用，对志愿者的信息、志愿项目进行管理作了详细的规定。“考核与激励”涉及志愿者的考核和优秀志愿者的星级表彰办法，考核包括资格考核和质量考核。

北京市志愿者管理办法（试行） 北京市委、市政府为加强北京市志愿者队伍建设，促进志愿者管理工作的规范化、制度化，进一步推动北京市志愿服务事业持续、健康发展而制定的文件。2010 年由北京市委、市政府印发。根据《中国注册志愿者管理办法》、《北京市志愿服务促进条例》和《中共北京市委北京市人民政府印发〈关于进一步加强和改进志愿者工作的意见〉的通知》（京发〔2009〕7 号）等有关法律、法规和政策，结合北京市实际制定的。共六章二十三条，包括总则、招募与注册、权利与义务、管理与服务、表彰及激励和附则等内容。界定了志愿者和志愿者组织，详细说明了志愿者招募与注册的办法和程序。此外，还规定了志愿者拥有的十项权利和应履行的十项义务，指出要充分依托“志愿北京”网站对志愿者进行管理。在表彰和激励方面，提出要建立志愿者星级认证制度，并根据志愿服务时间和服务表现授予志愿者奖章并给予物质和精神奖励。

贵州省红十字志愿服务实施办法 贵州省红十字会为促进和规范贵州省红十字志愿服务工作，发挥广大红十字志愿者“关爱他人、服务社会”的作用，推动红十字志愿服务工作的健康发展而制定的文件。2010 年由贵州省红十字会发布实施。根据《中国红十字志愿服务管理办法》和《贵州省红十字会条例》有关规定制定的。共七章二十八条，涉及志愿者的基本条件、权利和义务、组织管理、晋级与表彰等方面的内容。明确了贵州省红十字志愿服务工作委员会及地、县级红十字志愿服务工作委员会的工作职责。规定了全省各级红十字会组织、各级红十字志愿服务工作委员会和县级以上红十字会批准成立的各级各类红十字志愿服务组织可以招募志愿者。在“晋级与表彰”中规定了星级设定、晋级原则、晋级计算方式、晋级程序及表彰等内容。

江苏省红十字志愿者管理办法 江苏省红十字会为大力发展红十字志愿者队伍并规范管理，推进全省红十字志愿服务工作的开展制定的文件。2010 年由江苏省红十字会发布实施。这是依据红十字会与红新月会国际联合会颁布的《联合会志愿服务政策》以及《中国红十字志愿服务管理办法》、《江苏省志愿服务条例》、《江苏省实施〈中华人民共和国红十字会法〉办法》和《江苏省实施〈中国红十字会章程〉细则》有关规定制定的，共五章十七条，内容涉及志愿者的基本条件、权利与义务、登记及注册程序、组织与管理。“总则”明确了《办法》的制定目的与制定依据，界定了“红十字志愿者”的概念，并区分了登记红十字志愿者和注册红十字志愿者两种类型的志愿者。规定了志愿者应具备的基本条件；对各级红十字会在登记、注册方面的任务，登记及注册程序进行了详细的规定。“组织与管理”涉及各级红十字会组织志愿活动中的任务、志愿活动中基层红十字志愿服务组织、志愿者红十字标志的使用、对优秀志愿者的表彰和对不履行义务志愿者的资格注销。

广西壮族自治区红十字志愿服务管理办法 广西壮族自治区红十字会为促进和规范广西壮族自治区红十字志愿服务工作，保障红十字志愿服务和志愿者的合法权益而制定的文件。2011 年由广西壮族自治区红十字会发布实施。共六章二十八条，涉及志愿者的组织、管理、培训、奖励、保障等方面的内容。第十三条对志愿者的“调度和使用”做出了规定：红十字会机关各部室及下属各单位因工作需要志愿服务时，应该提前三天向志愿服务工作委员会提出书面申请，志愿服务工作委员会接到申请后在3个工作日内审批并安排志愿者参加服务。规定红十字志愿服务经费的筹集、管理和使用应当公开，并依法接受有关部门和志愿者监督，任何组织与个人不得挪用志愿服务的经费。红十字志愿服务组织要为志愿者提供必要的培训和物质、安全保障，在组织活动时要注意避免意外事故发生。

关于开展党员志愿者服务活动的指导意见　为切实加强服务型基层党组织建设，进一步密切党和人民群众的血肉联系，探索建立党员长期受教育、群众经常得实惠的长效机制，开展党员志愿者服务活动而发布的指导意见。2011年3月21日由河南省委创先争优活动领导小组发布。共五个部分，即指导思想、基本原则、活动内容、工作措施、相关要求。基本原则有：服务社会、关注民生；自愿参与、统一管理；讲求实效、持之以恒；典型示范、继承创新；统筹协调、资源共享。紧密围绕中心工作、社会所需、群众所求，以维护稳定、促进发展，改善民生、构建和谐为核心，以生活困难群众和老年人、残疾人等弱势群体为服务重点，因地制宜地开展便民利民、扶贫帮困、治安维稳、文体娱乐、环境保护、信息咨询、家政服务、就学就医、就业创业、法律援助、心理疏导等各类党员志愿者服务活动；积极参与重大自然灾害和突发事件的抢险救援、卫生防疫、群众安置、设施抢修和心理安抚等工作；同时，要结合重大纪念日和节假日，设计开展主题鲜明、形式多样的具有党建特色的志愿服务活动。

关于组织共产党员共青团员进社区开展志愿为民服务活动的意见　为贯彻落实云南省委“深入开展‘四群’教育、实行干部直接联系群众制度”的重大部署，深化拓展“区域化党建”格局，进一步创新社区管理新模式，充分调动共产党员共青团员服务社区群众的积极性和主动性而发布的指导意见。2012年1月16日由中共云南省委组织部发布。共四个部分，即指导思想、总体目标、主要内容、有关要求。社区党组织、团组织要依托社区活动场所，充分利用为民服务站的有利条件，整合各类资源，按照“六个有”（有统一的标识、有相对稳定的志愿者队伍、有志愿者和服务对象的档案、有相对固定的项目、有完整的活动计划和记录、有规范的规章制度）标准建设好社区志愿服务站，为先锋队提供对接点，为全省党员团员志愿服务进社区提供组织保障。要搭建志愿服务网络平台，建立完善志愿者信息库，利用网上实名注册、信息发布、项目对接、服务预约、志愿者招募等功能促进党员团员志愿服务管理规范化，利用网络平台加强党员团员志愿服务工作经验交流和业务指导等。要探索运用移动传媒、数字电视、手机通讯等新技术，实现信息发布、队伍管理、活动宣传等功能应用，提升党员团员志愿服务工作信息化水平。

安徽省红十字志愿服务管理办法　安徽省红十字会为加快安徽省红十字志愿服务事业的发展，规范红十字志愿服务活动，保障红十字志愿者的合法权益而制定的文件。2012年7月由安徽省红十字会发布实施。共七章三十三条，涉及志愿服务的组织管理、志愿者管理、志愿服务管理、培训与奖励等方面的内容。明确了安徽省红十字志愿服务指导委员会、各市红十字会志愿服务指导委员会、红十字志愿服务组织在志愿服务中的组织管理的任务。红十字志愿者的工作范围：红十字志愿者的工作范围以关怀和帮助处于困境、易受损害的人群为重点。规定红十字会及其志愿服务组织应当积极组织开展红十字志愿服务活动，红十字志愿者培训分基础培训、专业培训和骨干培训，基础培训由志愿服务组织负责组织实施；专业培训和骨干培训工作由同级红十字会负责组织实施。红十字志愿服务组织要为志愿者提供必要的培训和物质、安全保障，在活动组织中要注意避免意外事故发生。

西藏志愿服务管理办法（试行） 西藏自治区文明委为规范志愿服务活动，促进志愿服务工作，倡导“奉献、友爱、互助、进步”的志愿服务精神，保障志愿者和志愿服务组织的合法权益而制定的文件。2012 年 10 月 6 日由西藏自治区文明委第一次全体会议审议通过，自 2012 年 11 月 1 日起施行。共七章四十八条，主要内容包括：志愿者、志愿服务相关概念、志愿者的七项权利和七项义务、志愿服务组织、志愿服务活动的开展、志愿服务活动的保障、法律责任等。规定了志愿服务活动应当遵循自愿、无偿、平等、诚信、合法的原则。关于对外开展有关志愿服务的程序也有相关的规定，规定与区外、境外志愿服务组织的交流合作，由自治区文明办负责，其他单位、组织和个人未经授权不得以自治区名义开展志愿服务方面的对外交流合作。政府和社会各界对志愿服务多方位的保障和激励措施是志愿者服务事业可持续发展的有力保证。对于境外志愿服务、大学生志愿服务西部计划等大型、专项志愿服务项目做出了相关补充说明。

关于征集省直机关党员志愿者服务队名称和标识的通知 为更好地展示党员志愿者的良好形象，便于社会各界对党员志愿者的识别和有效监督，进一步扩大党员志愿者服务活动的社会影响，动员引导更多党员干部积极参与到志愿服务活动中来而发布的通知。2013 年 2 月 18 日由中共安徽省直属机关工作委员会发布。共五部分，主要对征集时间、作品要求、奖励办法、应征作品提交要求等做出了规定。党员志愿者服务队名称创作，要求主题简洁生动，突出“奉献、友爱、互助、进步”的志愿服务精神，充分展示省直机关广大党员干部的精神风貌，名称字数不超过 5 个字。党员志愿者服务队标识创作，必须为图案或字母的结合体，形式简明、色彩丰富、创意新颖，兼具时代感和艺术感，体现出较强的感知力和亲和力，易于识别，便于推广，且不能与其他标识近似和雷同。

北京市应急志愿者管理暂行办法 为规范和促进北京市应急志愿服务工作，充分发挥应急志愿者在城市安全运行保障和突发事件应对工作中的积极作用而制定的办法。2013 年由北京市突发事件应急委员会办公室、共青团北京市委员会颁发（京应急办发〔2013〕1 号）。共七章三十四条，内容主要包括：组织体系、应急志愿者、应急志愿服务、培训与演练、表彰与保障。第六条规定，本市应急志愿者组织按市、区县两级管理。设立市应急志愿者服务总队，是市志愿者联合会的一级志愿者组织。市各专项应急指挥部办公室和相关单位设立专业应急志愿者服务队，各区县设立本行政区域应急志愿者服务队。专业和区县的应急志愿者服务队是市应急志愿者服务总队的成员单位。第二十七条规定，建立应急志愿者表彰机制，表彰在应急志愿服务中表现优秀的组织和个人，并根据有关规定参加全市星级志愿者认证和志愿服务奖章评选活动。

五、港澳台地区法规文件

社会工作者注册条例 中国香港为规范社会工作者的注册、注册社会工作者专业活动的纪律管制及相关事宜制定的条例。1997 年6 月6 日由中国香港立法局审议通过并施行。中国香港第一部规范社会工作者注册工作的法律，为监察社会工作者的素质，保障服务使用者及公众的利益提供了法律依据。就社会工作者的注册、注册社会工作者专业活动的纪律管制及相关事宜做了详细规定。共三十九条。设立“社会工作注册局”，注册局永久延续和备有法团印章，并能够起诉和被起诉。对注册局的人员构成、任期和职权做出相关规定。注册局的职能是为在本地从事社会工作的人士注册及监管其专业操守。注册社工一旦违反工作守则，应受社工注册局的处分。注册局只能将符合条件（如持有社会工作学位或按规定担任社会工作职位）的人员注册为社会工作者。任何人申请注册为社会工作者须向注册主任申请并填写指定表格，名列注册记录册为注册社会工作者的人，其有效期为 12 个月，注册期满后需重新注册。任何不是名列注册记录册的人士无权使用“社会工作者”的名衔或其它相关描述的称谓。此外，还对相关罪行、罚则，杂难条文，注册局指明表格的权力和注册产生的费用等相关事宜做出了规定。

社团条例 中国香港特区为了社团的注册、禁止某些社团的运作，以及与此有关的事情而制定的条例。1997 年香港临时立法会修订通过并于同年 7 月 1 日施行。在原 1992 年版的《社团条例》的基础上修订，共有四十三条，详细规定了社团的注册及豁免注册制度、社团的运作制度、社团的称谓等。规范了社团的注册，要求任何本地社团均须于其成立或被当作成立后 1 个月内，以指明的表格向社团事务主任申请注册或豁免注册。明确列举了禁止社团运作的具体情形，包括为了“维护国家安全或公共安全、公共秩序或保护别人的权利和自由所需要者”等。规范了社团的称谓，也对“本地社团”、“当作在香港成立的社团”等相关概念做出释义。

“行政院文化建设委员会”表扬文化机关（构）绩优义工办法 中国台湾地区为了表扬文化机关（构）绩优义工而制定的办法。2000 年 10 月 17 日由台湾“行政院文化建设委员会”颁布施行。共九条，界定了“文化机关（构）”和“绩优义工”的范围和概念，对奖励的类别、等级、名额和获奖都做了规定：个人奖分金质奖（10 名）、银质奖（20 名）、铜质奖（45 名）、特别奖（不限名额），团队奖（5 个）。由文化机关（构）首长向“行政院文化建设委员会”推荐所属绩优义工。对于推荐案件，应于每年一月底前就被推荐个人或团队填具推荐书表，个人推荐人数以不超过该机关（构）服务满一年年资义工人数之十分之一为限，并应将服务满一年之义工造册并送本会查核。评审环节由委员会组织人员进行初审、复审和决审。评审原则如下：个人就其品德、服务态度、服务年资、服务时数、绩优事迹等项综合评定；团队就其团队精神、整体表现、成立日期及服务绩效等项综合评定。还规定关于文化机关（构）绩优义工表扬，每年举办一次，以公开方式进行。

志愿服务法 中国台湾地区为整合社会人力资源，使愿意投入志愿服务工作的公民力量做最有效的运用，发扬志愿服务美德，促进社会各项建设及提升人民生活素质而制定并通过的法律。2001 年 1 月 20 日由“立法院”公布实施，是中国台湾地区用于指导和规范志愿服务活动及志愿者（简称“志工”）的专门性法律，共八章二十五条。第三条第一项规定，志愿服务：民众出于自由意志，非基于个人义务或法律责任，秉诚心以知识、体能、劳力、经验、技能及时间等贡献社会，不以获取报酬为目的，以提高公共事务效能及增进社会公益所为之各项辅助性服务。界定了主管机关的职责，要有专人负责志愿服务相关事宜，对志愿服务运用单位（即志愿者组织）加强联系辅导和协助。详细规定了志愿者组织的职责，包括对志愿服务计划进行备案并接受主管机关检查、签订服务协议、对志愿者进行基础培训和特殊培训、保障志愿者工作安全、为志愿者提供督导和服务证明、记录等。规定志愿者的权利和义务，权利包括：接受培训；平等，尊重自由、尊严、隐私、信仰；确保工作环境安全与卫生；获得所从事服务的完整信息；参与所从事志愿服务计划的拟定、设计、执行及评估过程。义务包括：遵守伦理守则之规定；遵守志愿服务运用单位订定之规章；参与志愿服务运用单位所提供之教育训练；妥善使用志工服务证；在服务时，应尊重受服务者之权利；对因服务而取得或获知之讯息，保守秘密；拒绝向受服务者收取报酬；妥善保管志愿服务运用单位所提供之可利用资源。

志愿服务证及服务纪录册管理办法 中国台湾地区为详细界定“志愿服务法”第十二条第二项，规定管理志愿者服务证及服务纪录册的相关事项而制定的办法。2001 年 4 月 20 日依台湾“志愿服务法”的第十二条的第二项规定而制定。共十三条，详细规定了管理志愿者服务证及服务纪录册的办法，主要包括服务证的发放、服务证的内容、服务证的用途、纪录册的格式、服务证及纪录册的使用及保管、纪录册的登录、服务证及纪录册的使用监督等内容。主要内容如下：志工完成教育训练者，志愿服务运用单位应发给志愿服务证及服务纪录册。服务证应包括志愿服务标志、志工姓名、照片、发给服务证之单位、编号等，并由志愿服务运用单位制发及管理。服务证作为志工服务识别之用，不作其他用途使用。纪录册为志工服务之总登录，其格式由中央主管机关统一确定，并由中央目的事业主管机关印制，纪录册之登录，由志愿服务运用单位指定人员办理，服务证及纪录册由志工使用及保管，不得转借、冒用或不当使用。规定志愿服务运用单位应建立志工之个人服务档案，以建立完整服务资讯，相关主管机关需随时抽检服务证及纪录册之使用情形。

志工伦理守则 中国台湾地区为促使志愿者从事服务过程中遵守伦理而制定的守则。2001 年 4 月 24 日由台湾“内政部”台（90）内中社字第 9074750 号发布实施。规定志愿者（志工）在从事服务的过程中会与受服务对象、同僚、机构人员等互动，必须遵行相关行为的准则。共有十二项准则：诚心奉献，持之以恒，不无疾而终；付出所余，助人不足，不贪求名利；专心服务，实事求是，不享受特权；客观超然，坚守立场，不感情用事；耐心谏言，尊重意见，不越俎代庖；学习成长，汲取新知，不故步自封；忠于职守，认真负责，不敷衍应付；配合志愿服务运用单位，遵守规则，不喧宾夺主；热心待人，调和关系，不惹是生非；肯定自我，实践理想，不好高骛远；尊重他人，维护隐私，不轻诺失信；珍惜资源，拒谋私利，不牵涉政治、宗教、商业行为。

协助执行灾害防救工作民间志愿组织认证办法 中国台湾地区为规定执行灾害防救工作民间志愿组织资格及认证程序而制定的办法。2001 年 6 月 1 日依“灾害防救法”第五十条第一项规定由“内政部”颁布实施。共十三条，明确规定，所有协助执行灾害防救工作的民间志愿组织，应检附申请书、组织成员名册及其救灾相关专业训练合格证明等资料向“内政部”申请认证。申请的案件，依据其工作地区，由当地消防机关核转“内政部”或者直接向“内政部”申请受理并接受审查。民间志愿组织经认证通过，由“内政部”发给合格证明书，合格证明书有效期限为二年，期满需重新申请认证。对认证的民间志愿组织做出规范，经认证的民间志愿组织成员如有异动，应将异动信息送原登记机关备查；经认证的民间志愿组织，应于在每年固定期限内将下年度工作计划送达原登记机关核定，将上年度工作执行成果送原登记机关备查；经认证之民间志愿组织，应接受内政部与原登记机关督导评鉴；对于组织成员专业训练合格证明为不实者，应撤销其认证；对组织成员人数不足二十人、违反协助救灾工作准则、影响救灾进行致生不良后果的民间志愿组织应废止其认证。还规定经撤销或废止认证的民间志愿组织，六个月内不得重新申请认证；未经认证合格的民间志愿组织，不得参与协助执行灾害防救工作。

志愿服务奖励办法 中国台湾地区为鼓励民众积极参与志愿服务工作，规范志愿者奖励措施而制定的办法。2001 年 6 月 21 日由台湾“内政部”台（90）内中社字第 9074669 号颁布实施。共八条，明确了奖励对象为从事志愿服务工作，服务时数三千小时以上，持有志愿服务绩效证明书的志愿者。符合奖励规定的志愿者，需要填具申请奖励事迹表，检视相关证明文件，经志愿服务运用单位、地方目的事业主管机关、中央主管机关逐层审批。奖励每年进行一次。服务时数三千小时以上者，颁授志愿服务绩优铜牌奖；服务时数五千小时以上者，颁授志愿服务绩优银牌奖；服务时数八千小时以上者，颁授志愿服务绩优金牌奖；同等次奖牌及得奖证书，以每人一次为限；奖励均以公开仪式进行。第七条对志愿服务表现优良者，申请列入升学、就业之部分成绩，应依相关目的事业主管机关规定办理。

卫生保健志愿服务奖励办法 中国台湾地区为规定从事卫生保健业务的志愿者的奖励标准，鼓励民众参与志愿活动而制定的办法。2001 年 12 月 11 日由台湾“行政院卫生署”发布实施。共九条，明确了奖励的志愿者是从事相关卫生保健业务的志愿服务工作者，并界定了优良事迹的标准。根据服务年资、服务累计时数和优良事迹，志工个人由低到高可被授予善馨奖、爱馨奖、德馨奖、特殊绩优贡献奖；成立满三年以上、人数达二十人以上的志工团队，就团队精神整体表现及服务绩效等综合评鉴为成绩优良者，可被授予绩优志工团队奖。卫生保健志愿服务运用单位对其所辖志工队中符合奖励条件者给予推荐，填具推荐书表，检视相关证明文件于公告规定期间内送所在地县市卫生局办理。卫生局进行初审并造册，于公告规定期间内连同推荐书送至“行政院卫生署”办理复审和决审。各奖项名额由“行政院卫生署”每年公告。规定同等次奖章（座）颁授，以每人一次为限；已获颁高一等次之奖章（座）者，不再颁给低一等次之奖章（座）。对于推荐资料有不实者，由“卫生署”公告撤销其奖项，追回所有奖励，且于撤销后三年内不得办理推荐作业。

公益劝募条例 中国台湾地区为有效管理劝募行为，妥善运用社会资源，以促进社会公益，保障捐款人权益制定的条例。2006 年 5 月 17 日由台湾“立法院”通过并公布施行。对台湾基于公益目的募集财物或接受捐赠的劝募行为及其管理做出了规定，共三十二条，包括劝募团体的界定、主管机关的界定、劝募许可的审批、劝募活动的期限、劝募团体需开立捐款专户、劝募所得财物的管理和使用、劝募活动所得的剩余财物处置以及违反条例相关规定的处罚等详细内容。限定了有劝募权力的团体只有公立学校、行政法人、公益性社团法人、财团法人四类组织；第五条规定各级政府机关（构）得基于公益目的接受所属人员或外界主动捐赠，不得发起劝募。但遇重大灾害或国际救援时，不在此限。第七条规定劝募活动应备具申请书及相关文件，向劝募活动所在地之直辖市、县（市）主管机关申请许可；劝募活动期间最长为一年。第八条规定劝募团体办理劝募活动所得财物，只能用于社会福利事业、教育文化事业、社会慈善事业、援外或国际人道救援、其他经主管机关认定之事业。明确规定劝募团体办理劝募活动所得财物，应依主管机关许可之劝募活动所得财物使用计划使用，不得移作他用。台湾还出台了相关公益劝募条例法规施行细则及相关配套措施。

义勇消防组织编组训练演习服勤办法 中国台湾地区为管理义务消防组织和个人而出台的办法。2001 年 6 月 1 日“内政部”发布。2003、2004、2006、2007 年进行了五次修订。依“消防法”第二十八条第一项规定而制定，用于管理义勇消防组织和个人。共有二十七条，明确规定了义勇消防人员应接受消防指挥人员之命，协助消防工作；直辖市、县（市）政府设义勇消防总队（以下简称总队），总队视勤务需要，得设大队、中队及分队，并按要求编组。强调新进义勇消防人员应具备年满二十岁、国民身份、身体健康、未受相关法律处分等资格。规定了各级义勇消防人员和各级顾问的遴选程序和年龄要求；一般义务消防人员的聘期为三年，成绩优良者得予续聘，并以二次为限；对于不符合条件的消防人员予以解聘。规定了各级义勇消防人员的训练课程内容、训练时长和训练方式。义勇消防人员的训练分为基本训练、专业训练、干部训练、常年训练及其他训练。消防局可视勤务需要，召集义勇消防人员实施勤务演习或在队服勤，并对协勤装备做出规定。义勇消防组织之旗帜及人员之服务证，统一由消防局制发；义勇消防人员训练、演习、服勤之勤惰优劣，由消防局考核，并制作书面纪录，作为续聘之参据。最后还提出“每三年至少应对义勇消防总队实施考评、点阅各一次”。

六、国际性文件及其他国家法规文件

联合国大会 A/RES/52/17 号决议 联合国大会为促进志愿服务的开展、提高志愿服务的联网、加强对志愿服务的宣传而通过的国际决议。1997 年 11 月由第 52 届联合国大会通过。由日本首先提议，123 个国家共同支持。确定 2001 年为国际志愿者年，同时指定联合国志愿人员组织（UNV）作为国际志愿者年的领导机构。国际志愿者年的四大目标是：充分认识志愿贡献，积极支持志愿服务，加强建设志愿网络，弘扬宣传志愿精神。

联合国大会 S—24/2 号决议　联合国大会为提高志愿者在社会发展中的参与程度，进一步促进社会发展而通过的国际决议。2000 年 6 月由联合国在日内瓦召开的主题为“社会发展世界峰会：在全球化世界中促进社会全面发展”的第 24 次特别会议上一致通过。建议鼓励各国政府采取一系列措施，提高志愿者在社会发展中的参与程度。这些措施包括：考虑所有志愿服务参与者的观点；通过提高公众对志愿服务价值和机遇的认识，制定综合性的发展战略与规划；营造有利于所有公民社会和私营部门参与和支持志愿服务的环境。

联合国大会 A/RES/55/57 号决议　联合国大会为进一步推动志愿服务发展，发挥志愿者对社会和经济发展的作用而制定的国际决议。2000 年 12 月，在联合国大会由 60 个国家共同签署通过。主要内容包括：充分考虑志愿服务对社会和经济发展的重要贡献；号召政府在各自社会中营造有利于讨论志愿行为特点和发展趋势的环境；推动政府考虑吸引更多的人参与志愿服务的手段；鼓励政府、非政府组织、私营部门、联合国系统、杰出人士和其他相关参与者采取一切可能的手段推动志愿服务发展；请联合国秘书长在 2001 年联合国召开的各种全球性会议上传递有关信息；提请第 56 届联大的两次全体会议于 2001 年 12 月 5 日，即国际志愿者年闭幕当天就志愿服务主题进行讨论；请联合国秘书长就各国政府和联合国如何支持志愿服务发展准备一个报告，以便大会讨论；请联合国秘书长就国际志愿者年成果及其重要影响准备一个报告，呈交第 57 届联大。

《全球志愿者宣言》（2001 年 1 月）　国际志愿者协会为增强对志愿者精神认识、推进国际志愿者服务事业的发展而制定的国际宣言。2001 年 1 月 14 日至 18 日由国际志愿者协会（IAVE）第十六届世界年会通过。主要内容有：1. 志愿服务的定位：志愿服务是公民社会的基石，它可以激发人类最高贵的情操：追求全人类的和平、自由、机会、安全和正义；2. 志愿服务的目标：维护及强化社区、关怀及服务等各种人道价值观念，消除差别，加强沟通，使我们得以生活在一个健康、持续发展的社会中，齐心协力，开拓创新，迎接我们共同面对的挑战；每个人作为社会的一个成员，都可以享受权利，履行义务，并可以终生学习及成长，充分发挥个人潜能；3. 志愿者及其服务的团体和社会的责任：创造适当的环境，界定志愿者参与的条件，制定政策指导志愿者活动，为志愿者和他们所服务的对象提供妥善的安全保护，为志愿者提供适当的训练、定期的评估等；4. 志愿者行动的作用：使人们充分享有权利，不断改善生活；解决社会、文化、经济与环境问题，并通过加强全球合作，建设一个更加人道、更加公正的社会。5. 各级政府、企业、媒体、教育部门、宗教、非政府组织在促进志愿服务进展中应做的努力。明确提出要鼓励青年通过一段时期的志愿服务，发现并解决全社会共同面临的问题。对于增强对志愿者精神的认知、增进政府部门、民间社团、企业、学校及媒体对志愿服务的支持，具有重要的作用，对于推进中国的志愿服务事业发展也具有借鉴意义。

社会发展委员会 E/CN. 5/2001/6 号决议 联合国社会发展委员会为充分认识志愿者对社会发展的重要贡献，推动各国志愿活动的发展而通过的国际协议。2001 年 2 月在联合国社会发展委员会第 39 次会议上由 50 个国家签署通过。此次会议就志愿精神对促进社会发展的重要作用这一主题进行讨论，这是联合国历史上首次对志愿者主题进行独立讨论。在此之前联合国志愿人员组织组织了一个特别专家小组对此进行讨论，形成了一个经委员会 46 个成员国通过的决议草案。主要内容包括：充分认识传统的互助、自助等形式以及公民参与经济和社会发展的其他形式的重要贡献；充分认识志愿服务是消除贫困、实现可持续发展、促进社会融合、消除社会隔离和歧视等发展战略的重要组成部分；欢迎联合国志愿人员组织（UNV）及其他联合国机构为支持志愿服务所做的努力，特别是 UNV 作为国际志愿者年领导机构所做的工作；欢迎通过国际志愿者年网站收集和发布信息；规划各国政府为推动与本国文化相适应的志愿服务发展而采取的政策措施；强调所有这些努力并不意味着缩小和取代有偿雇佣；列出政府和联合国系统支持志愿服务的方式，特别是各国政府要把志愿服务纳入国家发展计划，并考虑社会、经济总体发展策略对志愿者的能力和意愿可能产生的影响。

《志愿服务国际会议北京宣言》（2002 年 5 月 28 日） 为提高各国政府及公众对志愿者活动贡献的认可，促进志愿者活动可持续发展而通过的国际宣言。2002 年 5 月 28 日在志愿服务国际会议北京闭幕式上通过。此次会议以“新世纪的志愿服务：认知、支持、发展”为主题，旨在提高社会各界对志愿服务理念的认知，促进各国政府和公众进一步认可志愿者对社会所做出的贡献，积极支持和参与志愿服务，推动全球和中国志愿服务事业更大发展。简明扼要地阐述了志愿服务在经济社会中的作用、政府和社会各界对志愿服务的支持、促进志愿服务的持续发展等内容。强调青年是志愿服务的重要力量，青年参与志愿服务对其自身发展有积极影响，青年及青年组织对推进志愿服务具有重要作用。

济贫法（英国） 英国议会为给贫民，失去家庭的儿童，老、病、残人士提供救济服务而制定的法律。1601 年伊丽莎白一世在前人有关济贫规定的基础上，制定并颁布了英国历史第一部专门的济贫法——《伊丽莎白一世法》。主要内容包括各教区负责向居民和房地产所有者征收济贫税，以此为来源给无力谋生的贫民发放救济；通过各教会的教区组织失业者从事劳动，安排未成年的孤儿学工。规定以教区作为济贫的基本单位，并将贫困者划分为三类：一类是无工作能力的老病残障者；一类是失去依靠的儿童；最后一类是有劳动能力者，对于这一类人不予救助，强制其做工自给。救济资金的来源则分为济贫税、自愿捐款以及罚款三项。正式承认政府对济贫负有责任，并建立了初步的救济行政制度与救济工作方法，成为各国现代社会救济事业的开端。第一次将政府济贫以法律的形式确定下来，使其成为政府的日常工作之一；同时设置了济贫税，使得济贫工作有了稳定的经济来源。这些对缓解贫困问题起到了很大的作用。但此时的济贫还多出于人道主义责任，只关注如何救济本身，对于济贫的社会经济影响则没做考虑。这一点在住所法中表现得尤为明显。另外，济贫工作的具体操作程序也还没有得到详细规定，济贫工作还很不规范。要求对于个人和家庭的生活状况进行调查以确定帮助对象，这需要专人和专门的工作方法进行，由此，现代社会工作的雏形形成。济贫法为社会工作的诞生创设了一个合法性前提，使社会工作专业的诞生有了良好的社会基础。它所体现的进步主要表现在政府以积极作为的方式介入福利领域，干预贫困问题，从而部分地承担了相应的社会责任。社会福利和济贫活动摆脱狭隘的地域性，开始走向社会化、国家化。

社团登记法（印度） 印度为了促进文学、科学、艺术知识和政治教育的传播，规范以慈善事业为目的的社团的设立和法律地位而制定的法律。1860 年 5 月 21 号由印度国会颁布。共有二十条，主要内容包括社团成立的章程、社团的注册和费用、需要填写的年度数据清单、社团财产的归属、社团的起诉和应诉、不能中断的诉讼、针对社团的判决的执行、根据附属法增加的罚款补偿、应当作为第三者起诉的会员、其行为可以作为第三者犯罪而被惩罚的成员、社团有权扩大或消减其意图、社团解散和它们事务调整的规定、任何社团成员都不得因社团解散而获利、成员的界定、理事机构的界定、本法生效之前成立的社团的登记、社团备忘录的存档、证书的检查、社团法适应的社团。第二十条规定了适用的社团范围包括：慈善团体，在数届印度总统任期内建立的战争孤儿基金或社团，为促进科学、文学或为美术教育、为有用的知识之传播、政治教育之传播而成立的社团，成员专用或向公众开放的阅览室或图书馆、公共博物馆和以绘画艺术作品、自然史标本、机械或哲学上的新发现、新器具或新设计为主题的展览馆。

志愿组织社团法（法国） 法国为规范社团具体运作，保障公民的自由结社权而制定的法律。1901 年 7 月 1 日正式实施，自通过并实施后几经修改，现在不仅仅是保障法国公民自由结社的法律依据，而且被纳入宪法之中。共二十一条，从社团定义、设立、管理、财政和惩戒等方面较为全面地进行了规定，较为详细地规范了公民自由成立社团的权利和义务。规定社团可以自由设立，而无需核准或者事先宣告。法律规定了社团欲享有所规定的法律地位，必须由其设立人主动将其公开化，而且列举了公开化的几种方式。对于违反社团公开化或者社团变更程序的社团给予以下处罚：1. 处以 3000 法郎至 6000 法郎的罚款，再犯的情形下处以双倍的罚款；2. 社团的设立人，董事或者管理人于社团解散之后继续维系社团或者非法改造社团的，对其应当处以 60 法郎至 30000 法郎的罚款。规定了社团解散后的清算程序，如规定社团所拥有的财产应当进入法院清算程序。根据检察官的要求，法院应当选任清算人以实施法院清算事务，该清算人于整个清算程序中享有官方破产管理人的职权。收回财产或者主张权利的任何行为，必须于判决公布后六个月内向清算人明确表示，否则将超过时效。同时也废除了之前存在的对公民成立社团规定限制的法律、法令和政令。

财团法（芬兰） 芬兰为规范财团运作而制定的法律。1930 年芬兰第 109 号法律颁布并于 1931 年 1 月 1 日起施行，后经数次修正和补充，共五章三十条，包括财团的成立，财团的行政管理，财团的法律责任、章程的修改、财团的合并与终止和附则。对于以遗嘱设立财团的情形进行了详细的规范，相关对象是遗嘱管理人、法院、国家专利与登记委员会。财团应当设置理事会，包括主席一名和至少两名其他理事。在概括性规定公益法人理事会代表职权之后，对其理事会职权做了较为详细的列举。财团章程可以规定一个全权决定机关，来领导、管理理事会和监事等机关的组织和活动。规定国家专利与登记委员会根据法律和财团规章的规定，监督财团的管理。对于财团法人受益人的监督，规定财团的捐助人，或者可以因为财团的业务活动而受益的其他当事人，如果认为财团理事会的行为违反了法律或者财团章程，有权向国家专利与登记委员会提出申请，要求其改正。该要求有正当理由的，国家专利与登记委员会应当要求理事会进行解释，并且在必要时采取必要措施。反映捐助人意愿的财团的目的将成为财团法人捐助章程的目的条款，此类条款的修改有严格限制。规定财团的目的只有在因为财产的价值过小或者其他原因，或者违反法律或善良风俗，导致将财团的财产用于原来的目的已经成为不可能，或者有实质性的困难，或者完全或实质性地失去了益处的情况下，才可以修改。新的目的不得与原来的目的有实质性的差异。除了财团的章程另有规定，财团目的的修改必须得到四分之三以上多数同意。依法规范财团运作也有利于从物质条件方面促进志愿服务事业的稳健发展。

慈善信托法（英国） 英国为适应新的慈善社会实践，规范调整日益增多的慈善组织和慈善领域，促进慈善事业的发展而制定的法律。英国议会于1954年制定颁布并实施。颁布法案的目的是在英格兰和威尔士法律的验证下限制慈善对象与1952年12月26日前生效的一些条例，并且提供给慈善对象的财物是部分而非完全慈善，同时让北爱尔兰议会提供相应的供给支持。由六部分组成，第一部分是验证和修正不完善的信任条例，第二部分是分析并规定法案的适应对象，第三部分是对储蓄与不良索赔进行规定，第四部分是关于未决诉讼、过去的规定与纳税规定的条例，第五部分是关于北爱尔兰的一些条款，第六部分是官方适用的相关规定。依法规范慈善活动也有利于从物质条件方面促进志愿服务事业的稳健发展。

国内志愿服务法（美国） 美国为对保障志愿者、非营利组织和非政府机构而制定的法律。1973年由美国国会制定，为适应美国环境、社会的变迁于1976年、1979年、1983年、1986年、1989年、1993年进行了修订。内容主要包括三大计划：全国反贫穷志愿服务计划、美国年长志工计划和志工协助小型企业暨动员商界人士加强参与志愿服务计划。全国反贫穷志愿服务计划又以美国小区志愿服务队、寓学习于服务计划、特别志工计划为其核心；美国年长志工计划则包括退休老人志工计划、义祖父母计划以及长青之友方案等三大项。

社会团体法（印度尼西亚） 印度尼西亚为规范社会团体，使社会团体在国家发展中发挥更大作用而制定的法律。1985年6月17日第8号法颁布。共有九章二十条。开篇概述了制定社会团体法的历史背景、立法目的和法律依据。第一章“总则”详细规范了社会团体的概念。第二章“原则及目标”规定了社会团体都应以潘卡希拉为唯一原则，同时社会团体根据自身特点确定本团体的宗旨。第三章“作用、权利和义务”规定了社会团体应发挥的作用，社会团体具有的权利和应承担的义务。为更有效地发挥作用，社会团体应将其成员集结于单一的组织体下，以便进行指导和培养。第四章“成员和管理机构”规定了印度尼西亚共和国的公民均可以成为社会团体的成员，同时要求社会团体在章程中载明住所。第五章“财务”规范了社会团体的资金来源：社员缴纳的会员费、捐赠所得、其他合法活动。第六章“指导”规定政府应对社会团体进行指导，指导的具体条款应受政府规章的调整。第七章“中止和解散”对社会团体被中止的行为进行了详细的规定，同时规定中止和解散的程序应受政府规章的调整。第八章“过渡条款”规定了本法律过渡时期相关社会团体应做的相应调整。第九章“最后条款”补充说明相关问题。

志愿服务法（巴西） 巴西为规范志愿服务活动而制定的法律。1988 年 2 月 18 日由巴西国会颁布实施。第一部分规定志愿服务活动是无偿的，它的提供者可以是任何形式的公共实体或者一个非营利的私人机构，但它们必须是以文化、教育、科学、休养或者社会援助等为目的。志愿服务不会产生雇佣关系，也不是义务劳动或者社会保障类似性质的活动。第二部分规定志愿服务的开展必须依附于一个相应的协议，协议应包括服务的主体、公共或者私人性质、服务的提供者，它还应该包括服务的对象和服务的环境。第三部分规定志愿服务提供者因为志愿服务而额外损失的费用可以得到补偿，但是这部分费用必须要得到被服务者的证明。第四部分规定自颁布之日开始实施。第五部分规定所有对立的条款被废除。

全国与社区服务技艺增订法（美国） 美国为进一步完善和修正 1990 年《国家与社区服务法》而制定的法案。1992 年美国第 102 届国会第二次会议通过，由众议院和参议院批准并颁布，作为《国家与社区服务法》的一部分内容。共有十一条内容。第一和第二条解释说明法案的名称和参考文献。第三条是对于服务法中的“暑期项目”、“薪酬”、“生活津贴”做出解释说明。第四条是对机关委员会的修正。第五、六条是对原法律中委员会的权限以及原文中第 130 条提到的年龄进行修正，年龄由 15 岁修正为 14 岁。第九条修正委员会对于服务的保密性，规定委员会应该对参与服务的志愿者和服务活动加以保密，但是可以在服务者事先书面同意公布的情况下公布相关的信息，委员会也可以公布相关的服务类型等信息。第十条是对国家和社区服务委员会的相关修正，修正董事长在董事会上有职责做出对员工提升或者奖励的决定，修正董事会可以按照相关规定聘请服务顾问或者专家组，并对于他们相应的薪酬做出规定。关于服务经费的来源和分配，修正委员会可以接受捐赠的任何财物，个人或组织的、有形或无形的礼物、设计、遗产等，但是必须建立相应的标准来评估是否接受这些财物，并且对财务管理部门做出书面报告。第十一条对财政拨款授权的内容进行了修改。

民间社团法（乌克兰） 乌克兰为规范社团的具体事项，保障公民进行社团活动的权利而制定的法律。1992 年 6 月 16 日颁布实施，共有六部分三十四条。第一部分“一般性规定”，规定了民间社团是公民基于实现权利和自由这一共同利益基础而自愿成立的民间联合组织，对政党和民间组织进行了定义。第二部分“民间社团的地位和活动规则”对以是否属于某民间社团为依据而对公民的权利和自由进行限制。对国家和民间社团的关系、民间社团的地位等做出了规定，规定民间社团以全国性、地方性或者国际性的地位成立和运行。第三部分“民间社团的开展和中止活动的程序”主要内容有：民间社团的发起人、成员、章程、登记、合法化、标志和活动的中止。第四部分

“民间社团的权利、经济活动和其他商业活动”规定了已登记民间社团的权利，民间社团的财产来源和分配，对政党及其单位、组织取得资产和其他财产的限制，财产权利的实现，经济和其他商业活动。第五部分“对民间社团活动的监督和管制、法律责任”规定了政府对民间社团活动的监督和管制，财政管制的程序，公民以及民间社团违反相关法律应承担的责任和处罚。其中处罚包括：警告，罚款，对民间社团部分或全部活动的暂时禁止，强制解散。第六部分“民间社团的国际关系、国际性民间社团”包括对民间社团的国际关系和国际性组织在乌克兰境内从事活动的相关规定。

全美服务信任法案（美国） 美国参议院和众议院为建立一个全国性的服务组织、提高全民服务质量而制定的法案。共分为两大部分，第一部分为“标题及目录”，第二部分为“发现及目标”。第一部分明确指出《法案》的全称为《全美服务信任法案》，包含五项内容。第一项先是分别介绍了全美开展的几种服务项目，然后对与服务有关的规定如服务的界定、资助的权限、家庭及医疗许可、服务的报告、评估、审计、期限等做了逐条说明。第二项介绍了全美服务的几个重要组织。第三项对1990年颁布的《国家和社区服务法案》及1973年制定的《国内志愿服务法》的相关内容进行了提炼，对国家志愿服务的拨款权限及一般通则做了介绍。第四项明确界定了全美服务委员会及其主管人的职责及权限，为志愿服务组织及其法人的具体行动提供了指引。第五项列出了与志愿服务有关的其他几项规定，如要遵循《美国产品购买法》、禁止与投机倒把者进行合作等。第二部分列出了美国国会对民众需求调查后的六项发现，并在此基础上提出了制定的八个目标，如“满足民众教育、环境、公共安全的需要”“更新公民的道德责任和社区精神”“扩大和加强现有的服务项目与经验，提供结构化的服务机会”等，这为美国志愿服务提供了方向。

马丁·路德·金假日和服务法 美国为授权拨款马丁·路德·金联邦假日委员会，以延长该委员会的规划和绩效，增加国家服务的机会，并支持配合联邦法定假日，纪念小马丁·路德·金（Martin Luther King，Jr.，1929—1968）的生日而制定的法律。1994年8月23日美国103届国会第二次会议通过并施行。共有三个部分，第一部分规定本法案统一引称为“马丁·路德·金假日和服务法”。第二部分对马丁·路德·金联邦假日委员会做出说明。以立法形式建立一个委员会，以协助联邦法定假日（1984年8月27日批准）纪念小马丁·路德·金。另外，对授权开展这项法案提供预算，做出了支持计划。第三部分是关于马丁·路德·金服务日，法案规定增加公司活动，支持国家服务。对《国家与社区服务法》（1990）第198条规定做出修正，补充了马丁·路德·金假日的协助条款，对合资格实体的补助金、马丁·路德·金假日的咨询、联邦份额和实体贡献的计算等内容都做出了补充规定，并对美国已经通过的服务法案做出技术及一致性修正。

慈善活动和慈善组织法（俄罗斯） 俄罗斯为调整慈善组织的组织与活动而制定的法律。1995年7月7日由俄罗斯国家杜马通过，俄罗斯联邦总统签署联邦法律第135号令批准，自1995年8月11日实施。确认慈善活动的法律调整原则，规定国家权力机关和地方自治机关支持慈善活动的可行方式，规定慈善组织成立和活动的特点，以便使慈善活动在俄罗斯联邦境内得到广泛的传播和发展。共有五章二十五条。第一章“总则”规定了慈善活动的概念、目的、立法、权利、参与人，慈善组织的定义和形式。其中规定了慈善组织成立的形式可以是社会组织（社会联合组织）、基金会、事业单位，也可以是联邦法律为慈善组织规定的其他形式。第二章“慈善组织的成立程序和终止活动的程序”规定了慈善组织的创始人是自然人和法人，慈善组织的国家登记、最高管理机关、改组和解散。其中规定慈善组织的最高管理机关是慈善组织依照其章程规定程序组建起来的合议制机关。第三章“慈善组织实施活动的条件和程序”主要内容有：慈善组织的活动开展，慈善组织的分支机构和代表处，慈善组织的联合组织（协会和联合会），慈善组织财产的来源和规划。规定慈善组织无权将自己的资金和财产用于向政党、政治运动、政治小组提供支持。第四章“慈善活动的国家保障”规定国家权力机关和地方自治机关对慈善活动的支持，慈善活动实施的监督和慈善组织的责任，国际慈善活动的实施，外国公民、无国籍人士、外国组织和国际组织在俄罗斯联邦境内的慈善活动。第五章“最后规定”关于本联邦法律的生效时间、过渡时期的等级问题、相关问题的补充说明。

公益法人法（捷克）　捷克为规定公益法人的组织和活动而制定的法律。1995 年捷克共和国议会通过，自 1996 年 1 月 1 日生效。分为六个部分，主要内容为第一部分。第一部分共有五章，其中第一章“基本规定”对于公益法人的概念进行了界定。第二章“公益法人的设立和法人资格的取得”分别规定了公益法人的设立、公益法人的来源。规定公益法人发起人可以是自然人、捷克共和国或者法人，做到公益面前人人平等。第三章“解散、清算以及公益法人的终止”规定了公益法人终止的原因，清算结构的职责。规定了理事会应当为清算的执行任命清算官。第四章“公益法人的机关”主要有：理事会、经理、监事会。规定理事会是公益法人的法定必要机关，理事会的任期是三年。第五项规定公益法人的理事不得兼任同一公益法人的监事。理事和监事无权因执行职务而获取报酬。立法上明示规定或者默示董事一律不得获取报酬。对于经理的权利也有相应的规定：经理不可以兼任理事或者监事，但是有权参加理事会会议并且有权进行建议性投票。监事会是公益法人的监察机关，监事会应当履行的职责和监事会的职权有详细的规范。第五章“公益法人的业务管理”规范了公益法人法定范围内从事的业务活动，以及会计和年度报告。但是，辅助业务应当可以促进对财产的利用，而不能够损害公益法人提供的公益服务的质量、范围和可利用性。在年度报告中规范了年度报告的内容、公布的时间限制等。第二部分是对公益法人所得税减免的规定。第三部分与公益法人无关。第四部分是对公益法人财产减免的规定。第五部分是对公益法人遗产税、赠予税和财产交易税减免的规定，并且修订减免时的报告义务。第六部分补充说明相关问题。

非营利组织法（俄罗斯）　俄罗斯为调整非营利组织的组织和活动而制定的法律。1996 年 1 月 12 日由俄罗斯联邦法律第 7 号总统令批准。共七章三十四条。第一章“总则”规定有联邦法律的调整对象和效力范围，非营利组织的定义，非营利组织的法律地位、驻在地和名称、分支机构和代表处。第二章“非营利组织的形式”规定非营利组织有以下几种形式：社会组织（联合组织）和宗教组织（联合组织），基金会和国家行会，非商业性合作组织，机构，自治性的非营利组织，法人的联合组织（协会和联合会）。法规定所有者为了履行管理职能、社会文化职能或非商业性的其他职能而成立的，并由该所有者全部或部分地拨款支持的非商业性组织，被称为机构。第三章“非营利组织的成立、改组和解散”，其中规定了非营利组织的成立方式既可以是非营利组织的创建，也可以是现有非营利组织的改组。对于非营利组织的成立文件、创始人、改组、组织形式的改变、解散、解散程序、被解散的非营利组织的财产、解散工作的完成、成立文件修改的国家登记等都做了详细的规定。第四章“非营利组织的活动”规定了非营利组织活动的种类，财产的来源、利益冲突的解决。第五章“非营利组织的管理”规定非营利组织管理机关的机构、职权范围、组成程序和任期，非营利组织管理机关通过决议和非营利组织名义表态的程序，都由非营利组织的成立文件依照本联邦法律和其他联邦法律予以规定。第六章“非营利组织和国家权力机关”规定了国家权力机关和地方自治机关对非营利组织的经济支持以及对非营利组织活动的监督。如提供缴纳税收、关税和其他税收与缴费方面的优惠、全部或部分地免缴因利用国有财产和地方财产而应支付的酬金。第七章“最后规定”规定非营利组织违法时应承担相应法律责任和本法的生效时间。

志愿服务法（西班牙）　西班牙为推动及便于西班牙公民共同参与公、私立非营利组织内部的志愿服务活动而制定的法律。1996 年 1 月 15 日通过，共分四编十六条，收录了关于志愿服务工作定义的多种注解，明确规定了一系列有利于推动志愿服务工作的措施，试图在不改变其助人、利他及无酬劳特征，而又能肯定其对整个社会的价值下，推动志愿服务的发展。第一编“总则”内容包括：宗旨适用范围、志愿服务之概念、符合公众利益之工作。第二编“志工”规定了志工之概念、志工之权利、志工之义务。第三编“志工与入会组织之关系”规定了组织、志工之入会、面对第三者之契约外责任、法律制度、与公立非营利机关之合作。第四编“促进志愿服务之措施”主要内容：促进措施、激励志愿服务、志愿服务之认抵、服务证明。附加条例三条：1. 在国外之志工；2. 参与合作发展之志工（经 1998 年 7 月 7 日第二十三号国际开发合作法废除）；3. 志愿服务之认定范围。最后是过渡条例和最后条例补充说明相关问题。

财团法（爱沙尼亚）　爱沙尼亚为调整财团的组织和活动而制定的法律。1995 年 11 月 15 日通过，1996 年 10 月 1 日生效。共有八章八十八条，第一章“一般规定”，包括对非营利社团定义的规范，规定了非营利社团的权利能力、住址和名称。第二章“财团的设立”，分别规范了财团的发起人和设立条件、决定书的创立、基于遗嘱设立的财团、财团的章程、提交虚假信息的法律责任、登记簿及其登记的内容、登记之前的交易行为。第三章“财团的管理”规定了机关和理事会的设立，理事会的代表权、选任、替换、解任、责任，监事会的责任、选任，规定法院选任和解任监事、监事的责任、报酬。需要提及的是，以监事会为治理中心的《爱沙尼亚财团法》是财团式公益法人董事会职权配置上的一个特例，根据规定，财团法人设理事会、监事会。监事会主管财团法人的重大事务，理事会管理和代表财团。财团法人理事会的组成、变更以及理事的解任均由监事会决定。在管理财团法人时，理事会应当遵守监事会合法的指令，对于超出日常经营管理活动范围以外的交易行为必须报经监事会同意后方可为之；理事会应当按照法律规定的期限向监事会报告、说明财团法人活动情况、资金情况以及其他重大事项等。由此，财团式公益法人理事会的职权与社团式公益法人理事会处于相当的地位。第四章“会计和监督”，规定了会计事务和年度报告、审计人的选任、特别审计、查阅财团事业活动的信息。第五章“财团章程的变更”主要对财团章程变更的程序进行了规定。第六章“解散”是关于解散的形式、破产申请的提出、财团解散后的清算、清算人的权利义务、代表权、剩余财产的分配、财团登记的注销等内容的规定。第七章“合并和分立”主要对财团的合并和分立的定义、程序、法律效果、登记、责任进行了详细的界定。第八章“本法的执行”补充说明有关内容。

非营利社团法（爱沙尼亚） 爱沙尼亚为调整非营利社团的组织和活动而制定的法律。1996年6月6日通过，1996年10月1日生效。共八章一百一十二条。第一章“一般规定”，包括对非营利社团定义的规范，非营利社团的权利能力、住址和名称。第二章“设立”，内容包括：发起人、社团创立协议、社团章程、登记申请、登记申请的驳回、登记事项及其变更、登记之前从事的交易活动。第三章“非营利社团的社员”，对社团的社员、社员的入社、社员资格不可转让、退社、社员的开除、社员资格丧失的法律后果进行了详细的规定。第四章“管理”，规定了社员大会的概念、社员大会的职权、社员大会的召集、社员大会的程序、社员大会的决议、章程的修改、社员大会决议无效的程序、社员代表大会的成立、理事会的概念、理事会的代表权、理事会的选任和职权、理事会的决议、法院有选任理事的资格、其他机关的设定、理事或者其他机关成员的责任、非营利社团部门的建立、活动的监督、社团的会计制度、年度报告。第五章“解散”，详细规定了社团解散的事由、社团解散由社团大会决议、破产申请的提出、强制解散的情形、申请解散的程序、解散后的清算、清算人的确定、清算人的登记、清算的权利和义务、清算人的代表权、清算人对债权人的通知、申报债权的程序、剩余财产的分配、被解散非营利社团事业活动的继续、注销登记和补充清算、注销非营利社团登记、文件的保管。第六章“合并和分立”，其中合并部分规定了合并的定义、合并协议和决议的产生、债权人的保护、登记申请的提出、合并登记、登记的法律效果、新设合并。分立部分规定了分立的定义，分立协议的制定和分立决议的形成，债权人的保护，登记申请的内容，分立的法律效果，分立之非营利社团的责任，新设分立。第七章“非营利社团和财团登记簿”规定了登记簿的管理和查阅，登记簿的构成、登记的档案、期刊、编号、登记卡片的保存程序等内容。第八章“本法的执行”内容有登记簿上的批注、注销登记、雇员活动社团等，最后补充说明相关问题。

志愿者保护法（美国） 美国为保护志愿者合法权益，促进美国志愿者活动的发展而制定的法律。1997年1月18日由时任美国总统克林顿签署而确立的法律，共分为七章，从立法目的、优先适用与州不适用的选择权、志愿者承担法律责任的限制、非经济损失的责任等方面对志愿者权益保护做出了积极而详细的法律规范。针对的问题是志愿者所面临的法律风险，即可能因志愿服务过程中的行为而被追究责任。立法目的是通过对参与联邦志愿服务计划的志愿者所承担的个人责任风险进行归类和限制，以在相关民事诉讼中给予志愿者、非营利组织和政府机构相应保护，使非营利组织和志愿者免受滥用责任追究的损害，从而维持以志愿者为主体的公益项目的有效运作，保护公众参与志愿服务和从事公益捐助的积极性。第四章规定了志愿者承担法律责任的限制。在以下三种情况下，志愿者因作为或不作为造成的损害不予追究：1. 志愿者的行为属于组织所赋予的职责范围之内；2. 志愿者在某州内的活动或行为属于组织赋予职责范围之内，并得到了该州相关法律和机构的批准、证明或授权；3. 损害的产生不是由于故意或构成犯罪的不当行为、严重疏忽、不顾后果的不当行为，或是对受害人权利及安全的严重漠视。但这些规定不适用于志愿服务组织对组织内志愿者的民事诉讼，也不适用于组织所造成的损害所应承担的责任，原则上排除了对造成损害后果的志愿者行为的惩罚性赔偿处置。对志愿者在执行组织指责范围内任务时造成的非经济责任损失，应根据一定程序和标准来决定。此外，还规定了州法与联邦法之间的关系。如果州相关法律与本法不一致，则联邦法优先于州法，除非州法对志愿者的责任提供了额外的保护。

非营利组织法（南非） 南非为了创造一个有利于南非非营利组织繁荣发展的环境，建立一个使得非营利组织能够自治的行政管理体制于1997年而制定的法律。共有五章三十六条。其中第一章“本法的解释和目的”分别对相关名词的定义、确立的目的进行了规范。第二章“适宜环境的建立”规定了国家对非营利组织的义务、非营利组织委员会的建立、委员会的职能、示范文件和行为指南、非营利组织委员会主任的任命、仲裁员和仲裁庭、顾问或技术委员会的建立等内容。法律规定每一财政年度结束后的六个月内，部长应当制作并且向国会提交一份关于非营利组织前一财政年度的工作和财政报告。第三章“非营利组织的登记”，内容主要有：登记的优惠待遇、登记的要求、登记申请、对不予登记的申诉、登记证书、登记的效力、会计记录和报告、提供报告和信息的义务、已登记非营利组织的章程或者名称的变更、非营利组织不遵循章程和有关义务、登记的注销、非营利组织登记簿、公众对提交给主任的文件的查阅等。详细地规定了章程应该记载的十五个事项，包括：名称、目的、权限范围、组织内部管理的组织机构和工作机制、关于召集和举行会议的规则、做出决议的方式、组织财政年度终止的时间、章程修改的程序、组织终止或解散的程序、组织终止或者解散后剩余财产的归属。第四章“规章”，有规章规定的条件、限制或者禁止以及制定规章的程序。第五章“一般性规定”对犯罪、刑法、职权的委托、责任限制、过渡期安排等内容进行了规定，同时对相关问题进行补充说明。

公益组织法（匈牙利） 匈牙利为保持国内的非政府、非营利组织的传统，使其在社会中发挥更大作用，使它们的公益活动以及管理更加透明化，促进它们在公益服务领域的活动，确定它们与国家预算之间的关系而制定的法律。1997年由匈牙利议会制定，共五章二十七条。其中第一章“一般规定”包括本法的目的、公益组织的类型。第二章“获得公益组织法律资格的条件以及对公益组织的优惠”。第三章

"公益组织的事业活动和管理"，分别是有关公益活动的规定，为公益目的而筹集资金的有关规定，关于公益组织管理的一般规定，关于会计记录的规则，关于提交报告的规定。关于内部管理机构的设置，对国内公益组织也设立了类似的制度：公益组织内设执行机关、代表机关和监察机关。一个公益组织的年度收入超过500万匈牙利元的，应当设立独立于管理机关的监察机关。监察机关自行规定决定其内部工作程序。监察机关对公益组织的事业活动和管理进行监督。法律对公益组织的收入和支出进行了详细的规定。第四章"公益组织的监督、登记以及相关的司法程序"，内容包括对公益组织的监督，关于公益组织登记、类型的重新确定以及从公益登记中注销的程序的规定，法院对公益组织的登记。法律第二十一条规定公益组织的税务审计由公益组织登记之事务所所在地的税务主管机关进行，对预算资助的利用由国家审计署监督，对公益组织业务活动的合法性监督由检察署根据相关法律进行。

特定非营利性活动促进法（日本） 日本为赋予从事特定非营利活动之团体以法人资格，促进公民的自由性社会贡献活动的健全发展，增进公共利益而制定的法律。1998 年 3 月 19 日审查通过，1998 年 12 月 1 日起施行。一般被视为民法第三十四条公益法人的特别法，其主要的制定目的在于规范从事"特定非营利活动的团体"。以简便、迅速的程序，赋予了日本市民团体法人资格，对于日本未来确立更具活力、更安定的社会发挥了重要功能，促进了自主、自律的民间公益部门与行政部门、民间营利部门的同步发展，使得解决社会问题的手段变得多样化。共五十条，分总则，特定非营利活动法人，税法上的特例，以及处罚规则四章及附则。第一条中即明确规定"赋予从事特定非营利活动之团体以法人资格，促进公民的自由性社会贡献活动的健全发展，且致力于公共利益的增进为目的"。此外，对于被赋予法人资格之对象与活动内容有明文规定。特定非营利活动促进法中对于法人的营运可分别从组织与会计原则两方面来规范：1. 组织结构；2. 会计原则。规定在每年的三月之内，需将前一年的事业报告书、财产清册、借贷对照表、收支计算书、干部名册、有给职名册等制成档案文件。特定非营利活动法人必须每年一次缴纳上述文件资料给主管机关。根据内阁府的规定，主管机关需保存这些资料三年，如发生民众要求查阅的情况，需予以查阅。特定非营利活动促进法中有关行政监督部分，仅止于必要的最低限度。如主管机关虽得以要求非营利组织法人报告其业务、财产的状况，或介入进行检查，但此种情形的发生也仅限于组织违反日本规范非营利组织的法制改革之研究法律或相关规定时。在税制上，特定非营利活动法人被视为等同于其他公益法人，适用一般法令，未给予任何特殊优惠。对于个人（法人）的捐赠者并没有抵扣优惠规定。

非商业组织法（吉尔吉斯斯坦） 吉尔吉斯斯坦为规范非商业组织的具体事项而制定的法律。1999 年 10 月 5 日生效，是吉尔吉斯斯坦关于非商业组织的一部法律，共有五章四十条，对于非商业组织有关的各项内容都做了详细的规定。第一章"一般规定"规定了适用范围、相关内容的定义、关于非商业组织的立法、非商业组织的设立和事业活动的原则、政府与非商业组织的关系、非商业组织的法律地位和法律上的组织形式、非商业组织的分支机构和代表机构、登记、章程、名称和标识等内容。还规定了非商业组织活动中利益冲突的处理，政府机关对于活动开展的责任，非商业组织的重组和清算。法律在具体规定有关事项或者要求章程规定的绝对应该记载事项之后，往往会有较大的自由空间留给社团章程去规定。规定除了该条第 2 款所规定的绝对应该记载事项之外，“章程中还可以规定不违反法律的其他条款。章程的规定违反本法的，适用本法的规定。”第二章“社团”是对于社团的一般规定，对社团的成立、社员大会以及其他管理机关的成立也作了规定，包括公益法人在其董事会之下还需设日常经营机构。第三章“财团”是关于财团的设立，财团的理事会、监事会的产生，理事会和监事会的选任、解任、责任和义务的相关规定。第四章“事业机构”规定了事业机构的设立，事业机构的管理机关以及事业机构与其所有人的关系。法律规定根据吉尔吉斯斯坦共和国法典的规定，事业机构的财产由其自己享有财产管理权，事业机构对于其债务，以自己的基金会承担责任。第五章“附则”是关于国际条约、本法实施条例的制定、生效时间、旧法废除的补充说明。

非营利法人法（保加利亚） 保加利亚为规范非营利法人有关事项，使之依据法律规定开展活动而制定的法律。2001 年 1 月 1 日起生效，共四章五十二条。第一章“总则”内容十分详细，主要包括了立法的目的、活动的定义、法人与政府的关系、非营利法人的发起人、法律行为能力、名称、住址、书面声明、代表、解散和清算、注销、法院登记簿等。第二章“非营利法人的类型”主要包括两部分内容：1.“社团”规定了社团的成立，社团的章程内容，社员资格的终止，社员大会的权限、召集、法定人数、选举、决议的做出，管理委员会的组成和权限。其中规定社员大会是社团的最高机关，管理委员会是社团的管理机关；2.“财团”规定了财团的设立、设立行为的内容、机关、保留的权利。第三章“从事公益活动的非营利法人”分为两部分，第一部分“一般规定”规定了从事活动的定义、从事公益活动的非营利法人的机关、保存资料义务、财产处分、变更和清算。明确规定从事公益活动的非营利法人不能变更成为为私人利益而活动的非营利法人。第二部分“中央登记簿”规定了从事公益活动的非营利法人应当向司法部提交在中央登记簿登记的申请。同时规范了该种组织的年度管理、日常管理、注销登记、二次登记、上诉等内容。被注销登记的从事公益活动的非营利法人，可以在注销原因消失一年后重新申请登记。但此权利只能行使一次。第四章“适用的法律”规定了外国非营利法人的法律行为能力、设立改组、解散等及其分支机构的设立由其所在国的法律调整，并对最后关于过渡期和结论性的规定对相关内容进行了补充说明。

志愿服务法（罗马尼亚） 罗马尼亚为推动社会团结、促进外国公民和本国公民参与合法的非营利性组织所组织的志愿服务活动而制定的法律。2001 年 3 月 19 日由罗马尼亚议会制定，共三章十八条，包括总则、志愿服务合同、附则三部分。第一章“总则”，界定了法案制定的目的、志愿服务相关概念、志愿服务的原则、志愿者的条件以及志愿服务主管部门的责任。其中第五条规定，选取 18—25 周岁的青年志愿者开展青年社区行动计划，参加 3 周到 3 个月的短期志愿服务或者最长 12 个月的长期的志愿服务，主办方为志愿者提供交通费、食宿及证书。第二章“志愿服务合同”，涉及志愿服务合同的制定、签订、管理。其中第 7 条明确规定了合同的制定必须明确志愿者的权利，主要包括保护志愿者的安全、为志愿者购买保险、颁发证明。第八条规定了志愿者应该履行的义务，主要包括履行主办机构赋予的任务、参加培训、对服务对象信息保密。第三章“附则”，补充说明有关问题。

财团法（印度尼西亚）　印度尼西亚为规范财团的组织和活动而制定的法律。2001 年 8 月 6 号通过。共有十四章七十三条，第一章“一般规定”，对财团以及相关的概念进行了定义。第二章“设立”规定了财团设立的程序和设立财团的要求。第三章“章程的修改”，关于财团章程修改的要求，财团的章程可以修改，但宗旨和目的的记载除外。第四章“公告”，规定获得批准的财团必须对社会进行公告，否则相关主体需要承担法律责任。第五章“财产”规定了财团财产的来源。第六章“财团的机关”，财团的机关主要有：受托人、理事会、监事会。对于各个机构的组成、职权、选任等都做了详细的规定。规定财团应当设置的机关包括受托人、理事会和监事会。从财团法人受托人和理事会职权来看，受托人是财团的权力机关，理事会则是财团法人的执行机构。为了实现财团式公益法人的目的并为之谋利益，代表财团式公益法人并全面负责财团的管理事务。印度尼西亚财团式公益法人受托人与社团式公益法人的社员总会的地位大体相似，董事会的地位则与社团式公益法人董事会大同。第七章“年度报告”，要求财团对于事业活动和财务的内容信息进行报告。第八章“对财团的调查”规定了对财团进行调查的原因、许可条件。第九章“合并”规定财团之间合并的方式、程序。第十章“解散”，财团解散的条件、解散后的清算程序。第十一章“外国财团”对于外国财团在印度尼西亚境内开展活动进行了规定。第十二章“刑事责任”规定财团的违法行为所应承担的法律责任。第十三章“过渡时期的规定”规定了法律生效过渡时期对于财团的相关规定。第十四章“其他规定”补充说明相关问题。

公共组织法（亚美尼亚）　亚美尼亚为促进财团法人和公共组织的发展而制定的法律。2001 年 12 月 24 日起生效，共有二十四条，规定了公共组织的概念，公共组织的活动原则：合法、公开、自愿、平等、自治和共同管理。规定公共组织是非营利的一种，不以营利和在成员中分配利润为目的。规定国家保护组织的法律权利和利益，国家通过判例和本法及其他法律规定的情形和方式给组织提供帮助。分别规范了组织的发起人和成员，会员权利的保护，组织的设立、基金、名称、标识和场所、章程国家登记，对组织章程的修改的变更登记，组织的结构、管理和最高管理机关。规定了组织财产的主要来源以及财产使用的方式。组织的财产由以下的来源构成：成员的会费、赠与、捐赠，依照法律规定方式从事的活动所得，以及法律不禁止的其他来源包括外国来源。对组织活动的监管，可以通过组织章程规定监管程序，或者通过监事会以及经授权的国家机关和法律规定的其他国家机关、国家司法机关监管，详细规定了组织的重组（兼并、合并、分立、分离、改组）、解散以及强制性解散的范围。

志愿工作法（加拿大）　加拿大为诠释志工的使命和支持志愿服务，要求政府提供适当的环境与机会使社会组织与他们的志工可以彼此讨论如何从事有效的志愿服务而制定的法律。2001 年国际志愿年由加拿大政府颁布实施，主要由五部分组成。第一部分阐述了产生的背景，详细介绍了加拿大志愿工作的发展现状和发展趋势，包括志愿者、志愿者组织、志愿者的管理、组织关系、立法的目的和重要性等等。第二部分重点介绍三个方面的内容：1. 志愿工作者的价值，阐述志愿工作者在志愿组织和社会中的重要性；2. 志愿工作的指导原则，志愿者和志愿组织的相互关系，责任与义务；3. 志愿工作的开展要求，包括十二个方面：面向多元性、人力资源管理、方案规划和政策、项目管理、志愿者任务分配、人才招聘、审查、定向培训、监督、奖励政策、记录管理、评估完善。第三部分是实施方案，规定了志愿组织成立的标准、志愿组织的管理结构、志愿服务规范清单。第四部分是对于专业术语概念的规范，比如执行理事、董事会秘书、经理、组织规范等相关名词。第五部分补充相关资源，补充了相关资源的查询地址，方便需要者查询了解。比如国际志愿协会采用的通用宣言、志愿者资源中心的网址、加拿大志工中心的地址等。

社团法（奥地利） 奥地利为了规范和管理社团而制定的法律。联邦法律公报 2002 年第 66 号颁布，其前身是 1951 年《奥地利社团法》（联邦法律公报 1951 年第 233 号），共有七章三十四条。第一章“一般规定”主要规定了社团的定义、社团成立的要求、社团的章程、名称与住所、业务的执行与代理、社团主管机关与程序、社团集会等内容。关于社团决议的无效和可撤销性，法律明确规定了“社团机关的决议违反法律的内容和目的或者违反善良风俗的，无效。其他违反法律或者章程的决议，若自形成决议一年内未被法院撤销的，仍为有效。社团决议所涉及的任何成员有权撤销该决议”。第二章“社团的成立”，对于社团成立的具体规章程序进行了详细规范，如创设社团的通知、不允许设立社团的声明、开展社团活动的邀请、章程，组织关系代理人和社团通讯地址的变更。第三章“社团登记簿和使用材料”，对个人查询社团登记簿事项的程序做出了详细的规定。法律明确规定如果某人要求查询某一社团的资料，初级社团主管机关应对每个提出该要求的人给予答复。第四章“社团的支出”，规定了社团向成员报告财务支出的法律义务。明确规定了十分之一或者十分之一以上社员说明理由后要求执行机关报告的，执行机关应当于四周内向相关社员报告。第五章“责任”，明确了社团的债务责任以及机关管理人和财务审计人对社团的责任。如法律规定社团以其财产对社团债务负责。只有根据其他的法律规定或者基于私人约定的义务，机关管理人和社员才承担个人责任。第六章“社团的终止”，规定了社团终止的方式：自愿解散和强制解散，社团解散后的清算、补充清算。第七章“罚则、过渡规定和附则”，对于社团以及社团活动中违法行为处罚的措施，法律的参照，生效、失效和过渡规定，对法律的执行进行了补充说明。

志愿服务法（捷克） 捷克为促进和保障志愿服务活动而制定的法律。2003 年 1 月 1 日起生效，共有七章十七条，其中第一章是对志愿服务的相关规定，第二至第六章是对相关法律的修正。规定了适用范围，志愿服务实施的范围，成为志愿者的条件，志愿者与代表机构的关系，志愿服务合同的内容，代表机构的职权，志愿服务的开展程序，相关主体应承担的法律责任，代表机构享受的津贴等。规定代表机构是指捷克共和国境内经过授权的，为实施志愿服务，选择、登记、培训志愿者，并与志愿者缔结合同的法人。代表机构由内政部评审授权。志愿者应当提交三个月内出具的治安证明和健康证明。当长期志愿服务每周平均工作时间超过 20 小时，为志愿者支付最低标准养老保险费。对《公众医疗保险法》进行了修正，主要内容包括根据与已获得内政部授权的代表机构签订的合同而执行长期志愿服务的志愿者，每周平均工作时间超过 20 小时，必须缴纳本法第五条规定的保险费，或在前第一至十三项的情况下由国家缴纳保险费。对《雇佣法》进行了修正，增加了有关志愿者与已获得内政部授权的代表机构签订的合同，执行每周平均工作时间超过 20 小时的长期志愿服务的规定。

公益活动及志愿制度法（波兰）　波兰为了规范公益活动及志愿制度而制定的法律。2003 年 4 月 24 日颁布，2004 年 12 月 31 日之前生效，共由总则、公益活动和志愿制度三大部分组成。第一部分“总则”包括 5 条，分别对捐款、公共资源、志愿者进行了定义，明确了公共任务的内容：社会照护、慈善、文化艺术保护、促进体育、遗产保护等等，非政府组织的范围，公共行政管理部门与从事公益活动的组织或团体合作的方式。第二部分“公益活动”共分五章，第一章“收费及免费公益活动”对收费和免费公益活动的定义、收费公益活动的管理运作进行了详细规范。第二章“根据委托的公共任务从事公益活动”规定公共行政管理机构委托非政府组织或实体从事公益活动的程序和法规。如第十三条规定公共行政管理机构应至少提前 30 天宣布公开招标，公开招标应包含任务类型、捐款规则、执行任务的最终期限及条件等共七项。第十五条规定评估要约时，公共行政管理应评估的内容：组织单位执行任务的能力、执行任务的建议估算成本、公共资源名额。第三章“公益组织”详细规定了成为公益组织的要求，成为公益组织后工作开展程序和享受的优惠条件。第四章“监督”规定公益组织由社会保障部长进行监督，以及在监督过程中所应承受的法律责任。第五章“公益活动委员会”指出为社会保障部长提供意见、顾问以及支持的机构称为公益活动委员会，该章规定了委员会的职责、成员组成、工作开展、经济来源等内容。第三部分“志愿制度”分为两章，第一章“总则”对志愿者的概念、志愿者服务的内容进行了规定；第二章“细则”，规定了志愿者和受惠者在志愿活动中的关系，志愿者享有的权利和职责，受惠者应履行的义务：告知服务风险、提供安全保障、支付差旅费、培训费等。同时补充说明相关内容。

社团组织、运作及管理规章（越南）　越南为了规范社团组织及其运作而制定的政府法令。2003 年 7 月 30 日颁布，共八章三十八条。第一章“总则”主要内容有：法令适用范围、社团的定义、社团的创建、组织及运作原则、相关政府当局对社团应承担的职责、社团的法律地位、印章、名称及标志。第二章“社团创建的条件与程序”包括创建社团的条件，社团创建动员委员会，申请创建社团的文件，社团章程主要要素，收到创建社团的申请文件后相关政府当局的职责，召开大会商讨创办社团事宜的时限，创办社团大会议程的主要事项，大会结果的汇报，社团章程的批准及生效，对于社团创办、分离、分立、隶属、合并、解散以及社团章程有权力做出批准的政府当局等。第三章“会员”规定了会员资格、会员权利及义务、非正式会员及名誉会员等内容。第四章“社团的组织、运作、权利及义务”规定了最高大会及特别大会、由大会做出的主要决议、大会表决原则、社团权利11项、社团义务11项。法令特别规定如果社团被迫解散，但对解散决议持有异议，它有权依法提出抗议。抗议受理期间，它不得运作。这给予了社团相关主体很大的法律权利——抗议权。第五章“社团的分离、分立、隶属、合并及解散”详细规定了社团的分离、分立、隶属、合并及解散的方式：自愿解散以及自愿解散时社团领导的责任；被迫解散以及社团被迫解散时有关政府当局的责任；社团解散、合并、隶属、分离及分立时，其资产、基金及其它财产的处置。第六章“社团的国家管理”规定了国家对社团管理的章程、部或部级机构对其管理范围内的国家级社团的管理任务、省人民委员会对省级社团的管理任务。第七章“奖惩”规定了政府和社团应给予的奖励以及违法行为所承担的法律惩罚。第八章“实施”对法令的实施安排进行补充说明。

慈善法（英国） 英国为了推动慈善事业发展而制定的法律。1601年由英国议会颁布，2006年修订。规定慈善组织的目的是济困扶贫、传播宗教、发展教育和其他公益。列举了慈善目的清单，包括：扶贫和防止贫困发生；发展教育；促进宗教；促进健康、挽救生命；推进公民意识和社区发展进步；利于艺术、文化、文物保护和科学的发展；业余体育运动的发展；保障人权，促进不同宗教、民族间的和谐和平等；保护和改善环境的进步；扶持老人、残疾人、病人、穷人等其他弱势群体；促进动物福利；提升官方武装部队的效能，提高警察、消防和救援服务的效率；其他符合法律规定的情形。规定设立英格兰和威尔士的慈善委员会对财团法人实施政府监管，有四项职权：（1）对符合条件的慈善组织进行登记注册；（2）为慈善组织提供信息、技术和法律政策咨询和帮助；（3）对登记在册的慈善组织分别进行监管；（4）对违法的慈善组织进行调查，必要时移交法院处理。慈善委员会设立全国性的公益举报，举报途径保持24小时畅通。任何人在任何时间、地点都可以通过电话或是直接上门举报。规定慈善组织的理事要对慈善组织因其渎职或是故意造成的公益财产损失负无限连带的责任，还规定法院也可以通过“慈善诉讼”来行使对慈善组织的监督权，慈善委员会可以向法院提起慈善诉讼。

志愿服务法（克罗地亚） 克罗地亚为了规范和促进志愿服务活动而制定的法律。2007年3月制订实施，共十章四十条，内容涵盖总则、志愿服务的基本原则、志愿服务的执行、志愿者守则、对志愿者的奖励、志愿服务协议、志愿者和志愿服务组织者的权利和义务、监管、罚则和附则等。第一章“总则”对志愿者、志愿组织、志愿服务等志愿服务相关概念进行了界定，第2条特别强调了志愿服务的作用，并指出要通过本国教育机构使儿童和青少年了解志愿服务的重要性和必要性。第二章“志愿服务的基本原则”，包括不歧视志愿者和服务对象、保密原则、对未成年志愿者的保护原则、自主自愿原则、跨国志愿服务的原则、服务无偿原则。第三章“志愿服务的执行”明确规定了财政部和中央主管机关及其管辖范围内的事务部负责实施，克罗地亚政府下设义工委员会负责志愿服务各项工作的日常管理，并规定了委员会的成员数量及其职责。第四章“志愿者守则”和第五章“对志愿者的奖励”明确规定了由义工委员会制订志愿者守则及志愿者奖赏办法。第六章“志愿服务协议”涉及志愿服务协议的签订、终止和管理。第七章“志愿者和志愿服务组织者的权利和义务”明确规定了志愿者及支援服务组织者的权利和义务。第八章“志愿者的监管”规定由财政部监督本法的执行。第九章“罚则”涉及处罚规定。第十章“附则”补充说明有关问题。

志愿者法（菲律宾）　菲律宾为了推动和促进志愿服务活动而制定的法律。2007 年 4 月 10 日经菲律宾众议院通过提案，由菲律宾总统阿罗约批准施行，共有十六条，阐述了志愿者服务的长期目标和短期目标，包括为志愿服务提供的政策框架、制定志愿者权利保护和优惠政策等，并规定教育部和高等教育委员会将志愿服务纳入基础和高等教育课程大纲，以此提升青年人的志愿服务意识，在公民中发展志愿服务文化，并给予志愿者种种认可及激励措施。规定政府部门应协调、促进和鼓励志愿部门的推广，加强志愿活动在国家发展和国际合作中的作用，为志愿者服务工作提供有力的保障和支持。规定了菲律宾国家志愿服务协调机构的工作任务：审核并制定与国家发展重点相一致的志愿服务方针，国际志愿服务工作的结算，开发能够被志愿服务机构或者社区团体采用的服务模式，志愿活动的宣传与推广，建立和维护国家志愿组织机构，并作为本地服务组织和国外志愿机构、联合国志愿协会之间的联络者等等。阐明了菲律宾国家志愿服务协调机构包括：国民经济和发展机构、教育部、外交部、司法部、内政部、当地政府、国务院社会福利和发展部、高等教育委员会等等，并且详细规定了它的职能。最后还发布了实施细则，菲律宾国家志愿服务协调机构要求各个机构颁布相应的规章制度以有效地实施本法的规定。

爱德华·肯尼迪服务美国法（美国）　美国为保障和激励志愿服务而制定的法律。2009 年 4 月 21 日由时任美国总统奥巴马签署，2009 年 10 月 1 日正式生效。资深参议员爱德华·肯尼迪是本法的主要倡导者之一，故得此命名。法案面对“后 9·11”时代美国志愿服务发展的新趋势和新问题，配合奥巴马任期的执政纲领，对美国联邦志愿服务计划及其管理体系进行了扩充和改进，其主线是通过一系列新的授权和制度创新，进一步发挥“国家与社区服务机构”的主导作用；通过一系列的保障政策和激励措施，动员和吸引各年龄段的人更积极地加入志愿服务的行列。为了保障这部法律的实施，奥巴马还向国会请求了 11.43 亿美元的支持。主要有八方面内容：1. 吸引更多青少年投身志愿服务。分别设立了针对即将升入中学的学生（“服务之夏”）、初中生（“服务学期”）和辍学生（“青少年参与活动区”）的志愿服务计划，并辅以教育奖励和学分计算设计；2. 促进大学生参加志愿服务。与联邦教育部和各州政府合作，选定并资助 25 所高等院校作为“服务校园”计划的示范单位，通过各种项目和活动有效地吸收大学生志愿者；3. 扩展“美国志愿队”计划。将志愿队年度名额逐步扩大，并新设 5 个有关教育、医疗、清洁能源、退伍军人服务和经济机会的主题服务团；4. 开发老年志愿者的潜力。降低品牌老年志愿服务计划“养祖父母计划”和“老年伴侣计划”的志愿者年龄段，提高每小时最低津贴，并设立针对 55 岁以上老年志愿者的专门性奖学金，获得奖学金的人员可以将教育奖励转让给子女；5. 加强对公众的动员。每年9月11日定为"国家服务和纪念日"，组织相关仪式与全国性志愿服务宣传活动；6. 培养和保持应急志愿服务能力。创建由有经验的志愿者和退伍军人组成的"全国志愿服务预备队"，在各种公共突发事件或自然灾害发生时领受接受救援抢险任务；7. 增强非营利的能力建设。设立"社会创新基金"和"志愿者培育基金"，资助民间组织的实验性志愿服务项目，赞助非营利组织对志愿者的招募、管理与支持工作，加强全国的志愿者服务基础设施，通过"非营利组织能力建设资助"资助计划帮助中小型非营利组织提升管理和发展能力；8. 改革和完善各种管理制度。扩大"国家与社区服务机构"理事会和首席执行官的自主权限，在对志愿服务项目和组织的资助中实行竞争性选择，改善对联邦志愿服务计划的绩效评估，增加对州志愿服务委员会的拨款等。

社团法（新加坡） 新加坡为了规范社团管理而颁布的法律。共有三十八条。"登记官与助理登记官的任命"规定部长必要时可以指定社团的登记官和助理登记官及其办公地点。法案规定登记官应当在每年的4月1日之后尽快在公报上编写和出版所有已登记社团的名单。规定了社团的终止、自愿解散、文件的查阅和经证明的复制、分支机构、社团提供的信息和有责任提供社团信息的个人、社团名称、办公地点和章程的变更等内容。定义了非法社团的概念，规定了对非法行为的处罚：对允许在自己的房屋内非法集会的人的处罚，对煽动、劝诱、邀请他人成为非法社团成员的行为的惩罚，对为非法社团获得捐款或者资助的行为的惩罚，对非法社团的出版等宣传的处罚，对滥用已登记社团的金钱或者财产的行为的处罚，对欺诈、虚假陈述和非法使用的处罚，对采用三合会仪式的社团的处罚。规定了部长、治安官、登记官或者助理登记官等权力机构的职权和相应的工作开展程序。工作职权有：部长可以通过在公报上发布通知来修改附录。"过渡规定"规定在本法实施之前根据社团法令的规定登记的社团，应当被视为根据本法登记的社团。《附录》对于第四条和第三十三条中涉及的特种社团做了详细的解释说明。

慈善法（亚美尼亚） 亚美尼亚为了推动和促进慈善事业而颁布的法律。共有七章二十二条。第一章"一般规定"明确了法律的适用范围，慈善目标，慈善的定义，有关慈善的法律法规，慈善活动的七项原则和慈善活动的权利等内容。慈善不包括以货币或其他物质方式给政治党派和商业组织提供的帮助。同时规定慈善活动须遵循以下原则：维护社会正义、传播并促进人道主义的原则、维护人类尊严、加强世代凝聚力、维护特定的社会政策、排除社会依赖、消除种族歧视。第二章"慈善参与主体"规定了慈善参与的主体：捐助人、志愿者、慈善活动的接受人、亚美尼亚共和国及其共同体。第三章"慈善组织及其设立、活动的特性"包括慈善组织的概念、慈善组织财产使用的特殊性、慈善项目、慈善支出。第四章"对慈善的国家保证"规定了国家政府对慈善的鼓励，对慈善项目和慈善组织的国家补助，对慈善的国家保护。第五章"对慈善活动的监管和慈善活动的责任"，慈善组织应向授权机构递交活动年度报告，应当根据有关会计登记报告的相应条款向授权机构和税务部门提交年度报告，应当每年年度结束后3个月内通过大众传媒公布财务决算和有关履行慈善项目的信息。第六章"国际性慈善活动"规定捐助者有权实行国际慈善活动以及国际慈善活动方式，同时批准外国公民、无国籍人、外国或者国际组织在国家境内依照本法规定参加慈善活动。国际慈善活动方式包括：创造和参加国际慈善项目；参与国际慈善组织活动；与外国人尤其与亚美尼亚犹太人在相应慈善领域的合作，如果该合作与国家法律和国际条约不相矛盾。第七章“附则”补充规定了生效日期。

社团法（波兰） 波兰为了创造有利于充分享受波兰共和国宪法赋予结社自由权利的条件，赋予所有公民积极参加公共生活、追求个人兴趣和表达多种观点的平等权利，鉴于历史传统和普遍接受的社会活动经验制定的法律。共有七章五十七条。第一章“总则”规定了波兰公民结社的权利，加入社团的要求，本法适用的范围，社团依法登记。法律规定社团章程允许的，居住在波兰共和国境外的外国人可以加入社团。第二章“社团的设立”规定了社团章程应当规定的条款，社团最高权力机构是社员大会，社团登记应提交的资料以及法院批准社团的条件，社团登记簿的明确事项，社团联合会的成立。明确规定至少 15 人以上才可以设立社团，通过社团章程并选举设立委员会。只有在获得最终并且有效的准予登记的决定以后，社团才可以列入社团登记簿。第二十二条提到的社团联合会规定至少 3 个社团以上才能成立，其他法人也可以成为社团联合会的创始人或成员。但是，以营利为目的的法人只可以成为社团联合会的支持会员。第三章“对社团的监管”规定了监管机关的权力和对于社团的违法活动采取的法律处罚。第四章“社团的财产”规范了社团财产的来源和支出。第五章“社团的清算”规定社团解散后的清算程序，清算人的工作职责，清算后社团财产的分配。特别规定清算费用从社团的清算财产中支付。如果被清算的社团没有财产，清算费用由国库支付。第六章“简易社团”规定了简易社团的概念、成立方式、禁止行为、活动资金来源以及其他规定。如界定简易社团是社团的简化形式，不具有法人资格。至少 3 个人以上才可以设立简易社团。简易社团的活动资金来自成员的出资。第七章“特殊法规，有拘束力法规的修改、过渡性条款和最后法规”包括相关法规的修改、过渡时期对社团的规定、补充说明有关问题等。

服务美国法（美国） 美国为进一步改进 1990 年颁布的国家和社区服务法案，大量增加志愿项目，鼓励志愿服务，鼓励美国人参与国内外社区组织的工作而通过的法律。2013 年 3 月 26 日及 3 月 31 日由美国参众两院通过。根据法案，美国参与公共服务的人数将增加三倍，从每年的 7.5 万人增加到 25 万人，服务的重点领域将包括救助穷人、改善教育、鼓励节能、加强保健和帮助老兵等多个方面。为此，美国政府将在五年内投入 57 亿美元推动民众参与志愿公共服务活动。将鼓励全美各年龄层的人，包括学生、工人、退休人员参与社区志愿服务。将每年的 9 月 11 日定为美国“国家服务纪念日”。

第四部分 组 织

一、全国综合性组织

中国青年志愿者协会（www. zgzyz. org. cn） 中国志愿从事社会公益活动的最大的全国性社会团体。1994 年 12 月 5 日成立于北京。是由志愿从事社会公益事业与社会保障事业的各界青年组成的全国性社会团体，是中国共产主义青年团中央指导下的，由依法成立的省、自治区、直辖市青年志愿者组织和全国性的专业、行业青年志愿者组织和个人自愿结成的全国性的非营利性社会组织，是全国青联团体会员，联合国国际志愿服务协调委员会（CCIVS）联席会员组织。奉行“奉献、友爱、互助、进步”的准则，通过组织和指导全国志愿服务活动，为社会提供志愿服务，推动社会主义精神文明建设，促进社会主义市场经济体制的建立和完善，提高志愿者的整体素质，为经济社会的协调发展和全面进步做出贡献。实施的主要项目：大学生志愿服务西部计划、青年志愿者海外服务计划、青年志愿者扶贫接力计划、大中专学生志愿者暑期文化科技卫生“三下乡”活动、青年志愿者社区发展计划、保护母亲河“中国青年志愿者绿色行动营计划”。曾多次向亚洲、非洲、拉丁美洲等发展中国家派出青年志愿者。

中华慈善总会（cszh. mca. gov. cn） 全国性综合类志愿服务组织。1994 年成立于北京。由热心慈善事业的公民、法人及其他社会组织志愿参加的全国性非营利公益社会团体，在大陆地区已拥有 273 个会员单位。其任务是募集社会善款，资助、兴办各类慈善事业和社会公益事业，广泛开展国际合作与交流，组织热心慈善的志愿者队伍，开展多种形式的社会慈善活动。其宗旨是发扬人道主义精神，弘扬中华民族扶贫济困的传统美德，帮助社会上不幸的个人和困难群体，开展多种形式的社会救助工作。由社会各界人士组成理事会，由理事会选举产生常务理事及会长、副会长。特邀若干社会著名人士出任名誉会长。总会设立专业委员会负责筹募、项目、宣传与策划、研究与交流及对外联络等方面的工作。同时设立执行机构进行日常工作。配合政府有关部门开展了救灾、扶贫、安老、助孤、支教、助学、扶残、医疗等八大方面几十个慈善项目，逐步形成了遍布全国、规模巨大的慈善援助体系。

中华义工网（www. zhyg. org） 全国性的义工、志愿者交流平台及公益信息共享平台。成立于 2005 年，为中华义工联合会唯一使用的网站，已取得了国家信息部网络备案认证。宗旨是打造一个全国性的义工、志愿者交流平台及公益信息共享平台，最大限度地整合中华公益力量，以期帮助更多需要帮助的人，昭显人类爱之存在，传承人类之情感。同时面向公益组织和个人，为公益组织提供免费宣传以及义工招募帮助；为个人提供线上交流机会，帮助其找到当地公益组织或同属地的志同道合者，从而方便其加入志愿活动或共同组建公益队伍。同时，为个人提供牵头组织中华义工联合会当地分站队伍的机会。在线注册成为会员，通过发帖的形式进行交流。总站设有社区、小窝、电台等版块。社区的主站论坛设有网站大厅、专题版块和公益档案馆三个版块。小窝为会员交流主页，具有互加好友、发表日志、上传图片、分享信息等功能。电台是通过语音信息的发布为会员提供分享个人心声的平台。按照华北、华东、西南、中南、西北、东北以及港澳台外地区的划分，共设置北京、上海、重庆、广西等 36 个分站门户网。以上海站点为例，网站设置了活动回顾、义工园地、活动报名、校园一共、资料共享、分会事务、分会财务、内部管理等版块，为义工交流和信息分享提供了良好的平台。

NPP 新公益伙伴（www. nppcn. com）　全国性综合类志愿服务组织。成立于 2006 年 11 月，是由公司、企业、和基金会共同发起成立的公益组织。以促进中国公益产业发展为使命。由麦肯锡公司、德勤会计师事务所、奥美整合营销传播集团、君合律师事务所、摩托罗拉公司、诺华公司、永丰余集团、中国青少年发展基金会、中国扶贫基金会等作为共同发起单位和理事会成员，以提供免费专业服务、现金、实物捐赠和志愿者等形式参与 NPP 工作。

中国志愿服务基金会（www. zhiyuanfuwu. com）致力于志愿服务领域的全国性公募基金会。2009 年成立于北京，面向中国以及许可的国家和地区进行公众募捐的全国性公募基金会。业务主管部门是中共中央宣传部，中央文明办代管。宗旨和使命是大力普及志愿理念、弘扬志愿精神，支持和推动志愿服务活动，为人们关爱他人、奉献社会搭建平台，引导人们多做好事、增长好心、争当好人，不断提高公民文明素质和社会文明程度，大力推进社会主义核心价值体系建设。价值理念是奉献社会，提升自己。主要业务范围是根据经济社会发展和精神文明建设的需要，资助志愿服务活动的开展；组织志愿服务的理论研究和宣传；奖励为志愿服务做出突出贡献的团体和个人；开展与港澳台同胞、海外侨胞、国外友好团体和人士，以及国际组织、基金组织的友好往来，增进相互了解，加强相互合作。主要资助项目有：“百万空巢老人关爱行动”、“万名双语教师志愿援疆行动”和“关爱农民工志愿服务活动”等。

中华志愿者协会（cva. mca. gov. cn）　全国性综合类志愿服务组织。2011 年 4 月 26 日成立于北京，接受业务主管部门民政部和国家社团登记管理机关的业务指导、监督、管理，并接受中央精神文明建设指导委员会办公室的业务指导，由志愿者以及关心和支持志愿服务事业的单位或组织自愿组成，按照章程开展活动的公益性、全国性社会团体组织。主要宗旨是普及志愿理念、弘扬志愿精神，培育志愿文化，发展志愿服务事业，营造文明健康社会风尚、融洽和谐人际关系，推动经济社会又好又快发展，为全面建设小康社会、实现中华民族伟大复兴做出积极贡献。主要业务范围是贯彻国家有关志愿服务法律、法规和方针政策，宣传志愿精神和志愿服务事业，提高社会公众的认识度和参与度；开展志愿者招募、注册工作，协助政府统筹开发、整合优化及有效配置志愿服务资源，完善社会志愿服务体系；开展志愿服务相关培训和专业督导，加强志愿服务组织和志愿者能力建设；反映志愿服务组织和志愿者的诉求，调处志愿服务活动中发生的纠纷，维护志愿服务组织和志愿者的合法权益；组织开展志愿服务理论和实践问题研究，为制定志愿服务政策提供依据，开展志愿服务政策咨询，推动志愿服务立法相关工作；倡导志愿服务组织和志愿者拓展志愿服务领域、开展志愿服务活动；经政府有关部门批准，开展对志愿服务组织和志愿者的表彰活动；开展与国际及港、澳、台地区志愿服务组织的交流活动，推进国际项目合作。最高权力机构是会员代表大会；理事会是会员代表大会的执行机构，在会员代表大会闭会期间领导协会开展日常工作，并对会员代表大会负责；常务理事会由理事会选举产生，在理事会闭会期间，常务理事会行使相应职权，对理事会负责。会员包括单位会员和个人会员。

中国社会工作协会志愿者工作委员会　全国性综合类志愿服务组织。其前身为成立于 2005 年 3 月 18 日的“社区志愿者工作委员会”。由中国社会工作协会主管，国家民政部基层政权和社区建设司业务指导，旨在推动中国志愿服务事业发展。为拓展服务领域，增强服务能力，全面推动全国志愿服务工作，2007 年 11 月 19 日，经国家民政部批准更名，中国社会工作协会在北京召开志愿者工作委员会全国会员代表大会。其宗旨是坚持以人为本的科学发展观，遵守宪法、法律、法规和国家政策，以弘扬“奉献、友爱、互助、进步”的志愿者精神为已任，积极推动社会志愿服务工作的组织化、制度化、规范化建设，广泛开展社会志愿服务活动，不断完善中国社会志愿服务体系，促进社会经济、政治、文化的可持续发展，推动社会主义和谐社会建设。业务范围包括研究志愿者工作发展战略，制定志愿者工作发展纲要；推行志愿者登记制度；规范志愿者活动行为；培训志愿者服务技能；表彰志愿者先进典型，弘扬志愿者精神；树立志愿服务工作的示范典型；筹集志愿者活动基金，开展项目合作，开辟志愿服务新领域；开展同港、澳、台及国际间志愿者组织的交流与合作；承办国家有关部门及协会委托的业务。

二、全国性专业型组织

中国文艺志愿者协会　由文艺工作者组成的全国性志愿服务组织。2013 年 5 月 23 日在北京成立，是由文艺志愿者、文艺志愿服务组织以及关心支持文艺志愿服务事业的单位或组织自愿组成的全国性、联合性、非营利性社会组织，著名相声表演艺术家姜昆当选中国文艺志愿者协会主席，以“文化惠民、文化为民、文化乐民”为宗旨，把握文艺志愿者服务公益性、实效性、社会化定位，深入到最基层、最困难、最需要文化艺术的群众中去，开展慰问演出、专家辅导、文艺支教、文化扶贫等丰富多彩的文艺志愿者服务活动。主要是组织和指导全国文艺志愿服务活动，团结凝聚文艺家、文艺工作者和文艺爱好者积极开展文艺培训、文艺扶持、送欢乐下基层等志愿服务活动。协会成立前后，数百名多个门类的艺术家随中国文艺志愿服务团赴三沙、古田、陇南、雅安、安顺、玉树、北大荒、防城港、红安等 10 多个省市边区，为 40 余万人带来了包含演出、辅导、座谈、笔会、展览、慰问等内容丰富、形式多样的文艺志愿服务。

中华环保联合会（www. acef. com. cn）　从事环保志愿服务的全国性志愿服务组织。是经中华人民共和国国务院批准，民政部注册，中华人民共和国环境保护部主管，由热心环保事业的人士、企业、事业单位自愿结成的、非营利性的、全国性的社团组织。成立于 2005 年 4 月 22 日。宗旨是围绕实施可持续发展战略，围绕实现国家环境与发展的目标，围绕维护公众和社会环境权益，充分体现中华环保联合会“大中华、大环境、大联合”的组织优势，发挥政府与社会之间的桥梁和纽带作用，促进中国环境事业发展，推动全人类环境事业的进步。主要职能是团结、凝聚各社团组织以及各方面的力量，共同参与和关爱环保工作，加强环境监督，维护公众和社会环境权益，协助和配合政府实现国家环境目标、任务，促进中国环境事业发展；确立中国环保社团应有的国际地位，参加双边、多边与环境相关的国际民间交流与合作，维护中国良好的环境国际形象，推动全人类环境事业的进步与发展。工作领域包括为政府提供环境决策建议，为公众和社会提供环境法律权益的维护，为社会提供公共环境信息和环境宣传教育活动，促进中国环保 NGO 组织健康发展并确立其应有的国际地位。

中国红十字青少年志愿服务总队　致力于青少年志愿服务活动的全国性志愿服务组织。2008 年 12 月 17 日在北京成立，接受全国红十字志愿服务工作委员会及全国学校红十字工作委员会相关工作精神指导的全国性红十字青少年志愿服务组织，下设各省（区、市）大队和学校红十字志愿服务队。主要职责是组织、管理和协调全国红十字青少年志愿服务组织，将学生德育教育和素质教育紧密结合，探索开展红十字青少年志愿服务的有效形式，并形成红十字青少年志愿服务的长效机制。首批成员单位是由北京市红十字会、天津市红十字会、北京市红十字会学校工作委员会、天津市学校红十字工作委员会和来自北京市、天津市 30 所大、中、小学的红十字青少年志愿者组成。网址参见中国红十字会官方网站。

随手公益基金（www.suishougongyi.org）　2012 年 5 月 5 日，由中国社会科学院著名学者于建嵘教授发起的“随手”系列公益活动整合而成的“随手公益基金”正式挂牌，成为中国社会福利基金会管理下的公募基金。随手公益基金秉承“随心而为、手留余香”的公益理念，借助开放的网络平台，将微公益开展成为人人参与、人人监督的全民性志愿公益活动。随手公益基金下设四个项目组：①随手拍照解救乞讨儿童，始于 2011 年春，由网友随手拍摄并发布乞讨儿童照片，从侧面遏制部分拐卖儿童的不法行为。②随手送书下乡，起于 2011 年 5 月 1 日，将爱心人士捐赠而来的图书发放到广大乡村和文化发展相对滞后地区，让人类智慧的结晶在中国的每一个角落都能生根发芽。③随手街头救助，起于 2011 年 12 月 2 日，主要活动目的是救助在寒冬中栖息于街头巷尾的流浪者，为他们提供衣物、被子和食物等。④随手关爱乡村教育，起于 2012 年 1 月 27 日，主要关注教育领域内的贫困学校，具体内容包括：为贫困小学进行志愿者招募、培训；资助贫困学生；教师大病医疗资助（购买大病医疗保险、大病治疗资助）；贫困地区乡村教师的培训与扶持；提供乡村小学的教学用具和课件等。

三、高校及研究组织

东北师范大学天地人环保志愿者协会　从事环保志愿服务的高校志愿组织。全称东北师范大学绿色动力环保协会，成立于 1993 年 11 月 20 日，由学生自发组织成立，以绿色环保为主题，以宣传环境保护、提高公众环保意识为己任的公益性环保 NGO 组织，隶属于东北师范大学校团委。以“用我们的实际行动唤醒整个中华民族的环保意识，共同维护人类美好的家园”为目标，以“让世界充满绿色，让生活充满和谐”为宗旨，以“天地人共有，环保一起上”为口号。组织结构：理事会，设会长，副会长，各部部长、组长，负责日常事务及协会建设。经费来源：包括会员所缴会费和外部赞助。开展项目有保护东北虎、倡导拒绝使用一次性筷子、参加地球熄灯一小时、科尔沁环保宣传之旅等特色活动。2011 年，成为中国绿化基金会青少年工作委员会首批会员单位；获得吉林省“十佳学生社团”荣誉称号。

北京大学爱心社（www.pkuaixin.org） 综合类高校志愿服务组织。成立于 1993 年 11 月 23 日。由 17 位扫雪的在校学生发起成立，是中国高校第一家由学生自发成立的志愿服务社团。以“呼唤爱心、奉献爱心、自我教育”为宗旨坚持从事公益活动。得到了社会各界知名人士的大力支持，曾邀请冰心老人担任名誉社长，2005 年“爱心万里行”则邀请到了国学大师季羡林、著名诗人贺敬之、著名作家梁晓声、残联主席邓朴方和北大著名教授厉以宁、林毅夫、朱青生等担任名誉顾问，2007 年又邀请到了前外交部长李肇星出任爱心大使。有儿童组、助残组、校园组、护老组四个实践部组，资助部、外联部、组织部、秘书处四个功能部组，手语分社下设有事务组、教学组及实践组。继 2003 年获得中宣部和团中央联合颁发的“全国学雷锋先进集体”光荣称号之后，又先后于 2005 年被共青团中央、教育部、全国学联授予全国高校“优秀学生社团标兵”。同时被评为北大十佳社团及品牌社团，获得北京大学的通令嘉奖。

北京师范大学白鸽青年志愿者协会 综合类高校志愿服务组织。前身是成立于 1994 年 3 月的“北京师范大学白鸽支教扫盲服务队”，是首都高校中最早创建的志愿者社团之一。以“责任、奉献、团队、创新”的宗旨，广泛参与文化教育、助残服务、公益机构服务、大型赛会服务等 13 个领域的 20 余个志愿服务公益实践项目。2001 年，白鸽青协选拔 250 名志愿者和 400 人拉拉队参加了第 21 届世界大学生运动会的志愿服务；2008 年，白鸽青协承担了校 2000 余名北京奥运会、残奥会志愿者的选拔任务。除了基础教育、宣传讲解、爱心使者、绿色环保等 4 个志愿者中心的常规志愿服务之外，同时也开展“公益活动月”“十佳志愿者评选”“暑期社会实践”等特色活动。设有基础教育、宣传讲解、爱心使者、绿色环保等 4 个志愿者中心和办公室、培训服务部、认证考评部、宣传部、新闻部、网络部、外联部、公关部、财务部等 8 个职能部门。多次受到团中央、教育部、北京奥组委等单位的嘉奖。协会连续 3 届被团中央授予“全国青年志愿服务杰出集体”等荣誉称号。

四川大学青年志愿者服务总队 综合类高校志愿服务组织。成立于 1994 年 3 月，并于 2004 年改组为四川大学青年志愿者协会。开展了具有自身特色的“爱心家教”“新芽计划”“金色阳光计划”“文化助残”“托起明天的太阳”“时间银行”“研究生扶贫支教团”“西部计划”和“志愿文化论坛”等多项活动。在积极开展志愿服务的基础上，还认真配合共青团四川大学委员会做好学校注册志愿者的组织管理和引导工作。截至 2005 年 12 月，四川大学已有 31 支青年志愿者分队，共计 21442 名注册志愿者，约占全校学生总数的 50%。成立以来，青年志愿者服务总队累计获奖50余次，先后荣获全国学雷锋志愿服务先进集体、四川省学习雷锋志愿服务先进集体、成都青年志愿者行动先进集体等荣誉称号。2006年，被共青团中央、中国青年志愿者协会授予“第六届中国十大杰出志愿服务集体”。

南开大学青年志愿者协会 地方性高校志愿服务组织。1994年在南开大学校团委发出的“以志愿者的名义，约会春天”的倡议下成立，管理模式是以校级管理型青年志愿者为龙头，以学院服务型青年志愿者为骨干开展活动的“两级网络”，推行“注册志愿者制度”，统一配发中国志愿者证件及胸牌，建立起宣传动员、招募注册、教育培训、管理使用、考核评价、激励表彰等一整套较为完善的青年志愿者工作体系。志愿者服务活动包括参与奥运会、世博会、达沃斯世界经济论坛的导游、礼仪员以及社区中的居委会主任助理、环保卫生宣传员等。由于在2009年联合国千年发展目标基金“外出务工人员子女培训志愿服务试点专题项目”中的良好表现，被联合国志愿人员组织授予“项目合作伙伴”称号。

上海师范大学爱心学校 综合类高校志愿服务组织。源于1994年上海师范大学校团委举办的劳模子女夏令营，此后，免费向社区开放，成为孩子们度过一个健康快乐假期的场所。办校理念是“三心”：献大学生一份爱心、给孩子和弱势群体一份关心、唤社会一份热心。有教学点105个、教员2473位。至今，累计举办爱心学校753所，参与爱心学校工作的大学生志愿者15627人次，接收的学员包括中小学生、社会弱势群体、4050群体、老年群体等。爱心学校多次得到中宣部、教育部、团中央嘉奖，2004年，办“百所爱心学校”“作百场社区讲座”“访百位可爱之人”（即“三百”行动）被评为上海市“精神文明十佳好事”。继2006年，在香港、澳门成功开办爱心学校之后，爱心学校又办到了美国、韩国、澳大利亚等国家。2006年，被共青团中央、中国青年志愿者协会授予“第六届中国十大杰出志愿服务集体”。网址参见该校官方网站。

中国人民大学青年志愿者协会 综合类高校志愿服务组织。成立于1995年12月5日，直属于中国人民大学团委。以“以奉献扬青春，与社会同进步”为宗旨，与团中央、联合国教科文组织、中华慈善总会等组织机构紧密合作，开展一系列特色活动。塑造了社区挂职、市民英语学校、“西飘的红丝带”西部地区艾滋病预防宣传、奥运冠军面对面等经典活动，承担了彩虹志愿者培训、第21届世界大学生运动会、奥运会徽揭幕、世界青年田径锦标赛等大型活动的志愿服务工作。设立奥运项目管理部、救防项目管理部、环保项目管理部、教育项目管理部、协青项目管理部、扶贫项目管理部、红十字项目管理部、咨询辅导项目管理部、青春健康项目管理部等九个项目管理部，负责全校九个领域内志愿服务项目的日常管理和监督工作。志愿者代表先后受到了胡锦涛、李岚清等党和国家领导人的接见。曾经获得国家级、北京市级集体奖项30余个，个人奖项近百个，受到了40多家新闻机构的多次报道，荣获国务院颁发的“全国助残先进集体”“全国志愿服务先进集体”等荣誉，并于2001年被共青团中央和中国青年志愿者协会评为“中国十大杰出青年志愿服务集体”之首。

中国政法大学青年志愿者协会 综合类高校志

愿服务组织。成立于1996年5月4日，是在中国政法大学团委领导和北京青年志愿协会的指导下，由志愿从事社会公益事业与社会保障事业的在校大学生组成的非营利性学生组织。主要任务是提供社会公益服务，为学校公益、社区服务、扶贫济困、帮孤助残、支教扫盲、青少年援助、科技推广、医疗保健、环境保护以及大型社会活动等公益事业提供志愿支援，为具有特殊困难以及需要帮助的社会成员提供服务。开展了一系列创新活动，如实行远程网络在线法律咨询、援助，建立后备志愿者服务库，组建工作团队，建立志愿者培训体制等。2001年被大运会组委会群工部、共青团市委授予“第21届世界大学生运动会志愿者培训工作优秀组织奖”。

清华大学学生紫荆志愿者服务总队　高校综合类志愿服务组织。清华大学紫荆志愿者协会成立于1996年10月31日，秉承“奉献、友爱、互助、进步”的志愿者精神，以“自我实践，服务他人。自我教育，推动社会”为宗旨，在校党委领导下、校团委指导下开展各项工作主要服务项目有助老、科研、青少年辅导、赛会服务等。先后与国际宣明会、保护中国虎国际基金会、雅典奥组委、中华慈善总会、中华红十字总会、2008北京奥组委、北京国际志愿者协调委员会、中国小动物基金会等社会和国际组织建立了不同形式的交流与合作。网址参见该校官方网站。

西北工业大学星星火环保志愿者协会　从事环保志愿服务的高校志愿组织。成立于1998年，共青团西北工业大学委员会下的一个学生环保社团，简称星星火。宗旨为以环保教育宣传为中心、以服务会员为基础、以提高会员环保修养为主要任务，以为绿色中华而努力奋斗为口号，以建设一个能培养一批有高环保素养、高志愿者精神、高社会责任感的新一代青年大学生的协会为发展方向。采取直线式组织结构，由会长所主导的主席团集体向理事会负责的制度。聘有指导老师，对协会建设、活动等各方面给予详尽的指导。在校内、周边社区以及中小学进行了广泛的环教宣传活动，举办了形式多样的周年庆典、回收废旧电池、拒绝使用一次性餐具，世界环境日宣传、地球日活动周、节能减排等一系列活动，其中影响较大的项目有“渭河行”活动。2011年，正式成立兴趣小组，包括湿地小组、观鸟小组、植物认知小组、手工坊四个兴趣小组。获得的荣誉有省优秀环保社团，省优秀志愿者集体，省青年环保特别奖，省环保创意大赛项目类优秀奖，五四表彰优秀志愿者服务队。网址参见该校官方网站。

中国传媒大学青年志愿者协会　综合类高校志愿服务组织。成立于1999年4月15日，是中国传媒大学团委指导，由热心于志愿服务事业的学生组成的全校性志愿服务组织。开展大学生科技、文化、卫生“三下乡”、爱心捐助、敬老助残、服务首都等志愿服务，为学校、社区、各基层单位输送了大量的志愿者，并与其建立了良好的志愿服务合作关系。曾为在慕田峪长城举行的“第二届北京徒步走大会”提供国际志愿服务，“世界地球日”期间，组织参与北京6所高校在“国际三八国际林”义务清理白色垃圾志愿服务，并与《北京青年报》举办“北青报义卖活动”。共设办公室、组织部、宣传部、外联部、策划部、活动部、记者团等7个部门。参加第21届世界大学生运动会“彩虹志愿者”活动，并获“第21届世界大学生运动会筹备组织工作先进集体”“志愿服务工作组织奖金奖”“文明观众组织奖”及“啦啦队工作组织奖银奖”等4个奖项。网址参见该校官方网站。

武汉大学青年志愿者协会　地方性综合类高校志愿服务组织。成立于1999年4月，是在校实践部的基础上分离发展起来的集服务性和义务性于一体的组织，于2003年5月从校学生会中脱离出来，直接归属校团委领导，成为与校学生会、校社团联合会并列的独立学生组织。成立之日起，数以万计的青年志愿者在“自强、弘毅、求是、拓新”的武大校训的指导下，在“奉献、友爱、互助、进步”的志愿精神的感召下，积极投身志愿服务事业，为构建和谐社会、创造和谐校园做出了青年学子应有的贡献。开展了“爱心家教”“关爱残障儿童”“青春耀珞珈文明传武大”“爱心献血”等知名活动品牌。内设主席团和秘书处、人力资源部、外联部、传媒推广中心、实践部、和谐社区项目部、关爱农民工子女志愿服务项目部、爱心仓储项目部和红十字救护队等九个项目部。曾先后获得“全国青年志愿者行动先进集体”“中国青年志愿者扶贫接力计划研究生支教团优秀组织奖”“中国第八届艺术节志愿服务先进单位”和“第七届中国百个优秀志愿服务集体”等重要奖项。网站参见该校网站内页。

西藏农牧学院青年志愿者服务总队　地方性综合类高校志愿服务组织。成立于1999年。积极参加“为人民服务、造福人民”志愿服务活动，工作面覆盖林芝地区三县二乡，活动涉及农、牧、林、水电20余项与西藏农牧学院专业相关的调查研究和标本采集等，就地解决了部分农牧民在生产上的难题。组织多次捐书捐物活动，共收到捐献的书籍、衣物、床上用品等以及各系部无偿援助的药品及科技资料折合人民币79320元。1999年8月至2000年8月青年志愿者服务总队在江达乡邦嘎岗村设立了“乡村文化站”，将所有捐赠物品捐给了村委会，有79名志愿者分三批，对全村农业、果树、家禽等进行实地考察，在林芝县邦纳村，根据该村特殊情况，给他们提供致富信息，传授基本科技知识。在米林县丹娘乡考察调研，捐献各种书籍、体育用品，并就家畜饲养、农作物种植、果树建设等方面形成了意向性扶贫计划。2002年，被共青团中央、中国青年志愿者协会授予“第四届中国十大杰出志愿服务集体”。网址参见该校官方网站。

首都大学生环保志愿者协会　从事环保志愿服务的高校志愿组织。成立于2000年，为首都高校第一个专业性社团，首都大学生环保社团的联合组织。以“自愿、奉献、团结、进步”为原则，规划、组织和协调首都各高校团委、学生会、志愿者协会开展各种环保志愿服务活动，将各高校学生社团的单独行动变成整体行动。形成了绿色系列文化活动、日常绿色志愿服务工作、垃圾分类回收等独特的品牌工作项目。此外，积极参与到全国性环保项目中，在保护母亲河行动、第21届世界大学生运动会、创建绿色奥运活动等工作中，树立了首都高校大学生绿色志愿服务的良好形象。先后获得了地球奖、福特环保奖、北京市“保护母亲河—青春绿色行动”优秀项目奖、首届鄂尔多斯志愿服务与生态建设优秀奖、全国“保护母亲河行动”五周年优秀项目奖，“志愿北京——2004年度北京十大志愿者（团体）”等众多荣誉。

北京大学志愿服务与社会福利研究中心 中国高校志愿服务研究机构。2002年7月16日成立，是中国第一家专门从事志愿服务和福利研究与培训的机构。挂靠在北京大学政治发展与政府管理研究所，是一个非营利性的学术研究和咨询机构。研究中心实行理事会领导下的主任负责制，在遵守国家法律、法规和北京大学学术团体管理规定的基础上，独立开展学术研究及其他活动。通过汇集一批具有良好社会科学研究能力的国内外专家、学者，利用北京大学人才优势和信息优势，深入开展对中国和国际志愿服务与社会福利的历史沿革、发展现状和未来发展趋势的研究，推动中国志愿服务与社会福利理论研究的深入发展，为各级地方政府提供决策咨询研究服务。网址参见该校官方网站。

北京中医药大学岐黄志愿者协会 地方性综合类高校志愿服务组织。起源于20世纪90年代中期的一个护老小组，后来发展成为岐黄爱心社，2003年正式成立岐黄志愿者协会。由岐黄爱心社分会、临床青年志愿者分会、“杏林飘香”志愿者分会、商务志愿者分会、新绿志愿者分会、心手相连志愿分会、语言交流志愿者分会、太阳花志愿者分会、蒲公英志愿者和红十字志愿者分会十个志愿者团队组成。设有协会秘书处，受学校党委领导，由校团委指导。每年志愿者注册人数稳定在2000人左右，累计参与志愿服务的人数超过1.6万人次，服务时间达到70万小时。奉行的准则为“奉献、友爱、互助、进步”，开展的志愿活动有：“一助一”助老、走进社区、走进高校、医疗咨询、健康讲师团、环境保护、三下乡、艾滋病宣传、支援西部、服务基层、助残爱幼、奥运绿色义骑、服务体育赛事等。作为北京中医药大学奥运会、残奥会志愿者主力军曾在北京奥运会、残奥会期间作出较大贡献。曾获2001年中国青年志愿者行动组织奖、2003年北京市学习雷锋、志愿服务先进集体称号、2004年全国百支志愿服务先进集体等奖项、2006年第十一届国际田联世界青年锦标赛志愿者优秀集体奖、2007年“好运北京”测试赛志愿者优秀组织奖、2008年北京青年健康使者火炬行动组织贡献奖。网址参见该校官方网站。

内蒙古大学绿色先锋环保志愿者协会 从事环保志愿服务的高校志愿组织。成立于2004年3月，是一个旨在宣传环保知识，提高大学生环保意识和生态素质的公益性学生团体。为内蒙古大学33家社团中唯一一家环保组织，在宣传环保理念、建设绿色校园的活动中担当了重要的角色。以全体会员大会为最高领导机构，设有会长、副会长各一名，辖有办公室、宣传部、活动部、联络部、项目部，其中项目部包括“根与芽”“社区宣教”、Recycle、环保影片放映等4个并行项目组，形成了四个部门相互协作与制约的组织架构。资金来源于会员会费与社会赞助。与内蒙古大学生命科学学院协办了《生命之声》杂志，为会员提供抒发环保感想的平台。此外，与中华环保基金会、北京的自然之友、绿色大学论坛、地球村、绿色之家、南阳绿石、草原之友等多家环保组织保持紧密联系，交流环保经验。开展多项环保项目，其中2008年11月，“废旧电池回收项目”获得中华环保基金会小额资助；2009年5月，“绿色阳光行动”项目在第二届“益暖中华”谷歌杯公益创意大赛中获得“全国优胜团队”成绩。2009年12月，《“根与芽”绿色活动进校园》荣获“呼和浩特市第二十三届青少年科技创新大赛”活动一等奖；2010年2月，

《“根与芽”绿色活动进校园》荣获青少年科技实践活动竞赛二等奖；2010 年 12 月，“内蒙古草原湿地生态现状调研及环保知识宣传”项目荣获中华环保基金会优秀项目；2010 年 12 月，“温情水果——校园绿色感恩”活动荣获香港环保协会公益活动证明书和表扬函。此外，获得内蒙古大学“优秀社团”“明星社团”“标兵社团”，内蒙古自治区“优秀社团”和“优秀志愿者团队”等荣誉称号。

陕西省西京志愿者服务队　从事医疗志愿服务的地方性高校志愿服务组织。成立于 2008 年 5 月，从属于第四军医大学西京医院。每年定期组织志愿者医疗小分队，赴甘肃、宁夏、青海、新疆、陕西等地救助先心病患儿，积极与大型企业、基金会、实业家联系，成立医疗救助基金。定期在全院组织向福利院、老少边穷地区卫生所、山区学校捐物捐药，价值 40 多万元。先后组织 130 多支志愿者医疗队，深入基层、企业和农村开展“送医送药”义诊活动，为当地群众免费检查身体，发放健康宣传资料，惠及西北 20 余个省、市、区，25 万群众直接受益。截至 2013 年，有固定医护人员志愿者 2200 名，在职志愿者和流动志愿者 600 多人。人均参与志愿服务时间达到 100 小时以上，足迹遍及西北各省、市、乡、镇及山村，累计行程 6000 余公里，共下乡义诊、健康宣教、扶贫帮困 3500 人次。

北京师范大学壹基金公益研究院（www.bnu1.org）　中国高校志愿服务研究机构。成立于 2010 年 6 月 21 日，是中国第一所公益研究院，由北京师范大学与壹基金合作共建，是国内首家由大学与公益组织联合发起成立的，专门从事公益理论研究、公益人才培养与公益政策咨询服务的研究机构。以公益交流为平台，以学位教育为基础，以政策咨询为目的，以应用性研究为载体，参与中国社会发展决策的研究制定，为解决中国公益工作开展和公益事业发展中的重大问题提供对策服务。机构宗旨是通过科学研究、人才培养以及提供面向全社会的公益咨询服务，增进社会对公益事业理念的理解，强调社会应有的价值观与社会责任，推广成功的公益实践模式，推动中国公益事业健康快速发展。

北京志愿服务发展研究会　地方性志愿服务研究组织。2011 年 4 月 9 日成立于北京，是全国首个专业从事志愿服务研究和培训的社会团体，由北京团市委作为业务主管单位。旨在广泛联系社会各界研究力量，深入推动志愿服务学术研究成果的固化、转化及推广工作，为政府决策提供科学的理论依据，为首都的志愿服务事业发展和社会建设提供有力的智力支持。拥有近百名志愿服务领域权威专家和青年学者；编辑出版志愿服务研究图书 32 本、内部调研材料 200 多份；从事志愿服务理论研究、学术交流和志愿者骨干培训等工作；并分别与英国、德国、瑞典、冰岛、芬兰、韩国、哈萨克斯坦、巴西等国家和地区的志愿者组织交流志愿服务工作经验。网址参见北京志愿服务指导中心官方网站。

上海师范大学慈善与志愿服务研究中心　高校志愿服务研究机构。成立于 2012 年 3 月 17 日，是首批 5 个联合国上海志愿服务发展合作基地之一。是以慈善伦理与慈善文化研究、慈善事业政策与实践研究等为主要研究方向的研究机构。依托上海师范大学各学科的优势，综合哲学、伦理学、社会学、法律等多学科智慧，为慈善研究提供学术资源，有利于实现慈善方面跨学科、多元化的研究成果；同时紧密联系上海师范大学教育发展基金会、学校团委大学生志愿者活动等实践优势，组建学生研究团队，丰富人才培养方式，注重社会及国际慈善活动的交流，紧密结合国内实际情况，增强学科优势，真正实现理论性与实践性相互结合，为中国慈善事业发展做出贡献。网址参见该校官方网站。

中山大学青年志愿者协会 地方性综合类高校志愿服务组织。是中山大学团委指导下的公益类组织，志愿者累计超3000人。秉承“服务校区，回报社会”的宗旨，开展了一系列公益活动，服务范围涉及公益事业的各个方面，包括大型社会活动的现场志愿服务、暑假短期支教、长期义教、爱心助学、校区服务、公益社团交流等。协助第16届亚运会组委会招募志愿者，参与2010年广州亚运会、亚残运会志愿服务工作。曾荣获“中山大学优秀学生团体”和“广东省志愿服务集体（金奖）”等荣誉称号，蒲公英行动支教项目被评为2009年广州志愿服务优秀项目。在广州青年志愿者协会助残服务总队2009年年终表彰大会上，“展耀课堂”义教小组荣获“爱心公益奖”奖项，另“展耀课堂”义教小组27名志愿者荣获“广州青年志愿者协会助残服务总队爱心义教志愿者”称号。网址参见该校官方网站。

上海外国语大学青年志愿者服务总队 高校志愿者组织。由志愿从事社会公益与社会保障事业的大学青年组成，是在上外校团委的指导下，管理协调各学院青年志愿者服务队及全校青年志愿者服务活动的组织。下设常规项目部、新闻宣传部、公关外联部、机动项目部、组织人力部。主要在上海博物馆、图书馆、动物园、民工子弟学校、助残中心等地开展志愿服务活动。曾获得团中央第三届“中国青年志愿者杰出集体”称号。网址参见该校官方网站。

云南民族大学青年志愿者协会 高校志愿者组织。是校团委直属的校级学生组织，奉行“奉献、友爱、互助、进步”的志愿精神，组织广大青年学生，引导各学院志愿者分会开展志愿服务活动。通过不断完善自身服务体系和多层次志愿服务工作支持校区建设、改善校园风貌，构建和谐的校园文化，创造良好的思想道德环境；开展社会服务活动，组织和指导青年学生参与社会志愿活动，促进社会主义精神文明建设。其禁毒防艾宣传活动是特色较为突出的活动。曾获得团中央第三届“中国青年志愿者杰出集体”称号。网址参见该校官方网站。

四、地方性综合类组织

北京市宣武区青年志愿服务总队 地方性综合类志愿服务组织。发起于1983年的学雷锋“综合包户”活动，在大栅栏街道西柳幼儿园签订的“综合包户”协议书，被公认为首都青年志愿行动的发端。至今，累计参与人数达5万多人次，以团组织为核心先后有6000多支学雷锋“综合包户”志愿服务队为2000多户困难群众送去帮助和服务。青年志愿者工作在服务对象、服务队伍和服务内容等方面不断创新发展。志愿者构成多样，宣武团区委通过组织发动、社会招募、区域联动、高校引进等形式，已形成了一支以机关、街道、社区、非公经济组织、驻区单位团员青年、大学生为主体的青年志愿者队伍。志愿服务项目丰富，相继推出了“区校共建”“青春映晚霞”“关爱工程”“捐资助学行动”“青年爱心诊室进社区”“特困家庭学生义务家教”“青春健康使者火炬行动”“共建文明安全北京城”和“文明交通伴我行”等一批青年志愿服务项目，并为社区孤老、离休老干部、残疾人、贫困家庭等弱势群体提供多样的志愿服务。2006年，被共青团中央、中国青年志愿者协会授予“第六届中国十大杰出志愿服务集体”。2010年7月国务院批复北京区划调整，将北京市宣武区青年志愿服务总队并入西城区志愿者联合会。

深圳市义工联合会（www. sva. org. cn） 地方性综合类志愿服务组织。1990年4月注册成立，为中国内地第一个义工法人社团，位于深圳市福田区。发起人为共青团深圳市委，由志愿为青少年和社会提供义工服务的社会各界人士（主要是青少年）组成。宗旨为“服务社会，传播文明”，倡导“参与、互助、奉献、进步”的服务精神，传播“助人自助”“送人玫瑰、手有余香”的互助理念。实行会员管理制度。会员分个人会员和团体会员。组织体系以四级义工组织网络为主体，即市、区两级建义工联、街道建义工服务中心、社区建义工服务站，以法人义工社团和团体义工为辅助。设有20个直属服务组：热线服务组、快乐成长组、学生服务组、松柏之爱组、秘书后勤组、义工艺术团、义工杂志组、社会调研组、生命之光组、与你同行组、培训服务组、环保生态组、网络服务组、文化服务组、关爱探访组、拥抱阳光组、消防安全组、捐血献髓组、赛会展会组、慈善公益组。2005年7月1日，由深圳团市委、市人大法制委员会、市义工联、义工代表等共同起草出台了《深圳市义工服务条例》，为中国内地第一部规范义工工作的地方性法律。曾获得“第八届中国青年志愿者优秀组织奖”“中国十大杰出青年志愿服务集体”“中国优秀青年志愿者服务集体”“中国青年志愿者行动先进集体”“全国助残先进集体”和“全国第九届运动会优秀组织奖”等。

北京市志愿者联合会（www. bv2008. cn） 北京市志愿从事社会公益活动的最大的全市性社会团体。原名为北京志愿者协会。成立于1993年12月5日，是由自愿、无偿为社会提供志愿服务的志愿者组织以及参加志愿者组织的社会各界人士组成的非营利性社会团体法人；是国内首个在省级民政部门注册的志愿服务组织；是联络、团结、凝聚北京市各部门、各系统、各领域志愿者组织的“枢纽型”社会组织。宗旨是弘扬志愿精神，传播志愿理念，倡导良好社会风气、健全社会服务体系、促进社会和谐建设。六项基本任务为：一是大力宣传志愿服务精神，引导社会各界积极参与志愿服务工作；二是为大型社会活动、社区建设、公益事业、抢险救灾和经济建设提供广泛的志愿服务；三是为有特殊困难及需要帮助的社会成员提供志愿服务；四是规划组织志愿服务行动，指导分会、团体会员、个人会员开展工作；五是考核、评比相关志愿者组织开展的志愿服务活动；六是开展与国内外志愿者组织和团体的交流与合作。获得主要荣誉有：联合国“卓越志愿服务组织奖”、“中国杰出志愿服务集体”、“全国先进民间组织”、“北京市先进民间组织”等荣誉称号，多次获得北京市思想政治工作先进单位等荣誉称号。其注册会员中具有广泛影响力的代表性组织有2010年北京市首批政府正式认定的10支专业志愿者队伍，分别是北京医疗卫生志愿服务总队、北京红十字志愿服务总队、北京博物馆志愿服务总队、北京科普志愿者服务总队、首都保护知识产权志愿服务总队、北京禁毒志愿者总队、北京市志愿者联合会综合应急志愿服务总队、北京市志愿者联合会文明观众拉拉队志愿服务总队、北京市志愿者联合会心理援助志愿服务总队和北京市志愿者联合会期颐助老志愿服务总队。

佛山市青年志愿者（义务工作者）协会 地方性综合类志愿服务组织。成立于1994年，最初由65名大学生组成，主要开展“同学我帮你”青少年热线服务活动。2003年佛山市区划调整以来，依托行政架构建立了市、区、镇（街道）、社区（村居）四级志愿者组织，各区成立志愿者（义务工作者）协会（联合会），镇（街道）成立志愿者（义务工作者）协会，社区（村居）成立志愿者服务队。截至2013年，佛山市五区、33个镇（街道）成立志愿者协会，200余个社区建有2000余支志愿服务队伍。依托卫生、科普、福利、文化、自驾车、心理咨询等专业与行业机构建立25支专业志愿服务总队，围绕群众生产生活需求，积极组织志愿者开展扶贫帮困、访贫问苦、社区便民等常规志愿服务。依托佛山科学技术学院、广东纺织职业技术学院等大中专学校成立了12个志愿者分会。相继受政府委托承担了“第七届亚洲艺术节”、第十二届广东省运动会、第16届亚运会等活动，其中，“第七届亚洲艺术节志愿服务行动”获团中央“2005年-2006年度中国志愿者行动优秀项目奖”，以及“广州亚运会、亚残运会先进集体”“第八届中国青年志愿者优秀组织奖”和市“先进集体”。网址参见广东佛山团市委网站。

湖北志愿者协会 地方性综合类志愿服务组织。前身是1994年12月5日在湖北武汉成立的湖北青年志愿者协会。2008年4月7日，更名为湖北省志愿者协会。是由有志于从事社会公益服务的各界青年和有关组织自愿组成的全省性、专业性、非营利性社会团体。接受共青团湖北省委、社团登记管理机关省民政厅的业务指导和监督管理。奉行奉献、友爱、互助、进步的准则。旨在通过组织和指导全省青年志愿者服务活动，为社会提供志愿服务，推动社会主义精神文明建设，促进社会主义市场经济体制的建立和完善，提高青年的整体素质，为湖北省经济社会的协调发展和全面进步做出贡献。截至2011年，动员累计2000多万人次的志愿者在助老扶幼、抢险救灾、大型活动、社区建设、环境保护、海外服务等方面提供了累计超过11亿小时的志愿服务，形成了具有鲜明湖北特色的志愿服务体系。网址参见湖北团省委网站。

长沙市青年志愿者联合会 地方性综合类志愿服务组织。成立于1995年，是由共青团长沙市委指导，长沙市各界志愿从事社会公益事业与社会保障事业的青年组成，依法成立的各级青年志愿者组织人自愿结成的非营利性社会组织，是中国青年志愿者协会的团体会员。以“服务群众、奉献社会”为宗旨，以“奉献、友爱、互助、进步”为准则。下辖区级青年志愿者协会9个，专业、行业志愿者分会98个，有青少年志愿者14万余人，注册志愿者近1.2万人。为全市青年提供志愿服务，推动社会文明进步，提高长沙青年的整体素质，促进长沙经济社会的协调发展和全面进步做出贡献。网址参见湖南长沙团市委网站。

辽宁省青年志愿者协会（www.lnyouthvolunteers.org.cn） 地方性综合类志愿服务组织。成立于1995年3月。接受中国青年志愿者协会、共青团辽宁省委业务指导，接受辽宁省民政厅监督管理，是由依法成立的、以青年为主体的各市级志愿者组织（包括全省性的专业、行业志愿者组织）和志愿从事社会公益与保障事业的各界人士自愿结成的非营利性社会团体法人，是中国青年志愿者协会的团体会员。宗旨是弘扬志愿精神，传播志愿理念，倡导良好社会风气、健全社会服务体系、促进和谐社会建设。以关爱他人，服务社会，深入开展符合实际、贴近民生的志愿服务活动，建立与政府服务、市场服务相衔接的社会志愿服务体系为目标。基本任务是：大力宣传志愿精神，引导广大团员青年积极参与志愿服务，培养青年的公民意识、奉献精神和社会实践能力；为大型社会活动、社区建设、公益事业、抢险救灾和经济建设提供广泛的志愿服务；为有特殊困难及需要帮助的社会成员提供志愿服务；规划组织志愿服务行动，指导会员开展工作；表彰和奖励志愿服务先进典型，总结推广先进经验和做法；开展与国内外志愿者组织和团体的交流与合作。

杭州市志愿者协会（www.hzva.org）　地方性综合类志愿服务组织。前身为杭州市青年志愿者协会，成立于1995年6月，2001年8月更名为杭州市志愿者协会，接受共青团杭州市委的领导和中国青年志愿者浙江省协会的指导，由志愿从事社会公益、社会服务事业的各界人士自愿组成的全市性社会团体。宗旨是“扬时代新风、献人间真情”，倡导“奉献、友爱、互助、进步”的志愿者精神。旨在通过组织和指导、协调全市志愿者活动，为社会提供志愿服务，推动社会主义精神文明建设，促进社会主义市场经济体制的建立和完善，提高杭州市民的整体素质，推进社会的协调发展与全面进步。建有翻译、礼仪、敬老、助残、综合、假日旅游、艺术团、公共应急、城市志愿服务“微笑亭”、市民之家等十支专业志愿服务队伍。主要实施项目有：西博会志愿服务行动、春运志愿服行动、“走进福利院”敬老服务行动、城市志愿服务“微笑亭”行动、“市民之家”志愿服务行动等。获得过全国十大杰出志愿服务集体、杭州市精神文明建设突出贡献奖、杭州市十大平民英雄等多项荣誉。

广州市青年志愿者协会（www.125cn.net）　地方性综合类志愿服务组织。成立于1995年6月5日，接受共青团广州市委的领导，由全市志愿从事社会公益事业和社会服务事业的各界青年、市民和社会组织组成的全市性社会团体。是中国青年志愿者协会、广东省青年志愿者协会的团体会员。倡导“参与、互助、奉献、进步”的志愿精神；宗旨是：服务社群、提升自我、共建和谐；旨在追求“健康、成长、快乐、美丽、成就”的目标；使命是：建设志愿广州、共筑爱心之城。至2007年底，已拥有会员68万人，在2004年至2006年，广州全市纳入统计的志愿服务累计超过820万小时。主要志愿活动项目有：“护花行动”“家庭植树”“青春暖流”“情满中秋”“助残行动”“松柏工程”“一助一”和“广州一家亲”等。曾荣获“中国青年志愿者优秀服务集体”、“广州市文明单位标兵”、“广东省文明单位”、“广州市精神文明建设红旗单位”和“广东省志愿服务金奖单位”等荣誉称号。

泉州市青年志愿者协会（www.qzzyz.org）　地方性综合类志愿服务组织。成立于1995年，主管单位是共青团泉州市委和泉州市青年联合会，并接受泉州市社团办和福建省青年志愿者协会的指导和监督管理，由全市志愿从事社会公益、社会服务和社会保障事业的各界青年组成的联合性、非营利性社会团体。奉行“奉献、友爱、互助、进步”的志愿精神。主要任务是：开展志愿服务活动，改善社会风气和人际关系，推动青年志愿服务体系的建立，促进多层次社会保障制度的完善；培养青年的公民意识、奉献精神和服务能力，促进青年健康成长；为城乡发展、社区建设、扶贫开发、抢险救灾以及大型社会活动等提供志愿服务；为具有特殊困难以及需要帮助的社会成员提供服务；招募和培训青年志愿者，规划、组织全市青年志愿服务活动，协调指导全市各地、各类青年志愿者组织开展工作；开展与各地青年志愿者组织和团体的交流。主要实施的志愿服务项目有：志愿者长期结对服务计划，志愿者扶贫接力计划，组织大学生暑期下乡志愿活动，组织各项特色环保志愿行动，组织志愿者进社区服务和谐行动，为各项大型活动提供志愿服务等。截至 2012 年，已有注册会员 2.3 万余人，每年向社会提供超过 45 万小时的志愿服务，被团省委授予“福建省青年志愿者行动十周年组织奖”，被团中央授予“第六届中国青年志愿者行动组织奖”，被省委文明办评为“优秀志愿服务组织”。

成都青年志愿者协会（www. volunteer—cd. org. cn） 地方性综合类志愿服务组织。成立于 1995 年 10 月，是在青团成都市委和四川青年志愿者协会指导下，由志愿从事社会公益与社会服务事业的各界青年组成的全市性社会团体。奉行奉献、友爱、互助、进步的准则，通过组织和指导全市青年志愿服务活动，为社会提供志愿服务。主要任务是：改善社会风气和人际关系，为成都社会经济发展创造良好的社会环境；适应社会主义市场经济发展的需要，建立青年志愿服务体系，推动成都市多层次社会保障制度的建立和完善；培养青年的公民意识、奉献精神和服务能力，引导青年承担更多的社会责任，促进青年健康成长；为城乡发展、社区建设、扶贫开发、抢险救灾以及大型社会活动等公益事业提供志愿服务；为具有特殊困难以及需要帮助的社会成员提供志愿服务；规划、组织全市青年志愿者服务活动，协调、指导全市各级、各类志愿者组织开展工作，培养青年志愿者，规范、统一制作青年志愿者服务活动队旗、臂章等标志；开展与海内外志愿者组织和团体的交流。协会最高权力机构是会员代表大会。会员代表大会每四年召开一次，闭会期间由理事会主持协会会务。理事会每年召开一次，会期由常务理事会决定。协会秘书处处理协会日常工作，受理事会委托，秘书处可以对外代表成都青年志愿者协会。

湖北省武汉市武昌区吴天祥小组志愿者联合会 地方性综合类志愿服务组织。前身是武汉市武昌区吴天祥小组，成立于 1996 年。2011 年，由武昌区委宣传部、区文明办组建成立“武昌区吴天祥小组志愿者联合会”，下设 33 个分会。以“立足岗位作奉献，服务社会献爱心，扶贫帮困送温暖”为宗旨，常年开展便民利民等 17 项志愿服务，建立特色志愿服务队，开展结对帮扶志愿服务，在医疗、法律、水务、法律、计生、科普、心理咨询、维权服务等领域建立专业志愿服务队，开展技能帮扶志愿服务。组织文体、环保、读书等文化志愿服务队，开展精品文化进社区志愿服务。组织文明游园宣传、“爱我百湖”宣传实践、清洗城市家具等环境维护志愿服务队，开展文明劝导志愿服务。2012 年，被中央文明办评为全国优秀志愿服务组织。网址参见湖北武汉武昌区委网站。

徐州新风志愿者服务总队　地方综合性志愿服务组织。成立于1997年，秉持着“坚忍、务实、忘我、锐意”的奉献精神与服务理念。开展社区、环保、应急救援、助残助老等多种志愿服务，如2002年组织开展的“我为市容添光彩”“保护母亲河”主题活动、2003年抗非典宣传活动、2004年千余人次参与的四城同创创建活动、2005年铁人三项赛十余名队员现场服务、2006年环保大普查与报社改版大调查、2007年11月组织百名队员下社区宣传十七大、2008年雪灾春运高峰期十余名队员十余天坚守火车站现场志愿服务、为奥运宣传加油助威系列活动、四川地震赈灾等。每周在十余个敬老院、福利院、培智学校等弱势服务献爱心服务，开展“温情计划”“春风计划”对留守、残疾、低保等困难家庭孩子进行一对一帮教陪伴等。有队员数千名、服务项目20余项，各高校建立新风同名社团，全省各城市注册联网，每周百名队员以上开展志愿服务。是全国百优志愿团体、江苏省优秀志愿组织。

上海市志愿者协会（www. volunteer. sh. cn）　上海市志愿从事社会公益活动的最大的全市性社会团体。成立于1997年7月27日，接受上海市精神文明建设委员会的领导。以“服务他人，奉献社会”为宗旨，以“平等、互助、奉献、进步”为准则。经常开展的公益活动有：助老、助残、助医、助学、助困、邻里互助、敬老爱幼、护绿保洁、交通管理、治安防范、法律咨询、就业指导、科学普及、医疗保健、家电维修以及为国际国内交流活动、大型文化娱乐活动等提供服务。实行市、区、街道和基层单位的三级管理四级网络机制，即协会、分会、总队、服务队。主要下属机构有各区县的社区志愿者协会、市总工会的职工志愿者协会、团市委的青年志愿者协会、市妇联的家庭志愿者协会以及国际交流活动、健康促进、科学普及、开业指导、计划生育、阳光爱心（帮助白血病患者）、帮老助残、市民巡访、文明交通、文明游园等10多支有专业性直属志愿者团队。

河北省丰润县三帮青年志愿者服务站　地方综合性志愿服务组织。于2001年在丰润县成立的志愿者服务组织。开展的主要活动项目有：创办了“丰润县下岗青工之家”、组织24名青年志愿者与24名丰润籍“两劳”人员结成一助一帮教对子、启动实施了青年志愿者为奉献者奉献“500结对服务计划”。获得第二届“中国青年志愿者杰出集体”称号，被团中央称为“丰润模式”。网址参见河北丰润团县委网站。

四川绵竹青年志愿者协会　地方综合类志愿服务组织。成立于2003年8月。坚守“奉献、友爱、互助、进步”的志愿服务精神，组织带领青年志愿者在抗震救灾、灾后重建和灾后经济发展中，开展志愿服务活动。“5·12”特大地震发生后，成立了绵竹市抗震救灾志愿者指挥中心，结合各条战线抗灾实际需求，将志愿者队伍按工作性质进行统筹调度。组织、招募了大量的教师志愿者和心理辅导志愿者深入城区各个灾民点和乡镇、村、组，和灾区群众谈心，开展心理干预志愿服务，帮助他们尽快走出灾难的阴影。灾后重建中，召集在绵服务的30多家志愿者组织共同建立“绵竹市灾后重建公益组织联席会议机制”，确保志愿服务工作在抗震救灾和恢复重建中逐步走上专业化、系统化和社会化的模式。2008年分别被中共中央、国务院、中央军委授予“全国抗震救灾英雄集体”，共青团中央、中国青年志愿者协会授予“第七届中国十大杰出志愿服务集体”，人力资源和社会保障部、共青团中央授予“全国抗震救灾英雄志愿服务集体”等荣誉称号。网址参见四川绵竹团市委网站。

泉城义工 又称济南时报泉城义工志愿服务联络站，是由媒体发起的地方性综合类志愿者。成立于2004年5月，由济南时报联合市文明办、团市委共同组建。理念为“展我所长，尽我所能，倾我热情，回报社会”。已注册10万余名义工，包含医生、律师、大学生、公务员、私企员工、记者、主持人、下岗职工、离退休专家等各行各业人士，成立了医疗保健服务团、法律服务团、家电维修服务团、关爱父亲母亲服务团、艺术团、助残服务团、少年团等服务团队。自2005年8月21日起，正式推出“泉城义工在行动”系列主题活动。一是固定时间主题服务活动，坚持每周日9点至11点在社区、广场、学校等公共场所开展环保行动、法律援助、心理咨询、健康普查等；二是固定项目长期服务活动，包括敬老服务、暑期儿童托管、为民工子女设立爱心艺术课堂等；三是专题月服务活动，与母亲节、重阳节、六一儿童节、中秋节等重大节日相结合，如“关爱父亲母亲”专题月、“呵护孩子”专题月等。四是特色主题服务活动，围绕扶贫、支教等展开。2008年，曾在汶川地震抗震救灾中发挥了积极的作用。自2007年起，先后两次被中宣部确定为全国重大宣传典型；2011年入选中宣部《宣传思想文化工作案例选编》；2011年12月，被中央文明办评为“10个全国优秀志愿服务组织”之一。获得“中国十大杰出青年志愿服务集体”和“第十一届全国运动会志愿服务优秀组织奖”等荣誉称号。

黑龙江省大庆市爱心传递志愿者协会 地方性综合类志愿服务组织。于2006年12月在大庆成立。秉承“大庆精神”，以服务社会为准则，以“平等、仁爱、互助、奉献”为指南，开展助老、助残、助学、环保、无偿献血、义医义诊、健康知识宣传和危急事件救助等公益活动，如“关爱孤寡老人，发扬传统美德”“关注失学儿童，共铸阳光工程”和“ 关心受害灾区，展示民族大爱”等。2012年被中央文明办评为全国优秀志愿服务组织。网址参见黑龙江大庆市委网站。

天津市阳光义工爱心社 从事公益事业的地方性志愿服务组织。成立于2007年，由民营企业家张秀燕女士与从乃康先生在天津联合发起并出资成立，成员包括政协委员、企业家、媒体记者、公司白领，以及清华大学、浙江大学、天津大学、南开大学等全国40所知名高校的部分大学生，共计3500多人。倡导“做公益事业，不单单是捐款捐物，劝人向善，让绝望的人重新燃起生活的希望，也是一种善举。”旨在让更多的人增强社会责任感，让爱心的接力棒在更多人的手中传递。自成立以来，举办了“用爱送你进学堂”公益助学，“大爱点燃希望真情回报母恩”扶助特困单亲母亲，资助少数民族自强特困生，“迎奥运·环保行”，天津市首届盲人艺术节，与孤寡老人、散居孤儿结对子送关爱，新春走基层等公益活动。2012年，被中央文明办评为全国优秀志愿服务组织。

福建省青年志愿者协会（www.541205.com）

地方性综合类志愿服务组织。2008年成立于福州，是由志愿从事社会公益事业与社会保障事业的各界青年组成的全省性的社会团体。接受共青团福建省委的领导和中国青年志愿者协会的指导，是中国青年志愿者协会以及福建省青年联合会的团体会员。奉行“奉献、友爱、互助、进步”的准则。基本任务是：改善社会风气和人际关系，为发展社会主义市场经济创造良好的社会环境；适应社会主义市场经济发展的需要，推动青年志愿服务体系和多层次社会保障体系的建立和完善；培养青年的公民意识、奉献精神和服务能力，促进青年健康成长；为城乡发展、社区建设、扶贫开发、抢险救灾以及大型社会活动等公益事业提供志愿服务；为有特殊困难以及需要帮助的社会成员提供服务；规划、组织青年志愿服务活动，协调、指导全省各地、各类青年志愿者组织开展工作；培训青年志愿者；开展与海内外志愿者组织和团体的交流。主要品牌项目有：“青年志愿者扶贫接力计划”、福建省大中学生暑期“三下乡”志愿服务活动、“2008北京奥运会、残奥会赛会志愿者项目”“2010年上海世博会志愿服务项目”“2011年第五届全国特奥运动会志愿服务项目”“共青团关爱农民工子女志愿服务活动项目”“大学生志愿服务西部计划”“福建省大学生志愿服务欠发达地区计划”“爱心助成长计划”“保护母亲河”环保志愿服务、“社区学习中心”“青春红丝带——青少年防治艾滋病志愿者宣传教育计划”和“关爱女孩、关爱留守儿童青年志愿者行动”等。截至2012年福建省共有80多万名青年志愿者，注册志愿者22万人，参与社会服务累计2000多万人次，服务时间2.2亿个小时。

广东省志愿者联合会（www.gdvolunteer.org）

广东省志愿从事社会公益活动的最大的全市性社会团体。成立于2008年12月4日，是联络、团结、凝聚所在区域内的志愿组织共同开展志愿服务工作的非营利性社会团体。由广东省青年联合会、广东省红十字会志愿工作委员会、广东省青年志愿者协会、广东省青年科学家协会、广东省学生联合会、广东省青年企业家协会、广东省青年商会、广东省志愿者事业发展基金会、广东省青少年犯罪研究会等九个社团共同发起成立。由自愿、无偿为社会提供志愿服务的志愿组织以及社会各界人士组成，接受广东省发展志愿服务事业指导委员会领导，主管单位是共青团广东省委，业务上接受广东省民政厅指导和监督。宗旨是“服务社会，共建和谐”并倡导“奉献、友爱、互助、进步”的志愿者精神。主要业务范围是：坚持科学发展观，围绕和谐广东建设，完善社会志愿服务体系；发展志愿服务事业，制定广东省志愿服务规范，推动志愿服务的社会化、事业化、公益化和规范化；宣传志愿服务文化，传播志愿服务理念，在全社会大力弘扬“奉献、友爱、互助、进步”的志愿者精神；组织、指导、协调志愿组织及会员开展志愿服务；组织学术研讨活动，推动志愿服务理论研究；培训志愿者，提升志愿者的服务技能；统一标准，进行考评，表彰优秀志愿者；整合社会资源，保障志愿者合法权益；开展志愿服务对外交流与合作；进行项目推广和培育，推动志愿服务项目化运作；协助政府为社会提供公共服务（公益活动志愿服务、应急志愿服务等）。

新疆维吾尔自治区克拉玛依义工志愿者联合会

地方性综合类志愿服务组织。2009年6月成立，开展的项目有：“六点半学校”，为孩子开展作业辅导、知识博览、德育教育、文体活动等志愿服务；“老友关爱圈”服务队，关注老人精神生活建设，并通过“星期代理主任”“五谷飘香”“社区黄页”和“楼宇自治”等一系列品牌项目使便民利民服务常态化发展。2012年5月开始，先后有1000余名义工和志愿者走上街头，劝导行人不闯红灯、走斑马线，督促广大市民自觉遵守交通法规。下属16个分会，有专职工作人员68名，义工（志愿者）共计20894名。2012年12月，被中央文明办评为全国优秀志愿服务组织。网址参见中共新疆克拉玛依市克拉玛依区委网站。

河南省志愿者联合会　地方综合类志愿服务组织。2009年12月5日在原有河南省青年志愿者协会的基础上成立。受河南省志愿服务工作领导小组领导和共青团河南省委、河南省民政厅业务指导和监督管理，秘书处设在共青团河南省委青年志愿者工作部。以在全社会大力倡导奉献、友爱、互助、进步的志愿服务精神为宗旨。是联络、团结、凝聚所在区域内的志愿组织共同开展志愿服务工作的非营利性社会团体，由自愿、无偿为社会提供志愿服务的志愿组织以及社会各界人士组成。负责指导和协调全省志愿服务活动，发展志愿服务事业，提高志愿服务水平，健全志愿服务机构，助力形成相互关爱、奉献社会的良好社会风气，为和谐中原建设做出贡献。网址参见河南团省委网站。

北京志愿服务基金会　志愿服务领域的地方性公募基金会。2009年12月成立于北京，接受北京团市委业务管理和北京市民政局的业务监督。依据市委市政府《关于进一步加强和改进志愿者工作的意见》和《北京志愿服务基金会章程》，建立了组织管理子基金、研究培训子基金、项目建设子基金、队伍建设子基金、激励保障子基金的5＋X子基金规划框架，旨在对全市志愿服务资助项目进行总体布局，坚持统一管理、分项核算、统筹使用。北京志愿服务基金会在申请政府财政支持的同时，面向海内外的企业、非营利机构和个人筹集资金，资助示范性、引领性志愿服务项目的建立与开展；表彰奖励对志愿服务做出突出贡献的团体和个人；救助从事志愿服务活动中遇到特殊困难的志愿者；支持志愿服务理论研究、骨干志愿者培训等能力建设工作；组织开展志愿服务国际国内交流工作等。

江苏省扬州新闻女生志愿服务团　从事公益事业的地方性综合类志愿服务组织。于2009年由扬州广播电视总台发起成立，最初由六位出镜女记者组成，她们有一个共同的名字——新闻女生。依托新闻节目平台，以医生、律师、教师等一千多名志愿者为后盾，面向农民工、弱势儿童、残疾人、空巢老人等群体开展志愿服务。自成立以来，策划、组织了关爱各类弱势群体的公益活动，如举办“农民工春晚”，在村小、街道设立“新闻女生·爱之家”，开展助学行动，举办大型寻亲会等。2012年，被中央文明办评为全国优秀志愿服务组织。网址参见江苏扬州广播电视总台网站。

重庆市爱心志愿者总队（www.lovevc.org）地方性综合类志愿服务组织。原称重庆爱心促进会，成立于2010年3月。受重庆市志愿服务工作指导中心的指导，由李沸岑先生倡导，并与唐建华、朱兰、肖敏等人共同发起。组成人员包括企业家、金融家、律师、医生、教师、公务员、商务人士、艺术家、离退休人员等爱心人士。以“人人都有爱，人人都需要爱，人人都奉献爱”为理念，以“点滴爱心润世，快乐公益树人”为使命，以“爱心互助、慈善济世”为目标，注重团队建设，以参与者的认同和归属感为方向，重视每个参与者的意愿、积极性和创造欲。所组织的具有影响力的大型公益慈善活动有：“心无界，爱永恒”“爱心小天使暑假灾区体验行”“心系留守儿童，关注贫困学校”“冬日阳光温暖你我”和“关爱成长，共建未来”。

西藏自治区狮泉河海关学雷锋志愿服务队　地方性综合类志愿服务组织。2011 年 5 月于拉萨成立，由 18 名志愿者秉承“学习雷锋、奉献他人、提升自己”的理念，以“踏实服务，不搞形式，切实有效”为服务宗旨，把学雷锋活动与开展环保公益、支教帮教、扶贫济困结合起来，开展形式多样的服务活动。包括旨在增强环境意识，营造绿色氛围的“边关儿女情系阿里，神山圣湖更加美丽”环保公益活动，扶持教育事业的“爱心校园行”助学物资捐赠活动，以及为弱势群体提供关爱的“结对帮扶”活动。2012 年在由中央文明办主办，中国志愿服务基金会、中国文明网、人民网、新华网、中国网络电视台、光明网等多家单位承办的“2012 年全国优秀志愿者和优秀志愿服务组织”评选活动中获得“全国优秀志愿服务组织”荣誉称号，是西藏自治区唯一获得该殊荣的单位。网址参见中共西藏狮泉河海关委网站。

贵州省遵义市社会义工协会　地方性综合类志愿服务组织。2011 年 6 月 18 日正式成立，是贵州第一家在政府民政部门注册登记的社会义工（志愿者）组织。秉承“奉献、友爱、互助、进步”的宗旨，致力于各类社会公益与爱心活动的开展，并及时围绕社会热点、难点、关注点问题，积极组织义工（志愿者）促进地方建设。截至 2013 年 7 月，已有注册义工（志愿者）近 4000 人，大部分是青年义工（志愿者）。得到了从中央、省到市、区及街道、社区各级领导的肯定和赞扬。2012 年被中央文明办评为全国优秀志愿服务组织。

浙江省海宁市慈善总会义工委员会　地方性综合类志愿服务组织。简称“海宁义工”，成立于 2011 年 9 月 12 日，隶属于海宁市慈善总会。从事公益、环境、社区服务、安老抚幼、助残济困、助医助学、紧急救援及其他社会公益活动。截至 2012 年 12 月注册义工 126 名，登记义工 1500 多名，设立 3 个专业服务队。对孤寡老人的服务是其长期项目，全市 1097 名老人感受到了海宁义工的关爱和温暖。2012 年 12 月，海宁义工成为浙江唯一一个全国优秀志愿服务组织。网址参见中共浙江海宁市委网站。

福建省石狮市志愿者联合会　地方性综合类志愿服务组织。于 2012 年 3 月在前身“石狮市志愿者协会”的基础上成立，以协调与指导石狮市的整体志愿服务活动。下辖青年志愿者、巾帼志愿者、职工志愿者、社区志愿者、科普志愿者、红十字志愿者及文明单位学雷锋志愿者等 265 支志愿服务队，志愿者人数累计占石狮市 10.6% 的人口比例。自成立以来，整合石狮市志愿服务资源，根据区域分布、功能设置、资源情况的不同，组建不同类型的志愿服务组织；塑造志愿服务品牌，如关爱老人的“青春晖映夕阳红”、扶幼助学的“大手拉小手”、大型活动志愿服务项目等；完善志愿服务保障体系，为常年参与的志愿者提供必要的人身保障，实现志愿服务筹款及项目运作的社会化、透明化、公开化等。2012 年，获“第八届中国青年志愿服务优秀组织奖”。网址参见福建石狮团市委网站。

河南省洛阳市志愿者联合会 地方性综合类志愿服务组织。受洛阳市委宣传部和洛阳市文明办领导，建立“四位一体”志愿服务网络，对全市志愿者进行统一注册登记，在五老、公务员、学生、工友等九大类志愿服务队伍的基础上，逐步组建了文艺志愿服务小分队、网络文明传播志愿者队伍、物业服务企业志愿服务队、红十字志愿服务队、义教志愿服务等一批专业化志愿服务队伍，先后开展了“万名志愿者助交通”“万名志愿者进社区”“我为花会添光彩”“关爱空巢老人”“关爱农民工及其子女”和“关爱留守儿童”等志愿服务活动。下设有青年志愿者协会、河洛志愿者协会、文明使者志愿服务队、水上义务搜救队、任耀光爱心车队等分会团体 40 多个，志愿服务工作站 158 个，各类志愿者服务队伍 1000 多支，涌现出了许北鼎、李顺卿、任耀光、乔文娟等一大批优秀志愿者典型。2011 年被中央文明办评为全国优秀志愿服务组织。网址参见中共河南洛阳市委网站。

吉林省长春市净月开发区永兴街道志愿者协会 地方性综合类志愿服务组织。由长春市净月高新区永兴街道党组织发起成立，成员以共产党员为核心，吸纳社会力量参与。立足服务民生，扎实开展红细胞工程。旨在协助地方政府加强和创新社会服务管理，打造文化繁荣、环境宜居、民生和谐的幸福街道。自成立以来，组建由专家学者、企事业单位、志愿者组成的红细胞服务联盟；建立信息化平台；建立了由组织指导、形象识别、志愿团队、服务运行、评价激励、信息管理六大系统组成的管理机制；拓宽服务项目，开展了如扶贫助困、劳动就业、医疗健康、文化娱乐、环境维护等活动。2012 年，被中央文明办评为全国优秀志愿服务组织。网址参见吉林长春净月开发区永兴街道党工委网站。

五、地方性专业性组织

广东省广州市中学生心声热线电话 地方专业性志愿服务组织。成立于 1987 年，由广州市 10 余名“学雷锋、做好事”的积极分子发起，在广州市团委、教育局的支持下开通。宗旨是“倾听您的心声，理解您的心意，沟通您的心灵”。开展的活动项目主要是接听全国各地中学生等人的电话并回答他们提出的包括交友、校园生活、家庭伦理、择业投考、青春期卫生等方面问题。“心声”电话的开通获得 1987 年广州市社会主义精神文明建设十件大事提名奖，并获得第二届“中国青年志愿者杰出集体”称号。

北京红枫妇女心理咨询服务中心 致力于妇女心理咨询和妇女研究工作的地方性志愿服务组织。由妇女问题专家王行娟女士以及一批热心于妇女事业的知识女性自愿组织起来的非营利性民间妇女组织，成立于 1988 年 10 月，宗旨为研究并服务当代妇女，为促进社会性别平等，建立男女伙伴关系，提高妇女生活质量而努力奋斗。使命为关注女性身心健康，促进女性全面发展。开展的主要项目有 1992 年 9 月开通了中国第一条妇女热线，无偿地为社会各界妇女进行心理咨询服务，至今已接了 7 万个电话；2001 年至 2005 年，红枫与天津市妇联合作，在天津鸿顺里社区开展家庭问题社区干预实验项目；1998 年 5 月，创办了以单亲家庭为主要服务对象的方舟家庭中心，对单亲家庭提供心理和社会服务，2004 年和 2005 年，与北京市宣武区妇联合作，在宣武区的八个街道举办了单亲母亲成长小组，得到了单亲母亲的欢迎和当地政府的认可。拥有 100 余位有志愿精神和各种专业水准的志愿者队伍，有 23 位志愿者已获得国家劳动和社会保障部心理咨询师培训合格证书，对热线中有妇女人权受侵犯等情节的 400 例个案进行专项研究，提出将以妇女为本纳入社区工作的新理念。

天津和平区新兴街志愿者协会 中国第一个社区志愿服务组织。成立于 1989 年 3 月 18 日，被民政部确定为全国第一个社区志愿者组织发祥地。设有会员代表大会、理事会，实行会员制，凡在新兴街辖区内的机关、学校、企事业单位、社会团体和个人均可参加协会。已发展到 1 万余人，志愿者会员单位约 110 多家。倡导“我为人人，人人为我”、“民有所需，我有所帮”的理念。志愿服务内容讲求与时俱进，由成立之初的帮助群众“送菜，送煤，送炉具”，逐步发展为“送岗位，送知识、送健康”。志愿服务方式包括单项服务、双向服务、协调包户服务、大型集中服务、设点服务、邻里互助挂牌服务、信息网络服务等多种形式，涉及社区科教、文化、体育、卫生、治安、环境建设、再就业、便民服务等 8 个系列，60 多个种类。曾先后两次被国家民政部和全国社会工作者协会评为“全国社区服务先进集体”。

福建省同人助残志愿服务中心 地方性助残志愿服务组织。成立于 1989 年 7 月，最初由福州市 13 位残疾朋友自发组织的一个民间组织。2005 年 12 月，在福建省民政厅正式登记注册，管理团队志愿者 40 余人，“一助一”志愿服务 150 多对，服务残疾人数千人，直接帮助残疾人上千人。自创立以来，始终秉承“助人自助”的服务宗旨，倡导“自助、助人、人助、天助”精神，共同致力于突破闭塞的世界，建立人与人之间的相互沟通与和谐，通过志愿服务帮助残疾人走出困境，回归主流社会，同时也让志愿者在帮助他人的过程中得到进步升华。开展了大量的社区残疾人康复、救助残疾儿童、技能培训、心理咨询等相关助残服务等。设立专项助残基金、开展爱心捐赠和帮助残疾人解决就业问题。在交流沟通渠道方面，成立了福建省大中专院校残疾学生联合会、建立残疾人数据库等，编辑发行《同人》刊物，建立全国残疾人组织之间、残疾人之间、残疾人与社会的交流平台。2003 年 9 月被国务院残疾人工作协调委员会授予全国“残疾人之家”称号，2005 年 8 月在共青团中央、中国残联开展的“百万青年志愿者助残行动”中被授予“先进集体”称号。2008 年被共青团中央、中国青年志愿者协会授予“第七届中国十大杰出志愿服务集体”。

福建省南阳义务消防队 从事安全领域服务的地方性志愿服务组织。南阳青年义务消防队是一支报效祖国、造福乡梓、服务社会的群众性组织，是集“义务消防、治安巡逻、抢险救灾”三位一体的基层平安建设队伍。成立于 1990 年，队员来自农村基层各行各业，有农民、个体户、手工艺者、小企业老板。以“自立创新、艰苦奋斗，不计报酬、无私奉献”的精神，积极投身到义务消防、治安巡逻、抢险救灾的工作中。先后获得“福建省新长征突击队”“福建省优秀青年志愿者服务队”“全国青年志愿者杰出集体”“全国学雷锋先进志愿服务集体”“宁德地区新长征突击队”“宁德市社会综治先进单位”和“寿宁县文明单位”等荣誉称号。网址参见中共福建寿宁县委网站。

盘锦市黑嘴鸥保护协会（www. heizuiou. com） 从事鸟类保护志愿服务的地方性志愿服务组织。1991年4月20日成立于盘锦市。宗旨是保护珍稀、濒危物种黑嘴鸥及其栖息地（湿地），使黑嘴鸥种群扩大，脱离濒危警戒线，为全球树立一个环保民间组织保护濒危物种的成功案例，从而坚定人们保护生物多样性的信心。成立以来，通过开展环境教育、打造生态文化、发挥专家智慧、借助舆论监督、依靠政府决策先后保住了黑嘴鸥栖息地（湿地）50万余亩。2006年，盘锦市被中国野生动物保护协会授予“中国黑嘴鸥之乡”称号。2009年获得由国家八部委联合颁发的“母亲河奖”。其“保护黑嘴鸥重要繁殖地南小河”项目曾获得“SEE生态奖”。会长刘德天曾获得“地球奖”“中国环境保护特别贡献奖”“绿色中国年度焦点人物”“福特汽车环保奖”“杜邦杯新闻人物”和“辽宁环保十杰”等奖项和称号。

江苏省南京市“陶老师”工作站心理辅导志愿服务队 又称为南京市中小学生心理援助中心，从事青少年心理辅导的志愿服务组织。正式成立于1992年，是在江苏省文明办、南京市文明办的关心与支持下，由南京市教育局主办、南京晓庄学院承办，为未成年人提供心理帮助与支持、心理咨询与危机干预的全方位心理健康教育与维护机构，是未成年人心理健康教育专业工作者的培训基地，也是全国首家由政府主办并提供专项资金，以高校为专业支撑，为本地区中小学生提供公益性、专业化、系统化心理健康服务机构。共有76名专业志愿者，全部为南京市学校心理咨询员或劳动部心理咨询师，其中有中国心理学会注册督导师2名，中国心理学会注册心理师6名，特聘中国心理学会注册督导师5名。服务载体包括“陶老师”热线“陶老师”咨询中心、“陶老师”流动服务站及“陶老师”信箱四大平台，以及“陶老师’在线网络平台，确保实现学校心理健康教育培训与指导、心理困扰及障碍教育与咨询、24小时在线危机干预三大功能。2011年获全国优秀志愿者、江苏省优秀志愿服务组织称号。网址参见南京晓庄学院心理健康研究所网站。

星星雨（www. guduzh. org. cn） 从事儿童孤独症服务的医疗志愿服务组织。全称北京星星雨教育研究所，成立于1993年，中国第一家专门为孤独症儿童服务的教育机构，以“帮助孤独症儿童，使他们得到早期个别化教育，促进帮助孤独症家长认识孤独症，并掌握在生活中促进孩子良性发展的知识和技巧促进社会认识、理解和接纳孤独症儿童，尊重他们的生存和发展的权利”为服务宗旨，开发出以应用行为分析法（ABA）为理论基础的训练模式。培养出的第一批ABA教师，从1993年开始已为7000多个孤独症儿童及其家庭提供过服务。开发出家长训练模式，针对12—16岁青少年的养护训练班，逐步形成一套为成年孤独症患者提供服务的专业模式。从2005年起，星星雨发起的“心盟孤独症网络”为全国130家民间孤独症服务机构提供能力建设和技术支持，目的是为孤独症领域的NGO提供一个交流、分享的平台，促进中国孤独症儿童服务行业的健康发展。

自然之友（www. fon. org. cn） 从事环保志愿服务的地方性志愿服务组织。1993 年 6 月 5 日成立于北京，是致力于推动公众参与环境保护，支持全国各地的会员和志愿者关注本地环境挑战的非营利性的民间环保组织。最近五年的工作重点是回应中国快速城市化进程中日益凸显的城市环境问题，通过推动垃圾前端减量、城市慢行交通系统改善、低碳家庭和社区建设、城市自然体验和环境教育等，探讨和寻找中国的宜居城市建设之路。愿景是“在人与自然和谐的社会中，每个人都能分享安全的资源和美好的环境”。使命为“建设公众参与环境保护的平台，让环境保护的意识深入人心并转化成自觉的行动”。曾发起或过呼吁藏羚羊保护、滇西北天然林和滇金丝猴保护、首钢有污染的项目搬迁、关注西南水电开发、26 度空调节能行动等环保行动。办公室设在北京，并在北京地区组建了 3 个主题小组，分别是野鸟会（观鸟组）、植物组和登山队（登山组）。此在全国各地建立了 11 个会员小组，分别是武汉小组、襄阳小组（绿色汉江）、广州小组、上海小组、河南小组、南京小组、深圳小组、浙江小组、福建小组（厦门绿十字）郴州小组和苏州小组。

湖北省十堰市青年志愿者 CPR 救护队 地方专业性志愿服务组织。是一支以义务宣传、普及医疗急救常识 CPR 技术，招募热心公益的社会青年志愿者参加社会医疗急救的青年志愿者组织。于 1994 年 6 月 17 日由团市委、十堰市红十字会和十堰市人民医院共同发起组建。宗旨是“团结、友爱、互助、进步”，口号为“把安全留给家人，用爱心奉献社会”。截至 2006 年，开展了普及医疗急救常识 CPR 技术 6 万余次，救护队志愿者发展到 10340 人，其中包括警察、司机、医务人员、电工、团员等。先后获得“全国青年志愿者杰出集体”“湖北省青年突击队”“第三届湖北省十大杰出青年志愿者服务集体”和“十堰市杰出青年志愿者服务集体”等称号。网址参见湖北十堰团市委网站。

绿色江河（www. green—river. org） 从事环保志愿服务的地方性志愿服务组织。1995 年成立于四川，是经四川省环保局批准，在四川省民政厅正式注册的中国民间环保社团。主要任务是，组织科学工作者、新闻工作者、国内外环保团体等对长江上游地区进行系列环境科学考察；建立长江源头自然生态环境保护站；出版宣传生态环境保护的出版物及美术、音像作品；开展群众性环境保护活动及国际间生态环境保护的学术交流。宗旨为，推动和组织江河上游地区自然生态环境保护活动，促进中国民间自然生态环境保护工作的开展，提高全社会的环保意识与环境道德，争取实现该流域社会经济的可持续发展。

绿家园志愿者（www. chinagev. org） 简称绿家园，由媒体领域发起的致力于环保志愿服务的地方性志愿服务组织。由中央人民广播电台记者汪永晨于 1996 年成立的中国最早的三大环保 NGO 之一，依托环境记者网络，致力于江河保护，推进环境信息的公开化，提高公众对环境保护的关注与参与，推进环境公共决策的科学化和公平性。主要宗旨是“走进自然、认识自然、和自然交朋友”以及“倡导信息公开和公众参与”。主要成员多为记者和环境科学工作者。发起的主要活动有：领养树、环境记者沙龙、保护怒江、江河十年行、黄河十年行、乐水行、北京观鸟活动、每天一期江河信息、环境记者调查、小学绿色阅览室、反对北京动物园搬迁、汶川地震时的绿丝带活动；联合发起的活动有夏天室内温度不能低于26度空调活动、绿色选择等。

北京地球村（www.gvbchina.org.cn） 地方性民间环保志愿服务组织。全称北京地球村环境教育中心，成立于1996年，是联合国环保署的中国民间联络站，世界自然联盟教育委员会成员和亚太地区环境新闻工作者联盟成员。宗旨是通过营造大众环境文化，促进中国可持续发展。主要工作有：独立制作环保影视栏目和影片；撰写推广环保读物和宣传品，编辑《草根之声》；举办环保论坛；建立环境教育培训基地；推动绿色社区的理论与实践；同时开展了绿色列车、绿色能源、循环经济、绿天使艺术团、国际交流和耗材回收等环境保护项目。活动奖项有国际环境大奖“苏菲奖”、绿色文明大使、班克西亚国际环境奖、第二届克林顿基金会全球公民奖、美国时代周刊“环境英雄奖”。

陕西省妈妈环保志愿者协会（www.sxmmhb.org.cn） 致力于推动妇女参与环境保护事业的地方性志愿服务组织。成立于1997年10月，2005年9月在陕西省民政厅正式注册登记，业务主管单位为陕西省妇女联合会。致力于推动妇女参与环境保护，促进家庭与生态和谐发展。主要是热心环保事业的妇女及社会各界人士。使命是推动妇女参与环境保护，促进家庭与生态和谐发展。宗旨是倡导低碳家庭新理念，推动家庭节能减排，动员更多的妇女及其家庭，践行绿色生活，创建低碳家园。自成立起，开展了“百万家庭义务植树绿染三秦”“手拉手捡回一个绿色希望”和“节能减排家庭社区行动”等大型环保活动，形成了妈妈、儿童、高校学子、政府部门联手合作的公众参与环保活动；通过国内外合作项目，已对9815名农村妇女进行了环境能力建设培训；创建农村沼气、太阳能、集雨窖等绿色家园示范村58个，示范户2542户。先后荣获2001年国家科技部“科普宣传先进集体”、2002年农村妇女环境教育项目“福特汽车环保奖”、2002年联合国环境规划署“全球500佳”国内提名奖、2003年全球妇女基金成立十五周年合作奖、2006年“英国艾希顿全球可持续发展能源奖”、2008年全国“三八”红旗集体、2010年“全国绿化先进集体”等奖项和荣誉称号。

衡水市地球女儿环保志愿者协会 地方性环保志愿服务组织。成立于1998年，是通过民政局正式注册的民间环保组织。以倡导绿色消费和生态生活理念，唤起公众的环境危机感，普及并提高民众环保意识，呼吁全社会关注、参与环境保护事业为宗旨，致力于环保活动。自成立以来，在河北省团委和衡水市团委的领导下，以“保护衡水湖，传播绿色文明”为宗旨，积极加强国际合作，努力拓展与国际社会在环境问题上的民间交流。邀请包括联合国计划发展署官员、荷兰大使及夫人、部分驻中国大使馆参赞以及国内外NGO同行计15000余人参观考察衡水湖，为衡水湖的可持续发展做出了突出贡献。2005年11月获得了“第六届福特汽车环保奖”。网址参见衡水市团委网站。

农家女学校 从事农村女性志愿服务的地方性志愿服务组织。1998年10月由《农家女》杂志社创办，是一所专门面向农村妇女的公益性非营利培训学校。创办人是中国妇女报副总编谢丽华和北京外国语大学教授、北京市人大代表吴青。宗旨是为贫困地区农村妇女和大龄女童提供短期技能和综合素质培训，为她们参与经济发展和自立于社会创造条件。资金来源主要是海内外基金会、公司企业、社会组织、慈善机构和爱心人士的捐赠，全国妇联、北京市和昌平区政府也给予了大力支持。第一笔捐赠款来自已故作家冰心。实行全免费培训（学员吃、住、学习以及交通费全免），通过教学实践学校创造了三种比较成功的培训模式：大龄辍学女童全额资助培训班、农村社区妇女骨干培训班以及先培训后交费的勤工助学培训班。学校连续多年被昌平区教委评为社会力量办学先进单位。2004 年被北京市教工委和北京市教委授予北京市民办学校奉献奖，2005 年被昌平区民政局评为“民办非企业自律、诚信先进单位”，2006 年 2 月被中国新闻网评为最具社会责任感的 NGO，2006 年 9 月农家女助学金项目荣获全国首届“社会公益示范工程”十佳示范项目奖。

安徽省徐辉假日服务小分队　从事特种专业服务的地方性志愿服务组织。成立于 2000 年 4 月，属于合肥燃气集团，以全国劳动模范、全国道德模范、全国创先争优优秀共产党员、十八大代表、蜀山区服务所所长徐辉名字命名。自组建以来，利用双休日、节假日主动上门为用户开展志愿服务，服务活动以维修燃气器具、提供燃气咨询、收取维保费、检查燃气设施、更换燃气配件等活动为主，用户包括居民社区、工厂、机关大院、部队、干休所、大中专院校等。先后荣获“第九届全国职工职业道德建设先进单位”“江淮百万志愿者和谐活动优秀志愿者服务队”“第七届中国百个优秀志愿服务集体”“全国工人先锋号”和“全国优秀志愿服务品牌项目”等称号。2012 年，被中央文明办评为全国优秀志愿服务组织。网址参见合肥燃气集团网站。

天津绿色之友（www. tjlybj. com）　从事环保志愿服务的地方性志愿服务组织。2000 年 11 月 6 日以“天津市环境科学学会绿色教育工作委员会”在天津市民政局正式登记注册，是天津市首家依法注册成立的民间环保组织。会员中有环保工作者、教师、新闻记者、大学生、工程技术人员、公务员、工人、农民等。宗旨是倡导绿色文明、实践绿色行动、追求可持续发展、共建和谐的绿色家园。使命为身体力行保护环境，发扬光大绿色文明。组织了春季植树、生态假期、工作假期、环保讲座、绿色广播、绿色沙龙、绿色论坛等活动。

绿色浙江（www. greenzj. com）　从事环保志愿服务的地方性志愿服务组织。团队组建于 2000 年 6 月，2001 年注册为浙江省青年志愿者协会绿色环保志愿者分会；2010 年，正式注册成为具有独立法人资格的杭州市生态文化协会；创会会长为阮俊华先生。是由在杭从事生态环保事业的企事业单位以及一切关心和有志于推动杭州生态文化事业发展的社会各界人士自愿结成的地方性、专业性、非营利性法人社会组织。业务范围包括：组织开展生态文化领域的理论研究，推动成果应用与示范；举办各类生态文明政策和专业知识的培训、讲座，提高会员的政策水平，丰富会员的知识结构；宣传生态文明理念，普及生态文化知识，传播绿色生产、低碳生活方式，引导绿色消费，引导公众牢固树立生态文明意识；繁荣生态文化产业，丰富生态文化产品，经有关部门同意，开展生态文化领域的国际国内合作交流等。宗旨和使命是让更多人环保起来；愿景是人与自然和谐发展；价值观是责任、务实、感恩、坚持。

北京市太阳村特殊儿童救助研究中心（www.sunvillage.com.cn） 从事特殊儿童救助的地方性志愿服务组织。由张淑琴女士发起，在中华慈善总会的支持下创办，于2000年12月在顺义区赵全营镇板桥村建成。以集中供养的方式无偿为服刑人员代养代教未成年子女，为他们提供特殊教育，心理辅导，权益保护以及职业培训等服务。除了从社会募集资金外，还采取了太阳村果树认领、手工艺品义卖等方式筹措资金。除了位于北京的太阳村外，还有陕西西安、陕西陇县、河南新乡、江西九江、青海大同五处太阳村。

绿眼睛环保组织 从事环保志愿服务的地方性志愿服务组织。2000年成立于中国温州，是以"保护动物打击犯罪和促进公众参与环境运动"为使命的民间保护组织之一。于2006年发起全国项目，以温州为总部，向全国发展，主要活跃在浙江、福建、广东、海南和辽宁地区。主张与政府部门合作、与社会民众牵手，引领民众聚焦环境问题，服务和谐社会；以民间力量制衡不公平、不公正的环境公共事务，实现人与自然的和谐；开展野生动物保护执法支持、濒危动物救助、公众宣传教育、自然栖息地保护等环境示范项目，在基层积极推动青年赋权和公众参与，探索并推广民间参与构建和谐社会的有效模式。全国重点项目有野生动物保护（执法支持、救助、反贸易、栖息地）、水环境保护（浙江省鳌江流域、华南珠江流域）、热带雨林、海洋生物、渤海湾猛禽保护与反盗猎、青少年环境教育等。曾获得2003年国家级地球奖、2005年中国首届SEE生态奖、"福特环保奖"全国自然保护二等奖，中国首届边境野生生物卫士奖（提名），全国保护母亲河先进等社会荣誉。网址参见温州市民政局、华南自然会SCNS和海南环境志愿者中心EVC等网站。

北京市公共文明引导员总队 以倡导公共文明为目标的地方性志愿服务组织。于2001年在北京成立，主要由40岁、50岁下岗职工和退休人员组成，规模8000余人，下设16个区县公共文明引导员大队，礼仪、环境、秩序、服务、观赏、网络六个公共文明引导行动分队，若干个公共文明引导员中队，并成立了北京公共文明巡访团，对公共文明引导行动进行指导和监督。自成立以来，发挥了精神文明宣传员、文明礼仪示范员、排队乘车引导员、交通文明协管员、治安防范信息员、群众困难排解员、站台环境维护员、公共文明观查员的"八大员"作用，以自身的文明行动，促进市民文明素质提高，引领公民道德实践。2008年荣获北京市奥运会残奥会先进集体称号。2009年荣获国庆60周年志愿服务先进集体称号。2010年至2012年荣获北京市春运工作先进集体称号。2012年，被中央文明办评为全国优秀志愿服务组织。网址参见北京首都精神文明办、市交通委等网站。

新乡市环境保护志愿者协会（www.greentgr.org） 从事环保志愿服务的地方性志愿服务组织。简称新乡环保协会，成立于2002年5月12日，是河南省首家民间环保群众团体。发起首任会长田桂荣，由热心环境保护的个人和单位组成，已建立新乡铁路高中、河南师范大学等13

家分会，发展环保志愿者 1.3 万人，在河南省形成了科学化、专业化、结构化的环保网络。组织机构方面，最高权力机构是会员代表大会，其执行机构为理事会，设有会长、副会长、秘书长，其中会长为法定代表人。经费方面，主要来源包括会费及利息、接受国内外奖励或捐赠、政府的资助、在核准的业务范围内开展活动或服务的收入以及其他的合法收入。开展的活动有："保护地下水源、保护母亲河""回收废电池""保护太行山""倡导绿色消费"和"中原环保绿色行"宣传教育活动等。获 2001 年福特国际环保奖、2001 年美国格雷特曼奖。

河南省开封市绿色家园青年志愿者协会 地方性综合类志愿服务组织。成立于 2003 年，是由志愿者自发结成的全市性、非营利性、公益性团体组织。通过组织开展青年志愿服务活动来培养青年的公民意识、奉献精神和服务能力。不断深入细致地开展社会公益活动；积极加强青年志愿者服务技能培训，扎实有效地推动着协会工作的开展。先后认领了开封古城墙保护的第一标段和北门及小南门标段，定期巡视城墙。先后获得全国优秀助残先进集体、省优秀助残先进集体、省优秀青年志愿服务集体等荣誉称号。2006 年，被共青团中央、中国青年志愿者协会授予"第六届中国十大杰出志愿服务集体"称号。网址参见河南开封团市委网站。

大连市环保志愿者协会（www. depv. org） 地方性环保志愿服务组织。成立于 2003 年 6 月，依法在大连市民政局注册登记，是具有独立法人资格的、从事环保公益事业的社会团体组织，由大连市热爱环保事业的企事业单位和各界人士自愿参加组成的非营利的社会公益组织，主管部门是大连市环境保护局。在协会每个会员都有自己的位置、责任和义务，可参与实现自身价值的各项环保公益活动。宗旨是联合热心环保事业的企业和各界人士，促进环境保护事业的发展，实现经济、社会、环境三个效益的同步增长，促进人与自然环境的和谐及社会的文明与进步。成立以来，组织各界环保志愿者为大连市的环境保护、节能减排、城市建设和精神文明建设做了大量的工作。会员单位有东达集团、大连港集团、英特尔（大连）公司、大连理工大学、大连 38 中学等 49 个团体、2500 余名个人注册会员和 3 万余名环保志愿者。成功申请联合国开发计划署全球环境基金小额赠款计划资助项目，荣获 2011 年大连市"十佳志愿服务组织"奖，2010—2011 年度大连市环境宣传教育工作"先进集体"奖，2011 年度大连市青年志愿者行动优秀组织奖。

北京惠泽人咨询服务中心（www. kt85. com） 简称惠泽人，是一家关注公民社会领域中的志愿服务可持续发展的支持性草根民间组织。成立于 2003 年 4 月 15 日，通过为公益机构提供专业志愿者匹配与能力建设、组织发展咨询与教练、社会心理支持和网络建设等服务，提高公益机构的社会效能与社会创新力，促进公民社会可持续发展。以"人人乐于志愿服务的公民社会"为愿景，以"专业志愿服务促进公益机构发展，推动社会创新"为使命。开发了中国民间组织志愿服务培训课程体系，拥有 30 多名志愿者培训师，并已经在全国各地为 600 多家民间组织和青年社团进行了培训，近万名志愿者和民间组织管理者参与了培训；在西部地区协助当地组建了"西部志愿者组织发展网络"，并将培训课程成功进行了本土化移植；

为50多家民间组织开展了组织发展和志愿者管理体系咨询，民间组织交流实习和考察，志愿者派遣和委托培养，举办志愿服务专题研讨和论坛，与各级政府部门合作开展研究、服务和倡导活动等。主要功能及服务内容有专业志愿服务项目与岗位开发、专业志愿者匹配、专业志愿者团队（社团/协会/组织）能力建设与发展、专业志愿服务实践与能力建设、公益机构能力建设与公益人才发展、志愿服务项目管理与评估、志愿服务研究与倡导。

辽宁省环保志愿者联合会 地方性环保志愿服务组织。简称绿色辽宁，成立于2003年11月，具有独立法人资格的地方公益性非营利民间环保组织，主管单位为辽宁省环境保护局。宗旨为崇尚绿色文明、普及绿色常识、推广绿色文化、践行绿色生活方式。设理事会和常务理事会，最高权力机关为会员代表大会，秘书处为常设机构，下设办公室（会员部）、项目部、外联部及分会或其他形式的分支机构。实行会员制，除团体会员外，个人会员中包括大量大学、中学学生及年轻的公务员、企事业工作者。活动范围主要包括支持政府一切有利于环境保护与社会可持续发展的政策、措施和活动，反映公众对环境保护的意见和建议，监督、揭露损害环境保护与社会可持续的行为，广泛开展环保科普宣传及环境知识教育。多次组织大型环境宣传教育活动，多次组织志愿者进行植树活动，为提高当地广大群众的环保意识发挥了重要作用。网址参见辽宁省环境保护局网站。

沈阳市白鸽青年志愿者图书银行 从事图书借阅服务的地方性志愿服务组织。由沈阳三味书屋的创办人、2003年中国青年志愿服务金奖获得者董明创办，位于沈阳市铁西区凌空街道滑翔五社区内，面积120多平方米，2006年6月15日开始启用。采取银行经营方式，动员读者到“图书银行”存书，存入三册者便可取得一本“存书证”，凭此证可在“银行”借阅图书并参与书屋的各项活动。招募了一批青年志愿者担任图书管理员，为广大青年志愿者进入社区、参加实践提供支持。获2009年全国青年优秀学习组织奖。网址参见辽宁沈阳团市委网站。

上海市地铁志愿服务总队 交通运输领域的地方性志愿服务组织。于2004年起步建立，在迎博、办博期间，迅速发展壮大。秉持“地铁文明引领城市文明”理念，把地铁志愿服务作为建设地铁文明、展示城市文明的载体，承担社会责任，传播和实践社会主义精神文明。通过网上报名、党建联建、文明共建等多渠道，把车站周边的社区组织、机关、学校、企事业单位及市民网民动员到志愿服务中来。开展多种形式的志愿服务活动，如大学生自管站、“十分钟”志愿者、应急志愿者、早晚高峰志愿者、志愿者基地等。通过建立健全志愿者管理体系，依靠科学管理手段，实施信息管理方式；运用条块结合资源，推广志愿者自我组织、自我管理方式；建立志愿者服务基地；开设服务排行榜，宣传和表彰先进典型，形成地铁志愿服务管理特色。2012年，被中央文明办评为全国优秀志愿服务组织。网址参见申通地铁集团公司党委和上海市志愿者协会网站。

苏州反扒志愿者大队 地方专业性志愿服务组织。是江苏省第一支民间反扒组织，于2005年6月11日由苏州团市委、苏州市公安局公交分局发起成立。成立以来，实现“零过错”，中国青年报以此为题专门报道群众反扒的“苏州经验”和“苏州模式”。苏州反扒大队的发展也得到领导的关心和指导，团中央书记处第一书记陆昊同志、时任江苏省委常委、苏州市委书记王荣同志、江苏省委常委、苏州市委书记蒋宏坤同志先后走访调研反扒大队的工作并给予高度肯定和勉励。2005 年度获评“苏州市十大精神文明建设新人新事；2008 年度获评第七届“中国百个优秀志愿服务集体”；2009 年被团中央确定为“全国青年自组织团建试点单位”；反扒大队指导员谷雨被评为“江苏省十佳青年志愿者”，被推荐并当选全国青联委员。网址参见苏州团市委、苏州市公安局公交分局网站。

“阳光爱心”青年志愿者网站（www. ygax. com） 从事患病儿童救助的地方性志愿服务组织。由上海市儿童医院团委组织筹建，于 2006 年 4 月试运行，并向社会公开招募社会志愿者，2006 年 6 月正式开通。是全国第一家为白血病患儿献爱心送温暖的青年志愿者网站。构建起了白血病孩子和社会交流的平台，通过多样化的志愿服务形式和社会化的参与渠道为白血病患儿服务的长效机制，宗旨是“一切为了孩子”，目的是让孩子在治疗期间不孤单，能感到欢乐。2006 年 8 月被上海市团委授予第二批上海青少年维权网络单位称号，2007 年获科教党委系统文明创建十佳项目奖，上海医务工会十佳好人好事奖。

福建省环保志愿者协会（www. hbzyz. com） 地方性环保类志愿服务组织。成立于 2006 年 12 月 9 日，位于福建福州市。由民间自发组织和热衷环保公益事业的企业、志愿者等参加。业务主管单位为福建省经济社团联合会，登记管理机关为福建省民政厅，接受上述管理部门的业务指导与监督管理。宗旨为践行环保理念，宣扬绿色消费，建设生态文化。组织机构方面，权力机构是会员代表大会，执行机构是理事会，监督机构为监事会。设有会长一名，常务副会长一名，副会长若干名，秘书长一名。设有秘书处、公共合作部、宣传教育部、项目管理部、青年交流服务中心、环境维权中心共六个部门。财务管理方面，经费来源为会费、捐赠、政府资助、在核准的业务范围内开展活动或服务的收入、利息及其他合法收入，支出用于开展业务范围内的各项活动的经费支出、管理经费支出、人员经费支出以及其他合理支出。项目管理方面，根据实际需要提出项目申请，经协会领导班子会议讨论通过后设立项目组，实行组长负责制。开展“志愿者碳汇林”“垃圾分类资源化”“绿色出行畅通行”和“保护水资源”等系列项目，被福建省精神文明建设指导委员会授予“优秀志愿服务组织”称号。

社区参与行动服务中心（www. ssca. org. cn） 从事教育志愿服务的地方性志愿服务组织。是南都基金会“新公民计划”的重要组成内容，引入西方国家及香港行之有效的驻校社工制度，实行“一校一社工”的模式，开创了内地学校社工服务的先河。自 2007 年以来，在北京四所新公民学校推广驻校社工服务，逐步形成了以小组活动为主要形式、以能力建设为核心目标、以资源动员为重要措施的特点，并始终坚持“服务学生，配合德育，促进教学”的定位，在服务中贯彻“尊重、接纳、平等、赋权”的理念。2010 年，社区参与行动服务中心的“城市社区参与式治理能力建设”项目荣获了中央编译局设立的中国首届“社会创新奖”。

河北省廊坊市出租车爱心车队 交通运输领域的地方性志愿服务组织。于2007年1月由廊坊市交通运输局出租车管理处在廊坊组建，主要由驾驶员组成。以“服务人民、奉献社会”为宗旨，开展助残救灾、捐资助教、扶危济困、免费送考、服务会展等各种形式的爱心活动，例如服务高考、免费接送七十岁以上的老人、在教师节、建军节为教师和军人提供免费乘车等。2012年，被中央文明办评为全国优秀志愿服务组织。网址参见河北廊坊市交通运输局出租车管理处网站。

攀枝花市援助少年儿童志愿者协会（www. pzhgy. org） 致力于少年儿童救助的地方性志愿服务组织。是经过国家民政部门批准，由攀枝花市热爱少年儿童公益事业的社会各界人士自愿结成的非营利性社会公益组织，于2007年4月21日正式成立。致力于关心和资助攀枝花贫困山区教育及14周岁以下家庭贫困等特殊少年儿童的学习和生活；关爱城乡留守、流浪、孤残等特殊少年儿童的身心健康，充分利用社会资源，开展特殊儿童服务及救助活动；配合政府机构或其它公益性组织、企业等单位开展公益知识的普及宣传，培养社会公益意识；组织会员开展与关爱少年儿童有关的社会公益理论研讨、收集社会公益信息，强化志愿服务专业技能培训，提高会员自身素质和协会整体水平；组织少年儿童在假期开展各种健康有益的文体活动等，累计向社会提供10万余小时志愿服务。先后荣获“中国百个优秀志愿服务集体”和“四川省十大杰出志愿服务集体”等荣誉称号。

瓷娃娃关怀协会（www. chinadolls. org. cn） 从事特殊行业志愿服务的地方性医疗志愿服务组织。2007年5月成立于北京，由成骨不全症（又叫脆骨病）等罕见病患者自发成立，致力于为脆骨病等其他罕见病群体开展关怀和救助服务，促进社会和公众对于罕见病群体的了解和尊重，消除对他们的歧视，维护该群体在医疗、教育、就业、关怀等方面的平等权益，推动有利于脆骨病等罕见病脆弱群体的社会保障相关政策出台。使命是为成骨不全症等罕见病群体建立平等、受尊重的社会环境；口号为“还好，我们的爱不脆弱。Love is still strong”。开展了为病人提供综合信息的“综合信息”，宣传教育罕见病知识的“公众宣教”“一对一资助”“医疗救助项目”和“《瓷娃娃》期刊”等项目。

蓝丝带海洋保护协会（www. ch-blueocean. org） 2007年6月1日在三亚成立，以海洋环境保护为主题，宣传贯彻海洋环境保护政策法规，提高全民海洋保护意识，建立相关海洋保护举措，组建志愿者队伍，促进海洋保护科研为工作目标。2008年9月协会秘书长孙冬荣膺“2008年感动海洋全国十佳环保人物”称号；2009年5月，蓝丝带协会副会长、秘书长孙冬荣获“十大循环经济标志人物”称号；2009年—2011年，协会相继在三亚学院、海南大学等海南省5所大学和广东海洋大学、上海海事大学成立蓝丝带海洋保护志愿者服务社；2010年3月18日，协会荣获“海南省先进社会组织”称号；2011年4月8日协会与中国国际科学技术合作协会签订《合作意向书》；2011年4月蓝丝带协会成为中华环保联合会会员单位。

北京市永善社区市民劝导队 地方性社区志愿服务组织。正式成立于2007年7月16日，是一支以党员为骨干、居民和流动人口及辖区单位等广泛参与的劝导志愿者队伍。劝导范围从街面秩序延伸到小区、楼门、阳台；劝导内容从市容秩序延伸到环境卫生、安全维稳、市民行为、应急帮助；劝导对象从商户商贩延伸到辖区住户；劝导队员从当初的81人发展到286人，经过2次优化，70岁以下队员达到187人，形成了一支机构完善、运行有序、成效显著的社区志愿者队伍。劝导队员按照排班表和责任区按时到岗，实现全天候和无缝隙的社区管理。被中共中央、国务院授予“北京奥运会、残奥会先进集体”称号，这是全国社区层面唯一一个获此殊荣的先进集体。网址参见北京市丰台街道办事处网站。

中国南丁格尔志愿护理服务总队（www. cnnv. org） 致力于医疗护理志愿服务的地方性志愿服务组织。于2007年7月17日在北京成立。是由第三十九届南丁格尔奖章获得者章金媛发起、在江西省红十字志愿护理服务中心的基础上组建的志愿者队伍。成立旨在为有爱心的护理工作者和社会各界人士搭建一个奉献爱心、服务社会的平台，从而更大范围地弘扬南丁格尔奉献精神和“人道、博爱、奉献”的红十字精神，并为社区弱势群体提供护理服务，为和谐社区、和谐社会贡献力量。自2000年成立以来，设有14个志愿护理工作组，3个义工服务队，还另设了培训组、老年护理组、残障康复组等6个工作组及博爱艺术团和腰鼓队等，服务范围已扩展至南昌市71个社区，并开展了大量社区志愿活动。

陕西省红凤工程志愿者协会（www. hongfeng. org. cn） 致力于女性公益慈善事业的地方性志愿服务组织。成立于2007年9月28日，是由陕西妇联发起的、全国首家专门资助贫困女大学生的社会公益组织。以“通过志愿者的行动来消除贫困，促进教育公平和性别平等”为愿景，以“联合社会力量，致力于促进女性全面发展，促使其潜能得到充分发挥，推动男女平等，社会和谐发展的进程”为使命，以“自立自强、自助助人”为宗旨。长期开展“红凤讲师团进高校”、扶贫教育、社区助老助残等活动，组织与国内外组织交流与合作。2006年9月，获全国首届社会公益示范工程入围奖，是全国50个获奖单位之一。2008年12月5日，获中国社会工作协会志愿者工作委员会授予的“优秀志愿者组织”和“志愿服务优秀项目”称号。2011年5月，获2011首届中华女性公益慈善典范“十大女性公益品牌项目奖”。

绿驼铃（www. gcbcn. org） 从事环保志愿服务的地方性志愿服务组织。2007年10月31日成立于甘肃，是一家公益性社会组织，致力于西部环境保护事业，为改善已经恶化并仍在加重的西部生态环境做出应有贡献。主要开展的工作包括：促进甘肃的环境保护工作、采取行之有效措施解决甘肃环境问题、在公众中开展环境保护教育、推动生态环境改善和社区发展、组织环保志愿者培训和能力建设项目等。自成立以来，先后开展了“水果贺卡”“甘肃省大学生绿色营”“退耕还林（草）与当代大学生论坛”等活动；完成了第一、二期“赛加羚羊角市场调查”，实施了“民勤环境宣传教育”“羚羊车环教培训”和“兰州市动物园义务宣讲”等环境教育项目；绘制了兰州第一份“绿色地图”；出版发行了《小水滴小不点的故事》《茶园导赏手册》和《民勤荒漠化环境教育乡土教材》等环保交流材料；开展了“保留兰州无轨电车”倡导活动。开展项目有“甘肃水环境保护项目”“自然大学”“葵花种植与生态农业示范推广项目”和“黄河玛曲草原生态保护交流项目”等。先后获得了“第四届中国青年丰田环保奖”“2009壹基金潜力典范奖”和“甘肃省科学技术协会科普先进集体”等荣誉，被共青团甘肃省委员会授予“直属志愿者服务队”称号。

三江源生态环境保护协会（www. eco-sgr. org） 从事环保志愿服务的地方性志愿服务组织。在青海省玉树藏族自治州三江源生态环境保护协会的基础上升级成立，于2008年4月9日经省民政厅登记注册，是三江源地区唯一一家省级民间环保组织。致力于青藏高原地区生态环境与传统优秀生态文化的保护与宣传，关注青藏高原地区的可持续发展。创建以乡村社区公众和当地生态文化相结合的社区保护小区，以乡村自然资源保护为基础，让社区公众自觉自发地保护周边的生态环境，促进当地政府对社区保护小区的认可、鼓励和支持。建立的藏羚羊、雪豹、藏野驴、黑颈鹤、湿地等五大民间生态保护区，探索出一种新的环境治理的模式。宗旨为促进青藏高原生态文明的建设，推动青藏高原各具特色的社区可持续发展，促进国内社会各界关注青藏高原环境与可持续发展问题。已开展了大学生“草原部落”、绿色乡村社区网络、濒危野生动物保护等多个项目。

重庆两江志愿服务发展中心 地方性环保志愿服务组织。2010年2月开始运营，2011年8月在重庆市民政局登记注册，由重庆市文明办主管，是由热心志愿服务和公益发展的人士组成的非营利组织。主要工作为建立志愿者平台，提升志愿服务组织综合能力，促进公众参与志愿服务；开展环境保护活动，减少污染，保护水资源；开展公众科学活动，提高市民科学人文意识。开展志愿服务组织能力建设，志愿者专业能力培训，跨行业交流和合作。致力于提供专业化解决方案以促进污染问题解决，主要开展污染源调查、污染防治、水资源保护等相关项目及专业人才培养。公众科学主要以讲座、沙龙、行动研究等方式，提高公众的科学兴趣和参与意识。2011年，开展各类志愿者培训6次，培训志愿者超过200人，培训专业污染防治志愿者124人。

广东省文化志愿者总队 从事文化志愿服务的地方性志愿服务组织。2011年3月25日成立，由省委宣传部、省文化厅负责协调财政、民政等相关部门统一领导，由省文化馆设立的团队部负责日常组织协调工作。秉承“奉献、友爱、互助、进步”的志愿精神，坚持“服务社群、提升自我、共建和谐”的服务宗旨。成立初期按照公开招募、自愿报名、组织选拔的方式，组建下属的省文化志愿者艺术团开展文化志愿服务。截至2012年底，省、市、县三级组织开展的文化志愿服务流动演出共达28888场，直接受益的基层观众4404.06万人次。2012年，被中央文明办评为全国优秀志愿服务组织。

六、企业志愿服务组织

安徽省合肥市供电公司邓玲青年志愿者服务队 综合类企业志愿服务组织。成立于1994年。2003年，为学习国家电网公司优秀共产党员、“服务之星”邓玲为客户服务的感人事迹，以“邓玲”命名，从而成为安徽省电力公司首支以个人命名的志愿者队伍。坚持“一呼必应，有难必帮”的宗旨，开展具有电力特色的服务活动，逐步成为一个具有广泛影响的志愿者活动品牌。自建队以来，先后参加咨询活动

15600多人次，为近百名残疾人、孤寡老人、下岗特困职工上门义务服务达540余次，人均志愿服务达110小时以上。与合肥市长丰县孙庙乡的柯湖小学、范嘴子小学、孙庙小学的16名失学儿童结成了“希望工程1+1助学对子”，自发捐款捐物达4万余元。在团市委组织的“百家团委助百户”活动中，自发结对救助了21户特困家庭，捐助了近5000元的物品。2006年，被共青团中央、中国青年志愿者协会授予“第六届中国十大杰出志愿服务集体”称号。网址参见安徽省合肥市供电公司网站。

上海电气青年志愿者服务总队　地方性综合类企业志愿服务组织。成立于1997年，以弘扬“奉献、友爱、互助、进步”的志愿精神及“服务企业，奉献社会”为宗旨。通过走出企业，走进社区，与临汾街道、潍坊新村、延吉街道、永和小区等社区建立了16个服务联络站，开展了家电维修、修车补鞋、钟表修理、电脑咨询、法律服务等一系列深受群众欢迎的各类便民服务活动。依托社区开辟了爱心助老、绿色环保、军民共建等7个基地。如，志愿者们与300多名孤老结成“一助一”服务小组，针对系统内100个残缺家庭、下岗职工、特困户等的子女学业教育问题，开展志愿者“手拉手”免费家教和捐资助学活动。部分青年志愿者服务队还在企业内首创了“爱心助学基金会”，为家境贫困而学业优异的职工子女提供了助学金，累计金额10万余元。截至2001年共成立了142支青年志愿者服务队，青年志愿者总人数已经超过5000人，服务网络遍布市区10个区。参加志愿服务活动总人次65765人次，为社会提供志愿服务252565小时。2002年，被共青团中央、中国青年志愿者协会授予“第四届中国十大杰出志愿服务集体”。网址参见安徽省合肥市供电公司网站。

国家电网四川电力公司共产党员志愿服务队　从事专业行业服务的企业志愿服务组织。成立于2002年，以“统一组织领导、统一工作标准、统一管理制度、统一徽记标志、统一监督考核”的“五统一”原则进行队伍管理，服务内容包括线路抢修、故障排查、用电宣传、爱心服务，主要服务形式有咨询、上门、巡视。遵循“辛苦我一个，幸福千万家”的服务理念，被群众称为“电力110”。截至2012年6月，共受理电话和咨询48万多次，开展上门服务25.8万次，特殊服务2.7万次，社区服务2.9万次；开展社会公益活动4474次，志愿服务活动5298次，参与急难险重任务抢修12.9万次；联系困难群众2.1万户，捐资助学286人。先后荣获“全国职工职业道德建设先进单位”“全国电力行业用户满意服务明星班组”和“国家电网公司优质服务十大标兵集体”等荣誉。2011年8月20日，中共中央政治局常委、中央书记处书记、国家副主席习近平考察该服务队给予充分肯定。网址参见安徽省合肥市供电公司网站。

山东省淄博市供电公司“善小”志愿者协会　地方性企业志愿服务组织。成立于2002年6月，由山东淄博供电公司为引导员工小善常为，修身立德而推动成立，下设科技志愿者、环保志愿者等十几个专业服务队，开展帮扶弱势群体和其他社会公益活动。以“自愿义务为他人做有意义的事情”为入会条件，吸纳了2900多名公司员工和20余万社会各界人士的加入。自成立以来，开展了组织捐款、建立希望小学、帮扶社会特困职工等活动。被评为

"国家电网公司青年志愿服务优秀集体"，荣获山东省首届十大企业文化品牌、山东省"助人为乐道德模范"和"感动淄博"年度人物等称号。2012 年，被评为全国优秀志愿服务组织。网址参见山东省淄博市供电公司网站。

北京公交青年志愿者服务队　在交通运输领域服务的企业志愿服务组织。在公交集团公司党委指导下，依托共青团组织体系，由热心志愿服务、热爱公共交通事业的本系统青年自愿结成的群众性组织。2007 年以团体会员的身份加入北京志愿者协会。立足企业运营生产实际，结合公交行业特点，以方便乘客交通出行，构建和谐公交为出发点，以"公交伴您行，青年献真情"为主题，秉承"奉献、友爱、互助、进步"的志愿服务精神，展现公交青年良好的社会形象，广泛开展青年义务加车、清洗"五站三牌"、维护站台乘车秩序、便民义务指路等活动，在服务公交运营生产当中，方便各界乘客的日常出行，积极推进公交青年奥运志愿服务行动，为首都城市建设和社会协调发展贡献力量。下设青年志愿服务队 16 个，青年志愿服务分队 293 个，涌现出了以十七大代表、全国劳模刘俊华，中国五四奖章获得者杨坤为代表的优秀青年志愿者以及"公交活地图"张鹊鸣、"奥运迷"王猛、"指路星"张峥等一批志愿服务明星。据统计，仅 2007 年，公交青年志愿者全年累计志愿服务时间达到了 65.7 万小时，人均志愿服务时间达到 136 小时以上，为首都城市建设、社会和谐作出了积极的贡献。2008 年被共青团中央、中国青年志愿者协会授予"第七届中国十大杰出志愿服务集体"称号。网址参见北京团市委、北京公交集团公司网站。

湖南三一重工集团抗震救灾志愿服务队　从事抗震救灾工作的企业志愿服务组织。汶川地震发生后，湖南三一重工集团成立以董事长梁稳根为组长、以公司团委为骨干力量的支持抗震救灾领导小组。2008 年因在汶川地震中的突出表现，被共青团中央、中国青年志愿者协会授予"第七届中国十大杰出志愿服务集体"称号。网址参见湖南三一重工集团网站。

拜耳志愿者协会（www.bayer.com.cn）　从事多种志愿服务的企业志愿服务组织。成立于 2008 年，由拜耳企业支持，在北京、上海、广州、成都、杭州和南京设有分会，每一个分会由一个会长来领导各个分会的志愿者活动，口号为"行随心动"。分会长期开展有关爱启明星自闭症儿童等项目。

中国移动志愿者协会　从事多种志愿服务的企业志愿服务组织。由中国移动通信集团公司员工组成，成立于 2008 年，为通信行业首个企业员工志愿者协会。奉行"自愿参加、尽力而为、持之以恒"的原则，本着"奉献、友爱、互助、进步"精神，借助企业的组织和资源平台，汇聚员工志愿者的个人力量，以志愿服务的方式，支持社会公益。开展项目有"121 艾滋致孤儿童关爱活动"和"与四川都江堰幸福李冰中学手拉手关爱行动"。网址参见中国移动通信集团公司网站。

友成志愿者支持中心　是友成企业家扶贫基金会志愿者和志愿者组织的支持平台并且是友成扶贫志愿者行动计划的执行机构。"友成扶贫志愿者行动计划"是在 2008 年 10 月经国务院扶贫办批准，动员、资助和组织友成扶贫志愿者在贫困地区直接参与各项扶贫工作的行动计划。该计划旨在组织城市有能力有意愿的人才，以志愿服务的形式投身贫困地区，通过社会资本的投入改变贫困地区面貌。在全国9个省市建立了15家志愿者驿站，分别为：四川的阿坝、绵竹、巴中、仪陇和彭州驿站、重庆的巫溪驿站、广西的隆安和南宁驿站、河北的围场和滦平驿站、湖北的建始驿站、青海的西宁驿站、云南的昆明驿站、内蒙古的呼和浩特驿站以及北京的两村工程驿站。招募158名长期志愿者（一年期），动员和组织短期志愿者近两千人，并通过志愿者为贫困地区和灾区筹集物资近8000万元，提供直接志愿服务3万多小时。

百度志愿者协会　从事多种志愿服务的企业志愿服务组织。由百度搭建的一个内部公益沟通的平台，成立于2009年2月，定期举办志愿服务项目，招募有爱心、有责任感的百度员工加入百度知道小桔灯、百度联盟爱、百度新公民之友、百度健康宣传大使等一系列公益项目团队。通过百度员工手中的技术和产品，参与公益活动来奉献爱心。2010年10月，推出国内首款盲人手机平台——保益悦听掌上盲道，帮助盲人更便捷地利用手机拨打电话、发送短信，甚至通过手机上网。2011年2月，百度推动寻人公益产品，通过国内最顶尖的人脸识别技术支持及国内权威丢失儿童数据库，协助流浪儿童的亲人、热心网友和志愿者能够更方便、更准确地在该平台查找、上传相关信息。网址参见百度网站。

中国惠普志愿者协会　从事多种志愿服务的企业志愿服务组织。于2009年9月9日成立，由志愿从事社会公益事业的惠普员工组成，是中国惠普公司各地志愿者协会的联合体，现任会长为刘宁。奉行奉献、友爱、互助、进步的准则，宗旨是推动惠普员工志愿服务项目的可持续发展，通过组织和指导惠中国普公司员工的志愿服务，为弱势人群、社区和整个社会的改善做出贡献，推动社会和谐发展。下设志愿者管理部、培训部、项目策划部、外联宣传部、基金管理部五个部门。

IBM志愿者协会　从事多种志愿服务的企业志愿服务组织。由志愿从事社会公益事业的IBM员工组成，协会主席、活动负责人为覃育梅。宗旨为通过开展教育、科技、文化等领域的志愿者活动，帮助弱势群体、服务社区大众，奉献广大IBM人的爱心和智慧。2010年，和北京Club携手组织的了“IBM志愿者携手光爱师生走进科技馆活动”。网址参见中国IBM公司网站。

和众泽益志愿服务中心（www.hcvcchina.com）　从事企业志愿服务培训、咨询和研究的机构。成立于2010年11月28日，创始人为现任主任王忠平。机构宗旨：提供专业的企业志愿服务咨询；搭建企业志愿服务的交流平台；推动企业志愿服务领域的理论研究。截至2013年，服务的企业超过百家，共有超过10万名志愿者贡献超过100万志愿服务小时，累计帮助超过500多家公益组织，直接服务的老人、儿童、残疾人等弱势群体超过10万人次。2011年获得英国文化委员会评选的10佳优秀社会企业，2012年代表中国大陆获得香港MAD创不同大奖优异奖。

ICT专业志愿者联盟　依托网络平台的企业志愿服务组织。由百度、英特尔、爱立信等共同发起，成立于2011年，依托于“云公益”

Web2.0 平台，汇聚从事 ICT 行业的志愿者力量，通过为公益组织提供能力建设培训、专业技术支持和组织发展咨询等活动，提升公益组织在信息技术方面的应用能力。专业志愿者分为公司志愿者和社会志愿者两种类型，公司志愿者为来自联盟会员企业的员工，社会人士可以个人身份加入联盟。网址参见百度、英特尔、爱立信等网站。

北京外企志愿者协会 从事多种志愿服务的企业志愿服务组织。成立于 2012 年 5 月，将北京外资企业志愿服务活动从分散、单项、企业自发向联合、综合、组织自觉转变。结合外资企业公民责任意识，开展外资企业青年群体活动，推进外企志愿服务工作常态化，增强外资企业青年工作“双覆盖”。活动范围包括加强外资企业社会责任建设的理论与实践，完善外资企业“企业公民”机构的交流与合作，改进外资企业志愿服务项目影响力和凝聚力，形成企业社会责任。与“北京志愿者协会”共同发起并成立了“北京志愿者协会外企分会”，从事打工子弟学校等项目。网址参见北京市志愿者联合会网站。

安徽省大爱中环志愿服务团 地方性综合类企业志愿者组织。隶属于中环投资集团，下设关爱农民工志愿服务队、阳光救助志愿服务队，关注城市特困家庭志愿服务队、构建和谐社区志愿服务队四支分队。具体活动包括为农民工送温暖、送教育等“十五送”；建立全国第一个农民工雕塑广场，带领合肥 68 名农民工家庭游览世博会；成立“中环竹云助学基金”，救助了 1000 多名监狱服刑人员的未成年子女；为业主送绿植，献爱心，共建文明社区，组织业主子女开展中环童子军活动，带领他们学习中华传统文化，接受励志教育；开展“大爱中环·感动合肥”活动等。2011 年 11 月，被中央文明办评为“全国十大优秀志愿组织”。网址参见安徽省中环投资集团网站。

七、港澳台地区组织

香港青年协会 香港综合性志愿服务组织。成立于 1960 年，是香港最具规模的非营利青年服务机构之一。主要宗旨是为青少年提供专业而多元化的服务及活动，使青少年在德、智、体、群、美等各方面获得均衡发展；其经费主要来自政府津贴、公益金拨款、赛马会捐助、信托基金、活动收费、企业及个人捐助等。特别设有会员制度与各项专业服务，为全港青年及家庭提供支援及有益身心的活动。下辖 60 个服务单位，每年提供超过 20000 项活动，参与人次达 500 多万。核心项目有青年空间、M21 媒体服务、辅导服务、边青服务、就业支援、领袖培训、义工服务、家长服务、教育服务、创意交流、文康体艺、研究出版。

慈济功德会（www.tzuchi.org.cn） 地方综合性志愿服务组织。于 1966 年成立，由台湾法师证严上人（俗名锦云）创办，是台湾地区最大的民间慈善机构，在世界五大洲都设有分会和联络处。拥有遍布 40 个国家的 400 余万的会员和慈济分支会，会员包括大企业负责人、公司老板、公务员、教师、小商贩、计程车司机等各行各业各阶层的有心之士，全部义务无酬工作。从事慈善、教育、医疗、文化、国际赈灾、骨髓捐赠到环境保护和小区志工，还创办各种刊物、出版社和电（视）台。慈善、医疗、教育、人文四大志业和骨髓捐赠、环境保护、社区志工、国际赈灾八项活动同时推动，称之为“一步八脚印”。

香港义工发展局（www. avs. org. hk） 地方综合性志愿服务组织。前身义务工作协会，成立于1970年，是在香港社会福利署的资助下成立的专门负责发展志愿服务的独立性机构。1981年7月改名为“义务工作发展局”。经费主要来自香港特别行政区政府、香港公益金及香港赛马会慈善信托基金。宗旨是通过推动义务工作，承担枢纽角色，致力与社会各界建立伙伴关系，合力推动义工的参与，促使提供增值及优质的义工服务。核心工作包括：义工转介服务，为希望提供服务的市民安排义务工作，并为需要义工协助的机构找寻合适人选。主要组织过：抗非典型肺炎义工大队、亲子义工推广计划、黄金岁月退休人士义工计划、文化艺术义工计划及希望学校计划等。在国际层面，是联合国义工计划组织的合作机构，协助在香港招募专才，为发展中地区提供义工服务，促进当地发展；亦是国际志工协会的香港地区代表，每年派出代表参与国际及地区会议，促进义务工作的交流和联系，开阔视野。同时，为了培训义工的能力，提升服务素质及效果，成立了本港首个义工培训及拓展中心，举办不同类型的训练课程予义工和任用义工的人士，并提供组织及管理义工的专业顾问服务，出版义工资源管理及义工训练资料，制作影音教材，务求促进义工资源得以有效发挥及运用。通过各项推广活动及社会教育计划，唤起公众人士认同及重视义务工作的贡献，鼓励各机构团体组织义工服务，组织包括每年12月5日“国际义工日”的各项庆祝活动、义工嘉许计划等。

澳门义工协会（www. avsm. org. mo） 地方综合性志愿服务组织。1986年7月18日成立。以团结澳门的义务工作者，推动澳门义务工作的发展为宗旨。为加强社会人士对义务工作的认识和推动义务工作的发展，举办了各种不同类型的培训课程和活动，如：义务工作入门、义工领袖训练、服务技巧、沟通技巧、活动计设、义务工作管理、导师培训、人际关系、团队精神、司仪口才训练、国际义工日、优秀义工选举、亚太华语地区青年义务工作发展论坛、穗港澳义工交流营、义工家庭计划、义工招募计划、两岸四地交流计划、义工同乐日、义务工作博览会、特殊义工组、参观香港、内地、台湾和外国的社会服务机构和义工组织、探访澳门的社会服务机构等。此外，为加强有关义务工作讯息的交流，于1992年10月创办了双月刊的《蜂之讯》，定期发放和介绍协会和其他社会服务机构的活动消息。

中华社会福利联合劝募协会（www. unitedway. org. tw） 地方综合性志愿服务组织。1992年10月17日成立，简称联合劝募，是一个在台湾地区汇集专业人士、将社会大众的“爱心捐款”做恰当分配，以发挥最大效益，嘉惠更多弱势群体的组织。理念在于通过一个专责募款的机构，有效集结社会资源，并合理统筹分配给需要的社会福利机构。1992年10月22日召开第一届第一次理监事会议，会中选举第一届理事长为东海大学校长阮大年先生。第一届各委员会召集人分别为：孙越先生（劝募委员会）、简春安教授（审查委员会）、周联华牧师（稽核委员会）、蔡调彰律师（公关委员会）、冯燕教授（研究发展委员会）。1997年与国际联合劝募组织（United Way Worldwide）签约成为会员，并于1998年5月获邀成为该会理事，借由密切交流互访，成为该组织重要会员，少数不具宗教色彩、纯粹社会服务的组织。主要功能是，结合社会资源，公正合理分配于社会需求，促使社会资源充分运用；代表社会福利机构及救助个案，向社会大众广泛呼吁更多爱心的支持，包括义工参与及金钱捐助；节省众多慈善团体分别募款的费用，使机构可以专心执行其专业福利服务工作；专业人士严格把关，为捐款人监督善款是否妥善运用，防止不肖敛财行为；减少各团体不断募款而给社会大众带来的压力，统合经营社会资源的实际需要。

“中华民国”志愿服务协会 中国台湾地方综合性志愿服务组织。1993年8月5日正式成立，由社会各界人士自愿发起，经台湾“内政部”核准立案。以结合志愿服务工作人员，提供志愿服务，培植义务干部，训练义务领袖，运用专业方法，协助解决社会问题，并发掘和整合社会资源，配合政府推行政令，推展社会福利与各项社会建设为宗旨。主要任务是：运用“支援您”专线办理“电脑化”社会资源咨询服务事项；设置“金驼奖”及“志愿服务奖章”表扬优秀志愿服务者；举办台湾地区“十大绩优志工团队”选拔与表扬活动；设置“志工学苑”办理志愿服务工作人员的培训；建立“志愿服务联系会报”制度；协助各机构或社团培训、储备、甄选志愿服务工作干部；协助政府办理有关社会服务事项；举办志愿服务专业性座谈会；出版“志愿服务”专刊及有关志愿服务研究丛书；办理志愿服务工作人员文康联谊事项。内设27人理事会、9人监事会，并以会员大会为最高权力机构。下设社会资源、社会福利、社团服务、奖励表扬、职工联谊、研究发展及综合服务等七个委员会，并设会务、活动、康乐、会计、总务等六组，另附设“志工学苑”。

新北市志愿服务推广中心 中国台湾地方综合性志愿服务组织。前身是1993年6月28日成立的“台北县志愿服务推广中心”，随着1999年12月25日台北县升格为新北市，改名为“新北市志愿服务推广中心”。以多元倡导、规划团队专业知能训练、推广服务承诺为目标，旨在协助区内志愿服务工作推动，链接各项服务信息及倡导推广。在志愿服务推广的工作上已见雏形，包括咨询专线设立、建置志愿服务资源网络平台、阶段性志工教育训练办理、倡导活动、平台间联系会报、志工表扬、志愿服务咨询与转介、媒合志工需求、志工北县季刊出版品等。服务项目主要是通过多元管道倡导本市志愿服务工作，通过媒体或链接社会资源，倡导志愿服务之精神与内涵；开发全市服务需求，媒合民众参与志愿服务工作，增进人力资源的普及；建置志愿服务服务信息平台，链接各项志愿服务信息，建立服务咨询网络，促进信息的流通；办理志工团队专业知能训练，提升志工服务及管理能量；提供志愿服务相关咨询服务；其他配合政府政策推动等事项。

台湾荒野保护协会（www. sow. org. tw） 从事环保志愿服务的地方性志愿服务组织。1995成立于中国台湾，以关怀台湾地区为出发点，放眼全世界，致力以全民参与的方式，通过自然教育、栖地保育与守护行动，推动台湾及全球荒野保护的工作，为当代及下一代缔造美好的自然环境。主要任务是保存台湾地区天然物种、让野地能自然演替、推广自然生态保育观念、提供大众自然生态教育的环境与机会、协助政府保育水土、维护自然资源、培训自然生态保育人才。实现方式有自然教育、参与环境议题、保育自然栖地、小区生根、推动志工组织等。宗旨为通过购买、长期租借、接受委托或捐赠，取得荒地的监护与管理权，将之圈护，尽可能让大自然经营自己，恢复生机；让当代及后代子孙从刻意保留下来的台湾荒野中，探知自然的奥妙，领悟生命的意义。

香港青年协进会（www. hkyua. org. hk） 地方性青年志愿者组织。成立 1996 年 3 月 1 日，并于 2008 年 4 月 1 日成为公共性质的慈善机构。以“广泛团结香港青年，培养人才，维护青年权益，发挥青年潜能，关心及参与社会事务，维持社会安定繁荣，促进香港社会民主健康发展，促进香港青年与内地及海外青年交流”为宗旨。自成立以来，致力开展各项青年活动，鼓励和推动香港青年认识祖国、关心社会；以发挥青年潜能和组织能力为目的，每年举办一系列公民教育、青年领袖计划及香港与内地青年交流活动。这些活动既让香港青年人进一步加深对祖国的认识和归属感，也使内地青年人更加了解香港，增进两地青年情谊。

桃园志工全球咨询网（www. vspc. org. tw） 中国台湾地方综合性志愿服务组织。又称“社区暨志愿服务推广中心”，于 1999 年在桃园县成立，主要宗旨是增进志愿服务效益，提高小区服务效能。主要活动为整合桃园县志愿服务人力资源，将当地志工团队、民众与大众青年相结合，建构志愿服务小区资源网络，引领县内大专青年、社会志工与志工团队服务，将志工专业深入小区服务。志工团队分为“社会福利类”、“地政服务类”等 19 类，主要志工团队有：桃园县龙潭乡中正社会发展协会、八德市大安社区发展协会、桃园县平镇狮子林社区发展协会、财团法人心路社会福利基金会桃园分会、内政部北区儿童之家等。

台湾公益资讯中心（www. npo. org. tw） 地方研究性志愿服务组织。1999 年成立，由财团法人喜玛拉雅研究发展基金会建置，是服务台湾地区非营利组织的大型公益信息交流平台。免费提供公益团体发布公益新闻、活动、人才招募等讯息，以加强公益团体的信息流通及营销，并借以缩减公益团体间的数位落差。使命是加强公益信息传播，协助公益团体信息化，缩减公益团体数位落差。

澳门志愿者总会（www. volunteers. org. mo） 地方综合性志愿服务组织。成立于 2004 年，以推动及鼓励更多社会人士成为志愿者，主动参与志愿服务，发扬奉献、友爱、互助、进步的志愿精神，构建和谐社会为宗旨。下辖青年志愿者协会、爱心志愿者协会（以社区志愿服务为主）、教师志愿者协会、医护志愿者协会、环保志愿者协会、文创艺术志愿者协会、博彩从业员志愿者协会。主要活动有：社会关怀、校园互助、扶贫助学、赛事服务、公民意识讲座等，与大陆地区的北京、贵州、湖南等地开展交流帮扶工作。

台北市小区暨志愿服务推广中心 地方综合性志愿服务组织。2006 年由台北市“政府社会局”设立，自 2008 年起委托社团法人“中华民国”弘道志工协会办理。服务目标为：志愿服务理念之宣扬与拓展志愿服务范畴、深入了解团队需求与议题，培力台北市志工团队、建立志愿服务运用团队与个人之双向交流平台。中心精神是热情、服务、专业、整合。主要活动包括：志愿服务理念之宣扬与拓展志愿服务范畴，深入了解团队需求与议题，培力台北市志工团队，建立志愿服务运用团队与个人之双向交流平台。

高雄市政府社会局志工资源中心（www.kvc.org.tw） 中国台湾地区地方综合性志愿服务组织。由高雄市服务与学习发展协会承办，指导单位是高雄市“政府社会局”志愿服务推广中心。主要活动有：志工教育训练与研习、志愿服务创新特色介绍、志愿服务咨询网络平台的建设、志愿服务文史展示、制作志愿服务电子报、“幸福高雄，志工城市”志愿服务专刊编辑制作、社会福利类志愿服务记录册核发作业、志愿服务荣誉卡核发作业、志愿服务电子报的制作、提供志愿服务咨询专线服务等。

八、国际组织

英国救助儿童会 英文名 Save the Children, UK，致力于国际儿童慈善事业的志愿服务组织。成立于 1919 年，致力于实现儿童权利、为儿童创造一个美好的世界，是一个非营利、非政治、非宗教的非政府组织。在中国设有五个办公室，分别是北京代表处、昆明办公室、西藏办公室、新疆办公室及四川办公室（四川办公室是 512 地震后新开设的办公室；之前的合肥办公室已经关闭）。所开展的工作覆盖中国 20 多个省市（自治区），与各地政府部门和社区合作，共同促进儿童在健康、教育和福利方面的发展工作，重点为弱势儿童如流浪儿童、残疾儿童、被拐儿童、少数民族儿童、违法儿童及流动儿童等领域。英国救助儿童会正在中国提倡以权利为基础、以儿童为中心的青少年司法途径，鼓励儿童及其生活的社区参与预防犯罪的活动和项目，帮助与法律冲突的儿童。

英格兰志愿组织理事会（www.ncvo-vol.org.uk） 英文缩写为：NCVO。英国知名志愿服务组织。1919 年用 Edward Vivian Birchall 先生的遗产支持建立，致力于支持公益组织（不仅仅是志愿服务组织）的发展，支持公民社会，发出公民社会的声音。以“一个人们希望为社区带来积极变化的世界”为愿景。以“一个有活力的公益和社区行业需要发出强有力的声音，得到最好的支持”为使命。NCVO 笃信公益和社区事务的价值，相信这个事业将能够改变人们的生活，创造更加美好的社区。针对影响公益行业的问题进行倡导，通过专家小组为公益行业提供信息、建议和支持，基于需求的组织及项目发展和管理咨询；出版刊物，举办交流会和培训班；为公益组织提供咨询服务。截至 2013 年，拥有 7000 多家成员组织，这些组织的员工总数超过 28 万，志愿者超过 1300 万，代表并支持着超过半数的英国公益组织的工作人员。

国际民众服务组织 英文缩写为：SCI。国际性志愿服务组织。1920 年由瑞士人皮埃尔·赛里索尔创建，以推动世界和平、增进国际间相互了解与团结、社会正义、持续发展及环保意识为宗旨。总部设于比利时，拥有 38 个国家会员组织及全球 14000 名会员。为联合国教科文组织（UNESCO）拥有咨询地位的会员组织，也是“国际志愿服务组织联络委员会”“欧洲青年论坛”和“国际志愿服务咨询委员会”的会员。

乐施会（www.oxfam.org） 英文名为：Oxfam。从事多种公益事业的国际性志愿服务组织。1942 年由 Canon Theodore Richard Milford（1896 年—1987 年）在英国牛津郡发起成立，原名 Oxford Committee for Famine Relief。一个具有国际影响力的发展和救援组织的联盟，由 13 个独立运作的乐施会成员组成。最初的目的是在二战时期运送食粮到被同盟国封锁的德国纳粹党占领区，造福占领区的希腊人民。1963 年，加拿大成立了第一家海外分会。1965 年起改以电报地址 OXFAM 作为名称。独立并跨越种族、性别、宗教和政治的界限，与贫穷人群一起面对和解决贫穷和困难，完善社会制度，让贫穷人有均等的资源和发展机会。“助人自助”是乐施会开展工作的宗旨，以“权利为本”是乐施会的工作手法。乐施会相信每个人都有权得到尊重与关怀，享有食物、居所、就业机会、教育及医疗卫生等基本权利，在持续发展中建设一个公平的世界。基于这一信念，乐施会全面及以有效的方法在国内开展 9 个主题工作，包括：农村生计，农民工权益，基础教育，农村卫生，艾滋病防治，救灾/防灾及环境，民间团体发展，两性平等，世界公民教育。乐施会在中国的项目由香港负责统筹，确保符合国情、社情以有效推行。

国际志愿服务协调委员会（www. ccivs. org） 英文缩写为：CCIVS。由联合国教科文组织发起的非营利性、非政府国际组织。于 1948 年 4 月 22 日创立，最初定名为“国际志愿劳动营协调委员会”，后更名为“国际志愿服务协调委员会”。旨在通过弘扬志愿服务促进各国、各地区人民，特别是青年间的友谊、理解与合作，推动发展中国家的进步，深化各界人士、特别是青年的服务意识和奉献精神。代表大会为最高权力机构，每三年召开一次，执行委员会由代表大会选举的 25 名成员组织的代表组成，六个月举行一次会议，选举一个主席、四个地区性副主席和一个司库以及秘书处工作人员，秘书处设在联合国教科文组织，在 86 个国家拥有会员组织 145 个（截至 2004 年 6 月），既包括国际性志愿服务组织，也包括从事志愿服务的全国性和地方性非政府组织，为中国青年组织在国际志愿服务领域的合作伙伴之一。出版有《国际志愿服务协调委员会通讯》。

世界宣明会（www. worldvision. org） 英文名为：World Vision。致力于儿童救助的国际性志愿服务组织。由美国牧师卜皮尔（Dr. Robert Pierce）为援助朝鲜战争的孤儿于 1950 年创立，而今作为一个全球性的处理以儿童为重点的紧急性援助和持续性的社区发展组织，在北美、欧洲、远东 12 个国家设有筹资机构，以支持其在约 100 个国家进行着的 4500 多个活动项目。以“愿每一个孩子，活出丰盛；求每一颗心灵，矢志达成”为愿景。全球总部设在美国加州蒙诺维亚（Monrovia，California），国际联络处设在瑞士日内瓦。具体工作内容主要有两方面：长期持续性的社区发展项目，诸如清洁水质、教育、医疗，农业发展和公众卫生等方面；短期性的紧急援助，诸如为自然或人为灾难的受害者提供食物、避难所及医疗服务，大部分的救援性项目被设计为最终能顺利的转变或发展性项目。定位于面向基金需求者、基金提供者、研究人员、政策决策人员、宣传媒介及公立的非营利型基金会的服务性机构。

英国社区服务志愿人员组织（www. csv. org. uk） 英文名为：Community Service Volunteers。英国知名志愿服务组织。是 1962 年由 VSO 的创立者莫拉和埃里克．迪克森建立的。当时建立 CSV 的目的是：使 16—35 岁的青年人参加到志愿服务中来，丰富他们以及他们帮助的那些人的人生，促进社会变革。CSV 是英国最大的从事志愿服务和培训的慈善机构。2008 年，全英国有 25 万人加入到了社区志愿服务中来。

培训了12000个弱势青年，通过与BBC当地广播电台的合作帮助了29000人找到了学习的机会。遵照建立者莫拉和埃里克．迪克森的愿景，全职志愿服务依然是CSV工作的重点。一些具有国际影响力的工作包括：促进国际志愿者交流，发展志愿活动的深入思考，促进政府间的合作，交流慈善组织的最佳实践，提高社会包容度，鼓励积极公民精神。

日本海外合作志愿人员组织 英文缩写为：JOCV。是日本政府官方向海外派遣志愿人员的机构，成立于1965年，已向世界上50多个发展中国家派遣了9000余名技术志愿人员。最早是日本海外技术合作署的一部分，受日本外务省的监督。1974年日本海外技术合作署合并于日本国际合作事业团（JICA），专门代表日本政府实施发展合作活动，亦即成为JICA的一项重要活动。

德国自然保护联合会 英文缩写为：NABU。又名“纳布”，是一个从事环保公益事业的国际性非政府志愿服务组织。致力于环境保护，具体任务是保护河流、森林及动物种群。由总部，州、地方分部，直至单个的团体构成。其前身鸟类保护联盟1899年由Lina H·hnle在斯图加特成立，这个协会在1938到1945年之间更名为“帝国鸟类保护协会”。自1946年起在Hermann H·hnle的领导下鸟类保护协会得以重建。1965年鸟类保护协会更名为德国鸟类保护协会（DBV）。1990年与民主德国的分部合并，并更名为德国自然保护联盟。青少年机构德国自然保护青年团，NAJU，也积极参与各项工作，是德国最活跃的青年团体之一。德国自然保护青年团每年都会举行一次名为“体验春天”的活动。总会有超过30个义务的专家小组和工作小组致力于专门的主题。主题涉及单一物种，如昆虫或鸟类，土地使用，如“森林与荒野”，“绿色水果”以及环境政治的主题，如“交通”或“垃圾”，“能源”和“化学”。总会国际专家小组在中亚，高加索，非洲开展了大量候鸟保护活动，如意大利南部墨西拿海峡的食肉鸟保护活动。他们还专门针对蝙蝠保护、绿色水果、昆虫学和真菌研究出版专业杂志，并提供大量的相关服务。1971年以来，纳布每年选出年度鸟是Birdlife International的合作组织。

美国环保协会（www. cet. net. cn） 英文名为：Environmental Defense。著名的美国非政府非营利性环保组织。1967年在美国成立，遵循创新、平等和高效的原则，凝聚科学、法律及经济的思想，以及和各种部门建立起的新型合作关系，始终为最紧迫的环境问题提供解决方案。致力于人类社会可持续发展的现在和未来。涉及水、大气、海洋、人体健康、食品安全以及生物多样性等诸多领域。相比其他环保组织，拥有更多的科学家和经济学家，并且越来越多地与公司、政府、社区合作，寻找改善环境同时也能发展经济的共赢之策。以科学研究为基础深入探讨环境领域中的重大课题，倡导得到广泛持久的政治、经济和社会支持的解决方案。这得益于美国环保协会始终保持的非政治、有效和公正的立场。坚信一个可以持续发展的自然环境，必须以平等公正的经济社会环境为前提。致力追求的环境权益属于全球所有人类，不分贫富也无论肤色种族。拥有超过40万名会员。

挪威公民社会与志愿部门研究中心 英文名为：Centre for Research on Civil Society and Voluntary Sector。挪威志愿服务研究机构。成立于1970年1月，是社会研究学会与斯坦罗坎社会研究中心的合作者，是一个独立与自治的组织。主要目标是：领导和执行一项关于公民社会与志愿部门的3至5年的研究项目；发起并协调研究并传达研究结果；丰富志愿部门对社会意义的知识，为政府支持并制定志愿部门政策做出贡献，为研究人员及用户提供交流知识、思想、经验的场所。主要的三个研究领域为：参与程度；过渡性程序；财务及框架环境。

国际志工协会　英文名为：International Association for Volunteer Effort。英文缩写为：IAVE。是一个世界性、非营利的自愿工作者的组织。创立于1970年，董事会为最高机构，有14名董事，来自14个不同的国家，代表着世界上60多个国家的志愿工作组织。总部设在瑞士，每两年开一次世界性会议，选举国际董事会成员，宣传志愿工作精神。在联合国经社理事会享有乙级咨询地位，可参加联合国公共信息部举行的非政府会议。其宗旨是鼓励和推动世界各国有爱心的人，发挥志愿奉献的精神，团结起来，为社会的变革和经济的发展而努力。主要任务是安置和推荐志愿工作者，志愿从事教育、培训和管理工作，开发农村、保护环境，关心卫生健康和营养事业，为年老体弱、艾滋病人提供服务和帮助，保护儿童权利，协调解决家庭问题，安置和帮助国际难民，为退休的老年人安排活动，组织文娱活动，提倡人权和从事其它各类社区服务的活动。

联合国志愿人员组织（www.unv.org）　英文名为：United Nations Volunteers。英文缩写为：UNV。联合国发起的国际性志愿服务组织。由1970年联合国大会通过决议组建，总部原设在瑞士日内瓦，后于1996年7月移往德国波恩，是联合国系统内一个独特的机构，从事和管理与国际志愿者事业相关的各类事务，从属于联合国开发计划署（UNDP），是联合国系统内最大的直接向发展中国家输送各种行业高、中级专业技术志愿人员的组织。服务的领域非常广泛，从扶贫，安全农业、环境保护、卫生、教育、社区发展、职业技术培训、工业技术、交通、能源、信息技术、性别意识和人口研究到向战争动乱的国家地区提供人道主义援助、维和、组织参与民选等，在全世界140个国家提供服务。其中45%在非洲，24%在亚洲及太平洋地区，15%在中东欧，其余在阿拉伯国家、加勒比海及中南美。三分之一的志愿人员在全球最为贫困的地区工作。自1971年以来，已有来自160多个发展中国家和发达国家的30000名联合国志愿人员到140多个国家完成项目委派的工作。

国际地球之友（www.foe.co.uk）　英文名为：Friends of the Earth International。从事环保公益事业的国际性志愿服务组织。成立于1971年，最初是由法国、瑞典、英格兰和美国的4个机构合并组成的。是一个国际间70余国环保组织组成的网络，如英国地球之友、韩国环境保护运动联盟、德国环境与自然保护联盟等。国际地球之友拥有一个小型秘书处，位于阿姆斯特丹，协助此联盟体系运作与协调共同行动。执行委员会乃由各成员团体选出，参与制订政策并审查秘书处工作。是一个邦联制的联盟团体，每个国家都有自己独立的组织，并通过竞选，将权利分配至全球网络。最早成员都集中在北美和欧洲，后来发展到很多发展中国家的地球之友联盟组织。网络相对于其它联盟较为松散，其成员团体多是在各国已经成立的环保团体，为了与国际联结而加入国际地球之友体系，因此偏重独立运作，偶尔在行动、研究与会议上进行合作。也因为如此，各国地球之友成员拥有草根特性，能发挥区域整合的力量。愿景为根植于与自然和谐共存的社会的一个和平与永续的世界。其宗旨包含下列六点：①携手确保环境与社会正义、人类尊严，并尊重人权与人类拥有安全永续社会之权力；②停止与逆转环境之弱化与自然资源之损耗，培育地球的生态与文化多样性，确保永续的生计；③保障原住民、地方社区、女性、团体与个人的赋权，并确保决策的公共参与；④以有创意的途径与方式，朝向社会永续与平等方向进行转变；⑤投入积极的行动，唤起意识、鼓励民众并与不同的运动组成联盟，联结草根、国家与全球的抗争；⑥激励彼此，利用、强化并补充彼此的能力，共度变迁，期望能团结合作。

无国界医生 英文名为 Doctors Without Borders，Médecins Sans Frontièrs，英文缩写为 MSF。由各国专业医学人员组成的国际性的志愿者组织。1971 年 12 月 20 日在巴黎成立，是全球最大的独立人道医疗救援组织。至 2014 年成员遍布世界，每年有 2000 多位志愿人员在约 60 个国家中服务。目的在于向被慢性和多种疾病困扰的人们提供医疗救助，特别是赈灾援助。目标是在发生紧急事故及危机时，提供迅速而有效的救济行动。救援行动无分种族、政治及宗教。1999 年，由于其突出贡献，获得诺贝尔和平奖。

非营利组织和志愿行动研究协会 英文缩写为：ARNOVA。美国知名志愿服务研究组织。1971 年成立于美国，是针对美国第三部门和志愿行动的研究机构。是致力于推动第三部门研究和实践的中立、开放机构。主要活动有，学术年度会议、学术成果出版、电子化讨论和特别研究兴趣小组等。

博茨瓦纳劳动营协会 英文缩写为：BWA。非洲综合性志愿服务组织。1979 年成立于博茨瓦纳莫丘迪，是博茨瓦纳国家青年委员会及国际志愿者服务组织协调委员会的附属组织。宗旨是为社会提供有效的志愿服务，特别是贫困社区的志愿服务。协会的志愿者来自世界各地，包括来自中国的志愿者也参与了当地的服务项目。项目包括：为贫民建房、心理咨询、野生动物及环境保护、艾滋病防治宣传等。南庚戌是 2009 被推选为该协会主席，这是该协会成立以来首次由中国人参加并担任主席。

英国海外志愿服务社（www. vso-cn. org） 英文名为：Voluntary Service Overseas。英文缩写为：VSO。致力于消除贫困和弱势的国际性志愿服务组织。以“一个没有贫困的世界，在这里人们一起工作，各尽其能”为愿景，以“促进志愿服务来消除全球贫困和弱势，把人们聚合在一起，分享经验、共同创新、共同学习、共同努力建立一个更加公正的世界”为目标，在全球 40 多个贫穷国家开展工作，在这些地区对当地的减贫工作做出了很大贡献。从 1981 年开始，积极参与中国的发展和减贫工作，与中华人民共和国国家外国专家局签有正式的合作协议。通过其在中国的代表处向中国派遣了 750 多名国际专家志愿者，致力于教育、健康促进、扶贫等工作，并与合作伙伴一起，积极倡导志愿精神、推广志愿服务活动。曾有 25 位 VSO 的国际志愿者在北京、云南、甘肃、陕西等地开展工作。这些志愿者与中国的50多个合作伙伴机构一起工作，为成百上千的贫困和弱势群体提供支持。

志愿昆士兰 英文名为：Volunteering Qld。大洋洲知名国际志愿服务组织。主要活动于昆士兰，在澳大利亚甚至全世界均具有影响力的志愿组织。成立于1982年，宗旨是创造人人都有影响力的世界，使命包括，促进昆士兰的志愿参与，通过研究、合作、部门改进提高志愿服务水平，充分意识到志愿服务对保持社区和谐与活力的作用。权力机构为董事会，设有由一名首席执行官和三名部门主管组成领导团队，负责研讨部门事务，编写行动计划，寻求外部合作，倾听相关组织和个人意见等。

全球志愿者 英文名为：Global Volunteers。北美地区的知名国际志愿服务组织。成立于1984年，总部在美国的民间非营利组织。愿景是以促进和平与正义的方式来改变生活。主要活动方式是通过与世界各地的合作伙伴的合作，实现联合国倡导的12项基本公共服务。通过招募短期志愿者参与世界各地的长期志愿服务项目。1999年被联合国授予特别咨商地位，并在2008年正式与联合国儿童基金会建立合作关系。

罗马尼亚国家志愿者中心 英文名为：Pro Vobis。东欧知名志愿服务组织。是一个始建于1992年的社会服务组织。在管理志愿者方面积累了一定的经验和能力之后，于1997年建立了第一个志愿者中心。当时的志愿者中心是作为机构的一个部门建立的。后来由于社会对于志愿服务以及志愿者管理的经验的巨大需求，这个机构改变了使命，成为了罗马尼亚第一家独立的专业志愿者中心。5周年之后，即2002年，该机构更名为Pro Vobis国家志愿服务中心。以“推动和发展志愿服务，使其成为解决罗马尼亚社会问题的一个切实可行且不可替代的手段”为使命。以“一个人人奉献的罗马尼亚社会，在这里每个人都可以贡献自己的一点时间、知识、力量、技术、才能、经验或金钱来投入到自己所生活的社区志愿服务中来，从而促进社区发展”为愿景。倡导非歧视、公平、透明、高效、专业化，终身学习，致力于客户和受益群体的需求和兴趣，尊重法律，以及履行社会责任。提升罗马尼亚的志愿服务理念以及实际行动，发展罗马尼亚志愿服务运动的基础设施建设，促进志愿服务的专业化发展。

瑞尔森大学志愿部门研究中心 英文名为：Centre for Voluntary Sector Studies, Ryerson University。加拿大高校志愿服务研究机构。成立于1995年，是一个由研究者、教育者以及从业人员组成的多学科团队，致力于获得与增进对加拿大公民社会更好的理解。主要目的是通过调查研究增进对志愿部门的理解。主要使命是：引导和传播有关于政策制定者、非营利组织管理者以及学者的调查研究；为非营利组织的管理者、职员及志愿者提供正规本科和继续教育项目以及特殊的讲习班与研讨会，比如非营利性的跨学科研究证书课程以及志愿部门管理；提供对非营利组织的咨询与研究服务。已与政府部委、其他教育机构和非营利组织合作完成诸多有利于志愿部门的项目，并且参与了地方与国家发起的关于志愿部门的研究。作为大学研究机构，已为志愿部门培养了众多研究生及本科生。

绿色和平（www. greenpeace. org） 英文名为：Greenpeace。从事环保公益事业的国际性志愿服务组织。是绿色和平组织的简称，属于一个国际性的非政府组织，以环保工作为主，该组织成立于1971年，总部设在荷兰的阿姆斯特丹。使命是："保护地球、环境及其各种生物的安全及持续性发展，并以行动作出积极的改变。"不论在科研或科技发明方面，都提倡有利于环境保护的解决办法。对于有违以上原则的行为，都会尽力阻止。其宗旨是促进实现一个更为绿色、和平和可持续发展的未来。由28个国家的机构组成的环境活动家的网络于1997年在香港成立，2002年以来，它开始在中国大陆地区开展工作。最初的办公室设在广州市中山大学校内，并发起了一项关注食品安全的活动，通过一个建设绿色社区的计划倡导"绿色广州"。其后在北京设立了办公室，期望在以下四个主要领域影响全国的政策讨论，教育和告知公众：可再生能源（被确定为头号议题）、转基因作物和相关的食品安全问题、有毒废物，特别是高度污染的电子废物处理产业、林业，包括推动可持续的木材资源。机构的资金主要来自于个人的捐款和会员费。在中国食品安全方面的工作受到了洛克菲勒兄弟基金的资助。

英国谢菲尔德哈勒姆大学志愿行动研究中心 英文名为：Centre for Voluntary Sector Research Sheffield Hallam University。英国知名志愿服务研究组织。1998年成立于英国谢菲尔德哈勒姆大学，是学科内的研究中心，由Gareth Morgan先生负责。由四个研究方向构成，组织与管理、经济与社会、信息系统、评估研究。主要研究兴趣为，慈善会计与规则、第三部门基本建设、第三部门在公共服务提供中的角色。主要的研究项目有"小额捐款记账中的政策问题"（Policy Issues in Accounting for Smaller Charities）、"英国政府未来建设者项目的评估"（Evaluation of the UK Government's Futurebuilders programme）等。

卡尔顿大学志愿部门研究与发展中心 英文缩写为：CVSRD。加拿大志愿服务研究机构。成立于1999年，由卡尔顿大学公共事务学院与渥太华大学治理中心联合发起的，并与卡尔顿公共政策与行政学院以及其他学术机构通过城市研究与教育中心与公民社会融资研究小组保持密切联系。以中心成员组成的工作小组开展工作，研究的内容与学校及其他社区相关。在加拿大的社区中，约有1200万加拿大人经常通过志愿活动去帮助其他人，参与的活动有：宣传活动，促使人们履行契约，指导当地的运动队，为教堂募集资金等。关注的焦点是研究志愿活动的特征与动机，开发一些策略与系统，以便促进非营利组织与志愿组织与志愿者之间的合作。主要工作是对向一些致力于提高志愿管理实务的组织提供的志愿服务与咨询服务进行研究与调查。

新加坡全国志愿和慈善中心 英文名为：The National Volunteer & Philanthropy Centre。英文缩写为：TNVPC。是一个非政府、非营利的发展志愿主义和慈善事业的组织。成立于1999年，2008年正式注册为公益慈善机构。旨在填补社区在志愿主义、慈善事业和能力建设方面的空白，也为非营利组织、公共部门等合作创造机会。焦点在于通过网络平台、公共教育项目、志愿管理培训、基金募集等方式增强社区供给能力。使命是在志愿主义和慈善活动方面引导创新式的转变为新加坡创造一个可持续发展的未来。价值理念是合作、创新、影响和热情。

美国河流守望者联盟　英文名为：Water keeper。从事环保志愿服务的国际性志愿服务组织。1999年成立于美国，创始人为Robert F. Kennedy，Jr。是全球性的“在水面上”运动的拥护者联盟，这些拥护者巡视和保护位于北南美、欧洲、澳洲、亚洲、非洲等地区超过100000英里的河流、溪流和海岸线。致力于通过一手资料来捍卫社区的权利和法律的权威。通过追踪污染源、呼吁社区支援、宣传教育等方式为社区对抗水污染的威胁和政府的不作为。组织构成人员包括环保活动家、教育家、科学家和律师，这些专家为组织提供了法律、科学和通信上的支持。

未来林　韩国知名民间公益组织。由前任驻华大使权丙铉先生于2001年创办，每年选出100个韩国优秀大学生作为志愿者到中国，与中国的志愿者共同植树。每年到中国植树的韩国青年已不限于学生，还有许多大集团的职员。2008年8月1日，“未来林”正式在联合国环境署注册登记，成为世界第230个具有“观察员”资格的非政府组织。在陕西、甘肃、宁夏、内蒙古等多个地区开展了植树，每年的中韩大学生互访也成为惯例。截至2011年底，已有2000余名中韩大学生参与了此项交流活动。

全球消除贫困联盟　英文名为：Global Call to Action Against Poverty。英文缩写为：GCAP。致力于消除贫困的国际性志愿服务组织。2004年9月在约翰内斯堡正式成立，是由世界各地社会团体组成的一个不断发展壮大的联盟。通过制定一系列的活动策略和行动计划，以支持各国在国家层次和区域层次上开展全球活动。100多个国家组织加入了联盟，GCAP已经成为全球最大的NGO联盟。

国际志愿者总部　英文缩写为：IVHQ。大洋洲国际志愿者组织。成立于2007年初，总部在新西兰。旨在为志愿者旅客提供具有质量、灵活、安全和负担得起的在发展中国家的志愿者活动。目标是创建安全、优质及真正实惠的国际志愿者旅行；通过提供短期（一周至六个月）国际志愿者活动向当地社区和组织提供援助；通过亲身的志愿者体验来提高对发展中国家问题的认识；地道的国际志愿者的旅游体验，与当地人民、社区、组织和家庭一起生活和工作；同时为当地人民（通过志愿者）和志愿者（通过志愿旅行经验及与当地人民的互动）提供教育；提供一个使人们体验不同的文化和差异化的经济实惠的国际旅行机会。IVHQ已成功输送超过5000名志愿旅行者去国外。在中国、巴西、印度、加纳等25个发展中国家均设有服务项目，项目有独立的管理团队及志愿团队。

英格兰志愿服务组织（www. volunteering. org. uk）　英文缩写为：VE。英国知名志愿服务组织。是一家致力于协助、支持、和激励各种形式的志愿服务的独立机构。从事有关志愿服务的研究、倡导、最佳时间研究、资金支持的工作。以“一个人们可以通过志愿服务改变生活和社区，充分发挥自己的潜能和激情的社会”为愿景。以“支持英格兰志愿服务的质量、数量、影响以及可及性的提高”为使命。主要目标是：面向公众、私营部门和第三部门宣传志愿服务意识和志愿服务对社会的价值；加强志愿服务的领导力、管理和多样性；保证一个有利于志愿服务的经济、政治和社会环境；确保和支持建设有效且可持续的地方、地区和国家层面的志愿服务基础设施，包括建设高质量的志愿者中心，推动并促进志愿服务和社区参与。主要活动有：信息中心免费为那些和志愿者工作的人提供信息和建议，包括有关企业志愿服务的信息；志愿服务研究会用以增加相关工作人员以及政策制定者对志愿服务的知识和理解；确立志愿者服务机构的质量标准；通过与国内体育组织的合作来支持全国体育运动，从而达到提升志愿服务质量和数量的目的；努力将志愿服务提上政策议程；支持学生志愿服务。

英国阿斯顿大学志愿行动研究中心　英文名：Centre for Voluntary Sector Research Aston University。英国知名志愿服务研究组织。是英国阿斯顿大学阿斯顿商学院的自主研究机构。提供咨询、媒体、信息、出版、研究、培训等服务。主要业务有，为第三部门提供组织和管理问题的短期咨询，通过"能力建构项目"对志愿服务中的关键问题进行分析和研究，在网站上发布研究案例及案例工具箱的相关信息。

欧洲志工中心　英文缩写为：EVC。由欧洲近100个国家、区域、地方不同级别志愿者中心组成。使命是为在欧洲创造出能使志愿精神的潜能得到充分释放的政治、社会和经济环境贡献力量。具体工作是倾听欧洲志愿者的声音、扩展欧洲志愿组织的力量、促进欧洲志愿价值理念的传播。战略目标是知识共享、通力合作、政策倡导、能力建设。

连氏援助组织　英文名为：Lien Aid。从事公益事业的国际性志愿服务组织。连氏援助组织是新加坡连瀛洲先生设立的公益慈善组织，该机构从事环境、卫生和水方面的公益事业，工作范围主要面向亚洲，在马来西亚、印度尼西亚、柬埔寨、泰国、中国、越南和缅甸等国家均已有项目。在中国、越南和柬埔寨设有办事处。进入中国开展公益性事业已有3年，在中国的项目有512地震后的北川擂鼓镇"Drop of Hope"，绵阳小学的"New School，New Hope"，资阳小学的"Splash"，乐至县的"Water for Life and Livelihood"及福建贡川、四川成都和广西陆川等地的项目。

国际奥比斯组织（www.orbis.org）　英文缩写为：ORBIS。致力于为世界各国盲人和眼疾患者恢复光明的国际性慈善机构。它的宗旨是"使全球失明者重见光明"。是一个中立的、非营利的国际人道主义发展组织。通过提高合作伙伴防盲治盲的能力，来完成其预防失明、挽救视力的崇高使命。使命是：通过培训眼科医护人员、传授眼科医疗技术等方式创造出一个每个人都能够获得高质量的眼科服务和眼保健教育的新世界。主要项目通过一系列以医院为基地的短期项目来建设当地的防盲能力。与此同时，在地面上通过在全球五个国家的长期项目大规模建立眼睛护理及防盲基础设施。在网络空间，通过新建立的网络视讯项目连接世界各地的签约眼科专家，用互联网进行一对一的技术指导以及针对单个病例的会诊。

国际小母牛组织（www.heifer.org）　英文名为：Heifer International。致力于救助全球贫困与饥饿的全球性志愿服务组织。是一家位于美国阿肯色州小石城的一家非营利性慈善机构，向全球范围内的贫困家庭提供家畜、农作物以及可持续农业教育等。宗旨是：根据对发展支持（包括提供动物、人员培训和技术支持）的需求，帮助贫困家庭在可持续发展的基础上进行食品生产和创收。以一种增强人们自尊感的方式引导人们分享、传递礼品，使每个人有机会在缓解饥饿与贫困的事业中作出贡献。HPI中国项目的宗旨是：重点开展对边远、贫穷地区农户的扶贫工作，引导他们进行适当的畜牧业产业结构调整（如：引导农民发展畜产品加工业）以增加收入，改善其营养，使其自力更生，实现可持续发展；促进项目农户互相帮助，分享资源，使他们从受援者发展为捐赠者；通过 HPI 项目在社区的实施，调动农村闲散人员的积极性，使他们投身到自力更生的奋斗中去，减少社会不稳定因素；给少数民族地区农民提供更多机会，以促进各民族共同富裕，增强民族凝聚力；以家庭为中心，充分发挥妇女在种草养畜中的作用，以提高他们在家庭、社会中的地位；引导和帮助农民提高环保、卫生意识、改善生存环境、提高生活质量。

美国国家和社区服务组织（www. learnandserve. gov）　英文名为：Corporation for National and Community Service。美国最大的志愿服务综合性组织。成立于 1993 年，属于联邦政府机构。其使命是通过服务和志愿活动来提高生活水平，加强社区建设并促进公民参与。其重点的服务领域有：灾难服务、经济机会、教育、环境保护、公民健康和退伍军人及军人家属等方面。其项目主要包括美国服务项目、老年服务项目、社会创新基金项目和志愿者培训项目等方面。董事会和行政总裁由总统任命，并经参议院确认。行政总裁监督机构运行。董事会下设四个常务委员会，其中包括执行委员会，计划、预算与评估委员会，监督、治理和审计委员会和对外关系委员会。资金来源主要是政府财政拨款、信托投资以及相关的应收账款等。

菲律宾国家志愿服务协调局（www. pnvsca. gov. ph）　英文名为：Philippine National Volunteer Service Coordinating Agency。英文缩写为：PNVSCA。1964 年 12 月，菲律宾政府成立菲律宾志愿服务委员会。1980 年 12 月根据相关法案，该委员会重新命名为菲律宾志愿服务协调局，协调全国所有志愿服务项目和组织，是国家发展的重要机构。宗旨是：协调志愿服务，解决社会发展问题，满足社会发展需求；协调志愿行动，支持国家实现中长期规划目标；开发和制定志愿服务的制度和规划，并对最初制定的方案及规划进行及时调整。业务范围包括：研究、制定和改善制度；提供信息服务；项目协调；技术合作与文化分享；志愿者交换。理事会为最高权力机构。资金主要来源于政府拨款、企业赞助、会费等。

第五部分　项　目

一、全国项目

全国总工会"送温暖"帮扶　工会组织在全国范围内开展的职工帮扶活动。始于1992年。主要内容为：①活动领域：促进劳动关系和谐、促进收入分配合理、实现体面劳动等；②对象：全体职工会员；③服务职责：救助、维权、服务等综合帮扶；④方式方法：公益性与市场化运作相结合，各级帮扶中心构造救助、维权、服务三位一体帮扶工作格局，形成以地市级帮扶中心为骨干，县级帮扶中心为支撑，乡镇街道、规模企业帮扶站点为基础的"全面覆盖、分级负责、上下联动、区域协作"帮扶工作体系，重点做好保障困难职工家庭基本生活，帮助他们解决生活、就业、医疗、住房、子女上学等实际困难，进一步加强工会法律援助等维权服务，维护职工合法权益，努力为职工会员提供多种服务，满足职工会员多元化需求。

青年志愿者社区发展计划　共青团中央、中国青年志愿者协会在社区领域组织实施的青年志愿者行动重点项目，中宣部、团中央、民政部等十八部委联合实施的"新纪元志愿服务计划"的重点工作之一，始于1993年。以"共建、互助、共享"为主题，以创建社区青年志愿者服务站为重点，根据社区群众实际需求，大力拓展"一助一"长期结对服务，广泛动员以青年为主体的广大群众开展形式多样、内容丰富的志愿服务活动，努力为社区服务和社区建设作贡献。广大青年可利用学习工作间隙，就近就便与所在街道的团组织或青年志愿者服务站联系，确定服务对象，开展"一助一"长期结对服务或其他形式的服务；也可组成青年志愿者服务队，定期到社区开展社区文化、社区环境等公益活动。该项目在全国普遍开展，如银川市西夏区朔方路街道青年中心开展的"春晖行动"社区义务补习计划、河北工程大学水电学院团委开展的"四点钟课堂"志愿服务项目等。

铁路青年志愿服务　各级铁道团委发起执行的铁路志愿服务项目，始于1993年9月。按照公开招募、自愿报名、择优录取、定岗服务的原则，面向全社会公开招募铁路青年志愿者，主要开展旅客引导、咨询服务活动，开展文明出行宣传活动等。服务时间主要集中在春运、寒暑假等客运量较大的时期。在团中央志愿者工作部的具体指导下，铁路青年志愿服务工作取得了新的进展，基本形成了各具特色、百花齐放的格局，如郑州铁路局团委开展的社会青年志愿者与平安春运同行项目、沈阳铁路局团委开展的异地职工安心工程等。

"一助一"长期结对服务计划　团中央实施的中国青年志愿者行动的重点扶贫助困项目，始于1994年3月6日。以孤寡老人、残疾人、生活困难的离退休人员和下岗职工、特困学生、国家优抚对象等困难群众为主要服务对象，通过团组织和青年志愿者组织牵线搭桥，在青年志愿者和服务对象之间建立起长期稳定的关系，为困难群众提供力所能及的服务和帮助，是青年志愿者行动深入基层、深入人民群众的一项经常性、基础性工作。

大中专学生志愿者暑期文化科技卫生“三下乡” 中宣部、教育部、团中央联合实施的大学生志愿服务基层项目，始于1994年。每年组织动员近百万名大中专学生志愿者深入农村基层和受灾地区，发挥自身的知识、智力优势，开展了内容丰富、形式多样的扫盲和文化、科技、卫生服务，推广农村实用技术，倡导健康文明的生活方式，促进农村的经济社会发展。其目的在于引导青年学生认识国情、了解社会，在服务农村经济建设和社会发展中提高全面素质。

18岁成人仪式教育 各级共青团组织倡导、组织的素质教育项目，始于1994年。主要在16—18岁（成人预备期期间）青少年中学生中开展，一般在五四、十一或一些重要日子开展。活动包括公民意识教育、成人预备期志愿服务、成人宣誓仪式三个环节。公民意识教育是学校团组织利用学生年满16岁领取居民身份证的契机，开设公民教育课、法制课等，使同学们掌握宪法和法律的有关知识，懂得公民应具有的权利和义务；成人预备期志愿服务要求学生在16—18岁期间至少完成48小时志愿服务，通过志愿服务，培养青少年的社会责任感和奉献精神；成人宣誓仪式是在学生年满18岁时，组织他们面向国旗进行宣誓。从此，他们将开始以共和国成年公民的身份承担起社会责任。活动的三个环节有机联系、相辅相成，成为相对完整的教育过程。

中国青年志愿者扶贫接力计划 团中央和中国青年志愿者协会共同发起的扶贫项目，始于1996年，1998年开始在全国范围内实施。各省（区、市）和部分副省级城市的团委和当地文明办以及教育、农业、卫生等部门共同实施扶贫接力计划的省级项目。项目采取公开招募和定期轮换的方式，动员和组织青年以志愿服务的方式到贫困地区开展为期半年至两年的教育、农业科技推广、医疗卫生、乡镇企业发展等方面的服务工作。服务期满后，由下一批志愿者接替其工作，从而形成接力机制。该项目是共青团组织在扶贫开发领域长期实施的一项重点工作，是贯彻落实科教兴国战略和国家“八七”扶贫攻坚计划的具体措施。各省在实施该项目过程中因地制宜创新开展，比如福建省的“养鸡养鸭攒学费”简单助学志愿服务项目、“健康直通车”广东青年卫生医药志愿者扶贫接力行动等。

“保护母亲河”中国青年志愿者绿色行动营计划 共青团中央、全国政协人口资源环境委员会、水利部、中央电视台、中国青年志愿者协会、中华环保基金会、中国林业科学研究院等单位联合推动的环保志愿服务项目，始于1999年6月。以“劳动、交流、学习”为主题，通过组建绿色行动营、建设绿色行动基地，集中组织青年在重点区域开展植树造林、沙漠治理、水污染整治、清除白色垃圾等环保志愿服务活动。首期项目在河北丰宁营正式启动，并于半年内吸引了全国19个省区市及英、法、德、日、土耳其等12个国家和地区的1000多名志愿者在丰宁沙化区整地造林1500余亩，挖土石5万方，回填土3.75万方。截至2013

年6月，内蒙古达里诺尔、黄河万家寨、四川广安邓小平故居、浙江楠溪江和合州、吉林延吉等项目陆续启动。

阳光骨髓库项目 北京大学阳光志愿者协会发起的志愿服务项目，始于2002年1月。服务对象为需要骨髓移植的血液病患者。项目以拯救生命、提升健康为愿景，致力于提供骨髓配型和患者教育、咨询、互助、权益维护等服务，来抗击严重血液疾病，提高白血病、淋巴瘤等血液癌症患者的生存机会、提高患者和其家庭的生活质量。截至2013年11月，阳光骨髓库已经拥有2362份HLA数据，已经帮助90余位患者找到了初分辨匹配的骨髓，帮助3位患者提供骨髓完成了拯救生命的骨髓移植。阳光骨髓库目前是中国大陆地区规模最大的民间骨髓库。

青年志愿者海外服务计划 共青团中央、中国青年志愿者协会发起实施的长期重点项目，始于2002年5月。主要是根据受助国的实际需求，由主办单位与受助国签订合作协议，通过公开招募、自愿报名、集中选拔的方式，派遣优秀的中国青年志愿者赴受助国开展中长期志愿服务（一般为六个月），同时按照对等原则引进外国志愿者到国内中西部贫困地区开展志愿服务。项目已先后向老挝和缅甸等国家派遣青年志愿者开展语言教学、医疗卫生、计算机培训等方面的志愿服务。志愿者为具有大学本科以上学历或中级以上职称、年龄在20至40岁之间、身体健康、有国内志愿服务经历、自愿报名并经所在单位同意或县级以上团组织、志愿者组织推荐的中国公民。确系受助国需要的专门人才，年龄、学历可适当放宽。主办单位向参加海外服务的志愿者提供往返国际旅费、服务期间基本生活费和人身意外伤害保险，并协调受助国提供住宿、医疗和日常交通等安排。该项目是在商务部等有关部委支持下，由共青团中央、中国青年志愿者协会在全国实施的项目，各省相关部门均积极响应、推出一系列特色项目，如山东省中国青年志愿者海外服务计划利比里亚项目、海南省中国青年志愿者海外服务计划贝宁项目。

国际志愿者年志愿服务项目系列 外经贸部、共青团中央共同发起，项目时间为2001年3月至2002年6月。“中国2001国际志愿者年委员会”（以下简称委员会），在中国负责组织协调国际志愿者年期间的重大活动，全面推动中国志愿服务工作的发展。项目系列包括：一是深入实施青年志愿者扶贫接力计划，动员团员青年积极参与扶贫开发。2001年，来自全国部分城市的3205名受过高等教育的青年志愿者参加了这项计划，受援的重点贫困县达到207个，并首次往西藏派遣了志愿者。同时，数十万大学生志愿者参加了暑期“三下乡”活动。二是全面展开青年志愿者社区发展计划，引导团员青年积极参与社区建设。三是组织青年志愿者积极参与第21届世界大学生运动会、APEC会议、世界华商大会、西部论坛、全国九运会等国内外大型活动志愿服务。四是组织“新纪元从做志愿者开始”、“四海同心”2001国际志愿者年庆典晚会、“以德治国与志愿服务”理论研讨会、国际志愿者年献礼影片《因为有爱》全国巡映活动等特色的系列活动。2002年5月，委员会、共青团中央、外经贸部、中华全国青年联合会、联合国开发计划署共同举办的志愿服务国际会议，与会代表还共同发表了《志愿服务北京宣言》。志愿服务国际会议以“新世纪的志愿服务：认知、支持、发展”为主题，旨在促进志愿服务国际交流，推动政府、企业及社会各界对志愿服务的认同、支持和参与，推动中国及全球志愿服务事业的更大发展。此次大会吸引了来自世界五大洲29个国家和地区的近170名代表参加。

大朋友 中国青少年发展基金会美新路公益基金推出的关爱留守或流动儿童志愿服务项目，始于2003年。项目的服务对象为初中生，主要是国家级贫困县留守儿童或跟随父母打工的城市流动儿童。项目的活动形式是志愿者（大朋友）与同性别的小朋友1对1地结成对子，每月至少写1封信、每年至少见面1次。通过这样的方式进行交流，志愿者与服务对象彼此传递关爱、建立友谊。参与这个项目的志愿者（大朋友）需要承诺至少服务1年。大朋友项目对参与项目的大朋友的定位是陪伴者、倾听者、人生道路的分享者。

银龄行动 全国老龄委倡导并组织的智力志愿服务，始于2003年。以东部地区为主的全国大中城市离退休老年知识分子作为志愿者，以各种形式为西部地区或经济欠发达地区提供志愿服务。援助行动可以在全国范围内开展，也可以在一个省（自治区、直辖市）内进行。因参与该行动的老年知识分子大都已“华发如银”，故称为“银龄行动”。广义地讲，一切以“老有所为”为主题内容的老年人活动和项目，都可以纳入“银龄行动”。

大学生志愿服务西部计划全国项目 是共青团中央、教育部、组织部门、人事部门等共同组织实施的四大基层就业项目之一，又称“西部计划”，始于2003年。主要内容是按照公开招募、自愿报名、组织选拔、集中派遣的方式，每年招募一定数量的普通高等院校应届毕业生，以志愿服务的方式到西部贫困县的乡镇从事为期1—3年的教育、卫生、法律、农业科技、扶贫、新农村建设以及青年中心建设和管理等方面的工作。服务地区主要是内蒙古、广西、重庆、四川、贵州、云南、西藏、陕西、甘肃、青海、宁夏、新疆等西部12个省（区、市）和海南省、新疆生产建设兵团，以及湖南湘西州、湖北恩施州、吉林延边州部分地区贫困县的乡镇。项目口号是“到西部去、到基层去、到祖国最需要的地方去”，鼓励服务期满的志愿者扎根基层，或者自主择业和流动就业，并在其升学、就业方面给予一定政策支持。该项目每年派遣志愿者规模达到17000名。2011年由团中央、教育部联合组织实施的研究生支教团（1999年启动）并入该项目。研究生支教团也采取公开招募的方式，每年在全国部分重点高校中招募一定数量具备保送研究生资格、有奉献精神、身心健康、能够胜任支教扶贫工作的应届本科毕业生，以志愿服务的方式到国家中西部贫困地区开展为期一年的支教工作，服务期满后，由下一批志愿者接替其工作，形成“志愿加接力”的长效工作机制。服务期间，团中央青年志愿者工作部为志愿者提供大病医疗保险及人身意外伤害保险费用以及工作经费，派出高校提供基本生活费、每年两次往返受援地探亲差旅费用。

大学生志愿服务西部计划地方项目 团中央、全国大学生志愿服务西部计划项目管理办公室联合组织的大学生志愿服务基层青年工作专项行动，始于2004年。由各省团省委负责实施，按照公开招募、自愿报名、组织选拔、集中派遣的方式，每年招募一定数量的省内普通高等学校应届毕业生，到省内的一些比较贫困的乡村从事教育、卫生、农技、扶贫、农村基层团组织和青年组织建设等方面的志愿服务工作。服务期间给予一定的生活补贴，为志愿者购买团体保险，对于上学期间办理助学贷款，服务期间还贷确有困难的，可在毕业后一年内向银行提出一次调整还款计划的申请。服务期满后，志愿者若在一定期限内报考省内研究生、公务员、事业单位或者自主创业，都会有相应的优惠政策。此项目已在河南省（河南省大学生志愿服务贫困县计划）、江苏省（江苏大学生志愿服务苏北计划、大学生志愿服务绵竹计划）、河北省（大学生志愿者健康行动计划）、四川省（关爱留守学生专项）等十几个省（自治区）开展。

西部阳光行动 北京市西部阳光农村发展基金会主办、益微青年公益发展中心承办的大学生志愿者乡村志愿服务项目，始于2003年。项目口号：服务西部，塑造自我。项目面向全国招募在校大学生志愿者，组织和培训志愿者于寒暑假赴甘肃、宁夏、陕西、四川、贵州、青海、山西等40多个西部贫困山区开展兴趣支教、村民劳动、社区文化活动及社会专题调研等公益活动，开展公民教育和公益启蒙教育，以培养大学生社会责任感，提升其公益行动力（职业新能力）。

医疗志愿服务 团中央倡导实施的系统性志愿服务，始于2004年10月。医疗志愿者围绕医疗过程，协助患者及其家属有效使用资源，解决患者的家庭、社会、经济、心理等问题，提升患者的自助能力，使他们精神振作地重新适应社会。该项目的组织类型主要有两种：一种是医疗机构专门成立的志愿服务队；另一种类型是医疗机构接纳社会各类慈善团体和热心志愿服务的个人所提供的志愿服务。开展的志愿服务内容涉及院内医疗护理志愿服务、社区医疗卫生志愿服务、社区义工志愿服务、户外公益宣传活动等方面。其成员来自于定期招募和随时招募的具有医疗知识背景的专业人员和受过医疗救护培训的在校大学生和社会各界人士。该项目在全国普遍开展，如“为了生命的希望工程”上海青年造血干细胞捐献志愿者行动、长安大学造血干细胞捐献项目等。

社区巡逻志愿者 中央综治委在全国发起的社会治安综合治理志愿服务项目，始于2004年。由各基层市、区、县成立社区治安巡逻志愿者协会，协会的会员和志愿者主要由党政机关公务员、企事业单位职工、社区居民、在校学生、个体经营者、低保人员以及外地来京人员等热心于治保事业的各界人员组成。各区县的协会都设立有奖励基金，基金由区财政拨款和企业赞助两部分组成。协会统一为志愿者办理人身保险，保障志愿者的权益。志愿者每年参加社区治安巡逻不得少于200小时，志愿者根据实际情况自行安排巡逻时间，在社区党组织、居委会、治保会干部和民警的组织带领下开展社区治安巡逻。具体服务内容：①以社区为单位，在楼群街巷、平房村落进行治安巡逻、看门护院，积极开展安全防范；②及时发现和反映各类违法犯罪活动和影响社会稳定的线索及信息；③发生治安灾害事故等特殊情况时，协助有关部门做好紧急救助；④提出和反映社区治安管理工作的意见和建议。

为了明天——预防青少年违法犯罪工程 共青团中央联合20个部委共同推出的关爱青少年志愿服务项目，始于2004年。团中央在“为了明天工程”中设立关爱帮扶重点青少年群体项目，积极发动包括志愿者在内的社会力量对闲散青少年、有不良行为青少年、农村留守儿童、服刑在教人员未成年子女、流浪乞讨青少年等五类重点青少年群体进行服务，并在23个城市开展试点探索。目的是进一步整合资源，发动社会各界的志愿人员参加，营造全社会关心支持预防青少年违法犯罪工作的良好氛围，更有针对性地帮扶重点青少年。

应急志愿服务行动　国务院应急办牵头，各相关职能部门和共青团中央共同实施的项目，始于2005年。目的在于通过培训、演练、实际参与，成立一支政治、作风、业务等方面都过硬的应急志愿者队伍，辅助政府、帮助群众应对重大自然灾害、处置突发公共安全事件。该项目是一项比较特殊的志愿服务工作，具有一定的危险性，对志愿者本身的素质要求也比较高，因此，应急志愿者有专业和非专业之分，志愿工作的内容和范围也不相同。该项目在全国普遍开展，如北京操作者俱乐部组织的应急救灾服务项目、江西省高速公路投资集团有限责任公司开展的高速公路应急援助青年志愿者服务行动等。

关爱女孩青年志愿者行动　由国家人口计生委发起的关爱女童志愿服务项目，始于2006年。该行动广泛动员青年学子倡导性别平等、保护女童合法权益，同时也为当代大学生创造了解国情民情、承担社会责任的实践机会。志愿者们采用暑期返乡调研、与暑期社会实践工作结合等形式，开展基层调研和志愿服务活动，最终形成调研报告。旨在充分发挥青年人参与社会、志愿服务的热情，引导青年在服务和奉献过程中体现价值、完善自我，在倡导性别平等、综合治理出生人口性别比工作中发挥重要作用。项目得到了近20个省（区、市）120多所高校、近万名青年志愿者的积极响应和踊跃参与，形成了千余篇、近600万字的调研报告。

为志愿而教　北京惠泽人咨询服务中心在联合国志愿人员组织（UNV）和英国海外志愿服务社（VSO）的支持下启动的项目，始于2006年2月。通过开发志愿服务课程和培养志愿者培训师，为志愿者组织提供能力建设的长期志愿服务项目。主要内容：①本土志愿服务课程开发：通过借鉴国际志愿服务能力建设经验，进行本土化移植和开发，形成中国志愿服务能力建设系列课程产品。其中的“志愿服务基础课程”和“志愿者团队建设”课程已经被北京奥组委和上海世博会组委会用于赛会和城市志愿者的通用培训。②培养志愿者培训师：每年开展2~4期志愿者培训师培训（VTOT），定期进行课程研讨和培训师进阶培训与辅导，截至2013年6月，项目已经为全国20多个省市培养了400多名志愿者培训师。③组织实施志愿服务培训：根据各地志愿者组织需求开展各种培训活动，派遣志愿者培训师进行授课和助教。④开通“志愿者E学习中心”：志愿者依托惠泽人志愿服务发展网（www.huizeren.org.cn）进行在线学习与交流。截止到2013年6月，项目已为3万多名志愿者管理人员和志愿者骨干提供了500多班次培训。

青年志愿者绿色环保志愿服务　各级共青团组织、大学生绿色环保志愿服务组织、大学生联合会、社会绿色环保公益组织等共同实施的环保志愿服务项目，始于2006年。服务内容是组织绿色行动营、建设绿色行动基地，在重点区域开展植树造林、沙漠治理、水污染整治、清除白色垃圾等志愿服务活动。目的在于弘扬绿色环保理念，整治被破坏的生态环境，恢复正常的自然秩序，实现人与自然的和谐。该项目是团中央在全国开展的志愿服务项目，各省在实施中因地制宜创新开展，如河北省秦皇岛市青年志愿者清理海滩垃圾项目、浙江省环境创意行动（EOE）项目等。

爱飞翔·乡村教师培训　由原中国中央电视台节目主持人崔永元发起，崔永元公益基金等机构联合主办的全国性公益项目，始于2007年。服务对象主要为甘肃、四川、广西、新疆、黑龙江、湖南、云南、贵州等省份贫困地区的乡村教师。活动每年在北京和上海分别举行。服务形式为开展为期10天的体验式教学活动。内容主要包括对教师提供教育理念、教学技术、教育心理等方面的培训，带领乡村教师体验城市文化，并与城市家庭共同生活，使乡村教师亲身感受最先进的教育理念和最前沿的经济发展成果。同时，乡村教师带来的孩子们的愿望，在教师们培训期间，被许多爱心人士争相认领，数百名爱心人士把自己认领的乡村孩子的愿望带到现场，与乡村教师亲密互动。项目自启动以来，已引起国内众多知名媒体的高度关注，得到了多家公益机构、大中院校和大量爱心企业的鼎力支持，数千名志愿者及近百位公益讲师为活动全程提供了专业的志愿服务和培训课程。

爱心家园助学支教　由爱心家园义工联执行的助学支教项目，始于2007年。服务领域主要是北京、河北、陕西、湖南、云南、贵州、玉树等地，服务对象是这些地区的孤残儿童、贫困儿童、留守儿童、外来人员子女和其他困境少年儿童。该项目通过召集义工老师提供山区学校素质教育支教课堂，帮助学生树立正确人生观，培养学生兴趣爱好。活动内容和形式主要包括：讲故事、做游戏、放动画片；组织运动会、联欢会、篝火晚会；资助贫困生生活、学习、文体用品与助学款；改善贫困学校硬件条件；走访和资助贫困生家庭；带山里孩子进京参观天安门、鸟巢、水立方、动物园、清华大学、自然博物馆，与城里孩子结对帮扶等。目的在于让山里孩子增长知识，激发对生活对学习的热爱，增强对未来的信心，身心得到陶冶，综合素质得到提升，撒播爱心的种子，同时向全社会宣传公益慈善，呼吁全社会行动起来，以实际行动帮助弱势群体。

“天使妈妈”孤残儿童救助　中华少年儿童慈善基金会天使妈妈基金资助的关爱孤残儿童项目，始于2007年12月。天使妈妈包括上百名海内外的核心志愿者，主要分布在美国、北京、上海、广州、深圳、成都、西安、郑州等地，主要为富有爱心、有良好教育背景和各方面特长的妈妈。项目通过网络宣传和筹款，并同国内外各种医疗机构、媒体、基金会、志愿者等广泛合作，为孤残儿童募集医疗资金、安排手术和康复援助。目的是帮助身处困境的儿童改善后续生计，帮助生活在福利院等机构中的弃婴和孤儿改善生存发展状况。

新公民之友　全称为新公民之友志愿服务支持计划，南都公益基金会和中国社会工作协会志愿者工作委员会联合发起主办，由新公民学校发展中心承办的关爱农民工子女志愿服务项目，始于2008年12月。“新公民”特指“农民工子女”，寓意他们在政府公共政策下、在社会各界的支持关心帮助下，健康快乐成长，成为社会合格新公民。项目以农民工子女健康成长为社会新公民为愿景，致力于信息平台建设，发动公众和志愿者的广泛参与，为农民工子女学校和教师提供支持，推动农民工子女健康成长。项目作为一个信息平台，定位为“需求对接桥梁、支持服务平台、资源展示空间、互动参与社区”，主要以网站作为主体，采取线上线下相结合的方式，帮助和支持志愿者及社会机构更好地为农民工子女提供志愿服务。项目鼓励农民工子女学校、个人志愿者和社会机构来注册成为网站成员，主要服务对象是农民工子女学校、个人志愿者和各种社会机构。截至 2013 年 6 月，项目主要包括新公民快乐阅读计划、新公民社会地图行动等。

5·12 心灵守望计划　中国青少年发展基金会、中国医师协会、中央直属机关青年联合会、中央国家机关青年联合会、北京市青年联合会、四川省青年联合会等机构联合发起的汶川灾区救助项目，始于 2008 年。项目实施原则是科学的规划、规范的组织、有序的行动、专业的分工和透明的管理，旨在通过有序、科学、持续的专业心理支持志愿服务和培训服务，以及青联委员的短期慰问团服务，为 5·12 汶川地震受灾地区的老师和青少年提供长期的心理和精神支持，协助灾区老师更有效地照顾好学生，协助灾区青少年重塑阳光快乐的内心世界。同时，希望摸索出重大灾难后青少年心理援助的成熟运作体系和专业团队，积累系统性经验，防患未然。

中国消防志愿者行动　由公安部、共青团中央联合中央文明办、教育部、民政部、农业部、文化部、国家广电总局、国家新闻出版总署、国家安全监管总局、全国总工会、全国妇联、中国红十字总会在全国范围内共同倡导开展的志愿服务项目。始于 2008 年。项目以注册、自愿、有组织服务为主要形式，吸纳所有热爱消防公益事业的社会成员参加消防知识、技能的学习和培训，项目总体目标是通过开展消防志愿服务活动，引导广大社会成员关注消防安全，参与消防工作，增强全民消防安全素质，改善社会消防安全环境。各级公安消防部门发挥消防志愿服务的专业优势，深入机关、团体、企业、事业单位以及社区、街道、村寨指导消防志愿者围绕不同时期社会消防工作中心任务，以掌握“两知三会”（知道所在场所或单位的火灾危险性、知道火灾预防基本常识，会报火警、会扑救初起火灾、会自救互救）知识为重点开展宣传教育、预防和整改火灾隐患、消防安全救助等系列志愿服务。

“我要爱”大型灾后心理援助　中国科学院心理研究所联合上海增爱基金会、江苏远东慈善基金会等多家国内慈善基金会组织的灾后心理救援、危机干预与心灵重建公益项目，始于 2008 年 5 月。项目先后覆盖了四川绵阳、德阳、什邡、绵竹等“5·12”地震中的重灾区。主要采取发放心理援助漫画手册、传递爱心卡、建立心理援助工作站等多种形式多角度全方位展开志愿服务，以取得良好的心理干预效果。2011 年，该项目荣获民政部授予的“中华慈善奖”。

汶川地震紧急救援和灾后重建　中国的政府部门、官方志愿服务组织（GONGO）、公募/私募基金会、非政府组织（NGO）、学术研究机构、私营企业以及国际相关组织等联合实施的项目，始于 2008 年 5 月。基于 2008 年 5 月 12 日汶川地震发起，分为紧急救援和灾后重建两部分。项目包括紧急救援、伤员医治、三孤安置、临时安置、恢复生产、家园重建、教育恢复、心灵重建、四川旅游重建等。截至2008年12月，深入灾区的国内外志愿者队伍总量在300万人以上，在后方参与抗震救灾的志愿者人数超过了1 000万，救灾捐款约185亿元。来自北京、上海、广东、贵州、陕西、重庆、甘肃、福建等共19个省市的234家国内民间志愿服务参与了该项目。

全国妇联家庭志愿者 全国妇联发起的、各地各级妇联负责组织落实的项目，始于2009年。该项目将社区作为主要空间、妇女和家庭成员作为主体力量、妇女和家庭的需求作为出发点和落脚点，提升家庭志愿服务的吸引力和亲和力。主要服务内容包括：①引导广大家庭重点开展各种展示发展成就、传播文明礼仪、融洽邻里关系、助老扶贫帮困、清洁社区环境的家庭志愿服务活动，为国内大型活动志愿服务作出贡献。②以传播文明理念、发展先进文化为重点，积极组织家庭志愿者开展各种普及文明风尚、丰富文体生活的志愿服务活动；以弘扬科学精神、提高生活质量为重点，积极组织家庭志愿者开展宣传普及科技知识、法律知识和卫生知识的志愿服务活动；以宣传生态文明观念和节能环保知识、创造美好生活环境为重点，积极组织家庭志愿者开展各种改善生态环境、改变生活方式的志愿服务活动。③积极组织家庭志愿者开展送温暖、献爱心活动，为困难家庭和老人提供生活救助和照料服务；以方便家庭生活、服务家庭需求为重点，调动家庭志愿者的人力资源，广泛开展各种便民利民服务；以解疑释惑、关怀心灵为重点，组织家庭志愿者开展各种家庭教育指导、婚姻家庭关系调适、邻里冲突调解等志愿服务活动。

友成扶贫志愿者行动 友成企业家扶贫基金会在国务院扶贫办领导下发起实施的创新型公益项目，始于2009年。该计划的参与人员主要包括拥有志愿精神并具有一定的专业服务技能的退休技术人员、在职公务员、企业在职人员、应届毕业生、在校学生等社会群体。服务地区是全国扶贫开发重点县，服务目标是要为农村贫困地区的政府扶贫办及其他扶贫机构提供技术支持、能力建设等服务，为提高当地贫困人群的生存能力、发展能力创造条件和机会，同时要为政府和民间公益组织实施的各种扶贫项目搭建沟通平台，对其所开展的扶贫项目提供服务与帮助，促进形成政府指导、民间公益机构组织实施、各类企业大力支持的工作格局，最终达到让全社会关注贫困、共同参与扶贫济困的目的。该计划采取“整体规划、分步实施、动态调整”的原则，拟先从广西、河北、湖北、河南、陕西、重庆六省市/自治区的多个重点扶贫县试点开始，最终在全国建立80—100个“友成志愿者驿站”，基本辐射全国扶贫开发重点县。

保护国土资源青年志愿者行动 各级国土资源管理部门和团组织共同实施的国土资源宣传保护活动，始于2009年。该项目动员在校大、中学生志愿者利用假期下乡开展国土资源知识宣传活动，旨在培育一支有志于国土资源保护宣传教育的青年志愿者队伍，并通过青年志愿者的行动将国土资源知识传播辐射到社区、学校、企业、农村。该行动主要招募青年志愿者协助开展国土资源宣传保护工作。志愿者由各级国土资源管理部门负责对志愿者进行业务知识培训，经考核合格后，办理注册手续，颁发《保护国土资源青年志愿者证》。该行动的总体目标是引导广大社会成员关注国土资源保护工作，贯彻落实耕地保护基本国策，增强全民保护国土资源意识，实现国土资源保护工作向基层、向社会延伸，拓宽团员青年社会实践活动领域，活跃农村基层团组织工作，促进我国经济社会又好又快发展。

为中国而教　由陈一心家族基金会、南都公益基金会新公民计划、福特基金会等机构资助的致力于改善我国农村教育的公益项目，始于2009年2月。项目隶属联合国教科文组织国际农村教育研究与培训中心，通过招募、安置和培训优秀大学毕业生到教育资源薄弱的偏远农村以及打工子弟学校任教两年，改善薄弱学区教育环境，提高教育质量，以促进教育公平发展，实现农村地区社会经济教育的可持续发展。同时通过教育研究与培训，使志愿者教师在应对农村教育工作和生活的挑战中，辅以项目组织的培训、专人跟踪指导等，使他们了解农村教育现状和问题，锻炼优秀的品质和能力，增强社会责任感和民族使命感。

“点亮希望”心灵陪伴行动　由宝马爱心基金实施的爱心陪伴活动，始于2009年5月。陪伴行动针对经济欠发达地区的孩子，通过运用“非物质”的方式，由爱心志愿者与需要帮助的青少年进行一对一的爱心“大小伙伴”结对，并确保在至少一年时间内，通过书信、电话、短信等联系方式展开“心灵交流”。该行动旨在对偏远地区的青少年给予长期的心灵关爱和精神陪伴，帮助他们树立正确的人生观价值观，健康快乐地成长。心灵陪伴行动开展以来，已分别在四川和河北建立了两个基地，共促成500余对大小伙伴结对。

“1+1”中国法律援助志愿者行动　由司法部、团中央发起，国家开发银行等部门和单位支持，中国法律援助基金会会同司法部律师公证工作指导司、司法部法律援助工作司、团中央青年志愿者工作部、司法部法律援助中心、中华全国律师协会共同组织开展的志愿服务项目，始于2009年6月。旨在通过行业互助和招募志愿者的形式，动员律师和法学院校应届毕业生到全国无律师县和中西部律师人才短缺的地、市、县开展法律援助志愿服务，满足基层人民群众法律援助的需求，促进当地经济和社会发展，同时为律师、大学生志愿者提供一个锻炼自我、提高自我的良好途径，并为社会力量参与我国法律援助事业搭建一个奉献爱心的平台和桥梁。项目实施主要是通过宣传、组织、动员，在全国招募律师志愿者、法学应届大学生志愿者，为每个无律师县派遣1名志愿律师、1名大学生志愿者，为当地困难群众提供法律援助服务。主要任务包括：建立“法律援助志愿者工作站”；为当地困难群众提供法律援助；推动无律师县或中西部律师人才短缺的地、市、县的法律人才队伍建设；培养法律援助人才，充实法律援助队伍。

中美青年联合教育实践　公益组织——“美丽中国”发起的、云南省教育厅支持的青年支教活动，始于2009年。旨在联合中美两国优秀青年力量，深入中国教育资源薄弱地区参与一线教学实践，改善当地教育环境，提升教育质量，逐步弥补因教育资源不均衡带来的城乡教育差距，进而推动整体教育环境朝向均衡的轨道发展；同时通过系统的培训和全程引导支持，深度开掘项目成员的领导潜质，全方位锻造项目成员的职业和综合素质，促进成员间深度跨文化交流和协作，在为中国欠发达地区输送优秀师资力量的同时，培养具有高度社会责任感和实践能力，具有全球视野并适应多元文化的社会精英。

青春驿站社工动员志愿者帮教重点青少年　共青团中央、中央综治办、民政部、原国家人事部联合开展的“全国首批青少年事务社会工作者试点工作”，始于2009年。项目在社区和学校设立“青春驿站社工服务站”，由专职社工动员志愿者帮教重点青少年，同时设立劳教所、法院、检察院等单位作为青春驿站联系点，以点带面，工作网络全面覆盖了城乡重点青少年群体。项目利用地方志愿者网站、志愿服务热线如宝鸡市12355热线、志愿服务通讯、宣传平台等载体，扩大志愿者队伍，实现志愿者管理的信息化和网络化。项目的服务内容主要包括家庭生活教育、法制讲座、就业辅导、心理疏导、困难帮扶、外展社会工作等。

彩虹支教计划　安利（中国）日用品有限公司与共青团中央合作推进的支教项目，始于2009年。项目前身为安利名校支教项目，帮扶对象聚焦于父母外出打工的留守儿童，以三年1500万元人民币的预算额度，支持80余所高校的2000余位支教队员因地制宜自主设计、实施、申报支教扶贫项目。通过为支教队员配备专项资金，让支教队员发挥更大的公益力量，通过改善教育设施、资助失学儿童、开展素质教育课程等手段，致力于解决西部贫困地区教育资源短缺、教育理念落后及素质教育缺失等问题，提升留守儿童素质教育水平，为他们的人生创造更多机会。

百万空巢老人关爱志愿服务行动　由中央文明办、民政部组织发起的公益项目，始于2009年12月。在全国各文明城市（区）和创建工作先进城市（区），以社区为依托，组织志愿者特别是身体健康的低龄老年志愿者，采取结对帮扶的办法，为高龄空巢老人提供生活照料、心理抚慰、应急救助、健康保健、法律援助等服务，积极为他们排忧解难。各地文明办积极会同民政部门在充分调查研究的基础上，摸清空巢老人的基本情况，了解空巢老人的实际需求，从志愿服务的特点出发，研究制定具体活动方案；建立关爱空巢老人志愿者注册和管理系统，在身体健康的低龄老年人中招募志愿者并进行培训，实现志愿者与服务对象的有效衔接，务求取得实实在在的效果，促进市民文明素质和城市文明程度的提高，推动文明和谐社区建设。

雷锋号创建活动　由共青团组织发起、文明办协调、有关部门联合实施的群众性精神文明创建活动，始于2010年4月。该项目较早是共青团湖南省委发起的“雷锋号志愿者工作站”志愿服务项目，后在全国很多地方传播、复制、创新。旨在弘扬雷锋精神，普及志愿理念，壮大志愿者队伍，完善志愿服务体系，建立志愿服务社会化运行模式，推动志愿服务事业发展，促进和谐社会建设，是弘扬雷锋精神、普及志愿理念、汇聚志愿力量的重要途径，是参与社会公共服务和管理创新、做好群众工作的有效平台，是服务党政中心工作、服务社会需求、服务青少年成长发展的重要载体。按照志愿服务社会化、项目化、经常化、专业化、规范化的要求，项目力争按照“因时制宜、因地制宜、因事制宜”的原则设计工作项目，开展学雷锋志愿服务，重点开展服务党政中心工作专项、关爱重点青少年群体、扶助困难群众、基层公共事务、精神文明建设等五个方面的志愿服务，做到“八个有”：有标识、有队伍、有场地、有机构、有制度、有台账、有平台和有活动。

共青团尊老爱幼志愿服务　各级、各地共青团开展的尊老爱幼志愿服务活动的总称，始于2010年。主要内容是：为老人、儿童、困难户等群体排忧解难，开展义务劳动、义务宣传和组织群众性文娱活动等。项目的开展是弘扬和践行青年志愿者“奉献、友爱、互助、进步”志愿者精神的重要体现，同时也为青年志愿者在学习之余参与社会实践提供了机会。该项目自在全国推广实施以来，涌现出了很多特色项目，例如，山东东营12355“阳光姐姐”青少年心理热线、“祖国发展我成长，各族少儿心连心”安利杯·新疆少年儿童民族团结宣传教育活动等。

长期照护全国联盟　由民政部支持，中华慈善总会主管，汇丰银行资助，鹤童老年福利协会承办的助老志愿服务项目，始于2010年3月。目标是以全国民办养老机构为主体建立起行业性自律自治组织，基础是汶川抗震救灾中建立起的“5.12孤老孤残长期照护全国联盟”。2008和2010年的两次特大地震灾难，将老年人、伤残人员紧急生活照护这一全新的救灾应急行业推向了全社会。该项目根据社会需求，开创了灾难中对老年人、伤残人群紧急生活照护的应急联合模式。

中华巾帼志愿者　由全国妇联统一领导，地方各级妇联组织具体实施的志愿服务项目，始于2001年。以妇女和家庭为重点，志愿者以自己的爱心和技能，走向社会、走进社区，广泛开展家庭教育、心理咨询、妇女维权、法律帮助、医疗护理、帮扶困难儿童、助老扶老等各类巾帼志愿服务。最早起源于五、六十年代活跃于我国城乡的一支支巾帼志愿者队伍，全国妇联在总结群众创造和各地经验的基础上，正式推出“中华巾帼志愿者”，制定了《关于发展壮大“中华巾帼志愿者”队伍的意见》，各级妇联组织开始将巾帼志愿服务工作作为妇联组织服务社会志愿服务体系建设、参与社会管理及其创新的重要途径和载体。截至2013年6月，全国实名注册的巾帼志愿者超过220万人，有15个省区市参加巾帼志愿服务活动的人数超过了10万人，16个省区市建立起各类巾帼志愿服务工作队伍超过9.4万支。

“梦想课堂”计划　中华慈善总会I Do儿童基金专为生活在大中城市的农民工子弟学校开展的公益助学项目，始于2010年5月。旨在使农民工群体的孩子们拥有素质全面塑造的机会，为孩子们铺就通往艺术殿堂的坦途、未来健康成长的桥梁，切实完善孩子们的家庭教育和学校教育。“梦想课堂计划”在每周的固定时间组织来自音乐、美术、艺术启蒙教育等领域的专业志愿者为农民工子弟学校的孩子们打开“梦想课堂”的大门，陪伴孩子们唱歌、跳舞、画画，走出校门体验新北京，让孩子们在快乐中接触到他们平时很难接触的多样化课程，激发和挖掘他们的潜能。

关爱农民工子女志愿服务行动　由团中央启动，在全国各地实施的关爱农民工子女活动，始于2010年5月4日。该项目按照“青年志愿者小组（或团队）+农民工子女+接力”的项目实施模式，动员大中专院校、机关企事业单位及社会各方面的青年志愿者，整合团内力量和社会资源，为随父母进入城市的农民工子女和留在农村的农民工子女提供志愿服务。各级团组织按照团中央的部署，统一行动，动员广大团员青年、青年志愿者与农民工子女建立长期结对帮扶关系，深入开展学业辅导、亲情陪伴、感受城市、自护教育、爱心捐赠等内容的志愿服务活动。该项目是团中央在全国开展的志愿服务项目，各省在实施中因地制宜创新开展，比如北京市的“爱心课表”、黑龙江省红色经典动漫进校园活动等。

我为祖国测空气 国内著名的环保NGO达尔问自然求知社发起的环保志愿服务项目，始于2011年。项目通过在微博等平台倡议筹款，所得款项用于购买便携式激光粉尘检测仪，之后赠送给专门的公益环保组织，由其负责自测，并及时公布PM2.5指数。目的是唤起公众的环保意识，并敦促有关部门采取措施改善空气质量。项目进程：2011年在广州、上海等地试点；2012年在京津冀、长三角、珠三角等重点区域以及直辖市和省会城市开展PM2.5和臭氧监测；2013年在113个环境保护重点城市和环保模范城市开展监测。

友成常青义教 由友成企业家扶贫基金会发起的老龄志愿者服务项目，始于2011年。项目依托各地合作的NGO及单位，组织城市优秀退休教师到贫困地区学校进行教育管理和教学水平的提升与帮扶，以调动退休教师资源下乡的创新方法使贫困地区学校与城市共享优秀教育资源，缩短城乡差距。项目目标包括：搭建城乡教育资源流通的平台和城市退休教师“老有所为”的公益平台；提高受助学校管理水平、教师的教育教学能力和学生的综合素质；丰富退休教师的退休生活，提供实现退休教师价值的公益路径；搭建老龄公益平台，为老龄化社会“老有所为”方案的设计和老龄公益事业的发展提供依据。该项目的推广目标：计划在广西14个地市全面推广常青义教模式，3—5年把常青义教模式推广至全国50个城市、100个贫困县，覆盖500所贫困学校。

关爱农民工 中央文明办、人力资源和社会保障部、农业部、国资委、全国总工会、共青团中央、全国妇联、全国工商联等八部委联合发起的志愿服务活动，始于2011年3月。内容包括：①以技能培训、权益维护、情感关怀、文化服务、素质提升等为重点，设计开展形式多样的关爱农民工志愿服务活动，推动建立和完善农民工公共服务体系；②开展提高农民工就业能力志愿服务，为农民工提供政策咨询、信息引导和职业技术教育培训，增强他们的就业创业能力；③开展依法保护农民工劳动权益志愿服务，为农民工提供法律服务和法律援助，提高他们的法律意识、维权意识和依法维权的能力；④开展维护农民工文化权益志愿服务，组织农民工踊跃参加健康有益的文化娱乐活动；⑤开展保障农民工身心健康志愿服务，组织专业志愿者义诊咨询和心理疏导；⑥开展关爱农民工子女志愿服务，加强乡村学校少年宫和未成年人心理健康辅导中心（站、点）建设，为农民工子女提供学习辅导和兴趣培养；⑦开展提升农民工文明素质志愿服务，宣传文明礼仪知识，加强职业道德教育和形势政策教育，引导农民工特别是新生代农民工树立正确的人生观、事业观和价值观。

快乐运动 “冠军基金”的项目之一，发起人为杨扬，始于2011年。早在2009年和2010年，冠军基金的前身——北极星慈善基金会即开展了一系列快乐运动活动，旨在通过体育教育活动，培养青少年的“冠军”素质；通过精心设计的游戏项目，更多地发挥游戏活动在体育运动中的独特作用，让儿童和青少年能够提高积极性并参与到体育运动中来，感受体育运动的魅力。项目通过以下三种方式实现目标：器材捐赠、体育教师及志愿者培训、体育活动的组织。主要内容包括社区快乐运动和学校快乐运动两部分。快乐运动社区项目期望借助社区平台和资源，组织开展多种多样的青少年社区体育活动，充分发挥社区体育对于青少年的教育功能，帮助孩子们快乐成长，全面发展；快乐运动学校项目通过倡导和推广快乐体育教学理念与方法，增进学生对于体育运动的兴趣，促使学生积极参与体育运动，提升学生身体素质，并充分发挥学校体育对于青少年的教育功能，促进学生快乐成长，全面发展。

免费午餐　由邓飞等500多名记者和国内数十家媒体联合中国社会福利基金会发起的公益项目，始于2011年4月2日。该项目倡议每天捐赠3元为贫困地区学童提供免费午餐。它致力于帮助因家庭贫困而没有钱享受营养午餐的学生，同时呼吁更多爱心企业和人士加入到活动中，通过社会捐助的力量，对一些贫困山区学校简陋的厨房条件予以改善。项目希望免费午餐成为一个跨平台的合作行动，经过几十年的共同努力，让中国学生能够免于饥饿。为了尊重捐款人意愿，目前善款通过四个渠道拨付学校：福基会免费午餐基金、都市快报免费午餐（设在杭州慈善会）、黔中早报免费午餐（设在贵州青基会）、个人和企业定向资助。微志愿即是该项目带来志愿服务新概念，指志愿服务的发起以QQ群、微博、微信等新媒体为渠道，集聚个人微小力量形成大江大河之势。

春雨工程　由文化部、中央文明办共同推动的全国文化志愿者边疆行活动，始于2011年，由21个省份和单位具体承办。旨在通过开展丰富多彩的文化服务活动，搭建各民族文化交流的新平台，促进少数民族和边疆民族地区文化繁荣发展。主要服务内容：①北京、河北、山西、上海、江苏、浙江、安徽、福建、山东、广东、重庆、青岛等12个内地省市和文化部全国文化信息资源建设管理中心作为志愿单位组织招募800多名文化志愿者，分期分批赴内蒙古、黑龙江、云南、西藏、青海、宁夏、新疆及新疆生产建设兵团8个边疆民族省份开展文化志愿服务活动。志愿者通过“大舞台”“大讲堂”“大展台”3种形式，在边疆民族地区开展50多场文艺演出，组织培训讲座90多场，举办文化展览展示20多场。②西藏、宁夏、新疆的基层文化工作者200多人赴河北、上海、江苏、浙江、青岛、重庆等地参加“大舞台”“大讲堂”活动，在学习考察的同时也为内地群众带去具有浓郁边疆民族特色的文艺表演。

随手拍照解救乞讨儿童　随手公益基金资助，中国社科院农村发展研究所教授于建嵘教授在微博上发起的公益项目，始于2011年1月26日。项目以微博这种全新的形式为平台，鼓励网友在发现乞讨儿童之后，立即向警方报案，同时“随手拍”上传到微博。众多网友纷纷以积极转发微博、上传乞讨儿童照片的形式，参与该项活动，试图通过网络所带来的技术性变革，扭转以往在解救乞讨儿童上信息隔绝的困境。参与者这种志愿性、无偿性、公益性的特征符合志愿服务的主要特征。项目以微博为平台，主要包括三类公益活动：①开展预防儿童被拐的公益宣传活动；②开展寻找和救助乞讨儿童的公益活动；③开展乞讨儿童寻救成功后的关爱活动。项目以网络为媒介进行社会动员，其社会属性和辅助作用异常明显，且有助于打击隐藏于乞讨儿童身后的刑事犯罪。

中央文明办“三关爱” 中央文明办在全国部署开展的以关爱他人、关爱社会、关爱自然为主要内容的志愿服务活动，始于2012年4月16日。旨在引导广大干部群众自觉践行雷锋精神，推动学雷锋活动常态化，不断提高公民思想道德素质和社会文明程度。主要内容：①突出人文关怀，以学习雷锋、奉献爱心为主题，广泛开展敬老、爱幼、助残、帮农民工志愿服务，积极为困难群体排忧解难；②以“学雷锋、树新风”为主题，积极开展普及文明礼仪知识、公共场所文明引导、文明交通、文化建设、全民健身、网络文明传播和社区志愿服务，营造文明祥和的社会环境；③着眼促进人与自然和谐相处，大力开展普及环保知识、保护山川河流、植树造林志愿服务，不断提高人们的环境道德修养，提升全社会生态文明水平。全国启动仪式后，河北唐山、安徽淮北、河南洛阳、广东广州、四川绵阳等全国文明城市（区）和全国文明城市提名资格城市（区）相继举办了启动仪式，推动活动的开展。

全国助残志愿服务行动 由中央文明办、教育部、文化部、全国总工会、共青团中央、全国妇联、中国残联、全国老龄办等部门联合启动的助残志愿服务项目，始于2002年4月，由共青团中央、中国残联联合发起的“百万青年志愿者助残行动”。主要内容包括社区家庭、康复医疗、支教就学、就业培训、扶贫开发、文化体育、权益维护等7个方面；推广的是“残疾人康复（托养等）机构＋志愿者＋企业（个人）赞助”“青少年宫＋智障儿童＋志愿者”等模式；要求将志愿助残工作融入文明城市、文明村镇、文明单位创建活动，纳入文明城市和城市文明程度指数测评。该行动的目的是发挥好助残服务联络站点的作用，整合助残志愿服务活动资源，不断壮大助残志愿者队伍，建立完善注册登记、动态管理、激励保障机制，实现志愿者、服务对象和活动项目的有效衔接。该项目在全国普遍开展，如北京市的红丹丹助残项目、江苏省的“共享有声世界”志愿服务项目。

学雷锋综合包户 由北京市原宣武团区委发起的综合性志愿服务项目，始于1983年。该项目在“学雷锋、树新风”活动中逐步形成，由各级团组织发挥所在行业优势、义务为社区内的孤寡病残人和军烈属等社会特殊人群提供综合性服务并将扶助时间和内容以签订责任书的形式固定下来的一种志愿服务。经过多年的培育和拓展，“综合包户”的服务对象从最初的孤寡病残居民、军烈属逐步延伸至助学、助困、便民、互助、促进人员再就业等多个领域。在形式上，“综合包户”从最初的“一包一”到“综包一”“一包综”，之后又出现了包项目。未来其发展的方向是新起航行动计划，主要包括五大块内容，分别是：打造“综合包户”工作平台，开通“综合包户”服务热线，传递“综合包户”服务工作日志，开展三类特色服务项目，鼓励形成各具特色的“综合包户”区域服务模式。

二、地方项目

青年健康使者火炬行动 由共青团北京市委和北京市卫生局发起、行业内近百家医疗卫生机构共同参与的医疗卫生志愿服务活动，始于2002年，已连续开展多年。以“送医、送药、送知识、送温暖”为主要内容，按照“区域统筹、条块结合、资源落地、服务属地”的原则，以社区青年汇、市级志愿服务示范站等为载体，组织各医疗卫生志愿者队伍深入对口支援的街道社区、乡镇农村，为当地群众开展义务诊疗、科普宣传、扶贫济困等卫生志愿服务活动，切实帮助群众解决实际困难。

“大医博爱”志愿服务　由中国著名心血管内科专家胡大一教授发起的共青团2003年北京市委医疗志愿服务，由北京团市委委、北京市志愿者联合会、中华医学会心血管病学分会、中国医师协会心血管分会共同支持开展，始于2003年。胡大一教授发起建立胡大一爱心工程，组织心脏病专家到贫困地区筛查、诊疗先心病患者，减免贫困患者治疗费用。2007年，中国红十字会和北京大学人民医院共同组建“爱心工程胡大一志愿服务队”，在全国范围内开展贫困先心病患儿救治志愿服务。同时，在革命老区、西部欠发达地区建立先心病救治网点，开放技术，培养地方人才。2011年，在志愿服务队基础上，整合资源、规范管理、建立机制，组建了以国内心血管领域医学专家为主体，凝聚其他领域知名医学专家的“大医博爱志愿者服务总队”，推出该项目，通过项目化运作、制度化安排，打造北京志愿服务特色品牌。截至2013年6月，共义诊患者上万人次，完成介入手术千余次，外科手术数百例。

首都大学毕业生基层志愿服务团　北京团市委联合市委教工委、市委组织部、市教委、市人事局、市财政局、市劳动和社会保障局实施的项目，时间为2003年7月至2008年7月。每年通过公开招募、自愿报名、择优录取的方式，招募1000名或1500名北京各高校的应届大学毕业生、京外高校的北京生源应届毕业生到全市远郊区（县）基层单位从事为期一年或两年的教育、医疗、行政、农技、维权、青年工作等方面的志愿服务。服务期间，服务团志愿者享受各相关委办局给予的政策支持和基本保障，服务期满后，鼓励其扎根基层，或者自主择业。项目实施的主要目的是：①探索大学生就业的新途径，加强城市基层基础工作；②引导大学生走向基层，到艰苦的地方锻炼自己，培养造就优秀青年人才；③开辟共青团工作新的增长点，拓展志愿服务新领域；④推动北京市志愿服务工作的发展。

晚缘　中国青少年发展基金会美新路公益基金推出的志愿服务项目，始于2004年。服务对象主要为75岁以上，无子女的孤寡老人或者子女不在本地的空巢老人。服务内容是与结对的老人开展1对1的长期陪伴，服务时间为周六或周日上午9：00—11：00（每两周服务一次），志愿者需要承诺至少服务一年。服务目标是促成孤单老人在晚年有一位志愿者在爱中长期相互陪伴，在不改变老人现有生活条件下，提升老人的满意度和幸福感。服务基地主要有北京第一福利院、四季青敬老院、北京石景山福利院、馨澜之家、康辉老年公寓、东岳公寓等。

心目影院　北京红丹丹教育文化交流中心的常规活动之一，又名心目看世界——盲人广播电影项目，始于2006年7月。活动方式是每个周六为盲人讲电影，经过专业培训的志愿者担任电影讲述人，用生动、丰富和准确的语言解说电影场景，为盲人传递视觉信息，不仅帮他们看懂一部电影，更让他们通过电影了解社会，潜移默化地传递给他们正确的社会行为模式信息。2006 年，红丹丹在拜耳（中国）有限公司的资助下，与北京人民广播电台共同开办了广播版《心目影院》，为盲人听众提供影视欣赏服务。随后《心目影院》陆续在中国文艺之声、中国之声以及多个地方电台播出。

北京奥运会、残奥会志愿服务 北京市委、市政府以及北京奥组委成立的志愿服务项目，始于 2005 年 6 月。由北京市奥组委具体负责项目的实施，奥组委按照项目管理的原则和方法，逐步推进招募、培训、定岗、赛会服务等一系列工作，宗旨在于通过开展宣传发动、招募选拔、教育培训、公益实践、激励表彰等一系列工作，建设一支数量充足、训练有素的志愿者队伍，奥运会期间为奥运大家庭成员、媒体记者、观众和其他相关人员，提供优质的志愿服务，从而保障 2008 年北京奥运会、残奥会的成功举办。服务于北京奥运会的赛会志愿者达到 77169 人，服务于残奥会的志愿者达 44261 人。此外，还有 1582 名在奥组委内各部门服务的前期志愿者、40 万在场馆周边服务的城市志愿者、100 万在城市周边服务的社会志愿者和 20 万名拉拉队志愿者，共为北京市奥运会、残奥会节省了约 42. 75 亿元的开支。

掘美行动 又名“崛美行动”，由南昌市青年志愿者协会发起的文化保护志愿服务项目，始于 2007 年，是江西民间首个文化保护志愿服务活动，也是中国民间首个专门为艺术家编制年表的服务项目。项目致力于江西本土静态视觉艺术与文化的发掘、保护、传承与崛起，重点寻找 70 周岁以上、经历过抗日战争等，在某一领域有突出贡献，未被世人充分认识，甚至被遗忘的老一辈艺术家及民间老工匠、老艺人，抢救他们的宝贵艺术史料。项目先后进行多项史料的收集与整理，编印《生生不息》、《隐者万昊》等八本掘美画册，资助并见证了多位年轻画家在不同的艺术道路上艰苦成长历程，翻拍了两位画家大量的学习手稿、习作，记录了他们大量的活动轨迹。项目面向广大的农民工子女及大学生，开发通俗且充满趣味的乡土文化宣讲课程，在南昌市地区中小学及部分高校巡回宣讲，取得了较好的效果。

乐水行 由北京地球村环境教育中心、自然之友、绿家园志愿者、志绿智等多家 NGO 共同发起的环保志愿服务项目，始于 2007 年 3 月 17 日。启动初期主要是在北京地区每一个周六都有徒步“读水”活动。自 2007 年 9 月份，发展成为长线（探路组）和短线（考察组）两支队伍，分别在市区内的河流和市区内外及远近郊的河流进行徒步“读水”活动，考察北京近郊几乎全部的河流水道和水源地，以及部分远郊、甚至河北界内的河流、水库，明晰河流的起源、演变和现状，了解河流附近人们生产生活的方式，探讨人类活动与自然变化之间的关系。自 2010 年 6 月 5 日起，“乐水行”活动进入一个新的阶段，由绿家园志愿者、达尔问自然求知社（自然大学水学院）、北京公众健康饮用水研究所等多家组织或企事业单位，分别依据自己的理念，开展有针对性的活动。2010 年 7 月份，“乐水行”响应北京市团委倡议的首都青少年“爱绿日”主题活动，每月的最后一个周六为市水务局发起的“志愿走河”行动，采取志愿者社会化动员机制，号召社会公众亲身参与首都水资源及环境保护。项目的一个特点是低成本运行，活动的地点在户外，参加活动都是志愿者，在活动结束后把自己所了解的关于河流的知识与他人分享。项目模式日臻成熟，陆续向其他城市推广和复制。广州、重庆、沈阳、南京等城市依托当地环保组织建立了乐水行队伍。

平民电脑学校项目 安徽师范大学数学计算机科学学院设立的，由安徽师范大学平民电脑学校具体实施的计算机知识科普服务项目，始于2008年7月。项目面向乡村、社区的平民百姓，以电脑知识普及、电脑故障咨询和网络文明宣传为主要服务内容，组织志愿者利用所学知识，帮助普通群众学会使用电脑、解决电脑问题，让信息技术走进千家万户，让普通群众享受信息社会给生活带来的便捷。截至2013年，平民电脑学校已形成1个总校和23个分校，覆盖全国8个省份（安徽、江苏、福建、河北、河南、辽宁、新疆和吉林），全国10余所高校近1000名大学生志愿者加入。累计服务社区和乡村155个，为基层群众义务授课3000多小时，服务基层百姓5000余人。

艾滋病患者同伴教育员公益小组 北京红丝带之家开展的关爱艾滋病患者志愿服务项目，始于2008年。作为一家以为艾滋病患者和家属提供综合关怀与支持、为患者提供专业医疗服务支持为特色的机构，北京红丝带之家在艾滋病患者中遴选并进行志愿者系统培训与考核，最终培养出一支由艾滋病患者为主角的同伴志愿者队伍。这支同伴志愿者队伍主要为患者及家属提供服用药物经验分享、药物依从性“面对面”辅导、新感染者的危机干预、艾滋病患者和家属的心理情感支持、住院患者的同伴探访与关怀和网络信息宣教。同伴教育员在为患者和家属提供志愿服务的同时也让自己在奉献过程感受到了自我价值，帮助这些原本是病人的“志愿者”回归、重塑了社会角色。

蓝立方志愿服务计划 北京共青团及志愿者组织开展的城市志愿服务项目，始于2008年。2008年在北京奥运会、残奥会期间，蓝立方作为城市志愿服务工作的基础，是城市志愿服务站点的名称。圆满完成北京奥运会、残奥会工作任务后，通过在旅游景点、商业网点、博物馆、交通枢纽及各类大型临时性赛事和会议周边设立蓝立方，开展城市志愿服务。其主要形式是各区县团委及志愿者组织采取公开招募和定向招募相结合、经常性招募与阶段性招募相结合等方式招募志愿者建立稳定的蓝立方志愿服务队伍，常年开展服务。其主要的服务内容是：信息咨询、便民服务、应急服务、特色服务即开展民俗文化交流、艺术展示、体育普及、旅游推介等，并通过青年志愿者参与的示范作用，引导推动北京的志愿者组织结合本组织的特点和专长参与志愿服务。

邻里驿站 北京朝阳门街道发起的社区志愿服务项目，始于2009年。2009年7月，举办了首届和谐邻里文化节。在持续3个月的邻里节里，有9个社区被挂上“邻里驿站”的标牌，还评选出了百名“好邻居、好居民”。邻里节以“邻里守望共建和谐”为主题，旨在增进邻里间的感情，营造充满温馨、相互关爱的邻里亲情。此次邻里节还将通过“邻里驿站”搭建邻里互助平台，使社区居民成为本次活动的主角。同时，驿站也将长期招收志愿者，安排他们利用业余时间为社区孤寡老人、残疾人家庭提供志愿服务。

蓝天行动 由共青团北京市委、北京市志愿服务指导中心共同推出的关爱农民工子女项目，始于2010年，是对“共青团关爱农民工子女志愿服务行动”的进一步深化。立足于在京农民工子女的实际需求，以北京市125所“结对”农民工子弟学校为重点，在“结对”的基础上，建立北京共青团“关爱农民工子女”志愿服务基地，将服务内容、形式、周期等内容固化，把志愿服务、社会资助、活动项目等各类资源引入农民工子弟学校，帮助农民工子女更快、更好地融入首都生活。以“志愿者团队+农民工子弟学校+接力”的模式运行，组织志愿者团队与农民工子弟学校建立结对关系，每周定期开展各类志愿服务活动，促进有效帮扶，形成长效机制。该项目的主要内容是根据学校课程安排，全年计划开展36场志愿服务活动。采取课后四点班、兴趣小组等方式，每周定期开展传习国学文化、参观博物馆、成长话题讨论、体验快乐运动等志愿服务活动，促进农民工子女的德智体全面发展。

北京地区博物馆志愿者服务平台　北京文博交流馆启动的志愿服务项目，始于2009年。项目通过推介北京地区各类博物馆，进行博物馆志愿者招募信息发布、注册志愿者资源库管理、博物馆志愿者服务项目的收集以及开展志愿者相关交流活动等服务。旨在推进北京地区博物馆志愿者工作的发展，扩大博物馆志愿者行动的社会影响力，加快博物馆志愿者专业队伍建设的步伐。2009年下半年启动该项目；2010年，项目初见雏形，并成立了北京博物馆志愿服务总队；2011年至2012年运行“志愿北京”之关爱农民工项目，开展了几年北京地区博物馆百年诞辰，推出“魅力北京百场讲述”北京博物馆志愿者文化讲述团活动。项目组与阳光文化基金会携手，本着通过博物馆，帮助在京流动人青少年接触博物馆，陶冶情操，养成完善的人格的宗旨，继续完善该平台的建设。

“救在身边”应急志愿服务　北京市委市政府责成团市委负责推进的应急志愿服务项目，始于2009年。项目坚持“路遇危难，伸手相助”的“救灾身边”应急志愿服务理念，加强应急志愿者队伍建设，提升应急专业志愿者的应急救援水平和能力，提高社会公众应急意识和了解、掌握应急基本技能。项目紧紧围绕抗震救灾、防汛抗旱、应急救援、突发公共事件、城市救援等重点领域，组织开展培训、演练和宣讲活动，紧密关注、第一时间参与汶川地震、西南抗旱、玉树地震、盈江地震、房山暴雨灾害、雅安地震以及北京周边山区驴友或居民走失等应急救援服务，直接受益群众10万余人，协助政府发挥了积极作用，为构建和谐社会贡献了智慧和力量。截至2013年，已初步搭建由16支民间专业救援队伍为骨干的市应急志愿者服务总队、16个委办局所属专项指挥部与16区县共青团应急志愿者队伍的队伍体系，推行实施了“救在身边”应急志愿服务项目，探索形成了16小时演练、32小时培训、64小时宣教的应急志愿者常态化工作模式。

国庆群众游行志愿者服务　北京市市委、市政府负责部署，由共青团北京市委负责实施的迎接国庆60周年志愿服务项目，始于2009年。共招募95万名志愿者，服务内容比较广泛，包括首都治安服务、交通服务、庆祝活动特殊岗位服务、游园活动服务、文化活动服务、游行外围保障服务、城市志愿服务、市志愿者联合会团体会员志愿服务共八大类。该项目实施期间，共青团北京市委对各级共青团的要求为：①正确认识工作任务，国庆和奥运会一样都是共青团工作的重大机遇，要在做好国庆工作的同时紧密联系团的工作，全面促进团的事业发展；②全面做好开展国庆城市志愿服务的工作准备，主要是组织的准备、保障的准备、思想和方法的准备；③在城市志愿者工作中要注重以人为本、眼睛向下，做到应有尽有、因时而动；④真抓实干，把工作的成效体现在每一个城市志愿服务站点上。

2010 年第 29 届世界音乐教育大会志愿服务 基于2010 年第 29 届世界音乐教育大会发起的志愿服务项目。本次活动在北京举行，由共青团北京市委负责部署，北京市志愿者联合会、中国音乐学院团委负责具体实施。具体做法：①有力的组织保障与完善的内部架构。成立临时党支部和临时团支部，确立“统一指挥、对口链接、属地管理、例会保障”的工作原则。②广泛的志愿者招募与积极的动员培训。以中国音乐学院学生为主体，联合中国传媒大学、北京语言大学、北京科技大学四所高校共 669 名志愿者，组织通用培训、岗位培训十余场。③严密的管理制度与规范的联络机制，制订并完善了组织与管理的相关文件。④贴心的物资装备与人性化的激励措施。志愿者装备面料采用与奥运会、世博会志愿者服装相同的质地，保证志愿者穿着的舒适程度。此外，在志愿者招募、培训、后勤、奖励等各方面，制订详细可行的人性化激励措施。⑤细致的工作考虑与舍我的工作态度。选定太平洋保险公司为志愿者上保。此外，根据志愿者身体健康状况、心理健康状况等为其分配岗位。⑥激励人心的表彰和多样的宣传交流手段。每两天一期《志愿者简报》，优秀志愿者被评为志愿者之星。采用中国音乐学院志愿者创作的志愿者口号及志愿者主题曲。

2010 年北京首届世界武搏运动会志愿服务 基于2010 年北京首届世界武搏运动会，由共青团北京市委、北京市教委负责组织实施的志愿服务项目。共青团北京市委、北京市教委通过借鉴奥运会、国庆等重大活动筹备组织经验，坚持“高质量、有特色”原则，与北京市体育局、武搏运动会组委会各部门和相关区县、高校等有关单位通力合作，共同推进各项组织工作。项目旨在：①按照组委会各部室提出的岗位要求派出志愿者，做好志愿者选拔、通用培训工作，协助做好岗位培训、运行管理、保障等工作；②负责组织城市志愿者在重点区域广泛开展志愿服务活动，积极营造良好的社会氛围。组委会经过严格筛选，组建了一支以青年为主体的多层次的高素质志愿者队伍，858 名志愿者从 8 月 16 日到 9 月 4 日近 20 天的时间里，服务在 5 个场馆、2 个中心、3 个酒店参与观众引导、运行支持、交通运行、安检验票等志愿服务工作，占总竞赛场馆数的 100%。

世纪公益法律热线 北京世纪慈善基金会与北京市同一源律师事务所、北京同一源（上海）律师事务所共同组织实施的法律援助志愿服务项目，始于 2010 年 7 月。服务地域为主要为北京、上海。主要是招募致力于法律援助的志愿者，要求志愿者使用汉语、维吾尔语、哈萨克语、乌孜别克语、柯尔克孜语、塔塔尔语六种语言为在北京、上海务工、上学的少数民族人员、低收入城乡居民以及经济困难的外来务工人员、残疾人、流浪未成年人提供电话法律咨询等志愿服务。志愿者每月参与不少于 40 小时的服务，服务期为 2 年。志愿者来源：①自愿成为法律援助志愿者的社会执业律师和基层法律服务工作者；②曾在公、检、法、司等机关从事法律业务工作的离退休人员；③从事法学教育、法学研究工作的离退休人员；④法学院校从事法学教学的教师和法律专业在校学生；⑤取得法律职业资格证书尚未执业的人员，取得法律本科毕业证书尚未参加工作的人员。项目为志愿者提供培训、工作期间的餐饮、一定的交通和住宿补贴，还提供工作期间的人身意外伤害保险，服务结束后颁发志愿服务奖章。

陪伴成长计划 即北京SOS儿童村志愿服务项目，由北京市志愿服务指导中心、北京SOS儿童村全力打造的全北京市示范性志愿服务项目，于2011年1月1日启动。由星光志愿者协会运行与SOS儿童村相关部门进行沟通，针对儿童村具体需求情况，人性化设计服务模式，明确志愿者服务内容、设置岗位，审定总体方案。其主要服务模式是陪伴成长即1对1（一个小组对应一个家庭服务区域，固定每周六或周日“回家”陪伴孩子们学习）、兴趣培养（为SOS儿童村组建一个艺术团，对孩子们进行辅导）、亲戚串门（不定期组织社会力量到儿童村进行关爱行动）和专业支持（组织专业志愿者对儿童村的有关工作人员、“妈妈”、孩子等进行未成年人普法、急救等知识讲座，并不定期地为“妈妈”们进行心理解压指导）。

“青苗计划”社区义工服务项目 广州义工联发起的志愿服务项目，始于2011年。项目面向广州市各区（县级市）义工协会、社区及家庭综合服务中心义工队、各级各类社会服务机构以及草根社区义工组织征集公益项目并进行资助。旨在扶持和鼓励上述义工组织，立足社区、服务社群，推动“社工义工联动机制”和社区助老义工服务发展，促进社区义工服务活动常态化。项目主要通过经费及物资支持等方式支援合作团体开展相关义工活动，合作内容分为社区义工发展方向和社区助老义工服务专题方向。任何社会服务机构或义工组织（团体）只能申报其一。其中，社区义工发展方向资助的项目包括帮困助残、呵幼扶弱、治安环保、科普卫生、司法矫治、文明创建等各类常态化的义工服务活动；社区助老义工服务专题方向支援的项目包括医疗保健、陪伴出游等以空巢老人为服务对象的助老义工服务活动，项目单项的资助最高达1万元，体现计划的扶持力度。除提供资金支持外，项目更注重通过建立“师徒式”培训，着力提升团队骨干组织能力，以达致团队的可持续发展。广州义工联邀请香港义工发展局资深督导为项目负责人（义工骨干）开展义工项目管理、义工管理系统及团队带领技巧的专题培训。广州义工联全程监察团队实施项目过程，并适时给予咨询和指导。2013年，项目获得中央财政支持，通过经费资助及物资支持等方式支援义工团体深入社区开展各类型的义工服务活动，以培育社区义工组织，打造社区义工服务品牌。

社区家园行动 北京市民政局推动的社区志愿服务项目，始于2011年。北京市民政局以《北京市“十二五”时期社区志愿服务项目指导目录》为依据，按年度推出“志愿北京之社区家园行动”系列，以“我承诺，我行动，我快乐”为口号，动员广大社区志愿者积极行动起来，承担社区责任，在帮助他人的过程中享受快乐。2011年确定了基本项目类、拓展项目类、特色项目类三大类共33个项目；2012年确定社区文化发展、居民健康促进、社区公益参与、关爱老人温暖四类行动共30个项目。实践中，社区志愿服务供需对接突破“会战式”“运动型”的老路子，探索出了“定向人员对接式”“组团专项承接式”“兴趣结盟或结社”“定项自行招募式”和“服务项目菜单式”五种供需调配的基本方式，促进了社区志愿服务常态化发展。2013 年社区家园行动确定了三大类 28 个项目，以“美丽家园大家建，人人都来做好事”为主题，以家庭为核心，以机关、事业单位、公益组织、社会爱心单位为骨干，发动社区每家每户、辖区的每个单位或组织都有人参与，参与或招募志愿者百余万人。

春风行动　共青团北京市委、北京市志愿者联合会以原有春运志愿服务项目为基础而开展的项目，始于 2011 年初。旨在通过广大青年志愿者积极参与在火车站、机场、地铁、公交、长途客运站等交通场站的志愿服务工作，加强对北京市春运期间进出京市民、外来游客及返乡务工人员的服务，开展秩序维护、文明理念宣传、普及法律意识，让旅客感受温馨祥和的氛围，拓展共青团联系和团结青年的新渠道，为社会大众参与志愿服务、奉献社会搭建广阔平台，加强对广大市民和来京观光旅游的国内外游客服务，提高城市文明程度，促进社会和谐，树立首都青年志愿者的良好形象。

毛主席纪念堂志愿服务　由共青团北京市委和毛主席纪念堂管理局合力推出的专业志愿服务项目，始于 2011 年 3 月。旨在探索毛主席纪念堂志愿服务发展模式，培育志愿服务示范项目，将毛主席纪念堂打造成为首都青少年理想信念教育的重要阵地和首都志愿者风采的展示窗口。项目设立外围引导、扶弱助残、团体预约、北大厅引导、蓝立方、展室讲解 6 大类志愿服务岗位，分时间段和批次招募企业、社区、高校志愿者上岗，主要提供人流疏导、信息咨询、团队预约、扶老助残、语言翻译、简单应急等服务。截至 2013 年 6 月，共招募组织 1661 人参与志愿服务，累计服务时长 11.5 万余小时，直接间接服务瞻仰群众 1240 万人次，接待团体 62022 个，帮扶轮椅童车 11648 部，接受咨询 22184 人次，共计发放宣传册 5747 册，引起了社会强烈反响，取得了良好社会效果，被评为第九届中国青年志愿者优秀项目。

绿色联盟　由北京团市委、北京市志愿者联合会、中国国际经济技术交流中心、联合国开发计划署（UNDP）与联合国志愿人员组织（UNV）联合发起的环保志愿服务项目，始于 2011 年 4 月。旨在通过在北京各级各类环保及志愿者机构间建立合作关系，以实现资源和渠道共享，推动北京地区志愿者环保活动的进一步开展，共同实现联合国千年发展目标中“确保环境可持续发展”的愿景，同时服务于北京关于建设“人文北京、科技北京、绿色北京”和中国特色“世界城市”的发展蓝图。

阳光阶梯计划　团市委、市志愿者联合会共同启动的志愿者培训项目，始于 2011 年 5 月 13 日。联合国“通过 2008 年北京奥运会促进中国志愿服务发展”合作项目之下的“春芽计划”志愿者培训的积极转化和延伸，是新时期志愿者培训工作的创新和发展，立足示范性，突出实用性，强调发展性，全面加强对基层志愿服务工作的支持，旨在继承转化奥运会、国庆及各类大型赛会、社会活动志愿服务成果，实现北京志愿服务事业长远发展。主要内容为开办志愿服务管理型人才培训班，开展基层志愿者培训工作和培养一批志愿服务的培训师。

公园之友　北京市公园志愿服务总队正式启动的志愿服务项目，始于 2012 年。以“公园志愿服务队＋各类志愿者”为运行模式，由大中小学生、社会监督员、市民游人、社会人士及公园青年职工志愿者等五部分组成。服务内容包括：公园文化活动志愿服务项目、公园科普宣传志愿服务项目、公园文明引导志愿服务项目，即开展“永远的雷锋”公园志愿行动、“雷锋在我心中”和“雷锋在我身边”微记录征集等。旨在号召公园志愿者做雷锋精神的学习者、践行者、宣传者，组织公园志愿者开展五项文明（文明出行、文明游览、文明排队、文明服务、文明如厕）引导的宣传引导活动，宣传文明游园、弘扬北京精神、做文明有礼的北京人。

白衣天使行动 共青团北京市西城区委员会、西城区志愿者联合会、北京大学人民医院、西城区展览路街道联合启动的北京大学人民医院入西城社区志愿服务品牌项目，始于2012年3月5日。该项目得到了共青团北京市委员会、北京市志愿者联合会、中国医院协会医院社会工作暨志愿服务工作委员会的支持，在西城区展览路街道各个社区范围内以北京大学人民医院为平台，以社区居民的健康为中心，以需求为导向，以弱势人群为重点，通过家庭探访、讲座宣教、义诊筛查、健康咨询等方式，每月定期向居民普及自我保健常识。

“青春伴夕阳” 共青团北京市委、市志愿者联合会联合市民政局、市社区服务协会“敬老月”期间启动的助老志愿服务项目，始于2012年。项目立足老年人实际需求，将服务形式、内容、周期等制度化安排，把志愿服务、社会资助、公益活动等各类资源有序引入养老服务机构，为老年人安享幸福晚年优化环境和条件。通过青年志愿者组织与辖区内养老服务机构“结对”，形成长期对接志愿团队与临时志愿活动相结合的“1＋N”志愿结对模式。坚持平均每月至少两次，开展亲情陪伴、文体娱乐、健康指导、法律援助、信息交流五大类志愿服务，以及具有特色、符合实际的服务内容，形成志愿服务内容“5＋X”多元化模式。通过监督监管机制和选拔推荐，建立北京共青团助老敬老志愿服务基地，每月确定不同主题，制定“孝心月历”，明确职责任务，营造志愿服务人人可为、处处可为、时时可为的社会氛围，倡导大家积极参与助老服务，共建和谐社会。截至2013年6月，已有92支志愿服务团队与首批100家养老院结对并开展服务。

青春梦想同龄同行 北京青春梦想同龄同行志愿者协会发起的志愿服务项目，始于2012年。项目招募青年志愿者为同龄人提供成人高考辅导及职业技能培训，旨在进一步提高当代青年服务社会的能力，帮助其更好地融入城市生活，实现青春梦想；同时培养大学生等青年群体认识社会、服务社会的志愿意识，让青年人之间互助互爱、同龄同行。从2013年开始，青春梦想同龄同行志愿服务项目和团市委社区青年汇相结合，面向社区青年汇进行项目推介，团市委、市志愿者联合会通过3·5日北京志愿服务推动日、社区青年汇专职社工培训班、青春梦想培训班等方式，组织社区青年汇和青春梦想同龄同行志愿服务项目进行需求了解和对接。

2013年第九届中国（北京）国际园林博览会志愿服务 服务于2013年第九届中国（北京）国际园林博览会志愿服务项目。本次活动举办地为北京市丰台区，项目由北京市志愿服务指导中心统筹负责，由共青团丰台区委具体组织实施项目的各个环节。继2008年奥运会、国庆60周年大型庆祝活动之后北京迎来的服务时间最长、规模最大的志愿服务项目，服务时间为2013年5月18日至11月18日。项目招募志愿者13500名，服务总时数140万小时，园博“小V蜂”从招募之初到服务期间成为志愿文化核心，项目结束后转化为丰台志愿者文化符号；园博会志愿者网上双向选岗排班系统通过“网络平台+手机客户端”建立了实时供需平台，实现了人性化的自由选岗。

单亲母亲阳光家园　天津市西青区中北镇侯台社区居委会发起的社区公益项目，始于2008年3月5日。旨在调动志愿者积极参与，为不同需求的群众提供帮助与服务，满足多元化群众特别是弱势群体的需求，包括单亲母亲联谊站、爱心大姐服务站、爱心妈妈俱乐部、爱心驿站、兵妈妈服务队等在内的6个分类12个子项，同时建立了侯台社区阳光家园婚姻家庭调解服务中心，旨在调解家庭纠纷、化解夫妻矛盾，降低离婚率，减少单亲家庭产生。项目服务内容：心理疏导、单亲孩子教育、公益红娘、求职就业、子女就业指导、创业与技能培训、法律服务、活动交流表彰。项目志愿者来源：①专家队伍，主要是心理咨询师、退休妇联干部、退休教师、退休公务员、退休医生等；②一般志愿者，主要包括退休企业干部、工人等；③学子志愿者，主要包括南开大学社工系研究生、本科生，理工大学社工系本科生（实习基地）。

中国吴桥国际杂技节青年志愿服务　由中国吴桥国际杂技艺术节青年志愿服务队组织的志愿服务项目，始于2005年9月。截至2013年，项目已为5届中国吴桥国际杂技节的顺利举办提供地方性志愿服务。2005年，河北省第十届中国吴桥国际杂技艺术节青年志愿服务队创造了河北省志愿服务历史上的“四个方面第一次”：①第一次招募国际友人参加服务并授予中国志愿者注册证章；②第一次突破以往大型赛会均由大学生志愿者参与的“惯例”；③第一次实现了河北省青年志愿者与省外志愿者交流服务；④第一次为青年志愿者服务大型活动提供保险。

“小手拉大手，共走成长路”志愿服务行动　山西省忻州供电公司团委在广大青年志愿中深入开展的关爱留守和孤残儿童志愿服务行动，始于2010年。它以爱心捐赠为主要内容，以家庭困难农民工子女为主要扶助对象，利用元旦、春节、“3·5”学雷锋活动日、“5·20”助残日、六一儿童节、“12·5”世界志愿者日等传统节日和纪念日，广泛开展志愿服务主题活动。该行动按照“n+1”帮扶模式不断凝聚各方力量，即1名团员、1个团支部、1个青年文化号集体、1个家庭都可以根据实际情况，与1名留守或孤残儿童结成帮扶对子，为他们提供力所能及的帮助。

校外交通疏导站“为孩子们送去平安”　辽阳市宏伟区光华街道湖西社区创建的关爱儿童志愿服务项目，始于2005年9月。校外交通疏导站设立于社区内的辽化石油公司第五小学（简称辽化五小）东门外，目的是避免辽化五小东门外由于交通混乱产生的学生安全问题。项目主要内容：及时疏导车辆，恢复交通，具体包括社区志愿者要求过往的车辆减速慢行、劝说接学生的私家车靠边停放、劝说小商贩远离校门口摆摊售货、叮嘱学生不要在马路中间停留玩耍和追逐打闹、为没有家长来接的孩子领过马路等。设立校外交通疏导站的作用包括两个方面：一方面能够为学生放学期间提供安全保障；另一方面能够进一步加强志愿者队伍建设，提升志愿者队伍管理和服务能力，建立健全志愿服务的长效机制，推动志愿服务活动向纵深发展。

红细胞工程 吉林省长春市净月国家高新技术产业开发区永兴街道志愿者协会的综合性志愿服务项目，始于2011年4月。志愿者涵盖工人、农民、医生、学生等各种领域，以“红细胞工程”志愿者团队的名义提供服务。以“红细胞工程”命名，象征其成员能像人体血液中的红细胞一样发挥输氧功能，做好联系和服务群众的工作，为民生带来活力。自2011年4月启动以来，“红细胞工程”围绕扶贫助困、健康服务、就业创业、文化娱乐等7大类20个重点服务领域组建了近百支服务队。截至2013年6月，项目为群众解决生产生活难题共456个，为群众办好事共375件。

“牵手向阳花”爱心助学行动 黑龙江大庆市爱心传递志愿者协会组织实施的系列性助学活动，服务时间为2012年2月至12月。旨在改善教学环境、提高教学质量，为孩子们提供一个良好的教育环境，创造一个良好的学习氛围，帮助那些家庭有一定困难的学生，渡过难关，完成学业为目标。内容包括：“百名大学生牵手农民工子女”、开展“爱心圆梦”主题活动、建立“爱心图书室”“爱心电教室”“阳光助学”行动、“情系贫困学生”和“校内少年宫”等。

老年乐园 上海市闸北区社区服务协会开展的为老服务项目，始于2009年底。项目以社区各公益性社会组织为依托，以各老年活动室为载体，以规范活动开放时间、活动形式和活动内容为抓手，充分发挥街道老龄干部、专业社工、社区为老服务志愿者的积极作用，在整合社会资源，完善配送服务，激发社区自治的内在活力上下工夫，旨在提升志愿者服务他人的能力和志愿者自身能力，帮助老年志愿者实现发挥余热、实现价值的期望，是对实现社区自我管理、自我教育和自我服务的一次有力探索。服务方案：通过培训、管理与激励相结合的方式，在注重志愿者自身能力提升的基础之上，更加注重志愿者服务他人的能力；志愿者在接受帮助之后能够通过自己的能力再去帮助其他人，达到助人自助的宗旨。志愿者培训的形式主要包括志愿者小组活动、专家指导、志愿者研讨会。项目全年至少开展一次老有所为大型服务活动，包括老有所为成果分享、优秀团队展示、优秀志愿者表彰等。

中国2010年上海世界博览会志愿服务 服务于中国2010年上海世界博览会的志愿服务项目，宗旨在于保障世博会的顺利举办。项目由上海市世博会组委会统一管理，负责志愿者的招募、培训、激励、管理使用等相关事宜。服务于上海世博会的园区志愿者共有79965名，其中包括国内其他省区市志愿者1266名，境外志愿者204名。志愿者分为13批次，共提供了129万班次、1000万小时约4.6亿人次的服务。

梦想教练计划 上海真爱梦想公益基金会针对“梦想中心”学校（渣打银行在武汉地区开展的第一项社区投资项目）一线乡村教师定制的培训项目，始于2010年7月。志愿者来源为大城市的教师、大学生、企业志愿者、优秀

“梦想课程”教师。具体运作流程：面试筛选符合项目要求的志愿者，经过4—5天的集中培训，筛选出能胜任下乡工作的志愿者组队下乡，对“梦想中心”学校教师进行为期3天的“梦想课程”教师培训。培训合格后，志愿者利用暑期下乡与当地教师面对面交流，传递梦想课程理念，展示梦想课程授课方式，建立志愿者和教师的人际关系，帮助乡村孩子们自信、从容、有尊严地成长。在下乡结束后，收集志愿者和乡村志愿者的反馈，并走访“梦想中心”学校，考察培训效果，优化“梦想教练计划”，不断优化培训课程，帮助乡村教师提高专业技能。这种反向支教模式覆盖面广、成本低、志愿者参与广泛，可在短时间内培训大量乡村教师。

药物滥用人员家庭辅导学苑　上海市禁毒志愿者协会开展的帮助药物滥用人员家庭志愿服务项目，始于2011年。以家庭系统理论和家庭治疗相关的概念为关注点，以便更好地为药物滥用群体及他们的家庭提供有效的服务，使受益者通过项目的实施获得支持与指导、改变和成长，从而在帮助药物滥用人员家庭的同时使更多的戒毒者康复。项目的辅导方式包括系列讲座、小组活动、经验交流、专题活动、心理咨询、提前介入、培训班（培养核心辅导员）、家庭互助会等。项目目标：改变认知，消除家庭戒毒盲点；掌握后续照顾技巧，提升家庭自信力，增强家庭支持力；帮助家属成为较好的问题解决者，修复亲子关系，提高家庭的接纳度，使家庭成为药物滥用人员的康复起点站，巩固戒毒成效。

杏林义工　上海松江区中心医院与松江区岳阳街道百姓义工为民服务中心共同开发的志愿服务项目，始于2011年6月11日。旨在改善医患关系、服务弱势人群和树立专业导医志愿服务品牌。志愿者涵盖全职妈妈、退休职工、公司职员、大学生、高中生、医护人员、医院职工子女等各种领域的爱心人士，年龄跨度从最小的16岁到最年长的73岁。志愿者服装是“绿马甲”，服务口号是“一点爱心，一点改变”，以基于爱心形状的设计为标识。服务内容从最初为患者提供指引、维持次序的门诊导医服务逐步增加专门为小患者服务的儿童病房服务、为社区空巢老人服务的“预约陪同”服务。此外，还不定期组织或参加院外的公益活动。截至2013年，杏林义工先后创建了10支服务队，包括由老年人组成的“夕阳红”服务队、由年轻女性志愿者组成的“娘子军”服务队和以松江大学城高校为单位组成的8支大学生服务队。

癌症患者互助康复志愿服务　全国首创规模最大的癌症患者自救互助公益组织——上海市癌症康复俱乐部发起的志愿服务项目，始于1989年。上海市癌症康复俱乐部于1989年成立，1993年在上海市民政局登记注册。自成立以来，俱乐部以癌症患者互助康复为主导开展了多项志愿服务项目。项目包括“千人进病房，新年送阳光”、新会员爱心康复营、病种指导中心、癌症病人资源中心、世博志愿服务、关注大墙内心灵、健康教育进社区等。癌症患者在医院接受常规的治疗以后有一个长期的康复期，这个康复期常是医院、社会、家庭无法有效干预的真空期，该项目填补了真空期患者的康复需求，为患者提供实实在在的帮助。

“生命志愿者”行动　江苏镇江团市委在连续三年成功开展青年骨髓捐献志愿者行动的基础

上在全国率先开展的项目，始于2006年3月5日。以“关爱生命”为主题，积极开展各类以服务人的生命健康为核心的志愿服务奉献活动，旨在广泛组织和动员社会各界人士积极参与“关注健康、关注心理、关注环境”的志愿服务活动，努力营造“人人有个好身体、天天有个好心情、处处有个好环境”的和谐局面。主要内容包括：以镇江青年骨髓捐献志愿者行动为核心，生命志愿者广泛开展义务献血、重大疾病募捐，助残扶弱、禁毒防艾等各类志愿奉献活动；以关注心理为重点，生命志愿者广泛开展心理辅导、心理训练、精神关爱等志愿服务，着力打造心理健康的“绿色通道”，引导他人了解自我，热爱生活，促进其自身和谐发展。

连云港市大学生无偿献血志愿服务 江苏连云港市志愿者协会无偿献血志愿者分会成立连云港市大学生无偿献血志愿者服务队并由其实施的服务项目，始于2008年。以连云港市大学生志愿服务为主体，以公益服务为手段，通过奉献爱心、服务社会的利他举动推动社会进步和经济发展。作为高等学校育人的有效延伸，项目培养大学生无偿献血志愿者创新意识和实践能力的重要途径。项目宗旨：以“团结、有爱、求实、奉献”为口号，倡导真、善、美，呼唤正义、爱心与奉献，焕发青年报国热情，致力于会员知识、道德、思想修养的提高，弘扬团结协作精神。

捐出一张废纸，奉献一片爱心 江苏省常州市慈善总会、共青团常州市委、常州市志愿者总会面向全市开展的慈善公益活动，始于2008年5月。项目通过各级共青团和志愿者组织网络，将一张张废旧纸张收集起来，变废为宝，筹集善款，设立专项慈善资金救助病、孤、残等困难青少年群体。截至2013年6月底，共回收废纸8198余吨，募集善款581万余元，成功实施先天性心脏病救治手术84例。此外，积极响应中华慈善总会号召，先后捐款80万元，参加千名少数民族贫困家庭先心病儿童救助行动，用于救助新疆、西藏等地困难家庭先心病患儿。活动开展以来，“环保、节约”捐纸流程常态运转，“慈爱、和谐”的救助成效初步显现，取得了良好的工作实效和社会影响。

志愿者激励增能 江苏省苏州市金阊区“手拉手”爱心援助中心和区慈善基金会启动实施的社区志愿服务项目，始于2009年。项目旨在科学、专业地带好金阊区“金阿姨”志愿者服务队，充分激发志愿者的热情和潜力，保持队伍的活力和生命力。项目内容包括“金阿姨”爱心日记、志愿者大会表彰、阳光义工关怀行动、信息化服务、服务储蓄回报和志愿者职业技能培训等。项目的实施有效地提升了志愿者服务的水平和技能，丰富了服务项目和服务内涵，促进了服务领域的不断拓宽。

我时尚，我公益 江苏无锡团市委、市青联共同发起的公益项目，始于2009年。旨在搭建平台，凝聚无锡各大网络及青年社团，以青年喜欢的时尚形式，开展各类公益活动。项目每年都会以“我时尚，我公益”为主题，固定开展一次“青年公益节”，通过在无锡万达广场、南长街等青年休闲集聚地，集中性的开展各类时尚公益活动，倡导公益理念，引导更多的青年人参与到公益活动中来，献出自己的爱心。参与人数均超过五百。此外，日常的公益活动包括助老、助残、助学、环保、社区支持等多个种类，例如湘西助学、河道义务监督、社区电影公益巡展等，每年开展的活动在 200 次左右，参与社团超过 100 个，参与总人次超过一万。

流动人口社区教育探访服务　南京市协作者社区发展中心发起的以流动探访服务的方式有效服务社区流动人口的志愿服务项目，始于 2010 年。旨在充分动员社区中的志愿者资源，培育其助人理念与专业服务技能，使更多的人能够参与到社区的建设中来，为社区建设贡献力量。项目以社区社会工作为服务手法与理论依据，以“团结协作、助人自助”为服务理念，针对南京城乡结合部的流动儿童及家庭开展流动教育探访服务，以流动教育服务快车为载体，承载由（音像）图书馆、参与式教学工具、教育宣传展板、健康器材等基本设备组成的“流动教室”，同时搭载具有专业社会工作服务经验的工作员、城市青年知识分子志愿者和有着切身成长经历体验的打工青年志愿者，有计划地持续深入城乡结合部流动儿童聚集的家庭、社区、学校，开展家庭教育、儿童成长、就业、法律、健康等巡回流动教育探访服务活动。

我为幸福加 1℃　江苏无锡团市委、市青年志愿者协会联合实施的一项着眼于社区服务、社团孵化、环保实践、城市管理等方面的综合性项目，始于 2010 年 3 月。主要内容：①社区服务，针对社区居家养老服务中心、新生代农民工子女及特殊家庭等提供生活、学习、心理等方面的服务；②社团孵化，为网络社团、青年自组织中的公益类项目“接地气”，搭建社区与社团对接的平台；③环保实践，以环保志愿者“千人计划”为载体，发挥“饮用水源保护员”和“空气质量协测员”等十支环保志愿者队伍的作用，积极开展各类低碳宣教活动；④城市管理，动员青年志愿者积极投身文明城市创建活动，“让文明行为成为习惯，让志愿服务成为时尚”，通过文明劝导、交通协勤等服务，提升无锡城市品位。

咸土地与绿色同行　江苏金桥盐化集团公司灌西盐场青年志愿者协会开展的以“弘扬志愿精神、争做环境卫士”为内容的志愿服务活动，始于 2010 年。旨在营造环境优美、清洁文明、整洁有序的盐场居民生活环境，为保护海岸良好的生态环境。服务内容：①在社区、街道、海滩清理白色垃圾、清除污物，尤其是定期清理海滩漂浮物等“保护大海”活动；②启动“节约一滴水、节约一度电、节约一张纸”为内容的“创建绿色灌西之节能从我做起”实践活动；③走进社区，向居民发放宣传卡片，唤醒大家的节能意识；④重点开展以“爱我盐场、提倡绿色生活，节能环保、共创美好家园”为内容的志愿植树活动，在苗圃绿化基地成立了“金桥青年林”。

“传澄西部”爱心公益　传澄志愿者发起的以探访西部小学为活动主线而衍生的一系列爱心公益活动，始于 2011 年。项目倡导用行动关心身边的人和事，时刻关注弱势儿童及青少年成长，团结越来越多的青年朋友加入。志愿者团队成员包括传澄公司员工、河海大学志愿者、贵州师范大学志愿者等各大高校志愿者及社会爱心人士和青年志愿者，号召更多的爱心单位及个人，时刻关注那些贫困孩子的生活、学习和成长，给他们输送更多的生活用品、学习用品等。截至 2013 年，项目覆盖的西部小学已超过 100 所，包括甘肃、青海、新疆等地，帮助学生达10000多名，为多家知名企业实现公益诉求。先后和腾讯爱心1+1、爱心衣橱合作，发起多次爱心公益活动。

快乐大篷车 江苏常州团市委牵头发起的关爱农民工子女志愿服务项目，始于2011年。项目以常州市主城区范围内，农民工子女所占比例超过50%的小学为阵地，每周组织相关志愿服务团体走进校园，重点围绕电影分享、公益课堂、游戏互动、生活服务、爱心捐赠等方面为农民工子女提供志愿服务。按照“农民工子女所需，志愿者所能”为原则，统一以整体化设计、集团化服务与社会化运作的模式推进。活动从志愿服务力量到服务需求统一考虑，整体设计，保证了活动开展的针对性。活动推进过程中还将继续重视与各类媒体的合作，通过专题网页、网络论坛策划、电视新闻报导扩大活动的知晓率，让更多的社会公益团体与爱心企业参与活动，汇聚更多的力量，提升“快乐大篷车”活动的长效性和实效性。截至2013年，项目已覆盖50所目标小学。

“十元百分爱”青春公益行动 江苏省江阴市委组织部和团市委联合发起的弱势群体帮扶活动，始于2011年。项目以大学生村官和团干部为倡导主体，发动全市团员青年、少先队员及社会公众关注并参与公益事业。项目口号：十元百分爱公益一起来。项目内容：①倡导广泛性的小额捐款。全市大学生村官和团干部作为活动的组织和参与主体，按照每月捐出10元钱的标准率先参与到活动中来。同时，引导和带动广大团员青年、少先队员及社会大众积极参与。有捐款意向的青年朋友和市民可通过网络捐款或实地捐款的方式来参与活动。②倡导经常性的关爱帮扶。大学生村官和团干部通过实地走访和“青春邀约”等形式寻访身边需要帮助的弱势群体。经集体讨论后，按照公开公平原则确定帮扶对象，给予适当资助。

关爱农村留守儿童“小饭桌计划” 江苏盐城市响水食品药品监管局志愿者服务大队发起的助学志愿服务项目，始于2012年上半年。项目运营经费以响水药监志愿者协会专项资金和网友微博捐助资金组成。旨在改善贫困及边远地区农村中小学校食堂就餐环境，结合政府营养计划搭载免费餐和加餐计划，推动安全厨房建设，为农村留守儿童饮食健康安全护航的一项公益行动。该项目计划为全县13所留守儿童比较集中的中小学校新添210张标准餐桌，适时加入营养计划和免费午餐计划，项目全部实施后受益留守儿童达3000人。

希望来吧 依托“希望工程”品牌项目，由江苏共青团组织发起的关爱农民工子女项目，始于2012年。“希望”寓意孩子是祖国的希望，“希望来吧”是向农民工子女发出召唤：希望孩子们放学后、业余时间来到“希望来吧”。“希望来吧”也向共青团组织、共青团员发出号召，向全社会发出倡议：大家一起来吧，来关爱农民工子女，把“希望来吧”建成农民工子女的生活乐园、精神家园。江苏团省委对项目进行整体CI设计，制定统一的建设标准和运行管理、考核评估办法。按照统一规划、因地制宜、分批实施的原则，主要选择在农民工子女较集中的社区（村）和农民工子女较集中的乡镇、街道或农民工子女学校建设“希望来吧”，每个“希望来吧”配备建设经费3万元。

青苗音乐教室活动 江苏省常州团市委、广播电视台、市青联、市青商会、市志愿者总会联合发起的慈善公益行动，始于2012年9月。项目针对外来务工子女较为集中学校捐建音乐器材、邀请志愿音乐老师、开展音乐课程。同时，专门成立“音乐义教团”，面向社会招募声乐或乐器老师，定期为孩子们送去音乐知识和音乐梦想。截至2013年，通过社会化募集，爱心企业的赞助，通过所有关心、热心这个活动的青联委员、青商会员的积极参与，已在全市建成青苗音乐教室25所，惠及农民工子女15000余人，力争在年内实现32所外来务工子女比例超过50%的学校全覆盖。

绿色浙江气候　环保组织“绿色浙江”倡导的环保志愿服务项目，始于2007年3月3日。项目由公民教育、国际交流和碳市场观察三部分组成。2007年，组织全省千名志愿者赴浙江省欠发达地区为农民更换节能灯泡20万支，同年承办两岸四地“同一片天”百名大学生气候变化交流营；2009年出版《天堂与暖季的抗争》，收录2009年杭州主流平面媒体关于气候变化报道的精选40篇文章用于试点教学。项目与总部位于比利时首都布鲁塞尔的碳市场观察（Carbon Market Watch）合作，针对中国现有的北京市、天津市、上海市、重庆市、湖北省、广东省、深圳市7个碳交易试点地区进行政策收集分析，同时跟进全球尤其是中国碳市场项目的进展，并通过相关平台发布消息，鼓励民间组织监督企业的碳交易行为。

“百家团委助百户”活动　安徽省合肥市团市委开展的志愿服务活动，始于1998年。在元旦、春节之前，项目组织经济状况较好的单位团组织帮助生活困难的群众特别是困难青少年群体，开展“送温暖”活动。至2013年，活动已连续开展15年，捐赠总额近70万元。活动中，各级团组织开展“一助一”结对帮扶活动，结对帮助社区孤老病残和下岗失业等生活困难群体，为他们提供必要的物质、精神上的帮助，帮助他们度过一个欢乐、祥和的节日。

“阳光太太亲善”志愿者服务　福建省石狮市阳光太太亲善志愿者服务队实施的一系列助弱志愿服务活动，始于2007年11月。志愿者来源为200多位成熟女性。服务内容：①志愿者定期到挂钩的鳏寡孤独老无所养者家中、到贫弱残障少年儿童住所，给他们送去必需的生活用品和药品，并从精神上多方给予关怀慰藉。②通过阳光进校园（阳光太太与品学兼优的外来务工子女结对，从学习上和生活上关心他们）、阳光进家庭（阳光太太定期到挂钩的孩子家中，与其外来工父母沟通交流，提供力所能及的帮助，并作为民间管道，替其向有关部门转达意见和建议）、阳光照他乡（前往与我市结对的县市镇送去我市人民的温暖、考察投资项目、宣传石狮温馨的用工环境）三项活动，塑造石狮人民对待外来务工朋友亲和友善的良好形象。

国际红十字日志愿护理服务进农村义诊　江西省红十字志愿护理服务中心组织的志愿护理服务，始于2012年5月5日。在江西省红十字志愿者委员会的指导下，按照江西省红十字志愿护理服务中心的工作部署，大力弘扬红十字“人道、博爱、奉献”精神，为农村缺医少药的乡村送一份关爱，为社会弱势群体带去党和政府的关怀，由南昌市二医院、南昌市五医院、南昌铁路医院、曙光手足外科医院医务志愿者等多家医院组成的义诊服务组走进农村——新建县红谷滩新区九龙湖安丰村开展送医下乡义诊活动。与此同时，江西省在其他区县也开展了护理服务进农村义诊活动。

全国运动会志愿服务 服务于全国运动会的志愿服务项目，由举办地省（市）共青团组织具体负责组织实施。如2009年第十一届全国运动会志愿服务项目和2013年第十二届全国运动会志愿服务项目，分别由共青团山东省委、共青团辽宁省委成立组委会负责组织实施。该项目在山东省实施过程中的创新之处包括：①管理创新。首次从赛会、城市和社会的角度对志愿者服务进行了分类，形成了三位一体的十一运会志愿者服务体系；首次建立相应的指挥系统，首次建立了省-市、省-高校为主体的责任体系，形成了以组委会志愿者工作部为指挥协调中心、赛区志愿者工作部分级调配指挥、高校志愿服务团队和项目竞委会分工负责、协同联动的十一运会志愿者团队组织管理体系。②文化创新。首次推出志愿者标识、宣传片等十一运会志愿者CI系统设计，首次面向全国公开征集并确定志愿者主题歌、志愿服务口号等。③品牌创新。以“好客山东”品牌，以“和谐中国、志愿全运”为主题，以“我热诚、我参与、我奉献、我成长”为理念，以“和谐中国，志愿全运”“有我，全运更精彩”和“蓝丝带在行动”等为主题。该项目在辽宁省实施过程中的创新之处包括：在志愿者管理团队中设立了赛会志愿者心理咨询导师。赛会志愿者心理咨询导师由符合十二运赛会志愿者招募条件的，场（项）校对接高校的心理咨询中心（室）教师、心理学学科专业技术人员或高校辅导员组成。原则上，每个场馆至少要配有一名心理咨询导师，沈阳奥体中心体育场等较大场馆适当增加导师数量。

“311”类家庭关爱空巢老人 河南郑州市金水区南阳新村街道办事处绿城社工服务站开展的关爱空巢老人志愿服务项目，始于2007年。项目按照“服务就近原则”，每3名志愿者（其中1名是经过专业社工培训的项目志愿者、另1对是家庭志愿者）与1户空巢老人共同组合成一个帮扶小组，即3名志愿者+1户空巢老人=1个类家庭。“未成年人”参与结对帮扶，使他从一名“受助者”成为“助人者”，收到了“助人自助”的效果。主要做法是：①调查摸底，收集服务对象第一手资料；②项目化运作，制定科学的项目方案；③招募项目志愿者，分组培训并组建类家庭；④引入社工机制，提供专业化、个性化服务。项目的价值观原则是：平等、接纳、尊重、个别化、自决权、保密和价值中立。自2007年至2012年，绿城社工实施“311类家庭”式结对帮扶的空巢老人累计有80多户，帮扶志愿者240余人。许多老人实现了从“受助者”向“助人者”的转变，在老年社会工作的道路上实现了新的探索和实践。

“微笑成长营”行动 河南省共青团关爱进城务工人员子女志愿服务行动，始于2011年5月。项目以随父母进入城市的进城务工人员子女、留在农村的进城务工人员子女为服务对象，通过每月组织一定数量的进城务工人员子女利用课余时间开展参观城市，参观爱国主义教育基地、博物馆、纪念馆、科技馆，参观高校、企业等感受城市、感受历史、感受科技的活动，帮助他们充分感受和体验城市生活、了解和融入城市，增长知识、拓宽视野，树立远大梦想。截至2013年，全省各级团组织、志愿者组织开展形式多样的“微笑成长营”活动近2000次，覆盖进城务工人员子女十余万人。

"微笑吧"志愿服务行动　河南省共青团省委在全省推进的关爱进城务工人员子女志愿服务项目，始于2011年5月。在进城务工人员子女集中且条件艰苦的学校、社区等地建立集图书室、学习室、娱乐室、心理咨询室等为一体的，服务进城务工人员子女快乐生活、健康成长的多功能活动室。运行与管理注重调动志愿者主体和农民工子女需求两个方面的积极性，通过建立志愿者登记、服务记录、志愿服务活动台账，整合辖区内人、财、物等资源，主动联系，广泛争取，努力实现"地—企—校"三方联合共建，各司其职、密切配合、齐抓共管，增强"微笑吧"的有效覆盖以及综合功能的有效发挥。截至2013年，全省已建立"微笑吧"130余个。

"管得宽"志愿服务　湖北省武汉市百步亭社区"管得宽"志愿服务队提供的日常志愿服务，始于2001年。湖北省武汉市百步亭社区"管得宽"志愿服务队共2万名志愿者，组成160多支志愿服务队，常年为社区居民提供志愿服务。服务内容包括管环境卫生，管出绿色社区；管社区治安，管出安全港湾；管老人孩子，管出温馨家园；管家庭琐事，管出万家和睦；管居民关系，管出邻里情深；管文化活动，管出百花齐放。志愿服务传播了"有时间做志愿者，有困难找志愿者"的理念。

七彩雷锋日　长沙市雨花区针对全区青少年群体创造性开展的学雷锋特色志愿服务系列活动，始于2012年。项目用"红、橙、黄、绿、青、蓝、紫"七种颜色代表"礼让日、诚信日、孝亲日、生态日、关爱日、邻里日、感恩日"七大主题活动日。红色雷锋日引领文明礼让风尚，橙色雷锋日呼唤诚信文化回归，黄色雷锋日弘扬尊老孝亲传统，绿色雷锋日倡导生态环保理念，青色雷锋日关爱青少年成长，蓝色雷锋日浓厚邻里互助氛围，紫色雷锋日强化知恩感恩教育。截至2013年，全区近5000名青少年群体参与其中，影响并带动机关、企事业单位、学校、街道、社区的10万余名注册志愿者广泛参与学雷锋主题实践活动。

募师支教爱心活动　全国首创的民间出资招募教师赴山区扶贫支教的一种支教新模式，始于2006年2月。深圳关爱行动的创新品牌活动，主要由深圳市民政局、市慈善会、市关爱办等机构发起、组织，深圳中航等一批大企业出资赞助。该行动以每个学期作为一届"募师支教"行动，持续在全国招募老师并联系最有需要的地区学校支教。该项目的支教地区覆盖了湖南、贵州、四川、江西、河南、陕西、甘肃、广东、广西、青海和西藏等全国11个省、自治区的山区。

好友营支教　广东省好友营组织实施的支教项目，始于2006年10月1日。旨在为贫穷闭塞的边远山区及内地农村留守孩子提供持续稳定的高质量志愿师资力量，帮助他们脱盲，提高文化水平，提高他们在经济社会冲击下的生存和适应能力，自发自强地逐步减少愚昧落后，提高生活质量。项目愿景：希望越来越多的人关注和参与，彻底全面地改变这些弱势教育儿童的命运。好友营支教的支教校点主要在四川、湖南、青海、江西四省，每学期派出80名支教老师，截至2013年，共派出501位志愿老师，帮助2800多名辍学儿童重返校园。

2010年广州亚洲运动会、亚洲残疾人运动会志愿服务　服务于2010年广州亚洲运动会、亚洲残疾人运动会志愿服务项目。广州市亚组委按照项目管理的原则和方法，逐步推进招募、培训、定岗、赛会服务等一系列工作。宗旨在于通过开展宣传发动、招募选拔、教育培训、公益实践、激励表彰等一系列工作，建设一支数量充足、训练有素的志愿者队伍，亚运会期间为亚奥大家庭成员、媒体记者、观众和其他相关人员，提供优质的志愿服务，从而保障亚运会、残亚会的顺利举办。志愿者按照岗位需求情况分为专业志愿者和非专业志愿者两类，包括学生志愿者、社会志愿者、国际志愿者、专业志愿者。据统计，广州亚运会共招募 6 万亚运会赛会志愿者、3 万亚残运会赛会志愿者和 50 万城市志愿者。

绿荫妇女热线　广西绿荫妇女咨询中心在广西南宁发起的关爱妇女志愿服务活动，始于 1999 年 11 月 15 日。志愿者来源为持证的社会工作师、心理咨询师、教师、医师、法律工作者等，全部为大专以上文化程度，大多数具有中级以上专业技术职称，上岗前都经过咨询专业培训，具备良好的人格和业务能力，热线通过志愿者每天 3—6 小时的守候接线，为求助者提供涉及恋爱情感、婚姻家庭、两性协调、青少年成长、职场适应、妇女维权等方面的心理咨询与法律咨询服务，进行情感支持、情绪安抚以及危机干预。项目陆续拓展为个案面询、公益讲座、婚姻矛盾调解、青少年及公益组织心理健康服务等志愿服务形式。

鹦哥岭青年团队志愿服务　海南省林业局开展的长期致力于鹦哥岭自然保护区工作站考察工作的志愿服务项目，始于 2007 年。项目面向全国招募大学生志愿者，目的是重建鹦哥岭自然保护区工作站。鹦哥岭青年团队的大学生经过多年努力在鹦哥岭自然保护区工作站建立了自己的“档案馆”，记录到维管束植物 2197 种，其中国家Ⅰ级保护植物有坡垒、海南苏铁、台湾苏铁、伯乐树 4 种；国家Ⅱ级保护植物有 25 种；记录到脊椎动物 431 种，其中国家Ⅰ级保护动物有云豹、蟒蛇、海南山鹧鸪、海南灰孔雀雉 4 种，国家Ⅱ级动物保护 45 种。记录到鹦哥岭树蛙等 14 种科学新种，还记录到了轮叶三棱栎等 26 个中国新记录种，伯乐树等 178 种海南新记录种。

爱心奉献、关爱夕阳　由重庆市渝中区团区委和阳光 520 爱心志愿者协会联合发起的为老志愿服务活动，始于 2013 年 9 月。志愿者以结对帮扶的形式，为高龄空巢老人排忧解难，在生活方面给予支持和帮助。每位爱心志愿者需为老人带去关爱，可制作爱心卡片、购买水果糕点等让因子女外出而产生的孤独感、心理压力及其他消极情绪得到很好的宣泄，构建老人们的心理健康和幸福感。2013 年 9 月 27 日下午，活动征集 10 名爱心志愿者，对上清寺嘉西村社区的 10 位空巢老人奉献爱心、带去关爱。

教育重建　四川师范大学开展的灾区中小学教师培训工作，始于 2008 年 5·12 汶川地震。项目积极利用学校教育办学资源，针对灾区复学复课、教师心理康复及素质能力提高的需要，重点为灾区教师提供心理援助、学科培训、管理能力培训。培训项目包括：教育部“国培计划——中小学骨干教师研修项目”、四川省中西部农村骨干教师培训、民族地区中小学教师培训、省级地震灾区教师送教培训等十余项培训项目。截止 2012 年，先后共培训灾区教师及教育工作者 10 万余人，提供心理援助服务学校达 87 所，极大地促进了四川省灾区中小学教师心理健康和教育教学能力的提升。

科技重建　四川省科技部门开展的地震灾区恢复与重建科技行动，始于 2008 年。通过部省联动及对口支援省帮助，从科技项目、技术服务、技术咨询等全方位科技支撑，开展灾后新农村建设科技试点，推进高新技术产业带恢复重建，紧密围绕改善民生、促进发展为恢复与重建提供科技支撑。主要内容包括：①对口帮扶、科技示范，为灾区农业发展提质增效：由科技部、四川省启动地震灾后恢复重建科技特派团对口帮扶工作，对口帮扶北川、青川等 18 个重灾县；组织专家遴选了 160 余项先进、成熟、实用的主推技术、品种（产品）和模式，向地震灾区推广。②重点布局、因地制宜，为灾区产业进步贡献力量：四川省科技厅将高新技术产业带恢复重建与推进工业化、新型城镇化、农业现代化紧密结合，围绕建设全国一流高校技术产业带、整合一流创新资源、打造一流科技园区、推动高效技术产业集群的发展目标，确定了灾区高新技术产业带恢复重建的基本原则、产业布局和指标体系，重点支撑成都、广元、绵阳、德阳和阿坝等地震灾区产业振兴。

公益银行　四川成都温江区社会工作协会在涌泉街道瑞泉馨城社区设立的社区志愿服务项目，始于 2011 年 12 月。旨在整体推进省级新农村示范区建设，积极探索建立农民集中居住区治理新机制；推动温江区社区、社会组织、社工之间的“三社”互动，打造服务完善、文明祥和的新型和谐社区。项目进程分为四个阶段：①广泛宣传、鼓励参与阶段；②完善活动、扩大规模阶段；③制度完善与规范阶段；④居民自主参与阶段。项目按公益服务类别、服务时间和服务规模进行分类积分，并实行流程化管理，包括积分卡办理流程化、积分过程流程化、积分应用流程化，一方面鼓励居民参与社区活动，培养社区居民志愿服务意识，树立良好的公益道德理念，激发互帮互助的热情；另一方面以“公益银行”作为社会组织资源整合的平台，让社区社会组织能在开展各类志愿服务的同时充分发挥自己优势，提高社区社会管理功能。本着“以心换心，以服务换服务”的创新志愿服务理念，在积分兑换环节，尽量引导社区居民用积分兑换服务，辅之以积分兑换积分，实现以精神奖励为主的物质奖励和精神奖励并存。

微笑小屋　贵州省文明办、共青团贵州省委面向全省打造的站点化、有形化、便民化、阵地化志愿服务品牌，由贵州省志愿者行动指导中心负责具体执行，始于 2009 年。最初主要围绕全省“满意在贵州”的系列主题活动开展，动员和引导广大团员青年积极服务全省旅游发展，参与全省旅游环境建设。随后，不同功能的“微笑小屋”相继建立，如景区“微笑小屋”、社区“微笑小屋”、和谐贵州三关爱“微笑小屋”、关爱农民工子女“微笑小屋”、中石油高速公路加油站“微笑小屋”、服务农民工“微笑小屋”、第九届民族运动会“微笑小屋”等多种形式、不同功能的“微笑小屋”，形成了一套成熟的建设和运作模式。建设地点主要包括人口相对集中、服务需求量大的旅客集中景区、车站、高速路加油站，人口集中的街道、社区、村寨，农民工子女集中的学校等，小屋内贮备统一购置、社会捐赠和周边民众互助捐赠的应急用品、生活用品和便民设施，全部免费或成本价提供给有需要的群众使用，提供线路指示、免费开水、手机充电、收发邮件、天气查询、学业辅导、亲情陪伴、自护教育、爱心捐赠、心理咨询、成长培养、就业帮扶、应急救助等多类便民志愿服务，为民众接受志愿服务和参与志愿服务提供站点化平台。

贵州志愿者阳光公益平台 由共青团贵州省委、贵州省志愿者协会、贵州省志愿者行动指导中心联合深圳市华润三九医药贸易有限公司联合推进的助贫志愿服务项目，2012 年 11 月正式启用。为志愿公益行为提供爱心服务的精密对接和社会资源整合匹配，为参与和支持公益事业提供最便捷、最快速的贴心服务，以“淘宝购物式”的全新公益模式为爱心人士和受助者搭建“直通车”，同时传递“人人皆可参与”的志愿文化和“微公益”理念。贵州志愿者阳光公益平台捐赠网站作为爱心对接的中心枢纽，将对所有受捐信息进行分类汇总，以列表形式展现；同时与支付宝互联，实现线上支付功能，只要点击鼠标，就可实现捐赠。截至 2013 年，“公益平台”已重点推出“爱心无限托起生命的奇迹”大病救助、“12 份 150 元爱心被褥等待您的认领”活动、“微爱贴心，让这个冬天暖一点”为农民工子女募集冬衣、“百度小桔灯书送未来”捐书活动、“爱心早餐”“快乐开学礼，童年不同样”等公益项目。通过平台，来自国内外的爱心企业、爱心人士进行了认捐，捐赠了书包、冬鞋甚至车辆等总价值 400 余万元的物资。

志愿者以外展方式探索对城市社区流动儿童的社区服务 由云南连心社区照顾服务中心计划和执行、南都基金会新公民计划出资资助、云南大学社工研究所提供技术支持和督导的关爱流动儿童志愿服务项目，始于 2007 年。项目的受益者主要是课余时间在社区缺乏活动和缺乏照顾的流动儿童、专业实习生、热心志愿者以及机构本身。旨在通过公益机构组织社会志愿者，关注城市流动儿童的生命安全，探索减少儿童意外伤害的预防措施，提高其抗风险能力；通过资源整合，使得家庭、学校、社区能够联动为流动儿童创造一个良好的生存和成长环境。服务内容：着眼城市流动儿童安全及意外伤害、被拐卖的预防，通过组织大量专业社工及志愿者深入家庭、学校、社区，面向家长和学生开展多种形式安全教育活动及相关培训，借助研究和社会倡导推动公众参与，减少流动妇女儿童意外伤害及被拐卖事件的发生，建立安全网络，最终形成一套由社会组织、单位、民办学校、社区组织及流动人口共同参与的外展服务模式。

雅安芦山抗震救灾 基于云南省 2013 年“4·20”芦山强烈地震发起的项目，由四川省市共建的雅安抗震救灾社会组织和志愿者服务中心具体负责实施。项目分为两类：①应急项目，指现有的能马上服务灾区当前或近期应急需求的技术、成果、产品；②灾后恢复重建项目，灾后恢复重建项目分为国家和省两个层次，省内项目着眼于芦山、宝兴、天全等点，雅安、成都等受灾市，龙门山地震断裂带，以及全省性地震及各类灾害预警、次生灾害防范等民生需求和产业恢复重建项目，实现点、线、带、面全面推进。

“边关儿女情系阿里，神山圣湖更加美丽”环保公益活动 西藏自治区狮泉河海关学雷锋志愿服务队组织开展的环保公益活动，始于 2011 年。旨在通过学雷锋环保公益活动，吸引更多的人加入到保护环境的行列中来，以雷锋为榜样，热爱祖国，热爱家乡，投身公益，致力奉献，努力把阿里建设成爱国、创业、文明的高原边疆和谐地区。志愿者在社区街道、公路沿线、旅游景区开展志愿服务活动，主要内容为：收集白色垃圾、废旧包装袋和金属物品等各类垃圾，张贴可回收环保宣传标语，发放各类宣传资料，发放环保垃圾袋，向景区旅游从业人员和国内外游客讲解环保知识，向环卫工人发放慰问品等。

“百万家庭义务植树绿染三秦”活动　陕西省“妈妈环保”活动组委会、陕西省妇联、省“妈妈环保”志愿者协会以及三原县妇联共同主办的环保志愿服务项目，始于 1998 年。旨在进一步动员广大妇女和全社会共同关注环境问题，为建设一个山川秀美的新陕西做出贡献。自 1998 年以来，陕西省各级妇联和环保等部门紧密结合西部大开发和退耕还林还草等生态环境建设，积极开展了“妈妈环保——建设 21 世纪绿色家园”系列活动。据不完全统计，截至 2013 年，陕西省共有 400 多万名妇女儿童和各界志愿者参加，累计植树 1200 多万棵，为陕西省生态环境的改善发挥了积极作用。

支持关注中国荒漠化志愿者网络在若尔盖湿地推行沙化环境教育与草根能力建设　绿色骆驼在四川省阿坝藏族羌族自治州若尔盖县开展的环保志愿服务项目，始于 2009 年。通过开展生态治理和环保教育工作，帮助当地社区民众能够清晰地认识到自己的生存地已遭受的破坏，增进当地社区部分民众的自我保护意识，改善当地生活环境，并促使他们自己组织起来保护自己的生息地和生存发展的权益。此外，此项目还在城市中开展宣传教育活动并且建立专题网站，制作宣传资料，将若尔盖的生态问题传递出去，促使更多的人关注若尔盖的环境和地区发展问题。通过邀请相关专家和 NGO 到若尔盖实地考察和研讨，对解决若尔盖沙化问题提出建议。

格桑花助学　青海格桑花教育救助会开展的助学志愿服务项目，始于 2005 年。主要服务区域是青海省，范围包括玉树州、西宁市及所辖三县、海北州、海南州、海东地区、黄南州、果洛州。项目以格桑花西部助学网（http：//www. gesanghua. org）网站作为平台，为青海等西部地区贫困孩子提供资助，进行多方位多角度综合助学，实行一对一捐款捐物、个人结对、团体结对、助学支教、拓展营等活动，帮助西部地区贫困学生完成学业、募集资金，为贫困地区学校提供更多资源。项目的志愿者来自全国各地，涉及各行各业，为各个助学点争取到很多改善教育条件的项目，为助学区域提供了大量的物资捐助。从 2005 年的 1300 多名学生实行一对一捐助开始，到 2012 年 9 月，格桑花已成功地与西部 27000 多人次的贫困学生结对，帮助他们获得了改善教育的机会。

公益周末聚　镇江团市委发起的公益项目，始于 2013 年 4 月。项目以公益为形象符号，以周末为时间节点，采用组织动员和社会动员相结合的方式，积极汇聚志愿者团队、爱心企业、社会组织和广大团员青年等多方力量投身志愿服务，致力打造志愿服务新品牌。主要内容：①通过经常性开展“微志愿”，引导广大团员青年从身边小事入手，推进志愿服务活动的常态化；②大力倡导文明和谐，深入组织志愿者参与城市公共文明建设；③

积极弘扬生态文明，组织志愿者深入公共绿地、公园、社区植树绿化，保护环境；④长效帮扶弱势群体，以农民工子女、空巢老人、残障人士等为主要服务对象，形成长期结对、定期服务等。

三、港澳台地区项目

农村发展与灾害管理 香港乐施会在全国范围内推行的扶贫发展及防灾救灾工作志愿服务项目，始于1987年。项目内容包括：农村小型基础设施、社区发展基金、农业技术培训、妇女发展、健康与卫生、社区组织发展、扶贫方法研究与政策倡议等类型的农村发展项目。由1991至2005年，乐施会先后在贵州、云南、广西、陕西、甘肃、安徽、河北、内蒙古、北京等27个省市开展赈灾与扶贫发展工作，资金总额投入近3亿人民币，受益群体主要是边远山区的贫困农户、少数民族、妇女和儿童；农民工及艾滋病感染者等。重点策略省份是贵州、甘肃、陕西、云南、广西。项目工作集中于两点：①推动社会力量，以农户为主体的社区组织手法，改善贫困农村生计。重点策略省份：贵州、甘肃、陕西；②倡导扶贫办、民委系统为主的政府部门在基础建设、产业开发、小额信贷等项目中采用以农户为主体的社区组织手法管理项目，使资源投入更能瞄准贫困户，以改善贫困农村生计。

被虐妇女救助 由香港群福妇女权益会组织的关爱服务志愿服务项目，始于1990年。旨在提高妇女的权益维护意识、善于利用社会资源的意识以及自助、互助能力。主要包括：①举办妇女成长工作坊，如戏剧工作坊、妇女自强运动、自卫术训练等，使会员从过去悲伤经历中解脱，提高自我形象、增强自信心、改善人际关系、提高解决问题的能力；②组织不同的政策关注组，如房屋组、综援组、抚养权组、赡养费组等等，使会员通过集体力量共同关注政府对妇女不公平的政策，集体致力改善妇女的权益；③组成平等机会妇女联席、关注综援检讨联席及关注综援家庭政策检讨联席，共同关注两性平权问题及综援检讨问题；④不定期举办一些地区推广活动，到基层妇女多的地方、各大院校进行宣传，让不同层面的社会人士更多了解虐妻问题及两性不平等问题，同时也使仍身处被虐境况的妇女知道她们并不孤单，提醒她们仍有出路。

希望学校计划 香港义务工作发展局成立的关爱教育志愿服务项目，始于1997年。旨在资助内地偏远山区的希望学校进行校舍重建工程，为学生改善学习环境及设施，并安排义工到学校进行服务，为当地学生提供关怀探访、学习和交流活动等服务，内容包括学校服务和“爱·关怀”师友计划。①学校服务：义工到访受资助学校，为学生提供志愿服务，有关行程及服务内容由义工自行组织及策划，主要透过主题活动和游戏，拓宽学生的视野，加深香港义工对内地学生的了解。服务次数：每年进行约12至15次学校服务，广东省内服务形成一般为3日2夜，广东省外的服务行程一般为4至5日；②“爱·关怀”师友计划：始于2009年，组织义工与学生结对子，深入了解学生的学习情况及家庭状况，定期与学生练习分享生活点滴。同时，义工定期探访受助学生，了解学生生活状况，一边给予精神上的支持。截至2013年，项目服务地区包括：广东省韶关市浈江区、武江区、曲江区和仁化县、清远市连山县和清新县、梅州市丰顺县，以及重庆市綦江县。

城市生计服务　由香港乐施会开展的面向外来务工人员的服务项目，始于20世纪90年代后期，主要分布在北京、珠三角、沿海地区以及其他个别城市。旨在通过提供社会服务、法律援助、宣传职业安全和健康以及政策建议等手法，为改善外来工和流动人口的生计出一份力。主要包括以下服务内容：①外来工社区服务。为社区附近的外来工和流动人口举办各类有意义的活动，促进工友之间和社区的融和、互助和参与。②外来工法律援助。包括法律咨询热线、普法及为外来工提供法律援助，引导外来工依法维权。③外来工教育及女工培训。培训内容为职业安全健康知识、劳动法及生理卫生知识等，以增强打工者自我保护的能力。④倡导及政策研究。向公众倡导重视外来工的社会贡献；进行政策研究，向相关部门提出改善法律和政策的建议，主要涉及工伤保障、非正规就业打工者的保障等。⑤城市艾滋病预防项目。包括宣传生殖健康知识及培训活动，为城市低收入性工作者提供可负担的健康信息和服务，建立救助和互助机制。

关心一线　香港青年协会设立的“27778899”青少年辅导热线，始于1993年。由香港社会福利署拨款资助，服务对象是6至24岁青少年及其家长，目的是关注青少年在成长阶段中遇到的不同需要，服务特色是透过专业社工接听青少年求助来电，聆听及关心青少年面对的困扰和情绪，并借由专业评估，作出及时及适当的介入，以发挥及早识别问题及回应社会关注的功能。热线提供24小时免费电话辅导资讯聆听服务，按不同时段转换内容，紧贴回应青少年及其家长面对的问题和困扰，为他们提供适当的辅导资讯。除了“27778899”外，因青少年及其家长的不同需要，另设三条辅导专线：会考宽频“27771112”、家长专线“27771567”、在职宽频“27770309”。

青年义工网络　香港青年协会成立的青年义工项目，始于1998年。1998年，成立全港首个“青年义工网络”，鼓励及推动青年成为义工。自2005年起，香港赛马会慈善信托基金开始资助，项目升级为“香港赛马会社区资助计划——青年义工网络”。项目设立弹性义工登记制度，让青年按其时间、兴趣及专长，灵活参与不同形式的义工服务。主要包括四个方面内容：①社会层面的网络工作：2010年起，于全港推行“我是义工”项目，在各区成立社区义工队，以满足社区的需要；②学校层面的网络工作：自2004年起，在中小学全面推动“服务学习计划”，以培养青少年关怀弱势群体的优良品德，此外，通过“香港青年大使”计划，培养学生服务于到访香港的游客；③主题性的全港服务：包括“海外留学生义工体验计划”“青年接棒·服务长者”计划、“我是义工·送米助人”计划等；④专业培训工作：将积累的志愿服务经验和实务汇集成册，出版专业书籍、教材，为教师、义工管理人员提供专业课程培训。截至2013年，登记义工人数已超过15万名，逾260所学校及团体等级成为会员，每年为社会贡献500000个小时。

专才义工网　香港义务工作发展局获得香港赛马会慈善信托基金拨款资助而推行的志愿服务项目，始于2005年。目标：发展有专才技能的义工，提供高质量的专才义工服务，致力打造一个文明、仁爱的群体。包含以下四个部分：①义工管理及支援系统：设立义工管理及支援系统，让义工与受薪职员共同协力，计划、组织联系服务机构，管理及推行长期、持续的服务；②个别专才义工转介：通过义工资源库系统，评估个别义工专才、经验及服务选择而与社会服务机构的需求进行配对及转介；③专才义工团体协作：香港义务工作发展局联合各地区专才义工团体，当收到社会服务机构的志愿服务需求时，充当桥梁的角色，为他们提供专门及适合的服务；④专才义工服务队伍：由一群专才技能之义工，以自我管理模式，为社会服务机构提供量身定制的、符合社区需要的服务，包括友伴服务、社区文化服务、健康及个人服务等。

艾滋病防治 由香港乐施会开展的艾滋病预防和关怀志愿服务项目，始于1997年，并于2004年正式成立，包括农村艾滋病项目和城市艾滋病项目。农村艾滋病项目始终关注贫困少数民族社区特别是中缅边境受艾滋病影响的少数民族感染者对医疗卫生服务的利用以及家庭生计的改善，通过感染者小组与医疗卫生部门的配合，为贫困少数民族感染者提供同伴支持，提高医从性，改善感染者家庭生计，重点服务省份为广西、云南。城市艾滋病项目以从事性服务行业的工作者为重点人群，与政府机构、研究单位、医疗卫生部门、草根感染者小组等合作开展项目，主要目的是增加性工作者面对艾滋病威胁的能力，重点服务省市：长江三角洲地区、广东、北京、云南。

5·12地震伤员康复 香港福幼基金会开展的医疗志愿服务项目，始于2008年。5·12地震后，为抓住有效康复期，减少残疾人，香港福幼基金会采取自组队伍、自备器材，技术依托于大陆、香港康复医学机构，专注院内康复，兼顾社区康复，在基层为伤员提供服务的志愿服务项目。项目核心在于有一支长期、稳定的专业志愿者队伍。项目的团队是全高校康复医学教育背景，以研究生、高年资医师为骨干，灾区规模最大（30人），单人留驻时间最长（半年以上占60%，其中72%一年以上，至今仍有2人）的队伍，共为灾区提供至少9300天、74400小时服务（工作量与治疗师数量约为：普通2甲医院康复科2—3年，或普通三甲医院康复科1—2年）。团队每周多工作一天，管理者主动考虑、解决志愿者生活、减压，特别是学习提高等方面需求，使团队凝聚力、服务意识增强，获得所有合作机构与伤员赞誉。

BTP志行会 由香港志行会（BTP：Beyond the Pivot）发起的公益教育项目，始于2009年。项目官方支持机构为香港大学学生及发展中心（CEDARS），合作伙伴为志愿海南爱心社、海南省志愿者协会。截至2013年，已筹划开展四个独立的志愿者项目——非洲加纳、中国海南、四川、香港。旨在为改善当地教育、医疗、资讯技术、文化保育等现状做出努力，传递公益资讯，推广志愿者服务理念。内容包括：①为期15天的支教活动，为当地学生改善教育状况做出努力；②与来自中国内地、香港以及国外的志愿者学习交流，使当地学生得以拓宽视野，提高学习兴趣；③通过调研、教学、组织活动等实践，增强志愿者的社会责任感和社会服务意识，推广志愿服务理念；④通过跨境志愿者活动，让志愿者和当地学生深刻理解彼此的文化差异，增进两地文化交流和双向认知；⑤通过深入调研，进一步了解当地教育情况，有利于以后持续开展活动，让外界了解当地社会的真实情况，唤起社会对当地教育现状的更大关注。

澳门红十字会青年团　澳门红十字会发展青少年计划的重点项目，始于 2006 年 11 月。通过一系列学习和培训，包括急救训练、医疗保健、社会服务、体验式学习活动及国际交流访问等，让本地青少年认识及宣扬红十字理念，在锻炼和服务中成长，服务社群。澳门红十字会青少年团培训计划内容共分为 4 个专章，分别为基本培训章、学习章、应用章、领导章。每一个专章之培训内容均按目标编制，由浅入深。

慈济光明行动　佛教慈济医院开启的主题为“守护生命守护爱”的慈济医疗志愿服务项目，始于 1972 年。项目在台湾设立六家综合医院，同步推动“医疗志工”制度，配合医护团队，做到全程、全人、全家、全队之“四全”照顾，达到“身、心、灵”综合医护目标，慈济以生命平等的理念，不收医疗保证金，让贫者免费就医，并且成立“国际慈济人医会”，(Tzu Chi International Medical Association，简称：TIMA，目前在全球 11 个国家，设有 58 个据点、超过 7000 名医护专业志工)，形成一个有组织、有系统的全球医疗服务网，为偏远及医疗资源缺乏者义诊，也为海外贫病民众进行大型跨国义诊。项目曾服务于 2008 年四川汶川地震等大型志愿服务活动，且与内地多省市多次联合举办大型义诊活动。

垃圾变爱心　台湾慈济基金会发起的垃圾分类回收志愿服务项目，始于 1989 年。项目理念：垃圾变黄金，黄金变爱心，爱心化清流，清流绕全球。一方面，在企事业、学校和居民小区等地设立垃圾分类试点，试点承担垃圾分类工作，同时进行环保教育；另一方面，走进校园宣传环保理念，手把手地教小朋友进行垃圾分类回收，循环利用，而这些小孩回家又把环保的理念传达给自己的爸爸妈妈。通过对居民的教育，让居民将可以回收利用的废弃物送到垃圾分类站，由慈济志工分类后，出售给专门的回收公司。所获资金全部用于慈济的慈善活动，从而实现了“垃圾变黄金，黄金变爱心”。截至 2013 年，项目已逐渐普及至某些内地城市，如苏州市。

救生教育　台湾慧行志工救生游泳协会发起的志愿服务项目，始于 2005 年。起初，项目有计划地对台湾岛以及金马澎地区（澎湖、金门、马祖等一系列岛屿组成的地区）的各级学校、机关团体开展救生教育，为其提供 90 分钟的“救生观念宣传班”、9 小时的“基础自救班”以及 21 小时的“初级救生班”等，致力于培育家长和学生成为“初级救生员”，并鼓励这些救生种子们继续参与“救生员班”及“救生教练班”的训练，以降低溺水及自杀事件的不断发生，让台湾的民众都有机会体验到助人重生的喜悦、体会生命的意义和价值，加强落实救生教育的理念。2011 年起，服务对象延伸至台湾地区的出家僧人。截至 2013 年，已开设 1016 个“救生观念宣传班”，授课人数达 264475 人次，198 个“基础自救班”，授课人数达 8852 人次，以及 21“初级救生班”，授课人数达 732 人次。

爱传承关怀公益演唱会　台湾优质生命协会发起的关怀弱势群体志愿服务项目，始于 2008 年 8 月 1 日。志愿者来源为关怀生命的资深艺人，项目宗旨为推广、提倡、宣扬生命的优良价值。通过举办各类公益活动具体地落实优质生命关怀的理念，服务于人生各阶段的弱势群体，如鳏寡孤独以及生活无所依靠的人，发挥

"老吾老以及人之老、幼吾幼以及人之幼"的大爱精神。志愿者每年自发举办不售票的爱传承关怀公益演唱会。项目形式：由协会负责筹募经费，邀请弱势团体以及安养院、育幼院等社会上需要被关怀的弱势族群及身心障碍朋友至现场聆听与欣赏，让许多弱势族群有机会能亲临现场、感受艺人朋友精彩的表演魅力。

彩虹生命教育 由台湾彩虹爱家生命教育协会发起的面对儿童的志愿服务项目，始于2011年。主要内涵是建立优质的生命信念，使孩子能认识生命的价值与意义，有能力做出对的选择，活出丰富美好的生命。内容包括：①认识自我：认识及了解自己，既而欣赏自己，培养自信；②认识他人：理解每个人性格差异，学会尊重、包容别人；③认识环境：懂得欣赏自然万物的奇妙，对环境爱惜及感恩；③认识生命：追寻生命存在的价值与意义，贡献己力，帮助他人。项目特色：①多元艺术，包括故事、戏剧、美术、音乐、舞蹈、游戏；②体验教育：通过活动、游戏让孩子在体验、互动、反思的过程中自主学习；③思考教学：以绘本为题材，运用读书会的讨论方法，启发孩子思考；④关怀陪伴：以正向积极的新眼光和态度看待孩子，帮助孩子面对自己的问题。

四、国际项目

通过2008年北京奥运会促进中国志愿服务发展（Strengthening Volunteerism for Development in China through the 2008 Beijing Olympic Game） 北京团市委、北京市志愿者联合会、北京奥运会志愿者工作协调小组办公室与中国国际经济技术交流中心、联合国开发计划署、联合国志愿人员组织于2007年共同签署的国际合作项目。该项目执行分两个阶段，北京奥运会之前和奥运期间为第一阶段，奥运会后至2011年为第二阶段。旨在增进国内各方的合作，为奥运会提供支持，将志愿服务作为一种可开发的资源，展现其对实现千年发展目标、建设和谐社会的促进作用。项目签署以来，合作各方互信互惠，互通有无，真诚合作，协力共进，成功实施了各项工作任务，促进了北京乃至中国志愿者与志愿服务项目管理能力、组织动员能力以及创造志愿服务机会的能力的提升。实现了三大发展目标：①加强北京市志愿者联合会的基础建设，提升北京市志愿服务管理的质量；②启动示范服务项目，宣传志愿服务精神，为实现联合国"千年发展目标"做出贡献；③通过文档、出版物以及国内外的宣传，加强北京奥运会志愿者的知识管理和遗产转化。以"通过2008年北京奥运会促进中国志愿服务发展"合作项目已取得的成果和经验为典范，在中国其他城市（包括上海和广州等）启动新的志愿服务发展合作项目。

志愿者国际交流 VSO（英国海外志愿服务社）和中国社会工作协会志愿者工作委员会合作的一个志愿者交流项目，始于2008年。项目选拔来自中英两国的18名年轻志愿者，2008年9月开始，志愿者首先在英国爱丁堡一起交流3个月，2008年12月再共同来到中国的西安交流3个月。在交流过程中，这18名志愿者将结对寄住在当地居民家庭中，并在附近社区内的公益性组织内从事志愿性无偿工作，了解不同文化背景下的社会发展状况，树立国际公民意识。

日本东京海上中国青少年发展支援 团中央启动的"共青团关爱农民工子女志愿服务行动"首个国际合作项目，2009年由团中央国际联络部、团中央青年志愿者工作部与日本东京海上日动火灾保险株式会社共同发起，以建立关爱农民工子女志愿服务阵地的形式，为农民工子女的健康成长提供服务。截至2013年，项目已在全国范围内开展，如援助北京地区的6所农民工子弟学校和为四川广元地震灾区的5所小学购买教学用品和对贫困学生发放助学金；在农民工输出大市河南省信阳市和少数民族集聚的贵州省黔南布依族苗族自治州，组织青年志愿者与农民工子女结对，重点开展“牵手看城市”“学业辅导”和“自护教育”等活动，并在试点县（区）建设“志愿者微笑小屋”等活动阵地；在吉林省长春市二道区和榆树市共确定了15所农民工子女较多的学校，为其建立“七彩小屋”，为农民工子女学习、娱乐、生活及志愿者开展志愿服务活动打造了一个专属的活动场所，让更多孩子受益。

外出务工人员子女培训志愿服务试点专题项目　联合国志愿人员组织提供技术支持，天津团市委及天津青年志愿者协会共同执行的志愿服务项目，联合国千年发展目标基金支持的联合项目“中国青年农民工项目”的重要子项目，始于2009年6月。项目在天津启动，从2010年3月份到12月份，近120名来自南开大学的志愿者为天津市南开区慧翔职专和天津市塘沽原工农村中学的近500名受助学生开展了课外辅导。同期，共青团天津市委员会、天津市南开区团委、天津市塘沽团委为学生们开展了课外活动。在近一年的项目实施阶段，慧翔职专的受助学生接受的辅导平均为53小时，参与课外活动9项，原工农村中学的受助学生接受的辅导平均为50小时，参与课外活动9项。该项目为共青团组织的“关爱行动”提供了经验，包括基于需求的活动设计、严谨规范的管理体系、持续发展的项目运作等。

促进上海与云南省区域发展加强志愿服务合作项目（Project of Strengthening Volunteering Cooperation for Regional Development in Shanghai and Yunnan Province）　由上海团市委、上海青年志愿者协会与联合国开发计划署和联合国志愿人员组织于2011年10月联合发起的、商务部中国国际经济技术交流中心支持实施的合作项目。项目周期为2011至2015年，通过计划支持大约500个非政府组织/志愿组织的发展，并提供多元化的志愿服务，以培育更全面的非政府组织平台，更好地推动志愿服务发展，以改善社会管理体系。与此同时，通过上海与中国欠发达地区的区域合作，转化先进的志愿服务经验，协助云南省的迪庆、红河、文山、普洱、西双版纳等地区建立全面的医疗卫生与公共健康体系以改善由疾病引起地方贫困的状况。

NGO能力建设——志愿者中心　英国海外志愿服务社（VSO）（中国）开展的志愿服务项目，始于2010年。项目力求扩大至北京、上海、广州、西安、重庆、成都、昆明、深圳、青海、甘肃、宁夏等城市。在以上每个城市，通过派遣国际志愿者支持（至少）一个地方志愿者中心工作，为其提供组织管理、人力资源管理、信息化建设等方面的培训与咨询服务，提供志愿服务项目开发、志愿者管理体系建设等能力建设方面的支持。通过孵化和支持志愿者中心的建设和发展，提高地方公益组织的专业能力，促进地方志愿服务的发展，从而为社会发展和减贫工作做出贡献。

中国专业志愿服务发展项目（Developing Pro

Bono in China) 由北京惠泽人咨询服务中心在商务社会责任国际协会（BSR）、惠普（HP）、南都公益基金会资助和美国 Taproot 基金会的技术支持下启动的志愿服务项目。该项目简称专 V 项目，始于 2011 年 1 月，为期两年，服务地点为北京。旨在促进商业界与公益界的跨界合作，通过为民间非营利组织提供专业志愿服务援助（Service Grants，简称 SG），提供定制式能力建设项目。项目运作模式：惠泽人咨询服务中心对将要通过项目与专业合作伙伴进行匹配的 NGO 进行需求评估，然后倡导和动员企业管理和专业技术人员到 NGO 中去，无偿提供管理培训、咨询教练、专业技术等服务，帮助 NGO 解决专业技术人才短缺的瓶颈，改善其自身能力结构和资源供给，从而形成一种新型的社会资本关系，使 NGO 服务的社区和弱势群体得到更加规范、高效和优质的社会关爱和服务，进而促进社会创新和公民社会的健康发展。

通过公民参与、地区及国际合作加强北京志愿服务发展（Project of Srengthening Beijing Voluntary Service Development Through Civic Participation and Regional and International Cooperation） 联合国开发计划署、中国国际经济技术交流中心与北京团市委、北京市志愿者联合会的国际合作项目。该项目始于 2012 年 9 月，项目时间 2011 年—2015 年。旨在推动志愿服务的国际交流，完善北京地区志愿服务管理体系，从而促进社会发展。该项目进一步深化中国政府和联合国在志愿服务领域的合作，发挥了志愿服务对国内可持续发展的促进作用，促进中国首都北京志愿服务的发展，为全国多领域的项目合作提供全面灵活的平台。该项目是联合国开发计划署、联合国志愿人员组织和中国商务部合作的《通过中国志愿服务促进发展，加强公民参与和社会创新的伞形项目》之子项目。伞形项目的总体目标是支持全国和地方志愿服务基础建设，推动公众参与社会管理，扩大中国在新的发展阶段志愿服务的规模，为推动实现联合国的千年发展目标及我国小康社会的可持续发展做出贡献。

中国青少年健康促进志愿服务 由世界糖尿病基金会与中国青年志愿者协会合作开展的糖尿病及肥胖干预志愿服务项目。该项目始于 2012 年 9 月，为期三年，项目在中国东、中、西部 9 个城市实施，旨在通过以学校为基础的健康生活方式的推广和志愿服务干预项目，预防肥胖及其相关的疾病的发生，降低其危害，促进青少年的健康成长。该项目是中国青年志愿者协会获得联合国经社理事会特别资商地位后，与国际组织合作开展的一个志愿服务项目，在探索国际合作的模式、积累项目运行经验、利用国际资源更好履行共青团基本职能等方面具有积极的探索价值。

中国志愿服务博览会（Chinese Volunteer Exposition） 由英国海外志愿服务社、共青团北京市委员会和北京市志愿服务联合会共同主办的促进志愿服务沟通交流的项目。从 2010 年开始每年的 12 月 5 日“国际志愿者日”期间举办。该博览会旨在为社会各界深入了解志愿服务提供了沟通和交流的平台，并进一步倡导志愿服务在中国的普及和发展。2010 年首届中国志愿服务博览会为纪念并庆祝“国际志愿者年”十周年而举办，主题为“珍视志愿服务，共建美丽中国”。此后每年 12 月举办，2013 年名称更改为“中国志愿服务国际交流大会”。该项目一般分为开幕式、主题论坛、分主题论坛和志愿服务项目、组织等展览交流及洽谈签约等环节，每年都吸引了百余家来自北京及外省市、港澳台地区、国际组织等机构的政府、企业和民间组织参与。该项目在加强政府部门、NGO 等相关组织的交流合作，突显志愿服务的价值，共同建设有利于志愿服务持续健康发展的环境方面做出贡献。

第六部分　人　物

一、优秀志愿者

艾晓帆（1989—　）　西安工程大学“绿风”环保协会副会长，西安工程大学环境与化学工程学院给水排水工程专业08级学生。2008年9月入大学以后，利用课余时间参加环保志愿服务，累计志愿服务时间达120多小时。积极组织、参加了多次校级、省级、国家级的环保志愿服务活动。发起成立陕西省首个青少年环保宣教基地，组织参与“大学生环保一堂课”、低碳生活进社区、浐灞生态区节水调查、陕西省大学生环保创意大赛等活动。先后获得环保部授予的“青年环境友好使者”、“青年环境友好使者百佳绿色先锋”称号，2010年被评为“全国百名优秀志愿者”。

安丽清（1982—　）　内蒙古和林县农牧业局职工，女。2006年内蒙古农业大学毕业后，报名参加了大学生西部计划，到和林县农牧业局从事为期两年的志愿服务工作。服务期间，自费购买教学设备、笔记本电脑、投影机等，义务为和林县盛乐镇农民办“自行车流动科技进村入户”培训班，截止2008年共举办102期培训班，先后有800多名学生、7000多农民听了科技辅导课。不仅用自己攒的钱帮助牧民改良奶牛品种，还为农户争取到了内蒙古扶贫办改良专款的资助。两年服务期结束后，继续留在基层。先后获得和林县农牧局“先进工作者”、和林县“十佳青年”、蒙牛优秀宣讲员等荣誉称号。2008年被评为第七届“中国百名优秀青年志愿者”。

白春海（1978—　）　黑龙江省大庆市“爱心传递”志愿者协会会长。2006年发起成立大庆“爱心传递”志愿者团体，多年如一日帮扶孤寡老人、资助失学儿童1000多名，为市民提供志愿服务7万余人次，累计服务时间30000多小时。2011年被评为“全国优秀志愿者”。

白玛龙珍（1940—　）　上海市宝山路街道少数民族志愿者服务队队长，女，藏族。退休以后积极投身于公益事业，成立了社区少数民族志愿者服务队，在社区维稳、法律援助、环保绿化、社区文化、公益宣传、敬老助残等活动中表现活跃。2011年被评为“全国优秀志愿者”。

白萍（1962—　）　广西壮族自治区桂林市癌症康复协会会长，“生命绿洲”志愿者服务队队长，桂林市志愿者总会副理事长，女。组织癌症康复协会的“抗癌明星”志愿者，每周走进各个医院肿瘤科，在病床前和癌症患者面对面的交流，被媒体誉为“全国第一“话疗”。主持开通“2730（爱惜生命）援助中心”热线电话，义务为癌症患者提供心理帮助和康复经验；策划建立“美好生活网”，牵头成立为癌症患者服务的“生命绿洲”志愿者服务队，并将志愿服务活动扩展到癌症患者以外的人群；积极组织志愿者开展关爱孤寡老人、各种病患者等公益活动。2009年、2011年连续两次获全国城市康复义工论坛“全国城市康复义工之星”荣誉称号。2011年被评为“全国优秀志愿者”。

白琪文（1965— ） 澳门卫生局耳鼻喉及颈面外科专科医生、澳门特别行政区政府禁毒委员会委员、禁毒法执法及跟进工作小组召集人。在每日忙碌地为病人诊疗治病之余热心地参与志愿服务，利用自己的专业知识帮助有需要的人，推动成立澳门医护志愿者协会，担任会长；举办“长者健康讲座”、为市民提供身体检查服务；成立社区护理服务外展队，定期为长期病患或独居长者进行家访；与其他志愿者协会合办“健康直通车”为内地偏远贫瘠的地方进行义诊或健康普及服务，持续地为弱势社群提供长期的关怀与专业性的支援服务；以“志愿联盟”形式联合澳门其他医疗志愿团体合作创造平台，筹办综合性强、规模较大、组织性卓越的专业医疗志愿服务团队；积极推动医护同业人员参与禁毒、控烟等各项健康教育的志愿服务工作。

柏万青（1949— ） 上海市第一个以个人名字命名的公益性社会组织“柏万青志愿者工作室”的创办人，女。1998年开始志愿服务工作，创办社区学校，并将社区学校的功能逐步向小区、楼组、家庭拓展。利用电视调解的名人效应组织法律志愿者援助网络；成立全市首家由晨练老人组成的护园队。2002年担任街道老年协会秘书长，开展“孝敬爸妈送旅游”的“夕阳红”旅游活动；成立的中老年单身沙龙，使7000余名单身远离孤独，走出阴影；组织协会会员开展“千人帮百家，爱心走进空巢老人家”活动，使社区内500多名“空巢”老人有了身边的“志愿者”；2003年组织“弄堂游”，被区旅游局定为街道对外旅游项目，仅世博会期间就接待了16批，近2千人，成为对外宣传的窗口。世博会期间领导世博会安全志愿者服务队工作，参与世博安全、环境、保洁、保绿护绿、纠纷化解志愿者服务工作。2007年被命名为“上海市杰出志愿者”。2010年被评为“全国百名优秀志愿者”。

卜一峰（1980— ） 广西南宁市博峻商务服务有限公司培训师，大专文化。志愿服务超过800小时。2003年开始公益活动，多次组织“爱心万里行”活动，为贫穷山区的孩子及孤寡老人进行援助。2008年汶川大地震后作为广西民间抗震救援队队长带队救援，配合当地政府及南海舰队所部官兵在绵竹市清平——汉旺进行山地搜救工作，成功营救79人。2010年参与广西红十字应急救援队前往玉树灾区一线，进行抗震救援。常年坚持义务救援培训，多次成功营救遇险受困和自杀人员。2011年荣获“全国道德模范万名公众代表”。2012年获得中国“十大杰出红十字志愿者”称号。

曹亮（？— ） 浙江省杭州市环保志愿服务总队常务副总队长。1998年开始参加环保志愿服务。先后策划、组织了开展保护母亲河行动，包括排污口调查、植树护绿、社区环保义务宣传、环保节日主题活动等一系列志愿服务活动。个人志愿服务时间累计达3000多小时。2004年加入杭州市环保志愿服务总队并担任负责人，规范了队伍的内部管理机制，使杭州市环保志愿服务总队成为拥有6000多名环保志愿者的坚持时间最长最稳定的杭州志愿服务队伍之一。2000年被共青团杭州市委评为“杭州市青年志愿者行动标兵”；2002年被团省委评为“省杰出青年志愿者”。2007 年被省环保局评为绿色公益使者”。2010 年被评为“全国百名优秀志愿者”。

陈波（1987— ） 全国大学生志愿服务西部计划参与者。2010 年 7 月参加“全国大学生志愿服务西部计划”到遵义市汇川区板桥镇中寺村工作，负责远程教育、党建、关工委、基层共青团和农家书屋的管理，同时兼农村小学的口才与演讲、作文辅导及音乐老师。节假日经常去残疾家庭、空巢老人、五保老人家中帮困。2011 年被评为“全国优秀志愿者”。

陈春晓（1976— ） 湖北姊归香溪一中教师，女。1999 年 9 月湖北黄石高等专科学校毕业后，放弃了城市优越的生活，参加青年志愿者扶贫接力计划，到秭归一所偏僻的村办小学支教。针对农村孩子基础差等特点，因材施教，实行“分层教学”。利用休息时间给学习基础薄弱的学生补课，帮他们树立信心，培养多方面的兴趣爱好，利用课余时间走访了 50 个学生家庭。在没有工资补贴，生活费数量有限的情况下，省吃俭用，每月自费为学生购买期刊和书籍，发动朋友支持山区教育，募捐到衣物文具及数千元，促成了一个“手拉手”班级的建立。一年支教生活结束后，向湖北团省委申请，继续扶贫支教。2001 年获得“中国青年志愿服务金奖”奖章，被评为第四届“中国十大杰出青年志愿者”。

陈光（1969— ） 安徽交通广播节目主持人。积极参加志愿服务活动，依托职业优势，充分整合社会各方资源组织多次公益活动，号召广大社会热心人士多次向革命老区、孤寡老人和家境贫寒儿童捐款捐物。2004 年 2 月组织和参与成立“安徽 908 福友爱心基金”为困难出租汽车司机募捐。组织成立“安徽 908 雷锋爱心车队”，为孤残儿童捐款捐物，并免费接送合肥市高考考生。组织安徽交通广播听友并联合北京现代汽车公司向革命老区霍山县 51 名贫困学童捐助 10200 元人民币和价值 5000 元的学习用品。与同事共同筹划了为“春蕾”女童献爱心捐助活动，收到捐款共计 8832 元，资助了 10 名女童。2006 年，牵头安徽交通广播与安徽青年志愿者协会共同组建了“安徽 908 青年志愿者爱心车队”，用广播媒体的形式宣传青年志愿者行动，获得社会好评。2006 年被评为第六届“中国百名优秀青年志愿者”。

陈树菊（1950— ） 台湾台东中央市场菜贩，台湾著名慈善家，女。把省吃俭用辛苦卖菜攒下的一千多万台币（约合人民币 214 万）全部捐给了孤儿院、学校、儿童基金会。2010 年 5 月，入选美国《时代》周刊“全球百大最具影响力人物榜”，荣获 2010 年“亚洲慈善英雄人物”，被誉为台湾的“爱心”。

陈光标（1968— ） 江苏黄埔再生资源利用有限公司董事长，江苏省红十字会副会长，江苏省慈善总会副会长，。由于在慈善公益事业方面作出突出贡献，被媒体称为“中国首善”。1998 年开始从事慈善事业，多年来积极投身社会慈善事业。2008 年汶川地震时，第一时间组织救援队伍前往灾区，打通救援生命线，累计向汶川地震灾区捐款捐物过亿元。西南五省区特大旱灾、青海玉树特大地震、舟曲特大山洪泥石流、云南盈江地震等灾害发生后，都是第一时间奔赴灾区，通过各种方式捐款捐物，帮助灾区人民。捐资 1 亿多元在南京建设成立了“黄埔防灾减灾培训中心”，免费向公众提供服务；倡导绿色环保事业，免费派发、捐赠自行车；担任“南京市文明交通形象大使”，践行文明出行；关心下一代，帮助青年创业。多年善举，获得了社会广泛好评，先后获得中华慈善奖、“抗震救灾英雄志愿者”、中国红十字勋章、中华慈善事业突出贡献奖、中华慈善人物、中国公益事业十大慈善大使等荣誉。2008年被评选为第七届“中国十大杰出志愿者”。

陈莉萍（1951—　）　重庆江津市几江街道办事处拥军优属领导小组副组长，江津区帅乡兵妈妈俱乐部负责人、江津区几江镇大什字社区志愿者，女。1984 年任重庆市江津区几江五福街居委会党支部书记兼居委会主任以来，发动几十个单位与江津武警中队、消防队中队结成共建关系，签订共建公约、协议，与部队官兵结下了深厚情谊。多年来，逢年过节都会组织单位、居民走访慰问部队官兵开展科技拥军，联系有关单位，举办“绿色证书”进军营活动，开办农业专业技术班，电脑培训班，为部队培养两用人才。1990 年以来，连续 3 届获得四川省、重庆市表彰的拥军优属先进个人。从 1996 年起，3 次被江津市委、市政府评为拥军优属先进个人。2010 年被评为“全国百名优秀志愿者”。

陈立新（1959—　）　江苏省南京市“爱心车队”队长。2001 年以来，自发组织起了一支由 12 名出租车驾驶员组成的“爱心车队”志愿者队伍。关心、帮助弱势群体，节假日陪同老人及儿童过节；每月每名队员捐助 50 元爱心款资助困难学生；免费接送高考考生和困难患病儿童。2003 年 4 月“非典”期间，带领车队，始终战斗在抗非第一线，向全市出租车驾驶员发出严格按照“防非”要求做好车辆营运的倡议。2003 年 9 月全国第六届残疾人运动会期间，免费为残疾运动员服务 14 天，接送全国各地残疾运动员、残疾人 118 人次，行驶 1300 多公里，用时 80 多小时，免收车费近 2000 元。在媒体和社会各界的广泛关注下，这支志愿者队伍日益发展壮大，被全国出租车行业协会授予“全国抗非先进驾驶员”的荣誉称号。获得全国第六届残运会组委会授予的“优秀志愿者”荣誉称号。2006 年被评为第五届“中国十大杰出青年志愿者”。

陈思（1968—　）　江苏省南京市个体工商户，被人称作南京长江大桥的“自杀守望者”。鉴于媒体上多次报道南京长江大桥上经常出现轻生者的情况，2003 年 9 月起，自发利用节假日在大桥上进行志愿救助活动，从未间断。截至 2006 年 1 月的 260 个节假日里，在大桥上成功救下 87 个轻生者，为 1100 名有心理问题的人进行劝解疏导。事迹被多家新闻媒体进行专题报道，并唤起全社会对自杀者的关注。为了寻求用更广泛的途径帮助自杀者，也寻求更多社会力量的加入，注册了个人心理咨询网站“心灵港湾”，为有精神烦恼和心理障碍的人提供倾诉空间。在他的感召下，有 100 多人加入志愿救助自杀者的队伍。2005 年，被评为“南京市十大杰出志愿者”，2007 年被评为第六届“中国十大杰出青年志愿者”。

陈苏（1980—　）　最早参加研究生支教团的博士研究生，黑龙江省人。2004 年就读于哈尔滨工业大学材料学院时，报名参加了第七届中国青年志愿者扶贫接力计划，成为哈工大研究生支教团的一名成员。2005 年来到距县城最远、条件最艰苦的山西省浮山县寨圪塔乡初级中学开始了为期一年的支教服务，任该校初一年级英语和历史教师。针对山里孩子的特点，制定了夯实基础，养成习惯，强化听说的教学计划。经过与队友的共同努力，使该校初一年级英语成绩升至全县第一。带领志愿者在全县的中学范围内开展“我的成才路”巡回报告会，取得良好的反响，被誉为“浮山县教育改革发展的重要财富之一”。完成教书育人任务的同时，面对家庭贫困的孩子，慷慨解囊帮助他们顺利完成学业。事迹多次被《中国青年报》、《中国教育报》、中国教育电视台等多家媒体报道。先后获得“全国三好学生”、“黑龙江省十大杰出志愿者”、“黑龙江省百名和谐之星”、“黑龙江优秀共青团员标兵”、“哈尔滨工业大学学生五四奖章”等荣誉称号。2008 年被评为第七届“中国百名优秀青年志愿者”。

陈为强（1985— ） 四川省什邡市洛水镇团委副书记，什邡市大学生西部计划抗震救灾专项志愿者。2008 年 7 月于中国劳动关系学院法学系毕业后，到汶川地震重灾区的什邡市洛水镇开始志愿服务，被安排到集镇工作组，参与负责集镇方面的几乎所有工作。在克服语言不通、水土不服等困难的同时，用最短时间内安置 2000 多户受灾群众。进入灾后重建阶段后，所在的小组负责近 3000 户的征地拆迁工作，由于做好了耐心的政策宣传，细心核对拆迁款发放对象，顺利完成了拆迁任务，有力推进了洛水的灾后重建。一年服务期满后，选择继续留在洛水镇。2010 年，被德阳市人民政府提名为“四川省灾后恢复重建先进个人”，被共青团四川省委提名为“第八届中国青年志愿者优秀个人”候选人。2010 年被评为“全国百名优秀志愿者”。

陈岩（1971— ） 四川成都东冠实业有限公司营销部大区经理，成都人。在西藏当武警期间开始参与灾害救援。1996 年，云南丽江发生大地震，只身赶往丽江参与救援。1998 年，华中发生特大洪水，与救援人员一起驾船救援被洪水围困的群众。汶川大地震之后，是最早进入都江堰参与救援的志愿者之一，也是第一个进入重灾区汉旺镇救人的志愿者。从 13 日深夜 12 时到 17 日上午 8 时，在东汽中学废墟上和其他救援队员徒手搬运砖块，救出 20 多个孩子。最长的一次救人行动持续时间长达 40 多个小时。2008 年被评为第七届“中国十大杰出青年志愿者”。

陈媛（1982— ） 安利青海志愿者支队负责人，女。2005 年组建安利青海志愿者支队，开始志愿者生涯。截止 2011 年 10 月共参与、组织志愿者活动 50 余项，其中包括优秀的环保项目活动、团中央颁发项目奖。2008 年 7 月组织和带领志愿者前往青海省特殊教育学校，为盲童赠送收音机、读报纸。2009 年 9 月组织和带领志愿者参加青海省第三届残疾人运动会服务。2009 年 3 月与共青团青海省委在社区共同成立志愿者服务站，协助社区服务志愿者建立对口服务平台。2010 年带领玉树灾区的孩子前往世博会参加世博体验营。2011 年 1 月发起“爱心 1 +1 温暖我和你——关爱农民工子女牵手行动”；组织志愿者、贫困大学生牵手农民工子女共同组建临时家庭。2011 年 6 月带领 15 名志愿者前往可可西里在藏羚羊迁徙期间担任可可西里生态环保志愿者。整个安利志愿者支队累积服务时数 11200 小时，个人志愿者服务时数 110 小时。2011 年被评为“全国优秀志愿者”。

陈允广（1980— ） 内蒙古自治区包头市达

茂旗石宝镇党委副书记、人大常委会主任。2003年7月从中国青年政治学院毕业后，放弃在北京的外企工作的优厚条件，报名参加了全国第一批“大学生志愿服务西部计划”，来到内蒙古自治区19个边境旗之一的达茂旗开始志愿服务。利用节假日，走访了400多名贫困学生家庭，累计行程2500多公里，募集捐款45万元，帮助全旗300多名贫困学生重返校园。因事迹突出，被共青团中央确定为“西部计划”志愿者扎根基层就业创业的典型，入选了由中组部等共同组办第六届“奉献者风采——大学生志愿服务西部计划优秀志愿者事迹报告团”活动，成为2009年全国大学生志愿服务西部计划形象代言人，事迹被《人民日报》做了专版报道。先后获得“全国大学生志愿服务西部计划优秀志愿者”、“全区杰出青年志愿者”、“全区道德模范”、“全区劳动模范”、“感动包头十大人物”等30项荣誉。2010年被评为“全国百名优秀志愿者”。

陈占国（1973— ） 温州平安志愿者心理咨询大队负责人，温州技工学校心理咨询中心主任，中共党员。2008年参与组建了温州第一支心理咨询志愿者服务队，后来发展到200多人。利用业余时间为学校、社区、企事业单位做各类心理专题讲座100多场、现场心理咨询18次，组织了1000多人次的心理咨询志愿者服务活动，团队提供3000多小时的志愿服务，接听心理咨询热线500多小时，做过800多人次的个人免费心理咨询。多次被评为先进工作者、优秀共产党员，2010年“温州市首届优秀平安志愿者”。2010年被评为“全国百名优秀志愿者”。

程新如（1975— ） 安徽省寿县“爱心车队”负责人。2000年开始客运工作。在征得家人同意后，将自己的四辆客运中巴车组为“爱心车队”，对70岁以上老人和残疾人一律免费乘车。尽管油价、人员工资、修路绕行等使运营成本一再增加，但“爱心车队”的服务承诺一直没变，为此，车队每年要少收入2万元。2006年、2008年两次被评为全国“十佳敬老之星”。2011年被评为“全国优秀志愿者”。

丛飞（1969—2006） 深圳著名歌手，深圳义工联艺术团团长、爱心大使，辽宁盘锦人。作为一名著名歌手本有足够的条件让自己生活富足，但却倾尽家财甚至不惜负债从事慈善事业。在37岁的短暂人生中，进行长达11年的慈善资助。为助残、助学、赈灾进行义演，义演场次超过400场，义工服务时间达3600多小时。认养、资助了183名贫困学生，残疾人和孤儿，累计捐款捐物300多万元。先后被评为深圳市五星级义工、深圳市“优秀外地来深建设者”、首届“深圳百名优秀义工”。2004年被评为第五届“中国百名优秀青年志愿者”，2007年被评为第六届“中国十大杰出青年志愿者”，并荣获“中国青年志愿服务金奖”。

崔永元（1963— ） 知名电视节目主持人。2007年发起并成立中国红十字基金会崔永元公益基金“乡村教师培训”公益项目，培训完全依靠社会志愿者和公益支持单位协调配合，初步实现了完全由志愿者参与和执行公益项目的理念，从一定程度上提升了公众对红十字、志愿服务的认知和参与力度，截至2012年，已经举办了6期，培训了十余省份、上百所乡村学校、600名乡村一线教师。2012年获得中国“十大杰出红十字志愿者”的称号。

崔宇（1978— ） 山西省大同市城区人民检

察院党组成员、政工科长、市志愿者协会副秘书长，女，山西省怀仁人。2008年5月4日组织成立了“知心姐姐青年志愿者法律服务队”，在大同师范等40余所大中专院校宣传法律知识，提供志愿服务，在30多个社区，为空巢老人提供法律志愿服务。组织全院干警为大同市福利院捐资助物价值10000余元。通过在大同人民广播电台和大同交通台做法律嘉宾宣传普及法律常识；通过法律渠道，帮助王建国等十余名农民工讨回工薪，被称为“检察官知心姐姐”。2008年12月所在的“知心姐姐服务队”被共青团山西省委和山西省志愿者协会联合授予“山西省十杰志愿服务集体”荣誉称号。2011年被评为“全国优秀志愿者”。

达哇太（1976— ） 青海省共和县切吉乡加什科村村民，共和县加什科村普氏原羚志愿巡护队队长，藏族。为给普氏原羚等野生动物提供生存空间和环境，带头拆除了自家草场的围栏铁刺约2000米，动员亲戚朋友拆除5300余米。2008年参加了加什科村普氏原羚志愿巡护队，宣传和保护普氏原羚，使加什科村的野生普氏原羚得到保护，数量大增。2011年被评为“全国优秀志愿者”。

邓玲（1964— ） 安徽合肥供电公司包河营业部经理，“邓玲青年志愿者服务队”队长，女。2003年，在合肥供电公司组建了公司有史以来第一支以个人名字命名的“邓玲青年志愿者服务队”。服务队服务对象是孤寡老人、残疾人等特困家庭和弱势群体为主，以定期上门、征求意见和电话预约为主要服务方式，通过爱心服务卡与社区特困家庭建立结对服务关系。自建队以来，队伍不断壮大，由初期的100多人发展到500多人，为近百名残疾人、孤寡老人、下岗特困职工上门义务服务达540余次，人均志愿服务达110小时以上。先后荣获“全国用户满意服务明星”、“全国三八红旗手”等荣誉称号。2010年评为“全国百名优秀志愿者”。

邓榕（1989— ） 湘潭大学材料与光电物理学院学生，湘潭大学孝行协会会长。组织志愿者服务空巢、困难老人超过5000余人，开展敬老服务次数一万余次；连续两年组织260多名志愿者赴湖南省岳阳县、祁阳县、慈利县等10个县市开展暑期空巢关爱活动，建立孝心服务基地8个；组织开展了心怀天下·孝心行、笑脸计划、红歌下乡、空巢计划、关爱红老计划等一系列特色活动。2011年被评为“全国优秀志愿者”。

丁兆瑞（1969— ） 河北省廊坊市环保志愿者，“中国绿色宣言”倡导人。1996年起积极投身环保事业，为宣传和践行环保事业，变卖家产，花费个人大部分积蓄，三次徒步“长征”两万多公里，对所经地区的生态环境进行考察，向沿途居民特别是广大学生宣传环保知识。在全国30个省（市、自治区）1249所院校进行了演讲，直接听众达到70余万人。2006年被评为河北省第七届十大杰出青年志愿者，被媒体誉为“中国绿色宣言倡导人”、“地球之子”等。2011年被评为“全国优秀志愿者”。

董明（1986— ） 湖北省武汉市“董明免费心理咨询工作室”负责人，武汉广播电视大学学生，女。九岁时高位截瘫。2005年，注册成为一名志愿者，并成为“董明免费心理咨询工作室”志愿者咨询师。汶川发生特大地震后，坐着轮椅和志愿者走上街头募捐、献血，并前往重灾区一线做心理辅导，成功唤醒了2位植物人，使5位父母双亡的孩子开口说话，让40多位因为地震造成的重度残疾人重树生活的信心。灾后被授予中国第一位残疾人抗震救灾心理危机干预志愿者。先后荣获“全国道德模范提名奖”、“中国青年五四奖章”、“全国助残阳光使者”、“湖北省十大杰出青年”、“湖北省五四青年奖章”、“湖北省优秀志愿者”、“北京市十大志愿者”、“北京市五四青年奖章十大标兵”、“四川省抗震救灾英雄模范”、“世博志愿者之星" 等荣誉称号。2010 年被评为“全国百名优秀志愿者”。

窦珍（1926—2013）　北京市供电局退休司机，社区志愿者。2000 年北京丰台区右安门翠林社区小区附近架设了一座叫做“连心桥”的过街天桥，方便居民出行。投入使用后，因为没有人负责打扫卫生，桥上果皮垃圾遍布。针对这一现象，从 2002 年开始利用空余时间自备工具清扫大桥，清理小广告，每天上下午各一次，一直坚持 11 年，分文不取。曾经两次被评为北京右安门街道文明百佳之志愿者服务之星，2012 年被评为丰台区“最美丰台人”，并入选 2012 年度中国好人榜，2013 年被北京晚报评为“北京好人”。2013 年 11 月 25 日在义务清扫桥时不慎坠桥身亡。在他的精神感召下成立的“窦珍志愿服务队”接过扫帚继续扫桥。

冯艾（1977—　）　上海市教卫工作党委宣传处副处长，女。2000 年复旦大学本科毕业后参加中国青年志愿者扶贫接力计划，在被联合国认定为“不适宜人类居住”的宁夏西吉当了一年的乡村教师。与其他队员努力为受援学校争取办学资金 8000 多元和大量物资，为贫困生争取到助学款项 6 万余元，帮助 340 多名学生完成学业。2003 年研究生期间，再度申请成为大学生志愿服务西部计划中的一员，赴云南省宁蒗县支教，成为上海市大学生志愿者赴云南服务队负责人，并担任宁蒗县战河乡中学副校长、宁蒗县教育局副局长。期间积极为学校联系教具捐赠，为困难学生争取资助。2005 年，参加中国青年志愿者国际合作发展计划埃塞俄比亚项目，赴埃塞俄比亚亚的斯亚贝巴大学教授中文，成为首位中国青年志愿者援非服务队队长。半年服务期满之际，主动要求延长服务期，成为中国青年在非洲从事志愿服务超过一年的第一人。2008 年汶川大地震后，成为团中央首批灾后青少年心理康复专家志愿团的一员，为受灾群众进行心理疏导。2010 年上海世博会期间为志愿者培训编写教材、策划拍摄志愿者电影。先后获全国民族团结进步模范个人，中国青年五四奖章，第五届“中国十大杰出青年志愿者”，并被评选为海内外有影响力的《中国妇女》时代人物。2010 年被评为“全国百名优秀志愿者”。

冯家辉（1961—　）　澳门工联职业技术中学校长，兼任澳门工会联合总会副理事长、澳门志愿者总会副会长、澳门教师志愿者协会创会会长、澳门青年志愿者协会顾问、澳门中华教育会顾问。长期热心社会工作和公益活动，担任多个社会团体职务，多年来，秉持“无私奉献. 专业成长”的精神，团结及推动来自澳门不同学校的教职人员，以专业技能和业余时间来开展志愿服务，举办各种公益活动，如为智障或弱能学童提供教学及培训的“爱心学校”、每年复活节期间组织澳门师生到内地偏远贫困山区进行义务教学的“义教进农村”等，至

2014年，在全澳80多所学校中已有50多所、250多位教师成为澳门教师志愿者协会的会员。

冯家健（1979— ） 澳门特别行政区政府高等教育辅助办公室特级技术员，中华全国青年联合会委员、云南省青年联合会常务委员、澳门青年志愿者协会会长、澳门志愿者总会副理事长。澳门旅游学院旅游企业管理学士、华南师范大学应用心理学硕士研究生。学生时代就开始参与了社会服务及青年发展的志愿工作，并先后开创多个不同类型的活动及服务品牌项目，如“澳门青年志愿者服务日”、“青苗动力－澳门大专志愿者山区农村服务团”、“E甸园—专业志愿服务计划”，“社会服务大使比赛”等。在志愿者事业方面积极推动志愿者实务管理、有效持续发展，同时也身体力行，与志愿者共同参与服务，助人自助，极力培育澳门新一代的自身建设与回馈社会。

冯勇（1981—2002） 四川省绿色江河环境保护促进会志愿者，四川成都人。曾参加中国人民解放军，退伍后通过公开招募成为志愿者。2002年11月赴青海可可西里国家自然保护区索南达杰自然保护站参加野外拣拾垃圾的公益活动，12月1日在保护区外围以东野鸭湖一带捡拾白色垃圾时遇险身亡。

付漪泉（1905— ） 年过百岁的高龄志愿者，山东人。20世纪70年代退休后就开始在自家附近义务承担治安巡逻。在1990年的亚洲运动会、1999年的国庆庆典期间义务承担治安监督。2007年筹备奥运会期间成为最早一批报名的北京奥运会志愿者。2008年北京奥运会期间动员家里其他成员加入志愿者队伍。2008年，被评为北京市十大优秀志愿者。

傅强（1969— ） 安徽省马钢自动化工程公司职工，马鞍山无偿献血志愿者协会副会长，马鞍山爱心传递志愿者服务队队长。1998年开始投身社会公益事业，主动参与“三献”、“三救”工作，影响和带动了无数爱心人士加入到志愿服务队伍中来，先后从事各类社会志愿服务累计达8970个小时，无偿献血和血小板58000毫升，成为安徽省献血状元，并自愿登记为捐献造血干细胞及捐献遗体、器官志愿者。2005年6月组建了马鞍山红十字无偿献血志愿者协会，担任副会长，带领200多名会员，无偿献血总量达120万毫升，占全市临床用血量的1/16。2007年3月，牵头组建马鞍山爱心传递志愿者服务总队，队员已达1192人，成为全市志愿者人数最多的民间志愿者组织。带领志愿团队开展了关爱孤寡空巢老人、留守流动儿童、进城务工人员和结对帮扶困难家庭、义务家教、义务植树、环保宣传等形式多样的志愿服务活动，为4名白血病患儿募集人道救助款15万余元，为希望工程募集爱心助学款42.8万元，为红十字会募集赈灾款物1551万余元，组织5000人次志愿者义务植树20000余棵，为98个困难家庭子女义务家教1200人次，组织550名志愿者开展倡导节能减排和保护母亲河环保宣传，举办广场公益演出14场等等。曾获中国红十字总会汶川地震抗震救灾优秀志愿者、全国无偿献血奉献奖金奖、全国无偿献血特别促进奖，2008年10月入选“中国好人榜”，2011年被评为“全国优秀志愿者”。

尕让尼玛（1988— ） 西藏大学文学院学生，西藏大学消防志愿者服务大队副队长，藏族。积极参与学校组织消防志愿者的招募、培训、管理工作，在学校共招募了138名消防志愿者。积极参加西藏自治区青年志愿者协会组织的各种消防知识进社区宣传活动。组织消防志愿者走上大街，走进大小商场、农牧区、社区居民家中，利用自己掌握的预防火灾知识，耐心解答农牧民群众提出的预防火灾的各种问题，向过往群众散发图文并茂的防火宣传材料，并深入到各商铺宣传防火避灾知识等多种形式进行消防知识宣传活动。曾获得“全国优秀消防志愿者”、“第八届中国青年志愿者优秀个人奖”等荣誉称号。2010 年被评为“全国百名优秀志愿者”。

高富浪（1985—2006） 北京交通大学学生。2006 年 4 月 23 日，参加北京交通大学无偿捐献成分血，并担任学校“绿色之家”回收组副组长，开始志愿者活动。2006 年暑假期间参加了“2006 年甘肃大学生绿色营”活动。7 月 28 日下午绿色营队员在到达甘肃省玛曲县和四川省交界的黄河边时，有队员因体力不支，无力游回岸边，请求岸边的队友援助。为了解救被困队友，自告奋勇携带一件由 10 多个空塑料瓶组成的救生工具，游到了河心岛。在与队友返回岸边的途中，被黄河水卷走，不幸遇难，年仅 21 岁。北京交通大学党委授予其“北京交通大学优秀共产党员”和“北京交通大学优秀大学生”称号，北京市委教育工委、市教委授予“北京市优秀大学生”，教育部授予“全国优秀大学生”荣誉称号。北京市民政局授予“见义勇为”光荣称号。

盖宾杰（1977— ） 河北省药品检验所干部。1998 年大学期间，正式注册成为河北省志愿者。在大学担任学生会主席期间，多次组织爱心公益活动，利用校园展览、清扫车站、街头宣传、下乡实践等各种形式，为灾区群众募捐，为贫困儿童联络助学对子，组织大型的绿化植树等活动。2002 年毕业参加工作后，仍坚持参加敬老慰老、社区和谐等志愿服务活动，其中 2005 年参加河北省第十届中国吴桥国际杂技艺术节青年志愿服务队时人均服务时数达到 150 小时。2006 年，参加迄今最大规模的中国青年志愿者海外服务计划——埃塞俄比亚项目，并担任团长。服务期间，多次提出合理化建议，积极联系国内相关的企业，成功组织了中埃项目沟通交流会并达成合作意向，受到埃方负责人和中资公司的好评。此外还以中国青年志愿者身份为在亚的斯亚贝巴召开的第三届世界信息大会论坛提供志愿服务，得到了组委会的嘉奖。先后荣获保定市百优大学生、河北省优秀学生干部、石家庄市十大杰出志愿者、河北省杰出志愿者、药监系统优秀党员等荣誉称号。2008 年被评为第七届“中国百名优秀青年志愿者”。

谷秀献（1962— ） 河南省安阳市市区农村信用合作联社职工，安阳市无偿献血志愿服务总队队长，复员军人。从 1996 年首次无偿献血，截至 2010 年，参加献血 95 次，累计献血量达到 53800 毫升。不仅坚持无偿献血，还积极参加无偿献血志愿服务活动，倡导成立了安阳市无偿献血志愿者服务队，参与了《安阳市无偿献血志愿者服务队管理办法》、《全市无偿献血志愿者“星级”晋升制度及评市标准》的制订。先后荣获中华人民共和国卫生部、中国红十字总会颁发的荣誉奖章和“全国无偿献血特别促进奖”，被誉为“献血状元”。2010 年被评为“全国百名优秀志愿者”。

谷雨（1979— ） 江苏省苏州市反扒志愿者大队志愿者，记者。2005 年 6 月报名参加了江苏省第一支民间反扒组织——苏州市反扒志愿者大队。截止 2012 年，反扒志愿者大队共协助警方破获各类案件 600 余起，抓获扒窃违法人员 600 多人，为市民挽回财产损失 70 余万元。2009 年，苏州市反扒志愿者大队被团中央列为全国青年自组织团建试点单位。2010 年 8 月，作为青年自组织代表当选第十一届全国青联委员。2011 年被评为“全国优秀志愿者”。

顾雅娟（1956— ） 浙江省杭州市志愿者协会综合队九分队队长，女。2006 年 4 月在参加第一届休闲博览会时开始志愿活动。2007 年参加了抗台风“罗莎”的救灾行动；2008 年参加抗击冰冻雨雪灾害行动，在杭州城站火车站服务八天八夜，为返乡农民工提供出行咨询、问询向导、行李帮提、秩序维护、老弱帮扶等服务，还为排队购票和在站外候车的农民工送免费姜茶。2008 年被志愿者学院聘为志愿者讲师，在社区、各大专院校、中学等宣讲志愿者理念，两次被志愿者学院授予“优秀志愿者讲师”。2011 年全国第八届全国残疾人运动会期间，带领志愿者帮助残疾人运动员顺利完成了开幕式的彩排集训，接送运动员往返宾馆和运动赛场，入选八届残运会杰出志愿者候选名单。2011 年被评为“全国优秀志愿者”。

郭昊东（1978— ） 宁夏彭阳昊东劳务专业合作社理事长，宁夏回族自治区彭阳县草庙乡周庄村人。为帮助返乡农民工解决就业问题，2009 年成立了宁夏彭阳昊东劳务专业合作社，并担任合作社理事长。合作社常年从事农民工的培训、职业介绍、劳务派遣、劳务分包和种、养殖技能培训等业务。2008 年 5 月，组织在京务工同乡 26 人赴四川抗震救灾。2008 年获四川省红十字会“人道、博爱、奉献”的红十字精神荣誉证书以及“汶川地震抗震救灾优秀志愿者组织”奖。被国家人力资源和社会保障部、共青团中央授予“抗震救灾英雄志愿者”称号；2008 年被评为第七届“中国十大杰出志愿者”。

郭洪（1970— ） 重庆市铜梁县林业局干部、重庆市应急志愿总队自愿抢险队成员、重庆市山地救援队成员、铜梁县志愿者服务队队长。长期致力于环境保护和大熊猫等濒危动物保护的志愿活动。与全国其他 14 名志愿者一道组成了“重走戴维路·发现大熊猫”探路者徒步队，并担任队长，利用 11 天的时间，徒步 330 公里，沿着 140 年前法国神父戴维发现大熊猫的足迹重新走了一遍，宣传保护大熊猫。汶川大地震期间参与灾区抢险救灾并执行了重大任务。2009 年 4 月作为重庆市山地救援队成员之一，参与协助军方回收“5. 12”汶川大地震失事直升机残骸的搜救回收工作，和其他志愿者一起，利用山地户外救援技术，冒着生命危险深入震中映秀直升机失事现场，搭建了 6 条空中索道，协助军方将数吨失事直升机残骸全部收回运出，圆满完成了救援任务。2010 年被评为“全国百名优秀志愿者”。

郭明义（1958— ） 辽宁省鞍钢集团矿业公司齐大山铁矿生产技术室采场公路管理员。1990 年开始无偿献血活动，捐献全血、血小板折合献血总量超过 6 万毫升。第一批加入鞍山市造血干细胞捐献和遗体（器官）捐献志愿者行列。2007 年，发起成立了郭明义爱心团队，下设希望工程爱心联队、无偿献血志愿者应急服务大队、造血干细胞捐献志愿者俱乐部、遗体（器官）捐献志愿者俱乐部、红十字志愿者急救队、红十字志愿者服务队和慈善义工大队等 7 个大队。先后荣获全国优秀共产党员、全国五一劳动奖章、第三届全国道德模范、全国无偿献血奉献奖金奖、全国红十字志愿者之星等荣誉称号。当选 2010 感动中国年度人物和首届中华儿女年度人物。2012 年 3 月 2 日，被中央文明委授予“当代雷锋”荣誉称号。2012 年获得首届“中国红十字志愿服务特别贡献奖”。

郭涛（1972— ） 上海市第十人民医院视觉复明临床医学中心副主任医师、副教授，硕士生导师，安徽人。医德高尚、热心公益，2001 年曾赴云南参加医疗志愿服务，是医疗队中开展手术最多、筛查人数最多、所走行程最长的队员。2007 年再度报名成为上海第 10 批赴滇扶贫接力队的青年志愿者。在短短 4 个多月的时间里，开展手术 340 多例，最多时一天之内手术 18 例，筛查病人 2000 多人次。克服交通不便，行程近万公里，带领全队远赴 12 个乡镇义诊，义诊近 12000 人次，对当地视力 0.1 以下的老百姓，进行了全覆盖的筛查和义诊，并募捐药物 13000 多元。组织志愿者向品学兼优的贫困学生捐助 4800 元、募集图书 1500 册；作为州医院的院长助理，帮助在云南迪庆州卫生局和杨浦区中心医院之间搭建桥梁，长期对口帮扶迪庆州医院。曾获得“上海市优秀青年志愿者”等荣誉称号。2008 年被评为第七届“中国百名优秀青年志愿者”。

韩崧（1975— ） 北京市首都医科大学附属北京同仁医院副主任医师，满族。多次赴内蒙古、河北、辽宁、云南等地为贫困居民义诊治疗眼病，定期走访服务社区军烈属、孤寡老人及优抚对象，为他们提供医疗保健等志愿服务。多年坚持为首钢矿工、偏远山区农民及外地来京务工人员和农民工子弟提供医疗义务服务。获得 2006 年“北京市十大志愿者”、“北京奥运会残奥会优秀志愿者”等荣誉。2011 年被评为“全国百名优秀志愿者”。

韩伟（1970— ） 全国青联委员、中国青年志愿者协会理事、辽宁省青年志愿者协会副理事长、大连市青年志愿者协会理事长、大连市无障碍建设促进会会长、“大连心连心 365 志愿者工作站”创始人。曾因一起意外车祸导致高位截瘫，在好心人的帮助下重新鼓起对生活的勇气，1996 年 3 月 5 日“发起创建成立了——“大连心连心 365 志愿者工作站”，开展拥军爱民、尊老爱幼、环保护绿、扶贫济困、支教助学和扶残助残等各种形式的公益活动。截至 2010 年，影响带动 10 万余人（次）志愿者参与各种形式的爱心公益活动，并帮扶近 10 万名的老、幼、病、残等困难群众，组织各种公益活动 9000 余件次，为社会累计奉献了达 5 万小时的志愿时间。曾获得“全国学雷锋先进个人”、第七届“中国十大杰出志愿者”、“中国志愿服务金奖奖章”、全国志愿者助残先进个人”等荣誉称号。2010 年被评为“中国百名优秀志愿者”。

寒星（1974— ） 内蒙古《心灵之旅》热线主持人，女。志愿服务时间 3 万多小时。先天残疾，但身残志坚，自学完成了小学到大专的课程，开办小卖店自食其力。1996 年开始开通了名为“心灵之旅”的免费咨询电话和信箱，接收求助电话 12000 余人次，信件 6000 余封，回信 1300 封，约 40 万字。为失恋者疏导思想；为失学者捐资助学；为失业者联系生路；为失足者指点迷津。担任 15 所大中专院校的校外思想教育教师。获得内蒙古自治区

"精神文明标兵"、自治区五四青年奖章、三八红旗手、自强模范、光彩之星、呼和浩特市十佳市民、内蒙古自治区特殊贡献青年志愿者、呼和浩特市十杰青年志愿者等荣誉称号。2001年度被评为第四届"中国十大杰出青年志愿者",并获得"中国青年志愿服务金奖"。

贺金林(1982—) 四川省邛崃市平乐镇旅游开发投资公司总经理,中共党员。2004年参加大学生志愿服务西部计划,服务期间深入基层,勤于实践,刻苦钻研,扎实工作,并创造性开展志愿服务工作,义务制作了平乐古镇网站,搜集整理古镇零散资料数册,解决了当地旅游资料不全的大难题。组建大学生志愿者义务导游团,利用周末时间到古镇为游客提供免费服务,成功策划实施旅游项目。长期资助贫困学生。2006年被评为第六届"中国百名优秀青年志愿者"。

洪云飞(1978—) 海南省爱心艺术团团长、海南省爱心协会筹划人。创办了海南具有相当影响力的志愿服务社团组织——海南省爱心艺术团,注册的志愿者演员超千人。定期赴各市县、社区街道、乡镇农镇、文明单位进行慰问公益演出,直接和间接受益群众超100万人。开通了全国第一家爱心公益演出服务网站,组织筹建了海南省无偿献血志愿者协会,注册志愿者达5000多人,对10万人次进行了无偿献血知识的宣传和普及工作,动员了15000多余普通市民参加到无偿献血队伍中来。2011年被评为"全国优秀志愿者"。

洪泽(1970—) 上海市阳光艺术中心工作人员、上海世博会聋人志愿者,女。自幼耳聋,学会了国际手语、美国手语、中国手语、北京手语、东北手语以及上海手语。2010年报名参加世博会"生命阳光馆"的国际手语翻译的志愿工作,用微笑热情接待了数不清的来自世界各地的聋人朋友和游客,每天工作12小时,曾因过度劳累病倒,身体稍有好转,立刻回到岗位,被评选为"上海世博会志愿者之星"。2010年被评为"全国百名优秀志愿者"。

侯海清(1929—) 天津市和平区社区志愿者,部队离休干部。热心社区志愿者工作,从2000年开始,把关注困难家庭学生。作为做好教育关心下一代工作的重要内容,采取"一助一"、"多助一"和集体资助的办法,资助困难学生完成学业,赢得了受助者和社区群众的爱戴。捐款近6万元,资助20多位困难家庭学生。2010年在和平区南京路社区成立了爱民互助会,帮助社区困难家庭孩子课后辅导。2009年获得天津市优秀志愿者金奖和中国社会工作协会社区志愿者工作委员会授予的"中国社区志愿者之星"称号。2010年被评为"全国百名优秀志愿者"。

胡巧致(1968—) 河北省巧致公司董事长,女。2006年,在公司成立巧致爱心基金会,先后资助了多名河北省贫困儿童、贫困大学生、留守儿童等,投资30万元建立了巧致春蕾小学,解决了300多名小学生上学难的问题。被评为秦皇岛市助人为乐道德模范奖。2011年被评为"全国优秀志愿者"。

胡夏枫(1985—) 西南政法大学应用法学院2008届毕业生。2003年开始参与社区志愿服务,连续4年利用节假日不论刮风下雨每周定时照顾帮扶孤寡老人数人;与一残疾人母子结成长期助残帮扶爱心"1+1"对子,每周坚持去其工作的爱心亭算账、理货、守店，为其孩子辅导功课，带动影响了许多周围的人参加到助残志愿活动中来。事迹被新华网、人民网、重庆电视台等各大媒体累计报道60余次。先后荣获第三届重庆市十大杰出志愿者等荣誉称号。2008年被评为第七届“中国百名优秀青年志愿者”。

胡雅丽（1958—　）　北京市东城区13路西行站台文明乘车引导员，女。把工作的站台建成一个个“文明之家”，用自己的钱为乘客准备方便雨衣、防暑药品、坐凳、石英钟等，照顾老弱病残孕上下车，组织乘客排队，在全市率先实现了站台8条线路全部排队候车。经历了抗击非典、推行公交IC卡、奥运会、国庆六十周年、春节地坛庙会站台文明引导、北京站春运应急服务和工人体育场中超首场比赛站台文明引导等任务的锻炼。累计志愿服务近千小时。曾获得全国“巾帼建功标兵”，“首都精神文明建设荣誉奖”、连续九年被评为“市级优秀文明乘车监督员”、北京市“我最喜爱的文明乘车引导员”。2010年被评为“全国百名优秀志愿者”。

胡艳萍（1975—　）　吉林省长春市私营企业主，吉林省长春市助残志愿者，女。建立了名为“善满家园”的志愿助残组织，先后救助和收养残智障人员50多名，为他们提供衣食住所。2008年获得“感动吉林十大人物”、“吉林省慈善楷模”、“吉林省道德楷模”等称号。2011年被评为“全国优秀志愿者”。

黄成德（1954—　）　贵州省贵阳日报传媒集团记者、中国摄影家协会会员、全国百佳新闻工作者、环保志愿者。1990年起，自驾摩托车或越野车先后11次单骑西部万里行，以西部生态环境保护为主题，建立起一支志愿者队伍。多次担任队长带领以新闻媒体记者为主体的考察采访队，为改变西部的落后面貌呼吁。拍摄了10余万张西部生态照片，倡导“爱国必需保护环境”的公民行为。在西部各地采访中，用自己的稿费先后资助过56个贫困学生，还将2个新疆和西藏的孩子接到身边上学。组织爱心人士，在贵州省为78所农民工子女学校和乡村学校建立起了图书馆。参加过“98长江抗洪抢险”和“5.12汶川大地震救灾”志愿服务。2010年初，组建了贵阳市第一个民间环保组织“贵阳公众环境教育中心”。发动数百市民环保志愿者，成功举办“贵阳市水环境调查市民行动”，摸清了贵阳市境内98条河流的污染源。同时还组织专家学者志愿者，在各大中专院校及社区开展公众环境教育。曾获得中国记协授予的“全国百佳新闻工作者称号”。2010年被评为“全国百名优秀志愿者”。

黄福荣（1964—2010）　香港著名志愿者。2002年，从香港出发独自徒步前往北京，一路上宣传骨髓捐献，从此开始了在中国内地的慈善公益工作。2008年四川汶川地震发生之后，只身去四川重灾区什邡市做志愿者，在灾区帮助搬运物资、清理倒塌房屋的瓦砾。2010年4月1日，带着1万元港币积蓄从香港前往青海玉树，帮助设立在结古镇的玉树慈行喜愿会的孤残孩子。2010年4月14日，青海玉树发生7.1级大地震。在自己已经脱险的情况下，为解救还困在孤儿院中的三名孤儿和教师，又返回孤儿院的废墟中，不幸在余震中牺牲，是青海玉树地震救援中首个遇难的志愿者，被国务院追授“抗震救灾舍己救人杰出义工”称号。香港特区政府追授金英勇勋章。2010年4月28

日在北京大学百年讲堂公布的首届“中国心灵富豪榜”中，入选“心灵富豪致敬榜”。其家人通过香港红十字会设立了“黄福荣传爱基金”，筹集善款继续在内地进行援助孤儿、贫童、病童及骨髓库等慈善工作。

黄家焱（1964— ） 福建金磊律师事务所律师、农民工法律援助志愿者，福建省上杭县南阳镇人。1995年开始免费为农民工等困难群众打官司、做公益诉讼代理和辩护。在《闽西日报》设立《律师信箱》，刊登法律援助热线，义务解答生活中遇到的法律问题。个人捐资10万元成立农民工法律援助站，免费发放自己撰写的《为青少年答疑释惑法律问题》、《农民工法律维权问答》法律宣传实用书籍。参加法制宣传、法律咨询、法制讲座近百（场）次。义务法律咨询5万多（人）次，法律援助100多件，为500多个农民工等困难群众的案件提供过法律帮助，减免律师代理费150多万元，追讨工伤医疗等款项达8000多万元。收到咨询求助来信6000多封，整理回信文字100多万字，装订成册20多本。2011年被评为“全国优秀志愿者”。

黄屡灿（1931— ） 山东省青岛七彩华龄志愿团团长，北海舰队退休干部。1988年从部队退休后开始参与社会公益事业。参加军民共建、市民文明巡访团等活动，为150多对军民共建单位牵线搭桥，结成“对子”，组织军民共建活动2000多次，为军地干部群众、大中学生做理想信念等报告800多场、听众达20多万人次。组织参加市民文明巡访活动300多次，接受群众来信、来访、来电话1万多次，为群众解决大大小小问题100多个。创办青岛市新市民民俗艺术学校，免费接纳200多名新市民子女。组织带领七彩华龄志愿团团员积极参与迎奥运、抗震救灾、抗击浒苔、十一届全运会、创建文明城市、关爱弱势群体和农民工、关心下一代等各种大型志愿服务活动百余次，参与服务的团员达6万多人次，为400多万人次提供志愿服务。2011年被评为“全国优秀志愿者”。

黄小清（1969— ） 国家电网福建省清流县供电有限公司余朋供电所收费员、余朋乡幸福敬老院院长，女。1991年开始，与丈夫一起自费承办敬老院，20年来，共花去30多万元的工资收入，先后收养了18位孤寡老人，并为13位老人送终。2010年多方筹集资金，新盖了一座敬老院，在丈夫突然去世的情况下，独自承担所有工作，2011年10月让老人顺利搬进新盖的敬老院。先后荣获福建省首届敬业奉献好人、全国电力行业“2010感动电力十大人物”年度人物提名奖。2011年被评为“全国优秀志愿者”。

霍庆海（1972— ） 黑龙江大庆油田物业集团物业公司龙庆分公司“霍庆海青年志愿服务队”队长。自1993年参加工作以来，多年如一日义务照顾无儿无女、生活困难的赵成义夫妇。其先进事迹感染和带动了很多人投入到志愿服务中来。2003年3月，大庆石油管理局成立了首家以他名字命名的“霍庆海青年志愿服务队”。先后开展了“一助一”综合包户、植绿护绿、希望工程等多种形式的青年志愿者活动，共为帮扶对象承担电话费、房费、医药费等各种费用达1万余元，购买电视机、电话、粮油等慰问品累计300余件，有1000多人次的青年志愿者在不同领域提供了7000多小时的志愿服务。2002年被评为“管理局优秀青年志愿者标兵”，2003 年被评为“大庆市优秀青年志愿者标兵”，2007 年被评为第六届“中国十大杰出青年志愿者”。

纪弘民（1976— ） 黑龙江慈善总会志愿者，中级修脚师。多年来为七台河社会福利院、红十字会福利院和福寿园老年公寓的老人以及黑龙江省社会福利院老人义务修脚，分文不取，并带动了更多的修脚师加入到为老人义务修脚的队伍中来，赢得了老人和社会的赞许和尊重。2011 年被评为“全国优秀志愿者”。

姜宝成（1977— ） 天津日报报业集团《每日新报》摄影部记者、图片编辑。是天津日报报业集团《每日新报》“新帮办”工作室“一对一爱心行”助学活动的首位媒体资助者。2003 年 8 月，放弃了在天津的工作和舒适的生活环境，自愿报名参加团中央实施的中国青年志愿者扶贫接力计划，到广西百色田阳县南部大石山区的巴别乡中心学校进行了 1 年的义务支教工作。支教期间，募集捐款和物资，为学校组建了文学社和广播站，建起了食堂和图书室，自费为学校订阅了 10 余种报刊，资助 10 多名贫困孩子。利用自身职业优势积极为服务地经济发展献计献策，并帮助他们进行策划和宣传。2005 年 10 月，重返支教地，为孩子们带去了 300 多件衣服和一大批文具。2006 年出版了纪实图片故事《支教日记》，为志愿者招募工作起到了良好的宣传和推动作用。曾获“广西壮族自治区杰出青年志愿者”称号。2007 年被评为第六届“中国十大杰出青年志愿者”。

姜炳耀（1969— ） 香港立新服务有限公司的管理总监。年轻时生活艰辛，曾因吸毒和加入黑社会活动被拘留。在戒毒村成功戒毒后，洗心革面，重新做人。参加禁毒义工团，入监狱给失足人士做辅导工作。后参加了公益性的社会企业立新服务有限公司，并带领其他更新人士积极做义工，为社会做贡献，从而重新获得社会的认同。2008 年获“第三届香港杰出义工奖”和“香港杰出青年奖”。

姜轩发（1936— ） 安徽省黄山市黄山区三口镇村民，镇党校校外辅导员，村务公开民主监督组长，农村文化建设的志愿者。1996 年 3 月，自筹资金 6000 余元，扩建了三口镇原湘潭中心文化室，添置了桌椅和书橱，自筹及公助积累图书 3400 多册，自费订阅十多种报刊。为农村留守儿童提供学习条件。2005 年以来，对外借书达 9453 人次，为科技示范户、专业户和残疾人送书达 586 人次，为青少年免费借阅科技文艺书刊 1600 人次。2011 年被评为“全国优秀志愿者”。

姜勇（1981— ） 江西省南昌大学第五附属医院职工、上海世博会园区志愿者。参与了 2008 雨雪冰冻灾害救援、汶川大地震救援、北京奥运会、残奥会和上海世博会的志愿活动。作为江西省首批赴川抗震救灾志愿服务队的队员，与队友一起在异常艰苦的条件下连续奋战了 18 个日日夜夜，共救治病人 2600 多人次，进行医疗卫生知识宣传教育达 4000 多人次，多次面临生死考验。2010 年被评为“全国百名优秀志愿者”。

蒋小飞（？— ） 重庆九龙坡区人力资源和社会保障局职员，重庆市关爱留守儿童志愿者。1998 年与母亲等家人一起倾其所有创办了山区留守儿童学校，收留了 228 名留守儿童，并为60余名留守儿童免费提供住宿，自己资助了20余名特困学生生活费。2011年被评为“全国优秀志愿者”。

康磊（1979— ） 2003年大学生志愿服务西部计划志愿者，玉门高级中学教师，女。2003年从牡丹江师范学院毕业后，报名参加西部计划，来到甘肃玉门第一中学支教。深入教学一线，虚心请教同事，自制教学挂图来调动学生对历史课的兴趣，所带的班级历史成绩由最初的平均40分提高到了平均70分左右。担任班主任期间，深入学生当中，通过各种方式了解他们的特点，对孩子们进行心理教育工作。工作上严格要求自己，即使生病仍坚持工作。服务期结束后继续留在玉门。2006年被评为第六届“中国百名优秀青年志愿者”。

孔媛媛（1967— ） 邯郸电视台主任播音员，女。1991年，牵头成立邯郸市第一家橄榄绿青年志愿者服务站，开展扶老助残、救孤济困以及捡拾白色垃圾、回收旧电池等环保志愿活动。十余年来，“橄榄绿”服务站已由200名注册志愿者发展为有2000余名成员的河北省最大一家志愿者民间机构。1996年湖南发生水灾后立即带领部分志愿者奔赴灾区，和武警官兵一起在第一线抗洪抢险。2003年抗击非典时，冒着生命危险，深入抗击非典一线，自筹两万余元购置防非典物品，进入五保户、低保户家中慰问、发放。2004年动员爱人赴海拔5300米的可可西里风火山一带，宣传保护可可西里的生态环境。2006年7月12日，发起了主题为“强化绿色理念、呼唤绿色责任”的“爱我母亲河——徒步千里走滏阳”大型环保活动。2007年7月，再次带领20余名女大学生志愿者实施了“千里挺进大别山”爱国拥军公益行动，徒步跨越冀鲁豫皖鄂5省，历时40多天。2008年被评为第七届“中国百名优秀青年志愿者”。

兰廷伍（1970— ） 四川省成都市高新区芳草街道蓓蕾社区下岗女工、“小兰志愿者服务队”队长，女。2006年开始主动承担起照顾社区四位空巢（残疾）老人的生活起居工作，使老人生活状况明显好转。2007年成立“小兰志愿者服务队”，任队长。几年来，累计帮扶65户、87位空巢（双残）老人，这种上门为老人服务，让空巢、孤寡老人居家养老的方式深受社区老年人和残疾人的欢迎，事迹被《人民日报》和中央电视台新闻联播等多家媒体报道。先后于2007年、2008年被成都市志愿者服务工作委员会授予“优秀志愿者”等称号，2010年被评为“全国百名优秀志愿者”。

兰万里（1981— ） 北京化工大学志愿服务总队的副秘书长。2002年就读于北京化工大学研究生院数学专业期间，随学校社会实践团前往江西省临川县开展支教活动，并被评为“北京化工大学社会实践先进个人”，从此走上了志愿服务之路。2004年，报名参与非典疫苗临床试验，接受SARS灭活疫苗的注射，成为中国第一个成功接种非典疫苗的志愿者。2005年，北京化工大学成立了志愿服务总队，积极报名并担任了总队的副秘书长。直接参与中国科学技术馆义务讲解员志愿服务项目、北京工体富国海底世界义务讲解员志愿服务项目等多项大型志愿服务项目的服务。在他的努力下，校志愿服务总队被评为北京市“北京青年志愿服务行动优秀服务集体”，中国科技馆志愿服务讲解员项目获“2005年度北京共青团学习型组织建设优秀工作项目”。曾获得“北京青年志愿服务行动优秀青年志愿者”称号。2006年被评为第六届“中国百名优秀青年志愿者”。

雷建威（1968—　）　广东诺臣律师事务所主任，广东省“广东狮子会”志愿者。2004年加入广东省残联主管的志愿服务组织“广东狮子会”并担任主要领导。投入大量志愿时间参与组织的扶贫、助残、助学、助老、助孤的社会服务项目，2008—2010年三年间，率领该会1000多名志愿者先后在广东省内外为贫困白内障患者免费施行复明手术达20000多例，成为关爱残疾人志愿服务工作的优秀典型。在四川汶川5.12大地震发生后不到一周，率领由60名心理医生和其他志愿者组成的“心理救援工作队”，深入四川灾区一线，先后为33000多人举办了心理危机干预的知识讲座，为3000多人进行了团体心理辅导，为近1000人进行了个案心理干预，还协助组织指挥多批广东狮子会会员及志愿者近200人奔赴灾区各地救灾。2009年7月国务院授予广东狮子会“全国扶残助残先进集体”称号，在2010年12月“责任中国”公益盛典活动中获“公益行动奖”。2011年被评为“全国优秀志愿者”。

黎敏兰（1984—　）　广西壮族自治区大化瑶族自治县“野百合公益联合会”负责人，女。2008年大学毕业后参加全国大学生志愿服务西部计划，在广西大化瑶族自治县志愿服务两年。服务期结束后，于2010年7月在大化瑶族自治县民政局注册成立了“野百合公益联合会”，继续为广西大化的教育、医疗、扶贫提供志愿服务。主要服务内容为帮扶山区贫困生完成学业，关爱空巢老人、关爱农民工子女、关爱残疾人，关注留守儿童心理健康教育等。曾筹措善款让1000多名瑶族学生吃上免费的营养餐；助养60多名单亲孤儿；资助5名高中贫困生。2008—2011年，所领导的志愿服务组织在大化大石山区开展助学活动80多次，引进贫困生救助资金120多万元，捐助冬衣、棉被、鞋子等救灾物资30余吨，志愿服务5000人次。2011年被评为“全国优秀志愿者”。

李郴（1974—　）　湖南省长沙市出租汽车公司驾驶员。2008年6月任长沙市“长沙的哥志愿者服务队”队长，2009年11月1日更名为“蓝灯雷锋车队”，有队员52名。车队驾驶员以崇尚雷锋为荣，以服务人民为本，以志愿服务为荣。先后为受难同行捐款，为贫困儿童爱心助学，为灾区人民奉献爱心，为老、弱、病、残、孕等有特殊困难乘客提供免费服务等。2011年被评为“全国优秀志愿者”。

李德刚（1981—　）　新疆农四师医院内一科住院医师，新疆生产建设兵团医疗卫生志愿者。在校学习期间，经常参加院校组织的各种志愿活动。毕业前夕，积极响应国家号召，放弃了内地优越的工作条件，到新疆伊宁市工作。经常上街为患者义诊，为伊犁垦区敬老院和伊犁州儿童福利院的老人和孩子们免费检查身体。2009年响应国家“万名医师下基层”活动号召，志愿来到农四师边境团场62团进行支援基层医疗工作。工作中想方设法解决病人的痛苦、减轻病人的负担，举办专业知识讲座20余次，同时主动捐赠最新专业书籍。2010年被评为“全国百名优秀志愿者”。

李冬靖（？—　）　广西造血干细胞志愿者服务队队长，女。常年组织队员开展无偿献血和造血干细胞的宣传活动和采集动员工作，并在采血点为爱心人士提供相关服务，个人累计服务时长达 1500 小时以上，所带领团队队员参加造血干细胞采样活动时长累计 8600 小时左右，参加无偿献血服务活动时长累计 13900 小时左右。积极参与广西区红十字各类大型宣传、赈灾备灾活动，先后荣获“汶川地震全国优秀志愿者”、“全国红十字志愿者之星”等称号。2011 年被评为“全国优秀志愿者”。

李贡乔（1985— ） 甘肃省舟曲县电信局职工，舟曲泥石流救灾物资运输 13 分队队长。2010 年 8 月 7 日，舟曲泥石流灾害发生后，看到舟曲团县委招募志愿者公告后，第一时间报名，成为一名志愿者，担任物资运输 13 分队队长。为了使救灾物资能够及时、快速地送到灾民手里，带领 12 名志愿者靠手提肩扛，承担了大量救援物资的搬运工作。2010 年被评为“全国百名优秀志愿者”。

李海燕（1963— ） 四川省绵阳市平武县龙安镇报恩寺社区干部，四川省平武县爱心志愿者服务队队长，女。2008 年“5·12”汶川特大地震发生后，前往绵阳市九洲体育馆当志愿者。五月底，回到家乡平武县成立平武县爱心志愿者服务队，积极参与政府抗震救灾和灾后重建之中，累计装卸救灾物资 1000 余吨、搬运救灾药品 2200 余件、分发救灾食品 2200 余箱、协助公安机关治安巡逻 1000 余人（次），为受灾群众搭建帐蓬 250 余顶，为抗震救灾的部队官兵慰问演出 10 余次。并且成为地震重灾区水观乡 120 个孩子的“妈妈”，照顾他们的生活。2009 年 3 月底开始，服务队帮助照料包括县社会福利院在内的孤寡老人的日常生活，并为地震灾区孤儿、单亲和贫困孩子结成帮扶对子，对灾区群众进行心理辅导。2010 年被评为“全国百名优秀志愿者”。

李红新（？— ） 企业家，甘肃省陇南青年志愿者组织负责人。热心公益事业。先后组织开展以关爱“留守儿童”、“空穴老人”、“进城务工子女”等大小系列活动 100 多次。先后为陇南灾后贫困群众、玉树灾区、白血病患者和重疾儿童等倡议社会各界捐款捐物，与 800 多名农民工子女建立了帮扶结对关系。参加了 2008 年汶川地震和甘肃舟曲“8·8”特大暴洪泥石流的抢险救灾。曾先后获得“公益广告先进个人”、“抗震救灾优秀青年”、“陇南市优秀青年”、“感动陇南十大新闻人物”、“第三届全国道德模范万人评选代表”等荣誉称号。2011 年被评为“全国优秀志愿者”。

李柳青（1985— ） 北京大学爱心社和北京大学志愿者协会成员。2004 年考入北京大学信息科学与技术学院后加入了北京大学爱心社，参与扶贫支教，负责两所民工子弟小学数学方面的教学工作；2005 作为爱心社云南分队队长，带队远赴云南寻甸开展社会实践和支教活动；加入北京大学平民学校志愿服务队，帮助广大工友实现学习愿望。积极参加各种体育赛事志愿服务，事迹被中央电视台体育频道报道。2006 年被选拔为奥运志愿者，作为顺义场馆北京大学志愿者团队的领队之一。参与北京大学青年志愿者协会的策划管理，推动志愿服务长远发展。2008 年被评为第七届“中国百名优秀青年志愿者”。

李森（1976— ） 中国电信股份有限公司广州分公司客户工程师，广州市志愿者协会启智服务总队队长。2000 年 7 月加入广州青年志愿者协会松柏组，主要为孤寡老人提供服务。

2002年加入启智组，并任队长，服务对象为智障者、脑瘫者、弱智人士、山区困难学儿、失足少年、露宿者等弱势群体。十余年来每周组织志愿者开展帮扶活动，实施志愿服务项目42个。每周组织超过1000个志愿者服务岗位的大型志愿活动。个人累计志愿服务超过1.5万小时，投入经费超过5万元，启智总队为社会提供志愿服务时数超过50万小时。搭建华南地区第一个志愿者网站——广州青年网，发布志愿活动信息，开创启智志愿管理的新模式。2010年，承担50万亚运城市志愿者的组建、培训和管理工作。组织编写《亚运城市志愿者手册》等志愿服务规范，认真准备培训方案、亲自制作培训课件，深入12个区县开展志愿培训。先后荣获“2004年度中国志愿服务金奖奖章”、“第十二届中国青年五四奖章”、“第七届广东青年五四奖章”、“广东志愿服务最高荣誉奖”。2010年被评为“全国百名优秀志愿者”。

李伟（1980— ） 陕西省咸阳市三原县新兴中学教师。2004年报名参加大学生志愿服务西部计划，到三原县新兴中学担任英语教师。所带班级不仅取得了全年级英语第一的好成绩，各科综合成绩也名列前茅。四年来仅周末累计辅导功课达600多小时。积极联系有关方面，使30多名贫困学生得到长期资助。先后动员母校为基层中学捐书3000余册、电脑两台、现金6000余元、棉衣56袋和部分学习用品，自己把每月仅有的600元生活补贴，大多都用在了支助贫困学生上。服务期满一年后，在学生、家长、同事的再三挽留下又续签了一年服务协议。两年服务期满后，毅然决定留在了西部。2008年被评为第七届“中国百名优秀青年志愿者”。

李汶凯（1964— ） 上海体育学院成人教育部教师，上海体育学院成人教育部中国青年海外计划志愿者。2003年3月至2003年9月参加中国青年志愿者赴老挝服务队，担任志愿者服务队队长，在老挝团中央训练局从事体育教学工作。服务期间负责篮球的训练、裁判员的培训和竞赛的组织工作，先后承担了东都大学医学院男子篮球队、老挝国家女子篮球队（临时组队）和寮都中学篮球队的训练工作。撰写完成了《老挝竞技体育落后原因探析》的调研报告。为发展中、老两国青年之间的友谊作出了自己的贡献，树立了中国上海青年志愿者的良好形象。在做好自己本职志愿服务工作的同时，还主动担负起照顾队友的职责。获得上海青年志愿者行动“优秀青年志愿者”称号。2006年被评为第五届“中国十大杰出青年志愿者”。

李祥军（1972— ） 广西南宁人民路东段小学特教教师，壮族。1991年秋，开始接收和教育重度低下的弱智儿童。十余年如一日辅导弱智儿童，走访每个残疾学生，了解学生困难，帮助他们解决生活、学习上的难题，与家长一起探讨教育弱智儿童的方法。利用业余时间，为弱智儿童提供各种志愿服务，志愿服务时间3000多小时。先后荣获全国优秀教师、全国志愿者助残先进个人、全国学雷锋志愿服务先进个人、自治区先进特殊教育工作者、第五届广西青年五四奖章、第三届南宁十大杰出青年、南宁市劳动模范等荣誉称号。2001年被评为第四届“中国十大杰出青年志愿者”等称号，获得“中国青年志愿服务金奖”奖章。

李欣然（1982— ） 2003年大学生志愿服务西部计划志愿者，新疆生产建设兵团农业建设第十四师一牧场团委负责人。2003年从辽宁朝阳市高等师范专科学校毕业后，报名参加西部计划，来到处在昆仑山下的新疆生产建设兵团最小、最偏远、最艰苦的一牧场从事志愿服务工作。多次深入海拔三四千米的基层连队调查了解共青团工作和协助连队生产工作，特别是在接产护羔、修渠道、救灾等工作中冲在最前头，自己多次被冻伤。多次组织志愿者和团员青年帮助孤寡老人，给小学生上课，资助8名贫困学生继续学业，向贫困户献爱心。确保他们顺利过冬。服务期结束后，义无反顾地扎根边疆。2006年被评为第六届“中国百名优秀青年志愿者”。

李银玲（？—　）　冀中能源金牛股份公司水泥厂职工，女。1996年在担任水泥厂化验室团支部书记时加入公司青年志愿者“阳光工程”活动，成为邢台市第一支志愿者队伍中的一员。十几年如一日，每周上门到孤寡老人家服务，通过生活上的照顾，精神上的慰藉，使老人感受到温暖。曾获得第七届“河北省十大杰出青年志愿者”荣誉称号。2008年被评为第七届“中国百名优秀青年志愿者”。

李颖（1981—　）　青海省互助县职业中学教师，女。2004年从辽宁大学毕业后报名参加大学生志愿服务西部计划，来到青海省互助县职业中学从事语文教学工作。作为一名非师范专业的毕业生，认真备课、虚心求教，不断提高教学水平，使学生学习热情高涨，课堂教学效果好，多次代表语文教研组参加全校公开课比赛，并荣获学校教学竞赛第一名。热心于学校各项工作，并利用课余时间，参与校刊《土乡职教》的编辑工作，举办文学兴趣小组，为学生培训普通话，带领学生读书，指导制作电脑小报等。服务期结束后，选择了继续留在西部。2006年被评为第六届“中国百名优秀青年志愿者”。

李永（1987—　）　天津市滨海新区塘沽残联干部。毕业于天津青年职业学院，大学在读期间，组建民间大学生公益性自发组织“天津春蕾支援服务队”（原天津义工服务队），累积志愿服务时间超过5万小时。组织的义卖募捐救助白血病患者、关爱脑瘫孤残儿童、帮扶残疾人事业、预防青少年违法犯罪、未成年人保护及自救自护教育、关爱空巢孤寡老人等志愿服务活动得到过200多次的媒体报道。曾获全国红十字志愿者之星。2011年被评为“全国优秀志愿者”。

李政（1991—　）　山西省公安消防总队队员。在山西省太原师范学院就读期间曾多次组织学院师生及周边社区群众进行募捐活动，捐赠款物7万余元。2008年成为中国红十字志愿者，经常参与无偿献血宣传等社会公益活动，尽职尽责履行红十字志愿者的义务。先后参与了“5.12汶川地震抗震救灾”、“太原市第一届防灾减灾日”、“5.8世界红十字日”宣传、“青海玉树地震抗震救灾”等人道活动以及救灾物资搬运、爱心人士捐助接收和爱心数据库的建立等工作，发展红十字志愿者百余人。被评为“山西省红十字会2007—2009年度优秀志愿者”，2010年被评为“全国百名优秀志愿者”。

厉莉（1978—　）　北京市房山区法院民二庭庭长助理，女。2001年，登记成为中华骨髓库的志愿捐献者。2007年9月，在正准备结婚时得知骨髓配型成功后为一名少女捐出造血干细胞。2009年4月，受捐者病情复发病危，她又自费飞抵上海，再次为患者捐献了淋巴细胞。受聘担任北京市房山区红十字会“公益形象大使”，倡导更多的人加入公益队伍。2011年被评为“全国优秀志愿者”。

梁雪安（1981— ）　黑龙江省哈尔滨工业资产投资有限公司职员。2006年成为黑龙江省红十字会志愿者，先后参加了黑龙江省红十字会荷兰青年同伴教育项目、黑龙江省红十字会欧盟艾滋病预防项目，为艾滋病高危易感人群提供志愿服务100余次，帮助人数达2000多人，志愿服务时间超过3000小时。2008年5月四川汶川地震和2010年4月青海玉树地震后，作为红十字志愿者参与了募捐活动。多次获得“黑龙江省红十字会优秀志愿者”称号，2012年被评为中国“十大杰出红十字志愿者”。

林丽华（1959— ）　福建省义工俱乐部漳州分会负责人，女。2009年从国企退休后，组建福建省义工俱乐部漳州分会，已组织200多次志愿者行动，并成立了漳州市第一支助残志愿者队伍，下设7个助残志愿者服务小组，每个小组联系若干贫困户、残疾人家庭，每两周一次上门走访，为他们提供各种服务。多次为灾区募捐。2011年，获评“2010年度感动漳州人物”。2011年评为“全国优秀志愿者”。

林瑞班（1971— ）　福建省三明市无偿献血志愿者协会会长。长期致力于无偿献血的组织、宣传工作。1998年带头组织、创建全国首家无偿献血民间组织，在全国开创了用志愿者形式推动无偿献血事业的先河。全身心投入无偿献血宣传，发起“网络宣传献血捐髓世界行”活动，已在50多个国家或地区的3000多个网站进行了宣传，创建的网站“爱心献血屋”点击量已超过70万人次。2003年以来，三明市的临床用血已全部来自无偿献血。他长期坚持参加无偿献血，已累计129000毫升。除此之外，还积极投入捐献骨髓、敬老助残、捐资助学、环境保护、拥军优属、社区服务等公益事业。先后获得首届“全国十大社会公益之星提名奖”、“全国无偿献血促进奖”、“中国优秀青年志愿者”、“福建省优秀共产党员”、“福建省十大杰出青年”等荣誉称号。2010年被评为“全国百名优秀志愿者”。

林义平（1974— ）　广东省志愿者联合会理事、广东省志愿服务研究会会员、番禺区残联心飞翔讲师团讲师、广东省“明月关助服务中心”负责人。2001年参与志愿者培训工作以来，志愿服务时数超过17000小时。2002年底开始服务于番禺区义工联助残部，并于2003年3月开始担任助残部的部长。2009年初成立了明月关助服务中心，专门致力于残疾人、残疾人亲友、残疾人工作者的心灵成长培训与跟踪探访服务。组织了包括云南扶贫爱心旅游、北京爱心旅游、原野庄园千名残疾人与志愿者露营晚会、轮椅募捐与推广行动、爱心小药箱行动、云南甘肃贫困山区送温暖行动、中秋收爱心月饼等公益活动。担任了第16届亚运会亚残运会火炬手。在亚残运会闭幕式作为志愿者代表接受残疾人母亲的献花。2011年被评为“全国优秀志愿者”。

刘长城（1965— ）　山东省威海市行政审批中心物管办主任。热心公益事业，常年坚持扶危助困。1992—2003年，作为威海总工会法律顾问，先后成功为70多名职工维权，被授予山东省“先进法律工作者”；2008—2010 年，在文登市侯家镇挂职党委副书记期间，筹资数十万元为群众铺路架桥、主动与 22 户生活困难群众结对帮扶。2011 年，自费为 30 多位盲人兄弟举办迎春联欢会；购买衣物送给生活困难的 240 多名残疾人；联合社会爱心人士，先后两批组织近 200 名残障人士到西霞口野生动物园、圣水观等景区游览；发动志愿者陪同 50 位盲人逛公园、购物，共进午餐和联欢。发起成立的“威海长城爱心大本营”。2010 年 11 月，入选中国“助人为乐”好人榜。2011 年被评为“全国优秀志愿者”。

刘崇和（1961— ） 重庆市委党史研究室干部、重庆市青年志愿者行动指导中心常务副主任。1975 年 3 月 5 日，发起成立了“重庆市学雷锋青年服务队”，组织青年利用星期天、节假日，到工厂、农村、机关、部队、学校、边远贫困山区、敬老院、红军院、孤儿院等地区和单位义务劳动。曾在重庆发起“一帮一”互助活动，并和重庆慈善总会、红十字会一起开展为失学儿童、留守儿童捐款、捐书活动，帮助 1170 多个特困儿童重新进入学校学习。累计捐献给社会福利事业、希望工程、残疾人事业和下岗困难职工及贫困山区困难群众共 158 万多元钱。曾获得四川省职业道德标兵、全国学雷锋标兵、中国首届最具影响力百名慈善人物等荣誉称号。2000 年被评为“全国优秀青年志愿者”，2005 年被评为第四届“中国十大杰出青年志愿者”并获得“中国青年志愿服务金奖”奖章。

刘华（1973— ） 湖南省益阳市资阳区教育局干部，女。热心公益事业和慈善事业，1989 年参加工作开始，每年都要从自己微薄的工资里拿出钱来资助那些生活困难和身遭不幸的人们。2005 年，成为湖南红网益阳论坛的版主，利用这一平台，组织开展了一系列志愿服务活动。组织并参与益阳市“义工送冬被活动”、“义卖爱心柑橘”、“捐助贫困学子爱心活动”、“安化赈灾之行”等慈善活动近 100 起；经她联系共资助 200 多名特困中小学生上学，为 100 多名贫困学生圆了大学梦；发动和组织红网论坛义工队伍等 1000 余名爱心人士深入儿童福利院、特困户家庭、受灾地区，开展献爱心活动，发放慈善物资超过 30 万元。先后荣获湖南省“全省金牌义工”、“第八届中国青年志愿者优秀个人奖”等荣誉称号。2010 年被评为“全国百名优秀志愿者”。

刘吉辉（1983— ） 云南省普洱市思茅区中国茶城志愿者服务大队大队长，云南省沾益县人。2007 年开始积极参加志愿服务，组织号召 31000 名中国茶城志愿者参与服务社会。创办“中国茶城志愿者服务联系卡”形式，向残疾人、空巢老人、留守儿童、进城务工人员、下岗职工等提供志愿服务，服务时间超过 2800 小时。在 2008 年和 2011 年中国茶城思茅创建云南省首批省级文明城区和创建第二批云南省文明城区工作中，组织 1500 名中国茶城志愿者，在思茅广泛开展了法律、医疗卫生、禁毒防艾、环境保护、爱心救助等项目的志愿服务，组织 1000 名志愿者，在城区的主要交通路口，开展交通志愿服务，组织志愿者开展了环保志愿服务，对思茅城区主要街道两侧违规张贴的小广告进行清除，绿化、美化、亮化、净化思茅城。以创建第二批云南省文明城区为契机，在普洱市思茅建立了文明交通志愿服务长效机制。2011 年被评为“全国优秀志愿者”。

刘建伟（1975—　） 陕西省宝鸡新青年（心理）教育中心校长，国家二级心理咨询师，宝鸡市12355青少年服务台台长，宝鸡市青少年社会工作者协会会长。1995年就读于宝鸡市卫生学校时就加入陕西省第一家"医疗扶贫志愿者协会"，开始了社会志愿服务活动。2004年组建"家庭教育和心理健康教育专家讲师团"，通过作报告、电台节目等方式，开展家长学校和青少年心理健康教育活动。2006年自筹资金创办了"宝鸡青少年服务网"。2007年任陕西省首家青少年公共服务平台——宝鸡市12355青少年服务台台长，为青少年提供法律服务、心理疏导、预防犯罪、权益保护等服务项目。2009年3月，组建了西北五省唯一的一支青少年事务社会工作者专职队伍，在社区设立"青春驿站"，针对14—25周岁社会边缘青少年等重点人群，解答青少年面临的心理困扰等问题。曾先后荣获全国志愿服务先进个人、千星志愿者、5.12抗震救灾优秀志愿者等荣誉称号。2010年被评为"全国百名优秀志愿者"。

刘健（1980—　） 江苏省镇江市卫生局团委副书记、市第一人民医院团委书记、江苏省镇江市第一人民医院康复爱心志愿者服务队队长。2005年，倡议成立康复爱心志愿者服务队并担任队长，围绕医疗义诊、服务孤老、应急救助、结对共建、希望工程等方面，开展了形式多样的志愿服务。2010年被评为"全国百名优秀志愿者"。

刘平（1953—　） 黑龙江省哈医大一院眼科医院院长、教授、主任医师，哈医大一院眼科医院志愿医疗队队长。1997年、2009年两次参加中国红十字总会发起的援藏复明行动，并任志愿医疗队队长，赴藏开展医疗志愿服务。克服恶劣的自然条件和简陋的医疗条件，义诊行程总计近20多万公里，志愿工作时间超过6500小时以上，义诊220多次，诊治各类眼病患者15万人次，用精湛的医疗技术，使5000多名贫困白内障患者重见了光明。所带领的医疗队获得"2007感动哈尔滨（集体）"称号，本人获得"第二届国际慈善论坛功德人物奖"、"黑龙江省第四届十大杰出志愿者"等荣誉称号。2010年被评为"全国百名优秀志愿者"。

刘蓉（1976—　） 山西省粮食直属库团支部书记，女。2009年，带着11岁的女儿一起成为文明使者志愿者，女儿成为当时最小的文明使者。带领单位的文明使者，开展了各种形式的志愿服务活动，捡拾公共场所的垃圾、在公交车上义务宣传、帮助孤寡老人、特教学校的孩子、残疾人等。2010年，母女一起被评为山西侯马市"优秀文明使者"。2011年被评为"全国优秀志愿者"。

刘瑞（1984—　） 鄂尔多斯市东胜区富兴街道团委书记，女。大学期间开始参与社团组织的各项志愿者活动和支教活动。毕业后，在所工作的街道党工委的带领下组建了富兴街道志愿者队伍，为社区两所老年公寓提供志愿服务。工作中不断探索，将志愿者工作向专业化和专门化方向发展，组建了社区志愿者、老年志愿者、党员志愿者、巾帼志愿者、文化志愿者和医疗卫生志愿者不同特色的志愿者队伍，实现了街道志愿者工作的创新。2010年被评为"全国百名优秀志愿者"。

刘淑芹（1943—　） 北京市密云县果园街道季庄社区文化志愿协会会长，退休教师，女。积极投身社区文化建设的志愿服务，义务组织和培训社区交谊舞等健身活动，为居民办过8次变废为宝手工制作培训，累计志愿服务1万多小时。2011年被评为“全国优秀志愿者”。

刘兴刈（1979— ） 云南省勐海县人民医院团支部书记。长期关注边疆少数民族看病就医现状，常年坚持组织和参加志愿服务，组织医疗卫生青年志愿者服务队深入社区、乡村、敬老院、老干所开展义诊和科普宣传活动，受到了广大边疆少数民族群众的欢迎和好评。2011年被评为“全国优秀志愿者”。

刘阳（1970— ） 辽宁省沈阳市大东区市民服务中心主任。发起成立沈阳市大东区青年就业创业服务中心并担任秘书长，成为一名专职志愿者。中心自2003年10月成立以来通过实施创业指导、创业培训、创业扶持、创业示范，鼓励和帮助青年自主创业，开发公益性岗位，为青年排忧解难。在社区设立几百家便民服务网点，针对特困户、低保户、残疾人及离退休老人等弱势群体，采取专价供应和专项服务等措施，给他们提供低于市场的价格、优于市场的质量供应日常食品。对于行动不便，体弱多病的老人，还服务上门送货到家。连续多年被评为省、市、区的先进个人、文明青年、再就业标兵、光彩事业先进个人。2007年被评为第六届“中国十大杰出青年志愿者”。

刘英俊（1978— ） 西藏自治区拉萨市建设局干部。2003从上海同济大学土木工程专业本科毕业后，放弃上海待遇丰厚的工作，参加2003年大学生志愿服务西部计划，主动申请到西藏，服务于西藏拉萨市建设局。在实践中，逐渐成长为业务骨干，参加了投资达2.4亿元的西藏有史以来投资最高、设计标准最高的市政道路工程拉萨市金珠西路改扩建工程，多次解决工程技术难题。2005年8月，结束了为期两年的志愿服务工作时，他再一次做出扎根西藏的决定。2007年被评为第六届“中国十大杰出青年志愿者”。

刘正琛（1978— ） 中国第一个民间骨髓库的发起者。1995年考入北京大学数学学院，毕业后进入北京大学光华管理学院开始硕博连读。2001年12月被确诊患白血病。2002年1月，在父母最初的5万元资助下建立中国第一个民间骨髓库，2002年6月，创办了“北京大学阳光志愿者协会”并启动了阳光骨髓捐赠计划，从“阳光100”计划开始，接着开展了“阳光500”计划、“阳光1000”计划，一直做到2005年的“阳光10000”计划。阳光骨髓库已经由开始的108例HLA数据扩充到2500多例，初步配型50余对，成功提供了4例血干细胞用于移植，拯救了4名患者的生命。2008年3月30日，作为中国唯一志愿者代表参加了在雅典举行的奥运火炬交接仪式。2008年汶川地震发生后，与北京大学阳光志愿者协会的会员们一起赶赴四川为中学生做心理辅导。2009年，其创办的北大阳光志愿者协会正式注册为一个名为“北京新阳光慈善基金会”的独立公益组织。

罗丹（1970— ） 北京双鹤药业股份公司片剂分厂员工。1995年5月加入朝阳区志愿者服务站的工作，6月，受服务站的派遣到脑瘫患者丁铁军办的“爱康社区康复中心”与残疾儿童王磊家开展“一助一”结对服务，并带动了30名志愿者组成服务队，帮助残疾人走出家门，自立、自强。在1997年香港回归前夕，组织“中心”的残疾朋友及志愿者在天安门进行迎回归活动，把残疾朋友带上了天安门城楼。1998 年 8 月以志愿者的身份只身一人赴湖北武汉参加抗洪抢险，担负 2 号堤坝的防守工作，坚守了 7 天 7 夜。事迹被《中国青年报》、《中国社会报》、《工人日报》、《北京日报》、《支部生活》等多家媒体报道。2000 年被评为中国百名优秀青年志愿者。2001 年度被评为第四届“中国十大杰出青年志愿者”，并获“中国青年志愿服务金奖”奖章。

罗效民（？—　）　新疆石河子市公安局城区分局民警。2005 年正式加入石河子市志愿者团队，每年参与志愿服务的时间均在 800 小时以上。志愿服务主要在防暴处突、打击犯罪、保护人民、扶危济困、尊老爱幼、便民利民、服务社会等方面。多年来兼任石河子市第四中学的“法制副校长”，不仅全力维护校园安全、积极主动查办侵害老师学生的各类案事件，而且先后为中小学生们上法制课 30 余次。深入团场连队、社区为团场职工、居民开展法制咨询 20 多场次。参加捐资助学活动、为下岗失业职工、贫困人员、外来务工人员等捐款物近 4000 多元。先后荣获石河子市“十佳青年”、“兵团优秀人民警察”、“兵团优秀青年志愿者”、“全国优秀人民警察”等荣誉称号。2010 年被评为“全国百名优秀志愿者”。

马广超（1984—　）　山东“泰山文明使者”志愿服务协会会员。2008 年 3 月以志愿者的身份到青海玉树最偏僻的地方支教，帮助藏族孩子学习文化。2010 年玉树地震发生后，是第一批进入结古镇救灾的志愿者，在最危险的一线奋战了半个月，多次面临生命危险。2010 年建立了“家·盒子”爱心慈善基金，为西部地区的贫困孩子提供帮助。2011 年被评为“全国优秀志愿者”。

马海军（1972—　）　四川省成都市 52 中校长，四川省青年志愿者扶贫接力计划志愿者。2000 年 8 月到 2001 年 7 月，作为四川省的首批志愿者，在海拔 4014 米的四川甘孜州理塘县支教。冒着雪山等恶劣的自然条件，走访理塘县大部分学校，研究如何提高对口支援工作的实效性，记下了 6 万多字的支教笔记。除完成市教育局对口支援的任务外，还积极协助受援地与援助地沟通和落实人员、物资和经费。2006 年被评为第五届“中国十大杰出青年志愿者”。

马学璐（1977—　）　天津市河东区向阳楼街社区卫生服务中心预防保健科科长，女。积极参加志愿活动，服务社会，服务患者，每年志愿服务时间超过 120 个小时。为外来务工人员的孩子义务接种，参与为 SOS 儿童村的孩子、妈妈们送医送药送健康的义诊活动。针对造血干细胞的采集人群存在恐惧心理，积极报名带头参加捐献活动。2008 年被评选为第七届“中国百名优秀志愿者”。

麦汉楷（1939—　）　香港著名义工，香港长者协会主席、敬老护老爱心会董事、香港学生辅助会小学校董。在学校工作时，带领所在学校的学生开展志愿服务。1998 年退休后，更是全身心投入志愿服务，尤其关注老人权益、福利和退休生活，提出了“第三龄”的概念，鼓励更多老人及失业中年人开始人生的第三个阶段。1996 年成立了香港长者协会并任主席。2007 年到大陆广东省中山市，从事志愿者培训工作，获得中山市特别贡献奖。2007 年获得香港第二届杰出义工奖，2008 年获得港澳台湾同乡慈善基金会爱心奖以及香港特别行政区长期服务奖章加叙第二勋扣。

买买提明·日杰甫（1973— ） 新疆墨玉县芒来乡布都休克村农民。为带领全村脱贫致富，主动与贫困户结成了帮扶对子。2008 年四川汶川发生特大地震后，作为志愿者，带着几年来打工积攒的 15000 元钱，来到汶川地震灾区，投入到抗震救灾工作中。在“5·12”汶川地震一周年前夕，又带着 10000 元钱和新疆特产赶赴汶川震区慰问灾区群众。2010 年青海玉树发生强烈地震后，携带 5000 元现金和价值 2500 余元的生活物资，赴青海玉树参加抗震救灾工作。先后荣获“新疆维吾尔自治区抗震救灾优秀共产党员”、“全国抗震救灾先进个人”等称号。2010 年被评为“全国百名优秀志愿者”。

毛艳（1974— ） 郑州旅游职业学院团委书记，女。2005 年，倡导成立“郑州旅游职业学院青年志愿者协会”，为全国中学生第九届运动会、奥运火炬传递等大型活动提供志愿服务工作。在志愿服务工作中，不断创新工作载体，提升志愿服务档次，使“热血助他人爱心筑和谐”、“我献血我健康”的爱心献血活动以及每年 3 月的“保护母亲河，植绿护绿”活动成为志愿活动的定期项目。2010 年被评为“全国百名优秀志愿者”。

孟繁英（1958— ） 湖南省长沙市雨花明星义工，女。2000 年从长沙电信分公司退休后，开始从事志愿服务活动。将民盟爱心团队及其他各界爱心团队上百支志愿者的力量进行整合，联合活动，发展志愿者上万人。2006 年创办社区青少年禁毒教育基地，2008 年首创民间社团“长沙孟妈妈青少年保护家园”，义务服务失足青少年、流浪儿童和社区特殊群体青少年。先后获得“湖南省十大杰出青年志愿者”、“湖南慈善公益人物”、“全国孝亲敬老之星”、“全国十大民间禁毒人士”、“中华慈善人物”、“2008 年湖南杰出金牌义工”等荣誉称号。2010 年被评选为“全国百名优秀志愿者”。

孟庆华（1972— ） 中核集团宜宾 812 厂锂钙公司职工，四川宜宾市青年志愿者协会副秘书长，宜宾市应急志愿服务队副队长，宜宾民间公益组织“酒都义工”负责人。2006 年起参加志愿服务活动，积极组织参与了 100 余次公益活动，累计义务服务近 15000 余小时，个人义务服务约 500 小时。主要志愿服务包括敬老、助残、济困、环保的等。还组织志愿者到监狱帮扶服刑人员，让服刑人员家属感受社会温暖，为高墙内的服刑人员奉献爱心。2011 年被评为“全国优秀志愿者”。

缪海洪（1966— ） 无锡市惠山区石塘湾秦家庄“缪家军”义务消防队队员。热心消防公益事业，自 1985 年参加“缪家军”义务消防队至今 20 多年，参与火灾扑救 200 多起，哪里有火警就出现在哪里。在石塘湾供销社、农机厂、耐火材料厂等较大火灾扑救中，屡建奇功，赢得了社会的广泛赞誉。2005 年 6 月，主动和消防部门联系，将家里祖传的消防水龙、水车等上百年的文物捐献给省公安厅消防局。2008 年被评为第七届“中国百名优秀青年志愿者”。

莫锋（1979— ） 内蒙古巴林右旗卫生局副局长兼大板镇党委副书记。大学毕业后，放弃深圳某事业单位稳定、高薪的工作，报名参加大学生志愿服务西部计划，到国家级贫困县内蒙古巴林右旗卫生防疫站从事志愿服务。为了了解牧民的需求，跑遍了巴林右旗1万多平方公里，参与防疫站的下乡调查。在恶劣的自然条件和医疗卫生条件差的情况下，和防疫员一起骑着摩托车下乡为农牧民接种疫苗。服务期结束后，主动要求留在西部基层，在做好本职工作的同时，以高度的责任感和使命感，为西部计划工作的未来开展提出了不少有益的意见和建议。2006年被评为第五届“中国十大杰出青年志愿者”。

宁克江（1973—　）　天津市武清区人民医院外二科主治医师、抗震救灾志愿者。2008年汶川特大地震发生后，主动请缨加入天津市抗震救灾医疗队，奔赴四川灾区。5月23日至5月27日七天期间，亲手救治伤员210多名，受到了灾区同仁和伤员的好评，被授予“天津市卫生行业支援四川抗震救灾工作先进个人”称号。2010年被评为“全国百名优秀志愿者”。

潘德邻（1955—　）　香港红十字会志愿者、香港红十字会德阳康复及假肢中心医疗总监、香港红十字会中国康复服务咨询委员会委员。英国（格拉斯哥）皇家外科学院院士、香港医学专科学院院士（骨科）、香港骨科医学院院士。1992年和1998年曾参与中国水灾的紧急救援工作，2000年代表红十字会与红新月会国际联合会到蒙古为当地居民提供健康宣传教育。在香港红十字会应北京市红十字会邀请举办的“2008北京奥运急救师资特训证书课程”项目中，成为训练急救员的核心成员，负责设计和改良训练教材以及在内地训练急救导师。2008年汶川地震后，立即前赴灾区前线北川县提供紧急医疗服务。参与设立“德阳市残联香港红十字会康复及假肢中心”，为因灾致残的康复人士提供包括骨手术在内的一站式康复服务。从中心成立至今，坚持每月最少一次前往四川德阳市或汶川县为康复人士诊疗及进行骨科手术，并向当地医务人员提供培训，包括手术示范以及专题演讲等。2012年获得首届“中国红十字志愿者特别贡献奖”。

裴承贤（1983—　）　澳门培道中学教师，兼任澳门志愿者总会监事、澳门青年志愿者总会常务副理事长、澳门教师志愿者理事等。多年来以培育青少年为使命，积极推动澳门青少年参与志愿服务，在教学工作之余担任青年培训师、历奇导师、社会服务及公共机构的客席培训师。2009年担任台湾八八水灾救援队的团长，带领港、澳两地青年到灾区参与重建工作。2010年，与一些热心于志愿服务的青年人共同开展名为“E甸园专业志愿服务计划”的生活体验志愿服务项目，将理论知识、技能培训、志愿精神与服务实践有机结合，在澳门具有开创性意义。2012年担任由澳门教育暨青年局资助的“澳门青年参与志愿服务的共性需求与积极心理质量分析”项目的主要研究员，在青年、志愿服务与个人素质等有关范畴方向进行深入研究。

彭明生（1951—　）　新疆维吾尔自治区复员退伍军人。1996年从部队复员后开设了“明生中西医门诊部”，并在诊所设立了“军人优惠服务点”、“党员示范岗”，实行免费医疗咨询。至2011年共免费接待健康咨询及患者1.4万余人，发放卫生防病宣传资料4.05万份，免收困难户医疗药品费2.93万元。个人出资5100元到塔城地（市）社会福利院、儿童福利院为孤寡老人和残障儿童送医送药、义务体检。2008年5月四川汶川地震发生后，不顾个人七级伤残和患有慢性疾患的身体，自筹资金上万元并携带2000多元的急救药品和简单的医疗器械，前往四川灾区进行救助。每年八一建军节，自筹资金到部队慰问官兵，传授医疗知识；到工地、社区特困家庭中走访慰问，进行义诊服务。2008年被中国红十字会授予“红十字志愿者之星”称号。2011年被评为“全国优秀志愿者”。

彭镇秋（1944— ） 上海市创业指导专家志愿服务团理事长。曾任民建上海市委副主委，上海市政府参事。2000年5月，参加了中共上海市委宣传部、原上海市劳动和社会保障局、上海市精神文明建设委员会办公室联合发起成立的由成功企业家、职业经理人和各方面专家组成的就业指导志愿者队伍，成为最早一批的创业专家志愿者，把自己多年的工作经验和在经济社会领域的研究心得，传授给广大创业者。积极参与专家志愿团每年组织开展的社区、校区、园区的各种创业咨询活动，为准备就业创业者提供咨询服务。累计参加志愿服务时间1300小时，接受服务的创业者超过1800人次。2011年被评为“全国优秀志愿者”。

钱珼（1979— ） 江苏泰州市市级机关管理局团委副书记，女。发起组织了“绿叶行动，服务无限”的系列志愿活动。带领志愿者参加环境清扫、政策宣传、电器维修、免费理发等党员义工活动，服务群众数千人次。建立护绿志愿队，开展“绿色和谐、你我同行”、“减少污染、珍爱家园”等志愿活动，组织志愿者结对帮扶贫困大学生和空巢老人。组织全市10名网络志愿者利用博客、微博、论坛等平台，传播和推动网络文明。2011年被评为“全国优秀志愿者”。

乔华中（1973— ） 湖北日报传媒集团楚天报刊发行总公司员工。坚持从事公益慈善多年，2007年，整合民间公益力量发起成立“荆楚爱心联盟”，吸引了80余所大专院校的大学生和数千名社会爱心人士，已有近5万名志愿者加盟。相继成立帮助聋哑儿童的启聪爱心学校、照顾“大头娃娃”的洪山坊爱心学校、关爱“烧伤弃婴”的武德生家长委员会、服务“空巢老人”的温馨港湾志愿服务项目部等。关爱农民工子女，帮扶长江大学“结梯救人”遇难大学生家属，救助白血病、尿毒症等200多名重症患者，为汶川、玉树、西南、台湾等遭受地震、干旱、台风的灾区筹款200多万元人民币。被授予“中国红十字志愿者之星”、“青海玉树地震优秀志愿者”称号。2011年被评为“全国优秀志愿者”。

秦希燕（1963— ） 湖南秦希燕联合律师事务所主任、法律援助志愿者，“为农民工讨工资律师免费服务团”团长。1998年夏季，湖南等省、市遭受百年不遇的洪水时，组织该所青年律师开展“情系灾区”志愿者行动，免费为灾区提供法律咨询。1999年5月，组织开展了“爱在身边”志愿者行动，为残疾人、下岗工人提供法律援助，免费承办一系列案件。针对拖欠农民工工资这一社会问题，2003年12月14日，成立了国内首家由16位青年志愿者组成的“为农民工讨工资律师免费服务团”。配备16位律师，拨出20万资金，设立3部24小时服务热线电话，在湖南、北京两地免费为为农民工打官司。短短数月，免费为湖南、北京、广东等全国各地近万位讨工资的农民工提供了法律服务，帮助追回工资达500多万元。

获得“残疾人维权先进个人”、“全国优秀青年卫士”等荣誉称号。2006年被评第五届“中国十大杰出青年志愿者”

任抗战（1977— ） 河南焦作多氟多化工股份有限公司调度员。从1998年5月至2012年6月，连续无偿献血15年，累计献血11400毫升，2011年获得中国红十字会总会、国家卫生部等部门颁发的“全国无偿献血奉献奖金奖”。2003年3月，成为中国造血干细胞捐献者资料库的志愿者。2007年12月26日，为福建一位年仅19岁的边防兵2次捐献了造血干细胞，成功地挽救了这位年轻士兵的生命。2009年9月，荣获中国红十字会总会、国家卫生部等部门颁发的“无偿捐献造血干细胞奉献奖”。在其带领下公司有193名员工加入了中国造血干细胞捐献者资料库。2011年获得“河南省红十字优秀志愿者”称号，当选中央文明办主办的2011年度“中国好人榜”的“助人为乐好人”。2012年获得首届中国“十大杰出红十字志愿者”称号。

任耀光（1962— ） 河南洛阳金牡丹出租汽车有限公司出租车驾驶员，耀光爱心车队队长。数十次救助危急病人，多次拾还失主现金、手机、衣物等物品价值3万余元，协助公安抓捕歹徒20余次，抓捕犯罪嫌疑人50余人。2008年3月5日成立了由100台出租车、200名出租车司机组成的“任耀光爱心车队”，为奥运会、世界邮展等大型活动提供志愿服务；为高考考生、支教大学生、军人、教师等免费提供乘车服务。先后荣获河南省“五一劳动奖章”、“感动河南十大爱心人物”提名奖。2010年被评为“全国百名优秀志愿者”。

沈崇艳（1960— ） 北京市西城区公共文明引导员，女。自2001年始，多年如一日服务在西城区公交站台上，累计提供志愿服务超过15600小时。积极宣传文明乘车，提出了“区域性排队候车法”，组织乘客排队候车，整治站台环境。所服务过的动物园东行站、马甸桥东西行站均被评为市级先进站台、最佳排队候车站台。马甸桥东西行站还被评为市“环境整洁特色站台”。连续七年被评为北京市优秀文明乘车引导员。先后获得“北京市学习雷锋、志愿服务先进个人”、“首都精神文明建设奖”、“北京奥运会、残奥会先进个人”称号。2010年被评为“全国百名优秀志愿者”。

沈晓理（1974— ） 中国建设银行股份有限公司广东湛江市分行员工。坚持十几年参加无偿献血，累计75次，无偿献血超过15000毫升。担任湛江市红十字无偿献血志愿工作者服务队献血志愿者招募分队队长，到企业和公共场所进行无偿献血宣传，动员了近千人献血。先后获得2001—2003年度全国无偿献血奉献奖铜奖、2004—2005年度全国无偿献血。奉献奖金奖等荣誉。2008年评为第七届“中国百名优秀青年志愿者”。

谌永业（1978— ） 贵州省惠水县摆榜乡甲坝民族小学教师。身为一个需要别人照顾的残疾大学生，在大学毕业后放弃了在城市就业的机会参加了2003年大学生志愿服务西部计划，到环境条件极差的惠水县摆榜苗族乡从事“支医、支教”志愿服务。在两年多的时间里，克服了语言不通、生活方式差异、手脚残疾给生活带来的不便等，接待群众近万人，治愈危重病人30多个。一边从事医疗服务一边还在甲坝民族小学初中部上课，认真教学，所带学生成绩大大提高。在志愿服务期结束之际，他执意留在偏僻的山乡继续支医支教。2006 年被评为第六届“中国百名优秀青年志愿者”。

施展（1977— ） 联想集团江西分区市场推广部主管，江西省南昌慈善义工协会西湖义工站站长。2004 年起开始志愿公益服务，长期帮扶贫困学子，开展公益培训宣讲，致力于培养大学生青年一代投身公益加入志愿者行列。2000 年以来无偿献血 1800 毫升，个人累计捐助公益款项 3 万余元。2007 年参加南昌慈善义工协会任西湖义工站站长。发起“爱心三人行”，即每三名义工锁定一户弱势贫困家庭，长期在精神及物质上支持帮扶；组织义工看望走访敬老院、社会福利院、聋哑儿童；组织“2008 你的爱心闪耀新生”大型义卖援助白血病儿童活动。2008 年以来每年组织义工给贫困家庭送春节大礼包。2009 年加入红铃铛志愿者组织，组织实施江西第一届“2009 青年公益创业大赛”。2010 年任天使慈爱团团长，发起关怀街头流浪者和露宿者行动。协助筹建江西首个“公益爱心频道”网站，为江西所有公益组织建立一个网上的“家”，为广大青年加入志愿公益建立一个新“窗口”。2010 年被评选为“全国百名优秀志愿者”。

司文喆（1987— ） 天津医科大学医学检验学系青年志愿者协会会长，女。先后参与并组织了“阳光沐泽天地万物，爱心撑起一片蓝天——阳光助学活动”、“青春立志奉献”助身残青年王天宇圆梦活动、“遵纪守法，远离罪恶的围墙”活动。成为天津医科大学医学检验学系青年志愿者协会会长后，带领同学在天津市多个社区举办“走进社区，圆梦奥运”的迎接奥运活动；参与了“遏制艾滋，履行承诺”——青春红丝带行动；深入建设工地，为农民工宣传预防疾病、保持健康的相关知识。2008 年被评为第七届“中国百名优秀青年志愿者”。

宋桂华（1953— ） 山东省青岛市“笑姐”爱心助残志愿者队负责人，女。2005 年 11 月，组建了“笑姐”爱心助残志愿者团队。以网络推广形式为主，以青岛市残联列入安居工程的残疾人特困家庭为基本救助对象，广泛收集社会各界闲置衣物、日用品、家具、家电等，首创“量体选衣”的定向帮扶模式，根据残疾人特困家庭被帮扶成员的性别、年龄、身高、体重等，组织志愿者精心分类、筛选、搭配、打包装箱，再通过网络征集志愿车，进村入户，点对点实行帮扶，面对面送去温暖。截至 2010 年，已组织 136 次爱心助残活动，义工活动 600 多次，足迹遍及青岛市辖区的 1317 个村庄。先后获得“2006 年度感动青岛十佳人物”“青岛市首届慈善奖”、“山东省职业道德模范提名奖”、“青岛市十佳杰出志愿者”称号。2010 年被评为“全国百名优秀志愿者”。

宋丽萍（1971— ） 河南省濮阳市中原油田第十社区管理中心干城居民管理站员工，女。自 1994 年成为濮阳市红十字会志愿者以来，已累计无偿献血 8000 毫升，并先后加入了濮阳爱心协会和中国重症濮阳服务专区、恩来爱心协会、三月爱心社、龙乡爱心协会多个志愿组织。为重症病患儿奔走呼吁、筹集善款；关心智障儿童；帮助贫困学生。2006 年，报名参加捐献造血干细胞志愿服务活动，成为一名中华骨髓库志愿者。曾被选为中原油田第二届“感动油田年度人物”。2010 年被评为“全国百名优秀志愿者”。

宋美录（1978—　）　河北省民间志愿者联盟常务理事，张家口市高新区南站街道办事处开发区社区卫生服务站站长。1995 年走上志愿者道路，投身公益事业。2008 年加入张垣心公益促进会成为志愿者，组织张垣心公益促进会的会员及会员单位每年志愿服务 60 多次。为白血病患者筹集善款，帮贫济困，关爱农民工子女；长期看望五保户老人；为全国贫困地区学童组织“一支铅笔”大型公益募捐活动；组织对口援助，帮考上大学的贫困学子圆大学梦；在社区建立家庭档案八千多份，免费义务出诊近万次，每年免费发放药品近 20 多万元，减免费用 10 多万元。2010 年被评为“全国百名优秀志愿者”。

宋志永（1973—　）　河北省唐山市玉田县八里铺村农民、抗震救灾志愿者。2008 年 1 月，我国南方部分地区发生了雨雪冰冻灾害后，立即动员 12 名同乡赶到抗灾一线，参加搬运电力设施、除冰、架线等繁重的救灾重建工作。四川汶川发生大地震后，组建了爱心小分队第一时间奔赴救灾一线北川县，先后救出了 25 名生还者。青海玉树发生地震后，组织 13 位农民兄弟捐款 13000 元，并组织爱心小分队奔赴青海玉树灾区，短短两天时间里，从废墟下为灾民抢救出价值 1000 多万元的货品、清理了 10000 多平方米的废墟，救助伤者 60 余人，并对当地的一所民族中学进行了援建。倡议并组织成立了全国首家爱心志愿服务基金，用于志愿者本身的各类保障。开设了爱心网站，专门鼓励和支持各类爱心志愿服务。先后获得全国“五四标兵”、“河北省红十字会杰出志愿者”等称号。2010 年被评为“全国百名优秀志愿者”。

苏炳灿（1982—　）　福建省省新华技术学校教师，福建义工俱乐部理事长。2003 年起，利用业余时间为孤寡老人提供志愿服务。为了让更多的弱势群体得到帮助，2006 年 7 月，成立了福建义工俱乐部，开设助老助残、助学支教、生态环保等 20 大类 30 多项志愿服务，有网络注册会员 4 万多人，骨干会员五六千人，志愿者网络遍及全省九地市和 10 多个县市，成为省内会员人数最多、组织架构最健全的民间公益团体。先后被评为中国网络媒体首届“感动中国人物”、首届“福州市十大杰出志愿者”。2010 年被评为“全国百名优秀志愿者”。

苏大伟（1967—　）　江苏省无锡市惠山区洛社镇杨市保健村农民。常年坚持义务献血，2002 年带头捐献造血干细胞。组织动员 100 多名村民成立了农民献血队，这是无锡市第一支农民献血队，累计献血 3 万多毫升。自费 2 万元办图片展，宣传无偿献血知识，投资扩建自家 60 平方米房屋办起了无锡市首个“农家展览馆”，内设烟标馆、书画馆、无偿献血馆，免费对外开放，被命名为无锡市红十字宣传教育基地。2011 年被评为“全国优秀志愿者。”

孙丁财（1966—　）　山东省烟台市慈善总会情系农民工子女服务队队长。与媒体联合开展了暖心流动图书馆活动，面向社会征集爱心图书，采用流动图书馆和固定图书馆相结合的形式，为农民工子女提供免费图书。先后组织了 20 多次捐书活动，征集到爱心图书 17000 多册，为农民工子女建立了 2 个固定的图书馆，定期举办了多次流动图书馆进社区活动。累计志愿服务时间达 8000 多小时，获得“五星级义工”和“百名优秀义工”荣誉称号，所带领的情系农民工子女项目队多次被评为先进项目队。2011 年被评为“全国优秀志愿者”。

孙越（1930— ） 台湾著名艺人，演员。长期投身公益事业，包括器官捐赠、安宁照顾、监狱教化、捐血、拒吸二手烟等活动的实践和宣传活动。获得电影“金马奖”后，每年仍用八个月的时间做公益，四个月的时间拍电影。常年义务献血，发起“做个快乐的捐血人”活动，并邀请文艺界一起站台做广告，鼓励民众踊跃献血。获得台湾二等景星勋章。

孙克武（1974— ） 新疆砾石户外运动有限公司经理，新疆乌鲁木齐市人。常年从事爱心公益活动。2008 年汶川地震时，组织新疆志愿者 22 人成立新疆环塔红十字会联合救援队，第一时间赶赴灾区进行救援工作 21 天，被中国红十字会授予“抗震救灾先进集体”及“全国抗震救灾先进个人”。2009 年又组建新疆志愿者援建队前往重灾区北川陈家坝乡老场村进行灾后重建工作。在担任新疆山友救援队值班队长期间，先后组织实施参与新疆各地山区的多次救援，在新疆和静雪崩救援中带领队员在高海拔雪崩现场采集数据给政府展开安全救援提供保障。2010 年起组织新疆各族爱心人士、志愿者对新疆喀什地区塔什库尔干县的下设 10 个乡村寄宿学校进行摸底和入户调查贫困学生的工作。组织爱心人士、志愿者先后捐赠图书和现金资助贫困学生并启动和实施了为乡村寄宿小学安装锅炉的行动计划。2012 年获得“十大杰出红十字志愿者”的称号。

孙雅艳（1979— ） 上海师范大学音乐学院辅导员，第十一届中国扶贫接力计划志愿者，女。2007 年 8 月至 2008 年 8 月，在广西百色玉凤镇坤平初中参加支教服务，走遍田阳县 18 个村 52 个屯，家访 370 多名贫困生，并通过多种途径争取社会帮扶，累计为他们争取到助学金 26 万余元。联系上海爱心人士捐款捐物，在玉凤镇青年活动中心挂牌成立了“上海师范大学爱心图书站”。7 次组织并带领大学生赴安徽、广西、贵州和四川绵竹灾区等地开展“音符串起希望”三下乡实践活动，资助贫困生 400 多名，举行爱心义演 48 场，开设公开课 230 节，同时为贫困地区学校配置了一批电脑、音乐器材、体育用品和学生床架等硬件设备。2007 年荣获“感动百色十大人物”，2008 年被评为第七届“中国十大杰出青年志愿者”。

孙延丰（1982— ） 优秀青年志愿者和骨髓捐献者。2002 年 9 月，刚入大学就加入了长春工程学院晨曦青年志愿者协会，成为了一名注册的青年志愿者。定期参加社会实践和志愿服务等公益活动，和其他志愿者一起到社区清扫街道，帮敬老院老人打扫卫生，回收废旧电池，3 年累计参加志愿服务时数超 600 余小时。2005 年 4 月，成功捐造血干细胞，挽救一名陌生白血病患者生命。先后被长春市高校工委、共青团长春市委和学校团委先后授予“长春市十佳大学生”、“长春市优秀团员”等荣誉称号。2006 年被评为第六届“中国百名优秀青年志愿者”。

孙影（1980— ） 广东省“深圳关爱行动”募师支教项目志愿者，女。2006 年 8 月起，两度放弃在深圳的稳定工作，赴贵州市大方县大水乡鞍山小学等地支教。在支教期间，为改善贫困学生生活和改造危旧学校多方奔走，联络、监管 4 所希望小学的修建工作；在慈善公益事业的需求方和供给方之间牵线搭桥，为 300 多名贫困生找到资助对象，为素不相识的白血病人募捐45万元救命款，为旱灾地区募捐510吨及时水，为贫困学生募捐新校服5000套、为山区小学募捐到1个“红十字书库”，争取到了2000套课桌和100个“幸福书屋”的建设计划，成为一名整合爱心资源的公益“中介”，走出一条志愿服务专业化、职业化的新路。先后被评为第六届深圳关爱行动“最具爱心人物”、中央电视台“感动中国”2010年度人物候选人、第三届“全国道德模范”。2010年被评为“全国百名优秀志愿者”。

汤震、余承艳夫妇　安徽芜湖市鸠江区四湾社区居民，安徽省芜湖市鸠江区四湾社区脑瘫患儿爱心康复训练中心负责人。夫妻俩用双方企业改制买断工龄的钱，建立了脑瘫患儿爱心康复训练中心，用20年来对自己脑瘫女儿进行康复训练所取得的经验，义务指导和帮助来自鲁、川、陕、豫、浙等地患儿进行康复治疗，其中有6名脑瘫患儿已顺利进入普通幼儿园和小学进行教育。先后荣获“芜湖市五好文明家庭”、“2009年全国平安家庭”称号。2010年夫妇一起被评为“全国百名优秀志愿者”。

唐博凯（1979—　）　河北科技大学食品科学与工程专业留学生，中国注册志愿者，英文名为Patrick，喀麦隆籍。2003年来中国求学，积极报名参加了2005年河北团省委、河北省青年志愿者协会面向全社会公开招募的第十届中国吴桥国际杂技艺术节青年志愿者，成为一名中国志愿者。按时参加各种志愿者培训，从不缺席。国际杂技节期间，在宾馆、艺术中心的各个入口，为残疾人、外国演员和贵宾提供志愿服务，有时从下午到晚上演出结束连续站六七个小时，始终坚守岗位。2006年被评为第六届“中国百名优秀青年志愿者”。

唐磊（1946—　）　江苏省无锡卫生学校加拿大籍教师、“无锡外籍友人志愿者队”负责人，加拿大谷菲大学文学士、布鲁克大学教育学学士、约克大学工商管理硕士。英文名为Peter Arthur Stanleigh。2001年9月来到中国无锡，先后在无锡美加外语培训机构、江苏省税务培训中心、无锡卫生学校等从事英语教学工作。2001年加入无锡市外语志愿者服务队，成为无锡市第一名外籍注册志愿者。组织在无锡工作的外籍友人成立“无锡外籍友人志愿者队”，常年到社会福利中心看望慰问孤儿，教孩子们唱英文歌、和孩子们一起做游戏。策划了名为" Green Day" 的环保活动，组织100多名志愿者经常前往车站、景区等公共场所捡拾垃圾，被称为“洋雷锋”。先后获得“江苏省百名优秀志愿者”、“无锡市志愿者之星”、“无锡市十佳新人新事奖”荣誉。2010年被评为“全国百名优秀志愿者”。

唐先华（1967—　）　湖南省株洲市火车站客货公司职员，株洲晚报义工联合会星级义工。参加公益活动20多年，足迹遍及全国13个省。参加过汶川大地震、玉树大地震、舟曲特大泥石流的重大救灾行动，利用工余时间参加助残、助老、助学、环保、禁毒、献血等各类公益活动，年平均义务服务时间近300小时。将自己不多的积蓄都奉献给了公益事业，十几年间个人所捐钱物以及募集的爱心物品总价值已超过300万元。2011年被评为“全国优秀志愿者”。

陶智雄（1968—　）　长动集团武汉汽轮发电机厂模具分厂工人。热心公益慈善，关心孤寡老人，参加“学雷锋”、义务植树、保护母亲河等多项志愿者活动。十几年来，每逢节假日，都带慰问团到部队去慰问联欢。1995 年开始无偿献血，每年献血 2—3 次，每次 200—400 毫升，最多的两次献了 800 毫升。到 1999 年，他已无偿献血 6800 毫升，成为武汉市实施《献血法》之后的第一位无偿献血“冠军”，获得由中国红十字会、中国卫生部颁发的最高奖——金杯奖。2006 年被评为第六届“中国百名优秀青年志愿者”。

万涵英（1978— ） 江西省南昌市新建县青年志愿者协会理事长，共青团新建县委副书记，女。从事志愿服务 10 余年，参加各类志愿服务 300 余次，累计志愿服务超过 1000 小时。曾连续五年与其他志愿者一起走街串巷为居民义务维修家电 1 万余件，先后带领 2000 余名志愿者走进农村为留守儿童补习功课、做心理辅导。通过南昌晚报、南昌市建材商会等渠道筹措款物 120 余万元，结对资助 1300 多人；通过联系青年企业家帮助返乡青年就业创业，直接帮助青年就业 23 人次。积极开拓农村志愿服务事业，倡议并成立了新建县青年志愿者协会，吸纳志愿者登记注册 1 万余人，培训青年志愿者 560 余人次，直接服务群众达 2 万余人次。2011 年被评为“全国优秀志愿者”。

万英（1963— ） 宁夏区中卫市沙坡头区槐树北巷社区志愿者，女。2002 年在单位下岗后，主动做了社区志愿服务者。为了小区良好的治安环境，参加了社区义务巡逻队，坚持每天按时出队巡逻。关心社区的孤寡老人，利用空余时间主动照顾、帮助老人。热心为居民服务，义务清洁打扫楼道，每年都协助社区免费发放防蟑螂药和防蚂蚁药活动。积极参与社会公益活动，协助举办“创建文明城市”等各种宣传活动。2010 年被评为“全国百名优秀志愿者”。

汪昭华（1973— ） 临沂市公安局交警支队直属三大队民警，一级警司警衔，临沂市青年志愿者协会副会长。长期以来坚持做好事、献爱心。参与组织成立临沂市青年志愿者协会，发起了“爱心接力”——志愿者走进社会福利院活动项目、“沂蒙阳光”——志愿者走进特教学校活动项目。自 2007 年以来，每个周末都组织志愿者走进福利院，为老人、孩子提供关爱志愿服务。组织志愿者参与了 FI 摩托艇世纪锦标赛临沂大奖赛等各种大型赛事的志愿服务活动。组建了临沂市地震应急救援志愿者服务队、消防志愿服务队、扶残助残志愿者服务队，在全市建立起市、县（区）、乡镇（街道）、村（居）四级志愿服务队伍。建成了临沂志愿者论坛（http//www. lyzyz. net），开辟了 5 个 QQ 群等网上交流平台，开设了志愿者风采、爱心之旅、志愿者之家等栏目。2006 年 12 月荣立个人三等功一次；2008 年被推举为奥运火炬手；2010 年被评为“全国百名优秀志愿者”。

王波（1963— ） 武汉市江岸区百步亭花园社区党委副书记、管委会主任、百步亭集团总裁，女。1995 年放弃大学教师职业，毅然投身到社区志愿服务工作中，把大量时间精力投入到社区管理和为居民服务中。捐款 1000 万元作为基金，在社区内成立了“武汉安居教育援助会”、“武汉安居慈善援助会”，为家庭困难的孩子上学提供帮助，对社区弱势群体给予救助，并与社区上百个困难群众结成亲情对子。热心公益，2008 年汶川地震发生后带头交纳 1 万元特殊党费，并号召志愿者为汶川、玉树、舟曲等灾区捐款达300多万元。作为社区志愿服务全国联络总站执行站长，积极贯彻落实社区志愿服务全国联络总站和中国社区志愿服务网的各项任务，向全国推广百步亭志愿服务工作的经验和做法，传播志愿服务文化。利用网络联络全国800多个社区，大力推动社区志愿服务工作的开展。先后荣获首届百名“全国精神文明建设先进个人”、“湖北省五一劳动奖章”、“湖北省优秀党务工作者”、“武汉市十大明星党员”等称号。2010年被评为“全国百名优秀志愿者”。

王达佳（1995— ） 湖南省长沙市一中学生，女。7岁开始参加慈善公益活动。通过义卖等活动为希望工程、汶川地震等累计募捐款物26万余元。利用寒暑假和其他节假日到社区、福利院、救助站做志愿服务活动。2010年8月，成立“达佳爱心工作站”，利用工作站这个平台，深入街道、社区、学校同中小学生进行爱心交流，倡导志愿者服务精神。先后被授予“感动长沙十佳少年”、“长沙十大慈善人物”、“长沙市首届道德模范”、“湖南省金牌志（义）工”等光荣称号。2010年被评为“全国百名优秀志愿者”。

王东育（1979— ） 福建石狮市青年志愿者分会会长。2004年3月开始参加志愿服务活动，积极组织、参与各种助老扶幼、扶危救急志愿服务活动以及各大类型公益活动，截至2010年累计志愿服务2600小时。2005年策划情人节玫瑰花义卖，为失学儿童筹得18041元助学款；2008年汶川地震发生后，策划及组织志愿者走上街头募捐，筹款40万余元，连同赈灾慈善晚会共筹款127万余元；所带领的团队六年来完成1000多个志愿服务项目，筹款200多万。为了推动志愿服务的发展，通过网络论坛、QQ群等方式凝聚起一批热心社会公益的民间爱心人士，成立了石狮青志协秘书处，建立志愿者论坛，宣传志愿服务精神，使志愿服务组织更开放、透明、便捷、高效，该网站被授予“2008年度全国十佳民间志愿者网站”、“石狮市十佳文明网站”等称号。先后获福建省泉州市青年志愿服务金奖奖章、泉州市十佳志愿者、泉州市青年志愿服务奖章、石狮市优秀青年志愿者、五星级注册志愿者等荣誉称号。2010年被评为“全国百名优秀志愿者”。

王国庆（1978— ） 退伍军人，吉林省四平市铁东区政府办科员，抗震救灾志愿者。复员转业回家后，组织邻居修建垃圾池，打扫公共厕所，整治脏乱差环境，帮助困难家庭。2008年汶川地震时，发起成立“四平市赴四川抗震救灾志愿者救助队”，并任队长，组织6名志愿者赶往灾区，多次冒着生命危险转移受困群众，参与震后救援和灾区的卫生防疫工作。2009年被吉林省人民政府授予“2008年度吉林省最具爱心慈善行为楷模”。2010年被评为“全国百名优秀志愿者”。

王浩（？— ） 黑龙江省伊春市保护红松志愿者服务队副队长。以清洁、保护环境，绿化、美化家园作为主要志愿活动内容，积极开展环境保护、义务劳动、植树造林等义务服务项目，特别是在保护红松方面尤为突出。建立了《伊春市保护红松志愿者服务队管理办法》，推动了志愿者服务管理，保证了保护红松志愿服务活动的长期开展。2011年被评为“全国优秀志愿者”。

王宏伟（1966— ） 辽宁省沈阳市援助塞拉利昂的志愿者。2009年，就读于辽宁省中医药大学研究生三年级时，报名参加中国青年志愿者海外服务计划——塞拉利昂援外志愿服务项目，并担任队长，远赴非洲最贫穷落后的塞拉利昂开展为期一年的中医诊疗志愿服务。克服当地缺医少药，居民贫困等困难，与队友先后治愈了几百位病患，从国内带去4000根银针，义务为当地居民做针灸治疗。工作之余自发组织开展清洁海滩志愿服务；为当地小学运动会提供志愿服务；在当地居民遇到困难时慷慨解囊。其专业素质和热情服务得到了相关工作机构和服务对象的充分肯定，被团中央授予“中国青年志愿者海外服务计划金质奖章”，被辽宁省团市委授“沈阳市杰出志愿者称号”。2010年被评为“全国百名优秀志愿者”。

王虹霞（1965— ） 甘肃省临夏市公安局交警大队教导员，二级警督，女。2006年6月，加入临夏市巾帼禁毒志愿者队伍，同年9月16日，倡议临夏市公安局交警大队组建了12人的女子禁毒志愿者宣传队。坚持业余时间向群众发放禁毒宣传材料、展示禁毒宣传画、张贴禁毒公益广告。2008年成立了“爱心妈妈”志愿者服务队，长期照顾父母常年外出打工的留守学生，关注他们日常学习和生活。2011年被评为“全国优秀志愿者”。

王辉（1976— ） 湖北省武汉市武昌区卫生局爱国卫生办公室主任，执业医师，女。2008年成为武汉市红十字会志愿者。利用业余时间，发起成立了红十字“生命阳光公益救护志愿服务队”，每周末对市民进行免费的应急救护知识培训。截至2012年10月，由王辉率领的红十字生命阳光公益救护志愿服务队已经培训了6万4千余人，多次成功救出户外遇险群众。2010年作为教练率领武汉志愿者参加全国红十字应急救护大赛获得了三等奖。2012年获得中国“十大杰出红十字志愿者”称号。

王嘉健（1965—2010） 湖南湘潭志愿者活动发起人和组织者。曾通过自学取得中学教师资格，后又通过自学取得医生执业资格和心理咨询师执业资格证书。1998年开始第一次义务献血到2006年遭遇一次车祸前，共无偿献血5600毫升，被评为2006年感动湘潭十大新闻人物之一。2007年开始组织红十字无偿献血志愿者活动，成立了湘潭红十字志愿者联盟和“湘潭嘉健志愿者协会”。通过电台专栏节目宣传志愿者活动，并开展急救知识、心理知识等志愿者的培训。资助过多名湖南永州和贵州偏远山区的孩子。2008年，汶川地震发生后，带着严重的病痛组织湘潭志愿者开展募捐和义卖活动；2009年，组织开展“让我们抱起福利院的孩子”活动；2010年，组织志愿者开展“和谐省运、文明乘车”活动。2010年10月2日在与志愿者商讨“世界动物日”活动相关事宜时，倒在电脑桌前去世。

王建国（1935— ） 军队退休干部。1951年志愿入伍，1958年获兰州军区“先进工作者”称号。1995退休后从事志愿者工作，创办老干部志愿者工作站，长期担负组织策划、业务教育、文字音像收集、整理和传递的工作。2007年创办了志愿工作站站报《夕照红十字》，2010年与人合作创作了“红十字志愿者之歌”。7月，编著出版《夕照红十字》一书，回顾、总结了老年志愿者救死扶伤、帮贫济困奉献精神和风貌。2008年获中国红十字会总会“红十字志愿者之星”称号。同年，工作站被授予中国“最佳红十字志愿者组织”称号和“5、12抗震救灾先进集体”奖励。2011年被评为“全国优秀志愿者”。

王静（1985—　）　内蒙古自治区兴安盟乌兰浩特市都林办事处社区工作人员，女。2009年10月，组建了“红城志愿者联盟”。策划组织了几十次包括公益演出、倡导低碳、植树造林等志愿者公益活动。在西南旱灾以及玉树地震发生后，走上街头倡议全盟各界爱心人士积极向西南旱灾地区以及玉树地震灾区伸出援手，慷慨解囊。先后被授予“乌兰浩特市优秀青年志愿者”、“兴安盟优秀青年志愿者”、“内蒙古自治区优秀平安志愿者”等荣誉称号。2011年被评为“全国优秀志愿者”。

王兰花（1950—　）　宁夏回族自治区吴忠市利通区胜利镇民生社区居民，女。2005年组建了吴忠市区第一个为民服务“热心小组”，为社区提供志愿服务，包括调解纠纷、关爱年迈孤寡的老人、帮助下岗职工再就业等。2010年，被评为“全国社区优秀志愿者”。2011年被评为“全国优秀志愿者”。

王莉（1983—　）　中国人保财险鄂尔多斯市公司职工，内蒙古自治区鄂尔多斯市明星志愿者协会策划部部长，女。投身社会公益事业，乐于助人、关爱弱势群体。定期组织志愿者去福利院、特殊教育学院看望孤寡老人和残障儿童。策划公益活动，2010年冬，发起“冬暖行动”倡议，组织鄂尔多斯明星志愿者协会的志愿者们和社会爱心人士为甘南藏区孤儿院及贫困小学送去120余吨煤炭和其它物资。推行环保宣传、植树造林。2011年被评为“全国优秀志愿者”。

王青松（1972—　）　河北省石家庄市尹泰出租汽车服务中心司机、石家庄市爱心车队队长、河北省网络志愿者联盟理事。2004年8月1日在石家庄市出租车行业组建“文明使者出租车爱心服务车队”，以开展扶贫济困、救助孤残爱心活动为宗旨。先后开展了“关注贫困地区失学儿童、传递省会文明使者爱心”，“学雷锋、创优质服务月”、八一建军节“军人免费乘车服务”、送高考生等七大项公益活动，累计义务出动车辆2478次，义务服务约9400小时。先后荣获“石家庄市文明使者标兵”；“石家庄市文明市民”；“石家庄市十大杰出志愿者”等称号。2011年被评为“全国优秀志愿者”。

王莎（1986—　）　优秀支教志愿者，女。就读于天津美术学院本科期间，多次参加志愿者迎接新生工作及多种志愿服务社会工作，组织同学深入敬老院、儿童村等为老人、儿童服务。2007年参加了天津美术学院第一批研究生支教团，来到国家级贫困山区县云南省大理州南涧彝族自治县支教。采用科学、新颖的教学方法改善教学效果。完成教学工作的同时，针对学校里的贫困生占30%以上的情况，自发加入了“助困”行列中。每月坚持走访贫困生，从自己的生活费里节省出来一部分资助贫困学生。并动员自己的亲人朋友们捐钱物，利用网络的平台，呼吁更多的人关注西部，帮助西部。支教一年里，组织并实施了多次大、小型捐赠仪式，为当地筹集到助困款3万元以上，助困衣物2000件左右，助困书籍400余册，文具300套，有700余人受益。先后荣获2006年“天津市优秀青年志愿者”、“天津市暑期社会实践先进个人”等称号。2008年被评为“中国百名优秀志愿者”。

王素娟（？— ） 山西省太原市杏花岭区坝陵北社区主任，女。2004年开始从事社区工作，把敬老工作作为社区的重要工作开展。带领社区工作人员和党员干部与困难老人结对，自己结对帮扶两位空巢“三无”老人，坚持了6年陪空巢“三无”老人欢度春节。2008年率先在全市成立了社区“金色百合”居家养老服务中心，为辖区60岁以上老年人发放了“爱心一卡通”。在社区设立了“温馨快乐，夕阳更美好睦邻点”，开展了“关爱空巢老人志愿服务行动”和“老干部工作进社区”全市试点工作。为有需求的老人提供精神慰藉、医疗保障、文娱活动等五大类23项居家服务，让居家空巢老人得到社区大家庭的温暖。2010年被评为“全国百名优秀志愿者”。

王文清（1969— ） 扬州石油分公司正谊加油站站长，江苏省扬州市志愿者。1988年起开始从事社会公益活动，捐助帮扶困难人员、孤寡老人、流浪乞讨人员、失学儿童1000多人。从事人道主义救助志愿工作，自愿服务红十字会22年，18年无偿献血82800毫升。与扬州红十字会签订身后捐骨髓、捐器官协议。坚持扶贫帮困22年，捐助的180多名濒临失学的孩子中有21人上了大学。2011年被评为“全国优秀志愿者”。

王文忠（1962— ） 河北省枣强县芍药村农民企业家。热心村里公益事业，个人出资418万元，帮助村里修路、盖学校、兴建村民活动中心和医疗中心等。创立“8+2”辐射脱贫致富模式，带领村民脱贫致富。积极投身抗震救灾，汶川大地震发生后，自费组织15人青年突击队，在第一时间赶赴汶川实施救援工作，成为进入灾区的第一支民间救护队。个人出资近60万元，为灾区人民购买价值36万元急需的棉衣、棉被、帐篷和药品，负担抗震救灾队的生活费用，一次交纳“特殊党费”10万元。玉树地震，又组织“抗震救灾联队”，携30余万元救灾物资赶赴灾区。南方冰雪灾害、台湾风灾，西南地区旱灾时积极捐款，共捐款30万元。支助贫困学子完成学业，曾为北京市太阳村儿童教育中心、河北省三河市胡庄小学等捐款。2010年荣获“全国抗震救灾先进个人”称号。2010年被评为“全国百名优秀志愿者”。

王相亚（1974— ） 大学生村官，信阳市浉河区双井乡黄湾村党总支副书记。2005年组织创建了河南省第一个具有专业性质的青年志愿服务队伍——信阳市法治青年志愿者服务总队，并担任队长，为未成年人、留守儿童、农民工及社会弱势群体提供法律咨询、法律援助、法律宣传等服务。热心公益宣传，多次组织或参与预防艾滋病宣讲、绿色环保宣讲等各种宣讲活动；积极参加关爱空巢老人、留守儿童，弱势群体等志愿服务活动；多次见义勇为，抢救落水者、车祸受伤者等。积极投身新农村志愿服务事业，2008年成为信阳市第一批大学生村官，服务于信阳市浉河区五星办事处七里棚村，任党支部书记助理，期间积极化解村民征地纠纷。先后荣获信阳市“优秀青年”、“见义勇为先进个人”、“优秀党员”“2007年度河南省十大杰出青年志愿者”、第七届“中国百名优秀青年志愿者”、“首届河南十大法治人物”等称号。2010年被评为“全国百名优秀志愿者”。

王晓明（1969— ） 哈尔滨市轴承集团公司质量管理部职工，哈尔滨市“红十字”志愿者服务队、无偿献血志愿工作者服务组织负责人，造血干细胞、遗体眼球捐献志愿者。从2006年7月1日开始参加无偿献血志愿服务，志愿服务时间已经累积达6300多个小时，无偿献血46多次。汶川地震期间带领志愿者到街头宣传义务献血，并与血液中心工作人员将20万无偿献血者的20万份新鲜冰冻血浆及时运往四川灾区。发展了500多名志愿者，带动更多人加入到无偿献血及志愿服务当中。积极参与社会其他公益性事业，资助汶川地震灾区两名初中生及哈市一名小学生上学，多次参与捐款捐物、帮助弱势群体活动。两次获得由中华人民共和国卫生部、中国红十字会总会、中国人民解放军总后勤部卫生部颁发的全国无偿献血“奉献奖”金奖；2007年获哈尔滨市“优秀青年志愿者”称号；2009年在哈尔滨市首届“百名道德模范”评选中被评为助人为乐道德模范。2010年被评为“全国百名优秀志愿者”。

王晓萍（1935— ） 吉林省延吉市北山街道办事处关工委副主任、街道雷锋班副班长，女。自1996年从部队幼儿园退休以来，投身于关心下一代工作委员会的工作，打造了“小公民道德教育基地”、“留守儿童爱心宿舍”、“用爱照亮了失足青年的人生”等品牌活动，帮助63名特困学生到中小学就读，协调各社区为11名孤儿办理低保，把9名儿童送进“爱心宿舍”。策划并组织开展了“居家养老服务”、“黄丝带”、“助老工程一条街”等特色活动载体和助老服务平台，在街区广泛开展爱老助老敬老活动。所在街道先后获得吉林省、延边朝鲜族自治州、延吉市老龄工作先进单位，关心下一代工作先进集体，延边朝鲜族自治州老龄工作先进街道，文化敬老先进集体，老年人体育工作先进集体，延吉市老年人文艺汇演精神文明奖，关心下一代先进党委等20余项荣誉。2010年被评为“全国百名优秀志愿者”。

王新航（1955— ） 山东潍坊市政协委员、常委，鸢都义工联合会主席。2008年开始带领鸢都义工爱心团队积极参与帮贫济困、社区服务、环保宣传等志愿服务活动。先后组织实施了400余次爱心活动，累计组织捐款200多万元，其中个人捐助财物达30余万元，结对救助帮扶困难家庭及失学孩子达到3000余人次，募捐图书40多万册，援建山区小学图书室26个，为21名病残青少年组织募捐达30多万元。提出的“巩固架构，控制规模，借助力量”的志愿组织模式，成为了山东各地义工组织学习的榜样，鸢都义工联合会连年被评为潍坊市优秀青年志愿者组织。2010年被评为“全国百名优秀志愿者”。

王星焱（1972— ） 河北保定罐头厂职工，“听王叔叔讲那最好听的故事”公益活动负责人。致力于未成年人健康成长。2006年5月13日发起“听王叔叔讲那最好听的故事”公益活动之后，便将自己的全部热情和业余时间投入进了这个活动。深入校园、社区、福利院、四川灾区，开展讲故事活动，让更多孩子在身边就可以听到好听的故事。同时利用广播、电台、网络等工具，开展给孩子讲故事的公益活动。自活动开展以来，累计投入志愿服务时间1万余小时。在他的努力和感召下，有上千人次志愿者以各种形式加入这一公益活动，为未成年人健康成长付出自己的热情和时间。他所发起的公益活动成为保定市重点扶持文化品牌和国家、省、市优秀志愿服务项目。先后获得河北省优秀志愿者、保定首届十大道德模范、保定市十大杰出青年志愿者。2010 年被评为“全国百名优秀志愿者”。

王秀敏（1948— ） 天津北辰区运管局退休干部，女。1996 年开始资助一对父亲智障肢残、母亲患尿毒症晚期的小姐妹，多年如一日，克服种种困难，生活上关心、经济上资助，使她们完成了学业，并成家立业。以讲爱心故事、播爱心种子，扬雷锋精神为主题，走进学校和社区，宣传志愿精神。在其精神感召下，4 万余名师生自发成立了“爱之翼”、“阳光社团”、“爱心社团”等爱心团队，资助贫困学生 400 余名，捐款、捐物 13 万余元。2011 年，创建“爱心妈妈王秀敏志愿者团队”，带领 50 多名爱心志愿者和她的一双儿女出资 30 多万元，资助 160 余名困难家庭、残疾人和外来务工人员家庭的孩子。2006 年当选为“感动津城——天津市十佳文明市民”，后荣获“天津市金牌志愿者”、“天津市关心未成年人先进工作者”等称号。2010 年被评为“全国百名优秀志愿者”。

王一硕（1980— ） 陕西省麟游县科技局志愿者。2003 年参加大学生志愿服务西部计划来到陕西，帮助村民开辟致富路，修订了当地中药材发展种植规划，负责全县 10 个乡镇中药材种植工作，组织当地群众按照 GAP 规范化种植中药材 3 万多亩；负责的麟游县药材公司 GSP 认证工作顺利通过，成为当时宝鸡市县级药材公司首家通过国家 GSP 认证的国有企业；先后帮助宝鸡市鑫中天制药有限公司、宝鸡仁寿中药饮片有限公司通过国家 GMP 认证；义务兼任麟游县科技局中药材种植技术顾问。多次义务为母校及多所大学和 2005 年河南省西部计划志愿者培训班作报告，激励着一大批有志青年投入到青年志愿者的队伍中来。2004 年 7 月当选“陕西省十大杰出大学生志愿者”；2005 年底被评为“河南省十大杰出青年志愿者”。2007 年被评为第六届“中国十大杰出青年志愿者”。

王远峰（1975— ） 陕西省安康市浪莎袜业个体经营者，安康市慈善协会会员，安康市义工联合会义工，西部爱心公益社安康站站长。长期参加多种形式的志愿服务活动，个人资助贫困大中小学生多名。为四川“5. 12”地震灾区和安康“7. 18”洪灾灾区组织捐款、捐物，多次到社会福利院、儿童福利院、敬老院慰问，提供志愿服务。2010 年 12 月被选评为“陕西爱心志愿者”，2011 年被评为“全国优秀志愿者”。

王自新（1970— ） 北京东华鑫馨废旧电池回收中心主任，中国电池工业协会会员，北京市环境卫生协会理事。1999 年起投身废电池回收，从当初的企业家成为一个废电池回收的环保志愿者。组建废电池回收中心和志愿者服务队，研发废电池处理技术，在获得多项环保志愿者荣誉的同时也几乎为此倾尽家产。2001 年成立了国内第一家年处理 3000 吨的废旧电池再生处理厂北京东华鑫馨废旧电池回收中心，开通“废电池收购热线”，通过热线，促使北京市年回收废电池 70 余吨，400 余万只。2003 年，组建了“绿色之星”废电池志愿者服务队。先后参加过这个组织的学生、机关干部等达 5000 多人，长期在服务队工作的志愿者有 100 多人，这支服务队走街串巷进行电池知识普及和废电池巡回展，并免费发放一万套“电池知识普及挂图”。2005 年被环境杂志评为

2004 年度国内民间十大环保人物，2006 年被评为第六届“中国百名优秀青年志愿者”。

韦昌飞（1977— ） 广西北海市民间志愿者协会第一届、第二届理事。热心公益，利用业余时间，坚持参加志愿服务，每年参加志愿者活动时间累计达 200 小时以上。扶贫济困，经常为困难群众及灾区募捐。热心教育事业，每年坚持参加协会组织的各类助学活动，并为困难学生捐款、捐物；组建拓展训练中心为 20 所学校的青少年提供免费素质提升培训。加入北海市海上救助志愿者小分队，踏入专业救人的志愿行列。2010 年被评为“全国百名优秀志愿者”。

魏刚（？— ） 心理咨询师，内蒙古心理咨询师协会副秘书长。1997 年开始志愿为社会和青少年服务。2004 年被聘为呼和浩特市小学校外辅导员。为清水河县北堡乡口子上村希望小学建立“昕语图书室”，为孩子们编写童谣，开设情景剧校外课堂。关注农民工子女入学之后心理变化，业余时间进行心理咨询和公益性讲座。2006 年成为内蒙古第三监狱的业余心理健康指导老师。创建了呼和浩特市第一家公益社区青少年心理服务中心。2009 年与呼和浩特市团委合作成立“12355”心理咨询平台服务。2009 年曾为见义勇为的安徽青年义务做心理疏导和干预，使见义勇为者的身体和心理很快得到了恢复。2010 年被评为“全国百名优秀志愿者”。

魏继中（1965—2014） 建筑工程承包商，民间打拐志愿者。2008 年被志愿者帮助一对年轻夫妇找到被拐孩子的故事所感动，从此成为一名打拐寻亲志愿者。2010 年创办公益寻人网站“老魏寻人网”。网站首页挂满了被拐儿童的信息，协助警方寻找线索，帮助社会解救被拐儿童。经常在接到举报线索后，直接去现场调查，蹲点守候人贩子，然后和当地警方合作，解救被拐儿童。5 年时间里足迹踏遍大江南北，花去自己数十多万元积蓄，成功解救 60 多名被拐儿童。就在生命的最后几天，发着高烧还坚持协助被拐儿童的家属，寻找他们的亲人。被称为“民间打拐英雄”。曾获得“致敬江西”2011 年度十大人物、2011 年江西省慈善总会星级义工、2012 温暖中国身边十大好人、2012 年江西省慈善突出贡献楷模提名等荣誉称号。2014 年 1 月 14 日，在北京接受了最高人民检察院颁发的 2013 年度正义人物奖。2014 年 1 月 20 日上午因操劳过度病逝。

魏钦海（1984— ） 大学生志愿服务西部计划志愿者。2007 年法学专业毕业后，到重庆市黔江区做法律援助志愿者，服务期间免费为弱势群体提供法律援助，解答法律咨询 600 余次，办理的刑事民事案件结案的有 33 件，为受援人挽回经济损失 10 余万，进行法律宣传和培训讲课 10 余次，制作法律文书 100 余份，编订法律援助卷宗 60 余卷。积极宣传发动大学生志愿者参与社会公益事业，2007 年发起“情系黔江”赈灾活动。2008 年成为一名大学生村官，被选派担任重庆市黔江区中塘乡迎新村党支部副书记兼团支部书记。为村里产业发展出谋献策；参与土地整改工程；牵头原志愿服务单位黔江区司法局和村里 11 户贫困户结成对口扶贫关系；协助村里做好基层矛盾化解工作；开展各种政策宣讲。2008 年被评为第七届“中国百名优秀青年志愿者”。

翁长庆（1973— ） 浙江省科技学院艺术设

计学院副教授，女。2003—2010年间自费赴云南宁蒗县大凉山彝族贫困山区爱心支教，每次支教连续两个月。支教期间，自费走访深山密林，登记贫困失学儿童、拍摄调查危房学校等资料。争取社会资金为当地16个乡修缮和重建了小学30余所，资助700多名中小学生。2007年，将宁蒗县2名无经济能力治疗的孩子接至杭州顺利完成了心脏手术，并通过媒体呼吁为孩子筹措了后期的生活经费。长期利用周末时间在杭州聋哑学校义务教授发音与绘画课程，节假日自费带领残疾孩子春游和参观，举办孩子运动会，为残疾孩子带去快乐。2010年被评为“全国百名优秀志愿者”。

吴天祥（1944— ） 原湖北省武汉市武昌区政府巡视员。1996年6月，在武昌区成立吴天祥小组后，开始志愿服务社会。每天早上6点半钟上班，接待上访群众2万余人次，督促、处理、解决了问题近万个，并把家里的电话向社会公布，方便困难群众求助。资助和关心困难群众累计40多万元，1万多名。先后照顾过30多名孤寡老人、结下了300多个帮扶对象。先后献血50多次，达10000毫升以上。4次跳入长江救人。用真情和爱心感化服刑人员，先后和武汉3000多名服刑人员签订了帮教协议，鼓励他们早日新生。退休以后继续做志愿服务工作，担任武汉20多所大专院校和一些中小学聘的志愿服务顾问辅导员，经常带着同学们到福利院、社区开展各项公益活动。参与奥运、汶川地震等，重大事件的志愿服务活动。先后荣获“武汉市特等劳动模范”、“湖北省学雷锋先进个人”， “全国学雷锋先进个人”、“全国道德模范”、“100位新中国成立以来感动中国人物之一”等荣誉称号。2010年被授予“全国百名优秀志愿者”荣誉称号。2010年被评为“全国百名优秀志愿者”。

吴岩兴（1948— ） 浙江省绍兴市越城区塔山街道花园社区居民。利用自己在部队学到的水电维修技术，义务为社区居民提供服务，成立“老吴热线”志愿者服务基金，减免为民服务中困难家庭的修理或更换材料费用，奖励优秀的志愿者，通过服务基金，支持和推动志愿服务活动。2011年被评为“全国优秀志愿者。”

吴耀环（1978— ） 福建省残疾人劳动就业服务中心职工。儿时因难产致患脑瘫残疾，大学毕业后，积极从事帮助残疾人的志愿服务。参与各种助盲、帮助智障青年等爱心活动，走访重度残疾家庭，从2003—2010年累计志愿服务时间达3400小时。开辟了多个帮助残疾人就业服务平台：建立了福建省第一个残疾人就业QQ群；组织了福建省第一次残疾人网络招聘会；建立了福建省第一个残疾人职业指导博客。据不完全统计，近5年来，先后为福建省内外1200多位残疾朋友提供了2000多个公益性岗位。先后荣获2009年“福州市首届助人为乐模范”、“第三届省优秀志愿者”、“福州市首届道德模范”称号。2010年被评为“全国百名优秀志愿者”。

吴渝（1983— ） 中华骨髓资料库造血干细胞捐献志愿者。2004年与身患白血病的美籍华人相配成功，并捐献150毫升造血干细胞送往美国，实现我国大陆骨髓造血干细胞捐献零的突破，成为中华骨髓库跨国捐献造血干细胞第一人。除了自己捐献骨髓外，还鼓励他人参与骨髓捐献，为身患白血病的农村小姑娘进行爱心募捐。2005年5月，获

"第九届重庆青年五四奖章"，2007 年被评为第六届"中国十大杰出青年志愿者"。

武振杰（1940— ） 黑龙江省大庆市萨尔图区友谊街道关工委常务副主任，女。1990 年退休后，热心于开始专注公益事业，积极投身志愿服务活动。组建了 100 多人参加的"武大娘志愿服务站"，共为居民解决各类困难 100 余件，担任公交等多个行业义务监督员。针对所在小区外来打工子女多，没人照管的情况，先后成立了 5 个校外辅导站，免费照顾 200 多名留守儿童。针对黄赌毒及有害网络等危害青少年心理健康现象，自费组织孩子们参加各种丰富多彩的有益活动。先后荣获"大庆市关爱标兵"、和"大庆市十大爱心人物"等称号。2010 年被评为"全国百名优秀志愿者"。

夏米力·夏克尔（1958— ） 新疆军区政治部文工团副团长，节目主持人，全军声乐表演特别贡献奖获得者，国家一级演员，新疆青年志愿者协会副会长，新疆首任青年志愿者形象大使，乌孜别克族。热心公益事业，为家庭困难大学生、贫困中小学校、患病青少年组织公益性慈善演出、捐赠活动 70 多场次，义务参加各类社会公益活动 100 多场次，捐款捐物累计金额超过 100 多万。从 2000 年春节开始，忠实履行十年走边防计划，利用每年春节全团休假的时间，赴边防一线部队的前哨班举办演唱会、座谈会。行程数万多公里，为 100 多个边防连队和前哨班举办演唱会 120 余场次，座谈会 60 余场，赠送个人 CD、VCD 专辑两万多张。荣立二等功两次三等功四次。2008 年被评为第七届"中国十大杰出青年志愿者"。

谢长江（1982— ） 湖南省邵阳市义工之家志愿者。2002 年成为当地红十字会的志愿者。曾先后在四川汶川、青海玉树、甘肃舟曲、云南盈江等地参加救灾志愿服务，为灾区募集了 36900 元善款和价值 3 万余元的衣物、药品等，参加现场抢救伤员 200 多人。2008 年，在邵阳市发起成立了"义工之家"，通过 QQ 群，发起了多次扶贫、救灾、支教、献血等公益活动，曾成功帮助一位车祸受伤者找到稀有的 RH 阴性血的志愿献血者。2010 年被评为"全国百名优秀志愿者"。

谢重新（1974— ） 甘肃定西县巉口中学教师，甘肃省定西县中学扶贫接力志愿者。1993 年 6 月从兰州大学毕业后，被分配到甘肃省大水市北道区人大办公室工作。1994 年 12 月参军入伍到新疆军区某部。1998 年 1 月退伍后，报名参加了甘肃省首届"青年志愿者扶贫接力计划"来到甘肃定西县峡口中学任教，并连续三年参加"扶贫支教计划"。在支教期间，自费给学生买文具订报纸，资助了十几个贫困学生，还完成了《宽式语文教学法》、《语文教学中音乐、美术的运用》、《问题作文多体裁写法训练》、《情景教学法》等几项专题研究。连续两年被评为学校的优秀教师。2001 年被评为第四届"中国十大杰出青年志愿者"及"中国青年志愿服务金奖"奖章获得者。

熊国柱（1978— ） 东莞市环保局环保宣教中心主任、广东省东莞市志愿者协会副秘书长、东莞环保志愿服务总队队长。1997 年开始参与志愿服务，发起保护红树林行动。连续五年发起回收月饼盒活动，回收 90 多万个月饼盒，回收款项用于救助地中海贫血患病儿童。连续五年发起春风护花行动，把市民春节过后丢弃的年花进行花、泥、盆分类回收利用，回收年花超过200吨。发起“善用资源，爱心赠书”旧书回收活动，回收超过数十吨的旧报纸、回收数万册市民家中尘封的图书，把募集的旧书送至云南普洱、广西宁明、龙胜等贫困山区，建起了7所爱心图书室。被誉为“东莞破烂王”。发动城市学生与山区贫困学生结对帮扶，先后组织捐助贫困地区四百多名的失学儿童。义务担任多所中小学的环境教育辅导员，开展环境教育，提升学生环保意识，受教育学生超过10万。个人连续13年参与志愿服务，服务时间超过6000小时，影响超过100万的市民参与环保行动。2007年12月获广东省志愿服务20周年个人银奖。2010年被评为“全国百名优秀志愿者”。

熊宁（1978—2008） 陕西省兵器工业管理局家属院居民，陕西省西安市支教志愿者，女。热心公益事业，长期在儿童福利院做义工，先后4次前往青海玉树藏族自治州参加志愿服务活动。2008年青海遭遇罕见雪灾的消息后，立即发动身边朋友捐款捐物，还到多家企业开展募捐。3月2日，将救灾物品送往灾区。在平均海拔4000米的玉树州玉树县隆宝镇，冒着零下十几摄氏度的低温，忍着强烈的高原反应，走访受灾村庄，发放衣物、冻疮药等急需物品。3月10日，在前往西宁商谈支教事宜的路上，行至玛多县时不幸遭遇车祸去世，年仅30岁。被追授为陕西省优秀青年志愿者、青海省优秀青年志愿者、中国杰出青年志愿者、中国青年五四奖章、全国三八红旗手。2010年被评为“全国百名优秀志愿者”。

徐本禹（1982— ） 共青团湖北省委学校部副部长，省学联副秘书长，贵州省大方县大水乡华农大石希望小学名誉校长。自幼家境贫寒但自强不息。大学本科期间，用勤工助学的微薄收入和刻苦学习所得到的奖学金，先后资助多名经济困难的同学，并积极为社会公益事业捐款。2003年考取华中农业大学农业经济管理专业硕士研究生却放弃攻读研究生的机会，去贵州省大方县大水乡狗吊岩村岩洞小学和大石村大石小学支教。支教期间每月从微薄的生活补助中节省出一半的钱，用来资助当地孩子上学。事迹经媒体报道后，社会各界伸出援助之手，使当地教育条件迅速得到改善。2005年，返回华中农业大学读研，和志同道合的大学生一起成立了红杜鹃爱心社，为贵州近20所中小学建立了图书室。2007年作为中国青年援外志愿者到津巴布韦进行为期1年的志愿服务。事迹被国内中央电视台、《中国青年报》、人民网等国内知名媒体报道。获华中农业大学杰出青年志愿者标兵、贵州省毕节市优秀共产党员、2004年“感动中国”年度人物，中国第18届十大杰出青年，第十一届中国青年五四奖章等荣誉。2008年被评选为第七届“中国十大杰出志愿者”。

徐尔铸（1936—2013） 江苏省南通市崇川区北濠桥东村居民，南通江海志愿服务站站长。原为南通市青年宫副主任，从事青少年教育工作45年。1998年3月，退休后担任江海志愿者服务站站长，与年轻的志愿者一起深入社区帮贫扶困、进入家庭助老助残、走上大街排忧解难，联系志愿者提供上门服务2.5万人次，接待来访1万多人次。事迹被人民日报、新华社、中央电视台《焦点访谈》等多次报道。曾获得首届全国道德模范提名奖、江苏省道德模范荣誉称号。2002年12月，以67岁高龄被破格授予“中国青年志愿服务金奖”。

许朝山（1964— ） 广西心理咨询专业委员会专业委员，柳州市心理咨询协会副会长，柳州市肿瘤医院专职心理医生，柳州市12355青少年心理维权热线首席志愿者，女。2005年7月成为柳州市12355青少年服务平台第一位心理咨询志愿者，并担任12355热线邮箱主持人。到2011年共接待12355热线电话求助1000多人次，累计3000多个小时；回复693封来信，约20多万字。义务为十多所中、小学校师生及家长进行心理健康辅导50多场，受众达8000多人次。2008年5月参加广西12355青少年心理康复专家服务队，奔赴四川绵阳，针对性地对灾区40多名少年儿童进行心理健康辅导，并对安置点的数十名志愿者进行了灾后心理援助工作方法的培训。2011年被评为“全国优秀志愿者”。

许振珊（1952— ） 山东省烟台渔业公司退休职工，烟台市五星级义工，女。虽然是靠微薄退休金生活的低保户，但带着智障残疾儿子在2006年成为慈善义工，开始了几乎全职的义工生涯。白天帮扶、慰问，晚上在网上联络志愿者、组织活动，平均每天都在10小时以上。为了摸清县市区孤寡老人的情况，她用两年时间走遍了烟台所有县市区。帮助困难群众，为白血病女孩义卖，并多次为困难群众无偿捐款。周末组织义工参加擦路边的护栏、去公园捡垃圾等活动，看护慈善义工林。被群众称为“月亮姐姐”，并成为烟台慈善义工的代名词。2010年被评为“全国百名优秀志愿者”。

亚力坤·奥斯曼（1964— ） 乌鲁木齐海关稽查处副处长、一级关务督察，维吾尔族人。2008年1月，亚力坤·奥斯曼正式开始志愿者工作，组建了乡村校园志愿者服务团队。最初主要是在熟人、朋友中发展成员、寻求赞助资金。2008年8月在他的倡导、策划和努力下，乡村校园志愿服务的中文、维文、英文网站相继投入运行，从而使志愿者的公益服务理念得以在更大的范围内迅速传播，汇集了更多志同道合的志愿者到这个团队中来。2009年12月5日，乡村校园志愿者被新疆维吾尔自治区团委，新疆志愿者协会授予“十百千”优秀志愿服务团队。曾荣获新疆10佳最具爱心慈善个人荣誉称号。2010年被评为第八届“优秀青年志愿者”，2011年被评选为“全国优秀志愿者”。

严意娜（1984— ） 浙江通标标准技术服务有限公司宁波分公司职工，女。2009年10月，赴甘肃省定西市陇西县宏伟乡贾家凸小学支教，在宁波东方热线论坛上发表《在黄土高原的支教生活》，真实反映支教学生的艰辛生活，打动了众多网友，为宏伟乡15所学校的2000多名贫困孩子捐赠了4000多公斤爱心物资。2010年1月，甘肃支教归来后，通过媒体让宁波爱心市民与陇西100多名贫困生结对。在宁波募捐筹款117万为陇西县的跋山涉水上学的山区孩子建造了一座“爱心桥”。2011年5月，与宁波国家高新区相关部门组成“严意娜爱心接力团”，前往陇西县走访被列为重点危房的学校，确定了重建菜子镇先锋小学的项目。先后获得了“浙江省杰出志愿者”、2010“浙江骄傲”年度最具影响力人物、浙江省杰出青年、浙江省优秀共产党员等荣誉称号，2010年7月入选中国好人榜，2011年9月获得第三届全国道德模范提名奖。2011年被评为“全国优秀志愿者”。

杨冬梅（1974— ） 邯郸市青年扬帆助学协

会会长、邯郸市网络志愿者协会理事长、呆呆爱心社社长、第十届河北省青联委员，女。从2004年以来，以“杨呆呆”这一网名频频出现在各大网站上，借助网络平台组织爱心捐助和社会公益活动。常年关注福利院孤寡老人和残障儿童，帮扶贫困失学儿童，组织实施“寒窗心暖”助读计划，已使30多名贫困学生重返校园；为白血病患者发起爱心接力捐助活动，成功救助了两名白血病患者；心系军营，为当地武警战士送去多次爱心慰问演出；热心公益事业，带头铲除外来入侵植物黄顶菊、发起“公交让座，从我做起”活动、为多位迷恋网络辍学少年进行心理帮助、为校园暴力事件受害者提供法律援助、为四川地震组织邯郸市第一批民间捐助。先后荣获“感恩邯郸十大热心人物”、“河北省十大热心肠人物”、“爱心大使”等荣誉称号。2010年被评为“全国百名优秀志愿者”。

杨浩然（1970— ） 澳门科技大学民商法学博士，澳门青年志愿者协会创会会员、澳门志愿者总会理事长。成功策划多个志愿者活动，参与和领导了世界女排大奖赛、澳门国际龙舟赛和澳门国际马拉松赛等大型国际体育比赛和活动的志愿服务工作，开展了一助一老人服务、独居长者家居清洁服务和定期健康检查等服务工作。除参与澳门志愿服务工作外，每年还带领澳门的志愿者前往大陆贫困地区进行扶贫、义医和义教活动，以澳门社会服务界代表团团长身份去北京、内蒙古、辽宁和云南等地进行交流，撰写了《新时代最可爱的人——澳门青年志愿者》一书。

杨明媚（1972— ） 福建省工商局干部，女。2001年，在家人的支持下以个人名字申请设立助学专项基金，旨在帮助本省当年已考取大学而家庭生活特别困难的学生完成学业。2002年5月经省民政厅批准，“福建省律师协会明媚助学专项基金”成立，2002—2006年，专项基金每年资助6名大学生，每个大学生资助费用15000元。从2007年开始，每年资助大学生增加到10名。这些受资助的孩子就读于中国政法大学、南开大学、厦门大学等全国各地的院校。截止2010年，被资助的大学生已达到70名。2010年，再次捐出多年的十多万元积蓄在四川省甘孜藏族自治州石渠县奔达乡阴巴村捐建一所希望小学，为60多名孩子解决了上学难问题。2011年被评为“全国优秀志愿者”。

叶榄（1974— ） 河南省潢川县绿色志愿者协会志愿者，希望工程劝募宣传员。1992年中国青少年发展基金会发起希望工程后，辞去工作单骑走遍全国，宣传希望工程。1993年元旦，先后骑单车到达湖北、云南等十余个省份，深入到贫困山区考察走访失学儿童，走向工厂、企业，为希望工程劝募。用劝募善款30余万元，修建了两所希望小学，资助失学儿童300余名。1997年，又开始投身于环境保护宣传教育事业，发起了以“人人环保，天天环保”为主题的“绿色希望行”活动，主要去校园向青少年宣讲环保知识。投身希望工程宣传和环保宣传教育活动后，行程达13万公里，遍及31个省区市，发送宣传品30多万份，宣讲人数达到100多万。协助家乡县团委成立绿色志愿者协会。多次获得省、市各级党和政府的嘉奖。获得过“河南省十佳团员”、“河南省希望工程建设奖特别奖”等荣誉称号。2006年被评为第五届“中国十大杰出青年志愿者”。

叶明（1972— ） 湖北江汉油田荆州采油厂

采油二队维修工，“叶明爱心社”副会长、“情暖荆楚志愿者”社团发起人。多次义务献血，自1992年参加义务献血活动以来，从未间断，累计义务献血25000毫升。组建爱心社以来，共资助76名失学儿童，帮助他们重返校园。2006年为保护国家财产见义勇为，挺身而出制止歹徒的不法行为，在与歹徒搏斗时全身21处被锯伤，右手指蹼被锯伤露出手掌骨，头顶伤口深及骨膜。先后被评为江汉油田“2006青年年度人物”，湖北省“扶贫济困模范”。2008年被评为第七届“中国百名优秀青年志愿者”。

叶如陵（1940—　）　北京市朝阳区香河园街道西坝河西里社区党委委员，享受国务院特殊津贴的医学专家，援藏工作31年，曾任西藏拉萨市第一人民医院副院长。退休回到北京后，利用自己掌握的医学知识为社区居民提供志愿服务，无偿为社区居民看病咨询，走访“空巢老人”，到机关、学校、企事业单位、工地等义务培训卫生救护和健康知识。2006年，成为社会志愿者，担任朝阳区“急救培训中心首席讲师”，为北京奥运会、残奥会培训急救员，讲课过百场，培训人员过万名。2008年奥运期间，全程参与奥运会、残奥会的医疗和安全保卫工作。2009年国庆60周年期间，参与社区安全保卫工作，并接受邀请和20名奥运冠军一起，乘坐“北京奥运彩车”接受检阅。2010年，先后参加了上海世博会志愿服务、广州亚运会志愿服务和北京市“群众心目中的好党员”事迹巡回讲演等活动。获得全国优秀共产党员、北京奥运会残奥会志愿者先进个人、北京市“群众心目中的好党员”、中国红十字志愿者之星、北京十大志愿者、北京社区志愿者之星等荣誉称号。

尹春龙（1987—　）　四川雁江区中和镇罗汉村二组村民，汶川大地震志愿者。2008年5月12日汶川地震发生，后马上报名参加了志愿者赶到了都江堰，徒步10小时进入震中映秀。在废墟中连续刨了40个小时，用双手挖开一条生命通道；营救了被困整整150小时女职工虞锦华。在营救被困179小时的映秀镇最后一个废墟幸存者时，用24个小时在废墟下用双手挖出一条近8米长的通道，为成功营救创造了条件。5月31日，邱光华机组坠机的噩耗传来后，孤身在大山里搜寻十天十夜，寻找失事飞机，并与当地民兵一起，将机长邱光华的遗体抬出了最艰难的路段。先后被授予“全国抗震救灾模范”、“全国抗震救灾英雄志愿者”等荣誉称号。2008年被评选为第七届“中国十大杰出青年志愿者”。

尹建敏（1960—　）　甘肃省兰州市红古区鑫源天然气有限公司董事长，女，满族。在努力发展壮大企业规模的同时，不忘回馈社会，慷慨参与公益事业，承担社会责任。扶贫济困，每月按时慰问海石、窑街地区的19户困难户；常年资助红古区养老院；组织公司志愿者长期结队帮扶空巢老人。助学助残，救助困难失学儿童，设立奖学金，助学金帮助贫困学子；每年为残疾人进行捐助，并逐一到残疾人家庭走访。多次为灾区捐款，汶川地震、玉树地震、舟曲泥石流等自然灾害发生后，第一时间发动员工捐款5万多元。先后获得甘肃省非公有制经济组织优秀企业家、甘肃省巾帼建功标兵、兰州市十佳道德模范、兰州市敬老助老模范、兰州市三八红旗手等荣誉称号。2010年被授予“全国百名优秀志愿者”荣誉称号。

尹维增（1969—　）　吉林省德惠市岔路口镇

村民，吉林省德惠市岔路口镇农民义务消防队队长。2002年，出资成立了义务消防队，义务为百姓灭火，不计报酬。为了便于群众及时报警，将自己的手机号、义务消防队的报警电话号印成名片，通过乡政府向社会公布。通过实地考查，制作了一张适用农村消防专用的地图，确保了消防队就能在最短时间内到达火灾现场和及时补水。为百姓义务扑灭大小火灾676起，为百姓挽回直接经济损失2600余万元。先后获得感动吉林十大新闻人物、吉林省十大杰出青年志愿者、长春市十大杰出青年志愿者、全国劳动模范、吉林省消防工作先进个人等多项荣誉。2008年被评为第七届“中国百名优秀青年志愿者”。

于海波（1970—　）　吉林长春心语志愿者协会会长，心语热线主持人，女。患有先天性脆骨症，脊柱侧弯，严重影响发育和身体健康，身高和体重都大大低于常人。以坚强毅力自学了汉语言文学、心理学等专业课程，取得大专学历。1995年5月开始参加志愿者服务，开通长春市首部无偿心理咨询热线——心语热线，累计接听咨询电话36000余人次；设立“心语信箱”，回复7000多封咨询信件。1996年8月18日，创建了长春心语志愿者协会，吸引了10000多名志愿者参加这一工作。2000年、2001年被共青团中央评为“全国百名青年志愿者”、2005年获得中华人民共和国民政部的“中华慈善奖”、2008年获联合国残疾人事业贡献者嘉奖。2011年被评为“全国优秀志愿者”。

余洪芝（1947—　）　湖北省武汉市江岸区百步亭社区居民，女。2004年带领居民成立了志愿服务“关爱小组”、“胖大姐志愿服务队”，与残病人家庭、困难家庭、空巢老人结成关爱对子。十几年坚持为每位过生日的老人送去一碗长寿面。走访社区新婚、孕、产妇所有家庭，为妇女居民答疑解惑；调解家庭、邻里纠纷，让居民矛盾不出社区。写了记录8000小时志愿服务的9本“雷锋日记”，传播志愿服务精神。2011年被评为“全国优秀志愿者”。

余新慧（1967—　）　珠海市第十中学教师，广东省志愿者联合会理事，广东省珠海市青年志愿咨询服务中心咨询员。1995年珠海市青年志愿者协会成立之初，加入志愿者行列，成为青年志愿咨询服务中心的义务心理咨询员。参加珠海市卓业家庭教育和心理健康教育咨询服务中心家长热线、珠海市香洲区甄贤学校中小学生心理健康咨询热线的咨询工作，每周为三个咨询中心义务工作的时间达十五六个小时。通过热线电话倾听市民的各种困惑，帮助他们解决一些心理上的问题，通过家长热线，帮助家长提高教育孩子的水平。通过热线结识并帮助弱势群体。先后荣获“珠海市十大杰出青年志愿者”，、海市“五四”纪念奖章、“广东志愿服务20周年最高荣誉奖”等荣誉。2010年被评为“全国百名优秀志愿者”。

余瑶（1979—　）　福建省厦门市湖里区徐厝社区志愿者，女。大学时成为志愿者，多次组织、参与儿童福利院义工活动。参加工作后加入社区志愿者组织，多次发动身边的同事、朋友参加社区敬老院周末义工活动，为孤寡老人提供心理疏导；参与环保志愿活动，到鼓浪屿等景区捡拾垃圾；定期看望、赞助贫困残疾学生；参加厦门各大型商场的限塑宣传和发放环保袋活动。2008年，辞去外企戴尔（中国）有限公司工作，报名志愿者国际交流中国项目

（GX 中国），并作为全国社区志愿者的唯一代表，远赴英国参与志愿者活动交流，担任中国志愿者团队队长，积极与当地国会议员对话，宣传、推广中国志愿服务经验。2010 年被评为“全国百名优秀志愿者”。

虞德才（1967— ） 安徽省立医院普外科主治医师。参加安徽省首批青年志愿者卫生扶贫接力计划，带领队员深入国家级贫困县金寨县油坊店乡卫生院，成功开展手术 160 例，抢救急危病人 80 名，出诊 40 次，足迹踏遍 50 多山村，受益群众上万人；举办专题讲座，开展当地医护人员业务培训 30 次，并为乡卫生院争取到了价值 5 万元的医疗设备的援助，解决了乡卫生院设备紧缺的困难；与队员们首创对口资助 5 名特困患者，个人捐款近千元。被评为“安徽省优秀志愿者”。2001 年获得“中国青年志愿服务金奖”并被评为第四届“中国十大杰出青年志愿者”。

袁日涉（1993— ） 北京小志愿者，女。从小热心环保发明创造，积极从事各类志愿服务。2000 年开始回收废旧电池，截止 2008 年共回收 10 万多节电池。尝试用环保蚯蚓吃生活垃圾，累计消灭垃圾 700 多斤。发起成立了“一张纸”环保小队，回收废纸达 65 万多张。组织什刹海放生小鸭子活动；发起设立“儿童环保节”，提案曾被 2 次带到“两会”。“非典”期间建立“袁日涉抗击非典网站”，为抗击非典的宣传作出突出贡献；2004 年组织参加了种植“少年先锋林”活动。2008 年北京奥运会期间，加入到奥运城市志愿者的行列当中。小论文《大蒜日记》，成为中国第一篇研究电池污染环境的儿童环保论文；“一张纸”环保小队获得福特汽车全国性的环保大奖——福特汽车环保奖。先后被评为北京市“少先队员标兵”、第八届“北京市十佳少先队员”、第九届“全国十佳少先队员”、“2004 年度中华十佳小记者”2007 年“感动东城”十大人物。2008 年被评为第七届“中国十大杰出青年志愿者”。

袁正平（1950— ） 上海市志愿者协会癌症康复志愿者总队队长。身患恶性淋巴肉瘤，创造了康复 30 年的生命奇迹，成为中国抗癌领域里的领军人物。在全国率先创建了拥有万名会员的癌症患者康复组织，创办了已有 4000 多名学员结业的癌症康复学校、9 个按病种分类的癌症康复活动指导中心、5 家医患结合的“癌症患者资源中心”、30 多位癌症患者的“生命之光”艺术团和 500 名癌症康复者参与的志愿者服务队，实行市、区、街道癌症康复和志愿服务的三级管理网络。先后组织了“京津沪抗癌明星评选”活动，17 个省市 2000 名癌症患者参加的“首届癌症患者奥林匹克运动会”和进入吉尼斯纪录的 4000 名癌症患者“生命的奥运”体育运动会。组织 198 名癌症患者成立“奥运助威团”，海峡两岸联手的“生命的乐章”文艺晚会，印度洋海啸“特别的爱”赈灾义演，组织 1 万多名会员接待全国 3800 多名癌症患者“牵手看世博”等大型活动。2008 年评为上海市精神文明建设优秀组织者、获 2008—2009 年度上海市十大杰出志愿者称号。2010 年被评为“全国百名优秀志愿者”。

运建立（1944— ） 湖北省襄阳市环境保护协会（绿色汉江）会长，女。2002 年，发起成立了湖北省首家民间环保组织——绿色汉江，拥有团体会员 60 个，个体会员 160 人，志愿者 3000 多人。免费培训了 1500 多位环保骨干；在校园、农村、社区宣讲500多场次，向近30万人面对面进行环保宣讲和图片展示；深入汉江及其支流沿岸的污染源头调查300多次，行程42000多公里，先后写出《汉江襄樊段水污染调查报告》等多份调查报告、提案，解决汉江流域污染大小案例100多起，其中唐白河跨界污染问题引起政府高度重视并部分解决，成为业内公认的“民间推动解决跨界河流污染”成功案例，获得了国际资源组织、世界银行中国代表处、全球绿色资助基金（GGF）、加拿大“公民社会项目”、NRDC等资金援助。2011年被评为“全国优秀志愿者”。

泽仁娜姆（1982— ） 四川省甘孜州志愿者，女，藏族。2002年加入志愿服务队伍，参加中国暨香格里拉海螺沟国际狂欢节。2003进行车祸义务抢险。2004年利用网络力量号召各地爱心人士进行捐资助学十余次，共筹集价值约4万余元的书籍、学习用品、生活用品。2005年代表志愿者参加全州首届导游讲解比赛、旅游发展大会以及川滇青藏艺术节，并召集网络志愿者为新都桥藏文中学办起了图书库。2006年参加康定情歌艺术节，带领青年志愿者在318国道中断的时候协助交管部门疏通318国道线。2008年汶川地震时组织一支干练的“黄丝带”志愿者队伍，在康定筹集善款50万余元以及30多万的物资。2009年，建立爱心书屋。2011年，携手成都的4家爱心企业，与甘孜州农民工子女、福利院、身患残疾的孩子对接送上衣服、现金、药品共计30多万元。累计服务时间超过4800小时。2007年获得“四川省第二届十大杰出志愿者”称号，2011年被评为“全国优秀志愿者”。

曾敏杰（1975—2010） 家·盒子文化有限公司执行董事。英国帝国理工大学毕业后，从事金融、投资行业。热衷于幼教和儿童公益事业，并身体力行投身志愿工作。先后帮助多名脑瘫儿童进行康复治疗。2010年9月发起“温暖玉树，和玉树一起过冬”活动，2010年10月27日下午5点30分，与几位志愿者前往青海玉树灾区送温暖时，在囊谦县境内遭遇车祸不幸遇难。2010年11月4日被青海省青年志愿者协会追授为“青海省优秀青年志愿者”荣誉称号。香港特区政府也对其进行了表彰。2010年被评为“全国百名优秀志愿者”。

曾世逸（1978— ） 昆明真善美文化传播有限公司董事长、云南省青基会外围志愿公益组织AA乐行工作组总监，湖南双峰人。热心社会公益，作为志愿者发起云南青基会外围志愿公益组织AA乐行工作组、润土互助工作组并兼任其首任总监。依托其创办的昆明真善美文化传播公司做了大量公益事业，策划、发起或组织过数百场公益讲座、数十次公益实践活动，包括2006年知名学者巡回公益演讲、2008年汶川地震“关爱身边灾区学子”暨百名大学生抗震救灾劝募行动、2009年“湘黔滇旅行团：重走西南联大路”大型文化公益活动（30名大学生骑车1个月穿越3500里）、2010年云南青基会“我为乡亲送瓶水”大型公益活动、“希望行动——我为山区孩子送双鞋”暨中秋徒步盘龙江、国庆徒步云龙水库等产生了广泛社会影响的活动，其所创办的组织或项目先后获得英国文化协会、南都公益基金会“南都优秀社会企业奖”，中国红十字会“李连杰壹基金影响力奖”。2010年被评为“全国百名优秀志愿者”。

曾鑫（1979— ） 北京市红丹丹教育文化交

流中心助盲志愿者，女。2005年5月，放弃中国盲人协会的专职工作，受邀成为北京市红丹丹教育文化交流中心助盲志愿者，直接参与了"残疾人公民意识培训"、"视障青年广播节目采编播培训"、"心目图书馆"、"助盲志愿者管理体系建立"等重大项目的设计、实施及推广工作，参加了"光华德鲁克自我评估、领导力"、"杨澜阳光基金会资助的北大阳光NGO能力建设"等专业化的培训，2008年取得中级社会工作师证书，2010年3月参加中英社区志愿者交流项目，2010年8月在日本盲文图书馆研修一周。在自己视力极度下降后，抓紧时间到盲校学习了专业盲文知识，掌握了英文盲文和中文盲文的书写。2011年被评为"全国优秀志愿者"。

张宝艳（1962— ） 吉林省通化市"宝贝回家志愿者协会"理事长，女。2007年4月与丈夫自费创办了国内第一个面向被拐、流浪乞讨儿童的公益寻子网站——"宝贝回家寻子网"。网站设立24小时线索举报热线，专门帮助被拐卖、被遗弃、走失的流浪乞讨儿童回家。网站开通不久，辞去工作，成了一名全职志愿者，全身心投入寻子网管理。每天早上六七点上线，维护网站内容，搜集发布求助信息。每天接打几个小时的电话，每个月电话费少则四五百元，最多达2000多元。与丈夫先后60余次南下北上到解救孩子的第一现场。2008年1月，夫妇俩在通化注册了民间公益组织"宝贝回家"志愿者协会，成功解救被拐骗儿童上百人，组织志愿者、家长配合警方抓获人贩子70多名。荣获"2009年中国十大法治人物"、第七届"感动吉林"十大年度人物、2009年度"感动吉林十大民生人物"等称号。2010年被评为"全国百名优秀志愿者"。

张大诺（1972— ） 北京市西城区志愿者联合会培训导师，北京西城区生命关怀（临终关怀）咨询服务中心副主任。2003年开始，在北京松堂关怀医院、北京肿瘤医院开展临终关怀志愿服务10年，每周的服务时间将近10个小时。一边做志愿服务，一边总结服务高危老人的方法与技巧，完成《中国式临终关怀志愿者实用读本》一书，该书成为临终关怀志愿者培训的重要教材。在高校机关企业部队做助老演讲20余场，为这些单位多个临终关怀公益团队提供公益指导，宣传"服务高危老人"理念。先后获得"北京十大志愿者"、"北京奥运会残奥会志愿者先进个人"、"2009首都公益慈善优秀个人"、"全国十佳生命关怀志愿者"等荣誉称号。2010年被评为"全国百名优秀志愿者"。

张更大（1938— ） 上海市闵行区"保护母亲河"志愿服务队的队长，"保护母亲河"志愿者。1996年从上海焦化有限公司退休后，接过由已故环保卫士王显明老人创立的"保护母亲河"黄浦江打捞垃圾的志愿者队伍，坚守在黄浦江吴泾公园段江边，带动社会各界志愿者及其全家节假日义务打捞垃圾。所带领的"保护母亲河"志愿者服务队先后曾被授予全国"明月卫士奖"、"上海市精神文明建设十佳好人好事"等荣誉称号。2011年被评为"全国优秀志愿者"。

张海峰（1985— ） 重庆市江北区绿叶义工志愿服务队队长，郭明义爱心团队重庆大队绿叶分队队长。因家庭贫困，高中辍学打工，在好心人资助下完成大学学业。从此用爱心回馈社会。大学期间就热心公益，发起"关注贫困专科学生"活动，救助70多名大学生，为超过100名大学生找到了兼职工作；为患尿毒同学募集善款5万余元。大学毕业后，放弃收入不薄的工作，专职做义工。2004年开始创立QQ群，组织爱心人士开展志愿服务活动。2009年4月在江北区合法注册成立了江北区绿叶义工志愿服务队（现为重庆市江北区绿叶义工志愿者协会）。组织了“一对一山区爱心助学计划”已帮助贫困儿童1700余名，其中本人长期资助了10名贫困儿童；“山区营养午餐计划”为600余名贫困小学生送去了13万元现金及物资援助；“长江环境保护”；“为山区儿童送1000双水靴”；“为100个贫困大学生找暑期工作”等公益活动。协会由最初30几名成员的草根组织发展壮大到拥有7万多志愿者的社会团体。2010年被评为“全国百名优秀志愿者”。

张海桥（1974—　）　野生动物保护志愿者。在天津南开大学化学学院新能源所攻读硕士学位时参加了天津南开大学野牦牛青年志愿者服务队。1999年8月进入藏北可可西里无人区参加“野牦牛”反偷猎队，与偷猎藏羚羊者作斗争。8月9日傍晚，遭遇偷猎分子，在左臂被捅了一刀，左手一根掌骨被打碎的情况下，与6名反偷猎队员一起抓获了偷猎者，缴车7辆，枪8支，1万多发子弹，1061张藏羚羊皮，破获了野牦牛队建队以来最大的一起案件。回到学校后，为保护长江源环境及藏羚羊，组织京津两地保护野羚羊巡回展览和演讲，引起了社会各界广泛关注。12月成立南开大学野牦牛青年志愿者服务队，向全社会倡导保护野羚羊。2000年1—5月开展为野牦牛队募捐活动，驾驶天津市民捐赠的吉普车开往青海，沿途宣传保护野羚羊。通过实际行动向国际社会发出保护濒危动物藏羚羊，消灭国际藏羚羊羊绒非法生产销售的呼吁；组织环保志愿者之间的广泛交流，积极为藏羚羊保护寻求专项基金和国际支持。2001年被评为“中国十大杰出青年志愿者”并获得“中国青年志愿服务金奖”奖章。

张惠（1945—　）　上海奉贤区古华中学退休高级教师，女。2000年，退休后参加了市教育局“老园丁德育讲师团”，区关心下一代工委“夕阳红讲师团”，人口计生委“青春期健康”讲师团，进入学校进行人生价值观等道德教育宣讲。2004年，与区广播电台共同开办了《张惠老师谈家教》节目成为，上海市教育关工委确立的“上海市教育特色示范项目”。荣膺“上海市十大杰出志愿者”、“上海市儿童工作白玉兰奖”、“感动奉贤人物”称号。2011年被评为“全国优秀志愿者”。

张静（1979—　）　河北省石家庄钢铁股份有限责任公司天车工，石家庄“九九方舟”青年志愿者助老组组长，女。从中学开始参加公益爱心行动。工作后，每月从工资里拿出50元资助贫困女童，并利用周末时间去孤寡老人家照顾他们。为了能使全社会都来关心孤寡老人，关注助老事业，创建了“九九方舟”助老组，组织一些老人喜爱的活动。与媒体合作，宣传助老敬老，让更多的人加入到这一行列之中，助老志愿者群体从最初的3人发展到300多人，担负起了照顾50多位孤寡老人的工作。2006年被评为获第五届“中国十大杰出青年志愿者”。

张坤（1946—　）　广东省东莞“坤叔助学团队”负责人。先后当过民办教师、工人、企业干部，1987年下海经商，1988年开始助学，倾其所有参与公益慈善事业。1994年配合广东省团委及东莞市团委开展希望工程的调研、宣传、发动、实施活动，资助了近千名东莞及全国各地的贫困学生。1998 年起在湖南以“一对一”的形式持续资助湖南凤凰、广西宁明、江西寻乌及四川青川的贫困学生 2500 余名。2001 年辞去工作，专职助学，形成“物质助学，精神互动，情感培养，道德传承”的立体助学模式。2011 年被评为“全国优秀志愿者”。

张平宜（1959— ） 台湾省“中华希望之翼服务协会”执行长，女。2000 年因采访台湾麻风病疗养院而开始关注这一领域的问题。在四川凉山等地的麻风病人村的采访触动了她帮助当地发展教育的善心，遂辞去百万年薪的工作，专心投入凉山州越西县大营盘村爱心助学事业。为了让这些与世隔绝已久的孩子能尽快地融入现代社会，付出了常人难以想象的艰苦努力，筹集将近 50 万元人民币，在荒山上建成了一个个水窖，盖起新学校。2011 年获中央电视台“感动中国”十大人物。这是该奖项首次颁给台湾同胞。

张兰香（1954— ） 高级统计师，山西省太原市小店区坞城街办坞南社区主任，坞南社区志愿者队长，女。坚持多年以母亲的身份与失足孩子们结成帮教对子，用母爱让他们“浪子回头”。除用书信进行经常性的心理辅导外。每年都会带着自费购买的日用品、法律书籍等生活、学习、体育用品看望孩子们，并带动社区干部和大学生志愿者加入到对失足未成年人帮教工作中。荣获“山西省太原市第二届十大系列公德人物”、“2010 年三八红旗手标兵称号”等。2011 年被评为“全国优秀志愿者”。

张立国（1972— ） 吉林省长春市宽城区奋进乡蔡家村孙轱辘屯农民，科技扶贫志愿者。初中毕业后通过刻苦钻研，自学葡萄与西红柿立体栽培技术，并把这种技术无偿传授给当地群众。在其带动下，全省已有 500 余家农民成为这一技术的示范户，种植面积达 60 公顷，带领一大批农民走上了致富之路。事迹被《吉林日报》、《长春日报》、等多家新闻单位充分报导。葡萄种植技术获评为省级优秀成果奖，“葡萄与西红柿”立体栽培技术被吉林省农科部门立项推广。2001 年被评为“吉林省农村科技带头人”、2002 年被评为“长春市星火行动优秀个人”、第五届“长春市十大杰出青年”。2006 年被评为第五届“中国十大杰出青年志愿者”。

张立中（1983— ） 体育赛事志愿者。就读于中国海洋大学运动系时开始参与大型运动赛事的志愿服务工作，取得了突出的成绩。2005 年 5 月，参加了青岛国际马拉松赛志愿服务工作，担任核心志愿者，制定详细的《岗位细化工作安排》，快速、准确地完成了岗位分配工作。7 月报名参加了“青岛—基尔”帆船夏令营志愿者，组织其他志愿者一起制订了《营地志愿服务工作表》，随后翻译成英文版本，征求外教的意见将其完善。志愿服务工作尽职尽责的工作精神，获得外教赞许。8 月，成为了青岛奥帆委第一批前期志愿者，协助竞赛团队的组织与培训工作。主动解决培训工作存在的问题，独立制作帆船裁判培训的工作流程图，向有关部门提出建议，有效保证了培训工作稳定、有序的进行，为奥帆委其他各部志愿者树立了学习的榜样。2006 年被评为第六届“中国百名优秀青年志愿者”。

张启龙（1971— ） 贵州台江县招商局局长

助理。1999年，转让掉自家经营的餐馆与妻子携手接过扶贫接力计划“台江项目”第一期志愿者交来的接力棒，开始了在县农业局的支农志愿服务行动。与别人合作完成了农业局金秋梨基地的承包方案；协助“2900神州世纪游、贵州苗族姊妹节”组委会对服务人员进行培训；引资230万元开发县农业综合大楼；引进资金50万元建成台江塑料水管厂等。在第二期志愿行动结束后，主动申请留下继续第三棒，在县招商局继续支农接力招商引资。2001年被评为第四届“中国十大杰出青年志愿者”并荣获“中国青年志愿服务金奖”奖章。

张秋文（1984— ） 2004年大学生志愿服务西部计划志愿者，广西东兰县大学生志愿者党支部书记、服务团团长。2004年大学毕业后，谢绝企业挽留，说服父母，参加西部计划到国家级贫困县东兰县，开始为期两年的志愿服务。一年的时间，跑遍了东兰县14个乡镇147个村，走访了1200多个贫困生家庭，并通过家人、朋友及网络平台，共得到了社会各界的资助款13万多元，挽救了465名面临辍学的贫困学生，其中自己资助了4名贫困学生。为山区孩子募捐到近三吨约5200余套的衣物和一批文具、图书等。为东兰引进了总计划400万元的捐助项目。由于长期劳累，两次因疲劳过度昏倒在志愿服务的岗位上。2005年被广西、江西分别评为优秀大学生志愿者，全国青少年“我身边最感动的人”全国唯一一个西部计划志愿者进入候选人。2006年被评为第六届“中国百名优秀青年志愿者”。

张瑞平（1970— ） 重庆市交通广播爱心车队志愿者。2007年9月自愿加入重庆交通广播爱心车队，参与策划、组织、实施了重庆交通广播爱心车队各项大型社会公益活动。2007年9月参加“爱心送高考”、九九重阳节“新重庆喜看老重庆”大型社会公益活动。2008年参加爱心车队“抗千年雪灾、情系重庆”、“5·12”汶川特大地震“抗震救灾，奉献爱心”等公益活动，募集善款。2010年2月在对开县大进镇长城村“扶贫济困·千里送温暖”活动中，积极组织、捐款、实施活动，并同另四名重庆交通广播爱心车队爱心志愿者承诺资助认养一特困户家庭五岁小女孩黄友洁学习费用至成年。2010年4月，志愿参加为“玉树地震”赈灾献爱心社会公益活动并捐款。2010年8月，组织120多名重庆交通广播爱心车队爱心志愿者，爱心献血，无偿向血液中心献血达40000毫升，及时缓解血库用血之需。2011年被评为“全国优秀志愿者”。

张艳红（1980— ） 天津市第100中学教师，女。2006年，报名参加造血干细胞的血样采集工作，登记正式成为中华骨髓库的志愿者。2007与上海一位白血病小患者配型成功，两次成功捐献210毫升造血干细胞的血浆，并为此推迟婚期，使患者获得重生。每年从不高的工资里拿出500元钱支助贫困学生，帮助他们完成学业。事迹被《天津日报》、天津电视台等近十家新闻媒体多次报道。先后获得天津市红十字“博爱奖章”、“天津市五一劳动奖章”荣誉称号。2008年被评为第七届“中国百名优秀青年志愿者”。

张耀明（？— ） 广东省惠州“阳光公益联盟”负责人。2000年开始参与贵州等西部山区助学、助困等公益的活动，2004年开始在广东惠州当地组织各类志愿活动；2005年底参与和组织了惠州市民间义务反扒队并担任队长，协助警方抓获了几百名盗、抢犯罪嫌疑人。2006年7月，协同各地志愿者，组织运送了三批次救灾物资到广东韶关和江西上犹受“碧利斯“等强台风袭击的受灾地区。2006年8月创立惠州民间志愿者组织“阳光公益联盟”，成为惠州市民参加公益活动的一个重要桥梁和平台，组织扶贫、助学、关注弱势群体、环保、治安、交通疏导、应急救援等各类公益活动500余次，参加群众上万人次。曾获得过“四川省抗震救灾模范”、“广东省志愿服务先进个人”、“惠州市十大感动人物”等光荣称号。2011年被评为“全国优秀志愿者”。

张轶超（1977—　）　上海久牵志愿者服务社创始人和负责人。常年致力于为来沪务工人员子女提供免费课外教育服务，激励了数百名优秀年轻人先后加入到志愿者队伍中来。创办了上海久牵志愿者服务社。在2010年3月第一财经与唯众传媒联合举办的“第二届中国行业领袖论坛”中获得“中国最具公益人格创业新锐”奖。2010年10月，由于久牵在世博期间积极为农民工子女创造各种参观世博的机会，获得“2010年上海世博会先进工作者”称号。2011年被评为“全国优秀志愿者”。

张毅（1956—　）　北京医院妇产科主任，女。以妇产科专家的身份参加了共青团中央、卫生部组织的青年卫生志愿者西部服务团，赴青海大通县人民医院扶贫半年。期间先后开展了20余种医疗手术和10余项检查项目，进行了妇科手术113例，其中恶性肿瘤的根治手术8例，腹式子宫切除术20例，阴式子宫切除术60例，并把一些先进的手术方法和技巧传授给了当地同行。扶贫结束后继续带领妇产科立足专业服务群众，组织下乡普查义诊活动。2001年被评为第四届“中国十大杰出青年志愿者”并荣获“中国青年志愿服务金奖”奖章。

张云峰（1975—　）　湖南省衡阳师范学院团委书记。专注大学生的心理健康。1996年自费开办“黑眼睛青春热线”，每天义务为大学生朋友提供心理咨询；2000年在学校创立“成功教室”，免费为大学生提供成功心理素质培训；2004年成立“守望者心理工作室”，义务为大学生的心灵成长而默默工作；2005年上学期义务推出“云峰开讲・心灵鸡汤”系列心理健康教育讲座，下学期又推出了“讲游大学・心向奥运”志愿之旅，前往全国高校进行“大学生心主张”的义讲活动。2005年被人民网、大学生杂志评为“大学生心目中魅力人物”，被大学生誉为“最了解我们的人”、大学生的“心灵讲师”、中国教育界的“卡耐基”。2006年被评为第六届“中国百名优秀青年志愿者”。

张志勇（1976—　）　辽宁省沈阳航天誉兴机械制造有限公司职员。从2004年开始参加红十字志愿者的爱心活动开始，累计参加志愿者服务时间超过2500多小时。创办了沈阳青春志愿者协会，成立了康平服务队、手语服务队、律师服务队、环保服务队和各大学服务队、烛光志愿者服务队等爱心组织。志愿服务领域包括敬老、助残、关爱农民工及农民工子女、关爱走失儿童、先天心脏病孩子等。2008年被授予中国红十字志愿者之星荣誉称号；2009年被授予沈阳十佳环保志愿者称号。2011年被评为“全国优秀志愿者”。

章欢芳（1983—　）　福州市鼓楼区鼓西街道党工委委员、后县社区党委书记、居委会主任，福建省福州市鼓楼区首批大学生社区党务工作者，女，中共党员。牵头创办了全省首家社区“爱心银行”，每月都从不高的工资中拿出100元捐给“爱心银行”；组织成立社区居家养老服务站、“小学生四点钟学校”，开展“志愿者1357计划”，整合成立社区“爱心之家”，成立居家养老“爱心巡视队”、“老爸义工队”、“妈妈鹊桥队”、“红帆义学队”等广受居民欢迎的志愿服务队和10支群众文艺志愿者队伍。经常为社区青少年义务教英语；利用节假日参加福建“简单助学”志愿者团队活动，深入福州周边山区查访贫困儿童，并资助2位困难小学生上学。2011年被评为“全国优秀志愿者”。

章金媛（1929— ） 江西省南昌市第一医院护理部主任，女。2000年创办志愿护理服务中心及章金媛志愿服务团，拥有27个志愿服务小组，3500名红十字志愿者，每年参加志愿服务达千余小时，总服务时数超过19800小时，其团队为南昌市、县、区上百个社区提供志愿服务40余万人次。把自己的护理专业知识扩大到教育培训、临床社会实践等社会领域，创新了医院—社区—家庭为一体的志愿服务模式2003年，获得国际护理界最高荣誉“南丁格尔奖章”；2005年，创办和领导的江西省红十字志愿护理服务中心获得民政部首届“中华慈善奖”；2007年，在中国红十字会总会的支持下，倡议成立“中国红十字会南丁格尔志愿服务总队”。2010年以自己的养老金在民政局注册了全国第一个专业从事护理志愿服务的NGO组织“南昌南丁格尔志愿服务团”，成员包括数名外籍人员在内共3500多人，有28个基层组。2012年获得首届“中国红十字志愿服务特别贡献奖”。

赵翠娥（1962— ） 宁夏银川市妇幼保健院病理语言师副主任医师，女。2006年在一场车祸生还后决心用以后的生命回报社会，加入了宁夏红十字会志愿者的行列。发挥医学知识的专长，向公众讲授应急救护知识、常见疾病的预防，普及心肺复苏术和创伤救护操作以及艾滋病预防的常识；给智力低下的儿童进行语言培训，为孤独症患儿进行交流沟通的训练；多次给孤寡老人送医、送药、捐物、捐款。参加造血干细胞标本的采集与志愿登记工作，积极宣传捐献造血干细胞的知识。志愿服务时间已经累计超过2540小时。2012年获得“十大杰出红十字志愿者”的称号。

赵培峰（1967— ） 北京市应急志愿服务总队队长，北京红星志愿救援队队长。多次参与了汶川特大地震救援、西南抗旱、玉树地震、舟曲泥石流、盈江地震以及北京周边地区共计23次紧急救援行动，直接受益和得到救助的有2200余人；积极参与世博会、武博会、奥林匹克文化节等大型活动志愿服务；深入高校、社区、机关、企业、乡村开展“守望家园”普及宣传活动。截止2011年，带领的团队组织或参与了239项（次）志愿活动，总时长达55130小时。多年来，用“第一响应人”、“救在身边”的理念，致力于普及民众防灾减灾意识，提高普通群众自救互救能力。其团队相继荣获抗震救灾优秀志愿服务集体、北京奥运会残奥会志愿者工作突出贡献单位、首都国庆60周年志愿服务活动突出贡献奖、中国青年志愿者优秀组织奖等荣誉称号。个人先后获四川省抗震救灾模范、北京奥运会残奥会优秀志愿者、首都国庆60周年志愿服务活动先进个人等荣誉称号。2010年被评为“全国百名优秀志愿者”。

赵渭忠（1932— ） 河北省军区原副政委，少将军衔，著名希望工程志愿者。退休之前，做出将今后的退休金全部捐献给“希望工程”的决定，动员全体家庭成员成立了“家庭爱心社”，一同为“希望工程”出力。1992 年刚一退休，就来到河北省青少年发展基金会，请求做一名希望工程志愿者。从退休后已经与家庭向希望工程捐款累计达 55 万元，资助贫困学生 528 名；还在社会上筹集捐款 700 多万元，资助贫困学生多达 4000 余人，援建希望小学 30 所。动员和带动了一大批人加入了“希望工程”志愿者队伍，遍布全国 20 多个省市，人数已近万人。2005 年获得首届“中华慈善奖”。

赵小亭（1990—2010） 武汉大学电气工程学院电气工程与自动化专业 2008 级本科学生，女。利用暑期两度奔赴贫困山区开展志愿支教活动，为当地留守儿童和孤寡老人带去知识和温暖。2010 年 7 月暑假和学院的 18 名同学来到贵州省黔南布依族苗族自治州贵定县马场河乡中心小学开展暑期义务支教。7 月 21 日下午五时许，在贵州省贵定县马场河乡中心学校支教调研过程中，被山上滚落的石头砸中头部不幸当场遇难。事迹被新华社、人民日报、中央电视台等十几家中央及地方媒体所报道。教育部追授为“全国无私奉献优秀大学生”被共青团中央、全国学联、中国青年志愿者协会追授为“中国杰出青年志愿者”。2010 年被评为“全国百名优秀志愿者”。

赵言民（1978— ） 山东省济南日报报业集团济南时报机动记者部记者、济南市泉城义工志愿服务联络站秘书长。2003 年组织发起“为民工维权”的特别公益行动，总计为 10000 余人次的农民工追回工钱 1600 多万元。其中，直接参与协调为 1000 余名农民工追回工钱近 200 万元。2004 年 6 月，在采访工作中参与了救护落入污水河的七旬老人的行动。2005 年 8 月参与“泉城义工在行动”的策划、发起和组织工作。2008 年，汶川特大地震发生后，担任了济南时报泉城义工抗震救灾前线临时党支部支委、泉城义工青年党员突击队副队长，护送救灾物资到一线并参加救援。2009 年，带领 1000 多名泉城义工出色地完成了全运会志愿服务工作。先后荣获“济南市十大杰出志愿者”、“感动泉城”优秀人物、山东省“支援抗震救灾优秀共产党员”、“第十一届全运会济南赛区志愿者工作先进工作者”等荣誉称号。2010 年被评为“全国百名优秀志愿者”。

者连成（1984— ） 2004 年大学生志愿服务西部计划地方项目志愿者，回族。2004 年 7 月，放弃了在山东找到的工作而成为一名西部计划志愿者，主动要求从中学调整到了条件更艰苦的宁夏银川市西夏区镇北堡镇良渠稍小学和同庄小学，教授英语，成为 800 名学生的英语老师。两所小学之间相隔 4 公里路，互不通车，每天步行穿梭于两校之间，风雨无阻。面对连教材都没有的简陋教学条件，积极帮助学生借教材，利用课余时间动手画制“教学画图”，并请母校帮忙复制了 400 多套英语磁带。通过耐心细致的教授，学生英语成绩提供很快，并在比赛中取得好成绩。筹集 15 台社会捐助的“586”计算机，担当起了计算机教学任务。教学之余，关心学生，为学生垫付学费，帮学生免费补课，并帮助辍学学生重回校园。2005 年获“宁夏优秀青年志愿者”荣誉称号。2007 年被评为第六届“中国十大杰出青年志愿者”。

郑方（1968— ） 浙江金华人，女。积极参加无偿献血，2001—2012 年献血 38 次，积极促成了金华献血屋工作。2006 年带头采集血样加入中华干细胞资料库，2011 年 10 月被中国红十字总会和卫生部聘为专职“中国人体器官捐献协调员”。2012 年 1 月以病逝母亲的角膜捐献做出了带头示范，感动周围人加入器官捐献中来。2012 年获得中国“十大杰出红十字志愿者”的称号。

郑复生（1967— ） 江苏省徐州市心缘志愿者服务中心主任。1988 年突患强直性脊椎炎，全身关节严重变形强直，无法弯曲下坐，在好心人帮助下，得以恢复至拄双拐慢慢行走。为回报社会所给予的关爱，于 1997 年 4 月创建成立徐州市心缘志愿者服务中心，从此拖着残躯率领志愿者开展助残济困、社区服务、青少年教育等志愿者活动。据不完全统计，心缘志愿者服务中心共组织助残济困活动 1000 余场次，服务数万残疾人，向特困人群捐款捐物 30 余万元，社区服务 150 余场次，义务服务居民十几万人，在全国各大中专院校、企业、监狱等单位演讲 200 余场次、听众数万人。先后荣获徐州市“十佳青年志愿者”、“感动徐州十大人物”、“江苏省优秀社区志愿者”、“江苏省十大杰出志愿者”、“中国公益之星”等荣誉称号。2010 年被评为“全国百名优秀志愿者”。

周俊范（1969— ） 河南省平顶山市志愿者协会会长。动员和带动平顶山 10 万多人次参与公益活动，四次赴四川灾区和玉树灾区参加抗震救灾，先后帮助四川灾区 16 名失去亲人的孩子来平顶山免费学习和生活。创建了全国知名公益品牌“爱心旅游专线”和“校园爱心屋”。先后获得平顶山市“第九届优秀青年”、平顶山市“文明志愿服务先进个人”、平顶山“青年志愿者助残活动先进个人”等光荣称号。2011 年被评为“全国优秀志愿者”。

周小华（1963— ） 四川省成都市锦江区洁华汽车护理中心员工、成都市应急志愿者总队突击分队队长。1995 年开始参加志愿服务工作，曾参加过众多的省内外志愿者专业抗震救灾救援工作。2008 年汶川特大地震发生后，在第一时间组织了一支志愿者爱心车队自筹资金购买食品运送到灾区，积极参加共青团四川省委组织的志愿者活动，组织开展帮灾区献爱心活动，通过多方联系为灾区学生申请到 286000 多元助学金，500 套桌椅、媒体教室、图书馆各一间。2010 年 1 月参加遂宁潼南地震灾后救援工作；2010 年 4 月参加青海玉树地震救援工作；2010 年 8 参加甘肃舟曲特大泥石救援工作。积极参与各项公益活动，5. 12 汶川地震后两年多时间里，开展公益活动 45 次。主动参与平安成都“1 + 6”酒后不开车的大型公益活动。在自身志愿服务工作之余担负起训练和培养志愿者的工作。先后荣获“赴滇救援志愿者英雄”、“四川省第四届优秀志愿者”、“四川杰出志愿者”等荣誉称号。2010 年被评为“全国百名优秀志愿者”。

周毅（1978— ） 浙江理工大学 2003 届学生，四川省沐川县海云乡同心村党支部书记。大学毕业后响应团中央号召，参加大学生志愿服务西部计划，来到四川省沐川县最偏远的海云乡参加志愿服务。投身新农村建设，带领群众发展经济。自筹资金 7 万余元自己修建养猪场，带领群众科学养猪；主动担任村组公路建设总指挥，亲自规划，修整改建村级公路 10 多公里；义务为农民嫁接良种果树 400 余株，帮助农户增收 1. 8 万元。心系群众冷暖，关心群众疾苦，用自己微薄的生活补贴资助贫困学生、五保户和困难户；利用工作之余走访贫困户、五保户210多户。在换届选举中，高票当选为同心村党支部书记，是四川省首名当选为村党支部书记的大学生志愿者。2005年被评为“四川省十大杰出青年”，2007年荣获“中国青年志愿服务金奖”并被评为第六届“中国十大杰出青年志愿者”。

朱昌藏（1984— ） 福建省福鼎绿眼睛环保志愿者协会会长。2004年高中毕业后放弃高考，投身环保事业。2006年，注册成立宁德市第一家民间环保公益组织“绿眼睛环保志愿者协会”。2007—2011年，在当地各所学校义务开展环保讲座和环保知识宣传活动达100多场。曾顶着严寒，11个日夜连续守护在第一次飞临福鼎的白天鹅旁边。2008年3月20日，福鼎桐山溪惊现大批死鱼，立即组织50多名志愿者，打捞溪中死鱼。2008年—2009年期间，在世界第三大黄嘴白鹭栖息地——福鼎日屿岛（鸟岛）开展保护宣传工作。共救助包括国家级保护动物在内的野生动物210多只。曾获得福建省十佳志愿者服务集体、福建省首届十大环保志愿者、福建省第三届十佳青年志愿者等称号。2011年被评为“全国优秀志愿者”。

朱朝枝（1963— ） 福建省青年联合会委员、福建农林大学农村发展研究所所长，农业推广专业硕士生导师，副教授，福建农林大学农村发展研究所科技扶贫志愿者。1984年大学毕业后，始终服务在农业推广工作第一线。特别是1988年以来，连续16年带领大学生暑期服务队到偏远山区从事农科教服务工作。1999—2003年，成功地为福建省屏南县培育反季节蔬菜，不仅为当地带来巨大产值和效益，还辐射到周边县城，产生了巨大的规模效益。在志愿服务中，重视推广培训和人才培养工作。通过讲座、赠送书籍、印发材料、试验示范、举办科技培训班和科技咨询会等形式，培养了农民技师、农民技术推广员等多种人才，推广致富技术40多项，编著了《反季节蔬菜栽培新技术》一书收到了良好的社会效益和经济效益。先后荣获福建省“优秀共产党员”、“暑期社会实践先进个人”、“福建省新长征突击手”、“优秀教师”等称号。2006年被评为第五届“中国十大杰出青年志愿者”。

朱坚（1970— ） 常州市心理卫生协会理事长，副教授、高级心理咨询师督导、心理咨询师培训讲师，女。从2005年起，带领心理咨询志愿者，从事心理方面的公益服务。在为青少年网络成瘾、亲子教育、家庭婚姻、妇女心理健康等领域分别从事各类大型小型志愿活动400多场次，心理志愿者参加人数达1217人次，志愿服务时间达11000多小时。2005年组织成立社区“家庭心灵学校”（现已改名为“家家乐心语工作室”）开展了针对老年人、特别是空巢老年妇女的志愿心理服务。2006年成立绿色互联青少年心理辅导中心，为18岁以下的青少年免费进行网瘾戒除。2010年在钟楼区7个街道社区建立了“中华孝道学堂”，传播孝道文化。2011年组织百名心理咨询师与全市7个辖区各级妇女维权站结对，启动“百名心理咨询师牵手巾帼维权站”志愿服务行动。此外，首创“心理拥军”志愿服务，为常州市常驻部队提供心理讲座等服务；组建“乐龄志愿服务队”开展老年精神心理关爱活动；组建“12355青少年服务平台”心理专家组为青少年提供心理咨询等服务。2010年被评为“全国百名优秀志愿者”。

朱贤明（1939— ） 上海市精神文明建设市民巡访团负责人。1997 年 8 月上海市志愿者协会成立之时，加入志愿者行列，成为上海志愿者活动最早的组织者、参与者。14 年来积极参加多项志愿者活动，参加过全国八运会、全国五届残运会、APEC 会议、上海六国元首峰会、国际艺术节上海世博会等国际国内重大活动的志愿者服务。此外，参加过助老、助残、助医、助学志愿者服务；参加文明交通、轨道交通志愿者服务；参加过围绕环境、秩序、服务“三个”文明的志愿者服务。曾三次评为上海精神文明建设优秀组织者，上海志愿者活动优秀组织者，获得世博贡献奖，先进个人称号。2011 年被评为“全国优秀志愿者”。

卓先顺（1961— ） 贵州省遵义市社会义工协会会长。原为遵义烟厂一名职工，2005 年，加入遵义市红十字会，成为一名红十字志愿者。从 1988 年开始从事公益爱心工作，用自己的工资，以匿名的方式，先后捐款资助贫困学生无数。2008 年，汶川大地震后，组织 100 多名红十字志愿者抗震救灾工作，第一时间率领 13 名志愿者把先后捐助的 14 卡车的救灾物资及时转运到汶川灾区。从汶川接收了 100 名伤员来遵义治疗。2009 年辞职后专职从事志愿公益心事业。积极参与创建了遵义市红十字会应急救援、心理救助、人道救助与筹资劝募、捐献造血干细胞与无偿献血、遗体器官捐献、宣传预防艾滋病、红十字精神传播、医疗服务、的哥志愿服务队、志愿服务预备队等 10 支志愿服务队。2008 年，获中国红十字总会颁发的“中国红十字会志愿者之星”；2012 年获得中国“十大杰出红十字志愿者”的称号。

邹德凤（1956— ） 江西南昌大学第四附属医院医疗服务部主任，江西省红十字志愿护理服务中心副秘书长，女。1993 年开始社区志愿服务工作。多年如一日利用几乎所有业余时间带领志愿者进门入户，为辖区老弱病残居民及需要临终关怀居民进行义务护理、健康指导、心理咨询、安慰抚触等服务，服务范围遍及南昌市西湖区 10 个社区，服务人口逾 4.5 万人，服务时间达 1.9 万小时。2002 年，倡导组织成立了中国南丁格尔志愿护理服务江西队第四附属医院组，成员达 1600 人，多次被江西省红十字会评为“志愿服务先进集体”。2003 年非典疫情出现后到抗击非典一线宣传防治非典知识，前往火车站为来往旅客体检、验体温等。2007 年 7 月，和女儿一起做出了遗体捐赠的决定，在她们的带动下，身边先后有 70 多个人做出了同样的决定。连续 12 年被评为江西省优秀红十字志愿者，获得江西省红十字会授予的“红十字志愿服务四星级证章”，被中国红十字会总会授予“红十字志愿者之星”荣誉，2011 年 1 月入围第 43 届南丁格奖章奖候选人。2012 年获得“十大杰出红十字志愿者”的称号。

左继豪（1926— ） 重庆市志愿者夕阳红大队大队长。1981 年组织成立重庆市学雷锋分队，2001 年改名为重庆市志愿者夕阳红大队。几十年中，以开展书画义卖为主要形式，筹集善款 140 余万元，几乎全部用于社区建设、帮扶济困、救残助孤等公益活动，共帮助失足青年上千名，救助白血病人 120 余例，为上万名孤寡老人送去关爱，慰问部队官兵 300 多次。5.12 汶川特大地震期间，当天参加抗震救灾志愿分队，组织了 1000 多名志愿者为灾区募捐。被重庆慈善总会评为 5.12 赈灾募捐贡献突出人士。2011 年被评为“全国优秀志愿者”。

二、志愿服务研究专家学者

陈金贵（1951—　）　台湾台北大学公共行政暨政策学系教授，台湾“中华红十字总会”顾问，台湾“中华社会福利联合劝募协会”理事，台湾“志愿服务国际交流协会”监事。年青时就开始成为多种非营利组织的志愿工作者，具有丰富的志愿服务实务经验。从事教职后，致力于将人力资源管理与志工管理整合，推动志愿服务工作的制度化。参与了台湾地区“志愿服务法”的制定和修订，协助各级地方政府、学校、企业及民间组织开展志愿服务工作的相关课程，担任各种志工组织团队服务绩效的评审。发表了《美国非营利组织的人力资源管理》、《志愿服务的内涵》、《志愿服务的功能与推行》、《志工团队的统合与协调》、《志工的领导艺术》、《志工募集与培训》、《公共部门建立公共志工组织的探讨》、《退休公务人员参与志愿服务的探讨》、《志愿服务十年回顾与展》、《企业志工发展的策略与规划》、《大学院校推动服务学习方案的检讨》等有关志愿服务的著作和论文。

陈涛（1966—　）　中国青年政治学院青少年研究院中国社会工作研究中心主任、青少年发展研究中心主任、社会工作学院教授。中国社会工作协会社会工作师委员会副主任、总干事、中华志愿者协会常务理事。兼任四川绵竹青红社工服务中心主任、成都高新区培力社会工作服务发展中心理事长。发表的有关志愿服务研究的学术成果有《中国青少年政策报告》、《社会工作法规与政策》、《志愿服务的保障机制分析》、《社会工作与社会公益事业》、《中国社会工作发展报告》、《志愿行动与社会管理和公共服务》、《“和谐社会”与志愿者服务——以北京市未成年人救助保护中心的志愿者服务为例》、《从奥运志愿服务的目标看北京奥运志愿者培训的内容》等。

陈武雄（1942—　）　台湾“中华民国志愿服务协会”理事长、“中华志愿服务推广中心”执行长、台湾“教育部青年志工参与推动会”委员、台湾中山医学大学医学社会暨社会工作系兼任副教授。1982 年 8 月 5 日首创“台北市志愿服务协会”，为台湾地区第一个推动志愿服务工作的民间团体，邀集志同道合的朋友致力推动志愿服务的制度规章、教育训练及奖励表扬等工作的开展。1992 年 8 月 5 日创立台湾“中华民国志愿服务协会”，推动台湾地区建构完善的志愿服务制度。创办“志愿服务—祥和计划”、创设“志工最高奖项—金驼奖”、成立“志愿服务推广中心”并促成了台湾地区“志愿服务法”的立法。出版了《志愿服务理念与实务》、《社会立法析论》、《人民团体经营管理》、《会议规范应用之技巧》及《志愿服务训练教材》等书。

丁元竹（1962—　）　国家行政学院教授，《志愿服务论坛》主编。主要研究领域为社会发展政策、公共政策，发展战略等。长期从事社区和志愿服务理论与实践的研究。相关学术著作有《北京奥运志愿服务研究》、《社区研究的理论与方法》、《社会安全网再造》、《志愿服务在中国》、《志愿活动研究：类型，评价与管理》、《社区发展》（合著）、《走向 21 世纪的社会问题》、《建设健康和谐社会》（主编）、《中国非政府公共部门与公共服务》（主编）、《问责性、绩效与治理》（主编）、《构建诚信友爱的和谐社会》（合著）、《中国 2010 年：风险与规避》（合著）、“*China Human Development*

Report, *Social Capital in Asia Sustainable Development Management*”等。在《人民日报》、《瞭望周刊》《宏观经济管理》、*Hitotsubashi Journal of Economics* 杂志发表论文 200 多篇。2001 年主持联合国志愿人员组织在中国进行的志愿服务调研，其研究报告《志愿精神在中国》影响广泛。2006 年当选北京“十大志愿者”。

冯燕（1956— ） 台湾大学社会工作学系教授，台湾儿童及少年福利推动者、非营利组织与志愿组织专家，女。兼任 Consortium of Institutes on Family in Asia Region（CIFA）副会长、财团法人“中华民国”儿童福利联盟文教基金会董事长、财团法人赈灾基金会董事长、台湾公益团体自律联盟理事长、“中华民国”联合劝募常务理事、台湾大学“中国信托慈善基金会儿少暨家庭研究中心”咨询委员等职务。1983 年取得美国伊利诺大学社工博士后回台湾大学任教，多年来长期进行台湾儿童少年、非营利志愿组织领域之研究，发表了《托育服务——生态观点的分析》、《儿童及少年福利》等 10 多本著作以及《志愿服务组织、企业与公部门的互动》、《台湾非营利组织公益自律机制的建立》、《从部门互动看非营利组织捐募的自律与他律规范》、《灾变管理中非营利组织应变平台发展的台湾经验》等相关学术论文 100 多篇。2009 年四川发生汶川大地震时，联合在台湾九二一大地震中提供灾变服务的 31 个社会组织，成立“四川大地震台湾服务联盟（川盟）”进入灾区，协助四川相关组织推动灾后重建工作。获颁美国南加州大社会工作学院校友会杰出社工学者奖、美国伊利诺大学社会工作学院杰出校友弱势家庭服务奖等多个奖项。

江汛清（1964— ） 中国青年政治学院社会工作学院副教授，女。主要研究领域为社会学、伦理学、志愿服务、非盈利组织、医疗社会工作等，开设社会学、伦理学、社会工作概论、医疗社会工作、NGO 与志愿者研究、社会工作研究等课程。发表了《与世界同行—全球化下的志愿服务》(主编)、《新农村就业服务》(编著)、《志愿活动研究：类型、评价与管理》(合著）等有关志愿服务的专著以及“志愿服务社团的重重困境”、“发挥志愿服务在构建和谐社会中的作用”、“国际志愿服务及其对中国社会建设的启示”、“国外应急志愿服务管窥”、“传统文化与志愿者行动”、“国外应急志愿服务的特点及对我国的启示”、“首都志愿服务的发展特点”等数十篇论文。

李从正（1965— ） 澳门志愿者总会会长、澳门工会联合总会副理事长。曾任第四届（2009—2013）澳门特别行政区立法会（直选）议员、第三届（2005—2009）澳门特别行政区立法会（间选）议员。20 世纪 80 年代起一直积极参与各项社会服务及公益活动，积极推动澳门义务工作、志愿服务的开展。2002 年创立澳门青年志愿者协会，并先后推动澳门教师志愿者协会、澳门爱心志愿者协会、澳门医护志愿者协会、澳门志愿者总会、澳门文创志愿者协会、澳门博彩从业员志愿者协会、澳门中医药志愿者协会及澳门公民素质发展研究中心的成立，让不同专业和行业的人士加入志愿服务的行列，为澳门志愿服务事业发展做出了贡献。

李家华（1955— ） 中国青年政治学院副院长、教授。兼任北京大学生发展研究中心主任、亚太地区学生事务委员会常务理事、北京高校毕业生就业工作促进会专家委员会主席。

全国人大志愿服务立法起草专家组成员。在青年就业与职业规划、志愿服务研究领域中有广泛影响。发表了《关于推进志愿者参与国家应急救援工作的思考》、《亚残运会志愿者的社会人格塑造与社会能力提升》、《社工与志愿者在建设幸福生活中的积极作用》、《青年群体在社会志愿服务中的先锋引领作用》等多篇关于志愿服务的论文，主持了“中国志愿者参与国家应急救援服务研究”、“青年参与应急志愿服务研究”、“北京市红十字会志愿者管理机制研究项目”、“志愿服务无锡模式”等多项国家与地方研究课题。曾受邀在中央宣传部、中央文明办举办的全国志愿服务工作研讨会、中国2008年国际志愿者日北京志愿服务主题论坛、“社工与志愿者·建设幸福广东”论坛、“志愿中国·和谐亚洲”奥运亚运推动志愿服务发展国际论坛上做主题演讲。

李凌（1983—　）　中国教育报刊社记者。累计志愿服务时间上万小时。参与起草北京市第一个志愿服务法规《北京市志愿服务促进条例》；策划、撰写了国内第一套普及志愿服务知识的读本。在参与奥运会志愿服务工作的同时，深入展开调查研究，将无形的奥运会、残奥会志愿者工作成果，转化为有形的文字，让奥运的“北京模式”成为理论成果。发起、筹建了国内第一个志愿服务研究和传播的专业社团——北京志愿服务发展研究会，为志愿服务的发展提供理论支持。编辑或撰写出版物、研究报告近百万字，为北京志愿服务的研究和传播作出了开创性的探索。

梁绿琦（1955—　）　北京青年政治学院党委副书记、院长，教授。兼任北京市青年教育学会副会长，女。长期从事青少年研究以及“青少年志愿行动”的相关研究。主要学术成果有：著有《志愿中国——中国青年志愿服务研究》、《价值、意识及规律》、《市场经济与社会心态》等，并获北京高教协会哲学研究会第八届年会优秀著作奖。主持北京市社会科学规划办的“北京青年志愿者行动与志愿精神研究”、共青团中央的“中国青年志愿者行动与志愿精神研究”、北京市“九五”教育规划办“社区与高等职业教育”、“北京市高等职业教育的中心与网络教育研究”、北京市哲学社会科学规划办“北京高等职业技术教育课程研究”等多项省部级科研项目。

莫于川（1956—　）　中国人民大学教授、博士生导师、宪政与行政法治研究中心执行主任、中国行政法研究所所长。主要从事宪法学与行政法学的教学科研和志愿服务及志愿服务立法等方面的研究工作，2007年参与北京市的志愿服务立法工作，为《北京市志愿服务促进条例》的制定颁布作出重要贡献。主要学术成果有《志愿者简明手册——以北京奥运会志愿服务为样本》（主编）、《中国志愿服务立法的新探索》（主编）、《柔性行政方式法治化研究——从建设法治政府、服务型政府的视角》（合著）、《突发事件应对法的制度解析与案例指导》（主编）；参与的课题有全国妇联课题《妇女志愿者权利保障问题》。

彭华民（1957—　）　南京大学社会学院副院长，教授，女。兼任教育部全国社会工作硕士教学指导委员会教指委委员、中国社会福利专门委员会务副理事长、中国社会工作教育协会副秘书长、江苏省巾帼志愿者协会副会长等职。任教育部重大课题攻关项目首席专家，教育部马克思主义理论研究与建设工程首席专家。教育部社会工作与志愿服务的整合模式研究课题主持人，民政部社会工作人才培养与志愿服务研究课题主持人。在联合国儿童基金会推动下，在中国内地高校中首开无差别公共选修课服务学习，培训青年志愿者。参与联合国儿童基金会为汶川地震灾区编写《儿童友好家园操作手册》的工作。发表的志愿服务研究成果有：《服务学习：整合大学教育与志愿服务》、《论志愿服务的社会工作督导模式》、《社会工作引导志愿服务发展》、《服务学习：核心要素、角色结构和行动模式》、《老人社区志愿服务：政策、服务和资本建设》等。主编《服务学习手册》（提交联合国儿基会），主编出版《服务学习：社工督导志愿服务新模式》。曾获民政部首届专业优秀社会工作服务项目一等奖，教育部优秀成果三等奖，江苏省优秀教学成果特等奖，江苏省三八红旗手，江苏省科教系统五一巾帼标兵，江苏妇联社会工作实务一等奖等。

陆士桢（1947— ） 中国青年政治学院教授，青少年研究和志愿服务研究专家，女。历任中央团校、中国青年政治学院少年工作和社会工作与管理系主任、教务长、党委副书记，副院长、党委书记，常务副院长等职，2011年9月任中国青年政治学院青年研究院名誉院长。兼任中国青少年研究会副会长、中国少先队工作学会副会长、中国社会工作协会专家委员会主任、北京志愿服务发展研究会会长、中国社会保障30人论坛成员等职。享受国务院特殊专家津贴，获评2009年度中国“十大社工人物”。曾作为北京奥运会第一个志愿者培训导师，为2008年北京奥运女垒测试赛奥运志愿者进行培训，被奥组委授予奥运培训志愿者称号，授颁羊皮卷证书。出版《北京志愿服务模式研究》、《中国青少年公益认知和行为蓝皮书》、《当代中国民营企业家慈善认知与行为蓝皮书》等著作，有《让社会责任感从青少年心底萌发》、《奥运给当代中国青年的机会》等多篇志愿服务的论文发表。在“中国志愿服务发展论坛2011”、“志愿精神与青年责任”青年发展战略论坛、“南方公益志愿大讲堂”等志愿服务论坛上多次发表关于志愿服务的重要观点。

沈杰（1963— ） 社会学博士，中国社会科学院青年人文社会科学研究中心研究员，中国青年政治学院青少年研究院学术委员会主任，北京航空航天大学志愿服务与社会管理创新研究中心副主任、首席专家，北京志愿服务发展研究会副会长，广州志愿者学院特聘教授。著作《志愿行动：中国社会的探索与践行》将志愿行动作为当代社会的一个重要层面进行分析。结合其文化渊源和发展历程，从志愿行动与公民社会的建构、志愿者组织的规范化运行及社区规划的关系等方面，研究了志愿行动的发生机制、支持系统、发展模式，对中国社会的志愿行动及其未来演进进行了建构性的探索。研究志愿行动的社会基础论文《中国社会结构转型中的社会凝聚力》获国际社会学协会举办的“世界青年社会学家论文竞赛”优胜奖。

孙葆丽（1958— ） 北京体育大学教授，博士生导师，女。兼任北京志愿服务发展研究会理事，联合国开发计划署及联合国志愿人员组织、中国国际经济技术交流中心、北京市志愿者联合会“北京奥运会、残运会”志愿者工作专家。北京奥运会、上海世博会、广州亚运会、深圳世界大学生运动会志愿者培训专家；澳门志愿者总会专家委员会主席。主编了《深圳世界大学生运动会志愿者读本》一书，发表了《北京奥运志愿者工作回顾》、《遵循国际惯例与开创北京模式相结合——北京奥运志愿者工作研究》、《奥运、世博、亚运志愿服务特点之比较》等论文。主持了《澳门志愿服务与公民素质》的课题。在2012中国志愿服务博览会上做了《大型赛会对常态化志愿服务的推动作用》论坛主报告。曾获“北京奥运会残奥会先进个人”、“北京奥运会残奥会志愿者工作先进个人”、“广州亚运会、亚残运会志愿者工作特别贡献奖”。

谭建光（1960—　）　广东青年职业学院社会工作系教授。兼任联合国开发计划署及联合国志愿人员组织、中国国际经济技术交流中心、北京市志愿者联合会“北京奥运会、残运会”志愿者工作专家，中华志愿者协会社区委员会专业总督导，中国青年志愿者协会理事，中国文艺志愿者协会理事，广东省社工与志愿者合作促进会长，广东省志愿者联合会副会长，广东省社工委咨询委员等。中国志愿服务理论研究的开拓者与推动者之一，从1995年开始研究志愿服务，长期以珠江三角洲地区志愿组织发展为重点进行调查分析，并积极参与全国各省市的研究与传播工作，提出对于中国各地区具有借鉴价值的观点，包括志愿服务与义务工作的异同、志愿组织自主发展、快乐志愿服务、志愿服务生活方式、志愿服务促进个人成长、社工与志愿者合作服务等。先后完成《中国社会转型时期的志愿服务——以深圳为案例的研究报告》、《中国志愿者：第三种力量在行动——汶川地震灾区志愿服务调查报告》、《中国志愿服务：从青年到社会》、《中国社会志愿服务体系分析》等报告；出版《志愿服务：理念与行动》、《中国农村志愿服务发展报告》、《志愿中国：亲历与思考》、《社会志愿服务体系》、《中国志愿服务研究》、《北京奥运会志愿服务研究》、《广州亚运会志愿服务研究》、《中国深圳义务工作发展报告》等书籍。担任广东启智志愿服务总队、大学生志愿者“三农”协会等一百多个志愿团队的顾问、导师。荣获“中国志愿事业发展贡献奖”、“中国社区志愿服务贡献奖”、“中国青少年研究突出贡献奖”、“广东省志愿服务20周年最具影响力十大人物奖”、“广州亚运会志愿服务突出贡献奖”等多项社会荣誉。

田科武（1969—　）　作家、青少年研究专家、知名传媒人，北京青年报常务副总编辑。土家族。曾任共青团北京市委研究室主任、宣传部长、北京志愿者协会秘书长。长期从事青少年研究，曾在《青年研究》、《中国青年研究》等杂志发表论文数十篇，主要作品有《关于九十年代中国青年生活方式的描述》、《协调与冲突：青年与社会的新关系》、《关于志愿服务的几个问题》等。在担任北京志愿者协会秘书长期间，借鉴欧美国家开展志愿服务的经验，提出“服务公益机构，就是服务全社会”的理念，推出“到公益机构去”的志愿服务行动，安排面向社会公开招募的志愿者，为公益机构提供固定时间、固定岗位的长期志愿服务。先后启动了图书馆项目、福利院敬老院项目、未成年犯管教项目等，带动了近千名志愿者为公益机构提供了数万小时的志愿服务，并通过媒体的新闻报道，在全社会普及推广了定时、定岗、长期志愿服务的项目化理念，为北京志愿服务的项目化运作探索了宝贵的经验。曾全程参与北京2008奥运会志愿服务、2009年首都庆祝建国50周年志愿服务的新闻报道工作，提升了公众对志愿服务的认识和参与程度。2003 年获“首都精神文明建设奖章”。

王育（1956— ） 北京城市学院副教授、北京城市学院学报主编，女。兼现代职业学部副主任、全国高教学会秘书学会会员、YBC 北京办公室首批志愿导师。主要研究领域为公共管理及 NGO 组织管理、城市科学等。2000 年在北师大做访问学者，开始研究民间组织。2005 年参加中国青年创业计划，并成为 YBC 北京办公室首批导师。2007 年开始参与北京市志愿服务指导中心的志愿者工作，发表了“对北京志愿服务常态化发展的思考”、“进一步探讨志愿服务的制度建设”等多篇有关志愿服务管理方面论文，并在《北京城市学院学报》首开志愿服务学术专栏。

魏娜（1961— ） 中国人民大学公共管理学院行政管理学系教授，志愿服务研究专家，女。兼任中国人民大学人文北京研究中心副主任、北京志愿服务发展研究会副会长；北京奥组委志愿者培训专家、台湾政治大学第三部门研究中心兼职研究员等。主要研究领域为政府组织与管理、非营利组织、社区管理、公民参与、志愿组织与志愿服务等。多年从事志愿服务领域的研究，在志愿服务理论、社区志愿服务、奥运志愿服务等领域取得了有一定影响力的成果。主编了我国第一部奥运志愿者培训教材《北京奥运会志愿者读本》；与人合著了《经验·价值·影响：2008 北京奥运会、残奥会志愿者工作成果转化研究（中英文）》，该书还由英国独立发行了英文版，是该领域第一部英文的中国专著，获得了第十二届北京哲学社会科学优秀成果二等奖。翻译了国外志愿服务研究著作《志愿者》，填补了我国志愿服务领域译著的空白。此外还与人合著了《北京奥运志愿服务模式研究》，发表了《我国志愿服务发展：成就、问题与展望》、《志愿服务：培育公民精神的新典范》等多篇论文。主持了《志愿精神与奥运志愿服务》、《2008 年北京奥运培训工作规划研究》、《北京奥运会、残奥会志愿者工作成果转化研究》等多项与志愿服务相关的科研项目。

岳经纶（1967— ） 中山大学政治与公共事务管理学院行政管理学系教授、社会保障与社会政策研究所所长、教育部人文社会科学重点研究基地中山大学行政管理研究中心副主任。兼任中山大学志愿服务与社会政策研究中心副主任、香港大学社会科学学院荣誉教授、澳大利亚新南威尔士大学访问学者、中山大学流动人口公共卫生政策研究中心副主任、特邀专家、《公共行政评论》编委。参与的科研项目有共青团广东省委委托项目“应急志愿服务体系研究”、广东省人民政府委托项目“志愿组织在应急救援中的作用研究”。著述并出版《中国的社会保障建设：回顾与前瞻》等书籍。主编并出版《中国公共政策分析（2002 年卷）》、《全球化下的劳工与社会保障》等书籍。发表《个人社会服务与福利国家：对我国社会保障制度的启示》、《合作式应急治理机制的构建：香港模式的启示”》等 70 余篇文章。

曾华源（1954— ） 台湾东海大学社会工作系教授，美国加州大学洛杉矶分校（UCLA）社会福利研究所访问学者。长期参与志愿服务的推动工作。多次担任台湾地区与地方县市政府志愿服务评鉴委员、台湾志工总会家庭志工表扬委员会主任委员。致力于青年辅导委员会全球志工日和服务学习推动工作，尤其关注青年志工参与社会发展。在大学硕士班率先开授“志愿服务管理专题讨论”课程，并参与台湾各地志工基础训练、特殊训练与相关培训工作。志愿服务的著作有《志愿服务概论》、《设置地方志工中心可行性研究》、《志愿服务工作发展趋向研究——以祥和计划志愿服务之推动为基础》、《当前志愿服务发展所面对之潜在困境》、《对扩大参与志愿服务途径与设置志工中心的建议》、《志愿服务潜在问题与应有的走向——兼论新通过之志愿服务法》、《台湾志愿服务工作参与行为动力之探讨》等。

翟雁（1959— ）　北京惠泽人公益发展中心理事长，国家民政部志愿者管理专家，女。兼任联合国开发计划署及联合国志愿人员组织、中国国际经济技术交流中心、北京市志愿者联合会"北京奥运会残运会志愿者工作专家"。长期致力于民间组织能力建设与专业志愿服务项目研发与管理工作、志愿服务研究、政策建议与志愿精神倡导等。出版了《中国非营利组织志愿者管理》、《中国非营利组织志愿者管理实践与反思》、《中国非营利组织领导力实践与反思》等专著；主编和参编了《中国非营利组织志愿者培训基础教材》、《做快乐的残奥会志愿者》，《志愿服务的国际经验与本土实践》、《志愿服务项目管理教材》、《志愿服务项目管理教材》、《北京残奥会志愿者培训教材》、《志愿者项目开发与管理培训教材》、《北京奥运志愿服务研究》、《北京志愿者手册》、《北京志愿服务研究》等；参与研究的课题有《志愿者激励机制》、《中国社会工作者与志愿者队伍建设中长期发展规划》等。同时还身体力行推动志愿服务的发展，主持西部志愿服务网络能力建设项目、北京奥运会志愿者培训项目、救灾志愿者管理调研及其能力建设项目、生态社区志愿服务项目、中国专业志愿服务发展项目、首都社区志愿者管理培训项目等20多个公益项目。

张网成（1966— ）　北京师范大学哲学与社会学学院副教授，北京师范大学社会工作与志愿服务研究中心主任，北京市京师社会工作事务所理事长，兼任中华志愿者协会常务理事、中国社会学会社会政策委员会委员、国际志愿者协会中国专家顾问委员会副主任、北京社会工作者协会理事、北京中鸿社会工作与志愿服务中心理事、北京市朝阳区社会志愿者公益储蓄中心顾问、深圳宝安区义工联合会顾问。主要研究领域是社会工作与志愿服务、社会政策、公民社会研究。发表的志愿服务方面的科研成果有专著《国家应急志愿服务体系的模式选择与机制建设研究》（2011）和《中国公民亲社会志愿行为（2011）》；参与编写了《中国志愿服务：从社区到社会》、《志愿服务政策法规概览》、《中国社区发展报告（2010）》等书；公开发表了《我国志愿者管理现状与问题的实证分析》、《德国非营利组织的现状、趋势》、《辅助原则与德国非营利部门》、《我国公民个人慈善捐赠流向问题研究》及《中国民间组织志愿服务发展分析》等论文，撰写了《国家灾害应急志愿服务体系建构思路》、《应急志愿服务体系探讨》、《国家应急志愿服务体系建设研究》、《社区为老志愿服务需求调查报告》等会议论文。主持及参与了《我国志愿者招募与注册管理问题研究》、《2010中国志愿服务发展报告》、《国家志愿者队伍建设十二五规划纲要》、《朝阳区志愿服务需求匹配挖掘摸底试点项目》、《社会志愿者队伍建设模式与服务规范研究》、《社会工作与志愿者联动服务机制研究》、《志愿服务事业发展"十三五"纲要》、《中国志愿者保险制度研究》、《中国文艺志愿服务制度化研究》等14个研究课题。

张晓红（1968— ）　中国农业大学教授，从事中国志愿服务理论的学者和身体力行的优秀志愿者，女，土家族。兼任北京志愿服务发展研究会副会长，北京志愿服务基金会理事，全国人大内务司法委员会志愿服务立法专家，共青团中央大型活动志愿服务培训师、联合国开发计划署及联合国志愿人员组织、中国国际经济技术交流中心、北京市志愿者联合会“北京奥运会、残运会志愿者工作专家等。编著及参与编著了《志愿基层》、《志愿服务体系研究》、《北京志愿服务模式研究》、《北京志愿者手册》、《我们在一起》、《奥运、世博、亚运—志愿服务创造“中国精彩”》、《经验、价值、影响—北京奥运会、残奥会志愿者工作成果转化研究》（中、英文版）等数十本书籍。主持联合国志愿人员组织委托的“中国志愿服务十年发展”“广州亚运会志愿者工作评估”、中华人民共和国民政部“志愿服务组织发展机制研究”、共青团中央“新时期志愿服务发展趋势研究”、北京市教工委“将志愿服务引入大学思想政治理论课的实践研究”、共青团北京市委“大型活动志愿服务的规范及创新研究”、“北京志愿服务组织发展研究”、“志愿服务的资源整合研究”等项目研究。主持领导“北京中国国际园艺博览志愿者通用培训课程体系开发”等工作；参与编写北京志愿服务基金会的《志愿服务学术文库》系列、《北京志愿服务发展报告》等。发表了《志愿服务与大学生社会发展》、《论北京奥运精神和社会主义核心价值体系》、《志愿服务对共青团组织创新发展的作用》、《高校志愿服务教育课程化路径探索》等数十篇相关论文。参加了2008年的四川汶川抗震救灾紧急救援和2008年中国北京奥运会等志愿服务工作，荣获北京市委市政府颁发的“奥运优秀志愿者”，四川省委省政府颁发的“抗震救灾模范”以及“中国青年志愿者优秀个人奖”、“广州亚运会志愿服务突出贡献奖”等多项荣誉。

张英阵（1960—　）　台湾暨南国际大学社会政策与社会工作学系教授。美国凯斯储备大学社会福利博士，曾任教于东吴大学社会工作学系，赴英国伦敦政经学院公民社会研究中心做访问研究。1999年参与台湾《志愿服务法草案》的起草，并多次担任台湾地区与地方县市政府志愿服务评鉴委员。在大学本科与硕士班分别开授“志工管理”课程，并参与台湾各地志工基础训练、特殊训练与相关培训工作。著有《激励措施与志愿服务的持续》、《公部门运用志工之现况研究》、《世界各主要国家志愿服务推展现况与策略之研究》、《志愿服务伦理》、《志愿服务发展趋势》、《义工招募策略性工作研究》、《志愿服务法规之认识》、《志工团队的统合与协调》、《领导志工的原则及技巧》、《台湾与英国非营利组织之比较》、《慈善与变迁：台湾志愿服务发展的特色》等。

三、国际志愿服务研究专家学者

科林·罗彻斯特　英国伦敦大学伯贝克学院名誉研究员，志愿部门研究网主席，志愿部实践论文编辑，志愿行为史协会理事。英文名为Colin Rochester。从事志愿服务工作长达40多年。1991年与合伙人共同创办志愿行为史协会。2000年成立了罗汉普顿大学志愿服务和社区活动研究中心。撰写了大量关于志愿服务、志愿和社区部门的著作。2006年写了《关于志愿服务概念和内涵的文献评述》的研究报告，并与人合著《21世纪志愿服务与社会》。

贾斯汀·大卫·史密斯　英国国家志愿组织联合会的执行董事，英文名为Justin Davis Smith。曾为英格兰志愿服务机构的首席执行官、志愿服务研究会的负责人，同时是青年志愿服务慈善机构的托管人和英国全国基金会的前任主席。贾斯汀·大卫·史密斯博士具有超过20年的志愿服务活动经验，是英国政府、世界银行以及联合国在志愿服务政策方面的顾问专家；作为未来志愿服务委员会的成员，参与了伦敦奥运组委会关于2012年志愿服务发展策略方面的工作。贾斯汀·大卫·史密斯博士是伯克贝克和伦敦大学的客座教授，撰写了多部有关志愿服务方面的书籍。

于尔根·格罗茨　英国伦敦大学亚非学院博士，志愿和社区部门研究协会主席，英文名为Jurgen Grotz。在德国、中国和联合国的志愿服务和社区从事了30多年的志愿服务工作，有20多年实践经验的社会政策研究员和项目经理，对社区服务和残疾人问题有较深的研究。在RNIB（supporting blind and partially sighted people）支持盲人和视力障碍者做了三年的政策倡导协调者，在大彩票基金做过补助金发放员，负责分发志愿服务部和社区方面研究的特别补助金。

大卫·亨顿·史密斯　美国波士顿学院公共事务系教授、联合国志愿者人员组织资深顾问，英文名为David Horton Smith。志愿行动研究领域具有开拓性的人物，1970－1974年担任志愿社会研究中心主任，1971年创建了志愿行动学者协会，主要研究兴趣是志愿协会、志愿参与等，发表相关论文120多篇。

菲米达·汉蒂　美国宾夕法尼亚大学教授，《非营利与志愿组织季刊》主编，英文名为Femida Handy。女，加拿大约克大学博士。主要研究方向为非营利领域的经济学，研究兴趣包括非营利组织的企业家精神和志愿精神，非营利和志愿部门国际比较。教学领域包括非营利部门、人类行为和组织生活经济学、社会福利经济学和环境经济学等。发表有《从妇女协会到网络空间，印度志愿服务的变化》、《感受和可持续性：环境研究的综合知识》等论文。

约翰·威尔逊　美国杜克大学社会学系教授，英文名为John Wilson。从事有关志愿者研究，重点研究哪些人会当志愿者、为什么要当志愿者、志愿者的数量以及志愿服务对志愿者的影响等课题。出版的著作有《运用规范理论分析宗教和教育对志愿服务的影响——基于社会学的视角》、《志愿服务研究述评》、《志愿服务、幸福感与社会福利》、《生产与志愿工作》等。在志愿主义以及种族、性别、兴趣对于志愿的影响方面发表了50余篇论文，发表在《当代社会学》、《社会力量》、《社会科学季刊》以及《美国社会学评论》等杂志。

莱斯特·M. 萨拉蒙　美国约翰霍普金斯大学教授，公民社会研究中心主任，英文名为Lester Salamon。是政府行为和非营利部门、志愿服务研究的国际专家和代表性人物。1987年创立约翰霍普金斯大学公民社会研究中心并担任主任，同时设计和创建了约翰霍普金斯大学非营利部门比较项目和其他相关研究和训练项目。发表的著作《美国非营利部门指南》是美国大学非营利部门学习的参考书。《公共服务中伙伴：现代福利国家中政府与非营利组织的关系》获得非营利部门和志愿服务研究协会1996年非营利部门杰出图书奖。受国际劳工组织委托，完成了《志愿者工作计量手册》。发表了《如何创建一支志愿者队伍》、《志愿者与经济复苏》等论文。

郭超 美国宾夕法尼亚大学社会政策与非营利组织管理副教授，英文名为 Chao Guo。南加州大学公共管理学博士，曾在印第安纳大学，佐治亚大学和亚利桑那州国家大学任教。研究兴趣主要集中在非营利组织和志愿行动，非营利组织宣传和治理，跨部门协作，社会企业家精神和志愿精神。积极参与专业的社区服务活动，担任国际志愿者协会、民间社会与社会经济研究协会（ICSERA）的高级副理事，担任非营利组织和志愿行动研究协会董事会（ARNOVA）董事。参与各种非营利组织董事会治理和组织的变化的咨询。在《政府和社会》，《美国公共行政管理》，《会计和公共政策杂志》，《非盈利政策论坛》，《政策研究杂志》，《公共管理》，《公共行政评论》等期刊上发表多篇论文。2005 年，获得戴维史蒂文森学院奖学金。2008 年获得首届 IDEA 奖项。2013 年，因参与印第安纳州的公共志愿服务被美国社会公共管理局授予“印第安纳奖章”。

苏珊·迈克尔·让培 美国社会学教授，巴鲁克非营利性管理策略中心《工作论文系列》编辑，外文名为 Susan M. Chambré，女。宾夕法尼亚大学博士。研究领域集中在公民参与、非营利性组织和公共政策方面。研究课题有：“婴儿潮出生的一代人的志愿服务研究”、“非营利组织命名的做法”、“非营利组织在其生命周期的不同阶段面临的管理挑战”，以及“肺结核、小儿麻痹症、艾滋病患者的消费意识”等。出版专著《旧时代的善事：有闲阶级的志愿服务》；发表与志愿服务相关的文章有《志愿服务：退休和金融的百科全书》、《家庭、艾滋病志愿者的爱和祈祷》等。

马克·A. 缪其克 美国得克萨斯大学奥斯汀分校社会学系教授、自由艺术学院学生事务副院长，英文名字 Marc A. Musick。研究兴趣包括志愿的因果分析、宗教行为及信仰等，研究成果在《美国社会学评论》、《健康与社会行为杂志》、《老年学杂志：社会科学版》、《社会科学研究杂志》以及《社会力量》等杂志上发表。

杰弗里·L. 布兰迪 美国乔治亚大学教授，公共和国际事务系非营利部门研究著名教授，英文名为 Jeffrey L. Brudney。美国志愿管理和社区志愿中心研究专家，非营利组织质量提升组织领导人，研究领域主要有非营利组织管理，志愿服务和志愿项目等。在公共服务部门的志愿服务公开刊物上发表了大量文章，其著作为《在公共服务部门开展志愿者培训项目：筹划、传授和规划志愿服务活动》（旧金山，美国：Jossey – Bass 出版社，1990），并以此曾两次获得美国政治科学协会每年为公共行政部门有杰出研究人员颁发的赫伯特·考夫曼奖。他同时关注青年人的娱乐活动，除了担任青年游泳队的教练，还是青年人棒球和篮球的教练。

卢卡斯·迈耶斯 荷兰伊位斯谟大学管理学院社会商业系主任，国际著名的志愿服务研究专家，荷兰名为 Lucas C. P. M. Meijs。伊位斯谟大学战略慈善研究中心主任，《非营利和志愿组织》季刊主编。卢卡斯教授的研究兴趣主要是战略慈善、志愿部门管理、公司社区参与、商业社会合作、志愿能、学生志愿者。出版了《政府、企业和学校加强志愿服务的三方模型》、《企业志愿服务对志愿力的影响》等。

第七部分　事　件

北京大栅栏地区的“综合包户”服务网建立　为社区弱势群体服务的“综合包户”服务网在北京大栅栏地区建立，该网是通过街道、企业、志愿者、政府部门等多个主体共同协作和配合，为社区孤寡老人和盲人等提供多方位的服务网络。1983 年，在北京市宣武团区委组织开展的“文明礼貌月”活动中，大栅栏街道举行了“综合包户”协议书签订仪式，由大栅栏地区的百货、副食、菜蔬、粮食、煤炭、浴池、理发、房管、医院等行业以及街道办事处的团员青年为本地区的 19 户身边无儿女、年迈体弱的老人定期提供送日用百货、送副食品、送菜、送煤、送粮、维修房屋、理发、洗澡、卫生巡诊、打扫卫生等 10 项综合服务。这一新生事物迅速在全区推广，当年 3 月，全区 8 个街道全部签订了“综合包户”协议书，对 137 户老人实行“综合包户”服务。与此同时，宣武团区委组织菜市口地区的 10 个单位与盲人工厂签订了“综合包户”服务协议，为 92 名盲人提供送货、理发、量体做衣等 10 项服务。自此，全区形成了一整套有组织、有制度、相互联系、相互配合的“综合包户”服务网。1984 年 3 月共青团中央发文，向全国推广这一活动。

广州诞生志愿者服务热线　广州开通一条为中学生服务的电话热线“志愿者服务热线”。1987 年 6 月，在广州团市委、市教育局和香港义工团体的协助和指导下，广州市 10 多名热心公益的积极分子开通了“中学生心声热线”热线电话服务。当时的电话号码是 3330564，用粤语说就是“心中的情你尽诉”。热线通过一部电话，两台分机和几个人轮流“上班”提供服务。一周内每个工作人员参与两次电话值班，不拿一分钱。此后，“中学生心声热线”逐步发展成为全市的“手拉手青少年辅导中心”，社会反响越来越大。热线接听从省内外辐射到海内外，成为了广州青年志愿服务的名牌项目。

天津诞生社区志愿服务团体　天津地区一个较早的社区志愿服务团体“社区志愿服务团体”成立。1988 年 11 月，天津市和平区新兴街社区作为全国开展社区志愿服务活动最早的地区之一，开展了一项关于社区残疾人、孤老户和军烈属的调查，调查发现，社区共有 13 名这样的困难群众。为帮助这 13 位居民，居委会 6 个人加上 7 名社区积极分子，组成了“一帮一”服务小组。小组成员一致同意选择“志愿者”作为服务小组的名称。此后通过招募，社区志愿者队伍从居委会成员扩大到社区积极分子，再扩大到社区周边的粮店和副食品店等社区企业，社区里出现了一大批志愿者。1989 年 3 月 18 日，天津市和平区新兴街社区服务志愿者协会成立。

深圳注册志愿者社团诞生　中国内地第一个义工法人团体——深圳市义工联成立。1990 年 4

月 23 日，46 名青年以“深圳市义工联”的名称在民政局注册，成立了中国内地第一个义工法人团体。到 1993 年底时，深圳市义工联已经拥有 400 多名个人会员，且具有一定的社会影响力。1994 年义工联采取拓展服务项目、健全服务组织、取消入会年龄和学历限制等一系列措施，使义工规模迅速扩大。1999 年注册义工达到 3 万余人，已发展壮大为社会各阶层积极参与、拥有相当服务力量、服务社会各个领域的社会群众性团体。

广东佛山市诞生“义工团”　佛山市第一支志愿者队伍“义工团”成立。1993 年 3 月 21 日，65 名热心的青年大学生自发组建了佛山市第一支志愿者队伍“佛山义工团”，开展青少年辅导服务和帮助老弱病残服务。1994 年 12 月，共青团佛山市委建立了“佛山市青年志愿者协会”，统筹和协调各级青年志愿服务活动。此后，佛山市采取了鼓励自主探索志愿服务的政策。明确市级志愿者协会主要完成上级安排的专项志愿服务活动、协调直属志愿队伍的活动；各区、镇、村根据民众需求探索特色服务。由此，佛山市成为了区域内志愿组织多元化、志愿服务多样化的典型。2005 年，佛山团市委大胆提出“政府委托人民团体购买公共服务”的设想，建立了政府支持推动志愿服务发展的新机制。

高校学生志愿服务社团成立　国内高校第一家由学生自发成立的志愿服务社团——爱心社成立。1993 年 11 月 23 日，北京大学 17 位扫雪的学生发起成立“爱心社”，成为国内高校第一家由学生自发成立的志愿服务社团。该社团以“奉献爱心、呼唤爱心、自我教育”为宗旨，以“因为爱，我们存在”为口号。自成立之后，爱心社不断发展壮大，现有注册社员上千人，遍布北京大学各个院系及北京大学附属小学等单位，成为北京大学校园十佳社团及品牌社团，在校内外具有极大知名度和影响力。

共青团全会提出青年志愿者工作意见　共青团在十三届二中全会上提出实施“跨世纪青年文明工程”和“跨世纪青年人才工程”，并把“中国青年志愿者活动”写进《在建立社会主义市场经济体制进程中我国青年工作战略发展规划》。1993 年 12 月 5 日至 7 日，中国共产主义青年团十三届二中全会在北京召开，全会决定，把实施“跨世纪青年文明工程”和“跨世纪青年人才工程”，作为青年工作再上新台阶的突破口。在“跨世纪青年文明工程”中，把“中国青年志愿者活动”郑重地写进了《在建立社会主义市场经济体制进程中我国青年工作战略发展规划》里。并明确提出其目的是，为建立社会主义市场经济体制创造良好的社会环境，净化青年的心灵，促进社会风气的进一步好转。团中央书记处常务书记刘鹏在全会讲话中要求各地共青团组织要根据自身实际，将突击性的志愿服务活动、阶段性的志愿服务活动、长期性的志愿服务活动和需要一定专业技能的志愿服务活动有机结合起来，分层次逐步展开，并均衡地分布在全年。要在实践中及时总结经验，使之逐步完善规范，为以后深化这项活动打下一定基础。城乡基层原有的青年服务队活动，要进一步完善发展，并结合实际逐步纳入青年志愿者活动之中。

北京志愿者协会成立　全国首家省级志愿者协会“北京志愿者协会”成立。1993 年 12 月 5 日，数千名首都青年隆重集会纪念“国际志愿人员日”。在此次会上，“北京志愿者协会”宣布正式成立。北京志愿者协会的成立，标志着北京志愿人员工作，由以往的临时性活动转向经常性活动。同时，该协会也是全国首家省级志愿者协会，共青团北京市市委书记姚望担任首届志愿者协会会长，全市万余名青年加入。北京志愿者协会下设秘书处，负责开展日常工作。秘书处由办公室、综合协调部、项目开发部、宣传部等组成，同时拥有“一站一校一刊一基金”，即北京志愿者协会网站、北京志愿者学校、《志愿北京》刊物、北京志愿服务基金，曾获联合国“卓越志愿服务组织奖”、“全国先进民间组织”、“中国志愿者工作组织奖”等奖励。

铁路青年打出“青年志愿者”旗帜　铁道共青团组织在北京至深圳2400多公里的铁路线上打出了“青年志愿者”的旗帜。1993年12月19日，共青团青年志愿者在铁路上开展志愿服务，打出“青年志愿者”旗帜，首批2万余名“青年志愿者”在两千多公里的京广铁路沿线清洁环境，服务春运。这些佩戴“青年志愿者”标志的青年们活跃在广大旅客中间，为旅客提供服务，之后，更多的人加入“志愿者”行列，拉开了中国青年志愿服务大型活动的帷幕。40余万名大中学生利用寒假、“五一”小长假在全国主要铁路沿线和车站开展志愿者新春热心行动，青年志愿者行动迅速在全国展开。从此，志愿者的身影便时常活跃在铁路生产建设、改革发展等各个时期各项急、难、险、重任务中，而且其作用不容小觑。这也拉开了中国青年志愿服务大型活动的帷幕。

中国青年志愿者服务队授旗　共青团中央举行“中国青年志愿者授旗仪式”。1994年5月5日，为纪念五四运动七十五周年，共青团中央在北京人民大会堂中央大厅隆重举行“中国青年志愿者授旗仪式”。青年志愿者的代表从时任中共中央政治局常委、全国人大常务委员会委员长乔石和时任中共中央政治局委员、书记处书记丁关根手中接过了“中国青年志愿者”的大旗。授旗仪式上，乔石发表了讲话并强调指出把“中国青年志愿者”的旗帜交到青年手中，表明了党和国家对跨世纪一代青年的厚望，对青年志愿者行动的高度重视和支持。

中国青年志愿者“一助一”服务计划实施　1994年，“中国青年志愿者‘一助一’长期服务计划”开始实施。1994年3月，团中央、全国青联、全国学联决定，以“全国青年志愿者学雷锋奉献日”活动为开端，实施“中国青年志愿者‘一助一’长期服务计划”。计划内容是由一支青年志愿者服务队或一名青年志愿者，为一个人或一个家庭提供其所需要的经常性服务。参加“一助一”长期服务计划的青年志愿者服务队或青年志愿者，可根据所联系的服务对象的实际需要，确定服务内容，签订服务协议，服务时间一般不少于三至五年。计划的主题是：热心献社会，真情暖人心，让青年志愿者走进千家万户，向需要帮助的人伸出援助之手。计划的服务对象是有特殊贡献的老知识分子、老干部、老英模、见义勇为英雄和有特殊困难的烈军属、伤残人、五保户及其他特困户等社会成员。该计划由基层团组织和青联办事机构、学生会具体实施。截至2004年底，全国“一助一”结对数超过250万，部分城市已经覆盖了绝大多数的民政优抚对象。

中国大中学生志愿服务总队成立　团中央和全国学联成立“中国大中学生志愿服务总队”。1994年9月22日，团中央、全国学联印发

《关于成立中国大中学生志愿服务总队的决定》。决定指出：共青团中央、全国学联决定成立中国大中学生志愿服务总队，作为组织高等院校和中等学校学生志愿服务队从事社会志愿服务的全国协调性组织。总队由共青团中央指导，全国学联领导。总队将在制定长远规划、确定重点项目、协调区域合用、拓宽工作领域、落实重点任务、加强志愿服务队建设等方面，发挥对全国大中学生志愿服务活动的协调与引导作用。首批加入中国大中学生志愿服务总队的学生志愿服务队的团体队员包括：北京大学“爱心社”志愿服务队、清华大学“紫荆”志愿服务队等全国各省市以及铁路、民航系统的各类型大中学生志愿者服务队共 203 支。同年，全国学联第二十一届主席团第六次会议审议通过了《中国大中学生志愿服务总队章程》，并于 10 月 15 日由共青团中央办公厅、全国学联秘书处下发此章程和执行通知。

中国青年志愿者协会成立 “中国青年志愿者协会”成立大会在北京召开。1994 年 12 月 5 日，中国青年志愿者协会成立大会在北京隆重举行，会议通过了《中国青年志愿者协会章程》，青年志愿者代表宣读了《中国青年志愿者宣言》，中共中央政治局常委、书记处书记胡锦涛向大会发来贺信，国家副主席荣毅仁出席大会并讲话，联合国开发计划署向协会成立大会发来了贺信。中央有关部委领导、团中央书记处全体成员和协会领导机构成员、各界青年志愿者代表出席了成立大会。郝建秀等 17 位中央有关部委领导同志应邀担任协会顾问。大会推选刘鹏为协会理事长，随后全国各省级协会也逐步建立起来，目前已形成了由各级协会组成的志愿服务组织管理网络。

中国青年志愿者标志产生 1994 年“中国青年志愿者标志”诞生。该标志从 1665 件作品中脱颖而出，成为中国志愿者活动的统一标志。1994 年 1 月 13 日至 31 日，中国青年志愿者标志征集评选活动结果揭晓，中央工艺美术学院装潢系 24 岁的青年教师陈磊的作品为“中国青年志愿者”标志，从此，全国百万青年志愿者有了统一的标志。中国青年志愿者标志征集评选活动历时 18 天，共收到全国 30 个省、自治区、直辖市和部队的有效作品 1665 件。标志的整体构图为心的造型，同时也是英文“青年”第一个字母“Y”；图案中央既是手，也是鸽子的造型。标志寓意为中国青年志愿者向社会上所有需要帮助的人们奉献一片爱心，伸出友爱之手，表现青年志愿者“热心献社会，真情暖人心”的主题。该标志作为中国青年志愿者活动的统一标志，被制成胸章、纪念章（徽章）、招贴画及其他宣传品，供青年志愿者开展活动和宣传之用。

中国青年志愿者扶贫接力计划启动 志愿扶贫项目“中国青年志愿者扶贫接力计划”1996 年启动。1996 年 11 月 4 日，共青团中央启动实施中国青年志愿者扶贫接力计划。该计划首个“静乐项目”在山西省静乐县进行。静乐县地处吕梁山区的高寒山区，土地贫瘠，干旱少雨，自然条件十分恶劣，是全国贫困县中最贫穷县之一。当时，全县 430 多个学校校舍 30% 属危房，大部分学校严重缺乏教师。首批 22 名来自全国各地、平均年龄只有 20 多岁的青年志愿者，在这片远离都市的大山中，为条件艰苦，人才匮乏的学校、企业、医院和山区居民提供为期一年的志愿服务。

“绿家园志愿者”环保活动 环保志愿服务组

织“绿家园志愿者”成立并开展活动。1996年，中央人民广播电台记者汪永晨和中国环境科学院学者金嘉满，发起成立了“绿家园志愿者”组织。“绿家园志愿者”组织中关注环境保护的记者，发起“领养”树活动。倡议发出后，得到了广大记者的积极响应，更多的记者除了自己“领养”树以外，还用手中的笔为这一绿色行动广而告之。1997年4月27日，香港民间环保组织“长春社”800人和“绿家园志愿者”1000多人，分别在北京和香港种树、“领养”树，用这种特殊的方式庆祝香港回归。

“金圣青年志愿服务基金”设立 由企业资助的江西省“金圣青年志愿服务基金”成立。1997年5月8日，南昌卷烟厂向江西省青年志愿者协会捐资25万元人民币，建立“江西省金圣青年志愿服务基金”，用以支持江西省青年志愿服务事业，重点是资助江西青年志愿者爱心接力111计划和其它大型志愿服务项目的实施。该计划的主要内容是在农村建立10个青年志愿服务基地，在全省选择100名英模、10000户贫困户作为服务对象，由省青年志愿者协会及各地青年志愿者组织向社会公开招募一批青年志愿人员到服务基地，为服务对象提供科技、医疗保健、扫盲助教等生产生活服务，并实行每年轮换一次的接力服务。

大中学生志愿暑期“三下乡”启动 以文化、科技、卫生为主要内容的大中学生志愿暑期“三下乡”服务项目启动。1997年6月，中宣部、国家教委、共青团中央、全国学联发出通知，启动全国范围内大中学生志愿者暑期文化、科技、卫生“三下乡”活动。通知要求，活动主要集中在每年7月上旬至8月中旬进行。按照文化、科技、卫生三个领域的不同特点开展服务，具体内容包括开展扫盲行动，组织业余文艺演出队下乡，传授农业科学技术，到困难乡镇企业咨询会诊，组织博士、硕士生赴农村开办讲座，对部分农民作健康状况调查，普及乡村卫生常识等。

江泽民为青年志愿者行动题词 江泽民同志为中国青年志愿者行动亲笔题词“中国青年志愿者”。1997年12月，时任中共中央总书记江泽民，为中国青年志愿者行动亲笔题写“中国青年志愿者”。中国青年志愿者行动自1993年实施，围绕全党全国工作大局，植根于人民群众生产生活的基本需求，着眼于青年的成长成才，开展了扎实有效的工作，取得了服务社会、弘扬新风、教育青年的可喜成果。共青团在组织广大青年志愿者开展志愿服务活动的同时，十分注重建立有效的机制。全国建立了31个省级协会，数千个青年志愿服务站和青年志愿服务基地。各地团组织积极争取党政支持，加强与有关部门的协作，自觉地将青年志愿者行动纳入当地精神文明建设规划和目标管理。江泽民总书记为青年志愿者行动题词，有力推动了全国青年志愿者行动的全面深化和发展。

胡锦涛会见青年志愿者代表 胡锦涛同志会见“中国青年五四奖章”获得者和青年志愿者代表，并与他们座谈。1998年5月，时任中共中央政治局常委、国家副主席胡锦涛在中南海怀仁堂亲切会见“中国青年五四奖章”获得者和青年志愿者代表，并与他们座谈。在听取优秀青年代表发言后，胡锦涛勉励广大青年，要勤奋学习，艰苦创业，甘于奉献，投身实践。优秀青年代表陈永川、庄红卫、谭学智、杨敏、李德俊先后在座谈会上发言。时任共青团中央第一书记李克强主持座谈会。

中国社区服务志愿者活动十年论证会 1999年3月17日，天津召开“天津和平区新兴街道社区服务志愿者活动十年论证会”，总结社区志愿服务经验。1989年3月18日，中国社区服务志愿者组织在天津市和平区新兴街诞生。他们从邻里互助、解决生活难题开始，形式从单向、双向和包户服务到设点、挂牌和集中服务，由群众性自发活动到有组织、有章程的规范化活动，由单一解决小区内居民生活困难到全面提高社区居民的生活质量。论证会介绍了经验，研讨了问题。时任民政部副部长范宝俊在会议上讲话，要求全国城市学习天津的做法，在新形势下合理地引导社区志愿者服务活动。

志愿者绿色行动营计划启动 以植树造林、沙漠治理为主要内容的中国青年志愿者绿色行动营计划启动。1999年6月17日，中国青年志愿者绿色行动营计划启动暨丰宁营开营仪式在河北丰宁满族自治县举行，该活动由共青团中央、全国政协人口资源环境委员会、水利部、中央电视台、中国青年志愿者协会、中华环保基金会、中国林业科学院联合主办。此项计划结合中国的实际情况，以劳动、交流与学习为主题，组建“中国青年志愿者绿色行动营”，集中组织青年开展植树造林、沙漠治理、白色垃圾治理、环保宣传等方面的志愿服务活动。该计划参照国际通行的志愿者劳动营的做法，广泛调动社会资源，集中组织动员青年开展各类环保志愿服务，在服务中提高劳动技能，磨炼意志品质，以自身的实际行动在全社会宣传绿色环保知识。丰宁营是中国青年志愿者绿色行动营计划的第一营。青年志愿者在技术人员的指导下，在丰宁喇嘛山口荒漠种植沙棘。

青年志愿服务法规颁布 1999年，广东省颁布青年志愿服务法规——《广东省青年志愿服务条例》。1995年下半年，广东省团省委正式启动了广东青年志愿服务立法的筹备工作。1999年8月5日，《广东省青年志愿服务条例》在广东省第九届人大常委会第十一次全体会议上获得通过。这部关于青年志愿服务的地方性法规出台，标志着广东青年志愿服务从此有法可依，步入法制化轨道，并为全国青年志愿服务立法提供了探索经验。

中日友好沙漠绿化行动志愿者誓师大会 1999年，“绿色希望工程——中日友好沙漠绿化行动”志愿者誓师大会举行。8月15日，中日双方举行了“绿色希望工程——中日友好沙漠绿化行动”志愿者誓师大会。时任团中央第一书记周强，全国青联主席、中国青基会理事长巴音朝鲁等出席了大会。8月15日至20日，中日友好沙漠绿化行动代表团访问了北京和内蒙古。在北京期间，时任全国人大常委会委员长李鹏、副委员长布赫分别会见了中日友好沙漠绿化行动代表团成员。在内蒙古，巴音朝鲁和时任全国青联副主席黄丹华等与代表团一同参加了沙漠绿化活动。

志愿者扶贫接力计划首届支教团出征 中国青年志愿者扶贫接力计划首届研究生支教团出征仪式在北京举行。1999年8月25日，共青团中央在人民大会堂举行了“中国青年志愿者扶贫接力计划首届研究生支教团出征暨捐赠仪式”。之后，首届研究生支教团出发至青海大通回族土族自治县、民和回族土族自治县、循化撒拉族自治县，甘肃榆中，宁夏西吉，河南新县，山西灵丘等5省（区）的7个国定贫困县，开展为期1年的支教扶贫工作。中国青年志愿者扶贫接力计划研究生支教团，是由团中央、教育部联合组织实施的全国示范项目，开始于1998年，11月5日团中央通知要求各校做好研究生支教团成员的选拔确定工作，并于当年11月底组建了由101人组成的首届研究生支教团。

中外志愿者共庆“国际志愿者日”　1999年12月5日，中外志愿者共同庆祝“国际志愿者日”，600多名中外志愿者出席。庆祝仪式上，13家国内外志愿者组织代表分别介绍了本组织的情况，并举行了《志愿精神在中国》和《中国青年志愿者扶贫接力计划》两本书的首发式。仪式后，中外志愿者分几路，开展了形式多样的志愿服务活动。时任全国青联副主席、中国青年志愿者协会副理事长胡春华，联合国驻华系统发展业务活动总协调人及各志愿者组织的代表出席了纪念仪式并参加了志愿服务活动。

江泽民对青年志愿者行动做出批示　江泽民同志对青年志愿者行动做出批示。2000年1月，时任中共中央总书记、国家主席江泽民对青年志愿者行动做出重要批示：“青年志愿者行动是当代社会主义中国一项十分高尚的事业，体现了中华民族助人为乐和扶贫济困的传统美德，是大有希望的事业。努力进行好这项事业，有利于在全社会树立奉献、友爱、互助、进步的时代新风。希望你们在新的世纪里继续努力，发扬我国青年的光荣传统，不懈奋斗，不断创造，奋勇前进，为实现中华民族的伟大复兴做出新的更大的贡献。”

中国青年志愿服务颁发奖章　共青团中央、中国青年志愿者协会颁发中国青年志愿服务奖章。2000年1月15日，共青团中央、中国青年志愿者协会印发《关于表彰第三届中国青年志愿者行动个人和集体的决定》。决定指出：为规范中国青年志愿者行动评选表彰制度，共青团中央、中国青年志愿者协会决定从本届评选表彰活动开始，以“中国十大杰出青年志愿者”、“中国十大杰出青年志愿服务集体”作为全国青年志愿服务事业的最高奖项，与自1998年评选的“中国百名优秀青年志愿者”和“中国百个优秀青年志愿服务集体”一起，形成“十杰百优”奖励体系。同时设立中国青年志愿服务系列奖章，向青年志愿服务中表现突出的个人分别颁发“中国青年志愿服务金奖”、“中国青年志愿服务银奖”和“中国青年志愿服务奖”奖章。2000年1月19日，中国青年志愿者第二次全国代表大会上，共青团中央、中国青年志愿者协会隆重表彰了第三届中国青年志愿者行动先进个人和集体。中共中央政治局委员、书记处书记、中宣部部长丁关根出席大会并向“中国十大杰出青年志愿者”、“中国十大杰出青年志愿服务集体”代表颁奖。

“新纪元志愿服务计划”实施　中央17部委办实施“新纪元志愿服务计划”。2000年2月18日，中共中央宣传部及共青团中央、中央社会治安综合治理委员会办公室、国家发展计划委员会、国家经济贸易委员会、教育部、科技部、公安部、民政部、司法部、建设部、水利部、农业部、文化部、卫生部、国家环保总局、国家体育总局、国家文物局等17部委办联名，以《关于实施“新纪元志愿服务计划”的通知》为题，下发中青联发［2000］18号文件。文件提出，为贯彻落实江泽民总书记对青年志愿者工作的重要批示，迎接2001年“国际志愿者年”，17部委办决定共同实施

“新纪元志愿服务计划”。实施时间，从2000年初开始实施，到2001年年底结束，以一年为一个实施周期，按两年的时间安排。该计划以“世纪、千年”这个时代口号统揽、动员和组织广大青年踊跃参与社区建设、扶贫开发、环境保护等领域的志愿服务活动。力争实现三大目标：一是社会受益，努力使参加这项计划的志愿者达到3000万人次，向社会提供志愿服务超过10亿小时。二是青年受益，为当代青年参与社会、展现才华、增长见识、提高素质创造机会，引导青年在实践中锻炼成长。三是以世纪、千年庆典为契机，在全社会大力弘扬“奉献、友爱、互助、进步”的志愿者精神，为庆祝新世纪、新千年营造良好氛围。

中国青年志愿者服务日确立 共青团中央、中国青年志愿者协会决定从2000年开始，把3月5日作为“中国青年志愿者服务日”。2000年2月21日，共青团中央办公厅和中国青年志愿者协会秘书处下发了《中国青年志愿者协会2000年工作要点》，明确提出，3月5日已成为社会各界特别是广大青年学雷锋活动日。自1963年3月5日毛泽东等老一辈党和国家领导人号召“向雷锋同志学习”以来，3月5日成为社会各界特别是广大青年传统的学雷锋活动日，在3月5日广泛开展多种形式和内容的志愿服务活动，已成为近年来许多地区通行的做法。为此，团中央、中国青年志愿者协会决定从2000年开始，把3月5日作为“中国青年志愿者服务日”。青年志愿者的行动进一步弘扬了中华民族的传统美德，体现了鲜明的时代特征，是学雷锋活动在新的历史条件下的继承和发展。

少先队员“志愿者军团”北京林奠基 来自北京的32名少先队员组成志愿者军团在内蒙古义务植树，建立了第一片北京林。4月30日，中国儿童中心率领首批由北京市32名少先队员组成的“志愿者军团”赴内蒙古恩格贝沙漠义务植树，在恩格贝沙漠建立了第一片北京林。第二天，举行了恩格贝第一片北京林的奠基仪式。当天下午，在内蒙古的东河广场上，北京少先队员代表与内蒙古小朋友举行了京蒙小朋友环保誓师大会。京蒙小朋友共同宣誓：让危害家园的沙漠，变成保卫家园的绿洲。

中国青年志愿者社区发展计划启动 作为“新纪元志愿服务计划”的重要内容的中国青年志愿者社区发展计划启动。2000年5月27日，中国青年志愿者社区发展计划启动仪式在北京举行。团中央书记处书记、中国青年志愿者协会常务副理事长胡春华等，为青年志愿者服务中心及青年志愿者服务站授牌，近千名青年志愿者开展了法律咨询、医疗服务、入户调查等志愿服务活动。中国青年志愿者社区发展计划是“新纪元志愿服务计划”的重要内容，是团中央、中国青年志愿者协会在社区领域实施的长期重点项目。计划以社区群众的服务需求为导向，以“共建、互助、共享”为主题，以“一助一”长期结对服务计划为基本形式，通过多种模式创建社区青年志愿者服务站，建立健全青年志愿服务基层组织网络，推动青年志愿者参与社区服务，促进社区建设。

全国青联志愿者艺术团组团演出 全国青联志愿者艺术团组织20多位青年艺术家赴丹东进行慰问演出。2000年10月24日，全国青联志愿者艺术团首次组团赴丹东进行慰问演出。20多位青年艺术家分别深入到农村、敬老院和青少年活动场所开展慰问活动，受到当地群众的热烈欢迎。志愿者艺术团还在鸭绿江畔举行了大型慰问演出，纪念中国人民志愿军抗美援朝出国作战50周年，300多位50年前从这里跨过鸭绿江的志愿军老战士和当地官兵群众观看了演出。慰问演出以缅怀历史，歌颂祖国和赞美时代为主线，热情讴歌了爱国主义和革命英雄主义精神，表达了当代青年为实现中华民族伟大复兴而奋斗的坚定信心。

首都大学生第21届世界大学生运动会彩虹志愿者场馆服务签约仪式举行　首都大学生第21届世界大学生运动会彩虹志愿者场馆服务签约仪式在北京举行。2000年10月28日，在第21届世界大学生运动会倒计时300天之际，“首都大学生第21届世界大学生运动会彩虹志愿者场馆服务签约仪式”在北京航空航天大学举行。在大运会召开之时，50余所高校的近两万名青年志愿者，将使用英语、法语、德语、日语、俄语、西班牙语、意大利语、阿拉伯语、斯瓦希里语等语言，与来自世界各地的大学生运动员交流，为他们服务，在他们与中国之间架起一座座美丽的彩虹桥梁。

全国推行注册志愿者制度　共青团和中国青年志愿者协会在全国开始推行注册志愿者制度。2001年2月26日，团中央、中国青年志愿者协会发出《推行注册志愿者制度的实施方案（试行）》，注册志愿者的基本条件包括：在所在地团组织或青年志愿者组织登记注册；具备参加志愿服务的基本身体、技能素质；遵纪守法；每年至少参加48小时志愿服务。同时，方案还提出了志愿者注册登记的方式及程序，志愿者注册号的编号管理，注册登记证的制作发放和注册志愿者工作的组织领导。方案提供了统一标准格式的“志愿者注册登记表”。2001年3月5日，全国各地团组织、青年志愿者组织普遍开始推行注册志愿者制度。注册志愿者每年至少参加48小时的志愿服务。注册后，志愿者参加志愿服务的时间、地点、参与服务的性质及服务的质量的评定将被记录在册。当天上午8点半，西友集团团委书记徐民在西单商场登记注册，成为北京市第一位注册志愿者。在北京中华世纪坛、西单商场、西单图书大厦等地，许多大学生及社会各界人士也纷纷来到现场登记注册。北京市当天共有30万名志愿者参加了注册及服务活动。在内蒙古，“中国十大杰出青年志愿者”寒星，当天申请成为内蒙古第一位注册志愿者。浙江杭州上城、下城等区以及温州松台广场等地服务现场有近35万名青年参加了应募登记工作。江苏南京、常州等主要城市开展了本地青年志愿者人数、结构、服务特长、服务开展情况的全面调查。河南要求各级团委把推行注册志愿者制度作为工作重点。在上海，300多名青年志愿者就新老协保、就业促进、劳动关系、社会保险和职业培训等问题，为市民展开了政策咨询。武汉市2000余名青年志愿者开展了卫生法律咨询、科普宣传、家电维修等服务。河北省各地青年志愿者围绕“做一名注册志愿者”主题，开展社区“一助一”结队志愿服务活动。上海、山东、湖北、青海、宁夏、海南、新疆、天津及中央直属机关、国家机关、全国铁道、全国民航、中央金融、中央大企业等各省级团委还以青年志愿者注册登记为载体，组织开展了以累计服务时间为考核评价体系的各类志愿服务活动。

北京申奥志愿服务团成立暨青年志愿者行动表彰大会举行　北京申奥志愿服务团成立暨青年志愿者行动表彰大会在北京召开。2001年4月

8 日，北京奥申委、大运会组委会群工部、团市委在中国人民大学联合召开“北京申奥志愿服务团成立暨青年志愿者行动表彰大会”。时任北京奥申委常务副主席、北京市副市长刘敬民将服务团团旗授予北京团市委书记张效廉。北京申奥志愿服务团依托中国人民大学、北京科技大学、北京航空航天大学、北方交通大学、北京外国语大学、北京林业大学、北京体育大学、北京第二外国语学院等 8 所院校设立“第 21 届世界大学生运动会彩虹志愿者培训基地”。会上还对第四届北京青年志愿者行动杰出集体和个人进行了表彰，该奖项自 1993 年设立以来，两年评选一次。此次表彰活动共评出 58 个“青年志愿者服务杰出集体”、75 个“杰出青年志愿者”、35 个“北京青年志愿者行动组织奖”、23 个“北京青年志愿者行动特别贡献奖”。

北京社区禁毒志愿者总队成立 北京市第一支“社区禁毒志愿者总队”成立。2001 年 5 月，北京市公开招募禁毒宣传志愿者的启事在媒体公开发布。6 月 26 日上午，北京市社区禁毒志愿者总队正式成立，这是北京市第一支“社区禁毒志愿者总队”。在成立大会上，相关领导为志愿者颁发证书并授队旗。美国、澳大利亚等国的驻华缉毒联络官员列席大会。从 1998 年开始，团北京市委、北京市禁毒委开始招募禁毒宣传志愿者。2001 年 5 月，公开招募禁毒宣传志愿者的启事在媒体公开发布，截至当年 6 月，全市 18 个区县报名人数已达 700 多人，已经形成了一支依托于社区组织，有法律、心理、教育、卫生等专业人才参加的禁毒志愿者组织网络。

“中华巾帼志愿者”举行授旗仪式 中华巾帼志愿者授旗暨“优质服务进万家”活动启动仪式在北京举行。2001 年 7 月 21 日，全国妇联联合民政部、劳动与社会保障部、国家税务总局、国家环保总局、国家广播影视总局、国家工商总局 6 家部委在北京隆重举行中华巾帼志愿者授旗暨“优质服务进万家”活动启动仪式。600 多名志愿者代表参加了授旗仪式。此次活动旨在以“国际志愿者年”为契机，以“优质服务进万家，真诚奉献在社会”为主题，开展“巾帼社区服务工程”。“优质服务进万家”活动通过组织各类社区服务机构及相关部门、行业，面向社区广大家庭，开展公益性服务活动。

中国 2001 国际志愿者委员会成立 中国 2001 国际志愿者年委员会成立，并发布志愿者年的标志。2001 年 8 月 22 日，外经贸部与共青团中央联合举行新闻发布会宣布：中国 2001 国际志愿者年委员会成立，“中国 2001 国际志愿者年”标志发布。时任国务委员吴仪担任中国 2001 国际志愿者年委员会主席，时任外经贸部部长石广生和时任团中央书记处第一书记周强担任委员会的执行主席。中国 2001 国际志愿者年委员会在国际志愿者年期间召开“2001 年国际志愿服务大会”、“2001 年国际志愿者年大型公益晚会”、“志愿服务理论研讨会”、“实施海外志愿服务计划”等重大活动。“中国 2001 国际志愿者年”标志的整体构图为四颗心环绕的造型，图案中央为中国长城；每颗心的图案中央既是手，也是和平鸽，还是英文“青年”的第一个字母 Y，它是中国青年志愿者的标志。整个标志寓意“四海同心汇长城”——中外志愿者心手相连，汇聚于象征中华文明的长城，寓示奉献一片爱心，伸出友爱之手，共同创造人类美好的未来。

“国际志愿者年”庆祝大会举行　2001年，庆祝国际志愿者年的“四海同心”晚会举行。12月5日，为庆祝国际志愿者年，由中国2001国际志愿者年委员会、共青团中央等共同举办的“四海同心”庆典晚会在深圳举行。晚会上，中国2001国际志愿者年委员会秘书处向中国志愿者及在华国际志愿者发出慰问信，向不计报酬、为社会和他人默默奉献的每一位志愿者表示亲切慰问。不同的歌曲，同样的思想；不同的肤色，同样的真情；不同的语言，同样的心愿，与会者用不同的方式共同表达了同一个崇高的主题——“志愿奉献是人类共同的语言”。

青年志愿者海外服务计划启动　2002年3月28日，由共青团中央、中国青年志愿者协会组织实施的中国青年志愿者海外服务计划启动。中国青年志愿者海外服务计划是由团中央、中国青年志愿者协会发起实施的长期重点项目。主要是根据受助国的实际需求，由主办单位与受助国签订合作协议，通过公开招募、自愿报名、集中选拔的方式，在约定的时间派遣优秀的中国青年志愿者赴受助国开展中长期志愿服务（一般为6个月），同时按照对等原则引进外国志愿者到中国国内中西部贫困地区开展志愿服务。从2002年5月开始启动，曾先后向老挝、缅甸等国家派遣多名青年志愿者开展语言教学、医疗卫生、计算机培训等方面的志愿服务。老挝项目是该计划的第一个项目。根据团中央青年志愿者行动指导中心和老挝青少年发展中心达成的协议，老挝项目在中国招募5名志愿者，组成中国青年志愿者海外服务团，派往老挝首都万象及周边地区从事语言教育、计算机培训、医疗卫生等方面的志愿服务。招募的志愿者经过集中培训后，于2002年4月底赴老挝开展为期了5个月的志愿服务，派遣志愿者赴老挝服务，标志着中国青年志愿者行动进入新的发展阶段。

国际志愿服务会议通过《北京宣言》　2002年5月26至28日，志愿服务国际会议通过了《志愿服务国际会议——北京宣言》。在志愿服务国际会议的闭幕式上，时任联合国开发计划署驻华代表莱特娜宣读了《志愿服务国际会议——北京宣言》。《宣言》中简明扼要地阐述了志愿服务在经济社会中的作用，政府和社会各界对志愿服务的支持，促进志愿服务的持续发展等内容，并专门强调：青年是志愿服务的重要力量；青年参与志愿服务对其自身发展有积极影响；青年及青年组织对推进志愿服务具有重要作用。《宣言》集中反映了代表们的共识和会议的成果，近170名中外志愿组织、青年团体、研究机构和相关国际组织负责人及中国政府官员出席了会议。

中国男性反家暴志愿小组成立　中国男性反对对妇女的暴力志愿小组成立。2002年11月29日，在由联合国妇女发展基金、中国国际民间组织合作促进会、妇女传媒监测网络、加拿大驻华使馆主办的“两性携手反对家庭暴力——纪念消除对妇女的暴力国际日”活动上，中国男性反对对妇女的暴力志愿小组宣布成立。小组成员包括机关干部、教师、法律工作者、传媒工作者、医务工作者和热线咨询专家。反家暴男性志愿小组成员统一佩戴“白丝带”，他们向向广大男性和全社会呼吁：不对妇女施暴、不对针对妇女的暴力保持沉默。同时呼吁全社会提高消除对妇女暴力的认识，两性携手，共建没有暴力的世界。

“法律援助志愿服务计划”启动 司法部、共青团中央共同组织的法律援助志愿者服务计划启动。2003 年 1 月 28 日，法律援助志愿者服务计划座谈会在北京召开。会议宣布从 2003 年开始，司法部和共青团中央共同组织实施的法律援助志愿者服务计划正式启动。法律援助志愿者服务计划的主要任务是，动员和组织法律界以及各界志愿者参与法律援助工作，开展普法宣传、法律咨询、法律培训等方面的志愿服务，为建设社会主义法治国家贡献力量。其实施方式包括专业法律援助、社区法律援助、远程法律援助、西部普法宣传、法律援助培训和志愿捐助等。

全国抗击非典“志愿者爱心包”捐赠活动启动 多部门发起抗击非典“志愿者爱心包”的捐赠活动。2003 年 4 月 25 日，团中央、全国青联、全国学联、中国青年志愿者协会、中国青少年发展基金会共同发起抗击非典“志愿者爱心包”捐赠活动。团中央机关首先行动起来，书记处各同志率先捐款，机关各部门干部职工踊跃捐款。截至当日下午 5 时，主办单位共收到团中央机关、团中央直属单位和社会各界青年的捐款 42.2 万元。

“大学生志愿服务西部计划”启动 共青团和教育部共同启动大学生志愿服务计划。2003 年 6 月 10 日，共青团中央、教育部在北京联合启动大学生志愿服务西部计划，号召广大高校毕业生到西部、到祖国和人民最需要的地方建功立业。这项计划是根据国务院有关要求组织实施的，目的是促进西部贫困地区社会事业的发展，拓宽大学生就业、创业渠道，培养造就一大批既有现代科学文化知识、又有基层工作经验和强烈社会责任感的优秀人才。计划从 2003 年开始，2003 年首次招募 5000—6000 名志愿者。团中央、教育部为此联合成立了领导小组和项目管理办公室，各省区市团委、教育厅和各高校、志愿服务所在地也将成立领导小组和项目管理办公室，负责组织、协调工作和志愿者的日常管理。

志愿服务成为广州市成人宣誓条件 广州市开展相关活动，18 岁青年成人宣誓中，将志愿服务作为宣誓条件。2003 年 10 月 18 日，一年一度的广州市成人宣誓日活动期间，共青团广州市委在 18 岁青年中开展“志愿服务我先行”活动，组织参加社区助残敬老、环保环卫公益活动等多项成人宣誓系列活动，教育 18 岁青年履行公民义务，使所有青年在 18 岁成人宣誓前参加志愿服务时间达 48 小时以上。成人宣誓仪式上，18 岁青年将领到一张可终身使用的注册青年志愿者证。该证将详细记录使用者参加志愿服务的内容、时数等情况，并每年进行年审，该证在全国通用，持证者在需要时将优先得到志愿服务。而且，学生参加志愿服务的情况将会纳入德育考核的范围。

中国青年志愿者行动实施十周年座谈会 中国青年志愿者行动实施十周年座谈会召开。2003 年 12 月 5 日，来自全国的优秀青年志愿者代表参加了此次会议。志愿者刘勇，参加大学生志愿服务西部计划，创建农业示范基地取得成效；复旦大学研究生冯艾，两度志愿到西部地区支教；妇产科医生金晓平，参加扶贫接力计划，在农村妇女健康服务方面业绩突出。这些普通人看似平凡的经历感染着在场的每一个人。10 年来，全国共有 1 亿多人次青年在扶贫开发、社区建设、环境保护、抢险救灾、大型活动、海外援助等领域向社会提供了超过 45

亿小时的志愿服务。特别是在抗击非典的斗争中，1200万青年志愿者不怕危险，不畏困难，作出了重要贡献。

志愿者行动十年《中国青年报》发表专文 2003年12月6日，《中国青年报》第1版发表题为《高扬青年志愿者的旗帜——写在中国青年志愿者行动实施十周年之际》的评论员文章。文章全面论述和高度评价了十年中国志愿者行动。文章说，国际志愿者日到来之际，中国青年志愿者行动也走过了十年的光荣历程。十年前，两万多名青年志愿者走上两千多公里的京广铁路沿线服务春运，拉开了中国青年志愿者行动的帷幕。十年来，全国有超过1亿人次的各族各界青年参加了青年志愿者行动，为社会提供了超过45亿小时的志愿服务。实践证明，志愿服务的方式适应了青年自身成长发展的要求，为青年成长成才开辟了一条有效途径。青年志愿者行动是一项高尚的事业，大有希望的事业。走过十年的青年志愿者行动谱写了当代青年运动的华章，走向未来的青年志愿者行动必将铸就新世纪青年运动的辉煌。

“爱心助成长志愿服务计划”启动 2004年，多部门共同实施的爱心助成长计划启动。9月26日，共青团中央、中国关工委、全国老龄办、全国少工委共同组织实施“爱心助成长”志愿服务计划，并在天津、哈尔滨、杭州、成都、银川5个城市启动试点工作。“爱心助成长”志愿服务计划的目标是坚持贴近实际、贴近生活、贴近未成年人，坚持实践育人，坚持以人为本，发挥志愿服务的动员优势，发挥中老年人的亲情优势和人力资源优势，组织社会公众特别是健康低龄老人以志愿服务方式参与未成年人思想道德建设，为促进未成年人健康成长营造氛围和作出贡献。活动计划启动之日，五城市共有5000余人次咨询了相关情况，800多名老年志愿者积极行动。

志愿者重走长征路 2004年多名志愿者发扬志愿精神，重走长征路。10月15日，21名“助学长征”志愿者从江西瑞金出发，途经10省区，在2005年8月16日抵达当年红军会师地——陕西吴旗。整个行程8038公里，时间跨度10个月，募集2020万港币捐款，在沿途10省101个县（市），援建101所“助学长征苗圃希望小学”。“助学长征”活动吸引了社会各界赶来参与陪走、分段步行、接力步行，有的无法参加就积极筹款，甚至有的公司还派员工参加分段步行，让员工们在活动中感受志愿者们的精神，以志愿者们的意志和毅力带动全国人民一起来关注中国贫困地区的教育环境，进而捐资助学。

世界减灾会议——志愿者公共论坛设立 2005年1月20日，世界减灾会议在北京举行志愿者公共论坛会议。与会代表对志愿者在防灾、抗灾和减灾事务中发挥的作用予以充分肯定，建议各国支持志愿者活动，把志愿者活动体现在各国灾害危机管理政策中。时任联合国志愿者计划高级政策专家勒贝尔·利认为：“训练有素、有组织的志愿者能发挥重要的减灾作用，志愿者的应对能力是社区有效应对灾害的重要因素，政府有关部门应对志愿者活动予以必要支持。”与此同时，时任联合国志愿者执行协调员艾德·德雷说：“联合国每年向140多个国家和地区派遣7000多名志愿者，在建立全球灾害预警系统后，志愿者将在警报发布等活动中发挥更大作用。此外，防灾不仅是技术问题，防灾意识亦很重要。从这个意义上说，志愿者平时在社区开展防灾训练十分重要。”

中国社会工作协会社区志愿者工作委员会成立 2005年3月，经民政部民间组织管理局批准，中国社会工作协会正式组建社区志愿者工作委员会。3月18日，中国社会工作协会在北京召开了“中国社会工作协会社区志愿者工作委员会成立大会”。大会公布了《中国社区工作协会社区志愿者工作委员会章程（草案）》，通过了委员会组织机构建议名单，推出了11个2004年度“全国社区志愿者示范街道”和10个2004年度“中国社区志愿者之星”，并发布了《致全国社区志愿者的倡议书》，倡议大家大力弘扬无私奉献的志愿者精神，积极开展社会互助，努力为构建社会主义和谐社会贡献力量。

高校青年志愿者禁毒团体成立 2005年4月24日，由复旦大学发起的全国高校青年志愿者禁毒团体“复旦大学自强青年志愿者服务队”正式成立。“复旦大学自强青年志愿者服务队”是复旦学子自发兴起、自我组织、自主参与的志愿团体，志愿者们通过签约、授旗、佩戴徽章、宣誓等形式表达“珍爱生命、拒绝毒品、服务社会”的决心。志愿者的入队誓言为“尽自所能、不计报酬、帮助他人；从我做起、参与禁毒、服务社会、铲除毒害”。截至2004年底，复旦网络教育学院已有200多名学生长期参与禁毒宣传教育活动（占上海市参与学生数一半多），而且规模还在不断壮大。这个志愿团队不仅为复旦学子们创造了一个发挥热情的机会，同时也更大程度上加强了复旦学子服务社会的责任感。

“明天计划”志愿服务启动 2005年5月30日，民政部、共青团中央、全国妇联、中国残联、全国少工委和北京市政府举行了全国“残疾孤儿手术康复明天计划”志愿服务活动的启动仪式。“明天计划”，计划用3年时间，为3万名残疾孤儿实施手术矫治和康复工作。六部委在“六一”儿童节前夕联合发出通知，号召广大青少年通过多种形式为残疾孤儿奉献爱心，从而使他们得到更加优质的医护服务和更加全面的心理关怀，扩大“明天计划”影响，推动慈善事业发展，进一步唤起社会各界特别是广大青少年的爱心和社会责任感

北京奥运会志愿者项目启动 2005年6月5日，北京奥运会志愿者项目正式启动。国际奥委会主席罗格，中共中央政治局委员、北京市委书记、北京奥组委主席刘淇在启动仪式上致辞。联合国秘书长安南来信祝贺。国务委员、北京奥组委第一副主席陈至立向志愿者代表授北京奥运会志愿者旗帜。罗格在启动仪式上致辞说：“志愿者是奥林匹克运动的基石，是奥运会真正的形象大使。他们代表着奥林匹克精神。每一名北京奥组委的志愿者都将成为一百年来数百万奥运志愿者中的一员。他们有着共同的理想：传播奥林匹克精神并且为来自世界各地的运动员提供公平祥和的竞赛环境。成为志愿者将丰富自己的人生，这是一生只有一次的难忘经历。”启动仪式上，宣读了联合国秘书长安南的贺信。贺信说“志愿者对于奥运会的意义，正如其对于联合国的意义一样，是不可或缺的。无论是台前还是幕后，无论是个人的付出还是集体的行动，他们无数次地展现了团结互助的精神，为推动我们全球的发展做出了贡献。在我们建设一个更加美好、更加公平和更加安全的世界的进程中，志愿者精神将继

续发挥十分重要的作用。全世界都注视着北京奥运会。在此，我要感谢大家，感谢你们所代表的志愿精神，衷心祝愿你们的努力能获得圆满成功。”北京大学和清华大学的志愿者代表发言，《北京奥运会志愿者行动计划》在启动仪式上发布。国内外专家学者、志愿者组织、社会志愿者及北京奥运会协办城市等代表近千人参加了仪式。

胡锦涛对志愿服务西部计划做出指示 2005年，胡锦涛同志就实施大学生志愿服务西部计划做出重要指示。2005年7月，时任中共中央总书记、国家主席胡锦涛就实施大学生志愿服务西部计划做出重要指示：“高校毕业生是国家宝贵的人才资源。实施大学生志愿服务西部计划，有利于开辟高校毕业生健康成长的新途径，有利于推动西部地区的经济社会发展。各级党委、政府和有关部门一定要从全局和战略的高度重视这项工作，总结成功经验，完善政策措施，健全工作机制，引导和鼓励更多的高校毕业生到西部、到基层、到祖国最需要的地方去，磨炼意志，增长才干，为实现全面建设小康社会的宏伟目标贡献自己的智慧和力量。”

中国志愿者赴非洲服务 2005年8月4日，12名青年志愿者赴非洲埃塞俄比亚开展志愿服务工作。12名青年志愿者从北京起程奔赴埃塞俄比亚，开展为期半年的沼气开发、中文、体育教育、医疗卫生、信息技术等方面的志愿服务工作。这是中国青年志愿者协会受商务部委托组织实施的首个援外青年志愿者项目。招募工作引起了社会各界的强烈反响，吸引了高校学生、在职人员以及海外归国人员等近百人参与。经过笔试、面试、体检，最终确定了12名优秀志愿者入选。中国青年志愿者协会、北京志愿者协会的有关负责人和商务部对外援助司、国际经济合作事务局的代表前往首都机场，为“中国青年志愿赴埃塞俄比亚服务队”全体队员送行。

白血病患儿青年志愿者网站成立 2006年4月，上海市儿童医院组建了为白血病患儿献爱心送温暖的“阳光爱心”青年志愿者网站。网站的宗旨是：一切为了孩子，做我们所能做的，建立之后向社会公开招募社会志愿者，并正式成立“阳光爱心”青年志愿者服务队。这项行动的最终目的是想把全国儿童医院白血病人都“串联”起来，通过全国各个儿童医院的团组织，把有关为白血病孩子服务的志愿活动纳入到“阳光爱心”志愿者网站上来。“阳光爱心”青年志愿者网站构建起白血病孩子和社会交流的平台，建立多样化的志愿服务形式，拓展志愿服务社会化参与渠道，形成为白血病患儿服务的长效机制，并努力扩大“阳光爱心”志愿者网站的公益效益。

吉林少先队志愿辅导员协会成立 2006年4月7日，少先队志愿辅导员协会——吉林省少先队志愿辅导员协会在长春成立。根据协会《章程》，该协会的重要任务是：根据新时期青少年的特点，探讨思想道德教育的新思路、新方法；定期召开专门会议及举行培训活动，促进交流合作，不断提高志愿辅导员的综合素质和工作水平。其目标是在两年内为吉林省所有城市学校的少先队中队、所有农村村小都配备一名志愿辅导员，通过家庭、学校和社会的合力，共同促进全省少年儿童思想道德素质的提高。

深圳设立“义工服务市长奖” 2006年，深圳市决定每两年一次由市长授予“义工服务市长奖”。5月31日，深圳市召开青年工作会议，发布了《中共深圳市委关于进一步加强和改进青年工作的决定》，强调继续创新和完善义工组织和管理机制，制定义工服务激励政策。在开展“百名优秀义工”评选活动的基础上，对特别优秀的义工，每两年一次由市长授予“义工服务市长奖”，对以青年为主体的义工行动在政策、资金和活动条件等方面给予大力支持。据市义工联介绍，2006年，深圳的注册义工接近16万人，义工的服务项目已经涵盖30多个方面。

北京奥运会、残奥会赛会志愿者招募启动仪式 2006年8月28日上午，北京奥组委、北京奥运会志愿者工作协调小组在京宣布，北京奥运会、残奥会赛会志愿者招募工作正式启动。启动仪式上播放了志愿者宣传片。随后，北京奥运会、残奥会赛会志愿者北京地区网络报名系统启动，北京奥运呼叫中心志愿者咨询热线正式开通。时任北京奥运会志愿者工作协调小组办公室主任、北京团市委书记刘剑与第一批报名的志愿者代表进行了现场通话。启动仪式上，正式推出了北京奥组委与北京奥运会志愿者工作协调小组的工作刊物《志愿者——我们与奥运同行》创刊号。

胡锦涛就青年志愿者赴非讲话 2006年11月5日，时任中共中央总书记、国家主席、中央军委主席胡锦涛就青年志愿者赴非洲开展志愿活动发表讲话。他在出席新中国同非洲国家开启外交关系五十周年纪念日活动的讲话中指出：中国将在今后3年内为非洲培训培养15000名各类人才；向非洲派遣100名高级农业技术专家；在非洲建立10个有特色的农业技术示范中心；为非洲援助30所医院，并提供3亿元人民币无偿援款帮助非洲防治疟疾，设立30个抗疟中心；向非洲派遣300名青年志愿者；为非洲援助100所农村学校；在2009年之前，向非洲留学生提供中国政府奖学金名额由每年2000人次增加到4000人次。

胡锦涛看望赴老挝志愿者服务队 2006年11月20日，胡锦涛访问老挝期间亲切看望在老挝的中国青年志愿者。在下榻的贵宾楼，胡锦涛主席说：“看到你们青春洋溢，朝气蓬勃，我感到十分欣慰。我代表党中央、国务院，代表祖国人民，向你们表示亲切的慰问和崇高的敬意!”听完志愿者们的汇报，胡锦涛深情地说：“青年志愿者事业是一项崇高的事业，是我们适应形势发展，为增进中国和发展中国家友谊、帮助发展中国家发展的一项重大举措。同志们远离祖国和亲人、不远万里来到老挝做志愿者，很快适应并积极参与当地发展，热心帮助当地人民。你们在实践中开阔了视野、增长了才干、锻炼了自己。一生中有青年志愿者的工作经历是很有益的，这会对同志们今后的成长产生深远影响。相信你们不会辜负祖国和人民的重托，会积极为中老友好合作做出贡献，以自己的行动表明你们无愧于青年志愿者的光荣称号。”

《中国注册志愿者管理办法》颁布 2006年，共青团中央颁布《中国注册志愿者管理办法》。12月5日，团中央正式颁布了《中国注册志愿者管理办法》。该办法进一步体现了志愿者注册和服务的两个便利化，突出了公众参与的广泛性。省、市、县、乡和大中专院校团组织、志愿者组织都可开展注册工作，社区、机关团体、企事业单位、中学的团组织、志愿者组织，经所在地注册机构同意也可以开展志愿者注册工作。公众可直接到团组织、志愿者组织提出注册申请，也可通过网络、电话等方式提出申请；团组织、志愿者组织可以通过签订协议、命名挂牌等形式创建志愿服务基地，引导和动员注册志愿者就近就便到服务基地开展服务。办法还进一步加强了对注册志愿者的管理和服务，进一步规范了注册志愿者激励和表彰机制。在全国实行志愿者星级认证制度，根据注册志愿者的服务时间，分别授予其不同星级的志愿者称号，并授予不同级别的志愿服务奖章。

北京奥运志愿“微笑圈”发布仪式 2007年北京奥运志愿“微笑圈”正式版发布。1月1日凌晨，奥运志愿“微笑圈”正式版发布仪式暨“我们在钟鼓楼传递微笑”大型主题宣传活动在北京钟鼓楼举行。仪式上，时任共青团北京市委书记、北京奥运会志愿者工作协调小组办公室主任、北京奥组委志愿者部部长、北京志愿者协会会长刘剑宣布“微笑圈”的正式含义：红色代表“微笑·承诺·乐于助人”，黄色代表“微笑·承诺·文明礼仪”，黑色代表“微笑·承诺·诚实守信”，蓝色代表“微笑·承诺·学习进取”，绿色代表“微笑·承诺·保护环境”。自2006年10月29日测试版发布后，“微笑圈”已陆续推出正式版、少年版、国际版（英文）、国际版（法文）、车友版、啦啦队、盲文版（中文）、盲文版（英文）、文明观众版、家庭版等十个版本。

“青年志愿者敬老服务月”启动 2007年2月6日，共青团中央“爱心奉献促和谐——青年志愿者敬老服务月”正式启动。目的是为贯彻落实全团“真情助困进万家，爱心奉献促和谐”的总体工作要求，探索为老志愿服务长效机制，引导和组织广大青年志愿者，深入城市社区街道和农村乡镇等，开展各具特色、富有实效的“圆老人一个心愿”的志愿服务活动。服务重点是城市中企事业单位离退休困难职工和无劳动能力、无生活来源、无赡养人的老年人及有特殊困难的老干部、老科技工作者、老教师；农村地区的空巢家庭、隔代家庭、失地农户中的老人、独生子女户的老人、留守老人等。随后，各级共青团组织按照党和政府的要求，充分发挥团组织的优势，广泛动员以青少年为主体的社会各界人士，在全国范围内开展了志愿者为老服务“金晖行动”等内容丰富的敬老、爱老、助老活动。截至2007年2月，全国共有1300万人次的青年志愿者为280多万名老人提供了超过6.3亿小时的医疗保舰生活照料、法律援助、文化娱乐等形式多样的志愿服务。

胡锦涛对海外志愿者来信做出批示 胡锦涛为中国青年志愿者赴老挝服务队做出示。2007年4月25日，时任中共中央总书记、国家主席、中央军委主席胡锦涛在中国青年志愿者赴老挝服务队全体队员的来信上做出重要批示：青年志愿者事业是党和国家对外友好事业的重要组成部分，也是培养优秀青年人才的途径和舞台。胡锦涛总书记的殷殷厚望、谆谆教诲，推动了我国青年志愿者工作迈上了新台阶。使我国的志愿者活动迎来蓬勃发展的春天，全国志愿活动取得可喜成绩。截至2007年，全国有2.68亿人次的青年和社会公众，为社会提供了超过61亿小时的志愿服务，全国注册志愿者总人数已达2511万人。

中国志愿者赴拉美 2007年5月30日，我国志愿者赴拉美国家参与援外志愿服务——圭亚那项目。该项目是由共青团江苏省委、江苏省志愿者协会共同承担，是我国在拉美地区开展的青年志愿者海外服务项目。志愿者在圭亚那将开展农业技术、医疗卫生、体育教学等方面的志愿服务工作。时任中共江苏省委书记李源潮在南京会见了中国江苏援外青年志愿者赴圭亚那服务队全体队员，勉励他们“牢记志愿服务的宗旨，牢记祖国和人民的重托”，并期待他们一年后载誉归来。时任共青团中央书记处书记卢雍政等参加了会见。

志愿者心理健康问题被关注 《北京市志愿服务促进条例（草案）》中增加有关志愿者心理健康内容的问题提出。2007 年 5 月 30 日，北京市十二届人大常委会第 36 次会议在对《北京市志愿服务促进条例（草案）》草案进行审议时，时任北京市人大内务司法委员会主任委员郑刚建议在草案中增加有关志愿者心理健康的内容。这是因为在有些志愿服务活动，如临终关怀、社区矫治、救助艾滋孤儿等对志愿者的心理及其健康影响非常大，在签订志愿服务协议以及安排志愿服务活动时，应当将心理健康作为重要的考虑因素。“对人身安全、身心健康有较高风险的”、“志愿服务组织为志愿者安排志愿服务活动，应当与志愿者的年龄、身体、心理等条件相适应”。

北京奥运会促进中国志愿者服务发展合作项目通过 2007 年 7 月 25 日，“2008 年北京奥运会促进中国志愿服务发展合作项目”的签字仪式在北京奥运大厦举行。该合作项目预算资金 140 万美元，由北京奥运会志愿者工作协调小组办公室、团市委、中国国际经济技术交流中心、联合国开发计划署和联合国志愿人员组织共同合作建立，项目包括：开展培训项目协助实施北京奥运会骨干志愿者的培训计划；开展环保项目支持绿色奥运理念的推广；开展志愿服务活动支持北京奥运志愿者遗产转化工作。该项目包括为 2008 奥运会志愿者提供培训，组织开展环境意识普及活动等。

北京奥运会倒计时一周年志愿者誓师大会举行 2007 年 8 月 7 日，“2008 我们微笑出发”北京奥运会倒计时一周年志愿者誓师大会在北京奥运大厦广场举行。时任中央政治局委员、北京市委书记、北京奥组委主席刘淇，国际奥委会主席罗格为志愿者代表授“北京奥运会志愿者”旗帜，时任国务委员、北京奥组委第一副主席陈至立和第 29 届奥运会协调委员会主席维尔布鲁根共同发布“北京 2008 年奥运会倒计时一周年志愿者誓师纪念封”。刘淇、罗格分别为纪念封题词。在活动现场，与会领导和国际奥委会代表为志愿者们佩戴了微笑圈。

习近平会见沪志愿者代表强调发扬光大志愿者精神 2007 年 8 月 13 日，时任上海市委书记、市文明委主任习近平在上海会见上海市优秀志愿者和先进集体代表。在讲话时指出，志愿者精神既与我国传统美德一脉相承，更是社会主义荣辱观的生动实践。这种崇高精神值得广大市民学习，应该在全社会进一步发扬光大。习近平说，志愿者事业是一项高尚的事业，志愿者身上体现了助人为乐、扶贫济困、见义勇为、乐善好施的优良品德。十年来，上海的志愿者队伍从无到有，从小到大，由局部到全面，在城市管理、社会公益、社会救助等各个领域涌现出一批动人事迹和先进群体、先进个人，为推进精神文明建设、提升市民综合素质和城市文明程度，为提升城市公共管理和公共服务水平，作出了积极贡献。

广东政府购买志愿服务　2007 年广东省政府设立专项经费，将志愿服务的财政投入纳入财政预算，购买志愿服务，推动志愿服务事业发展。2007 年 9 月，志愿者事业发展基金会在广东建立并投入运行，政府为此设立志愿服务专项经费，加大对志愿服务的财政投入，并纳入公共财政预算。该基金用于资助志愿服务项目、志愿文化培育、志愿理念宣传、志愿者事业研究、志愿服务推广；资助志愿者培训、志愿者表彰、志愿者权益保障等；资助其他与志愿者事业发展有关的项目。广东省委、省政府十分重视发展志愿服务事业，成立了省发展志愿服务事业指导委员会，拟定期为广东省志愿者事业发展基金会注入政府资金。省委、省政府还出台了《关于大力发展志愿服务事业的意见》。

联合国秘书长潘基文寄语中国志愿者　2007 年 11 月，联合国秘书长潘基文寄语中国志愿者。2007 年 11 月，联合国秘书长潘基文在第 22 个国际志愿者日寄语中国志愿者。潘基文说："我谨对即将服务于北京 2008 年夏季奥林匹克运动会、残疾人奥林匹克运动会的全体志愿者致以崇高的敬意和极大的鼓励。通过这些志愿者的才智、激情和贡献，世界将会见证志愿精神的巨大力量。""发挥志愿者的精神和力量，提高人们的生活水平，增强社会凝聚力，这是联合国工作的重要内容。我们坚信 2008 年北京奥运会志愿者工作一定会推动中国志愿事业的发展。"

《北京市志愿服务促进条例》实施　2007 年 12 月 5 日，《北京市志愿服务促进条例》正式实施。条例将志愿服务规范化的管理主体授权给北京志愿者协会，规定了志愿者组织可向社会招募志愿者等内容。条例的实施有助于明确志愿服务活动中的各种法律关系，减少和化解矛盾及纠纷，保障和规范志愿服务活动，有助于推动北京志愿服务工作纳入规范化、法制化发展的轨道，切实保护志愿者的合法权益，促进北京志愿服务事业的长远发展。

民政部全国社区志愿者注册工作视频会议　2007 年 12 月 6 日，民政部召开了全国社区志愿者注册工作视频会议。会议通报了全国城市社区志愿服务工作情况。北京市海淀区民政局、天津市和平区民政局、上海市普陀区民政局、浙江省杭州市民政局、山东省潍坊市民政局、广东省深圳市民政局分别介绍了本地区开展社区志愿服务的经验。时任民政部副部长李立国在讲话中要求，要以街道或社区为单位开展社区志愿者注册工作，注册证号原则上做到"一人一号"终生使用。会议还要求要因地制宜地开展培训工作，不断提高社区志愿者的服务技能和服务水平。社区志愿者组织要发挥组织动员社区居民开展志愿服务和反映志愿者诉求的作用。

北京奥运会京外赛区志愿者工作联席会议　2008 年 1 月 6 日，北京奥运会首次京外赛区志愿者工作联席会议在北京奥组委大厦召开。青岛奥帆委、香港奥马委、北京奥运会足球比赛上海赛区、天津赛区、秦皇岛赛区、沈阳赛区的志愿者负责人与北京奥组委志愿者部工作人员就志愿者工作进行了积极的沟通和交流。时任北京奥组委志愿者部部长刘剑在会上表示，北京奥运会志愿者工作是一个统一的整体，北京奥运会志愿者工作协调小组办公室要努力做好志愿者协调工作，加强与各个赛区之间的沟通和协作，努力争取得到社会各界对志愿者更多的关注和支持。

北京举行春节主题活动慰问奥运志愿者和建设者 2008年春节期间，多部门举行主题活动慰问和激励志愿者和奥运建设者。2008年2月6日，农历腊月三十，北京奥运会志愿者工作协调小组办公室、共青团北京市委员会、北京奥组委志愿者部、北京志愿者协会在奥林匹克中心区广场举办“微笑北京、志愿奥运、共创和谐——志愿者春节主题活动”，以此慰问和激励志愿者和奥运建设者。奥运志愿者代表、奥运工程建设者代表等800余人参加会议。活动现场，时任北京市委常委梁伟等领导同志共同启动了“感受新北京、共享新奥运、青少年圆梦奥运计划”。计划于北京奥运会期间邀请各省（区、市）品学兼优、热心公益、自立自强的青少年代表，来京观看奥运赛事并参加交流活动，让各地青少年共同携手北京奥运。

浙江为“志愿者日”立法 浙江省立法将每年3月5日作为全省“志愿者日”。2008年2月28日，浙江省人大法工委、团省委联合召开《浙江省志愿服务条例》贯彻实施新闻发布会，会上宣布：浙江立法确定每年3月5日为全省“志愿者日”。之后，《浙江省志愿服务条例（草案）》于2008年3月5日起正式实施。把这天设定为浙江省志愿者日，是为了继承和弘扬为人民服务的雷锋精神，也是对志愿者奉献精神的肯定。与此同时，为了鼓励社会成员参与志愿服务，草案还为志愿服务提供了一些政策和经费支持，包括考公务员优先录用，志愿经费纳入政府社会发展规划等。

网络卡通注册志愿者诞生 2008年中国第一次网络卡通人物成功注册志愿者。3月5日，中国青年志愿者协会向网络上备受青年喜爱的两个卡通形象——“小破孩”、“小丫”分别颁发了编号为www0001和www0002注册志愿者证书。这是中国第一次网络卡通人物注册成为志愿者。这两个卡通形象是上海拾荒动画公司2002年创作的动画卡通形象，自诞生以来，以其所特有的艺术感染力、亲和力以及健康向上的精神，在社会上，特别是青年群体中广为流传，并多次获得国内外专业的动画奖项。“小破孩”、“小丫”成为网络卡通注册志愿者后，中国青年志愿者协会进一步利用动画所具有的幽默、风趣、亲和力来诠释青年志愿者精神，引导了更多的人参与志愿服务。

佛山政府为注册志愿者投保 共青团佛山市委为志愿者个人购买保险。2008年3月5日，共青团佛山市委与中国太平洋财产保险股份有限公司佛山支公司共同签订了一项针对志愿者个人的全方位保险合作协议。该合作协议为佛山市18万注册志愿者赠送每人最高保额20万元，总保额达360亿元的志愿服务人身意外保险。太平洋保险公司为志愿者免费赠送人身意外保险，体现了企业热心参与公益事业的社会责任，塑造了企业关注、关爱志愿者的良好形象。

中学生志愿服务总队成立 2008年，中学生志愿服务总队成立。4月30日，“激情奥运、志愿行动、文明诚信”纪念奥运倒计时100天主题活动在北京东城区举行，活动上，中学生志愿服务总队宣告成立，中学生志愿者代表宣读了向全国中学生发出的倡议书，号召全体中学生积极参与志愿服务，为2008年北京奥运会作出一份贡献。成立全国中学生志愿服务总队的想法是北京人大附中、工大附中、北京四中等学校的中学生志愿者在志愿服务实践和交流中萌生出的，他们希望全国更多的中学生加入到志愿服务中来，通过参加社会实践活动，培养爱心、服务社会、了解社会。

习近平出席奥运志愿者誓师大会　北京奥运会、残奥会志愿者誓师大会召开习近平出席并讲话。2008 年 5 月 4 日，时任中共中央政治局常委、国家副主席习近平出席“微笑北京、志愿奥运——北京奥运会、残奥会志愿者誓师大会”并讲话。习近平说：“我代表党中央、国务院向全国广大团员青年致以节日的祝贺！向广大奥运青年志愿者朋友们致以崇高的敬意！中国青年志愿者事业是我们党领导的共青团在新的历史条件下创新工作领域、服务社会需求的一大创举。奥运青年志愿者行动就是中国青年志愿者事业的一个极为重要的组成部分。奥运会既是运动员的盛会，也是志愿者的盛会。广大奥运志愿者既要有积极参与的热情、无私奉献的激情，更要有优良的服务质量和过硬的服务本领。”习近平还提出了三点要求，第一，奥运志愿者要成为奥林匹克精神的传播者。《奥林匹克宪章》阐明的现代奥林匹克精神，就是互相了解、友谊、团结和公平竞争的精神。这同“奉献、友爱、互助、进步”的志愿服务理念是息息相通的。第二，奥运志愿者要成为志愿服务理念的践行者。奥运志愿者是不期待任何金钱和物质回报，志愿选择将其时间、精力、技能、经验、服务奉献给奥运会，并尽其所能、通力合作的群体。第三，奥运会志愿者要成为中国和平发展国家形象的代表者。2008 北京奥运会、残奥会，不仅要体现我国竞技体育和群众性体育活动的实力和水平，而且要展示我国民主进步、文明开放的国家形象。

北京奥运会志愿者总团正式成立　2008 年北京奥运会志愿者总团正式成立。5 月 4 日，“微笑北京、志愿奥运——北京奥运会、残奥会志愿者誓师大会”在北京工人体育馆举行，奥运志愿者代表等约 6000 人参加了大会。誓师大会上，时任中共中央政治局委员、北京市委书记、北京奥组委主席刘淇为北京奥运会、残奥会志愿服务总团授旗，标志着北京奥运会、残奥会志愿者总团正式成立。北京奥运会、残奥会志愿者总团由全体奥运会、残奥会志愿者组成。在总团的旗帜下，赛时有 10 万名赛会志愿者、40 万名城市志愿者提供高水平的赛会志愿服务和城市志愿服务，有 100 万名以上的社会志愿者在社区乡镇开展社会志愿服务，同时还有数十万名拉拉队志愿者带动近千万人次的文明观众，营造良好的赛场氛围。

青年志愿者普法行动启动　2008 年青年志愿者普法行动启动。5 月 10 日，由中国法学会、共青团中央共同主办，司法部、教育部支持，香港、澳门相关机构参与的“爱祖国、学法律、创和谐”青少年大型普法系列活动暨青年志愿者普法行动启动仪式在北京人民大会堂举行。时任全国政协副主席孙家正向普法青年志愿者代表授旗。该活动计划覆盖全国 31 个省、自治区、直辖市及香港、澳门特别行政区的青少年群体。整个活动由五大系列活动组成：组织普法志愿者深入全国大、中、小学校，展开普法宣传、维权讲座、模拟法庭、主题团课、专题演讲、知识竞赛、图片展览、歌咏比赛、文艺演出等活动，突出《宪法》、《未成年人保护法》、《联合国儿童权利公约》、《香港特别行政区基本法》、《澳门特别行政区基本法》等相关法律的宣讲等。

成都青年志愿者赴灾区抗震救灾 汶川地震期间，四川多名志愿者赶赴震区参与抢险救灾。2008年5月12日汶川地震后，成都团市委通过当地媒体发布招募救援志愿者的通知。13日凌晨6点，由高校师生、机关干部为主组成的150名志愿者分成4路，冒雨赶到受灾严重的都江堰市，在当地学校、医院、市中心路段参与灾后安置、交通疏导、伤员救助等工作。经过志愿者们一个上午的奋战，市中心原本瘫痪的交通恢复顺畅。志愿者还协助专业救援人员在废墟里救出1名存活的学生。当天下午3时，第二批115名志愿者带着刚刚募集到的大批雨具、雨伞、食品等物资赶到受灾严重的成都彭州应急指挥中心报到，接受交通疏导、分发救援物资任务。这批志愿者大部分是通过热线电话自愿报名参加的。

贵州省组建抗震救灾医疗志愿者服务队 贵州省组建抗震救灾医疗志愿者服务队赴汶川地震灾区救灾。2008年5月12日，贵州团省委志愿者指导中心通过当地媒体，第一时间向社会发出招募抗震救灾志愿者的信息。截至13日上午10时30分，贵州团省委志愿者指导中心的四部报名热线电话共有300余名社会公众报名参加。他们中有学生，也有社会青年，有私营企业主，也有高级知识分子，年龄最大的53岁，还有不少民营医院集体报名。贵州团省委从中选拔了100名年龄在25岁左右，有医疗卫生专长或搜救能力的志愿者组成了赴四川抗震救灾志愿者队。志愿者队制定了救灾方案和路线，筹集了救护车、车载手术台等医疗设备、大批药品以及志愿者使用的帐篷、睡袋等物资，帮助灾区人民渡过难关。

汶川抗震救援中出现机械化志愿者队伍 第一支到灾区的机械化志愿者队伍参与汶川抗震救灾工作。2008年5月12日汶川地震发生后，黄埔再生资源利用有限公司董事长陈光标迅速调动起一支由120人、60台挖掘机等大型机械组成的救援队，震后一个多小时就从江苏、安徽两地出发，星夜兼程赶赴灾区，2008年5月13日中午抵达都江堰，随后分赴茂县、绵阳、北川等重灾区。这是震后第一支到达灾区的机械化志愿者队伍，在救援工具极为匮乏的救援初期，这支队伍所带来的数十台大型专业机械犹如雪中送炭。在抗震救灾中，陈光标和这支队伍共救出了128名幸存者，捐助785万元、2300顶帐篷、2.3万台收音机、1000台电视机、1500台电风扇、8000个书包。

四川启动抗震救灾“黄丝带行动” 汶川地震后四川启动抗震救灾黄丝带行动。2008年5月14日起，四川团省委、四川青年志愿者协会、四川青年联合会、四川省学生联合会面向社会公开招募志愿者，启动抗震救灾“黄丝带行动”。“黄丝带”寓意为“祈盼亲人平安”，很多热心群众带着对灾区人民的关爱加入到行动中。14日，中国青年志愿者协会发出通知，要求各级志愿者组织在党委、政府的统一领导下，响应团组织的号召，迅速行动起来，动员和组织广大青年志愿者以及社会公众投身抗震救灾工作。截至5月14日下午14时30分，已有来自全国各地的超过10000名志愿者报名参加。

北京青年医疗卫生志愿者抗震救灾服务队赴灾区 北京青年医疗卫生志愿者抗震救灾服务队

奔赴汶川抗震救灾第一线。2008 年 5 月 20 日，北京团市委、北京志愿者协会联合市卫生局组建了由 26 名医疗、心理、卫生防疫等专业人员组成的“北京青年医疗卫生志愿者抗震救灾服务队”，奔赴抗震救灾第一线。5 月 20 日至 5 月 27 日，服务队在地震受灾群众集中地绵阳市九洲体育馆、地震重灾区绵阳市北川羌族自治县擂鼓镇、德阳什邡市开展医疗门诊、卫生防疫和心理援助等救灾工作。服务队累计接诊受灾群众 300 多人次，外出巡诊 1 万多人次，开展个体心理治疗 120 人次，集体心理治疗 50 多人次，心理巡诊 2600 多人次，喷洒消毒、杀虫药剂 1.85 万平方米，开展医疗卫生宣传 1 万多人次，发放卫生防疫和心理治疗材料 2 万份。

汶川抗震中出现农民志愿者小分队　一支农民志愿者小队在汶川地震灾区积极抢险救人。2008 年 5 月汶川特大地震之后，一支由 13 名志愿者自发组成的宋志勇爱心志愿者小队于当晚起程连夜奔赴灾区。在震后最关键的几天时间里，救出了埋在废墟下的 25 名生还者，抢救出伤员 23 人，协助抢救伤员 20 人，输送受灾群众 300 多人。在四川地震灾区，宋志勇爱心志愿小分队穿着的红马甲，成为醒目的爱心名片，在宋志勇爱心志愿小分队精神的鼓舞下，一批又一批志愿者来到地震灾区参加救灾救援活动。不仅在汶川，2008 年 1 月中旬，南方发生的罕见的冰雪灾害，来自唐山的热心公益人物宋志勇立刻组织起 12 名乡亲，自费来到湖南遭受雪灾最严重的郴州市，参与抗冰救灾行动。他们的事迹被媒体以“13 个人感动了 13 亿人”为题进行了广泛报道。

通讯行业企业员工志愿者组织成立　2008 年，中国通信行业企业员工志愿者协会成立。6 月 2 日，中国通信行业企业员工志愿者协会在北京正式宣告成立，以企业之力支持员工志愿者活动，为社会公益献力。数百名中国移动通信集团公司员工志愿者在协会成立仪式上庄严宣誓，并为汶川地震灾区受难同胞真诚祈福。该协会是由企业内热心公益、自愿为社会和他人无偿提供服务的员工组成，奉行“自愿参加、尽力而为、持之以恒”的原则，本着“奉献、友爱、互助、进步”精神，借助企业的组织和资源平台，汇聚员工志愿者的个人力量，以志愿服务的方式，支持社会公益。

习近平会见奥运会、残奥会香港代表团成员和志愿者、义工代表　北京奥运会前夕，习近平同志会见北京奥运会、残奥会香港体育代表团成员和志愿者。2008 年 07 月 06 日，时任国家副主席习近平在香港会见北京奥运会、残奥会香港体育代表团成员和志愿者代表时称赞，“我们要举办一届高水平、有特色的奥运会，就要这样昂扬的精神状态!”习近平在会见中高度赞扬香港志愿者的奉献精神。他说，奥运会既是运动健儿的盛会，也是志愿者和义工的盛会。奥运志愿者和义工是奥林匹克的形象大使，是奥林匹克精神的实践者。奥林匹克精神也包括奉献爱心、推进和谐。他希望志愿者、义工朋友们为北京奥运会、残奥会提供一流的服务。

团中央表彰第七届中国十大杰出志愿者、中国十大杰出志愿服务集体等先进个人和集体　共青团中央、中国青年志愿者协会表彰抗震救灾工作中表现突出的先进志愿者个人和集体。2008 年 7 月 16 日，为深入学习贯彻党的十七大精神，进一步发挥典型的示范和导向作用，在全社会大力弘扬“奉献、友爱、互助、进步”的志愿精神，扩大志愿服务事业的社会影响力，激励更多的青年和社会公众参与志愿服务，为完善社会志愿服务体系、促进和谐社会建设贡献力量，团中央、中国青年志愿者协会召开表彰大会。授予陈岩等10位同志“中国十大杰出志愿者”称号；授予河北唐山“十三义士”等10个集体“中国十大杰出志愿服务集体”称号；授予赵度等100名个人“中国百名优秀志愿者”称号；授予北京市大兴学雷锋志愿者服务队等100个集体“中国百个优秀志愿服务集体”称号；授予熊述娟等73名个人“抗震救灾优秀志愿者”称号；授予北京奥运志愿者支援灾区接力计划服务队等65个集体“抗震救灾优秀志愿服务集体”称号；授予首都大学生“绿桥”系列活动项目等101个志愿服务项目“中国志愿服务项目奖”；授予北京志愿者协会等102个单位“中国志愿者工作组织奖”；授予罗玉芝等59名个人“中国志愿服务事业贡献奖”。

中国消防志愿者行动启动 2008年中国消防志愿者行动启动。7月26日，中央文明办、公安部、教育部、共青团中央、中国红十字总会等13家部委、团体共同下发《关于印发 < “中国消防志愿者行动”实施意见 > 的通知》，启动开展“中国消防志愿者行动”。该行动旨在通过倡导“奉献、友爱、互助、进步”的志愿精神，以注册、自愿、有组织服务为主要形式，面向社会招募热爱消防公益事业的社会公众，开展消防宣传教育、火灾预防、消防安全救助等志愿服务。该行动由13家部委、团体，在全国范围内启动实施，计划用三年左右时间，在全国城市社区、农村行政村以上行政单位，以及各级机关、团体、企业、事业单位普遍开展消防志愿者招募、消防志愿服务队组建、培训和表彰工作，建立健全消防志愿者组织体系并规范相关的管理和服务活动。

北京志愿者协会获“联合国卓越志愿服务组织奖” 2008年北京志愿者协会获得“联合国卓越志愿服务组织奖”。8月7日，联合国驻华代表处举行了“为北京奥运志愿者喝彩——联合国慰问激励北京奥运会、残奥会志愿者”活动。时任联合国系统驻华协调员宣读了联合国秘书长潘基文写给北京奥运志愿者的信。潘基文在信中说：“在第二十九届奥运会开幕前夕，我谨对即将服务于北京2008年奥运会、残奥会的全体志愿者致以崇高的敬意和极大的鼓励。”潘基文在信中对广大志愿者在筹办北京奥运、支援抗震救灾、支持环保教育等方面的重要作用表示充分的认可，希望有越来越多的人能够加入到志愿者的事业当中。时任联合国副秘书长、联合国环境规划署执行主任施泰纳高度评价了北京奥运志愿者工作，并授予北京志愿者协会“联合国卓越志愿服务组织奖”。

志愿者雕塑永久矗立奥林匹克公园 2008年，志愿者雕塑矗立奥林匹克公园。9月18日，志愿者广场刻有中英文“志愿者的微笑是北京最好的名片”的主题雕塑揭幕仪式，在北京奥林匹克公园中心区的志愿者广场举行。时任中共中央政治局委员、北京市委书记、北京奥组委主席刘淇，时任共青团中央书记处第一书记陆昊等出席仪式。仪式由时任北京市委副书记、北京市市长、北京奥组委执行主席郭金龙主持。北京奥运会、残奥会赛会志愿者、城市志愿者、社会志愿者、拉拉队志愿者代表近2000人参加活动。仪式上，刘淇和陆昊与优秀志愿者代表共同为志愿者广场主题雕塑揭幕。主题雕塑位于国家体育场“鸟巢”与国家游泳中心“水立方”之间的志愿者广场。雕塑的主体是北京奥运会志愿者标志图形——心心相扣的心形和欢快舞动的人形。心心相扣的心形象征志愿者与运动员、奥林匹克大家庭和所有宾客心连着心、用心服务、奉献爱心，为奥林匹克运动增添光彩。欢快舞动的人形展现了志愿者以奉献为乐的志愿精神。志愿者广场是北京奥运会、残奥会志愿者的永久纪念设施，志愿者主题雕塑是志愿者广场的标志性建筑。

“中国消防志愿者行动”指导委员会第一次工作会议　2008 年“中国消防志愿者行动”指导委员会召开第一次工作会议。9 月 25 日，“中国消防志愿者行动”指导委员会联络员第一次会议，在共青团中央机关召开。会议听取了关于“中国消防志愿者行动”启动以来工作开展情况和近期工作打算的汇报。各成员单位联络员就工作职责、近期工作计划和长效机制的建设进行了讨论，并原则通过了《“中国消防志愿者行动”指导委员会成员单位工作职责》。会议希望各成员单位充分认识“中国消防志愿者行动”是对于满足人民群众参与社会公益事业的新期待和维护公共安全的新需求，提高全民消防安全素质，夯实消防工作的群众基础、传播公共消防安全理念、创新社会消防工作机制、建设和谐社会的重大意义。力争在三年内，每个县级行政区，按照《中国注册志愿者管理办法》进行专项注册成为消防志愿者的人数不少于本地区常住适龄人口数量的 3%；县及县级以上行政区普遍建立数量充足、管理规范、作用显著的消防志愿者队伍，投入各项消防志愿服务活动。

胡锦涛出席奥运总结大会表彰志愿者　2008 年胡锦涛同志表彰优秀志愿者并发表讲话。9 月 29 日，北京奥运会、残奥会总结表彰大会在北京人民大会堂举行。时任中共中央总书记、国家主席、中央军委主席胡锦涛发表讲话，表彰志愿者。他说：广大奥运志愿者真心奉献、友爱互助，向世界展现了中国志愿者的时代风采，为祖国和当代中国青年赢得了巨大荣誉。广大奥运建设者、工作者、志愿者自觉把个人追求融入全民族的奥运理想之中，把个人的命运与祖国的命运紧密结合起来，把实现个人价值与为国家作贡献紧密结合起来，以强烈的使命感、荣誉感、责任感，创造了无愧于祖国、无愧于人民、无愧于时代的光辉业绩。

中央文明委印发《关于深入开展志愿服务活动的意见》　2008 年 10 月 6 日，中央文明委印发《关于深入开展志愿服务活动的意见》。意见强调指出：要普及志愿理念，弘扬志愿精神，壮大志愿者队伍，完善志愿服务体系，建立志愿服务社会化运行模式，推动志愿服务有一个新的更大发展，使更多的人成为志愿者，使更多的志愿者成为良好社会风尚的倡导者和社会主义精神文明的传播者、实践者。意见提出深入开展志愿服务活动的基本原则是：坚持以相互关爱、服务社会为主题，始终把公益性放在首位，充分体现无偿、利他的基本要求；坚持志愿服务与政府服务、市场服务相衔接，有针对性地设计项目、开展活动，做到量力而行、务求实效；坚持志愿服务与实现个人发展相统一；坚持自愿参与和社会倡导相结合；坚持社会化运行模式，把党政各部门、社会各方面组织动员起来，形成强大工作合力。

中共中央国务院中央军委表彰全国抗震救灾英雄集体和抗震救灾模范　2008 年中共中央、国务院、中央军委表彰全国抗震救灾英雄集体和抗震救灾模范。10月7日，中共中央、国务院、中央军委发布《关于表彰全国抗震救灾英雄集体和抗震救灾模范的决定》，指出，为大力弘扬万众一心、众志成城，不畏艰险、百折不挠，以人为本、尊重科学的伟大抗震救灾精神，激励全党、全军、全国各族人民奋力推进改革开放和社会主义现代化建设事业，党中央、国务院和中央军委决定，授予成都市公安局交通警察支队等319个集体“全国抗震救灾英雄集体”荣誉称号；追授雷勇等5名同志“全国抗震救灾模范”荣誉称号；授予蒋敏等517名同志“全国抗震救灾模范”荣誉称号。希望被授予荣誉称号的集体和个人珍惜荣誉，再接再厉，争取更大的成绩。

北京将志愿服务记入学生成长记录 北京市将中小学生在校期间的志愿服务经历，纳入到综合素质评价中。2008年10月北京市教育科学研究院提出，北京市汲取奥运教育和学生志愿者的成功经验，将中小学生在校期间的志愿服务经历，纳入到综合素质评价中。中小学校将把学生在校期间参加社会公益活动，作为学生的综合素质评价的重要指标。小学3至6年级和初中三年的综合实践课时为140学时，学校可根据具体情况安排社区服务时间。中小学生可在自己居住的社区担任志愿者，进行社区服务。高一、高二必须累计参加不少于10个工作日，共计80个小时的社区服务。服务内容包括，帮助处理社区书信、为社区居民组织康乐活动、护送老人和伤残人士等。社区服务在内的综合实践课程要排入课表，课时不得随意侵占。

一万名北京奥运会残奥会志愿者受到表彰 2008年表彰一万名奥运志愿者。10月17日，北京奥运会、残奥会志愿者工作总结表彰大会在京召开，734家单位和1万名志愿者受到表彰，“接力版”微笑圈也同时发布。会上，北京奥组委、共青团中央、北京奥运会志愿者工作协调小组对734家单位进行了表彰，授予“北京奥运会、残奥会志愿者工作优秀组织单位”荣誉称号；北京奥组委、北京奥运会志愿者工作协调小组对1万名志愿者进行了表彰，授予“北京奥运会、残奥会志愿者先进个人”荣誉称号。“接力版”微笑圈主要面向参与日常志愿服务的普通志愿者发放，这是北京奥运会、残奥会结束后发布的首个版本，今后还将围绕日常志愿服务陆续发布新版本的志愿者“微笑圈”。

四川省政府在全国范围表彰汶川的“抗震救灾模范”，首次单列“省外志愿者”群体 2008年，四川省政府在全国表彰抗震救灾模范集体和优秀志愿者。10月20日，四川发布了《中共四川省委四川省人民政府关于表彰四川省抗震救灾模范集体和抗震救灾模范的决定》，授予都江堰市经济开发区党委等109个集体“四川省抗震救灾模范集体”荣誉称号；追授戎金亮等7名同志“四川省抗震救灾模范”荣誉称号；授予崔彬等731名同志（含中央部委和省委“七一”期间表彰的全省抗震救灾优秀共产党员和优秀党员领导干部210名）“四川省抗震救灾模范”荣誉称号，享受省（部）级劳模待遇。此次表彰还包括赵培锋等76名省外来川抗震救灾优秀志愿者，他们也被授予为“四川省抗震救灾模范”荣誉称号，这也是我国第一次单列一个表彰群体：“省外志愿者”，这对于志愿服务工作和志愿者事业都有重大意义。

高校普法专业志愿者团队成立 2008年，国内第一支青年普法志愿者专业团队成立。11月7日，青年普法志愿者专业团队在中国人民大学正式成立，该团队成员是由来自北京大学、清华大学、中国人民大学、中国政法大学、北京师范大学、对外经济贸易大学6所高校法学院的60位志愿者代表组成，这是国内第一只青年普法志愿者专业团队，同时拉开了“百城千校”普法活动的序幕。“百城千校”普法志愿者行动，是普法志愿者深入到大、中、小学校，通过组织普法宣讲、模拟法庭、主题班会、专题演讲、知识竞赛、图片展览等活动，宣传法律知识、弘扬法治精神的一次具体行动。“百城千校”普法志愿者行动在北京试点取得经验，于2009年向全国推开。

“奥运志愿者星”命名仪式举行 2008年，“奥运志愿者星”命名仪式举行。12月5日，北京团市委、北京志愿者协会在地坛公园举行“微笑北京 和谐先锋——‘12·5’国际志愿者日主题活动暨‘奥运志愿者星’命名仪式”。北京奥运会、残奥会赛会志愿者、城市志愿者、社会志愿者代表800余人参加了活动。仪式上，北京市委常委梁伟，北京奥组委执行副主席李炳华共同为“奥运志愿者星”揭幕。中国科学院院士、天体物理学家陈建生向北京奥运会志愿者工作协调小组颁发小行星运行轨道图。国家天文台台长严俊宣读“奥运志愿者星”命名证书。为表彰奥运志愿者为筹办奥运作出的突出贡献，进一步在全社会弘扬奉献、友爱、互助、进步的志愿精神，激励更多人加入志愿服务行列，推动和谐社会、和谐世界建设，经国际天文学联合会小天体命名委员会批准，将国际永久编号第18639号小行星命名为“奥运志愿者星”。

广东省级志愿者联合会成立 2008年12月5日，广东省志愿者联合会在广州成立。该联合会第一次会员代表大会选举出由221人组成的理事会和94人组成的常务理事会，并决定聘请中国工程院院士钟南山等11人担任联合会的荣誉会长，聘请香港著名演员、北京奥运会形象大使成龙担任联合会的特邀荣誉会长。联合会包括129个团体会员和298个个人会员，覆盖全省近350万志愿者。联合会的主要工作是，完善社会志愿服务体系，制定广东省志愿服务规范，推动志愿服务的社会化、事业化、公益化和规范化。组织、指导、协调各级志愿者组织及会员开展服务活动，培训志愿者，提升志愿者的服务技能。表彰优秀志愿者，整合社会资源，保障志愿者合法权益。进行项目推广和培育，推动志愿服务项目化运作，协助政府为社会提供公共服务等。

中国红十字新闻宣传志愿服务总队成立 2008年，中国红十字新闻宣传志愿服务总队成立。12月23日，中国红十字会总会在北京举行“中国红十字新闻宣传志愿服务总队”成立仪式，这是由媒体记者自愿加入的国家级新闻宣传志愿者组织，首批来自中央级和北京市级的39家媒体的44名新闻工作者，作为红十字新闻宣传志愿者参加了成立仪式。仪式上，中国红十字会常务副会长江亦曼将队旗授予了志愿服务总队队长、中国新闻社记者曾利明，并为队员们颁发了志愿者证书。该志愿服务队按照《中国红十字新闻宣传志愿服务总队规程》，以“人道、博爱、奉献”的红十字精神为旗帜，与红十字会的同仁一道，共同为中国公益事业的发展奉献力量。红十字新闻志愿服务总队的成立，为红十字志愿服务工作开辟了一个全新的领域，标志着以救灾、救助、救护为主要内容的志愿服务内容，向多领域、专业化方向发展。

河北团省委成立网络志愿者联盟 2009年初，河北团省委以省内240多个有影响的网络组织负责人为主体，成立了河北省网络志愿者联盟。为建立符合网络特点、青年满意的网络志愿者联盟，河北团省委遵循联络、凝聚、引导、鼓励和支持的原则，民主选举产生联盟的理事长、副理事长以及各理事成员。同时制定了《河北省网络志愿者联盟章程》、《会员准入制度》、《网络会议制度》等文件，为联盟的科学发展奠定基础。河北团省委安排专人负责网络志愿者联盟的各项日常工作，加强与各群主、成员的沟通、联系，以及业务上的指导和服务，努力实现在规范的组织管理、平等的工作环境、相同的兴趣爱好、共同的价值追求基础上，将联盟打造成为青年的精神家园。

北京出台《进一步加强和改进志愿者工作的意见》 2009年3月，北京市委、市政府印发《关于进一步加强和改进志愿者工作的意见》。意见提出要力争经过三至五年的努力，使全市公众志愿服务参与率超过20%，注册志愿者总数不少于200万人，志愿者每人每年提供志愿服务时间超过50小时，努力实现志愿服务经常化储备、规范化管理、常态化服务、品牌化培育、项目化配置、信息化支撑、社会化运作。《意见》明确了全市志愿者工作的总体目标和基本原则，彰显首都特点的志愿者工作体系框架。努力加强志愿者管理体系、运行体系、队伍体系、项目体系、保障体系五大体系建设。加快建立健全各类志愿者组织，全面推行志愿者注册登记制度，完善志愿服务的绩效考评办法。开发志愿服务项目，不断推出有较大社会影响的长远性重大项目。推动设立志愿者工作专项资金，通过项目化运作、政府购买服务等方式，为大型志愿服务活动和重点志愿服务项目提供必要的资金支持。加强志愿服务精神和理念的宣传普及，推进建立比较完备的志愿服务法规保障体系，进一步营造志愿服务人人可为、时时可为、处处可为的浓厚氛围。与此同时，2009年3月4日，北京市志愿者工作大会召开，会议提出要积极做好北京奥运会、残奥会志愿者工作成果转化，建立健全志愿服务长效机制，努力构建志愿者管理体系、运行体系、队伍建设体系、服务项目体系和政策保障体系，不断加强和改进志愿者工作。

全国妇联家庭志愿者工作推进会 2009年6月11日，全国妇联家庭志愿者工作推进会在山西省太原市举行。全国各省区市妇联宣传部及全国学习型家庭创建示范城市妇联宣传部负责人等百余人参加了会议。时任山西省委副书记、省政协主席薛延忠致辞并介绍了本省志愿者工作情况，时任全国妇女联合会副主席、书记处书记洪天慧在讲话时指出：我国志愿服务工作队已进入了一个制度化建设、机制化建设、社会化发展的新阶段。在新的形势下，各级妇联组织要充分认识深入开展家庭志愿服务工作对于推进社会主义精神文明建设、创建和谐社区及和谐家庭的重要意义，切实增强责任感和使命感，切实把家庭志愿者工作置于建立社会志愿服务体系的全局来审视、谋划和推进，积极引导、大力支持、创造条件、提供服务，满腔热情地推动家庭志愿者工作实现新发展、取得新成绩。山西省、北京市、辽宁省以及四川省成都市、山东省青岛市、广东省珠海市、江苏省昆山市、浙江嵊州市等地妇联在大会上交流了经验。

农民工防艾志愿者上岗　700名建工工人成为首批农民工预防艾滋病志愿者。2009年7月11日，首都预防艾滋病宣传志愿者“1+1”十进行动第七进——“情系农民工，共抗艾滋病”活动，分别在北京西城区、海淀区、朝阳区的部分建筑工地举行。近700名建筑工人成为首批农民工预防艾滋病志愿者，他们将在专业人士的指导下，定期向工友们宣传防艾知识。该活动由北京市防治艾滋病工作委员会与北京市卫生局联合主办。

志愿服务成为学生综合素质评价指标　2009年7月，教育部印发《关于深入推进学生志愿服务活动的意见》，将志愿服务作为学生综合素质评价的指标。《意见》要求切实加强对学生志愿服务活动的领导，建立健全学生志愿服务活动长效机制，深入推进学生志愿服务活动。《意见》提出，高校要把志愿精神纳入到思想政治理论课教育教学，在《思想道德修养与法律基础》课中安排适当课时讲授相关内容，要把高校学生参加志愿服务活动情况纳入到评优评奖体系中。要制定学生志愿服务工作考评措施，定期对学校开展学生志愿服务工作进行检查考核，并纳入大学生思想政治教育和未成年人思想道德建设工作评估体系。要在坚持自愿原则的基础上，鼓励学生积极参加志愿服务组织，倡导学生注册成为志愿者。并将高校学生参加志愿服务活动有关记录纳入到毕业生信息库中。志愿服务也作为高中阶段学生综合素质评价的重要指标，学生参与志愿服务情况可作为学生评优、高校选拔的重要参考因素。

大学生志愿服务西部计划专项行动推进会　大学生志愿服务西部计划专项行动推进会召开。2009年7月9日至10日，共青团中央、全国大学生志愿服务西部计划项目管理办公室在河南焦作召开“大学生志愿服务西部计划基层青年工作专项行动”推进会议。团中央书记处书记、西部计划全国项目办主任卢雍政出席会议并讲话指出：基层工作是共青团总体事业发展的根基，是团的全部活力和战斗力的基础。各级团组织和西部计划项目办要把这项工作作为加强共青团基层组织建设和基层工作的重要举措全力加以推进。基层青年工作专项行动计划选派2100名左右志愿者到中西部2100个县级团委，开展为期1—3年的基层青年工作专项志愿服务。从当年开始，大学生志愿服务西部计划已列入中央财政绩效考核项目。

中国志愿服务基金会成立　2009年，中国志愿服务基金会正式成立。7月19日，中国志愿服务基金会第一届理事会第一次会议在北京召开，中共中央政治局委员、书记处书记、中宣部部长刘云山致信祝贺。信中指出：成立中国志愿服务基金会，是深入推进志愿服务活动、加强社会志愿服务体系建设、培育良好道德风尚的重要举措。中国志愿服务基金会要大力支持和推动志愿服务活动，规范运作管理、发挥服务功能、加强自身建设，在做大、做强上下功夫，为推动志愿服务事业持续发展、健康发展作出积极贡献。该基金会是经民政部批准成立的全国性公募基金会，业务主管单位为中央宣传部，设在中央文明办。基金会的宗旨是，大力普及志愿理念、弘扬志愿精神，支持和推动志愿服务活动，为人们关爱他人、奉献社会搭建平台，引导人们多做好事、增长好心、争当好人，不断提高公民文明素质和社会文明程度，大力推进社会主义核心价值体系建设。会议审议通过基金会章程，选举产生理事会组成人员，对基金会的工作进行了研究部署。

中国青年志愿者歌曲征集活动 2009年，中国青年志愿者开展歌曲征集活动。8月至12月，共青团中央、中央人民广播电台、中国青年志愿者协会联合举办了中国青年志愿者歌曲征集活动，活动旨在推动志愿服务文化建设，打造志愿服务文化精品，用时尚的元素引导青年，促进社会和谐发展、文明进步。歌曲征集活动得到了社会各界的踊跃参与，来稿者有职业创作人员，有业余创作爱好者，有高龄老人，也有青年学生。近3个月的歌曲征集期间，总计收到参赛作品412件，其中词、谱、小样齐全的高质量成品110件。经专业人士和社会人士的严格评审，《爱在身边》等10首歌曲被评为中国青年志愿者十佳歌曲。2009年12月5日，中国青年志愿者歌曲征集活动颁奖典礼在北京举行。

北京市应急志愿者队伍建设纳入政府预算 2009年北京市将应急志愿者队伍建设纳入政府预算。10月20日，北京团市委同北京市应急办制定了《关于落实北京市2009年拟办重要实事中建立应急志愿者队伍工作的实施方案》。要求团市委（市志愿者联合会）、市应急办将会同市属各专项应急指挥部办公室、应急避难场所所在区县以及相关部门和单位，开展应急志愿者队伍建设工作。并且，根据《北京市2009年在直接关系群众生活方面拟办的重要实事》（京政办发〔2009〕6号）任务的有关要求，2009年所需费用申请专项工作经费。各有关部门根据《中共北京市委北京市人民政府印发〈关于进一步加强和改进志愿者工作的意见〉的通知》（京发〔2009〕7号）的有关精神，将市、区（县）两级应急志愿者队伍建设工作经费分别纳入本级财政预算予以保障。2009年应急志愿者队伍建设工作任务完成后，市和区县两级财政每年列支专项经费，为推进应急志愿者工作的常态化建设提供经费保障。

大学生志愿服务西部计划专项调查 2009年中国青年报社会调查中心对用人单位看待西部大学生志愿者问题进行专项调研。11月至12月，社会调查中心对全国29省（区、市）1044家企事业单位人力资源主管，进行了一次专项调研。其针对的主要问题是，用人单位如何看待大部分服务期满后将面对就业的志愿者。相关专家认为："西部计划"充分体现了青年志愿服务实践育人、双向受益的鲜明特点，促进了青年人力资源的深层次开发，帮助高校毕业生提升了软实力，积累了无形资产，是帮助大学生获得实习经验的重要渠道。自2003年大学生志愿服务西部计划启动至2009年，西部计划志愿者服务总规模达10万人次，共招募52692名志愿者，最终扎根中西部基层的志愿者共计8000余人。

胡锦涛参加首都防艾志愿者活动 2009年，胡锦涛同志参加首都防治艾滋病志愿者活动。11月29日至12月5日，为深入推进防治艾滋病工作，北京市举办了"遏制艾滋，履行承诺——首都防治艾滋病志愿者活动周"，在第22个世界艾滋病日到来之际，中共中央总书记、国家主席、中央军委主席胡锦涛和中共中央政治局常委、国务院副总理李克强来到活动周的主题展览现场北京国家会议中心，参加了首都防治艾滋病志愿者活动，志愿者为他们佩戴上红丝带。胡锦涛代表党中央向为防治艾滋病作出贡献的广大医疗卫生工作者和志愿者表示诚挚的问候，并同大家一道动手制作红丝带，还亲手贴到"爱心墙"上，还和青年志愿者们一同唱起《让世界充满爱》。

全国妇联印发《关于深入推进家庭志愿服务工作的意见》 2009 年 12 月，全国妇联印发《关于深入推进家庭志愿服务工作的意见》。意见指出：要深入开展多种类型的家庭志愿服务活动，建立健全家庭志愿服务工作的组织网络，充分发挥妇联组织优势，有效依托社区妇联和乡村妇女组织，以“唱响一个主题口号、建立一套规章制度、开展一系列特色服务、拥有一支骨干队伍、设立一个固定场所”为标准，有计划地创建一批省（市）、市（县、区）家庭志愿服务示范阵地以及城乡社区家庭志愿服务站（点），推动建立和完善横向覆盖城乡社区、纵向包含各个层级的家庭志愿服务网络体系。

春运青年志愿者工作电视电话会议召开 2010 年 1 月 5 日，共青团全国铁道委员会召开 2010 年铁路春运青年志愿者工作电视电话会议。会议部署面向社会招募青年志愿者、集中开展铁路春运志愿服务活动。这项活动旨在引导广大青年以志愿服务方式参与铁路春运工作，确保广大旅客“走得了、走得好”。铁道部财务司、劳动和卫生司、运输局、公安局负责人及部直属机关团委书记在主会场参加了会议。各铁路局机关所在地团省委青年志愿者工作负责人、各铁路局分管共青团工作的领导、各铁路局团委及相关部门负责人在各分会场参加了会议。1993 年，正是 2 万多名大学生及铁路青年在 2000 多公里的京广铁路沿线服务春运，才拉开了青年志愿者行动的帷幕，让“志愿者”正式进入公众的视野。此后，火车站成为志愿服务的一个重要场所。2010 年 1 月 30 日，铁路春运志愿服务启动暨北京地区铁路春运青年志愿者上岗仪式在北京南站举行，600 多名来自北京城市学院、北京联合大学等高校的志愿者正式上岗，在北京南站、北京西站、北京站的候车室、站前广场，开展客流引导、购票引导、应急事件处理等志愿服务。此举也标志着全国铁路系统春运志愿者项目正式启动。之后，北京启动了“志愿北京　春风行动”青年志愿者服务项目。见“志愿北京　春风行动”青年志愿者服务北京铁路春运启动仪式。

温商联盟志愿服务文明公益基金设立 温州商人联盟志愿服务文明公益基金设立。2010 年 1 月，北京温州商会联合上海、天津、重庆、广州、南京、宁波、石家庄、义乌、锦州、兴安盟等 11 家温州商会，成立“温商联盟志愿服务文明公益基金”，用于资助开展“关爱空巢老人志愿服务活动”。上海、天津、重庆、广州、宁波、石家庄温州商会等为首批发起的商会。参加基金授牌仪式的南京、义乌、锦州、兴安盟温州商会会长表示，将依托“温商联盟志愿服务文明公益基金”，打造关心支持志愿服务事业的新型“温州模式”。该公益基金的成立，体现了温州企业家创业创新、热心公益的强烈社会责任意识，树立了温州企业服务社会、回馈大众的良好形象。

上海世博会首批学生志愿者上岗 2010 年 3 月 12 日，上海世博会首批学生志愿者正式走上岗位。作为上海世博会首批正式上岗的学生志愿者，复旦大学外文学院 271 名语言类特殊岗位志愿者在此期间举行上岗誓师大会。他们所学专业覆盖了 4 个语种，从 4 月 1 日起至 10 月分 3 批，走上世博新闻中心、对外办公室等志愿服务岗位。誓师大会宣誓词为：“尽其所能，不计报酬，帮助他人，服务社会，践行志愿精神，传播先进文化，为服务世博、建设美好家园贡献自己的力量。”大学生志愿者们还献上了给世博的礼物：用271名志愿者的微笑照片拼成了“EXPO”字样的“世博微笑墙”，这象征着他们将微笑带给四方宾客的愿景。此次上海世博志愿者服务工作中，复旦大学共有4202名学生成为世博志愿者，其中30%为硕士以上。90位来自世界各地的留学生也参加了这支队伍。此外，本次世博会志愿服务项目一个突出特点就是出现了一支专业的督导团队——上海世博会志愿者督导队。这是安利公司为落实激励和约束并重的管理思路，受命组建的专业团队。这支团队成立以后主动承担了由此产生的所有人员和管理费用。经过严格筛选和紧张培训，108名具有丰富大型赛会服务经验的安利志愿者成为“督导队”队员。每天，这些“便衣”志愿者们奔走在城市各个角落，被誉为“无声的啄木鸟”。

全国大学生志愿服务工作经验交流会召开 2010年全国大学生志愿服务工作经验交流会召开。4月12日，教育部在上海召开全国大学生志愿服务工作现场经验交流会暨上海世博会大学生志愿服务工作动员会，贯彻落实中宣部、中央文明办等11个部门联合召开的“迎世博迎亚运讲文明树新风”志愿服务活动视讯会议精神，总结推广大学生志愿服务工作的先进经验，研究部署深入推进大学生志愿服务工作。上海市领导、中央文明办分别致词，北京、广东、上海三省市教育工作部门和山东大学、东北林业大学介绍了大学生志愿服务活动的开展情况。上海世博会大学生志愿者代表作了发言。

共青团关爱农民工子女志愿服务行动启动 2010年5月4日，“共青团关爱农民工子女志愿服务行动”在全国各地全面启动。各级团组织按照团中央的部署，统一行动，动员广大团员青年、青年志愿者与农民工子女建立长期结对帮扶关系，深入开展学业辅导、亲情陪伴、感受城市、自护教育、爱心捐赠等内容的志愿服务活动。团中央书记处全体同志作为普通的青年志愿者，分别参加了北京、天津、河北等地关爱农民工子女志愿服务活动。各级团组织动员团员青年、青年志愿者与农民工子女结成42.9万对长期帮扶关系。该行动将按照“青年志愿者小组（或团队）＋农民工子女＋接力”的模式，动员大中专院校、机关企事业单位及社会各方面的青年志愿者，整合团内力量和社会资源，为农民工子女提供志愿服务。

中国志愿者参加“火星之旅” 中国志愿者参加俄欧“火星—500”试验。2010年5月18日，俄罗斯科学院医学生物问题研究所，公布了俄欧“火星—500”试验志愿者的全部名单，包括中国志愿者王跃和其他6名来自俄罗斯、法国和意大利的志愿者名列其中。中国志愿者王跃现为中国后备航天员。欧洲航天局预测这些人都会被载入史册，“这项实验也许没有真实的火星探险那么光荣，但是它和真实的太空之旅一样艰难，可以给未来的火星之旅提供宝贵的经验。首次登上火星的宇航员肯定不会忘了这些志愿者”。

十城市志愿者携手保护母亲河 河北省承德市等10个城市的多家社区参与保护母亲河活动。2010年6月5日，河北省承德市、吉林省长春市、江苏省无锡市等10个大中城市的100多家青少年生态环保社团、10万余名青少年生态环保志愿者通过开展生态环保宣传、举办生态环保知识讲座、免费派送环保购物袋，集中开展主题为“绿色生活，有你有我”的保护母亲河主题宣传实践活动。在河北省承德市、吉林省长春市、福建省福州市、湖南省长沙市、宁夏回族自治区银川市、江苏省无锡市、安徽省蚌埠市、江西省九江市、重庆市巴南区、陕西省商洛市等地，广大青少年环保志愿者纷纷以环保服装秀、承诺签名、生态体验等形式，倡导低碳生活和绿色生活。团中央联合广东美涂士建材股份有限公司为本次活动提供经费和20万个环保购物袋。为进一步吸引凝聚青少年生态环保社团投身保护母亲河行动和生态文明建设，团中央、全国保护母亲河行动领导小组联合发布了《全国青少年生态环保社团资助管理办法》，并启动了第二批社团资助工作。

中国敬老志愿者培训启动　2010年7月12日，中国敬老志愿者培训启动。培训由中国老龄事业发展基金会和全国百所高校青年志愿者协会主办，中国老龄事业发展基金会寸草心敬老志愿者联盟承办的首期中国敬老志愿者培训启动仪式在北京举行。该活动计划在一年时间内为全国各高校和志愿者组织义务培训1000名专业敬老志愿者。启动仪式上同时发布了中国首部敬老志愿者服务标准即《寸草心敬老志愿者联盟敬老服务标准（草案）》。来自全国各地高校和其他NGO组织的100名专业敬老志愿者成为首期被培训的学员。首批100名志愿者在培训班学习了敬老服务标准、老年生理及心理特征及为老服务的知识与技能等。

北京城市志愿者公益银行成立　2010年8月11日，北京市朝阳区启动城市志愿公益银行。市民登录“志愿者公益银行”官网，可随时发布寻求别人帮助或希望帮助别人的意愿。志愿者公益银行的设计理念是“汇聚、融通、增值、开放”。“汇聚”是指汇聚会员爱心和公益信息，通过资料翔实的志愿者数据库，掌握志愿事业发展现状。“融通”是指通过公益银行来匹配求助者与志愿者双方信息，实现供求实时对接。“增值”是指通过公益银行的运作，实现社会文明增值、个人修养增值、服务技能增值。“开放”是指平台面向朝阳区所有志愿公益事业的个人和社会组织，面向所有从事需要公益援助的个人和社会组织。城市志愿者公益银行专门设置了“公益时间卡”，记录志愿服务时间、服务项目等内容。志愿者可到公益银行网站寻找志愿需求、参加志愿活动。自主参加志愿活动前，需提前向附近的志愿服务储蓄所进行申报，就近将自己的活动信息上报到社区的志愿服务储蓄所，储蓄所按照志愿时长将积分存入志愿者本人的公益“银行账号”。

“春雨工程”文化志愿者边疆行启动　2010年8月16日，文化部举行了2010年“春雨工程——全国文化志愿者边疆行”试点活动启动仪式暨北京志愿团出发仪式。在北京奥林匹克中心文化广场，来自北京、浙江、福建、重庆、西藏、新疆6个试点省区市文化厅局领导及其他各省区市文化厅局代表、北京市基层文化单位的同志们参加了仪式。仪式上，西藏自治区文化厅与福建省文化厅、重庆市文化广播电视局，新疆维吾尔自治区文化厅与北京市文化局、浙江省文化厅分别交换了文化志愿服务书。文化部领导为即将赴西藏和新疆的北京、浙江、福建、重庆4个试点单位举行了授旗仪式。文化部将在“十二五”期间重点实施少数民族文化建设“春雨工程”，继续加快推进公共文化基础设施建设，着力构建公共文化服务体系基本运行保障机制，着力加强文化内容建设和重大文化活动的开展，着力加大艺术人才培养和文化队伍建设力度。

青海玉树全国抗震救灾总结表彰大会举行 2010年8月19日上午，中共中央、国务院和中央军委在青海西宁市隆重举行全国抗震救灾总结表彰大会。会上，时任中共中央政治局委员、书记处书记、中宣部部长刘云山宣读了《中共中央、国务院、中央军委关于表彰青海玉树全国抗震救灾英雄集体和抗震救灾模范的决定》。《决定》规定，为大力弘扬万众一心、众志成城，不畏艰险、百折不挠，以人为本、尊重科学的伟大抗震救灾精神，激励广大干部群众团结一心夺取抗震救灾斗争的全面胜利，激励全党全军全国各族人民奋力推进改革开放和社会主义现代化建设事业，党中央、国务院、中央军委决定，授予玉树州抗震救灾指挥部等225个集体"全国抗震救灾英雄集体"荣誉称号；授予王玉虎等330名个人"全国抗震救灾模范"荣誉称号，追授松尕等4名同志"全国抗震救灾模范"荣誉称号。

关爱农民工子女志愿服务行动工作推进会召开 2010年9月26日，"共青团关爱农民工子女志愿服务行动"工作推进会在湖南长沙召开。时任团中央书记处书记周长奎出席会议并在讲话中指出：全团以组织化动员为重点，项目品牌的影响力初步显现。这项行动是共青团服务党政工作大局和经济社会发展的重要载体，是新格局下提升青年志愿者品牌的重要举措，是实现团的根本职能的重要手段。各级团组织要将组织化动员与社会化动员相结合，重点围绕抓结对、抓项目、抓活动、抓宣传等四个方面扎实推进工作。坚持普遍开展与重点推进相结合，实现点上深入、面上活跃，以实施这项行动为重点，带动青年志愿服务事业不断取得新发展。来自各省级团委和省会城市及副省级城市的青年志愿者工作部门负责人参加了会议。湖南、辽宁、重庆、湖北武汉、广东中山等省、市团委在会上作了交流发言。自启动该活动以来，针对农民工子女的实际需求，已在全国2000多个县（区）开展了此项工作，青年志愿者（团队）与农民工子女长期结对已有60多万对，受助农民工子女超过150万人。

全国妇联征集评选巾帼志愿者标识 2010年9月26日，全国妇联宣传部向全社会征集"巾帼志愿者"标识。这主要是为了进一步扩大巾帼志愿服务工作的影响力和感召力，在广大妇女中更广泛地普及志愿服务理念，倡导和弘扬志愿服务精神，树立巾帼志愿者的良好形象，动员广大妇女加入到巾帼志愿服务的队伍中来，推进巾帼志愿服务工作规范化发展。征集活动得到了社会各界的积极参与。北京慧新盛世文化传播有限公司设计师丁理的作品获得录用奖，支点传奇北京广告策划有限公司设计师孙斌、视飞广告北京有限公司设计师刘世双和崔欣晔个人报送的作品获得入围奖。

广州亚运志愿者征集昵称 2010年11月4日，亚组委志愿者部面向全社会公开发出亚运志愿者昵称征集活动公告。征集令得到广大市民的积极回应。经过专家、市民和志愿者讨论和论证，最终确定10个亚运志愿者候选昵称，分别是：绿羊羊、大拇指、小萝卜、小挂绿、志愿族、乐羊羊、小羊咩、小绿叶、花仙子、彩哥彩妹。10大候选昵称各具特色，既有广州市民亲切熟悉的"大拇指"、"小羊咩"，与亚运志愿者标识物"志愿彩"相关的"彩哥彩妹"、"志愿族"，也有可爱逗趣的"乐羊羊"、"绿羊羊"，形象生动的"小挂绿"和"小绿叶"……在蕴含着广州志愿服务特色和岭南文化传统之余，也体现了亚运的活力与青春。11

月 6 日下午，在广州团市委召开了“亚运志愿者昵称征集研讨会”。

北京认定专业志愿者队伍　2010 年 12 月 4 日，北京市在北京地坛公园内认定了首批 10 支专业志愿者队伍。北京志愿服务指导中心向专业志愿者队伍授旗，之后，志愿者们进行了各自服务领域的特色展示。通过实物和实地演练，向公众展示他们所能提供的志愿服务内容，如：身边有人突发意外如何急救，家中有老人如何获得志愿服务，生命探测仪如何使用等。这 10 支专业志愿者队伍来自红十字、医疗卫生、博物馆讲解、科普、保护知识产权、禁毒、综合应急服务、文明观众啦啦队、心理援助、助老等各个专业的志愿服务总队。

首届“中国志愿服务博览会”举办　2010 年 12 月 5 日，首届中国志愿服务博览会在北京师范大学举办。本届“志博会”由英国海外志愿服务社（VSO）联合友成企业家扶贫基金会志愿者支持中心、北京师范大学社会发展和公关政策学院、北京惠泽人咨询服务中心共同举办。“志博会”旨在了解志愿服务、推广志愿精神，汇聚中国志愿者力量，为有志从事志愿服务的组织和个人提供交流与合作的平台。本次志博会得到了联合国开发计划署、联合国志愿人员组织、中国商务部经济技术交流中心、中国社工协会志愿者工作委员会、英国大使馆和北京师范大学志愿服务研究中心的大力支持，会期一天。

全国社区巾帼志愿服务行动计划启动　2011 年 1 月 17 日，在北京举行了“巾帼志愿服务标识发布暨社区巾帼志愿服务行动计划”启动仪式。全国妇联在 2011 年以帮扶贫困妇女和家庭、关心关爱空巢老人、开展文化体育活动、美化社区居住环境等为重点，在全国 1000 个社区举办了一系列巾帼志愿服务示范性主题活动，以实实在在的举措满足群众需求。此次发布的巾帼志愿服务标识，在创作思想和手法上与全国妇联会徽相呼应，吸取了汉字“女”字的交叉笔画结构特征，体现了巾帼志愿服务活动的女性主体特征，诠释了巾帼志愿服务友爱、进步的精神涵义，象征着女性的爱心之花在巾帼志愿服务活动中绽放。

“志愿北京　春风行动”青年志愿者服务北京铁路春运启动仪式　2011 年 1 月 19 日，北京团市委、市志愿者联合会在北京南站候车大厅举办“志愿北京　春风行动”青年志愿者服务北京铁路春运启动仪式。共青团中央、铁道部、全国铁道团委、北京铁路局、团市委领导出席活动并亲切慰问了在岗服务的志愿者。北京团市委书记王少峰、全国铁道团委书记岳震共同为志愿者代表授旗。2011 年，团市委、市志愿者联合会在往年开展春运志愿服务的基础上，推出并着力打造“志愿北京　春风行动”品牌，扩展志愿服务领域，丰富志愿服务内容，延长志愿服务周期，逐步形成立足全市火车站、地铁、机场、公交等交通重点区域，涵盖全部重点节假日的长效服务机制，从事秩序维护、旅客引导、解答问询等服务工作。

中华志愿者协会筹备委员会工作会议召开与协会成立　2011 年 2 月 25 日，中华志愿者协会在北京召开筹备委员会工作会议。民政部、中央文明办、教育部、卫生部、全国总工会、共青团中央、全国妇联等单位的相关负责人参加了此次会议。中华志愿者协会筹备委员会负责同志汇报了协会筹备情况及有关事宜。全国人大常委会副委员长，民革中央主席周铁农参加会议并讲话。经过两个月的筹备，2011 年 4 月 26 日，中华志愿者协会在北京人民大会堂召开成立大会，全国人大常委会副委员长周铁农、民政部部长李立国和中宣部常务副部长、中央文明办主任雒树刚等有关部门负责人及联合国开发计划署驻华代表、港澳等地志愿者组织代表等近 600 人出席。中华志愿者协会是由志愿者、志愿服务组织及关心支持志愿服务事业的单位或组织自愿组成、开展活动的联合性、全国性、非营利性社会团体组织，接受中央文明办和民政部的业务指导，经民政部批准的业务范围为维护志愿者权益、规范志愿者行为、提高志愿者素质、宣传和培育志愿文化。周铁农当选协会首任会长。

北京市志愿者使用统一宣誓词 2011 年 3 月起，北京市新登记注册的志愿者宣誓使用统一的誓词。较之之前的誓词，统一誓词除了表达对美好、幸福生活的期望，更强调“行动”二字，并明确提出要“帮助困难人群”，为他们带来温暖。新版宣誓词内容为：“我是北京志愿者，为使我们的国家和城市更美好、人民更幸福、环境更安全，我要团结身边的人，投身其间。面对需求，我要行动。我承诺，我将竭尽所能，参加公益活动，帮助困难人群，真诚关怀有需要的人士，为他们带来温暖。”社区志愿者和青年志愿者、公共文明引导员（志愿者），都要使用相同的宣誓词。这使不同的志愿者拥有共同的荣誉感、责任感，相互更好地配合，为建设和谐幸福的生活贡献更大力量。

巾帼志愿服务专项基金启动 2011 年 3 月 30 日，巾帼志愿服务专项基金在北京启动。该专项基金由全国妇联等联合广州例外服饰有限公司，捐资千万元联合设立，以三年一个周期、一年一个阶段的实施方式，推广巾帼志愿服务形象、开展志愿服务活动、传播巾帼志愿文化理念。作为专项基金支持的第一个工作项目，巾帼志愿服务培训项目同时启动。全国妇联计划通过该项目，依托各地“妇女之家”，完成编写全国统一的巾帼志愿服务指导手册、研究开发巾帼志愿服务培训课程，分级分类组织开展巾帼志愿服务骨干培训及管理与指导培训。

北京志愿服务发展研究会成立 2011 年 4 月 9 日，北京志愿服务发展研究会召开第一次会员大会，北京志愿服务发展研究会正式成立。该组织是以志愿服务为研究领域的非营利性社会团体，旨在广泛联系社会各界研究力量，开展学术研究，深入推动志愿服务理论研究成果的固化、转化及推广工作。该研究会确定了几个工作方向，主要有深入总结研究和推广志愿服务的“北京模式”，及时将北京多年探索形成的志愿服务的宝贵经验和财富固化，积极开展志愿公益类辞典编纂等理论研究工作等。中国社会科学院、北京大学、中国青年政治学院等高校和科研机构的 50 余位专家学者参加会议，中国青年政治学院教授陆士桢当选为该研究会会长。

中华慈善总会为学雷锋优秀志愿者颁奖 中华慈善总会志愿者工作委员会为学雷锋优秀志愿者颁奖。2011 年 4 月 27 日，在“学雷锋活动月”志愿服务总结会上，中华慈善总会对在活动中表现突出的志愿者组织及志愿者们给予肯定，对优秀志愿者组织给予授牌嘉奖。中华慈善总会志愿者工作委员会联合发动了 50 余家社会志愿者组织及高校志愿者组织，主办了 10 余场大规模志愿服务及公益慈善活动，活动主题涵盖多个层面，共有 5000 多名志愿者积极参与了各项志愿活动。

医学专家志愿者队伍成立　2011 年 5 月 4 日，“大医博爱志愿者服务总队”在北京成立。这是由医学专家组成的志愿者队伍，国内已有 138 名心脑血管疾病防治专家加盟，他们将服务基层困难群众，践行医疗公平。这支特殊的志愿者队伍以“大医精诚、博爱天下”为使命，分阶段实施各项志愿者行动，为基层医务人员送知识、送技术，帮扶提升基层医疗技术水平，留下“不走的医疗队”；通过普及科学正确的健康知识，开展全民健康教育；开展义诊和筛查，就近就地救治患者，降低医疗费用；通过做志愿者的方式加强行业自律，重塑医师职业精神。

胡锦涛给研究生支教团成员回信　2011 年胡锦涛给研究生支教团成员回信。5 月 25 日，北京大学第十二届研究生支教团成员向中共中央总书记胡锦涛写信汇报了自己的支教经历和感受。胡锦涛在给学生们的回信中说：“你们志愿到西部地区参加为期一年的支教扶贫工作，不怕艰苦，竭诚奉献，为推动西部地区教育事业发展发挥了积极作用。经过支教扶贫实践，你们丰富了阅历、磨炼了意志、增长了才干。我为你们的进步感到由衷的欣慰。这些年来，北京大学组织一批又一批在读研究生深入西部地区基层一线开展支教扶贫活动。这是促进青年学生向实践学习、向人民群众学习的一个有效形式。希望北京大学坚持把支教扶贫的接力棒一届一届传下去，让更多的青年学生在实践中得到锻炼提高，努力成长为堪当国家建设重任的栋梁之材。衷心祝愿同学们都拥有一个精彩的人生！”此后，团中央下发《关于认真学习贯彻胡锦涛总书记给北京大学第十二届研究生支教团成员的回信精神的通知》，专门部署各级团组织引导团员青年、青年志愿者和团干部认真学习贯彻胡锦涛总书记回信精神。

志愿者成为社区居民事务青年理事　江西省鹰潭市 25 名青年志愿者成为居民事务理事会的青年理事。2011 年 3 月，江西省鹰潭团市委启动社区青年志愿者行动，同时，鹰潭市委市政府也做出了在全市社区建立社区居民事务理事会的决定。7 月，江西鹰潭市委书记杨宪萍对社区青年朱东京从事青年理事工作做出批示，充分肯定其积极参与社区居民事务理事会建设、服务社区居民的行为。社区居民事务理事会是介于社区与居民之间的自我管理、自我教育和自我监督的自治组织。鹰潭团市委借助这个工作新载体，立足全市 31 个社区，招募 213 名社区青年志愿者，引导社区青年以志愿者的身份参与社区居民事务理事会建设，将志愿者精神导入社区居民事务管理。通过选举程序，25 名青年志愿者成为居民事务理事会的青年理事。

北京法制宣传志愿者服务总队成立　2011 年 8 月 5 日，北京市举行法制宣传志愿者服务总队成立仪式，标志着北京法制宣传志愿者服务总队正式成立。北京市司法局党委书记、局长于泓源任总队长。该总队由 27 个支队组成，包括一支直属专家指导队、16 个区县法制宣传志愿服务支队和 10 个高校法制宣传志愿服务支队，拥有注册普法骨干志愿者 2300 人，志愿服务覆盖北京市所有区县。总队的宗旨是为适应“六五”普法的新形势和新任务，进一步发展和壮大法制宣传志愿者队伍，规范和提高法制宣传志愿服务工作，不断拓展和深化法制宣传教育的覆盖面和影响力，使首都法制宣传志愿服务工作更规范、更具社会影响力，更好地服务于首都经济社会发展大局。在成立仪式上，首次公开唱响法制宣传志愿者主题歌曲《播撒阳光——法制宣传志愿者之歌》。

全国妇联召开巾帼志愿服务工作推进会议 2011年11月15日，全国妇女联合会在广东省珠海市召开了全国巾帼志愿服务工作推进会议。会议全面总结了巾帼志愿服务工作开展以来取得的成绩与经验，深入分析了巾帼志愿服务工作面临的新形势和新任务，研究部署了妇联组织在参与社会管理和创新中进一步推进巾帼志愿服务工作的具体举措。会议要求在建设社会志愿服务体系的全局中，大力推动巾帼志愿服务工作实现新的更大的发展。来自各省区市妇联及相关部门负责人共150余人参加了会议。截止到2011年11月，全国实名注册的巾帼志愿者超过220万人，有15个省区市参加巾帼志愿服务活动的人数超过了10万人，16个省区市建立起各类巾帼志愿服务工作队伍超过9.4万支。

中国科技馆招募专家志愿者 2012年2月，中国科学技术馆决定继续面向社会公开招募专家志愿者。招募条件为：年龄在65周岁以下，身体健康，具有副高级及以上职称；具备进行志愿服务所必需的专业素质和时间（每月至少2次，每次至少3小时，全年累计不少于100小时）；长期在北京居住、工作或学习。专业需求是：古代科技（农业、纺织、建筑、机械、航海、冶金、造纸、军事等）、中医、天文、地理、数学、声学、光学、电磁、力学、生命、机械、交通、航空航天、材料、海洋、能源、环境、信息等理工专业领域。招募程序包括报名、面试、培训、实习等环节。为了进行长期招募，中国科技馆官网专门设定了“专家志愿者”栏目，方便志愿者报名。

中华志愿者基金成立 2012年3月1日，由中华志愿者协会与安利公益基金会共同管理运行的中华志愿者基金在北京成立。该基金启动资金1000万元，由安利（中国）日用品有限公司捐赠。中华志愿者基金主要致力于弘扬志愿服务精神，推动志愿者队伍建设，提升社会志愿服务水平，促进志愿服务工作机制的进一步完善。基金由专门设立的管委会统一管理，主要用于遴选并资助具有示范意义的优质志愿服务项目，开展骨干志愿者教育培训，进行杰出志愿者及志愿者群体表彰，支持志愿服务领域的政策理论研究等工作。三年内，中华志愿者基金将具体开展三种类型的项目：一是面向社会志愿者组织公开征集志愿服务优质示范项目，并给予资金支持；二是系统开展志愿者培训，综合各种培训形式，实施“百千万”志愿者培训计划，即3年内培训100名志愿者领袖、1000名志愿者骨干、1万名活跃志愿者；三是整合科研力量，积极开展志愿服务领域的政策调研和理论研究。

“弘扬雷锋精神 开展志愿服务”工作会议在京召开 2012年3月1日，中宣部、中央文明办在北京召开视讯会议，研究部署“弘扬雷锋精神、开展志愿服务”工作。会议提出，开展志愿服务活动是弘扬雷锋精神的有力抓手，是培育文明道德风尚的有效途径和重要方式。要广泛普及奉献他人、提升自己的志愿服务理念，在营造浓厚社会氛围上下功夫，在引导人们自我教育、自我提高上下功夫，在进学校、进社区上下功夫，在全社会大力培育志愿服务文化。中宣部、中央文明办、教育部、民政部、文化部、全国总工会、共青团中央、全国妇联、中国残联、中国红十字会总会负责同志和各省（自治区、直辖市）、各市（地、州、盟）和各县（旗）相关部门负责同志参加会议。

“巾帼志愿者在行动”全国启动 2012年3月1日，全国妇联在全国启动“践行雷锋精神·百万巾帼志愿者在行动”活动。全国人大常委会副委员长、全国妇联主席陈至立出席启动仪式并宣布活动正式启动。活动以弘扬雷锋精神为主题，以志愿服务为载体，动员广大巾帼志愿者立足基层、服务群众、见诸日常、细致入微，用爱心和特长奉献社会、服务群众，做新时代雷锋精神的传承者和践行者，让雷锋精神在巾帼志愿服务的火热实践中发扬光大。全国妇联党组书记、副主席、书记处第一书记宋秀岩在启动仪式上致辞。在活动现场，陈至立考察了北京朝阳区和平家园社区的巾帼志愿服务工作，北京市朝阳区妇联、北京市天桥街道永安路社区“红蜡烛”巾帼志愿服务队代表在启动仪式上介绍了开展巾帼志愿服务的经验。

深圳“志愿者之城”指标体系发布 2012年3月5日，共青团深圳市委制定并推出“志愿者之城”建设指标体系。以便将志愿者工作纳入各级政府部门职责范围，推进志愿服务事业向社会化方向发展。该指标体系包括：到2015年，深圳市常住人口规模计划控制目标为1100万人，志愿者人数达到常住人口的10%，总数约110万人等。同时，深化志愿者服务积分入户制度，在社会建设“杜鹃勋章”、爱心人物等社会评优活动中，将志愿者身份和志愿服务量纳入参评依据。2011年，深圳市委市政府召开全市建设“志愿者之城”动员大会，下发了《深圳市委市政府关于建设“志愿者之城”的意见》，明确提出到2015年要初步完成“志愿者之城”建设，志愿服务事业发展接近国际城市先进水平。

“三关爱”志愿服务活动启动 2012年4月16日，中央文明办在武汉市举办全国关爱他人、关爱社会、关爱自然志愿服务活动启动仪式，推动“三关爱”志愿服务活动在全国各地全面展开。在武汉百步亭社区“三关爱”活动启动仪式现场，轮椅志愿者董明、吴天祥志愿服务小组等全国优秀志愿者和志愿服务组织开展了形式多样的关爱他人、关爱社会、关爱自然的志愿服务活动。全国启动仪式后，河北唐山、安徽淮北、河南洛阳、广东广州、四川绵阳等全国文明城市（区）和全国文明城市提名资格城市（区）相继举办启动仪式，推动开展“三关爱”活动。

中国文联文艺志愿服务活动启动 2012年5月3日，中国文联在北京举行文艺志愿活动启动仪式。中共中央政治局委员、中央书记处书记、中宣部部长刘云山为活动发来贺信，来自全国各文艺家协会的艺术家代表参加启动仪式。刘云山在贺信中说，中国文联组织开展文艺志愿服务活动，对于动员广大文艺工作者热心公益事业、以社会志愿服务方式投身公共文化建设，推动“送欢乐下基层”等文化惠民活动经常化具有重要意义。同时，中国文联和相关全国文艺家协会将组织戏剧、音乐、舞蹈等门类的艺术家赴延安开展三场慰问演出活动，其他文艺家协会也将在全国各地开展丰富多彩的采风慰问、展览展示等惠民文化活动。

中日海外志愿者召开圆桌对话会议 2012年5月21日，中日海外志愿者圆桌对话会议在北京大学召开。日本青年海外协力队作为日本官方海外青年志愿者团队和中国海外志愿者队员进行了交流。会议认为，派遣国际志愿者是公共外交的一种方式，国与国、人与人之间的关系需要培养感情和理解。截止到2012年5月，我国约有500名海外志愿者在各个国家从事志愿服务。

四川成立全国第一支大学生民防志愿者队伍 四川省第一支大学生民防志愿者队伍，同时也是全国第一支由大学生组成的民防志愿者队伍成立。2012年5月25日，四川省大学生民防志愿者队伍成立暨授旗仪式在成都万达广场举行。通过仪式，四川省人防办（民防局）与四川音乐学院合作组建了四川省第一支大学生民防志愿者队伍，同时也是全国第一支由大学生组成的民防志愿者队伍。成都军区、省人防办、省直工委、团省委、四川音乐学院的领导出席仪式。四川音乐学院民防志愿者队伍全体人员、省人防办机关及直属事业单位代表150人，成都市人防系统400人参加活动。这支由四川音乐学院60名大学生构成的志愿者队伍与民防部门一样，承担着“平时服务、急时应急、战时应战”的职责，平时将担负人防政策、法规知识的宣传教育等任务，战时将担负疏散、引导、掩蔽、安置、救护、防空袭等任务。

质量安全志愿服务活动启动 2012年9月2日，由国家质检总局、教育部、共青团中央联合组织开展的万名大学生质量安全志愿服务活动，在陕西西安正式启动。国家质检总局、教育部、共青团中央及陕西省相关部门负责同志出席仪式并向志愿者授旗。在启动仪式上，国家质检总局局长支树平号召广大青年学生积极投身于质量安全志愿服务工作，认真学习质量安全业务知识，了解掌握质量监督基本技能，积极参加质量监督社会实践活动，以实际行动奉献社会、服务人民。来自西北政法大学等8所高校的1000名大学生被选聘为产品质量安全义务监督员，他们将作为产品质量安全工作的社会力量，参与到质量安全志愿服务活动中。

民政部开展全国优秀志愿服务项目与志愿者工作案例评选活动 2012年，民政部开展全国优秀志愿服务项目与志愿者工作案例评选活动。9月3日，民政部办公厅发布《关于开展全国优秀志愿服务项目与志愿者工作案例评选活动的通知》，充分挖掘各地、各单位好的思路、做法与经验，推出、推广一批贴近实际、贴近生活、贴近群众的优秀志愿服务项目和科学化、规范化、专业化的志愿者工作典型案例，推动志愿服务活动向纵深开展，不断提升志愿者队伍管理和服务能力，建立健全社会志愿服务的长效机制。同时，民政部将对优秀志愿服务项目、案例进行奖励。2013年4月2日，评选结果公示，以北京市协作者社会工作发展中心的“社区照护牵手行动志愿服务项目”为代表的40个服务项目获得“优秀志愿服务项目”；以云南连心社区照顾服务中心的“社会组织联动专业志愿者共建‘流动活动中心’服务模式实例”为代表的20个志愿服务案例获得“优秀志愿者工作案例”。

习近平在京参加世界艾滋病日活动 2012年11月30日，习近平参加世界艾滋病日活动第25个世界艾滋病日即将到来之际，中共中央总书记、中央军委主席习近平11月30日上午来到设在北京市丰台区蒲黄榆社区卫生服务中心石榴园分中心的北京市社区药物维持治疗第七门诊部，看望艾滋病患者，参加艾滋病防治志愿者培训交流活动。习近平强调，艾滋病本身并不可怕，可怕的是对艾滋病的无知和偏见，以及对艾滋病患者的歧视。艾滋病病毒感染者和病人都是我们的兄弟姐妹，全社会都要用爱心照亮他们的生活。

全国文化志愿服务工作会议召开　2012年12月4日，全国文化志愿服务工作会议在北京召开，这是文化部就文化志愿服务工作召开的专题会议。北京、天津、上海、重庆4个直辖市共同向全国发出广泛开展文化志愿服务活动的倡议书。截止到2012年12月，全国已有12个省（区、市）、近80个地级市以及500多个县（市、区）成立了文化志愿服务组织，组建文化志愿服务团队2000多支，登记在册的文化志愿者人数突破30万，已经成为一支推动文化建设的重要补充力量。会议表扬的19个全国文化志愿服务组织工作成绩突出单位、38个全国基层文化志愿服务活动优秀项目和30个2012年“春雨工程”——全国文化志愿者边疆行示范项目，集中展现了基层文化志愿服务组织和当代中国文化志愿者的风采。

中国红十字会对十大领域红十字志愿者进行表彰　2012年中国红十字会表彰红十字志愿者。12月4日，全国红十字志愿服务暨宣传工作会议在京召开。为纪念第27个国际志愿者日，并在全社会倡导志愿服务理念，中国红十字会在会议开幕式上对一批长期在服务于应急救援、应急救护、人道救助、无偿献血、造血干细胞捐献、遗体（器官）捐献、艾滋病防治等专业领域的优秀红十字志愿者和志愿服务队进行了表彰。郭明义、章金媛、潘德邻等100余名志愿者获嘉奖，60个志愿服务组织被评为优秀红十字志愿服务队。此次评选从全国32个省级红十字会及香港特别行政区红十字会推举的100多名优秀红十字志愿者和上百支志愿服务队中展开。专家评审团根据服务时间、工作成就、社会影响力等指标评选出“中国红十字志愿服务特别贡献奖”、“中国红十字志愿服务专业贡献奖”及“优秀红十字志愿服务队”。郭明义等3人获“中国红十字志愿服务特别贡献奖”；张勇等90多人分别获得应急救援、应急救护、人道救助、无偿献血、捐献造血干细胞、宣传预防艾滋病、遗体（器官）捐献、红十字精神传播、筹资劝募、国际志愿服务等领域的红十字志愿服务专业贡献奖；北京市造血干细胞捐献志愿者协会等60个志愿服务组织由于在相关专业领域的杰出贡献被评为优秀红十字志愿服务队。

营口市中华文化传播志愿者协会成立　2012年12月15日，营口市中华文化传播志愿者协会正式成立。该协会由营口市各界有志于弘扬、践行和传承中华优秀文化的个人和团体组成。目前，已有会员志愿者1200余人。该协会是地方性自愿结成的群众性社会公益团体，是联合性、非营利性社会组织，接受营口市民政局的业务指导和监督管理，主管单位为营口市文明办。协会以深入开展社会公德、职业道德、家庭美德、个人品德教育，弘扬中华优秀传统文化、传统美德、时代新风，建设优秀传统文化传承体系等为宗旨，以走进企业、建立诚信堂，进学校、建立国学堂，走进社区、建立道德堂等为目标。该协会将通过举办中华优秀传统文化经典著作讲座、诗词歌赋诵读和公益论坛等文化活动，组织会员学习、研究中华优秀传统文化，倡导和传播优秀中华文化理念，促进精神文明建设。

国内第一部志愿服务领域译著《志愿者》出版 国内第一部志愿服务领域译著《志愿者》正式出版。2012 年 12 月 18 日，2012 中国志愿服务博览会在北京开幕，120 多家来自内地及港澳台地区的志愿服务组织与多家国际志愿者服务组织出席了这次会议。开幕式上，国内第一部志愿服务领域译著《志愿者》正式发布。作为共青团北京市委、北京市志愿者联合会 2012 年推出的《志愿服务学术文库》的第一部著作，《志愿者》由美国学者完成，由中国人民大学魏娜教授等编译。这部书是美国社会学家马克·缪吉克和约翰·威尔逊通过一系列的调查研究，收集了大量美国以及世界各地的数据，对当今世界各国的志愿者作了详细的描绘，对志愿行为的因果进行了综合分析，深刻阐述了是什么原因吸引了特定类型的志愿者，又是什么激励了人们从事志愿服务等相关问题。团北京市委和市志愿者联合会想以出版文库的方式，支持和鼓励越来越多的优秀研究成果出现，加快推进志愿服务理论研究和学科研究；支持和鼓励越来越多的人参与志愿服务理论研究，培养造就越来越多的志愿服务理论研究人才，逐步培养志愿服务领域专业人才队伍；通过出版外文著作、翻译国外著作等方式，加强与国际志愿服务理论研究交流。

习近平总书记鼓励青年参加志愿服务 习近平总书记鼓励青年锤炼品格，积极参加志愿服务。2013 年 5 月 4 日，中共中央总书记、国家主席、中央军委主席习近平来到中国航天科技集团公司中国空间技术研究院，同各界优秀青年代表座谈并发表重要讲话。习近平说，广大青年一定要锤炼高尚品格，要把正确的道德认知、自觉的道德养成、积极的道德实践紧密结合起来，自觉树立和践行社会主义核心价值观，带头倡导良好社会风气。要加强思想道德修养，自觉弘扬爱国主义、集体主义、社会主义思想，积极倡导社会公德、职业道德、家庭美德。要牢记“从善如登，从恶如崩”的道理，始终保持积极的人生态度、良好的道德品质、健康的生活情趣。要倡导社会文明新风，带头学雷锋，积极参加志愿服务，主动承担社会责任，热诚关爱他人，多做扶贫济困、扶弱助残的实事好事，以实际行动促进社会进步。

第八部分　文　献

《2008 残奥会志愿者培训理论与实践研究》 2008 年北京残奥会志愿者培训总结报告和主要研究成果汇编。北京奥组委志愿者部编著，2009 年 5 月华夏出版社出版。由 2008 年残奥会志愿者培训工作总结报告、2008 残奥会志愿者培训工作研究论文、专家心语和附录组成。总结报告部分包括残奥会志愿者岗位需求与志愿者结构分析、残奥会志愿者培训工作方案、残奥会志愿者培训工作的实施、残奥会志愿者培训效果的评价以及关于残奥会志愿者培训工作的反思等 5 个方面。研究论文部分收录了 10 篇培训专家的论文和对培训工作的综述，对残奥会志愿者培训进行全方位、多角度的研究与思考，作为对总结报告的细化与补充，阐释了残奥会及残奥会志愿者培训带来的广泛社会影响。专家心语部分主要呈现专家对残奥会志愿者服务的深刻印象。附录部分是残奥会志愿者工作大事记。书中运用了大量的图片、表格、数据、案例进行辅助说明。

《2008 微笑在北京：北京奥运会残奥会京外省区市赛会志愿者风采展示与工作实务》 团中央青年志愿者工作部对参加奥运会残奥会的 10 万赛会志愿者中来自京外 30 个省区市的 3000 名志愿者工作的记述和肯定。团中央青年志愿者工作部编著，2008 年 11 月中国青年出版社出版。全书分为两大部分。风采展示部分 30 个省区市各自成篇。在每篇之首是各省区市志愿者团队领队的序言；之后分别记录各地参加奥运会、残奥会赛会志愿者姓名；志愿者个人记录的感人的志愿服务故事、参与志愿工作的感想体会和对志愿服务事业的感悟。工作实务部分按照工作推进的程序，从招募动员、选拔确认与机制建设、岗前培训、录用通知工作和赛时服务 5 个阶段，分别记录了当时的文件规章、工作经验交流和总结、志愿服务工作岗位的风采写实以及京外省区市赛会志愿者各种组织框架和管理团队。

《2010 年中国社会组织理论研究文集》 中国社会组织丛书之一，论文集。国家民间组织管理局编著，2011 年 1 月时事出版社出版。共收集 2010 年有关中国社会组织理论研究文章 22 篇，包括：社会组织的舆情监测以及传媒议程引导研究——提高社会组织新闻宣传影响力的思考；社会组织在应对突发事件中的应急管理研究；澳大利亚社会组织发展与管理研究；基金会信息披露制度研究；中国社会组织政治参与：机制与对策研究；中国社区社会组织发展模式研究；内地与香港非营利组织区际法律冲突及其解决；农村专业经济协会成长机制与政府管理创新；中国社会组织中党组织的作用分析；社会组织参与减贫行动研究；企业捐赠设立非公募基金会的项目运作与管理模式研究；民办非企业单位公共服务供给中外比较研究；学术性社团发展与管理探索；行业协会的内部治理问题研究；以广州、深圳实地调查为例的社会转型期城市社区组织管理创新研究；城市社区社会组织发展与治理的法律创制；以两地社会组织法律冲突为框架的香港非营利组织在内地活动合法性及政府监管研究；基金会关联交易的识别、评估、风险控制研究——提高社会组织新闻宣传影响力的思考；社会组织党建工作研究；中国非公募基金会发展现状、困境及对策研究；中国农村专业经济协会的发展现状与引导对策研究以及中国境外非政府组织分类管理制度研究。

《志愿服务与发展》 构建和谐社会首善之区的生力军：北京志愿服务研究系列丛书之一，北京市志愿者联合会组织编写。邵峰等编著，2012 年 1 月北京出版社出版。全书分为 6 章，内容包括：研究背景、思路和方法的介绍；从经济学的视角看志愿服务的发展；从公共管理学的视角看志愿服务的发展；从青年学的视角看志愿服务的发展；从传播学的视角看志愿服务的发展以及对中国志愿服务事业发展新纪元的提出和讨论。附录收有对首都大学生参与奥运志愿服务意向调查研究的全部资料。

《奥运会志愿者管理研究》 研究奥运会志愿者的著作，中国体育博士文丛之一。宋玉芳编著，2008 年 6 月北京体育大学出版社出版。从奥运会志愿者的特征及其对管理的影响入手，全面深入地探讨奥运会志愿者的管理过程，评述历届奥运会志愿者管理的得失。结合中国志愿者活动的概况，分析北京奥运会志愿者管理的优势与劣势，并针对核心问题提出相应的对策，为奥运会志愿者的管理提供一定的理论基础和现实依据，同时也为奥运会组委会的相关人士以及其他领域的志愿者管理者提供有益的借鉴。全书分为 5 个部分：从志愿者在社会中的重要作用、志愿者活动发展的需要、成功举办北京 2008 年奥运会的需要等方面阐述本研究的意义；对国内外学者在志愿者、体育志愿者、奥运会志愿者等方面的相关研究的文献综述；介绍研究思路、框架结构与研究方法；分析奥运会志愿者的形成与演变，分析奥运会志愿者管理过程中的各个环节，并评述历届奥运会志愿者的管理工作；结论与后续研究建议。书后另有《奥运会志愿者管理研究》专家调查问卷、专家访谈提纲、志愿者访谈提纲 3 个相关附件。

《澳大利亚非营利组织》 关于澳大利亚非营利组织的专题性著作。廖鸿、石国亮等编著，2011 年 1 月中国社会出版社出版。全书共分 11 章，包括澳大利亚概况；澳大利亚非营利组织发展概况，主要介绍澳大利亚非营利组织发展历程、组织数量、经济贡献、收入来源和支出；澳大利亚政府与非营利组织的关系；澳大利亚政府与非营利组织的“全国性协议”与“地方性协议”以及英国、加拿大的“全国性协议”比较，阐述“全国性协议”的运作机制、效果和前景及启示；澳大利亚非营利组织法律制度，介绍现有立法的基本情况、非营利组织设立法律制度、相关法律问题以及相关税法规定；澳大利亚非营利组织的登记监管制度，阐述登记监管的必要性、非营利组织登记注册和监管方式以及英国、加拿大、澳大利亚非营利组织登记监管的比较；澳大利亚非营利组织税收制度（上、下），介绍所得税减免、商品和服务税、附加福利税及地方税和志愿活动及非营利组织税收和公益捐赠税前扣除接收机构、非营利组织税收服务与管理以及 2008 年以来的非营利组织税收改革动向；澳大利亚非营利组织内部治理，介绍章程和使命、组织机构、运行机制、人力资源管理和财务管理；

澳大利亚非营利组织的国际合作以及澳大利亚人权委员会（Australian Human Rights Commission）等11个澳大利亚非营利组织介绍。

《帮帮忙：义工管理求救指南》　讲解台湾义工管理的读物。Katherine Noyes Campbell、Susan J. Ellis编著，蔡宜津、郑纯宜、桂雅文译，2000年1月台湾五观艺术管理出版社出版。全书共9章。包括清楚自我定位、划清范畴、任务分析与授权、整合管理内部团队、开发运作外部团队、运用想象力、万丈高楼平地起：策略形塑、沟通有道等。前言之前收有熊智锐“台湾义工管理人心得篇”一文和苏珊“写给台湾读者”一文。文中写道：“案例后面所要阐述的原则才是重点所在。……欧洲、韩国、日本和澳洲的经验显示，下列有关义工管理的原则是可以跨越文化差异，放诸四海而皆准的：一、成功的义工管理来自审慎的规划、充裕的人事编制和资源，以及有效形塑愿景吸引义工参与的能力。二、义工管理是一个专业性工作，没有这方面正式训练的人士不一定能做好这方面的工作。三、认为义工管理工作很容易、不用花太多时间的想法是大大有问题的。四、只要给义工机会，他们是可以积极参与义工管理工作并胜任愉快。五、对义工所提的建议已在许多场合证明是有效的。希望能激发读者围绕义工管理工作思考问题。”在附录中收有“义工管理专业加油站”，介绍了若干家美国与国际相关的义工管理机构。该书让读者从一个侧面了解台湾义工管理工作。

《北京2008年奥运会志愿者的组织管理模式与评价体系的研究》　研究第29届奥运会志愿者的组织管理模式与评价体系之书。北京市重点学科体育教育训练学资助项目成果，中国体育博士论丛丛书之一。李颖川编著，2007年1月北京体育大学出版社出版。作者经过3年时间，通过对国内外大量资料的收集整理，经过问卷调查、实地考察和建模推算，完成了对奥运会志愿者历史的梳理。全书分为8章。包括导论，介绍选题的依据与意义、相关文献综述以及研究对象、内容、方法与假设。奥运会志愿者概述，介绍对奥运会志愿者的回顾、现状和趋势以及奥运会志愿者的价值与特征。中国体育志愿者的发展现状，介绍中国志愿者的发展、组织体系及特征；中国志愿者组织管理、北京志愿服务情况以及中国体育志愿者的发展。悉尼、雅典奥运会志愿者运作模式与特征的比较，通过比较悉尼和雅典奥运会志愿者的运作过程、组织模式，探讨对2008年北京奥运会志愿者运作的启示。2008年北京奥运会志愿者人力资源需求预测及成本分析；2008年北京奥运会志愿者团队与组织管理模式的构建，主要探讨奥运会志愿服务人力资源规划以及奥运会志愿者的定位与培训。2008年北京奥运会志愿者评价体系，主要阐释北京奥运会志愿者评价体系的必要性、评价的基本理论，探讨北京奥运会志愿者评价体系以及2008年北京奥运会志愿者的评价方法，着重介绍问卷调查法和社会评价法。

《北京奥运会观众服务志愿项目管理研究》　北京志愿服务发展研究会组织编写的志愿服务研究学术文库丛书之一。黄克瀛著，2013年5月中国人民大学出版社出版。通过对悉尼、雅典、北京奥运会的观众服务运作管理进行比较，以战略规划、志愿者管理、志愿服务质量管理为重点，追溯服务理念引入对北京奥运会观众服务志愿者项目产生的影响，从理论层面解读该项目的成功要素和经验教训。共分8

章，包括北京奥运会观众服务概述；观众服务战略规划研究；悉尼、雅典、北京奥运会的观众服务比较研究；观众服务志愿者以及观众服务志愿者管理模式研究；观众服务志愿项目的质量管理策略研究。研究更多关注“志愿者管理”与“服务管理”的融合，重点研究服务管理的概念、策略与要求是如何转化为志愿者管理体系中的相关内容，提出了“以观众满意为中心”、“以志愿者满意为必经途径”的志愿服务项目运作管理框架，并分析归纳了各类要素之间的相互关系。附录中收集了北京奥运会、残奥会观众服务工作总结报告、奥运术语解释、观众服务场馆运行政策与程序（通用）清单等。

《北京奥运会志愿者读本》 北京奥运会通用培训系列教材之一，由第29届奥运会组委会组织编写。北京奥运会志愿者工作协调小组办公室编撰，2008年6月中国人民大学出版社出版。共分7章，分别为：志愿者与志愿服务，主要讲解志愿者与志愿服务的概念，介绍国内外志愿服务历史和现状；奥林匹克运动与奥运会志愿者，介绍国际奥林匹克运动与奥运会志愿者和值得借鉴的奥运会志愿者管理经验；北京奥运会与奥运会志愿服务，从历史和现实介绍中国的奥运梦想以及2008年奥运会中国志愿者的目标、理想和使命；奥运会志愿服务的组织与管理，主要介绍对奥运会志愿者的招募、培训以及激励与关怀；北京奥运会志愿服务的岗位及要求，主要介绍北京奥运会期间不同时期和不同赛会的志愿者需求和岗位，提出志愿服务岗位要求和规范标准；志愿服务的技能，从交际交往、突发事件应急处理和扶助残疾人士方面介绍技能技巧；了解举办城市服务奥运盛会，主要介绍主办城市北京的概况、民俗与旅游、宗教、交通等，以及协办城市青岛、香港等地情况。结语是国际奥委会主席罗格在北京奥运会志愿者项目启动仪式上的致辞，提出“志愿者是奥林匹克运动的基石”。书后为读者提供参考资料。全套教材重点介绍了奥林匹克运动的基本知识、北京奥运会和残奥会的简要情况、各行业服务保障人员的素质要求以及与奥运相关的英语知识，是奥运志愿者培训的基本教材及之后查找相关内容和历史记载的参考。

《北京奥运志愿服务研究》 北京志愿者协会与联合国志愿人员组织合作项目办公室共同举办的北京奥运志愿者工作成果转化研讨会成果集。构建和谐社会首善之区的生力军：北京志愿服务研究系列丛书之一，丁元竹、魏娜、谭建光编著，2008年3月北京出版社出版。该书总结了北京志愿服务发展20多年来，尤其是筹办奥运会期间志愿者管理工作中所取得的一系列成就和经验，并对后奥运时代志愿服务的常态化发展、志愿服务体系建设以及志愿服务的保障机制等进行了初步探讨。前言从志愿者、志愿服务、志愿精神、弘扬志愿精神和奥林匹克精神四个层面阐述了志愿服务事业。全书分为4篇14章。传承历史、植根现实部分包括对北京志愿服务的历史渊源、北京市民的社会参与志愿服务和志愿服务立法分析。百年奥运、志愿契机部分包括完善志愿服务体系的重要契机、北京奥运志愿者的动员模式、大学生参与奥运志愿服务和奥运会志愿者的组织管理体制。百尺竿头、更进一步部分包括就志愿服务与社区发展、抗震救灾志愿服务启示、奥运后的北京志愿服务体系建设和兴趣群体与志愿服务四个方面的探讨。面向未来、任重道远部分分析和思考奥运后志愿服务的可持续发展、志愿服务的保障机制与法制建设。结语部分提出了志愿者支持体系的概念以及建立的途径、所需的支持，倡导让志愿者快乐而有效地参与。

《北京志愿服务模式研究》　构建和谐社会首善之区的生力军：北京志愿服务研究系列丛书之一，北京奥运会志愿者工作成果转化系列丛书之一，由北京志愿者协会组织编写。陆士桢、张晓红、郭新保编著，2009 年 5 月北京出版社出版。是对 20 世纪 80 年代兴起并蓬勃发展的北京志愿服务的分析和总结，对社会建设中各种社会进步元素协调发展规律开展的探索与研究。全书包括志愿服务的发展概述、价值取向、发起主体、主要类型以及志愿者组织的管理模式、筹资模式等 6 部分内容。前言部分界定了模式及模式研究，对北京志愿服务事业所形成的阶段性、地域性特点进行概括分析，并阐明了研究北京志愿服务模式的缘起、方法和思路。介绍志愿服务发展的历史进程以及志愿服务发展现状概述；总结分析北京志愿服务事业发展中的价值取向；探析不同志愿组织发起主体的特点、管理、运作方式；归纳志愿服务的主要类型，包括公众之间的互助、慈善与提供公益服务、政策或理念倡导；从志愿者组织的招募、培训、日常管理以及激励等方面剖析志愿者组织的管理模式；总结探讨志愿者组织的筹资方式；对政府主导的志愿者组织、高校志愿者组织、社区志愿者组织、社会志愿者组织等八个不同的发起主体做了典型的个案研究，以案例增加读者的感性认识。该书采用实证研究方法，通过召开座谈会、实地走访、深度访谈等收集了大量丰富的第一手资料；采用对不同志愿者组织进行横向比较的方法归纳出不同的模式；在充分占有第一手资料的基础上，考察不同志愿者组织在发起方式、筹资方式、价值取向、组织管理、服务形式等方面的不同特点，提炼出北京志愿服务典型发展模式，表现出探索性研究的特点。

《北京志愿者手册（2008 版）》　介绍志愿服务基本知识、提供北京志愿服务组织与项目信息的手册。联合国开发计划署（UNDP）和联合国志愿人员组织（UNV）资助项目的成果，由北京志愿者协会和北京大学公民社会研究中心合作，组织在京从事志愿服务研究和实践的专家和实践者共同编写完成。北京志愿者协会组织编著，2009 年 5 月北京出版社出版。以实用性、便携性、通俗性和时效性为宗旨，在简明地介绍志愿服务的理念、一般知识和历史资料的基础上，依据半年来调查研究所获得的信息，力图反映北京市志愿服务组织的一般状况和对志愿服务的需求，方便公民获得相关信息，参与各种不同类型的志愿服务，从而推动志愿服务在全市的发展。全书分为上下两篇。上篇介绍志愿服务基本知识，包括志愿服务的基本概念、由来与发展、意义和作用、权利和义务等；志愿者组织实务，介绍开发志愿服务项目及岗位、志愿岗位匹配与服务承诺、志愿者入职前培训、志愿者支持与志愿服务记录、志愿者认可与激励、参考工具、参考文献以及志愿服务在北京，介绍北京市民对志愿服务的参与、北京奥运志愿服务、北京志愿者协会和北京社区志愿服务等 3 部分内容。下篇提供北京志愿服务组织与项目的信息，分为两大部分。按照志愿服务的不同领域，分别介绍 8 个城区与 10 个区县的志愿服务信息及志愿组织名录。附录部分收有《北京市志愿服务促进条例》、《中国注册志愿者管理办法》和《志愿者卡介绍》。该书在编写中力求囊括北京地区所有在志愿服务活动中实际招募和使用志愿者的机构和组织，帮助读者了解志愿服务的相关知识和志愿服务组织的发展历史和现状，解答从事志愿服务的基本疑问，提供市民参与志愿服务的主要信息。

《博物馆志愿行为的理论与实践研究》 专门研究中国博物馆志愿者行为的专著。马立伟著，2011 年 11 月星球地图出版社出版。作者自 2006 年做故宫博物院中英文志愿者起，开始关注和研究博物馆志愿行为理论与实践。全书分为 7 章。包括志愿行为的历史沿革及其基础理论，从历史角度提出志愿行为不仅是社会发展到一定历史阶段和文明程度的产物，也是社会意识形态作用于人类文化心理和思想观念的表象；是人类精神文明的伟大成果，体现了人类精神财富的价值取向正在向更高的层次迈进；博物馆志愿行为发展轨迹，分析考证国内外博物馆志愿行为，尤其分析了西方和亚洲国家以及中国港澳台博物馆志愿行为的历史；博物馆志愿行为的理论综述及其建构，分别分析了国内外博物馆志愿行为理论的发展状况，指出中国博物馆志愿行为理论的特点；提出了博物馆志愿行为的理论构建，指出博物馆志愿行为的理论研究应当以“为社会及其发展”为宗旨，以“贴近群众、贴近生活、贴近实际”为原则，以马克思主义理论和博物馆学及其相关理论学说为依据，能够在实际工作中科学地指导博物馆志愿行为，避免志愿行为实践活动中可能出现的错误，进一步推动和完善志愿工作；博物馆志愿组织的建设；博物馆志愿组织人力资源的管理；博物馆志愿组织服务项目的运营机制，分析博物馆志愿组织服务项目的各个管理环节；对博物馆志愿行为几个问题的思考，主要分为博物馆经济学视野下的志愿行为初探、博物馆志愿者教育学理论综述与辨析和对博物馆志愿行为社区化发展趋势的思考。书前有博物馆志愿活动图片和说明，书后附有大量参考文献备查。书中文字运用了一定的文学表达手法。

《沉思我们的行——上海世博会园区志愿者工作研究论文集》 世博会园区志愿者工作丛书（五册）之一，论文集。上海世博会事务协调局园区志愿者部编著，2011 年 5 月上海人民出版社出版。收录的研究论文由亲身参与世博会园区志愿者组织管理的工作人员撰写，他们来自园区志愿者部、片区场馆志愿者管理组和各志愿者工作站。共分为 8 个部分，包括园区志愿者的整体管理与思考，招募与培训，运行管理，宣传与激励，后勤保障，境外、外省市、长期、特岗志愿者管理，志愿文化与青年精神，青年思想教育与学生培养等内容。全方位反思园区志愿者各环节工作，提取出具有普遍规律性的问题、解决方案或思想，加以科学化的归纳、提炼和分析，形成了工作论文。采用白描手法记录全过程，冷静客观地反思得失，并以研究的心态总结规律。该套丛书中《记录我们的路——上海世博会园区志愿者工作实录》客观记录园区志愿者工作的全过程并总结经验教训。

《大学生志愿服务》 北京科技大学志愿服务教材。北京科技大学自 2005 年起将志愿服务纳入本科生教学计划必修课程。陈曦编著，2009 年 4 月冶金工业出版社出版。共分为 5 章。分别为：“志愿服务概述”介绍了志愿者和志愿服务的概念、精神、意义，国内外志愿服务的概况，大学生志愿服务历史和现状等内容；“丰富多彩的志愿服务活动”介绍了农村扶贫开发、城市社区建设、生态环境保护等7类志愿服务的主要内容；“志愿者，你准备好了吗?”从志愿者的定位、能力、素质、安全、权益等方面介绍如何成为一名合格的志愿者；“如何开展志愿服务活动”介绍如何有效地开展志愿服务活动；“志愿服务课程管理”系统地介绍北京科技大学志愿服务课程管理的具体做法。采用理论解读、延伸阅读、案例分析、文件摘选等方式，从志愿服务的知识、技能、参与、组织、管理等方面讲述大学志愿服务的相关知识和操作实务，力求兼备可读性与操作性。

《当代大学生志愿服务研究》 当代大学生志愿服务状况和发展的研究著作。江苏省高校政治思想教育研究重点课题“当代大学生志愿服务研究”的结题成果。兰亚明主编，2011年11月南京大学出版社出版。共12章。分别为开展大学生志愿服务活动的重要意义；介绍境外志愿服务的历史、现状及特点，包括历史回溯、现状与特征、趋势和启示；介绍内地大学生志愿服务的历史、现状及特点，包括历史轨迹、现实状况和中国特色分析；评析当代中国社会转型与志愿服务，分析社会转型对志愿服务活动的影响；志愿服务对社会转型的支持作用以及转型时期志愿服务转型与制度创新；大学生志愿服务面临的机遇及挑战；当前大学生志愿服务活动中存在的主要问题及对策；开展大学生志愿服务的原则，提出了个体价值与社会价值相结合、教育引导与管理服务相结合、基础性与前瞻性相结合以及专业化与大众化相结合的原则；大学生志愿服务项目的策划与培育；大学生志愿服务项目的运作机制，主要介绍志愿者选拔招募、综合培训和项目实施；大学生志愿服务的法律保障，提出要尊重和保障大学生志愿者的主体权益；确认和保障大学生志愿者的经济利益；建立和维护大学生志愿者的良好关系；大学生志愿服务的评价与激励机制，评价与激励机制现状，机制完善与创新以及志愿文化的传播，探讨志愿文化内涵和传播价值，研究志愿文化现状，提出加强大学生志愿文化传播的建议。

《德国非营利组织》 关于德国非营利组织的专题性读物。是对德国的实地调研和收集到资料的汇编。王名、李勇、黄浩明编著，2009年6月清华大学出版社出版。全书分9章加6个附录。主要内容包括简要介绍德国的社会经济概况；分别从非营利组织的发展及其作用、法律制度框架、登记管理制度、减免税制度、基金会与公益募捐制度5个方面系统介绍和分析德国的非营利组织，是本书的核心部分；从历史、现实、功能、地位、作用、权益、监管、资源、运作等主要方面，较为系统介绍德国非营利组织发展等各个层面的主要问题及其经验，同时表达作者的一些感想和体会；在介绍德国两个典型民间组织个案的基础上，分析德国环保民间组织高度发达的运作管理机制及其强大的社会影响力。最后在“访德侧记”中作者有6篇文章用随笔的方式对整个考察做了文学性的描述和回顾。附录包括：德国宪法中有关结社的内容，德国民法典有关社团和财团的内容、德国结社法、德国税法中有关内容、德国巴伐利亚州财团法、德国社团章程标准文本。

《非营利组织评估》 研究中外非营利组织评估的著述。王名主编的喜马拉雅学术文库·NGO论丛丛书之一，清华公共管理教学参考系列教材。邓国胜编著，2001年12月社会科学文献出版社出版。共8章。包括阐述本书的基本概念与构建评估体系的基本原理：非营利组织的概念、类型；评估的概念与作用；评估的指标与指标体系等。非营利组织评估的理论框架：通过对中国非营利组织的研究，指出中国非营利组织发展过程中存在的问题，在此基础上提出有针对性的评估框架。非营利性评估：在分析中国非营利组织现状与问题的基础上，指出非营利性评估的迫切性；介绍和分析国外不同类型的非营利组织的行为准则；结合中国的国情提出中国非营利组织的非营利性评估标准；探讨中国非营利性评估的制度化建设；非营利组织使命与战略规划评估：分析中国非营利组织使命与战略规划评估的必要性及其作用；介绍国外流行的评估理论与方法；通过实证性研究提出中国非营利组织使命与战略评估的指标体系。非营利组织的项目评估：主要介绍项目评估的框架、评估的指标及选择指标的标准；分析中国非营利组织项目评估的现状与问题和国外非营利组织项目评估的经验；结合中国非营利组织的特点探讨中国非营利组织项目评估的制度化建设和项目评估的指标体系等问题。非营利组织的能力评估：提出了中国非营利组织能力评估的意义；分析了非营利组织能力评估的制度建设；对非营利组织的基本资源评估、组织的结构评估和资源网络、组织的管理能力评估、组织的筹款与评估能力的评估等方面提出了评估框架与评估指标。评估程序与评估调查：详细介绍了评估的8个基本步骤，并给出了具体的、有可操作性的参考表格；介绍了评估数据的主要收集方法。评估的方法。全书第1章至第6章是对评估理论与评估框架的探讨；第7章、第8章是对评估方法的探讨；结语部分阐述了全书主要结论和相关政策建议，提出了有待进一步研究的问题。

《奉献历程——大学生志愿者能力素质提升工作优秀作品集（第三集）》 第三届辽西北计划大学生志愿者优秀作品集。辽宁省青年志愿服务指导中心、大学生志愿服务辽西北计划辽宁省项目管理办公室征集、评选、编辑而成。辽宁省青年志愿服务指导中心编著，2012年6月辽宁大学出版社出版。共收录24篇获奖文章。调研辽宁：走基层转作风送温暖，共收录策论（调研）类文章10篇。其中包括岳振云的“抚顺市新生代农民工精神文化生活状况调研报告”、戴超、肇涛鹏“未成年人犯罪分析调研报告”等。宣讲中国：迎全运讲文明建辽宁，共收录宣讲类文章4篇，包括刘峰“‘学习郭明义，做当代雷锋’之《好人郭明义的故事》”、李金桥“鞍山市立山社工站‘走进青少年，阳光自护行’关爱青少年活动”等。青春美文：爱家乡树新风秀青春，共收录日志、博客类文章10篇，其中包括花旭“有一种感动叫参与志愿服务”、刘扬“志愿服务指引我一路向前”。文章作者均为大学生，文章之后有评委会针对获奖文章的评语，并配有相关照片和图片。

《服务学习：社工督导志愿服务新模式》 探讨以社会工作方法督导志愿服务新模式的读物。创新中国社会工作实务模式丛书之一。彭华民编著，2012年5月中国人民大学出版社出版。编者在前言中提出：“服务学习（service learning）原本是一种经验教育的模式，旨在通过结构化课程教育和志愿服务，帮助青年学生成长为有志向、有能力的积极服务社会的公民。”分为8篇，包括服务学习基础分析，介绍服务学习的核心要素、起源与发展；讨论服务学习与传统课程的区别、服务学习的多元效果；提出推广服务学习的建议；志愿服务发展研究，讨论志愿服务的缘起和发展、理念和类型；探讨中国志愿服务政策发展以及志愿者组织的类型、建立的程序和管理策略；儿童与性别平等政策解析，介绍儿童的基本权利及其国际法框架、儿童权利保护的国内法框架，以及社会性别理念和国际性别平等政策；服务学习角色细分，分别分析大学、教师、种子同学、社区和机构以及同学在服务学习中所充当的角色；服务学习督导与社会工作，主要介绍服务学习督导的定义和类型、角色和功能；探讨社会工作方法在服务学习督导中的应用；服务学习课程实施框架，介绍服务学习导论、志愿服务发展、儿童妇女社会政策、认识服务的社会和机构、制定活动项目计划等11个课程框架，同时介绍服务学习课程相关表格和评估问卷；服务学习案例，主要介绍了儿童妇女保护内容的服务学习、培训、课程活动和实践活动4种类型的服务学习案例；服务学习资源，重点介绍了《全球志愿者宣言》、《中国注册志愿者管理办法》、《台湾大学服务学习课程实施办法》等5个范章和国内外大量有关服务学习的资源网站。作为创新中国社会工作实务模式丛书之一，该书在表现社会工作实务模式的创新性、社会工作实务内容的本土化、社会工作实务经验的可复制性和社会工作实务过程的反思性方面具有特点。

《公益和谐：青年组织开展社会公益事业的状况及发展研究》 北京志愿文化研究基地课题的研究成果，构建和谐社会首善之区的生力军：北京志愿服务研究系列丛书之一。北京志愿者协会编著，2008年8月中国广播电视出版社出版。共7章。包括“社会公益事业概述”：梳理了公益事业的历史演变、基本特征及分类、作用以及中外公益事业的发展模式。“公益事业的现状与问题”：分析北京公益事业的现状以及存在的问题。“公益事业政策完善和法规保障”：概述公益事业政策法规，并分析其作用，从政府、社会、市场、发展4个方面提出完善政策法规体系。“公益事业的推进与社会主义和谐社区的建设”：探讨国内外公益事业的推进状况与影响，分析社会主义和谐社区的内涵及其必要性，指出公益事业的推进在社会主义和谐社区建设中的作用。“共青团组织推动公益事业发育体系和机制建设”：梳理共青团组织的职能与发展公益事业的关系，介绍团组织对公益项目培育的制度体系，指出团属公益项目的发展方向，罗列北京共青团的公益实践状况。“共青团组织开展公益事业个案研究”：以北京志愿者协会及北京共青团实施的志愿服务国际交流活动及“希望工程”为例，阐释北京共青团在推动公益事业发展中的作用。“公益宣传与公益事业发展”：阐释公益宣传的含义、目标和策略，并以大量的数据、案例对奥运志愿者工作宣传案例进行研究。书中有大量的图片用于辅助说明。该书对于了解青年组织开展公益事业的现状、促进青年组织推动公益事业的发育完善和制度化建设具有参考价值和借鉴意义。

《公益性社会组织约束机制研究》 关于构建完善而有效的公益性社会组织监督约束机制的研究著作。在综合分析国内关于公益性社会组织监督、管理与治理的基本现状以及考评国外公益性社会组织约束机制有关问题的基础上展开讨论。杨道波编著，2011年4月中国社会科学出版社出版。主要内容：前言介绍研究背景、研究现状、研究意义、研究的基本方法和研究的成果与结论。公益性社会组织及其约束机制界定：主要介绍公益性社会组织约束机制、公益性社会组织约束机制的历史实践与基本框架。公益性社会组织约束机制理论基础：重点研究公益性社会组织约束机制的经济分析、伦理分析和法律审视。公益性社会组织的内部约束、内部治理结构。公益性社会组织的外部约束：行政监管机制与社会监督机制，主要分析公益性社会组织社会监督的基础；研究捐赠人对公益性社会组织的监督、受益人对公益性社会组织的监督、行业组织和民间专门监督组织对公益性社会组织的监督以及公益性社会组织评估与社会监督。公益性社会组织约束机制实现的保障：信息披露制度，重点分析公益性社会组织信息披露的内涵、理论基础及其类型；公益性社会组织强制性信息披露的基本内容、基本途径和方式、基本要求与法律责任，提出了对公益性社会组织信息披露制度审视与完善的建议。

《共青团关爱农民工子女志愿服务行动工作案例》 “共青团关爱农民工子女志愿服务行动”研究成果的案例集。共青团中央青年志愿者工作部编，2011 年 11 月中国青年出版社出版。经由各地报送的研究成果案例筛选检查，最终评审出的 62 个优秀案例。以项目分类，共分为 9 个篇章。分别是学业辅导篇，包括北京市“爱心课表”赢得孩子们的喜爱、湖南省长沙市雨花区共享社区大课堂等 6 个案例。亲情陪伴篇，包括陕西科技大学角色互换关爱新体验、央视团委“成长向导”开阔农民工子女视野等 8 个案例。感受城市篇，包括海南大学星期五，我们把“城市”带给你等 9 个案例。自护教育篇，包括浙江省自护教育你我他、流动少年宫来我家等 6 个案例。爱心捐赠篇，包括中国电子点亮爱、点亮新希望等 6 个案例。“结对 + 接力”篇，包括黑龙江省牡丹江市片片“心愿卡”伴真情等 7 个案例。阵地建设篇，包括贵州省“微笑小屋”关爱在行动等 6 个案例。七彩课堂篇，包括四川省“快乐学校”让童年不再孤单等 6 个案例。项目专员及综合篇，包括中央国家机关的青年关爱农民工子女重“三送”等 8 个案例。每个案例都附有摘要，正文部分均包括思路做法、效果启示、专家评点 3 个部分。意义在于以志愿服务的方式为农民工子女健康成长提供帮助。

《广州亚运会志愿服务文化遗产导论》 国内第一本志愿服务文化遗产导论。王焕清、谭建光编著，2011 年 7 月广州出版社出版。共 8 章。包括“中国精彩”，亚运会志愿服务文化遗产概述；世界文化遗产与国际赛会志愿服务之间的关系；“广州亚运会志愿服务文化遗产特征分析”；“广州亚运会志愿服务组织遗产”，组织遗产的形成、党团员志愿组织、青年志愿组织、社区志愿组织、社会化志愿组织；广州亚运会志愿服务项目遗产；广州亚运会志愿服务传播遗产；广州亚运会志愿服务理论遗产；广州亚运会与中国志愿服务的创新发展。附录部分收录了 8 个具有典型性、代表性的亚运会志愿服务文化遗产项目。其中穿插了大量展示志愿服务的活动现场的图片。

《广州亚运会志愿服务研究》 2010 年广州第 16 届亚洲运动会志愿服务工作实践分析研究之书。亚运会志愿者部与广东青年干部学院合作成立的广州亚运会志愿服务研究中心出版的第一项成果。王焕清、谭建光编著，2010 年 7 月广东人民出版社出版。在学习和吸收北京奥运会、上海世博会志愿服务成功经验的基础上，广州亚运会的志愿服务结合亚运会的特点和华南地区的特色，创造出了广州志愿服务的模式。共分为 18 章。主要介绍广州亚运会志愿服务的功能定位、创新措施以及十大特色品牌；在学习和借鉴北京奥运会、上海世博会经验的基础上，深入分析了广州创造出亚运志愿服务的“广州模式”；比较分析广州亚运会志愿服务与其他国际赛会志愿服务；介绍广州亚运会志愿服务的特色团队、“大拇指行动”、“亚运天使”志愿者礼仪服务等；分析广州“亚运志愿时”及其功能、志愿服务的管理机制、培训机制、绩效评估、支持体系、传播推广以及志愿服务与城市文明等方面；比较分析广州亚运会与北京奥运会、东亚运动会；阐述亚运会历史、亚洲文明、世界志愿服务及其在体育赛会中的应用；记述广州亚运会志愿者发出“迎接亚运会创造新生活”的号召。该书具有对亚运会志愿服务工作做出权威性和代表性评价、对不同大型赛会之间的比较研究做出更为客观结论的两大特点。

《国家应急志愿服务体系的模式选择与机制建设研究》 “国家灾害应急志愿服务体系建设”课题组研究成果之一。中国社会工作协会志愿者工作委员会于2009年组织开展的调研项目。张网成编著，2011年6月知识产权出版社出版。针对不同的研究任务，采用了不同的研究方法。关于港台及域外经验的考察，主要采用二手文献分析方法；对于地方性经验的考查，主要运用观察、访谈、小组讨论、文献分析等方法；关于民间组织应急志愿者队伍建设状况的研究则是采用问卷调查方法，发放、回收了61家民间组织的调查问卷；针对政府部门及人民团体的研究则采用文献分析与半结构性访谈的方法，获得了大量的一手资料；对于国家应急体系的了解则依靠对各级各类预案的阐释性解读。全书分为7章，包括介绍研究背景、研究目标、研究思路、研究内容、研究方法等内容；梳理和分析美国、日本、德国等发达国家、墨西哥、土耳其等发展中国家以及香港及台湾地区的应急救援体系，了解应急志愿服务在这些国家及地区的应急体系中的地位及其队伍建设的模式、现状、经验和教训；重点介绍和分析了专业救援队伍的政府部门（地震局、消防局等）和管理志愿者的人民团体（共青团、红十字等）“垂直应急机构”在发展应急志愿服务时的规划、现状、困难和期望等；对中山市、锡山市等地发展应急志愿服务的地方性经验进行了调查和分析；对民间组织参与应急志愿服务的情况及意愿进行了分析和总结；通过介绍突发公共事件的发生形势、专业救援机构的发展状况、国家应急体系的缺陷等，对应急志愿服务的“供求关系”进行了初步的分析；归纳和总结了研究结论，也从研究者的角度提出了政策建议。该书通过分析和借鉴国内外的相关实践，对进一步规范应急志愿者及其组织的各项活动提出了政策建议。

《国外慈善法译汇》 对国外慈善法的译作。山东聊城大学法学院社会法研究所和慈善法研究中心2011年总体规划的重要组成部分。杨道波、刘海江、庄玉友、张嬿、孙洁丽、王旭芳等译校，2011年12月中国政法大学出版社出版。以英、美国家的慈善立法为重点，以日本、俄罗斯的慈善立法为补充，集中翻译了11部国外慈善立法，包括：英国《慈善法》、美国加利福尼亚州《政府法典》、美国《统一谨慎投资人法》、加拿大萨斯喀彻温省《慈善资金募集企业法》和《慈善资金募集企业规章》、加拿大安大略省《慈善机构法》、澳大利亚首都特区《慈善募捐法》、澳大利亚新南威尔士州《慈善筹款法案》、新西兰《慈善法》、日本《特定非营利活动促进法》、俄罗斯联邦

《慈善活动和慈善组织法》等。该书通过翻译英国、美国、加拿大、澳大利亚、新西兰、日本、俄罗斯等有代表性国家在慈善方面的法律法规，为国内立法提供参考价值和借鉴意义。

《国外非营利组织管理创新与启示》 研究国外非营利组织管理创新的探索性著作。从工业社会向后工业社会转型的历史视角，对英国、德国、美国、澳大利亚和日本等国非营利组织的调查。廖鸿等编著，2011 年 5 月中国言实出版社出版。共 8 章。包括合作治理进程中的非营利组织，主要介绍非营利组织多样化的合作形式、政府授权与财政补助、政府购买公共服务、非营利组织参与和影响公共政策以及不同国家促进合作的协调管理机构；政府与非营利组织合作的最新成果，主要介绍了英国“政府与志愿部门及社区组织关系协定”、加拿大“政府与志愿部门协议”、澳大利亚“全国性协议——携手合作”。提出对合作最新成果的分析与展望，分析政府与非营利组织合作的启示；非营利组织的管理途径，介绍非营利组织管理的法律手段以及非营利组织专门法、对具体管理方式方法及程序的分析研究；非营利组织的登记手册、非营利组织的税收管理、非营利组织的监管、非营利组织的内部治理等。归纳了非政府组织管理创新和所能得到的启示，并对相关问题做了前瞻性探讨。

《国外非政府组织运作管理》 国外非政府组织运作管理案例分析和评价之书。许德明主编，中共上海市社会工作委员会、上海市社会服务局编著。2008 年 8 月文汇出版社出版。共 4 章。包括非政府组织战略管理、非政府组织战略管理的环境分析、制定和实施以及非政府组织战略管理的调整和评价等；介绍并分析研究美国某基金会组织中期目标及其策略与行动方案和阿勒格尼山谷医院的战略定位等 5 个相应案例；非政府组织的人力资源管理、非政府组织的组织构架与人力资源管理机构、非政府组织人力资源管理实践以及非政府组织中的志愿者等；介绍并分析研究了“寻找顾问”和“鲁滨逊露营”的内部协调等 5 个相应案例；非政府组织的营销管理综述、非政府组织营销过程和非政府组织的营销策略与方法；介绍并分析研究了基金会的营销步骤和意大利社会企业发展政策等 5 个相应案例；非政府组织的资金管理分析、筹资管理和财务管理；介绍并分析研究了乌杜邦峡谷的启示和格林威治图书馆的宣传策略等 3 个相应案例。

《国外青年志愿服务活动概况》 主要介绍国外青年志愿者组织的机构状况及其开展活动情况的读物。曹卫洲编著，1998 年 1 月中国青年出版社出版。介绍了国际志愿服务协调委员会概况、国际青年劳动营、欧洲志愿者组织奇迹活动概况、法国志愿服务活动概况、美国“全球志愿服务过程”概况、介绍美国政要奔走于志愿者活动、美国服务队国民服务网络、墨西哥大学生社会服务活动概况、哥斯达黎加的大学社区服务、特立尼达和多巴哥全国培训和服务计划、巴布亚新几内亚青年服务队情况、日本青年志愿者活动概况、日本青年志愿者活动中的社会公益服务、日本青年海外志愿者情况、韩国志愿服务活动简况、韩国青少年志愿服务活动简况、新加坡和菲律宾青年志愿服务活动概况、泰国志愿者活动情况、印度尼西亚青年社会服务活动、津巴布韦国民服务情况、博茨瓦纳国民服务情况、尼日利亚国家青年服务队有关政策和活动项目等，共计 23 篇介绍说明。最后两篇“中外青年志愿服务活动的比较”和“国外青年志愿者活动对我们的启示”，是在介绍世界各地志愿服务活动情况的基础上探讨如何吸收和借鉴工作。该书是青年外事工作围绕青年志愿者行动“跨世纪青年文明工程”的重点项目之一。

《海西志愿者行动》 海西共青团创业培训系列教材之一。谢纳新编著，2009 年 7 月同济大学出版社出版。通过对国内外志愿服务的特点、招募方式及其行动的环境和志愿服务组织的类型、特点和建设与管理的分析，来指导建立海西志愿者行动的模式，并对其进行正确的价值定位。共 10 章。具体内容包括：志愿者的素质，主要探讨公益精神的培育和行动素质的生成；志愿者行动的内外环境；志愿者的招募、培训与管理；志愿者的服务心理，介绍研究志愿服务心理的必要性、当前志愿者服务心理的表征与特点以及如何树立正确的志愿服务心理；志愿者组织的建设与管理，主要介绍志愿服务组织的概念和特征、讨论志愿服务组织的现状和进一步完善以及志愿服务组织的管理模式；国际志愿服务的发展轨迹，主要是对二战前、二战后冷战前以及冷战后 3 个历史阶段的分析研究；国内外志愿服务组织的类型和特点等；中外志愿者的比较研究，从共性与个性的角度分析，讨论走向求同存异的中外志愿者行动；阐述海西志愿者行动的特色，了解海峡西岸经济区与海西志愿者行动，并讨论了价值定位，探索了发展模式；海西青年志愿者行动的概况、经验以及发展前景。

《和谐社会与慈善事业》 晋江·2004 中华慈善文化论坛的探讨成果，经有关专家学者修订后的论坛发言论文集。《中华慈善文化论坛文集》之一。杨团、葛道顺编著，2007 年 1 月社会科学文献出版社出版。以“晋江慈善调查报告”为主报告，分别发表“慈善传统文化与现代文化”、“公司慈善文化”、“慈善组织建设与发展”、“慈善事业发展与政策建构”4 个方向的论文。从多个角度探讨了慈善事业发展现状、对策以及对构建社会主义和谐社会的重大意义；解剖了晋江慈善总会的发展经验；回顾了中华慈善事业的发展历史；追溯了中华慈善文化产生和发展的渊源以及当代文化给予中华传统慈善文化的给养；比较了大陆和港澳台慈善文化的共性与差异，提出了全球性的公司慈善或公司公益文化对发展中国慈善文化的作用；探索了 NGO 自律和治理与慈善文化的关系；讨论了政府在当代慈善事业发展中的地位、责任、功能和作用。2004 中华慈善文化论坛是中华慈善文化首届论坛，是由中华慈善总会、中国社会学会、中国社会科学院社会学研究所、社会科学文献出版社、福建省晋江市人民政府 5 家联合举办，参与学者来自两岸四地 34 个机构。其中关于 NGO 自律和治理与慈善文化的关系问题，涉及了对有关志愿服务事业的探讨。学者丁元竹“推进公民服务发展公益事业”、赵黎青“组织治理与中国非营利组织建设”、侯连筠“加强义工队伍建设促进社会和谐发展”、侯志阳“美国社会公益组织的管理及其借鉴”等论文，对推动中国志愿服务事业发展有较强的借鉴意义。

《角色理论视角下的世博会志愿者》 从社会心理学角色理论的视角分析研究上海世博会的志愿者及志愿行为的读物。沈炜编著，2011 年 6 月华东理工大学出版社出版。分为 7 章，包括志愿者与志愿服务的理论与发展历程；世博会志愿者的历史、2010 年上海世博会志愿者的特征以及上海世博会志愿者管理模式的特点；

采用问卷调查和深度访谈的方法收集到的大量资料，同时运用大量的表格、数据、访谈资料论证影响世博会志愿者行为的因素，继而对相关影响因子所做的分析；研究志愿者在角色认知、角色转化、角色扮演、角色认同等过程中的心理特征；提出了大学生志愿服务长效机制建设的对策。所依托的调研课题“角色理论视角下大学生志愿者行为特征与个体功效研究”被列为2010年度上海市青年工作研究10项重大课题之一。该课题的作者群兼具上海世博会志愿者一线工作参与者和青年工作研究学者的双重身份。

《近代中国慈善论稿》 研究近代中国慈善论的专著。中国慈善研究丛书之一，2007年立项的国家社会科学基金重点项目。周秋光编著，2010年4月人民出版社出版。作者首先提出“关于慈善事业的几个问题”作为代序：包括慈善的概念与定位；慈善行为及其参与者；慈善之心的呼唤与培育；慈善资金的运作以及慈善机制的完善。全文共28个主题，收录了作者在不同时期对慈善事业历史和理论研究方面所发表的论文，各篇之后都有注明。论文大致包括慈善研究的基本问题、慈善的思想渊源、近代慈善思想的形成与发展、近代慈善事业的内容与特征、中国慈善事业的近代化、慈善事业与近代中国社会变迁、慈善家人物熊希龄、从晚清到民国北京政府时期的中国红十字会、近代中国慈善研究的问题思考等项。收录论文中最早的一篇发表于1988年《湖南文史》第2辑，题为“熊希龄的救灾办赈活动”，这是改革开放之后国内较早的有关慈善方面的研究文章。其中“近代中国的慈善教育——熊希龄与香山慈幼院”（*Modern Chinese Educational Philanthropy Xiong Xi - Ling and the Xiang Shan Children's Home*（Translated by Edward A. Mc Cord）曾刊登在美国英文版《民国》杂志1993年11月号Republican China（Volume XIX - issuel Nov. 1993）上。此外，发表于2000—2009年间的24篇论文中，有16篇是作者与其学生的合作作品。每篇文章之后均有大量的参考文献，对于认识今天社会慈善状况的文化源流和社会条件，提供了重要的史料查考信息。

《禁毒青年志愿者培训手册》 云南禁毒青年志愿者专业培训手册。此书是云南省为落实党中央、国务院战略部署，动员和组织广大青年服务禁毒人民战争，由云南省禁毒委员会办公室组织云南警官学院禁毒系教师编纂而成。云南省禁毒委员会办公室编著，2006年4月云南科技出版社出版。分3部分。包括：毒品问题与禁毒青年志愿者，主要介绍毒品问题现况、毒品种类和基本特征、吸毒的危害以及组建禁毒青年志愿者的重大意义、禁毒青年志愿者的权利和义务、法律责任以及突出的作用；禁毒青年志愿服务工作，主要介绍“了解目标社区药物滥用信息”、“制定目标社区禁毒青年志愿工作计划”、“有效在社区实施禁毒青年志愿工作计划”；相关知识链接，重点介绍禁毒的历史、毒品的滥用与危害、戒毒、毒品预防、易制毒化学品、有关禁毒的法律法规、艾滋病知识等。作为培训教材，该书既有地方编写的特点，又有禁毒青年志愿者的专业志愿服务特点。

《经验·价值·影响——2008北京奥运会、残奥会志愿者工作成果转化研究》 反映北京奥运会、残奥会志愿者工作成果转化课题的研究成果之书。北京市志愿者联合会组织撰写，魏娜等编著，2010年12月中国人民大学出版社出版。分为上篇和下篇。上篇主要对北京奥运会、残奥会志愿者工作进行了全面描述、分析、总结和评价。分为7章，包括分析北京奥运会、残奥会志愿者的构成、来源、参与动机、角色和贡献；说明北京奥运会志愿者工作的组织体制、工作运行机制及工作项目体系，并通过对5000名赛会志愿者的调查，全面评估志愿者工作的组织运行机制与培训、宣传、激励和保障工作；分析北京奥运会志愿者工作创造的经济价值、社会价值、人文价值和精神价值以及对志愿者、志愿者组织、社会公众产生的深远影响；在结论与展望部分，通过对历届奥运会志愿者工作的比较，提出既具有中国特色、又具有普遍参考价值的志愿服务模式——“北京模式”。下篇包括课题研究的志愿者组织发展调研报告、社会公众调研报告以及访谈摘要。该书为读者呈现调查数据、访谈记录和分析研究结果，通过实证研究，总结和评估北京奥运会、残奥会志愿者工作。该书同时发行了英文版。

《科普志愿者现状及对策研究》　反映吉林大学科普志愿者队伍建设及对策研究课题成果之书。续颜、杨利军、刘亚东、韩兆宽编著，2006年9月吉林科技出版社出版。以城市社区、科普教育基地为主要研究范围，确定广东省广州市海珠区、吉林省长春市绿园区和朝阳区、吉林大学博物馆及上海科技馆4个具有代表性的城市社区、科普教育基地为主要研究对象。通过对科普志愿者、科普志愿服务调查案例的分析研究，客观地反映城市社区、科普教育基地科普志愿者队伍的人员基本状况、科普志愿者队伍建设和管理运行现状及存在问题，并对中国科普志愿者队伍的建设和发展提出建设性的意见。全书六章，内容包括科普志愿者队伍建设，主要介绍科普志愿者的概念、特征以及科普志愿者队伍；地方科协科普志愿者，分别收录了对广州市海珠区科普志愿者和吉林省长春市绿园区、朝阳区科普志愿者的两份调查报告；全国科普教育基地科普志愿服务研究，选取自然博物馆作为研究范围，以浙江自然博物馆、北京自然博物馆和吉林大学博物馆为研究对象，主要研究博物馆观众；全国科普教育基地大学生科普志愿者，主要调查分析吉林大学博物馆大学生志愿者，研究全国科普教育基地科普服务的现状；典型范例，将上海志愿者科技馆服务总队作为典型范例的研究对象，试图通过调查结果的分析，反映科技馆志愿者服务总队的现状；对广州市海珠区、吉林省长春市绿园区和朝阳区、吉林大学博物馆及上海科技馆的4支志愿队伍的同类调查数据进行对比分析，并在此基础上找出问题、提出研究对策。书后附有中国科协关于开展中国科普志愿者队伍建设工作的两份文件。全书调查数据详实，对比说明清晰。

《马来西亚非政府组织研究》　分析研究马来西亚非政府组织的专著。王虎著，2010年3月厦门大学出版社出版。主要内容包括绪论，介绍选题的目的与意义、国内外研究状况、马来西亚非政府组织的分类和有关概念的界定、本研究范围、内容和特点以及研究方法与基本框架；非政府组织概念探析，介绍非政府组织的定义、特征和功能、公民社会与非政府组织，分析非政府组织的发展历史、非政府组织的分类以及非政府组织理论概述；马来西亚非政府组织的发展，从早期华、巫、印三大族群社会互助组织（1673—1945）、独立前后各民族社会组织的分化重组时期（1945—1969）和新经济政策时期：发展型非政府组织的大量出现

(1970—1990) 3 个阶段分析马来西亚非政府组织的发展过程；分析马来西亚的中产阶级与非政府组织的发展、马来西亚非政府组织与国外非政府组织的关系、马来西亚政府与非政府组织关系的发展变化；马来西亚非政府组织个案研究，选取了妇女非政府组织、华文教育非政府组织、伊斯兰非政府组织、人权非政府组织、环保非政府组织以及消费者组织 6 个案例；结论部分主要阐述马来西亚非政府组织产生和发展的特点、组织面临的问题以及发展前景。附录中收入了主要非政府组织名称及专有名词英汉对照表，书后附有参考文献。

《民间组织蓝皮书——中国民间组织报告》 社会科学文献出版社推出的皮书系列之一，由中国社会科学院研究生院民间组织与公共治理研究中心组织编写。黄晓勇主编，社会科学文献出版社出版。截至 2012 年 5 月，已经公开出版 2008、2009—2010、2010—2011 和 2011—2012 年 4 本《中国民间组织报告》。2008 年本综合研究篇包括 3 篇文章，分别是对民间组织的相关研究所作的系统梳理和述评、历史发展源流的探究和总结，以及所面临法制环境的法律视角考察。地方发展篇则选取了上海、浙江、四川、广东 4 个省市，分别介绍了当地民间组织在政府购买服务、促进经济发展和参与新农村建设等方面的重要经验。域外镜鉴篇以课题组考察的英国、俄罗斯和波兰等国家为代表，总结介绍了英国政府与民间组织的公私伙伴关系，俄罗斯与波兰民间组织对转型过程的推动作用，这些经验对民间组织管理和发展有着重要的借鉴和启发意义。2009—2010 年本除总报告外，专题研究篇还有两篇文章，主要对民间组织的双重管理原则和参与灾后重建情况进行了全面总结和深入分析。地方发展篇选取了民间组织数量第一大省山东和在制度改革中走在全国前列的深圳。域外镜鉴篇对美国、日本和非洲的民间组织进行了探讨和分析。尤其是“美国民间组织：身份、事业和运行环境”一文，所介绍的美国严密的税收法律体系，以及对免税民间组织强制公开信息的管理经验，对民间组织管理体制改革有着重要的借鉴和启发意义。2010—2011 年本除总报告外，专题研究重点关注政府向民间组织购买公共服务。政府向民间组织购买公共服务研究报告全面总结分析了目前的发展现状、主要特点、购买方式以及对政府和民间组织分别带来的挑战与影响等重要问题，在总结探索经验的基础上提出了具有针对性的政策建议。地方发展部分则选取了境外非政府组织活跃的云南和民间组织总体数量虽然不大，但颇具创新意识的吉林省。域外镜鉴部分则选取同为发展中大国的巴西和印度。2011—2012 年本指出，中国民间组织发展步入全面突破阶段，民间组织成为社会治理的重要主体；培育扶持和综合管理成为民间组织管理体系的重要内容和创新趋势；微公益蓬勃成长引领中国慈善发展，激发普通民众公益热情；深圳、上海、北京、广东民间组织管理创新取得成效，多地民间组织改革逐步深化；农村民间组织种类已覆盖农村各个领域；预测了未来民间组织发展呈现的十大趋势。该书是第一本国家权威机构发布的民间组织蓝皮书，参与撰写的专家主要来自中国社会科学院、地方社会科学院和部分高校。

《凝聚力量——香港非政府机构发展轨迹》 探讨香港的志愿社会服务组织发展与贡献的读物。香港大学社会科学院社会学系教授以社会学学者身份组织队伍开展项目研究并编撰成书。吕大乐编著，2010 年 6 月三联书店（香港）有限公司出版。香港有一群默默地以关顾民间疾苦、回应社会需要为己任的志愿服务团队——香港社会服务机构。香港社会服务联会是香港主要社会服务机构的联合平台。全书分9章，从“香港早期社会福利传统：政府退居二线、民间团体当先锋”起述，到“社福品牌：输出社会服务”，介绍香港志愿社会福利服务界的国际联系以及国际视野，在时间上基本从20世纪40年代到2010年，回顾了香港非政府机构60年的发展轨迹。贯穿各章的讨论有两个重点。第一，社会本身是推动香港社会福利服务的原动力。这具体地表现在长期以来民间志愿机构所扮演的重要角色，还有就是由这些机构所建立的服务传统和市民与它们之间所存在的一份信任。第二，环境的转变与回应。从19世纪民间慈善、福利事业发展至今规模庞大、服务多元化的社福界，一直经历社会环境在各个方面的转变，而本地的社会福利服务机构亦长期从中寻找位置与角色。作者“尝试以历史时序的方式，交代在每一个阶段里，香港志愿社会服务组织的发展状况，并归纳该时期的发展特点，分析及讨论关乎香港非政府社会福利服务系统的主要特色和议题”。在内容的安排上，有历史纵向的讨论，也有同一时期的横向分析。作为对非政府机构发展的研究，不仅总结了从施善、救济到提供服务、成为政府伙伴再到与政府之间关系互动，回应社会问题与需要，探索新的服务形式，同时总结了香港社会福利服务机构从多元的民间慈善福利机构到广泛的民间自助组织和服务使用者的参与再到香港社会服务联会平台建立，全面叙述了香港社会福利服务界所走过的道路，探讨如何建立社会服务的传统，分析中途遇到过什么困难，以及怎么回应社会的需要。该书所收录的数据、表格以及附录的信息，为了解认识香港志愿社会福利服务机构提供了详实的资料。

《农村民间组织与中国农村发展：来自个案的经验》 国内学术界对农村民间组织进行分类研究的第一本专著。乐施文库·NGO与社会工作丛书之一。仝志辉等编著，2005年10月社会科学文献出版社出版。作者在导论中首先阐述了农村发展视角下的农村民间组织，其后主要介绍了传统乡村民间组织、农村社会文化类民间组织、农村老年协会与农村社会发展、NGO与农村妇女发展、农民用水户协会与农村发展、农村专业经济协会、农村民间金融组织以及农民工民间组织。附录中收入了农村的社区综合发展和小额信贷与社区发展两篇文章。回顾了历史上的农村民间组织，重点介绍了当前农村比较活跃的社会文化类民间组织、妇女发展类NGO、用水户协会、专业经济协会、民间基层金融组织、农民工民间组织6类民间组织，阐述其与农村发展的关系，展示发展现状，解析存在问题、指明进一步发展的策略。

《亲历可可西里10年：志愿者讲述》 记述可可西里志愿者工作和生活的读物。收录了10年里20几个年轻人的荒原生活片段，表现的是热爱生活、尊重自然、敬畏生命的主题。被国家新闻出版总署等列入全国推荐优秀青春读物之一。杨礁等编著，2005年5月生活·读书·新知三联书店出版。主要讲述一群快乐的人：健康、开朗、崇尚行动；不同年龄、不同职业，来自不同都市；选择在可可西里的无人区深情守望青藏高原旷野上的野生动物，坚韧地争取藏羚羊生存的权利，甚至牺牲年轻的生命。主要内容包括：亲历可可西里10年；徒手建造“家”——中国第一座民间保护站；无人区里的守望者——我们的生活；可可西里的发轫之作——可可西里的大学生；荒原上生与死的较量——我们的工作；反偷猎在无人区——可可西里12天；骨头上的烙印以及后记：一本书和一个站。附录中收有“绿色江河”的志愿者名单。

《青春在西部闪光：大学生志愿服务西部计划实施五周年报告》 2003—2008年大学生志愿服务西部计划实施五年来成效与经验的总结报告。全国大学生志愿服务西部计划项目管理办公室编著，2008年11月中国青年出版社出版。分为4篇，包括对5年来实施大学生志愿服务西部计划的评估报告，分为“组织与实施”、“成效与经验”；“目标与展望”介绍了项目背景到组织领导、项目运行和存在问题；从西部计划的实施成效分析取得的基本经验；对照西部计划项目目标展望前景；“人物星空——西部计划优秀志愿者速写”，分别在5批志愿者中各选择两个典型的志愿者案例做各具特色的细致分析；“西部心语——西部计划志愿者随笔选编”摘录了部分志愿者对志愿服务的认识感悟；“媒体聚焦——西部计划媒体报道选编”，从《人民日报》、《光明日报》、《中国青年报》、《中国教育报》相关报告中选录了其中的一部分。附录分两个部分，领导讲话选录和西部计划相关政策制度选录。对西部计划招募省、招募高校、服务省、服务县以及志愿者进行了深入调研评估，是在团中央青年志愿者工作部的整体策划下，由青年志愿者工作部管理服务处具体编撰，在编撰中专门抽调了招募高校代表、地方项目办代表、优秀志愿者代表、专家学者参与其中。详细介绍、总结、研究了大学生志愿服务西部计划，有理论、有实践，有案例、有典型，项目成果可供借鉴和推广。

《青年义工管理——从理论到实践》 香港青年协会主持编写的义工服务专业系列丛书之一。胡佩华编著，2008年7月香港青年协会出版。由“义工管理”的概念出发，结合理论与前线管理人员推行义工服务的实际经验，探讨义工管理者的角色、服务定位与筹划、义工招募、义工素质管理及持续发展等范畴，为读者提供了青年义工服务管理的学问与技巧。主要包括义工服务的现状与趋势，主要介绍义工服务的核心价值、现状与趋势以及义工服务对社会及青年的重要性；青年义工服务基础管理概念，介绍青年义工服务管理的理念，探讨如何理解义工服务的持续发展；讨论义工管理人员的角色和准备；介绍“以人为本”的义工服务管理和义工服务素质管理的6个关键步骤，探讨如何有效扩大义工队伍；义工服务策划、风险管理和招募培训，介绍了服务策划、义工与机构的权责、义工服务中的风险管理以及义工的招募、甄选和培训；义工素质提升和评估，介绍了订立义工要求、义工表现评估、反思巩固义工服务的问题、义工督导以及义工管理人员的自我评估；义工维系与发展，从嘉许、规划、协调的角度，探讨奖励和肯定、如何重视个人发展和维系义工关系。书中附加了不同的义工服务管理工作范例可供借鉴。以香港青年协会前线管理人员推行义工服务的实际经验，结合理论和技巧实践，分析义工服务的发展趋势和义工管理的不同范畴，为义工管理人员提供应用的范本。

《青年志愿者行动工作手册》 指导青年志愿者工作的手册。中国青少年研究会编著，由中国青少年研究会期刊图书部具体组织编写，2010年10月天津社会科学院出版社出版。分3部分，包括青年志愿者行动问答：是以针对问题作答的形式，设计了70个专题，包括青年志愿者行动的概念、开展青年志愿者行动的意义、青年志愿者行动的主要任务、青年志愿者的管理机构和机制、目前青年志愿者行动的工作内容以及青年志愿者行动各项主要内容的说明、青年志愿者在工作中的应急救护技能常识等。实务指导：从中国青年志愿者行动机制建设、抗震救灾中青年志愿者的组织类型与功能、志愿服务的管理模式、社区青年志愿者服务工作、高校青年志愿者的专业化、志愿服务过程中志愿者风险的预防与救济、西部计划服务期满志愿者的就业问题与对策以及志愿服务的社会工作督导模式等8个方面概括介绍了中国青年志愿者行动的状况。重要文件：重点介绍了《中国注册志愿者管理办法》和《大学生服务西部计划志愿者管理办法（试行）》、4位相关领导在2009、2010年全团青年志愿者工作会议上的讲话以及《关于进一步做好大学生志愿服务西部计划志愿者就业服务工作的通知》和《关于开展“共青团关爱农民工子女志愿服务行动”的通知》。

《散财之道——美国现代公益基金会评述》 主要研究美国现代公益基金会和相关组织的读物。资中筠编著，2003年1月上海人民出版社出版。主要论述的问题是：美国基金会的历史演变和宏观概貌、各类基金会具体例证、基金会在美国内外所起的作用以及所体现的哲学理念和思想动机。分3部共12章。第1部历史与概况，主要介绍美国公益基金会的概念、历史；现代基金会的兴起和发展以及与政府的关系。第2部各类基金会剪影，主要介绍20世纪初最有影响的美国三大私人基金会、20世纪中后期发展起来的福特基金会、比尔与梅琳达·盖茨等7个基金会、社区基金会、运作型基金会、国际工作以及与中国的关系。第3部思想动机与效果，主要研究捐赠的动机与哲学理念，分析客观效果评估。附录中收入了20世纪以来有关美国基金会的大事记，记录了作者曾走访采访过的部分基金会机构与人物以及相关历史图片；参考文献中提供了大量国外著述文章。

《社会工作与志愿服务关系研究》 主要阐述社会工作与志愿服务关系之书。社会工作政策与实务研究丛书之一。民政部社会工作司编著，2010年11月中国社会出版社出版。分为“社会工作在志愿服务领域中的功能与作用评估”、“社会工作者与志愿者关系评估报告”和“社会工作者与志愿者在落实‘保增长、保民生、保稳定’工作中的功能与作用研究报告”3部分。分别介绍了中国志愿服务的历史与现状；分析了社会工作在志愿服务领域中的功能与作用；对功能与作用的现状进行评估；阐述了充分发挥社会工作在志愿服务领域中作用的对策；重点就社会工作者与志愿者关系，展开对其研究的背景与意义、概念的辨析、类型与特点、实践经验总结以及制度安排和实现路径进行分析；“社会工作者与志愿者在落实‘保增长、保民生、保稳定’工作中的功能与作用研究”课题的阐述和子课题研究报告。“社会工作与志愿服务关系研究”是2007年以来民政部立项的有关政策与实务系列研究课题之一，是民政部社会工作司组织有关专家整理汇编的研究成果之一，特点在于其规范的实证研究方法。分两处附录了5份调查问卷及访谈提纲。还附录了“社会工作者和志愿者功能与作用发挥的国际经验研究”、“社会工作者和志愿者在‘三保’中发挥功能与作用的国内案例分析”，以及以上海工作团华东理工大学服务队汶川赈灾为例对“社会工作者与志愿者在‘保增长、保民生、保稳定’工作中的功能与作用”个案研究报告。

《社会志愿服务体系：中国志愿服务的“广东经验”》 以“广东经验”研究社会志愿服务体系的著述。在一年多调查研究的基础上，组织专家学者、志愿组织、志愿者从不同的视角撰写而成，给读者提供了不同层面的立体的社会志愿服务体系。谭建光、周宏峰编著，2008年7月中国社会出版社出版。共分为4篇，分别是研究报告篇、典型经验篇、创新项目篇、志愿故事篇。每篇都由若干个独立的内容构成。第1篇有8项独立内容，由专家学者执笔，在宏观层面总结、提升中国志愿服务的“广东经验”，并用具体的数据、表格加以说明，包括中国志愿服务体系比较分析、广东省志愿服务体系建设报告、中国珠江三角洲地区志愿服务分析报告、广东省志愿服务问卷调查报告等。第2、3篇由不同的志愿组织编撰完成。第2篇从中观的层面进行归纳、总结广东不同地区以及典型高校的志愿服务状况，由八项典型的、具有代表性的个案构成，包括广州青年志愿者行动工作情况、深圳市义工工作总结、茂名青年志愿者工作总结以及华南农业大学、暨南大学志愿服务状况等。第3篇的14项个案组成了创新项目篇。14项案例从具体的、微观的层面呈现了具有创新特点的志愿组织的创新途径、项目特色等方面。第4篇的9位志愿者故事由志愿者个人撰写，关照到志愿者个体参与志愿服务的经历、收获。既呈现了整体的、宏观层面的状况，综合大量的现实资料并进行归纳提炼，同时也提供了志愿组织、志愿者角度的解剖分析性描述。

《社会志愿服务研究：以福建省为例》 展示福建省社科院“福建省志愿服务研究”重点科研项目成果之书。在福建省社科院对本省内志愿服务发展状况的调研报告基础上进行扩展和细化研究的成果。许维勤编著，2010年9月鹭江出版社出版。分为3篇13章。总论篇3章，主要阐述志愿精神与人类文明进步、志愿精神与社会主义核心价值体系，以及深化社会志愿服务活动的若干思考。实践篇8章，从不同的志愿者身份、不同的志愿服务项目和不同地区志愿服务的实践与经验，分析福建省志愿服务工作的特点和发展状况。借鉴篇2章，主要介绍港台义工、志工制度与志愿服务，以及国内其他省市的、各类志愿服务发展状况。附录中分别介绍了北京、上海、江苏、浙江、海南、四川、吉林、宁夏8个地方的志愿服务条例以及福建省青年志愿服务条例。该书的特点是既有理论阐述，也有对实践的分析归纳；既有对福建省局部的研究，也有对港台地区以及全国志愿服务状况的概括。附录的各地志愿服务条例对于了解地方志愿服务立法工作有一定价值。

《社区参与与城市社区社会资本的培育》 探讨社区社会资本培育的过程与机制问题的专著。姜振华编著，2008年5月中国社会出版社出版。该书系作者在博士论文基础上修改完成，主要以城市社区社会资本为研究主题，针对当前城市社区社会资本缺失的重要问题，作者采用定性研究方法，对北京市3个社区老年人的社区参与实践进行实地调查，考察了社区参与与城市社区社会资本培育的关系。分5章，内容包括导论，主要介绍研究背景和意义、研究方法和理论框架；理论综述，主要探讨社区参与的实践和理论视角；社区参与的实践——以老年人的社区参与为例，重点展开作为个案的老年人社区参与的实践和理论探讨；社区参与与城市社区社会资本的培育，主要讨论城市社区社会资本的缺失和社区参与与城市社区社会资本的培育问题，是本书的核心内容；结论与讨论，是全书的总结和对培育社区社会资本所需要的制度空间和制度供给问题的研究；再次强调了社区志愿服务发展的3项推动因素：居委会和社区党组织的组织与倡导、邻里网络对志愿服务的推动与供给、社区精英的带动与感召。该书对社区志愿服务实例的分析研究以及对社区志愿服务发展推动因素的归纳，对如何在社区开展志愿服务的工作有理论和实践双重借鉴意义。

《社区志愿服务理论与实务》 研究社区志愿服务理论与实践的著作。侯玉兰、唐忠新编著，2009年6月中国社会出版社出版。分为11章、6个附录。包括：社区志愿服务的含义和重要意义阐述；欧美发达国家、亚洲发达国家和地区志愿服务的概况与经验介绍；中国社区志愿服务的产生发展历程和发展现状分析、发展社区志愿服务的基本思路；对社区志愿服务重点领域的介绍；社区志愿服务项目开发，运作方法概述；对志愿者招募、培训、注册登记等内容的说明；探讨社区志愿服务激励机制；阐述社区志愿者组织建设管理等问题。

《他们在行动：中国志愿者纪实》 记述天南海北志愿者故事的作品。徐庆群编著，2006年8月中国青年出版社出版。一位青年女记者、年轻的作家娓娓讲述自己访问的志愿者们有关青春和心灵的故事。全书主要包括：心灵的选择、村官、在藏区、挣扎了很久、甘孜的风、只呆一年么、其实不想走、生活不总是壮族的情歌、每条鱼都会在乎、白崖的清晨静悄悄、有一种鸟没有脚、你不去谁去、草原并不遥远、他为什么能感动中国、一封按满手印的信、罂粟花中的世界、春去春又来以及谁动了我的玻璃瓶等17章，讲述了多位志愿者的志愿服务奉献经历和作者的感悟。

《外国的志愿者》 中国社会出版社选题丛书之一。为“介绍世界主要国家或国际组织在解决人类普遍性风险问题与困难而建立起来的社会保障制度以及关于慈善组织与志愿者的发展情况与相应制度安排”而编写。冯英、张慧秋、白亮编著，2008年1月中国社会出版社出版。共5章，包括：志愿者与志愿服务概述，主要介绍志愿者、志愿服务和志愿精神；外国志愿者与志愿服务的兴起与演进，主要介绍国外早期和近代志愿者的产生、志愿组织的建立；外国志愿者与志愿服务的主要特点及发展趋势；国际志愿者组织与节日，分别介绍了联合国志愿人员组织、国际民众服务组织、国际劳动营和国际志愿服务协调委员会等国际志愿者组织以及国际志愿者日和国际志愿者年；外国志愿者与志愿服务纵览，按地区分别介绍了亚太、北美、欧洲、南美以及非洲地区的志愿者与志愿服务；志愿者与奥林匹克，介绍了奥林匹克运动以及奥林匹克主义与奥运会志愿者。扉页上有一段话，“两个世纪以来，志愿服务伴随着人类社会的发展和进步，在世界各国的政治、经济、文化等方面建设中发挥着日益显著的作用。无论是各国政府，还是普通的民众，人们更加清醒地认识到志愿服务所带来的不可估量的社会效益，同时也感受到志愿精神作为人类文明不可或缺的组成所绽放的灿烂光芒”，比较准确地概括了本书在分析研究外国志愿者情况后，对世界各国志愿者和志愿服务情况的判断。

《外国非营利组织法译汇（二）》 对部分国家可借鉴的非营利组织法的译著。金锦萍等译，2010年1月社会科学文献出版社出版。选取了亚洲、欧洲、澳洲等10个国家的15部法律，目的在于为尽快出台非营利组织法提供可资参考的比较性材料。书中主要收集翻译了：《新加坡社团法》、《波兰社团法》、《印度尼西亚社会团体法》、《澳大利亚首都直辖区社团法人设立法（1991年）》、《澳大利亚新南威尔士州公益信托法》、《保加利亚非营利法人法》、《保加利亚社会扶养法》、《保加利亚社会扶养法实施细则》、《巴西第9790号法律》、《俄罗斯慈善活动和慈善组织法》、《俄罗斯非营利组织法》、《捷克志愿服务法》、《乌克兰民间社团法》、《亚美尼亚公共组织法》、《亚美尼亚共和国财团法》、《亚美尼亚共和国慈善法》等。

《微笑北京》 展示“微笑北京”主体活动阶段性成果的读物。北京志愿者协会在2006年8月8日北京奥运会倒计时两周年之际，正式启动“微笑北京”主题活动。共青团北京市委员会组织、北京奥运会志愿者工作协调小组办公室、北京志愿者协会参与编写，2008年5月人民出版社出版。全书包括“微笑北京”的时代背景；“微笑北京”的内涵；“微笑北京”的主体分析；志愿者是“微笑北京”的参与核心，现代公民是“微笑北京”的参与主体；“微笑北京”的目标；从传播学的视角探讨“微笑北京”；“微笑北京”主题活动开展现状，包括“微笑北京”主题宣传教育活动、主题实践活动、主题文体活动以及“微笑圈”的理念与推广；“微笑北京”主题活动进一步开展的着眼点；“微笑北京”的长效机制发展需要建立的“两个关系和四大机制”等8方面内容。在进行理论研究的基础上，结合“微笑北京”工作实践，融入大量翔实、生动的实践素材，使全书既具有理论的高度，又深入浅出、形式活泼。

《汶川地震公民行动报告——紧急救援中的NGO》 以汶川地震为例，探索非政府组织在紧急救援中的影响和作用的著作。由清华大学NGO研究所牵头，组织在京若干高校师生，共同开展的一项关于汶川特大地震发生后公民公益行动的系列性、年鉴性实证研究记录。王名编著，2009年5月社会科学文献出版社出版。该项目计划用3年左右时间，围绕震灾发生后中国公民以有组织的志愿、慈善、公益、合作、创新等各种形式，在紧急救援、灾后重建和制度创新3个方面的实践探索，开展深入的实证调研、案例分析、政策及法律法规研究等，系统总结汶川特大地震对公民社会发展所产生的积极影响和作用。该项研究得到世界宣明会的资助。全书包括分析篇、案例篇、日志篇和附录4部分。分析篇包括救灾NGO的行动：基础性公益的展现；抗震救灾中NGO间的联合；NGO与政府的关系：“分劈”还是合作；NGO与政府合作的功能基础——NGO位于政府功能的薄弱地带；政府选择还是社会选择：基金会运作的两种不同机制；“5·12”地震中公益行动的实证分析——以NGO为主线；紧急救灾中的善款能零成本传递吗；抗震救灾善款总数的变化轨迹分析；汶川地震社会捐赠工作对发展现代慈善事业的启示；关于完善应急资金和物资管理体制的建议案；关于完善社会监督员机制的建议案。案例篇包括友成企业家扶贫基金会抗震救灾行动案例研究、“街头”

民间组织的传奇——安徽省L县慈善协会赈灾募捐案例、公民社会的联合行动——四川“5·12”民间救助服务中心、汶川地震临时志愿团队K388案例研究和抗震救灾中的社会企业模式——YBC案例分析。日志篇包括NGO组织中参与四川汶川抗震救灾人员5月12日至6月12日的日志。附录中包括中国扶贫基金会联合新浪紧急募捐倡议、中国足协——联赛委员会关于震灾义捐的公开倡议书等6家NGO组织的倡议书。

《我们一起走过志愿者之路》 陕西省地方志愿服务特别是在妇女问题研究和实践方面的志愿服务活动的记述。由陕西省妇女理论婚姻家庭研究会主持编纂，郑安云编著，2006年8月西北大学出版社出版。该书既有对志愿服务历史回顾的意义，也有对未来志愿服务工作的探索研究意义。大批志愿者写下的经历、体会、感言，不仅记载了志愿者参与各项活动的过程和感受，也记录了志愿活动和志愿服务精神的实践。分为志愿精神、成长、学习收获、随感4篇。在志愿精神篇中收录了包括“志愿者精神的诠释与践行”、“志愿精神的三重境界”、“志愿人生”等9篇文章。在成长篇中收录了“发现女人，重塑自己”、“播撒阳光，播种希望”、“慢慢学着理解与尊重”等15篇文章。在学校收获篇中收录了“参加第五届国际反家庭暴力会议情况报告”、“韩国NGO考察随感”、“香港女性社团的宣传工作及经验”、“理念是社会工作的支撑点”等9篇文章。在随感篇中收录了“用生命影响生命”、“感受自立”、“赠人玫瑰，手有余香”等14篇文章。在每一篇的篇首，都有篇首语，对本篇的内容有所引介和归纳，语言平实抒情。该书是在陕西省妇女理论婚姻家庭研究会成立20周年时完成编辑出版。

《献血与志愿服务》 介绍无偿献血领域志愿服务专业知识的科普读物。面向负责献血宣传和组织工作人员及献血办公室、采供血机构、血库或输血科的广大医务工作者、医学科普宣传教育工作者、社会各阶层自愿无偿献血者、志愿捐血献髓者、捐血献髓志愿者等。李慧文、李航编著，2011年8月科学普及出版社出版。全书16章。主要内容包括血液常识和相关知识；从医学角度介绍献血知识；以问答形式介绍100条献血常识；无偿献血志愿服务和组织建设及管理；捐血献髓志愿服务的管理及志愿者修养；介绍十几位突出的献血典范志愿者；海外及中国港、澳、台地区无偿献血见闻；与献血和输血相关的法律及规章介绍；中国公民应具备和掌握的健康素养——基本知识及技能。该书详细介绍了心脏、血管、骨髓/外周血造血干细胞、血液、细胞、免疫球蛋白、血型及危险的万能血、与献血相关的解剖、组织、遗传、生理、生化、免疫等方面的知识；介绍定期志愿无偿献血与健康长寿，中年人的保健性献血，国际组织对志愿无偿献血的要求；海外无偿献血的情况，捐血献髓志愿服务组织的建设、管理和志愿者的修养等内容及相关资料。

《校园志愿服务教程》 南昌大学抚州医学分院校园志愿服务的教科书，公共必修课教材，校园志愿服务的指南，对学院数年来开展大学校园志愿服务体系的总结。单江林编著，2009年8月科学出版社出版。绪论部分对校园志愿服务的形成背景、主要功能、基本模式、优势进行了概述；其后各章分别介绍了志愿服务的历史和现状；介绍了志愿服务与大学生人文素质培养的相互关系；论述了开展校园志愿服务的意义；探讨了校园志愿服务与大学生领导力培养的关系；分析校园志愿服务的管理体系并就如何系统性开展不同类型校园志愿服务的意义、方法予以阐述；阐述了各种不同类型的校园志愿服务的岗位职责、绩效考核标准；介绍了校园志愿服务岗位所需的知识技能培训等内容。每章开头附上该部分的学习目的，结尾部分附有思考题，部分章节附有参考文献。此外，还附有教学基本要求。

《新生活——广州亚运会、亚残运会志愿服务理念研究》 通过广州亚运会、亚残运会探讨志愿服务理念的实证研究之书。由共青团广州市委组织编写，是对“志愿创造新生活”主题内涵的解读、活动经验的总结和理论支撑的探索。王焕清、岳经纶主编，2011 年 10 月广州出版社出版。共 6 章，包括从“首善之区”与国家中心城市的建设、亚运会的历史契机、志愿服务事业的成长、公共文明的呼唤、社会进步的要求层面来分析、探讨志愿新生活的时代际遇；从社会建设、社会整合、社会互动、社会劳动、道德实践的角度剖析志愿服务的社会建设功能；从志愿者、现代公民两个群体解析志愿新生活的主体；从志愿新生活的主要内容、主要模式、传承举措几个方面介绍志愿新生活的活动体系；就广州亚运会与城市形象品牌传播、亚运会带来的志愿新生活传播际遇、志愿新生活的传播载体与传播策略做志愿新生活的传播学分析；建设幸福广东与创造新生活，阐述了创造新生活与建设幸福广东的内在关联。收入有关专家学者比较系统的理论成果，并结合新闻媒体对“志愿创造新生活”报道的材料，统一起“志愿创造新生活”的理论与实践。在具体编写过程中，编者全面收集了相关理论并结合“志愿创造新生活”的具体活动，融入具体的新闻素材，力求理论与实践的有机结合。

《行动的力量——民间志愿组织实践逻辑研究》 以民间志愿组织为例，研究中国当代志愿者行动之书。以集体行动的学术视角，通过对 8 个民间志愿组织个案的研究，集中分析了这些志愿性集体行动的意义框架和行动策略，揭示了中国基层社会发生的变迁。朱健刚编著，2008 年 3 月商务印书馆。全书共 9 章，包括：开创与解体——一次民间支教的先锋试验；方向引领一生——一个大学生志愿组织的行动过程分析；行动改变社区——志愿组织的社区行动研究；建设社区的公共生活——社区内志愿者团队的活动分析；家和理的建构——一群业主志愿者的依法维权；感恩的心——一个国际性的志愿团队的互动；塑造互助的公共空间——一个外来工 NGO 里的志愿团队研究；行动就是希望——一个志愿者网络的演变历程。结论中作者总结人们之所以愿意投入时间、金钱和精力，是在自我实现的框架下，呈现出实现社会理想、奉献爱心、寻找归属感、寻找生活乐趣、寻找友谊和爱情、提升能力等多种参与动机。透过这些框架，读者可以理解当代中国志愿者的行动理念和情感状态，以及作者对历史中的行动者的“理解兴趣”。附录部分收入了广州志愿者发展调查报告，还有参考书目备查。

《亚运志愿全媒体——志愿服务传播新模式》 广州亚运会、亚残运会志愿服务丛书之一。魏国华编著，2011 年 7 月新华出版社出版。在广州亚运会上，提出了亚运志愿全媒体的概念，并在实际运行中付诸实施。亚运志愿全媒体开创了亚运会宣传新模式，也介绍了这一志愿服务传播新模式。分为6章，主要包括亚运志愿全媒体理论探讨，概述了亚运志愿全媒体提出的背景，以及构建过程、定位；亚运志愿全媒体队伍构建，主要从队伍组建、队伍培训、队伍管理、队伍演练4个层面进行说明；亚运志愿全媒体产品组合，分别从传统媒体和新媒体两个部分加以说明；亚运志愿全媒体采编运作模式，介绍了亚运志愿者通讯社采编工作流程和制度、赛时运行机制、并进行了亚运志愿全媒体主题策划案例分享，还附上了《广州青年报·亚运先锋》部分选题安排进行辅助说明；亚运志愿全媒体的发行，介绍了亚运志愿全媒体完善的发行渠道和发行队伍的建设及工作特点、发行总结会、赛时发行机制、社会力量参与发行的组织管理方式；简要介绍了亚运志愿全媒体后亚运转化。附录中包括亚运志愿者通讯社文档管理制度、亚运志愿者通讯社干部值班制度、亚运志愿者通讯社会议制度、亚运志愿者通讯社行为规范、大事记、亚运会竞赛场馆志愿者宣传助理赛时工作指引、亚运会城市新闻志愿者赛时工作指引等7个文件。另有大量的图片、图表进行辅助说明。

《一个响亮的名字——志愿者》　歌颂志愿精神、记录志愿服务行动的读物，文明上海丛书之一。上海市精神文明建设委员会办公室、上海市志愿者协会编，朱贤明撰写，2007年8月上海人民出版社出版。该书是为纪念上海志愿者协会成立10周年，由上海市精神文明建设委员会办公室、上海市志愿者协会特别选编了资深志愿者、上海市志愿者协会筹建人之一——朱贤明10年来在报刊上发表的文章汇编而成。分为综合篇、奉献篇、爱心篇和歌唱篇4部分，共收集了58篇曾发表过的文章，还有5首作者作词的歌曲。综合篇记载了上海志愿者的活动、上海志愿者组织开展的服务工作以及报告和综述；奉献篇中收集了从不同侧面反映的上海志愿者活动以及对优秀志愿者的20篇专访文章；爱心篇是志愿服务成功案例的特写和优秀志愿者的专访报道，侧重表现志愿情怀和弘扬志愿精神；歌唱篇中是作者以抒情的歌词歌颂赞扬志愿者、志愿精神、志愿事业。文章记载了10年间上海志愿者和志愿者组织的建立和发展过程中的许多情况，以新闻通讯、特写、报道的方式，记录了优秀志愿者事迹和优秀志愿组织的活动，对研究上海志愿服务历史有一定的查考价值。

《义工管理实务》　山东省志愿服务的实践研究之书。为山东省慈善总会志愿者工作经验和志愿者事业发展需要，从义工的角度出发，介绍志愿者和志愿服务工作，辨析了义工、志愿者和社工的共同点与区别。李玉亮编著，2012年5月中国社会出版社出版。分为6章。包括概述，介绍义工的概念、称谓的异同，以及如何做合格义工；义工组织，主要介绍义工组织的形式、功能、经费和组织建设；义工管理，主要介绍义工招募、登记与注册、权利义务与行为规范；讨论义工的自我认知和团队管理；义工服务，讲解义工服务概念、作用、活动和项目的策划与实施、服务技巧、规范与创新以及安全保障等；义工绩效考核与评估，重点介绍考核、评估以及信息化管理系统的运用；义工交流合作，介绍交流平台与方式、合作与交流的渠道以及义工宣传。本书在附录中分别收入《全球义工宣言》、《中国注册志愿者管理办法》、《关于在全国城市推行社区志愿者注册制度的通知》、《中华志愿服务事业五年发展规划》等8份与志愿服务相关的各级文件。作为地方学者和志愿服务管理者，在编写中参考了许多相关资料，对志愿服务组织建设、志愿者登记管理、教育培训、绩效评估、志愿服务等方面的做法、经验进行了系统总结。

《英国非营利组织》 研究英国非营利组织历史与现状的专著。海外 NPO 丛书之一。王名、李勇、黄浩明编著，2009 年 6 月社会科学文献出版社出版。全书共 12 章。主要包括英国概况；英国非营利组织的源流与发展历史，主要介绍英国慈善事业的历史源流和战后英国慈善事业与非营利组织的发展；英国非营利组织的现状和特点，介绍英国非营利组织的涵盖范围和定义、资源和产出；政府支持与非营利组织；英国非营利组织的社会功能以及发展的新动向和挑战；英国行政改革与非营利组织的发展，介绍行政改革的目标、内容、历程；英国现代行政组织架构以及非营利组织发展的行政体制环境；英国的慈善法，介绍英国慈善法简史、英国慈善法的主要内容以及 2006 年《慈善法》的立法历程与特点；英国非营利组织的登记监管体制，介绍法律所承认的慈善组织，法律登记的益处和对慈善组织进行管理的理由；介绍慈善机构登记常见组织形式、如何对慈善机构进行监管、具体登记管理方式以及慈善委员会；英国政府与民间的伙伴关系，介绍 COMPACT 在英国的产生背景、基本原则和内容、运作机制、效果与反思和简要分析；非营利组织与社会公共服务的提供，介绍历史上非营利组织在社会公共服务中的作用、英国的新公共管理运动与完善公共服务，分析公共服务的供给模式和政府的资金支持；英国地方政府支持非营利组织发展的举措，分析英国地方政府与非营利组织关系的历史变迁、影响现阶段英国地方政府与非营利组织关系的政策背景以及英国地方政府对非营利组织的支持；英国非营利组织的运作和志愿者参与实践，介绍英国志愿组织的发展概况、全国志愿组织联合会（NCVO）的历史与现状、主要功能和工作、志愿者参与实践以及志愿组织的可持续发展的战略规划；英国的社会企业及其治理结构，介绍英国社会企业兴起的背景、定义与特点、价值评估；介绍英国政府对社会企业发展的支持以及社会企业的治理结构；英国非政府组织的国际合作，分析英国非政府组织参与国际合作的情况、政府的伙伴关系以及在国际合作中的作用。附录中收入了英国非营利组织税收制度、英国若干机构简介以及有关英汉词汇对应表。

《与世界同行：全球化下的志愿服务》 介绍全球化背景下志愿服务状况的资料手册。以全球化的视角，全面介绍和反映了世界志愿服务的发展现状，提供了世界志愿服务实践中可供借鉴的成功经验和模式，总结和反思当前中国志愿服务发展的方向和途径。江汛清编著，2005 年 9 月浙江人民出版社出版。分为 7 章，内容包括走向全球化的志愿服务概述；志愿精神的历史潮流，探讨不同制度和福利模式下的志愿服务发展的特征；分析如何确定志愿者的法律地位、如何计量志愿者的贡献、志愿服务能否是强制的等全球化条件下各国志愿服务面临的挑战；分析中国志愿活动的组织与管理存在的问题与措施、相关政策和法规背景等；介绍北美、南美、欧洲、非洲、亚太地区的志愿服务发展情况；提出通过社会创新的方式使志愿服务在全球化背景下发挥更大的社会作用；指出中国青年志愿服务必须进行观念更新和体制创新，以及在提高志愿服务的质量和效益方式方面进行创新。全书运用了大量的数据、表格、图表来印证支撑论点。还附录了“全球主要志愿组织及项目一览”，分别介绍了国际、北美地区、欧洲、亚太地区、南美地区的志愿组织。是供国内志愿工作者学习培训的指导用书和从事志愿服务的常用手册。

《灾害应对中的社会管理创新》 思考社会组织如何与政府进行有效的合作，如何融入到由政府主导的、系统的灾害应急管理体系中来的著作。边慧敏、王振耀、王浦劬、冯燕编著，2011 年 8 月人民出版社出版。一些灾区的地方政府本着“以灾区为本，以灾民为本”的精神大胆创新，为社会组织在灾区的服务创造便利条件，开创了许多跨界合作的典型范例。友成企业家扶贫基金会等社会组织与绵竹市政府的合作在“5·12”汶川地震抗震救灾及灾后重建的过程中具有典型的代表性，开创了一种政府与社会组织合作的典型路径。前言之后共 8 章，主要包括介绍 5·12 汶川地震及绵竹市受灾情况，政府、非营利组织组织和参与抗震救灾及灾后重建的总体情况以及非营利组织参与灾后重建面临的挑战；跨界的合作，阐述合作机制的创新；应急平台：“遵道模式”的探索，介绍“遵道模式”的运行机制并对遵道办公室的评价；资源的系统整合：绵竹市灾后援助社会资源协调平台；互动与发展：联席会议机制；绵竹模式成效分析；社会成效，着重分析减灾模式的创新、工作效率、地方政府的形象以及公民社会的发展 4 个方面；反思与发展，分析灾后重建中公益组织发展面临的新形势，探讨构建跨界的灾害管理体系和公益组织发展所需的支持因素以及救灾型人力资源储备，研究基于绵竹模式的跨界模式的未来发展。

《灾难与救助：灾难管理中民间志愿者组织研究》 研究灾难管理中民间志愿者组织问题的著作。综合运用公共管理学、政治学、社会学、伦理学等众多学科的视角进行探讨，湖南省 2009 年度哲学社会科学基金资助项目。罗军飞、李好编著，2010 年 1 月湘潭大学出版社出版。作者特别说明：“为了避免产生误解和混淆，我们在志愿者组织之前冠以‘民间’二字，旨在进一步明确我们的探讨对象是灾难管理中的民间志愿者组织。国外志愿者组织的发展是理论与实践并行，在中国实践则要远远超前于理论。”分为 4 篇 11 章展开，理论篇是关于灾难管理中民间志愿者组织的界定和理论探讨，分别是灾难管理与民间组织的概述、灾难管理中民间志愿者组织的兴起与发展、灾难管理中民间志愿者组织发展的理论基础以及运行机制。实践篇针对灾难管理中民间志愿者组织的实践进行探讨，分别是关于灾难管理中民间志愿者组织的营救活动、物资募集活动以及心理干预活动。困境篇围绕民间志愿者组织的资金障碍、民间志愿者组织与政府及各方面组织之间的协同冲突、灾难管理中民间志愿者组织的法律缺失及制度缺陷 3 大困境，分别论述解决问题的办法和法律构建及制度完善的途径。前瞻篇重点探讨灾难管理中民间志愿者组织的发展趋势。指出灾难管理中的民间志愿者组织最终将朝着多元化、规范化、全民化和全球化的趋势发展。全书运用了大量的图表、数据进行详实的论证，实践篇中穿插了多个灾难管理中民间志愿者组织活动案例辅助说明，并解析问题与对策。有助于指导灾难管理中民间志愿者组织的实践和发展。

《政府向社会组织购买公共服务研究：中国与全球经验分析》 中美学者研究分析中国和世界各国政府向社会组织购买公共服务的经验的专著。王浦劬、莱斯特·M. 萨拉蒙（美国）

著，2010年3月北京大学出版社出版。分上下两篇，上篇为中国政府向社会组织购买公共服务问题研究，分3部分。第1部分总体报告，在导论之后是中国政府向社会组织购买公共服务的基本情况，包括主要内容、购买公共服务的基本动机、购买方式和工作模式；成效与经验、存在的主要问题以及完善中国政府向社会组织购买公共服务的初步建议。第2部分案例研究，主要以问题的提出与研究的背景、案例基本情况、政府向社会组织购买公共服务的具体过程、基本经验以及存在的问题为逻辑结构，介绍和分析了BJ案例：政府向社会组织购买养老服务、NJ案例：政府向社会组织购买居家养老服务、TS案例：政府向社会组织购买农村医疗服务、CS案例：政府向民间组织购买残疾人服务、FS案例：政府向社会组织购买社区服务以及SZ案例：政府向社会组织购买城市管理服务等6个案例。第3部分附录，主要记录相关访谈、合同文本、有关文件和基础问卷。下篇为政府向社会组织购买公共服务的全球经验，分3部分。第1部分总体报告，介绍全球社会组织、政府参与和支持、服务外包对于政府、社会组织和公民的利与弊、外包手段或工具及启示和经验。第2部分国别（地区）研究，主要介绍英国、法国、德国、荷兰、匈牙利、俄罗斯、澳大利亚、中国香港、韩国以及美国政府向社会组织购买公共服务的情况。第3部分结论与建议，主要介绍合同及相关合作协定、申请程序范例、关于英国能力建设和贷款或赠款支持的案例研究以及监管举例。收录了下篇全部内容的英文版。总结了政府向社会组织购买公共服务的总体情况和实际案例，分析了在公共服务供给方面政府机制、市场机制和社会机制有机结合的特点，针对性地提出了政府向社会组织购买公共服务的理念、政策和方案。

《政府与企业以外的现代化——中西公益事业史比较研究》 中西方社会公益事业历史比较研究专著。第三部门研究丛书之一。秦晖著，1999年10月浙江人民出版社出版。全书分为4章。主要内容包括：阐释志愿与强制、私益与公益以及第三部门概念；大共同体本位与传统中西社会之比较，主要是从社会层面和社会生活层面做中西双方的社会史比较；公益事业发展史的西方模式，主要从出自西方的现代公益概念出发，展开对西方公益事业史的分析；公益事业发展的中国模式，主要分析中国历史上公益与慈善概念的缘起和自秦以来公益事业发展的历史。书后的参考文献中列出了中外大量有关公益现象研究的资料信息。该书考察了中国非营利组织面临的各种问题，探索中国第三部门的发展道路，研究相关的重大政策和法律建设问题，并借此推动第三部门乃至中国现代化事业的健康发展，是有关学者研究第三部门理论的初衷。作者以社会学、经济学的视角从志愿与强制、公益与私益的分析入手，推导出以志愿方式满足公共利益的机制，即第三部门的意义，提出了“从传统民间公益组织到现代第三部门的一脉相传”，比较中西公益事业发展历史的不同模式，进而提出中国第三部门与公民社会的走向问题。

《志工管理》 台湾非营利组织研究丛书之一。江明修编著，2003年9月台湾智胜文化事业有限公司出版。主要内容是志工管理之理念，包括服务的呼唤、志工管理的内涵、志工领导者之角色、志工管理的八大策略和志工管理守则等；志工之领导议题，包括志工领导之重要性、志工的参与动机与需求、指导本质与志工领导、志工领导者的角色和团队的建设等；志工之法制议题，包括立法缘起、法案内涵、志愿服务法评估、志愿服务法之挑战与评估和未来发展方向等；志工之资源规划，包括志工资源的新视野、新公共服务的视野——社区造人与环境公民、志工资源的类别、交换与拓展、资源联结与交换策略、个案验证和社区资源规划的策略性契合途径等；志工之策略规划、绩效管理、自我管理、形象管理、资讯应用及人力发展；志工管理之未来，主要分析志工管理的本土化、全球化、专业化趋势。

《志愿北京：2005“志愿服务与人文奥运”国际论坛成果集》 以国际视野展开的“志愿服务与人文奥运”学术研究成果集。北京奥运会志愿者工作协调小组办公室编著，2005 年 10 月人民出版社出版。2005 年 6 月 5 日至 6 月 6 日，北京奥组委、北京奥运会志愿者工作协调小组等单位联合举办了北京奥运会志愿者项目启动仪式暨“志愿服务与人文奥运”国际论坛。收录了论坛领导和嘉宾的演讲、海内外专家学者和志愿者组织代表提交的 45 篇论文以及《北京奥运会志愿者行动计划》。共分上下两篇，上篇为北京奥运志愿服务的思考与建议，包括 25 篇由领导和海内外专家学者提交的论文，从多个层面、多个视角对北京奥运志愿服务进行了阐述和探讨。下篇为志愿服务与和谐社会建设，包括 25 篇由专家学者以及志愿者组织提交的论文，侧重志愿服务与和谐社会内在关联的探讨和分析。成书在第 29 届奥运会召开之前 3 年，所收录的演讲稿及论述文章，均真实反映了中国政府与社会对办好奥运会的心理期待和物质准备。尤其在志愿服务工作方面，《北京奥运会志愿者行动计划》体现了奥运志愿服务管理的规范。

《志愿服务的理论与实务》 社会工作实务丛书之一。蔡汉贤编著，1977 年台北中国文化学院社会工作学系印行。共分 7 章。包括志愿服务的含义、由来、范畴与原则；志愿服务的理论基础；志愿服务的基本方法与督导；各国志愿服务的重点与特色，分别介绍了英、美、日、韩、非洲及香港地区的志愿服务特色；民间组织对志愿服务的贡献，着重介绍了一般社团、专业人员、宗教团体、知识青年对志愿服务的贡献；志愿服务工作实力评价，重点介绍和评价了综合类、康乐类、福利类、教育类、辅导类以及其他类别的志愿服务工作实力情况。结论中主要阐述志愿服务应有的做法与展望。序言中说明该书第一版由台湾《社会建设》等出版，后由台湾省社会福利研究会等分别加印发行，本版为第 5 版，由中国文化学院社会工作学系加印发行。

《志愿服务概论》 介绍志愿服务的发展，厘清志愿服务的概念，探讨志愿服务实施的模式、方法与技巧的专著。曾华源、曾腾光编著，2003 年台北扬智文化事业股份有限公司出版。分为 3 部分：探讨志愿服务过去与现在的主要概念，并说明志愿服务的现状、争议问题与发展趋势，包括志愿服务的本质与意义、民间志愿部门的发展与困境、“祥和”志愿服务计划的评估、对志愿服务法规的评析与建议和论述志愿服务发展趋势；介绍现有的志愿服务实施制度和做法，以及评量志愿服务价值的取向，主要包括对政府的志愿服务工作、老人志愿服务人力开发与运用、青少年志愿服务学习、志工中心功能与建置途径、志工参与志愿服务的动力、评估志愿服务价值的方法；探讨志愿服务的参与动力与志工管理的一些课题与实施技巧，包括志工的运用与管理、人力资源管理策略、志工的教育训练、对志工的督导管理工作、督导志工的原则与技巧等。

志愿服务工作100例 精神文明创建工作案例丛书之一，案例集。中央文明办编著，2011年5月学习出版社出版。是中央文明委《关于深入开展志愿服务活动的意见》下发后，在中宣部、中央文明办的统筹协调和组织推动下，全国城乡开展“讲文明树新风”志愿服务、关爱空巢老人志愿服务、关爱农民工志愿服务、敬老爱老志愿服务等活动的100个典型案例。分别介绍了志愿服务活动项目、志愿服务组织和团队以及志愿服务途径和方法。其中典型志愿服务项目如“迎奥运讲文明树新风”志愿服务活动、“志愿服务QQ群”、“一周一心愿”活动、“10”志愿服务活动；有代表性的志愿服务团队如“快乐每分钟”志愿服务队、便民志愿服务队、社区党员志愿服务队等；有特色的志愿服务方式如关爱空巢老人立体服务模式、志愿服务信息管理系统、“志愿岗”制度、志愿服务长效机制、城乡一体化志愿服务体系等。所选的100个案例均由各省（区、市）和新疆生产建设兵团文明办推荐保送，涉及不同地域、不同类型，涵盖面广、代表性强，具有很强的现实针对性和借鉴意义。

《志愿服务理论与实践》 实践技能课程系列教材丛书之一。田军编著，2007年5月立信会计出版社出版。编者认为，从志愿服务的实践来看，有三个方面需要特别重视：一是组织管理，二是专业知识，三是思想道德。因此，志愿服务是一个需要重视、需要研究、需要建设的课题。主要从志愿服务与志愿者、志愿服务的历史沿革、志愿服务的理论基础、志愿服务的规范与管理、志愿服务项目开发与运作、志愿服务的工作方式、志愿服务的工作技能、志愿服务的工作技巧、志愿服务礼仪等9个方面进行了系统讲解。主要梳理了志愿服务的定义、内涵，讲解志愿服务的主体以及志愿活动的特点；阐述了志愿服务的发端演进和志愿服务在现代社会的发展；从自我实现论、社会互助论、和谐论3个方面概括了志愿服务的理论基础；从志愿服务的规范与管理角度，系统梳理了国内外志愿服务管理的主要法规和政策，并分析了志愿服务规范管理的机制建设；以社会组织志愿服务项目的策动与实施、承接与执行过程，讨论志愿服务项目开发与运作；重点介绍参与大型活动、社区志愿服务以及其他公益性志愿服务的工作方式；从微观的角度细致讲解志愿服务需要掌握的工作技能技巧；重点介绍志愿服务的礼仪效应、形象塑造、交往艺术和礼仪规范。该书对提升大学生志愿服务的理性认识和实践能力有双重参考价值。

《志愿服务理论与实践研究》 “奥运志愿服务与志愿服务事业发展”学术研讨会的论文集。北京青年政治学院2008年参与北京市教委科技创新基地（平台）建设项目“北京青少年发展研究”中“青年志愿者奥运服务研究”子项目成果之一，与北京团市委合作举办。穆青编著，2010年5月北京理工大学出版社出版。分为5个部分，分别以志愿服务理论与组织体系建设、志愿服务的发展与社区服务方向、2008志愿服务实证调研与理论思考、后奥运时代志愿服务成果转化与发展、志愿服务价值与育人功能开发为主题汇集了若干篇论文。志愿服务理论与组织体系建设中，包括了志愿组织与公民社会、志愿者权益保护、志愿组织发展等方面的7篇论文；志愿服务的发展与社区服务方向部分包括社区志愿服务发展历程、作用、政策与法律支持、类型、内容等方面的5篇论文；2008志愿服务实证调研与理论思考是围绕奥运会志愿服务进行多维度研究的7篇论文；后奥运时代志愿服务成果转化与发展部分包括对奥运志愿服务的思考、北京残奥会志愿服务的启迪、后奥运时代志愿服务的发展规划等方面思考的6篇论文；志愿服务价值与育人功能开发主题包括了5篇分析志愿服务对青年大学生的积极影响的论文。作为课题研究，全面表现了课题组成员从不同视角和不同的志愿服务实践，分析研究青年志愿者奥运服务工作，讨论后奥运时代志愿服务成果转化与志愿服务发展，对奥运会后中国尤其是北京青年志愿服务事业的发展前景进行了综合性研究，为相当一段时间了解认识青年志愿者奥运服务提供了充分的信息。

《志愿服务理念与实务》 探讨台湾志愿服务理论与实践的专著。阐述志愿服务的基本理念及推展志愿服务应有的具体做法，并论述如何结合及运用社会资源协助推动志愿服务。陈武雄编著，2004年1月台湾扬智文化事业股份有限公司出版。共分6部分24章，首先从志愿服务法规之认识切入，进而论及志愿服务的内涵、哲理及伦理；针对志工的召募、任用、管理及教育训练提出实施的措施；叙述志愿服务的原则、方法乃至方案设计，与社会资源的结合及运用等；就志愿服务的主力——志工及其应有的角色、任务、禁忌、干部的领导艺术、督导的专业体认，如何自我了解及自我肯定，做一个快乐的志工等提出恳切的呼吁；强调志工团队的正常运作及稳定成长，务须凝塑民主素养，并肯定志工团队协助灾害应变之贡献；以祥和计划之推广谈志愿服务的回顾与前瞻，从而分析论述志愿服务的发展趋势。作者在自序中写道：“政府力量有限，民间资源无穷，此乃意味着政府任何一项公共事务的推动，如果没有民间力量的协助支持，绝对不可能克竟事功；而民间资源的汇集唯赖志愿服务的有效推进。”“助人靠爱心，服务讲方法。教育训练是沟通观念，分享经验，激发问题，修正态度，发展技巧及引导服务方向，提升服务品质的。”这是主旨和著述目的。附录从《志愿服务法》《志工伦理守则》到《志愿服务歌》共35项。

《志愿服务体系研究》 构建和谐社会首善之区的生力军：北京志愿服务研究系列丛书之一。北京奥运会志愿者工作成果转化系列丛书之一，北京市志愿者联合会组织首都相关院校和科研机构的专家学者以志愿者的身份针对志愿服务工作开展调研后撰写而成。张晓红、郭新保、李娜等编著，2010年12月北京出版社出版。共分5章，主要内容包括志愿服务体系概论，梳理志愿服务体系的概念、特征及功能，并归纳构建志愿服务体系的理论基础，提出以动态发展的视角理解志愿服务体系的建构；构建志愿服务体系的国外经验，梳理了美国、英国、日本、韩国、新加坡5个国家志愿服务的发展历史、志愿服务体系概述以及发展趋势；构建志愿服务体系的国内实践，分别对北京、天津、杭州、广东、上海、济南、四川、香港的志愿服务体系特点进行了总结；北京奥运会：大型赛事志愿服务体系建设，分析奥运会志愿服务体系的发展，从不同层面归纳北京奥运会志愿服务体系的特点以及启示；志愿服务体系建设展望，结合当前志愿服务的发展状况，分别对人才队伍体系建设、志愿服务项目体系建设、志愿服务组织体系建设、完善志愿服务支持保障机制等方面做了预期和展望。作为体系研究的课题成果，在研究过程中所查阅的资料、分析和调查的思路、研究和探讨的结果，基本形成了一个合理的分析框架，给读者在探讨志愿服务体系建设的一般规律时提供了有益的帮助。

《奥运 世博 亚运 志愿服务创造“中国精彩”》 围绕奥运会、世博会和亚运会志愿服务工作研究的论文集。广州亚运会、亚残运会志愿服务丛书之一。北京市志愿者联合会、广州市志愿者协会主编，2011 年 12 月广州新华出版发行集团广州出版社出版。内容分奥运世博亚运志愿服务研究、志愿服务常态化研究以及媒体报道实录 3 部分，前两部分由相关专家学者以及相关工作负责部门展开理论研究和实践总结，作者大多是志愿者，掌握第一手资料。本书得到联合国计划开发署、联合国志愿人员组织、共青团北京市委、北京志愿者联合会、共青团广州市委、广州亚组委志愿者部的支持。

《志愿服务与和谐济南建设》 山东省济南市志愿服务工作、事业发展及志愿服务理论研究读物。共青团济南市委、济南市志愿者协会主编，2010 年 7 月济南出版社出版。在济南市志愿服务概述之下分为 3 篇，主要归纳济南市志愿服务领域不断拓展、网络日趋完善、活动不断创新、品牌更加成熟、队伍不断壮大、工作日趋规范的特点；理论研究部分主要由“科学构建政府与志愿者组织的良性互动关系”、“探索有中国特色的志愿服务可持续发展新路径”、“浅论志愿者服务的社会功能与作用”、“建立志愿服务组织筹资机制的思考与建议”、“人力资源开发视角下的志愿者队伍建设”、“以志愿者组织为依托，实现志愿服务活动的常规化”、“志愿服务亟待社会工作的专业介入”、“把志愿服务作为一种重要的社会软实力加以培育和扶持”等 8 篇论文构成。专题调研主要由“志愿服务地方立法调研报告”、“关于志愿服务组织参与‘创城’工作的调研报告”、“关于‘基层志愿服务组织自主服务、自我管理、自我发展’问题的调研报告”、“关于学习先进地市大型活动志愿者组织工作的调研报告”和“后全运时代济南市志愿服务事业长效发展专题调研报告”等 5 篇构成；由全运会期间济南市志愿者工作纪实、对“泉城义工在行动”开展 4 年的经验总结和展望、志愿者权益保护的思考、以案例分析社区志愿服务组织模式研究、全运会志愿者的组织管理体制、共青团组织在志愿服务发展中的作用以及志愿文化的培养和构建等论文组成对工作的思考研究。作为地方学者和管理者研究志愿服务工作的论文集，既联系实际，又着眼志愿服务事业发展，理论与实践结合，针对问题开展志愿服务研究。

《志愿服务与和谐社会——上海青年志愿者行动研究》 探讨上海青年志愿者行动现状与发展的读物。以志愿服务与和谐社会为主题，论述社会经济转型与和谐社会建设、志愿服务与和谐社会的内在同一性及志愿服务在和谐社会建设中的作用，较系统地阐释志愿服务与和谐社会之间的基本关系。上海青年志愿者协会编著，2009 年 3 月中国福利会出版社出版。基础篇分别为青年志愿者行动的内涵和特征、志愿者精神的起源和发展、青年志愿者行动的理论基础及青年志愿者行动的机制，成体系地介绍志愿行动及其起源与基础、志愿者行动机制等基本问题。行动篇主要讲述上海青年志愿者行动历史与现状，以个案的形式呈现令人难忘的事迹与人物，探讨上海青年志愿者行动的挑战和机遇。借鉴篇分别为国外志愿服务活动的现状和发展趋势、发达国家和地区的志愿服务活动、中外志愿者活动比较和借鉴及部分省市青年志愿者行动及其启示，参考借鉴各省市典型志愿者工作的经验，勾勒出全球化背景中志愿者行动的发展规律与趋势，描绘了上海青年志愿者行动的未来发展路径。附录记载了自2003—2008年上海青年志愿者行动的大事记；介绍了中国青年志愿者协会和上海青年志愿者协会；还收录了5项青年志愿者行动的相关文件。

《志愿服务与社区发展：上海城市社区志愿者活动研究报告》　“志愿服务与社区发展”大型课题调研报告和各项专题研究成果汇集。上海科学学会联合会和上海市社区发展研究会主持。徐振中主编，1998年5月上海三联书店出版。由一份总报告和10份分报告组成。在关于上海城市社区志愿者活动研究的总报告中，明确提出“志愿服务是社会全面发展的结构因素和价值追求”。报告共分5部分，主要讨论发展志愿服务活动的体制背景和社会意义，探讨中国社会转型时期志愿服务活动的意义和价值重构；分析近年来上海志愿服务活动的基本态势，阐述上海志愿服务活动的历史渊源、基本现状和主要特征；介绍公共参与精神与人的全面发展理论、志愿服务理论；依据相应理论分析上海志愿服务活动和总体趋势，并比较研究了国际社会志愿者活动；讨论进一步深化上海志愿服务活动面临的问题与对策。10个分报告分别是上海社区志愿者、上海杨浦区党员志愿者、上海青年志愿者、复旦大学学生法律援助中心、南市区等6个社区志愿者活动抽样调查报告以及通过文献查考对境外志愿者活动和志愿组织的简介报告。分报告体例不一，结构各有特色，从不同角度介绍不同领域的志愿服务活动现状，分析研究存在的问题和发展空间，提出相关对策和建议。该书是比较早地提出在社区大力开展志愿服务活动，培育社区志愿者的专门研究报告。

《志愿服务与义工建设》　探讨志愿服务与义工建设的研讨会论文集。上海市慈善基金会、上海慈善事业发展研究中心编，2007年4月上海社会科学院出版社出版。2006年11月，由上海市慈善基金会、上海社会科学院、文汇报和上海市志愿者协会联合举办“志愿精神与义工建设——2006年上海慈善理论研讨会”，与会人员有内地和港台地区百余名慈善理论研究专家、志愿者和义工组织建设工作者。会议围绕志愿服务理念、志愿动员方式、义工队伍建设与管理、社区志愿服务体系等问题展开讨论。会后，经作者修改后，上海慈善事业发展研究中心筛选编辑了提交会议的论文。分为志愿服务理念、志愿动员方式和义工队伍建设三部分。其中志愿服务理念部分7篇文章：孙慧民从上海志愿活动的现状和面临的挑战论述了“志愿服务与社会和谐”；谭建光等从中国珠江三角洲志愿事业发展的一个案例论证了“志愿服务与义务工作：从分化到多元”；其他5篇分别探讨了慈善事业的社区志愿服务制度性设置、推进社区志愿服务、非营利组织志愿者角色认同等问题。志愿动员方式部分4篇文章，分别是高校教师学者和上海公益事业组织管理者探讨志愿者的管理与义工的管理问题。义工队伍建设部分分析了上海、大连、上海普陀区、上海黄浦区等义工组织以及香港东井圆佛会慈善公益活动。范丽珠教授的“社会资本与市民社会：从民间信仰社群观察非政府组织的发展与建构”主要研究社会民间资本与民间公益活动。作为地方慈善事业组织举办的理论与实践相结合的研讨会，有关慈善事业、志愿服务、社区义工的概念和发展现状三者之间的关系和公益事业发展的讨论，以及研讨会后编辑出版的成果，对以志愿服务事业发展为主的中国公益事业发展有积极的借鉴作用。

《志愿服务与志工管理：做快乐的志工及管理者》 研究志愿服务、志工管理两大主题的专著，林胜义编著，2006 年 9 月台湾五南图书出版股份有限公司出版。内容分为入门篇，包括做一个快乐的志工、志愿服务经验分享、自我了解与自我肯定和志工生涯规划；基础篇，包括志愿服务的内涵、伦理、法规认识和发展趋势；进阶篇，包括志愿服务的方法及技巧、志工对社会福利的认识、志愿服务与社会资源之运作以及志愿服务的主要理论；思辨篇，包括志工与社工、志工与义工、志愿服务与服务学习、志工与志工业务承办人；管理篇，包括志愿服务运用计划、志工的招募及遴选、教育训练、志工团队的经营、志工的督导和激励、个别志工的工作评量和志工单位的绩效评鉴；推展篇，包括志愿服务的推广策略、公共部门运用志工之探讨、社会福利机构如何运用志工人力、志愿服务与社会教育相辅为用、如何塑造志愿服务文化及志愿服务与临终关怀；国际篇，包括美、英、法、德、西班牙、日本的志愿服务介绍。该书序言中说“是为关心志愿服务的朋友而写的”。

《志愿活动研究：类型、评价与管理》 研究志愿活动的计量、服务类型与管理机制的著作。丁元竹、江汛清编著，2001 年 10 月天津人民出版社出版。前言部分从宏观社会运行的角度，概述了在新世纪社会发展领域面临的巨大挑战，包括对志愿服务发展的根本看法。分为论述志愿活动、志愿活动的类型和志愿服务计量；关于志愿服务领域，包括志愿服务的形成背景、中国志愿活动的基本估算和中国志愿服务主要领域；志愿活动管理，主要探索中国志愿服务管理模式和志愿活动微观管理。作者认为志愿活动不仅培育了公民的参与精神，而且为社会创造了巨大的经济价值；还就志愿活动的管理提出了对策性建议。叙述中穿插了大量丰富翔实的资料，包括调查数据、概念、案例、图表等，使观点更具有说服力。该研究得到加拿大国际开发署公民社会项目中国青少年发展基金会资助。

《志愿精神与和谐社会》 中国志愿服务高层论坛论文汇集。该论坛由中国社会工作协会社区志愿者工作委员会、北京社会工作协会和北京石景山区人民政府于 2005 年 9 月 15—18 日举办。北京石景山区人民政府、北京社会工作协会、中国社会工作协会社区志愿者工作委员会编，2005 年 12 月红旗出版社出版。收入 53 篇文章，大体分为 5 类。第一类包括全国政协主席、中国社会工作协会会长、民政部基层政权和社区建设司司长、北京市人民政府副秘书长以及北京市石景山区人民政府区长在会议上的讲话，主办方共同提出的题为“构建和谐社会 共铸奥运辉煌”的致全国社区志愿者的倡议书和唐忠新“中国社区志愿服务高层论坛点评”。第二类有学者郑杭生“志愿精神与和谐社会——一种社会学视野”、陆学艺“大力开展社区志愿服务促进构建和谐社会建设”、王思斌“略论社区志愿服务的制度建设”等学术研究论文。第三类有马仲良、于晓静“社区志愿服务新模式的探索——对‘小红帽’社区党员责任岗活动的研究”、张默“城市社区老年志愿服务状况研究——以北京的Z社区为例”、袁振龙“北京公共服务与社区服务研究——以街道办事处、社区为研究对象”、刘玉瑛“社区志愿服务中的新亮点——个人慈善事业”等志愿服务工作典型案例研究论文。第四类是杨团、杜丽、王描、李向东等在本次论坛上所作的主题发言。第五类是地方街道、街道办事处、地方志愿者组织和义工联合会等组织对自己所开展的工作的研究评述。书后以附件的形式收录了4份有关中国社区志愿服务工作的文件，包括意见、章程、办法和守则。还附录了中国社会工作协会社区志愿者工作委员会组织机构中负责人名单。

《志愿人生——2004—2007年度北京十大志愿者》 四届“北京十大志愿者”部分典型榜样介绍。构建和谐社会首善之区的生力军：北京志愿服务研究系列丛书之一，北京志愿者协会编著，2009年7月人民文学出版社出版。分7个篇章分别记述了北京团市委、北京志愿者协会自2004年至2007年联合北京市委宣传部、首都精神文明办、奥组委人事处、北京移动电视、北京青年报以及首都之窗发起并开展的四届“北京十大志愿者”评选中当选的37名优秀志愿者的事迹。第一篇点滴·志愿是种生活方式，主要介绍付漪泉等7名优秀志愿者，表现志愿已成为一种生活方式、生活时尚。第二篇愿动力·爱的方程式，主要介绍王丽娟等6名优秀志愿者，体现出志愿的效果是二次方、三次方，甚至是N次方。“爱的方程式酝酿着无穷的力量。”第三篇传承·一份责任一份承诺，主要介绍赵渭忠等5名优秀志愿者，表明志愿源于每一份承诺和责任，充满爱和奉献。第四篇家园·绿色的梦想，主要介绍威廉·林赛等5名优秀志愿者，倡导大家把绿色家园的美景当作追求的目标。第五篇延伸·将志愿融入职业，主要介绍刘正琛等5名优秀志愿者，并指出，当人们在自己的职业中融进了志愿事业或把志愿事业作为自己毕生的职业，需要别人帮助，同时帮助别人，这都是很快乐的。第六篇超越·志愿促进和谐，主要介绍王伟力等5名优秀志愿者，表明志愿行动需要创造和超越，志愿服务让许多不可能的事情成为可能。第七篇坚韧·志愿者是戗面馒头，主要介绍梁学亚等4名优秀志愿者，表现出点点滴滴的志愿力量汇聚并传递到每个角落。有多幅表现各位优秀志愿者的图片。每篇介绍文章之后还有相关报道、本人感言、媒体介绍文章等附录材料，使对各位优秀志愿者的介绍更为丰富详实。

《志愿社区：中国社区志愿服务研究》 对改革开放以来社区志愿服务实践工作阶段性理论探讨与研究之书。北京市哲学社科“十一五”规划项目2007—2008年度课题“和谐社会中的社区志愿服务研究”最终成果。梁绿琦、余逸群编著，2009年5月中国青年出版社出版。共分为6章，包括社区志愿服务，对社区的概念、构成要素及其类型进行了阐释，并在此基础上对社区志愿服务的特征和原则进行了梳理，最后详细解析了社区志愿服务的社会背景、文化背景及其发展历程；社区志愿服务的学理视角、功能和作用，从哲学、社会学、管理学、政治学等多学科视角对社区志愿服务进行了学理分析，在此基础上，提出了社区志愿服务的五大功能和三方面重要作用；中国社区志愿服务的现状，对社区志愿服务的发展状况、对象与类型、内容与形式、组织和管理四个层面进行了详细的介绍和阐释；中国社区志愿服务的发展，分析影响社区志愿服务发展的主要相关因素和条件，从宏观、中观、微观层面提出了社区志愿服务的发展前景；社区志愿服务的支持系统，从社区服务体系框架下的社区志愿服务、社区志愿服务介入社区服务的模式以及社区志愿服务的社会支持系统与培训系统四个层面进行了分析；社区志愿服务的比较与借鉴，分析了非营利部门在各国发展的基本概况和美国、加拿大、英国、澳大利亚以及香港、台湾地区社区志愿服务发展概况；归纳出对社区志愿服务构建和发展的启示。

《中国青少年公益认知和行为蓝皮书》 对分地区青少年的公益认知和行为的调查报告。陆士桢主编，2009 年 10 月团结出版社出版。作为全国关心下一代工作委员会的课题，将对青少年公益行为和公益认知的研究锁定在当代和宏观的视角上，力图把握当代中国青少年公益行为和认知方面全面而真实的面貌。研究以 14—28 周岁的青少年为对象进行抽样，对选中的六千多样本进行了问卷调查，在调查的基础上，对当代青少年的公益认知和公益行为进行了客观的描述和深入分析，揭示了当代中国青少年公益行为和认知的表现和特征，以及影响他们行为和认知的各种因素。著作详细阐述了研究结果和新的发现。数据表明，青少年对自身的公益行为有清晰认识，他们的行为与认识间存在关联性；在公益行为上，青少年参与社会公益表现较积极，但参与频度不高，而且以参与政府主导组织的活动为主，他们普遍对获取公益行动信息的途径不甚满意。研究还发现，青少年个性倾向与其参与公益活动的频率呈现密切相关关系，家庭环境对青少年公益行为和认知的影响是最基本的，同辈群体与青少年公益行为和公益认知存在较大相互作用。研究数据表明，青少年群体认为汶川地震救灾过程中公民个体的表现比社会组织，特别是正式组织突出。几个分报告分别研究了中学生公益教育、青少年参与社会公益活动的自我满足程度及其相关因素、青少年志愿者激励问题、大学生志愿服务的制约因素，以及汶川地震后青少年手机捐款：意义及使用者分析等问题，提出了一些有价值的观点和建议。

《志愿失灵及其矫正中的政府责任：以北京志愿服务为例》 对中国政府在矫正志愿失灵中的责任进行研究探讨的著作。孙婷编著，2011 年 8 月知识产权出版社出版。以北京志愿服务模式和现状作为问题的切入视角。导论部分提出了志愿服务研究的背景和研究意义；归纳总结了近年来国内外学者的研究现状和成果，对本书采用的研究方法和研究内容作了简单介绍。其后包括核心概念及相关理论：首先对志愿服务涉及的诸如志愿者、志愿服务、志愿精神等核心概念作清晰界定；其次对志愿服务相关理论作了基本介绍；北京志愿服务发展历程与现状：系统梳理了北京志愿服务的产生发展、奥运高潮和后奥运时代的发展历程，重点分析了北京志愿服务事业的现状，并从制度政策、运作方式等角度解析北京志愿服务的模式；北京志愿失灵的主要表现：结合北京志愿服务实践中暴露出来的问题，分析了志愿服务资金和人力资源不足、运作不规范、“官方色彩”浓重等志愿失灵的若干突出表现，并结合一定的实证数据和调研访谈资料展开论述；志愿失灵原因——政府责任视角：在志愿失灵现象分析的基础上重点从政府视角探讨产生“中国式”志愿失灵现象的原因，主要在于政府制度供给不足和现有管理模式落后；其他国家和地区经验：分析研究其他国家和地区志愿服务中政府矫正志愿失灵的相关经验，结合中国国情分析研究可供借鉴的经验；完善志愿失灵矫正中的政府责任：通过分析重构政府和志愿组织合作制衡关系和政府在矫正志愿失灵中的职能转变，提出了政府履行矫正志愿失灵责任的政策路径。采用了文献研究法、个案研究法、调查研究法、对比研究法的研究方法为观点的提出提供了基础。专门分析研究在中国志愿服务事业中政府的职能、责任，尤其重点剖析志愿失灵的现状、原因、解决途径，对志愿服务今后在理论与实践两方面的发展均有意义。

《志愿行动：中国社会的探索与践行》　探究中国社会志愿行动及其未来演进的著作。从历史与现实、本土与外域、结构与文化、价值与功能等多重维度透视志愿精神与志愿行动。沈杰主编，2009 年 5 月人民出版社出版。在中国现代化起飞阶段的时空背景下，将志愿行动与志愿精神作为当代社会形态之一，联系其久远的文化渊源和所历经的特定发展阶段进行分析。共 9 章，从不同角度分别介绍、分析和论述了志愿精神与志愿行动、中国现代化起飞阶段志愿精神与志愿行动的兴起、志愿行动与公民社会的建构、志愿行动与社会管理和公共服务、志愿行动与社区发展、志愿者组织的规范化运行、志愿者的招募及培训与管理、中国志愿行动的支持系统与发展取向、志愿行动的经验和比较及其借鉴 9 个方面。书中还分别列举了英、美、加拿大、韩国、新加坡 5 个国家以及香港、台湾地区志愿服务概况，并作了不同志愿行动的比较研究，提出了可供借鉴的经验。最初构想在 2007 年底，经历了 2008 年，编者认识和思考志愿精神与志愿行动在中国社会发展进程中的地位和作用，提出“研究志愿精神及其行动时，一般应该首先了解人类悠久的慈善思想”。在编著的前言中，主编阐述了本书的思想理论基础与思考的脉络。在分析研究志愿精神及其行动的发生机制和发展模式后，引入现代社会管理理论，提出“首先要在全社会塑造一种志愿文化”，“其次，要通过制度化机制促进志愿行动的日常化”。还具体提出了“政府应该尽快制定和完善有关志愿组织、志愿者的法律法规”；“志愿组织的管理制度、运行机制等必须尽快地规范化、专业化”；“政府、市场和社会都应该对志愿行动形成强有力的支持系统，尤其是对志愿者的激励机制”。

《志愿行动与文明社会建设》　广州志愿行动的范例研究之书。广东省哲学社会科学重点课题的成果。王焕清、魏国华主编，2012 年 9 月人民出版社出版。针对志愿服务在社会建设中蓬勃兴起这一社会现象，系统梳理了志愿行动的历史渊源，阐述了志愿服务在现代文明社会构建中的实践意义和价值。共 13 章，主要包括从历史的角度，探讨志愿行动对社会、对人类的价值实现意义；从社会文明的角度，探讨志愿行动的理性、道德、文化意义；现代社会中志愿行动的功能与效应，从社会学、公共管理学理论分析现代志愿行动；志愿行动在组织化、制度化、常态化、专业化方面发展趋势和发展过程中可能遇到的问题；从起源与发展、性质与特点、有序化参与以及影响与优势 4 方面归纳中国特色的志愿行动模式特点；从状况、特色、组织体系构建和文化的自觉培育 4 方面总结研究广州志愿行动的成功范例；志愿行动引领公民道德建设和推动和谐社会建设；志愿行动融入现代社区建设与提升公共服务水平；志愿行动与做好群众工作、创新共青团工作、改善党的领导。逐一分析归纳中国志愿行动在社会建设、社区建设、公共管理、社会动员以及党团工作创新方面的作用和效力发挥空间。特点是选取“志愿行动”为研究对象，在参考大量文献资料基础上，对中国志愿行动作一次梳理归纳，重点提出广州志愿行动的成功范例。在对中国志愿行动发展趋势和作用发挥方面论述详细。书后附有主要参考书目，中外兼具。

《志愿者》 中国国内第一部志愿服务研究学术译著，原著集中了作者和其他研究学者近些年有关志愿服务研究的成果。［美］马克·A. 缪其克（Marc A Musick）、约翰·威尔逊（John Wilson）著、魏娜等译，2013 年 1 月中国人民大学出版社出版。美国学者马克·A. 缪其克以及约翰·威尔逊根据一系列调查信息，对当今世界的志愿者作了详细的描绘，并且以最先进的视角收集了美国以及世界各地的数据进行分析，对志愿服务的因果进行综合检验。分为 6 部分 22 章。志愿服务概论，主要研究志愿服务的重要性和志愿服务的含义；志愿服务的主观倾向，介绍对志愿者性格、动机、价值观、规范和态度的调查分析；志愿服务的个人资源，分析探讨社会经济资源、时间和健康、性别以及种族；志愿服务的社会背景，讨论个人资源对志愿服务的影响，分析志愿服务在人的生命历程不同阶段的表现，从不同角度分析志愿服务现状，研究志愿服务的趋势；志愿者服务的组织，分析志愿服务工作的任务和志愿者的角色；志愿服务的影响，论述公民资格和亲社会行为，职业影响、收入和身体状况。在全书的总结和归纳中特别提出全书未能解决的问题，指出该领域学者有待解决的一些理论和实践问题。尽管原著被认为“是对当今世界的志愿者作了详细的描绘”，但实际上，无论从所引数据和事例看，还是涉及宗教、社会学问题，都明显地表现了美国观念，侧重对北美地区志愿服务情况的调查，少数涉及北欧地区，并提及澳洲和欧洲一些国家。

《志愿者读本：走近志愿服务》 志愿者通用培训的教材。北京志愿者协会编著，2006 年 8 月中国国际广播出版社出版。北京志愿者协会 2006 年组织编写的志愿者读本丛书之一，以用作志愿者培训的通用教材。全面介绍志愿服务事业的读本。详细叙述志愿服务在国外的发展脉络；探讨中国古代的传统慈善文化；揭示中国近现代对传统慈善文化的继承和发扬；分析了从学雷锋活动到志愿服务的转变；阐述志愿服务在中国的兴起与发展；分析中国志愿服务发展面临的机遇和挑战。

《志愿者读本：志愿组织建设与管理》 志愿者通用培训的教材。北京志愿者协会编著，2006 年 8 月中国国际广播出版社出版。北京志愿者协会 2006 年组织编写的志愿者读本丛书之一，以用作志愿者培训的通用教材。详细介绍志愿服务工作程序的读本。系统思考：志愿组织的定位，介绍志愿组织的概念、特点以及功能，并且重点介绍如何确定组织的使命、塑造发展的愿景、制定战略规划；招贤纳士：志愿团队的建立。介绍志愿者招募、甄选及培训等环节，提出若干切实可行的实施方案，并对若干实例作剖析和评价；万事俱备：志愿组织的保障。主要介绍志愿组织开展活动所需要的各项保障，包括资金、志愿组织与政府、企业、基金会等组织的关系等；内部控制：志愿组织的管理。从志愿组织的内部结构、领导与沟通、绩效管理三个层面介绍管理理念以及具体的操作技巧；项目运作：概述志愿组织项目化运作，并探讨志愿项目的评估，规避、应对风险的策略；以诚待人：着重探讨认同、保持、激励志愿者的方法和志愿团队的凝聚。

《志愿者读本：志愿者，你准备好了吗》　志愿者通用培训的教材。北京志愿者协会编著，2006 年 8 月中国国际广播出版社出版。北京志愿者协会 2006 年组织编写的志愿者读本丛书之一，以用作志愿者培训的通用教材。以广大志愿者为读者群，分别从成为志愿者的动机、自我定位、正确对待受助者、责任、沟通、提高专业技能、自我保护、团队归属等层面与志愿者对话。每章均从志愿者感言、志愿者故事、我们在思考、走出误区四个方面展开，既有生动的案例，又包括深入的思考，向读者传授志愿服务的基本知识和技能，引导读者由浅入深，逐步认识怎样成为优秀、专业的志愿者。

《志愿者通用读本》　第九届全国少数民族传统体育运动会志愿者培训教材。第九届全国少数民族传统体育运动会筹委会志愿者工作部组织编写，2011 年 7 月贵州科技出版社出版。主要内容：大爱无疆——志愿者与志愿服务，主要介绍志愿精神、志愿者、志愿服务和志愿者组织；国外志愿服务特点和发展趋势；中国志愿服务的文化思想渊源；分析志愿服务的特点、志愿服务组织形式、志愿服务的主要内容和形式，以及港澳台志愿服务状况。我们在行动——青年志愿者行动，主要介绍中国青年志愿者行动和贵州青年志愿者行动。技能提高——志愿者服务通用技能，重点介绍和讲解志愿服务的礼仪、志愿者沟通技巧、扶老助残技巧、少数民族礼仪禁忌以及应急事件处理技能。服务赛会——第九届全国少数民族传统体育运动会，主要介绍大型赛会志愿者组织经验借鉴、志愿者服务要求、规范与保护，以及第九届全国少数民族传统体育运动会概况。多彩的贵州——贵州印象，主要从历史、地理、人文、经济以及特色物产角度介绍贵州的概况，以及协办城市贵阳的基本情况。该书图文并茂，对了解贵州、了解志愿者服务、了解大型赛会、了解民族传统体育运动会有较大帮助。

《志愿者服务心理指南》　志愿者在服务过程中如何处理问题的指导读物。《奥运会志愿者工作读本》的第一本书。时勘编著，2008 年 6 月清华大学出版社出版。共分为 5 个部分，每个部分均由若干个相关的案例组成，共计 81 个案例。案例的选择紧扣志愿者在服务过程中可能遇到的问题。包括：赛场行为，由 19 个与赛场行为相关的案例组成；交通安全，包括 13 个与交通相关的案例；跨文化交流，由 14 个相关的案例构成；环境适应，有 13 个相关的案例；危机应对，包括 18 个相关的案例。每个案例的编写采用了人力资源管理中 STAR 培训模式。首先，以历届奥运会的真实事件和现实生活为背景，提出具体的情境；其次，对志愿者服务应承担的任务进行心理学分析；然后，通过连接奥运确定行动计划；最后从结果导向的角度，提出一些行动建议。书中的每一个案例后都附有参考文献以满足不同类型志愿者的需要，并提供《心理小贴士》供需要深入了解相应的心理学原理与方法的读者阅读。还插入了图片、数据、图表以及心理小贴士用于辅助说明，并在每个案例之后附有参考文献。

《志愿者团队在行动——在汶川地震灾区的公益服务案例》　爱达迅助学行动（Aide et Action）所资助的教育援助行动案例集。以 10 个案例再现 2010 年参与“暑假公益行”的 10 支志愿者团队的整个活动过程。张雪梅主编，2011年12月四川人民出版社出版。全书分两部分：第一部分介绍了安全暑期伴我行、爱心延续情暖青川、“尔玛的家园”茂县羌族乡土文化体验营、点亮灾区孩子心中的一盏灯、“我在灾后心理健康第一线”、情系灾区梦翼无疆、陇南灾后重建社区融合促进活动、“我快乐、我运动”、“陇南石峡镇绿叶之夏”、乐活娃娃团等10支志愿者团队的活动。对每支志愿者团队的活动介绍采取相同或相近的格式，分别采用活动团队、地点、活动申请及背景、活动实施、附件以及回顾与启示的文章结构来表达。第二部分公益行动中的志愿者培训，主要以参与式工作方法介绍和练习为主，编选了一部分志愿者培训教材。材料的基本理念和思路来源于志愿者能力建设培训工作，也是基于爱达迅助学行动志愿者培训的经验和实践。第一部分中涉及的10支志愿者团队在开展灾区服务前都运用这部分培训材料参加了相关培训。在这部分材料中，既有偏向于理论的“NGO与志愿者精神”和“参与式方法”等内容，也有着重于实际操作性的“甘特图”、“利益—相关者分析”等工具，还有“社会研究方法简介”。两部分内容前者案例详实，后者培训资料清楚，对于开展公益活动项目和组织培训有实用价值。

《志愿者形象及其社会影响》 分析志愿者形象及其社会影响的读物。共青团北京市委按照北京奥运会志愿者工作成果转化的研究方向，组织专家、学者、志愿者与中国传媒大学共同组成课题组，从志愿者形象及其社会影响这一理论视角切入，以奥运志愿者为例进行深入探讨和阐述，目的在于开展奥运志愿服务理论研究，推动志愿服务常态化发展进程。共青团北京市委员会、北京青年研究会编著，2009年8月人民出版社出版。通过调查研究、理论分析等方式，搜集、整理志愿者研究的第一手资料，尤其是奥运志愿者工作中所取得的一系列成就和经验。共分为4篇10章对志愿者形象及其社会影响进行了理论梳理。历史篇为志愿者与志愿服务、奥运志愿者形象与影响的历史考察概述。形象篇研究了志愿者形象的定义和内涵、志愿者形象的识别体系、志愿者形象的评价体系、奥运志愿者的形象价值。传播篇研究了奥运志愿者的社会形象传播特点、奥运志愿者的社会形象传播方式。影响篇研讨了奥运志愿者品牌形象及影响力、奥运志愿者与社会等相关问题。运用深度访谈及调查统计的方法在书中呈现了大量第一手的资料和图片。

《志愿组织管理》 介绍国内外志愿组织管理，探索志愿组织管理创新模式之书。广州亚运会、亚残运会志愿服务的后期成果。谭建光、李森主编，2011年12月广州出版社出版。共分为9章，主要包括志愿服务与志愿组织，通过对世界志愿服务发展状况的梳理，分析中国志愿组织的发展趋势；志愿组织的建设，概括了志愿组织的定位、招募与选拔、培训教育、日常管理；志愿服务的项目管理，在梳理志愿服务项目管理理论基础上，介绍了志愿服务项目设计与管理实施、评估、风险管理；大型活动志愿服务管理，以几次中国主办的国际盛会为例，分析了大型活动志愿服务的组织实施，并提出了其中存在的问题及发展方向；志愿组织的激励机制，阐述了志愿者激励的创新方式，并以广州启智服务总队为例剖析了志愿者激励案例；志愿组织的文化传播，概括了志愿文化传播的媒介、传播方式，并以亚运志愿服务和广州启智服务总队为例，探讨志愿文化传播的方式与途径；社工与志愿者的合作，阐述社会工作的发展、社会工作与志愿者合作的基础、内容、发展趋势等；志愿组织的法规政策，介绍了国内外志愿服务管理的相关法规和政策，以及志愿服务立法的现状；志愿组织的国际比较，梳理了国外志愿组织的发展历程，对国外志愿组织特色进行了比较，并列举了几个有名的志愿组织。该书理论与实践相结合，既有国内外志愿组织相应方面的发展现状、相关管理经验的分析，又选录了各地区具有代表性的实例并总结了近年来几场大型赛会的经验；既有实际案例的运用，又针对性地提出了一些完善志愿组织管理工作的建议和对策。是对志愿服务发展的一项系统性研究。

《中国非营利评论》　以社会管理创新专辑的形式，研究中国非营利组织理论与实践的系列书籍。每年出版两卷，王名主编。清华大学公共管理学院 NGO 研究所主办，社会科学文献出版社出版。自 2007 年 12 月创刊，到 2012 年 6 月出版第 9 卷。旨在探讨中国非营利组织所面临的现实和理论问题，是研究社会公益事业和社会非营利组织的专业学术出版物。每卷基本分为论文、案例、书评和随笔 4 个栏目。目前已出版的 9 卷，主题分别为：第一卷非政府组织的产生及存在价值。第二卷基金会、公民社会测评指标体系相关问题。第三卷汶川大地震、社会组织在行动问题探讨。第四卷行业协会提供的公共品之于企业、之于行业的价值。第五卷本土非营利组织的成长过程及组成方式。第六卷社会企业、社会企业家的社会目标与公益精神。第七卷非公募基金会的公益供给功能分类、供给方式与最优决策。第八卷在华国际 NGO 成长历史、发展近况及困境。第九卷主题访谈：社会管理创新的地方经验及社会非营利组织发展问题。因主办单位的学术视野和该书学术顾问委员会成员的学术地位，决定了其在中国非营利组织和事业研究方面，在公益理论学术领域中保持较高水准。纵观创刊第一篇论文，林尚立“两种社会建构：中国共产党与非政府组织”到第九卷开卷的主题访谈：社会管理创新的地方经验，足见从理论到实践，从学术论证到调研访谈，从引介西方现代公共管理理论到分析研究中国社会管理创新，专辑的学术研究日益有的放矢。

《中国公民志愿行为研究：现状、特点及政策启示》　“2010 年中国志愿服务发展研究”项目课题组研究成果之一。中国国际民间组织合作促进会、中国社工协会志愿者工作委员会、北京师范大学志愿服务与组织研究中心、友成企业家扶贫基金会志愿者支持中心、清华大学 NGO 研究中心联合开展研究。张网成著，2011 年 6 月知识产权出版社出版。项目在大规模调查抽样的基础上进行，调查的范围是大陆地区的常住居民，具体的调查对象是 5400 个样本家庭中 18 周岁以上的成年人，但不排斥常住大陆的港澳台居民及外籍人士。调查采取多阶段抽样的办法选取样本，在 2010 年 10 月下旬至 12 月上旬采用入户调查形式进行。主要内容包括研究背景、研究现状、调查目的与内容、调查对象与样本分布、调查方式与时间安排、调查的组织工作、概念界定、章节安排；样本的基本情况，包括性别、年龄、婚姻状况、信仰、个人收入、家庭收入、学历、职业身份、居住位置、工作及学习时间压力、社会信任度等 12 个方面的样本特征；公民志愿服务的基本情况，介绍了调查对象参与志愿服务的一般情况；有组织的志愿服务，介绍了调查对象参与正式志愿服务的基本情况、志愿服务组织的管理现状及评价，并在描述2010年第三季度志愿服务的参与率、频率及服务时间的同时进行了影响因素分析等；个人无偿服务，在介绍调查对象提供非正式志愿服务基本情况的基础上，具体描述了调查对象在2010年第三季度提供无偿服务的频率、单次时间和季度服务总时间，并对影响人们提供非正式志愿服务的个人因素进行了系统分析，最后在对2010年全国18岁以上公民的个人无偿服务行为的发生率、时间贡献和经济价值进行估算和对公民个人无偿服务特点进行总结的基础上就如何推动公民个人无偿服务提出了几点建议；个人慈善捐赠，首先对调查对象提供慈善捐赠的基本情况进行了描述和分析，接着对调查对象在2010年第三季度提供慈善捐赠的比例、次数及捐赠量进行了介绍和分析，最后在对2010年全国18岁以上公民的个人慈善捐赠行为发生率、时间贡献和经济价值进行估算和对公民慈善捐赠的特点简单归纳的基础上，就如何鼓励和推动慈善捐赠事业的发展提出几点建议；公民志愿行为的影响因素分析，分别从性别、年龄、信仰、个人收入、家庭收入、学历、职业身份、居住位置、工作及学习时间压力、社会信任度等多个方面分析了影响中国公民亲社会行为的因素；公民志愿行为的模式分析，从有组织的志愿服务、个人无偿服务及个人慈善捐赠三者之间的关联性角度总结和分析了中国公民志愿行为的模式特征，并在此基础上从模式转型的角度就如何进一步推动中国公民的三种志愿行为提出看法。结合调查研究的数据资料，运用了柱形图、折线图、数据、表格进行辅助说明。收集了中国志愿服务的基础数据，分析和了解了中国志愿服务的现状、结构、特点及政策启示，也为国际比较研究以及以后的调研提供了可比较的基线数据。

《中国关爱：当代中国的社会建设与志愿服务》 社会建设中的志愿服务课题项目成果之一。获得教育部社会工作专业能力建设专项资助、广东教育厅高职社会工作实训基地专项资助、广东省佛山市南海区桂城“关爱基金”资助。谭建光、罗坚华主编，2012年5月中国社会出版社出版。分为上下篇共11章。上篇包括 中国关爱：社会建设中的志愿服务，是依据“志愿者促进社会维稳与发展专题调研组”采取问卷调查、座谈访问、个案研究、参与观察、文献等方式，收集大量的原始资料撰写而成的，介绍了志愿者促进维稳和发展的“三进四促五帮助”、“三保三创”等成功经验，并对进一步繁荣志愿服务提出了对策建议；社工与志愿者合作建设关爱社会，分析了社工与志愿者合作的服务模式、组织形式及合作的服务领域，并剖析了“第三方力量”促进合作与发展的案例；社会管理创新与志愿服务的发展，探讨了志愿者促进社会管理创新的有效作用及途径；关爱社会建设与志愿组织的转型，分析中外志愿组织发展的不同路径，着重分析“国际志愿者年”10年来的中国志愿服务转型与发展，揭示志愿组织转化与志愿活动变化的特点；中国社会的关爱文化价值观建设，根据南海区社会管理创新与和谐幸福建设的进程，提出“面向社区、面向中国、面向世界”建设关爱文化价值观的思路。下篇结合“关爱桂城”建设的实践，依次介绍、探讨了关爱桂城社会建设项目、关爱桂城建设与社会文明发展、关爱桂城建设与社会管理创新、关爱桂城建设与志愿服务创新、关爱桂城建设与群众工作创新、关爱桂城建设绩效评估，分析不同层面的经验、做法，并提出了进一步改进的对策建议。书后附8篇具体的活动项目的案例分析。该书是课题组成员在两年多的跟踪调查和研究分析的基础上完成的，体现了实践与理论结合、应用与研究结合的特点。

《中国禁毒志愿者手册》　围绕禁毒开展志愿服务的基本知识和技能百题问答手册。国家禁毒委员会办公室、中宣部宣传教育局、共青团中央青年志愿者工作部编著，2006 年 6 月中国言实出版社出版。为进一步推动全国禁毒志愿者工作、有效动员和组织人民群众参与禁毒人民战争，国家禁毒委员会办公室、中宣部宣传教育局、共青团中央青年志愿者工作部联合云南警官学院禁毒系教师，围绕如何开展禁毒志愿服务等基本知识和技能设计了 100 个问题，并作出深入浅出的阐释。书中还收录了禁毒志愿服务的政策规定、相关网站网址等实用信息。全书分 4 部分：毒品与中国毒品问题，主要涉及了“什么是毒品”、“新型毒品有哪几类”、“有哪些禁毒组织和机构”等 21 个问题；如何加入禁毒志愿者队伍，主要讲解和阐述了“志愿者与义工是什么关系”、“成为禁毒志愿者需要哪些条件”、“禁毒志愿者组织的任务是什么”、“禁毒志愿者有哪些权利和义务”等 12 个问题；禁毒志愿者如何开展工作，主要介绍“禁毒志愿者主要服务领域和服务对象有哪些”、“禁毒志愿服务中可能会遇到哪些麻烦或风险”、“哪些内容不能进行宣传”等 38 个问题；禁毒志愿者组织的发展，主要介绍“志愿者的组织结构如何”、“不同规模的禁毒志愿者组织如何选择合适的管理方式和工作目标”、“禁毒志愿者管理人员应具有怎样的工作态度”等 29 个问题。该书在附录中收录了包括《中国青年志愿者协会章程》、《中国青年志愿者注册管理办法（试行）》、《中国禁毒志愿者宣言》等 9 项实用文书。

《中国民间志愿服务实践与国际和地区经验》　总结中国民间志愿服务实践与国际和地区经验的读物。在北京惠泽人志愿服务中心的支持下，由中国农业大学人文与发展学院和惠泽人中心共同完成。董强、翟雁编著，2011 年月知识产权出版社出版。分为两个大部分，依次介绍中国民间志愿服务实践、志愿服务国际和地区经验。第一部分内容都是由北京惠泽人志愿服务中心承担的研究课题报告转化而来，是相互独立、完整的报告。这些研究课题得到了英国海外志愿服务社、南都公益基金会等的资助。主要分析中国西部志愿者组织发展状况，介绍了课题研究概况、研究对象的基本情况，开展志愿者活动的基本情况，以及西部 VINGO 面临的挑战、能力建设作用分析、外部支持、生存发展方向 8 个方面的内容，并附有中国西部志愿者组织发展状况调查问卷；汇集志愿的力量：5・12 赈灾社会资本管理的研究，介绍了课题研究背景、基本概念定义、相关文献回顾、研究过程和研究对象、研究发现、结论与建议，并附有 5・12 赈灾社会资本管理调研名单；促进政府购买：NGO 提供公共产品的途径与策略，介绍了课题研究背景、惠泽人与西城区和东城区政府合作背景、服务机制建立过程分析、面临问题与挑战等。第二部分分别介绍了英国志愿服务产业发展对中国的启示、菲律宾志愿者网络考察、香港志愿服务考察，并分别在每章之后附有相关内容的附件。

《中国民间组织大事记（1978—2008）》　十一个类型的民间组织的发展历程、现状与问题的总结。梳理了各类组织发展中的重大事件和大事记。吴玉章编著，2010 年 4 月社会科学文献出版社出版。共 11 章，包括行业协会的发展与改革；基金会的发展历程；教育类民办非企业单位的发展；环保领域民间组织的发展，介绍前行先锋的环保民间组织；艾滋病防治领域民间组织的发展；劳工领域民间组织的发展；妇女民间组织独特的发展历程；高校学生社团的发展状况；境外民间组织的发展及其在中国的发展历程；城市中国社区组织发展年总结；农民专业合作经济组织的发展。附录中收入了国内民间组织研究机构和民间组织领域重要学术会议名录。

《中国农村志愿服务发展报告》 中国农村志愿服务发展综合分析报告集。中国社会工作协会志愿者委员会、广东省社会学会志愿服务委员会“中国农村志愿服务调查”课题组的调查研究成果，被中国社会工作协会志愿者工作委员会列入社会志愿服务体系建设丛书。谭建光编著，2010 年 1 月人民出版社出版。主要对中国农村志愿服务现状、成效、问题与对策进行宏观分析，从理论与应用层面提出观点和建议。特点是对农村志愿服务在农村社会发展进步中的重要作用进行了阐述；通过对广东省农村志愿服务、云南省镇雄县志愿组织、四川省绵竹市新和村、山东省潍坊市张家墩村、河南省新乡市、江西安源青年志愿者协会、广东省佛山市龙津村、湖南湘西社塘坡乡、广东东莞北永村等地区和组织的调查，分别分析了沿海与内地农村省、县、村镇典型的志愿服务组织和志愿服务活动现状，真实反映农村志愿服务概况；分别对国际志愿服务经验、港澳志愿服务经验进行分析，为读者提供借鉴。该书还分析了社会主义核心价值体系建设、中国传统文化传播对于农村志愿服务的促进作用。作为专家学者调查研究的成果，对中国农村志愿服务发展提出了很多有价值的建议，对于如何推进中国农村志愿服务发展有较大的意义。

《中国社区志愿者行动手册》 在全国城市社区服务工作中推广社区志愿者组织和社区志愿服务项目的手册。主要以问答的方式介绍、说明、阐释和论证了有关社区志愿服务领域方方面面的情况。安国启、郭虹编著，2004 年 1 月中国社会出版社出版。旨在对读者特别是社区工作者和对志愿服务工作感兴趣的社区居民在从事社区志愿服务工作、开展志愿服务活动时有所帮助。共设计了 54 个问题，分 5 篇：中国的社区发展与社区志愿者；中国社区志愿者行动的任务与要求；中国社区志愿者行动的社会意义及其发展；中外志愿者行动比较；中国社区志愿组织与其他民间组织的互动等。1989 年 10 月，民政部在杭州召开了全国社区服务经验交流会，天津市和平区新兴街道办事处在会上介绍了社区服务志愿者协会的经验。民政部在会上也提出在全国城市社区服务工作中积极推广“社区服务志愿者协会”、“志愿者小组”等群众性自我服务组织。2000 年中央办公厅和国务院办公厅下发了在全国推进社区建设的文件，在以“共驻共建，爱我社区”为主题的社区建设中，社区服务是首要内容。实际编纂完成于 2003 年。针对当时探索开展的中国社区志愿者行动，书中比较详细地解答了社区、公民参与、中国的社区组织工作、保障制度建设等问题；解释了社区志愿者行动的宗旨、社区志愿者行动的目的、基本任务和要求；探讨了中国社区志愿者服务体系运行与管理内容；阐述了现代志愿精神与传统慈善观念的关系，论证了中国社区志愿者行动的意义；介绍了中外志愿者组织的成功经验，提出了开展中国社区志愿者行动的路径。作为较早出版的中国社区志愿者行动手册，对开展社区志愿服务有指导、参考价值。

《中国志愿服务：从社区到社会》　中国社会工作协会志愿者工作委员会社会志愿服务体系建设丛书之一。袁媛、谭建光编著，2011 年 2 月人民出版社出版。分为“中国志愿服务发展的理论探讨”和“中国志愿服务的实践与探索”上下两篇。其中，上篇分别就中国的社区建设、社区志愿服务发展、青年志愿服务、企业志愿服务、民间组织志愿服务、志愿服务国际合作以及中国志愿服务立法工作展开了探讨。大部分论文是在实地调查结果、文献资料研究以及典型案例分析的基础上，对宏观志愿服务的不同层面发展进行的理论分析。下篇主要是总结、分析不同地区志愿服务的实践经验。首先是袁媛的以“与时代同进步、与志愿者共成长”为题的中国社会工作协会志愿者工作委员会五年发展纪实，总结了中国社会工作协会志愿者工作委员会从 2005—2010 年志愿服务工作；其次是由天津市志愿服务联合会、山东省民政厅、宁夏回族自治区民政厅、新疆维吾尔自治区克拉玛依市克拉玛依区义工·志愿者联合会、北京市海淀区民政局、湖北省武汉市社区志愿者协会、浙江省杭州市上城区民政局等撰文介绍各自辖区社区志愿服务状况的报告。大部分的报告遵循介绍辖区志愿服务基本情况、总结经验、发现存在的主要问题、提出改进意见的模式，学者钟媛梵发表了“香港义工工作的发展：趋势和机遇”一文，胡剑的文章总结归纳了“志愿者中英文交流项目”；陈涛、李云波的文章详细介绍了中国红十字基金会“5.12”灾后重建公开招标项目“中国青年政治学院绵竹社会工作服务站”——青红社工服务站项目。书后附录中收集了中国红十字志愿服务管理办法、中国社区志愿者注册管理办法（试行）、中国志愿服务基金会章程、山东省社区志愿者服务管理办法、北京市朝阳区精神文明建设委员会关于进一步加强和改进志愿者工作的意见五项政策措施。

《中国志愿服务法制化践行与探索》　中国志愿服务法制化状况研究专著。对既有的志愿服务立法研究成果加以概括、分析，对中国志愿服务法制化进程的阶段性的理论探讨与研究著作。聂阳阳著，2010 年月中国政法大学出版社出版。主要包括：志愿服务法制化的必要性、发展现状以及主要任务概述；中国志愿服务法制化的时代背景介绍；中国志愿服务立法概况；先行省市的立法概况，并进行了比较分析；探讨志愿服务法律关系、分析法律规范的价值与功能；以法律关系为主线，分析志愿服务法律关系的主体、客体和内容，探讨志愿服务各方主体权利义务、志愿服务风险防范、志愿服务组织管理体制、志愿服务活动的规范运作等多项志愿服务立法的重要问题；介绍国外发达国家和地区志愿服务法制化的概况，分析可供志愿服务法制化建设借鉴之处。本书还收录了全国及地方志愿服务主要法律、法规、政策目录和全国志愿服务部分法律、法规、政策的全文。

《中国志愿服务法制化研究》　北京志愿服务发展研究会组织编写的志愿服务研究学术文库丛书之一。毛立红著，2013 年 4 月中国人民大学出版社出版。在考察境外志愿服务法制化经验、总结中国地方在志愿服务立法创新的基础上，就国家志愿服务法的立法体例、立法宗旨、基本概念、协调机制、志愿者的权利与义务、促进措施、法律责任等基本问题进行了讨论，并提出了立法建议。共分 7 章，包括中国志愿服务法制化的背景；境外志愿服务法制化的经验与启示；中国志愿服务法制化历程；地方志愿服务立法现状与问题；以北京为例解析地方志愿服务立法以及国家志愿服务立法的思考与建议。占三分之一篇幅的附录，记录了部分访谈内容、地方志愿服务法规中关于志愿者权利的规定、地方志愿服务法规中关于志愿服务协议的规定、境外典型的志愿服务立法、全国志愿服务主要法规与政策，以及地方典型志愿服务立法。本项研究丰富了中国大陆志愿服务法制研究的内容。

《中国志愿服务立法的新探索》 阐述志愿服务活动中法制保障工作基本问题的著述。以志愿服务精神与志愿者权益保障的关系为主线，采用理论研究和实证研究相结合、根据实证研究特点，采取以对策研究为主的方式。莫于川编著，2009 年 6 月法律出版社出版。内容主要包括志愿服务精神与志愿者权益保障，介绍了志愿服务和志愿服务立法的背景、目的、意义等，为读者提供本书的全貌和要点；志愿服务立法的理论基础，探讨了志愿服务等基本概念，志愿服务的演进发展、基本原则和法律保障，分析、介绍了志愿服务立法的动因、条件、目的、功能、历史，为认识和解决志愿服务立法的实务问题提供理论支持；志愿服务立法的制度框架，重点研究了志愿服务立法的基本原则、基本类型和基本内容，包括志愿服务的体制、机制、主体、行为、程序、监督、救济等方面的制度框架；域外的志愿服务立法，介绍了美、加、德、法、西、日等发达国家及其他国家、地区的做法、经验和特点；中国的志愿服务立法，概括、分析了中国志愿服务活动和志愿服务立法的概况，重点考察、分析了北京等省、自治区、直辖市的志愿服务立法现状，分析阐述志愿服务立法的若干疑难问题，对志愿服务管理体制和运行机制、志愿服务风险防范机制、志愿者权利保障机制以及志愿服务立法的成本效益进行了分析。附录部分还提供了北京市志愿服务现状调研报告、北京奥运志愿服务走访调查研究、北京市志愿服务立法调研报告等，以及若干国家志愿服务立法文本等。这是富有特色和重要参考价值的实证研究部分。

《中国志愿服务文献信息检索》 检索中国志愿服务文献信息的工具书，社会志愿服务体系建设丛书之一。李学龙、陈葵、黄文洁编著，2011 年 9 月中国社会出版社出版。分 8 个部分介绍了 1978—2010 年间国内志愿服务文献中的精选信息。每部分内容分为专著部分和文献部分。排序按文章发表时间由近至远。分为：志愿服务综合研究，专著自 1993—2009 年之间，文献自 1995 年 3 月至 2011 年 1 月；青年志愿服务，专著自 2000—2009 年，文献部分又进一步分为青年志愿服务综合研究、青年社区志愿服务，青年大型赛会志愿服务、青年环保志愿服务、青年扶贫志愿服务、青年应急救助志愿服务和青年援外汉语教学志愿服务 7 个方面；社区志愿服务，专著从 1995—2011 年，文献从 1994—2010 年，重大活动志愿服务，专著自 2005—2009 年，文献自 1995—2010 年；环境保护志愿服务，专著仅收 2005 年《亲历可可西里——志愿者讲述》一部，文献自 1995—2010 年；扶贫志愿服务，专著收录自 2005—2006 年两部，文献自 1984—2010 年；应急救助志愿服务，专著自 2006—2009 年，文献自 1998—2011 年；港、澳、台志愿服务，专著自 1980—2009 年，文献自 1997—2011 年。

《中国志愿服务研究》 “中国志愿服务：回顾与展望”学术论坛的成果。该论坛于 2007 年 9

月12日由北京大学公共服务与社会管理研究中心、中国社会科学杂志社理论前沿研究中心、《中国社会科学文摘》编辑部和广东社会学会志愿服务研究专业委员会在北京大学英杰会议中心联合举办。丁元竹、江汛清、谭建光编著，2007年11月北京大学出版社出版。主要从宏观层面上，以志愿服务与社会核心价值体系的构建为主题，对志愿精神与社会和谐、志愿精神的发展趋向作出分析，并探讨中国志愿服务的发展趋势及走向；在微观层面上对志愿服务进行了深度分析，以广东志愿服务、广州青年志愿服务、非营利组织中农民工志愿者行动等为例，分析了地方志愿服务的发展及其走向，并分享了青春热线、宣明会等志愿组织的志愿者激励与管理经验；从个案研究入手进一步阐述对中国志愿服务的认识和探索。内容从宏观到微观层面的分析，尤其是宏观部分对志愿服务与核心价值体系、志愿精神与社会和谐的分析，对于丰富志愿服务的内涵、提升志愿服务的社会价值提出了独到的观点，发人深思。

《走近残疾人感受残奥会》　关于残奥（运）会赛事及残奥志愿者培训方面的心得体会作品集。赵济华编著，2008年8月华夏出版社出版。作者根据亲身经历撰写，对于残疾人体育赛事的筹办、志愿者的组织管理、观众的培育、重点场馆及周边社区的培训提出很多有益的建议。有助于增进社会公众对残奥运动及残疾人体育事业的了解。对于有志于从事残疾人体育运动服务工作的志愿者，有助于调整心态、改进工作、健康成长。作者曾是北京奥运会培训工作协调小组办公室特聘专家。

《做志愿者》　较早介绍和探讨志愿者和志愿服务事业的书籍之一。韩淼编著，2001年7月金城出版社出版。内容共16个方面。分别是：国际志愿者年，介绍志愿者与志愿服务、联合国确定2001年为国际志愿者年、国际志愿者日、联合国秘书长安南在2001年国际志愿者年启动仪式上的讲话以及国际志愿者年的四大目标；国际志愿者年中国志愿者的注册活动，介绍中国青年志愿者服务日和推行注册志愿者制度的实施方案；志愿者组织的产生与发展，主要介绍国际民众服务组织、国际劳动营、国际志愿协调委员会等，介绍志愿服务的发展；中国青年志愿者的组织机构，介绍了中国青年志愿者组织的成立、中国青年志愿者宣言、中国青年志愿者协会章程和组织机构及顾问名单，以及当地政府的关心关注与支持；中国青年志愿者及其行动特点；志愿者重点项目；大型活动中的志愿服务；第四届中国十大杰出青年志愿者；介绍院校中的大学生志愿者；介绍石油系统职工在志愿服务方面作出的贡献；介绍最早开展志愿服务的铁路职工中的志愿者、在世界许多国家开展志愿服务的医疗卫生行业的志愿者以及独特的志愿者个人和集体；走进大山，介绍农村山区志愿者；你说，我说，实话实说，是从志愿者服务对象的反应和志愿者的想法体会两方面介绍志愿服务效果；香港的志愿者行动，主要介绍香港的义工发展及其作用；国外的志愿者活动，介绍了亚洲、欧美几个国家的志愿者活动；争做志愿者，是内容的精炼小结。该书出版较早，能够真实反映十多年前中国社会志愿服务事业发展状况。

第九部分　其　他

一、志愿精神思想及制度渊源

乡镇精神　北美殖民地建立之初在新英格兰地区形成的维系乡镇制度、传统和习惯的精神文化。最早出自亚力克西·德·托克维尔的名著《论美国的民主》，乡镇居民对本地公共事务的参与、决定以及对乡镇的依恋、热爱都属于这一范畴。该精神在殖民地建立的初期发挥了重要的作用，随着殖民地的进一步巩固，甚至对美国未来国家原则产生重要影响。乡镇居民们的勤奋工作，乡镇中的家庭组织形式，乡镇社区以及乡镇的宁静安全，都是美国人所珍惜的。在其影响下，人民更加关注国家公共事务，更加愿意为公共事务贡献自己的一份力量，所以乡镇精神也直接影响了志愿服务活动的开展。19世纪初，大量的志愿服务团体不断涌现：1813年，妇女慈善团体组织了第一批志愿者护理贫困的病人；废奴运动中，数以千计的志愿者为此事奔波劳碌；1854年，志愿者开始为改变城市而奋斗。所以说乡镇精神为志愿者精神的发展奠定了思想基础。

爱人如己　基督教基本教义之一。《圣经》中的译文，意为爱别人如同爱自己一样，在爱别人之前，先需要学会爱自己；或者是像对待自己一样地去对待他人，像爱自己一样地去爱他人。人类是理性化的，只有通情达理，我们的世界才会充满爱。“爱人”是基督教所提倡的，基督教要求的“爱人”是慷慨无私的，不仅要求要公平合理地保证他人的利益，还要求具有服务他人的精神，乃至牺牲自我利益的精神。尽管基督教“爱人”所宣扬的舍己精神，是为了适应其阶级和统治的需要，但是它的这种不计回报的慈善理念，实际上起了一定的积极作用。基督教提倡的爱无差，要爱朋友，甚至要爱自己的敌人的广博爱等思想不仅为志愿者精神在西方的发展提供了浓厚的精神底蕴，也影响了志愿者精神在中国的传播。

原罪说　基督教教义的出发点与核心，基督教的思想理论基础。认为任何人天生即是有罪的，他们的罪先天地来自其祖先——亚当与夏娃，他们偷食了智慧之果，懂得了男女羞耻之事。自16世纪以后，基督教用撒旦的7个恶魔的形象来代表七种罪恶：傲慢、嫉妒、暴怒、懒惰、贪婪、暴食以及淫欲。基督教原罪的观点在西方近代宗教改革的新教领袖——路德、加尔文那里更是获得了极端的发挥。他们明指，任何人生来即是恶人，只有笃信上帝，才可能获得灵魂的拯救。正因为人们生而有罪，才有了基督教的向善以赎罪一说。从哲学的角度而言，宗教都是由人的内心需要出发的精神集合，都有着一定的相似性。西方的原罪思想与中国及印度佛教中的轮回罪恶思想大同小异，都满足了人对因果报应的虔诚笃信，满足了人类对无法解释的现象与突如其来的灾难的一种精神归宿。之所以说原罪说是志愿者精神的渊源之一，是因为正是有了这种精神，才使得有信仰的人们不计较个人利益和得失，努力奉献自己，虽然初衷只是为了“原罪”，但是实际的效果却是越来越多的人开始奉献自我、服务他人。

救赎说 与“原罪观”密切关联的基督教教义。在基督教的《新约》圣经之中，亚当滥用自由意志而犯下偷食禁果的罪过。上帝并未创造罪恶，罪恶只不过是“善的缺乏”，不过是人对上帝的背叛。上帝赐予人以自由意志，是为了让人积极向善。因为有罪，所以人在世需要原罪。这种“原罪”，不能通过人的自身意志而得以解脱，只能靠“第二亚当”基督耶稣来救赎。基督徒从受洗归主的那一刹那起，“因信称义”，身上的原罪与本罪尽得赦免，摆脱了必死的惩罚，灵魂得获永生。由于“救赎”，人们重新被赋予了新生的希望。这种人类“原罪”的决定论特点，彰显了基督“救赎”的恩典意义。西方国家早期的志愿服务活动主要是由教会来推动的，参与的主体也是基督徒。他们主要从事救助贫民、保护儿童、照顾孤寡、帮助老弱病残等工作，这些慈善救助活动既体现了基督教“爱”的精神，也在一定程度上推动了社会的进步。

慈悲为怀 劝诫人以慈善和恻隐怜悯之心为根本的佛教语。慈爱众生并给予快乐（与乐），称为慈；同感其苦，怜悯众生，并拔除其苦（拔苦），称为悲。二者合称为慈悲。佛陀之悲乃是以众生苦为己苦之同心同感状态，故称同体大悲。又其悲心广大无尽，故称无盖大悲。善行和怜悯之心正是志愿者之所以愿意无偿地、自愿地从事志愿服务的根本原因。参加志愿服务，正是慈悲为怀、乐善好施，是奉献自己、帮助和提高别人的过程。

仁爱 中国传统哲学思想，儒家的核心思想和首要价值，中华民族的民族精神和基本价值观。儒家学派的核心范畴，内容极其丰富，可以视为中国传统“扶危济困”文化生成的价值之源。表现在如“夫仁者，己欲立而立人，己欲达而达人”、“老吾老以及人之老，幼吾幼以及人之幼”、“先天下之忧而忧，后天下之乐而乐”等思想中。在此基础上，产生了两肋插刀的江湖精神，扶危济困的社会精神，互帮互助的民众精神，“一方有难八方支援”的社会主义救灾服务精神。这些精神与志愿者“奉献、友爱、互助、进步”的志愿精神从本质上具有一致性。将儒家仁爱思想融入到全社会的志愿者活动中，既能亲民爱物，又可以奉献社会，使个体的灵魂得到净化和升华，在全社会形成仁民爱物、奉献服务的良好社会风气，推进社会文明和和谐建设。

仁远乎哉？我欲仁，斯仁至矣 中国传统哲学思想，儒家核心思想“仁”的体现。出自《论语·述而》，意为仁难道离我们很远吗？我想达到仁，仁就到了。它强调了人进行道德修养的主观能动性，仁是人天生的本性，因此为仁就全靠自身的努力，不能靠外界的力量。仁义并不是高不可及的，要为仁行善，在观念上发仁慈心，心存善真，去爱别人，有一点爱心的存在，就是仁爱的道理，就可达于仁道。太刻意反而是虚伪做作，向外施求也是南辕北辙。志愿精神是以“奉献”为精髓的。助人为乐，表现的是一种大度的与人为善；任劳任怨，表现的是一种坚持不懈的责任意识；不图回报，表现的是一种无私心索取的纯善真美。志愿者们正是在默默的积极无私奉献中，修善自己的仁德。

己欲立而立人，己欲达而达人 中国传统哲学思想，儒家思想中实行“仁”的重要原则。它出自于《论语·雍也》，意为仁爱之人，自己决定对人建立仁爱之心，别人会对你仁爱；自己决定对人豁达（宽容），别人才会对你豁达（宽容）。两千多年来，“忠恕”一直是儒家道德修养的重要内容，并且至今对于人际关系的正确处理仍有实际的指导意义。我们帮助别人就是帮助自己；帮助别人取得成功，就是帮助自己取得成功。这与志愿精神的内容相一致，志愿精神是友爱互助的精神，友爱表现的是一种关心爱护他人的善；互助则表现为一种“推己及人”的“仁”，亦表现为一种面对困难无私帮助的“义”。志愿者在助人的过程中，也实现了自己的价值，这种互助正是志愿精神的内在作用。

德不孤，必有邻 中国传统哲学思想，儒家思想的论述。出自《论语·里仁》，意为同声相应，同气相求，有道德的人是不会孤单的，一定有志同道合的人来和他相伴。天地之间的万事万物都有着朝着与自己相近的事情移动的倾向，就如“物以类聚，人以群分”，此处的类和群并没有时空的局限。志同道合的人们之间，时空距离或许很近，或许很远，但是不管是近还是远，最终他们都会产生共鸣。海内存知己，天涯若比邻，只要真是道德君子，即便在短时间内没有互相呼应的伙伴，但是时间长了就总会有同样性情和抱负的人过来与他亲近。大爱无疆，志愿精神不分民族，不分国家，不分肤色，在世界各个角落落地生花，并影响和团结着无数有爱人士，共同为人类事业服务、奉献。志愿者不是孤独的施德人。

恻隐之心 中国传统哲学思想，儒家重要思想。出自《孟子·告子上》：“恻隐之心，人皆有之”，意为对弱者寄予同情、怜悯与关怀。孟子指出人性中本来就有善性，以及具有向善的一面，并以善言性，指出仁、义、礼、智正是性善的端倪，就是四端心。“人之初，性本善”，与西方的原罪说不同的是，中国传统文化从性善的角度去解释人性最初的道德，相信每个人都有仁义之心及与生俱来向善的本性。《孟子·公孙丑上》有“恻隐之心，仁之端也”，意为：同情心就是施行仁的开始。仁就是人与人相互友爱、帮助、同情等的总称，善良的人常怀同情心，行善得善。“友爱”、“互助”是志愿精神的重要内容，对于弱势群体，我们出自于恻隐之心给予关怀与帮助，这是出自于内心深处的善性与良知；参加志愿活动，是博爱之心自发地付出与恻隐之心主动的呼唤，并非出于利益的驱使与外力的强制。志愿者皆有恻隐之心，且满怀博爱精神，志愿活动便是志愿者发自内心善性的具体实践与自我价值的实现过程。

修身、齐家、治国、平天下 中国传统哲学思想，儒家思想关于自我修养的信条。出自《礼记·大学》：“古之欲明明德于天下者，先治其国；欲治其国者，先齐其家；欲齐其家者，先修其身……身修而后家齐，家齐而后国治，国治而后天下平。”意为品性修养后，才能管理好家庭宗族；家庭宗族管理好了，才能治理好国家；治理好国家后天下才能太平。以自我完善为基础，通过治理家庭，直到平定天下，是几千年来无数中华志士的最高理想，也是现代社会志愿者们的追求。奉献是志愿精神的精髓，志愿活动是一种为他人为社会奉献的过程，亦是一种自我修身养性的过程。志愿者在奉献中不断进步，提高自己的品性道德，为家庭的和睦、社会的和谐、国家的太平献出自己的一份力量的同时，也达到自己精神的升华。

先人而后己 中国传统哲学思想，儒家重要思想。出自《礼记·坊记》："子云：君子贵人而贱己，先人而后己"。意为首先考虑别人，然后想到自己。"人"与"己"的关系就是人际关系，先人后己的精神涉及人们日常生活中待人处事的基本准则，在涉及利益分配的时候显得尤为重要。在现代志愿服务里，无论自己的微薄之力多么有限，志愿者都尽量地去贡献出自己的力量，以服务对象的需求为目标，最大程度地去满足服务对象的需求，后考虑或者根本不考虑自己的得失，这就是"先人后己"的精神。志愿服务作为一种超越现实利益的行为，"先人后己"是重要的价值指导和行为准则，也扩展着志愿者对他人与社会的理解。

天人合一 中国传统哲学思想，道家思想的精华。出自汉儒董仲舒的《春秋繁露》："天人之际，合而为一"。意为人与自然的和谐发展，在天之道与人之道的对比中，舍弃"人之道"而崇尚"天之道"，保持天地自然的均衡与和谐，以获得"天人"之亲和。天人合一，注重人与宇宙的和谐统一，遵循自然法则，合乎天道，方可前进发展。主张"返璞归真"意在说明人的生命自始至终保持自己的自然天性，不让尘世的喜怒哀乐扰乱自己恬淡自由纯洁的心境，提倡个人要与社会无害亦无争，从而在个人与宇宙自然的大范围内实现和谐交互。主张"致虚守静"，是自我心性修养的精华所在。志愿精神与道家"天人合一"的思想具有内在关联性，"友爱"表示人在自然面前必须表现出谦逊的姿态，人要与自然和谐，必须承认自然力量的伟大与人类的渺小，对自然应有敬畏之感；人亦是社会性动物，合作与"互助"使人类能够克服自然阻力，在与自然和谐相处的前提下创造更美好的生活；志愿精神正是人类友爱互助、团结一致、凝聚力量、克服困难并与自然达成和谐统一的精神武器。

行善立德 中国传统哲学思想，道家重要思想。道家有行善立德法门，也就是功德法门。行是行为，善是无私，行为的无私就是行善，立德是行善的必然结果。儒家与佛家都重于修身养性，与人为善，慈悲为怀。在佛家看来，行善立德就是通过各种对立的方法将内心的污染消除，使自己内在美好品德得以显现，内在的清净功业得以开发。比如说人的贪欲就是污染，有污染就会产生弊病，造成无尽的痛苦，用布施这个对立的方法去消除，这样我们清净性才能得以显现，才能使人更加快乐。行善立德是一种智慧，也是一种文明。行善立德，功德无量。行善所以立德，行小善则小德立，行大善则大德立。志愿精神的精髓在于"奉献"，在默默无闻中，行善的志愿者们工作的过程便是提高自我修养、完善品格的过程，亦是立德的过程。"行善立德，切不可求人知，不可邀名，不可市恩，更不可求报，本来因果报应，历历不爽。"这与志愿精神中所表现的无私奉献，任劳任怨，不图回报，默默无闻的精神内容相一致。

老吾老以及人之老，幼吾幼以及人之幼 中国传统哲学思想，道家重要思想。出自《孟子·梁惠王上》，意为在赡养孝敬自己的长辈时不应忘记其他与自己没有亲缘关系的老人；在抚养教育自己的孩子时不应忘记其他与自己没有血缘关系的孩子。人应当做的就是推广爱使之及于更远的社会成员。这就是孟子所说的"善推其所为"（善于推广他所做的事情），与孔子对大同之世的理想思想是一脉相承的，是中华民族长期一贯的传统博爱思想。志愿精神从内心的善出发，关爱和帮助他人，以奉献精神为核心，推己及人，将仁爱推广到社会的各个角落，与儒家传统的博爱思想相呼应，是对孔子“大同之世”思想与墨子“兼爱非攻”思想的继承与发扬。

守望相助　中国传统哲学思想，道家重要思想。出自《孟子·滕文公章句上》：“死徙无出乡，乡田同井。出入相友，守望相助，疾病相扶持，则百姓亲睦。”意为为了对付来犯的敌人或意外的灾祸等，邻近的各个村落互相看守，互相瞭望。这反映了孟子的社会理想：老百姓无论埋葬或搬家都用不着背井离乡，在家乡同耕一块田地，大家都和睦、友好地相处，防守盗贼也互相帮助，一家有病人，大家共照顾。之后，“守望相助”成了一句成语，表示人们彼此关心、相互帮助。关心互助是中华民族的传统美德，“远亲不如近邻”，邻里之间多增加接触，多沟通交流，相互帮助关心，形成“人人为我，我为人人”的良好氛围，照应了孟子所期望的理想社会，这是志愿精神集聚作用的一种互利共赢，是志愿精神发挥积极作用的具体表现。

穷则独善其身，达则兼善天下　中国传统哲学思想，中华文化精髓“儒道互补”的体现，中国知识分子立身处世的座右铭。出自于《孟子·尽心章句上》，意为不得志的时候就要洁身自好修养个人品德，得志的时候就要努力让天下人（指百姓）都能得到好处。孔孟之道，内圣外王。善其身，内在修养，内圣功夫，格物致知诚意正心修身是也；善天下，外在事业，外王功业，齐家治国平天下是也。胸怀天下是千百年来中国知识分子亘古不变的人生信条，成为中国知识分子最强有力的心理武器，与志愿精神具有很强的关联性。志愿精神本身作为一种出世的行为态度，志愿者通过奉献自己的爱给予全社会关怀与帮助，与“善天下”一脉相承，是中国优秀传统文化的发扬与延伸。

上善若水　中国传统哲学思想，老子重要思想。出自老子《道德经》第八章：“上善若水，水善利万物而不争。”意为最高境界的善行，就像水的品性一样，泽被万物而不争名利。上善：至善，最完美；水：避高趋下是一种谦逊，奔流到海是一种追求，刚柔相济是一种能力，海纳百川是一种大度，滴水穿石是一种毅力，洗涤污淖是一种奉献。最完善的人格应该有与水一样的心态与行为，能任劳任怨，尽其所能地贡献自己的力量去帮助别人，而不会与别人争功争名争利，即“善利万物而不争”。水乃万物之源，水文化在中国有非常深远的影响，中华民族在黄河之水中孕育，是我们整个文化的根本。志愿者乐善好施不图报，淡泊明志谦如水，无论盛暑祁寒，抑或地棘天荆，都能看到其默默无闻、任劳任怨的身影，其仁慈博爱、平等无私、广利社会的特质，更显其至善的美德，是上善若水文化的具体实践，也是志愿精神的完美阐释。

兼爱　中国传统哲学思想，墨家重要思想。“兼相爱，交相利”，是超越血缘关系的平等大爱，不论亲疏远近、社会地位及时间久远等差别，一律视人若己地爱他人。志愿精神是为了公益的利他的目的而自愿且不为报酬的一种态度或观念。这种观念和墨子的“兼爱”思想有异曲同工之处。墨子的“兼爱”的利他、互爱互利的思想和志愿精神的实质有着一脉相承的关系，与志愿精神是相通的，有助于更好地理解志愿精神的内涵，以及志愿服务与中国传统道德文化思想的继承关系。

兼相爱、爱无差　中国传统哲学思想，墨家重要思想。出自《墨子》："兼相爱，交相利"，意为对待别人要如同对待自己，爱护别人如同爱护自己，彼此之间相亲相爱，不受等级地位、家族地域的限制。"爱无差等"主张不分远近、亲疏、贵贱地爱一切人，是墨子"兼爱"思想的具体体现。与儒家的"亲亲、尊尊"，"爱有差等"的思想不同，墨子是在承认人有贵贱亲疏等差别的前提下，主张爱一切人。志愿精神无高低贵贱之分，乐于助人，不图回报，默默奉献，任劳任怨，是一切志愿行为共同的特征。无论你有多富裕，你终有需要帮助的那一刻；不管你如何贫困潦倒，你总有为别人伸出援手之时。志愿精神的无私和无差别是传统文化中"兼相爱"、"爱无差等"的继承和发扬。

君子莫大乎与人为善　中国传统哲学思想，中华民族的传统美德，为人处世的重要准则。出自《孟子·公孙丑上》："取诸人以为善，是与人为善者也。故君子莫大乎与人为善。"意为吸取别人的优点来完善自己，这就是同别人一起行善，所以君子最了不起的就是同别人一起行善。"善"意为"好事"，指赞成人学好，后来语意有所拓展，多指以善意的态度对待他人，为人着想，乐于助人。行善首先得不违事理，才能心安理得；其次行善能够让别人同样善待自己。与人为善，就像是独善而不如众善，自己行善是出于善心的小善，如果君子能与人为善，则是大爱的传播和大善的普惠，才是善的根本。行善得善是一种纯自然状态，是人性使然。志愿者们在助人的过程中吸取经验教训，相互学习，相互帮助，相互提高，不仅如此，还将善行发扬与扩大，达到世人共同行善，这才是最理想的境界。

乐善好施　中国传统哲学思想，中华民族传统美德。出自《史记》，意为乐于做善事，喜欢施舍。中国古代，礼、乐、政、刑作为四大治国工具，皆由国家制定或认可并以国家强制力保证实施，《史记·乐书二》曾对乐治原理有精辟论述，"闻宫音，使人温舒而广大；闻商音，使人方正而好义；闻角音，使人恻隐而爱人；闻徵音，使人乐善而好施；闻羽音，使人整齐而好礼"。随着社会的发展，乐善好施的含义由国家治理领域扩展到个人行为领域，扎根于中国人的公益文化之中，成为各个时代主流文化中的重要组成部分，推动了中国志愿服务文化的建设。乐善好施精神中的"行善"是自愿的、公益的、无偿的，这与志愿服务的特点相吻合。乐施好善精神为志愿精神在中国的传播奠定了思想文化的基础，正是在乐善好施精神的影响下，越来越多的人投身于志愿服务的行动中。当代中国的志愿行动既从中华民族的传统美德中汲取营养和力量，同时也是对中华民族传统美德的发扬和光大。

积善成德　中国传统哲学思想，中华民族传统美德。出自荀子《劝学》："积善成德而神明自得，圣心备焉。"意为长年累月行善事，就具备了圣人的思想品德。积善成德，就是善行好事，长期积小善为大德，就会形成一种高尚的品德。行善的对象则是社会的弱势群体，这种行善具有公益性。积善成德的思想与志愿服务的内在精神具有一致性。志愿服务精神中无偿性原则、利他性原则、互助性原则、自愿性原则都在“善”的施行过程中得到体现，因此“积善成德”是中国志愿服务精神的重要思想根源之一。

小善渐而大德生 中国传统哲学思想。出自北宋黄曦《聱隅子·道德篇》：“小善渐而大德生，小恶滋而大怨作。”意为小的善行一点一点地积累，就会发展形成极大的美德；小的恶行慢慢滋长，最终势必导致极大的凶险。警示人们应当不辞小善、不苟小恶。就如三国时期刘备劝其子所言：“勿以恶小而为之，勿以善小而不为”；又如《荀子·劝学》中的“积善成德，而神明自得”。这些都是中华民族几千年传承下来的祖训，成为一代代炎黄子孙为人处事最根本的原则。在中国的传统文化中，善往往与德相联系，善是一种行为，一种心念；而德则是一种精神，一种情操。善往往是德量的积累，而德则是善质的飞跃。志愿精神以善为基础，积极助人，同情为善心，呵护为爱心，帮助为善行，日行小善，岁行大善，德从心生。

勿以善小而不为，勿以恶小而为之 中国传统哲学思想，中华民族传统道德准则之一。出自三国时期蜀汉开国皇帝刘备去世前给其子刘禅的遗诏：“勿以恶小而为之，勿以善小而不为。惟贤惟德，能服于人。”意为好事要从小事做起，积小成大，也可成大事；坏事也要从小事开始防范，否则积少成多，也会坏了大事。作为中华民族的传统道德准则之一，这种精神体现了个人道德良知与行为的结合，引导人们从小善做起，不断提升自我修养，是中华优秀文化的一部分，同时，也是强调以点滴奉献为基础的现代志愿精神的思想源泉之一。志愿服务的精神强调以平凡显示伟大的力量，提倡人人都是志愿者，鼓励每个人从身边事做起，服务社会、互助友爱、帮助他人。志愿服务从小善做起，就能够集腋成裘、聚沙成塔，用“小行动”汇聚起“大文明”。

积善之家，必有余庆 中国传统哲学思想。出自《周易·坤·文言》：“积善之家，必有余庆；积不善之家，必有余殃。”意为积累善行善德的家族，这个家族的福报不会断绝，家族的后代也会承受福报。一方面，这句话是宣扬善有善报、恶有恶报的因果报应关系，与后来佛教的前世修福后世享如出一辙。从另一方面，圣贤的智慧之语在世人的内心是很模糊的，并没有一个很清晰的轮廓。对于我们每个人，抉择怎样的人生观、追求怎样的人生，是一个十分重要的问题。自古以来，为人父母的，都自然要为子孙着想。但是到底如何为后代着想、自己到底该如何做、人之父辈祖辈、到底该给子孙后辈留下些什么，面对这些，却有贤者和愚夫的差别做法。古人有句话叫做：“积金遗于子孙，子孙未必能守。积书遗于子孙，子孙未必能读。不如积阴德于冥冥之中，此万世传家之宝训也。”志愿服务在帮助他人的同时，也汇集了他人的祝福，会为自己带来好运，为子孙后代积累善德。

厚德载物 中华民族精神和优良传统中占有非常重要地位的传统哲学思想。出自《易经》：“地势坤，君子以厚德载物”，意为一个有道德的人，应当像大地那样宽广厚实，像大地那样载育万物和生长万物。一个人，在做人与处世时，要心胸开阔、立志高远，要严于律己、宽以待人。有两方面含义：做人要增加内涵，做事要贡献社会。德即道德，物即我以外的客观世界。因此，它要求一个人要有高尚的道德，能够关心人，爱护人，能够以公正、正直和与人为善的态度来处理好人与人之间的关系，与人为善，完善自我。志愿精神秉承厚德载物的传统文化精髓，志愿者关心、爱护、服务他人，积极为弱势群体提供帮助，奉献社会，以积极活泼的精神风貌，公正、正直、与人为善的处世态度以及勤勤恳恳、任劳任怨的良好品质为社会主义精神文明建设提供了良好范例，也为社会和谐和国家发展作出了重要贡献，是厚德载物传统精神得以广泛传承的重要载体。

先天下之忧而忧，后天下之乐而乐 中国传统哲学思想。出自北宋爱国政治家范仲淹《岳阳楼记》，意为在天下人忧愁之前就忧愁，在天下人快乐之后才快乐。这句话寄托着他以天下为己任的政治抱负，也是他一生爱国的写照。它传达着忧国忧民、吃苦在前、享受在后的爱国与奉献精神，闪耀着朴素的大公无私的思想光辉。志愿精神是无私的奉献精神，热心帮助，不图回报，以他人的疾苦作为自身的责任，把他人的快乐视作自己的目的；是胸怀天下的爱国精神，哪里有需要，哪里就有志愿者，哪里就闪耀着志愿精神。先天下之忧而忧，后天下之乐而乐，正是志愿者大公无私精神的真实写照。

义庄 由家族或政府创立的非宗教的慈善组织。它是农业社会的产物，一个大民族之中，有的穷，有的富，富有的拿出钱来办义庄，义庄之中包括学校、公田、祠堂等设施。在历史文献上，最早有记载的义庄是北宋范仲淹在苏州的范式义庄。范氏义庄以大量田地为财产基础建立，田地由范氏子孙中有能力者捐助；义庄还有义庄管理条例和专门的管理人，独立运作。范式义庄体现了范仲淹及其后人以自身力量体恤族人，以家族纽带解决一部分人的社会福利问题的尝试。义庄的慈善思想与志愿精神有着内在的共同点。无私精神是义庄的慈善思想的行为出发点，这与志愿精神的无私奉献具有内在的一致性，志愿者毫不利己专门利人的精神亦可看成是义庄精神的一种传承。

仗义疏财 拿出自己的钱财来帮助别人的一种义举。它最早出自于中国元朝无名氏所编写的《来生债》第四折，原文为“为我救困扶危，疏财仗义，都做了注福消愆”。中国社会自古以来就有重道德、轻财物、仗义疏财的传统思想。在现代社会中，人们在希冀建立高度发达的物质文明的同时，渴望精神文明的发展，渴望建立互助友爱、和谐融洽的社会关系。随着人类社会的文明进步，人的价值取向在发生着重大的变化。人们在追求物质需要的同时，将更多地追求精神需要的满足。这种精神不仅停留在个人需求的层面上，而且更多地体现在人对社会所承担的共同责任和义务上，“仗义疏财”则是其中的典型表现之一，这种精神超越了地域、民族和文化的界限，为世界各个国家、各个民族、各种文化所广泛认同，体现了人类对美好生活的共同向往和追求。志愿服务正是适应了社会主义时代精神的要求，着眼于帮困扶贫，以自愿无偿的方式为社会服务的行为，是中华民族扶危济困、仗义疏财传统美德的继承和发扬。

扶危济困 中华民族的传统美德之一。意为扶持、救济生活困苦、处境危急的人，比喻尽力救助别人的危难。最早出自于明朝施耐庵所著《水浒传》第五十五回：“素知将军仗义行仁，扶危济困，不想果然如此义气。”在原文中用来体现梁山好汉为人民扶危济困的英雄主义气概。现代志愿服务事业的发展正是源于对弱势群体的帮扶，并由此扩展到更广泛的层面，但是帮扶弱势群体仍然是志愿服务最重要、最基本的方面之一。志愿精神是基于人类的道德和良知，以自愿和不图物质报酬的方式，为他人和社会提供服务的一种奉献精神，既传承了中华民族助人为乐、扶贫济困的传统美德，又体现了社会主义道德的基本要求，具有鲜明的时代特征。特别是在中国这样的发展中国家，弱势群体的数量还十分庞大，从这一点来说，“扶危济困”这一中华传统美德孕育了中国现代志愿服务精神的产生和发展，二者一脉相承。

助人为乐　乐于帮助别人的中华传统美德。出自冰心的《咱们的五个孩子》“在我们的新社会里，这种助人为乐的新风尚，可以说是天天在发生，处处在发生。”助人为乐是正直善良的人怀着道德义务感，主动去给他人以无私的帮助，并从中感到幸福愉快的一种道德行为和情感。广大志愿者在为社会提供服务的同时，也向社会昭示了一种精神，这就是“奉献、友爱、互助、进步”的志愿服务精神，实际上也是助人为乐精神的表达。志愿者提供志愿服务是自觉自愿的行为，是自愿以自己的热情和爱心去主动帮助他人，在这个过程中，志愿者自身的精神境界得到了提升，自己在帮助他人的过程中感受到了快乐。中国的志愿服务精神既是对现代志愿服务精神的吸收，又是对中华民族助人为乐、见义勇为等传统美德的继承和发扬。

人人为我，我为人人　为他人服务的一种辩证观点。最早出现在法国十九世纪作家大仲马1844年出版的小说《三个火枪手》中，原文为“One for all，all for one”。列宁在一次关于共产主义星期六义务劳动的演说中引用了这句话，又译作“大家为一人，一人为大家”。这种思想由来已久，古希腊的毕达哥拉斯学派就曾将正义解说为“一人为别人所做的，也就是别人为他所做的”。其中，“人人为我”就代表了生活在这个世界上，个人不是独立的，而是互动的，这是生存的必然也是生活的必要，因为人作为个体具有天然的局限性，需要相互分工和合作，每个人需要的满足都需要他人；“我为人人”则强调我们的劳动，需要分享给他人，从而实现个人价值。所以去做对别人有用的事，自觉地、明智地去为他人服务，也就是为自己服务，这不仅是社会责任的履行，也是自我和社会辩证关系的体现。从个人与他人的关系上说，“人人”中包括着“我”；“我”同时也是“人人”中的一员，两者互为前提。志愿服务的基本精神提倡每个人积极地投入为他人服务的事业中，同时也在这个事业中得到自己的满足，实现自己生命的价值。志愿精神实现了奉献社会与满足个人精神需求、利他与利己的统一，也是“人人为我，我为人人”思想的体现。

赠人玫瑰，手有余香　西方一句古谚语，被现代人用作志愿服务的一种比喻。原文为“The roses in her hand，the flavor in mine”，意为当你将玫瑰赠予他人，在手上停留过的玫瑰都将在你的手上留下余味。对于志愿服务而言，提供志愿服务即“赠人玫瑰”的过程，在志愿服务活动中，志愿者以一种积极、乐观的态度奉献自己的爱心感染他人，让被服务者获得生命中、人生中的美丽玫瑰；同时，在“送人玫瑰”的志愿服务过程中，志愿者通过了解服务对象的特点及需要来反观、审查自己，不断改进服务和提高自身素质。正如志愿服务中“互助”精神所提倡的，志愿服务的过程既是“助人”亦是“自助”，既是“乐人”也是“乐己”；参与志愿服务，既是在帮助他人服务社会，同时也是在传递爱心与传播文明。因此，志愿者既有帮助他人、贡献社会的意愿，也有充实自我、锻炼才能的需求；在真心提供服务的同时，志愿者也获得被尊重感的满足、成就感的满足、交友需求的满足、非正式组织领导才能锻炼需要的满足等，是综合性的收获，在为他人送去玫瑰的同时自己也收获了芬芳。

辛苦我一个，幸福千万人 新时代的“奉献”精神的真实写照。由全国劳动模范、共产党员徐虎的名言“辛苦我一人，方便千万家”发展而来，意为用自己一个人的辛苦，造福千万个人。志愿服务几乎是每个文明社会不可缺少的一部分，奉献则是志愿服务精神的精髓，它要求志愿者不计报酬、不求名利，自愿贡献个人时间和精力参与推动人类发展、促进社会进步和社会福利事业的活动。对服务对象而言，通过志愿者个人的奉献，他们接受个人化服务，实现社会融入，增强归属感，在多方面受益；对社会而言，志愿者精神、志愿服务以及由此派生的志愿者组织体系和志愿服务网络已经成为促进社会全面健康发展的结构性因素；志愿者组织则是社会组织、社会第三部门的重要组成部分，是社会建设的重要领域。因此，志愿者正是以“辛苦我一人”，来“幸福千万人”。

德国汉堡制 1788 年在德国汉堡市实施的一种有特色的审核和救济制度。规定在市一级设立中央办理处，负责全市的救济工作。全市按照需要设立若干个区，每个区设立监察员，赈济员若干人，具体负责居民的救济服务。救济的基本原则是助人自助，主要方式是为失业者介绍工作，把青少年送职业学校习艺，送贫苦病人就医，并规定对沿衔乞讨者不准施舍，以杜绝无业流民，避免依赖成性。汉堡制实施了十三年，有效缓解了社会矛盾，其中的赈济员大都是志愿者。

爱尔伯福制 1852 年德国爱尔伯福市仿效汉堡制实施的一种救济制度。对汉堡制进行了修正，将爱尔伯福市按约 300 居民为一段（其中贫民不得超过 4 人），划分为 564 段，每 14 段为一个赈济区，段为基层组织；每段设一名赈济员，统管全段的济贫工作，赈济员是志愿工作者，由政府委派地方热心人士担任；区为中层组织，每区设一名监察员，领导区内各段赈济员，并由区内 14 段联合组成赈济委员会，定期开会，由监察员任会议主席，讨论全区济贫工作；中央委员会是全市济贫工作的最高管理机构，管理全市的济贫所、医院及院外救济事项。通过建立有效的三级工作组织，上下配合，使济贫工作既深入细致又灵活有效。在济贫事务管理方面，通过定期召开会议，使上下得以沟通，能及时解决问题，及时计划、检讨与改善工作。赈济员由本地区志愿者义务担任，熟悉情况，且负责区域较小，易于开展工作，又可倡导服务精神，事半而功倍。后来，爱尔伯福制因城市人口增加，赈济员无法处理太多的案件而渐渐不再适用，1892 年为新汉堡制所代替。

睦邻运动 英国 19 世纪后半叶兴起的鼓励人们和他们的邻居和睦相处的运动。在 19 世纪后半叶，英国贫富间的鸿沟因资本过度集中而被拉大，整个社会呈现出较更严重的动荡与不安。在此期间，奠基于民间志愿行动的不同类型志愿组织开始大量增加，透过慈善救济或社会教育来服务贫民，通过志愿组织与国家合作以稳定社会秩序。在这些志愿行动中，形成了一种当时的社会改革者、基督教社会主义者、牛津地区的英国国教广义教派的积极分子，以及信奉理想主义哲学者的共同主张，他们认为应以人道主义来响应、改革社会不平等，特别是贫富差距的问题。这样的主张就是睦邻组织运动所依循的信念，这一运动被称为睦邻组织运动。“社区中的所有事物都应该要分享!”就是这么简单的一个概念，形成了举世闻名的第一个大学睦邻运动。睦邻社团聚会的地点就在居民区之中，入会的条件就是公民道德责任的展现。睦邻运动不仅开创了社区建设的新思路，也是居民，特别是大学生志愿服务的起始。

汤恩比馆 由英国人 S. 巴纳特于 1884 年创立的社会服务中心，社区早期型态之一。之所以取名汤恩比，是为纪念在此运动中英年逝世之学生 A. 汤恩比。它主要的任务是解决工业化以及社会化所产生的新兴问题，特别是贫穷问题。他们认为让受过高等教育的知识分子与贫民一起生活，不仅有助于缩小社会的阶级差距、实现政治上的民主与平等，更能使穷人有受教育及享受文化生活的机会。此外，共同生活可加深知识分子对贫穷问题的了解，更能促成贫穷问题的合理解决。在贫民区兴建的“汤恩比馆”，（也被称为“大学睦邻区”），目的是使大学学生能与现实生活不脱节，将贫与富拉近，使大学学生与工人互相学习。他们为劳工提供夜间延伸学习、思辨和讨论的空间和课程，也促进了当地的文化团体及协会的形成。它最主要的工作方法有 4 项：①工作者与服务对象相处在一起。②以居民的需求作为工作的重点。③充分地运用当地的民力。④使各地的社区睦邻中心成为当地的社区服务中心，介绍本国和外国文化。汤恩比馆不仅是今日西方社区中心之发轫，其理性温和的改革取向，对后来的社会改革力量如著名组织费边社（Fabian Society）成员影响至大，社区改革乃至志愿服务，莫不源于此精神。

胡尔馆 美国 J. 亚当斯于 1889 年创立的社会服务中心。其工作取向可以用 3Rs 来涵括：即 Research，以研究来支援行动；Residence，与穷人共同生活以了解问题的真相；Reform，社会重建。胡尔馆的设立不但对芝加哥市民的生活改善有重大贡献，也成为美国最著名的社会服务中心之一。邻舍组织的工作，主要是提供居住区内居民各种实用的服务及咨询，大部分是针对移民和难民提供社会和教育的服务。在美国的社会服务，包括志愿服务方面，胡尔馆具有奠基意义。

二、志愿服务活动

乡村教育运动 旨在从教育农民着手以改进乡村生活和推进乡村建设的运动。20 世纪 20 年代，在中国兴起以教育、生产、政治组织、自卫组织为中心的社会运动。这些运动一般均由教育开其端。乡村教育运动产生的原因较为复杂，一般说是由于部分教育工作者认为中国近代教育制度抄袭外国，不适合中国社会需要，更不适应中国农村社会的需要，农村教育特别落后，亟待改革。尤其是在中国近代农村饱受天灾人祸，农村经济处于崩溃破产的边缘之后，有的教育工作者提倡“到乡村去”、“到民间去”，实地从事，见诸行动。此后，关于“复兴农村”、“建设农村”的呼声就成为旧中国一种社会思潮。在乡村教育运动当中，中外文化交流日益频繁，诸如“平等”、“博爱”等西方文化思想与中国传统文化中的“仁义礼智信”充分融合，形成具有“义举”意义的科学文化普及活动。晏阳初等有识之士放弃了美好的仕途前景，投入轰轰烈烈的乡村教育运动当中，甘心过清贫的生活。乡村教育运动使得知识分子确立了服务乡村社会、了解乡村社会的信念，也在中国社会添加了服务社会的思想和概念。中华人民共和国成立前，在新民主主义革命洪流的冲击下，乡村建设或乡村教育逐渐衰落，不再成为一种社会运动。但有学者认为，这种形式在今天的中国也仍然有价值，提高民众特别是农村百姓的科学文化水平，对中国的现代化发展意义重大。乡村教育运动的参与者义务到乡村传播科学文化，是文化志愿服务在100多年前的体现。其中，最有影响的有晏阳初领导的中华平民教育促进会在河北省定县的华北试验区，中华职业教育社在江苏昆山徐公桥设立的乡村改进区，陶行知领导的中华教育改进社的晓庄学校等。

宜昌大撤退 1938年，由民生公司总经理卢作孚指挥船队，在湖北宜昌，冒着日军的炮火和飞机轰炸，发动众多百姓参与的抢运战时物资和人员到四川的事件。从1938年10月24日至12月初，仅40多天时间将堆积在宜昌的9万多吨工业物资和3万人员安全抢运到大后方，创造了抗战史上的奇迹，给中国后方工业以有力的援助，从而保存了中国民族工业的命脉，也为中华民族的长期抗战作出了重要贡献。因1937年11月南京沦陷，国民政府迁都重庆。来自全国各地的重要物资都必须经过地处三峡交汇的宜昌才能运往重庆。1938年，日军疯狂进攻宜昌，卢作孚和他的民生公司自发行动，冒着敌人的枪林弹雨，抢救在宜昌的重要物资。据统计，到宜昌沦陷前，民生公司运送部队、伤兵、难民等各类人员总计150余万，货物100余万吨；在整个大撤退运输中，民生公司损失轮船16艘，116名公司职员牺牲，61人受伤致残。整个活动由民间自发组织，很多运输的船只都是小船，卢作孚和他的民生公司众多员工，包括一些民众不顾个人安危，抢救国家财产和人员，以实际行动为日后中国的志愿服务树立了榜样。

学雷锋活动 中国19世纪60年代发起的以向雷锋同志学习为导向的思想道德建设活动。雷锋是全心全意为人民服务的楷模、中国人民解放军战士、伟大的共产主义战士。作为一名普通的中国人民解放军战士，雷锋在短暂的一生中帮助人无数。1963年3月2日，《中国青年》杂志首先刊登了毛泽东“向雷锋同志学习”的题词。3月6日，《解放军报》又刊登了刘少奇、周恩来、朱德、邓小平等同志的题词手迹。从那时开始，学习雷锋的活动在全国展开，由于老一代革命家的积极倡导，学习雷锋的活动很快从军队向全国各行各业发展，迅速兴起了一个全国范围的学雷锋热潮。全国性的报纸，如《人民日报》、《解放军报》、《中国青年报》、《光明日报》等，以及地方报纸，都用大量篇幅报道了各地开展学雷锋活动的情况，以及刊登雷锋事迹、雷锋日记等。随着学雷锋活动的深入开展，全国各行各业涌现出成千上万雷锋式的先进人物，社会上迅速地出现了一种奋发图强、积极向上的精神，进一步地形成了一种良好的社会新风气。时至今日，雷锋精神依然指引着我们，毫不利己、专门利人、为人民服务的理念也深入人心。这些精神恰恰是志愿服务所需要的精神，雷锋精神的学习也奠定了我国志愿服务活动开展的基础。

三、人物

马尔库斯·图里乌斯·西塞罗（前106—前43） 古罗马政治家、哲学家、演说家和散文家。他第一次系统阐述了公益思想，“公益优先于私益”是其公益思想的最核心的阐述。这种公益的思想与现代的志愿精神是吻合的。他的思想是对古罗马共和国政体和公民美德与品质的总结，也是对如何维护共同体利益的进一步阐述，可以总结为：一是公益优先于私益；二是“服务”优先于“送钱”，也就是服务优先于施财；三是如果要施财，最好用于公共事业，让子孙后代受益，但是应该量力而行；四是施财或者服务他人，不应该希望获得回报；五是施财或者服务必须要有正确的受惠者。他有一句名言将公益思想体现得淋漓尽致，即“好心为迷路者带路的人，就像用自己的火把点燃别人的火把，他的火把不会因为点亮了朋友的火把而变得昏暗”。

雷锋（1940—1962） 中国人民解放军战士、伟大的共产主义战士。原名雷正兴，1940年12月18日生于湖南省长沙市望城县，7岁时成为孤儿。1949年8月，湖南省长沙市望城县解放，雷锋参加了儿童团，进入小学读书并加入了第一批中国共产主义少年先锋队。1956年先后担任乡政府通讯员和望城县委公务员。1957年2月，雷锋在团山湖农场开拖拉机时加入了中国共产主义青年团；在根治沩水河时，被评为“工地模范”；在担任拖拉机手和推土机手时，多次被评为“红旗手”、“工作模范”、“先进生产者”、“社会主义建设积极分子”。1958年雷锋在鞍钢参加工业建设时，三次被评为“先进生产者”，五次被评为“红旗手”，十八次被评为“标兵”。1960年1月7日，雷锋应征入伍，成为一名光荣的解放军战士，11月加入中国共产党。他在部队荣立二等功一次，三等功三次，团、营嘉奖多次，被誉为“毛主席的好战士”。他热爱集体，关心战友，关心群众，把“毫不利己，专门利人”看是人生最大的幸福和快乐。他不但业务过关、对工作认真负责，而且大公无私，走到哪里就将好事做到哪里。1962年8月15日，雷锋同志因工作意外不幸殉职，年仅22岁。他英年早逝，却留给了人们一笔宝贵的精神财富。他的代表作品《雷锋日记》为“雷锋精神”作了生动的脚注。日记中“人的生命是有限的，可是，为人民服务是无限的，我要把有限的生命投入到无限的为人民服务之中去”的话语在人民群众中广泛流传。雷锋同志逝世后，毛泽东于1963年3月5日亲笔题词“向雷锋同志学习”，雷锋同志的助人为乐精神传遍了大江南北，由此中国把3月5日定为学雷锋纪念日。各地每年在3月5日都会开展学雷锋的纪念活动，宣扬雷锋的助人为乐精神，并把这种精神贯彻到个人的思想教育和社会和谐建设中。

韩福瑞·哥尔亨 美国牧师，慈善机构及运动组织者。曾到英国考察亨利·索里建立的慈善组织协会，于1877年在纽约布法罗（Buffalo，亦称水牛城）组织了美国的第一个慈善组织会社。其后6年内，美国成立慈善组织协会的城市达到了25个，这些慈善协会除救济贫民外，还负责协调各慈善机构的工作；并通过调查保证所提供的经济救助给予那些最有可能成为自助自立、维持自己生活的“值得救济的贫民”（“worthy” poor），至于那些“不值得救济的贫民”（“unworthy” poor）则被强迫在救济院或习艺所改变他们的生活方式。这种以有效济贫、协调各救济机构为目标的慈善组织会社运动风行英美。

亨利·索里（1846—1908） 英国牧师，“慈善组织会社”创始人。在1866年参考德国的“汉堡制”和“爱尔伯福制”经验后，他希望成立一个慈善组织，组织的目的在于协调政府与民间各种慈善组织的行动。1869年，他在伦敦成立了“组织慈善救济及抑制行乞协会”，后很快易名为“慈善组织会社”（简称C. O. S）。这是伦敦成立的第一个慈善组织协会。这个组织接受多玛士·查墨斯的理论，认为：个人应该为其贫穷负责；若接受公共救济，将摧毁贫民的自尊心、进取心与道德观念，终致他们依赖救济维生；主张贫民应该尽其所能地维持其本人的生活。因此，该组织致力于运用技术和对贫困者进行登记以根除贫穷，它从事的是一种以科学的方法为基础的慈善事业，深入地调查申请者，并采取有效的助人程序。这个组织活动9年后，其影响波及美国。

阿尔波特·史怀哲（1875—1965） 20世纪人道精神划时代伟人。1875年生于德国阿尔萨斯的一个小镇凯撒堡，二十五岁时获神学硕士学位，任副牧师。当看到非洲缺乏医疗人员的报道时，他重新投入医学专业，不畏艰苦，花7年的时间取得医学博士学位。他大半生都投身于非洲热带丛林中，和当地土著人一起建医院，自制砖头，配药方，拓农场，为解救当地土著的身心而努力，把拯救他人的不幸与贫穷当成自己的责任。在非洲，他不但行医救人，也写作，他在《文明的哲学》中写道：“如果对生命的尊重不能及于其他一切生命，那就是不彻底”。1953年他获得“诺贝尔和平奖”。1965年离世，尸骨埋葬在非洲大地。

亨利·杜南（1828—1910） 红十字运动的创始人，第一届诺贝尔和平奖得主，红十字会创办人，被誉为“红十字会之父”。原是瑞士日内瓦的一个商人，在目睹了战争中因为缺乏医疗救护士兵伤亡惨重的情况后，回国撰写了《索尔弗利诺回忆录》。在回忆录中，他提出了设立全国性的志愿伤病救护组织，并提出应该签订一份国际公约，给予军事医疗人员和医疗机构及全国志愿伤兵救护组织以中立的地位等观点。根据他的提议，“伤病救护国际委员会”于1863年成立，之后17个国家又相继建立了伤病救护国家委员会，世界各国也相继成立国家红十字会。

亨利·诺曼·白求恩（1890—1939） 加拿大国际共产主义战士，著名胸外科医师。1890年3月3日生于加拿大安大略省格雷文赫斯特镇一个牧师家庭。1935年11月加入加拿大共产党。德、意法西斯支持佛朗哥发动西班牙内战时，他于1936年冬志愿去西班牙参加反法西斯斗争。中国抗日战争爆发后，1938年3月，他受加拿大共产党和美国共产党派遣，率领一个由加拿大人和美国人组成的医疗队来到延安，悉心致力于改进部队的医疗工作和战地救治，以降低伤员的死亡率和残废率。1939年，在涞源县摩天岭战斗中抢救伤员时受感染，仍不顾伤痛，坚决要求去战地救护。终因伤势恶化，转为败血症，医治无效，于11月12日凌晨在河北省唐县黄石口村逝世。毛泽东题挽词，并于12月21日写了《纪念白求恩》一文，号召中国共产党员学习他的国际主义精神和共产主义精神。白求恩作为一个信仰社会主义、共产主义的共产党员，用他的奉献精神实践了全心全意为人民服务的价值理想。毛泽东赞扬白求恩所具有的“毫不利己，专门利人”

的精神，为全党和全国人民树立了生动的为人民服务的典范。这是共产党人应有的道德理想和情操风尚，白求恩作为国际志愿者，他的奉献精神是志愿者价值的集中写照。

亚力克西·德·托克维尔（1805—1859） 法国历史学家、社会学家。出身贵族世家，经历过五个“朝代”（法兰西第一帝国、波旁复辟王朝、七月王朝、法兰西第二共和国、法兰西第二帝国）。前期热心于政治，1838 年出任众议院议员，1848 年二月革命后参与制订第二共和国宪法，1849 年一度出任外交部长。1851 年路易·波拿巴建立第二帝国之后，对政治日益失望，从政治舞台上逐渐淡出，并认识到自己“擅长思想胜于行动”。他在 1835 年出版的《民主与美国》是最早开始探讨美国政治和文化的主要作品之一，并且也成为研究这一领域的经典作品之一。托克维尔在美国游历时，发现美国人从来不是等待政府来解决自己的问题，而是自发地组成团体来实现自己的目标。在其后来的著作《论美国的民主》中写道：“在民主国家中，市民是独立的和无力的，他们不能做任何事，没有人能要求他的伙伴帮助他们。因此，如果他们不学会志愿性的相互帮助，他们将没有力量”；“人只有在相互作用之下，才能使自己的情感和思想焕然一新，才能开阔自己的胸怀，发挥自己的才智”。他把这种志愿精神称为“彼此联合的艺术”，把志愿者的组织网络称为“道德联盟”。这种以志愿精神为基础的公共精神不是以强调私利为目的，而以增进公共利益为福祉，强调自愿参与而非动员强迫。这种志愿精神让个体意识到自己是社会的一部分，能够为社会贡献自己的一份力量来促进社会的进步与和谐。他的论述为志愿服务精神的发展奠定了基础。主要代表作有《论美国的民主》第一卷、《论美国的民主》第二卷、《旧制度与大革命》。

弗洛伦斯·南丁格尔（1820—1910） 现代护理专业的创始人，近代护理专业鼻祖，被誉为“提灯女神”。1820 年 5 月 12 日生于意大利佛罗伦萨。自童年开始，南丁格尔即对护理工作深感兴趣。1850 年 8 月，她详细考察了慈善机构的运作情况，写下了长达 32 页的论文《莱茵河畔的凯撒斯畏斯学校》，呼吁英国淑女们到凯撒斯畏斯担任女执事。1853 年，开始担任伦敦患病妇女护理会监督。1854 至 1856 年，奔赴克里米亚战场，以人道、慈善之心为交战双方的伤员服务，战争结束后，被视为民族英雄。由于在战争期间的卓越贡献，1907 年爱德华七世授予她功绩勋章，她成为英国历史上第一个接受这一最高荣誉的妇女。1912 年，国际护士会（ICN）倡议各国医院和护士学校将每年 5 月 12 日定为国际护士节并举行纪念活动，以缅怀和纪念这位伟大的女性。

阿贝·皮埃尔（1912—2007） 神父，被誉为法国有史以来最伟大的三个人之一。原名亨利·德·格鲁埃，1912 年 8 月 5 日生于法国里昂，父亲是一名富有的丝绸制造商。原本可以继承父业、过富裕的生活，但 18 岁那年，他把父亲留给他的产业分给穷人，加入了天主教的嘉布遣会，成为一名修道士，并在克雷斯特的一个修道院里度过了 8 年苦修生活。后由于健康原因，不得不于 1938 年离开修道院，转到格勒诺布尔的一个教区，并被升为神父。二战期间，他曾经冒死救助犹太人。他的生活信条只有一个：唤醒社会良知，为穷人、为流浪汉、为被剥夺和被损害者寻求福利和救济。在“最受爱戴的法国人”评选中，阿贝连续

17 年获得这一殊荣，直至他主动退出评选。2007 年 1 月 22 日逝世。人们曾这样评价：阿贝·皮埃尔，这个人走了，全法国都在流泪。希拉克总统下令，26 日为全国哀悼日，以追思这位“法国的良心”。

特蕾莎修女（1910—1997） 修女，世界敬重的天主教慈善工作者，诺贝尔和平奖获得者。1910 年 8 月 26 日生于阿尔巴尼亚，在 12 岁加入一个天主教的儿童慈善会时，她就感觉自己未来的职业是要帮助贫寒人士。15 岁时，她和姐姐决定到印度接受传教士训练。18 岁时，她进了爱尔兰罗雷托修会，并在都柏林和印度大吉岭接受传教士训练。三学期后，特蕾莎修女到了印度的加尔各答，在圣玛莉罗雷托修会中学担任教职，主要是教地理。1950 年 10 月，特蕾莎修女与其他 12 位修女成立了仁爱传教修女会（Missionaries of Charity），又称博济会。1952 年建立贫病、垂死者收容院，7 年后，分别又在印度首都新德里和兰奇设立了两座同样的垂死者收容院。1979 年的诺贝尔和平奖颁发给她，她拒绝了颁奖宴会和奖金。媒体问她：“我们可以做什么促进世界和平？”她回答：“回家和爱您的家庭。”1997 年逝世，留下了超过 10 万以上的义工，以及 123 个国家中的 610 个慈善工作者。印度替她举行了国葬。后人赞她：把一切都献给了穷人、病人、孤儿、孤独者、无家可归者和垂死临终者。

张謇（1853—1926） 中国近代实业家、政治家、教育家，清末状元，中国现代化事业的先驱。字季直，号啬庵，汉族，祖籍江苏常熟，生于江苏省海门长乐镇（今海门市常乐镇）。在南通，他开办纱厂、公司，经过十多年的努力，成为民族工商业的巨子，并开创了以大生纱厂为实业主体，以一个经营较为稳定、收入相对显著的企业为依托，以负债方式筹措资金并承担利息开支，以支撑一批近代企业、新式教育和新型社会文化事业为目的的南通模式。在致力于兴办实业的同时，他投身于慈善公益事业，开拓和推进了师范学校、博物馆、幼儿园、养老院等设施的建设。1905 年开办了中国近代第一家私立育婴堂，1913 年起又相继开办了 3 所养老院，同时兴办各类学校。他的慈善公益思想和志愿服务活动，在近代中国慈善公益事业的发展进程中具有不可忽视的地位与影响。

孙实甫 旅日侨胞，中国红十字会奠基者。在日本，他发现红十字会对日本人的帮助很大，受此影响，他深深感受到红十字会对中国苦难群众的重要性和必要性。于是，他与志同道合者一起翻译国外的红十字会章程，广泛传播“人道”理念。他认为，西方红十字会的“人道”理念和中国人的博爱、仁爱、行善积德的传统道德思想是相通的。经他的介绍和传播，红十字理念很快获得了社会的认同，为中国红十字会的诞生奠定了社会基础。

艾格尼丝·史沫特莱（1892—1950） 美国著名记者、作家和社会活动家，杰出女性。1892 年生于美国密苏里州的奥斯古德。早年当过侍女、烟厂工人和书刊推销员，曾在《纽约呼声报》任职。1918 年因声援印度独立运动而被捕入狱 6 个月。1919 年起侨居柏林 8 年，积极投身印度民族解放运动，曾在柏林会见尼赫鲁。1928 年底来华，在中国共 12 年。抗战初、中期，她目睹日本对中国侵略，向世界发出了正义的声音。《中国红军在前进》、《中国人民的命运》、《中国在反击》、《中国的战歌》等专著，向世界宣传了中国的革命斗争，成为不朽之作。她亲自护理伤员，组织医疗活动，用行动唤醒有良知的人们。访遍了中国华北、华中的大部分地区，用热情召唤更多的国际友人，一同为中国抗战出力，是中国人民的好朋友，也是优秀的国际志愿者。

甘扬道（1910—2004） 中国抗日战争时期著名外籍医生。1910 年 2 月生于保加利亚中部卡赞勒克地区的一个农民家庭，原名扬托・卡内蒂，到中国后取名甘扬道。1939 年，应“国际医药援华会”的招募，和其他 20 余名医生护士远涉重洋，来到中国支援抗日战争，任中国红十字会救护总队第三医疗队队长。此后，他带领医护人员巡回在湖南、江西、广西、云南、贵州等地，开始长达 6 年的战地救护工作，多次去重庆八路军办事处汇报工作，赠送捐款。他曾有机会被安排到后方医院工作，但是他说：“我们绕过大半个地球来到这个陌生国家，就是为了到第一线参加反法西斯战斗，为什么要去后方呢?”于是，他们被留在战区从事救护工作。2004 年 6 月 16 日《参考消息》发表《参加抗战的最后一位在世外籍医生》的时候，他离开了人世，享年 94 岁。

吕海寰（1843—1927） 清末著名外交家，中国红十字会创始人，中国近代法律的开拓者之一。字镜宇，山东掖城（县）西南隅村人。历任工部、兵部、外务部尚书等职。出身贫寒，幼读私塾，后为生活所迫去顺天（今北京）大兴县谋生，清同治六年（1867）中举，后任兵部员外郎十余年，光绪二十年（1894）任江苏常镇通海道，期间致力于社会福利事业，如创设保婴局、京口救生会，开浚荷花塘船坞等。与同任商约大臣的工部左侍郎盛宣怀和驻沪会办电政大臣吴重熹一起邀约上海官绅和各驻沪机构代表共同协商，于 1904 年 3 月 10 日正式成立了“上海万国红十字会”。这是中国红十字会的前身。在他不懈努力下，1912 年 1 月 15 日，红十字国际委员会正式承认中国红十字会。1919 年 7 月 8 日，中国红十字会正式加入各国红十字协会（现称红十字会与红新月国际联合会）。此后，他领导红十字会积极开展国际救济活动。

沈敦和（1866—1920） 著名社会活动家和慈善家。字仲礼，浙江宁波人，早年留学英国剑桥大学，专攻政法。回国后曾任金陵同文馆教习、江南水师学堂提调、吴淞自强军营机处总办、上海四明公所董事、上海总商会理事等职，署记名海关道。光绪三十年（1904）正月发起成立中、英、美、德、法五国合办的上海万国红十字会，被推举为中方办事总董，是中国红十字会的缔造者。光绪三十三年（1907）后，历任大清红十字会、中国红十字会副会长，常驻上海。以恤兵博爱、救死扶伤、拯难济危为己任。日俄战争期间，领导上海万国红十字会组建医疗队，派往辽沈一带救护伤兵难胞，约救出数十万人。先后创办中国红十字会时疫医院、红十字会总医院及医学堂、天津路分医院、中国公立医院等，兼任上述各院院长。

熊希龄（1870—1937） 慈善家，中国近代教育平等的先驱。1870 年 7 月 23 日生于湖南凤凰，字秉三。少年早慧，21 岁中举，24 岁中进士。青年时代的熊希龄主张维新立宪。1913 年熊希龄当选第一任民选总理，由于反对袁世凯复辟帝制，1914 年 2 月被迫辞职，1916 年告别政治。晚年所从事的社会慈善事业主要有两方面：一是慈善救济，即在全国各地救灾办赈；二是慈善教育，即将各地灾害中孤苦无告的儿童收养起来教养成人。他在1920年创办了香山慈幼院，创办慈幼院并不是“伪善”和“沽名钓誉”，而是一项为贫民社会服务的社会公益事业。从1920年创办到1949年的三十年间，香山慈幼院培养了数以千计的贫苦儿童，破天荒地改变了旧中国贫富不均的教育格局，使一部分沦落的孤苦儿童获得了“与有产者享受同等教育之机会”；培养了一大批对社会各个行业的有用人才，在中国近代教育史上有着不可低估的地位。熊希龄还担任过世界红十字会中华总会会长。“9·18事件”爆发时，他组织“中华民国国难救济会”，发布抗战宣言，设立医院、公墓，与妻子和红十字会会员一起奔赴前线。1937年12月25日，熊希龄突发疾病在香港逝世，享年68岁。毛泽东曾评价他的同乡熊希龄：“一个人为人民做好事，人民是不会忘记他的，熊希龄做过很多好事。”熊希龄早年曾将棉花入画，自信地画过一株棉花，题款为“此君一出天下暖”——这既是他政治理想的表达，也是其致力慈善的人生写照。

毛彦文（1898—1999）　北京香山慈幼院院长，著名慈善家熊希龄的夫人。浙江省江山市须江镇沙埂人。1898年11月1日出生，曾参加五四新文化运动。1922年，被推选为女权运动同盟会浙江支会临时主席。1929年赴美国密歇根大学攻读教育行政与社会学，两年后获教育学硕士学位，是中国第一位女留学博士。回国后，任暨南大学、复旦大学教育系教授。1935年2月9日与熊希龄结婚后辞去大学教职，协助丈夫开展慈善事业。1937年12月25日熊希龄病逝后，出任香山慈幼院院长。1999年11月10日于台北逝世，享年101岁。著作有回忆录《往事》。

卢作孚（1893—1952）　中国著名的爱国实业家、教育家和社会活动家。原名魁先，别名卢思，重庆市合川人。毛泽东曾说：在中国近代史上，有四个人是我们万万不可忘记的，他们是搞军事工业的张之洞，搞纺织工业的张謇，搞交通运输业的卢作孚，搞化学工业的范旭东。1925年，他创办了中国近现代最大和最有影响的民营企业集团之一——民生公司。1927年，卢作孚来到北碚，接掌峡防团务局。时逢乱世，他提出“打破苟安现局，创造理想的社会”，以北碚为试验区，“要赶快将一个乡村现代化起来”。在工业方面，创办民生公司、天府矿业公司、三线染织工厂；在文化教育方面，创办中国西部科学院、兼善中学、北碚图书馆、北碚体育场、《嘉陵江》报。他明确表示，创办这些，为的是建立“一个大众公共享受的城市”，而非只有少数人享受的“畸形的资本主义的建设”。卢作孚虽掌控数千万资产，却没有自己的房产和储蓄，过着清贫的生活，所有的钱，都被他捐给了在北碚的实验，每有收入的单子送到，他总是写上“捐中国西部科学院”、“捐兼善中学”、“捐瑞山小学”等。由周永林等主编的《卢作孚追思录》中有学者评价：“卢作孚先生是全心为国家、为社会、为民众谋利益的爱国者，中国近代杰出的实业家……为人心胸慈善，办事诚恳。”

四、志愿组织

中国人民志愿军　于1950年10月25日参加抗美援朝的中国方面部队。之所以命名为志愿军并使用了完全不同的番号和编制，是为了表示中国不是跟美国宣战，是人民志愿支援朝鲜。

1950年7月7日至10日，中国中央军委召开国防会议作出《关于保卫东北边防的决定》，根据会议决定，于1950年7月13日将中国人民解放军第13兵团为主共25万余人组建东北边防军，以确保中国东北边境安全。1950年10月8日，中国政府应朝鲜民主主义人民共和国政府的请求决定出兵朝鲜，并将东北边防军改名为中国人民志愿军。10月19日，中国人民志愿军跨过鸭绿江，开赴朝鲜前线。当时的口号是“抗美援朝，保家卫国”。在朝鲜战争中，中国人民志愿军英勇奋战，取得了抗美援朝战争的伟大胜利，达到了“抗美援朝、保家卫国”的目的，稳定了朝鲜的局势，保卫了祖国大陆的安全，维护了亚洲及世界的和平。无论对中国、对朝鲜、对东方，乃至对于整个世界都具有十分重要的意义。

中国援外医疗队 中国卫生部成立的国际合作组织。中国医疗队于1963年成立，队员多数是志愿者。1964年4月，应阿尔及利亚政府的邀请，中国政府第一次向非洲派出了医疗队，从此拉开了中国医疗队援非的序幕。50年来，中国先后向非洲51个国家和地区派遣了约2万名医生，救治了数以亿计的非洲病人，为非洲培养了数以万计的医护人员。迄今为止，在非洲的43个国家和地区，仍有中国医疗队在工作。一批又一批的中国医疗队发扬救死扶伤的人道主义精神，在各受援国政府和人民的支持、帮助下，不仅治愈了大量的常见病、多发病，而且还成功地开展了心脏手术、肿瘤摘除、断肢再植等难度较大的技术服务，挽救了许多生命垂危的病人；医疗队不仅利用现代医疗技术，而且还将针灸、推拿等中国传统医药技术以及中西医结合的诊疗办法带出国门，诊治了不少疑难重症，为所在国家创造了一个又一个“医学奇迹”。

北京青年志愿垦荒队与北京庄 北京青年志愿到东北垦荒的队伍及他们建立的村庄。1955年6月，共青团中央领导会见北京团市委第二书记王照华、副书记张进霖等，确定由北京带头，动员一部分青年到边疆垦荒。8月5日，北京市石景山区西黄村乡22岁的共产党员、乡团总支书记杨华等组织起一支青年志愿垦荒队。垦荒队组成的原则是：①必须绝对自愿。②不要国家一分钱投资。③去了就不回来。8月30日，一支由60人组成的垦荒先锋队出发前往北国边陲黑龙江萝北县。1956年3月，北京第二批青年志愿垦荒队员到达黑龙江省萝北青年垦区。经过三年的艰苦奋斗，垦荒队员在那里建起10栋住房、1栋大宿舍和食堂、马棚、猪舍等，建筑面积达2280平方米，这就是北京庄。1985年5月1日，中共中央总书记胡耀邦在中南海会见50年代志愿垦荒队代表和80年代新长征突击手代表，并指出50年代青年垦荒队所点燃的艰苦奋斗的火把，是不应该熄灭的。

上海青年志愿垦荒队与共青城 上海青年志愿到江西垦荒的队伍及他们建立的村庄。在北京组织青年志愿垦荒队后不久，上海青年也积极响应陈毅市长和团中央的号召，开始组织青年志愿垦荒队。市民主青年联合会委员陈家楼等青年给陈毅市长写信，要求到边疆开荒，建设共青城。陈毅收到陈家楼等人的信后，接见了他们，对他们的行动表示赞扬，并向毛主席汇报。毛泽东听了陈毅的汇报，交口称赞，并建议上海青年到江西去，说那里气候和上海接近，吃的是米饭。1955年10月15日，上海第一支青年志愿垦荒队一行98人出发奔赴江西。

在上海市副市长宋日昌的亲自护送下，来到了位于南昌、九江之间的德安县九仙岭下八里乡安家落户。青年志愿垦荒队员克服重重困难，披荆斩棘，挖井开塘，垦荒种地，自食其力。他们那种“向困难进军，把荒山变成良田”的精神，在当时产生了很大的反响。凭着这股战胜困难的顽强意志，走过了“50年代初创、60年代徘徊、70年代起步、80年代开始大发展”的不同阶段。大部分队员因工作调动、上学或回上海等原因而离开，但坚持留下的上海青年志愿垦荒队员以“坚忍不拔、艰苦创业、崇尚科学、开拓奋进”的精神，和当地人民、上山下乡知识青年等一起，从“共青社”、“共青垦殖场”发展为后来的“共青城”，在荒滩芜洲上建起了充满青春活力的具有200平方公里、10万人口的新兴城市。胡耀邦去世后，按照他的遗嘱，骨灰被安葬在共青城富华山。

中华慈幼协会　于1928年在上海成立的救助流浪儿童的社会服务机构。由孔祥熙、邝富灼、高凤池、郭炳文等人的夫人发起，在中华民族饱受战争创伤之时，对流浪儿童的救济和教养成为这一时期慈善救助的重点。协会于1934年在上海召开全国会议，并成立了各种儿童教养机构，抗战期间主要从事战区儿童救护、设立教养院所、资助各教导机构以及发行慈幼书刊等工作。

香山慈幼院　1920年由慈善人士熊希龄创建的，旨在采用慈善的手段推行贫富均等的教育的慈善学校。1917年直隶省和京畿一带发生大水灾，受淹达105个县、19045个村庄，灾民多达630万人。当年9月，大总统冯国璋任命熊希龄督办京畿、直隶一带水灾河工善后事宜。在救灾中他看到许多老人、儿童失去亲人，无家可归，于是他在各县设立留养所170处，留养近4万人。他又在北京设立了慈幼局，收养孤贫儿童千余人，这就是慈幼院的前身。水灾过后，慈幼局收养的儿童大部分被其家长认领返回原籍，但仍有200多人无人认领。于是熊希龄遂决定将“短期慈善”改为“长期慈善”，请求大总统徐世昌与前清内务府商洽，指拨已废弃的行宫香山静宜园（原清室五大名园之一，在今香山公园内）为基址，建立香山慈幼院，收养这些无家可归的儿童。1920年10月，香山慈幼院正式成立，熊希龄自任院长。慈幼院的经费最初由政府的救灾拨款，以后熊希龄四处募捐充作经费，曾捐出自己的财产24万银元作为公益、教育基金。从1919年破土动工建设到1920年正式开园，一直到1949年结束，30年间先后培养学生6000多人，大部分都成为国家和社会各个行业的有用人才。

中华平民教育促进会　中国20世纪20年代创办的以平民教育为救国和改良社会措施的团体。简称平教会，成立于1923年。1923年8月，陶行知、朱其慧和晏阳初等人，在北京邀请各省代表成立平教会，朱其慧任董事长，陶行知任董事部书记，晏阳初为总干事。9月发表《中华平民教育促进会宣言》。总会设在北京，并陆续在全国20余省区设立分会，开办平民学校。1926年秋，晏阳初选定河北定县为“华北实验区”，以翟城村为中心，从事平民教育和乡村建设。他给平教会的工作规定了“调查、研究、实验、表现和推广”5个步骤。当时平教会定县实验区的活动吸引了一批留学归国的知识分子参加。后出版了《定县社会概况调查》等著作。定县实验因抗日战争爆发而停顿，晏阳初遂转至重庆歇马场开办乡村建设育才院，继续从事平民教育。

山东乡村建设研究院 1931年成立的从事乡村教育运动的组织。梁漱溟为领导，除指导研究生和训练乡村服务人员外，在山东邹平、菏泽两个实验县开办乡农学校、乡学村学。这种学校是把中国宋朝、清朝曾推行的“乡约”制度加以修改补充，以学校为形式，由“乡村领袖”（地主绅士）、“学众（农民）”和“有志于乡村运动”的知识分子（教员）组成。这实际上是“政教合一”的组织，是政治、经济、教育、自卫的综合体，既对农民进行宗法思想教育和地主武装训练，又行使一乡（村）的行政权力。山东乡村建设研究院既附设有农场，供本院学生进行农业实习，又是实验县农业推广的场所。

香港救济联会 于1947年在香港地区成立的社会服务组织的联合机构，又称“香港社会服务联会”。它本身不能算是一个慈善组织，但其成员中却包含了许多慈善机构与福利机构，许多慈善机构是该联会的会员，联合会扮演者慈善事业和福利事业发展的协调及策划者的角色。有基本会员机构202个，另有普通会员机构56个，除了香港城市大学等少数学术机构外，均是从事社会服务工作的慈善团体和服务机构。

东华三院 香港历史最久远及规模最大的慈善机构。名称代表着三所香港本地华人建立的医院：东华医院（1890年）、广华医院（1911年）及东华东院（1929年）。1931年，这三所医院合并，合称“东华三院”。其使命是“救病拯危，兴学育才，安老复康，扶幼导青”，其核心工作领域为医疗卫生服务、教育服务、社会服务。从一个在庙宇内的中医诊疗所开始，东华三院一直致力为大众市民提供多元化的服务，包括医疗服务、教育服务及社区服务。目前，东华三院的服务机构和设施已经包含了5家医院；在教育服务方面包含了一所社区学院（香港中文大学—东华三院社区学院）、18所中学、16所小学、15所幼儿园和若干所特殊教育学校；在社会服务方面包含41所安老服务机构、42所青少年和家庭服务机构或设施、40所复康服务机构和17个公共服务设施，是全港最大规模的社会福利和慈善机构。

慈善组织会社 19世纪末期在英国出现的帮助有需要的人的社会服务组织，英文缩写为C. O. S.。是志愿服务组织的先驱者，其前身是1869年在英国伦敦成立的世界上第一个慈善组织“组织慈善救济及抑止行乞协会”，帮助的对象包含贫民、病患、孤儿甚至是罪犯和一些不幸需要被帮助者。他们的理念是，个人要为自己贫穷、困苦的生活负责，自己应该要有解决贫穷问题的适应生活能力，反对增加政府财力支出及耗用大量的社会公共资源去救助，要以“教他捕鱼，不要给他鱼吃”为济贫原则，让他们尽自己所有能力和技能去维持基本生活。以后，慈善组织会社逐渐影响英国其他大城市，9年后，影响力延伸至美国。1877年，一位曾经参访过慈善社会组织的美国牧师哥尔亨受了此会社的影响，在美国纽约布法罗（Buffalo，又称水牛城）成立美国第一个慈善组织会社，到1892年，美国已陆续成立了12个慈善组织会社。

人民协会青年运动 新加坡最大的青年组织。成立于1972年，组织开展志愿服务活动40余年。其宗旨是：①促进社会和谐，增强国家凝聚力，培养国家、公民意识。②增进青年的领导能力。③提高青年参与的能力。④增进友谊和理想。人民协会青年运动通过组织大量包括志愿服务在内的活动，包括不同年龄、对象和阶层的民众，组织各类文化、教育、体育活动及职业培训、休闲社交等，实现了调和种族关系、增强社会凝聚力、保持社会稳定并促进经济发展的目标。人民协会青年运动目前共有96个基层青年团、10万名团员，他们经常参加各种志愿服务活动。

国际劳动营　欧洲各种志愿者组织最普遍的志愿服务项目形式之一。源于德国和法国青年共同修复第一次世界大战期间被毁的农宅和牧场。共同的劳动为双方创造了交流沟通的机会，加深了彼此的了解，从而消除了战争造成的不和。自那时起，世界各国和地区根据本地区的不同需求组织了各种内容的劳动营活动，以促进全球范围内青年之间的理解与友谊，同时为当地社会进步作出贡献。国际志愿服务协调委员会所属的各会员国家的各类志愿组织，每年在世界范围内组织各种形式的劳动营，涉及环境保护、社会公益服务、教育、文化交流等不同方面的内容。劳动营这种志愿服务项目形式得到众多青年志愿者的接受与欢迎，在长期的项目运作过程中，逐渐形成了自身的特色和优势，成为志愿服务领域中的品牌项目，对后来的许多国际组织都产生了示范效应。每年大约组织1500个劳动营，参加人数约50000人。其中著名的国际青年服务协会、青年志愿者联盟等都是以主题性国际劳动营为主要工作形式的欧洲跨国志愿服务组织。

国际民众服务组织　由德国人皮埃尔·赛里索尔组建于瑞士的一个志愿者组织，简称SCI。自第一次世界大战后至20世纪50年代末，战争对欧洲造成了重大的破坏，也导致了交战国人民之间的不和，在这种背景之下欧洲诞生了第一批志愿者组织。其宗旨一是组织青年参与城市的重建，二是加强各国之间的理解和沟通。国际民众服务组织就是其中较为著名的一个。该组织全心致力于救灾、重建家园，促进欧洲国家人民之间的交流。在其影响下，第二次世界大战后，多数欧洲国家相继建立了志愿者组织，并出现了一批专门协调各国志愿者活动的国际组织。现在欧洲有21个分部，在亚洲、非洲有17个分部。其组织的志愿活动大受欢迎，影响广泛。

红十字国际委员会　于1863年2月9日创立于瑞士日内瓦的人道主义机构，与联合国、国际奥林匹克委员会一起并列为国际三大组织。是一个独立、中立的组织，其特有的人道使命是保护战争和国内暴力事件受难者的生命与尊严，并向他们提供援助，它还指导和协调国际援助工作以及推广和巩固普遍的人道原则。该组织的核心工作包括：监督交战方对日内瓦公约的遵守情况；组织对战场伤员的救护工作；监督战俘待遇并与拘留当局进行保密交涉；协助搜寻武装冲突中的失踪人员（寻人服务）；组织对平民的保护和救护工作；在交战方之间发挥中立调解者的作用。它在大约80个国家设有办事机构，员工总数超过12000名，分别于1917年、1944年、1963年三次获得诺贝尔和平奖。为了表彰创始者瑞士人亨利·杜南为国际人道做出的杰出贡献，用与其祖国瑞士国旗相同图案相反颜色的旗帜作为这个组织的会旗。

和平队　根据1961年3月1日美国政府10924

号行政命令成立的一个志愿服务组织。同年，它得到美国国会以通过《和平队法案》的方式授权。成立和平队的倡议最初由美国民主党人亨利·罗伊斯和赫伯特·汉弗莱提出。他们认为，美国应该成立一个海外志愿者机构以便有组织地向海外派遣志愿人员，向落后国家和地区提供技术援助。历届美国政府对和平队都给予了高度重视。1971 年 7 月，尼克松政府将和平队与其他几个联邦志愿者计划合并，成立了联邦政府机构行动委员会。1979 年，卡特政府签署命令使和平队成为完全自治机构，1981 年国会立法进一步使其成为独立的联邦机构。2006 年，和平队的联邦预算就高达 3.188 亿美元，这也使得和平队成为了志愿组织当中具备良好的社会支持系统、政府激励保障政策措施到位的典范。和平队队员需要为其义务服务两年，按照《和平队法案》的规定，其宗旨是："促进世界和平和友谊，为感兴趣的国家和地区，提供有能力且愿意在艰苦环境下在国外服务的美国男性和女性公民，以帮助这些国家和地区的人民获得训练有素的人力资源"。成立 50 年先后派遣了 20 万志愿者到 139 个国家提供了服务，为愿意接受和平队帮助的国家和地区提供训练有素的人、促进受助国人民对美国的了解。促进美国人民对世界其他各国人民的了解是其成立的初衷，一直以来也有人质疑，和平队活动中有着意识形态的渗透。

日本青年海外协力队 1965 年根据日本国政府向海外派遣协力队的计划而成立的社会服务队伍，简称 JOCV。其宗旨是促进日本与发展中国家之间的技术合作。日本青年海外协力队的工作是日本国际协力集团（简称 JICA）的重要业务之一。青年海外协力队事务局下设管理部、国内部、海外 1 部、海外 2 部、高级海外协力部、归国支援部等 8 个部门，从协力队员的招募、考核、培训、派遣、回国后的就业咨询、组织同窗会活动等各个方面进行协调和管理。通过向海外输送青年协力队员，在教育文化、体育、福利与健康等各个方面加强与发展中国家的交流与合作，在外的活动经费全部由日本政府承担。

为美国服务的志愿者 美国成立的为印第安人和市内贫民提供服务的志愿者队伍。又称"服务美国志愿队"（Volunteers in Service to America，一般缩写为 VISTA）。该组织成立于 1965 年，当初的宗旨是"向贫困开战"。参与这个计划的志愿者绝大多数是年轻人，他们到印第安保留区季节工作营地和市内贫民区服务。每年约有 7000 名专职志愿者驻扎在美国最穷困的乡村和城镇社区，协助当地非营利组织、公民组织、社区组织和公立机构创办各种扶贫自救项目，使困难的个人、家庭或社区最终脱贫。该计划的志愿者需要克服许多常人难以想象的困难，他们的奉献精神备受美国人民称道。他们在为贫困地区的居民提供帮助的同时，自己也获得了教育和接受培训的机会。

苏联空军志愿队 抗日战争初期苏联支援中国抗日的空军部队。当时国民党政府与苏联政府于 1937 年 8 月 21 日在南京签订了《中苏互不侵犯条约》。通过该条约苏联政府向中国提供物资援助，之后苏联向中国陆续提供了抗战所亟需的飞机 1235 架。由于训练驾驶苏联飞机的中国飞行员需要时间，而战争是不能等待的，所以中国向苏联提出了派遣苏联空军飞行人员来华参战的要求。1937 年 10 月 22 日，苏联首批援华志愿飞行员飞抵中国。从 1938 年起 2000 多名队员和 1000 多架飞机相继来到中国，参加抗日战争，多次重创日军。与中国空军一道共击落日机 1049 架。至 1939 年底，包括远程重型轰炸机大队长格里戈里·库里申科和战斗机大队长拉赫曼诺夫等 200 余人在作战中牺牲。

美国援华志愿航空队 第二次世界大战期间在中华民国成立的由美国志愿飞行人员组成的空军部队。又称飞虎队，正式名称为美籍志愿大队（英文：American Volunteer Group，简称 AVG），又称中国空军美国志愿援华航空队。太平洋战争爆发后的 1942 年，美国政府将飞虎队收编为美国陆军第十四航空队。创始人是美国飞行教官克莱尔·李·陈纳德。1941 年 8 月 1 日，蒋介石发布命令，正式成立中国空军美国志愿大队，任命“陈纳德上校为该大队指挥员”。发动过著名的保卫滇缅公路战役和阻敌怒江战役等。正是这支从严格意义上来说极不正规的航空队，令骄横一时的日本侵略者闻风丧胆，日本驻华中部队司令官高桥中将在第二次世界大战后说：“日本在中国面临的有效反击的 60%—75% 是陈纳德将军的第十四航空队发动的。如果没有第十四航空队，在中国的日本军队可以为所欲为地推进到任何地方”。来自敌人的评价，从另一个侧面反映出飞虎队对日军的威慑作用。飞虎队是世界反法西斯力量志愿援助中国人民抗日战争的一个缩影，为抗击日本、赢得反法西斯战争的胜利起了巨大的作用，也和中国人民建立了深厚的友情。

附录一

中国志愿服务大事记
（1955—2013）

1955 年 8 月　北京市青年志愿垦荒队成立，首批 60 名队员赴边疆黑龙江萝北县垦荒。

1955 年 10 月　上海青年志愿垦荒队成立，首批 98 名队员赴江西垦荒。

1963 年 3 月　毛泽东主席为雷锋题词“向雷锋同志学习”。

1963 年 4 月　第一支中国援外医疗队成立，队员多是志愿者。1964 年 4 月，中国政府第一次向非洲派出医疗队。

1970 年　香港义务工作人员协会成立，1981 年 7 月更名为香港义务工作发展局。

1982 年 8 月　台湾台北市志愿服务协会成立，是台湾地区第一个推动志愿服务工作的民间团体。

1983 年 2 月　北京市宣武区青年志愿服务总队在大栅栏街道西柳幼儿园签订“综合包户”协议书，学雷锋“综合包户”活动发起，开启我国现代意义的志愿服务。1984 年 3 月共青团中央发文，向全国推广“综合包户”服务经验。

1986 年 7 月　澳门义工协会成立。

1987 年 6 月　广州市诞生全国第一条志愿服务热线电话。

1989 年 3 月　我国第一个社区志愿服务组织——天津和平区新兴街志愿者协会成立。

1990 年 4 月　中国内地第一个义工法人社团——深圳市义工联合会成立。

1991 年 6 月　台湾“志愿服务联系会报”通过《志愿服务团（队）组织准则（参考范例）》。

1993 年 3 月　中国第一家专门为孤独症儿童服务的教育机构——北京星星雨教育研究所成立。

1993 年 8 月　中国台湾地区的“中华民国”志愿服务协会成立。

1993 年 11 月　我国大陆第一个由学生发起的志愿服务社团——北京大学爱心社成立。

1993 年 12 月　2 万余名铁路青年率先打出“青年志愿者”的旗帜，在京广铁路沿线开展为旅客送温暖志愿服务。中国青年志愿者行动自此展开。

1993 年 12 月　全国首家省级志愿服务组织——北京志愿者协会成立，2009 年 3 月更名为北京市志愿者联合会。

1994 年 1 月　中国青年志愿者标志产生。5 月，共青团中央在北京人民大会堂中央大厅举行“中国青年志愿者授旗仪式”。12 月，中国青年志愿者协会成立大会在北京举行，会议通过了《中国青年志愿者协会章程》，青年志愿者代表宣读了《中国青年志愿者宣言》。

1994 年 3 月　中华慈善总会成立。

1996 年 3 月　香港青年志愿者组织——香港青年协进会成立。

1996 年　青年志愿者行动第一个长期项目——中国青年志愿者扶贫接力计划试点，1998

年全面实施。

1996年10月　共青团中央公布实施《关于加强青年志愿者规范管理的暂行规定》。

1996年12月　北京市人大常委会通过《关于在十六周岁至十八周岁的未成年人中开展成年教育活动的决议》，要求“适龄青年应当参加累计不少于48小时的志愿服务活动”，是全国首个人大立法确立成人宣誓日或成人节的城市。

1997年5月　中共中央宣传部、中央文明办、国家教委、共青团中央、全国学联联合下发《关于开展大中学生志愿者暑期文化科技卫生“三下乡”活动的通知》。

1997年12月　中共中央总书记江泽民为中国青年志愿者行动亲笔题写“中国青年志愿者”。

1998年3月　国务院残工委印发《关于加强基层残联建设的决定》（〔1998〕残工委字第1号），要求乡（镇、街道）建立助残志愿者联络站。

1998年5月　中共中央政治局常委、国家副主席胡锦涛会见“中国青年五四奖章”获得者和青年志愿者代表。

1998年8月　共青团中央青年志愿者行动指导中心成立，负责规划、协调、指导全国的青年志愿服务工作，承担中国青年志愿者协会秘书处的职能。

1998年11月　首届研究生支教团组建。2011年，研究生支教团纳入大学生志愿服务西部计划整体工作。

1999年6月　“保护母亲河”青年志愿者绿色行动营计划实施。

1999年8月　中国第一部关于青年志愿服务的地方性法规——《广东省青年志愿服务条例》经广东省人大常委会审议通过，1999年9月20日正式实施。2010年7月23日，《广东省志愿服务条例》经广东省人大常委会审议通过，2010年9月1日起施行，《广东省青年志愿服务条例》同时废止。

2000年1月　中共中央总书记江泽民对青年志愿者行动作出重要批示：青年志愿者行动，是当代社会主义中国一项十分高尚的事业，体现了中华民族助人为乐和扶贫济困的传统美德，是大有希望的事业。努力进行好这项事业，有利于在全社会树立奉献、友爱、互助、进步的时代新风。

2000年2月　中共中央宣传部、共青团中央、中央社会治安综合治理委员会办公室等17部委办联名下发《关于实施“新纪元志愿服务计划”的通知》。

2000年3月　共青团中央、中国青年志愿者协会决定从2000年开始，把3月5日作为“中国青年志愿者服务日”。

2000年4月　北京高校第一个专业性社团——首都大学生环保志愿者协会成立。

2000年5月　中国青年志愿者社区发展计划启动仪式在京举行。

2000年10月　台湾“行政院”文化委员会颁布施行《“行政院”文化建设委员会表扬文化机关（构）绩优义工办法》。

2000年10月　“首都大学生第21届世界大学生运动会彩虹志愿者场馆服务签约仪式”在北京航空航天大学举行。

2001年1月　中国台湾地区公布实施《“志愿服务法”》，是中国台湾地区用于指导和规范志愿服务活动及志愿者的专门性法律，也被台湾地区认为是继西班牙之后全球范围内的第二部《“志愿服务法”》。

2001年2月　共青团中央、中国青年志愿者协会发出《推行注册志愿者制度的实施方案（试行）》。3月5日，中国各地共青团组织、青年志愿者组织普遍开始推行注册志愿者制度。

2001年3月　经国务院批准，共青团中央和外经贸部共同发起成立“中国2001国际志愿者年委员会”，负责规划、指导、协调国际志愿者年期间全国的志愿者工作。

2001年4月　北京奥申委、大运会组委会群工部、团市委在中国人民大学召开“北京申奥志愿服务团成立暨青年志愿者行动表彰大会”。

2001年5月　全国妇联、民政部等6家部委在京举行中华巾帼志愿者授旗暨“优质服务进万家”活动启动仪式。

2001年7月　北京申办2008年奥运会成功。

2001年10月20日—21日　亚太经济合作组织第九次领导人非正式会议（APEC会议）在上海举行，2800余名核心志愿者、10万余名外围服务志愿者参与。

2001年12月　中国2001国际志愿者年委员会、团中央等单位在深圳举行“国际志愿者年”庆祝大会，主题是“志愿奉献是人类共同的语言”。

2002年3月　中国青年志愿者海外服务计划正式启动，首期于2002年4月赴老挝开展为期6个月志愿服务。

2002年4月　共青团中央、中国青年志愿者协会联合颁布《中国青年志愿者注册管理办法（试行）》。

2002年5月　广东省狮子会在深圳成立，是1949年后由中国政府第一次批准在中国大陆设立的国际性服务性社团。

2002年5月　志愿服务国际会议在北京召开，会议通过《志愿服务国际会议——北京宣言》。

2002年7月　《北京青春奥运行动规划》由共青团北京市第十一届委员会第二次全体会议表决通过。

2002年7月　中国第一家专门从事志愿服务和福利研究与培训的机构——北京大学志愿服务与社会福利研究中心成立。

2002年7月　北京青春奥运志愿服务团宣布成立。

2003年5月　中共中央总书记、国家主席胡锦涛在成都视察期间亲切看望工作在抗非典第一线的青年志愿者。

2003年6月　共青团中央等发布《关于实施大学生志愿服务西部计划的通知》，“大学生志愿服务西部计划”同年启动。8月，首批6000名应届高校毕业生赴西部基层开展为期1—2年的教育、卫生、农技、扶贫等方面的志愿服务工作。

2003年7月　“首都大学毕业生基层志愿服务团”项目开始实施，每年招募1000名或1500名北京各高校应届毕业生到远郊区县基层单位开展一年或两年志愿服务。

2004年　澳门志愿者总会成立。

2004年3月　“志愿服务，迎接奥运——2004北京迎奥运志愿服务活动”启动仪式在中华世纪坛举行。

2004年7月　“志愿北京　奥运光彩”北京志愿服务基金成立暨庆祝北京申奥成功三周年志愿服务工作图片展剪彩仪式在中国国家博物馆举行。

2004年11月　国务院总理温家宝在老挝亲切接见团中央派遣的青年志愿者赴老挝服务队全体队员并发表重要讲话：我们的志愿者来服务，完全是无偿的，同我们对外的其他援助一样，是不附加任何政治条件的，这就是中国与其他国家交往的态度。

2004年12月 北京国际志愿者论坛在中国人民大学举行，畅谈“志愿服务与北京奥运”，庆祝国际志愿者日。

2005年1月 世界减灾会议在北京举行志愿者公共论坛会议。

2005年2月 北京奥运会志愿者工作协调小组正式成立，小组办公室设在北京团市委。

2005年2月 中国第一支参与印度洋海啸灾后重建的志愿者队伍——中国青年志愿者赴泰国救援服务队赴泰国普吉岛等地开展水下打捞救援服务。

2005年3月 中国社会工作协会组建社区志愿者工作委员会，在京召开中国社会工作协会社区志愿者工作委员会成立大会。2007年11月，更名为“中国社会工作协会志愿者工作委员会”。

2005年4月 中华环保联合会成立，是由热心环保事业的人士、企业、事业单位自愿结成的、非营利性的、全国性的社团组织。

2005年6月 北京奥运会志愿者项目启动仪式在北京饭店举行。国际奥委会主席罗格，中共中央政治局委员、北京市委书记、北京奥组委主席刘淇在启动仪式上致辞，国务委员、北京奥组委第一副主席陈至立向志愿者代表授北京奥运会志愿者旗帜。国家体育总局局长、中国奥委会主席、北京奥组委执行主席王岐山，中国残疾人联合会主席、北京奥组委执行主席邓朴方，北京市委副书记、北京奥运会志愿者工作协调小组组长强卫等领导出席。

2005年7月 中共中央总书记、国家主席胡锦涛对大学生志愿服务西部计划作出重要指示：高校毕业生是国家宝贵的人才资源。实施大学生志愿服务西部计划，有利于开辟高校毕业生健康成长的新途径，有利于推动西部地区的经济社会发展。各级党委、政府和有关部门一定要从全局和战略的高度重视这项工作，总结成功经验，完善政策措施，健全工作机制，引导和鼓励更多的高校毕业生到西部、到基层、到祖国最需要的地方去，磨炼意志，增长才干，为实现全面建设小康社会的宏伟目标贡献自己的智慧和力量。

2005年8月 12名青年志愿者从北京启程奔赴埃塞俄比亚，开展为期半年的沼气开发、中文、体育教育等方面的志愿服务工作，是中国青年志愿者协会受商务部委派组织实施的首个援外青年志愿者项目。

2005年9月 民政部审议通过《中国社区志愿者注册管理办法》，自2005年9月16日起施行。

2006年2月 中央组织部、人事部、教育部、财政部、农业部、卫生部、国务院扶贫办、共青团中央联合发布《关于组织开展高校毕业生到农村基层从事支教、支农、支医和扶贫工作的通知》。

2006年11月 中共中央总书记、国家主席胡锦涛在访问老挝期间，亲切看望在老挝的中国青年志愿者并发表重要讲话：青年志愿者事业是一项崇高的事业，是我们适应形势发展，为增进中国和发展中国家友谊、帮助发展中国家发展的一项重大举措。同志们远离祖国和亲人、不远万里来到老挝做志愿者，很快适应并积极参与当地发展，热心帮助当地人民。你们在实践中开阔了视野、增长了才干、锻炼了自己。一生中有青年志愿者的工作经历是很有益的，这会对同志们今后的成长产生深远影响。相信你们不会辜负祖国和人民的重托，积极为中老友好合作作出贡献，以自己的行动表明你们无愧于青年志愿者的光荣称号。

2006年12月　共青团中央公布施行《中国注册志愿者管理办法》。

2007年1月　奥运志愿“微笑圈”正式版发布仪式暨“我们在钟鼓楼传递微笑”大型主题宣传活动在北京钟鼓楼举行。“微笑圈”的正式含义是：红色代表微笑·承诺·乐于助人，黄色代表微笑·承诺·文明礼仪，黑色代表微笑·承诺·诚实守信，蓝色代表微笑·承诺·学习进取，绿色代表微笑·承诺·保护环境。

2007年4月　全国政协主席贾庆林在访问津巴布韦期间，看望了正在津巴布韦服务的援外青年志愿者并发表重要讲话：志愿者从事的是一项崇高的事业，它是为了增进中国和发展中国家人民的友谊而采取的一项重要举措。青年志愿者工作是一种新的援外形式和开创性的事业，也是对青年人最好的锻炼方式之一。

2007年4月　中共中央总书记、国家主席胡锦涛在第六批中国青年志愿者赴老挝服务队全体队员的来信上作出重要批示：青年志愿者事业是党和国家对外友好事业的重要组成部分，也是培养优秀青年人才的途径和舞台。团中央要会同有关方面加强领导，完善管理，注重培训，不断提高服务水平，为国家争光。

2007年7月　“通过2008年北京奥运会促进中国志愿服务发展合作项目”签字仪式在北京奥运大厦举行，标志着合作项目正式启动。

2007年9月　《北京市志愿服务促进条例》审议通过，自2007年12月5日起施行。

2007年12月　中国红十字会总会颁布施行《中国红十字志愿服务管理办法》。

2007年12月　民政部召开全国社区志愿者注册工作视频会议。

2007年12月　联合国秘书长潘基文在第22个国际志愿者日寄语中国志愿者：我谨对即将服务于北京2008年夏季奥林匹克运动会，残疾人奥林匹克运动会的全体志愿者致以崇高的敬意和极大的鼓励。

2008年3月　中央文明办、民政部、北京奥组委、全国总工会、共青团中央、全国妇联发布《关于深入开展“迎奥运讲文明树新风志愿服务行动”的实施方案》。

2008年3月　中国青年志愿者协会向网络上备受青年喜爱的两个卡通形象——“小破孩”、“小丫”分别颁发注册志愿者证书，是国内首次网络卡通人物注册成为志愿者。

2008年5月　汶川特大地震发生后，全国各地志愿者组织积极参与抗震救灾和灾后重建。

2008年5月　国家副主席习近平出席“微笑北京　志愿奥运——北京奥运会、残奥会志愿者誓师大会”并讲话：奥运志愿者是代表奥林匹克理想、体现奥林匹克文化、传承奥林匹克精神、奉献奥林匹克事业的形象大使。没有广大奥运志愿者的参与和奉献，就谈不上办一届有特色、高水平的奥运会。青年是我国社会中最激进、最活跃、最有生气的一部分力量，中国一代又一代青年具有铁肩担道义的光荣传统，在中国近现代史上谱写了壮丽的青春史诗。中国青年志愿者事业是我们党领导的共青团在新的历史条件下创新工作领域、服务社会需求的一大创举。

2008年7月　国务院总理温家宝在赴四川地震

灾区服务的大学生志愿服务西部计划志愿者的来信上作出重要批示：读了他们的信，非常高兴，也深为他们志愿到祖国需要、环境艰苦的地方创业的精神所感动。

2008 年 8 月 8 日—9 月 17 日　170 万志愿者为第 28 届北京奥运会、残奥会提供志愿服务，国际奥委会首次在闭幕式上增加了向志愿者代表献花的仪式。

2008 年 8 月　联合国授予北京志愿者协会“联合国卓越志愿服务组织奖”，联合国秘书长潘基文写信赞扬服务于北京 2008 奥运会、残奥会的全体志愿者。

2008 年 8 月　共青团中央、公安部等 13 个部委联合启动实施中国消防志愿者行动。

2008 年 9 月　刻有中英文“志愿者的微笑是北京最好的名片”的主题雕塑揭幕仪式在北京奥林匹克公园中心区的志愿者广场举行。

2008 年 9 月　北京奥运会、残奥会总结表彰大会在北京人民大会堂举行，中共中央总书记、国家主席、中央军委主席胡锦涛发表讲话：广大奥运志愿者真心奉献、友爱互助，向世界展现了中国志愿者的时代风采，为祖国和当代中国青年赢得了巨大荣誉。

2008 年 10 月　中共中央、国务院、中央军委发布《关于表彰全国抗震救灾英雄集体和抗震救灾模范的决定》。

2008 年 11 月　全国人大常委会委员长吴邦国在塞舌尔看望了正在塞舌尔服务的青年志愿者，并指出：选派优秀的中国青年赴发展中国家开展志愿服务，是我们党和国家适应形势发展需要，进一步增进我国和发展中国家人民传统友谊，推进建设和谐世界的一项重要举措。

2008 年 12 月　“微笑北京　和谐先锋——‘12·5’国际志愿者日主题活动暨‘奥运志愿者星’命名仪式”在京举行。

2009 年 2 月　中国志愿服务基金会成立。

2009 年 7 月　共青团中央、教育部、财政部、人力资源和社会保障部联合发布《大学生志愿服务西部计划志愿者管理办法（试行）》开始实施，原《大学生志愿服务西部计划志愿者管理办法（试行）》（2004 年版）同时废止。

2009 年 8 月　国务院总理温家宝出席第三届中非青年联欢节开幕式暨中国援非青年志愿者出征仪式，为援非青年志愿者授旗并发表重要讲话：你们以行动体现了中国青年志存高远、不畏艰难、乐于奉献的精神风貌和对非洲人民的深厚情谊。希望你们用所学的知识和技能为非洲人民提供真诚、周到、高质量的服务，赢得友谊和信任。

2009 年 10 月　95 万名志愿者服务国庆 60 周年庆祝活动。中共中央总书记胡锦涛亲切慰问国庆志愿者，并赞扬志愿者：你们放弃国庆休假，积极参与志愿服务，这种助人为乐的精神值得大力提倡。

2009 年 11 月　胡锦涛、李克强等中央政治局常委参加首都防治艾滋病志愿者活动，对防治艾滋病志愿者所做的大量富有成效的工作给予了充分肯定。胡锦涛指出：希望广大志愿者进一步发扬红丝带精神，更多更好地关爱艾滋病患者和感染者，尤其引导社会不去歧视他们。

2010 年 4 月　上海世博会志愿服务项目启动。在 5 月 1 日至 10 月 31 日园博会期间，200 多万名志愿者分批参与服务，其中园区志愿者 79965 名。

2010 年 4 月　全国人大内司委委托共青团中央

承办的志愿服务立法研讨会在成都举行。

2010年5月　五四青年节期间，共青团中央在全国启动实施“共青团关爱农民工子女志愿服务行动”。

2010年6月　中国第一所公益研究院——北京师范大学壹基金公益研究院成立。

2010年7月　中国青年志愿者协会获得联合国经社理事会特别咨商地位。

2010年12月　首届中国志愿服务博览会在北京举办。

2011年1月　全国妇联在北京举行“巾帼志愿服务标识发布暨社区巾帼志愿服务计划”启动仪式。

2011年3月　北京团市委、毛主席纪念堂管理局发起全国首个红色公益服务项目——毛主席纪念堂志愿服务项目。

2011年4月　中华志愿者协会成立。

2011年4月　全国首个在省级民政局注册的志愿服务学术机构——北京志愿服务发展研究会成立。

2011年5月　中共中央总书记、国家主席胡锦涛给中国青年志愿者北京大学第十二届研究生支教团成员回信，向广大青年学生提出“向实践学习，向人民群众学习”的明确要求。

2011年8月　联合国开发计划署、中国商务部、中国国际经济技术交流中心启动“通过公民参与、地区及国际合作加强北京志愿服务发展合作项目”。

2012年3月　中共中央办公厅印发《关于深入开展学雷锋活动的意见》。

2012年10月　民政部发布《关于开展志愿服务记录制度试点工作的通知》，印发《志愿服务记录办法》。

2012年12月　中国志愿服务博览会在北京召开。

2012年12月　中国第一部志愿服务领域译著《志愿者》发布。

2013年3月　中共中央宣传部、中央文明办在北京召开学雷锋志愿服务活动电视电话会议。

2013年5月　在毛泽东主席《在延安文艺座谈会上的讲话》发表71周年之际，中国文艺志愿者协会成立。

2013年12月　中央中央总书记、国家主席习近平给华中农业大学“本禹志愿服务队”回信：历史和现实都告诉我们，青年一代有理想、有担当，国家就有前途，民族就有希望，实现中华民族伟大复兴就有源源不断的强大力量。希望你们弘扬奉献、友爱、互助、进步的志愿精神，坚持与祖国同行、为人民奉献，以青春梦想、用实际行动为实现中国梦作出新的更大的贡献。

2013年12月　中国志愿服务国际交流大会在北京举行。

2013年12月　中国志愿服务联合会在北京成立。

附录二

2008 年北京第 29 届
夏季奥林匹克运动会志愿服务大事记
（2001—2008）

2001 年 7 月 13 日　北京成功申办第 29 届夏季奥林匹克运动会。党和国家领导人江泽民、李鹏、朱镕基、李瑞环、胡锦涛、尉健行等当晚在北京中华世纪坛和天安门广场与各界群众共庆北京申奥成功。北京青年志愿者代表 1500 余人参加了庆祝活动。以此为开始，北京进入奥运筹备阶段。

2001 年 12 月 13 日　第 29 届奥林匹克运动会组织委员会成立仪式在北京人民大会堂举行。

2002 年 7 月 3 日　共青团北京市第十一届委员会第二次全体会议通过了《北京青春奥运行动规划》，决定将每年的 7 月 13 日作为“青春奥运统一行动日”。规划提出：通过广泛开展志愿服务行动，传播志愿服务理念，探索科学管理机制，努力培养一支“国际化、专业化、职能化”的“五环志愿者”队伍，以提供奥运历史上最杰出的志愿服务为目标，切实保证奥运会的成功举办。

2002 年 7 月 13 日　在北京申奥成功一周年之际，“北京青春奥运行动”启动仪式在中华世纪坛举行。同日，北京青春奥运志愿服务团宣布成立，标志着北京奥运会志愿工作前期筹备工作正式启动。

2003 年 4 月 5 日　“首都大学生青春奥运林”碑揭幕仪式在房山区周口店猿人遗址举办。相关部门和 30 家企业代表出席了活动，并与 1200 名大学生共植“首都大学生青春奥运林”。

2003 年 7 月 12 日　“青春奥运，活力北京——首都大学生文化广场开幕式暨‘青春奥运健康行动’启动仪式”在西单文化广场举行。截止 2003 年年底，共举办 24 场“青春奥运，活力北京”首都大学生文化广场专场演出。全市共有北京大学、清华大学、中国人民大学、北京师范大学等 30 余所高校参与承办了首都大学生文化广场活动。该项活动倡导积极健康的生活方式，通过组织全市各高校大学生进行广场演出、志愿服务、文化宣传等活动，为优化北京发展环境营造奥运北京良好氛围做出积极贡献。

2004 年 3 月 4 日　“志愿服务，迎接奥运——2004 北京迎奥运志愿服务活动”启动仪式在中华世纪坛举行。

2004 年 3 月中旬　北京奥组委前期志愿者工作启动。这是北京奥组委启动的第一个志愿者工作项目，是“北京奥运会志愿者工作 6 + 1 工作格局”的重要组成部分。北京奥组委委托北京志愿者协会招募志愿者，服务于奥组委各部门，2004 年共招募 24 名志愿者，2005 年 89 人，2006 年 329 人，2007 年 691 人。前期志愿者在奥组委的 26 个部门从事语言服务、综合助理、电话客服、侵权信息收集、绿色宣讲、教材编写、技术支持、文档管理、大型国际会议服务等。

2004年6月7日　“志愿北京　奥运光彩——迎接雅典2004奥运火炬在京传递公益演出”在中国政法大学隆重举行，2004年6月8日奥林匹克圣火传递到京，这是奥林匹克圣火第一次到达中国。

2004年7月13日　“志愿北京　携手迎奥运”京澳志愿者奥运工地志愿服务活动在中国国家体育场工地举行。同日，“志愿北京　奥运光彩”北京志愿服务基金成立暨庆祝北京申奥成功三周年志愿服务工作图片展在中国国家博物馆举行。

2004年9月24日　“英语志愿者走进社区”启动仪式暨“北京市民讲外语志愿者培训基地”授牌仪式在北京青蓝大厦隆重举行，全面启动迎奥运北京市民讲外语志愿服务工作。此后，北京团市委、北京志愿者协会加强了与联合国志愿人员组织（UNV）合作。

2004年12月5日　北京国际志愿者论坛在中国人民大学举行，志愿服务研究专家、学者及志愿者朋友齐聚一堂，畅谈“志愿服务与北京奥运”，庆祝国际志愿者日的到来，为推进北京迎奥运志愿服务工作出谋划策。同日，“迎奥运共建首都交通文明”活动启动仪式在北京国际会议中心举行。

2005年2月21日　北京奥运会志愿者工作协调小组正式成立，市委副书记强卫任小组组长，小组办公室设在北京团市委，团市委书记关成华任协调小组办公室主任。同时协调小组召开第一次会议。会上明确了协调小组及办公室的组成和职责，标志奥运会志愿者工作协调机制正式形成。

2005年3月4日　一台名为《志愿者之歌》的“志愿北京　迎接奥运——2004年度北京十大志愿者（团体）”颁奖晚会在八一剧场拉开帷幕。北京奥运会志愿者工作协调小组组长、中共北京市委副书记强卫，北京奥运会志愿者工作协调小组副组长、北京奥组委副主席李炳华等负责同志出席了颁奖晚会。颁奖晚会上同时宣布“北京2008奥运志愿服务宣讲团”正式组建成立，宣讲团围绕“志愿北京　迎接奥运”的主题，深入社区、学校、窗口行业等，广泛开展奥林匹克常识及北京奥运知识、志愿服务精神和奥运会志愿者招募的宣传、推广活动。

2005年3月5日　“北京青春奥运志愿者文明礼仪学校”在中国青年志愿者服务日开学，1000名首都大学生志愿者在北京大学聚集一堂，共同庆祝。

2005年3月26日　“青春奥运绿色行动——京郊植树生态游”在北京生态涵养发展区正式启动。300多位青年志愿者和社会各界人士在门头沟区斋堂镇青龙涧的山坡上挥锹种树，为京郊添新绿。

2005年4月9日　“北京2008奥运志愿服务宣讲团”正式开讲，首讲设在北京航空航天大学。来自北京大学志愿服务与福利研究中心的丁元竹教授作题为“志愿者、志愿精神与奥运志愿者”的讲座。

2005年4月9日　“同为主人翁　携手迎奥运”主题志愿服务活动在北京市东城区特殊教育学校举行。

2005年4月28日　“北京志愿者之家”的揭牌仪式暨“志愿北京·2008”圆桌论坛在北京志愿者协会举行。

2005年5月13日　北京奥运会志愿者工作协调小组第二次会议召开。会议就北京奥运会志愿者项目启动仪式和“志愿服务与人文奥运”国际论坛方案、筹备工作进展情况以及需要各成员单位支持的事项等进行研究。

2005年6月5日　北京奥运会志愿者项目

启动仪式在北京饭店举行。国际奥委会主席罗格、北京奥组委主席刘淇在仪式上共同为北京奥运会志愿者标识揭幕，北京奥运志愿者标志定为“中国心”。同时，《北京奥运会志愿者行动计划》在启动仪式上正式推出。

2005年6月5日　“志愿服务与人文奥运”国际论坛在京开幕。北京奥组委执行副主席李炳华在论坛上介绍了北京奥运会志愿者项目和《北京奥运会志愿者行动计划》的有关情况。

2005年6月5日　“北京奥运会志愿者项目启动仪式暨志愿服务与人文奥运国际论坛”招待酒会在北京饭店举行。

2005年6月6日　2008年奥运会志愿者项目新闻发布会在北京饭店举行。发布会上首次通报了北京奥运会志愿者项目经费、志愿者保障等志愿者通用政策，明确了志愿者项目必须有资金支持，北京奥组委的市场开发工作将为其提供充足的资金保障等。并宣布北京奥组委指定专门机构对北京奥运会赛会志愿者进行专门培训，参加赛会志愿服务的志愿者将全部免费接受培训。

2005年7月8日　为规范志愿者培训教材，探索奥运会志愿者公益实践计划运作模式，北京团市委、北京志愿者协会与昌平、大兴等团区委以及一些高校志愿者社团代表等组织召开座谈会，共同就“制订万名大学生服务基层计划”、“起草《北京奥运会志愿者项目运行计划之公益实践计划》”和“《北京志愿者培训读本》编写工作”等主题进行交流与研讨，共同为推进北京志愿者工作献计献策。

2005年7月9日　为庆祝北京申奥成功4周年，北京团市委、北京车迷协会筹委会等共同举办了“北京车友迎奥运活动”，提倡拥有私车的奥运志愿者组成“奥运志愿爱心车队”，为2008年北京奥运会服务。

2005年7月13日　北京申奥成功四周年纪念日，“志愿北京　蒙牛同行”7·13大型演唱会在北京工人体育场举行。演唱会的所有票款都捐入设在北京青少年发展基金会的北京志愿服务基金——志愿北京7·13行动基金。

2005年8月24日　北京奥运会志愿者工作协调小组第三次会议召开。会议讨论了奥运会志愿者项目四个运行计划和定向招募工作方案。

2005年11月4日　“2005年国际残奥委会代表大会”志愿者选拔见面会在北京语言大学召开。

2005年11月12日　“奥运向我们走来”——北京青少年喜迎奥运会倒计时1000天活动在中华世纪坛隆重举行。北京市委副书记强卫，北京奥组委执行副主席李炳华，国际奥委会委员、国际残奥会主席菲尔·克雷文等出席活动。近万名北京青少年、青年志愿者代表与30名来自西部的青少年代表欢聚一堂，用自己特殊的方式表达对2008年北京奥运会的美好祝愿。

2005年12月12日　北京奥运会志愿者工作协调小组第四次会议召开。会议由北京奥组委执行副主席、协调小组副组长李炳华主持，市委副书记、协调小组组长强卫出席会议并讲话。会议研究了奥运会志愿者工作2005年度总体情况和2006年度工作计划。

2005年12月19日　北京奥组委下发《关于成立志愿者部筹备组的通知》，汪明浩任筹备组组长，李世新、张振良等任副组长。27日召开筹备组全体会议，志愿者部筹备组工作启动。

2006年3月23日　距北京奥运会开幕还有869天之际，北京奥运会志愿者工作协调小组召开第五次会议，会议部署了2006年奥运会志愿者工作重点任务。

2006年4月10日　第十一届世界女垒锦标赛组委会新闻发布会召开，会上宣布2008年奥运会垒球比赛场地——丰台垒球场将于2006年8月承办第十一届女垒世锦赛。丰台垒球场因此成为北京市第一个竣工、第一个投入使用的奥运场馆。

2006年4月25日　迎奥运共建站台文明乘车秩序志愿服务活动动员大会在中国人民大学逸夫会议中心召开。该项活动旨在配合全市交通一卡通的正式使用，在全市883个公交站点，组织青年志愿者维护秩序，宣传公交一卡通。整个活动持续半个多月，21600余名志愿者参与了服务，是奥运前一次重要的社会志愿服务活动。

2006年5月14日　北京奥运会志愿者工作协调小组办公室主任办公会召开。会议通报了“北京奥运会驾驶员志愿者招募”工作，“馆校对接”工作和“好运2008，第十一届世界女子垒球锦标赛”志愿者工作的进展情况，并研讨了“北京奥运会志愿者公开招募启动仪式”等工作以及协调小组办公室近期的工作重点。

2006年5月17日至5月31日　作为“好运北京”第十一届世界女子垒球锦标赛志愿工作主责单位，首都经济贸易大学团委举办了“好运北京”第十一届世界女子垒球锦标赛志愿者目标群体培训第一场讲座，邀请中国青年政治学院党委书记兼常务副院长陆士桢教授等担当主讲，在全校学生中普及奥林匹克、志愿服务、礼仪和英语的有关知识。

2006年5月18日　北京奥运会驾驶员志愿者定向招募工作动员会召开。此次驾驶员志愿者的招募工作是北京奥运会一系列志愿者招募工作中的第一项，它标志着北京正式启动奥运会志愿服务征召工作。共招募8979名驾驶员志愿者，分别建立了26个驾驶员志愿者总队。

2006年6月20日　在距北京奥运会开幕还有780天之际，北京奥运会志愿者工作协调小组召开第六次会议。会议就协调小组第五次会议以来工作进展情况以及下一步的工作设想、驾驶员志愿者定向招募工作、女垒锦标赛志愿者阶段性工作以及北京奥运会、残奥会志愿者项目通用政策、组织体系方案、培训工作方案、招募启动仪式方案进行了研究。

2006年6月25日　《北京奥运会志愿者读本》评审会召开。该读本于8月23日正式出版。

2006年7月14日　北京奥运会志愿者工作协调小组办公室，邀请了部分参与过亚运会义务服务工作的老团干部进行座谈，提出了在奥运期间不仅要做好赛场内赛会志愿服务，还要做好整个城市运行的志愿服务和动员全社会参与志愿服务的方针。

2006年8月4日　北京奥运会、残奥会京外省（区、市）赛会志愿者招募工作研讨会在北京21世纪饭店召开。会议决定北京奥运会、残奥会志愿者招募工作于8月28日正式启动，届时开通北京奥组委网络报名系统和咨询热线。

2006年8月8日　北京2008年奥运会倒计时两周年之际，北京志愿者协会联合中央及首都25家新闻单位共同向全社会发起微笑倡议，号召广大公民积极行动起来，从微笑开始，用微笑表达情感，用微笑传递友谊，用微笑传播文明，用微笑构筑和谐，为举办一届“有特色、高水平”的奥运会和构建社会主义和谐社会营造良好的社会氛围。

2006 年 8 月 18 日　北京奥运会、残奥会志愿者招募工作动员会在北京会议中心召开。

2006 年 8 月 27 日至 9 月 5 日　第十一届世界女子垒球锦标赛在北京丰台体育中心举行。本次女垒世锦赛是北京举办 2008 年奥运会之前的第一场测试赛，也是奥运志愿服务工作的一次重要演练。

2006 年 8 月 28 日　北京奥运会、残奥会赛会志愿者招募启动仪式和新闻发布会召开。启动仪式上揭晓了微笑主题活动的名称和口号。其中，活动名称为“微笑北京”，口号为“志愿者的微笑是北京最好的名片”。同时，启动仪式还推出了北京奥组委与北京奥运会志愿者工作协调小组的工作刊物《志愿者——我们与奥运同行》创刊号。截止 2008 年 7 月，北京奥运会赛会志愿者录用工作全部完成，北京主赛区共录用赛会志愿者 77169 人。截止 2008 年 8 月，北京残奥运会赛会志愿者录用工作全部完成，北京主赛区共录用残奥会赛会志愿者 44261 人。

2006 年 9 月 8 日　在北京奥运会倒计时 700 天到来之际，北京高校“志愿奥运 · 和谐先锋”主题宣传活动在中国农业大学启动，仪式上同时启动了“奥运志愿服务大讲堂”。

2006 年 9 月 9 日　北京奥运会志愿者徽章（圆形纯金、长方形纯银各一枚）首次由“实践一号”卫星搭载升空，并随卫星经过十五天零小时的轨道运行后返回。

2006 年 9 月 26 日　北京奥运会志愿者工作协调小组召开第七次会议。会议研究了驾驶员志愿者、贵宾陪同和语言服务志愿者、媒体运行志愿者等三个专业志愿者招募工作。

2006 年 10 月 29 日　由北京团市委、北京奥组委志愿者部、北京市学生联合会等主办的“我们在长城传递微笑”暨奥运志愿“微笑圈”测试版发布仪式大型主题宣传活动，在居庸关长城举行。

2006 年 10 月下旬　北京团市委、北京志愿者协会在北京面向社会公开招募赴多哈亚运会志愿者，并依托专业院校进行优秀志愿者的推荐。12 月 10 日，北京志愿者赴多哈亚运会服务团一行 12 人完成第 15 届多哈亚运动会共 8 天的志愿服务工作，顺利凯旋。以此事件为开端，北京团市委、北京奥组委志愿者部、北京奥运志愿者工作协调小组办公室和北京志愿者协会共组织了 102 名骨干志愿者远赴多哈亚运会、云南残疾人运动会、广州大学生运动会、曼谷世界大学生运动会、日照水上运动会、上海特奥会等各大赛事参与志愿服务，为积累经验、培训骨干、宣传奥运起到积极作用。

2006 年 11 月 3 日　北京奥组委执行副主席李炳华主持召开奥运会、残奥会志愿者竞赛组织、颁奖典礼专业志愿者工作专题会议。

2006 年 11 月 17 日　北京奥运会志愿者工作协调小组第八次会议召开。

2007 年 1 月 1 日凌晨　奥运志愿“微笑圈”正式版发布仪式暨“我们在钟鼓楼传递微笑”大型主题宣传活动在北京钟鼓楼举行。“微笑圈”的正式含义是：红色代表微笑 · 承诺 · 乐于助人，黄色代表微笑 · 承诺 · 文明礼仪，黑色代表微笑 · 承诺 · 诚实守信，蓝色代表微笑 · 承诺 · 学习进取，绿色代表微笑 · 承诺 · 保护环境。这次活动倡导了广大志愿者和市民实践乐于助人、诚实守信、文明礼仪、保护环境、学习进取的微笑承诺；弘扬了志愿精神和微笑理念。同日，“微笑北京、志愿奥运、共创和谐”微笑祝福笺传递绿色通道开通仪式在北京市百万庄共青团邮电局举行，“微笑祝福笺”由印有“喜从信来”邮笺和 2007 年贺年有奖明信片组成。开展新年祝福、微笑传递活动，旨在加强与赛会志愿者申请人的联络与互动，并通过他们向社会传播志愿精神和微笑理念，推动北京奥运会志愿者工作和“微笑北京”主题活动的深入开展。

2007 年 1 月 19 日　“志愿中国·人文奥运”主题活动暨北京奥运会、残奥会京外省（区、市）赛会志愿者招募启动仪式在人民大会堂举行。该项工作由共青团中央牵头，各省团组织负责组织实施，开启了由大型活动主办地团组织承担，各省团组织招募志愿者，团中央统筹协调大型赛会志愿工作模式。

2007 年 1 月 24 日　首都高校共青团 2007 年度奥运会志愿者工作部署会召开，79 所高校团委负责同志参加会议。

2007 年 1 月 26 日　北京奥运会志愿者工作协调小组召开第九次会议。会议就北京奥运会志愿者工作 2006 年工作总结和 2007 年工作计划进行了汇报。并分别听取了《关于港澳台及海外赛会志愿者招募工作的指导意见（征求意见稿）》、《北京奥运会、残奥会 2007 年测试赛志愿者工作方案（征求意见稿）》和《关于京外赛区赛会志愿者工作的指导意见（征求意见稿）》的汇报。

2007 年 1 月　北京奥组委志愿者部正式成立，由北京团市委书记刘剑担任志愿者部部长。

2007 年 2 月 7 日　北京奥运会志愿者工作协调小组召开区县奥运会志愿者工作会议。会议对区县奥运会志愿者的培训体制与培训目标进行了部署。还听取了各区县奥运会志愿者工作协调小组负责同志的工作汇报。

2007 年 2 月 10 日　“歌声与微笑”群众歌咏活动启动仪式在景山公园举行，400 余名志愿者和群众文艺团体成员参加。

2007 年 2 月 27 日　中共中央政治局委员、市委书记刘淇等市领导以及市委市政府各有关部门负责同志，在团市委、东城区委有关同志陪同下到东城区王府井北京奥运会城市志愿服务站点慰问参与“春节服务周”活动的北京奥运会城市志愿者申请人。

2007 年 3 月 3 日　2007 年北京高校奥运工作推进大会在清华大学召开，这标志着北京市教育系统 2007 年奥运筹办工作全面启动。

2007 年 3 月 5 日　“微笑北京，真诚奉献，和谐空港，共迎奥运——首都机场志愿服务团成立暨迎奥运志愿者活动启动仪式”在首都机场一号航站楼举行，全面推出首都机场迎奥运志愿服务活动，进一步展示首都国际机场的国门形象，推进“迎奥运、讲文明、树新风”活动，深化北京迎奥运志愿服务工作。

2007 年 3 月 27 日　北京奥运会志愿者工作协调小组召开第九次会议。会议研究了港澳台及海外赛会志愿者、京外赛区志愿者等工作。

2007 年 3 月 27 日　“奥运先锋”——青年突击队决战奥运工程誓师暨首都大学生志愿者服务奥运工程建设者活动启动仪式在国家游泳中心施工现场联合举办。仪式上，青年突击队员和首都大学生志愿者面对国旗庄严宣誓，表达了决战奥运、服务奥运的决心和信心，做出了“为祖国争光、为奥运添彩”的承诺。

2007 年 3 月 28 日　北京奥组委、北京奥运会志愿者工作协调小组召开新闻发布会，正式启动北京奥运会、残奥会港澳同胞、台湾同胞、华侨华人和外国人赛会志愿者招募工作，接收港澳同胞、台湾同胞、华侨华人和外国人报名。港澳同胞、台湾同胞、华侨华人和外国人赛会志愿者招募工作，由北京奥组委、北京奥运会志愿者工作协调小组委托相关机构负责组织实施。

2007年3月28日　“微笑北京　志愿奥运　共创和谐——2006北京十大志愿者颁奖典礼”在北京世纪剧院举行。

2007年3月31日　“北京奥运会志愿者林”启动仪式在北京十三陵——2008年奥运会铁人三项比赛的赛道旁举行，1000多位北京奥运会赛会志愿者申请人、城市志愿者、社会志愿者和社会各界人士在2008年奥运会铁人三项比赛的赛道旁种植了2008棵侧柏，建成“北京奥运会志愿者林”。标志着“微笑北京——奥运会志愿者周末美化环境行动”、“植树日”活动正式启动。

2007年4月1日　北京奥运会、残奥会志愿者申请人代表梁苏会陪同胡锦涛等党和国家领导人在北京奥林匹克森林公园参加首都义务植树活动。

2007年4月9日　北京奥运会志愿者工作协调小组召开第十次会议。会议研究了北京奥运会、残奥会专业志愿者项目工作进展情况、城市志愿者工作指导意见和通用政策，以及残疾人志愿者招募工作实施方案。

2007年4月22日　北京高校奥运会骨干志愿者培训班暨“奥运、航天、志愿、奉献”专题报告会在中国人民大学举办。来自82所高校的1200多名骨干志愿者参加活动。北京高校骨干志愿者培训主要依托首都大学生新世纪英才学校，在北京范围内分四期培养800名骨干志愿者和200名啦啦队引导员。

2007年4月24日　在2008年残奥会开幕倒计时500天之际，“首都高校志愿残奥主题活动月”活动在北京师范大学英东学术会堂启动。同时，“首都高校志愿残奥青年先锋志愿者团”也正式成立。

2007年4月30日　第二十一届北京市“五四奖章”表彰暨北京奥运会城市志愿者“五一服务周”活动启动仪式举行。此次活动是在充分总结北京奥运会城市志愿者“春节服务周”活动的基础上，为进一步测试、完善城市志愿服务站点的各项工作而举行的。

2007年5月1日　“传承国粹　服务奥运”——北京奥运会、残奥会志愿者系列培训京剧念白专场活动在中山公园音乐堂举行。在京的20余位著名京剧艺术家登台为奥运志愿者培训京剧念白。

2007年6月9日　北京奥运会、残奥会驾驶员志愿者实践教育暨“城市观察员”志愿服务活动启动仪式在王府井大街举行，200余名驾驶员志愿者申请人参加活动。与会领导共同开启了文明交通活动标志，为首批“城市观察员”代表颁发了聘书，志愿者代表共同宣誓，承诺做文明交通的表率。

2007年6月13日　2007年“好运北京”体育赛事志愿者暨北京奥运会城市志愿者工作动员部署会在北京大学英杰交流中心召开。会上介绍了近期奥运会志愿者工作的进展情况，并就2007年“好运北京”体育赛事志愿者、北京奥运会城市志愿者工作任务和进度要求进行了部署。

2007年6月14日　“歌声与微笑——唱响奥运·唱响志愿校园行”活动在中国传媒大学举行。同时，“奥运志愿心乐团”也宣告成立。截止2007年底，“奥运志愿心乐团”先后走进社区、高校、企业、公益机构举办23场公益宣传活动。同日，“12355”北京市青少年服务台作为北京奥运会、残奥会城市志愿者招募咨询热线也顺利开通，热线承担北京奥运会、残奥会城市志愿者的报名咨询工作。12355北京市青少年服务台成为北京共青团直接服务青少年的综合性、“一站式”服务平台。

2007年6月15日　北京奥运会、残奥会驾驶员志愿者选调工作会议召开。

2007年6月18日　“微笑北京　奥运先锋”北京奥运会、残奥会城市志愿者招募主题活动在永定门北广场举行。北京奥运会在奥林匹克运动史上，第一次提出了城市志愿服务项目，这是一项创新性的工作，为首都志愿服务的日常化和制度化建设打下了坚实的基础。奥运会、残奥会期间，依托“志愿北京”平台，实现了对全市18区县550个站点48万名城市志愿者的高效、有序管理。

2007年7月5日　在迎来北京奥运会倒计时400天之际，集北京奥运会志愿者信息发布、报名招募、培训测试、项目管理、调配管理、沟通互动等功能为一体的奥运会志愿者网络平台——“志愿北京”北京奥运会志愿者综合服务信息平台（www. bv2008. cn）正式开通。该平台是由北京奥运会志愿者工作协调小组办公室、团市委、北京奥组委志愿者部、北京志愿者协会，历时半年打造的一个面向北京各类志愿者的综合网络体系。平台包括高校志愿者管理信息系统、城市志愿者管理信息系统、志愿者远程培训测试系统、志愿者公益实践项目管理系统、青檬奥运志愿者网络电台、志愿者论坛博客、志愿者移动信息平台、志愿者邮件系统等八大系统模块。2009年，随着全市志愿者大会的召开和北京市志愿者联合会的成立，“志愿北京”信息平台实现了从服务奥运到服务日常志愿服务工作的转化，顺利完成了奥运志愿者成果的转化，承接了全部志愿者、志愿服务项目以及志愿服务机构、团体的数据，为北京的日常志愿服务事业打下了坚实的基础。2010年，随着《北京市志愿者管理办法（试行)》发布，“志愿北京”信息平台为全市统一的志愿者注册平台，进一步整合和承载了全市各级各类志愿服务需求，在北京日常志愿服务事业中发挥着重要的作用。

2007年7月9日　北京奥运会城市志愿者招募报名推进工作暨“好运北京”体育赛事城市志愿服务工作动员会在北京华风宾馆举行。会议就北京奥运会城市志愿者“好运北京”体育赛事志愿服务活动进行了安排，介绍了《志愿先锋》工作快报的有关情况，布置了志愿者信息的报送、收集、宣传等工作。

2007年7月10日　北京奥运会志愿者工作协调小组办公室、团市委、北京奥组委志愿者部、北京志愿者协会、市文化局举办“微笑北京　创意青春”——唱响奥运·唱响志愿校园行暨首都青年文化艺术创意精品展演活动，来京参加“两岸青年联欢节”的台湾大学生与来自北京高校的赛会志愿者申请人代表共1000余人参加了活动。活动同时启动了“志愿同行·北京志愿服务需求调查活动”。

2007年7月25日　“2008年北京奥运会促进中国志愿服务发展合作项目”签字仪式在北京奥运大厦举行。项目包括：开展培训项目协助实施北京奥运会骨干志愿者的培训计划；开展环保项目支持绿色奥运理念的推广；开展志愿服务活动支持北京奥运志愿者遗产转化工作。合作项目汲取国内外优秀的志愿服务管理经验，宣传志愿精神，提升北京奥运会志愿者服务水平，进一步推动北京志愿事业的发展。其中，第一期合作中培训了8200位骨干志愿者和志愿者管理人员。

2007年8月1日　北京团市委、北京奥组委志愿者部开始集中办公，集中办公地点为中科院微电子研究所（朝阳区北土城西路3号)。

2007年8月6日　“好运北京”体育赛事拉拉队培训暨风采展示活动在首钢篮球中心举行。

2007 年 8 月 7 日　“2008 我们微笑出发”北京奥运会倒计时一周年志愿者誓师大会在北京奥运大厦南广场举行。活动发布了“北京 2008 年奥运会倒计时一周年志愿者誓师纪念封”。

2007 年 8 月 8 日　奥运志愿者歌曲《微笑北京》（作曲：陈腾，作词：陈腾，演唱：白雪）荣获第九届共青团精神文明建设“五个一工程”优秀文化作品奖。

2007 年 8 月至 9 月　来自山东、天津、上海、辽宁、湖北 5 个省市的 49 名京外志愿者代表参加了“好运北京”体育赛事志愿服务工作。

2007 年 8 月至 12 月　在“好运北京”体育赛事 2007 年的比赛中，北京团市委协调各有关部门组织拉拉队 3.89 万人次参与加油助威活动，其中骨干拉拉队 6600 人次，同时按照有关工作要求组织后备观众 18.3 万人次。

2007 年 9 月 4 日　北京残奥会倒计时一周年志愿者动员誓师大会暨北京市残疾人体育训练和职业技能培训中心落成仪式举行，并发布“北京 2008 年残奥会倒计时一周年志愿者誓师纪念封”。

2007 年 9 月 7 日　“微笑北京　志愿奥运——唱响奥运　唱响志愿”校园行活动在北京大学百年纪念讲堂举行。现场启动了“‘铃’听奥运　传递微笑”志愿奥运公益彩铃征集活动。

2007 年 10 月 11 日　在纪念奥运会倒计时 300 天之时，奥运志愿“微笑圈”少年版发布仪式暨首都庆祝中国少年先锋队成立 58 周年活动在天安门广场举行。活动仪式上正式发布了奥运志愿“微笑圈”少年版，面向全市少年儿童启动了“微笑北京——雏鹰五彩行动”，首都少年儿童也以特殊的方式表达喜迎十七大、热盼奥运会之情。

2007 年 10 月 24 日　北京奥运会志愿者歌曲《微笑北京》搭载“嫦娥一号”卫星奔赴太空、奔向月球，中华民族千年奔月梦想变为现实，志愿者的歌声在太空。

2007 年 11 月 11 日　北京奥运会志愿者工作协调小组办公室、团市委、北京奥组委志愿者部、中国残联残奥办、市残联在 2008 年北京残奥会开幕倒计时 300 天之际，联合举行以“微笑北京，志愿奥运，关注残奥，共创和谐”为主题的志愿者活动，分别为《北京残奥会志愿者培训教材》中文版、盲文版首发仪式，第二批奥运会、残奥会志愿者培训基地授牌仪式。

2007 年 11 月 22 日　北京奥运会、残奥会京外省（区、市）赛会志愿者工作电视电话会召开，部署京外志愿者招募相关工作。

2007 年 12 月 2 日　北京奥运会志愿者工作协调小组办公室、团市委、市民政局、市残联、北京奥组委志愿者部在西城区图书馆举行“‘志愿同心携手同行’残奥会志愿者扶残助困行动”启动仪式。

2007 年 12 月 2 日　北京奥运会志愿者工作协调小组办公室、团市委、北京奥组委志愿者部、北京志愿者协会在世纪剧院举行“微笑北京　志愿奥运　共创和谐——12·5 国际志愿者日主题晚会”。

2007 年 12 月 5 日至 13 日　“共享·提高·发展——2007 北京志愿服务国际交流周”活动在北京举办，来自 12 个国家和地区的近 30 名中外专家就志愿者工作管理、志愿服务事业的发展和赛事志愿服务等主题，以专题报告、座谈交流和观摩指导测试赛志愿者工作的形式对 3000 多名志愿者骨干、志愿者经理进行了培训，并与北京团市委、北京奥组委志愿者部相关同志进行了座谈交流。

2007 年 12 月 17 日　奥运志愿者歌曲搭载“嫦娥一号”卫星回传交接仪式暨“弘扬航天精神、贡献北京奥运”报告会在人民大会堂举行。仪式上交接了录有“嫦娥一号”卫星回传的奥运志愿者歌曲《微笑北京》的光盘。并为 500 名志愿者代表做了题为“弘扬航天精神、贡献北京奥运”的主题报告。

2007 年 12 月 31 日　“微笑北京　志愿奥运——奥运志愿‘微笑圈’国际版发布仪式暨志愿者迎接 2008 庆典活动”在钟鼓楼广场举行。相关领导与社会各界人士及志愿者代表近千人参加了活动。

2008 年 1 月 1 日　北京奥运会志愿者工作协调小组办公室、北京团市委联合北京市邮政公司举行“微笑祝福笺”传递绿色通道仪式活动，向北京奥运会、残奥会赛会志愿者申请人发放 14 万张“微笑祝福笺”。此次活动旨在加强与志愿者申请人的联络互动，并通过他们向社会传播志愿精神和微笑理念，推动北京奥运会志愿者工作和“微笑北京”主题活动的深入开展。

2008 年 1 月 4 日　北京奥运会、残奥会志愿者“奔跑·2008　唱响奥运”健身活动在北京科技大学举行。坦桑尼亚著名马拉松运动员，奥运英雄阿赫瓦里和团市委书记、奥组委志愿者部部长刘剑一道，领跑接力长跑活动，与社会各界知名人士和近千名大学生志愿者一起迎接新年，祝福奥运。

2008 年 1 月 9 日至 11 日　北京奥组委人事部、志愿者部共同举办场馆人事经理、志愿者经理、观众服务经理培训班。北京奥组委执行副主席李炳华出席培训班总结大会。培训通过专题报告和小组讨论的形式，分别围绕奥运场馆志愿者工作、奥运场馆人力资源的配备与管理等场馆运行工作展开交流讨论，为进一步加强场馆建设，加强工作协调起到了积极作用。

2008 年 1 月 12 日　北京奥组委执委会确定《微笑北京》、《我是明星》为北京奥运会、残奥会志愿者主题歌曲。《微笑北京》由陈膺作词作曲、白雪和谭晶演唱，《我是明星》由周华健作曲、林夕作词、周华健演唱。

2008 年 1 月 14 日　奥运志愿“微笑圈”入选“2007 年度中国媒体十大流行语”。“微笑圈”由奥运五环颜色组成，红、黑、绿、黄、蓝五色“微笑圈”分别代表着乐于助人、诚实守信、保护环境、文明礼仪、学习进取等五种微笑承诺。

同日，京外赛区志愿者工作联席会议召开。2008 年 3 月 31 日奥运会赛会志愿者报名截止，共有来自京外 30 个省（区、市）的 292253 人报名。奥运会期间，京外 30 个省（区、市）的 2309 名志愿者，占总服务赛会志愿者数的 3.3%，在 22 个场馆参与观众引导、运行支持、交通运行、安检验票等志愿服务工作，占总竞赛场馆数的 71%。残奥会期间，近 700 名残奥会志愿者在 15 个场馆开展志愿服务工作，占总服务赛会志愿者数的 2.3%，占总竞赛场馆数的 100%。据不完全统计，京外各团队志愿者们热情周到地为近 80 万名国内外观众提供了 27708 小时的优质服务。

2008 年 1 月 15 日　北京奥运会志愿者工作协调小组召开第十一次会议。会议研究了奥运会残奥会志愿者工作总体目标及工作任务。

2008 年 1 月 20 日至 27 日　北京奥运会、残奥会骨干志愿者外语冬训营举行。1000 名骨干志愿者接受总共 86 课时的培训。其中，奥运通用外语、岗位服务外语培训共计 62 课时，体能训练共计 6 课时，专项业务知识培训共计

18课时，完成了志愿者全部通用培训。

2008年1月25日 北京奥运会、残奥会拉拉队指挥培训班举行。同时召开北京奥运会、残奥会拉拉队工作座谈会，北京团市委书记、北京奥组委志愿者部部长刘剑等领导出席有关活动。参加此次培训的300余名学员分别来自社区、农村、企业和大中学校。在专业老师的指导下，体验了助威的手势、节奏、口号、技巧等。学员们喊出了“两个舞台、同样精彩”的文明观赛口号。

2008年1月29日 2008年首都高校共青团奥运志愿者工作会暨赛会志愿者场馆对接工作推进会召开。

2008年1月30日 北京市青联委员、大学生志愿者“三下乡”暨奥运志愿心乐团演出活动在房山区举行。自成立以来，“心乐团”先后走进高校、社区、企业和公益机构，以人们喜闻乐见的文艺形式传唱奥运志愿歌曲，传播微笑和谐理念，广泛吸引社会各界的参与和称赞。

2008年1月31日 “微笑北京 奥运先锋”志愿者服务技能主题培训活动举行。培训以服务技能知识竞赛和现场模拟展示为主要内容，通过必答、抢答、现场模拟、看图说话、情景再现、观众互动和专家点评的闯关形式，全面展示了观众服务各个岗位的工作要求和规范，进一步明确了观众服务志愿者的标准化体系，强化了观众服务志愿者必须掌握的“团队领导”、“团队合作”、“高效沟通”、“处理客户的抱怨与投诉”等各种技能、方法。

2008年2月2日 北京市委常委、市委组织部部长、协调小组组长吕锡文，市委常委、协调小组副组长梁伟，协调小组副组长、北京奥组委执行副主席李炳华走访慰问军队支援奥运工作领导小组办公室和武警总部奥运办。据统计，奥运期间，军队和武警共有19975人服务北京奥运会26个项目，8602人服务北京残奥会21个项目。

2008年2月5日 中共中央政治局委员、市委书记、北京奥组委主席刘淇听取奥运志愿者工作汇报，充分肯定了北京共青团工作和奥运会、残奥会志愿者工作取得的成绩，并对下一步工作做出重要指示。会议还发出了“微笑北京 志愿奥运 共创和谐——2008，我们微笑出发”的主题活动，“志愿者的微笑是北京最好的名片”作为奥运会志愿者口号。

2008年2月6日 “微笑北京 志愿奥运 共创和谐——志愿者春节主题活动”在奥林匹克中心区广场举行。此次活动表达了对留京过年的广大志愿者、奥运工程建设者、首都各界青年的新春祝愿。

2008年2月18日 《北京残奥会志愿者培训教学片》在北京科学教育电影制片厂开拍，这是继《北京残奥会志愿者培训教材》出版后，北京奥组委志愿者部针对残奥会志愿者培训推出的新方式。该教学片委托北京联合大学特殊教育学院制作，作为《北京残奥会志愿者培训教材》的配套教材，该片包括残疾人心理特征、与残疾人交往的礼仪、助残基本技能三个版块，采用了现场模拟与演播室座谈相结合的形式。为确保权威性与针对性，多名残奥会志愿者工作专家顾问从脚本阶段即介入研讨，并在拍摄过程中进行现场指导。同时，为提高教学片的社会影响力，特邀了濮存昕、白岩松、春妮等社会知名人士以及杨扬、钱红、杨凌、王丽萍、高红、楼云等优秀运动员参与拍摄。

2008年2月22日 北京奥组委、北京奥运会志愿者工作协调小组联合召开北京奥运会、残奥会京外省（区、市）赛会志愿者工作会。就进一步做好京外省（区、市）赛会志愿者迎送服务、日常管理、激励动员、应急处置等工作进行了具体部署。

2008 年 3 月 2 日至 18 日　以“微笑北京奥运先锋”为主题的“北京奥运会社会志愿者‘两会’期间服务活动”举行，百万名社会志愿者在城市交通运行、社区治安巡逻、公共场所内保、社区扶残助困、生态环保实践、医疗卫生宣传等领域开展志愿服务活动。

2008 年 3 月 4 日　北京奥运会、残奥会驾驶员志愿者工作会议召开。北京市副市长、北京奥运会志愿者工作协调小组副组长赵凤桐，协调小组副组长、北京奥组委执行副主席李炳华出席会议并讲话。会议是驾驶员志愿者工作奥运决胜之年的动员大会，也是转入赛时体制的一次重要会议。

2008 年 3 月 8 日至 9 日　北京团市委、联合国志愿服务合作项目执行办公室及北京志愿者协会联合举办北京奥运会、残奥会志愿者管理人员赛时安全风险管理培训班。来自清华大学等高校的骨干志愿者 50 余人参加了培训。这次培训是“通过 2008 年北京奥运会促进中国志愿服务发展”合作项目的重要内容之一，旨在通过汲取国内外大型赛事经验，提升北京奥运会、残奥会志愿者服务水平。

2008 年 3 月 12 日　北京奥运会场馆外交通志愿者工作对接会召开，会议旨在明确场馆外交通志愿者工作任务，建立高校与交通部运行团队的对接沟通机制，进一步推进奥运会赛会交通服务助理、随车服务助理志愿者人岗对接工作。

2008 年 3 月 22 日　团中央、北京奥运会志愿者工作协调小组、中国青年志愿者协会联合举行全国“传递微笑，服务奥运”志愿者行动启动暨“首都饮用水源志愿服务基地”揭牌仪式。协调小组副组长、北京奥组委执行副主席李炳华出席并为“首都饮用水源志愿服务基地暨北京市青少年生态文明教育基地”揭牌。

2008 年 3 月 23 日　北京车友会第一届会员大会召开并发布奥运志愿车友版“微笑圈”。

2008 年 3 月 31 日　北京奥运会、残奥会赛会志愿者报名工作结束。到报名截止时，北京奥运会、残奥会赛会志愿者申请人数达 1125799 人，成为历届奥运会之最。其中 908334 人同时报名残奥会志愿者。

同日，北京奥运会、残奥会驾驶员志愿者专业基础知识集中培训及英语交流水平、驾驶技能、奥运知识测试评估工作全部完成。

2008 年 4 月 4 日至 6 日　北京奥运会、残奥会骨干志愿者核心素质春训营开营，首都新世纪英才学校 2008 级骨干志愿者及 8 所高校的近千名骨干志愿者参加培训。

2008 年 4 月 5 日　北京奥运会赛会骨干志愿者（NOC 助理）王殊瑾作为奥运会志愿者代表陪同胡锦涛等党和国家领导人在北京奥林匹克森林公园参加首都义务植树活动。

2008 年 4 月 9 日　北京奥运会志愿者工作协调小组召开第十二次会议。市委常委、市委组织部部长、协调小组组长吕锡文，市委常委、协调小组副组长梁伟，副市长、协调小组副组长赵凤桐，协调小组副组长、北京奥组委执行副主席李炳华出席会议。会议要求各有关单位高度重视志愿者工作，为完成赛时任务做好全面准备，提供坚实保障。会议听取了相关同志对奥运会、残奥会赛时志愿者工作体制机制建设方案、奥运会、残奥会社会志愿者工作推进情况及奥运会、残奥会后备观众、拉拉队工作方案的汇报。会议还通过了《北京奥运会、残奥会社会志愿者总体运行方案》，明确了社会志愿者的工作任务。

2008年4月10日 北京奥运会志愿者工作协调小组办公室、团市委、北京奥组委志愿者部、北京奥组委残奥会部、市总工会、北京志愿者协会共同举办"'两个奥运 同样精彩'——北京奥运会、残奥会文明观众、拉拉队志愿者在行动"主题活动启动仪式。活动推出了拉拉队荣誉队员"咚咚"和拉拉队助威服，冯巩、杨扬、桑兰被聘为奥运会残奥会文明观众、拉拉队队长。

2008年4月12日至16日 北京奥运会、残奥会京外、境外赛会志愿者骨干培训班在北京会议中心举行，260名来自京外省区市和港澳台侨外骨干志愿者参加培训。本期培训是进一步加强京外、境外赛会志愿者骨干队伍建设，磨合京外、境外赛会志愿者赛时运行机制，提高京外、境外赛会志愿者的整体服务水平的重要举措。

2008年4月15日 中共北京市委宣传部、北京团市委、北京奥组委志愿者部、北京奥组委新闻宣传部、北京奥组委场馆管理部联合制定下发《关于北京奥运会、残奥会志愿者宣传工作指导意见》。

2008年4月16日 北京奥运会志愿者工作协调小组办公室和中国移动通信集团公司举行"北京奥运会、残奥会城市志愿者合作伙伴"签约仪式。

2008年4月18日 "志愿服务加油站 奥运文明一路行"——北京奥运会社会志愿者加油站志愿服务启动仪式举行。

2008年4月19日 北京团市委、北京奥运会志愿者工作协调小组办公室、中国国际经济技术交流中心、北京志愿者协会、联合国开发计划署、联合国志愿人员组织共同举办"微笑北京 志愿奥运 共创和谐——保护北京雨燕 放飞风筝主题活动"。

2008年4月21日 北京奥运会、残奥会赛会志愿者录用通知试点工作部署会召开，驾驶员志愿者作为首批试点开始进行赛会志愿者录用通知书发放工作。

2008年4月22日 北京奥运会志愿者工作协调小组办公室、北京团市委、北京奥组委志愿者部、北京志愿者协会、联合国开发计划署、联合国志愿人员组织（UNV）联合开展"微笑北京 奥运先锋'绿色奥运 你我同行'——北京奥运会城市志愿者世界地球日主题活动"。

2008年4月24日 北京奥运会社会志愿者大型公共场所秩序维护工作启动仪式举行。活动总结了前一阶段安保志愿者工作情况，并对奥运期间北京奥运会社会志愿者大型公共场所内部治安保卫工作进行了部署。

同日 北京奥运会志愿者工作协调小组办公室、志愿者部、团市委召开奥运会、残奥会赛会志愿者录用通知工作部署会。

2008年4月26日至30日 奥运会赛会志愿者录用通知书发放工作全面展开，各场馆（团队）第一批发放通知书约4万份。

2008年4月30日 北京奥运会倒计时100天誓师动员大会在人民大会堂举行，中共中央政治局常委、全国政协主席贾庆林出席大会并讲话。中共中央政治局委员、国务委员、北京奥组委副主席刘延东主持大会。中共中央政治局委员、中央书记处书记、中宣部部长刘云山，全国人大常委会副委员长、北京奥组委副主席陈至立，全国政协副主席、中国残疾人联合会主席、北京奥组委执行主席邓朴方出席会议。来自体育界、首都学生、解放军及武警官兵、安保和交通工作人员、北京奥组委工作人员和志愿者、北京奥运会赞助商、北京奥运会定点医院和签约饭店及社区代表等6000余人参加了大会。贾庆林提出四点要求：第一，始终保持奋发进取的精神状态。第二，牢固树立科学严谨的工作作风。第三，充分发挥举国体制的强大优势。第四，努力营造欢乐祥和的奥运环境。为成功举办一届有特色、高水平的奥运会作出新的更大贡献。团市委书记、北京奥组委志愿者部部长刘剑，团市委副书记沈千帆代表奥组委志愿者部和北京团市委、北京志愿者协会参加活动。

2008 年 4 月 30 日晚　北京奥运会倒计时 100 天庆祝活动暨第四届北京 2008 奥运会歌曲评选活动颁奖晚会在北京太庙进行。北京 2008 年奥运会暨残奥会志愿者主题歌《微笑北京》和《我是明星》分别获奖。

2008 年 4 月　北京团市委先后推出 4 套志愿者宣传海报及包括《赛会志愿者招募系列海报》、《微笑系列海报》、《奥运志愿者（赛会、城市、社会、文明观众、微笑北京）形象宣传系列海报》、《奥运志愿者激励宣传海报》及《残奥会志愿者激励宣传海报》，总发行量达 2 万套。

2008 年 5 月 3 日　中共中央总书记、国家主席胡锦涛在北京大学视察时，亲切勉励报名北京奥运会、残奥会志愿者的外国留学生。

2008 年 5 月 4 日　“微笑北京、志愿奥运——北京奥运会、残奥会志愿者誓师大会”在北京工人体育馆举行。中共中央政治局常委、国家副主席习近平出席并讲话，北京市市长、北京奥组委执行主席郭金龙主持大会，中共中央及北京市相关领导出席大会。奥运志愿者代表等约 6000 人参加大会，北京市委书记、北京奥组委主席刘淇为北京奥运会、残奥会志愿服务总团授旗，北京团市委书记、北京奥组委志愿者部部长刘剑带领全体现场志愿者宣誓。会上表彰了 2007 年度北京市十大志愿者。

2008 年 5 月 8 日 9 时 17 分　北京奥运会、残奥会志愿者旗帜和徽章由北京奥运火炬接力珠峰传递登山队队员达琼和洛则带上珠峰。

同日　团市委举行奥运志愿心乐团携手“直播北京”走进国航暨 2008 志愿者主题公益电影《微笑圈》开机仪式。

2008 年 5 月 10 日　“微笑北京　奥运先锋”2008 北京青少年公益电影节开幕式举行。

同日　《北京奥运会、残奥会志愿者信息技术培训教材》由北京出版社正式出版。

2008 年 5 月 12 日　北京奥运会志愿者工作领导小组办公室、北京团市委、北京奥组委志愿者部召开会议，决定立即向四川汶川灾区拨付首批捐款 100 万元。

2008 年 5 月 12 日至 13 日　北京奥运会志愿者工作协调小组办公室、北京团市委、北京奥组委志愿者部、北京志愿者协会启动北京奥运会城市志愿者集中培训工作。350 名奥运城市志愿者接受系统化培训。

2008 年 5 月 13 日　北京残奥会志愿者实践培训现场推进会召开，残奥会场馆、高校与志愿者培训基地代表签订《北京残奥会志愿者实践培训备忘录》。北京奥运会志愿者工作协调小组副组长、北京奥组委执行副主席李炳华、北京奥组委执行副主席汤小泉出席会议。同时，奥运志愿“微笑圈”中文盲文版也正式发布。

同日　北京奥运会志愿者工作领导小组办公室、团市委下发《关于组织动员全市团员青年和广大志愿者积极投身抗震救灾工作的紧急通知》。号召全市各级团组织带领团员青年和志愿者认真做好奥运会、残奥会志愿者和首都现代化建设的各项工作，把爱国之情和对灾区人民的牵挂之心化为推动工作的动力，以优异的工作成绩支持抗震救灾工作。

2008 年 5 月 17 日　北京团市委、北京奥组委交通部联合召开北京奥运交通志愿者工作会议，驾驶员志愿者工作组与各驾驶员志愿者总队签署《北京奥运会、残奥会驾驶员志愿者工作任务书》。

同日　北京奥运会社会志愿者城市交通运行服务对接会召开，会议明确了高校在下一阶段的对接任务，要求高校尽快开展工作，保证对接工作顺利完成。

2008 年 5 月 18 日　中共中央总书记、国家主席胡锦涛在什邡查看灾情时，对参与救灾工作的北京城市学院奥运会志愿者熊述娟给予充分肯定，并勉励志愿者为更多受灾群众做好心理抚慰，帮助大家增强信心、克服困难、重建家园。

2008 年 5 月 19 日　北京团市委、北京奥组委志愿者部组织城市志愿者“红色中关村 5.12 志愿者服务队”奔赴四川灾区，开展震区灾民心理救助工作。

2008 年 5 月 20 日　北京高校奥运会、残奥会志愿者工作会议举行。

同日　北京团市委、北京志愿者协会联合市卫生局组建了由 27 名医疗、心理、卫生防疫等专业人员组成的“北京青年医疗卫生志愿者抗震救灾服务队”，奔赴抗震救灾第一线。服务队探索出灾后应急医疗救治、卫生防疫、心理援助“三结合”的工作新模式，被誉为“绵阳模式”，在灾区各医疗点中推广。据不完全统计，地震后，全市有 32 支志愿服务队、52 支青年突击队，共计 10000 余名志愿者奔赴四川服务灾区，其中北京奥运志愿者 2000 余人。

2008 年 5 月 22 日　北京奥运会志愿者工作协调小组办公室、北京团市委下发《关于做好赴抗震救灾一线志愿服务队、青年突击队及相关工作人员后援服务工作的通知》。

2008 年 5 月 25 日　北京团市委、北京志愿者协会联合有关单位推出“捐出 500 小时，北京志愿者支援灾区接力计划”，面向社会招募志愿者。活动号召广大团员青年和志愿者发扬“奉献、友爱、互助、进步”的志愿服务精神，为灾区长期提供包括支医、支教、支农、文化、科技等内容的志愿服务，以帮助灾区群众渡过难关、重建家园，恢复正常的生产、生活。接力计划先后派出 24 支专业志愿者队伍，共 340 余人次赴灾区开展医疗救助、卫生防疫、心理援助、就业创业、文化传播、信息平台建设、志愿者管理、抢收抢种等志愿服务活动，积极为抗震救灾和灾区重建工作贡献力量。

2008 年 5 月 29 日至 6 月 1 日　北京奥运会、残奥会城市志愿服务站点负责人核心素质训练营举行。来自全市 18 区县的 600 余名城市志愿服务站点负责人和区县城市志愿者管理人员完成了体能训练、奥运口语课程及志愿服务专业课程等高强度的封闭强化培训。

2008 年 5 月 31 日　北京奥运会、残奥会拉拉队引导员志愿者、骨干指挥培训会举行，并向全社会征集北京奥运会、残奥会文明观众拉拉队队名称口号。

2008 年 5 月　北京市青少年音像出版制作完成《北京奥运会，残奥会志愿者通用培训精品课程》，策划制作的《奥运趣闻》在中央及北京电视台播出。

2008 年 5 月　中国第 24 次南极科学考察队完成了历时 5 个月的南极科考任务返回上海。期间，科学考察队携带着北京奥运会志愿者旗帜、徽章和微笑圈等物，从上海启程经过赤道穿越了 800 多海里的冰区于 2007 年 12 月 11 日顺利抵达南极中山站。此前，极地考察队员也将北京奥运会志愿者旗帜、徽章和微笑圈带到了北极。

2008年6月5日　北京奥运会、残奥会文明观众拉拉队、城市志愿者、社会志愿者工作推进会举行，会议介绍了前一阶段北京奥运会、残奥会文明观众拉拉队、城市志愿者、社会志愿者工作进展情况，并对下一阶段工作进行了具体部署。

2008年6月14日　中共中央政治局常委、国务院总理温家宝在北京奥运会志愿者、北京大学光华管理学院2007级研究生刘乡萌给总理的信件上做出重要批示，寄语全体奥运会志愿者“用热情真诚良好的服务，为国家赢得尊严和友谊”。

2008年6月16日　共青团北京市十二届四次全委（扩大）会暨奥运会、残奥会志愿者工作推进会召开。

2008年6月18日　北京奥运会、残奥会港澳台及海外赛会志愿者工作对接会议举行。港澳、台、侨、海外赛会志愿者四个招募工作组分别与对应的高校和场馆进行工作对接，就港澳台及海外赛会志愿者的志愿者录用情况、抵离京时间、日常管理方案，场馆对志愿者的培训计划、上下岗交通解决方式、医疗、激励、应急预案等工作安排以及高校接待管理中的一些具体问题进行了沟通和交流。

2008年6月19日至22日　北京奥运会、残奥会城市志愿者骨干核心素质训练营举行。400余名志愿者集中接受了为期4天的封闭强化培训，充分了解了城市志愿者技能和服务的要求，掌握了相应的处理突发事件、紧急医疗救护、媒体应对以及为各自站点的志愿者进行站内培训的知识，深化了志愿者的团队精神和服务意识。本次训练营是城市志愿者正式上岗之前进行的最后一次大型集中培训。

2008年6月27日至30日　北京奥运会、残奥会社会志愿者骨干训练营在大兴举办。共有来自社会志愿者八个工作领域的近500名志愿者骨干参加，课程涵盖了奥运筹办、团队建设、英语口语、各领域专业知识、志愿者安全自护等多个方面，对社会志愿者上岗服务有很好的指导作用。

2008年6月30日　中共中央政治局委员、北京市委书记、北京奥组委主席刘淇到宣武区国华商场北京奥运会城市志愿者服务站点视察站点运行情况，并慰问城市志愿者。

同日　“微笑北京　奥运先锋”北京奥运会城市志愿者服务站点发布仪式在地质礼堂举行。北京市委常委、协调小组副组长梁伟出席并向城市志愿者代表授旗。首批录用的城市志愿者代表宣读了《致广大北京奥运会、残奥会城市志愿者的倡议书》。

2008年6月底　北京奥运会志愿者工作协调小组办公室、北京团市委、北京奥组委志愿者部、北京志愿者协会共同向社会征集、编写的《志愿者之歌——北京奥运会志愿者主题诗歌优秀作品集》正式出版。

2008年7月1日　北京奥运会、残奥会观众呼叫中心举行开通仪式。共有1500余名志愿者从上午7点到晚上10点，使用14种语言为国内外观众提供奥运交通信息、奥运场馆信息、赛事信息、观众个性化问题答复等信息咨询，其中年龄最大的志愿者已是72岁高龄。

同日　共青团服务北京奥运会、残奥会京外省（区、市）赛会志愿者工作动员大会在北京会议中心举行，京外30个省（区、市）团委负责同志在会上签署《北京奥运会、残奥会京外省（区、市）赛会志愿者安全管理工作责任书》。

同日　百万奥运会社会志愿者在全市社

区、窗口行业、公共场所，全面开展秩序维护、文明倡导、环境美化、扶危助困、交通运行保障等志愿服务活动。

2008年7月2日　北京奥运会、残奥会京外、境外赛会志愿者工作会议举行。会议就进一步磨合京外、境外志愿者对接工作机制及推进各项工作全面落实做了具体部署。同时，奥运志愿“微笑圈”法文国际版正式发布。

2008年7月5日　来自四川、重庆、山东、吉林、黑龙江、河南、湖北、宁夏等省、市、自治区的第一批运行车队抵京，标志着赛会志愿者交通保障工作正式开始测试。

2008年7月11日　北京奥组委执行副主席、工作组组长李炳华视察部分交通场站驾驶员志愿者工作。

2008年7月13日　来自福建、山西两省的160名志愿者到达北京，入住对接高校中国人民大学，成为首批抵京的北京奥运会京外省（区、市）赛会志愿者。

2008年7月16日　“北京奥运会志愿者工作情况”新闻发布会在北京奥运会主新闻中心、北京奥运会非注册媒体新闻中心分别举行。会上就北京奥运会、残奥会期间志愿者招募情况及数量进行了说明，并接受了媒体采访。

2008年7月18日　“志愿残奥　共建和谐——北京残奥会倒计时50天庆祝活动”暨《奥运会与残奥会无障碍服务指南》赠送发放仪式在中华民族园举行。指南包括中文、英文、盲文、中英文4个版本，汇总了北京市近年来无障碍设施改造的全部内容，涵盖了与残疾人生活密切相关的9大领域，是北京市第一本专门为残疾人出行提供信息帮助的出版物。

同日　首批16名北京奥运会海外华侨华人赛会志愿者抵达北京。这些志愿者服务于国家体育场、国家游泳中心、奥林匹克公园北区场馆群、五棵松场馆群、奥林匹克公园公共区、奥运村、国家体育馆、丰台垒球场、奥林匹克青年营等9个场馆，在涉及入村式助理、摄影服务助理、新闻运行助理、志愿者口译员等32个岗位上提供志愿服务。

2008年7月19日　“北京奥运会、残奥会交通秩序维护社会志愿者出征仪式”在劳动人民文化宫太庙前隆重举行。交通秩序维护社会志愿者，是北京奥运会、残奥会社会志愿者各工作领域中任务最重、岗位最多、队伍最庞大的一环，赛时期间社会志愿者总人数达50万人。

2008年7月23日　北京奥运会、残奥会京外省（区、市）赛会志愿者团队联络员工作会议在团中央召开。团中央书记处书记卢雍政出席会议并讲话。

2008年7月24日　为喜迎北京奥运会奥运村正式开村，微笑服务四海宾朋和国内外运动员，确保北京城市交通运行通畅，北京奥运会、残奥会地铁社会志愿服务交通运行高潮日动员大会在地铁10号线北土城站厅举行。

2008年7月25日　12355奥运会志愿者彩信平台正式开通，北京奥运会赛会志愿者信息支持工作系统投入运行。彩信平台为保证奥运会赛时志愿者工作团队能够及时掌握志愿者工作各类信息，充分利用信息化手段保障赛会期间志愿工作的顺利开展。

2008年7月26日　北京奥运会、残奥会志愿者工作团队动员会举行。在距奥运会开幕还有13天之际，进一步统一思想、凝聚力量，做好奥运筹办最后关键阶段的各项工作，确保北京奥运会、残奥会志愿者工作实现“完胜”。

2008年7月27日　北京团市委、北京奥组委志愿者部邀请2000年悉尼奥运会志愿者经理戴卫·布莱特（David Barrett）来京担任为期1个月的北京奥运会志愿者工作专家。

2008年7月28日至9月5日 “百万奥运志愿者扶残助残专项行动”在全市展开。该活动围绕扶残助残技能实践、宣传培训、无障碍体验、便民服务、走访慰问、康复训练、助学助教等方面，通过各社会志愿者服务领域、城市志愿服务站点、各级团组织、志愿者组织在全社会动员号召，组织开展内容丰富、形式多样的扶残助残志愿服务活动。

2008年8月1日 北京奥运会、残奥会10万赛会志愿者、40万城市志愿者、百万社会志愿者和20万拉拉队志愿者全部集结完毕。

同日 团中央书记处书记卢雍政与首都20所高校团委负责人就奥运志愿者工作进行座谈。

同日 12355北京奥运会、残奥会志愿者工作热线开通。

2008年8月2日 中共中央政治局常委、国家副主席习近平到东城区地坛公园奥林匹克文化广场考察工作，亲切慰问了正在开展服务的城市志愿者。

同日 北京市委常委、工作组组长梁伟到奥体中心、机场看望并慰问赛会、城市、社会志愿者。

2008年8月3日 中共中央政治局常委、国务院总理温家宝在五棵松奥林匹克篮球馆视察时慰问安检志愿者。他叮嘱志愿者们，现在奥运会筹办工作已经进入最后冲刺阶段，要认真负责、一丝不苟、毫不松懈、精益求精地做好各项工作，用良好的服务确保奥运会的顺利进行。

2008年8月4日 团中央书记处第一书记陆昊，团中央书记处书记卢雍政，北京市委常委、市委组织部部长、北京奥运会运行指挥部人力资源及志愿者工作组组长吕锡文，市委常委、北京奥运会运行指挥部人力资源及志愿者工作组组长梁伟，北京奥组委执行副主席、北京奥运会运行指挥部人力资源及志愿者工作组组长李炳华等先后到朝阳区北土城地铁站、国家游泳中心、北京林业大学慰问赛会、城市和社会志愿者。

2008年8月4日 首都高校奥运志愿者工作会议召开。此次会议召开适逢奥运倒计时4天之际，在奥运开幕前夕的关键时刻，对于各高校统一思想、凝聚力量起到了十分重要的作用。

2008年8月7日 联合国驻华系统、中国国际经济技术交流中心、协调小组办公室、团市委、北京奥组委志愿者部在联合国驻华代表处举办“为北京奥运志愿者喝彩——联合国慰问激励北京奥运会、残奥会志愿者活动”，北京志愿者协会被授予“联合国卓越志愿服务组织奖”。联合国秘书长潘基文发来贺电对北京奥运会、残奥会的志愿服务工作给予肯定。

2008年8月8日至24日 共有77169名赛会志愿者在80多个业务口，2945个工作岗位开展服务，40万名城市志愿者在550个城市志愿服务站点开展信息咨询、应急服务、语言翻译等服务，100万名社会志愿者开展交通秩序维护、交通运行、治安巡逻、医疗卫生等服务。

2008年8月12日 国际奥委会主席罗格在中国农业大学体育馆为志愿者们亲笔留言“Congratulations!”（“祝贺”）以激励志愿者工作。

2008年8月14日 北京团市委与市台办组织台湾国民党青少年发展基金会代表团20名北京奥运会志愿者申请人参加宣武区城市志愿服务。

2008 年 8 月 16 日　中央政治局委员、国务委员、北京奥组委副主席刘延东，国家体育总局局长、北京奥组委执行主席刘鹏，北京市市长、北京奥组委执行主席郭金龙等到国家体育场慰问北京奥运会香港、澳门赛会志愿者。

2008 年 8 月 20 日　全国人大常委、香港立法会主席范徐丽泰一行到奥林匹克公园北区场馆群看望香港赛会志愿者，鼓励志愿者做好奥运会志愿服务。

同日　《残奥会观众指南》随门票发放，全国 750 个中国银行网点共发放《残奥会观众指南》5 万册。

2008 年 8 月 21 日　国际奥委会主席罗格在奥林匹克大家庭饭店接见国家体育场、奥运村、沙滩排球、总部饭店等场馆的香港、澳门、台湾、海外华侨及外籍志愿者。罗格向奥运会赛会志愿者表示亲切问候并高度赞扬他们的表现，称赞为“北京微笑迎人”。

同日　国际奥委会在北京奥运会闭幕式上首次增加向志愿者代表献花的仪式。国际奥委会运动员委员会新当选的委员代表上万名参加北京奥运会的运动员，向 12 名北京奥运会志愿者献花，感谢他们为北京奥运会的成功举办所作出的无私奉献。

2008 年 8 月 26 日　北京团市委、市学联向所有服务奥运会的首都大学生志愿者发出题为《再接再厉、勇攀高峰》的慰问信。

2008 年 8 月 27 日　中共中央政治局常委、国家副主席习近平到残奥会大家庭饭店——北京港澳中心瑞士酒店考察时亲切慰问工作人员和志愿者。回良玉、刘淇、陈至立、郭金龙等领导陪同考察。

同日　高校残奥会志愿者工作赛时动员部署会召开。

2008 年 8 月 28 日　奥运志愿“微笑圈”盲文国际版发布暨残奥会志愿者工作动员部署会举行。国际残奥委会主席克雷文，国际残奥委会战略项目主任瑞格斯，国际残奥委会无障碍设施专家莫里斯，北京市委常委、北京奥运会运行指挥部人力资源及志愿者工作组组长梁伟，北京奥组委执行副主席、北京奥运会运行指挥部人力资源及志愿者工作组组长李炳华，中国残联副理事长程凯等出席。会上推出盲文国际版“微笑圈”，旨在进一步传播残奥会理念和微笑理念，向世界人民表达“微笑北京欢迎你、志愿奥运期待你”的盛情邀请，吸引更多国际友人参与志愿服务，贡献北京残奥会。

2008 年 8 月 29 日至 31 日　北京残奥会城市志愿者服务站点负责人核心素质训练营举行，500 名城市志愿者参加了训练。

2008 年 9 月 2 日　高校残奥会志愿者工作赛时动员会在中国人民大学逸夫会议中心举行。大会号召首都各高校再接再厉，以更好的精神状态、更大的工作热情、更高的工作标准，全力以赴做好残奥会志愿者工作，奋力夺取参与奥运、服务奥运的全面胜利。

2008 年 9 月 3 日　国家体育场、奥林匹克公园公共区、北区场馆群新增志愿者人员落实情况会议召开。

2008 年 9 月 5 日　京外残疾人工作者服务残奥会动员部署暨奥运志愿“微笑圈”残奥版发布会举行。

2008 年 9 月 6 日至 17 日　44261 名残奥会赛会志愿者在 80 多个业务口上岗服务，40 万名城市志愿者在 550 个城市志愿服务站点开展信息咨询、应急服务、语言翻译等服务，100 万名社会志愿者开展交通秩序维护、交通运行、治安巡逻、医疗卫生等服务，20 万拉拉队志愿者带动广大观众在各场馆营造文明热情专业的观赛氛围。

2008年9月7日至13日　胡锦涛等中央政治局常委及刘淇、郭金龙等北京市领导同志分别赴国家体育馆、国家游泳中心等奥运场馆现场观看北京残奥会比赛并慰问残奥会志愿者。

2008年9月17日　国际残奥委会在北京残奥会闭幕式上首次增加向志愿者代表献花的仪式。新当选的国际残奥委会运动员委员会委员向12位志愿者代表献上鲜花，以表达所有参赛运动员对北京残奥会志愿者无私奉献的感谢。

同日　奥运志愿者工作核心团队全体成员在闭幕式结束后与国家体育场志愿者举行庆祝活动。

2008年9月18日　志愿者广场主题雕塑揭幕仪式在奥林匹克公园中心区志愿者广场举行。志愿者主题雕塑是志愿者广场的标志性建筑，旨在肯定广大志愿者为奥运会、残奥会成功举办做出的积极贡献，进一步在全社会弘扬志愿精神，影响和带动更多人参与志愿服务，深入推进志愿服务事业的长远发展。同时，奥运志愿“微笑圈”荣誉版正式发布，荣誉版“微笑圈”主要面向优秀奥运志愿者发放，旨在激励广大志愿者以志愿服务为荣，热情参与志愿，真诚奉献社会。

2008年9月19日　北京团市委、北京奥组委交通部组织召开北京奥运会残奥会交通服务志愿者工作总结会。

2008年9月28日至10月5日　北京奥运会志愿者工作协调小组、北京团市委、北京志愿者协会组织开展北京奥运会城市志愿者“十一服务周”城市志愿服务活动。在全市重点商业地段、交通枢纽、旅游景点等场所开展城市志愿服务，为市民、游人提供信息咨询、语言翻译、应急救助等志愿服务。

2008年9月28日　北京奥运会、残奥会文明观众、拉拉队工作总结表彰大会召开。市委常委、奥运会志愿者协调小组副组长梁伟，北京团市委书记、北京奥组委志愿者部部长、北京奥运会志愿者工作协调小组办公室主任刘剑出席会议。中国农业大学、北京林业大学、北京联合大学、吉利大学、北京交通大学，北京汽车工业控股有限责任公司等单位荣获了北京奥运会、残奥会文明观众、拉拉队工作优秀组织单位荣誉称号。

2008年9月29日　中共中央、国务院在人民大会堂隆重举行北京奥运会、残奥会总结表彰大会。胡锦涛总书记发表重要讲话。会上，为奥运会、残奥会作出突出贡献的332个集体和566名个人受到表彰，共青团北京市委（协调小组办公室）被中共中央、国务院授予“北京奥运会、残奥会先进集体”称号，北京奥运会志愿者代表梁苏会发言。

2008年10月6日　北京市奥运会、残奥会总结表彰大会在北京会议中心举行，大会对734家单位进行表彰，授予“北京奥运会、残奥会志愿者工作优秀组织单位”荣誉称号；北京奥组委、北京奥运会志愿者工作协调小组对10000名志愿者进行表彰，授予“北京奥运会、残奥会志愿者先进个人”荣誉称号。

2008年10月17日　北京奥组委、共青团中央、北京奥运会志愿者工作协调小组在中国人民大学举行北京奥运会、残奥会志愿者工作总结表彰大会。

2008年10月　北京团市委与北京青年报合作，制作推出《微笑感动世界——2008北京奥运会、残奥会志愿者志愿服务图典》。

2008年12月5日　“2008志愿有我”风采展示系统上线运行，首批志愿者卡制作完成并开始发放，同时志愿者卡管理信息系统启用。

同日 北京奥运会、残奥会圆满成功后的首个国际志愿者日，北京团市委、北京志愿者协会在地坛公园举行“微笑北京 和谐先锋——‘12·5’国际志愿者日主题活动暨‘奥运志愿者星’命名仪式”。800名志愿者代表参加了活动。

2008年12月底 北京团市委与北京青年报合作，推出《志愿热词》。

2008年12月31日 团市委、北京志愿者协会在北京钟鼓楼举行“微笑北京和谐先锋——志愿者迎接2009年主题活动”，2009元旦志愿服务版“微笑圈”同时发布。

从2004年3月北京奥组委前期志愿者工作启动，到2008年8月初，北京奥组委共分14期招募了1582名前期志愿者，在奥组委26个部门和6个场馆为北京奥运筹办提供语言服务、综合助理、电话客服、侵权信息收集、绿色宣讲、教材编写、技术支持、文档管理、大型国际会议服务等，志愿服务时间累计达60万个小时。

从2008年7月1日奥运志愿者开始陆续上岗服务至2008年10月5日服务十一黄金周活动结束，170万奥运志愿者开展了97天的集中服务，服务时间累计超过2亿小时。10万赛会志愿者在近80个业务领域的3000余个工作岗位上提供志愿服务。赛会期间累计上岗200余万人次，累计服务1600万小时，日出勤率始终保持在99.5%以上，为各项赛事的成功举办提供了全面保障。40万城市志愿者坚守在全市550个城市志愿服务站点上，提供信息咨询、语言翻译、应急服务等志愿服务，累计服务超过4000万小时，成为国际友人了解中国的一个重要窗口。百万社会志愿者活跃在各类公共场所，开展秩序维护、交通运行、治安巡逻、扶残助困等志愿服务，累计服务超过1.5亿小时，为社会和谐稳定做出了独特贡献。20万拉拉队志愿者与全体文明观众共同营造了“文明、热情、专业”的赛场氛围。广大奥运志愿者真心奉献、友爱互助，用微笑打造了北京最好的名片。

附录三

中国志愿服务大辞典部分词目中英对照表

志愿者	volunteer
组织志愿者	institutional / organizational volunteer
个体志愿者	individual volunteer
临时志愿者	temporary volunteer；spontaneous volunteer
注册志愿者	registered volunteer
星级志愿者	star volunteer
骨干志愿者	core volunteer
专业志愿者	professional volunteer
消防志愿者	firefighting volunteer
医疗志愿者	medical volunteer
救生志愿者	rescue volunteer
民防志愿者	civil defence volunteer
企业志愿者	corporate volunteer
献血志愿者	blood donation volunteer
试药志愿者	clinical trial volunteer
环保志愿者	enviromental protection volunteer
动物保护志愿者	animal protection volunteer
支教志愿者	teaching volunteer
赛事志愿者	sport volunteer
退休志愿者	retired volunteer
青年志愿者	youth volunteer
青少年志愿者	teenager volunteer
学生志愿者	student volunteer
老年志愿者	elderly volunteer
女性志愿者	female volunteer
家庭志愿服务	family voluntary service
应急志愿者	emergency volunteer
国际志愿者	international volunteer
联合国志愿人员组织	United Nations Volunteers（UNV）

义务志愿者	mandatory volunteer；compulsory volunteer
替代兵役志愿者	military service alternative volunteer；Wehrersatzdienst
准志愿者	quasi volunteer
自愿	voluntariness
志愿精神	volunteerism / spirit of volunteering
奉献精神	spirit of devotion
动机	motive；motivation
志愿服务动机	volunteering motivation
志愿力	volunteerability
亲社会行为	prosocial behavior
社会参与	social participation
社会融合	social integration
利他主义动机	altruistic motivation
利己主义动机	egoist motivation
意识形态动机	ideological motivation
人道主义	humanism
社会责任	social responsibility
企业社会责任	corporate social responsibility
公民首创精神	civil initiative
草根公民参与	grassroots civic participation
社会企业家	social entrepreneur
社会互惠	social reciprocity
社会交换	social exchange
社会资本	social capital
社会团结	social solidarity
文化资本	cultural capital
社会正义	social justice
社会忠诚	social loyalty
社会归属感	sense of social belonging
自我实现	self-actualization
救赎感	sense of redemption
施舍	charity
志愿者比例	volunteer rate
志愿服务时长	volunteer service time
志愿服务	voluntary service；volunteering

正式志愿服务	formal volunteering
非正式志愿服务	informal volunteering
直接志愿服务	directly voluntary service
间接志愿服务	indirectly voluntary service
应急志愿服务	emergency voluntary service
专业志愿服务	professional voluntary service
助老志愿服务	voluntary services for the elderly
助残志愿服务	voluntary service for the disabled
农民工志愿服务	voluntary service for migrant workers
积极志愿服务	active volunteering
被动志愿服务	passive volunteering
志愿服务项目	voluntary service project
认真性休闲	serious leisure
无偿献血志愿服务	voluntary service for blood donation
志愿者主动性光谱	spectrum of volunteer involvement
慈善捐赠	charity donation；charity giving
慈善募捐	charity collection
慈善行为	philanthropy
在线捐赠	online donation
集体行动	collective action
社区志愿服务	community voluntary service
社区建设	community construction
社区发展	community development
政府失灵	government failure
市场失灵	market failure
志愿失灵	voluntary failure
契约失灵	contract failure
志愿服务需求	voluntary service demand
志愿服务供给	voluntary service supply
志愿服务价值	value of volunteer service
志愿服务经济价值	economical value of volunteer service
志愿服务社会价值	social value of volunteer service
志愿服务价值计量	measurement of volunteer service value
志愿者组织	volunteer organization / institution
倡导性组织	advocacy voluntary organization / institution

志愿者协会	volunteer association
志愿者团队	volunteer team
志愿者小组	volunteer group
志愿服务组织	voluntary service organization / institution
社区志愿服务站	community office of voluntary services
青年志愿服务站	youth voluntary service center
非政府组织	non-governmental organization （NGO）
非营利组织	non-profit organization （BPO）
北方 NGO	North NGO
南方 NGO	South NGO
第三部门	the third sector
志愿部门	voluntary sector
福利国家	welfare state
第三条道路	the third way
社区组织	community organization
慈善组织	charitable organization
慈善基金会	charitable foundation
慈善基金	charitable fund
时间银行	time bank
食物银行	food bank
国际志愿者日	International Volunteers Day
国际志愿者年	International Volunteers Year
志愿者管理	volunteer management
志愿者招募	volunteer recruitment
志愿组织招募力	recruitability of volunteer organization / institution
志愿者培训	volunteer training
志愿者服务评估	volunteer service evaluation
志愿者绩效评估	volunteer performance assessment
志愿服务类型	pattern of voluntary services
志愿服务动机类型	pattern of volunteers motivations
可问责性	accountability
公信力	public credit
志愿服务条例	volunteer service regulations
志愿服务法	volunteer service law
志愿者管理办法	administrative rules for volunteer management

志愿者激励条例	volunteer incentive regulations
志愿者协会章程	the articles of volunteer association
志愿者服务手册	volunteer service manual
志愿者伦理守则	code of volunteers' ethics
无偿施救者保护法	protection laws for free rescuers
消费者行为理论	theory of customer behavior
计划行为理论	Theory of Planned Behavior (TPB)
俱乐部产品理论	club goods theory
人力资本理论	human capital theory
社会交换理论	theory of social exchange
社会冲突理论	theory of social conflict
社会信任理论	social trust theory
期望理论	expectancy theory
生态学视角	ecological perspective
进化心理学	evolutional psychology
赋权理论	empowerment theory
现象学理论	phenomenology
社会学习理论	social learning theory
志愿者激励	volunteer motivating
志愿者权利	rights of volunteer
志愿者义务	obligations of volunteer
志愿者补助	allowance of volunteer
志愿者证	volunteer ID
志愿服务证明	volunteer service certificate
志愿服务记录	volunteer service record
需求层次理论	theory of hierarchy of needs
活动理论	activity theory
连续性理论	continuity theory
行动研究	action research theory
社会支持理论	social support theory
社会化理论	theory of socialization
埃里克森人格发展理论	Erikson's theory of personality
生命周期理论	life circle theory
资源依赖理论	resource dependence theory
权变管理理论	contingency theory of management

新制度组织理论	new-institutional organization theory
志愿者动机量表	volunteer function inventory
志愿者忠诚度量表	volunteer commitment scale
态势分析法	superiority weakness opportunity threats（SWOT）
志愿者满意度指标	volunteer satisfaction Index
《红十字会法》	*Law of the People's Republic of China on the Red Cross Society*
《社会团体登记管理条例》	*Regulations on the Registration and Administration of Social Organizations*
《民办非企业单位登记管理暂行条例》	*Provisional Regulations on The registration of Private non - enterprise units*
《公益事业捐赠法》	*Welfare Donations Law of the People's Republic of China*
《基金会管理条例》	*Regulation on the administration of foundation*
《企业所得税法实施条例》	*Regulation on the Implementation of the Enterprise Income Tax Law of the People's Republic of China*
《联合国大会 A/RES/52/17 号决议》（1997 年 11 月）	*United Nations General Assembly Resolution A/RES/52/17*
《联合国大会 S—24/2 号决议》（2000 年 6 月）	*United Nations General Assembly Resolution S-24/2*
《联合国大会 A/RES/55/57 号决议》（2000 年 12 月）	*United Nations General Assembly Resolution A/RES/55/57*
《全球志愿者宣言》（2001 年 1 月）	*The Universal Declaration on Volunteering*
《社会发展委员会 E/CN. 5/2001/6 号决议》（2001 年 2 月）	*Commission for Social Development General Assembly Resolution E/CN. 5/2001/6*
《志愿服务国际会议北京宣言》（2002 年 5 月 28 日）	*International Conference on Voluntary Service, Beijing Declaration*
《济贫法》	*The Poor Law*
《慈善信托法》	*Charitable Trust Validation Act*
《娱乐慈善法》	*Recreational Charitable Act*
《国内志愿服务法》	*Domestic Volunteer Service Act*
《全国与社区服务技艺增订法》	*National and Community Service Technical Amendments Act*, 1992
《马丁·路德金假日和服务法》	*King Holiday and Service Act*, 1994
《志愿者保护法》	*Volunteer Protection Act*, 1997
罗马尼亚《志愿服务法案》	Romanian *Law on Volunteerism*, 2001
《加拿大志愿工作法》	*The Canadian Code for Volunteer Involvement*, 2001

《慈善法》	*The Charities Act*, 2006
《爱德华·肯尼迪服务美国法》	*Edward M. Kennedy Serve America Act*, 2009
中国青年志愿者协会	Chinese Young Volunteers Association (CYVA)
中华慈善总会	China Charity Federation (CCF)
中华义工网	China Volunteer Net
NPP 新公益伙伴	Non-Profit Partners (NPP)
中国志愿服务基金会	China Voluntary Service Foundation
中华志愿者协会	China Volunteers Association
中国文艺志愿者协会	China Literary and Art Volunteers Association
中国青少年发展基金会	China Youth Development Foundation
中国扶贫基金会	China Foundation for Poverty Alleviation (CFPA)
中国红十字基金会	China Red Cross Foundation (CRCF)
中国社会工作协会志愿者工作委员会	China Association of Social Workers
中华环保联合会	All-China Environment Federation (ACEF)
中国红十字青少年志愿服务总队	The Chinese Red Cross Youth Volunteer Service Team
中华少年儿童慈善救助基金会	Chinese Children's Charity Relief Foundation
北京大学爱心社	Loving Heart Society of Peking University
四川大学青年志愿者服务总队	Youth Volunteer Service Team of Sichuan University
天津市南开大学青年志愿者协会	Youth Volunteer Association of Nankai University
上海师范大学爱心学校	Loving Heart Society of Shanghai Normal University
中国人民大学青年志愿者协会	Youth Volunteer Association of Renmin Univertsity of China
中国政法大学青年志愿者协会	Youth Volunteer Association of China University of Political Science And Law
清华大学学生紫荆志愿者服务总队	Zijing Volunteer Service team of Tsinghua University
中国传媒大学青年志愿者协会	Youth Volunteer Association of Communication University of China
武汉大学青年志愿者协会	Youth Volunteer Association of Wuhan University
首都大学生环保志愿者协会	Environmental Protection Volunteer Association of Students in Capital University
北京大学志愿服务与社会福利研究中心	Voluntary Service and Social Welfare Research Center of Peking University
北京中医药大学岐黄志愿者协会	Qihuang Volunteer Association of Beijing University of Chinese Medicine

陕西省西京志愿者服务队	Xijing Hospital Volunteers Team of Shan'xi
北京师范大学壹基金公益研究院	One Foundation Philanthropy Research Institute of Beijing Normal University
北京志愿服务发展研究会	Beijing Voluntary Service Research and Development Institute
上海师范大学慈善与志愿服务研究中心	Charity and Voluntary Service Research Center of Shanghai Normal University
中山大学青年志愿者协会	Youth Volunteer Association of Sun Yat-Sen University
上海外国语大学青年志愿者服务总队	Youth Volunteer Association of Shanghai International Studies University
云南民族大学青年志愿者协会	Youth Volunteer Association of Yunnan Minzu University
深圳市义工联合会	Shenzhen Volunteer Association
北京市志愿者联合会	Beijing Volunteer Service Federation (BVF)
佛山市青年志愿者（义务工作者）协会	Foshan Volunteers Association
湖北青年志愿者协会	Youth Volunteers Association of Hubei Province
长沙市青年志愿者联合会	Youth Volunteer Federation of Changsha
辽宁省青年志愿者协会	Liaoning Youth Volunteer Association
杭州市志愿者协会	Hangzhou Volunteers Association
广州市青年志愿者协会	Guangzhou Youth Volunteer Association
泉州市青年志愿者协会	Quanzhou Youth Volunteer Association
成都青年志愿者协会	Chengdu Youth Volunteer Association
上海市志愿者协会	Shanghai Volunteer Association
福建省青年志愿者协会	Fujian Youth Volunteers Association
广东省志愿者联合会	Guangdong Volunteer Federation
河南省志愿者联合会	Henan Volunteer Federation
重庆市爱心志愿者总队	Love-heart Volunteer Team of Chongqing
浙江省海宁市慈善总会义工委员会	Volunteer Committee of Haining Charity Federation of Zhejiang Province
星星雨	Beijing Stars Rain Education Institute for Autism
自然之友	Friends of Nature
绿色江河	Green River Environmental Protection Association of Sichuan Province
绿家园志愿者	Green Earth Volunteers
蓝丝带海洋保护协会	Blue Ribbon
拜耳志愿者协会	Bayer Volunteers Association
中国移动志愿者协会	China Mobile Volunteers Association

IBM 志愿者协会	IBM Volunteer Association
安利公益基金会	Amway Charity Foundation
ICT 专业志愿者联盟	ICT Professional Volunteers Alliance
北京外企志愿者协会	BVF-FESCO
仁慈堂	Macao Holy House of Mercy
香港青年协会	The Hongkong Federation of Youth Groups
慈济基金会	Tzu Chi Foundation
香港义工发展局	Hongkong Agency for Volunteer Service
澳门义工协会	Association of Volunteer Service Macao
中华社会福利联合劝募协会	United Way of Taiwan
香港青年协进会	Hongkong Youth Unified Association
台湾公益资讯中心	Taiwan NPO Information Platform
澳门志愿者总会	General Volunteers Association of Macao
国际狮子会	Lions Clubs International
英国救助儿童会	Save the Children（UK）
英格兰志愿组织理事会	National Council of Volunteer Organization（NCVO）
乐施会	Oxford Committee for Famine Relief
国际志愿服务协调委员会	Coordinating Committee for International
世界宣明会	World Vision International
英国社区服务志愿人员组织	Community Service Volunteers
日本海外合作志愿人员组织	Japan Oversees Cooperation Volunteers（JOCV）
美国环保协会	Environmental Defense
挪威公民社会与志愿部门研究中心	Centre for Research on Civil society and Voluntary Sector
国际自愿工作者协会	International Association for Volunteer Effort
联合国志愿人员组织	United nations volunteers（UNV）
国际地球之友	Friends of the Earth International
无国界医生	Doctors Without Borders；Médecins Sans Frontièrs（MSF）
博茨瓦纳劳动营协会	Botswana Workcamps Association（BWA）
英国海外志愿服务社	Voluntary Service Overseas
志愿昆士兰	Volunteering Qld
全球志愿者	Global Volunteers
罗马尼亚国家志愿者中心	Pro Vobis
瑞尔森大学志愿部门研究中心	Centre for Voluntary Sector Studies，Ryerson University
绿色和平	Greenpeace

英国谢菲尔德哈勒姆大学志愿行动研究中心	Centre for Voluntary Sector Research Sheffield Hallam University
卡尔顿大学志愿部门研究与发展中心	Centre for Voluntary Sector Research Carleton University（CVSRD）
美国河流守望者联盟	Water Keeper
全球消除贫困联盟	Global Call to Action Against Poverty（GCAP）
新加坡全国志愿和慈善中心	The National Volunteer & Philanthropy Center
英格兰志愿服务组织	Volunteering England
英国阿斯顿大学志愿行动研究中心	Centre for Voluntary Sector Research Aston University
欧洲志工中心	European Volunteer Centre（EVC）
连氏援助组织	Lien Aid
国际奥比斯组织	Project Orbis
国际小母牛组织	Heifer International
美国国家和社区服务组织	Corporation for National and Community Service
菲律宾国家志愿服务协调局	Philippine National Volunteer Service Coordinating Agency（PNVSCA）
通过 2008 年北京奥运会促进中国志愿服务发展项目	Strengthening Volunteerism for Development in China Through the Beijing 2008 Olympics
中国专业志愿服务发展项目	Developing Pro Bono in China
通过公民参与、地区及国际合作加强北京志愿服务发展	Project of Strengthening Beijing Voluntary Service Development Through Civic Participation Regional and International Cooperation
促进上海与云南省区域发展加强志愿服务合作项目	Project of Strengthening Volunteering Cooperation for Regional Development in Shanghai and Yunnan Province.
中国志愿服务博览会	China Volunteering Exposition
科林·罗彻斯特	Colin Rochester
贾斯汀·大卫·史密斯	Justin Davis Smith
大卫·亨顿·史密斯	David Horton Smith
菲米达·汉蒂	Femida Handy
约翰·威尔逊	John Wilson
于尔根·格罗茨	Juergen Gorocs
莱斯特·M. 萨拉蒙	Lester M. Salamon
郭超	Chao Guo
苏珊·迈克尔·让培	Susan M. Chambré
马克·A. 缪其克	Marc A. Musick
杰弗里·L. 布兰迪	Jeffrey L. Brudney

卢卡斯·迈耶斯	Lucas C. P. M. Meijs
经验·价值·影响—2008 北京奥运会、残奥会志愿者工作成果转化研究	Experience · Value · Influence-A Research Roport on the Volunteer Work Legacy Transformation of the Beijing 2008 Olympice Games and Patalympic Games
志愿者	volunteers
爱人如己	love your neighbor as yourself
人人为我，我为人人	One for all, all for one
赠人玫瑰，手有余香	The roses in her hand, the flavor in mine
睦邻运动精神	Settlement Movement Spirit
马尔库斯·图里乌斯·西塞罗	Marcus Tullius Cicero
雷锋	Lei Feng
韩福瑞·哥尔亨	Gurteen, Reverend S. H.
亨利·索里	Solly, Reverend Henry
阿尔波特·史怀哲	Albert Schweitzer
亨利·杜南	Jean Henri Dunant
白求恩	Norman Bethune
亚力克西·德·托克维尔	Alexis De Tocqueville
弗洛伦斯·南丁格尔	Florence Nightingale
阿贝·皮埃尔	Abbe Pierre
特蕾莎修女	Mother Teresa of Calcutta
艾格尼丝·史沫特莱	Agnes Smedley
中国人民志愿军	Chinese People's Volunteer Army
中国援外医疗队	Chinese Foreign Aid Medical Team
香港救济联会	The Hong Kong Council of Social Service
东华三院	Tung Wah Group of Hospitals
慈善组织会社	Charity Organization Society (C. O. S)
人民协会青年运动	People's Association for Yonth Movement
红十字国际委员会	International Committee of the Red Cross (ICRC)
和平队	US Peace Corps
日本青年海外协力队	Japan Overseas Cooperation Volunteers (JOCV)
为美国服务的志愿者	Volunteers in Service to America (VISTA)
美国援华志愿航空队	American Volunteer Group (AVG)

附录四

志愿服务研究论文

论文标题	作者	所载刊物	所载刊次
1994—2007 中国志愿服务的文献研究	吴　江	中国青年研究	2008 年第 1 期
2008 年奥运会我国体育人力资源储备情况分析	李颖川	首都体育学院学报	2002 年第 4 期
奥运会志愿者的价值思考	吕红芳	中国科技信息	2007 年第 1 期
北京奥运会志愿者法律问题刍议	郑　明	北京社会科学	2007 年第 1 期
从团队建设看北京奥运志愿者的有效管理	张朱博 柏贞尧	青年探索	2007 年第 2 期
大型国际性运动会志愿者招募与培训经验的研究	张建华 高　嵘	体育科学	2006 年第 11 期
大学生青年志愿者活动的实践与思考	桑运川	党政干部论坛	2006 年第 3 期
当代中国的社区志愿服务	龙　菲	城市问题	2002 年第 11 期
第三域的兴起	［美］赛拉蒙 于海译	社会	1998 年第 2 期
发展北京青年志愿服务事业，努力为建设和谐社会首善之区做贡献	关成华	北京青年政治学报	2006 年第 1 期
高校青年志愿者工作之现状分析	徐　剑 寇富安	法制与社会	2007 年第 2 期
高校学生参与大型体育赛事志愿服务的实践探索	王汝干 张木明	青年教育	2007 年第 3 期
公众参与社区志愿服务的影响因素与对策	陈少君	社会工作	2007 年第 6 期下半月
关于中国青年志愿者组织发展现状的思考	陈　佳	社会观察	2006 年第 2 期
国外志愿者动机研究述评	肖　立 黄　蓝	法制与社会	2007 年第 10 期
和谐社会视野下高校青年志愿者活动的创新与实践	何　军 曹丹丹	思想教育研究	2007 年第 3 期
和谐社会视野中的高校志愿者行动新模式的探索与实践	郑彩莲	高等农业教育	2006 年第 4 期

论文标题	作者	所载刊物	所载刊次
和谐社会需要志愿服务的创新发展——志愿者事业现状、问题与对策调查报告	谭建光	中国党政干部论坛	2007 年第 9 期
家庭养老与社区志愿服务的立法	王　江	同济大学学报（社会科学版）	2001 年第 5 期
论大学生志愿者活动的“双弱势原则”	冯　婕 姜继为	中国青年政治学院学报	2006 年第 4 期
论志愿服务的社会性功能	成双凤	文史博览	2006 年第 11 期
美国社区中的志愿服务	谢　芳	社会	2003 年第 1 期
美国志愿者运动评述	杨　恕 续建宜	国际论坛	2002 年第 1 期
浅议志愿服务的个体性功能	成双凤	当代教育论坛	2007 年第 8 期
青春中国，志愿北京 2008	刘梦羽	中国报道	2007 年第 6 期
人群服务组织志愿工作者人力运用规划之探究	曾华源	台湾社区发展季刊	1997 年总第 78 期
社区志愿活动与和谐社会的构建	罗　峰	中国行政管理	2006 年第 1 期
试论社区志愿者服务活动	王学习	中国社会工作	1994 年第 11 期
试析志愿服务法制化	颜　渊 廖梦园	社会政治研究	2006 年第 20 期
推动志愿活动的有效举措	谢玲丽 黄志华	党政论坛	2006 年第 12 期
问题与对策，当代大学生的志愿者活动	佟玉宣	中国青年研究	2001 年第 6 期
我国非营利组织志愿者胜任特征模型研究	李　丹 王锐兰	理论与改革	2006 年第 2 期
我国志愿服务潜在问题与应有的走向	曾华源 曾腾光	台湾社区发展季刊	2001 年总第 93 期
香港的义务工作与青少年参与	操学诚	青年研究	1995 年第 3 期
以奥运会志愿者工作带动团的各项工作迈上新水平	刘　剑	北京青年工作研究	2007 年第 1 期
义工服务扶危济困	张耀群	中国减灾	2004 年第 5 期
有特色高水平可信赖的志愿者工作	苏大鹏	北京教育（高教）	2006 年第 4 期
政府委托人民团体购买公共服务——论青年志愿服务工作的改革和创新	俞　进	青年探索	2006 年第 4 期

论文标题	作者	所载刊物	所载刊次
志愿服务：构建和谐社会的强大推力	黄志坚	中国青年研究	2007 年第 3 期
志愿服务立法及其对共青团工作的影响	于良佐	中国青年研究	2007 年第 9 期
志愿服务期待你的参与	李青周 唐文妍	思想政治教育	2007 年第 9 期
志愿失灵：组织理论视角的分析与治理	胡德平	理论与现代化	2007 年第 2 期
志愿者服务主义和多元文化主义与奥林匹克运动	孙　江 陈茂战	体育文化导刊	2006 年第 4 期
志愿者在构建和谐社会过程中的参与途径	邢正军 张　曙	中国青年政治学院学报	2006 年第 6 期
志愿组织政治化趋势对公共政策的影响及对策	陈敏娜 汪永成	社科纵横	2007 年第 3 期
中国青年志愿服务的形式	梁绿琦 穆　青	北京教育（高教）	2006 年第 4 期
中国青年志愿者活动研究报告	中国青少年研究中心课题组	中国青年研究	2001 年第 6 期
中国青年志愿者行动与和谐社会的构建	陈学明	中国青年政治学院学报	2006 年第 2 期
中国志愿服务发展的模式	邓国胜	社会科学研究	2002 年第 2 期
中国社会志愿服务体系分析	谭建光 朱莉玲	中国青年政治学院学报	2008 年第 27 期
终身学习推展的重要途径：志愿者活动——日本案例研究	孙玫璐	全球教育展望	2006 年第 1 期
奥运城市志愿服务对基层志愿服务队组织管理方法的启示	赵元元	北京青年工作研究	2009 年第 6 期
奥运志愿服务与志愿服务事业发展学术研讨会综述	穆　青	北京青年政治学院学报	2009 年第 2 期
北京奥运会、残奥会的珍贵精神遗产	吴潜涛 郑小九	中国人民大学学报	2009 年第 3 期
北京城市学院建立志愿服务长效机制的探索与思考	葛瑶瑶	北京城市学院学报	2009 年第 3 期
北京志愿服务将建长效机制	李　芳	中国社会工作	2009 年第 7 期
大学生志愿者活动与构建社会主义和谐社会	刘　颖	思想政治教育研究	2009 年第 4 期
当代大学生青年志愿者工作之现状调查分析	张宇斌 王伟鑫	湖北经济学院学报（人文社科版）	2009 年第 3 期

论文标题	作者	所载刊物	所载刊次
地震中，志愿者应做些什么	曲国胜	中国减灾	2009年第5期
服务学习：青年志愿服务与大学教育整合模式研究	彭华民 陈学锋 高云霞	中国青年研究	2009年第4期
公民社会视野下中国志愿服务发展与社会支持性因素探讨	赵银侠	理论导刊	2009年第9期
公私协力：非协调约束下公私灾害救助困境的破解	周利敏	中国地质大学学报（社会科学版）	2009年第9期
后奥运时代：北京志愿服务如何实现常态化发展	王立华	中国社会工作	2009年第22期
后奥运时期北京志愿者组织发展研究	张晓红 张海涛	中国农业大学学报（社会科学版）	2009年第3期
基于对比视角的中国志愿者活动现状、不足及对策	郭　嫄	南通大学学报（教育科学版）	2009年第2期
建设公共文明志愿者的长效机制——对北京市公共文明志愿者建设的建议	刘　敏	北京青年政治学院学报	2009年第3期
雷锋、志愿者和志愿精神	江汛清	中国社会工作	2009年第9期
浅议高校青年志愿者活动的开展	廖大鹏 聂　涛	电子机械高等专科学校学报	2009年第3期
青年志愿者的行动领域与管理路径——以上海为例	蒋逸民	广东青年干部学院学报	2009年第23期
社工在地震灾区能坚持多久	许　娓	中国社会工作	2009年第22期
社会理性、集体行动和志愿发起者业协会组织的一种解释	谢恩全 陆冰然	天津行政学院学报	2009年第11期
社会志愿服务的实践与探索——以福建为例	福建社会科学院课题组	福建论坛·人文社会科学版	2009年第7期
世博会：青年共建共享的社会公共活动	邓希泉	上海青年管理干部学院学报（人文社科版）	2009年第3期
市场经济条件下的志愿者精神	刘少杰 王建民	社会科学研究	2009年第3期
台湾义工慈善组织发展的思考与借鉴	吕蓉蓉 陈沙麦	中共福建省委党校学报	2009年第8期

论文标题	作者	所载刊物	所载刊次
我国 NPO 志愿失灵的有效治理——兼论与“第四域”的融合	林　淞 周恩毅	华中科技大学学报（社会科学版）	2009 年第 3 期
我国的志愿者服务立法亟待完善	张　琴 王　峰	南京人口管理干部学院学报	2009 年第 1 期
我国环保非政府组织的现状及其法律完善	张　锋	济南大学学报(社会科学版)	2009 年第 5 期
我国体育志愿服务现状及研究的理论视角	黄桑波	武汉体育学院学报	2009 年第 10 期
西方志愿者行为的研究综述	徐步云 贺荟中	中国青年研究	2009 年第 4 期
现代志愿服务行为的理论基础研究	李国荣	中国青年研究	2009 年第 1 期
现代志愿服务行为的理论基础研究	李国荣	中国青年研究	2009 年第 1 期
一个西部支教志愿者眼中的农村教育	邓　红 高晓明	教育科学研究	2009 年第 5 期
灾后安置点青少年社会工作初探——上海 S 社工服务队的实践为例	彭善民 沈　全	上海青年管理干部学院学报	2009 年第 3 期
灾区重建与社会工作发展策略——以“抗震希望学校社会工作志愿服务”项目为例	史柏年	中国社会工作	2009 年第 13 期
在北京市志愿者工作大会上的讲话	刘　淇	北京青年工作研究	2009 年第 3 期
增权理念在社工与义工联动中的运用	罗观翠 王军芳	中国社会工作	2009 年第 21 期
珍惜、用好奥运志愿服务的精神财富	杨　军 张　伟	首都经济贸易大学学报	2009 年第 10 期
志愿服务：培育公民精神的新典范	魏　娜 毛立红	南京工业大学学报(社会科学版)	2009 年第 2 期
志愿服务的管理模式研究：前置承诺与后置强制	陈　校	中国青年研究	2009 年第 8 期
志愿服务是推进精神文明建设的有力抓手	刘云山	政工研究动态	2009 年第 14 期
志愿服务应成常态	杨红兵	瞭望	2009 年第 30 期
志愿活动必须通过一定的组织来进行	丁元竹 江汛清	中国社会工作	2009 年第 15 期
志愿活动的自愿与受益对象问题	丁元竹 江汛清	中国社会工作	2009 年第 12 期
志愿组织发展中的政府责任：合法性视角的分析	罗　峰	国家行政学院学报	2009 年第 4 期

论文标题	作者	所载刊物	所载刊次
志愿组织与公民社会的构建——兼论中国志愿组织发展	扬　帆	北京青年政治学院学报	2009 年第 18 期
志愿组织自主能力建设研究	安国启	中国青年研究	2009 年第 8 期
治安志愿者法律关系模式研究	左袖阳	中国人民公安大学学报（社会科学版）	2009 年第 3 期
中国慈善事业发展的精神动力机制——志愿精神与传统慈善文化的融合与超越	祝西冰	社会工作（下半月·理论）	2009 年第 3 期
中国志愿服务的历史脉络	江汛清	中国社会工作	2009 年第 9 期
着力完善志愿服务体系	周锦章	求是	2009 年第 4 期
浅论和谐社会背景下志愿服务的发展	刘小霞	广东青年干部学院学报	2010 年第 24 期
社会工作者与志愿者关系：一种整合服务框架	童　敏	中国社会工作	2010 年第 3 期
中国老年志愿者参与动机的质性分析	段世江 王凤湘	河北大学学报（哲学社会科学版）	2010 年第 4 期
“以人为本”视域下的志愿组织建设	颜　睿	思想理论教育	2010 年第 23 期
北京市志愿者联合会：推动志愿工作常态化的实践	陈炳具	中国社会工作	2010 年第 9 期
城市社区老年志愿服务研究——以济南为例	李　芹	城市科学	2010 年第 6 期
城市社区志愿服务激励机制研究	陈晓春 钱　炜	福建行政学院学报	2010 年第 3 期
传统文化与志愿者行动	江汛清	中国社会工作	2010 年第 6 期
创新动员机制吸引广泛参与	李筱婧	前线	2010 年第 S2 期
打造“志愿北京”新名片——北京市志愿服务工作巡礼	伍发明 张　婷	前线	2010 年第 S2 期
大学生参与社区矫正志愿服务的若干实践问题探讨	黄嘉伟	广东青年干部学院学报	2010 年第 1 期
大学生参与志愿服务的思想政治教育价值探析	卢　玲	思想政治工作研究	2010 年第 11 期
大学生党员志愿服务长效机制研究	李维意 郭广伟	北京城市学院学报	2010 年第 6 期
大学生志愿服务的思想政治教育功能	胡　凯 杨　欣	思想政治教育研究	2010 年第 2 期

论文标题	作者	所载刊物	所载刊次
大学生志愿服务活动存在的问题及对策	刘志强	学习月刊	2010 年第 18 期
大学生志愿服务可持续发展研究	侯东喜 马万玲 任　伟	唐山师范学院学报	2010 年第 4 期
大学生志愿服务与提升就业能力的思考	陈　翔 路艳娥	法制与经济（下旬刊）	2010 年第 1 期
大栅栏街道：志愿服务进入城市管理和公共服务领域	申　洁	前线	2010 年第 S2 期
德国志愿服务：特点、趋势与促进措施	郑春荣	中国青年研究	2010 年第 10 期
对北京志愿服务常态化发展的思考	郭新保 王　育	北京城市学院学报	2010 年第 3 期
福利机构中的志愿服务	薛定国	社会福利	2010 年第 1 期
高校青年志愿服务专业化研究	张　科 彭巧胤	中国青年研究	2010 年第 2 期
公共图书馆志愿服务调查研究	代晓飞	图书馆界	2010 年第 2 期
公共危机治理中的志愿服务机制研究	史云贵 黄炯竑	河南师范大学学报（哲学社会科学版）	2010 年第 1 期
公民社会基本概念与志愿者精神	莘　子	中国妇运	2010 年第 5 期
构建社会主义核心价值体系视阈中的大学生志愿服务	刘　彦 董俊杰	北京教育（德育）	2010 年第 1 期
关于对志愿服务立法工作的建议	尹　鹏 郭家栋	政府法制	2010 年第 7 期
关于高校志愿服务活动现状的调查与研究	宫　磊	科技资讯	2010 年第 4 期
广州亚运会志愿服务模式分析	谭建光	青年探索	2010 年第 5 期
国外及我国香港地区志愿服务培训机制研究及启示	刘新玲 谭晓兰	中国青年研究	2010 年第 10 期
国外应急志愿服务的特点及对我国的启示	江汛清	青年探索	2010 年第 2 期
国外志愿服务研究综述	龚万达	江西师范大学学报（哲学社会科学版）	2010 年第 4 期
后奥运时代大学生志愿服务调研分析	张　健 卢振雷 蒋丽媛	中国林业教育	2010 年第 3 期

论文标题	作者	所载刊物	所载刊次
基于社会政策视角的志愿服务保障机制探析	戴香智 侯国凤	山西高等学校社会科学学报	2010 年第 10 期
角色理论视野下的高校志愿服务研究	钱嫦萍 孙秀慧 陈立俊	思想理论教育	2010 年第 11 期
居民社区志愿服务参与中的参与式民主	梁　莹 王　飞	求实	2010 年第 3 期
老年人参与社会组织志愿服务问题探微	杨　珂 刘典文	山东行政学院山东省经济管理干部学院学报	2010 年第 1 期
离退休老年人参与志愿服务与成功老龄化之质性研究	郑碧强	内蒙古农业大学学报（社会科学版）	2010 年第 2 期
历史的视角——对城市志愿服务体系发展历程的分析	邓　蕾	上海青年管理干部学院学报	2010 年第 2 期
两岸志愿服务制度对比分析及其启示	何　为	社会工作（下半月）	2010 年第 4 期
论大学生志愿服务中四种关系的处理	蔡建淮 李荣志	江苏高教	2010 年第 4 期
论图书馆志愿服务管理	宋占茹	科技情报开发与经济	2010 年第 20 期
论志愿服务的社会工作督导模式	彭华民	中国青年研究	2010 年第 4 期
论志愿服务组织的发展难题及政府责任——以广州“赵广军志愿服务队”为例	方　俊	岭南学刊	2010 年第 4 期
美国大学生志愿服务的成功经验及其启示	王亚科	产业与科技论坛	2010 年第 5 期
美国志愿服务发展的历史考察及其借鉴价值	高　嵘	中国青年研究	2010 年第 4 期
农村社区志愿服务发展的 SWOT 分析	王力平	社会工作（下半月）	2010 年第 8 期
瓶颈：商业与公益的制衡	于佳莉	中国社会工作	2010 年第 6 期
企业志愿服务的社会工作介入	王瑞华	中国社会工作	2010 年第 6 期
浅谈高校志愿服务对大学生志愿者的影响	王　翔 孟翠萍	科学之友	2010 年第 2 期
浅析大学生志愿服务活动中存在的问题	李媛媛	商业经济	2010 年第 3 期
浅析当代美国大学志愿服务的运行机制	郝　运 王　屾	外国教育研究	2010 年第 4 期
如何从传统中吸取志愿服务营养	谭建光	中国社会工作	2010 年第 15 期

论文标题	作者	所载刊物	所载刊次
如何建设社会志愿服务体系	谭建光	中国社会工作	2010 年第 6 期
上海开展志愿服务活动的实践和思考	陈振民	党政论坛	2010 年第 4 期
社会学视野下的大学生志愿服务意识与行为研究	刘新玲 陈丽华	福建行政学院学报	2010 年第 3 期
社会学视野下的高校志愿服务工作	刘光煜	黑河学刊	2010 年第 8 期
社会应急能力建设与志愿服务法制发展——应急志愿服务是社会力量参与突发事件应对工作的重大课题	莫于川	四川行政学院学报	2010 年第 3 期
社会志愿服务的评价论思考	龚万达	前沿	2010 年第 3 期
社会志愿服务模式探讨	张　媛	辽宁经济	2010 年第 7 期
社会转型期志愿服务组织运作机制初探以绍兴市为例	韩彬翔	绍兴文理学院学报（哲学社会科学）	2010 年第 4 期
社区教育志愿服务策略谈	吴东晖	福建广播电视大学学报	2010 年第 2 期
社区社会救助与慈善志愿服务	晋长华	人民论坛（中旬刊）	2010 年第 5 期
社区志愿服务的发展与和谐社区构建	王连巧	科技资讯	2010 年第 4 期
深化大学生志愿服务内涵创新思想政治教育模式	赵彦莉 李朝晖 孟红玲	才智	2010 年第 14 期
世博会志愿服务实现全程无线化	周　凯	中国社会工作	2010 年第 12 期
试论我国青年志愿服务的价值与影响因素	邵政严	中国青年研究	2010 年第 7 期
试论我国青年志愿服务的价值与影响因素	邵政严	中国青年研究	2010 年第 7 期
首都高校大学生开展社区—农村—志愿服务的基本途径研究	黄向军 耿　晔 任　华	中国电力教育	2010 年第 12 期
首都志愿服务的发展特点	江汛清	中国社会工作	2010 年第 15 期
四川灾后重建志愿者的特点和作用	刘　洋	电子科技大学学报（社科版）	2010 年第 5 期

论文标题	作者	所载刊物	所载刊次
四川灾后重建社区志愿服务的现状和问题	杨华丽	中国社会工作	2010 年第 12 期
突发事件应对中志愿者权益的法律保护	司　琳	安徽工业大学学报(社会科学版)	2010 年第 27 期
推动志愿服务事业持续发展的几点建议	曲立森	中国民政	2010 年第 8 期
推展社区志愿服务须注意的两个问题	陈国威	社会工作下半月(理论)	2010 年第 2 期
完善志愿服务机制发展农村社区生产力——以农家散养畜牧业为例	关二娜 苑帅民 李　睿 祖　磊 张　颖	中国集体经济	2010 年第 25 期
汶川大地震志愿者的道德意义	曹家治	宜宾学院学报	2010 年第 10 期
我国环保志愿服务事业需要体系化推进	戚　玥	中国社会工作	2010 年第 3 期
我国志愿者权益保障：困境、问题与对策	党秀云 蒋　欢	新视野	2010 年第 5 期
我国志愿者行动中的政府行为选择探析	刘　伟	广播电视大学学报	2010 年第 2 期
新加坡青奥会志愿者工作研究	乔晓鹏 沈使园 汤　飞 程　旭	北京城市学院学报	2010 年第 6 期
新形势下大学生志愿服务发展趋势分析	王玉辉 范一蓉 王立军 赵梅庆 朱立新	镇江高专学报	2010 年第 2 期
需求取向社区贫困家庭志愿服务的探索	晋长华	社会工作下半月(理论)	2010 年第 2 期
学生综合素质测评制度对大学生志愿行为影响的实证分析	尉建文 杨中英	高等教育研究	2010 年第 10 期
亚运会志愿者工作与广州志愿服务事业新发展	王焕清	中国青年研究	2010 年第 4 期
研究生志愿服务可持续发展面临的问题和对策	贺贝贝	中国电力教育	2010 年第 15 期
养老志愿服务的现状分析及对策研究	毛佩瑾	广西青年干部学院学报	2010 年第 3 期

论文标题	作者	所载刊物	所载刊次
以青年志愿服务活动为载体开展高校学生思想教育工作	王　志	山东省农业管理干部学院学报	2010年第1期
义工阿福：一个草根行善者的启示	倪志刚	中国社会工作	2010年第15期
引入农村社区志愿服务破解农技推广困境	梁　贤 林　涛	乡镇论坛	2010年第8期
应急救援志愿服务管理体制与运行机制探讨	韩　芸	青年探索	2010年第2期
在美国做重建灾后志愿者	徐富海	中国减灾	2010年第2期
在志愿服务的广阔平台中开展青年道德教化	贺利华	才智	2010年第5期
怎样组建和管理志愿服务团队	谭建光	中国社会工作	2010年第12期
政府与民间：志愿者力量如何合作	谭建光	中国社会工作	2010年第3期
政治结构与社会基础：中国草根志愿组织研究进展	孙莉莉	求实	2010年第5期
志愿动机的层次分析	陶　倩	思想理论教育	2010年第6期
志愿服务20年——中国志愿服务研究综述	龚万达	思想理论教育	2010年第6期
志愿服务的参与式方法	白　晶	中国社会工作	2010年第15期
志愿服务的价值理性与工具理性及其关系	曾　琰 陶　倩	思想教育研究	2010年第8期
志愿服务的立法动因与基本内容研究	宗延军	理论界	2010年第4期
志愿服务发展研究志愿服务对共青团组织创新发展的作用	张晓红 李　凌	中国青年研究	2010年第10期
志愿服务发展研究志愿服务过程中风险的预防与救助	聂阳阳 穆　青	中国青年研究	2010年第10期
志愿服务发展研究——志愿服务与社会工作差异互动分析	纪文晓	中国青年研究	2010年第10期
志愿服务——高校实践性德育的有力载体	敬枫蓉 祖　霞	思想教育研究	2010年第5期
志愿服务和谐社会的集体意识试析志愿服务意识及其成长模型	陈少君	社会工作下半月(理论)	2010年第1期
志愿服务核心价值理念探析	于　岩 贺　芳	湖北经济学院学报(人文社会科学版)	2010年第1期
志愿服务与大学生职业道德的培养	王顺茗	中国青年研究	2010年第10期

论文标题	作者	所载刊物	所载刊次
志愿服务与公民精神的培育——兼论政府完善志愿服务管理的一些建议	林振东 涂水发	闽西职业技术学院学报	2010 年第 2 期
志愿服务组织的规范运行与管理研究 ——立法推动的视角	张晓红 李 凌	北京城市学院学报	2010 年第 5 期
志愿精神的政府培育探析	谭玉龙	求实	2010 年第 2 期
志愿者，公共服务新名片	李 岩	中国经济周刊	2010 年第 6 期
志愿者活动的道德功能探析	曾剑峰	牡丹江师范学院学报（哲学社会科学版）	2010 年第 5 期
中国农村志愿服务调查报告	谭建光	中国青年研究	2010 年第 3 期
中国企业志愿服务发展分析	胡东辉 陈东林	广东青年干部学院学报	2010 年第 3 期
中国志愿服务的制约因素及制度改进	徐祖荣	武汉科技大学学报（社会科学版）	2010 年第 6 期
中国志愿服务发展研究	张素蓉 刘永高	社科纵横	2010 年第 5 期
中美志愿者激励的差异	张庆武	中国社会工作	2010 年第 9 期
走向规范化、多元化的中国志愿服务事业	李红梅	中国社会工作	2010 年第 12 期
作为文化时尚的志愿服务及其组织机制——兼论志愿服务事业的长效机制	赵剑民	学术论坛	2010 年第 1 期
“三天带薪假日”：制度创新带动企业志愿服务发展研究——以微软（中国）公司为例	潘春玲 张晓红	北京城市学院学报	2011 年第 6 期
“社工 + 志愿者”技能人才教育模式探索——以广东青年职业学院社工专业办学特色为例	汪彩霞 刘思博 朱莉玲 谭建光	广东青年干部学院学报	2011 年第 2 期
“世博”后青年志愿者国际合作模式探析	王郦玉 刘 勇	中国校外教育	2011 年第 22 期
北京奥运会与广州亚运会志愿服务比较	杨小柳 肖乙宁	广东青年干部学院学报	2011 年第 1 期
草根志愿服务组织发展及其与政府关系模式初探——以河北省保定市爱心志愿者联盟为个案	朱 峰	广东青年干部学院学报	2011 年第 3 期
城市街道志愿服务的创新与发展——广东省佛山市桂城街道志愿服务调查报告	刘思博 汪彩霞	广东青年干部学院学报	2011 年第 3 期
城市社区志愿服务的组织管理机制研究 ——以北京市 C 社区为例	郑瑞涛 孙红梅	北京城市学院学报	2011 年第 1 期

论文标题	作者	所载刊物	所载刊次
从奥运志愿服务动机看当代大学生的价值取向	陈丽红 李 靓	吉林师范大学学报（人文社会科学版）	2011 年第 2 期
从传统老龄化到积极老龄化的角色转变——以旅游志愿者为例	饶华清	青海师范大学学报（哲学社会科学版）	2011 年第 2 期
从关系类型区分探析志愿者组织对志愿者服务侵权的责任	孔东菊	广东行政学院学报	2011 年第 5 期
从美国服务学习看高校志愿服务长效机制的建立	滕晓黎	赤峰学院学报（自然科学版）	2011 年第 6 期
大型体育赛会志愿者活动对开展大学生思想教育的价值研究	王晓玲 刘 君	吉林体育学院学报	2011 年第 5 期
大型体育赛事大学生志愿者参与动机的研究	郑志丹	宁德师范学院学报（自然科学版）	2011 年第 4 期
大型运动会志愿者培训研究	倪 霓 黄 卓 张 苏	成都体育学院学报	2011 年第 11 期
大学生奥运志愿者志愿工作心理压力研究	曲清和 訾 非 何明华 宗春山	中国健康心理学杂志	2011 年第 1 期
大学生从事艾滋病志愿服务情况的调查	侯 欣 周晓春 吕 鹏	中国青年政治学院学报	2011 年第 6 期
大学生公民意识的形成途径研究——以志愿服务促大学生的公民意识形成	成双凤	文史博览（理论）	2011 年第 9 期
大学生公益精神培育路径的选择——以南华大学大学生“红丝带”防艾先锋队工作实践为例	谢四平 罗成翼	当代教育论坛（综合研究）	2011 年第 10 期
大学生社区矫正志愿服务工作机制分析——以广州市荔湾区为例	黄嘉伟 潘楚君	广东青年干部学院学报	2011 年第 1 期
大学生志愿服务：问题、动力及其激励	龙永红 吴晓东	青年探索	2011 年第 5 期
大学生志愿服务的思想政治教育意蕴	彭 海	思想政治教育研究	2011 年第 4 期
大学生志愿服务对策研究——以保定为例	高彦君	中国成人教育	2011 年第 14 期
大学生志愿服务价值取向问题探析	李兰娟	内蒙古农业大学学报（社会科学版）	2011 年第 5 期
大学生志愿活动运作机制优化探究	李美俊	当代青年研究	2011 年第 11 期
大学生志愿精神的培育：价值及路径	旷 芳	佳木斯教育学院学报	2011 年第 6 期

论文标题	作者	所载刊物	所载刊次
大学生志愿精神的培育：价值及路径	旷　芳	佳木斯教育学院学报	2011 年第 6 期
大学生志愿力量在 NGO 慈善不足中的作用	单桔平 陈桂香	文史博览（理论）	2011 年第 6 期
大学生志愿者参与志愿行为动机探析	唐玉梅	淮海工学院学报（社会科学版）	2011 年第 7 期
大学生志愿者活动问题分析	刘和忠 吴宇飞	中国青年研究	2011 年第 11 期
大学生志愿者培训模式初探	刘　伟	理论界	2011 年第 10 期
当代大学生参加志愿服务活动的选择动机调查研究	李志如 张　健 秦　璐 陈　淼 陶　芹 罗艺渟	出国与就业（就业版）	2011 年第 16 期
当代美国志愿精神的实践活动分析及其现实启示	潘　静	学校党建与思想教育	2011 年第 26 期
当前高校深化志愿服务思想教育功能对策研究	李文亮	南昌教育学院学报	2011 年第 12 期
动感前沿的巾帼志愿者	谭建光	社会与公益	2011 年第 3 期
对北京志愿服务常态化发展的再思考	王　育	北京城市学院学报	2011 年第 1 期
对昌平区十五所民办农民工子女学校的调查报告	王　辉 王　育 何培鑫	北京城市学院学报	2011 年第 6 期
改进西部计划志愿者工作的思考	李　栋 高俊民	人民论坛	2011 年第 8 期
高校大学生社会服务现状与发展研究——以北京联合大学为例	赵　辉 钟付宵	出国与就业（就业版）	2011 年第 20 期
高校大学生志愿服务体系存在的问题及其优化	许人冰	北京青年政治学院学报	2011 年第 1 期
高校建筑类专业第二课堂实践教育初探——以华侨大学建筑学院为例	叶荔辉	黎明职业大学学报	2011 年第 4 期
高校青年志愿服务工作的现状与思考	郭红彦	河南教育学院学报（哲学社会科学版）	2011 年第 1 期
高校生活园区内开展志愿者工作的有效性探索	尹忠恺 苏海泉	辽宁行政学院学报	2011 年第 6 期

论文标题	作者	所载刊物	所载刊次
高校学生党员在世博志愿服务中的角色与作用	张　乐	出国与就业（就业版）	2011 年第 5 期
高校学生志愿服务的发展趋势及其德育价值分析——基于上海高校 962 名学生的调研报告	陈　洁 姚福生 刘素贞	国家教育行政学院学报	2011 年第 3 期
高校志愿服务档案管理初探	张　敏	扬州教育学院学报	2011 年第 4 期
高校志愿服务教育课程化路径探索	张晓红	思想教育研究	2011 年第 5 期
公民社会视野下的青年志愿服务	梁绿琦 余逸群	中国青年研究	2011 年第 12 期
共青团“枢纽型”社会组织建设浅探	冯志明	北京城市学院学报	2011 年第 5 期
构建高校青年志愿者工作长效机制探析	宗　平 葛　敏	辽宁行政学院学报	2011 年第 2 期
关于大学生志愿者服务活动长效机制建设的思考	王为正	思想理论教育导刊	2011 年第 2 期
关于弘扬志愿精神的几个问题	张耀灿	思想政治教育研究	2011 年第 5 期
关于建立我国科技志愿服务体系的思考	邓大胜 何光喜 张文霞 赵延东 王　元	中国科技论坛	2011 年第 4 期
关于农民工子女在京生活状况的调研	朱凌云 王　育	北京城市学院学报	2011 年第 4 期
关于平民慈善走向常态化制度化的思考	张华林	社团管理研究	2011 年第 3 期
广州亚运会志愿服务文化遗产类型分析	朱莉玲 林锐斌	广东青年干部学院学报	2011 年第 1 期
国际语言环境建设与高校思想政治教育实践创新——基于高校城市多语言志愿服务的分析	丁　浩	思想教育研究	2011 年第 12 期
国外及港台地区志愿服务的经验与借鉴	梁绿琦 纪秋发	中国青年研究	2011 年第 11 期
国外志愿者动机研究及其启示	羊晓莹	当代青年研究	2011 年第 1 期
和谐社会视野中的大学生公益精神培育研究	朱翠贞 艾卫平 张卫平	社团管理研究	2011 年第 3 期

论文标题	作者	所载刊物	所载刊次
弘扬志愿文化促进社会和谐——让志愿服务成为人的一种生存方式	姜玉洪 李　烨	东北农业大学学报（社会科学版）	2011 年第 5 期
后奥运时代医学专业学生志愿服务队的建设与发展	任　静	北京青年政治学院学报	2011 年第 1 期
基于非正式组织理论的大学生志愿服务发展对策	高　燕 缠　菁	中国轻工教育	2011 年第 1 期
基于事例分析为背景的大学生志愿者存在的问题与对策研究	孙艳玲	体育世界（学术版）	2011 年第 10 期
基于志愿服务活动的大学生思想政治教育实效性研究——以广州亚运会志愿者为例	吴耀华 张振刚	思想教育研究	2011 年第 9 期
建立上海市社区志愿者服务的长效机制探析	谢文静	改革与开放	2011 年第 8 期
街道乡镇政府信任与居民的社区志愿精神——基于南京市若干城乡社区的实证调查	梁　莹	南京师大学报（社会科学版）	2011 年第 4 期
借鉴域外经验推进国家志愿服务立法	赵枞安	学术界	2011 年第 5 期
进一步加强和推进志愿服务长效机制建设初探	姜　涛 张明春	北京城市学院学报	2011 年第 4 期
开展志愿者活动的影响因素与对策	杨彩平	常州工学院学报（社科版）	2011 年第 5 期
刻板印象对“90 后”大学生服务与管理的影响性研究	吕　媛	中国校外教育	2011 年第 6 期
论大学生社会实践和志愿服务可持续发展的有效机制	薄爱敬	学校党建与思想教育	2011 年第 18 期
论大学生志愿精神及其培育	韩迎春 李　芳	教育评论	2011 年第 4 期
论大学生志愿精神内涵及培育	韦莉明	中国成人教育	2011 年第 7 期
论公民视角下大学生公共精神的培养	李定庆 柯　修	太原大学学报	2011 年第 4 期
论体育赛事志愿者的法律关系及其立法启示	吴　伟 郝战军	首都体育学院学报	2011 年第 6 期
论新形势下高校学生党员志愿服务长效机制的构建	李维意 郭广伟	广西青年干部学院学报	2011 年第 1 期
论志愿服务的常态化与可持续发展	党秀云	中国行政管理	2011 年第 3 期
论志愿服务在大学生道德养成中的作用	沙　莉	沈阳教育学院学报	2011 年第 6 期
论志愿服务在高校思想政治教育中的作用	吕宗瑛	学校党建与思想教育	2011 年第 1 期
论志愿精神与道德的内在关联	张洪彬 张澎军	东北师大学报	2011 年第 5 期

论文标题	作者	所载刊物	所载刊次
论志愿者医院服务模式的新探索	徐　婕 王　哲 陈　良	南京医科大学学报（社会科学版）	2011年第4期
论志愿组织的专业化建设	张　媛	辽宁经济管理干部学院（辽宁经济职业技术学院学报）	2011年第4期
论中国高校“服务学习”的现状及发展前景	关尔佳 熊紫珺	中国青年研究	2011年第8期
欧洲国家志愿者参与应急管理的经验研究	宋劲松	四川行政学院学报	2011年第1期
欧洲青年与志愿活动	霍华德·威廉姆森 陈晶环	青年探索	2011年第4期
培养大学生志愿服务精神的研究	廖君丽	出国与就业（就业版）	2011年第10期
企业志愿服务行为对顾客购买决策行为的影响研究——基于顾客道德认同的视角	郑碧强 张叶云	安徽农业大学学报(社会科学版)	2011年第5期
浅谈高校学生志愿者社团内的文化管理	杜炳鋆	中国校外教育	2011年第22期
浅谈后奥运时代志愿精神在高校青年大学生中的延伸	刘　晨 代春艳 石向芬	中国校外教育	2011年第14期
浅谈我国博物馆小志愿者	吴　镝	中国校外教育	2011年第6期
浅谈我国志愿服务的思想政治教育功能	杨冬梅	学理论	2011年第3期
浅谈志愿者权益保障	李　琪	商品与质量	2011年第SB期
浅析志愿服务与创新社会管理之路	周　迪 郑兴伟	改革与开放	2011年第15期
青年志愿服务面临的问题与对策——以吉林省为例	刘鸣筝	中国青年研究	2011年第5期
青年志愿服务与大学生就业同轨的模式	范一蓉	黑龙江高教研究	2011年第4期
青年志愿服务与社会发展调查报告	魏京祥 刘桂霞	青少年研究（山东省团校学报）	2011年第2期
青年志愿者的需要特征与激励对策研究——基于对重庆市625名志愿者的调查	王春兰 袁明符	广东青年干部学院学报	2011年第4期

论文标题	作者	所载刊物	所载刊次
青年志愿者生态知识培训对策探讨——以泉州湾河口湿地红树林保护为例	刘怀如 袁怡圃 邱　玲 卢昌义	西南师范大学学报（自然科学版）	2011 年第 2 期
社会工作的专业地位、基本策略以及与志愿服务的关系：历史回顾与反思	童　敏	华东理工大学学报（社会科学版）	2011 年第 2 期
社区志愿者队伍建设存在的问题与对策	陈　琦	中国农村教育	2011 年第 7 期
深化高中生志愿服务活动的对策探究	蒙菊花 欧阳常青	内蒙古师范大学学报（教育科学版）	2011 年第 8 期
生命实践的视界、作为一种德性形式的志愿精神	张洪彬 张澎军	思想教育研究	2011 年第 3 期
世博会大学生志愿者服务质量因素分析	霍圣录	思想理论教育	2011 年第 1 期
试论和谐社会视阈下志愿精神的弘扬	宋佳东	东北农业大学学报（社会科学版）	2011 年第 2 期
试论思想政治工作与志愿服务活动的有效互动	朱新婷	企业家天地（理论版）	2011 年第 6 期
试论志愿者的自我认同	王朝峰	北京电子科技学院学报	2011 年第 1 期
试谈志愿服务对社会工作发展的影响	赵　娜 晏　华	广东青年干部学院学报	2011 年第 3 期
试析高校公益性社团在大学生道德素质教育中的价值	周　霞	天津市教科院学报	2011 年第 1 期
试析心理学视野中的大学生志愿服务活动	董庆龄	教育与职业	2011 年第 9 期
探索党员志愿服务新途径	中共河南省漯河市委组织部	党建研究	2011 年第 12 期
突发事件中志愿者组织的运行——以深圳义工联合会为例	刘爱静	法制与社会	2011 年第 8 期
网络志愿者群体的发展现状	李方菁	人民论坛	2011 年第 23 期
我国社区志愿者的组织激励问题与对策研究——以广东 XXX 联合会为例	王春兰 袁明符	广东青年干部学院学报	2011 年第 3 期
我国突发事件中的志愿者法律关系研究	张　琴 王　峰	辽宁行政学院学报	2011 年第 1 期
我国应急志愿者行动研究	左　晴	中国应急救援	2011 年第 6 期
我国志愿服务的基本情况、存在问题与对策探析	潘修华	社团管理研究	2011 年第 11 期

论文标题	作者	所载刊物	所载刊次
我国志愿服务法律地位及相关问题的探讨	安连成	全国商情（理论研究）	2011 年第 2 期
我国志愿服务立法中志愿者主体资格的界定	杨天红	燕山大学学报（哲学社会科学版）	2011 年第 4 期
我国志愿者管理现状与问题的实证分析	张网成	中国社会科学院研究生院学报	2011 年第 6 期
西部计划志愿精神内涵解读	孙　靖	中国青年研究	2011 年第 7 期
西方海外志愿服务成功经验对我国的启示	滕素芬	中国青年研究	2011 年第 5 期
现阶段我国志愿者服务面临的障碍及对策	张升飞	出国与就业（就业版）	2011 年第 8 期
亚运志愿服务的经济学意义	张朝华	人民论坛	2011 年第 2 期
亚运志愿服务文化遗产建设与人的素质发展	周大鸣 詹虚致	广东青年干部学院学报	2011 年第 1 期
医务社工和医院志愿者如何融入医院系统	李妍斐	中国卫生事业管理	2011 年第 S1 期
以志愿者管理创新促进西部落后山区非公团建工作	张宇鹏	出国与就业（就业版）	2011 年第 12 期
应急管理第一响应者制度的产生与发展	宋劲松 刘红霞	中国应急管理	2011 年第 8 期
游走于国家与社会之间：草根志愿组织的行动策略——以广州启智队为例	陈天祥 徐于琳	中山大学学报（社会科学版）	2011 年第 1 期
灾害管理中的非营利组织参与：政府规制的限度与取向——以美国为对象的比较研究	吴新叶	社团管理研究	2011 年第 4 期
政府责任视阈下的香港志愿服务发展	孙　婷	山西师大学报（社会科学版）	2011 年第 6 期
志愿服务：社会主义核心价值观教育的有效载体	肖湘愚 李茂平	湘潭大学学报（哲学社会科学版）	2011 年第 2 期
志愿服务的价值基础与理论依据探析	蒋逸民	广东青年干部学院学报	2011 年第 4 期
志愿服务的内涵、功能及模式简评	王士恒	江南社会学院学报	2011 年第 1 期
志愿服务活动中的法律规制比较研究	何敏怡 何继锋	法制与社会	2011 年第 21 期
志愿服务评价体系研究	方　轻	长春理工大学学报（社会科学版）	2011 年第 3 期
志愿服务体系建设问题	李　博	山东师范大学学报（人文社会科学版）	2011 年第 3 期
志愿服务行为的法律关系与法律责任解构	袁文全 王文娟	西南大学学报（社会科学版）	2011 年第 4 期

论文标题	作者	所载刊物	所载刊次
志愿服务意蕴中的公民社会研究综述	龚万达	中共珠海市委党校珠海市行政学院学报	2011 年第 6 期
志愿服务与当代大学生道德自觉研究——以广州亚运会志愿服务为例	张育广	中国青年研究	2011 年第 11 期
志愿服务与高职教育融合的探究	潘骏鹏	中小企业管理与科技（上旬刊）	2011 年第 1 期
志愿服务在公民道德养成中的作用	李茂平 阮东彪	吉首大学学报（社会科学版）	2011 年第 1 期
志愿服务组织的文化管理研究	曾颖如 文　嘉	中国青年研究	2011 年第 10 期
志愿服务组织的现状及完善对策——以包头义工联合会为例	魏　成	内蒙古农业大学学报（社会科学版）	2011 年第 5 期
志愿文化：高校和谐发展的支点——对高校志愿文化建设的思考	何文秋	金陵科技学院学报（社会科学版）	2011 年第 4 期
志愿者参与动机发展阶段新探及引导策略	彭思雅	广东青年干部学报	2011 年第 12 期
志愿者参与民生工程建设的思考——以研究生志愿者群体为考察对象	张立成 任振宇	人民论坛	2011 年第 34 期
志愿者的心理健康与志愿活动关系	冯姗姗 赵久波	中国社会医学杂志	2011 年第 2 期
志愿者管理的国内研究现状	米雅钊	中国市场	2011 年第 44 期
志愿者活动：高校社会主义核心价值观培育的突破口	杨　军	教育学术月刊	2011 年第 10 期
志愿者在汶川地震灾区图书馆中的作用	吴素娟 李　勇 阮菊红 程孝良	中国管理信息化	2012 年第 3 期
志愿者组织公益行动的窘境与消解	胡爱敏	社团管理研究	2011 年第 6 期
中国城市社工与志愿者合作模式探析	谭建光	城市观察	2011 年第 10 期
中国社工与志愿者合作的模式	谭建光	广东青年干部学院学报	2011 年第 4 期
中国式“志愿失灵”表象剖析——以北京志愿服务为例	孙　婷	中国青年研究	2011 年第 10 期
中国志愿行动融入社区建设的困境与对策	姜晓婷 张弘政	广东青年干部学院学报	2011 年第 4 期
中国志愿者发展问题研究的新视角	张　勤 武志芳	国家行政学院学报	2011 年第 6 期

论文标题	作者	所载刊物	所载刊次
中美大学生志愿服务激励机制的比较研究	龙永红	山东青年政治学院学报	2011 年第 5 期
重大突发事件应急救援志愿者的管理优化研究	赵富强 张　红 陈　耘	武汉理工大学学报（社会科学版）	2011 年第 5 期
自闭症儿童社会志愿者介入服务实践反思	刘建民 吴　旃 雷艳芳	广西民族大学学报（哲学社会科学版）	2011 年第 4 期
“大学生志愿服务西部计划”的青年政策探析	常春梅	中国青年政治学院学报	2012 年第 4 期
“应当”的志愿精神的法律思考	周　琦	法制与社会	2012 年第 13 期
“大学生法律援助志愿服务”活动长效机制建设研究	何彦辛	南京广播电视大学学报	2012 年第 2 期
“低龄助高龄”社区志愿服务可行性研究	洪　梅	法制与社会	2012 年第 33 期
“三圈”理论视野下北京志愿服务项目运行分析	李先忠	中国行政管理	2012 年第 11 期
“向群众学习、向实践学习”命题下的大学生志愿服务育人功能研究	黄一珊	大学教育	2012 年第 1 期
“志愿服务记录”管理工作的实践	张晓红	中国社会报	2012 年 5 月 22 日
比较视角下的大学生志愿服务：制度化与专业化	曾雅丽	高等教育研究	2012 年第 3 期
从志愿服务组织看香港 NGO 服务管理模式	王　晔	社团管理研究	2012 年第 10 期
大型活动志愿者培训课程开发研究——以 2010 年上海世博会园区志愿者培训为例	杨芳平 余明阳 李启庚	中国人力资源开发	2012 年第 1 期
大学生就业服务志愿者队伍建设研究	何龙山	安徽工业大学学报（社会科学版）	2012 年第 3 期
大学生理想信念教育新载体：专业型志愿服务	刘　丹 张　帆	宁波大学学报（教育科学版）	2012 年第 6 期
大学生思想政治教育的新载体——志愿服务探析	黄　艺 张根福	浙江师范大学学报（社会科学版）	2012 年第 04 期
大学生心理志愿者培养体系探讨	卢　勤 李　旭	西南交通大学学报（社会科学版）	2012 年第 5 期
大学生志愿服务的社会支持与保障状况分析	王　泓	思想理论教育	2012 年第 17 期
大学生志愿服务的重要意义及科学发展新途径	胡凤飞 储志东	教育教学论坛	2012 年第 11 期

论文标题	作者	所载刊物	所载刊次
大学生志愿服务工作存在的问题探析	吴娟频 崔　铭	改革与开放	2012 年第 18 期
大学生志愿服务活动：参与状况与长效机制的构建——基于全国性大型问卷调查的思考	王　泓 邓清华	中国青年研究	2012 年第 8 期
大学生志愿服务教育培训机制问题研究	高　菲	黑龙江教育学院学报	2012 年第 9 期
大学生志愿服务市场化运行机制案例研究	韩景新	大学教育	2012 年第 5 期
大学生志愿服务与思想政治教育研究	胡凌鑫	重庆工商大学硕士论文	2012 年
大学生志愿活动现状分析——基于山东高校的调查	李　勃 丁　萍	中国青年研究	2012 年第 5 期
大学生志愿精神培育问题研究	阚宝涛	山东青年政治学院学报	2012 年第 3 期
德国志愿者提升社会管理水平	游志斌	学习时报	2012 年 8 月 6 日
对苏州志愿服务现状的调查与思考	龚咏梅 孙枝俏	社团管理研究	2012 年第 11 期
对灾区重建中志愿者立法的分析	刘　峰	云南社会主义学院学报	2012 年第 3 期
发展志愿服务事业，创新社会动员机制	王　哲 李　凌	北京城市学院学报	2012 年第 2 期
高校大学生志愿服务常态化研究	陈晓林	青年与社会	2012 年第 2 期
高校大学生志愿服务活动的德育功能浅析	蒋林君	中国校外教育	2012 年第 13 期
高校青年志愿服务课程化研究——基于现代课程理论视角	魏　银 戴　锐	北京青年政治学院学报	2012 年第 3 期
高校体育赛事志愿者志愿服务行为及其运行机制研究——以山西省部分高校为例	赵淑琼	山西师范大学硕士论文	2012 年 5 月
高校网络志愿者队伍建设刍议	刘　玲	学校党建与思想教育	2012 年第 15 期
高校志愿服务进社区工作模式的研究	张朝华	中国城市经济	2012 年第 2 期
高校志愿服务事业发展的困境与出路	王　斌	人民日报	2012 年 5 月 31 日
高职院校大学生志愿者精神现状分析	肖望兵	学校党建与思想教育	2012 年第 6 期
公共精神：志愿精神培育的内核	曾　琰	思想理论教育	2012 年第 15 期
构建大学生志愿者“善治”的路径选择	华裕良 黄飞剑	高校教育管理	2012 年第 5 期

论文标题	作者	所载刊物	所载刊次
构建高校统战志愿者队伍的探索与实践	刘　兵	学校党建与思想教育	2012 年第 10 期
构建志愿服务常态化发展的现实路径——基于江苏志愿服务发展现状	张　旻	中共南京市委党校学报	2012 年第 4 期
关于大型赛会高校志愿者队伍建设与赛后资源转化的探讨	肖博宇	学理论	2012 年第 18 期
关于乡镇社区志愿服务激励机制的思考	陈启燕	科学大众（科学教育）	2012 年第 11 期
关于志愿服务与青少年公民素质培养的调查研究——以广州亚运会志愿服务为例	姜晓婷 张弘政	思想政治教育研究	2012 年第 3 期
广州亚运会志愿服务绩效评估研究	陈天祥 叶彩永	广东工业大学学报(社会科学版)	2012 年第 4 期
国际视野下的中国志愿组织发展	朱莉玲 王媛媛 谭建光	中国青年政治学院学报	2012 年第 5 期
国外志愿服务发展趋势	张燕玲 张晓红	北京城市学院学报	2012 年第 6 期
和谐社会视域下志愿服务精神的研究	江雯雯	淮海工学院学报(人文社会科学版)	2012 年第 10 期
后奥运时代以志愿服务为载体推进大学生思想政治教育	高大鲲 李　鹏 石　洋	长春师范学院学报	2012 年第 9 期
后世博时代——志愿服务对大学生就业的影响研究	周慧敏	山东青年政治学院学报	2012 年第 3 期
基于我国社会现状的公民志愿服务制度建构	宋言奇	上海城市管理	2012 年第 2 期
计划行为理论（TPB）在志愿服务行为研究中的应用	徐祎飞 李彩香 姜香美	人力资源管理	2012 年第 11 期
建设救灾志愿服务体系提高救灾应急工作能力——青海省西宁市民政局开展救灾志愿服务体系建设试点纪实	樊生梅	中国减灾	2012 年第 19 期
近十年来我国大学生志愿服务研究综述	祝小迁 窦贤琨	当代教育论坛	2012 年第 2 期
可持续志愿主义：香港志愿者的分析	张楚香	青年探索	2012 年第 2 期
雷锋精神与志愿服务：历久弥新的精神价值	佘双好 倪素香	学校党建与思想教育	2012 年第 10 期

论文标题	作者	所载刊物	所载刊次
论我国大学生志愿服务社会化路径的构建	黄飞剑 华裕良	云南财经大学学报(社会科学版)	2012 年第 2 期
论政府购买社会组织服务与社会管理创新	李学会 周　伦	北京城市学院学报	2012 年第 2 期
论志愿服务的社会功能及其形成	廖　恳	中国青年研究	2012 年第 3 期
论志愿服务对提高地方高职院校社会服务功能的影响	肖影玲	社科纵横	2012 年第 10 期
论志愿服务与雷锋精神的传承	王益峰	学校党建与思想教育	2012 年第 17 期
媒体传播对志愿服务发展的促进作用	于　鑫 王　虎	北京城市学院学报	2012 年第 6 期
媒体信任与公民的社区志愿服务参与	梁　莹	理论探讨	2012 年第 1 期
美国培育积极公民的志愿服务路径研究	康秀云	外国教育研究	2012 年第 7 期
美国应急志愿者管理制度及其经验借鉴	宋劲松 王宏伟	北京行政学院学报	2012 年第 4 期
美国志愿服务观察及其启示	黄晓鹏	中国青年研究	2012 年第 11 期
民办高校大学生志愿者队伍建设研究	常利国	齐齐哈尔大学学报(哲学社会科学版)	2012 年第 5 期
纽约志愿服务经验做法对北京的启示	岳金柱 李筱婧 游　斐	社团管理研究	2012 年第 4 期
欧美志愿服务与现代公民教育	王媛媛	北京青年政治学院学报	2012 年第 2 期
浅析高校青年志愿者活动的作用及存在的问题	文菊娥	科技信息	2012 年第 4 期
浅析毛主席纪念堂志愿服务项目运行情况	邹江宏	北京城市学院学报	2012 年第 5 期
浅析网络草根组织志愿者管理困境	王　娟 吴　湾	经营管理者	2012 年第 1 期
青年志愿服务对社会管理创新的意义	陈晶环	中国青年政治学院学报	2012 年第 6 期
青年志愿者的需要特征与激励对策	王春兰 袁明符	当代青年研究	2012 年第 3 期
青年志愿者事业的发展——高校青年志愿者事业现状的研究	许芝铖	改革与开放	2012 年第 2 期
让志愿服务在社区间流动	张会云 苏建军	中国妇女报	2012 年 3 月 22 日

论文标题	作者	所载刊物	所载刊次
日常化思想政治教育的实现路径——以志愿者工作为例	梅　鲜	党政论坛	2012 年第 1 期
如何有效推进社区志愿服务	徐昌洪	中国社会报	2012 年 5 月 22 日
社会管理创新视域下建设志愿者服务品牌探析	周芸婧	法制与社会	2012 年第 17 期
社会管理创新中社区志愿服务利益表达的有效性	张　勤 武志芳	理论探讨	2012 年第 6 期
社会化动员的发动与实施——从"北京车友应急志愿者总队"的工作谈起	郝　刚	北京城市学院学报	2012 年第 5 期
社会建设视阈中我国志愿服务可持续发展的路径探析——基于江苏志愿服务的实证调研	张　勤 武志芳	国家行政学院学报	2012 年第 4 期
社区常态化志愿服务项目分析——以"综合包户"志愿服务项目为例	张　楠	北京城市学院学报	2012 年第 4 期
社区志愿服务的发展研究——以北京天津重庆城市社区志愿服务为例	王　譞	北京城市学院学报	2012 年第 5 期
社区志愿服务类社会组织发展：历程、问题与对策——基于南通市南园义工联合会之个案分析	刘　蕾	理论界	2012 年第 10 期
台湾地区志愿服务发展历程、特点与经验	肖　艳	社科纵横	2012 年第 1 期
台湾海峡两岸志愿服务的比较及启示	黄　玮	当代青年研究	2012 年第 2 期
探讨西宁社区志愿服务的支持性因素	郭　瑞	社会工作	2012 年第 10 期
体育赛事志愿者参与动机与激励制度研究	邱明强	体育与科学	2012 年第 1 期
天津博物馆志愿者的管理培训实践与思考（下篇）	卢永琇	中国文化报	2012 年 8 月 2 日
投身志愿服务践行雷锋精神	徐庆群	中国新闻出版报	2012 年 3 月 6 日
文化生态视野中青年志愿服务基地化建设	贝静红	当代青年研究	2012 年第 3 期
我国推进志愿精神培育工作的思路与举措	孟凡平	山西青年管理干部学院学报	2012 年第 2 期
我国志愿服务规范化发展的实证研究——以厦门市为例	巨东红	山东理工大学学报（社会科学版）	2012 年第 4 期
我国志愿服务立法对策探讨	李永军	社团管理研究	2012 年第 3 期
我国志愿服务中的"失灵现象"探析	潘修华 孙玉明	北京工业大学学报（社会科学版）	2012 年第 5 期

论文标题	作者	所载刊物	所载刊次
我国志愿者文化结构及其协调发展研究	左同宇 朱亚宾	安徽工业大学学报（社会科学版）	2012 年第 2 期
无偿献血者队伍建设与招募保留探讨	刘美红 蔡新华	中国卫生质量管理	2012 年第 2 期
新时期推进志愿消防队伍发展壮大之研究	司　戈	公安研究	2012 年第 6 期
研究生涉外志愿服务问题及对策——以天津外国语大学为例	张璐云	河南工业大学学报（社会科学版）	2012 年第 2 期
一个志愿者协会的成长调查	靳　博	人民日报	2012 年 4 月 19 日
医疗志愿者面临常态化难题	张颂奇	中国医院院长	2012 年第 10 期
以志愿服务体现雷锋精神	李晓林	中国文化报	2012 年 2 月 29 日
义工服务	熊晨晖	社会与公益	2012 年第 5 期
英国应急志愿服务的经验及对我国的启示	廖　恳 黄晓伟 王　锐	行政管理改革	2012 年第 2 期
英特尔志愿者：让爱打开心灵的虹桥	王　堃	社会与公益	2012 年第 5 期
志愿服务的当代价值	卫建国	光明日报	2012 年 5 月 26 日
志愿服务在社会管理创新中的作用	卢旭东 杨发庭	中共青岛市委党校青岛行政学院学报	2012 年第 3 期
志愿服务在台湾	陈　岱	人民政坛	2012 年第 7 期
志愿活动的内部效果与青少年的社会化——基于广州市 W 学校社工站的实践探索	张晓红	中国青年研究	2012 年第 6 期
志愿精神的意蕴：以德性论为视角	周　琦	社科纵横（新理论版）	2012 年第 2 期
志愿者的多重功能与作用	李红梅	中国社会报	2012 年 6 月 7 日
志愿者对志愿服务的认知状况调查——以草根志愿者组织的志愿者为例	苏超莉 张晓红	北京城市学院学报	2012 年第 2 期
志愿者服务行为致人损害的责任承担——基于 16 个省、自治区、直辖市地方立法的实证分析	孔东菊	理论月刊	2012 年 2 期

论文标题	作者	所载刊物	所载刊次
志愿者精神是中山的城市财富	邓子庆	中山日报	2012 年 7 月 11 日
志愿者侵权行为的责任分配	袁文全 杨天红	天津大学学报（社会科学版）	2012 年第 2 期
志愿者权益保障中政府介入的法律思考	袁文全 王文娟	重庆大学学报（社会科学版）	2012 年第 1 期
志愿者组织的现状分析及发展对策	于家琦	中国城市经济	2012 年第 3 期
中国博物馆志愿者培训和激励机制的探索	王建华	博物馆研究	2012 年第 1 期
中国社会工作与志愿服务的发展	陈　涛 巫　磊 何志宇 谢　景	广东工业大学学报（社会科学版）	2012 年第 4 期
中美志愿服务立法比较研究及发展建议	熊　亮	法制与社会	2012 年第 10 期
抓住机遇引导志愿服务的常态化发展	郭新保	北京城市学院学报	2012 年第 4 期
着力完善志愿服务体系	周锦章	中国社会报	2012 年 7 月 3 日

词条标题汉语拼音索引

A

阿贝·皮埃尔 …… 472
阿尔波特·史怀哲 …… 471
埃里克森人格发展理论 …… 65
癌症患者互助康复志愿服务 …… 279
艾格尼丝·史沫特莱 …… 473
艾晓帆 …… 298
艾滋病防治 …… 292
艾滋病患者同伴教育员公益小组 …… 271
爱传承关怀公益演唱会 …… 293
爱德华·肯尼迪服务美国法（美国） …… 201
爱尔伯福制 …… 467
爱飞翔·乡村教师培训 …… 260
爱人如己 …… 458
爱心奉献、关爱夕阳 …… 286
爱心家园助学支教 …… 260
“爱心助成长志愿服务计划”启动 …… 381
安徽省大爱中环志愿服务团 …… 240
安徽省合肥市供电公司邓玲青年志愿者服务队 …… 236
安徽省红十字志愿服务管理办法 …… 179
安徽省徐辉假日服务小分队 …… 229
安丽清 …… 298
《奥运会志愿者管理研究》 …… 412
《奥运 世博 亚运 志愿服务创造“中国精彩”》 …… 442
“奥运志愿者星”命名仪式举行 …… 395
《澳大利亚非营利组织》 …… 412
澳门红十字会青年团 …… 293
澳门义工协会 …… 241
澳门志愿者总会 …… 243

B

白春海 …… 298
白玛龙珍 …… 298
白萍 …… 298
白琪文 …… 299
白血病患儿青年志愿者网站成立 …… 383
白衣天使行动 …… 276
百度志愿者协会 …… 239
“百家团委助百户”活动 …… 283
“百万家庭义务植树绿染三秦”活动 …… 289
百万空巢老人关爱志愿服务行动 …… 264
柏万青 …… 299
拜耳志愿者协会 …… 238
《帮帮忙：义工管理求救指南》 …… 413
保护国土资源青年志愿者行动 …… 262
“保护母亲河”中国青年志愿者绿色行动营计划 …… 255
北方 NGO …… 44
北京奥运会、残奥会赛会志愿者招募启动仪式 …… 384
北京奥运会、残奥会社会志愿者总体运行方案 …… 175
北京奥运会、残奥会志愿服务 …… 270
北京奥运会促进中国志愿者服务发展合作项目通过 …… 386
北京奥运会倒计时一周年志愿者誓师大会举行 …… 386

《北京奥运会观众服务志愿项目管理研究》 …… 413
北京奥运会京外赛区志愿者工作联席会议 …… 387
《北京奥运会志愿者读本》 …… 414
北京奥运会志愿者项目启动 …… 382
北京奥运会志愿者总团正式成立 …… 389
《北京奥运志愿服务研究》 …… 414
北京奥运志愿“微笑圈”发布仪式 …… 385
北京城市志愿者公益银行成立 …… 401
北京出台《进一步加强和改进志愿者工作的意见》 …… 396
北京大学爱心社 …… 208
北京大学志愿服务与社会福利研究中心 …… 212
北京大栅栏地区的“综合包户”服务网建立 …… 369
北京地球村 …… 228
北京地区博物馆志愿者服务平台 …… 272
北京法制宣传志愿者服务总队成立 …… 405
北京公交青年志愿者服务队 …… 238
北京红枫妇女心理咨询服务中心 …… 224
北京惠泽人咨询服务中心 …… 231
北京将志愿服务记入学生成长记录 …… 394
北京举行春节主题活动慰问奥运志愿者和建设者 …… 388
《北京2008年奥运会志愿者的组织管理模式与评价体系的研究》 …… 413
北京青春奥运行动规划 …… 174
北京青年医疗卫生志愿者抗震救灾服务队赴灾区 …… 390
北京青年志愿垦荒队与北京庄 …… 476
北京认定专业志愿者队伍 …… 403
北京社区禁毒志愿者总队成立 …… 378
北京申奥志愿服务团成立暨青年志愿者行动表彰大会举行 …… 377
北京师范大学白鸽青年志愿者协会 …… 208
北京师范大学壹基金公益研究院 …… 213
北京市公共文明引导员总队 …… 230
北京市红十字会关于红十字志愿者管理办法（试行） …… 175
北京市红十字会实施《北京市志愿服务促进条例》办法（试行） …… 177
北京市太阳村特殊儿童救助研究中心 …… 230
北京市宣武区青年志愿服务总队 …… 214
北京市应急志愿者队伍建设纳入政府预算 …… 398
北京市应急志愿者管理暂行办法 …… 180
北京市永善社区市民劝导队 …… 234
北京市志愿服务促进条例 …… 128
《北京市志愿服务促进条例》实施 …… 387
北京市志愿者管理办法（试行） …… 178
北京市志愿者联合会 …… 215
北京市志愿者使用统一宣誓词 …… 404
北京外企志愿者协会 …… 240
北京志愿服务发展研究会 …… 213
北京志愿服务发展研究会成立 …… 404
北京志愿服务基金会 …… 222
《北京志愿服务模式研究》 …… 415
《北京志愿者手册（2008版）》 …… 415
北京志愿者协会成立 …… 370
北京志愿者协会获“联合国卓越志愿服务组织奖” …… 392
北京中医药大学岐黄志愿者协会 …… 212
被动志愿服务 …… 29
被虐妇女救助 …… 290
“边关儿女情系阿里，神山圣湖更加美丽”环保公益活动 …… 288

博茨瓦纳劳动营协会 …………………………… 248
《博物馆志愿行为的理论与实践研究》 … 416
卜一峰 ………………………………………… 299

C

财团法（爱沙尼亚） ………………………… 192
财团法（芬兰） ……………………………… 187
财团法（印度尼西亚） ……………………… 197
彩虹生命教育 ………………………………… 294
彩虹支教计划 ………………………………… 264
《2008 残奥会志愿者培训理论与实践研究》
………………………………………… 411
曹亮 …………………………………………… 299
草根公民参与 ………………………………… 18
草根志愿者组织 ……………………………… 112
恻隐之心 ……………………………………… 460
长期照护全国联盟 …………………………… 265
长沙市青年志愿者联合会 …………………… 216
倡导性志愿组织 ……………………………… 40
《沉思我们的行——上海世博会园区志愿者
工作研究论文集》 ………………………… 416
陈波 …………………………………………… 300
陈春晓 ………………………………………… 300
陈光 …………………………………………… 300
陈光标 ………………………………………… 300
陈金贵 ………………………………………… 359
陈莉萍 ………………………………………… 301
陈立新 ………………………………………… 301
陈树菊 ………………………………………… 300
陈思 …………………………………………… 301
陈苏 …………………………………………… 301
陈涛 …………………………………………… 359
陈为强 ………………………………………… 302
陈武雄 ………………………………………… 359
陈岩 …………………………………………… 302
陈媛 …………………………………………… 302
陈允广 ………………………………………… 302
陈占国 ………………………………………… 303
谌永业 ………………………………………… 327
成都青年志愿者赴灾区抗震救灾 …………… 390
成都青年志愿者协会 ………………………… 218
成都市志愿服务条例 ………………………… 126
城市生计服务 ………………………………… 291
程新如 ………………………………………… 303
“传澄西部”爱心公益 ……………………… 281
春风行动 ……………………………………… 275
春雨工程 ……………………………………… 267
“春雨工程”文化志愿者边疆行启动 …… 401
春运青年志愿者工作电视电话会议召开
………………………………………… 399
瓷娃娃关怀协会 ……………………………… 234
慈悲为怀 ……………………………………… 459
慈济功德会 …………………………………… 240
慈济光明行动 ………………………………… 293
慈善法（亚美尼亚） ………………………… 202
慈善法（英国） ……………………………… 200
慈善活动和慈善组织法（俄罗斯） ……… 190
慈善基金 ……………………………………… 47
慈善基金会 …………………………………… 47
慈善捐赠 ……………………………………… 31
慈善募捐 ……………………………………… 32
慈善信托法（英国） ………………………… 188
慈善行为 ……………………………………… 33
慈善组织 ……………………………………… 46
慈善组织会社 ………………………………… 478
丛飞 …………………………………………… 303
促进上海与云南省区域发展加强志愿服务
合作项目 ………………………………… 295
崔永元 ………………………………………… 303
崔宇 …………………………………………… 303

D

达哇太 …… 304
大连市环保志愿者协会 …… 231
大朋友 …… 257
大卫·亨顿·史密斯 …… 367
大型活动志愿服务 …… 79
大型活动志愿服务——会议、论坛类 …… 80
大型活动志愿服务——体育比赛类 …… 79
大型活动志愿服务项目 …… 84
大型活动志愿服务——展览会、博览会类 …… 80
大型活动志愿服务——重要庆典类 …… 80
《大学生志愿服务》 …… 416
大学生志愿服务西部计划地方项目 …… 257
大学生志愿服务西部计划各级项目办和服务单位职责（试行） …… 162
“大学生志愿服务西部计划”启动 …… 380
大学生志愿服务西部计划全国项目 …… 257
大学生志愿服务西部计划志愿者管理办法（试行） …… 161
大学生志愿服务西部计划专项调查 …… 398
大学生志愿服务西部计划专项行动推进会 …… 397
“大医博爱”志愿服务 …… 269
大中学生志愿暑期“三下乡”启动 …… 373
大中专学生志愿者暑期文化科技卫生“三下乡” …… 255
单亲母亲阳光家园 …… 277
《当代大学生志愿服务研究》 …… 417
德不孤，必有邻 …… 460
《德国非营利组织》 …… 417
德国汉堡制 …… 467
德国自然保护联合会 …… 246
邓玲 …… 304
邓榕 …… 304
5·12 地震伤员康复 …… 292
第三部门 …… 44
第三条道路 …… 46
“点亮希望”心灵陪伴行动 …… 263
丁元竹 …… 359
丁兆瑞 …… 304
东北师范大学天地人环保志愿者协会 …… 207
东华三院 …… 478
董明 …… 304
动机 …… 12
动物保护志愿者 …… 6
窦珍 …… 305

F

“法律援助志愿服务计划”启动 …… 380
非商业组织法（吉尔吉斯斯坦） …… 195
非营利法人法（保加利亚） …… 196
非营利社团法（爱沙尼亚） …… 193
非营利组织 …… 43
非营利组织法（俄罗斯） …… 191
非营利组织法（南非） …… 194
非营利组织和志愿行动研究协会 …… 248
非营利组织计量 …… 45
《非营利组织评估》 …… 417
非正式志愿服务 …… 26
非政府组织 …… 43
菲律宾国家志愿服务协调局 …… 253
菲米达·汉蒂 …… 367
冯艾 …… 305
冯家辉 …… 305
冯家健 …… 306
冯燕 …… 360
冯勇 …… 306
奉献精神 …… 12
《奉献历程——大学生志愿者能力素质提升工作优秀作品集（第三集）》 …… 418

佛山市青年志愿者（义务工作者）协会 ………… 216
佛山政府为注册志愿者投保 ………… 388
弗洛伦斯·南丁格尔 ………… 472
扶危济困 ………… 465
服务美国法（美国） ………… 203
《服务学习：社工督导志愿服务新模式》 ………… 418
福建省环保志愿者协会 ………… 233
福建省南阳义务消防队 ………… 225
福建省青年志愿服务条例 ………… 124
福建省青年志愿者协会 ………… 221
福建省石狮市志愿者联合会 ………… 223
福建省同人助残志愿服务中心 ………… 225
福利国家 ………… 45
抚顺市志愿服务条例 ………… 125
付漪泉 ………… 306
赋权理论 ………… 58
傅强 ………… 306

G

尕让尼玛 ………… 306
盖宾杰 ………… 307
甘扬道 ………… 474
高富浪 ………… 307
高校普法专业志愿者团队成立 ………… 394
高校青年志愿者禁毒团体成立 ………… 382
高校学生志愿服务社团成立 ………… 370
高雄市政府社会局志工资源中心 ………… 244
格桑花助学 ………… 289
个体志愿者 ………… 1
公共组织法（亚美尼亚） ………… 197
公民首创精神 ………… 17
公信力 ………… 51
公益法人法（捷克） ………… 191
《公益和谐：青年组织开展社会公益事业的状况及发展研究》 ………… 419
公益活动及志愿制度法（波兰） ………… 199
公益劝募条例 ………… 184
公益事业捐赠法 ………… 121
《公益性社会组织约束机制研究》 ………… 419
公益银行 ………… 287
公益周末聚 ………… 289
公益组织法（匈牙利） ………… 194
公园之友 ………… 275
《共青团关爱农民工子女志愿服务行动工作案例》 ………… 420
共青团关爱农民工子女志愿服务行动启动 ………… 400
共青团全会提出青年志愿者工作意见 ………… 370
共青团尊老爱幼志愿服务 ………… 265
谷秀献 ………… 307
谷雨 ………… 307
骨干志愿者 ………… 3
骨干志愿者培训 ………… 102
顾雅娟 ………… 308
关爱农村留守儿童“小饭桌计划” ………… 282
关爱农民工 ………… 266
关爱农民工子女志愿服务行动 ………… 265
关爱农民工子女志愿服务行动工作推进会召开 ………… 402
关爱女孩青年志愿者行动 ………… 259
关心一线 ………… 291
关于成立中国大中学生志愿服务总队的决定 ………… 141
关于充分发挥物业服务企业作用推进社区志愿服务活动的通知 ………… 168
关于促进红十字事业发展的意见 ………… 172
关于大力开展中国大中专学生志愿者暑期文化科技卫生“三下乡”活动的通知 ………… 146

关于发展壮大“中华巾帼志愿者”队伍的意见 …… 147
关于广泛开展基层文化志愿服务活动的意见 …… 173
关于广泛开展全民健身志愿服务活动的通知 …… 163
关于广泛开展“迎世博讲文明树新风”志愿服务活动的通知 …… 162
关于纪念学雷锋题词30周年，深入开展学雷锋活动的通知 …… 174
关于加快发展社区服务业的意见 …… 138
关于加强城市社区精神文明建设，开展创建“青年文明社区”活动的意见 …… 144
关于加强和改进城市社区居委会建设工作的意见 …… 165
关于加强和改进社区服务工作的意见 …… 153
关于加强和完善基金会注册会计师审计制度的通知 …… 169
关于加强青年志愿者规范管理的暂行规定 …… 143
关于加强社会工作专业人才队伍建设的意见 …… 169
关于加强志愿助残工作的意见 …… 165
关于建立青年志愿服务站若干问题的意见 …… 142
关于进一步加强和改进志愿者工作的意见 …… 177
关于进一步开展社区服务志愿者活动的通知 …… 141
关于进一步深化青年志愿者助残活动的意见 …… 144
关于进一步做好新形势下社区志愿服务工作的意见 …… 152
关于开展“百万青年志愿者助残行动”的通知 …… 148
关于开展“保护母亲河行动”的意见 …… 145
关于开展“残疾孤儿手术康复明天计划”志愿服务活动的通知 …… 151
关于开展大中学生志愿者暑期文化科技卫生“三下乡”活动的通知 …… 145
关于开展党员志愿者服务活动的指导意见 …… 179
关于开展第八届中国青年志愿者优秀个人奖、组织奖、项目奖评选表彰活动的通知 …… 167
关于开展“共青团关爱农民工子女志愿服务行动”的通知 …… 164
关于开展“关爱女孩青年志愿者行动”试点工作的通知 …… 158
关于开展科教、文体、法律、卫生“四进社区”活动的通知 …… 147
关于开展“青年扶贫开发志愿行动”的通知 …… 140
关于开展全国优秀志愿服务项目与志愿者工作案例评选活动的通知 …… 172
关于开展“手拉手关爱留守少年儿童”行动的通知 …… 155
关于开展“心手相连一家亲”志愿服务行动的通知 …… 159
关于开展志愿服务记录制度试点工作的通知 …… 173
关于开展中学生暑假“四个一”社会实践活动的通知 …… 150
关于青年志愿者参加抢险救灾的暂行规定 …… 143
关于青年志愿者为大型活动提供志愿服务的暂行规定 …… 142
关于深入开展“大学生志愿者社区援助”的意见 …… 141

关于深入开展学雷锋活动的意见 ………… 170
关于深入开展“迎奥运讲文明树新风志愿服务行动”的实施方案 ………………… 158
关于深入开展志愿服务活动的意见 ……… 160
关于深入推进家庭志愿服务工作的意见 ……………………………………………… 164
关于深入推进学生志愿服务活动的意见 ……………………………………………… 161
关于实施“爱心助成长”志愿服务计划的通知 ………………………………… 151
关于实施“百县千乡宣传文化工程”志愿服务行动的通知 ……………………… 150
关于实施大学生志愿服务西部计划的通知 ………………………………… 149
关于实施法律援助志愿者服务计划的通知 ……………………………………………… 149
关于实施农村卫生志愿服务项目的通知（试行） ………………………………… 156
关于实施青年志愿者扶贫接力计划有关政策的意见 …………………………… 145
关于实施“社区志愿服务和谐行动”的意见 ………………………………… 154
关于实施“新纪元志愿服务计划”的通知 ………………………………… 146
关于实施“志愿者为老服务金晖行动”的意见 ………………………………… 148
关于实施“中国青年志愿者‘一助一’长期服务计划”的意见 ……………… 140
关于学习推广团北京市委开展综合包户服务经验的通知 ……………………… 137
关于以创建青年志愿者服务站为重点，全面推进中国青年志愿者社区发展计划的通知 ……………………… 146
关于印发《全国城市社区服务工作经验交流会议纪要》的通知 …………………… 138
关于在农村基层广泛开展志愿服务活动的意见 ………………………………… 153
关于在全国城市推行社区志愿者注册制度的通知 ……………………………… 157
关于在元旦春节期间组织开展社区志愿服务活动的通知 …………………… 160
关于征集省直机关党员志愿者服务队名称和标识的通知 …………………………… 180
关于组织共产党员共青团员进社区开展志愿为民服务活动的意见 …………… 179
关于组织开展“春雨工程”——全国文化志愿者边疆行工作的通知 …………… 167
关于组织开展高校毕业生到农村基层从事支教、支农、支医和扶贫工作的通知 ………………………………… 154
关于组织开展“关爱他人——爱幼助残志愿服务行动”的通知 ……………… 171
关于组织开展“关爱自然、义务植树”志愿服务大行动的通知 ……………… 170
关于组织开展全国优秀志愿者和优秀志愿服务组织网上推荐活动的通知 ……… 167
“管得宽”志愿服务 ………………………… 285
广东佛山市诞生“义工团” ……………… 370
广东省广州市中学生心声热线电话 ……… 224
广东省级志愿者联合会成立 ……………… 395
广东省文化志愿者总队 …………………… 236
广东省志愿服务条例 ……………………… 133
广东省志愿者联合会 ……………………… 221
广东政府购买志愿服务 …………………… 387
广西壮族自治区红十字志愿服务管理办法 ……………………………………………… 178
广州诞生志愿者服务热线 ………………… 369
广州市青年志愿者协会 …………………… 217
广州市志愿服务条例 ……………………… 130
《广州亚运会志愿服务文化遗产导论》 … 420

《广州亚运会志愿服务研究》 …………… 420
广州亚运志愿者征集昵称 ………………… 402
贵州省红十字志愿服务实施办法 ………… 178
贵州省组建抗震救灾医疗志愿者服务队
…………………………………………… 390
贵州省遵义市社会义工协会 ……………… 223
贵州志愿者阳光公益平台 ………………… 288
郭超 ……………………………………… 368
郭昊东 …………………………………… 308
郭洪 ……………………………………… 308
郭明义 …………………………………… 308
郭涛 ……………………………………… 309
国际奥比斯组织 ………………………… 252
国际地球之友 …………………………… 247
国际红十字日志愿护理服务进农村义诊
…………………………………………… 283
国际劳动营 ……………………………… 479
国际民众服务组织 ……………………… 479
国际民众服务组织 ……………………… 244
国际小母牛组织 ………………………… 252
国际志工协会 …………………………… 247
国际志愿服务会议通过《北京宣言》 …… 379
国际志愿服务协调委员会 ……………… 245
国际志愿者 ……………………………… 10
国际志愿者年 …………………………… 48
“国际志愿者年”庆祝大会举行 ………… 379
国际志愿者年志愿服务项目系列 ……… 256
国际志愿者日 …………………………… 48
国际志愿者总部 ………………………… 251
国家电网四川电力公司共产党员志愿
服务队 ………………………………… 237
《国家应急志愿服务体系的模式选择与机制
建设研究》 …………………………… 421
国内第一部志愿服务领域译著《志愿者》
出版 …………………………………… 410
国内志愿服务法（美国） ………………… 188
国庆群众游行志愿者服务 ………………… 272
《国外慈善法译汇》 ……………………… 421
《国外非营利组织管理创新与启示》 …… 422
《国外非政府组织运作管理》 …………… 422
《国外青年志愿服务活动概况》 ………… 422

H

海南省志愿服务条例 ……………………… 132
《海西志愿者行动》 ……………………… 423
韩福瑞·哥尔亨 ………………………… 470
韩崧 ……………………………………… 309
韩伟 ……………………………………… 309
寒星 ……………………………………… 309
杭州市志愿服务条例 …………………… 125
杭州市志愿者协会 ……………………… 217
好友营支教 ……………………………… 285
合肥市志愿服务条例 …………………… 137
和平队 …………………………………… 479
《和谐社会与慈善事业》 ………………… 423
和众泽益志愿服务中心 ………………… 239
河北省丰润县三帮青年志愿者服务站 …… 219
河北省廊坊市出租车爱心车队 ………… 234
河北团省委成立网络志愿者联盟 ……… 396
河南省红十字志愿服务管理办法 ……… 176
河南省开封市绿色家园青年志愿者协会
…………………………………………… 231
河南省洛阳市志愿者联合会 …………… 224
河南省人民代表大会常务委员会关于深入
开展青年志愿服务活动的决定 ……… 125
河南省志愿者联合会 …………………… 222
贺金林 …………………………………… 310
黑龙江省大庆市爱心传递志愿者协会 …… 220
黑龙江省志愿服务条例 ………………… 135
亨利·杜南 ……………………………… 471
亨利·诺曼·白求恩 …………………… 471

亨利·索里 …… 471
衡水市地球女儿环保志愿者协会 …… 228
“弘扬雷锋精神 开展志愿服务”工作会议在京召开 …… 406
红十字国际委员会 …… 479
红十字会法 …… 120
红细胞工程 …… 278
洪云飞 …… 310
洪泽 …… 310
侯海清 …… 310
厚德载物 …… 464
胡尔馆 …… 468
胡锦涛参加首都防艾志愿者活动 …… 398
胡锦涛出席奥运总结大会表彰志愿者 …… 393
胡锦涛对海外志愿者来信做出批示 …… 385
胡锦涛对志愿服务西部计划做出指示 …… 383
胡锦涛给研究生支教团成员回信 …… 405
胡锦涛会见青年志愿者代表 …… 373
胡锦涛就青年志愿者赴非讲话 …… 384
胡锦涛看望赴老挝志愿者服务队 …… 384
胡巧致 …… 310
胡夏枫 …… 310
胡雅丽 …… 311
胡艳萍 …… 311
湖北省青年志愿服务条例 …… 127
湖北省十堰市青年志愿者 CPR 救护队 … 227
湖北省武汉市武昌区吴天祥小组志愿者联合会 …… 218
湖北志愿者协会 …… 216
湖南三一重工集团抗震救灾志愿服务队 …… 238
湖南省募捐条例 …… 135
湖南省志愿服务条例 …… 136
环保志愿者 …… 6
黄成德 …… 311
黄福荣 …… 311
黄家焱 …… 312
黄屡灿 …… 312
黄小清 …… 312
活动理论 …… 63
霍庆海 …… 312

J

积极志愿服务 …… 29
积善成德 …… 463
积善之家，必有余庆 …… 464
基金会管理条例 …… 122
基金会资助志愿服务 …… 111
吉林少先队志愿辅导员协会成立 …… 383
吉林省长春市净月开发区永兴街道志愿者协会 …… 224
吉林省志愿服务条例 …… 127
集体行动 …… 34
己欲立而立人，己欲达而达人 …… 459
计划行为理论 …… 55
纪弘民 …… 313
济南市志愿服务条例 …… 128
济贫法（英国） …… 186
家庭志愿服务 …… 10
贾斯汀·大卫·史密斯 …… 366
间接志愿服务 …… 26
兼爱 …… 462
兼相爱、爱无差 …… 463
江苏省红十字志愿者管理办法 …… 178
江苏省南京市“陶老师”工作站心理辅导志愿服务队 …… 226
江苏省扬州新闻女生志愿服务团 …… 222
江苏省志愿服务条例 …… 128
江西省青年志愿服务条例 …… 129
江汛清 …… 360
江泽民对青年志愿者行动做出批示 …… 375

江泽民为青年志愿者行动题词 …………… 373
姜宝成 ……………………………………… 313
姜炳耀 ……………………………………… 313
姜轩发 ……………………………………… 313
姜勇 ………………………………………… 313
蒋小飞 ……………………………………… 313
《角色理论视角下的世博会志愿者》 …… 423
教育重建 …………………………………… 286
杰弗里·L. 布兰迪 ……………………… 368
巾帼志愿服务专项基金启动 ……………… 404
“巾帼志愿者在行动”全国启动 ………… 407
“金圣青年志愿服务基金”设立 ………… 373
进化心理学 ………………………………… 58
《近代中国慈善论稿》 …………………… 424
《禁毒青年志愿者培训手册》 …………… 424
《经验·价值·影响—2008北京奥运会、残奥会志愿者工作成果转化研究》 ……………… 424
救生教育 …………………………………… 293
救生志愿者 ………………………………… 4
救赎感 ……………………………………… 23
救赎说 ……………………………………… 459
救灾捐赠管理办法 ………………………… 123
“救在身边”应急志愿服务 ……………… 272
俱乐部产品理论 …………………………… 55
捐出一张废纸，奉献一片爱心 …………… 280
掘美行动 …………………………………… 270
君子莫大乎与人为善 ……………………… 463

K

卡尔顿大学志愿部门研究与发展中心 …… 250
康磊 ………………………………………… 314
科技重建 …………………………………… 287
科林·罗彻斯特 …………………………… 366
《科普志愿者现状及对策研究》 ………… 425
可问责性 …………………………………… 51
孔媛媛 ……………………………………… 314
快乐大篷车 ………………………………… 282
快乐运动 …………………………………… 266
昆明市志愿服务条例 ……………………… 133

L

垃圾变爱心 ………………………………… 293
莱斯特·M. 萨拉蒙 ……………………… 367
兰廷伍 ……………………………………… 314
兰万里 ……………………………………… 314
蓝立方志愿服务计划 ……………………… 271
蓝丝带海洋保护协会 ……………………… 234
蓝天行动 …………………………………… 271
老年乐园 …………………………………… 278
老年志愿者 ………………………………… 9
老吾老以及人之老，幼吾幼以及人之幼 …………………………………… 461
乐善好施 …………………………………… 463
乐施会 ……………………………………… 244
乐水行 ……………………………………… 270
雷锋 ………………………………………… 470
雷锋号创建活动 …………………………… 264
雷建威 ……………………………………… 315
“311”类家庭关爱空巢老人 …………… 284
黎敏兰 ……………………………………… 315
李郴 ………………………………………… 315
李从正 ……………………………………… 360
李德刚 ……………………………………… 315
李冬靖 ……………………………………… 315
李贡乔 ……………………………………… 316
李海燕 ……………………………………… 316
李红新 ……………………………………… 316
李家华 ……………………………………… 360
李凌 ………………………………………… 361
李柳青 ……………………………………… 316
李森 ………………………………………… 316

李伟 …… 317
李汶凯 …… 317
李祥军 …… 317
李欣然 …… 317
李银玲 …… 318
李颖 …… 318
李永 …… 318
李政 …… 318
厉莉 …… 318
利己主义动机 …… 15
利他主义动机 …… 14
连氏援助组织 …… 252
连续性理论 …… 63
连云港市大学生无偿献血志愿服务 …… 280
联合国大会 S—24/2 号决议 …… 185
联合国大会 A/RES/55/57 号决议 …… 185
联合国大会 A/RES/52/17 号决议 …… 184
联合国秘书长潘基文寄语中国志愿者 …… 387
联合国志愿人员组织 …… 247
梁绿琦 …… 361
梁雪安 …… 319
辽宁省红十字志愿者管理办法（试行） …… 175
辽宁省环保志愿者联合会 …… 232
辽宁省青年志愿者协会 …… 216
邻里驿站 …… 271
林丽华 …… 319
林瑞班 …… 319
林义平 …… 319
临时志愿者 …… 2
刘长城 …… 319
刘崇和 …… 320
刘华 …… 320
刘吉辉 …… 320
刘建伟 …… 321
刘健 …… 321
刘平 …… 321
刘蓉 …… 321
刘瑞 …… 321
刘淑芹 …… 321
刘兴刈 …… 322
刘阳 …… 322
刘英俊 …… 322
刘正琛 …… 322
流动人口社区教育探访服务 …… 281
卢卡斯·迈耶斯 …… 368
卢作孚 …… 475
陆士桢 …… 362
吕海寰 …… 474
绿家园志愿者 …… 227
“绿家园志愿者”环保活动 …… 372
绿色和平 …… 250
绿色江河 …… 227
绿色联盟 …… 275
绿色浙江 …… 229
绿色浙江气候 …… 283
绿驼铃 …… 235
绿眼睛环保组织 …… 230
绿荫妇女热线 …… 286
罗丹 …… 322
罗马尼亚国家志愿者中心 …… 249
罗效民 …… 323

M

马丁·路德·金假日和服务法 …… 190
马尔库斯·图里乌斯·西塞罗 …… 470
马广超 …… 323
马海军 …… 323
马克·A. 缪其克 …… 368
《马来西亚非政府组织研究》 …… 425
马学璐 …… 323

买买提明·日杰甫 …………………………… 324
麦汉楷 …………………………………………… 323
毛彦文 …………………………………………… 475
毛艳 ……………………………………………… 324
毛主席纪念堂志愿服务 ……………………… 275
美国国家和社区服务组织 …………………… 253
美国河流守望者联盟 ………………………… 251
美国环保协会 ………………………………… 246
美国援华志愿航空队 ………………………… 481
孟繁英 …………………………………………… 324
孟庆华 …………………………………………… 324
梦想教练计划 ………………………………… 278
“梦想课堂”计划 ………………………… 265
免费午餐 ……………………………………… 267
民办非企业单位登记管理暂行条例 ……… 121
民办非企业单位登记暂行办法 …………… 121
民防志愿者 …………………………………… 4
民间非营利组织会计制度 ………………… 151
民间社团法（乌克兰） …………………… 189
《民间组织蓝皮书——中国民间组织报告》 ………………………………… 426
民政部开展全国优秀志愿服务项目与志愿者工作案例评选活动 …………………… 408
民政部全国社区志愿者注册工作视频会议 ………………………………………… 387
“明天计划”志愿服务启动 ……………… 382
缪海洪 …………………………………………… 324
莫锋 ……………………………………………… 324
莫于川 …………………………………………… 361
募师支教爱心活动 …………………………… 285
睦邻运动 ……………………………………… 467

N

南方 NGO ……………………………………… 44
南京市志愿服务条例 ………………………… 127
南开大学青年志愿者协会 ………………… 209
内蒙古大学绿色先锋环保志愿者协会 …… 212
NGO 能力建设——志愿者中心 …………… 295
2010 年北京首届世界武搏运动会志愿服务 ……………………………………… 273
2010 年第 29 届世界音乐教育大会志愿服务 ……………………………………… 273
2013 年第九届中国（北京）国际园林博览会志愿服务 …………………… 276
2010 年广州亚洲运动会、亚洲残疾人运动会志愿服务 ………………………… 285
《2010 年中国社会组织理论研究文集》 ………………………………………… 411
宁波市志愿服务条例 ………………………… 135
宁克江 …………………………………………… 325
宁夏回族自治区志愿服务条例 …………… 127
《凝聚力量——香港非政府机构发展轨迹》 ………………………………………… 426
农村发展与灾害管理 ………………………… 290
《农村民间组织与中国农村发展：来自个案的经验》 ………………………… 427
农家女学校 …………………………………… 228
农民工防艾志愿者上岗 …………………… 397
农民工志愿服务 ……………………………… 28
女性志愿者 …………………………………… 9
挪威公民社会与志愿部门研究中心 ……… 246

O

欧洲志工中心 ………………………………… 252

P

潘德邻 …………………………………………… 325
攀枝花市援助少年儿童志愿者协会 ……… 234
盘锦市黑嘴鸥保护协会 …………………… 226
陪伴成长计划 ………………………………… 274
裴承贤 …………………………………………… 325
彭华民 …………………………………………… 361
彭明生 …………………………………………… 325

彭镇秋 …………………………………… 326
平民电脑学校项目 ……………………………… 271

Q

七彩雷锋日 …………………………………… 285
期望理论 …………………………………… 57
企业或个人资助志愿服务 ……………………… 110
企业社会责任 ………………………………… 16
企业所得税法实施条例 ………………………… 123
企业志愿者 …………………………………… 5
契约失灵 …………………………………… 37
“牵手向阳花”爱心助学行动 …………………… 278
钱琨 ……………………………………… 326
乔华中 …………………………………… 326
《亲历可可西里10年：志愿者讲述》 …… 427
亲社会行为 ………………………………… 13
秦希燕 …………………………………… 326
“青春伴夕阳” ……………………………… 276
青春梦想同龄同行 …………………………… 276
青春驿站社工动员志愿者帮教重点青少年 ……………………………………… 264
《青春在西部闪光：大学生志愿服务西部计划实施五周年报告》 ………………… 428
青岛市志愿服务条例 ………………………… 130
青海玉树全国抗震救灾总结表彰大会举行 ……………………………………… 402
“青苗计划”社区义工服务项目 ……………… 274
青苗音乐教室活动 …………………………… 282
青年健康使者火炬行动 ……………………… 268
《青年义工管理——从理论到实践》 …… 428
青年义工网络 ……………………………… 291
青年志愿服务法规颁布 ……………………… 374
青年志愿服务站 ……………………………… 42
青年志愿者 ………………………………… 8
青年志愿者海外服务计划 …………………… 256
青年志愿者海外服务计划启动 ……………… 379
“青年志愿者敬老服务月”启动 …………… 385
青年志愿者绿色环保志愿服务 ……………… 259
青年志愿者普法行动启动 …………………… 389
青年志愿者社区发展计划 …………………… 254
《青年志愿者行动工作手册》 ……………… 428
青少年志愿者 ………………………………… 8
清华大学学生紫荆志愿者服务总队 ………… 210
穷则独善其身，达则兼善天下 ……………… 462
权变管理理论 ……………………………… 66
全国大学生志愿服务工作经验交流会召开 ……………………………………… 400
全国妇联家庭志愿者 ………………………… 262
全国妇联家庭志愿者工作推进会 …………… 396
全国妇联印发《关于深入推进家庭志愿服务工作的意见》 ……………………… 399
全国妇联召开巾帼志愿服务工作推进会议 ……………………………………… 406
全国妇联征集评选巾帼志愿者标识 …… 402
全国抗击非典“志愿者爱心包”捐赠活动启动 ……………………………… 380
全国青联志愿者艺术团组团演出 …………… 376
全国社区巾帼志愿服务行动计划启动 …… 403
全国推行注册志愿者制度 …………………… 377
全国文化志愿服务工作会议召开 …………… 409
全国与社区服务技艺增订法（美国） …… 189
全国运动会志愿服务 ………………………… 284
全国志愿服务工作测评体系（试行） …… 171
全国助残志愿服务行动 ……………………… 268
全国总工会“送温暖”帮扶 ………………… 254
全美服务信任法案（美国） ………………… 190
全球消除贫困联盟 …………………………… 251
全球志愿者 ………………………………… 249
《全球志愿者宣言》（2001年1月） …… 185
泉城义工 …………………………………… 220
泉州市青年志愿者协会 ……………………… 217

R

人道主义 ………………………………………… 16
人力资本理论 …………………………………… 56
人民协会青年运动 ……………………………… 478
人人为我，我为人人 …………………………… 466
仁爱 ……………………………………………… 459
仁远乎哉？我欲仁，斯仁至矣 ………………… 459
认真性休闲 ……………………………………… 30
任抗战 …………………………………………… 327
任耀光 …………………………………………… 327
日本东京海上中国青少年发展支援 …………… 294
日本海外合作志愿人员组织 …………………… 246
日本青年海外协力队 …………………………… 480
瑞尔森大学志愿部门研究中心 ………………… 249

S

赛事志愿者 ……………………………………… 7
“三关爱”志愿服务活动启动 ………………… 407
三江源生态环境保护协会 ……………………… 236
《散财之道——美国现代公益基金会评述》 ……………………………………………… 429
山东省青年志愿服务规定 ……………………… 124
山东省淄博市供电公司“善小”志愿者协会 ……………………………………………… 237
山东乡村建设研究院 …………………………… 478
山西省红十字志愿服务实施办法 ……………… 176
陕西省红凤工程志愿者协会 …………………… 235
陕西省妈妈环保志愿者协会 …………………… 228
陕西省西京志愿者服务队 ……………………… 213
陕西省志愿服务促进条例 ……………………… 134
汕头市青年志愿服务促进条例 ………………… 133
上海电气青年志愿者服务总队 ………………… 237
上海青年志愿垦荒队与共青城 ………………… 476
上海师范大学爱心学校 ………………………… 209
上海师范大学慈善与志愿服务研究中心 ……………………………………………… 213
上海世博会首批学生志愿者上岗 ……………… 399
上海市地铁志愿服务总队 ……………………… 232
上海市募捐条例 ………………………………… 136
上海市志愿服务条例 …………………………… 131
上海市志愿者协会 ……………………………… 219
上海外国语大学青年志愿者服务总队 ………… 214
上善若水 ………………………………………… 462
少先队员“志愿者军团”北京林奠基 ………… 376
社会参与 ………………………………………… 14
社会冲突理论 …………………………………… 56
社会发展委员会 E/CN. 5/2001/6 号决议 ……………………………………………… 186
《社会工作与志愿服务关系研究》 …………… 429
社会工作者注册条例 …………………………… 181
社会归属感 ……………………………………… 22
社会互惠 ………………………………………… 19
社会化理论 ……………………………………… 64
社会交换 ………………………………………… 19
社会交换理论 …………………………………… 56
社会企业家 ……………………………………… 18
社会融合 ………………………………………… 14
社会团结 ………………………………………… 20
社会团体登记管理条例 ………………………… 120
社会团体法（印度尼西亚） …………………… 188
社会信任理论 …………………………………… 57
社会学习理论 …………………………………… 59
社会责任 ………………………………………… 16
社会正义 ………………………………………… 21
社会支持理论 …………………………………… 64
《社会志愿服务体系：中国志愿服务的“广东经验”》 ……………………………………… 430
《社会志愿服务研究：以福建省为例》 … 430
社会忠诚 ………………………………………… 22
社会资本 ………………………………………… 20
社会组织评估管理办法 ………………………… 123

社区参与行动服务中心 ………………………… 233
《社区参与与城市社区社会资本的培育》
……………………………………………… 430
社区发展 …………………………………… 35
社区服务体系建设规划（2011—2015 年）
……………………………………………… 169
社区家园行动 ……………………………… 274
社区建设 …………………………………… 35
社区巡逻志愿者 …………………………… 258
社区志愿服务 ……………………………… 34
《社区志愿服务理论与实务》 …………… 431
社区志愿服务团队管理办法（试行） …… 156
社区志愿服务与和谐社会杭州共识 ……… 153
社区志愿服务站 …………………………… 42
社区组织 …………………………………… 46
社团登记法（印度） ……………………… 187
社团法（奥地利） ………………………… 198
社团法（波兰） …………………………… 203
社团法（新加坡） ………………………… 202
社团条例 …………………………………… 181
社团组织、运作及管理规章（越南） …… 199
深圳设立“义工服务市长奖” …………… 383
深圳市义工服务条例 ……………………… 126
深圳市义工联合会 ………………………… 215
深圳“志愿者之城”指标体系发布 ……… 407
深圳注册志愿者社团诞生 ………………… 369
沈崇艳 ……………………………………… 327
沈敦和 ……………………………………… 474
沈杰 ………………………………………… 362
沈晓理 ……………………………………… 327
沈阳市白鸽青年志愿者图书银行 ………… 232
“生命志愿者”行动 ……………………… 279
生命周期理论 ……………………………… 65
生态学视角 ………………………………… 58
施舍 ………………………………………… 24
施展 ………………………………………… 328
十城市志愿者携手保护母亲河 …………… 400
“十元百分爱”青春公益行动 …………… 282
时间银行 …………………………………… 47
食物银行 …………………………………… 48
世纪公益法律热线 ………………………… 273
世界减灾会议——志愿者公共论坛
设立 ………………………………………… 381
世界宣明会 ………………………………… 245
市场失灵 …………………………………… 36
试药志愿者 ………………………………… 6
守望相助 …………………………………… 462
首都大学毕业生基层志愿服务团 ………… 269
首都大学生第 21 届世界大学生运动会彩虹
志愿者场馆服务签约仪式举行 ……… 377
首都大学生环保志愿者协会 ……………… 211
首届“中国志愿服务博览会”举办 ……… 403
枢纽型志愿者组织 ………………………… 112
司文喆 ……………………………………… 328
四川成立全国第一支大学生民防志愿者
队伍 ………………………………………… 408
四川大学青年志愿者服务总队 …………… 208
四川绵竹青年志愿者协会 ………………… 219
四川启动抗震救灾“黄丝带行动” ……… 390
四川省政府在全国范围表彰汶川的“抗震
救灾模范”，首次单列“省外
志愿者”群体 …………………………… 394
四川省志愿服务条例 ……………………… 132
宋桂华 ……………………………………… 328
宋丽萍 ……………………………………… 328
宋美录 ……………………………………… 329
宋志永 ……………………………………… 329
苏炳灿 ……………………………………… 329
苏大伟 ……………………………………… 329
苏联空军志愿队 …………………………… 480

苏珊·迈克尔·让培 …… 368
苏州反扒志愿者大队 …… 232
随手公益基金 …… 207
随手拍照解救乞讨儿童 …… 267
18岁成人仪式教育 …… 255
孙葆丽 …… 362
孙丁财 …… 329
孙克武 …… 330
孙实甫 …… 473
孙雅艳 …… 330
孙延丰 …… 330
孙影 …… 330
孙越 …… 330

T

《他们在行动：中国志愿者纪实》 …… 431
台北市小区暨志愿服务推广中心 …… 243
台湾公益资讯中心 …… 243
台湾荒野保护协会 …… 242
态势分析法 …… 67
谭建光 …… 363
汤恩比馆 …… 468
汤震、余承艳夫妇 …… 331
唐博凯 …… 331
唐磊 …… 331
唐山市志愿服务条例 …… 134
唐先华 …… 331
桃园志工全球咨询网 …… 243
陶智雄 …… 331
特定非营利性活动促进法（日本） …… 195
特蕾莎修女 …… 473
替代兵役志愿者 …… 11
天津诞生社区志愿服务团体 …… 369
天津和平区新兴街志愿者协会 …… 225
天津绿色之友 …… 229
天津市青年志愿服务条例 …… 130
天津市阳光义工爱心社 …… 220
天人合一 …… 461
“天使妈妈”孤残儿童救助 …… 260
田科武 …… 363
铁路青年打出“青年志愿者”旗帜 …… 371
铁路青年志愿服务 …… 254
通过公民参与、地区及国际合作加强北京志愿服务发展 …… 296
通过2008年北京奥运会促进中国志愿服务发展 …… 294
通讯行业企业员工志愿者组织成立 …… 391
团中央表彰第七届中国十大杰出志愿者、中国十大杰出志愿服务集体等先进个人和集体 …… 391
退休志愿者 …… 7

W

外出务工人员子女培训志愿服务试点专题项目 …… 295
《外国的志愿者》 …… 431
《外国非营利组织法译汇（二）》 …… 432
晚缘 …… 269
万涵英 …… 332
万英 …… 332
汪昭华 …… 332
王波 …… 332
王达佳 …… 333
王东育 …… 333
王国庆 …… 333
王浩 …… 333
王宏伟 …… 334
王虹霞 …… 334
王辉 …… 334
王嘉健 …… 334
王建国 …… 334
王静 …… 335

王兰花 …………………………………… 335
王莉 ……………………………………… 335
王青松 …………………………………… 335
王莎 ……………………………………… 335
王素娟 …………………………………… 336
王文清 …………………………………… 336
王文忠 …………………………………… 336
王相亚 …………………………………… 336
王晓明 …………………………………… 336
王晓萍 …………………………………… 337
王新航 …………………………………… 337
王星焱 …………………………………… 337
王秀敏 …………………………………… 338
王一硕 …………………………………… 338
王育 ……………………………………… 364
王远峰 …………………………………… 338
王自新 …………………………………… 338
网络卡通注册志愿者诞生 ………………… 388
“微笑吧”志愿服务行动 ………………… 285
《微笑北京》 …………………………… 432
“微笑成长营”行动 ……………………… 284
微笑小屋 ………………………………… 287
《2008 微笑在北京：北京奥运会残奥会京外
省区市赛会志愿者风采展示与工作
实务》 ………………………………… 411
微志愿 …………………………………… 77
韦昌飞 …………………………………… 339
为了明天——预防青少年违法犯罪工程
……………………………………… 258
为美国服务的志愿者 …………………… 480
为志愿而教 ……………………………… 259
为中国而教 ……………………………… 263
卫生保健志愿服务奖励办法 ……………… 183
未来林 …………………………………… 251
魏刚 ……………………………………… 339
魏继中 …………………………………… 339
魏娜 ……………………………………… 364
魏钦海 …………………………………… 339
温商联盟志愿服务文明公益基金设立 …… 399
文化资本 ………………………………… 21
《汶川地震公民行动报告——紧急救援
中的 NGO》 ………………………… 432
汶川地震紧急救援和灾后重建 …………… 261
汶川抗震救援中出现机械化志愿者队伍
……………………………………… 390
汶川抗震中出现农民志愿者小分队 ……… 391
翁长庆 …………………………………… 339
《我们一起走过志愿者之路》 …………… 433
我时尚，我公益 ………………………… 280
我为幸福加 1℃ ………………………… 281
我为祖国测空气 ………………………… 266
“我要爱”大型灾后心理援助 …………… 261
无偿施救者保护法 ……………………… 54
无偿献血志愿服务 ……………………… 30
无国界医生 ……………………………… 248
吴天祥 …………………………………… 340
吴岩兴 …………………………………… 340
吴耀环 …………………………………… 340
吴渝 ……………………………………… 340
武汉大学青年志愿者协会 ………………… 211
武振杰 …………………………………… 341
勿以善小而不为，勿以恶小而为之 ……… 464

X

西北工业大学星星火环保志愿者协会 …… 210
西部阳光行动 …………………………… 258
西藏农牧学院青年志愿者服务总队 ……… 211
西藏志愿服务管理办法（试行） ………… 180
西藏自治区狮泉河海关学雷锋志愿服务队
……………………………………… 223
希望来吧 ………………………………… 282

希望学校计划 …… 290
习近平出席奥运志愿者誓师大会 …… 389
习近平会见奥运会、残奥会香港代表团
成员和志愿者、义工代表 …… 391
习近平会见沪志愿者代表强调发扬光大
志愿者精神 …… 386
习近平在京参加世界艾滋病日活动 …… 408
习近平总书记鼓励青年参加志愿服务 …… 410
夏米力·夏克尔 …… 341
先人而后己 …… 461
先天下之忧而忧，后天下之乐而乐 …… 465
咸土地与绿色同行 …… 281
现象学理论 …… 59
《献血与志愿服务》 …… 433
献血志愿者 …… 5
乡村教育运动 …… 468
乡镇精神 …… 458
香港救济联会 …… 478
香港青年协会 …… 240
香港青年协进会 …… 243
香港义工发展局 …… 241
香山慈幼院 …… 477
消防志愿者 …… 3
消费者行为理论 …… 54
小善渐而大德生 …… 464
“小手拉大手，共走成长路”志愿服务行动
…… 277
校外交通疏导站“为孩子们送去平安”
…… 277
《校园志愿服务教程》 …… 433
协助执行灾害防救工作民间志愿组织
认证办法 …… 183
谢长江 …… 341
谢重新 …… 341
5·12 心灵守望计划 …… 261
心目影院 …… 269
辛苦我一个，幸福千万人 …… 467
新北市志愿服务推广中心 …… 242
新公民之友 …… 260
NPP 新公益伙伴 …… 205
“新纪元志愿服务计划”实施 …… 375
新加坡全国志愿和慈善中心 …… 250
新疆生产建设兵团红十字志愿工作者
管理办法 …… 175
新疆维吾尔自治区克拉玛依义工志愿者
联合会 …… 221
新疆维吾尔自治区志愿服务条例 …… 131
《新生活——广州亚运会、亚残运会志愿
服务理念研究》 …… 434
新乡市环境保护志愿者协会 …… 230
新制度组织理论 …… 66
星级志愿者 …… 2
星星雨 …… 226
《行动的力量——民间志愿组织实践
逻辑研究》 …… 434
行动研究 …… 63
行善立德 …… 461
“行政院文化建设委员会”表扬文化
机关（构）绩优义工办法 …… 181
杏林义工 …… 279
熊国柱 …… 341
熊宁 …… 342
熊希龄 …… 474
修身、齐家、治国、平天下 …… 460
需求层次理论 …… 62
徐本禹 …… 342
徐尔铸 …… 342
徐州新风志愿者服务总队 …… 219
许朝山 …… 343
许振珊 …… 343

学雷锋活动 …………………………………… 469
学雷锋综合包户 ………………………………… 268
学生志愿者 …………………………………… 9

Y

雅安芦山抗震救灾 ……………………………… 288
亚力克西·德·托克维尔 ……………………… 472
亚力坤·奥斯曼 ………………………………… 343
《亚运志愿全媒体——志愿服务传播新模式》 ……………………………… 434
严意娜 ………………………………………… 343
"阳光爱心"青年志愿者网站 ………………… 233
阳光骨髓库项目 ………………………………… 256
阳光阶梯计划 …………………………………… 275
"阳光太太亲善"志愿者服务 ………………… 283
杨冬梅 ………………………………………… 343
杨浩然 ………………………………………… 344
杨明媚 ………………………………………… 344
药物滥用人员家庭辅导学苑 ………………… 279
叶榄 …………………………………………… 344
叶明 …………………………………………… 344
叶如陵 ………………………………………… 345
《一个响亮的名字——志愿者》 ……………… 435
一万名北京奥运会残奥会志愿者受到表彰 ……………………………… 394
"一助一"长期结对服务计划 ………………… 254
医疗志愿服务 …………………………………… 258
医疗志愿者 …………………………………… 4
医学专家志愿者队伍成立 ……………………… 405
宜昌大撤退 …………………………………… 469
《义工管理实务》 ……………………………… 435
义务志愿者 …………………………………… 11
义勇消防组织编组训练演习服勤办法 …… 184
义庄 …………………………………………… 465
意识形态动机 …………………………………… 15
银川市青年志愿服务条例 ……………………… 125
银龄行动 ……………………………………… 257
尹春龙 ………………………………………… 345
尹建敏 ………………………………………… 345
尹维增 ………………………………………… 345
应急救援志愿服务 ……………………………… 78
应急志愿服务 …………………………………… 27
应急志愿服务行动 ……………………………… 259
应急志愿者 …………………………………… 10
英格兰志愿服务组织 …………………………… 251
英格兰志愿组织理事会 ………………………… 244
英国阿斯顿大学志愿行动研究中心 ………… 252
《英国非营利组织》 …………………………… 436
英国海外志愿服务社 …………………………… 248
英国救助儿童会 ………………………………… 244
英国社区服务志愿人员组织 ………………… 245
英国谢非尔德哈勒姆大学志愿行动研究中心 ……………………………… 250
鹦哥岭青年团队志愿服务 ……………………… 286
营口市中华文化传播志愿者协会成立 …… 409
友成常青义教 …………………………………… 266
友成扶贫志愿者行动 …………………………… 262
友成志愿者支持中心 …………………………… 238
于尔根·格罗茨 ………………………………… 367
于海波 ………………………………………… 346
余洪芝 ………………………………………… 346
余新慧 ………………………………………… 346
余瑶 …………………………………………… 346
虞德才 ………………………………………… 347
《与世界同行：全球化下的志愿服务》 … 436
袁日涉 ………………………………………… 347
袁正平 ………………………………………… 347
原罪说 ………………………………………… 458
援外青年志愿者选派和管理暂行办法 …… 122
援外青年志愿者招募、培训办法（暂行） ……………………………… 155

约翰·威尔逊 …………………………………… 367
岳经纶 ………………………………………… 364
云南民族大学青年志愿者协会 ……………… 214
运建立 ………………………………………… 347

Z

《灾害应对中的社会管理创新》 ………… 437
《灾难与救助：灾难管理中民间志愿者
组织研究》 ………………………………… 437
在建立社会主义市场经济体制进程中我国
青年工作战略发展规划 ………………… 139
在线捐赠 ……………………………………… 33
泽仁娜姆 ……………………………………… 348
曾华源 ………………………………………… 364
曾敏杰 ………………………………………… 348
曾世逸 ………………………………………… 348
曾鑫 …………………………………………… 348
赠人玫瑰，手有余香 ………………………… 466
翟雁 …………………………………………… 365
张宝艳 ………………………………………… 349
张大诺 ………………………………………… 349
张更大 ………………………………………… 349
张海峰 ………………………………………… 349
张海桥 ………………………………………… 350
张惠 …………………………………………… 350
张謇 …………………………………………… 473
张静 …………………………………………… 350
张坤 …………………………………………… 350
张兰香 ………………………………………… 351
张立国 ………………………………………… 351
张立中 ………………………………………… 351
张平宜 ………………………………………… 351
张启龙 ………………………………………… 351
张秋文 ………………………………………… 352
张瑞平 ………………………………………… 352
张网成 ………………………………………… 365
张晓红 ………………………………………… 365
张艳红 ………………………………………… 352
张耀明 ………………………………………… 352
张轶超 ………………………………………… 353
张毅 …………………………………………… 353
张英阵 ………………………………………… 366
张云峰 ………………………………………… 353
张志勇 ………………………………………… 353
章欢芳 ………………………………………… 353
章金媛 ………………………………………… 354
仗义疏财 ……………………………………… 465
赵翠娥 ………………………………………… 354
赵培峰 ………………………………………… 354
赵渭忠 ………………………………………… 355
赵小亭 ………………………………………… 355
赵言民 ………………………………………… 355
者连成 ………………………………………… 355
浙江省海宁市慈善总会义工委员会 ……… 223
浙江省红十字志愿服务管理办法
（试行） …………………………………… 176
浙江省志愿服务条例 ………………………… 129
浙江为“志愿者日”立法 …………………… 388
正式志愿服务 ………………………………… 25
郑方 …………………………………………… 355
郑复生 ………………………………………… 356
政府失灵 ……………………………………… 36
《政府向社会组织购买公共服务研究：
中国与全球经验分析》 ………………… 437
《政府与企业以外的现代化——中西公益
事业史比较研究》 ……………………… 438
支持关注中国荒漠化志愿者网络在若尔盖
湿地推行沙化环境教育与草根能力
建设 ……………………………………… 289
支教志愿者 …………………………………… 7
直接志愿服务 ………………………………… 26

《志工管理》 …………………………… 438
志工伦理守则 …………………………… 182
BTP 志行会 …………………………… 292
“志愿北京　春风行动”青年志愿者服务
　　北京铁路春运启动仪式 ……………… 403
《志愿北京：2005“志愿服务与人文奥运”
　　国际论坛成果集》 ………………… 439
志愿部门 …………………………… 45
志愿服务 …………………………… 25
志愿服务长效机制 …………………… 70
志愿服务成果转化 …………………… 76
志愿服务成为广州市成人宣誓条件 ……… 380
志愿服务成为学生综合素质评价指标 …… 397
志愿服务筹资 ………………………… 72
《志愿服务的理论与实务》 ……………… 439
志愿服务的政府购买 ………………… 110
志愿服务顶层设计 …………………… 70
志愿服务动机 ………………………… 13
志愿服务动机类型 …………………… 51
志愿服务对象 ………………………… 70
志愿服务发展报告 …………………… 76
志愿服务法 …………………………… 182
志愿服务法 …………………………… 52
志愿服务法（巴西） ………………… 189
志愿服务法（捷克） ………………… 198
志愿服务法（克罗地亚） ……………… 200
志愿服务法（罗马尼亚） ……………… 196
志愿服务法（西班牙） ………………… 192
志愿服务分享 ………………………… 106
志愿服务风险 ………………………… 80
志愿服务风险管理 …………………… 81
志愿服务风险识别 …………………… 81
志愿服务风险预案 …………………… 81
《志愿服务概论》 …………………… 439
志愿服务岗位 ………………………… 95
志愿服务岗位开发 …………………… 96
志愿服务岗位描述 …………………… 96
志愿服务工作100例 ………………… 440
志愿服务供给 ………………………… 38
《志愿服务国际会议北京宣言》
　　（2002年5月28日） ……………… 186
志愿服务宏观管理 …………………… 69
志愿服务环境分析 …………………… 114
志愿服务绩效 ………………………… 74
志愿服务绩效评估 …………………… 75
志愿服务激励 ………………………… 75
志愿服务记录 ………………………… 62
志愿服务记录制度 …………………… 72
志愿服务价值 ………………………… 38
志愿服务价值计量 …………………… 40
志愿服务奖励办法 …………………… 183
志愿服务禁忌 ………………………… 105
志愿服务经济价值 …………………… 39
志愿服务类型 ………………………… 50
《志愿服务理论与实践》 ……………… 440
《志愿服务理论与实践研究》 ………… 440
《志愿服务理念与实务》 ……………… 441
志愿服务利益相关方 ………………… 71
志愿服务伦理 ………………………… 77
志愿服务媒体传播 …………………… 77
志愿服务目标 ………………………… 112
志愿服务内部激励 …………………… 83
志愿服务评估 ………………………… 74
志愿服务社会价值 …………………… 39
志愿服务时长 ………………………… 24
志愿服务实务 ………………………… 69
志愿服务使命 ………………………… 112
志愿服务市场 ………………………… 73
志愿服务市场分析 …………………… 73
志愿服务市场营销 …………………… 74

志愿服务损失 …………………………… 82
《志愿服务体系研究 》 ………………… 441
志愿服务条例 …………………………… 52
志愿服务外部激励 ……………………… 82
志愿服务微观管理 ……………………… 70
志愿服务问题——目标树分析 ………… 85
志愿服务项目 …………………………… 29
志愿服务项目变化管理 ………………… 90
志愿服务项目财务管理 ………………… 89
志愿服务项目成果共享 ………………… 92
志愿服务项目成果管理 ………………… 90
志愿服务项目成果转化需求评估 ……… 92
志愿服务项目筹资 ……………………… 87
志愿服务项目沟通管理 ………………… 88
志愿服务项目管理 ……………………… 84
志愿服务项目管理工具 ………………… 85
志愿服务项目管理体系 ………………… 84
志愿服务项目过程管理 ………………… 88
志愿服务项目计划 ……………………… 87
志愿服务项目监测 ……………………… 90
志愿服务项目建议书 …………………… 86
志愿服务项目开发 ……………………… 86
志愿服务项目逻辑框架 ………………… 86
志愿服务项目目标管理 ………………… 89
志愿服务项目评估 ……………………… 91
志愿服务项目评估流程 ………………… 92
志愿服务项目评估制度 ………………… 91
志愿服务项目生命周期 ………………… 85
志愿服务项目时间管理 ………………… 88
志愿服务项目团队管理 ………………… 88
志愿服务项目信息管理 ………………… 89
志愿服务项目信息收集 ………………… 91
志愿服务项目章程 ……………………… 87
志愿服务协议 …………………………… 71
志愿服务星级评定 ……………………… 83
志愿服务需求 …………………………… 38
志愿服务需求分析 ……………………… 72
志愿服务学习 …………………………… 106
志愿服务应急处置 ……………………… 82
《志愿服务与发展》 …………………… 412
《志愿服务与和谐济南建设》 ………… 442
《志愿服务与和谐社会——上海青年志愿者
行动研究》 …………………………… 442
《志愿服务与社区发展：上海城市社区
志愿者活动研究报告》 ……………… 443
《志愿服务与义工建设》 ……………… 443
《志愿服务与志工管理：做快乐的志工
及管理者》 …………………………… 444
志愿服务愿景 …………………………… 53
志愿服务责任 …………………………… 71
志愿服务责任人 ………………………… 115
志愿服务战略规划 ……………………… 113
志愿服务证及服务纪录册管理办法 …… 182
志愿服务证明 …………………………… 61
志愿服务资源 …………………………… 73
志愿服务资源分析 ……………………… 73
志愿服务资源配置 ……………………… 71
志愿服务组织 …………………………… 42
志愿服务组织者 ………………………… 114
志愿工作法（加拿大） ………………… 197
《志愿活动研究：类型、评价与管理》 … 444
志愿精神 ………………………………… 12
《志愿精神与和谐社会》 ……………… 444
志愿昆士兰 ……………………………… 249
志愿力 …………………………………… 13
《志愿人生——2004—2007 年度北京
十大志愿者》 ………………………… 445
《志愿社区：中国社区志愿服务研究》 … 445
志愿失灵 ………………………………… 37
《志愿失灵及其矫正中的政府责任：

以北京志愿服务为例》 …………………… 446
志愿文化推广 …………………………………… 76
《志愿行动与文明社会建设》 ………………… 447
《志愿行动：中国社会的探索与践行》 … 447
《志愿者》 …………………………………… 448
志愿者 …………………………………………… 1
志愿者保护法（美国） ……………………… 193
志愿者保障措施 ……………………………… 105
志愿者比例 …………………………………… 24
志愿者补助 …………………………………… 61
志愿者测评 …………………………………… 99
志愿者成为社区居民事务青年理事 ……… 405
志愿者承诺 …………………………………… 94
志愿者雕塑永久矗立奥林匹克公园 ……… 392
志愿者动机量表 ……………………………… 67
志愿者督导 …………………………………… 102
《志愿者读本：志愿者，你准备好了吗》
…………………………………………… 449
《志愿者读本：志愿组织建设与管理》 … 448
《志愿者读本：走近志愿服务》 ………… 448
志愿者法（菲律宾） ………………………… 201
志愿者扶贫接力计划首届支教团出征 …… 374
志愿者服务评估 ……………………………… 50
志愿者服务手册 ……………………………… 53
《志愿者服务心理指南》 ………………… 449
志愿者福利 …………………………………… 99
志愿者岗位培训 ……………………………… 101
志愿者骨干 …………………………………… 96
志愿者管理 …………………………………… 48
志愿者管理办法 ……………………………… 52
志愿者管理模式 ……………………………… 92
志愿者管理体系 ……………………………… 93
志愿者管理政策与制度 ……………………… 93
志愿者国际交流 ……………………………… 294
志愿者回报 …………………………………… 104
志愿者绩效评估 ……………………………… 50
志愿者激励 …………………………………… 60
志愿者激励方式 ……………………………… 104
志愿者激励条例 ……………………………… 52
志愿者激励增能 ……………………………… 280
志愿者离职管理 ……………………………… 105
志愿者领袖 …………………………………… 96
志愿者绿色行动营计划启动 ……………… 374
志愿者伦理守则 ……………………………… 54
志愿者满意度指标 …………………………… 68
志愿者培训 …………………………………… 100
志愿者培训 …………………………………… 49
志愿者培训管理 ……………………………… 102
志愿者匹配与对接 …………………………… 99
志愿者权利 …………………………………… 60
志愿者权利和义务 …………………………… 94
志愿者认可 …………………………………… 104
志愿者入职 …………………………………… 100
志愿者入职辅导 ……………………………… 100
志愿者使用组织 ……………………………… 110
志愿者素质 …………………………………… 98
《志愿者通用读本》 ………………………… 449
志愿者通用培训 ……………………………… 101
志愿者同理心 ………………………………… 107
志愿者团队 …………………………………… 41
志愿者团队发展 ……………………………… 103
志愿者团队建设 ……………………………… 104
《志愿者团队在行动——在汶川地震灾区
的公益服务案例》 …………………… 449
志愿者退出机制 ……………………………… 95
志愿者小组 …………………………………… 41
IBM 志愿者协会 ……………………………… 239
志愿者协会 …………………………………… 41
志愿者协会章程 ……………………………… 53
志愿者心理调适 ……………………………… 108

志愿者心理辅导 …… 106
志愿者心理减压 …… 106
志愿者心理健康 …… 107
志愿者心理健康问题被关注 …… 386
志愿者心理危机干预 …… 108
志愿者心理支持 …… 107
志愿者心理资本 …… 107
志愿者行动十年《中国青年报》发表专文 …… 381
《志愿者形象及其社会影响》 …… 450
志愿者宣传动员 …… 97
志愿者选拔 …… 98
志愿者压力信号 …… 108
志愿者以外展方式探索对城市社区流动儿童的社区服务 …… 288
志愿者义务 …… 60
志愿者隐私保护 …… 94
志愿者与志愿者组织的关系 …… 119
志愿者招募 …… 49
志愿者招募评估 …… 98
志愿者招募形式 …… 97
志愿者证 …… 61
志愿者支持 …… 102
志愿者忠诚度量表 …… 67
志愿者重走长征路 …… 381
志愿者主动性光谱 …… 31
志愿者注册 …… 97
志愿者专业培训 …… 101
志愿者组织 …… 40
志愿者组织变革 …… 117
志愿者组织财务管理 …… 116
志愿者组织筹资 …… 115
志愿者组织定位 …… 118
志愿者组织分析 …… 118
志愿者组织公信力 …… 113
志愿者组织功能 …… 108
志愿者组织管理 …… 108
志愿者组织管理体系 …… 109
志愿者组织合作伙伴 …… 119
志愿者组织宏观管理 …… 109
志愿者组织会员制 …… 111
志愿者组织价值观 …… 118
志愿者组织架构 …… 109
志愿者组织内部管理 …… 109
志愿者组织能力 …… 117
志愿者组织评估 …… 117
志愿者组织人力资源 …… 114
志愿者组织团队建设 …… 116
志愿者组织文化 …… 117
志愿者组织营销 …… 115
志愿者组织运行 …… 115
志愿者组织战略目标 …… 113
志愿者组织 AA 制 …… 111
志愿者组织制度建设 …… 110
《志愿组织管理》 …… 450
志愿组织社团法（法国） …… 187
志愿组织招募力 …… 49
质量安全志愿服务活动启动 …… 408
中共中央国务院中央军委表彰全国抗震救灾英雄集体和抗震救灾模范 …… 393
中国传媒大学青年志愿者协会 …… 210
中国慈善事业发展指导纲要（2011—2015 年） …… 168
中国慈善事业发展指导纲要（2006—2010 年） …… 152
中国大中学生志愿服务总队成立 …… 371
“1 + 1”中国法律援助志愿者行动 …… 263
《中国非营利评论》 …… 451
《中国公民志愿行为研究：现状、特点及政策启示》 …… 451

《中国关爱：当代中国的社会建设与志愿服务》…… 452
中国2001国际志愿者委员会成立 …… 378
中国红十字会对十大领域红十字志愿者进行表彰 …… 409
中国红十字基金会志愿者管理办法 …… 163
中国红十字青少年志愿服务总队 …… 207
中国红十字事业2010—2014发展规划 …… 166
中国红十字新闻宣传志愿服务总队成立 …… 395
中国红十字志愿服务管理办法 …… 174
中国红十字志愿服务管理办法 …… 158
中国红十字志愿服务2007—2010年发展规划 …… 157
中国惠普志愿者协会 …… 239
《中国禁毒志愿者手册》 …… 453
中国敬老志愿者培训启动 …… 401
中国科技馆招募专家志愿者 …… 406
《中国民间志愿服务实践与国际和地区经验》 …… 453
《中国民间组织大事记（1978—2008）》 …… 453
中国男性反家暴志愿小组成立 …… 379
中国南丁格尔志愿护理服务总队 …… 235
中国2010年上海世界博览会志愿服务 …… 278
《中国农村志愿服务发展报告》 …… 454
中国青年志愿服务颁发奖章 …… 375
中国青年志愿者标志产生 …… 372
中国青年志愿者扶贫接力计划 …… 255
中国青年志愿者扶贫接力计划启动 …… 372
中国青年志愿者服务队授旗 …… 371
中国青年志愿者服务日确立 …… 376
中国青年志愿者歌曲征集活动 …… 398
中国青年志愿者社区发展计划启动 …… 376
中国青年志愿者协会 …… 204
中国青年志愿者协会成立 …… 372
中国青年志愿者行动评选表彰工作条例（试行） …… 143
中国青年志愿者行动实施十周年座谈会 …… 380
中国青年志愿者“一助一”服务计划实施 …… 371
中国青年志愿者注册管理办法（试行） …… 148
《中国青少年公益认知和行为蓝皮书》 …… 446
中国青少年健康促进志愿服务 …… 296
中国人民大学青年志愿者协会 …… 209
中国人民志愿军 …… 475
中国社会工作协会社区志愿者工作委员会成立 …… 382
中国社会工作协会志愿者工作委员会 …… 206
中国社区服务志愿者活动十年论证会 …… 374
《中国社区志愿者行动手册》 …… 454
中国社区志愿者注册管理办法 …… 122
中国文联文艺志愿服务活动启动 …… 407
中国文艺志愿者协会 …… 206
中国吴桥国际杂技节青年志愿服务 …… 277
中国消防志愿者行动 …… 261
中国消防志愿者行动启动 …… 392
中国消防志愿者行动实施意见 …… 159
“中国消防志愿者行动”指导委员会第一次工作会议 …… 393
中国移动志愿者协会 …… 238
中国援外医疗队 …… 476
中国政法大学青年志愿者协会 …… 209
中国志愿服务博览会 …… 296
《中国志愿服务：从社区到社会》 …… 455
《中国志愿服务法制化践行与探索》 …… 455
《中国志愿服务法制化研究》 …… 455
中国志愿服务基金会 …… 205

中国志愿服务基金会成立 …………………… 397
中国志愿服务基金会项目基金管理
暂行办法 ………………………………… 165
《中国志愿服务立法的新探索》 ………… 456
《中国志愿服务文献信息检索》 ………… 456
《中国志愿服务研究》 …………………… 456
中国志愿者表彰机制 …………………… 52
中国志愿者参加“火星之旅” …………… 400
中国志愿者赴非洲服务 ………………… 383
中国志愿者赴拉美 ……………………… 385
中国注册志愿者管理办法 ……………… 156
《中国注册志愿者管理办法》颁布 ……… 384
中国专业志愿服务发展项目 …………… 295
中华慈善总会 …………………………… 204
中华慈善总会为学雷锋优秀志愿者颁奖 …… 404
中华慈幼协会 …………………………… 477
中华环保联合会 ………………………… 206
中华巾帼志愿者 ………………………… 265
“中华巾帼志愿者”举行授旗仪式 ……… 378
“中华民国”志愿服务协会 …………… 242
中华平民教育促进会 …………………… 477
中华社会福利联合劝募协会 …………… 241
中华义工网 ……………………………… 204
中华志愿者基金成立 …………………… 406
中华志愿者协会 ………………………… 205
中华志愿者协会筹备委员会工作会议召开
与协会成立 ……………………………… 403
中美青年联合教育实践 ………………… 263
中日海外志愿者召开圆桌对话会议 ……… 408
中日友好沙漠绿化行动志愿者誓师大会
………………………………………… 374
中山大学青年志愿者协会 ……………… 214
中外志愿者共庆“国际志愿者日” ……… 375
中学生志愿服务总队成立 ……………… 388
中央文明办“三关爱” ………………… 268
中央文明委印发《关于深入开展志愿服务
活动的意见》 …………………………… 393
重庆两江志愿服务发展中心 …………… 236
重庆市爱心志愿者总队 ………………… 222
周俊范 …………………………………… 356
周小华 …………………………………… 356
周毅 ……………………………………… 356
朱昌藏 …………………………………… 357
朱朝枝 …………………………………… 357
朱坚 ……………………………………… 357
朱贤明 …………………………………… 358
珠海经济特区志愿服务条例 …………… 137
助残志愿服务 …………………………… 28
助老志愿服务 …………………………… 27
助人为乐 ………………………………… 466
注册志愿者 ……………………………… 2
专才义工网 ……………………………… 291
专业志愿服务 …………………………… 27
专业志愿者 ……………………………… 3
ICT 专业志愿者联盟 …………………… 239
准志愿者 ………………………………… 11
卓先顺 …………………………………… 358
资源依赖理论 …………………………… 66
淄博市志愿服务条例 …………………… 131
自然之友 ………………………………… 227
自我实现 ………………………………… 23
自愿 ……………………………………… 11
邹德凤 …………………………………… 358
《走近残疾人感受残奥会》 …………… 457
组织志愿者 ……………………………… 1
左继豪 …………………………………… 358
《做志愿者》 …………………………… 457

词条标题汉字笔画索引

一画

一万名北京奥运会残奥会志愿者受到表彰 …… 394
《一个响亮的名字——志愿者》 …… 435
“一助一”长期结对服务计划 …… 254

二画

“十元百分爱”青春公益行动 …… 282
十城市志愿者携手保护母亲河 …… 400
丁元竹 …… 359
丁兆瑞 …… 304
七彩雷锋日 …… 285
卜一峰 …… 299
人人为我，我为人人 …… 466
人力资本理论 …… 56
人民协会青年运动 …… 478
人道主义 …… 16

三画

“三关爱”志愿服务活动启动 …… 407
三江源生态环境保护协会 …… 236
于尔根·格罗茨 …… 367
于海波 …… 346
大卫·亨顿·史密斯 …… 367
大中专学生志愿者暑期文化科技卫生“三下乡” …… 255
大中学生志愿暑期“三下乡”启动 …… 373
“大医博爱”志愿服务 …… 269
大连市环保志愿者协会 …… 231
大朋友 …… 257
《大学生志愿服务》 …… 416
大学生志愿服务西部计划专项行动推进会 …… 397
大学生志愿服务西部计划专项调查 …… 398
大学生志愿服务西部计划地方项目 …… 257
大学生志愿服务西部计划全国项目 …… 257
大学生志愿服务西部计划各级项目办和服务单位职责（试行） …… 162
大学生志愿服务西部计划志愿者管理办法（试行） …… 161
“大学生志愿服务西部计划”启动 …… 380
大型活动志愿服务 …… 79
大型活动志愿服务——会议、论坛类 …… 80
大型活动志愿服务——体育比赛类 …… 79
大型活动志愿服务项目 …… 84
大型活动志愿服务——重要庆典类 …… 80
大型活动志愿服务——展览会、博览会类 …… 80
《与世界同行：全球化下的志愿服务》 …… 436
万英 …… 332
万涵英 …… 332
上海世博会首批学生志愿者上岗 …… 399
上海电气青年志愿者服务总队 …… 237
上海外国语大学青年志愿者服务总队 …… 214
上海市地铁志愿服务总队 …… 232
上海市志愿者协会 …… 219
上海市志愿服务条例 …… 131
上海市募捐条例 …… 136
上海师范大学爱心学校 …… 209

上海师范大学慈善与志愿服务研究中心 ······ 213
上海青年志愿垦荒队与共青城 ······ 476
上善若水 ······ 462
“巾帼志愿者在行动”全国启动 ······ 407
巾帼志愿服务专项基金启动 ······ 404
山东乡村建设研究院 ······ 478
山东省青年志愿服务规定 ······ 124
山东省淄博市供电公司“善小”志愿者协会 ······ 237
山西省红十字志愿服务实施办法 ······ 176
个体志愿者 ······ 1
《义工管理实务》 ······ 435
义务志愿者 ······ 11
义庄 ······ 465
义勇消防组织编组训练演习服勤办法 ······ 184
广东佛山市诞生“义工团” ······ 370
广东政府购买志愿服务 ······ 387
广东省广州市中学生心声热线电话 ······ 224
广东省文化志愿者总队 ······ 236
广东省级志愿者联合会成立 ······ 395
广东省志愿者联合会 ······ 221
广东省志愿服务条例 ······ 133
广西壮族自治区红十字志愿服务管理办法 ······ 178
广州市志愿服务条例 ······ 130
广州市青年志愿者协会 ······ 217
《广州亚运会志愿服务文化遗产导论》 ······ 420
《广州亚运会志愿服务研究》 ······ 420
广州亚运志愿者征集昵称 ······ 402
广州诞生志愿者服务热线 ······ 369
己欲立而立人，己欲达而达人 ······ 459
卫生保健志愿服务奖励办法 ······ 183
女性志愿者 ······ 9
“小手拉大手，共走成长路”志愿服务行动 ······ 277
小善渐而大德生 ······ 464
习近平出席奥运志愿者誓师大会 ······ 389
习近平在京参加世界艾滋病日活动 ······ 408
习近平会见沪志愿者代表强调发扬光大志愿者精神 ······ 386
习近平会见奥运会、残奥会香港代表团成员和志愿者、义工代表 ······ 391
习近平总书记鼓励青年参加志愿服务 ······ 410
马丁·路德·金假日和服务法 ······ 190
马广超 ······ 323
马尔库斯·图里乌斯·西塞罗 ······ 470
马克·A. 缪其克 ······ 368
《马来西亚非政府组织研究》 ······ 425
马学璐 ······ 323
马海军 ······ 323
乡村教育运动 ······ 468
乡镇精神 ······ 458

四画

王一硕 ······ 338
王文忠 ······ 336
王文清 ······ 336
王东育 ······ 333
王兰花 ······ 335
王达佳 ······ 333
王自新 ······ 338
王远峰 ······ 338
王秀敏 ······ 338
王宏伟 ······ 334
王青松 ······ 335
王国庆 ······ 333
王育 ······ 364
王波 ······ 332

王建国 …………………………………… 334
王相亚 …………………………………… 336
王星淼 …………………………………… 337
王虹霞 …………………………………… 334
王素娟 …………………………………… 336
王莉 ……………………………………… 335
王莎 ……………………………………… 335
王晓明 …………………………………… 336
王晓萍 …………………………………… 337
王浩 ……………………………………… 333
王辉 ……………………………………… 334
王新航 …………………………………… 337
王静 ……………………………………… 335
王嘉健 …………………………………… 334
天人合一 ………………………………… 461
“天使妈妈”孤残儿童救助 ……………… 260
天津市阳光义工爱心社 ………………… 220
天津市青年志愿服务条例 ……………… 130
天津和平区新兴街志愿者协会 ………… 225
天津诞生社区志愿服务团体 …………… 369
天津绿色之友 …………………………… 229
无国界医生 ……………………………… 248
无偿施救者保护法 ……………………… 54
无偿献血志愿服务 ……………………… 30
韦昌飞 …………………………………… 339
云南民族大学青年志愿者协会 ………… 214
专才义工网 ……………………………… 291
专业志愿者 ……………………………… 3
ICT 专业志愿者联盟 …………………… 239
专业志愿服务 …………………………… 27
支持关注中国荒漠化志愿者网络在若尔盖湿地推行沙化环境教育与草根能力建设 ……………………………………… 289
支教志愿者 ……………………………… 7
友成志愿者支持中心 …………………… 238
友成扶贫志愿者行动 …………………… 262
友成常青义教 …………………………… 266
少先队员“志愿者军团”北京林奠基…… 376
日本东京海上中国青少年发展支援 ……… 294
日本青年海外协力队 …………………… 480
日本海外合作志愿人员组织 …………… 246
中山大学青年志愿者协会 ……………… 214
中日友好沙漠绿化行动志愿者誓师大会 ……………………………………… 374
中日海外志愿者召开圆桌对话会议 ……… 408
中央文明办“三关爱” ………………… 268
中央文明委印发《关于深入开展志愿服务活动的意见》 ………………………… 393
中外志愿者共庆“国际志愿者日” ……… 375
中共中央国务院中央军委表彰全国抗震救灾英雄集体和抗震救灾模范 ……… 393
中华巾帼志愿者 ………………………… 265
“中华巾帼志愿者”举行授旗仪式 ……… 378
中华义工网 ……………………………… 204
中华平民教育促进会 …………………… 477
“中华民国”志愿服务协会 …………… 242
中华志愿者协会 ………………………… 205
中华志愿者协会筹备委员会工作会议召开与协会成立 …………………………… 403
中华志愿者基金成立 …………………… 406
中华社会福利联合劝募协会 …………… 241
中华环保联合会 ………………………… 206
中华慈幼协会 …………………………… 477
中华慈善总会 …………………………… 204
中华慈善总会为学雷锋优秀志愿者颁奖 ……………………………………… 404
中国人民大学青年志愿者协会 ………… 209
中国人民志愿军 ………………………… 475
中国大中学生志愿服务总队成立 ……… 371
中国专业志愿服务发展项目 …………… 295

《中国公民志愿行为研究：现状、特点及政策启示》 …… 451
中国文艺志愿者协会 …… 206
中国文联文艺志愿服务活动启动 …… 407
《中国民间志愿服务实践与国际和地区经验》 …… 453
《中国民间组织大事记（1978—2008）》 …… 453
中国2010年上海世界博览会志愿服务 …… 278
中国传媒大学青年志愿者协会 …… 210
《中国关爱：当代中国的社会建设与志愿服务》 …… 452
《中国农村志愿服务发展报告》 …… 454
中国红十字会对十大领域红十字志愿者进行表彰 …… 409
中国红十字志愿服务2007—2010年发展规划 …… 157
中国红十字志愿服务管理办法 …… 174
中国红十字志愿服务管理办法 …… 158
中国红十字青少年志愿服务总队 …… 207
中国红十字事业2010—2014发展规划 …… 166
中国红十字基金会志愿者管理办法 …… 163
中国红十字新闻宣传志愿服务总队成立 …… 395
中国志愿者表彰机制 …… 52
中国志愿者参加“火星之旅” …… 400
中国志愿者赴拉美 …… 385
中国志愿者赴非洲服务 …… 383
《中国志愿服务：从社区到社会》 …… 455
《中国志愿服务文献信息检索》 …… 456
《中国志愿服务立法的新探索》 …… 456
《中国志愿服务法制化研究》 …… 455
《中国志愿服务法制化践行与探索》 …… 455
《中国志愿服务研究》 …… 456
中国志愿服务基金会 …… 205
中国志愿服务基金会成立 …… 397
中国志愿服务基金会项目基金管理暂行办法 …… 165
中国志愿服务博览会 …… 296
中国吴桥国际杂技节青年志愿服务 …… 277
中国男性反家暴志愿小组成立 …… 379
《中国社区志愿者行动手册》 …… 454
中国社区志愿者注册管理办法 …… 122
中国社区服务志愿者活动十年论证会 …… 374
中国社会工作协会志愿者工作委员会 …… 206
中国社会工作协会社区志愿者工作委员会成立 …… 382
《中国青少年公益认知和行为蓝皮书》 …… 446
中国青少年健康促进志愿服务 …… 296
中国青年志愿者“一助一”服务计划实施 …… 371
中国青年志愿者协会 …… 204
中国青年志愿者协会成立 …… 372
中国青年志愿者行动评选表彰工作条例（试行） …… 143
中国青年志愿者行动实施十周年座谈会 …… 380
中国青年志愿者扶贫接力计划 …… 255
中国青年志愿者扶贫接力计划启动 …… 372
中国青年志愿者社区发展计划启动 …… 376
中国青年志愿者服务日确立 …… 376
中国青年志愿者服务队授旗 …… 371
中国青年志愿者注册管理办法（试行） …… 148
中国青年志愿者标志产生 …… 372
中国青年志愿者歌曲征集活动 …… 398
中国青年志愿服务颁发奖章 …… 375
《中国非营利评论》 …… 451
中国2001国际志愿者委员会成立 …… 378
“1+1”中国法律援助志愿者行动 …… 263

中国注册志愿者管理办法 …………………… 156
《中国注册志愿者管理办法》颁布 ……… 384
中国政法大学青年志愿者协会 …………… 209
中国南丁格尔志愿护理服务总队 ………… 235
中国科技馆招募专家志愿者 ……………… 406
中国消防志愿者行动 ……………………… 261
中国消防志愿者行动启动 ………………… 392
中国消防志愿者行动实施意见 …………… 159
"中国消防志愿者行动"指导委员会
第一次工作会议 ……………………… 393
中国移动志愿者协会 ……………………… 238
中国敬老志愿者培训启动 ………………… 401
中国惠普志愿者协会 ……………………… 239
中国援外医疗队 …………………………… 476
《中国禁毒志愿者手册》 ………………… 453
中国慈善事业发展指导纲要(2011—
2015年) ……………………………… 168
中国慈善事业发展指导纲要(2006—
2010年) ……………………………… 152
中学生志愿服务总队成立 ………………… 388
中美青年联合教育实践 …………………… 263
内蒙古大学绿色先锋环保志愿者协会 …… 212
毛主席纪念堂志愿服务 …………………… 275
毛彦文 ……………………………………… 475
毛艳 ………………………………………… 324
长沙市青年志愿者联合会 ………………… 216
长期照护全国联盟 ………………………… 265
仁远乎哉?我欲仁,斯仁至矣 …………… 459
仁爱 ………………………………………… 459
公民首创精神 ……………………………… 17
公共组织法(亚美尼亚) ………………… 197
公园之友 …………………………………… 275
公信力 ……………………………………… 51
公益劝募条例 ……………………………… 184
公益事业捐赠法 …………………………… 121
《公益和谐:青年组织开展社会公益事业
的状况及发展研究》 ………………… 419
公益周末聚 ………………………………… 289
《公益性社会组织约束机制研究》 ……… 419
公益法人法(捷克) ……………………… 191
公益组织法(匈牙利) …………………… 194
公益活动及志愿制度法(波兰) ………… 199
公益银行 …………………………………… 287
勿以善小而不为,勿以恶小而为之 ……… 464
文化资本 …………………………………… 21
为了明天——预防青少年违法犯罪工程
……………………………………… 258
为中国而教 ………………………………… 263
为志愿而教 ………………………………… 259
为美国服务的志愿者 ……………………… 480
计划行为理论 ……………………………… 55
认真性休闲 ………………………………… 30
心目影院 …………………………………… 269
5·12心灵守望计划 ……………………… 261
尹建敏 ……………………………………… 345
尹春龙 ……………………………………… 345
尹维增 ……………………………………… 345
邓玲 ………………………………………… 304
邓榕 ………………………………………… 304
孔媛媛 ……………………………………… 314

五画

未来林 ……………………………………… 251
正式志愿服务 ……………………………… 25
甘扬道 ……………………………………… 474
世纪公益法律热线 ………………………… 273
世界宣明会 ………………………………… 245
世界减灾会议——志愿者公共论坛设立
……………………………………… 381
艾格尼丝·史沫特莱 ……………………… 473
艾晓帆 ……………………………………… 298

艾滋病防治 …… 292
艾滋病患者同伴教育员公益小组 …… 271
可问责性 …… 51
左继豪 …… 358
厉莉 …… 318
平民电脑学校项目 …… 271
东北师范大学天地人环保志愿者协会 …… 207
东华三院 …… 478
卡尔顿大学志愿部门研究与发展中心 …… 250
北方 NGO …… 44
北京大学志愿服务与社会福利研究中心 …… 212
北京大学爱心社 …… 208
北京大栅栏地区的“综合包户”服务网建立 …… 369
北京中医药大学岐黄志愿者协会 …… 212
北京公交青年志愿者服务队 …… 238
北京认定专业志愿者队伍 …… 403
北京申奥志愿服务团成立暨青年志愿者行动表彰大会举行 …… 377
北京外企志愿者协会 …… 240
北京市太阳村特殊儿童救助研究中心 …… 230
北京市公共文明引导员总队 …… 230
北京市永善社区市民劝导队 …… 234
北京市红十字会关于红十字志愿者管理办法（试行） …… 175
北京市红十字会实施《北京市志愿服务促进条例》办法（试行） …… 177
北京市志愿者使用统一宣誓词 …… 404
北京市志愿者联合会 …… 215
北京市志愿者管理办法（试行） …… 178
北京市志愿服务促进条例 …… 128
《北京市志愿服务促进条例》实施 …… 387
北京市应急志愿者队伍建设纳入政府预算 …… 398
北京市应急志愿者管理暂行办法 …… 180
北京市宣武区青年志愿服务总队 …… 214
北京出台《进一步加强和改进志愿者工作的意见》 …… 396
北京地区博物馆志愿者服务平台 …… 272
北京地球村 …… 228
北京师范大学白鸽青年志愿者协会 …… 208
北京师范大学壹基金公益研究院 …… 213
《北京 2008 年奥运会志愿者的组织管理模式与评价体系的研究》 …… 413
北京红枫妇女心理咨询服务中心 …… 224
《北京志愿者手册（2008 版）》 …… 415
北京志愿者协会成立 …… 370
北京志愿者协会获“联合国卓越志愿服务组织奖” …… 392
北京志愿服务发展研究会 …… 213
北京志愿服务发展研究会成立 …… 404
北京志愿服务基金会 …… 222
《北京志愿服务模式研究》 …… 415
北京社区禁毒志愿者总队成立 …… 378
北京青年志愿垦荒队与北京庄 …… 476
北京青年医疗卫生志愿者抗震救灾服务队赴灾区 …… 390
北京青春奥运行动规划 …… 174
北京法制宣传志愿者服务总队成立 …… 405
北京城市志愿者公益银行成立 …… 401
北京将志愿服务记入学生成长记录 …… 394
北京举行春节主题活动慰问奥运志愿者和建设者 …… 388
北京惠泽人咨询服务中心 …… 231
《北京奥运会观众服务志愿项目管理研究》 …… 413
北京奥运会志愿者项目启动 …… 382
北京奥运会志愿者总团正式成立 …… 389
《北京奥运会志愿者读本》 …… 414

北京奥运会京外赛区志愿者工作联席会议 …… 387
北京奥运会、残奥会志愿服务 …… 270
北京奥运会、残奥会社会志愿者总体运行方案 …… 175
北京奥运会、残奥会赛会志愿者招募启动仪式 …… 384
北京奥运会促进中国志愿者服务发展合作项目通过 …… 386
北京奥运会倒计时一周年志愿者誓师大会举行 …… 386
《北京奥运志愿服务研究》 …… 414
北京奥运志愿"微笑圈"发布仪式 …… 385
卢卡斯·迈耶斯 …… 368
卢作孚 …… 475
叶如陵 …… 345
叶明 …… 344
叶榄 …… 344
田科武 …… 363
四川大学青年志愿者服务总队 …… 208
四川成立全国第一支大学生民防志愿者队伍 …… 408
四川启动抗震救灾"黄丝带行动" …… 390
四川省志愿服务条例 …… 132
四川省政府在全国范围表彰汶川的"抗震救灾模范"，首次单列"省外志愿者"群体 …… 394
四川绵竹青年志愿者协会 …… 219
生态学视角 …… 58
"生命志愿者"行动 …… 279
生命周期理论 …… 65
仗义疏财 …… 465
付漪泉 …… 306
白血病患儿青年志愿者网站成立 …… 383
白衣天使行动 …… 276
白玛龙珍 …… 298
白春海 …… 298
白萍 …… 298
白琪文 …… 299
《他们在行动：中国志愿者纪实》 …… 431
丛飞 …… 303
外出务工人员子女培训志愿服务试点专题项目 …… 295
《外国非营利组织法译汇（二）》 …… 432
《外国的志愿者》 …… 431
乐水行 …… 270
乐施会 …… 244
乐善好施 …… 463
市场失灵 …… 36
兰万里 …… 314
兰廷伍 …… 314
宁克江 …… 325
宁波市志愿服务条例 …… 135
宁夏回族自治区志愿服务条例 …… 127
冯艾 …… 305
冯勇 …… 306
冯家健 …… 306
冯家辉 …… 305
冯燕 …… 360
司文喆 …… 328
民办非企业单位登记暂行办法 …… 121
民办非企业单位登记管理暂行条例 …… 121
民防志愿者 …… 4
民间社团法（乌克兰） …… 189
民间非营利组织会计制度 …… 151
《民间组织蓝皮书——中国民间组织报告》 …… 426
民政部开展全国优秀志愿服务项目与志愿者工作案例评选活动 …… 408
民政部全国社区志愿者注册工作视频

会议 …………………………………… 387
弗洛伦斯·南丁格尔 ………………………… 472
“弘扬雷锋精神 开展志愿服务”工作会议
在京召开 ……………………………… 406
“边关儿女情系阿里，神山圣湖更加美丽”
环保公益活动 ………………………… 288
尕让尼玛 ……………………………………… 306
台北市小区暨志愿服务推广中心 ………… 243
台湾公益资讯中心 ………………………… 243
台湾荒野保护协会 ………………………… 242
辽宁省红十字志愿者管理办法（试行）
…………………………………………… 175
辽宁省环保志愿者联合会 ………………… 232
辽宁省青年志愿者协会 …………………… 216

六画

动机 …………………………………………… 12
动物保护志愿者 …………………………………… 6
吉林少先队志愿辅导员协会成立 ………… 383
吉林省长春市净月开发区永兴街道
志愿者协会 ……………………………… 224
吉林省志愿服务条例 ……………………… 127
老年乐园 …………………………………… 278
老年志愿者 ……………………………………… 9
老吾老以及人之老，幼吾幼以及人之幼
…………………………………………… 461
5·12 地震伤员康复 ……………………… 292
共青团全会提出青年志愿者工作意见 …… 370
《共青团关爱农民工子女志愿服务
行动工作案例》 ………………………… 420
共青团关爱农民工子女志愿服务
行动启动 ………………………………… 400
共青团尊老爱幼志愿服务 ………………… 265
亚力克西·德·托克维尔 ………………… 472
亚力坤·奥斯曼 …………………………… 343
《亚运志愿全媒体——志愿服务传播
新模式》 ………………………………… 434
权变管理理论 ………………………………… 66
协助执行灾害防救工作民间志愿组织
认证办法 ………………………………… 183
西北工业大学星星火环保志愿者协会 …… 210
西部阳光行动 ……………………………… 258
西藏自治区狮泉河海关学雷锋志愿
服务队 …………………………………… 223
西藏农牧学院青年志愿者服务总队 ……… 211
西藏志愿服务管理办法（试行） ………… 180
在建立社会主义市场经济体制进程中我国
青年工作战略发展规划 ………………… 139
在线捐赠 ……………………………………… 33
百万空巢老人关爱志愿服务行动 ………… 264
“百万家庭义务植树绿染三秦”活动 …… 289
百度志愿者协会 …………………………… 239
“百家团委助百户”活动 ………………… 283
达哇太 ……………………………………… 304
成都市志愿服务条例 ……………………… 126
成都青年志愿者协会 ……………………… 218
成都青年志愿者赴灾区抗震救灾 ………… 390
《当代大学生志愿服务研究》 …………… 417
吕海寰 ……………………………………… 474
团中央表彰第七届中国十大杰出志愿者、
中国十大杰出志愿服务集体等
先进个人和集体 ………………………… 391
18 岁成人仪式教育 ……………………… 255
网络卡通注册志愿者诞生 ………………… 388
2010 年广州亚洲运动会、亚洲残疾人
运动会志愿服务 ………………………… 285
《2010 年中国社会组织理论研究文集》
…………………………………………… 411
2010 年北京首届世界武搏运动会志愿服务
…………………………………………… 273
2013 年第九届中国（北京）国际园林

博览会志愿服务 ………………………… 276
2010 年第 29 届世界音乐教育大会志愿服务
………………………………………… 273
朱坚 ……………………………………… 357
朱贤明 …………………………………… 358
朱昌藏 …………………………………… 357
朱朝枝 …………………………………… 357
先人而后己 ……………………………… 461
先天下之忧而忧，后天下之乐而乐 ……… 465
乔华中 …………………………………… 326
“传澄西部”爱心公益 ………………… 281
任抗战 …………………………………… 327
任耀光 …………………………………… 327
自我实现 ………………………………… 23
自然之友 ………………………………… 227
自愿 ……………………………………… 11
《行动的力量——民间志愿组织实践逻辑
研究》 ………………………………… 434
行动研究 ………………………………… 63
“行政院文化建设委员会”表扬文化机关
(构) 绩优义工办法 ………………… 181
行善立德 ………………………………… 461
全国大学生志愿服务工作经验交流会召开
………………………………………… 400
全国与社区服务技艺增订法 (美国) …… 189
全国文化志愿服务工作会议召开 ………… 409
全国妇联印发《关于深入推进家庭志愿
服务工作的意见》 ………………… 399
全国妇联召开巾帼志愿服务工作推进会议
………………………………………… 406
全国妇联征集评选巾帼志愿者标识 …… 402
全国妇联家庭志愿者 …………………… 262
全国妇联家庭志愿者工作推进会 ………… 396
全国运动会志愿服务 …………………… 284
全国志愿服务工作测评体系 (试行) …… 171
全国抗击非典“志愿者爱心包”捐赠活动
启动 ………………………………… 380
全国助残志愿服务行动 ………………… 268
全国社区巾帼志愿服务行动计划启动 …… 403
全国青联志愿者艺术团组团演出 ………… 376
全国总工会“送温暖”帮扶 …………… 254
全国推行注册志愿者制度 ……………… 377
全美服务信任法案 (美国) …………… 190
全球志愿者 ……………………………… 249
《全球志愿者宣言》(2001 年 1 月) …… 185
全球消除贫困联盟 ……………………… 251
合肥市志愿服务条例 …………………… 137
企业志愿者 ……………………………… 5
企业社会责任 …………………………… 16
企业或个人资助志愿服务 ……………… 110
企业所得税法实施条例 ………………… 123
刘长城 …………………………………… 319
刘正琛 …………………………………… 322
刘平 ……………………………………… 321
刘吉辉 …………………………………… 320
刘华 ……………………………………… 320
刘兴刈 …………………………………… 322
刘阳 ……………………………………… 322
刘英俊 …………………………………… 322
刘建伟 …………………………………… 321
刘健 ……………………………………… 321
刘崇和 …………………………………… 320
刘淑芹 …………………………………… 321
刘瑞 ……………………………………… 321
刘蓉 ……………………………………… 321
关于大力开展中国大中专学生志愿者暑期
文化科技卫生“三下乡”活动
的通知 ……………………………… 146
关于广泛开展全民健身志愿服务活动的
通知 ………………………………… 163

关于广泛开展“迎世博讲文明树新风”志愿服务活动的通知 …………………… 162
关于广泛开展基层文化志愿服务活动的意见 …………………………………………… 173
关于开展大中学生志愿者暑期文化科技卫生“三下乡”活动的通知………… 145
关于开展中学生暑假“四个一”社会实践活动的通知 ………………………… 150
关于开展“手拉手关爱留守少年儿童”行动的通知 ………………………… 155
关于开展“心手相连一家亲”志愿服务行动的通知 ………………………… 159
关于开展“共青团关爱农民工子女志愿服务行动”的通知 …………………… 164
关于开展“百万青年志愿者助残行动”的通知 ………………………………… 148
关于开展全国优秀志愿服务项目与志愿者工作案例评选活动的通知 …………… 172
关于开展“关爱女孩青年志愿者行动”试点工作的通知 ……………………… 158
关于开展志愿服务记录制度试点工作的通知 …………………………………… 173
关于开展“青年扶贫开发志愿行动”的通知 …………………………………… 140
关于开展“残疾孤儿手术康复明天计划”志愿服务活动的通知 ……………… 151
关于开展科教、文体、法律、卫生“四进社区”活动的通知 ………… 147
关于开展“保护母亲河行动”的意见…… 145
关于开展党员志愿者服务活动的指导意见 …………………………………………… 179
关于开展第八届中国青年志愿者优秀个人奖、组织奖、项目奖评选表彰活动的通知 ……………………… 167
关于以创建青年志愿者服务站为重点，全面推进中国青年志愿者社区发展计划的通知 …………………………………… 146
关于印发《全国城市社区服务工作经验交流会议纪要》的通知 ……………… 138
关于加快发展社区服务业的意见 ………… 138
关于加强志愿助残工作的意见 …………… 165
关于加强社会工作专业人才队伍建设的意见 …………………………………………… 169
关于加强青年志愿者规范管理的暂行规定 …………………………………………… 143
关于加强和完善基金会注册会计师审计制度的通知 …………………………… 169
关于加强和改进社区服务工作的意见 …… 153
关于加强和改进城市社区居委会建设工作的意见 …………………………………… 165
关于加强城市社区精神文明建设，开展创建“青年文明社区”活动的意见 …………………………………… 144
关于发展壮大“中华巾帼志愿者”队伍的意见 ……………………………………… 147
关于在元旦春节期间组织开展社区志愿服务活动的通知 ……………………… 160
关于在全国城市推行社区志愿者注册制度的通知 …………………………… 157
关于在农村基层广泛开展志愿服务活动的意见 ……………………………………… 153
关于成立中国大中学生志愿服务总队的决定 ……………………………………… 141
关于充分发挥物业服务企业作用推进社区志愿服务活动的通知 ……………… 168
关于纪念学雷锋题词30周年，深入开展学雷锋活动的通知 ………………… 174
关于进一步开展社区服务志愿者活动的通知 …………………………………………… 141
关于进一步加强和改进志愿者工作的

意见 …………………………………… 177
关于进一步做好新形势下社区志愿服务工作的意见 ………………………… 152
关于进一步深化青年志愿者助残活动的意见 …………………………………… 144
关于青年志愿者为大型活动提供志愿服务的暂行规定 ……………………… 142
关于青年志愿者参加抢险救灾的暂行规定 …………………………………… 143
关于征集省直机关党员志愿者服务队名称和标识的通知 ………………………… 180
关于学习推广团北京市委开展综合包户服务经验的通知 ………………………… 137
关于实施大学生志愿服务西部计划的通知 …………………………………… 149
关于实施“中国青年志愿者‘一助一’长期服务计划”的意见 ……………… 140
关于实施“百县千乡宣传文化工程”志愿服务行动的通知 ……………………… 150
关于实施农村卫生志愿服务项目的通知（试行） ……………………………… 156
关于实施“志愿者为老服务金晖行动”的意见 …………………………………… 148
关于实施“社区志愿服务和谐行动”的意见 …………………………………… 154
关于实施青年志愿者扶贫接力计划有关政策的意见 …………………………… 145
关于实施法律援助志愿者服务计划的通知 …………………………………… 149
关于实施“爱心助成长”志愿服务计划的通知 …………………………………… 151
关于实施“新纪元志愿服务计划”的通知 …………………………………… 146
关于建立青年志愿服务站若干问题的意见 …………………………………… 142
关于组织开展全国优秀志愿者和优秀志愿服务组织网上推荐活动的通知 ……… 167
关于组织开展“关爱他人——爱幼助残志愿服务行动”的通知 ……………… 171
关于组织开展“关爱自然、义务植树”志愿服务大行动的通知 ……………… 170
关于组织开展“春雨工程”——全国文化志愿者边疆行工作的通知 ………… 167
关于组织开展高校毕业生到农村基层从事支教、支农、支医和扶贫工作的通知 …………………………………… 154
关于组织共产党员共青团员进社区开展志愿为民服务活动的意见 …………… 179
关于促进红十字事业发展的意见 ………… 172
关于深入开展“大学生志愿者社区援助”的意见 …………………………… 141
关于深入开展志愿服务活动的意见 ……… 160
关于深入开展“迎奥运讲文明树新风志愿服务行动”的实施方案 ……………… 158
关于深入开展学雷锋活动的意见 ………… 170
关于深入推进学生志愿服务活动的意见 …………………………………… 161
关于深入推进家庭志愿服务工作的意见 …………………………………… 164
关心一线 …………………………………… 291
关爱女孩青年志愿者行动 ………………… 259
关爱农民工 ………………………………… 266
关爱农民工子女志愿服务行动 …………… 265
关爱农民工子女志愿服务行动工作推进会召开 …………………………………… 402
关爱农村留守儿童“小饭桌计划” ……… 282
江西省青年志愿服务条例 ………………… 129
江汛清 ……………………………………… 360
江苏省扬州新闻女生志愿服务团 ………… 222
江苏省红十字志愿者管理办法 …………… 178

江苏省志愿服务条例 …………………… 128
江苏省南京市“陶老师”工作站心理辅导志愿服务队 …………………… 226
江泽民为青年志愿者行动题词 …………………… 373
江泽民对青年志愿者行动做出批示 …………………… 375
汕头市青年志愿服务促进条例 …………………… 133
汤恩比馆 …………………… 468
汤震、余承艳夫妇 …………………… 331
守望相助 …………………… 462
安丽清 …………………… 298
安徽省大爱中环志愿服务团 …………………… 240
安徽省合肥市供电公司邓玲青年志愿者服务队 …………………… 236
安徽省红十字志愿服务管理办法 …………………… 179
安徽省徐辉假日服务小分队 …………………… 229
许振珊 …………………… 343
许朝山 …………………… 343
农民工防艾志愿者上岗 …………………… 397
农民工志愿服务 …………………… 28
《农村民间组织与中国农村发展：来自个案的经验》 …………………… 427
农村发展与灾害管理 …………………… 290
农家女学校 …………………… 228
“阳光太太亲善”志愿者服务 …………………… 283
阳光阶梯计划 …………………… 275
阳光骨髓库项目 …………………… 256
“阳光爱心”青年志愿者网站 …………………… 233
好友营支教 …………………… 285
买买提明·日杰甫 …………………… 324
红十字会法 …………………… 120
红十字国际委员会 …………………… 479
红细胞工程 …………………… 278
约翰·威尔逊 …………………… 367
纪弘民 …………………… 313
孙丁财 …………………… 329
孙延丰 …………………… 330
孙克武 …………………… 330
孙实甫 …………………… 473
孙越 …………………… 330
孙葆丽 …………………… 362
孙雅艳 …………………… 330
孙影 …………………… 330

七画

麦汉楷 …………………… 323
进化心理学 …………………… 58
运建立 …………………… 347
《走近残疾人感受残奥会》 …………………… 457
志工伦理守则 …………………… 182
《志工管理》 …………………… 438
BTP 志行会 …………………… 292
《志愿人生——2004—2007 年度北京十大志愿者》 …………………… 445
志愿力 …………………… 13
志愿工作法（加拿大） …………………… 197
志愿文化推广 …………………… 76
《志愿北京：2005“志愿服务与人文奥运”国际论坛成果集》 …………………… 439
“志愿北京　春风行动”青年志愿者服务北京铁路春运启动仪式 …………………… 403
志愿失灵 …………………… 37
《志愿失灵及其矫正中的政府责任：以北京志愿服务为例》 …………………… 446
《志愿行动与文明社会建设》 …………………… 447
《志愿行动：中国社会的探索与践行》 … 447
《志愿社区：中国社区志愿服务研究》 … 445
《志愿者》 …………………… 448
志愿者 …………………… 1
志愿者入职 …………………… 100
志愿者入职辅导 …………………… 100
志愿者与志愿者组织的关系 …………………… 119

志愿者义务 …… 60
志愿者小组 …… 41
志愿者专业培训 …… 101
志愿者支持 …… 102
志愿者匹配与对接 …… 99
志愿者比例 …… 24
志愿者认可 …… 104
志愿者心理支持 …… 107
志愿者心理危机干预 …… 108
志愿者心理健康 …… 107
志愿者心理健康问题被关注 …… 386
志愿者心理资本 …… 107
志愿者心理调适 …… 108
志愿者心理辅导 …… 106
志愿者心理减压 …… 106
志愿者以外展方式探索对城市社区流动儿童的社区服务 …… 288
志愿者主动性光谱 …… 31
志愿者动机量表 …… 67
志愿者权利 …… 60
志愿者权利和义务 …… 94
IBM 志愿者协会 …… 239
志愿者协会 …… 41
志愿者协会章程 …… 53
志愿者压力信号 …… 108
志愿者成为社区居民事务青年理事 …… 405
志愿者同理心 …… 107
志愿者团队 …… 41
志愿者团队发展 …… 103
《志愿者团队在行动——在汶川地震灾区的公益服务案例》 …… 449
志愿者团队建设 …… 104
志愿者回报 …… 104
志愿者伦理守则 …… 54
志愿者行动十年《中国青年报》发表专文 …… 381
《志愿者形象及其社会影响》 …… 450
志愿者扶贫接力计划首届支教团出征 …… 374
志愿者岗位培训 …… 101
志愿者证 …… 61
志愿者补助 …… 61
志愿者招募 …… 49
志愿者招募形式 …… 97
志愿者招募评估 …… 98
志愿者国际交流 …… 294
志愿者忠诚度量表 …… 67
志愿者使用组织 …… 110
志愿者服务手册 …… 53
《志愿者服务心理指南》 …… 449
志愿者服务评估 …… 50
志愿者法（菲律宾） …… 201
志愿者注册 …… 97
志愿者承诺 …… 94
志愿者组织 …… 40
志愿者组织人力资源 …… 114
志愿者组织内部管理 …… 109
志愿者组织分析 …… 118
志愿者组织公信力 …… 113
志愿者组织文化 …… 117
志愿者组织功能 …… 108
志愿者组织团队建设 …… 116
志愿者组织价值观 …… 118
志愿者组织会员制 …… 111
志愿者组织合作伙伴 …… 119
志愿者组织运行 …… 115
志愿者组织财务管理 …… 116
志愿者组织宏观管理 …… 109
志愿者组织评估 …… 117
志愿者组织 AA 制 …… 111
志愿者组织制度建设 …… 110

志愿者组织变革 …………………………… 117
志愿者组织定位 …………………………… 118
志愿者组织战略目标 ……………………… 113
志愿者组织架构 …………………………… 109
志愿者组织能力 …………………………… 117
志愿者组织营销 …………………………… 115
志愿者组织筹资 …………………………… 115
志愿者组织管理 …………………………… 108
志愿者组织管理体系 ……………………… 109
志愿者骨干 ………………………………… 96
志愿者选拔 ………………………………… 98
志愿者重走长征路 ………………………… 381
志愿者保护法（美国） …………………… 193
志愿者保障措施 …………………………… 105
志愿者测评 ………………………………… 99
志愿者宣传动员 …………………………… 97
志愿者退出机制 …………………………… 95
志愿者素质 ………………………………… 98
志愿者离职管理 …………………………… 105
《志愿者读本：走近志愿服务》 ………… 448
《志愿者读本：志愿者，你准备好了吗》
…………………………………………… 449
《志愿者读本：志愿组织建设与管理》 … 448
《志愿者通用读本》 ……………………… 449
志愿者通用培训 …………………………… 101
志愿者培训 ………………………………… 100
志愿者培训 ………………………………… 49
志愿者培训管理 …………………………… 102
志愿者领袖 ………………………………… 96
志愿者隐私保护 …………………………… 94
志愿者绩效评估 …………………………… 50
志愿者绿色行动营计划启动 ……………… 374
志愿者督导 ………………………………… 102
志愿者满意度指标 ………………………… 68
志愿者福利 ………………………………… 99
志愿者管理 ………………………………… 48
志愿者管理办法 …………………………… 52
志愿者管理体系 …………………………… 93
志愿者管理政策与制度 …………………… 93
志愿者管理模式 …………………………… 92
志愿者雕塑永久矗立奥林匹克公园 ……… 392
志愿者激励 ………………………………… 60
志愿者激励方式 …………………………… 104
志愿者激励条例 …………………………… 52
志愿者激励增能 …………………………… 280
志愿昆士兰 ………………………………… 249
志愿服务 …………………………………… 25
志愿服务工作 100 例 ……………………… 440
《志愿服务与义工建设》 ………………… 443
《志愿服务与发展》 ……………………… 412
《志愿服务与志工管理：做快乐的志工及
管理者》 ………………………………… 444
《志愿服务与社区发展：上海城市社区
志愿者活动研究报告》 ………………… 443
《志愿服务与和谐社会——上海青年志愿者
行动研究》 ……………………………… 442
《志愿服务与和谐济南建设》 …………… 442
志愿服务内部激励 ………………………… 83
志愿服务长效机制 ………………………… 70
志愿服务分享 ……………………………… 106
志愿服务风险 ……………………………… 80
志愿服务风险识别 ………………………… 81
志愿服务风险预案 ………………………… 81
志愿服务风险管理 ………………………… 81
志愿服务目标 ……………………………… 112
志愿服务外部激励 ………………………… 82
志愿服务市场 ……………………………… 73
志愿服务市场分析 ………………………… 73
志愿服务市场营销 ………………………… 74
志愿服务记录 ……………………………… 62

志愿服务记录制度 …… 72
志愿服务发展报告 …… 76
志愿服务对象 …… 70
志愿服务动机 …… 13
志愿服务动机类型 …… 51
志愿服务协议 …… 71
志愿服务成为广州市成人宣誓条件 …… 380
志愿服务成为学生综合素质评价指标 …… 397
志愿服务成果转化 …… 76
志愿服务价值 …… 38
志愿服务价值计量 …… 40
志愿服务伦理 …… 77
志愿服务问题——目标树分析 …… 85
志愿服务时长 …… 24
志愿服务岗位 …… 95
志愿服务岗位开发 …… 96
志愿服务岗位描述 …… 96
志愿服务利益相关方 …… 71
《志愿服务体系研究 》 …… 441
志愿服务条例 …… 52
志愿服务应急处置 …… 82
志愿服务宏观管理 …… 69
志愿服务证及服务纪录册管理办法 …… 182
志愿服务证明 …… 61
志愿服务评估 …… 74
志愿服务社会价值 …… 39
志愿服务环境分析 …… 114
志愿服务责任 …… 71
志愿服务责任人 …… 115
志愿服务顶层设计 …… 70
《志愿服务国际会议北京宣言》
(2002 年 5 月 28 日) …… 186
志愿服务供给 …… 38
志愿服务使命 …… 112
志愿服务的政府购买 …… 110
《志愿服务的理论与实务》 …… 439
志愿服务学习 …… 106
志愿服务法 …… 182
志愿服务法 …… 52
志愿服务法(巴西) …… 189
志愿服务法(西班牙) …… 192
志愿服务法(克罗地亚) …… 200
志愿服务法(罗马尼亚) …… 196
志愿服务法(捷克) …… 198
志愿服务实务 …… 69
志愿服务组织 …… 42
志愿服务组织者 …… 114
志愿服务经济价值 …… 39
志愿服务项目 …… 29
志愿服务项目开发 …… 86
志愿服务项目计划 …… 87
志愿服务项目目标管理 …… 89
志愿服务项目生命周期 …… 85
志愿服务项目成果共享 …… 92
志愿服务项目成果转化需求评估 …… 92
志愿服务项目成果管理 …… 90
志愿服务项目过程管理 …… 88
志愿服务项目团队管理 …… 88
志愿服务项目时间管理 …… 88
志愿服务项目财务管理 …… 89
志愿服务项目沟通管理 …… 88
志愿服务项目评估 …… 91
志愿服务项目评估制度 …… 91
志愿服务项目评估流程 …… 92
志愿服务项目变化管理 …… 90
志愿服务项目建议书 …… 86
志愿服务项目信息收集 …… 91
志愿服务项目信息管理 …… 89
志愿服务项目监测 …… 90
志愿服务项目逻辑框架 …… 86

志愿服务项目章程 …… 87
志愿服务项目筹资 …… 87
志愿服务项目管理 …… 84
志愿服务项目管理工具 …… 85
志愿服务项目管理体系 …… 84
志愿服务战略规划 …… 113
志愿服务星级评定 …… 83
志愿服务类型 …… 50
志愿服务奖励办法 …… 183
志愿服务损失 …… 82
志愿服务资源 …… 73
志愿服务资源分析 …… 73
志愿服务资源配置 …… 71
《志愿服务理论与实践》 …… 440
《志愿服务理论与实践研究》 …… 440
《志愿服务理念与实务》 …… 441
志愿服务绩效 …… 74
志愿服务绩效评估 …… 75
志愿服务媒体传播 …… 77
志愿服务禁忌 …… 105
《志愿服务概论》 …… 439
志愿服务筹资 …… 72
志愿服务微观管理 …… 70
志愿服务愿景 …… 53
志愿服务需求 …… 38
志愿服务需求分析 …… 72
志愿服务激励 …… 75
志愿组织社团法（法国） …… 187
志愿组织招募力 …… 49
《志愿组织管理》 …… 450
《志愿活动研究：类型、评价与管理》 …… 444
志愿部门 …… 45
志愿精神 …… 12
《志愿精神与和谐社会》 …… 444
严意娜 …… 343
苏大伟 …… 329
苏州反扒志愿者大队 …… 232
苏珊·迈克尔·让培 …… 368
苏炳灿 …… 329
苏联空军志愿队 …… 480
杏林义工 …… 279
杨冬梅 …… 343
杨明媚 …… 344
杨浩然 …… 344
李从正 …… 360
李冬靖 …… 315
李永 …… 318
李伟 …… 317
李红新 …… 316
李贡乔 …… 316
李汶凯 …… 317
李欣然 …… 317
李政 …… 318
李柳青 …… 316
李郴 …… 315
李凌 …… 361
李海燕 …… 316
李家华 …… 360
李祥军 …… 317
李银玲 …… 318
李森 …… 316
李颖 …… 318
李德刚 …… 315
医疗志愿者 …… 4
医疗志愿服务 …… 258
医学专家志愿者队伍成立 …… 405
扶危济困 …… 465
抚顺市志愿服务条例 …… 125
连云港市大学生无偿献血志愿服务 …… 280
连氏援助组织 …… 252

连续性理论 …… 63
吴天祥 …… 340
吴岩兴 …… 340
吴渝 …… 340
吴耀环 …… 340
助人为乐 …… 466
助老志愿服务 …… 27
助残志愿服务 …… 28
时间银行 …… 47
财团法（印度尼西亚） …… 197
财团法（芬兰） …… 187
财团法（爱沙尼亚） …… 192
利己主义动机 …… 15
利他主义动机 …… 14
我为幸福加1℃ …… 281
我为祖国测空气 …… 266
《我们一起走过志愿者之路》 …… 433
我时尚，我公益 …… 280
“我要爱”大型灾后心理援助 …… 261
佛山市青年志愿者（义务工作者）协会 …… 216
佛山政府为注册志愿者投保 …… 388
《近代中国慈善论稿》 …… 424
余洪芝 …… 346
余新慧 …… 346
余瑶 …… 346
希望来吧 …… 282
希望学校计划 …… 290
谷秀献 …… 307
谷雨 …… 307
邻里驿站 …… 271
免费午餐 …… 267
《角色理论视角下的世博会志愿者》 …… 423
邹德凤 …… 358
亨利·杜南 …… 471
亨利·索里 …… 471
亨利·诺曼·白求恩 …… 471
应急志愿者 …… 10
应急志愿服务 …… 27
应急志愿服务行动 …… 259
应急救援志愿服务 …… 78
辛苦我一个，幸福千万人 …… 467
快乐大篷车 …… 282
快乐运动 …… 266
间接志愿服务 …… 26
汪昭华 …… 332
《汶川地震公民行动报告——紧急救援中的NGO》 …… 432
汶川地震紧急救援和灾后重建 …… 261
汶川抗震中出现农民志愿者小分队 …… 391
汶川抗震救援中出现机械化志愿者队伍 …… 390
《沉思我们的行——上海世博会园区志愿者工作研究论文集》 …… 416
沈阳市白鸽青年志愿者图书银行 …… 232
沈杰 …… 362
沈晓理 …… 327
沈崇艳 …… 327
沈敦和 …… 474
宋志永 …… 329
宋丽萍 …… 328
宋美录 …… 329
宋桂华 …… 328
穷则独善其身，达则兼善天下 …… 462
《灾害应对中的社会管理创新》 …… 437
《灾难与救助：灾难管理中民间志愿者组织研究》 …… 437
社区发展 …… 35
社区巡逻志愿者 …… 258
社区志愿服务 …… 34

社区志愿服务与和谐社会杭州共识 ········· 153
社区志愿服务团队管理办法（试行） ······ 156
社区志愿服务站 ································· 42
《社区志愿服务理论与实务》 ················ 431
社区服务体系建设规划（2011—2015 年）
······································· 169
社区建设 ·· 35
《社区参与与城市社区社会资本的培育》
······································· 430
社区参与行动服务中心 ······················ 233
社区组织 ·· 46
社区家园行动 ································· 274
社团条例 ·· 181
社团法（波兰） ······························· 203
社团法（奥地利） ···························· 198
社团法（新加坡） ···························· 202
社团组织、运作及管理规章（越南） ······ 199
社团登记法（印度） ························· 187
《社会工作与志愿服务关系研究》 ········· 429
社会工作者注册条例 ························· 181
社会支持理论 ·································· 64
社会互惠 ·· 19
社会化理论 ····································· 64
社会正义 ·· 21
社会归属感 ····································· 22
社会发展委员会 E/CN. 5/2001/6 号决议
······································· 186
社会团体法（印度尼西亚） ················· 188
社会团体登记管理条例 ······················ 120
社会团结 ·· 20
社会企业家 ····································· 18
社会交换 ·· 19
社会交换理论 ·································· 56
社会冲突理论 ·································· 56
《社会志愿服务体系：中国志愿服务的
“广东经验”》 ······························ 430
《社会志愿服务研究：以福建省为例》 ··· 430
社会责任 ·· 16
社会忠诚 ·· 22
社会学习理论 ·································· 59
社会参与 ·· 14
社会组织评估管理办法 ······················ 123
社会信任理论 ·································· 57
社会资本 ·· 20
社会融合 ·· 14
君子莫大乎与人为善 ························· 463
张大诺 ·· 349
张云峰 ·· 353
张平宜 ·· 351
张立中 ·· 351
张立国 ·· 351
张兰香 ·· 351
张网成 ·· 365
张志勇 ·· 353
张更大 ·· 349
张启龙 ·· 351
张坤 ··· 350
张英阵 ·· 366
张宝艳 ·· 349
张铁超 ·· 353
张秋文 ·· 352
张艳红 ·· 352
张晓红 ·· 365
张海桥 ·· 350
张海峰 ·· 349
张惠 ··· 350
张瑞平 ·· 352
张静 ··· 350
张毅 ··· 353
张謇 ··· 473

张耀明 …………………………………… 352

八画

陆士桢 …………………………………… 362
阿贝·皮埃尔 …………………………… 472
阿尔波特·史怀哲 ……………………… 471
陈为强 …………………………………… 302
陈允广 …………………………………… 302
陈占国 …………………………………… 303
陈立新 …………………………………… 301
陈光 ……………………………………… 300
陈光标 …………………………………… 300
陈苏 ……………………………………… 301
陈武雄 …………………………………… 359
陈岩 ……………………………………… 302
陈金贵 …………………………………… 359
陈波 ……………………………………… 300
陈春晓 …………………………………… 300
陈树菊 …………………………………… 300
陈思 ……………………………………… 301
陈莉萍 …………………………………… 301
陈涛 ……………………………………… 359
陈媛 ……………………………………… 302
《奉献历程——大学生志愿者能力素质提升工作优秀作品集（第三集）》 ……… 418
奉献精神 ………………………………… 12
环保志愿者 ……………………………… 6
武汉大学青年志愿者协会 ……………… 211
武振杰 …………………………………… 341
青少年志愿者 …………………………… 8
青年义工网络 …………………………… 291
《青年义工管理——从理论到实践》 …… 428
青年志愿者 ……………………………… 8
《青年志愿者行动工作手册》 ………… 428
青年志愿者社区发展计划 ……………… 254
青年志愿者海外服务计划 ……………… 256
青年志愿者海外服务计划启动 ………… 379
青年志愿者绿色环保志愿服务 ………… 259
“青年志愿者敬老服务月”启动 ……… 385
青年志愿者普法行动启动 ……………… 389
青年志愿服务法规颁布 ………………… 374
青年志愿服务站 ………………………… 42
青年健康使者火炬行动 ………………… 268
青岛市志愿服务条例 …………………… 130
“青苗计划”社区义工服务项目 ……… 274
青苗音乐教室活动 ……………………… 282
《青春在西部闪光：大学生志愿服务西部计划实施五周年报告》 ……… 428
“青春伴夕阳” ………………………… 276
青春驿站社工动员志愿者帮教重点青少年 ……… 264
青春梦想同龄同行 ……………………… 276
青海玉树全国抗震救灾总结表彰大会举行 ……… 402
现象学理论 ……………………………… 59
者连成 …………………………………… 355
垃圾变爱心 ……………………………… 293
英国社区服务志愿人员组织 …………… 245
英国阿斯顿大学志愿行动研究中心 …… 252
《英国非营利组织》 …………………… 436
英国海外志愿服务社 …………………… 248
英国救助儿童会 ………………………… 244
英国谢菲尔德哈勒姆大学志愿行动研究中心 ……… 250
英格兰志愿服务组织 …………………… 251
英格兰志愿组织理事会 ………………… 244
直接志愿服务 …………………………… 26
林义平 …………………………………… 319
林丽华 …………………………………… 319
林瑞班 …………………………………… 319
枢纽型志愿者组织 ……………………… 112

杭州市志愿者协会 …… 217
杭州市志愿服务条例 …… 125
杰弗里·L.布兰迪 …… 368
态势分析法 …… 67
欧洲志工中心 …… 252
非正式志愿服务 …… 26
非政府组织 …… 43
非营利社团法（爱沙尼亚） …… 193
非营利法人法（保加利亚） …… 196
非营利组织 …… 43
非营利组织计量 …… 45
《非营利组织评估》 …… 417
非营利组织和志愿行动研究协会 …… 248
非营利组织法（南非） …… 194
非营利组织法（俄罗斯） …… 191
非商业组织法（吉尔吉斯斯坦） …… 195
卓先顺 …… 358
昆明市志愿服务条例 …… 133
国内志愿服务法（美国） …… 188
国内第一部志愿服务领域译著《志愿者》出版 …… 410
《国外青年志愿服务活动概况》 …… 422
《国外非政府组织运作管理》 …… 422
《国外非营利组织管理创新与启示》 …… 422
《国外慈善法译汇》 …… 421
国庆群众游行志愿者服务 …… 272
国际小母牛组织 …… 252
国际民众服务组织 …… 479
国际民众服务组织 …… 244
国际地球之友 …… 247
国际红十字日志愿护理服务进农村义诊 …… 283
国际志工协会 …… 247
国际志愿者 …… 10
国际志愿者日 …… 48
国际志愿者年 …… 48
“国际志愿者年”庆祝大会举行 …… 379
国际志愿者年志愿服务项目系列 …… 256
国际志愿者总部 …… 251
国际志愿服务协调委员会 …… 245
国际志愿服务会议通过《北京宣言》 …… 379
国际劳动营 …… 479
国际奥比斯组织 …… 252
国家电网四川电力公司共产党员志愿服务队 …… 237
《国家应急志愿服务体系的模式选择与机制建设研究》 …… 421
“明天计划”志愿服务启动 …… 382
罗马尼亚国家志愿者中心 …… 249
罗丹 …… 322
罗效民 …… 323
和平队 …… 479
和众泽益志愿服务中心 …… 239
《和谐社会与慈善事业》 …… 423
岳经纶 …… 364
质量安全志愿服务活动启动 …… 408
“金圣青年志愿服务基金”设立 …… 373
《服务学习：社工督导志愿服务新模式》 …… 418
服务美国法（美国） …… 203
周小华 …… 356
周俊范 …… 356
周毅 …… 356
郑方 …… 355
郑复生 …… 356
单亲母亲阳光家园 …… 277
学生志愿者 …… 9
学雷锋活动 …… 469
学雷锋综合包户 …… 268
“法律援助志愿服务计划”启动 …… 380

河北团省委成立网络志愿者联盟 …………396
河北省丰润县三帮青年志愿者服务站 ……219
河北省廊坊市出租车爱心车队 ……………234
河南省人民代表大会常务委员会关于深入开展青年志愿服务活动的决定 ………125
河南省开封市绿色家园青年志愿者协会 ……………………………………231
河南省红十字志愿服务管理办法 …………176
河南省志愿者联合会 ………………………222
河南省洛阳市志愿者联合会 ………………224
注册志愿者 …………………………………2
泽仁娜姆 ……………………………………348
宜昌大撤退 …………………………………469
试药志愿者 …………………………………6
陕西省西京志愿者服务队 …………………213
陕西省妈妈环保志愿者协会 ………………228
陕西省红凤工程志愿者协会 ………………235
陕西省志愿服务促进条例 …………………134
组织志愿者 …………………………………1
孟庆华 ………………………………………324
孟繁英 ………………………………………324
《经验·价值·影响 — 2008 北京奥运会、残奥会志愿者工作成果转化研究》 ……………………………………424

九画

契约失灵 ……………………………………37
春风行动 ……………………………………275
春运青年志愿者工作电视电话会议召开 ……………………………………399
春雨工程 ……………………………………267
“春雨工程”文化志愿者边疆行启动 ……401
《帮帮忙：义工管理求救指南》 …………413
城市生计服务 ………………………………291
《政府与企业以外的现代化——中西公益事业史比较研究》 ……………………438
政府失灵 ……………………………………36
《政府向社会组织购买公共服务研究：中国与全球经验分析》 …………………437
赵小亭 ………………………………………355
赵言民 ………………………………………355
赵培峰 ………………………………………354
赵渭忠 ………………………………………355
赵翠娥 ………………………………………354
草根公民参与 ………………………………18
草根志愿者组织 ……………………………112
胡巧致 ………………………………………310
胡尔馆 ………………………………………468
胡艳萍 ………………………………………311
胡夏枫 ………………………………………310
胡雅丽 ………………………………………311
胡锦涛出席奥运总结大会表彰志愿者 ……393
胡锦涛对志愿服务西部计划做出指示 ……383
胡锦涛对海外志愿者来信做出批示 ………385
胡锦涛会见青年志愿者代表 ………………373
胡锦涛参加首都防艾志愿者活动 …………398
胡锦涛看望赴老挝志愿者服务队 …………384
胡锦涛给研究生支教团成员回信 …………405
胡锦涛就青年志愿者赴非讲话 ……………384
南开大学青年志愿者协会 …………………209
南方 NGO ……………………………………44
南京市志愿服务条例 ………………………127
药物滥用人员家庭辅导学苑 ………………279
柏万青 ………………………………………299
咸土地与绿色同行 …………………………281
厚德载物 ……………………………………464
“牵手向阳花”爱心助学行动 ……………278
《2008 残奥会志愿者培训理论与实践研究》 ……………………………………411
挪威公民社会与志愿部门研究中心 ………246
“点亮希望”心灵陪伴行动 ………………263

临时志愿者 …… 2
星级志愿者 …… 2
星星雨 …… 226
贵州志愿者阳光公益平台 …… 288
贵州省红十字志愿服务实施办法 …… 178
贵州省组建抗震救灾医疗志愿者服务队 …… 390
贵州省遵义市社会义工协会 …… 223
骨干志愿者 …… 3
骨干志愿者培训 …… 102
拜耳志愿者协会 …… 238
香山慈幼院 …… 477
香港义工发展局 …… 241
香港青年协会 …… 240
香港青年协进会 …… 243
香港救济联会 …… 478
科技重建 …… 287
科林·罗彻斯特 …… 366
《科普志愿者现状及对策研究》 …… 425
重庆市爱心志愿者总队 …… 222
重庆两江志愿服务发展中心 …… 236
修身、齐家、治国、平天下 …… 460
“保护母亲河”中国青年志愿者绿色行动营计划 …… 255
保护国土资源青年志愿者行动 …… 262
促进上海与云南省区域发展加强志愿服务合作项目 …… 295
泉州市青年志愿者协会 …… 217
泉城义工 …… 220
侯海清 …… 310
食物银行 …… 48
施舍 …… 24
施展 …… 328
《亲历可可西里 10 年：志愿者讲述》 …… 427
亲社会行为 …… 13
恻隐之心 …… 460
美国环保协会 …… 246
美国国家和社区服务组织 …… 253
美国河流守望者联盟 …… 251
美国援华志愿航空队 …… 481
姜轩发 …… 313
姜宝成 …… 313
姜炳耀 …… 313
姜勇 …… 313
“311”类家庭关爱空巢老人 …… 284
首届“中国志愿服务博览会”举办 …… 403
首都大学生环保志愿者协会 …… 211
首都大学生第 21 届世界大学生运动会彩虹志愿者场馆服务签约仪式举行 …… 377
首都大学毕业生基层志愿服务团 …… 269
洪云飞 …… 310
洪泽 …… 310
活动理论 …… 63
济贫法（英国） …… 186
济南市志愿服务条例 …… 128
退休志愿者 …… 7
贺金林 …… 310

十画

秦希燕 …… 326
珠海经济特区志愿服务条例 …… 137
袁日涉 …… 347
袁正平 …… 347
埃里克森人格发展理论 …… 65
莱斯特·M. 萨拉蒙 …… 367
莫于川 …… 361
莫锋 …… 324
桃园志工全球咨询网 …… 243
格桑花助学 …… 289
校外交通疏导站“为孩子们送去

平安” …………………………………… 277
《校园志愿服务教程》 …………………… 433
贾斯汀·大卫·史密斯 ………………… 366
夏米力·夏克尔 ………………………… 341
原罪说 …………………………………… 458
顾雅娟 …………………………………… 308
捐出一张废纸，奉献一片爱心 ………… 280
钱琨 ……………………………………… 326
铁路青年打出“青年志愿者”旗帜……… 371
铁路青年志愿服务 ……………………… 254
特定非营利性活动促进法（日本） ……… 195
特蕾莎修女 ……………………………… 473
积极志愿服务 …………………………… 29
积善之家，必有余庆 …………………… 464
积善成德 ………………………………… 463
俱乐部产品理论 ………………………… 55
倡导性志愿组织 ………………………… 40
徐本禹 …………………………………… 342
徐尔铸 …………………………………… 342
徐州新风志愿者服务总队 ……………… 219
爱人如己 ………………………………… 458
爱飞翔·乡村教师培训 ………………… 260
“爱心助成长志愿服务计划”启动 ……… 381
爱心奉献、关爱夕阳 …………………… 286
爱心家园助学支教 ……………………… 260
爱尔伯福制 ……………………………… 467
爱传承关怀公益演唱会 ………………… 293
爱德华·肯尼迪服务美国法（美国） …… 201
翁长庆 …………………………………… 339
高校青年志愿者禁毒团体成立 ………… 382
高校学生志愿服务社团成立 …………… 370
高校普法专业志愿者团队成立 ………… 394
高雄市政府社会局志工资源中心 ……… 244
高富浪 …………………………………… 307
郭昊东 …………………………………… 308
郭明义 …………………………………… 308
郭洪 ……………………………………… 308
郭涛 ……………………………………… 309
郭超 ……………………………………… 368
唐山市志愿服务条例 …………………… 134
唐先华 …………………………………… 331
唐博凯 …………………………………… 331
唐磊 ……………………………………… 331
兼相爱、爱无差 ………………………… 463
兼爱 ……………………………………… 462
准志愿者 ………………………………… 11
瓷娃娃关怀协会 ………………………… 234
资源依赖理论 …………………………… 66
浙江为“志愿者日”立法 ………………… 388
浙江省红十字志愿服务管理办法（试行）
…………………………………………… 176
浙江省志愿服务条例 …………………… 129
浙江省海宁市慈善总会义工委员会 …… 223
消防志愿者 ……………………………… 3
消费者行为理论 ………………………… 54
《海西志愿者行动》 …………………… 423
海南省志愿服务条例 …………………… 132
流动人口社区教育探访服务 …………… 281
家庭志愿服务 …………………………… 10
被动志愿服务 …………………………… 29
被虐妇女救助 …………………………… 290
陶智雄 …………………………………… 331
陪伴成长计划 …………………………… 274
通讯行业企业员工志愿者组织成立 …… 391
通过公民参与、地区及国际合作加强北京
志愿服务发展 …………………………… 296
通过 2008 年北京奥运会促进中国志愿
服务发展 ………………………………… 294
NGO 能力建设——志愿者中心………… 295

十一画

教育重建 …… 286
基金会资助志愿服务 …… 111
基金会管理条例 …… 122
黄小清 …… 312
黄成德 …… 311
黄家焱 …… 312
黄屡灿 …… 312
黄福荣 …… 311
菲米达・汉蒂 …… 367
菲律宾国家志愿服务协调局 …… 253
营口市中华文化传播志愿者协会成立 …… 409
"梦想课堂"计划 …… 265
梦想教练计划 …… 278
曹亮 …… 299
掘美行动 …… 270
救生志愿者 …… 4
救生教育 …… 293
"救在身边"应急志愿服务 …… 272
救灾捐赠管理办法 …… 123
救赎说 …… 459
救赎感 …… 23
晚缘 …… 269
崔永元 …… 303
崔宇 …… 303
银川市青年志愿服务条例 …… 125
银龄行动 …… 257
第三条道路 …… 46
第三部门 …… 44
《做志愿者》 …… 457
盘锦市黑嘴鸥保护协会 …… 226
彩虹支教计划 …… 264
彩虹生命教育 …… 294
康磊 …… 314
章欢芳 …… 353
章金媛 …… 354
盖宾杰 …… 307
清华大学学生紫荆志愿者服务总队 …… 210
深圳市义工服务条例 …… 126
深圳市义工联合会 …… 215
深圳设立"义工服务市长奖" …… 383
深圳"志愿者之城"指标体系发布 …… 407
深圳注册志愿者社团诞生 …… 369
梁雪安 …… 319
梁绿琦 …… 361
淄博市志愿服务条例 …… 131
谌永业 …… 327
随手公益基金 …… 207
随手拍照解救乞讨儿童 …… 267
绿色江河 …… 227
绿色和平 …… 250
绿色浙江 …… 229
绿色浙江气候 …… 283
绿色联盟 …… 275
绿驼铃 …… 235
绿荫妇女热线 …… 286
绿家园志愿者 …… 227
"绿家园志愿者"环保活动 …… 372
绿眼睛环保组织 …… 230

十二画

替代兵役志愿者 …… 11
《博物馆志愿行为的理论与实践研究》 …… 416
博茨瓦纳劳动营协会 …… 248
彭华民 …… 361
彭明生 …… 325
彭镇秋 …… 326
期望理论 …… 57
联合国大会 A/RES/55/57 号决议 …… 185
联合国大会 S—24/2 号决议 …… 185
联合国大会 A/RES/52/17 号决议 …… 184

联合国志愿人员组织 …………………………… 247
联合国秘书长潘基文寄语中国志愿者 …… 387
《散财之道——美国现代公益基金会评述》
…………………………………………… 429
募师支教爱心活动 ……………………………… 285
董明 ……………………………………………… 304
蒋小飞 …………………………………………… 313
韩伟 ……………………………………………… 309
韩崧 ……………………………………………… 309
韩福瑞·哥尔亨 ……………………………… 470
援外青年志愿者招募、培训办法（暂行）
…………………………………………… 155
援外青年志愿者选派和管理暂行办法 …… 122
雅安芦山抗震救灾 …………………………… 288
赋权理论 ……………………………………… 58
黑龙江省大庆市爱心传递志愿者协会 …… 220
黑龙江省志愿服务条例 ……………………… 135
程新如 …………………………………………… 303
傅强 ……………………………………………… 306
集体行动 ……………………………………… 34
《奥运 世博 亚运 志愿服务创造“中国
精彩”》 ……………………………………… 442
《奥运会志愿者管理研究》 ………………… 412
“奥运志愿者星”命名仪式举行 ………… 395
曾世逸 …………………………………………… 348
曾华源 …………………………………………… 364
曾敏杰 …………………………………………… 348
曾鑫 ……………………………………………… 348
湖北志愿者协会 ……………………………… 216
湖北省十堰市青年志愿者 CPR 救护队 … 227
湖北省武汉市武昌区吴天祥小组志愿者
联合会 ……………………………………… 218
湖北省青年志愿服务条例 …………………… 127
湖南三一重工集团抗震救灾志愿服务队
…………………………………………… 238
湖南省志愿服务条例 ………………………… 136
湖南省募捐条例 ……………………………… 135
温商联盟志愿服务文明公益基金设立 …… 399
寒星 ……………………………………………… 309
谢长江 …………………………………………… 341
谢重新 …………………………………………… 341

十三画

瑞尔森大学志愿部门研究中心 ……………… 249
蓝天行动 ……………………………………… 271
蓝立方志愿服务计划 ………………………… 271
蓝丝带海洋保护协会 ………………………… 234
《献血与志愿服务》 ………………………… 433
献血志愿者 …………………………………… 5
《禁毒青年志愿者培训手册》 ……………… 424
雷建威 …………………………………………… 315
雷锋 ……………………………………………… 470
雷锋号创建活动 ……………………………… 264
虞德才 …………………………………………… 347
睦邻运动 ……………………………………… 467
微志愿 …………………………………………… 77
微笑小屋 ……………………………………… 287
《微笑北京》 ………………………………… 432
《2008 微笑在北京：北京奥运会残奥会
京外省区市赛会志愿者风采展示
与工作实务》 ……………………………… 411
“微笑成长营”行动 ………………………… 284
“微笑吧”志愿服务行动 …………………… 285
新乡市环境保护志愿者协会 ……………… 230
新公民之友 …………………………………… 260
NPP 新公益伙伴 ……………………………… 205
新北市志愿服务推广中心 ………………… 242
《新生活——广州亚运会、亚残运会志愿
服务理念研究》 …………………………… 434
新加坡全国志愿和慈善中心 ……………… 250
“新纪元志愿服务计划”实施 …………… 375

新制度组织理论 …… 66
新疆生产建设兵团红十字志愿工作者管理办法 …… 175
新疆维吾尔自治区志愿服务条例 …… 131
新疆维吾尔自治区克拉玛依义工志愿者联合会 …… 221
意识形态动机 …… 15
慈济功德会 …… 240
慈济光明行动 …… 293
慈悲为怀 …… 459
慈善行为 …… 33
慈善法（亚美尼亚） …… 202
慈善法（英国） …… 200
慈善组织 …… 46
慈善组织会社 …… 478
慈善信托法（英国） …… 188
慈善活动和慈善组织法（俄罗斯） …… 190
慈善捐赠 …… 31
慈善基金 …… 47
慈善基金会 …… 47
慈善募捐 …… 32
窦珍 …… 305
福利国家 …… 45
福建省石狮市志愿者联合会 …… 223
福建省同人助残志愿服务中心 …… 225
福建省环保志愿者协会 …… 233
福建省青年志愿者协会 …… 221
福建省青年志愿服务条例 …… 124
福建省南阳义务消防队 …… 225

十四画

需求层次理论 …… 62
裴承贤 …… 325
“管得宽”志愿服务 …… 285
赛事志愿者 …… 7
谭建光 …… 363
熊宁 …… 342
熊希龄 …… 474
熊国柱 …… 341
翟雁 …… 365
缪海洪 …… 324

十五画

黎敏兰 …… 315
德不孤，必有邻 …… 460
德国汉堡制 …… 467
德国自然保护联合会 …… 246
《德国非营利组织》 …… 417
《澳大利亚非营利组织》 …… 412
澳门义工协会 …… 241
澳门红十字会青年团 …… 293
澳门志愿者总会 …… 243
潘德邻 …… 325

十六画

霍庆海 …… 312
鹦哥岭青年团队志愿服务 …… 286
赠人玫瑰，手有余香 …… 466
衡水市地球女儿环保志愿者协会 …… 228
《凝聚力量——香港非政府机构发展轨迹》 …… 426

十七画

魏刚 …… 339
魏钦海 …… 339
魏娜 …… 364
魏继中 …… 339
癌症患者互助康复志愿服务 …… 279

十九画

攀枝花市援助少年儿童志愿者协会 …… 234

后　记

经过近两年的努力，《中国志愿服务大辞典》（以下简称《辞典》）终于编辑出版了。作为志愿服务领域的第一本辞典，它的诞生是多种因素共同催生的结果。

首先，志愿服务自身具有的重大社会意义是辞典得以完成的背景。党的十八届三中全会关于改革决议中明确指出，全面深化改革的总目标是完善和发展中国特色社会主义制度，推进国家治理体系和治理能力现代化，最终的目标是让一切劳动、知识、技术、管理、资本的活力竞相迸发，让一切创造社会财富的源泉充分涌流，让发展成果更多更公平惠及全体人民。改革开放30多年，我们取得了经济建设的巨大成果，但在社会、文化等多方面的相对滞后，不仅引发了多种社会矛盾，而且带来了对于传统社会治理体系与治理能力的尖锐挑战。志愿服务作为现代社会结构中的重要元素，对于社会政治、经济、文化的发展具有极其重要的意义。在经济建设领域，志愿服务是福利经济的重要组成部分，对于人力资源开发及公共事业发展有着不可低估的作用，其经济产值已经成为各国经济总量不可或缺的一部分；在政治建设领域，志愿服务是公民积极社会参与的最重要途径，它连接着社会民主体制的基础性建设；在社会建设领域，志愿服务涉及社会参与、社会组织等社会建设基本结构，特别是作为一种文化，它直接关系影响社会意识形态；在人的发展领域，志愿服务回答了人的自我实现和社会实现之间的关系问题，是个体获得社会肯定，实现自我社会价值的重要平台。同时，志愿服务还是一个全球语境下的文明话题。在人类思想发展史上，志愿服务的精神和价值有着深厚的社会渊源，它是每个文明社会不可或缺的一部分。中华民族有史以来的扶贫济困、助人为乐的传统道德和价值观不仅是凝聚中国人的精神力量，也是现代志愿精神“奉献、友爱、互助、进步”的重要思想根源。所以，通过这样一本全面反映中国志愿服务总体状况的大辞典，弘扬志愿精神，推动志愿服务健康有序发展，是贯彻落实党的十八届三中精神，全面深化改革的重要举措，是实现我国全面发展的迫切任务，也是继承民族优良文化传统，实现世界和平发展的必要手段。

其次，我国志愿服务的蓬勃发展是辞典得以完成的基础。我国的志愿服务随着改革开放而兴起，近年来对社会发展的影响越来越大。一是志愿服务队伍不断壮大。两类典型志愿者的数据具有代表性意义。2010年底，我国社区志愿者人数达900多万人，参与社区志愿服务活动超过5000多万人次，服务小时数达1500万小时；2011年底，我国青年志愿者注册人数已达3392万人，各类志愿服务站17．5万个。按照十二五规划纲要提出的标准，到2015年，全国志愿者数量将有望达到1亿多。二是志愿服务领域及对象不断扩展。服务领域已从社会救助延伸到再就业服务、卫生和计划生育、社区治安、文化教育、便民利民等多方面；服务对象也从老年人、残疾人、优抚对象等弱势群体逐步扩展到全体居民。三是志愿组织机构日趋健全，基本形成省、市、县、乡（社区）四级社区志愿服务组织网络。一些民间公益性志愿组织良性发展，发挥积极作用；企业志愿服务事业的发展势头良好，有组织的服务项目社会影响力不断增长。四是志愿服务政策法规相继出台，志愿服务理论研究方兴未艾。2012 年底，我国已相继颁布实施了 34 部地方性专门规范志愿服务的法规，继 2008 年中央文明办《关于深入开展志愿服务活动的意见》之后，2014 年，中央文明委制定下发了《关于推进志愿服务制度化的意见》，对志愿服务制度化作出安排部署，明确提出要建立健全志愿者招募注册、志愿者培训管理、志愿服务记录和志愿服务激励机制 4 个方面的制度。同时，在志愿服务功能、志愿服务类型、志愿服务现状分析和发展对策等方面的志愿服务研究也不断推进，仅北京志愿服务发展研究会，自 2011 年 4 月 9 日成立以来，就出版了《志愿者》、《北京志愿服务模式研究》等 32 本志愿服务书籍，完成了《志愿者组织在转型期的社会动员机制研究》、《志愿服务成效评估指标体系研究》等课题。可以说，没有志愿服务在我国的蓬勃发展，就不会有这部《中国志愿服务大辞典》。

第三，全国志愿服务机构、组织者、学者和一线志愿者，以及出版单位编辑们的不懈努力是辞典得以完成的保障。从动议、立项到研究、撰写，这部词典的编辑经历了两年多的时间。

一是立项定位。一开始编委会就将这部辞典的编撰作为北京志愿服务发展研究会承担的一个重大课题，由北京团市委、北京市志愿服务联合会指导，北京市志愿服务指导中心作为委托人直接指挥，北京志愿服务基金会提供资金保障。根据委托方的指导意见，辞典的定位是三个方面：一本志愿服务领域的成果集，要展示自改革开放以来我国志愿服务的工作成果，总结独具中国特色的志愿服务经验；一本志愿服务领域的工具书，满足广大志愿服务的组织者、研究者和一线志愿者的实际需求，推广我国志愿服务工作模式；一本全面权威的宣传手册，宣传志愿服务精神以及进行志愿服务的方式方法，加深全社会对志愿服务的了解，推动志愿服务在我国的进一步发展。

二是研究落实。保证辞典所必需的准确性、权威性、科学性、全面性、可读性以及普适性必须建立在科学深入的研究之上，而高质量的研究需要得力的团队。我们集合了在京的志愿服务研究专家学者，在整理文献、参考已有成果以及征求各方面专家的意见之后，将全书分为概念与理论、实务、法律法规、组织、项目、人物、事件、著作文献以及其他九个部分，并将收录词条的时间段定位于改革开放之后，即 1978 年 1 月 1 日始，2013 年 6 月 30 日止。其中，基本概念与综合理论部分由北京师范大学社会工作与志愿服务研究中心主任张网成教授，中国社会工作协会志愿者委员会研究中心主任陈涛教授负责；实务部分由北京志愿服务发展研究会副会长、全国人大内务司法委员会志愿服务立法专家、中国农业大学张晓红教授负责；法律政策部分由北京青年政治学院副教授聂阳阳，《北京市志愿服务促进条例》首席专家、中国人民大学中国行政法研究所所长莫于川教授负责；组织部分由北京志愿服务发展研究会副会长、北京奥组委志愿者培训专家、中国人民大学魏娜教授负责；项目部分由张晓红教授负责；人物部分由北京大学政府管理学院金安平教授负责；事件部分由亚太地区学生事务委员会常务理事、中国青年政治学院院长李家华教授负责；文献部分由 YBC 北京办公室首批志愿导师、北京城市学院王育副教授负责；其他部分由中国青少年研究会副会长、北京志愿服务发展研究会会长、中国青年政治学院陆士桢教授负责。

三是科学编写。经过多次讨论，我们在每一部分都确立了明确的基本编选原则。基本概念及理论部分以志愿服务基本概念、基础理论、与志愿服务相关的基本理论为主要内容，选取国内国际知名理论，按照公认名称、代表人物、产生时间、简单背景、主要内容、影响力、在志愿服务理论中的地位作用、在中国的传播与影响等几个方面撰写，全面反应相关理论的基本信息，并注重与志愿服务的内在联系。实务部分主要解读志愿服务的内容、方式、实施技能，以列举事例，阐明方法、明确步骤的基本方式，按照“志愿服务管理体系框架（5V 体系）”进行词条精选与分类，即 VSG：志愿服务事业的愿景（Vision）、使命（Mission）、战略目标（Goal）；VPMS：志愿服务项目管理体系（Volunteer Program Management System）；VMS：志愿者管理体系（Volunteer Management System）；VOP：志愿者（Volunteer）、志愿者组织（Organization）、志愿服务对象（People）；VOMS：志愿者组织管理体系（Voluntary Organization Management System）。法规文件部分主要介绍国内外志愿服务领域法规及政策，地域上以中国大陆地区为主，注重中央与地方法律规范的对照；在类型上涵盖了法律、法规、其他规范性文件及有关国际协议（声明、协约等），注重时间上的连续性，力图呈现清晰的法律位阶关系，词条内容涵盖类型、时间、制定主体、宗旨、文本选择等。组织部分主要介绍国内志愿者组织、志愿服务相关机构，按照类型、时间、管理主体、宗旨、项目、组织结构、获奖等内容体系，鉴别及筛选全国重点城市及各省级单位，以及国际知名度高、业务覆盖面积广、与我国开展合作的知名志愿服务组织；以成立时间较早、成员人数较多、社会影响力较大、获得部级以上在全国范围内表彰及荣誉称号为基础标准；并适度选取了在章程中明确提出志愿服务，在活动开展中大量使用志愿者的基金会组织。项目部分展示国内外典型的志愿服务项目，从开展较为成熟、有一定影响和示范意义，受到部级以上在全国范围内表彰的项目中选取；全国性项目为主，兼顾各省项目，包括具有当地特点的港澳台项目；同时适度选取在中国有具体计划、有较大影响力的国际及中外合作项目；词条内容涵盖名称、主办方、时间、地点、服务对象、内容、影响力等。人物部分选取主要包括 2001 年至 2012 年在中国内地受到部级以上在全国范围内表彰的部分优秀志愿者；港澳台地区一些重要的志愿服务组织的创建人、组织者和影响比较大的著名志愿者，全国副教授以上、有专著、多年从事志愿服务研究的著名学者和专家，以及部分国际知名志愿服务研究学者，以主要身份、重要事迹、成就、贡献为词条内容。事件部分以事关中国志愿服务的党和国家领导人的活动、各年度突出专文、全国性重大工作及活动、首次创新性纪事、各个系统有特点的重要会议为基本选取范畴；以事件名称、时间、地点、主办单位、内容、影响等为词条基本内容。文献部分以关注重点地区的研究成果、关注 2012 年新出版文献、围绕志愿服务内容，兼顾中外为基本遴选原则，以《中国高等学校社会科学学报编排规范》为基本撰写规范。其他部分主要收集 1978 年之前国内外与志愿服务领域相关内容以及分类不清晰未能列入前几部分的内容，包括思想理论、实务、事件、人物、组织等。

四是组织推进。2012 年 6 月 20 日，志愿辞典第一次专题会在北京志愿服务发展研究会召开，随后至 2014 年 7 月，编写团队先后召开研讨推进会共 9 次，就词条设立、对比统筹，撰写原则、资料规范、行文要求等问题进行反复的讨论。为确保准确和权威，在研究、求证、对比、讨论之后，我们邀请了广东青年干部学院青年研究所所长、广东省青年志愿者协会研究中心主任谭建光教授；中国社会工作协会志愿者工作委员会研究中心副主任、中国社会科学院沈杰研究员；清华大学公共管理学院创新与社会责任研究中心主任邓国胜教授；上海师范大学慈善与志愿服务研究中心副主任张祖平教授等我国志愿服务研究领域的专家学者对条目进行了评审。专家们不吝指教，为辞典贡献了诸多有价值的意见建议。我们还通过北京市志愿服务联合会向各省、市、自治区以及港澳台地区的志愿者协会发函，征询他们的意见，各省不仅提出了积极的建议，而且补充了人物、事件、组织等十分珍贵的资料，丰富和充实了词条内容。在三次修改之后，主编及副主编对所有的稿子进行了交叉审读，随后又根据审读进行了最后的细致修改。主编陆士桢对修改后的全书进行了统稿。

五是成型出版。特别感谢前新闻出版署的老领导谢明清先生，谢老德高望重，对本书又极为重视，帮忙联系到了中国大百科全书出版社的党委书记、副社长刘晓东先生，刘社长及时安排了人员与我们接洽。在本身出版任务极重的情况下，刘杭副总编辑、朱杰军主任为辞典提出了很多宝贵的修改意见，并对出版做了及时的安排。朱杰军主任多次与诸位教授和工作人员沟通联系，对每一部分都提出了明确具体的修改意见，并亲自参加辞典的编辑修改会，和作者们一道，边改边议，对于确保辞典的科学性、严谨性做出了重要贡献。出版社克服了时间紧等多方面的困难，确保了辞典的及时出版。这些同志的努力和奉献，成了就这样一本在国内尚属首创的关于志愿服务的辞典，对这些同志，以及责任编辑王昕若深表谢意。

值的特别指出的是，在本书编辑完成之时，中国志愿服务联合会成立了。这是中国志愿服务领域一件值得庆祝的大事，不仅体现了党和政府对志愿服务发展的重视，也充分肯定了志愿服务在实现“中国梦”伟大进程中的重要作用。刘淇会长给予了本书极大的重视和很高的评价，亲自担任本书的顾问并撰写序言，诸位副会长也都提出了积极的建议和意见。正是在刘淇同志的指导下，我们增加了传统文化部分，使得其作为中国志愿服务辞典的属性更为突出和准确。

无论从学术角度还是社会价值，这样的一本辞书都意义深远，编写这样一本书都是一个大的系统工程。值此付梓之际，我们感谢北京团市委的精心指导，感谢原北京团市委书记、北京市西城区区长王少峰同志，北京团市委书记常宇同志，中国志愿服务联合会副会长兼秘书长赵津芳同志的支持领导；感谢北京市志愿服务指导中心郭新保同志的具体组织；也感谢北京市志愿服务联合会和北京志愿服务发展研究会所有同志提供的周到支持和服务。特别要感谢的还有台湾东海大学社会工作系曾华源教授，他不辞辛苦，多方联络，帮我们完成了台湾志愿服务研究学者的相关内容。

作为中国志愿服务领域里的第一本辞典，编写的难度可想而知，书中的谬误和遗漏也在所难免。特别是由于能力、时间等限制，本书尚不能穷尽志愿服务领域的所有问题，在具体内容上也势必存有遗憾。本书面市之后，希望广大读者不吝指教，多多反馈意见，他日再版时一并补充修改！

再次致谢！

编写者

2014 年 8 月

本书编辑、出版人员

社　　长　　龚　莉

副总编辑　　刘　杭

主任编辑　　朱杰军

策划编辑　　马　蕴

责任编辑　　王昕若

编　　辑　　卢　红　王　烽　张耀方

责任校对　　王　丽　窦红娟

责任印制　　乌　灵

封面设计　　管小辉